中国县域经济年鉴

CHINA COUNTY-LEVEL ECONOMY YEARBOOK

2004

社会科学文献出版社

统筹城乡经济社会发展，建设现代化农业，发展农村经济，增加农民收入，是全面建设小康社会的重大任务。加强农业基础地位，推进农业和农村经济结构调整，保护和提高粮食综合生产能力，健全农产品质量安全体系，增强农业的市场竞争力。积极推进农业产业化经营，提高农民进入市场的组织化程度和农业综合效益。发展农产品加工业，壮大县域经济。

——摘自中共十六大工作报告

增加对农业基础设施建设和农业科技的投入。加快节水灌溉、人畜饮水、县乡公路、农村能源、农村教育和医疗卫生设施等建设。加大对粮食主产区的扶持。搞好扶贫开发工作。增强集体经济实力。推动县域经济发展。

——摘自十届全国人大一次会议政府工作报告

改善农村富余劳动力转移就业的环境。农村富余劳动力在城乡之间双向流动就业，是增加农民收入和推进城镇化的重要途径。建立健全农村劳动力的培训机制，推进乡镇企业改革和调整，大力发展县域经济，积极拓展农村就业空间，取消对农民进城就业的限制性规定，为农民创造更多就业机会。

——摘自中共十六届三中全会《中共中央关于完善社会主义市场经济体制若干问题的决定》

推进农业和农村经济结构战略性调整。大力发展优质、高产、高效、生态、安全农业，提高农产品质量和竞争力。推进优质农产品产业带建设，促进农业产业化经营。积极发展畜牧业，切实做好高致病性禽流感等动物疫病的防治工作。发展农产品加工业等农村非农产业，壮大县域经济。

——摘自十届全国人大二次会议政府工作报告

繁荣小城镇经济。小城镇建设要同壮大县域经济、发展乡镇企业、推进农业产业化经营、移民搬迁结合起来，引导更多的农民进入小城镇，逐步形成产业发展、人口聚集、市场扩大的良性互动机制，增强小城镇吸纳农村人口、带动农村发展的能力。

——摘自《中共中央　国务院关于促进农民增加收入若干政策的意见》

继续推进农业和农村经济结构调整。进一步发展粮食生产，稳定增加粮食播种面积，加强粮食生产基地建设，严格保护耕地特别是基本农田。推进农业区域化布局、专业化生产和产业化经营，大力发展特色农业。加快发展农产品加工业。积极发展林业、畜牧业和水产业。发展乡镇企业，壮大县域经济。

——摘自十届全国人大三次会议政府工作报告

目　录

第一部分　中国县域经济总览

第二部分　中国县域经济基本竞争力评价

第三部分 中国县域经济动态

第四部分　中国县域经济论坛

第五部分　中国县域经济推荐

第六部分 中国县域经济基本竞争力百强

第一部分
中国县域经济总览

中国县域单位

中国县域单位简表

省级		地级		县级	
合计	行政区划单位	合计	行政区划单位	合计	行政区划单位
34	4 直辖市 23 省 5 自治区 2 特别行政区	333	282 地级市 18 地区 30 自治州 3 盟	2861	845 市辖区 374 县级市 1470 县 117 自治县 49 旗 3 自治旗 2 特区 1 林区
北京市				18	16 市辖区 2 县
天津市				18	15 市辖区 3 县
河北省		11	11 地级市	172	36 市辖区 22 县级市 108 县 6 自治县
山西省		11	11 地级市	119	23 市辖区 11 县级市 85 县
内蒙古自治区		12	9 地级市 3 盟	101	21 市辖区 11 县级市 17 县 49 旗 3 自治旗
辽宁省		14	14 地级市	100	56 市辖区 17 县级市 19 县 8 自治县
吉林省		9	8 地级市 1 自治州	60	19 市辖区 20 县级市 18 县 3 自治县

中国县域单位简表(续一)

省级	地级		县级	
行政区划单位	合计	行政区划单位	合计	行政区划单位
黑龙江省	13	12 地级市 1 地区	130	64 市辖区 19 县级市 46 县 1 自治县
上海市			19	18 市辖区 1 县
江苏省	13	13 地级市	106	53 市辖区 27 县级市 26 县
浙江省	11	11 地级市	90	32 市辖区 22 县级市 35 县 1 自治县
安徽省	17	17 地级市	105	44 市辖区 5 县级市 56 县
福建省	9	9 地级市	85	26 市辖区 14 县级市 45 县
江西省	11	11 地级市	99	19 市辖区 10 县级市 70 县
山东省	17	17 地级市	139	48 市辖区 31 县级市 60 县
河南省	17	17 地级市	158	48 市辖市 21 县级市 89 县
湖北省	13	12 地级市 1 自治州	102	38 市辖区 24 县级市 37 县 2 自治县 1 林区

中国县域单位简表(续二)

省级	地级		县级	
行政区划单位	合计	行政区划单位	合计	行政区划单位
广东省	21	21 地级市	122	54 市辖区 23 县级市 42 县 3 自治县
广西壮族自治区	14	14 地级市	109	33 市辖区 7 县级市 57 县 12 自治县
海南省	2	2 地级市	20	4市辖区 6 县级市 4 县 6 自治县
重庆市			40	15 市辖区 4 县级市 17 县 4 自治县
四川省	21	18 地级市 3 自治州	181	43 市辖区 14 县级市 120 县 4 自治县
贵州省	9	4 地级市 2 地区 3 自治州	88	10 市辖区 9 县级市 56 县 11 自治县 2 特区
云南省	16	8 地级市 8 自治州	129	12 市辖区 9 县级市 79 县 29 自治县
西藏自治区	7	1 地级市 6 地区	73	1 市辖区 1 县级市 71 县
陕西省	10	10 地级市	107	24 市辖区 3 县级市 80 县
甘肃省	14	11 地级市 1 地区 2 自治州	86	16 市辖区 4 县级市 59 县 7 自治县

中国县域单位简表(续三)

省级	地级		县级	
行政区划单位	合计	行政区划单位	合计	行政区划单位
青海省	8	1 地级市 1 地区 6 自治州	43	4 市辖区 2 县级市 30 县 7 自治县
宁夏回族自治区	5	5 地级市	21	8 市辖区 2 县级市 11 县
新疆维吾尔自治区	14	2 地级市 7 地区 5 自治州	99	11 市辖区 20 县级市 62 县 6 自治县
*香港特别行政区				
*澳门特别行政区				
*台湾省				

注：* 香港特别行政区、澳门特别行政区、台湾省资料略。

* 资料截至2003年12月31日。

中国各省市区县域单位表

北京市县域单位表

市辖区	东城区	西城区	崇文区	宣武区	朝阳区
	海淀区	丰台区	石景山区	门头沟区	房山区
	通州区	顺义区	昌平区	平谷区	怀柔区
	大兴区				
县	密云县	延庆县			

天津市县域单位表

市辖区	和平区	河东区	河西区	南开区	河北区
	红桥区	塘沽区	汉沽区	大港区	东丽区
	西青区	北辰区	津南区	武清区	宝坻区
县	静海县	宁河县	蓟县		

河北省县域单位表

石家庄市	长安区	桥东区	桥西区	新华区	裕华区
	井陉矿区				
	辛集市	藁城市	晋州市	新乐市	鹿泉市
	平山县	井陉县	栾城县	正定县	行唐县
	灵寿县	高邑县	赵县	赞皇县	深泽县
	无极县	元氏县			
唐山市	路北区	路南区	古冶区	开平区	丰南区
	丰润区				
	遵化市	迁安市			
	迁西县	滦南县	滦县	玉田县	唐海县
	乐亭县				
秦皇岛市	海港区	山海关区	北戴河区		
	昌黎县	卢龙县	抚宁县	青龙县	
邯郸市	丛台区	复兴区	邯山区	峰峰矿区	
	武安市				
	邯郸县	永年县	曲周县	馆陶县	魏县
	大名县	涉县	鸡泽县	邱县	广平县
	肥乡县	临漳县	磁县	成安县	
邢台市	桥东区	桥西区			
	南宫市	沙河市			
	邢台县	柏乡县	任县	清河县	宁晋县
	威县	隆尧县	临城县	广宗县	临西县
	内丘县	平乡县	巨鹿县	新河县	南和县
保定市	新市区	南市区	北市区		
	涿州市	定州市	安国市	高碑店市	
	满城县	清苑县	涞水县	阜平县	徐水县
	定兴县	唐县	高阳县	容城县	涞源县
	望都县	安新县	易县	曲阳县	蠡县
	顺平县	博野县	雄县		

河北省县域单位表(续)

张家口市	桥西区	桥东区	宣化区	下花园区	
	宣化县	康保县	张北县	阳原县	赤城县
	沽源县	怀安县	怀来县	崇礼县	尚义县
	蔚县	涿鹿县	万全县		
承德市	双桥区	双滦县	鹰手营子矿区		
	承德县	兴隆县	隆化县	平泉县	滦平县
	丰宁县	围场县	宽城县		
沧州市	运河区	新华区			
	泊头市	任丘市	黄骅市	河间市	
	沧县	青县	献县	东光县	海兴县
	盐山县	肃宁县	南皮县	吴桥县	孟村县
廊坊市	安次区	广阳区			
	霸州市	三河市			
	固安县	永清县	香河县	大城县	文安县
	大厂县				
衡水市	桃城区				
	冀州市	深州市			
	饶阳县	枣强县	故城县	阜城县	安平县
	武邑县	景县	武强县		

山西省县域单位表

太原市	杏花岭区	小店区	迎泽区	尖草坪区	万柏林区
	晋源区				
	古交市				
	阳曲县	清徐县	娄烦县		
大同市	城区	矿区	南郊区	新荣区	
	天镇县	灵丘县	阳高县	左云县	大同县
	广灵县	浑源县			
阳泉市	城区	矿区	郊区		
	平定县	盂县			
长治市	城区	郊区			
	潞城市				
	长治县	长子县	平顺县	襄垣县	沁源县
	屯留县	黎城县	武乡县	沁县	壶关县
晋城市	城区				
	高平市				
	泽州县	陵川县	阳城县	沁水县	
朔州市	朔城区	平鲁区			
	山阴县	右玉县	应县	怀仁县	
晋中市	榆次区				
	介休市				
	昔阳县	灵石县	祁县	左权县	寿阳县
	太谷县	和顺县	平遥县	榆社县	
忻州市	忻府区				
	原平市				
	代县	神池县	五寨县	五台县	偏关县
	宁武县	静乐县	繁峙县	河曲县	保德县
	定襄县	岢岚县			
临汾市	尧都区				
	侯马市	霍州市			
	汾西县	吉县	安泽县	大宁县	浮山县
	古县	隰县	襄汾县	翼城县	永和县

山西省县域单位表（续）

	乡宁县	曲沃县	洪洞县	蒲县	
运城市	盐湖区				
	河津市	永济市			
	闻喜县	新绛县	平陆县	垣曲县	绛县
	稷山县	芮城县	夏县	万荣县	临猗县
吕梁市	离石区				
	孝义市	汾阳市			
	文水县	中阳县	兴县	临县	方山县
	柳林县	岚县	交口县	交城县	石楼县

内蒙古自治区县域单位表

呼和浩特	回民区	玉泉区	新城区	赛罕区	
	托克托县	和林格尔县	土默特左旗	清水河县	武川县
包头市	昆都仑区	青山区	东河区	九原区	石拐区
	白云矿区				
	固阳县	土默特右旗	达茂联合旗		
乌海市	海勃湾区	乌达区	海南区		
赤峰市	红山区	元宝山区	松山区		
	宁城县	林西县	喀喇沁旗	巴林左旗	敖汉旗
	翁牛特旗	阿鲁科尔沁旗	克什克腾旗	巴林右旗	
通辽市	科尔沁区				
	霍林郭勒市				
	开鲁县	科尔沁左翼中旗	科尔沁左翼后旗	库伦旗	奈曼旗
	扎鲁特旗				
鄂尔多斯市	东胜区				
	准格尔旗	鄂托克前旗	伊金霍洛旗	鄂托克旗	乌审旗
	杭锦旗	达拉特旗			
呼伦贝尔市	海拉尔区				
	满洲里市	额尔古纳市	扎兰屯市	根河市	牙克石市
	新巴尔虎右旗	新巴尔虎左旗	阿荣旗	鄂伦春旗	莫力达瓦旗
	鄂温克旗	陈巴尔虎旗			
乌兰察布市	集宁区				
	丰镇市				
	兴和县	察哈尔右翼后旗	察哈尔右翼前旗	凉城县	化德县
	商都县	察哈尔右翼中旗	四子王旗	卓资县	
锡林郭勒盟	锡林浩特市	二连浩特市			
	多伦县	苏尼特左旗	东乌珠穆沁旗	正蓝旗	阿巴嘎旗
	苏尼特右旗	太仆寺旗	西乌珠穆沁旗	镶黄旗	正镶白旗

内蒙古自治区县域单位表（续）

巴彦淖尔市	临河区 五原县 乌拉特前旗 乌拉特中旗 磴口县 杭锦后旗 乌拉特后旗
阿拉善盟	阿拉善左旗 阿拉善右旗 额济纳旗
兴安盟	乌兰浩特市 阿尔山市 突泉县 科尔沁右翼中旗 科尔沁右翼前旗 扎赉特旗

辽宁省县域单位表

沈阳市	沈河区	皇姑区	和平区	大东区	铁西区
	苏家屯区	东陵区	新城子区	于洪区	
	新民市				
	法库县	辽中县	康平县		
大连市	西岗区	中山区	沙河口区	甘井子区	旅顺口区
	金州区				
	瓦房店市	普兰店市	庄河市		
	长海县				
鞍山市	铁东区	铁西区	立山区	千山区	
	海城市				
	台安县	岫岩县			
抚顺市	新抚区	东洲区	望花区	顺城区	
	抚顺县	清原县	新宾县		
本溪市	平山区	明山区	溪湖区	南芬区	
	本溪县	桓仁县			
丹东市	振兴区	元宝区	振安区		
	东港市	凤城市			
	宽甸县				
锦州市	太和区	古塔区	凌河区		
	凌海市	北宁市			
	黑山县	义县			
葫芦岛市	龙港区	南票区	连山区		
	兴城市				
	绥中县	建昌县			
营口市	站前区	西市区	鲅鱼圈区	老边区	
	大石桥市	盖州市			
盘锦市	双台子区	兴隆台区			
	盘山县	大洼县			
阜新市	海州区	太平区	清河门区	细河区	新邱区
	彰武县	阜新县			

辽宁省县域单位表（续）

辽阳市	白塔区	文圣区	宏伟区	太子河区	弓长岭区
	灯塔市				
	辽阳县				
铁岭市	银州区	清河区			
	调兵山市	开原市			
	铁岭县	昌图县	西丰县		
朝阳市	双塔区	龙城区			
	凌源市	北票市			
	朝阳县	建平县	喀喇沁左翼县		

吉林省县域单位表

长春市	朝阳区　宽城区　二道区　南关区　绿园区 双阳区 九台市　榆树市　德惠市 农安县
吉林市	船营区　昌邑区　龙潭区　丰满区 舒兰市　桦甸市　蛟河市　磐石市 永吉县
四平市	铁西区　铁东区 公主岭市　双辽市 梨树县　伊通县
辽源市	龙山区　西安区 东辽县　东丰县
通化市	东昌区　二道江区 梅河口市　集安市 通化县　辉南县　柳河县
白山市	八道江区 临江市 靖宇县　抚松县　江源县　长白县
松原市	宁江区 乾安县　长岭县　扶余县　前郭县
白城市	洮北区 洮南市　大安市 镇赉县　通榆县
延边州	延吉市　图们市　敦化市　龙井市　珲春市 和龙市 安图县　汪清县

黑龙江省县域单位表

哈尔滨市	道里区	南岗区	动力区	平房区	香坊区
	太平区	道外区			
	阿城市	尚志市	双城市	五常市	
	呼兰县	方正县	宾县	依兰县	巴彦县
	通河县	木兰县	延寿县		
齐齐哈尔市	龙沙区	昂昂溪区	铁峰区	建华区	富拉尔基区
	碾子山区	梅里斯区			
	讷河市				
	富裕县	拜泉县	甘南县	依安县	克山县
	泰来县	克东县	龙江县		
鹤岗市	兴山区	工农区	南山区	兴安区	向阳区
	东山区				
	萝北县	绥滨县			
双鸭山市	尖山区	岭东区	四方台区	宝山区	
	集贤县	宝清县	友谊县	饶河县	
鸡西市	鸡冠区	恒山区	城子河区	滴道区	梨树区
	麻山区				
	密山市	虎林市			
	鸡东县				
大庆市	萨尔图区	红岗区	龙凤区	让胡路区	大同区
	林甸县	肇州县	肇源县	杜尔伯特县	
伊春市	伊春区	带岭区	南岔区	金山屯区	西林区
	美溪区	乌马河区	翠峦区	友好区	上甘岭区
	五营区	红星区	新青区	汤旺河区	乌伊岭区
	铁力市				
	嘉荫县				
牡丹江市	爱民区	东安区	阳明区	西安区	
	绥芬河市	宁安市	海林市	穆棱市	
	林口县	东宁县			
佳木斯市	前进区	永红区	向阳区	东风区	郊区
	同江市	富锦市			

黑龙江省县域单位表（续）

	桦川县	抚远县	桦南县	汤原县	
七台河市	桃山区	新兴区	茄子河区		
	勃利县				
黑河市	爱辉区				
	北安市	五大连池市			
	逊克县	嫩江县	孙吴县		
绥化市	北林区				
	安达市	肇东市	海伦市		
	绥棱县	兰西县	明水县	青冈县	庆安县
	望奎县				
大兴安岭地区	呼玛县	塔河县	漠河县		

上海市县域单位表

市辖区	黄浦区	卢湾区	徐汇区	长宁区	静安区
	普陀区	闸北区	虹口区	杨浦区	宝山区
	闵行区	嘉定区	浦东新区	松江区	金山区
	青浦区	南汇区	奉贤区		
县	崇明县				

江苏省县域单位表

南京市	玄武区　鼓楼区　建邺区　白下区　秦淮区 下关区　雨花台区　浦口区　栖霞区　六合区 江宁区 溧水县　高淳县
徐州市	云龙区　鼓楼区　九里区　贾汪区　泉山区 邳州市　新沂市 铜山县　睢宁县　沛县　丰县
连云港市	新浦区　连云区　海州区 东海县　灌云县　赣榆县　灌南县
淮安市	清河区　清浦区　楚州区　淮阴区 涟水县　洪泽县　金湖县　盱眙县
宿迁市	宿城区 宿豫县　沭阳县　泗阳县　泗洪县
盐城市	亭湖区　盐都区 东台市　大丰市 滨海县　建湖县　响水县　阜宁县　射阳县
扬州市	广陵区　维扬区　邗江区 高邮市　江都市　仪征市 宝应县
泰州市	海陵区　高港区 泰兴市　姜堰市　靖江市　兴化市
南通市	崇川区　港闸区 如皋市　通州市　海门市　启东市 海安县　如东县
镇江市	京口区　润州区　丹徒区 丹阳市　扬中市　句容市
常州市	钟楼区　天宁区　戚墅堰区　武进区　新北区 金坛市　溧阳市
无锡市	崇安区　北塘区　南长区　锡山区　惠山区 滨湖区

江苏省县域单位表（续）

	江阴市	宜兴市			
苏州市	沧浪区	金阊区	平江区	虎丘区	吴中区
	相城区				
	常熟市	张家港市	太仓市	昆山市	吴江市

浙江省县域单位表

杭州市	拱墅区	西湖区	上城区	下城区	江干区
	滨江区	余杭区	萧山区		
	建德市	富阳市	临安市		
	桐庐县	淳安县			
宁波市	海曙区	江东区	江北区	镇海区	北仑区
	鄞州区	余姚市	慈溪市	奉化市	
	宁海县	象山县			
温州市	鹿城区	龙湾区	瓯海区		
	瑞安市	乐清市			
	永嘉县	洞头县	平阳县	苍南县	文成县
	泰顺县				
嘉兴市	秀城区	秀洲区			
	海宁市	平湖市	桐乡市		
	嘉善县	海盐县			
湖州市	吴兴区	南浔区			
	长兴县	德清县	安吉县		
绍兴市	越城区				
	诸暨市	上虞市	嵊州市		
	绍兴县	新昌县			
金华市	婺城区	金东区			
	兰溪市	义乌市	东阳市	永康市	
	武义县	浦江县	磐安县		
衢州市	柯城区	衢江区	江山市		
	龙游县	常山县	开化县		
舟山市	定海区	普陀区			
	岱山县	嵊泗县			
台州市	椒江区	黄岩区	路桥区		
	临海市	温岭市			
	玉环县	天台县	仙居县	三门县	
丽水市	莲都区	龙泉市			
	缙云县	青田县	云和县	遂昌县	松阳县
	庆元县	景宁县			

安徽省县域单位表

合肥市	庐阳区	瑶海区	蜀山区	包河区	
	长丰县	肥东县	肥西县		
芜湖市	镜湖区	新芜区	马塘区	鸠江区	
	芜湖县	南陵县	繁昌县		
蚌埠市	中市区	东市区	西市区	郊区	
	怀远县	固镇县	五河县		
淮南市	田家庵区	大通区	谢家集区	八公山区	潘集区
	凤台县				
马鞍山市	雨山区	花山区	金家庄区		
	当涂县				
淮北市	相山区	杜集区	烈山区		
	濉溪县				
铜陵市	铜官山区	狮子山区	郊区		
	铜陵县				
安庆市	迎江区	大观区	郊区		
	桐城市				
	宿松县	枞阳县	太湖县	怀宁县	岳西县
	望江县	潜山县			
黄山市	屯溪区	黄山区	徽州区		
	休宁县	歙县	祁门县	黟县	
滁州市	琅琊区	南谯区			
	天长市	明光市			
	全椒县	来安县	定远县	凤阳县	
阜阳市	颍州区	颍东区	颍泉区		
	界首市				
	临泉县	颍上县	阜南县	太和县	
宿州市	埇桥区				
	萧县	泗县	砀山县	灵璧县	
巢湖市	居巢区				
	含山县	无为县	和县	庐江县	

安徽省县域单位表（续）

六安市	金安区	裕安区			
	寿县	霍山县	霍邱县	舒城县	金寨县
亳州市	谯城区				
	利辛县	涡阳县	蒙城县		
宣城市	宣州区				
	宁国市				
	广德县	郎溪县	泾县	旌德县	绩溪县
池州市	贵池区				
	东至县	石台县	青阳县		

福建省县域单位表

福州市	鼓楼区	台江区	仓山区	马尾区	晋安区
	福清市	长乐市			
	闽侯县	闽清县	永泰县	连江县	罗源县
	平潭县				
厦门市	思明区	海沧区	湖里区	翔安区	同安区
	集美区				
三明市	梅列区	三元区			
	永安市				
	明溪县	将乐县	大田县	宁化县	建宁县
	沙县	尤溪县	清流县	泰宁县	
莆田市	城厢区	涵江区	荔城区	秀屿区	
	仙游县				
泉州市	鲤城区	丰泽区	洛江区	泉港区	
	石狮市	晋江市	南安市		
	惠安县	永春县	安溪县	德化县	金门县
漳州市	芗城区	龙文区			
	龙海市				
	平和县	南靖县	诏安县	漳浦县	华安县
	东山县	长泰县	云霄县		
南平市	延平区				
	建瓯市	邵武市	武夷山市	建阳市	
	松溪县	光泽县	顺昌县	浦城县	政和县
龙岩市	新罗区				
	漳平市				
	长汀县	武平县	上杭县	永定县	连城县
宁德市	蕉城区				
	福安市	福鼎市			
	寿宁县	霞浦县	柘荣县	屏南县	古田县
	周宁县				

江西省县域单位表

南昌市	东湖区	西湖区	青云谱区	湾里区	青山湖区
	南昌县	新建县	进贤县	安义县	
景德镇市	珠山区	昌江区			
	乐平市				
	浮梁县				
萍乡市	安源区	湘东区			
	莲花县	上栗县	芦溪县		
新余市	渝水区				
	分宜县				
九江市	浔阳区	庐山区			
	瑞昌市				
	九江县	星子县	武宁县	彭泽县	永修县
	修水县	湖口县	德安县	都昌县	
鹰潭市	月湖区				
	贵溪市				
	余江县				
赣州市	章贡区				
	瑞金市	南康市			
	石城县	安远县	赣县	宁都县	寻乌县
	兴国县	定南县	上犹县	于都县	龙南县
	崇义县	信丰县	全南县	大余县	会昌县
吉安市	吉州区	青原区			
	井冈山市				
	吉安县	永丰县	永新县	新干县	泰和县
	峡江县	遂川县	安福县	吉水县	万安县
宜春市	袁州区				
	丰城市	樟树市	高安市		
	铜鼓县	靖安县	宜丰县	奉新县	万载县
	上高县				
抚州市	临川区				

江西省县域单位表（续）

	南丰县	乐安县	金溪县	南城县	东乡县
	资溪县	宜黄县	广昌县	黎川县	崇仁县
上饶市	信州区				
	德兴市				
	上饶县	广丰县	鄱阳县	婺源县	铅山县
	余干县	横峰县	弋阳县	玉山县	万年县

山东省县域单位表

济南市	市中区	历下区	天桥区	槐荫区	历城区
	长清区				
	章丘市				
	平阴县	济阳县	商河县		
青岛市	市南区	市北区	城阳区	四方区	李沧区
	黄岛区	崂山区			
	胶南市	胶州市	平度市	莱西市	即墨市
淄博市	张店区	临淄区	淄川区	博山区	周村区
	桓台县	高青县	沂源县		
枣庄市	市中区	山亭区	峄城区	台儿庄区	薛城区
	滕州市				
东营市	东营区	河口区			
	垦利县	广饶县	利津县		
潍坊市	潍城区	寒亭区	坊子区	奎文区	
	青州市	诸城市	寿光市	安丘市	高密市
	昌邑市				
	昌乐县	临朐县			
烟台市	芝罘区	福山区	牟平区	莱山区	
	龙口市	莱阳市	莱州市	招远市	蓬莱市
	栖霞市	海阳市			
	长岛县				
威海市	环翠区				
	乳山市	文登市	荣成市		
济宁市	市中区	任城区			
	曲阜市	兖州市	邹城市		
	鱼台县	金乡县	嘉祥县	微山县	汶上县
	泗水县	梁山县			
泰安市	泰山区	岱岳区			
	新泰市	肥城市			
	宁阳县	东平县			
日照市	东港区				
	五莲县	莒县			

山东省县域单位表（续）

莱芜市	莱城区	钢城区			
德州市	德城区				
	乐陵市	禹城市			
	陵县	宁津县	齐河县	武城县	庆云县
	平原县	夏津县	临邑县		
临沂市	兰山区	罗庄区	河东区		
	沂南县	郯城县	沂水县	苍山县	费县
	平邑县	莒南县	蒙阴县	临沭县	
聊城市	东昌府区				
	临清市				
	高唐县	阳谷县	茌平县	莘县	东阿县
	冠县				
滨州市	滨城区				
	邹平县	沾化县	惠民县	博兴县	阳信县
	无棣县				
菏泽市	牡丹区				
	鄄城县	单县	郓城县	曹县	定陶县
	巨野县	东明县	成武县		

河南省县域单位表

郑州市	中原区	金水区	二七区	管城回族区	上街区
	惠济区				
	巩义市	新郑市	新密市	登封市	荥阳市
	中牟县				
开封市	鼓楼区	龙亭区	顺河回族区	南关区	郊区
	开封县	尉氏县	兰考县	杞县	通许县
洛阳市	西工区	老城区	涧西区	瀍河回族区	洛龙区
	吉利区				
	偃师市				
	孟津县	汝阳县	伊川县	洛宁县	嵩县
	宜阳县	新安县	栾川县		
平顶山市	新华区	卫东区	湛河区	石龙区	
	汝州市	舞钢市			
	宝丰县	叶县	郏县	鲁山县	
焦作市	解放区	中站区	马村区	山阳区	
	孟州市	沁阳市			
	修武县	温县	武陟县	博爱县	
鹤壁市	山城区	鹤山区	淇滨区		
	浚县	淇县			
新乡市	卫滨区	红旗区	凤泉区	牧野区	
	卫辉市	辉县市			
	新乡县	获嘉县	原阳县	长垣县	封丘县
	延津县				
安阳市	北关区	文峰区	殷都区	龙安区	
	林州市				
	安阳县	滑县	内黄县	汤阴县	
濮阳市	华龙区				
	濮阳县	南乐县	台前县	清丰县	范县
许昌市	魏都区				
	禹州市	长葛市			
	鄢陵县	襄城县	许昌县		

河南省县域单位表（续）

漯河市	源汇区				
	郾城县	临颍县	舞阳县		
三门峡市	湖滨区				
	义马市	灵宝市			
	渑池县	卢氏县	陕县		
南阳市	卧龙区	宛城区			
	邓州市				
	桐柏县	方城县	淅川县	镇平县	唐河县
	南召县	内乡县	新野县	社旗县	西峡县
商丘市	梁园区	睢阳区			
	永城市				
	宁陵县	虞城县	民权县	夏邑县	柘城县
	睢县				
信阳市	狮河区	平桥区			
	潢川县	淮滨县	息县	新县	商城县
	固始县	罗山县	光山县		
周口市	川汇区				
	项城市				
	商水县	淮阳县	太康县	鹿邑县	西华县
	扶沟县	沈丘县	郸城县		
驻马店市	驿城区				
	确山县	新蔡县	上蔡县	西平县	泌阳县
	平舆县	汝南县	遂平县	正阳县	
省直辖县级行政单位	济源市				

湖北省县域单位表

武汉市	江岸区	武昌区	江汉区	硚口区	汉阳区
	青山区	洪山区	东西湖区	汉南区	蔡甸区
	江夏区	黄陂区	新洲区		
黄石市	黄石港区	西塞山区	下陆区	铁山区	
	大冶市				
	阳新县				
襄樊市	襄城区	樊城区	襄阳区		
	老河口市	枣阳市	宜城市		
	南漳县	谷城县	保康县		
十堰市	张湾区	茅箭区			
	丹江口市				
	郧县	竹山县	房县	郧西县	竹溪县
荆州市	沙市区	荆州区			
	洪湖市	石首市	松滋市		
	监利县	公安县	江陵县		
宜昌市	西陵区	伍家岗区	点军区	猇亭区	夷陵区
	宜都市	当阳市	枝江市		
	秭归县	远安县	兴山县	五峰县	长阳县
荆门市	东宝区	掇刀区			
	钟祥市				
	京山县	沙洋县			
鄂州市	鄂城区	华容区	梁子湖区		
孝感市	孝南区				
	应城市	安陆市	汉川市		
	云梦县	大悟县	孝昌县		
黄岗市	黄州区				
	麻城市	武穴市			
	红安县	罗田县	浠水县	蕲春县	黄梅县
	英山县	团风县			
咸宁市	咸安区				
	赤壁市				

湖北省县域单位表（续）

	嘉鱼县	通山县	崇阳县	通城县	
随州市	曾都区				
	广水市				
省级辖县级行政单位	神农架林区				
	仙桃市	天门市	潜江市		
恩施州	恩施市	利川市			
	建始县	来凤县	巴东县	鹤峰县	宣恩县
	咸丰县				

湖南省县域单位表

长沙市	岳麓区　芙蓉区　天心区　开福区　雨花区 浏阳市 长沙县　望城县　宁乡县
株洲市	天元区　荷塘区　芦淞区　石峰区 醴陵市 株洲县　炎陵县　茶陵县　攸县
湘潭市	雨湖区　岳塘区 湘乡市　韶山市 湘潭县
衡阳市	雁峰区　珠晖区　石鼓区　蒸湘区　南岳区 耒阳市　常宁市 衡阳县　衡东县　衡山县　衡南县　祁东县
邵阳市	双清区　大祥区　北塔区 武冈市 邵东县　洞口县　新邵县　绥宁县　新宁县 邵阳县　隆回县　城步县
岳阳市	岳阳楼区　君山区　云溪区 临湘市　汨罗市 岳阳县　湘阴县　平江县　华容县
常德市	武陵区　鼎城区 津市市 澧县　临澧县　桃源县　汉寿县　安乡县 石门县
张家界市	永定区　武陵源区 慈利县　桑植县
益阳市	赫山区　资阳区 沅江市 桃江县　南县　安化县
郴州市	北湖区　苏仙区 资兴市 宜章县　汝城县　安仁县　嘉禾县　临武县

湖南省县域单位表（续）

	桂东县	永兴县	桂阳县		
永州市	冷水滩区	芝山区			
	祁阳县	蓝山县	宁远县	新田县	东安县
	江永县	道县	双牌县	江华县	
怀化市	鹤城区				
	洪江市				
	会同县	沅陵县	辰溪县	溆浦县	中方县
	新晃县	芷江县	通道县	靖州县	麻阳县
娄底市	娄星区				
	冷水江市	涟源市			
	新化县	双峰县			
湘西州	吉首市				
	古丈县	龙山县	永顺县	凤凰县	泸溪县
	保靖县	花垣县			

广东省县域单位表

广州市	越秀区	东山区	海珠区	荔湾区	天河区
	白云区	黄埔区	芳村区	花都区	番禺区
	从化市	增城市			
深圳市	福田区	罗湖区	南山区	宝安区	龙岗区
	盐田区				
珠海市	香洲区	斗门区	金湾区		
汕头市	金平区	濠江区	龙湖区	澄海区	潮阳区
	潮南区				
	南澳县				
韶关市	北江区	浈江区	武江区		
	乐昌市	南雄市			
	仁化县	始兴县	翁源县	曲江县	新丰县
	乳源县				
河源市	源城区				
	和平县	龙川县	紫金县	连平县	东源县
梅州市	梅江区				
	兴宁市				
	梅县	蕉岭县	大埔县	丰顺县	五华县
	平远县				
惠州市	惠城区	惠阳区			
	惠东县	博罗县	龙门县		
汕尾市	城区				
	陆丰市				
	海丰县	陆河县			
东莞市					
中山市					
江门市	江海区	蓬江区	新会区		
	台山市	开平市	鹤山市	恩平市	
佛山市	禅城区	南海区	顺德区	三水区	高明区

广东省县域单位表（续）

阳江市	江城区				
	阳春市				
	阳西县	阳东县			
湛江市	赤坎区	霞山区	坡头区	麻章区	
	廉江市	雷州市	吴川市		
	遂溪县	徐闻县			
茂名市	茂南区	茂港区			
	高州市	化州市	信宜市		
	电白县				
肇庆市	端州市	鼎湖区			
	高要市	四会市			
	广宁县	德庆县	封开县	怀集县	
清远市	清城区				
	英德市	连州市			
	佛冈县	阳山县	清新县	连山县	连南县
潮州市	湘桥区				
	潮安县	饶平县			
揭阳市	榕城区				
	普宁市				
	揭东县	揭西县	惠来县		
云浮市	云城区				
	罗定市				
	云安县	新兴县	郁南县		

广西壮族自治区县域单位表

南宁市	新城区	兴宁区	永新区	城北区	江南区
	邕宁县	武鸣县	横县	宾阳县	上林县
	隆安县	马山县			
柳州市	城中区	鱼峰区	柳北区	柳南区	
	柳江县	柳城县	鹿寨县	融安县	三江县
	融水县				
桂林市	秀峰区	叠彩区	象山区	七星区	雁山区
	阳朔县	临桂县	灵川县	全州县	平乐县
	兴安县	灌阳县	荔浦县	资源县	永福县
	龙胜县	恭城县			
梧州市	万秀区	蝶山区	长洲区		
	岑溪市				
	苍梧县	藤县	蒙山县		
北海市	海城区	银海区	铁山港区		
	合浦县				
防城港市	港口区	防城区			
	东兴市				
	上思县				
钦州市	钦南区	钦北区			
	灵山县	浦北县			
贵港市	港北区	港南区	覃塘区		
	桂平市				
	平南县				
玉林市	玉州区				
	北流市				
	容县	陆川县	博白县	兴业县	
崇左市	江州区				
	凭祥市				
	天等县	扶绥县	大新县	龙州县	宁明县
来宾市	兴宾区				
	合山市				
	忻城县	象州县	金秀县	武宣县	

广西壮族自治区县域单位表（续）

贺州市	八步区				
	钟山县	昭平县	富川县		
百色市	右江区				
	凌云县	平果县	西林县	乐业县	德保县
	田林县	田阳县	靖西县	田东县	那坡县
	隆林县				
河池市	金城江区				
	宜州市				
	天峨县	凤山县	南丹县	东兰县	都安县
	罗城县	巴马县	环江县	大化县	

海南省县域单位表

海口市	龙华区	秀英区	琼山区	美兰区	
三亚市					
县级市	五指山市	琼海市	儋州市	琼山市	文昌市
	万宁市	东方市			
县 自治县	澄迈县	定安县	屯昌县	临高县	白沙县
	昌江县	乐东县	陵水县	保亭县	琼中县

重庆市县域单位表

市辖区	渝中区	大渡口区	江北区	沙坪坝区	九龙坡区
	南岸区	北碚区	万盛区	双桥区	渝北区
	巴南区	万州区	涪陵区	黔江区	长寿区
县级市 县 自治县	永川市	合川市	江津市	南川市	
	綦江县	潼南县	荣昌县	璧山县	大足县
	铜梁县	梁平县	城口县	垫江县	武隆县
	丰都县	奉节县	开县	云阳县	忠县
	巫溪县	巫山县	石柱县	秀山县	酉阳县
	彭水县				

四川省县域单位表

成都市	青羊区	锦江区	金牛区	武侯区	成华区
	龙泉驿区	青白江区	新都区	温江区	
	都江堰市	彭州市	邛崃市	崇州市	
	金堂县	大邑县	郫县	新津县	双流县
	蒲江县				
自贡市	自流井区	大安区	贡井区	沿滩区	
	荣县	富顺县			
攀枝花市	东区	西区	仁和区		
	米易县	盐边县			
泸州市	江阳区	纳溪区	龙马潭区		
	泸县	合江县	叙永县	古蔺县	
德阳市	旌阳区				
	广汉市	什邡市	绵竹市		
	罗江县	中江县			
绵阳市	涪城区	游仙区			
	江油市				
	盐亭县	三台县	平武县	北川县	安县
	梓潼县				
广元市	市中区	元坝区	朝天区		
	青川县	旺苍县	剑阁县	苍溪县	
遂宁市	船山区	安居区			
	射洪县	蓬溪县	大英县		
内江市	市中区	东兴区			
	资中县	隆昌县	威远县		
乐山市	市中区	五通桥区	沙湾区	金口河区	
	峨眉山市				
	夹江县	井研县	犍为县	沐川县	马边县
	峨边县				
南充市	顺庆区	高坪区	嘉陵区		
	阆中市				
	营山县	蓬安县	仪陇县	南部县	西充县

四川省县域单位表（续）

宜宾市	翠屏区				
	宜宾县	兴文县	南溪县	珙县	长宁县
	高县	江安县	筠连县	屏山县	
广安市	广安区				
	华蓥市				
	岳池县	邻水县	武胜县		
达州市	通川区				
	万源市				
	达县	渠县	宣汉县	开江县	大竹县
巴中市	巴州区				
	南江县	平昌县	通江县		
雅安市	雨城区				
	芦山县	石棉县	名山县	天全县	荥经县
	宝兴县	汉源县			
眉山市	东坡区				
	仁寿县	彭山县	洪雅县	丹棱县	青神县
资阳市	雁江区				
	简阳市				
	安岳县	乐至县			
阿坝州	马尔康县	九寨沟县	红原县	汶川县	阿坝县
	理县	若尔盖县	小金县	黑水县	金川县
	松潘县	壤塘县	茂县		
甘孜州	康定县	丹巴县	炉霍县	九龙县	甘孜县
	雅江县	新龙县	道孚县	白玉县	理塘县
	德格县	乡城县	石渠县	稻城县	色达县
	巴塘县	泸定县	得荣县		
凉山州	西昌市				
	美姑县	昭觉县	金阳县	甘洛县	布拖县
	雷波县	普格县	宁南县	喜德县	会东县
	越西县	会理县	盐源县	德昌县	冕宁县
	木里县				

贵州省县域单位表

贵阳市	南明区	云岩区	花溪区	乌当区	白云区
	小河区				
	清镇市				
	开阳县	修文县	息烽县		
六盘水市	钟山区				
	水城县	盘县	六枝特区		
遵义市	红花岗区	汇川区			
	赤水市	仁怀市			
	绥阳县	桐梓县	习水县	凤冈县	正安县
	余庆县	湄潭县	道真县	务川县	遵义县
安顺市	西秀区				
	普定县	平坝县	镇宁县	紫云县	关岭县
铜仁地区	铜仁市				
	德江县	江口县	思南县	石阡县	玉屏县
	松桃县	印江县	沿河县	万山特区	
毕节地区	毕节市				
	黔西县	大方县	织金县	金沙县	赫章县
	纳雍县	威宁县			
黔西南州	兴义市				
	望谟县	兴仁县	普安县	册亨县	晴隆县
	贞丰县	安龙县			
黔东南州	凯里市				
	施秉县	从江县	锦屏县	镇远县	麻江县
	台江县	天柱县	黄平县	榕江县	剑河县
	三穗县	雷山县	黎平县	岑巩县	丹寨县
黔南州	都匀市	福泉市			
	贵定县	惠水县	罗甸县	瓮安县	荔波县
	龙里县	平塘县	长顺县	独山县	三都县

云南省县域单位表

昆明市	盘龙区	五华区	官渡区	西山区	东川区
	安宁市				
	富民县	嵩明县	呈贡县	晋宁县	宜良县
	禄劝县	石林县	寻甸县		
曲靖市	麒麟区				
	宣威市				
	陆良县	会泽县	富源县	罗平县	马龙县
	师宗县	沾益县			
玉溪市	红塔区				
	华宁县	澄江县	易门县	通海县	江川县
	元江县	新平县	峨山县		
保山市	隆阳区				
	施甸县	昌宁县	龙陵县	腾冲县	
昭通市	昭阳区				
	永善县	绥江县	镇雄县	大关县	盐津县
	巧家县	彝良县	威信县	水富县	鲁甸县
思茅市	翠云区				
	普洱县	景东县	镇沅县	景谷县	墨江县
	澜沧县	西盟县	江城县	孟连县	
临沧市	临翔区				
	镇康县	凤庆县	云县	永德县	耿马县
	双江县	沧源县			
丽江市	古城区				
	玉龙县	华坪县	永胜县	宁蒗县	
文山州	文山县	麻栗坡县	砚山县	广南县	马关县
	富宁县	西畴县	丘北县		
红河州	个旧市	开远市			
	弥勒县	红河县	绿春县	蒙自县	泸西县
	建水县	元阳县	石屏县	金平县	河口县
	屏边县				
西双版纳州	景洪市				
	勐海县	勐腊县			
楚雄州	楚雄市				

云南省县域单位表（续）

	元谋县	南华县	牟定县	武定县	大姚县
	双柏县	禄丰县	永仁县	姚定县	
大理州	大理市				
	剑川县	弥渡县	云龙县	洱源县	鹤庆县
	祥云县	宾川县	永平县	漾濞县	巍山县
	南涧县				
德宏州	潞西市	瑞丽市			
	盈江县	梁河县	陇川县		
怒江州	泸水县	福贡县	兰坪县	贡山县	
迪庆州	香格里拉县	德钦县	维西县		

西藏自治区县域单位表

拉萨市	城关区				
	林周县	达孜县	尼木县	当雄县	曲水县
	墨竹工卡县	堆龙德庆县			
那曲地区	那曲县	嘉黎县	申扎县	巴青县	聂荣县
	尼玛县	比如县	索县	班戈县	安多县
昌都地区	昌都县	芒康县	贡觉县	八宿县	左贡县
	边坝县	洛隆县	江达县	类乌齐县	丁青县
	察雅县				
山南地区	乃东县	琼结县	措美县	加查县	贡嘎县
	洛扎县	曲松县	桑日县	扎囊县	错那县
	隆子县	浪卡子县			
日喀则地区	日喀则市				
	江孜县	拉孜县	定结县	萨迦县	定日县
	康马县	聂拉木县	吉隆县	亚东县	谢通门县
	昂仁县	岗巴县	仲巴县	萨嘎县	仁布县
	白朗县	南木林县			
林芝地区	林芝县	墨脱县	朗县	米林县	察隅县
	波密县	工布江达县			
阿里地区	噶尔县	措勤县	普兰县	革吉县	日土县
	札达县	改则县			

陕西省县域单位表

西安市	莲湖区	新城区	碑林区	雁塔区	灞桥区
	未央区	阎良区	临潼区	长安区	
	周至县	高陵县	蓝田县	户县	
铜川市	王益区	印台区	耀州区		
	宜君县				
宝鸡市	渭滨区	金台区	陈仓区		
	岐山县	凤翔县	陇县	太白县	凤县
	麟游县	扶风县	千阳县	眉县	
咸阳市	秦都区	渭城区	杨陵区	兴平市	
	礼泉县	泾阳县	永寿县	三原县	彬县
	旬邑县	长武县	乾县	武功县	淳化县
渭南市	临渭区	韩城市	华阴市		
	蒲城县	潼关县	白水县	澄城县	华县
	合阳县	富平县	大荔县		
延安市	宝塔区				
	安塞县	洛川县	子长县	黄陵县	延川县
	富县	延长县	甘泉县	宜川县	志丹县
	黄龙县	吴旗县			
汉中市	汉台区				
	留坝县	镇巴县	城固县	南郑县	洋县
	宁强县	佛坪县	勉县	西乡县	略阳县
榆林市	榆阳区				
	清涧县	绥德县	神木县	佳县	府谷县
	子洲县	靖边县	横山县	米脂县	吴堡县
	定边县				
安康市	汉滨区				
	紫阳县	岚皋县	旬阳县	镇坪县	平利县
	石泉县	宁陕县	白河县	汉阴县	
商洛市	商州区				
	镇安县	山阳县	洛南县	商南县	丹凤县
	柞水县				

甘肃省县域单位表

兰州市	城关区 永登县	七里河区 榆中县	西固区 皋兰县	安宁区	红古区
金昌市	金川区 永昌县				
白银市	白银区 靖远县	平川区 景泰县	 会宁县		
天水市	秦城区 武山县	北道区 甘谷县	 清水县	 秦安县	 张家川县
嘉峪关市					
武威市	凉州区 民勤县	 古浪县	 天祝县		
定西市	安定区 岷县 漳县	 渭源县	 陇西县	 通渭县	 临洮县
平凉市	崆峒区 灵台县 庄浪县	 静宁县	 崇信县	 华亭县	 泾川县
庆阳市	西峰区 庆城县 宁县	 镇原县 正宁县	 合水县	 华池县	 环县
陇南地区	成县 两当县	礼县 徽县	康县 宕昌县	武都县 西和县	文县
张掖市	甘州区 民乐县	 山丹县	 临泽县	 高台县	 肃南县
酒泉市	肃州区 玉门市 安西县	 敦煌市 金塔县	 阿克塞县	 肃北县	
甘南州	合作市 临潭县 玛曲县	 卓尼县 夏河县	 舟曲县	 迭部县	 碌曲县
临夏州	临夏市 临夏县 东乡县	 康乐县 积石山县	 永靖县	 广河县	 和政县

青海省县域单位表

西宁市	城中区	城东区	城西区	城北区	
	湟源县	湟中县	大通县		
海东地区	平安县	乐都县	民和县	互助县	化隆县
	循化县				
海北州	海晏县	祁连县	刚察县	门源县	
海南州	共和县	同德县	贵德县	兴海县	贵南县
黄南州	同仁县	泽库县	尖扎县	河南县	
果洛州	玛沁县	班玛县	甘德县	达日县	久治县
	玛多县				
玉树州	玉树县	杂多县	称多县	治多县	囊谦县
	曲麻莱县				
海西州	德令哈市	格尔木市			
	乌兰县	天峻县	都兰县		

宁夏回族自治区县域单位表

银川市	兴庆区　金凤区　西夏区 灵武市 永宁县　贺兰县
石嘴山市	大武口区　惠农区 平罗县
吴忠市	利通区 青铜峡市 同心县　盐池县
固原市	原州区 西吉县　隆德县　泾源县　彭阳县
中卫市	沙坡头区 海原县　中宁县

新疆维吾尔自治区县域单位表

乌鲁木齐市	天山区　沙依巴克区　新市区　水磨沟区　头屯河区 达坂城区　东山区 乌鲁木齐县
克拉玛依市	克拉玛依区　独山子区　白碱滩区　乌尔禾区
自治区直辖县级行政单位	石河子市　阿拉尔市　图木舒克市　五家渠市
吐鲁番地区	吐鲁番市 托克逊县　鄯善县
哈密地区	哈密市 伊吾县　巴里坤县
和田地区	和田市 和田县　洛浦县　民丰县　皮山县　策勒县 于田县　墨玉县
阿克苏地区	阿克苏市 温宿县　沙雅县　拜城县　阿瓦提县　库车县 柯坪县　新和县　乌什县
喀什地区	喀什市 巴楚县　泽普县　伽师县　叶城县　岳普湖县 疏勒县　麦盖提县　英吉沙县　莎车县　疏附县 塔什库尔干县
克孜勒苏州	阿图什市 阿合奇县　乌恰县　阿克陶县
巴音郭楞州	库尔勒市 和静县　尉犁县　和硕县　且末县　博湖县 轮台县　若羌县　焉耆县
昌吉州	昌吉市　阜康市　米泉市 奇台县　玛纳斯县　吉木萨尔县　呼图壁县　木垒县
博尔塔拉州	博乐市 精河县　温泉县

新疆维吾尔自治区县域单位表（续）

伊犁州	奎屯市	伊宁市			
	伊宁县	特克斯县	尼勒克县	昭苏县	新源县
	霍城县	巩留县	察布查尔县		
塔城地区	塔城市	乌苏市			
	额敏县	裕民县	沙湾县	托里县	和布克赛尔县
阿勒泰地区	阿勒泰市				
	青河县	吉木乃县	富蕴县	布尔津县	福海县
	哈巴河县				

2004年中国县级以上行政区划变更简况

辽宁　调整营口市部分行政区划。
调整长海县和庄河市部分行政区划。

黑龙江　撤销哈尔滨市太平区，将其行政区域划归哈尔滨市道外区管辖。
设立哈尔滨市松北区。调整道外区部分行政区划。
撤销呼兰县，设立哈尔滨市呼兰区。以原呼兰县的行政区域（不含乐业、对青山2个镇）为呼兰区的行政区域。

江苏　撤销宿豫县，设立宿迁市宿豫区。
调整宿迁市宿城区部分行政区划。

安徽　蚌埠市东市区更名为龙子湖区，中市区更名为蚌山区，西市区更名为禹会区，郊区更名为淮上区。
调整蚌埠市龙子湖区、蚌山区、禹会区、淮上区的行政区划。
调整淮南市和长丰县部分行政区划。

江西　调整南昌市市辖区部分行政区划。

山东　设立日照市岚山区，调整东港区部分行政区划。

河南　撤销郾城县，设立漯河市郾城区、召陵区。
调整源汇区部分行政区划。

广东　撤销韶关市北江区、曲江县，设立韶关市曲江区。
调整韶关市浈江区、武江区和仁化县的部分行政区划。

广西　撤销南宁市城北区、永新区、邕宁县，设立西乡塘区、良庆区、邕宁区　。
新城区更名为青秀区。

云南　调整昆明市五华区、盘龙区、官渡区、西山区的行政区划。

甘肃　撤销陇南地区和武都县，设立地级陇南市。陇南市设立武都区。陇南市辖原陇南地区的成县、文县、宕昌县、康县、西和县、礼县、徽县、两当县和新设立的武都区。
天水市秦城区更名为秦州区、北道区更名为麦积区。

注：　根据国务院办公厅关于暂停行政区划调整审批的通知(国办函[2004]53号 2004年7月17日)，为了保证全国经济普查工作的顺利进行，避免行政区划变动影响统计数据质量，2004年全国行政区划审批截止时间提前到9月30日，10月1日至12月31日暂停对行政区划调整的审批。

中国县域经济概况

全国县域经济总量

全国县域经济总体数量

截止到2003年12月31日，全国县级行政区划有2861个（香港特别行政区、澳门特别行政区、台湾省除外），其中：市辖区845个，县级市374个，县1470个，自治县117个，旗49个，自治旗3个，特区2个，林区1个。

参加第四届全国县域经济基本竞争力评价的县域单位不包括市辖区、福建省金门县和新疆维吾尔自治区阿拉尔市、图木舒克市、五家渠市等3市，共计2012个。

全国县域国土面积

全国县域内陆地国土面积874万多平方千米（根据中华人民共和国行政区划简册2004统计），占全国陆地国土面积的94.0%，见图1。

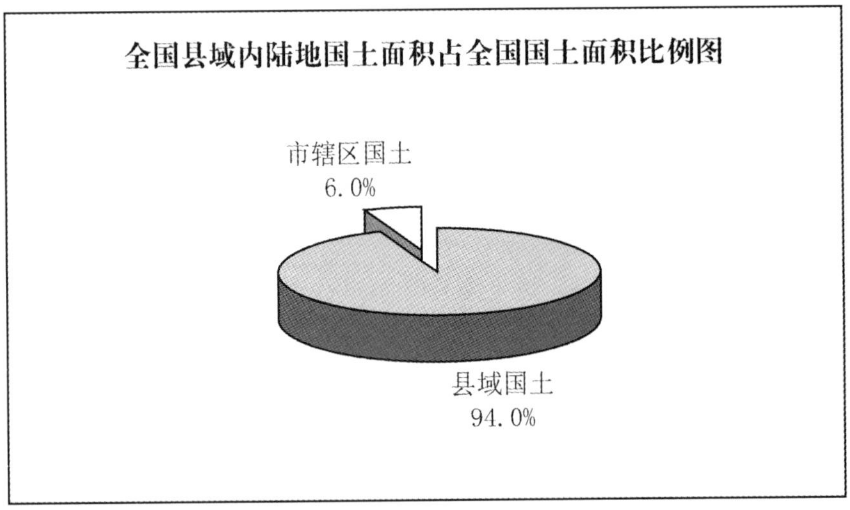

图1　全国县域内陆地国土面积占全国国土面积比例图

全国县域内人口

全国县域内人口达9.16亿，占全国总人口的70.9%，见图2。县域内人口最多的省市区是西藏自治区和贵州省，分别达90.6%和89.4%；县域内人口最少的省市区是上海市，仅为3.7%。全国各省市区县域人口占该省市区总人口比例情况见图3。

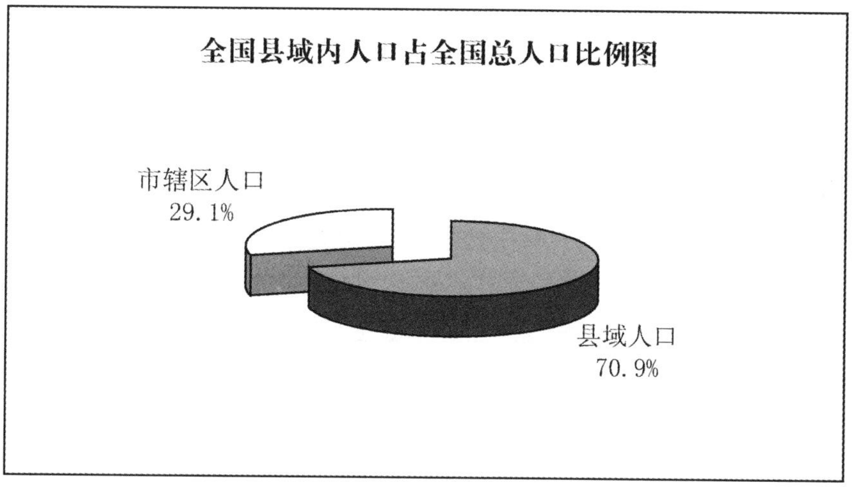

图2　全国县域内人口占全国总人口比例图

全国县域内地区生产总值（GDP）

2003年，全国县域经济GDP为6.45万亿，占全国GDP的55.15%，见图4。

县域经济GDP比例最大的省市区是贵州省，达74.4%；最小的是上海市，仅为1.1%。全国各省市区县域经济GDP比例见图5。

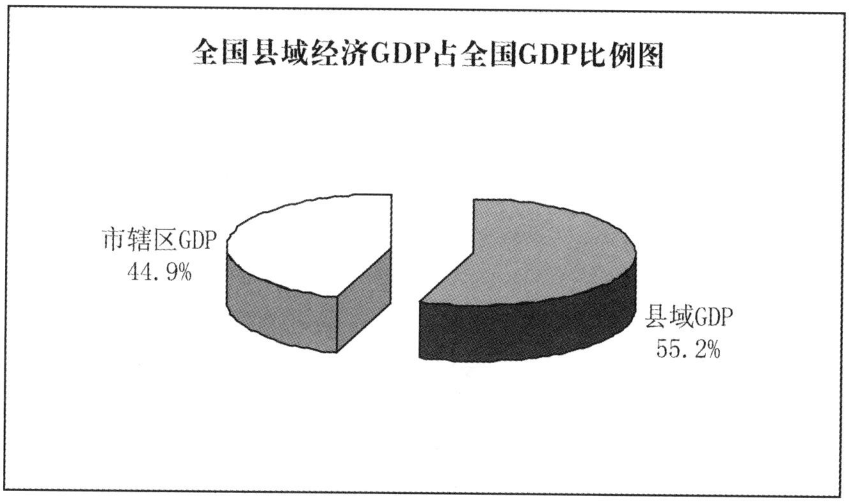

图4　全国县域经济GDP占全国GDP比例图

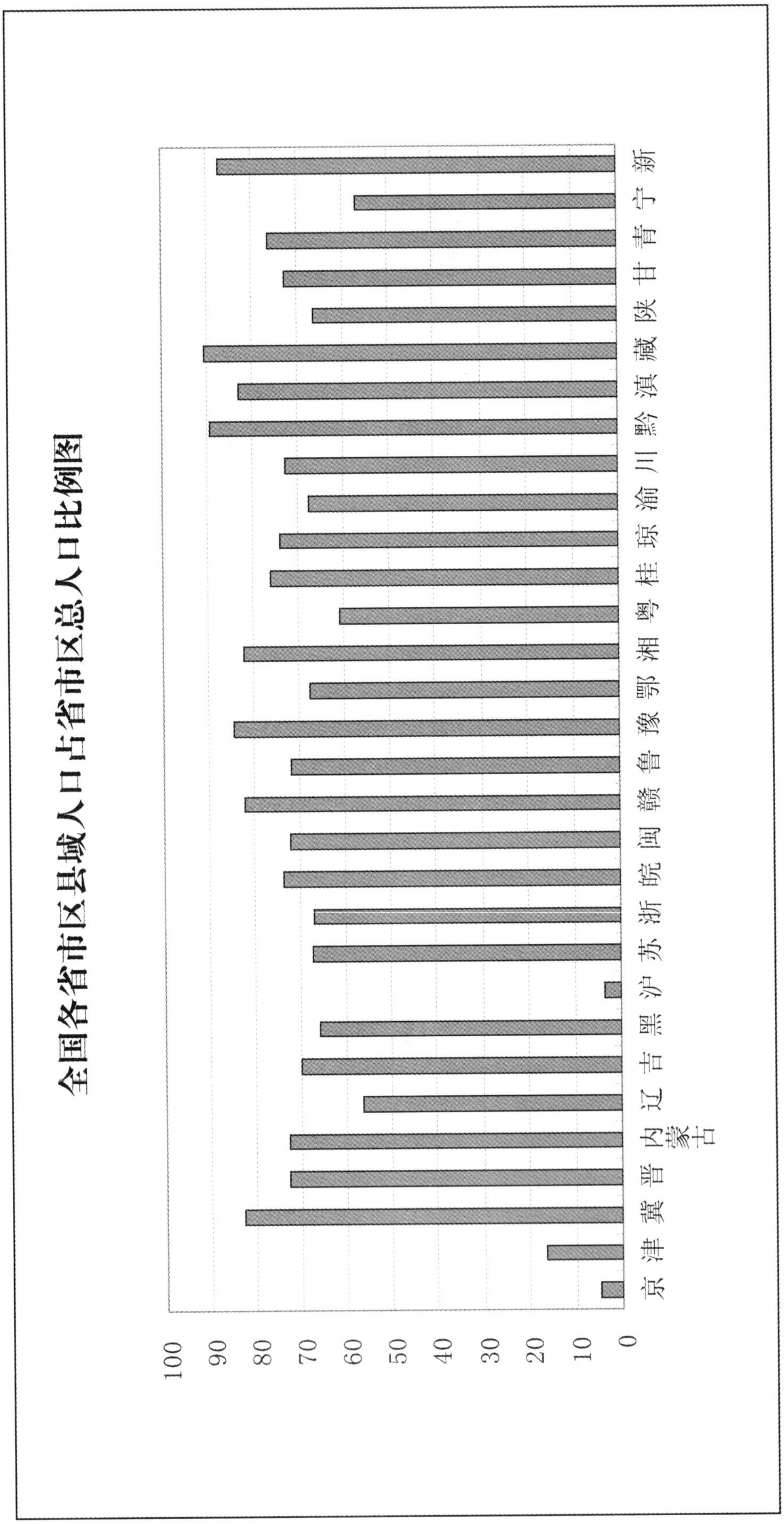

图3 全国各省市区县域人口占省市区总人口比例图

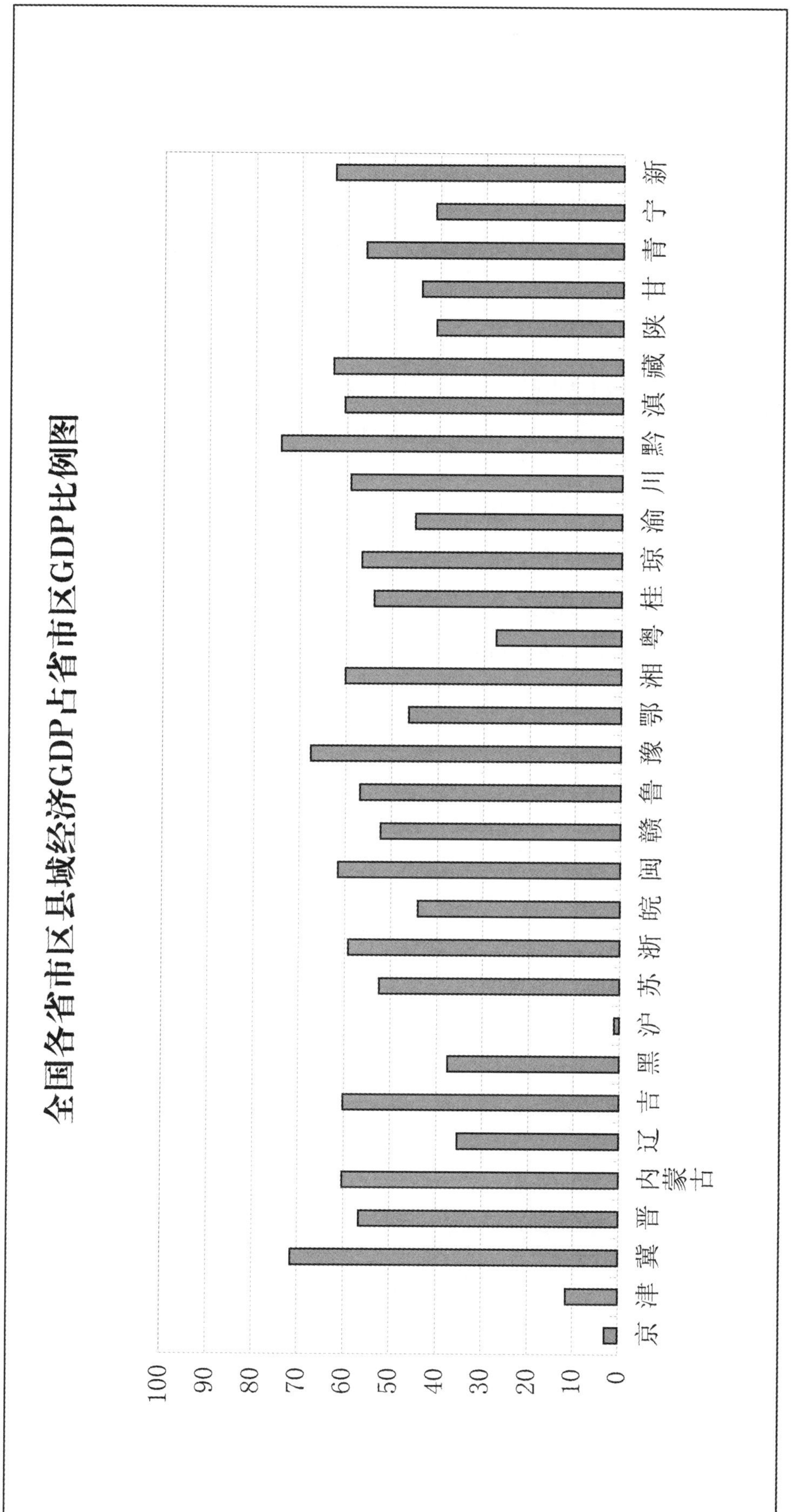

图5　全国各省市区县域经济GDP占省市区GDP比例图

全国县域经济平均规模

全国县域经济平均规模

县域人口平均45.53万人，县域经济GDP平均32.04亿元，地方财政收入平均1.21亿元。

全国各省市区县域经济平均规模比较

县域人口规模、GDP规模、地方财政收入规模分别见图6 、图7 、图8 。

全国县域经济差异性

县域经济之所以引起社会的广泛关注是因为县域经济的差异性，这个差异性主要表现在县域经济与中心城区的差异以及县域经济本身的差异。县域经济的差异性以及相关联的县域社会差异性成为全面建设小康社会进程中的重点和难点。

全国县域人均 GDP

2003年，全国县域人均GDP6770元，全国人均GDP9057元，百强县人均GDP21000元。2003年全国县域人均GDP是全国的74.8%；人均GDP最高的100个县域是最低县域的人均GDP的15.1倍。

若小康水平（人均GDP）按800美元计，约合人民币6500元，则表明：到2003年底，全国县域人均GDP与小康水平相当。但平均数不等于大多数，人均GDP小康水平以下的县市占全国县市总数的比例接近64%。见2003年全国县域经济人均GDP分布曲线。

全国县域人均GDP与小康水平对比情况见图9。

全国县域经济人均 GDP 分布曲线

从2003年全国县域经济人均GDP分布曲线来看，曲线的众数在3500元左右，也就是说全国大部份县市的人均GDP在3500元左右，见图10 。

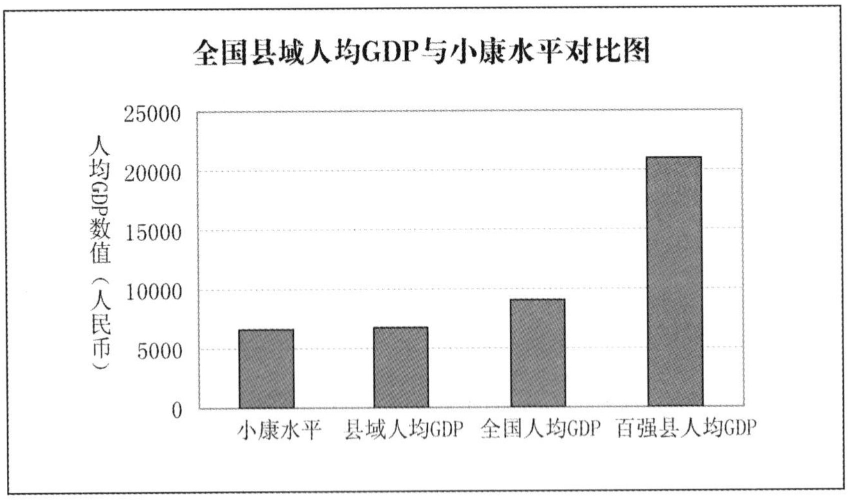

图9　全国县域人均GDP与小康水平对比图

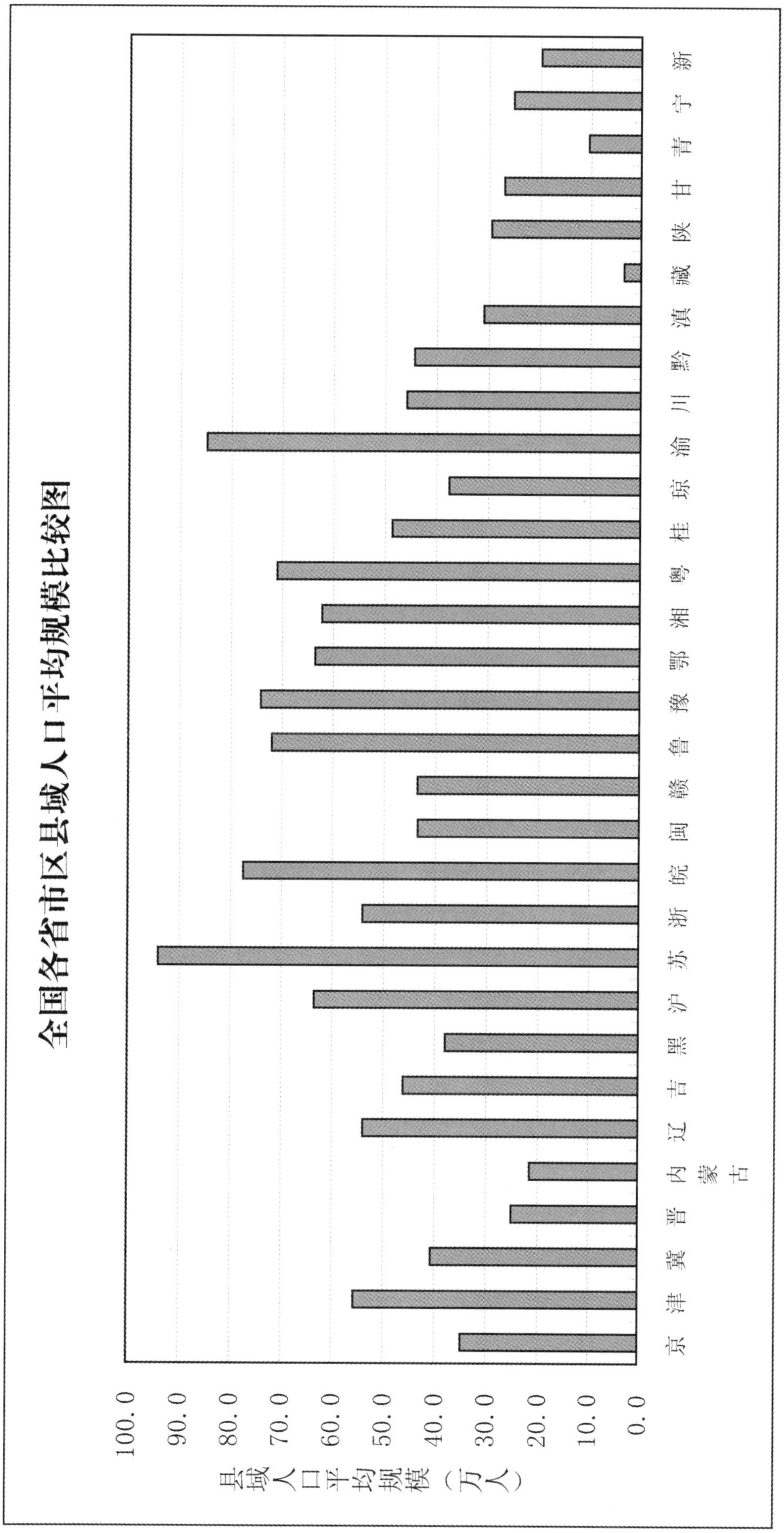

图6　全国各省市区县域人口平均规模比较图

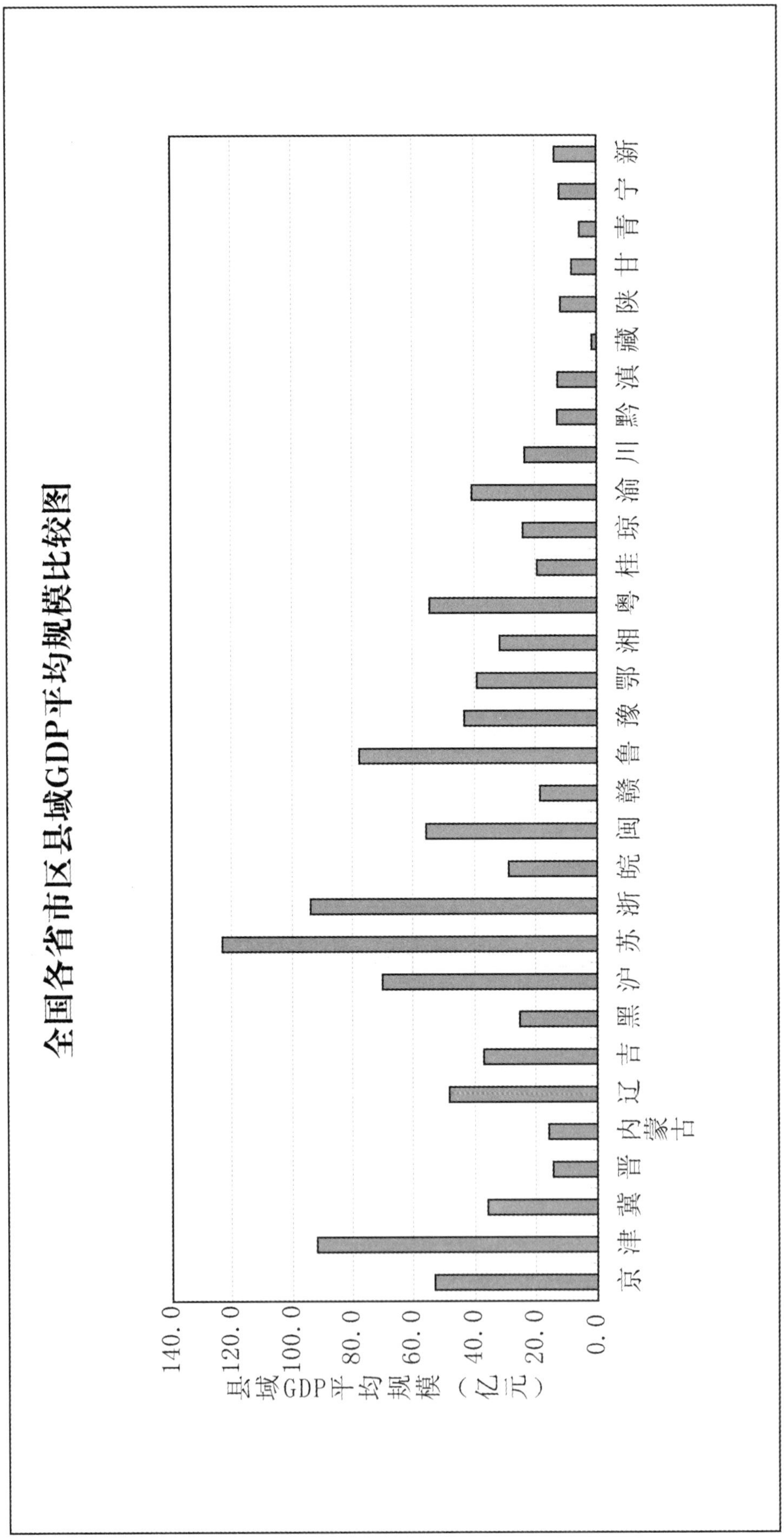

图7　全国各省市区县域经济GDP平均规模比较图

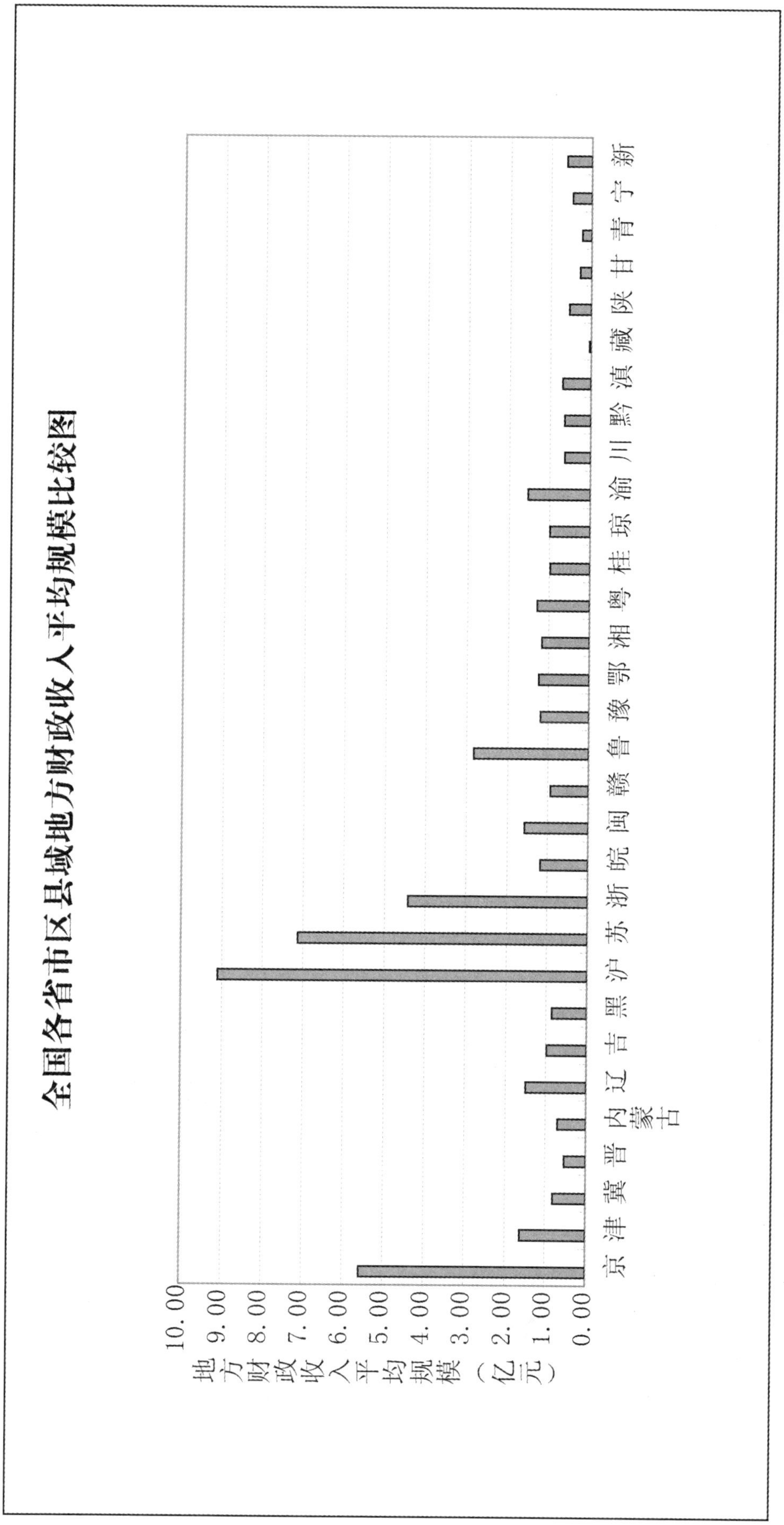

图8　全国各省市区县域地方财政收入平均规模比较图

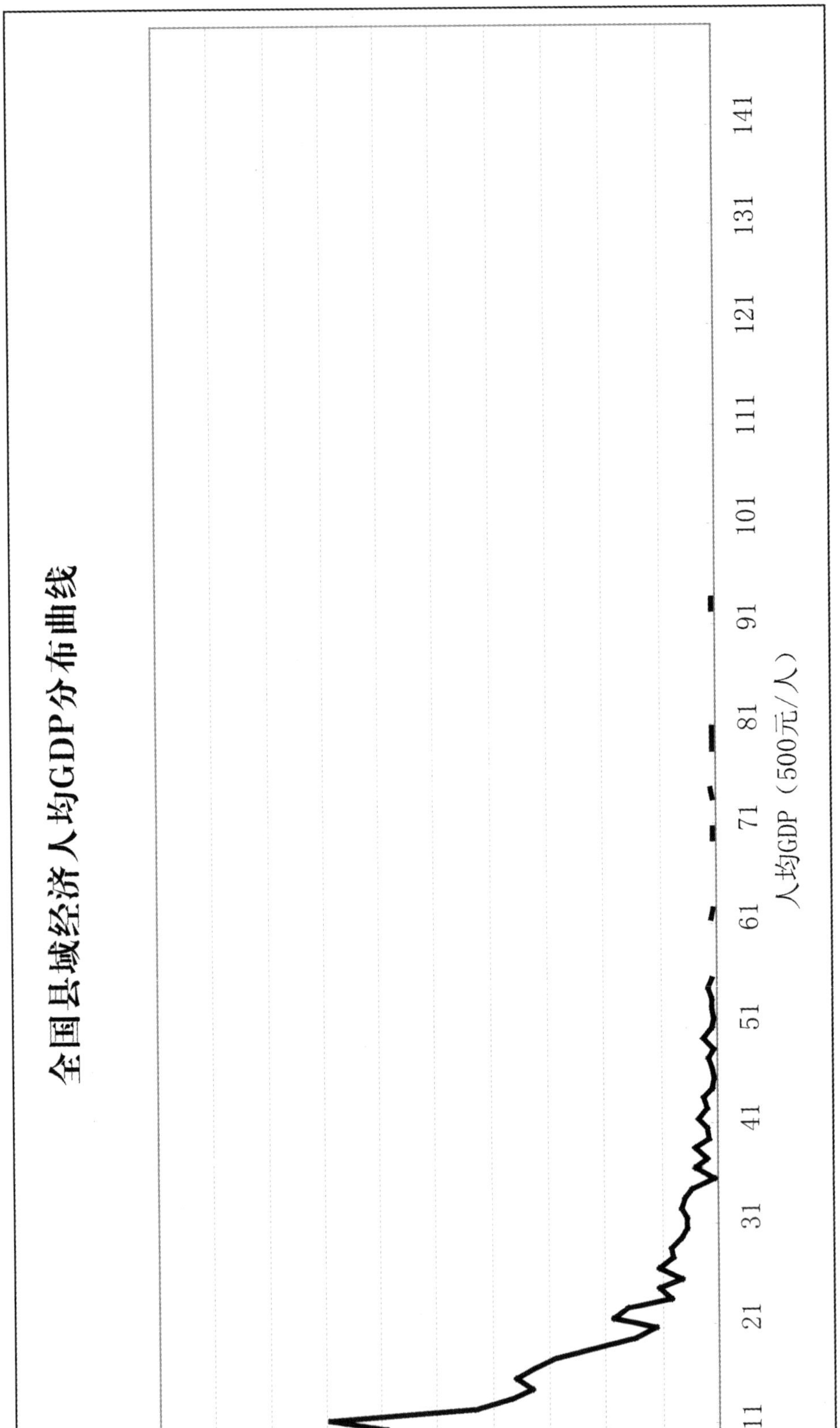

图10　全国县域经济人均GDP分布曲线

全国县域经济百强县（市）

全国县域经济百强县（市）分布

在第四届中国县域经济基本竞争力百强县（市）中，北京1个，河北省3个，山西省1个，辽宁省5个，上海市1个，江苏省21个，浙江省27个，福建省8个，山东省21个，河南省2个，湖北省1个，湖南省1个，广东省6个，四川省1个，新疆维吾尔自治区1个。百强县（市）主要分布在东部地区，东部地区有93个，中部地区5个，西部地区2个。

全国县域经济百强县（市）平均规模

中国县域经济基本竞争力百强县（市）的平均规模是：人口84.8万人，GDP164.7亿元，地方财政收入7.6亿元；百强县（市）分别是全国县域平均规模的1.86倍、5.14倍、6.29倍，参见图11。

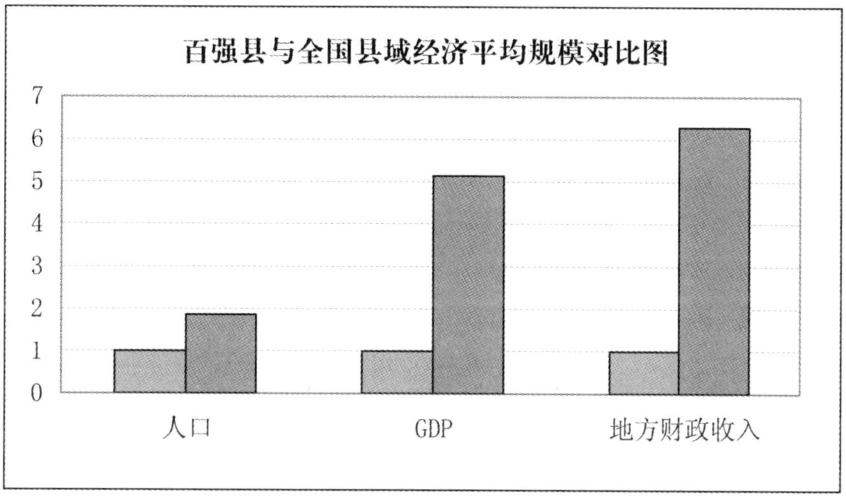

图11　百强县与全国县域经济平均规模对比图

全国县域经济百强县（市）产业比

中国县域经济基本竞争力百强县（市）产业结构：一产：二产：三产比例是11.8:55.3:32.9，见图12。一产比例最高的达31.2%，最低的有1.9%；二产比例最高的达77.7%，最低的有31.4%；三产比例最高的达43.7%，最低的有17.6%。百强县（市）的产业结构差异性反映出县域经济的两大特点——地域特色和开放性。

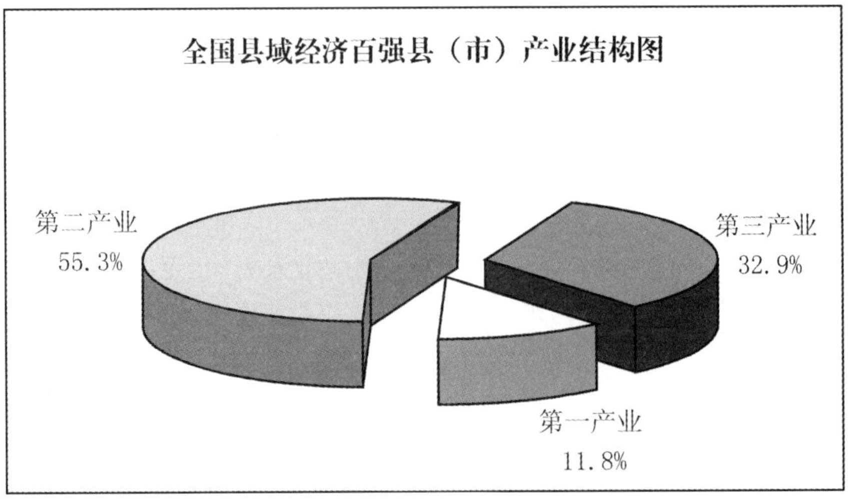

图12　全国县域经济百强县（市）产业结构图

全国各省市区县域经济基本竞争力评价情况

全国各省市区将所属的所有县（市）的经济基本竞争力排位的平均数的互补数作为各省市区的县域经济基本竞争力数，进行全国各省市区的县域经济基本竞争力评价排序。全国各省市区县域经济基本竞争力的对比情况，见图13。

全国各省市区县域经济基本竞争力状态图

全国各省市区县域经济基本竞争力状态图说明

中国县域经济基本竞争力状态图是各省市区以县域经济基本竞争力数大小为条框高低来表示的图形。县域经济基本竞争力数为其基本竞争力排位的互补数。

中国县域经济基本竞争力状态图能够非常直观地反映出全国各省市区及各省市内县域经济基本竞争力差异性，为政府和企业制定地区协调政策和地区投资布局等提供非常有益的帮助。

另：中国县域经济基本竞争力地图也可以直观地反映出全国各省市区及各省市内县域经济基本竞争力差异性，是各省市区以县域经济基本竞争力等级为对应颜色来表示的图形，各县域依据其基本竞争力等级选取对应的颜色。A级和B级对应强红和弱红；B级和C级对应强黄和弱黄；E级和F级对应强绿和弱绿；G级和H级对应强蓝和弱蓝；I级和J级对应强灰和弱灰。中国县域经济基本竞争力地图，由于变化不大，本卷不再制作，请参阅《中国县域经济（2002)》。

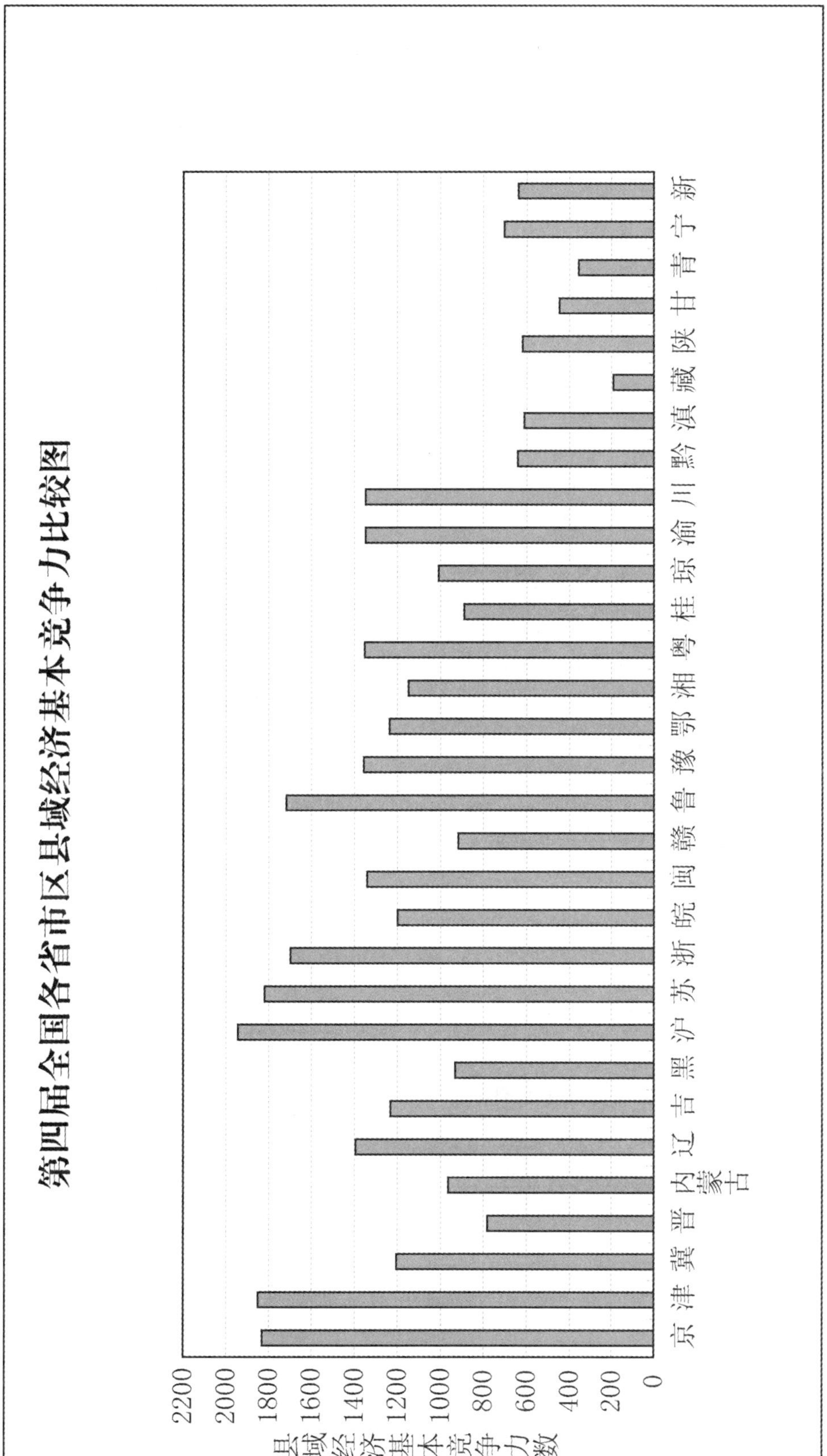

图13　第四届全国各省市区县域经济基本竞争力比较图

各省市区县域经济基本竞争力状态图

安徽省 61 个县域经济基本竞争力状态图，见图 14。

重庆市 25 个县域经济基本竞争力状态图，见图 15。

福建省 58 个县域经济基本竞争力状态图，见图 16。

甘肃省 70 个县域经济基本竞争力状态图，见图 17。

广东省 68 个县域经济基本竞争力状态图，见图 18。

广西壮族自治区 76 个县域经济基本竞争力状态图，见图 19。

贵州省 78 个县域经济基本竞争力状态图，见图 20。

海南省 16 个县域经济基本竞争力状态图，见图 21。

河北省 136 个县域经济基本竞争力状态图，见图 22。

河南省 110 个县域经济基本竞争力状态图，见图 23。

黑龙江省66个县域经济基本竞争力状态图，见图 24。

湖北省 64 个县域经济基本竞争力状态图，见图 25。

湖南省 88 个县域经济基本竞争力状态图，见图 26。

吉林省 41 个县域经济基本竞争力状态图，见图 27。

江苏省 53 个县域经济基本竞争力状态图，见图 28。

江西省 80 个县域经济基本竞争力状态图，见图 29。

辽宁省 44 个县域经济基本竞争力状态图，见图 30。

内蒙古自治区 80 个县域经济基本竞争力状态图，见图 31。

宁夏回族自治区 13 个县域经济基本竞争力状态图，见图 32。

青海省 39 个县域经济基本竞争力状态图，见图 33。

山东省 91 个县域经济基本竞争力状态图，见图 34。

山西省 96 个县域经济基本竞争力状态图，见图 35。

陕西省 83 个县域经济基本竞争力状态图，见图 36。

四川省 138 个县域经济基本竞争力状态图，见图 37。

西藏自治区72个县域经济基本竞争力状态图，见图 38。

新疆维吾尔自治区 85 个县域经济基本竞争力状态图，见图 39。

云南省 117 个县域经济基本竞争力状态图，见图 40。

浙江省 58 个县域经济基本竞争力状态图，见图 41。

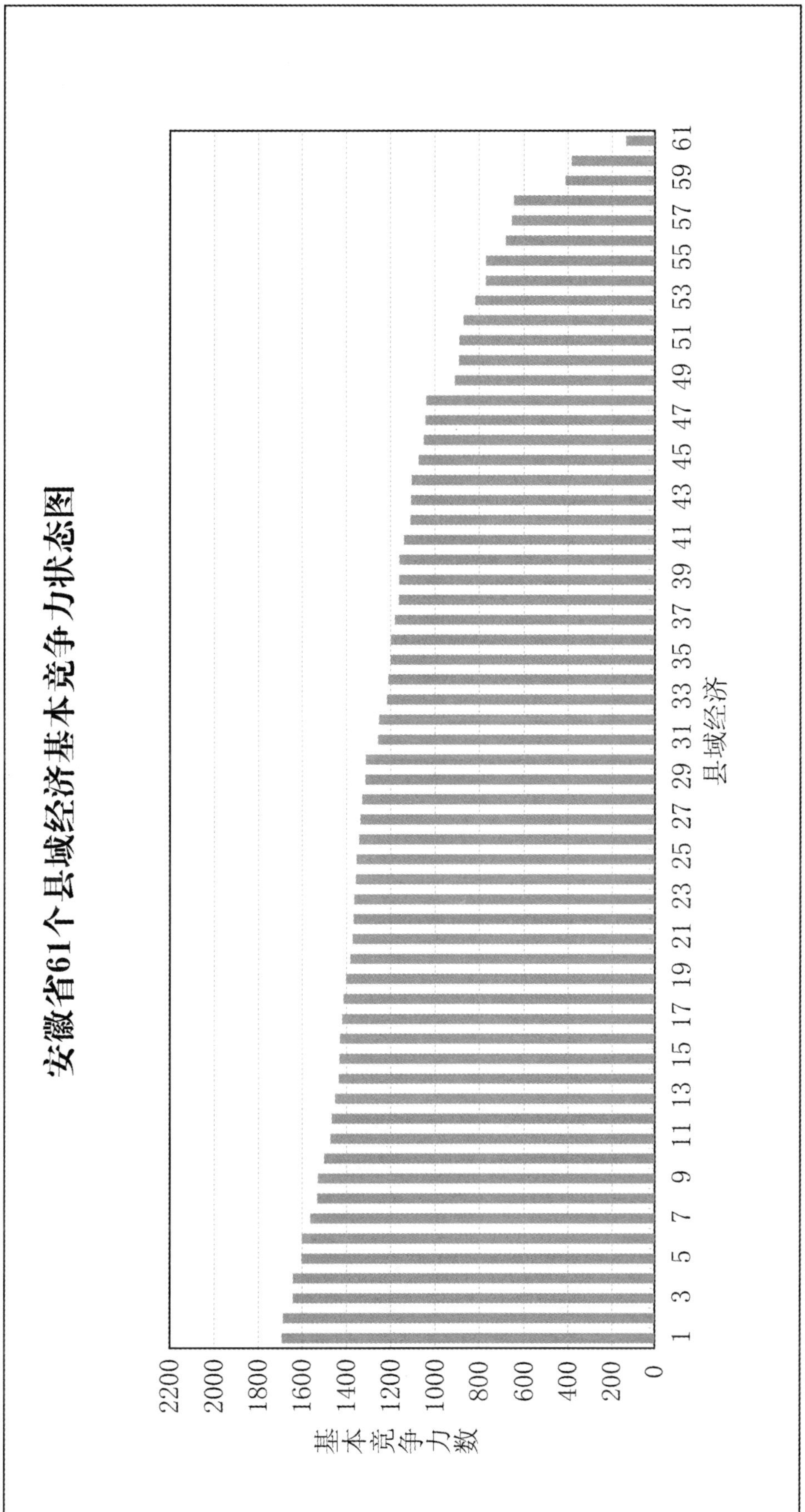

图14　安徽省61个县域经济基本竞争力状态图

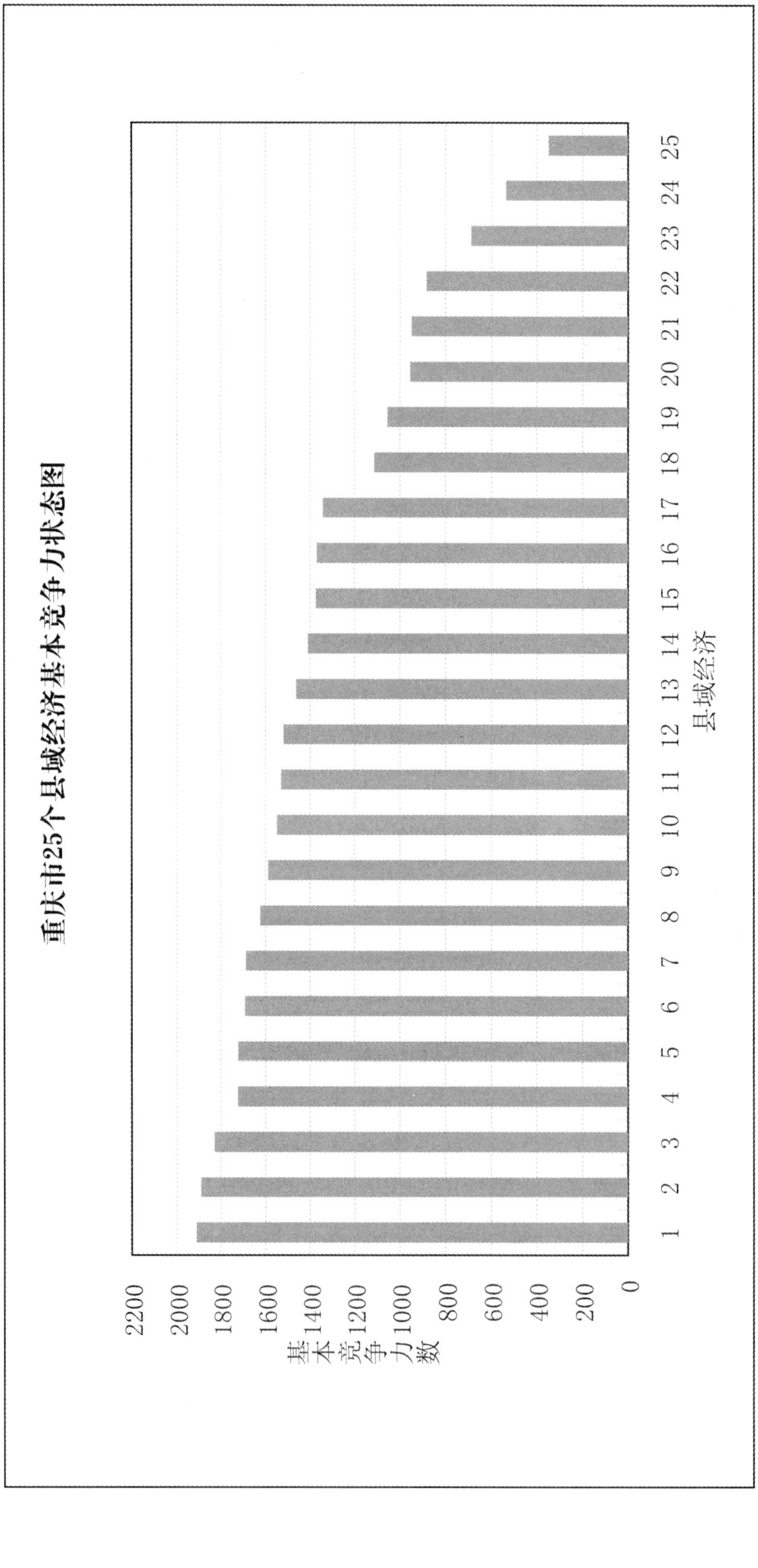

图15　重庆市25个县域经济基本竞争力状态图

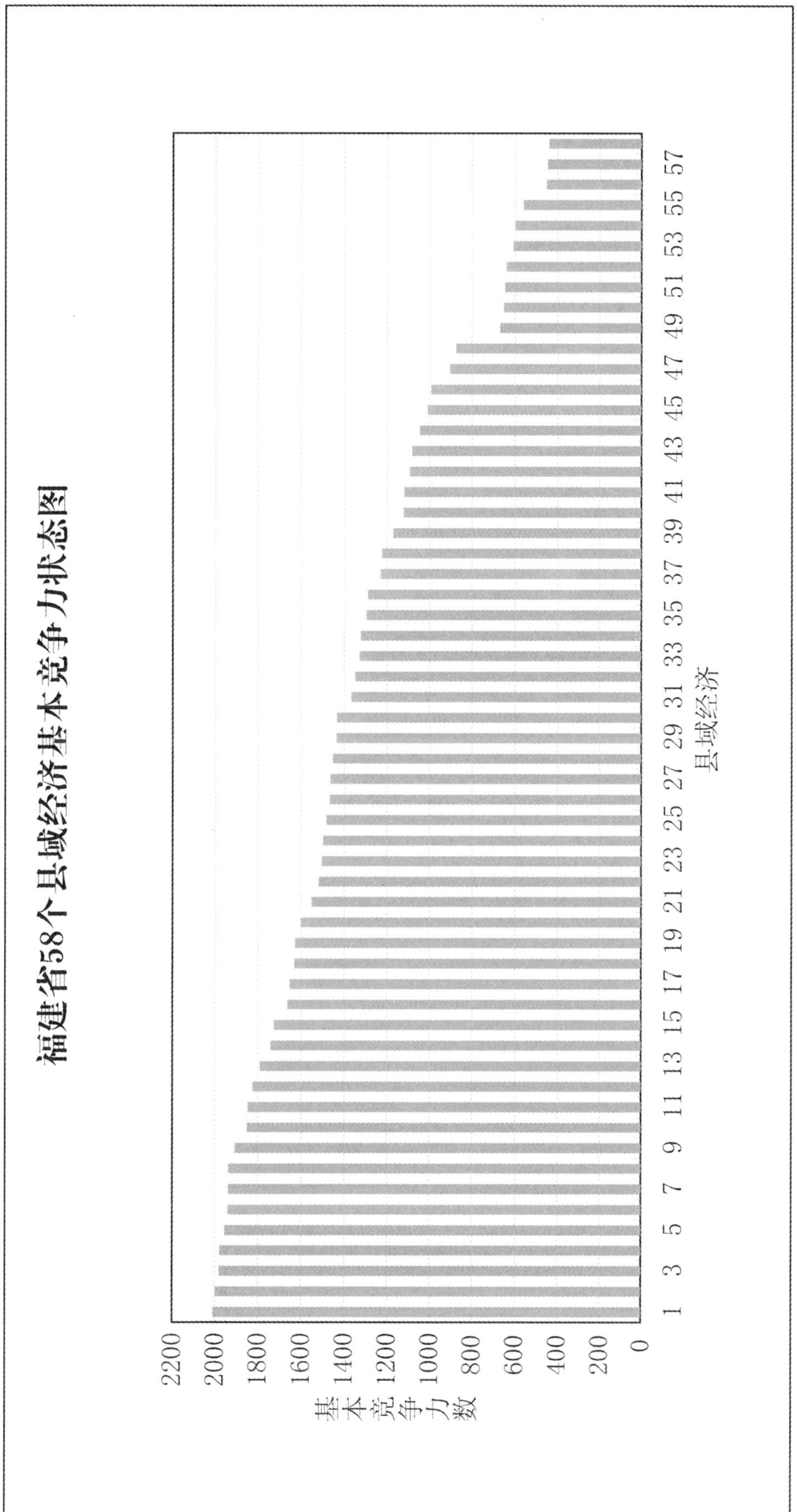

图16　福建省58个县域经济基本竞争力状态图

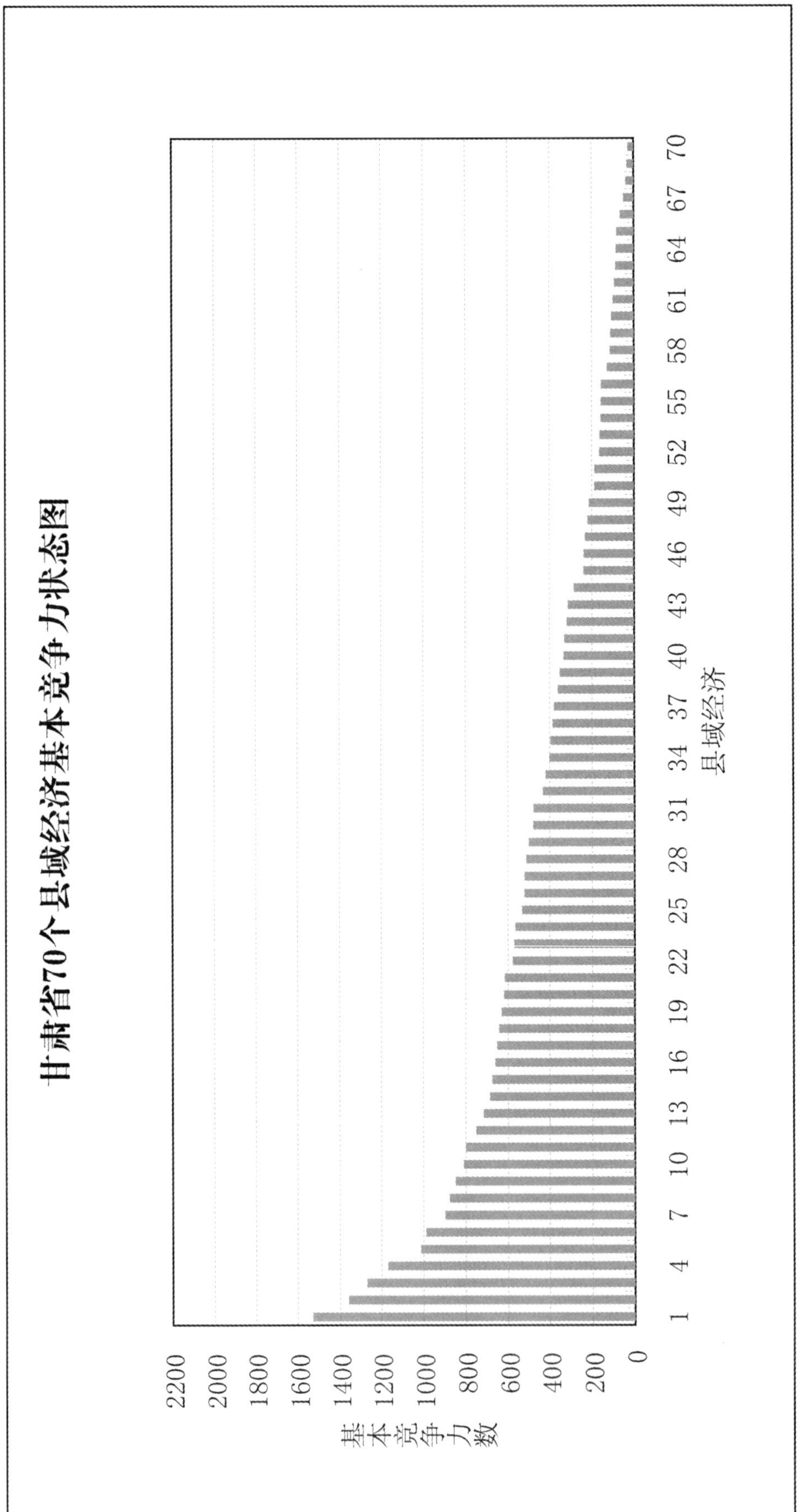

图17　甘肃省70个县域经济基本竞争力状态图

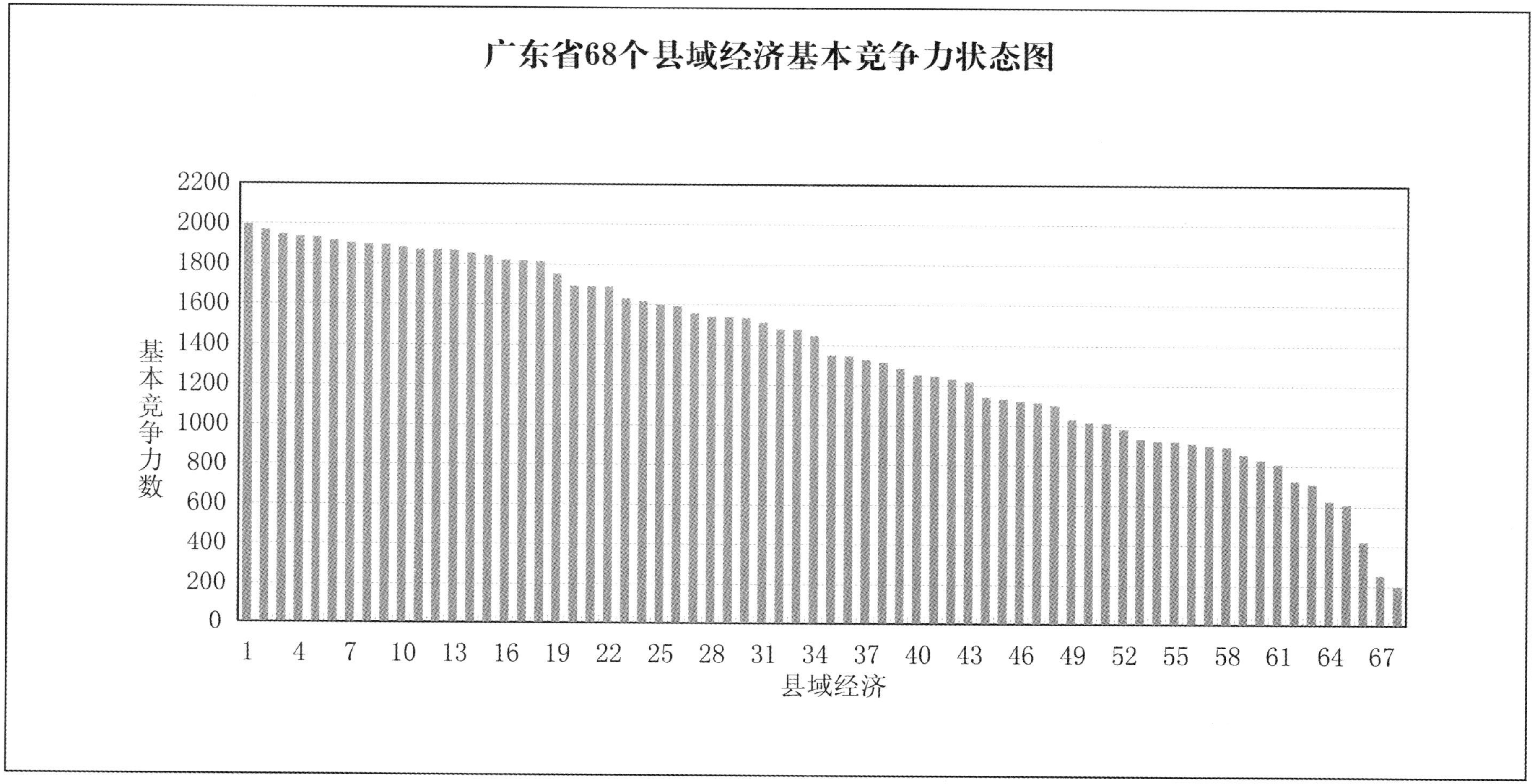

图18　广东省68个县域经济基本竞争力状态图

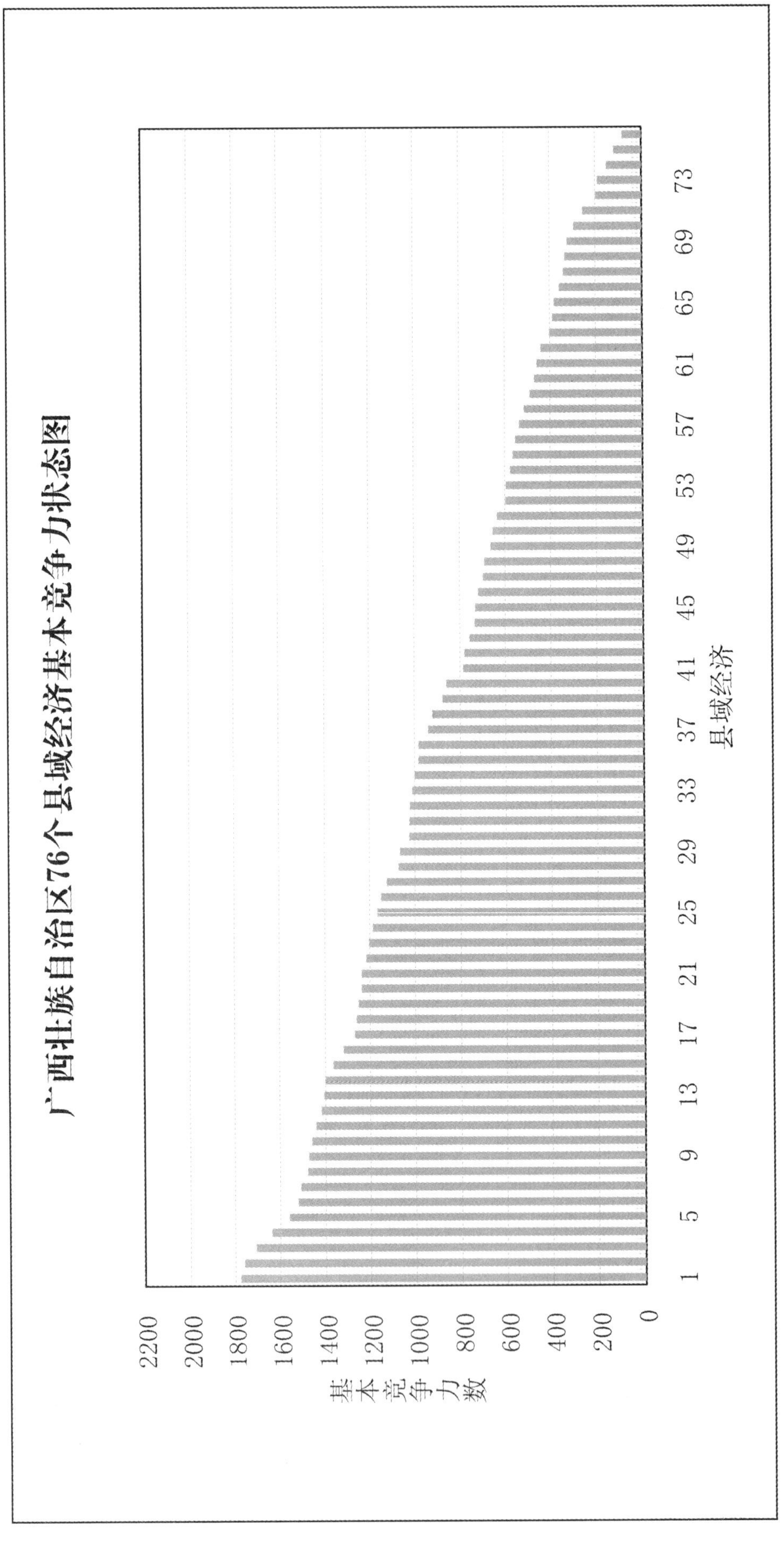

图19 广西壮族自治区76个县域经济基本竞争力状态图

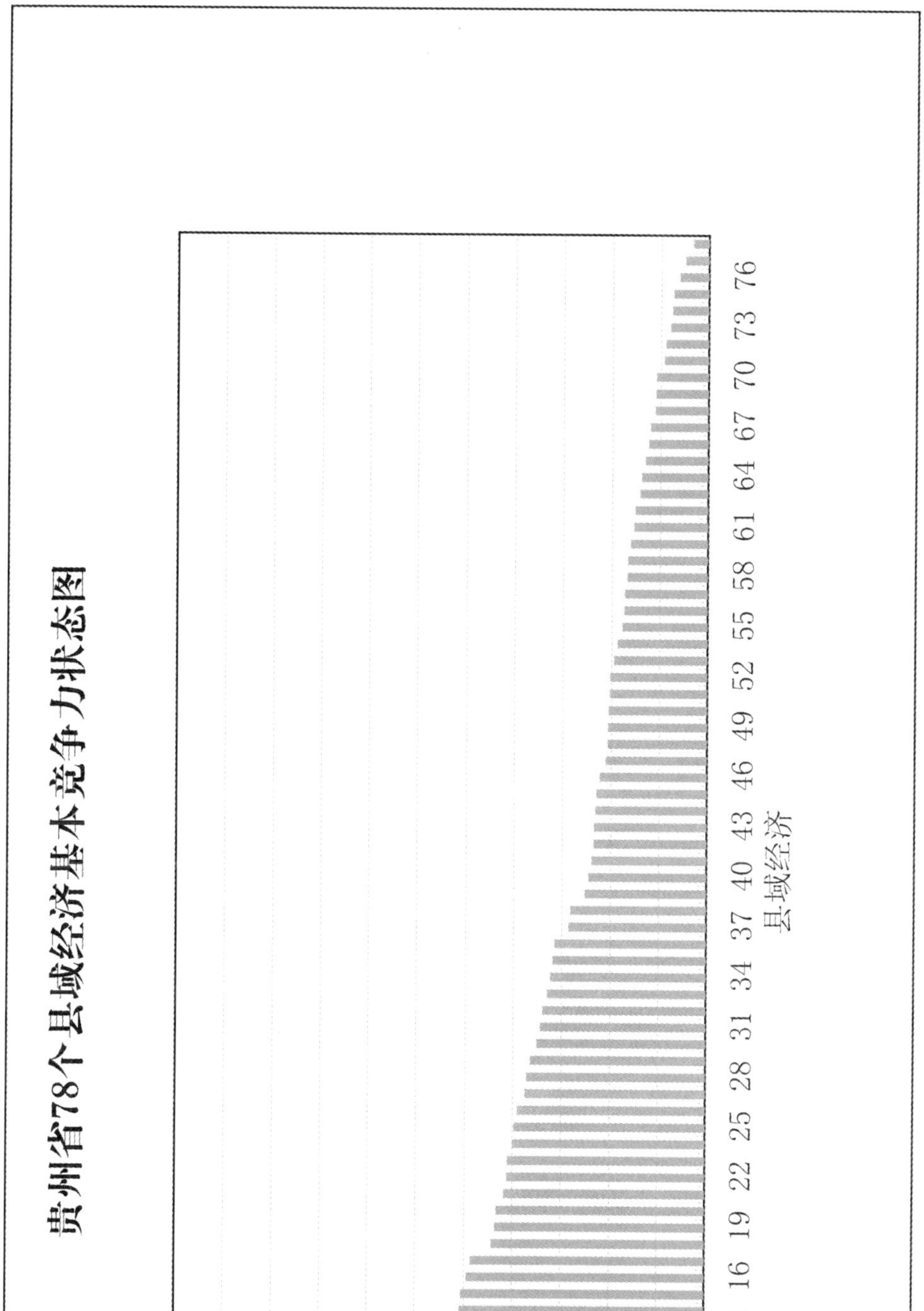

图20　贵州省78个县域经济基本竞争力状态图

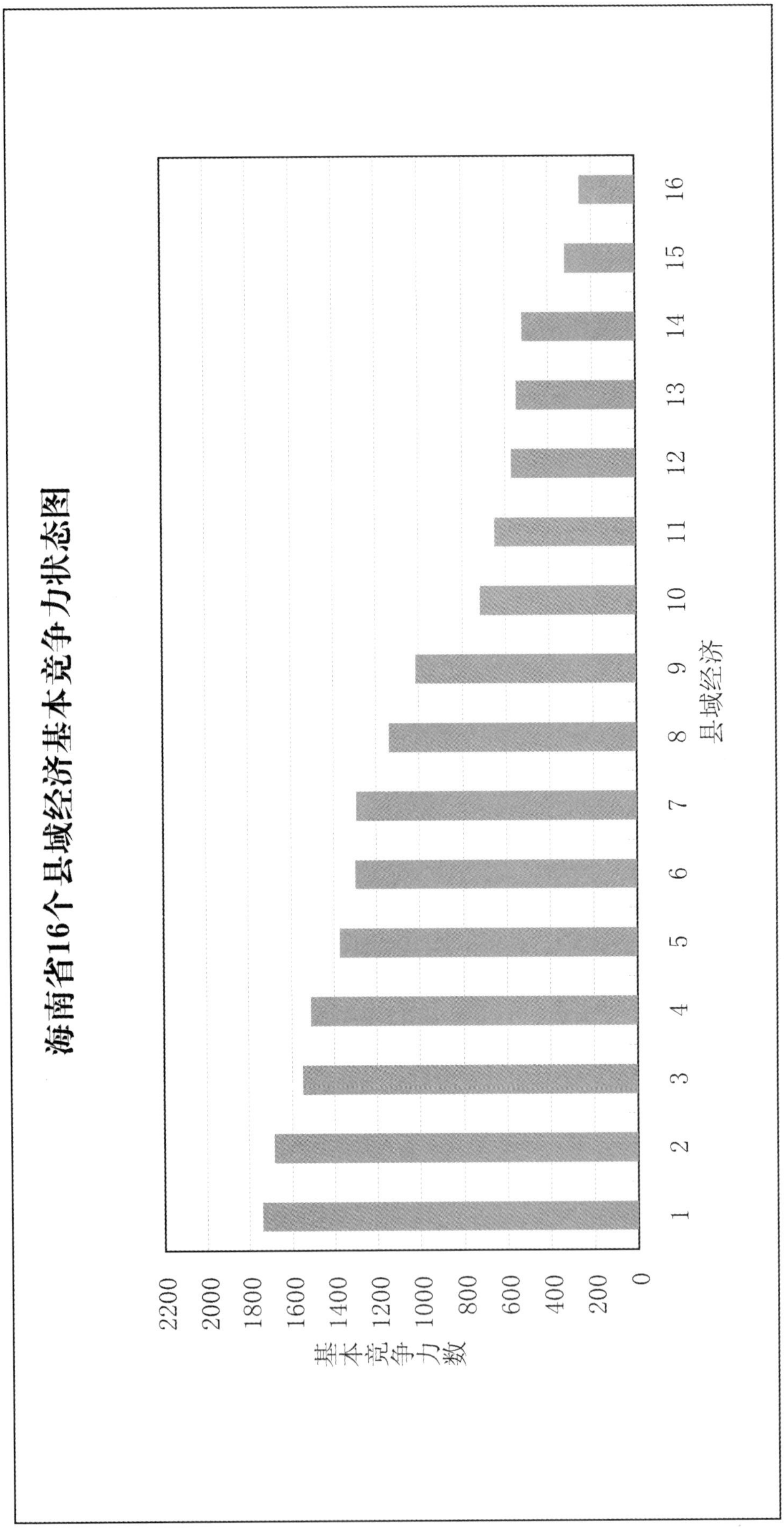

图21　海南省16个县域经济基本竞争力状态图

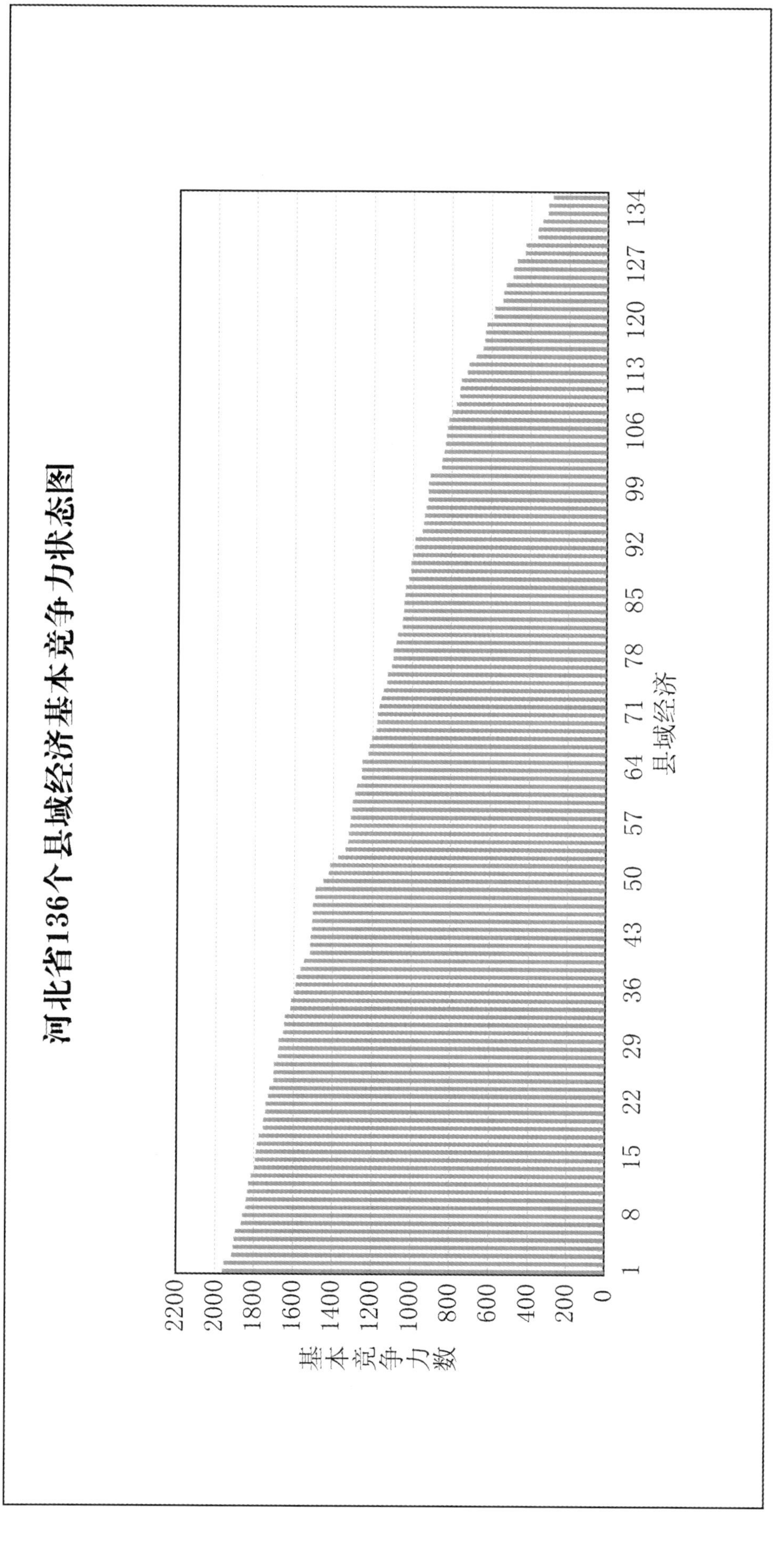

图22　河北省136个县域经济基本竞争力状态图

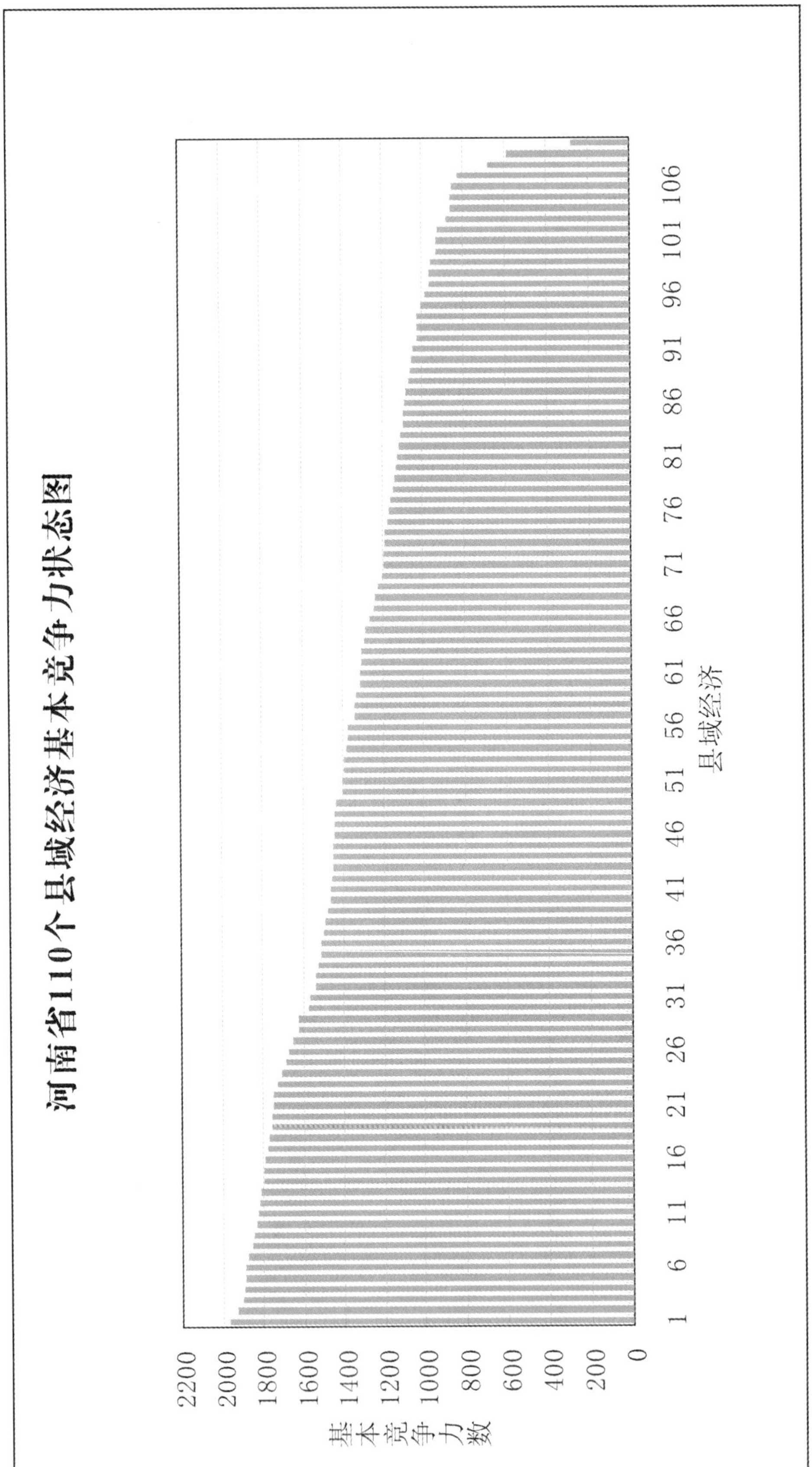

图23　河南省110个县域经济基本竞争力状态图

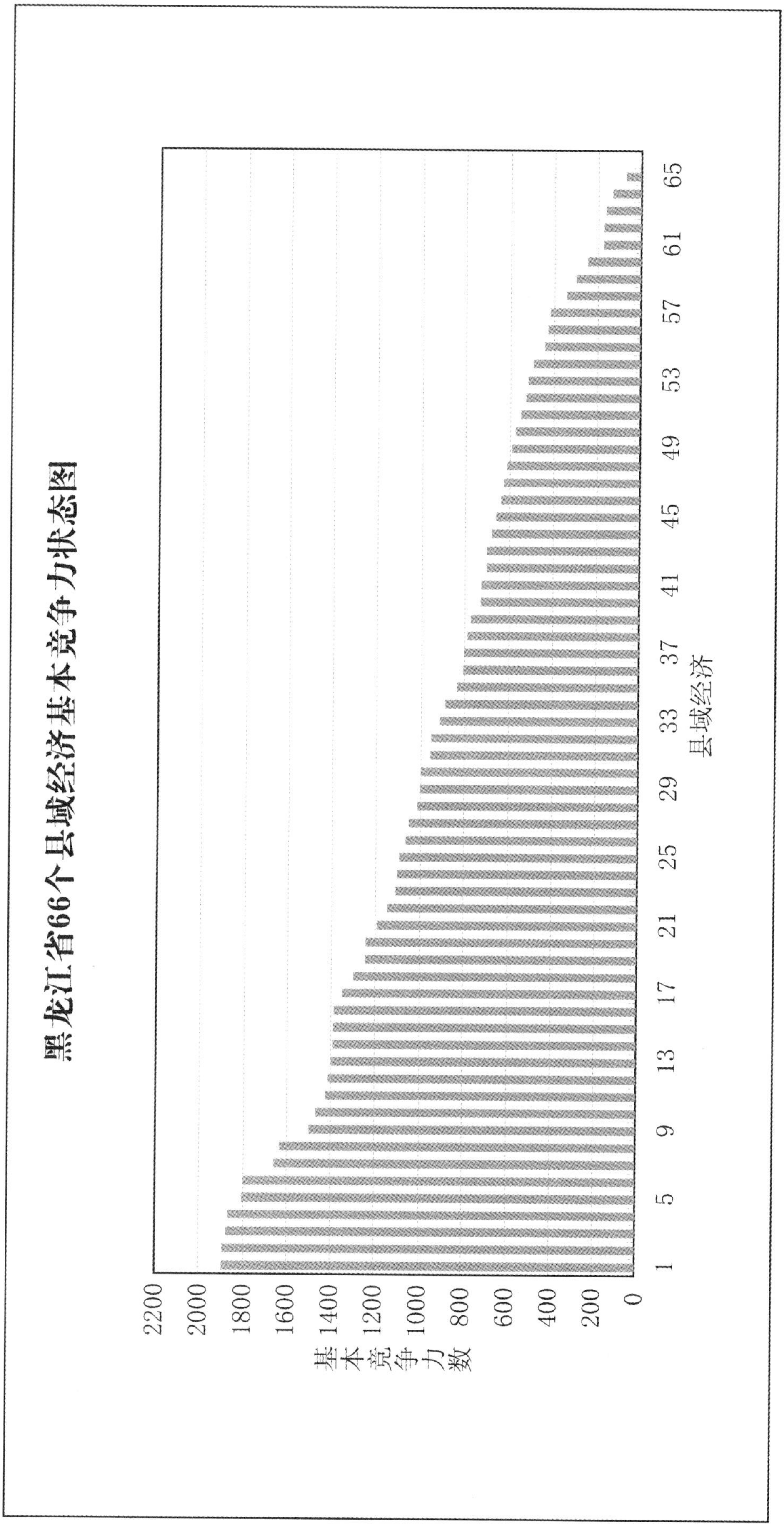

图24　黑龙江省66个县域经济基本竞争力状态图

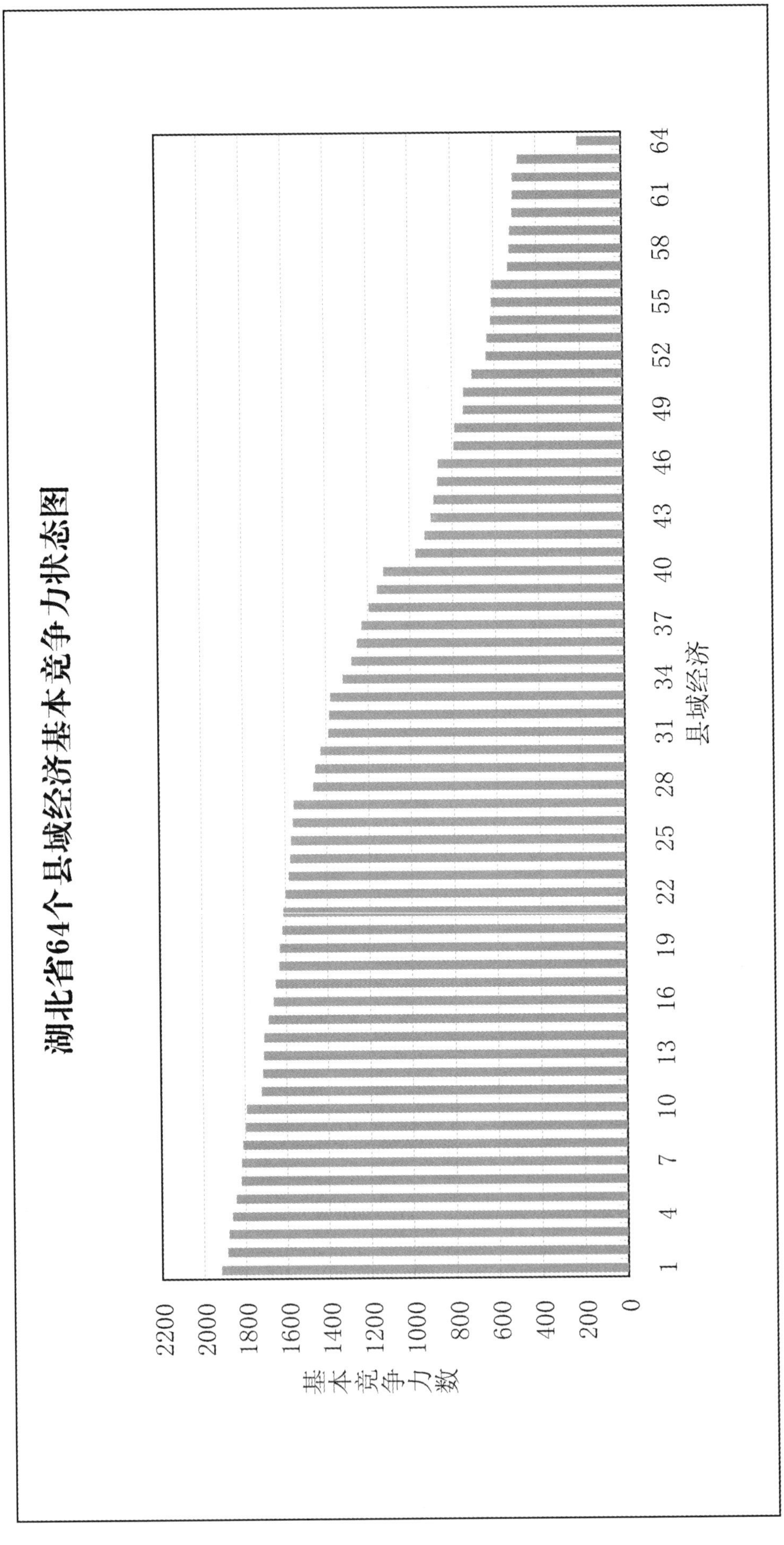

图25　湖北省64个县域经济基本竞争力状态图

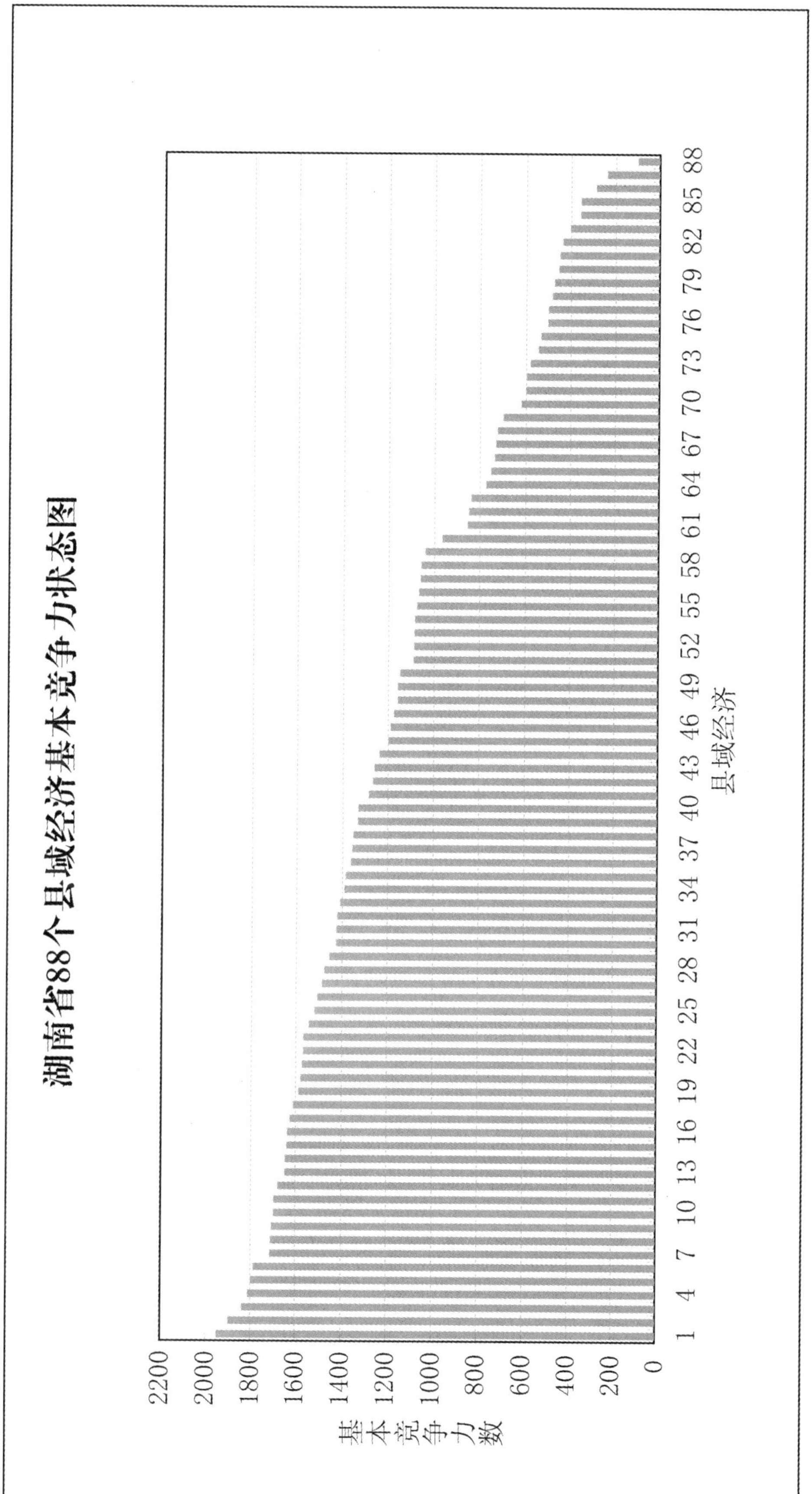

图26　湖南省88个县域经济基本竞争力状态图

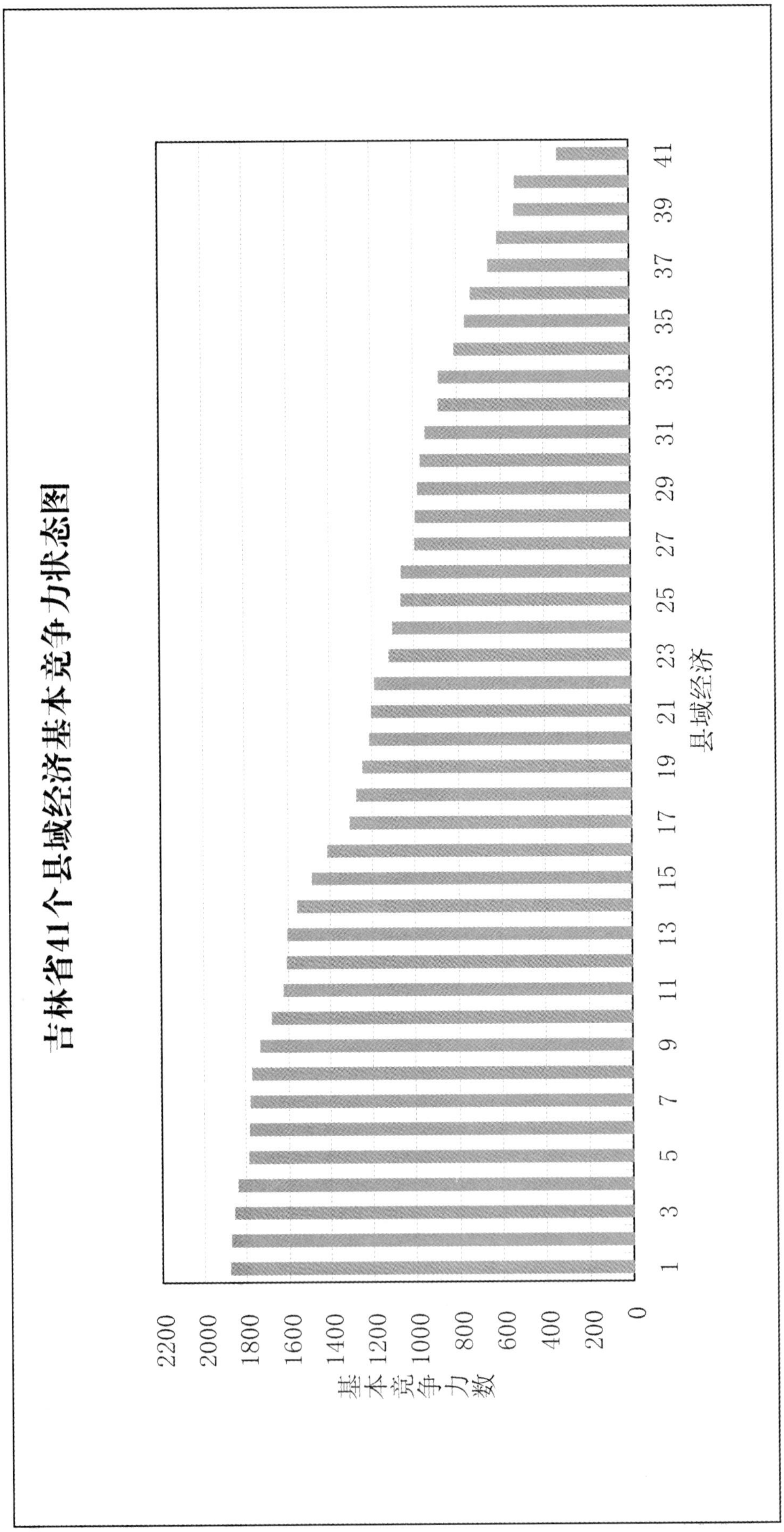

图27　吉林省41个县域经济基本竞争力状态图

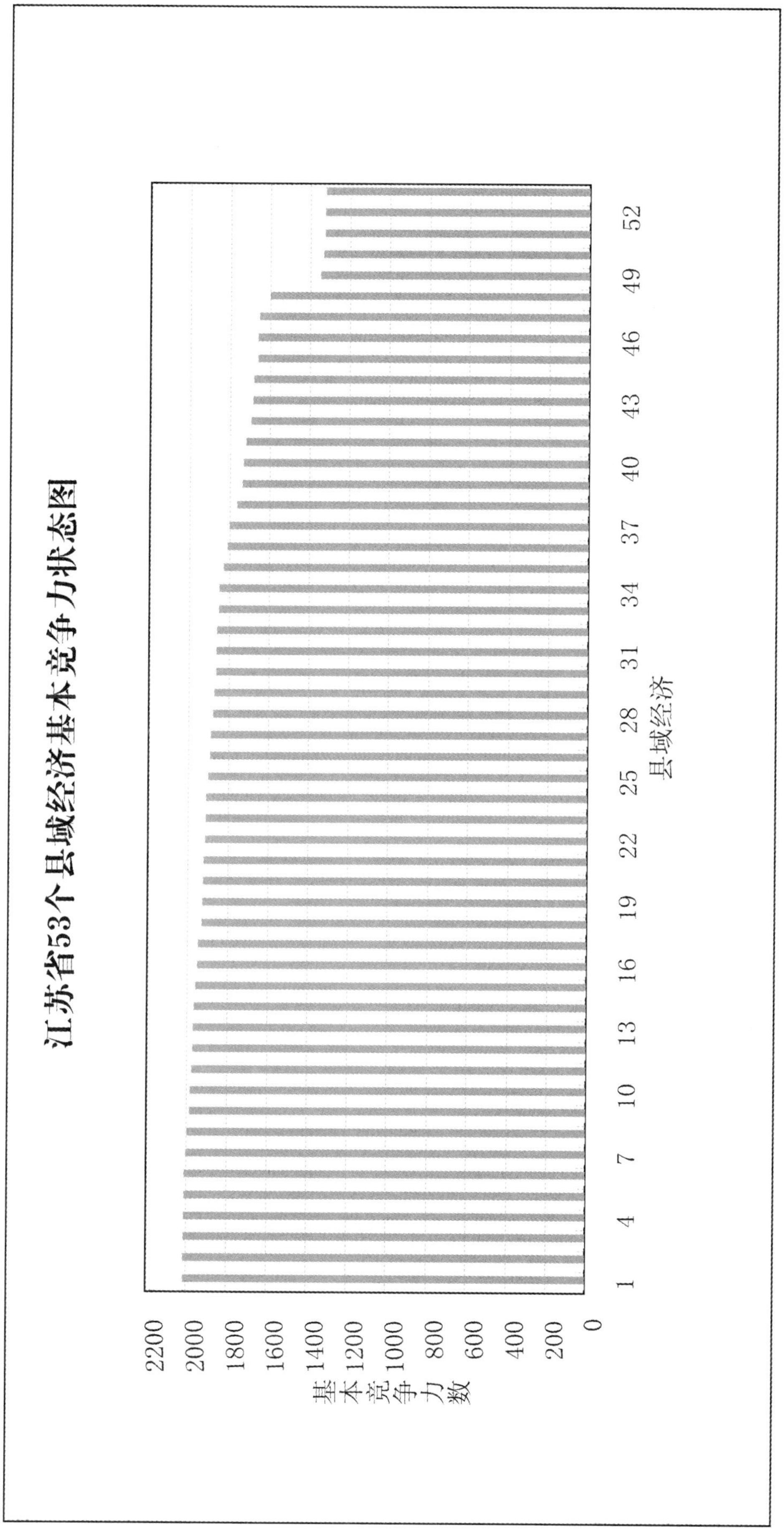

图28　江苏省53个县域经济基本竞争力状态图

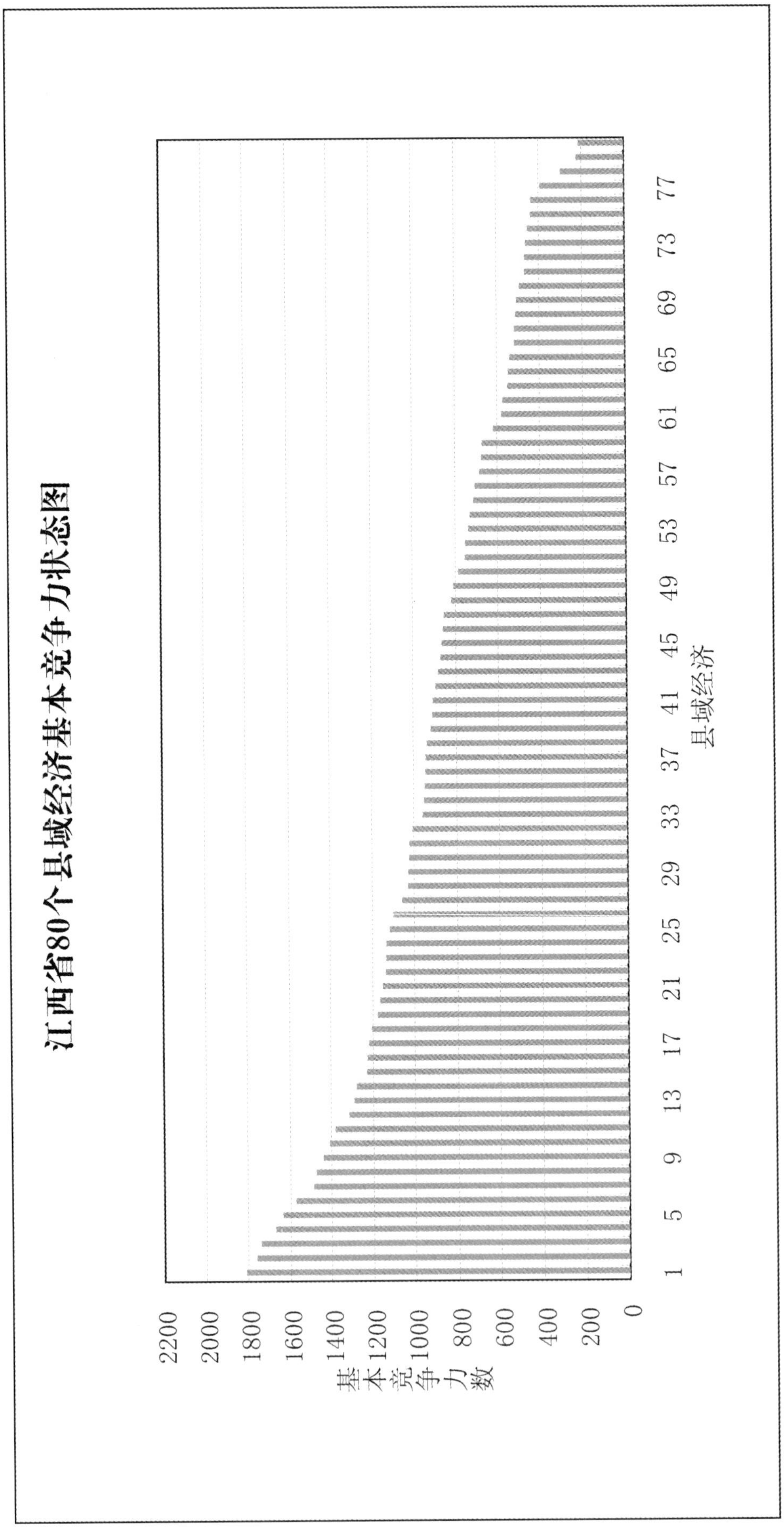

图29　江西省80个县域经济基本竞争力状态图

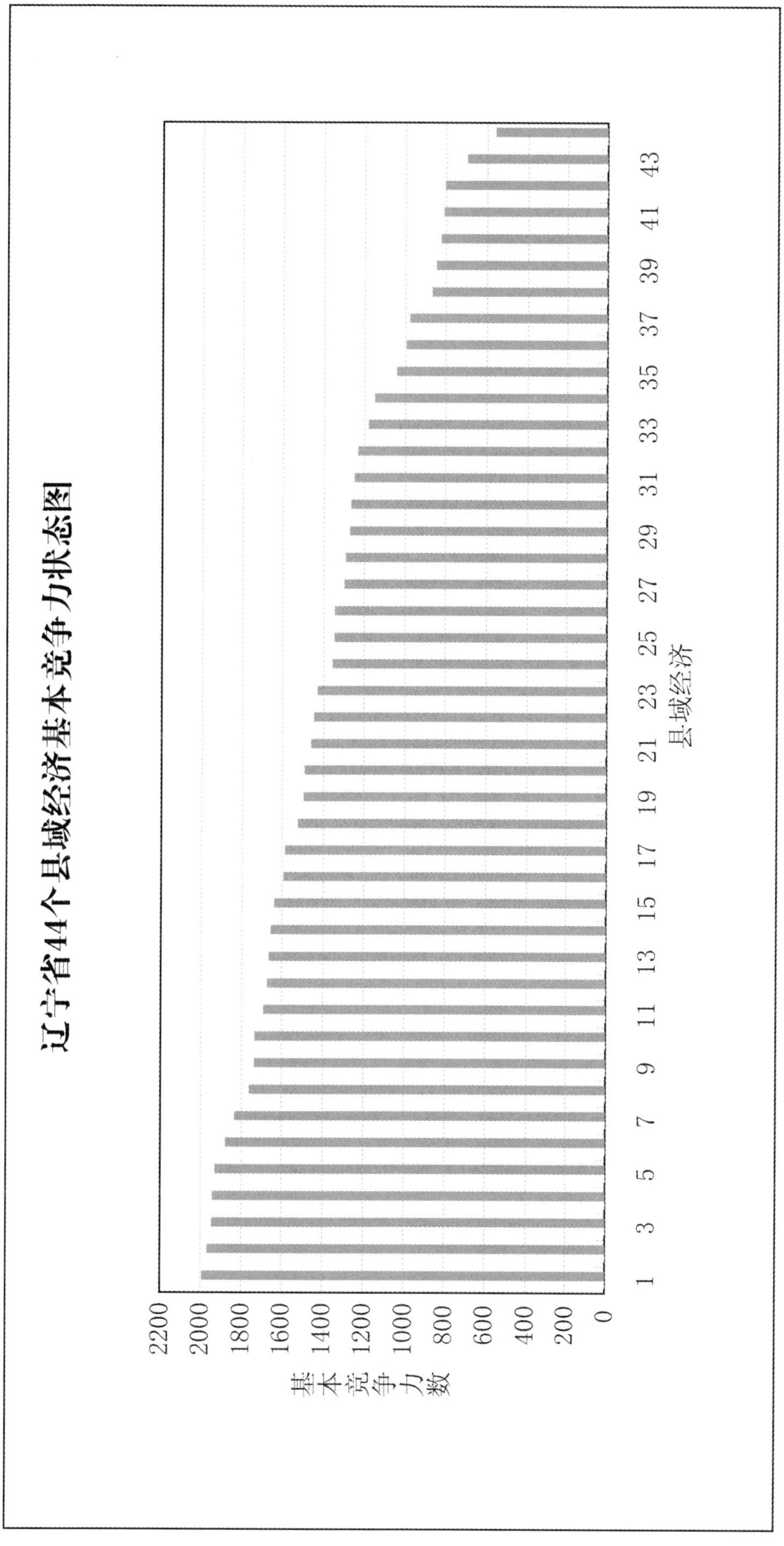

图30 辽宁省44个县域经济基本竞争力状态图

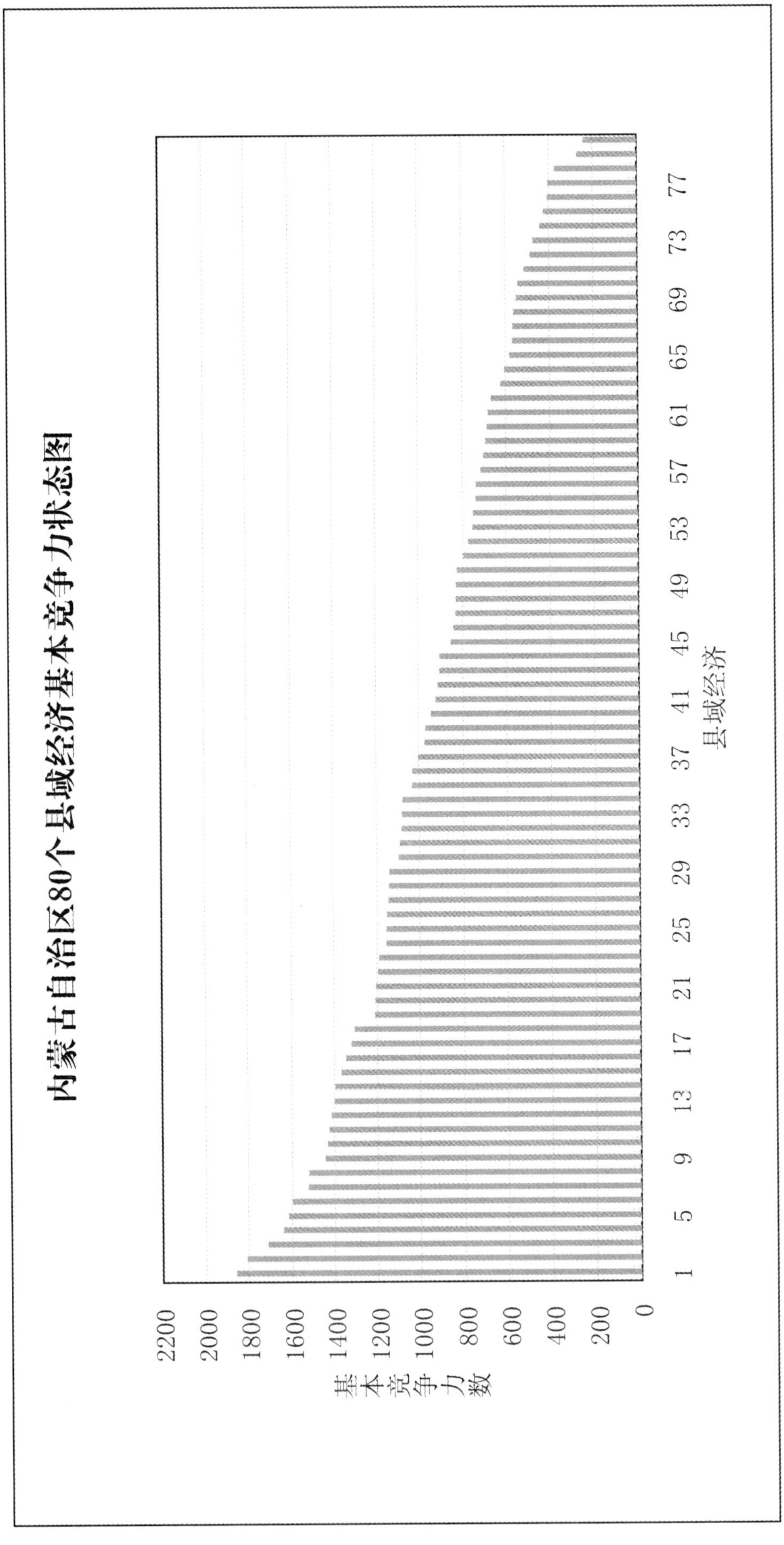

图31 内蒙古自治区80个县域经济基本竞争力状态图

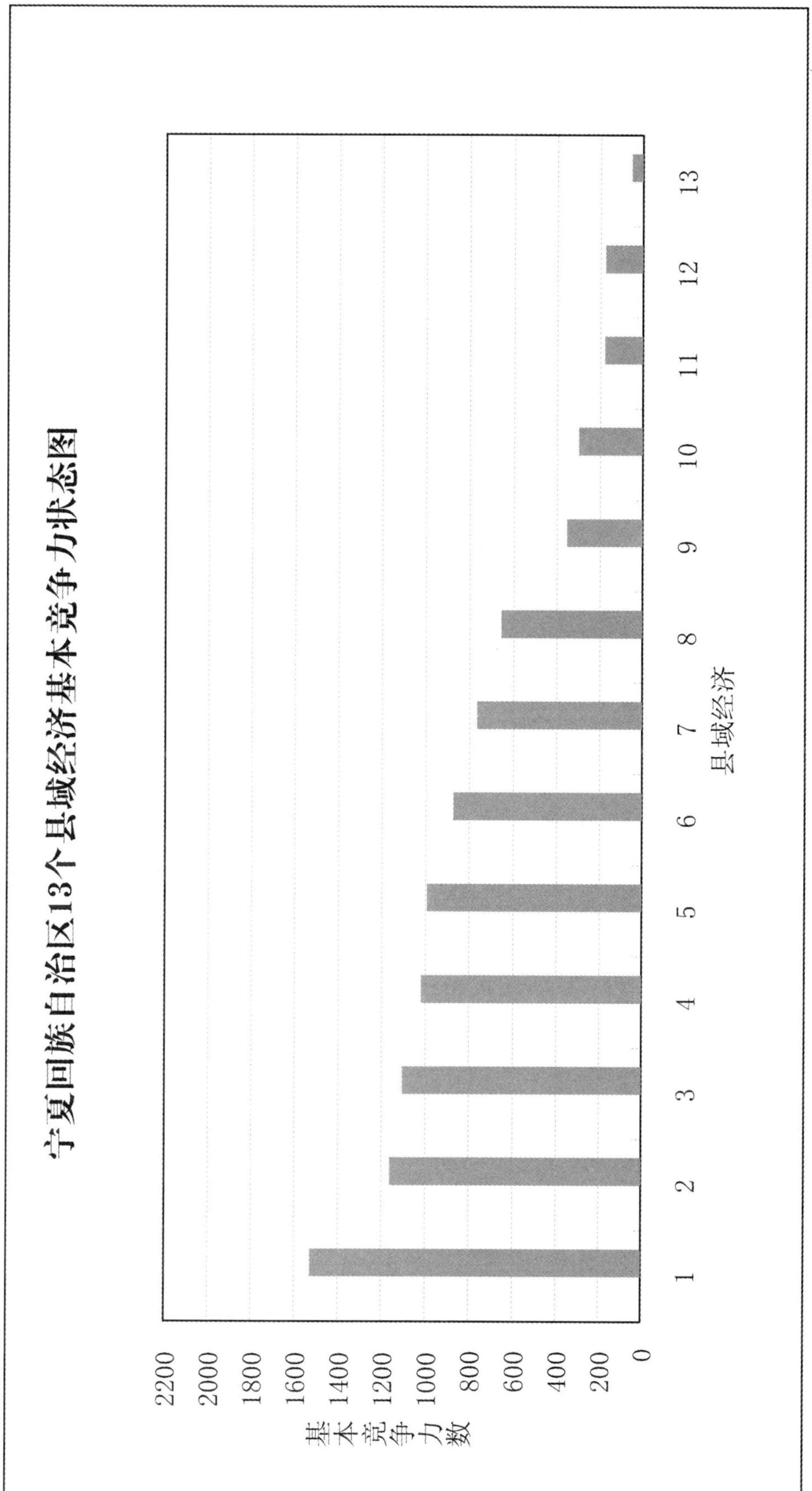

图32　宁夏回族自治区13个县域经济基本竞争力状态图

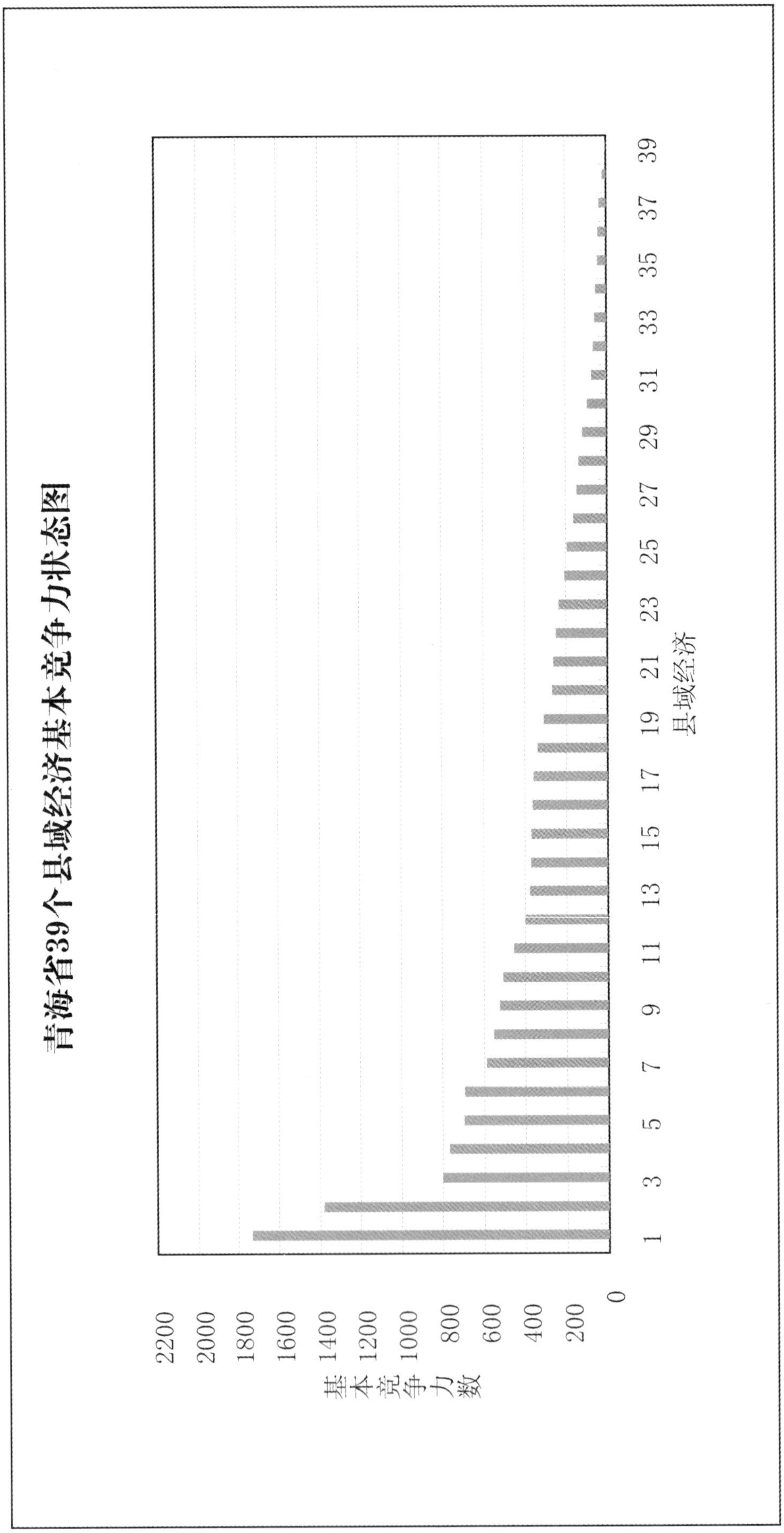

图33　青海省39个县域经济基本竞争力状态图

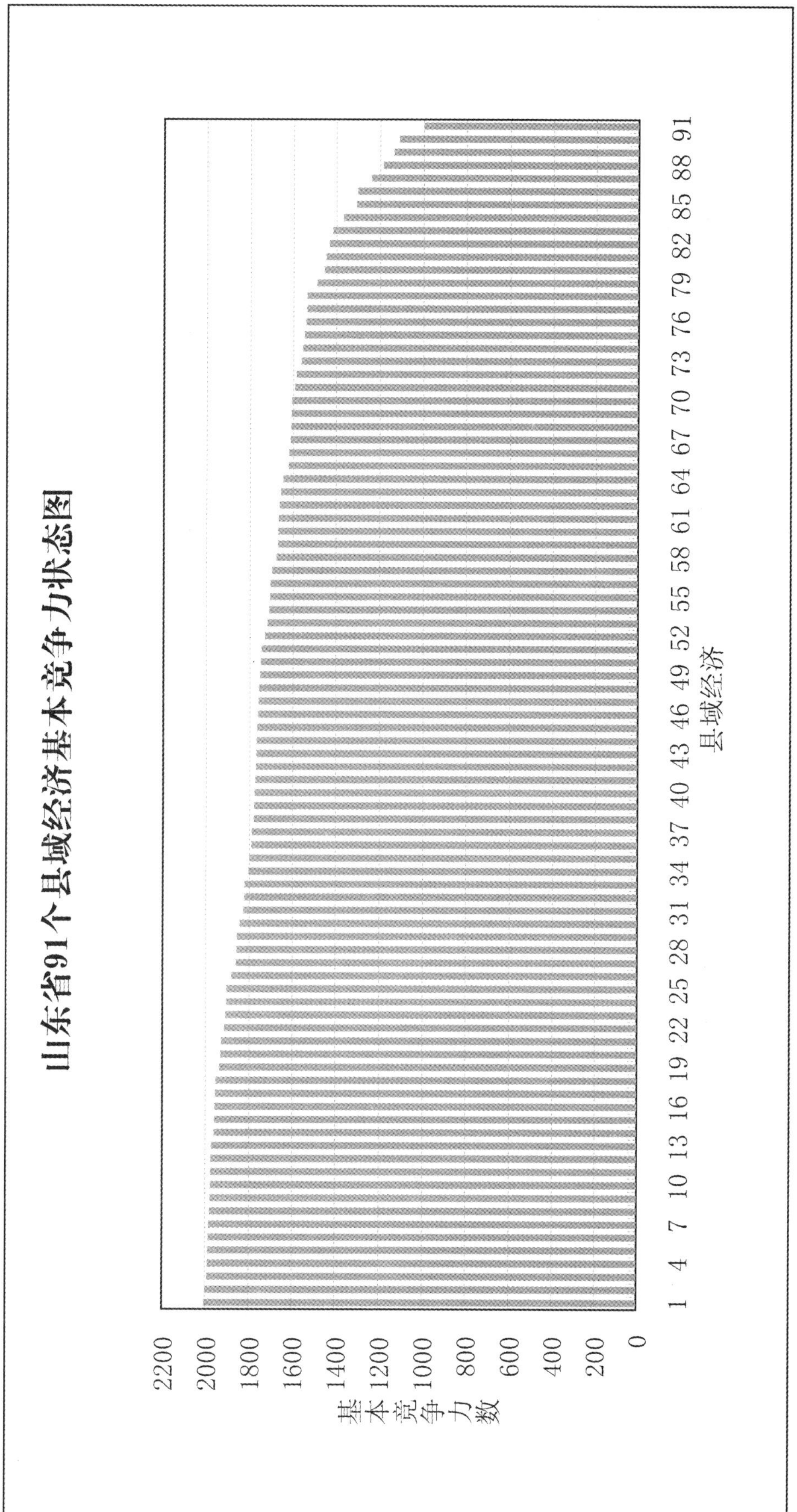

图34　山东省91个县域经济基本竞争力状态图

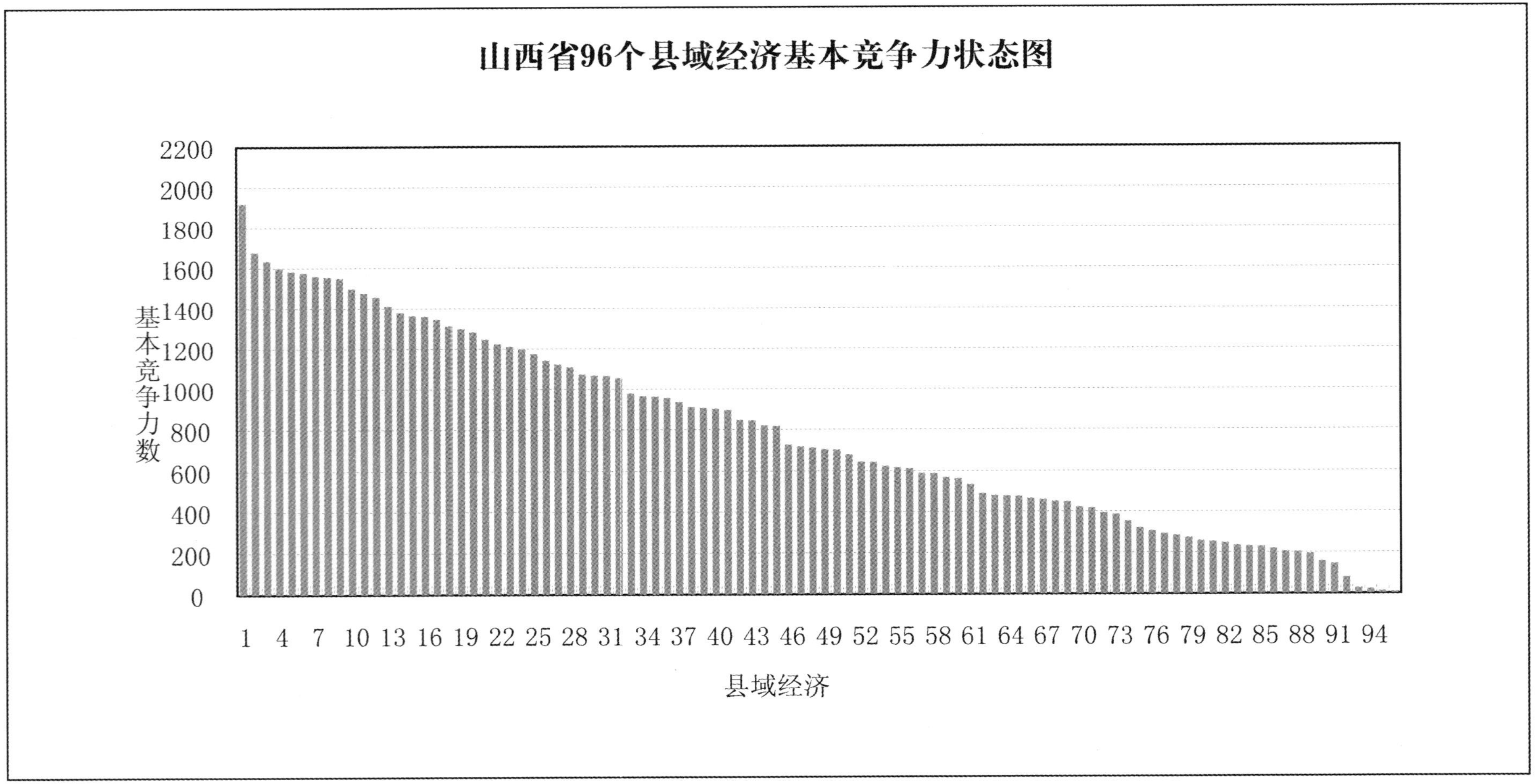

图35 山西省96个县域经济基本竞争力状态图

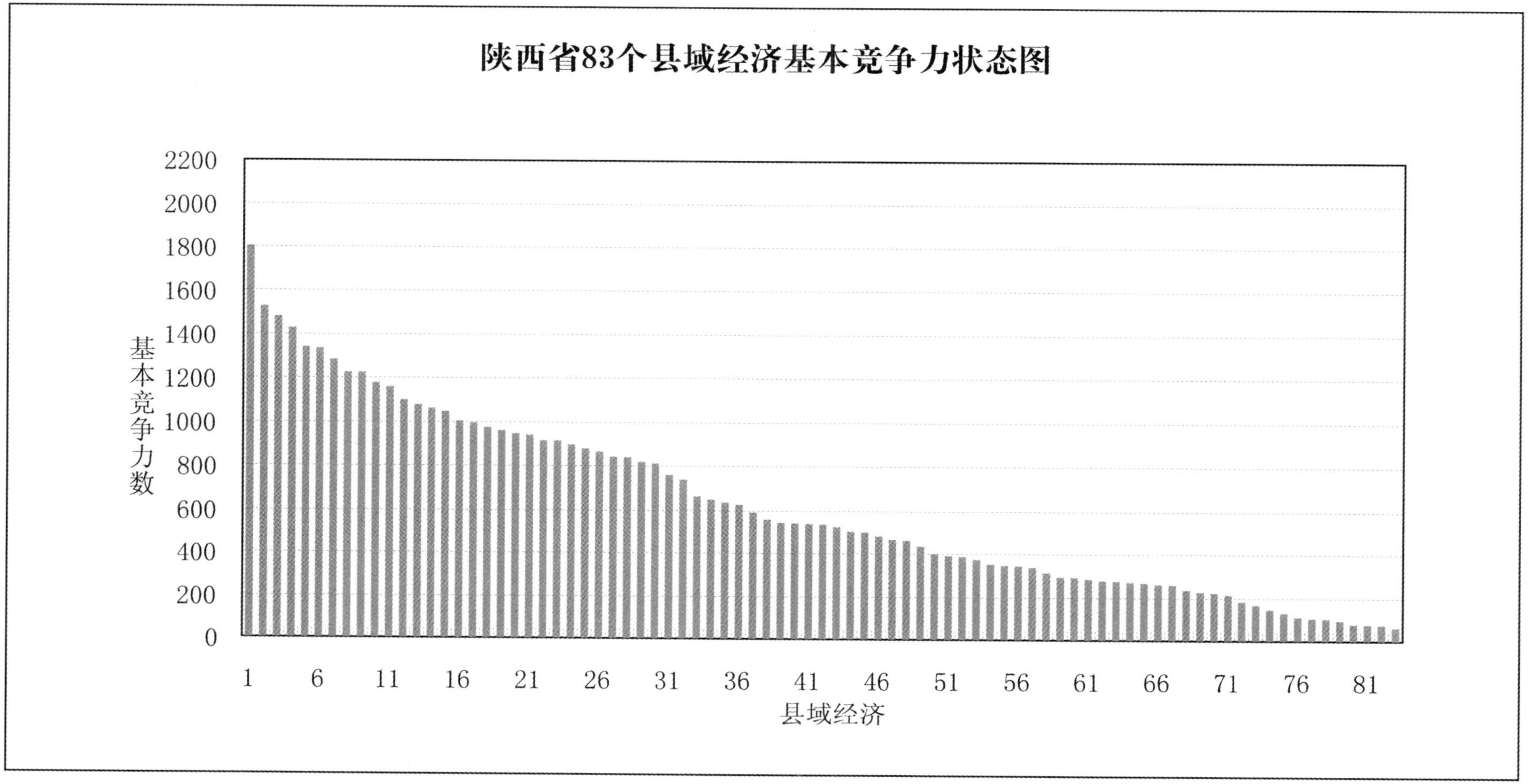

图36　陕西省83个县域经济基本竞争力状态图

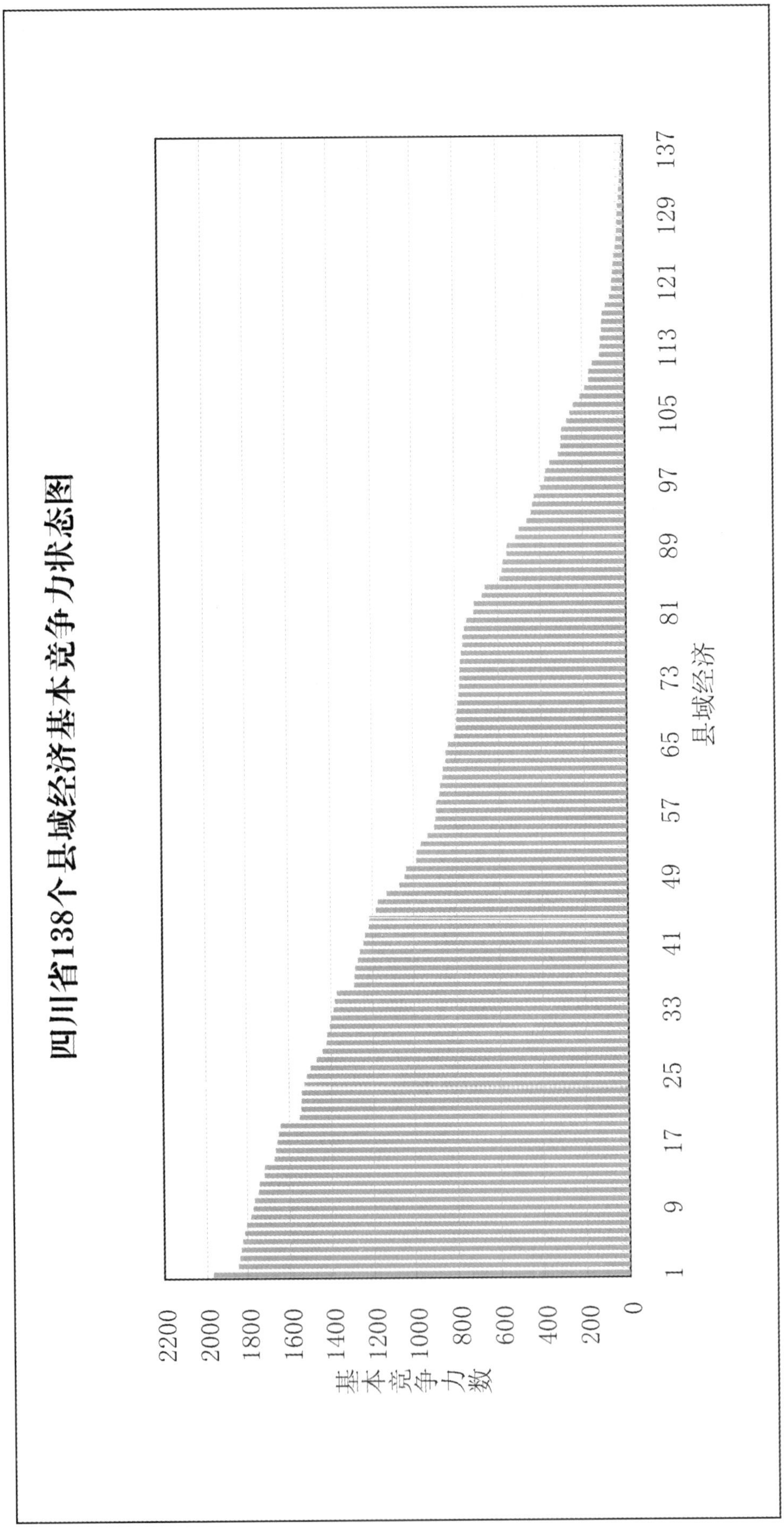

图37 四川省138个县域经济基本竞争力状态图

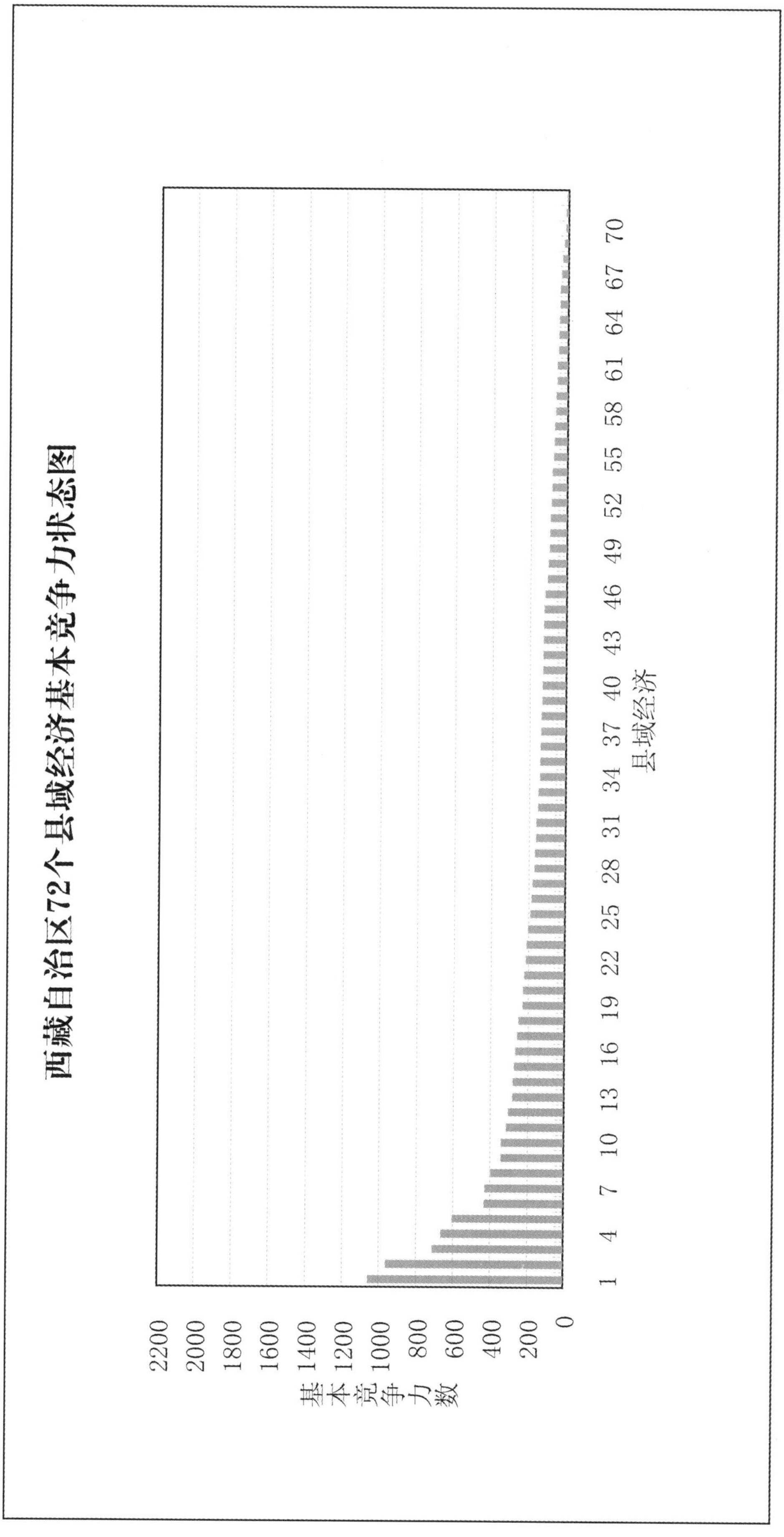

图38　西藏自治区72个县域经济基本竞争力状态图

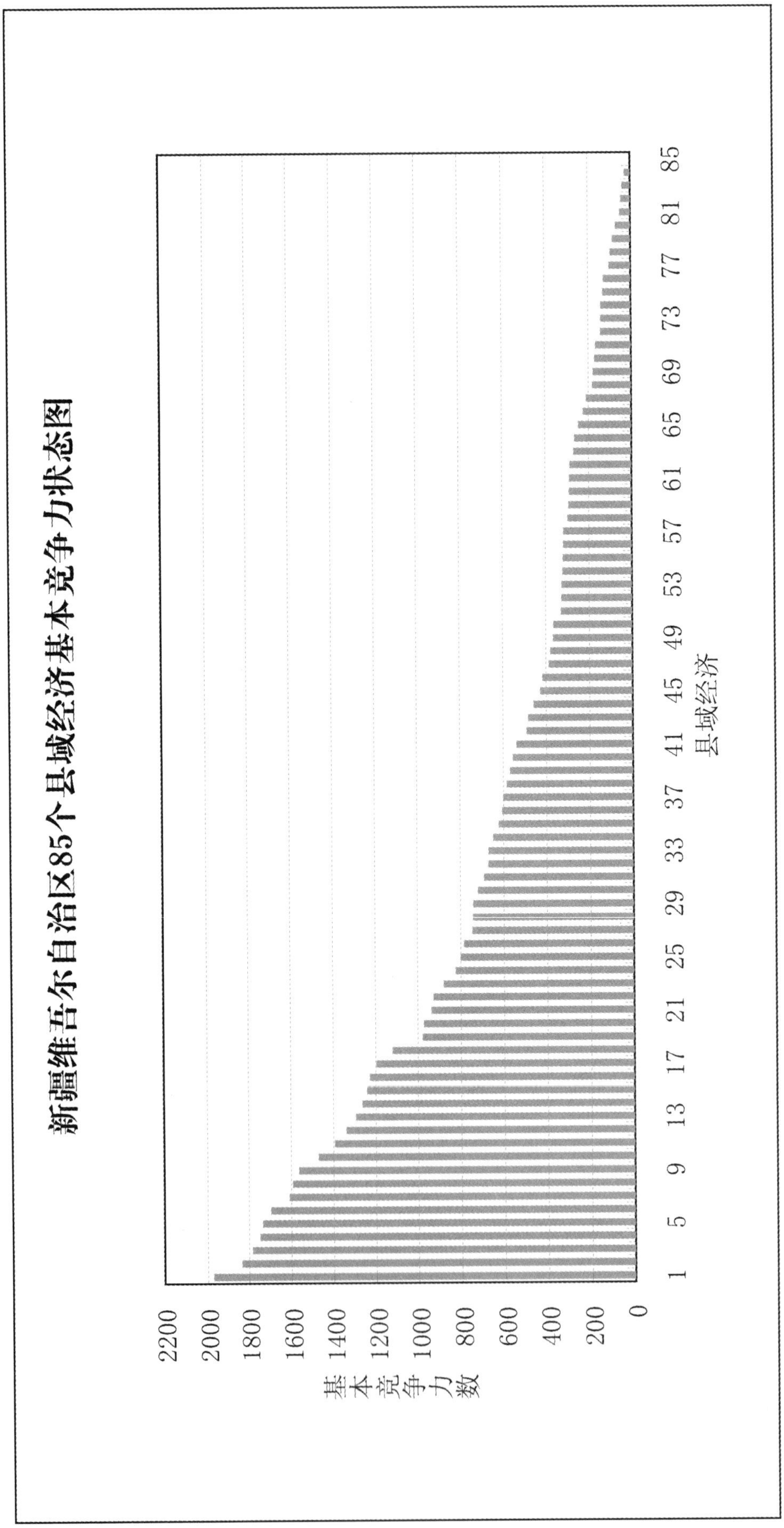

图39 新疆维吾尔自治区85个县域经济基本竞争力状态图

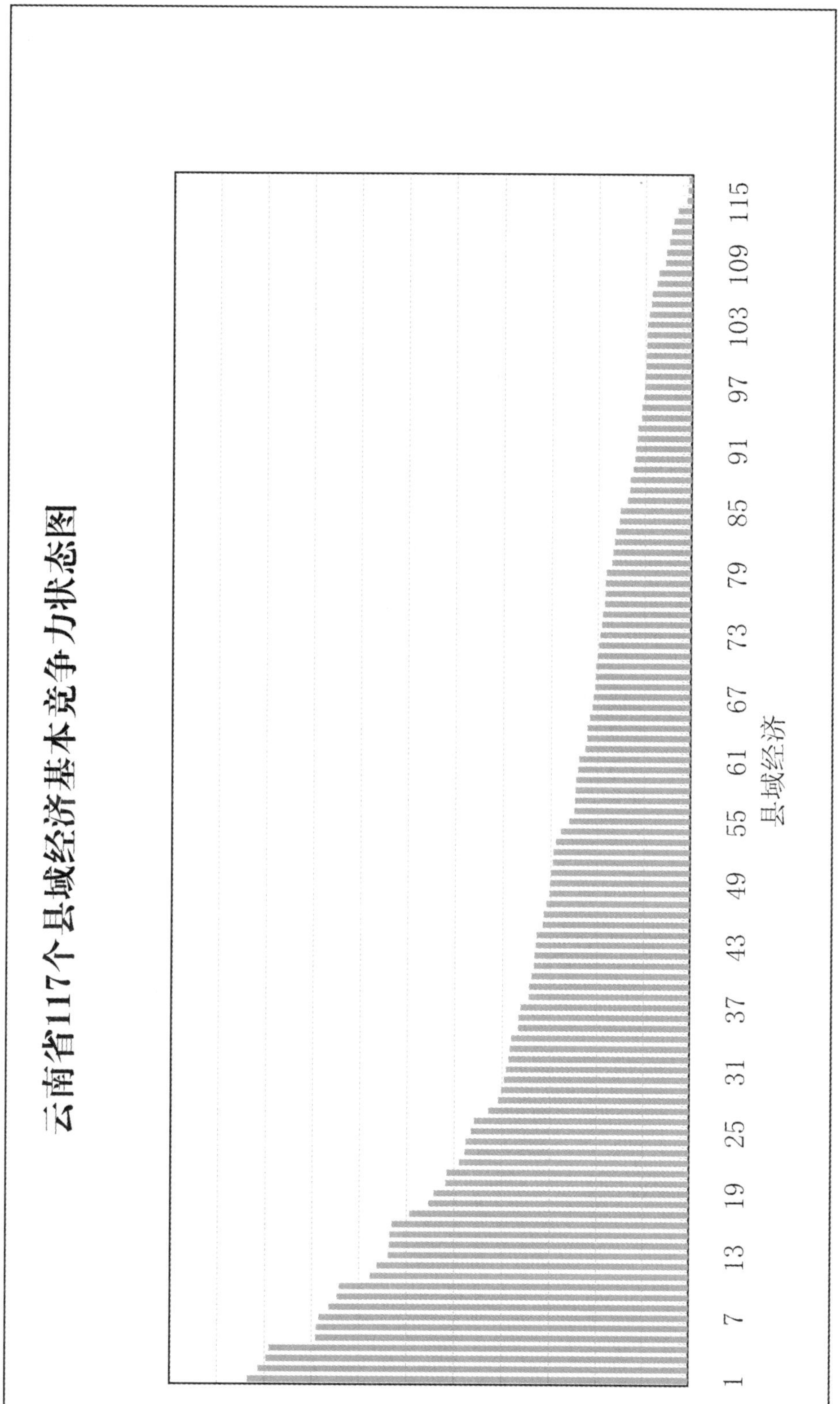

图40　云南省117个县域经济基本竞争力状态图

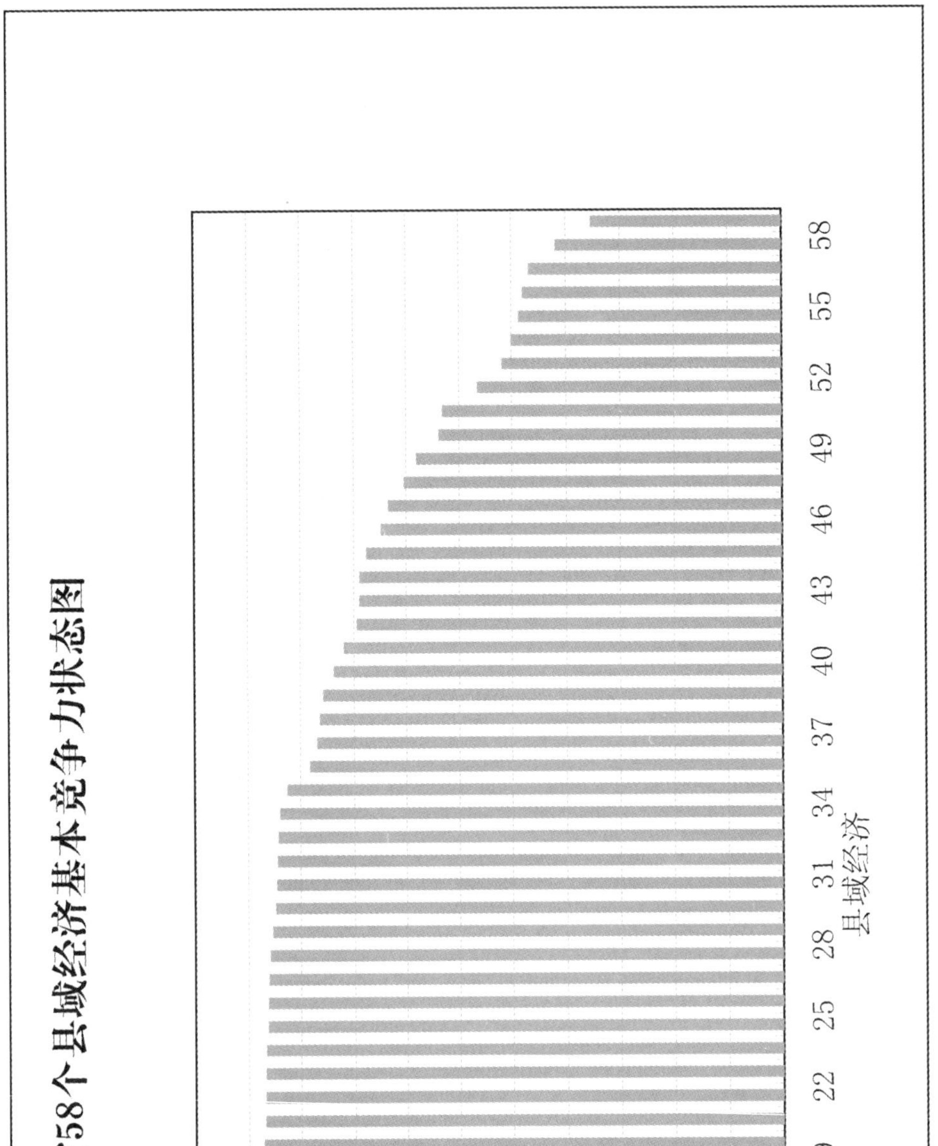

图41　浙江省58个县域经济基本竞争力状态图

全国“东部 — 东北 — 中部 — 西部”县域经济

“东部 — 东北 — 中部 — 西部”划分

我国区域发展在“东部开放”、“西部大开发”、“东北振兴”、“中部崛起”的大战略下，已经形成了“东部 — 东北 — 中部 — 西部”的格局。在本卷年鉴中，为分析方便，对“东部 — 东北 — 中部 — 西部”做如下划分：

东部：北京市、天津市、河北省、上海市、江苏省、浙江省、福建省、山东省、广东省、海南省

东北：辽宁省、吉林省、黑龙江省

中部：山西省、安徽省、江西省、河南省、湖北省、湖南省

西部：内蒙古自治区、广西壮族自治区、重庆市、四川省、贵州省、云南省、西藏自治区、陕西省、甘肃省、青海省、宁夏回族自治区、新疆维吾尔自治区

参加第四届全国县域经济基本竞争力评价的县域经济单位有县、自治县、县级市、旗、自治区旗、县级特区、林区，共2012个，具体是：东部 486个，东北151个，中部499，西部876个。

全国“东部 — 东北 — 中部 — 西部”县域经济部分数据见表1。

表1　全国“东部—东北—中部—西部”县域经济部分数据表

	县域人口规模(万人)	县域地区生产总值规模(亿元)	县域地方财政收入规模(亿元)	县域人口占全国县域人口比例	县域GDP占全国县域GDP比例
东部	58.7	65.5	2.51	0.311	0.494
东北	44.9	35.1	1.08	0.074	0.082
中部	56.8	29.4	1.03	0.309	0.227
西部	31.9	14.5	0.6	0.305	0.196

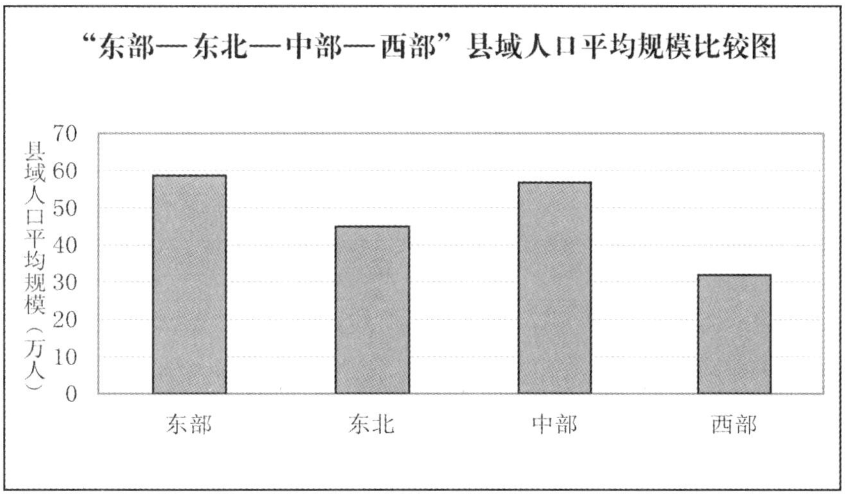

图42　“东部—东北—中部—西部”县域人口平均规模比较图

"东部 — 东北 — 中部 — 西部"县域经济平均规模

全国"东部 — 东北 — 中部 — 西部"县域人口平均规模比较见图 42，县域 GDP 平均规模比较见图 43，县域地方财政收入见图 44。

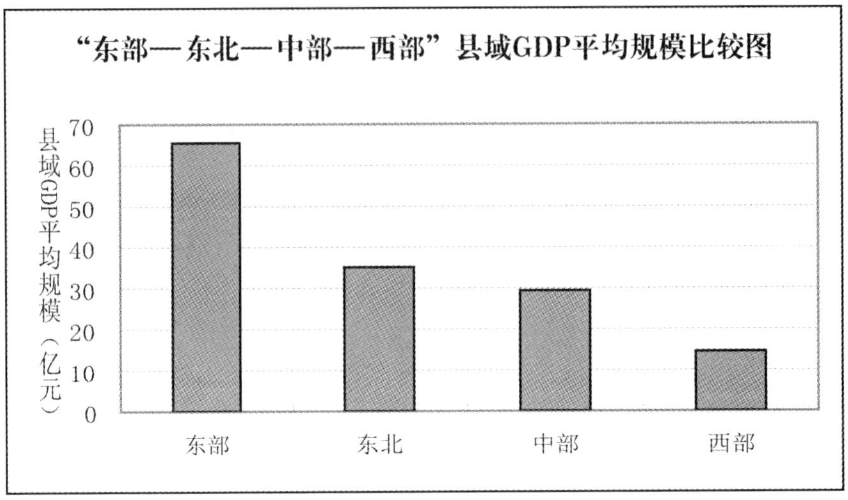

图43 "东部—东北—中部—西部"县域GDP平均规模比较图

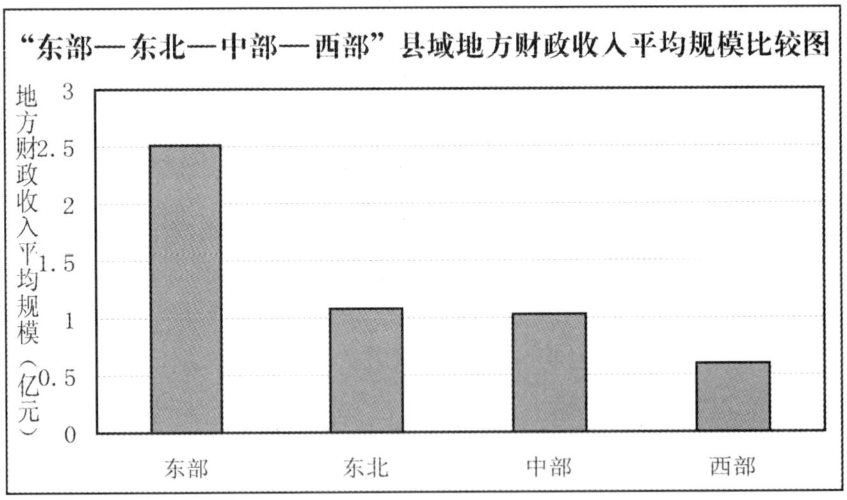

图44 "东部—东北—中部—西部"县域地方财政收入平均规模比较图

"东部—东北—中部—西部"县域经济比例

"东部—东北—中部—西部"县域人口占全国县域总人口比例情况见图45，县域GDP占全国县域GDP比例情况见图46。

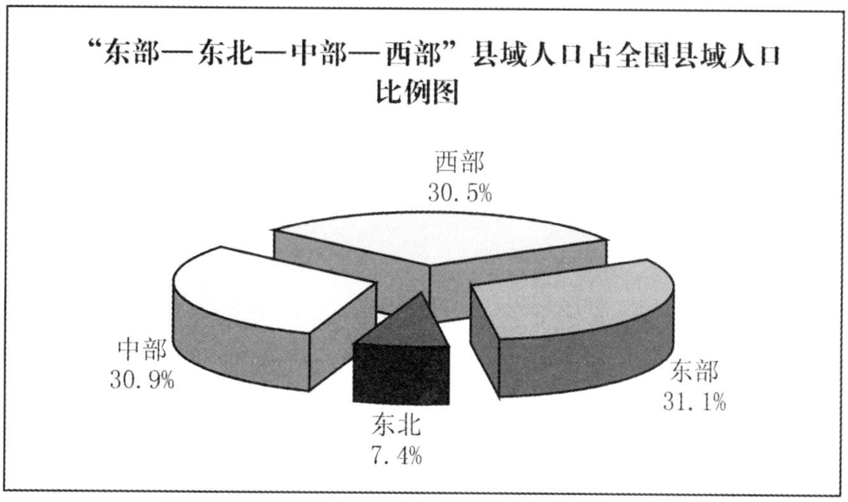

图45　"东部—东北—中部—西部"县域人口占全国县域人口比例图

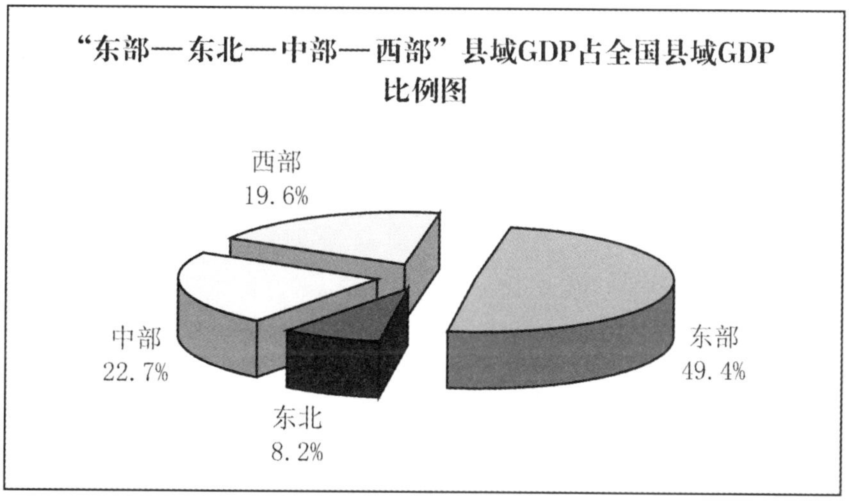

图46　"东部—东北—中部—西部"县域GDP占全国县域GDP比例图

第二部分
中国县域经济基本竞争力评价

《经济日报》关于第四届评价专题报道

经济日报　2004年11月6日　星期六　7 版

县域经济

County — level Economies

经济新闻部主办

四季论坛

壮大县域经济是历史性的选择

县域经济越来越受到社会各界的关注。自党的十六大第一次明确提出"壮大县域经济"后，全国人大十届一次会议、党的十六届三中全会、全国农村工作会议、全国人大十届二次会议、中央一号文件都对县域经济进行了表述，并将县域经济与发展农产品加工业等非农产业、发展小城镇、扩大就业、增加农民收入、全面建设小康社会等工作结合起来，丰富了县域经济的内涵。全国许多省区专门制定加快县域经济发展的文件，推动了县域经济发展。可以说，县域经济发展迎来了大好时机。

壮大县域经济在我们全面建设小康社会的历史进程中被广泛关注不是偶然的，这与县域经济的差异性密切相关。这种差异性主要表现在县域与中心城区的差距和县域经济内的差距。县域经济的差异性以及相关联的县域社会差异性成为全面建设小康社会的重点和难点。

改革开放以来，采取的非均衡发展战略在形成了东部开放——西部大开发——中部崛起——东北振兴这样一个发展梯次的情况下，地区差距和城乡差距有所拉大，差距集中表现在县域，在一定程度上已经影响到持续协调发展。

党的十六大在全面建设小康社会的大背景下提出了要"壮大县域经济"，体现了社会发展和人民群众的需要。从某种意义上说，没有县域的小康，就没有全国的小康。

在全面建设小康社会的进程中，县域经济既是统筹发展的主体，又是统筹发展的客体，是统筹发展的主客体统一。全面建设小康社会，就要统筹发展，首先要统筹中心城区和县域经济的差距，在这里，县域表现的是客体；同时，县域内要统筹发展，在这里，县域表现为主体。县域经济的壮大为县域统筹提供了坚实的经济基础，县域统筹发展又必须要壮大县域经济。因此，壮大县域经济是全面建设小康社会的必然要求。

县域经济为全面建设小康社会提供了操作平台，壮大县域经济将贯穿全面建设小康社会的全过程，是历史性的必然选择。

文/孟宪江

全国县域经济百强县（市）

排序	县域	中郡指数	竞争力等级	竞争力动态
1	江苏江阴市	R1T2012	A级	相对稳定
2	江苏常熟市	R2T2012	A级	相对稳定
3	江苏张家港市	R3T2012	A级	相对稳定
4	江苏昆山市	R4T2012	A级	相对稳定
5	福建晋江市	R5T2012	A级	相对稳定
6	江苏吴江市	R6T2012	A级	相对稳定
7	江苏宜兴市	R7T2012	A级	相对稳定
8	浙江慈溪市	R8T2012	A级	相对稳定
9	浙江绍兴县	R9T2012	A级	相对稳定
10	山东荣成市	R10T2012	A级	相对稳定
11	浙江温岭市	R11T2012	A级	相对稳定
12	浙江余姚市	R12T2012	A级	相对稳定
13	江苏太仓市	R13T2012	A级	相对稳定
14	山东文登市	R14T2012	A级	相对稳定
15	浙江诸暨市	R15T2012	A级	相对稳定
16	浙江义乌市	R16T2012	A级	相对稳定
17	福建福清市	R17T2012	A级	相对稳定
18	浙江乐清市	R18T2012	A级	相对稳定
19	广东增城市	R19T2012	A级	相对稳定
20	江苏丹阳市	R20T2012	A级	相对稳定
21	浙江瑞安市	R21T2012	A级	相对稳定
22	辽宁海城市	R22T2012	A级	相对稳定
23	山东邹城市	R23T2012	A级	相对稳定
24	浙江海宁市	R24T2012	A级	相对稳定
25	山东龙口市	R25T2012	A级	相对稳定
26	山东胶南市	R26T2012	A级	相对稳定
27	浙江桐乡市	R27T2012	A级	相对稳定
28	山东即墨市	R28T2012	A级	相对稳定
29	浙江富阳市	R29T2012	A级	相对稳定
30	山东胶州市	R30T2012	A级	相对稳定
31	江苏通州市	R31T2012	A级	相对稳定
32	浙江上虞市	R32T2012	A级	相对稳定
33	江苏海门市	R33T2012	A级	相对稳定
34	福建南安市	R34T2012	A级	相对稳定
35	山东平度市	R35T2012	A级	相对稳定
36	福建惠安县	R36T2012	A级	相对稳定
37	山东滕州市	R37T2012	A级	相对稳定
38	山东寿光市	R38T2012	A级	相对稳定
39	山东章丘市	R39T2012	A级	相对稳定
40	山东莱州市	R40T2012	A级	相对稳定
41	江苏启东市	R41T2012	A级	相对稳定
42	山东新泰市	R42T2012	A级	相对稳定
43	新疆库尔勒市	R43T2012	A级	相对稳定
44	江苏溧阳市	R44T2012	A级	相对稳定
45	四川双流县	R45T2012	A级	相对稳定
46	江苏江都市	R46T2012	A级	相对稳定
47	广东普宁市	R47T2012	A级	相对稳定
48	辽宁瓦房店市	R48T2012	A级	相对稳定
49	河南巩义市	R49T2012	A级	相对稳定
50	浙江平湖市	R50T2012	A级	相对稳定
51	江苏泰兴市	R51T2012	A级	相对稳定
52	浙江东阳市	R52T2012	A级	相对稳定
53	河北迁安市	R53T2012	A级	相对稳定
54	山东诸城市	R54T2012	A级	相对稳定
55	浙江临海市	R55T2012	A级	相对稳定
56	山东兖州市	R56T2012	A级	相对稳定
57	江苏东台市	R57T2012	A级	相对稳定
58	山东肥城市	R58T2012	A级	相对稳定
59	福建石狮市	R59T2012	A级	相对稳定
60	山东招远市	R60T2012	A级	相对稳定
61	河北遵化市	R61T2012	A级	相对稳定
62	山东乳山市	R62T2012	A级	相对稳定
63	浙江玉环县	R63T2012	A级	相对稳定
64	浙江永康市	R64T2012	A级	相对稳定
65	湖南长沙县	R65T2012	A级	相对稳定
66	江苏金坛市	R66T2012	A级	相对稳定
67	上海崇明县	R67T2012	A级	相对稳定
68	广东开平市	R68T2012	A级	相对稳定
69	江苏靖江市	R69T2012	A级	相对稳定
70	辽宁普兰店市	R70T2012	A级	相对稳定
71	北京密云县	R71T2012	A级	相对稳定
72	浙江海盐县	R72T2012	A级	相对稳定
73	辽宁庄河市	R73T2012	A级	相对稳定
74	浙江宁海县	R74T2012	A级	相对稳定
75	福建长乐市	R75T2012	A级	相对稳定
76	福建龙海市	R76T2012	A级	相对稳定
77	福建闽侯县	R77T2012	A级	相对稳定
78	山东邹平县	R78T2012	A级	相对稳定
79	广东高要市	R79T2012	A级	相对稳定
80	浙江象山县	R80T2012	A级	相对稳定
81	浙江临安市	R81T2012	A级	相对稳定
82	浙江长兴县	R82T2012	A级	相对稳定
83	广东台山市	R83T2012	A级	相对稳定
84	浙江嘉善县	R84T2012	A级	相对稳定
85	山东莱西市	R85T2012	A级	相对稳定
86	辽宁大石桥市	R86T2012	A级	相对稳定
87	江苏如东县	R87T2012	A级	相对稳定
88	山东蓬莱市	R88T2012	A级	相对稳定
89	江苏如皋市	R89T2012	A级	相对稳定
90	浙江苍南县	R90T2012	A级	相对稳定
91	浙江奉化市	R91T2012	A级	相对稳定
92	河南偃师市	R92T2012	A级	相对稳定
93	江苏仪征市	R93T2012	A级	相对稳定
94	浙江嵊州市	R94T2012	A级	相对稳定
95	江苏大丰市	R95T2012	A级	相对稳定
96	山西河津市	R96T2012	A级	相对稳定
97	湖北仙桃市	R97T2012	A级	相对稳定
98	广东高州市	R98T2012	A级	相对稳定
99	浙江德清县	R99T2012	A级	相对稳定

独家报道

第四届全国县域经济基本竞争力评价结果揭晓

县域经济百强再排阵容

全国县域经济基本竞争力评价中心在各县、市、旗的积极配合下，以公开资料为基础，经资料的对比、核实、甄别，在前三届的基础上，完成了第四届全国县域经济基本竞争力评价工作。

第四届中国经济百强县（市）、第四届中国西部百强县（市）、第四届中国县域经济基本竞争力提升速度最快的百县（市）以及第四届中国各省区市县域经济基本竞争力评价排序已经揭晓。

全国县域经济GDP占全国55.15%　增长速度为14.28%

A　截止到2003年12月31日，全国县级行政区划有2861个（香港特别行政区、澳门特别行政区、台湾省除外），其中：市辖区845个，县级市374个，县1470个，自治县117个，旗49个，自治旗3个，特区2个，林区1个。

参加第四届全国县域经济基本竞争力评价的县域单位不包括市辖区、福建省金门县和新疆维吾尔自治区阿拉尔市、图木舒克市、五家渠市等等市，共计2012个

全国县域经济总量：县域内人口总数达9.16亿，占全国总人口的70.88%；全国县域经济的国内生产总值（GDP）达6.45万亿元，占全国GDP的55.15%。

全国县域经济的平均规模：县域人口平均45.53万人；县域经济GDP平均32.04亿元；地方财政收入平均1.21亿元。

全国县域经济的差异性：县域经济之所以引起社会的广泛关注是因为县域经济的差异性，这个差异性主要表现在县域经济与中心城区的差异以及县域经济本身的差异。县域经济的差异性以及相关联的县域社会差异性成为全面建设小康社会进程中的重点和难点。2003年全国县域人均GDP为6770元，是全国的74.8%；人均GDP最高的100个县域是最低县域的人均GDP的15.1倍。

自党的十六大提出"壮大县域经济"的号召后，县域经济发展迎来了大好机遇，全国县域经济增长快于全国同期平均值。

2003年，全国GDP（当年价比，下同）增长率为11.55%。全国县域经济GDP增长率为14.28%，东部地区县域经济GDP增长率为15.03%；中部地区为12.84%；西部地区为14.82%。

百强县(市)GDP占全国县域经济1/4　实现全国县级财政收入1/3

B　中国县域经济基本竞争力百强县（市）是经济上的百强，简称中国经济百强县（市）。中国经济百强县（市）在区域经济发展和资源配置方面具有竞争优势，是最具有活力的经济板块。县域经济的壮大为县域统筹全面协调发展提供了坚实的经济基础。

在第四届中国县域经济基本竞争力百强县（市）中，北京市1个，河北省3个，山西省1个，辽宁省5个，上海市1个，江苏省21个，浙江省27个，福建省8个，山东省21个，河南省2个，湖北省1个，湖南省1个，广东省6个，四川省1个，新疆维吾尔自治区1个。百强县（市）主要分布在东部地区，东部地区有93个，中部地区有5个，西部地区有2个。

新进入中国经济百强县（市）的有9个：河北藁城市，山西河津市，江苏如皋市、仪征市，浙江海盐县、奉化市，福建闽侯县，山东邹平县，河南偃师市。

在新进入的中国经济百强县（市）中，中部地区出现两个，反映出壮大县域经济在"中部崛起"中的战略意义。

中国县域经济基本竞争力百强县（市）经济实力雄厚，其数量占全国县（市）总数的不足二十分之一，人口占全国县域总人口的不足十分之一，而创造的国内生产总值超过全国县域经济的四分之一，实现县级财政收入近三分之一。

中国县域经济基本竞争力百强县（市）的平均规模和人均GDP：人口84.8万人，GDP164.7亿元，地方财政收入7.6亿元，人均GDP21000元；分别是全国县域平均数的1.86倍、5.14倍、6.29倍、3.10倍。

中国县域经济基本竞争力百强县（市）产业结构：一产、二产、三产比例是11.8：55.3：32.9，一产比例最高的大特点——地域特色和开放性。

西部百强县(市)GDP增长率达17.26%　在西部具有特殊地位

C　评价中心将参加第四届全国县域经济基本竞争力评价的西部十二个省区市的876个县市旗单列出来，按照县域经济基本竞争力进行排列，评价出全国西部县域经济基本竞争力百强县（市），简称中国西部百强县（市）。

第四届中国西部百强县(市)在西部12个省区市中，除西藏外，在每个省区市都有分布，具体是：内蒙古12个、广西12个、重庆13个、四川30个、贵州6个、云南10个、陕西4个、甘肃1个、青海1个、宁夏1个、新疆10个。

新进入中国西部百强县(市)的有11个：内蒙古鄂托克旗、土默特左旗、达茂联合旗、丰镇市、乌拉特前旗、二连浩特市，广西平南县，四川岳池县，陕西韩城市、延川县，新疆阜康市。

县域经济在西部地区具有特殊的地位，西部地区县域人口有2.80亿，占西部总人口的75.78%，县域经济GDP有1.27万亿，占西部的55.42%，大大高于东部的63.54%和43.10%。

第四届中国西部百强县（市）的人口占西部县域人口的25.66%，县域经济GDP占38.98%，县级财政收入占35.70%。西部百强县（市）经济增长率达17.26%，高于西部整体县域经济的平均数。

中国西部百强县（市）是西部大开发的领先力量，体现了区域经济发展的非均衡规律，是国内外经贸投资机构参与西部大开发的首选合作伙伴，也将为广大的西部地区的工业化和城镇化的发展提供增长极和预选载体。

关注亮点

提升速度最快的县市　中西部地区占多数

D　评价中心将竞争力提升速度最快的前100个县（市）单列出来，作为本届评价中需要特别关注的"亮点"。

在第四届全国县域经济基本竞争力提升速度最快的百县（市）中，西部地区占多数，有62个；中部地区有27个；东部地区有11个。

全国县域经济基本竞争力提升速度最快的百县（市）经济增长非常快，大大超过全国县域经济的平均数，但这里存在两种类型：一种是"厚积薄发型"，招商引资做得好，有大项目上马，非公经济培育好，积蓄能量后实现大跨越，从此县域经济跨上一个新台阶；另一种是"体质软弱型"，产业结构不合理，抗自然和市场风险能力差，特别是一些以靠天吃饭的农业为主导的县市，经济起伏很大，遇到天灾人祸大幅度下降，遇到风调雨顺农业丰收，竞争力提升就非常快。无论哪一种，都要做好产业结构调整，实现稳步提升。

关注四届连续上升及连续下降的县(市)　探索发展的共性特点

E　在连续四届的全国县域经济基本竞争力评价中，有部分县市竞争力连续上升或者连续下降，这给我们探索县域经济发展在空间分布上的规律提供了非常有用的向导。

在连续四届的全国县域经济基本竞争力评价中，连连续上升的县(市)有151个，占全国县域单位的7.5%。主要分布在全国24个省区市，其中比例最大的前5个是山西、内蒙古、山东、浙江、河南；连续下降的县市有95个，占全国县域单位总数的4.7%。主要分布在全国18个省区市，其中比例最大的前5个是湖北、福建、安徽、河南、广西；无连续上升而有连续下降的县（市）主要分布在湖北、福建、河北；无连续下降而有连续上升的县（市）主要分布在山西、内蒙古、江苏、浙江、贵州、江西、西藏、重庆。

全国各省区市县域经济基本竞争力评价情况

F　评价中心还将全国各省区市所属的所有县（市）的经济基本竞争力排位的平均数的互补数作为各省区市的县域经济基本竞争力数，进行全国各省区市的县域经济基本竞争力评价排序。

与第三届相比，排位上升的省区市有：内蒙古、宁夏、河北、山东、重庆、吉林、陕西。

（详见第四届全国各省区市县域经济基本竞争力评价表）

第四届全国各省区市县域经济基本竞争力评价表

省区市	竞争力数	四届排序	前三届排序			竞争力等级分布										竞争力动态分布		
			三届	二届	一届	A	B	C	D	E	F	G	H	I	J	相对稳定	上升	注意
上海	1945	1	1	1	1	1										1		
天津	1851	2	2	2	2	3										3		
北京	1831	3	3	4	3	1	1									2		
江苏	1819	4	4	3	1	35	12	1	5							51		2
山东	1717	5	6	5	5	33	33	17	4	3	1					88	3	
浙江	1697	6	5	6	6	34	6	6	4	2	5	1				56	2	
辽宁	1394	7	7	9	13	7	8	8	9	3	5	3	1			40	3	1
河南	1356	8	8	10	9	12	17	20	20	25	13	1	1	1		92	4	14
广东	1352	9	9	7	8	17	6	11	9	7	10	4	2	1	1	67		1
重庆	1347	10	11	12	11	3	5	5	4	2	3	1	1	1		25		
福建	1341	11	10	8	7	12	7	11	8	6	4	4	6			58		
湖北	1236	12	12	11	10	7	13	10	7	3	6	8	9		1	57		7
吉林	1232	13	14	14	17	4	7	4	4	7	7	4	3	1		36	1	4
河北	1204	14	16	15	14	13	21	18	14	22	20	12	10	6		121	14	1
安徽	1198	15	13	13	12		4	13	16	15	5	5		2	1	54		7
湖南	1148	16	15	16	15	3	14	15	12	15	4	7	12	5	1	84	3	1
海南	1008	17	17	17	16		2	2	3	1	[illegible]	2	3	2		12	1	3
内蒙古	964	18	21	22	22	1	4	6	7	18	14	13	12	5		47	29	4
黑龙江	931	19	18	19	19	4	4	3	9	8	712	10	3	6		55		11
江西	917	20	20	20	20		5	4	8	14	17	12	16	3	1	77	2	1
广西	888	21	19	18	18		4	8	10	10	8	11	11	9	5	43	9	24
四川	823	22	22	21	21	5	14	11	13	7	15	19	11	11	32	132	4	2
山西	780	23	23	26	27	1	2	9	10	10	12	10	17	15	10	56	35	5
宁夏	702	24	27	25	28			1		3	2	2		2	3	8	3	2
贵州	641	25	25	28	24		3	3	4	4	9	13	11	23	8	65	7	6
新疆	638	26	26	24	25	2	4	4	6	2	6	11	11	20	19	66	10	9
陕西	619	27	28	27	26		1	3	5	6	14	7	13	21	13	66	11	6
云南	611	28	24	23	23	2	2	6	6	5	6	20	20	28	22	113	1	3
甘肃	447	29	29	29	29			1	2	1	5	12	12	15	22	61	6	3

第四届中国县域经济基本竞争力评价报告

全国县域经济基本竞争力评价中心在中郡县域经济研究所、经济日报《县域经济》周刊以及有关专家学者的支持下，在县、市、旗的积极配合下，以公开资料为基础，再经资料的对比、核实、甄别，在前三届的基础上，完成了第四届全国县域经济基本竞争力评价工作。

第四届中国经济百强县（市）、第四届中国西部百强县（市）、第四届中国县域经济基本竞争力提升速度最快的百县（市）以及第四届中国各省市区县域经济基本竞争力评价排序已经揭晓。

全国县域经济基本竞争力评价工作开始于2000年。该评价采用县域经济的综合性、可比性、客观可行性的基本数据（总量、平均、速度等三类）进行评价的，评价结果基本上反映出县域经济的竞争力。该评价的特点是“全面、客观、可比”，坚持的原则是“三不原则”（不收费、不授牌、不发证）。

全国县域经济基本竞争力评价配合经济日报《县域经济》周刊积极引导了全社会对县域经济的关注，为全国各省市区以及县市旗提供了一个动态的、相对的参照坐标，为探索县域经济发展规律提供有益的帮助，为促进县域经济发展作出了开拓性贡献。

一、全国县域经济概况

壮大县域经济是一个历史性必然选择

截止到2003年12月31日，全国县级行政区划有2861个（香港特别行政区、澳门特别行政区、台湾省除外），其中：市辖区845个，县级市374个，县1470个，自治县117个，旗49个，自治旗3个，特区2个，林区1个。参加第四届全国县域经济基本竞争力评价的县域单位不包括市辖区、福建省金门县和新疆维吾尔自治区阿拉尔市、图木舒克市、五家渠市等三市，共计2012个。

全国县域经济总量：县域内人口总数达9.16亿，占全国总人口的70.88%；全国县域经济的国内生产总值（GDP）达6.45万亿元，占全国GDP的55.15%。

全国县域经济的平均规模：县域人口，平均45.53万人；县域经济GDP，平均32.04亿元；地方财政收入，平均1.21亿元。

全国县域经济的差异性：县域经济之所以引起社会的广泛关注是因为县域经济的差异性，这个差异性主要表现在县域经济与中心城区的差异以及县域经济本身的差异。县域经济的差异性以及相关联的县域社会差异性成为全面建设小康社会进程中的重点和难点。2003年全国县域人均GDP为6770元，是全国的74.8%；人均GDP最高的100个县域是最低县域的人均GDP的15.1倍。

县域经济是一个蕴涵希望、充满活力的经济，自党的十六大提出“壮大县域经济”的号召后，县域经济发展迎来了大好机遇，全国县域经济增长快于全国同期平均值。2003年，全国GDP（当年价比，下同）增长率为11.55%。全国县域经济GDP增长率为14.28%。东部地区县域经济GDP增长率为15.03%；中部地区，12.84%；西部地区，14.82%。

二、第四届中国县域经济基本竞争力百强县（市）

地区特色引擎强县战略　县域经济带动中部崛起

中国县域经济基本竞争力百强县（市）是经济上的百强，简称中国经济百强县（市）。中国经济百强县（市）在区域经济发展和资源配置方面具有竞争优势，是最具有活力的经济版块，是壮大县域经济的范例。

县域经济的壮大为县域统筹全面协调发展提供了坚实的经济基础。

在第四届中国县域经济基本竞争力百强县（市）中，北京市1个，河北3个，山西省1个，辽宁省5个，上海市1个，江苏省21个，浙江省

27个，福建省8个，山东省21个，河南省2个，湖北省1个，湖南省1个，广东省6个，四川省1个，新疆维吾尔自治区1个。百强县（市）主要分布在东部地区，东部地区有93个，中部地区有5个，西部地区有2个。

新进入中国经济百强县（市）的有9个：河北藁城市，山西河津市，江苏如皋市、仪征市，浙江海盐县、奉化市，福建闽侯县，山东邹平县，河南偃师市。

在新进入的中国经济百强县（市）中，中部地区出现两个，反映出壮大县域经济在“中部崛起”中的战略意义。

中国县域经济基本竞争力百强县（市）经济实力雄厚，其数量占全国县（市）总数的不足二十分之一，人口占全国县域总人口的不足十分之一，而创造的国内生产总值超过全国县域经济的四分之一，实现县级财政收入近三分之一。

中国县域经济基本竞争力百强县（市）的平均规模和人均GDP：人口84.8万人，GDP164.7亿元，地方财政收入7.6亿元，人均GDP21000元；分别是全国县域平均数的1.86倍、5.14倍、6.29倍、3.10倍。 中国县域经济基本竞争力百强县（市）产业结构：一产、二产、三产比例是11.8∶55.3∶32.9。一产比例最高的达31.2%，最低的有1.9%；二产比例最高的达77.7%，最低的有31.4%；三产比例最高的达43.7%，最低的有17.6%。

百强县（市）的产业结构的差异性反映出县域经济的两大特点——地域特色和开放性。

县域经济要有地域特色，这种特色与其地理区位、自然资源以及历史人文等相关联。县域经济在产业结构上，要注重发挥比较优势，突出重点产业，要“以农则农”、“以工则工”、“以商则商”、“以游则（旅）游”。

县域经济虽然是以行政区划为地理空间，但不是“诸侯经济”，具有开放性，县域经济的发展要以一个“解放生产力”的新思维来冲击现阶段的不太适应的行政区划体制的刚性约束，寻求发展空间，同时，县域经济发展要与中心城区的发展形成良好的互动，加强产业结构以及工业园区的规划协调，促进经济要素的合理流动，使经济运行效率更高，使工业化城镇化的质量更好。

三、第四届中国西部百强县（市）

壮大县域经济　西部大开发的增长极

评价中心将参加第四届全国县域经济基本竞争力评价的西部十二个省市区的876个县市旗单列出来，按照县域经济基本竞争力进行排列，评价出全国西部县域经济基本竞争力百强县（市），简称中国西部百强县（市）。

第四届中国西部百强县（市）在西部12个省市区中，除西藏外，在每个省市区都有分布，具体是：内蒙古12个、广西12个、重庆13个、四川30个、贵州6个、云南10个、陕西4个、甘肃1个、青海1个、宁夏1个、新疆10个。

新进入中国西部百强县（市）的有11个：内蒙古鄂托克旗、土默特左旗、达茂联合旗、丰镇市、乌拉特前旗、二连浩特市，广西平南县，四川岳池县，陕西韩城市、延川县，新疆阜康市。

县域经济在西部地区具有特殊的地位，西部地区县域人口有2.80亿，占西部总人口的75.78%，县域经济GDP有1.27万亿，占西部的55.42%，大大高于东部的63.54%和43.10%。

第四届中国西部百强县（市）的人口占西部县域人口的25.66%，县域经济GDP占38.98%，县级财政收入占35.70%。西部百强县（市）经济增长率达17.26%，高于西部整体县域经济的平均数。

中国西部百强县（市）是西部大开发的领先力量，体现了区域经济发展的非均衡规律，是国内外经贸投资机构参与西部大开发的首选合作伙伴，也将为广大的西部地区的工业化和城镇化的发展提供增长极和预选载体。

四、第四届全国县域经济基本竞争力提升速度最快的百县（市）

调整产业结构　实现稳步提升

评价中心将竞争力提升速度最快的前100个

县（市）单列出来，作为本届评价中需要特别关注的“亮点”。

在第四届全国县域经济基本竞争力提升速度最快的百县（市）中，西部地区占多数，有62个；中部地区有27个；东部地区有11个。

全国县域经济基本竞争力提升速度最快的百县（市）经济增长非常快，大大超过全国县域经济的平均数，但这里存在两种类型：一种是“厚积薄发型”，招商引资做得好，有大项目上马，非公经济培育好，积蓄能量后实现大跨越，从此县域经济跨上一个新台阶；另一种是“体质软弱型”，产业结构不合理，抗自然和市场风险能力差，特别是一些以靠天吃饭的农业为主导的县市，经济起伏很大，遇到天灾人祸，大幅度下降，遇到风调雨顺，农业丰收，竞争力提升就非常快。无论哪一种，都要做好产业结构调整，实现稳步提升。

五、四届连续上升及连续下降的县（市）探索县域经济发展规律

在连续四届的全国县域经济基本竞争力评价中，有部分县市竞争力连续上升或者连续下降，这给我们探索县域经济发展在空间分布上的规律提供了非常有用的向导。

在连续四届的全国县域经济基本竞争力评价中，连续上升的县（市），有151个，占全国县域单位的7.5%，主要分布在全国24个省市区，其中比例最大的前五个是山西、内蒙古、山东、浙江、河南；连续下降的县市有95个，占全国县域单位总数的4.7%，主要分布在全国18个省市区，其中比例最大的前五个是湖北、福建、安徽、河南、广西；无连续上升而有连续下降的县（市）主要分布在湖北、福建、河北；无连续下降而有连续上升的县（市）主要分布在山西、内蒙古、江苏、浙江、贵州、江西、西藏、重庆。

六、第四届全国各省市区县域经济基本竞争力评价

评价中心还将全国各省市区所属的所有县（市）的经济基本竞争力排位的平均数的互补数作为各省市区的县域经济基本竞争力数，进行全国各省市区的县域经济基本竞争力评价排序。

与第三届相比，排位上升的省市区有：内蒙古、宁夏、河北、山东、重庆、吉林、陕西。

中国县域经济基本竞争力评价结果说明

一、全国县域经济基本竞争力评价中心在有关部门和专家学者的支持下，在各县、市、旗的积极配合下，以公开出版的统计资料为基础，在经过资料的对比、核实、甄别，在前三届的基础上，完成了第四届全国县域经济基本竞争力评价工作，评价出：

第四届中国县域经济基本竞争力百强县（市），简称第四届中国经济百强县（市）。

第四届中国西部县域经济基本竞争力百强县（市），简称第四届中国西部百强县（市）。

第四届中国县域经济基本竞争力提升速度最快的百强县（市）。

第四届中国各省市县域经济基本经本竞争力评价排序。

二、全国县域经济基本竞争力评价工作开始于2000年，已完成了四届，今后还将常年进行下去。该评价的特点是“全面、客观、可比”，坚持的原则是“三不原则”（不收费、不授牌、不发证）。

全国每个县市的评价结果，公布在中国县域经济网站(www.china-county.org)和编辑在《中国县域经济》中。

全国县域经济基本竞争力评价是采用县域经济的综合性、可比性、客观可行性的基本数据（总量、平均、速度等三类）进行评价的，评价结果基本上反映出县域经济的基本竞争力。今后，在县域经济基本竞争力的基础上，将积极探索县域经济的结构性、区位优势性以及就业、人均环境等竞争力指标的规律，待条件成熟后，在部分省市区和全国范围内开展深度的评价工作。

三、中国县域经济基本竞争力评价结果

1.中郡指数，即县经指数，是指县域经济发展水平以及县域经济基本竞争力指数。“R”后的数字为县域经济基本竞争力排位数；“T”后的数字为该评价年度中参加评价的全国县域单位数。参加第四届全国县域经济基本竞争力评价的县域单位数为2012个。

2.竞争力动态，是指县域经济基本竞争力的排位在本届和上届评价中的动态变化情况。竞争力动态分为上升、相对稳定、注意等三种情况。

3.竞争力等级，是指县域经济基本竞争力的强弱等级。全国县域经济基本竞争力等级由强到弱划分为十个等级，即由A级到J级。

4.全国县域经济基本竞争力评价（分等级）结果按照强弱顺序排列；全国县域经济基本竞争力评价（分省市区）结果按照汉语拼音排列，以便于查找。

5.全国县域经济基本竞争力评价工作为全国各省市区、各县市旗的县域经济发展提供了动态的、相对的参照坐标，为对比、分析、驾驭、发展县域经济提供了非常有益的帮助。

第四届中国县域经济基本竞争力评价（分等级）

第四届中国县域经济基本竞争力评价（A级）

4th CHINA COUNTY-LEVEL ECONOMY BASIC COMPETITIVENESS EVALUATION

县域单位	UNIT	中郡指数	竞争力动态	竞争力等级
江苏江阴市	JS—Jiangyin City	R1T2012	相对稳定	A级
江苏常熟市	JS—Changshu City	R2T2012	相对稳定	A级
江苏张家港市	JS—Zhangjiagang City	R3T2012	相对稳定	A级
江苏昆山市	JS—Kunshan City	R4T2012	相对稳定	A级
福建晋江市	FJ—Jinjiang City	R5T2012	相对稳定	A级
江苏吴江市	JS—Wujiang City	R6T2012	相对稳定	A级
江苏宜兴市	JS—Yixing City	R7T2012	相对稳定	A级
浙江慈溪市	ZJ—Cixi City	R8T2012	相对稳定	A级
浙江绍兴县	ZJ—Shaoxing County	R9T2012	相对稳定	A级
山东荣成市	SD—Rongcheng City	R10T2012	相对稳定	A级
浙江温岭市	ZJ—Wenling City	R11T2012	相对稳定	A级
浙江余姚市	ZJ—Yuyao City	R12T2012	相对稳定	A级
江苏太仓市	JS—Taicang City	R13T2012	相对稳定	A级
山东文登市	SD—Wendeng City	R14T2012	相对稳定	A级
浙江诸暨市	ZJ—Zhuji City	R15T2012	相对稳定	A级
浙江义乌市	ZJ—Yiwu City	R16T2012	相对稳定	A级
福建福清市	FJ—Fuqing City	R17T2012	相对稳定	A级
浙江乐清市	ZJ—Leqing City	R18T2012	相对稳定	A级
广东增城市	GD—Zengcheng City	R19T2012	相对稳定	A级
江苏丹阳市	JS—Danyang City	R20T2012	相对稳定	A级
浙江瑞安市	ZJ—Rui'an City	R21T2012	相对稳定	A级
辽宁海城市	LN—Haicheng City	R22T2012	相对稳定	A级
山东邹城市	SD—Zoucheng City	R23T2012	相对稳定	A级
浙江海宁市	ZJ—Haining City	R24T2012	相对稳定	A级
山东龙口市	SD—Longkou City	R25T2012	相对稳定	A级
山东胶南市	SD—Jiaonan City	R26T2012	相对稳定	A级
浙江桐乡市	ZJ—Tongxiang City	R27T2012	相对稳定	A级

第四届中国县域经济基本竞争力评价（A 级续一）

4th CHINA COUNTY-LEVEL ECONOMY BASIC COMPETITIVENESS EVALUATION

县域单位	UNIT	中郡指数	竞争力动态	竞争力等级
山东即墨市	SD—Jimo City	R28T2012	相对稳定	A级
浙江富阳市	ZJ—Fuyang City	R29T2012	相对稳定	A级
山东胶州市	SD—Jiaozhou City	R30T2012	相对稳定	A级
江苏通州市	JS—Tongzhou City	R31T2012	相对稳定	A级
浙江上虞市	ZJ—Shangyu City	R32T2012	相对稳定	A级
江苏海门市	JS—Haimen City	R33T2012	相对稳定	A级
福建南安市	FJ—Nan'an City	R34T2012	相对稳定	A级
山东平度市	SD—Pingdu City	R35T2012	相对稳定	A级
福建惠安县	FJ—Hui'an County	R36T2012	相对稳定	A级
山东滕州市	SD—Tengzhou City	R37T2012	相对稳定	A级
山东寿光市	SD—Shouguang City	R38T2012	相对稳定	A级
山东章丘市	SD—Zhangqiu City	R39T2012	相对稳定	A级
山东莱州市	SD—Laizhou City	R40T2012	相对稳定	A级
江苏启东市	JS—Qidong City	R41T2012	相对稳定	A级
山东新泰市	SD—Xintai City	R42T2012	相对稳定	A级
新疆库尔勒市	XJ—Ku'erle City	R43T2012	相对稳定	A级
江苏溧阳市	JS—Liyang City	R44T2012	相对稳定	A级
四川双流县	SC—Shuangliu County	R45T2012	相对稳定	A级
江苏江都市	JS—Jiangdu City	R46T2012	相对稳定	A级
广东普宁市	GD—Puning City	R47T2012	相对稳定	A级
辽宁瓦房店市	LN—Wafangdian City	R48T2012	相对稳定	A级
河南巩义市	HEN—Gongyi City	R49T2012	相对稳定	A级
浙江平湖市	ZJ—Pinghu City	R50T2012	相对稳定	A级
江苏泰兴市	JS—Taixing City	R51T2012	相对稳定	A级
浙江东阳市	ZJ—Dongyang City	R52T2012	相对稳定	A级
河北迁安市	HEB—Qian'an City	R53T2012	相对稳定	A级
山东诸城市	SD—Zhucheng City	R54T2012	相对稳定	A级
浙江临海市	ZJ—Linhai City	R55T2012	相对稳定	A级
山东兖州市	SD—Yanzhou City	R56T2012	相对稳定	A级
江苏东台市	JS—Dongtai City	R57T2012	相对稳定	A级

第四届中国县域经济基本竞争力评价(A级续二)

4th CHINA COUNTY-LEVEL ECONOMY BASIC COMPETITIVENESS EVALUATION

县域单位	UNIT	中郡指数	竞争力动态	竞争力等级
山东肥城市	SD—Feicheng City	R58T2012	相对稳定	A级
福建石狮市	FJ—Shishi City	R59T2012	相对稳定	A级
山东招远市	SD—Zhaoyuan City	R60T2012	相对稳定	A级
河北遵化市	HEB—Zunhua City	R61T2012	相对稳定	A级
山东乳山市	SD—Rushan City	R62T2012	相对稳定	A级
浙江玉环县	ZJ—Yuhuan County	R63T2012	相对稳定	A级
浙江永康市	ZJ—Yongkang City	R64T2012	相对稳定	A级
湖南长沙县	HN—Changsha County	R65T2012	相对稳定	A级
江苏金坛市	JS—Jintan City	R66T2012	相对稳定	A级
上海崇明县	SH—Chongming County	R67T2012	相对稳定	A级
广东开平市	GD—Kaiping City	R68T2012	相对稳定	A级
江苏靖江市	JS—Jingjiang City	R69T2012	相对稳定	A级
辽宁普兰店市	LN—Pulandian City	R70T2012	相对稳定	A级
北京密云县	BJ—Miyun County	R71T2012	相对稳定	A级
浙江海盐县	ZJ—Haiyan County	R72T2012	相对稳定	A级
辽宁庄河市	LN—Zhuanghe City	R73T2012	相对稳定	A级
浙江宁海县	ZJ—Ninghai County	R74T2012	相对稳定	A级
福建长乐市	FJ—Changle City	R75T2012	相对稳定	A级
福建龙海市	FJ—Longhai City	R76T2012	相对稳定	A级
福建闽侯县	FJ—Minhou County	R77T2012	相对稳定	A级
山东邹平县	SD—Zouping County	R78T2012	相对稳定	A级
广东高要市	GD—Gaoyao City	R79T2012	相对稳定	A级
浙江象山县	ZJ—Xiangshan County	R80T2012	相对稳定	A级
浙江临安市	ZJ—Lin'an City	R81T2012	相对稳定	A级
浙江长兴县	ZJ—Changxing County	R82T2012	相对稳定	A级
广东台山市	GD—Taishan City	R83T2012	相对稳定	A级
浙江嘉善县	ZJ—Jiashan County	R84T2012	相对稳定	A级
山东莱西市	SD—Laixi City	R85T2012	相对稳定	A级
辽宁大石桥市	LN—Dashiqiao City	R86T2012	相对稳定	A级
江苏如东县	JS—Rudong County	R87T2012	相对稳定	A级

第四届中国县域经济基本竞争力评价（A 级续三）

4th CHINA COUNTY-LEVEL ECONOMY BASIC COMPETITIVENESS EVALUATION

县域单位	UNIT	中郡指数	竞争力动态	竞争力等级
山东蓬莱市	SD—Penglai City	R88T2012	相对稳定	A级
江苏如皋市	JS—Rugao City	R89T2012	相对稳定	A级
浙江苍南县	ZJ—Cangnan County	R90T2012	相对稳定	A级
浙江奉化市	ZJ—Fenghua City	R91T2012	相对稳定	A级
河南偃师市	HEN—Yanshi City	R92T2012	相对稳定	A级
江苏仪征市	JS—Yizheng City	R93T2012	相对稳定	A级
浙江嵊州市	ZJ—Shengzhou City	R94T2012	相对稳定	A级
江苏大丰市	JS—Dafeng City	R95T2012	相对稳定	A级
山西河津市	SX—Hejin City	R96T2012	相对稳定	A级
湖北仙桃市	HB—Xiantao City	R97T2012	相对稳定	A级
广东高州市	GD—Gaozhou City	R98T2012	相对稳定	A级
浙江德清县	ZJ—Deqing County	R99T2012	相对稳定	A级
河北藁城市	HEB—Gaocheng City	R100T2012	相对稳定	A级
江苏铜山县	JS—Tongshan County	R101T2012	相对稳定	A级
山东曲阜市	SD—Qufu City	R102T2012	相对稳定	A级
重庆江津市	CQ—Jiangjin City	R103T2012	相对稳定	A级
江苏海安县	JS—Hai'an County	R104T2012	相对稳定	A级
江苏兴化市	JS—Xinghua City	R105T2012	相对稳定	A级
福建安溪县	FJ—Anxi County	R106T2012	相对稳定	A级
山东莱阳市	SD—Laiyang City	R107T2012	相对稳定	A级
河北任丘市	HEB—Renqiu City	R108T2012	相对稳定	A级
浙江永嘉县	ZJ—Yongjia County	R109T2012	相对稳定	A级
广东从化市	GD—Conghua City	R110T2012	相对稳定	A级
山东青州市	SD—Qingzhou City	R111T2012	相对稳定	A级
山东桓台县	SD—Huantai County	R112T2012	相对稳定	A级
河北武安市	HEB—Wu'an City	R113T2012	相对稳定	A级
河南济源市	HEN—Jiyuan City	R114T2012	相对稳定	A级
江苏姜堰市	JS—Jiangyan City	R115T2012	相对稳定	A级
广东博罗县	GD—Boluo County	R116T2012	相对稳定	A级
湖南浏阳市	HN—Liuyang City	R117T2012	相对稳定	A级

第四届中国县域经济基本竞争力评价（A 级续四）

4th CHINA COUNTY-LEVEL ECONOMY BASIC COMPETITIVENESS EVALUATION

县域单位	UNIT	中郡指数	竞争力动态	竞争力等级
广东揭东县	GD—Jiedong County	R118T2012	相对稳定	A级
河北三河市	HEB—Sanhe City	R119T2012	相对稳定	A级
黑龙江双城市	HL—Shuangcheng City	R120T2012	相对稳定	A级
浙江平阳县	ZJ—Pingyang County	R121T2012	相对稳定	A级
黑龙江阿城市	HL—Acheng City	R122T2012	相对稳定	A级
重庆合川市	CQ—Hechuan City	R123T2012	相对稳定	A级
江苏扬中市	JS—Yangzhong City	R124T2012	相对稳定	A级
浙江新昌县	ZJ—Xinchang County	R125T2012	相对稳定	A级
河南新郑市	HEN—Xinzheng City	R126T2012	相对稳定	A级
江苏射阳县	JS—Sheyang County	R127T2012	相对稳定	A级
湖北潜江市	HB—Qianjiang City	R128T2012	相对稳定	A级
浙江建德市	ZJ—Jiande City	R129T2012	相对稳定	A级
广东惠东县	GD—Huidong County	R130T2012	相对稳定	A级
河南新密市	HEN—Xinmi City	R131T2012	相对稳定	A级
浙江兰溪市	ZJ—Lanxi City	R132T2012	相对稳定	A级
河南禹州市	HEN—Yuzhou City	R133T2012	相对稳定	A级
山东高密市	SD—Gaomi City	R134T2012	相对稳定	A级
湖北天门市	HB—Tianmen City	R135T2012	相对稳定	A级
辽宁东港市	LN—Donggang City	R136T2012	相对稳定	A级
江苏句容市	JS—Jurong City	R137T2012	相对稳定	A级
黑龙江呼兰县	HL—Hulan County	R138T2012	相对稳定	A级
浙江桐庐县	ZJ—Tonglu County	R139T2012	相对稳定	A级
吉林农安县	JL—Nong'an County	R140T2012	相对稳定	A级
河南荥阳市	HEN—Xingyang City	R141T2012	相对稳定	A级
江苏邳州市	JS—Pizhou City	R142T2012	相对稳定	A级
广东潮安县	GD—Chao'an County	R143T2012	相对稳定	A级
广东化州市	GD—Huazhou City	R144T2012	相对稳定	A级
云南大理市	YN—Dali City	R145T2012	相对稳定	A级
吉林榆树市	JL—Yushu City	R146T2012	相对稳定	A级
广东鹤山市	GD—heshan City	R147T2012	相对稳定	A级

第四届中国县域经济基本竞争力评价(A级续五)

4th CHINA COUNTY-LEVEL ECONOMY BASIC COMPETITIVENESS EVALUATION

县域单位	UNIT	中郡指数	竞争力动态	竞争力等级
黑龙江肇东市	HL—Zhaodong City	R148T2012	相对稳定	A级
天津蓟县	TJ—Jixian County	R149T2012	相对稳定	A级
河北鹿泉市	HEB—Luquan City	R150T2012	相对稳定	A级
江苏建湖县	JS—Jianhu County	R151T2012	相对稳定	A级
江苏沛县	JS—Peixian County	R152T2012	相对稳定	A级
湖北汉川市	HB—Hanchuan City	R153T2012	相对稳定	A级
江苏溧水县	JS—Lishui County	R154T2012	相对稳定	A级
山东广饶县	SD—Guangrao County	R155T2012	相对稳定	A级
天津静海县	TJ—Jinghai County	R156T2012	相对稳定	A级
河北滦南县	HEB—Luannan County	R157T2012	相对稳定	A级
山东沂水县	SD—Yishui County	R158T2012	相对稳定	A级
山东昌邑市	SD—Changyi City	R159T2012	相对稳定	A级
内蒙古准格尔旗	NM—Zhunge'er Banner	R160T2012	相对稳定	A级
广东电白县	GD—Dianbai County	R161T2012	相对稳定	A级
吉林德惠市	JL—Dehui City	R162T2012	相对稳定	A级
江苏高淳县	JS—Gaochun County	R163T2012	相对稳定	A级
福建连江县	FJ—Lianjiang County	R164T2012	相对稳定	A级
江苏沭阳县	JS—Shuyang County	R165T2012	相对稳定	A级
浙江安吉县	ZJ—Anji County	R166T2012	相对稳定	A级
河南长葛市	HEN—Changge City	R167T2012	相对稳定	A级
福建永春县	FJ—Yongchun County	R168T2012	相对稳定	A级
四川绵竹市	SC—Mianzhu City	R169T2012	相对稳定	A级
河南邓州市	HEN—Dengzhou City	R170T2012	相对稳定	A级
湖北大冶市	HB—Daye City	R171T2012	相对稳定	A级
河北辛集市	HEB—Xinji City	R172T2012	相对稳定	A级
山东高唐县	SD—Gaotang County	R173T2012	相对稳定	A级
广东信宜市	GD—Xinyi City	R174T2012	相对稳定	A级
河北玉田县	HEB—Yutian County	R175T2012	相对稳定	A级
四川江油市	SC—Jiangyou City	R176T2012	相对稳定	A级
湖南宁乡县	HN—Ningxiang County	R177T2012	相对稳定	A级

第四届中国县域经济基本竞争力评价（A级续六）

4th CHINA COUNTY-LEVEL ECONOMY BASIC COMPETITIVENESS EVALUATION

县域单位	UNIT	中郡指数	竞争力动态	竞争力等级
吉林公主岭市	JL—Gongzhuling City	R178T2012	相对稳定	A级
天津宁河县	TJ—Ninghe County	R179T2012	相对稳定	A级
辽宁新民市	LN—Xinmin City	R180T2012	相对稳定	A级
河北霸州市	HEB—Bazhou City	R181T2012	相对稳定	A级
新疆鄯善县	XJ—Shanshan County	R182T2012	相对稳定	A级
河南灵宝市	HEN—Lingbao City	R183T2012	相对稳定	A级
四川都江堰市	SC—Dujiangyan City	R184T2012	相对稳定	A级
江苏高邮市	JS—Gaoyou City	R185T2012	相对稳定	A级
重庆永川市	CQ—Yongchuan City	R186T2012	相对稳定	A级
河北定州市	HEB—Dingzhou City	R187T2012	相对稳定	A级
山东莒县	SD—Juxian County	R188T2012	相对稳定	A级
云南安宁市	YN—Anning City	R189T2012	相对稳定	A级
福建永安市	FJ—Yong'an City	R190T2012	相对稳定	A级
四川什邡市	SC—Shifang City	R191T2012	相对稳定	A级
河南登封市	HEN—Dengfeng City	R192T2012	相对稳定	A级
山东安丘市	SD—Anqiu City	R193T2012	相对稳定	A级
山东海阳市	SD—Haiyang City	R194T2012	相对稳定	A级
广东海丰县	GD—Haifeng County	R195T2012	相对稳定	A级
湖北钟祥市	HB—Zhongxiang City	R196T2012	相对稳定	A级
广东四会市	GD—Sihui City	R197T2012	相对稳定	A级
湖北应城市	HB—Yingcheng City	R198T2012	相对稳定	A级
河北乐亭县	HEB—Leting County	R199T2012	相对稳定	A级
河南永城市	HEN—Yongcheng City	R200T2012	相对稳定	A级

第四届中国县域经济基本竞争力评价(B级)

4th CHINA COUNTY-LEVEL ECONOMY BASIC COMPETITIVENESS EVALUATION

县域单位	UNIT	中郡指数	竞争力动态	竞争力等级
四川崇州市	SC—Chongzhou City	R201T2012	相对稳定	B级
广东罗定市	GD—Luoding City	R202T2012	相对稳定	B级
湖南望城县	HN—Wangcheng County	R203T2012	相对稳定	B级
江苏阜宁县	JS—Funing County	R204T2012	相对稳定	B级
湖北枣阳市	HB—Zaoyang City	R205T2012	相对稳定	B级
江西南昌县	JX—Nanchang County	R206T2012	相对稳定	B级
河南新安县	HEN—Xin'an County	R207T2012	相对稳定	B级
黑龙江尚志市	HL—Shangzhi City	R208T2012	相对稳定	B级
内蒙古伊金霍洛旗	NM—Yijinhuoluo Banner	R209T2012	上升	B级
四川郫县	SC—Pixian County	R210T2012	相对稳定	B级
陕西神木县	SN—Shenmu County	R211T2012	相对稳定	B级
山东微山县	SD—Weishan County	R212T2012	相对稳定	B级
江苏宝应县	JS—Baoying County	R213T2012	相对稳定	B级
黑龙江五常市	HL—Wuchang City	R214T2012	相对稳定	B级
湖南醴陵市	HN—Liling City	R215T2012	相对稳定	B级
河北涿州市	HEB—Zhuozhou City	R216T2012	相对稳定	B级
河南镇平县	HEN—Zhenping County	R217T2012	相对稳定	B级
山东郯城县	SD—Tancheng County	R218T2012	相对稳定	B级
湖北当阳市	HB—Dangyang City	R219T2012	相对稳定	B级
河南伊川县	HEN—Yichuan County	R220T2012	相对稳定	B级
河北河间市	HEB—Hejian City	R221T2012	相对稳定	B级
云南弥勒县	YN—Mile County	R222T2012	相对稳定	B级
福建漳浦县	FJ—Zhangpu County	R223T2012	相对稳定	B级
湖北麻城市	HB—Macheng City	R224T2012	相对稳定	B级
河北沧县	HEB—Cangxian County	R225T2012	相对稳定	B级
山东临清市	SD—Linqing City	R226T2012	相对稳定	B级
山东栖霞市	SD—Qixia City	R227T2012	相对稳定	B级
湖南邵东县	HN—Shaodong County	R228T2012	相对稳定	B级
吉林九台市	JL—Jiutai City	R229T2012	相对稳定	B级
河南沁阳市	HEN—Qinyang City	R230T2012	相对稳定	B级

第四届中国县域经济基本竞争力评价(B级续一)

4th CHINA COUNTY-LEVEL ECONOMY BASIC COMPETITIVENESS EVALUATION

县域单位	UNIT	中郡指数	竞争力动态	竞争力等级
河北迁西县	HEB—Qianxi County	R231T2012	相对稳定	B级
四川西昌市	SC—Xichang City	R232T2012	相对稳定	B级
新疆阿克苏市	XJ—Akesu City	R233T2012	相对稳定	B级
吉林延吉市	JL—Yanji City	R234T2012	相对稳定	B级
云南楚雄市	YN—Chuxiong City	R235T2012	相对稳定	B级
山东博兴县	SD—Boxing County	R236T2012	相对稳定	B级
山东平邑县	SD—Pingyi County	R237T2012	相对稳定	B级
吉林磐石市	JL—Panshi City	R238T2012	相对稳定	B级
山东莒南县	SD—Junan County	R239T2012	相对稳定	B级
河北涉县	HEB—Shexian County	R240T2012	上升	B级
广西平果县	GX—Pingguo County	R241T2012	上升	B级
河南汝州市	HEN—Ruzhou City	R242T2012	相对稳定	B级
山东临邑县	SD—Linyi County	R243T2012	相对稳定	B级
四川邛崃市	SC—Qionglai City	R244T2012	相对稳定	B级
河南郾城县	HEN—Yancheng County	R245T2012	相对稳定	B级
吉林前郭县	JL—Qianguo County	R246T2012	相对稳定	B级
山东济阳县	SD—Jiyang County	R247T2012	相对稳定	B级
山东苍山县	SD—Cangshan County	R248T2012	相对稳定	B级
山东费县	SD—Feixian County	R249T2012	相对稳定	B级
四川金堂县	SC—Jintang County	R250T2012	相对稳定	B级
山东宁阳县	SD—Ningyang County	R251T2012	相对稳定	B级
江苏盱眙县	JS—Xuyi County	R252T2012	相对稳定	B级
浙江江山市	ZJ—Jiangshan City	R253T2012	相对稳定	B级
辽宁辽中县	LN—Liaozhong County	R254T2012	相对稳定	B级
山东齐河县	SD—Qihe County	R255T2012	相对稳定	B级
江西贵溪市	JX—Guixi City	R256T2012	相对稳定	B级
山东平阴县	SD—Pingyin County	R257T2012	相对稳定	B级
广西邕宁县	GX—Yongning County	R258T2012	相对稳定	B级
山东金乡县	SD—Jinxiang County	R259T2012	相对稳定	B级
河南唐河县	HEN—Tanghe County	R260T2012	相对稳定	B级

第四届中国县域经济基本竞争力评价(B级续二)

4th CHINA COUNTY-LEVEL ECONOMY BASIC COMPETITIVENESS EVALUATION

县域单位	UNIT	中郡指数	竞争力动态	竞争力等级
河北滦县	HEB—Luanxian County	R261T2012	相对稳定	B级
河北正定县	HEB—Zhengding County	R262T2012	相对稳定	B级
广东廉江市	GD—Lianjiang City	R263T2012	相对稳定	B级
河南林州市	HEN—Linzhou City	R264T2012	相对稳定	B级
山东禹城市	SD—Yucheng City	R265T2012	相对稳定	B级
河南许昌县	HEN—Xuchang County	R266T2012	相对稳定	B级
山东泗水县	SD—Sishui County	R267T2012	相对稳定	B级
四川广汉市	SC—Guanghan City	R268T2012	相对稳定	B级
新疆库车县	XJ—Kuche County	R269T2012	上升	B级
河南项城市	HEN—Xiangcheng City	R270T2012	相对稳定	B级
山东宁津县	SD—Ningjin County	R271T2012	相对稳定	B级
河北晋州市	HEB—Jinzhou City	R272T2012	相对稳定	B级
四川彭州市	SC—Pengzhou City	R273T2012	相对稳定	B级
福建德化县	FJ—Dehua County	R274T2012	相对稳定	B级
河北高碑店市	HEB—Gaobeidian City	R275T2012	相对稳定	B级
海南儋州市	HAN—Danzhou City	R276T2012	相对稳定	B级
江西丰城市	JX—Fengcheng City	R277T2012	相对稳定	B级
江苏滨海县	JS—Binhai County	R278T2012	相对稳定	B级
辽宁凌海市	LN—Linghai City	R279T2012	相对稳定	B级
浙江天台县	ZJ—Tiantai County	R280T2012	相对稳定	B级
辽宁凤城市	LN—Fengcheng City	R281T2012	相对稳定	B级
新疆昌吉市	XJ—Changji City	R282T2012	相对稳定	B级
江苏泗洪县	JS—Sihong County	R283T2012	相对稳定	B级
吉林桦甸市	JL—Huadian City	R284T2012	相对稳定	B级
青海格尔木市	QH—Ge'ermu City	R285T2012	相对稳定	B级
河南辉县市	HEN—Huixian City	R286T2012	相对稳定	B级
河北新乐市	HEB—Xinle City	R287T2012	相对稳定	B级
山东沂南县	SD—Yinan County	R288T2012	相对稳定	B级
福建福安市	FJ—Fu'an City	R289T2012	相对稳定	B级
浙江浦江县	ZJ—Pujiang County	R290T2012	相对稳定	B级

第四届中国县域经济基本竞争力评价(B级续三)

4th CHINA COUNTY-LEVEL ECONOMY BASIC COMPETITIVENESS EVALUATION

县域单位	UNIT	中郡指数	竞争力动态	竞争力等级
北京延庆县	BJ—Yanqing County	R291T2012	相对稳定	B级
重庆綦江县	CQ—Qijiang County	R292T2012	相对稳定	B级
河北香河县	HEB—Xianghe County	R293T2012	相对稳定	B级
重庆铜梁县	CQ—Tongliang County	R294T2012	相对稳定	B级
湖北赤壁市	HB—Chibi City	R295T2012	相对稳定	B级
江苏赣榆县	JS—Ganyu County	R296T2012	相对稳定	B级
四川简阳市	SC—Jianyang City	R297T2012	相对稳定	B级
四川射洪县	SC—Shehong County	R298T2012	相对稳定	B级
山东昌乐县	SD—Changle County	R299T2012	相对稳定	B级
贵州遵义县	GZ—Zunyi County	R300T2012	相对稳定	B级
湖南耒阳市	HN—Leiyang City	R301T2012	相对稳定	B级
湖北老河口市	HB—Laohekou City	R302T2012	相对稳定	B级
浙江武义县	ZJ—Wuyi County	R303T2012	相对稳定	B级
湖南澧县	HN—Lixian County	R304T2012	相对稳定	B级
内蒙古达拉特旗	NM—Dalate Banner	R305T2012	相对稳定	B级
山东五莲县	SD—Wulian County	R306T2012	相对稳定	B级
湖北武穴市	HB—Wuxue City	R307T2012	相对稳定	B级
湖南桃源县	HN—Taoyuan County	R308T2012	相对稳定	B级
湖北公安县	HB—Gong'an County	R309T2012	相对稳定	B级
广西合浦县	GX—Hepu County	R310T2012	相对稳定	B级
山东陵县	SD—Lingxian County	R311T2012	相对稳定	B级
山东乐陵市	SD—Leling City	R312T2012	相对稳定	B级
河南中牟县	HEN—Zhongmou County	R313T2012	相对稳定	B级
河北栾城县	HEB—Luancheng County	R314T2012	相对稳定	B级
河北黄骅市	HEB—Huanghua City	R315T2012	相对稳定	B级
河北永年县	HEB—Yongnian County	R316T2012	相对稳定	B级
湖南衡南县	HN—Hengnan County	R317T2012	相对稳定	B级
湖南汨罗市	HN—Miluo City	R318T2012	相对稳定	B级
山东东平县	SD—Dongping County	R319T2012	相对稳定	B级
江苏丰县	JS—Fengxian County	R320T2012	相对稳定	B级

第四届中国县域经济基本竞争力评价(B级续四)

4th CHINA COUNTY-LEVEL ECONOMY BASIC COMPETITIVENESS EVALUATION

县域单位	UNIT	中郡指数	竞争力动态	竞争力等级
新疆石河子市	XJ—Shihezi City	R321T2012	相对稳定	B级
安徽宁国市	AH—Ningguo City	R322T2012	相对稳定	B级
广东梅县	GD—Meixian County	R323T2012	相对稳定	B级
辽宁台安县	LN—Tai'an County	R324T2012	相对稳定	B级
重庆璧山县	CQ—Bishan County	R325T2012	相对稳定	B级
广东阳春市	GD—Yangchun City	R326T2012	相对稳定	B级
安徽无为县	AH—Wuwei County	R327T2012	相对稳定	B级
广东恩平市	GD—Enping City	R328T2012	相对稳定	B级
重庆开县	CQ—Kaixian County	R329T2012	相对稳定	B级
江苏睢宁县	JS—Suining County	R330T2012	相对稳定	B级
湖北松滋市	HB—Songzi City	R331T2012	相对稳定	B级
海南琼海市	HAN—Qionghai City	R332T2012	相对稳定	B级
江苏东海县	JS—Donghai County	R333T2012	相对稳定	B级
河南安阳县	HEN—Anyang County	R334T2012	相对稳定	B级
河北沙河市	HEB—Shahe City	R335T2012	相对稳定	B级
湖南桂阳县	HN—Guiyang County	R336T2012	相对稳定	B级
吉林梅河口市	JL—Meihekou City	R337T2012	相对稳定	B级
河北邯郸县	HEB—Handan County	R338T2012	相对稳定	B级
山东梁山县	SD—Liangshan County	R339T2012	上升	B级
河北文安县	HEB—Wen'an County	R340T2012	相对稳定	B级
山西孝义市	SX—Xiaoyi City	R341T2012	上升	B级
浙江淳安县	ZJ—Chun'an County	R342T2012	相对稳定	B级
辽宁绥中县	LN—Suizhong County	R343T2012	相对稳定	B级
四川三台县	SC—Santai County	R344T2012	相对稳定	B级
河南固始县	HEN—Gushi County	R345T2012	相对稳定	B级
江西广丰县	JX—Guangfeng County	R346T2012	相对稳定	B级
山东莘县	SD—Shenxian County	R347T2012	相对稳定	B级
山东嘉祥县	SD—Jiaxiang County	R348T2012	相对稳定	B级
山东临朐县	SD—Linqu County	R349T2012	相对稳定	B级
辽宁岫岩县	LN—Xiuyan County	R350T2012	相对稳定	B级

第四届中国县域经济基本竞争力评价(B级续五)

4th CHINA COUNTY-LEVEL ECONOMY BASIC COMPETITIVENESS EVALUATION

县域单位	UNIT	中郡指数	竞争力动态	竞争力等级
四川中江县	SC—Zhongjiang County	R351T2012	相对稳定	B级
福建仙游县	FJ—Xianyou County	R352T2012	相对稳定	B级
山东无棣县	SD—Wudi County	R353T2012	相对稳定	B级
江苏泗阳县	JS—Siyang County	R354T2012	相对稳定	B级
江苏宿豫县	JS—Suyu County	R355T2012	相对稳定	B级
湖北京山县	HB—Jingshan County	R356T2012	相对稳定	B级
黑龙江安达市	HL—Anda City	R357T2012	相对稳定	B级
四川仁寿县	SC—Renshou County	R358T2012	相对稳定	B级
辽宁灯塔市	LN—Dengta City	R359T2012	相对稳定	B级
山东商河县	SD—Shanghe County	R360T2012	相对稳定	B级
江苏新沂市	JS—Xinyi City	R361T2012	相对稳定	B级
河北清河县	HEB—Qinghe County	R362T2012	相对稳定	B级
福建闽清县	FJ—Minqing County	R363T2012	相对稳定	B级
河南新野县	HEN—Xinye County	R364T2012	相对稳定	B级
四川大竹县	SC—Dazhu County	R365T2012	相对稳定	B级
湖北石首市	HB—Shishou City	R366T2012	相对稳定	B级
湖南衡阳县	HN—Hengyang County	R367T2012	相对稳定	B级
河北磁县	HEB—Cixian County	R368T2012	相对稳定	B级
湖南攸县	HN—Youxian County	R369T2012	相对稳定	B级
山东沂源县	SD—Yiyuan County	R370T2012	相对稳定	B级
河北蠡县	HEB—Lixian County	R371T2012	相对稳定	B级
安徽肥东县	AH—Feidong County	R372T2012	相对稳定	B级
安徽桐城市	AH—Tongcheng City	R373T2012	相对稳定	B级
四川大邑县	SC—Dayi County	R374T2012	相对稳定	B级
湖南湘潭县	HN—Xiangtan County	R375T2012	相对稳定	B级
内蒙古和林格尔县	NM—Helinge'er County	R376T2012	上升	B级
辽宁辽阳县	LN—Liaoyang County	R377T2012	相对稳定	B级
湖南华容县	HN—Huarong County	R378T2012	相对稳定	B级
广西灵山县	GX—Lingshan County	R379T2012	相对稳定	B级
浙江青田县	ZJ—Qingtian County	R380T2012	上升	B级

第四届中国县域经济基本竞争力评价(B级续六)

4th CHINA COUNTY-LEVEL ECONOMY BASIC COMPETITIVENESS EVALUATION

县域单位	UNIT	中郡指数	竞争力动态	竞争力等级
江西乐平市	JX—Leping City	R381T2012	相对稳定	B级
黑龙江宾县	HL—Binxian County	R382T2012	相对稳定	B级
山西泽州县	SX—Zezhou County	R383T2012	相对稳定	B级
福建福鼎市	FJ—Fuding City	R384T2012	相对稳定	B级
湖北蕲春县	HB—Qichun County	R385T2012	相对稳定	B级
广东饶平县	GD—Raoping County	R386T2012	相对稳定	B级
湖北枝江市	HB—Zhijiang City	R387T2012	相对稳定	B级
福建南靖县	FJ—Nanjing County	R388T2012	相对稳定	B级
湖南湘乡市	HN—Xiangxiang City	R389T2012	相对稳定	B级
贵州兴义市	GZ—Xingyi City	R390T2012	相对稳定	B级
重庆大足县	CQ—Dazu County	R391T2012	相对稳定	B级
吉林舒兰市	JL—Shulan City	R392T2012	相对稳定	B级
河南临颍县	HEN—Linying County	R393T2012	相对稳定	B级
河南新乡县	HEN—Xinxiang County	R394T2012	相对稳定	B级
山东惠民县	SD—Huimin County	R395T2012	相对稳定	B级
贵州盘县	GZ—Panxian County	R396T2012	相对稳定	B级
山东平原县	SD—Pingyuan County	R397T2012	相对稳定	B级
内蒙古满州里市	NM—Manzhouli City	R398T2012	相对稳定	B级
河北宁晋县	HEB—Ningjin County	R399T2012	相对稳定	B级
湖北监利县	HB—Jianli County	R400T2012	相对稳定	B级

第四届中国县域经济基本竞争力评价(C级)

4th CHINA COUNTY-LEVEL ECONOMY BASIC COMPETITIVENESS EVALUATION

县域单位	UNIT	中郡指数	竞争力动态	竞争力等级
广东雷州市	GD—Leizhou City	R401T2012	相对稳定	C级
河北深州市	HEB—Shenzhou City	R402T2012	相对稳定	C级
湖南资兴市	HN—Zixing City	R403T2012	相对稳定	C级
山东茌平县	SD—Chiping County	R404T2012	相对稳定	C级
湖北黄梅县	HB—Huangmei County	R405T2012	相对稳定	C级
新疆哈密市	XJ—Hami City	R406T2012	相对稳定	C级
山东垦利县	SD—Kenli County	R407T2012	相对稳定	C级
吉林梨树县	JL—Lishu County	R408T2012	相对稳定	C级
山东沾化县	SD—Zhanhua County	R409T2012	相对稳定	C级
山东武城县	SD—Wucheng County	R410T2012	相对稳定	C级
吉林蛟河市	JL—Jiaohe City	R411T2012	相对稳定	C级
安徽肥西县	AH—Feixi County	R412T2012	相对稳定	C级
安徽天长市	AH—Tianchang City	R413T2012	相对稳定	C级
福建邵武市	FJ—Shaowu City	R414T2012	相对稳定	C级
内蒙古鄂托克旗	NM—Etuoke Banner	R415T2012	上升	C级
湖北阳新县	HB—Yangxin County	R416T2012	相对稳定	C级
江苏涟水县	JS—Lianshui County	R417T2012	相对稳定	C级
广东陆丰市	GD—Lufeng City	R418T2012	相对稳定	C级
河北平山县	HEB—Pingshan County	R419T2012	相对稳定	C级
山西洪洞县	SX—Hongtong County	R420T2012	上升	C级
辽宁北宁市	LN—Beining City	R421T2012	相对稳定	C级
新疆沙湾县	XJ—Shawan County	R422T2012	相对稳定	C级
山东临沭县	SD—Linshu County	R423T2012	相对稳定	C级
广东怀集县	GD—Huaiji County	R424T2012	相对稳定	C级
河北徐水县	HEB—Xushui County	R425T2012	相对稳定	C级
重庆南川市	CQ—Nanchuan City	R426T2012	相对稳定	C级
湖南湘阴县	HN—Xiangyin County	R427T2012	相对稳定	C级
浙江三门县	ZJ—Sanmen County	R428T2012	相对稳定	C级
辽宁大洼县	LN—Dawa County	R429T2012	相对稳定	C级
河北昌黎县	HEB—Changli County	R430T2012	相对稳定	C级

第四届中国县域经济基本竞争力评价(C级续一)

4th CHINA COUNTY-LEVEL ECONOMY BASIC COMPETITIVENESS EVALUATION

县域单位	UNIT	中郡指数	竞争力动态	竞争力等级
山东阳谷县	SD—Yanggu County	R431T2012	相对稳定	C级
湖北浠水县	HB—Xishui County	R432T2012	相对稳定	C级
云南宣威市	YN—Xuanwei City	R433T2012	相对稳定	C级
山西清徐县	SX—Qingxu County	R434T2012	相对稳定	C级
云南会泽县	YN—Huize County	R435T2012	注意	C级
湖南常宁市	HN—Changning City	R436T2012	相对稳定	C级
浙江仙居县	ZJ—Xianju County	R437T2012	相对稳定	C级
浙江龙游县	ZJ—Longyou County	R438T2012	相对稳定	C级
湖北洪湖市	HB—Honghu City	R439T2012	注意	C级
山西阳城县	SX—Yangcheng County	R440T2012	相对稳定	C级
贵州仁怀市	GZ—Renhuai City	R441T2012	相对稳定	C级
湖南祁东县	HN—Qidong County	R442T2012	相对稳定	C级
湖北宜都市	HB—Yidu City	R443T2012	相对稳定	C级
江西新建县	JX—Xinjian County	R444T2012	相对稳定	C级
河南博爱县	HEN—Bo'ai County	R445T2012	相对稳定	C级
云南个旧市	YN—Gejiu City	R446T2012	相对稳定	C级
湖南祁阳县	HN—Qiyang County	R447T2012	相对稳定	C级
湖南冷水江市	HN—Lengshuijiang City	R448T2012	相对稳定	C级
河南尉氏县	HEN—Weishi County	R449T2012	相对稳定	C级
新疆玛纳斯县	XJ—Manasi County	R450T2012	相对稳定	C级
河北赵县	HEB—Zhaoxian County	R451T2012	相对稳定	C级
安徽凤台县	AH—Fengtai County	R452T2012	相对稳定	C级
湖北广水市	HB—Guangshui City	R453T2012	相对稳定	C级
山东鱼台县	SD—Yutai County	R454T2012	相对稳定	C级
广西桂平市	GX—Guiping City	R455T2012	相对稳定	C级
山西介休市	SX—Jiexiu City	R456T2012	上升	C级
湖北云梦县	HB—Yunmeng County	R457T2012	相对稳定	C级
吉林敦化市	JL—Dunhua City	R458T2012	相对稳定	C级
广东遂溪县	GD—Suixi County	R459T2012	相对稳定	C级
山东汶上县	SD—Wenshang County	R460T2012	相对稳定	C级

第四届中国县域经济基本竞争力评价(C级续二)

4th CHINA COUNTY-LEVEL ECONOMY BASIC COMPETITIVENESS EVALUATION

县域单位	UNIT	中郡指数	竞争力动态	竞争力等级
山西闻喜县	SX—Wenxi County	R461T2012	上升	C级
四川达县	SC—Daxian County	R462T2012	相对稳定	C级
浙江缙云县	ZJ—Jinyun County	R463T2012	相对稳定	C级
重庆潼南县	CQ—Tongnan County	R464T2012	相对稳定	C级
福建诏安县	FJ—Zhao'an County	R465T2012	相对稳定	C级
海南文昌市	HAN—Wenchang City	R466T2012	相对稳定	C级
山西潞城市	SX—Lucheng City	R467T2012	上升	C级
山东郓城县	SD—Yuncheng County	R468T2012	相对稳定	C级
河北抚宁县	HEB—Funing County	R469T2012	相对稳定	C级
四川南部县	SC—Nanbu County	R470T2012	相对稳定	C级
湖南永兴县	HN—Yongxing County	R471T2012	相对稳定	C级
四川新津县	SC—Xinjin County	R472T2012	相对稳定	C级
四川威远县	SC—Weiyuan County	R473T2012	相对稳定	C级
广东揭西县	GD—Jiexi County	R474T2012	相对稳定	C级
山东蒙阴县	SD—Mengyin County	R475T2012	相对稳定	C级
广东新兴县	GD—Xinxing County	R476T2012	相对稳定	C级
河南孟州市	HEN—Mengzhou City	R477T2012	相对稳定	C级
河南渑池县	HEN—Mianchi County	R478T2012	相对稳定	C级
山东曹县	SD—Caoxian County	R479T2012	相对稳定	C级
山东夏津县	SD—Xiajin County	R480T2012	上升	C级
广东惠来县	GD—Huilai County	R481T2012	相对稳定	C级
重庆垫江县	CQ—Dianjiang County	R482T2012	相对稳定	C级
安徽当涂县	AH—Dangtu County	R483T2012	相对稳定	C级
甘肃玉门市	GS—Yumen City	R484T2012	相对稳定	C级
四川安岳县	SC—Anyue County	R485T2012	相对稳定	C级
安徽怀宁县	AH—Huaining County	R486T2012	相对稳定	C级
陕西韩城市	SN—Hancheng City	R487T2012	上升	C级
宁夏青铜峡市	NX—Qingtongxia City	R488T2012	相对稳定	C级
云南宜良县	YN—Yiliang County	R489T2012	相对稳定	C级
河南鄢陵县	HEN—Yanling County	R490T2012	相对稳定	C级

第四届中国县域经济基本竞争力评价(C级续三)

4th CHINA COUNTY-LEVEL ECONOMY BASIC COMPETITIVENESS EVALUATION

县域单位	UNIT	中郡指数	竞争力动态	竞争力等级
内蒙古土默特左旗	NM—Tumotezuo Banner	R491T2012	相对稳定	C级
辽宁盘山县	LN—Panshan County	R492T2012	相对稳定	C级
广西武鸣县	GX—Wuming County	R493T2012	相对稳定	C级
重庆荣昌县	CQ—Rongchang County	R494T2012	相对稳定	C级
内蒙古锡林浩特市	NM—Xilinhaote City	R495T2012	相对稳定	C级
湖南岳阳县	HN—Yueyang County	R496T2012	相对稳定	C级
福建沙县	FJ—Shaxian County	R497T2012	相对稳定	C级
四川富顺县	SC—Fushun County	R498T2012	相对稳定	C级
河北冀州市	HEB—Jizhou City	R499T2012	相对稳定	C级
河北隆尧县	HEB—Longyao County	R500T2012	相对稳定	C级
河南方城县	HEN—Fangcheng County	R501T2012	相对稳定	C级
河北邢台县	HEB—Xingtai County	R502T2012	上升	C级
广东阳东县	GD—Yangdong County	R503T2012	相对稳定	C级
海南万宁市	HAN—Wanning City	R504T2012	相对稳定	C级
广西北流市	GX—Beiliu City	R505T2012	注意	C级
河南鹿邑县	HEN—Luyi County	R506T2012	相对稳定	C级
贵州毕节市	GZ—Bijie City	R507T2012	注意	C级
湖南石门县	HN—Shimen County	R508T2012	相对稳定	C级
河北元氏县	HEB—Yuanshi County	R509T2012	相对稳定	C级
河北泊头市	HEB—Botou City	R510T2012	相对稳定	C级
福建永定县	FJ—Yongding County	R511T2012	相对稳定	C级
河北枣强县	HEB—Zaoqiang County	R512T2012	相对稳定	C级
河北无极县	HEB—Wuji County	R513T2012	相对稳定	C级
安徽涡阳县	AH—Guoyang County	R514T2012	相对稳定	C级
四川宜宾县	SC—Yibin County	R515T2012	相对稳定	C级
黑龙江巴彦县	HL—Bayan County	R516T2012	相对稳定	C级
山西古交市	SX—Gujiao City	R517T2012	相对稳定	C级
福建罗源县	FJ—Luoyuan County	R518T2012	相对稳定	C级
浙江嵊泗县	ZJ—Shengsi County	R519T2012	上升	C级
辽宁兴城市	LN—Xingcheng City	R520T2012	相对稳定	C级

第四届中国县域经济基本竞争力评价(C 级续四)

4th CHINA COUNTY-LEVEL ECONOMY BASIC COMPETITIVENESS EVALUATION

县域单位	UNIT	中郡指数	竞争力动态	竞争力等级
河南西平县	HEN—Xiping County	R521T2012	相对稳定	C级
河南武陟县	HEN—Wuzhi County	R522T2012	相对稳定	C级
云南景洪市	YN—Jinghong City	R523T2012	相对稳定	C级
辽宁黑山县	LN—Heishan County	R524T2012	相对稳定	C级
河北井陉县	HEB—Jingxing County	R525T2012	相对稳定	C级
山东单县	SD—Shanxian County	R526T2012	相对稳定	C级
河北青县	HEB—Qingxian County	R527T2012	相对稳定	C级
湖南平江县	HN—Pingjiang County	R528T2012	相对稳定	C级
吉林扶余县	JL—Fuyu County	R529T2012	相对稳定	C级
贵州清镇市	GZ—Qingzhen City	R530T2012	相对稳定	C级
江西进贤县	JX—Jinxian County	R531T2012	相对稳定	C级
云南开远市	YN—Kaiyuan City	R532T2012	相对稳定	C级
陕西延川县	SN—Yanchuan County	R533T2012	上升	C级
福建尤溪县	FJ—Youxi County	R534T2012	相对稳定	C级
广东曲江县	GD—Qujiang County	R535T2012	相对稳定	C级
广西平南县	GX—Pingnan County	R536T2012	上升	C级
广东兴宁市	GD—Xingning City	R537T2012	相对稳定	C级
山西沁源县	SX—Qinyuan County	R538T2012	上升	C级
湖南宜章县	HN—Yizhang County	R539T2012	相对稳定	C级
广西柳江县	GX—Liujiang County	R540T2012	相对稳定	C级
河南内乡县	HEN—Neixiang County	R541T2012	相对稳定	C级
新疆阜康市	XJ—Fukang City	R542T2012	相对稳定	C级
安徽怀远县	AH—Huaiyuan County	R543T2012	相对稳定	C级
江西樟树市	JX—Zhangshu City	R544T2012	相对稳定	C级
四川峨眉山市	SC—Emeishan City	R545T2012	相对稳定	C级
黑龙江虎林市	HL—Hulin City	R546T2012	相对稳定	C级
福建建瓯市	FJ—Jian'ou City	R547T2012	相对稳定	C级
浙江岱山县	ZJ—Daishan County	R548T2012	相对稳定	C级
安徽蒙城县	AH—Mengcheng County	R549T2012	相对稳定	C级
湖北沙洋县	HB—Shayang County	R550T2012	相对稳定	C级

第四届中国县域经济基本竞争力评价(C 级续五)

4th CHINA COUNTY-LEVEL ECONOMY BASIC COMPETITIVENESS EVALUATION

县域单位	UNIT	中郡指数	竞争力动态	竞争力等级
重庆梁平县	CQ—Liangping County	R551T2012	相对稳定	C级
福建霞浦县	FJ—Xiapu County	R552T2012	相对稳定	C级
河南淮阳县	HEN—Huaiyang County	R553T2012	相对稳定	C级
广西宾阳县	GX—Binyang County	R554T2012	注意	C级
河南杞县	HEN—Qixian County	R555T2012	相对稳定	C级
辽宁宽甸县	LN—Kuandian County	R556T2012	相对稳定	C级
山西襄汾县	SX—Xiangfen County	R557T2012	上升	C级
河南滑县	HEN—Huaxian County	R558T2012	相对稳定	C级
山东利津县	SD—Lijin County	R559T2012	相对稳定	C级
湖南沅江市	HN—Yuanjiang City	R560T2012	相对稳定	C级
湖北红安县	HB—Hong'an County	R561T2012	注意	C级
福建漳平市	FJ—Zhangping City	R562T2012	相对稳定	C级
安徽庐江县	AH—Lujiang County	R563T2012	相对稳定	C级
河南潢川县	HEN—Huangchuan County	R564T2012	相对稳定	C级
河南淅川县	HEN—Xichuan County	R565T2012	相对稳定	C级
河北定兴县	HEB—Dingxing County	R566T2012	相对稳定	C级
河南宝丰县	HEN—Baofeng County	R567T2012	相对稳定	C级
山东冠县	SD—Guanxian County	R568T2012	相对稳定	C级
广东英德市	GD—Yingde City	R569T2012	相对稳定	C级
辽宁开原市	LN—Kaiyuan City	R570T2012	相对稳定	C级
河南濮阳县	HEN—Puyang County	R571T2012	相对稳定	C级
内蒙古达茂联合旗	NM—Da'erhan maoming'an Union Banner	R572T2012	上升	C级
广西博白县	GX—Bobai County	R573T2012	相对稳定	C级
河南襄城县	HEN—Xiangcheng County	R574T2012	相对稳定	C级
四川泸县	SC—Luxian County	R575T2012	相对稳定	C级
河南舞钢市	HEN—Wugang City	R576T2012	上升	C级
江西高安市	JX—Gao'an City	R577T2012	相对稳定	C级
河南温县	HEN—Wenxian County	R578T2012	相对稳定	C级
福建东山县	FJ—Dongshan County	R579T2012	相对稳定	C级
安徽太和县	AH—Taihe County	R580T2012	相对稳定	C级

第四届中国县域经济基本竞争力评价(C级续六)

4th CHINA COUNTY-LEVEL ECONOMY BASIC COMPETITIVENESS EVALUATION

县域单位	UNIT	中郡指数	竞争力动态	竞争力等级
福建上杭县	FJ—Shanghang County	R581T2012	相对稳定	C级
山东高青县	SD—Gaoqing County	R582T2012	相对稳定	C级
安徽繁昌县	AH—Fanchang County	R583T2012	相对稳定	C级
内蒙古丰镇市	NM—Fengzhen City	R584T2012	上升	C级
安徽濉溪县	AH—Suixi County	R585T2012	相对稳定	C级
陕西靖边县	SN—Jingbian County	R586T2012	相对稳定	C级
辽宁昌图县	LN—Changtu County	R587T2012	相对稳定	C级
湖北宜城市	HB—Yicheng City	R588T2012	相对稳定	C级
湖南临湘市	HN—Linxiang City	R589T2012	相对稳定	C级
湖南双峰县	HN—Shuangfeng County	R590T2012	相对稳定	C级
内蒙古乌拉特前旗	NM—Wulateqian Banner	R591T2012	相对稳定	C级
黑龙江密山市	HL—Mishan City	R592T2012	相对稳定	C级
河北安国市	HEB—Anguo City	R593T2012	相对稳定	C级
湖南涟源市	HN—Lianyuan City	R594T2012	相对稳定	C级
四川资中县	SC—Zizhong County	R595T2012	相对稳定	C级
安徽芜湖县	AH—Wuhu County	R596T2012	相对稳定	C级
广西横县	GX—Hengxian County	R597T2012	注意	C级
四川岳池县	SC—Yuechi County	R598T2012	相对稳定	C级
山东东明县	SD—Dongming County	R599T2012	相对稳定	C级
河北景县	HEB—Jingxian County	R600T2012	相对稳定	C级

第四届中国县域经济基本竞争力评价(D级)

4th CHINA COUNTY-LEVEL ECONOMY BASIC COMPETITIVENESS EVALUATION

县域单位	UNIT	中郡指数	竞争力动态	竞争力等级
内蒙古二连浩特市	NM—Erlianhaote City	R601T2012	相对稳定	D级
安徽灵璧县	AH—Lingbi County	R602T2012	相对稳定	D级
黑龙江鸡东县	HL—Jidong County	R603T2012	相对稳定	D级
吉林双辽市	JL—Shuangliao City	R604T2012	相对稳定	D级
山西柳林县	SX—Liulin County	R605T2012	上升	D级
重庆忠县	CQ—Zhongxian County	R606T2012	相对稳定	D级
湖南衡东县	HN—Hengdong County	R607T2012	相对稳定	D级
江西泰和县	JX—Taihe County	R608T2012	上升	D级
浙江常山县	ZJ—Changshan County	R609T2012	相对稳定	D级
广西柳城县	GX—Liucheng County	R610T2012	相对稳定	D级
四川荣县	SC—Rongxian County	R611T2012	相对稳定	D级
河南长垣县	HEN—Changyuan County	R612T2012	相对稳定	D级
安徽明光市	AH—Mingguang City	R613T2012	相对稳定	D级
河南西峡县	HEN—Xixia County	R614T2012	相对稳定	D级
黑龙江穆棱市	HL—Muling City	R615T2012	相对稳定	D级
广西全州县	GX—Quanzhou County	R616T2012	注意	D级
四川隆昌县	SC—Longchang County	R617T2012	相对稳定	D级
内蒙古乌兰浩特市	NM—Wulanhaote City	R618T2012	上升	D级
贵州凯里市	GZ—Kaili City	R619T2012	相对稳定	D级
内蒙古托克托县	NM—Tuoketuo County	R620T2012	上升	D级
新疆伊宁市	XJ—Yining City	R621T2012	相对稳定	D级
河南修武县	HEN—Xiuwu County	R622T2012	上升	D级
河南太康县	HEN—Taikang County	R623T2012	注意	D级
黑龙江富锦市	HL—Fujin City	R624T2012	相对稳定	D级
湖南安乡县	HN—Anxiang County	R625T2012	相对稳定	D级
黑龙江绥芬河市	HL—Suifenhe City	R626T2012	相对稳定	D级
湖北丹江口市	HB—Danjiangkou City	R627T2012	注意	D级
黑龙江海林市	HL—Hailin City	R628T2012	相对稳定	D级
四川渠县	SC—Quxian County	R629T2012	相对稳定	D级
湖南沅陵县	HN—Yuanling County	R630T2012	相对稳定	D级

第四届中国县域经济基本竞争力评价(D级续一)

4th CHINA COUNTY-LEVEL ECONOMY BASIC COMPETITIVENESS EVALUATION

县域单位	UNIT	中郡指数	竞争力动态	竞争力等级
湖北安陆市	HB—Anlu City	R631T2012	相对稳定	D级
河南叶县	HEN—Yexian County	R632T2012	相对稳定	D级
安徽霍邱县	AH—Huoqiu County	R633T2012	注意	D级
青海大通县	QH—Datong County	R634T2012	相对稳定	D级
江西德兴市	JX—Dexing City	R635T2012	相对稳定	D级
四川宣汉县	SC—Xuanhan County	R636T2012	相对稳定	D级
湖北恩施市	HB—Enshi City	R637T2012	相对稳定	D级
山西高平市	SX—Gaoping City	R638T2012	相对稳定	D级
河南南召县	HEN—Nanzhao County	R639T2012	相对稳定	D级
河南上蔡县	HEN—Shangcai County	R640T2012	相对稳定	D级
河北安平县	HEB—Anping County	R641T2012	相对稳定	D级
重庆丰都县	CQ—Fengdu County	R642T2012	相对稳定	D级
安徽舒城县	AH—Shucheng County	R643T2012	相对稳定	D级
海南澄迈县	HAN—Chengmai County	R644T2012	相对稳定	D级
四川邻水县	SC—Linshui County	R645T2012	相对稳定	D级
重庆奉节县	CQ—Fengjie County	R646T2012	相对稳定	D级
山东东阿县	SD—Dong'e County	R647T2012	相对稳定	D级
安徽广德县	AH—Guangde County	R648T2012	相对稳定	D级
内蒙古鄂温克旗	NM—Ewenke Banner	R649T2012	相对稳定	D级
福建平和县	FJ—Pinghe County	R650T2012	相对稳定	D级
安徽临泉县	AH—Linquan County	R651T2012	相对稳定	D级
广西临桂县	GX—Lingui County	R652T2012	上升	D级
湖南洞口县	HN—Dongkou County	R653T2012	相对稳定	D级
山西襄垣县	SX—Xiangyuan County	R654T2012	上升	D级
浙江遂昌县	ZJ—Suichang County	R655T2012	相对稳定	D级
山西怀仁县	SX—Huairen County	R656T2012	相对稳定	D级
甘肃永靖县	GS—Yongjing County	R657T2012	上升	D级
安徽定远县	AH—Dingyuan County	R658T2012	注意	D级
湖南临澧县	HN—Linli County	R659T2012	相对稳定	D级
辽宁本溪县	LN—Benxi County	R660T2012	相对稳定	D级

第四届中国县域经济基本竞争力评价(D 级续二)

4th CHINA COUNTY-LEVEL ECONOMY BASIC COMPETITIVENESS EVALUATION

县域单位	UNIT	中郡指数	竞争力动态	竞争力等级
安徽枞阳县	AH—Zongyang County	R661T2012	相对稳定	D级
云南文山县	YN—Wenshan County	R662T2012	相对稳定	D级
湖南汉寿县	HN—Hanshou County	R663T2012	相对稳定	D级
广东广宁县	GD—Guangning County	R664T2012	相对稳定	D级
黑龙江宁安市	HL—Ning'an City	R665T2012	相对稳定	D级
福建平潭县	FJ—Pingtan County	R666T2012	相对稳定	D级
江苏洪泽县	JS—Hongze County	R667T2012	相对稳定	D级
广东吴川市	GD—Wuchuan City	R668T2012	相对稳定	D级
辽宁凌源市	LN—Lingyuan City	R669T2012	上升	D级
辽宁桓仁县	LN—Huanren County	R670T2012	相对稳定	D级
内蒙古科尔沁左翼后旗	NM—Ke'erqinzuoyihou Banner	R671T2012	相对稳定	D级
山西翼城县	SX—Yicheng County	R672T2012	上升	D级
重庆云阳县	CQ—Yunyang County	R673T2012	相对稳定	D级
安徽凤阳县	AH—Fengyang County	R674T2012	相对稳定	D级
陕西志丹县	SN—Zhidan County	R675T2012	相对稳定	D级
新疆乌苏市	XJ—Wusu City	R676T2012	相对稳定	D级
河南西华县	HEN—Xihua County	R677T2012	注意	D级
河北满城县	HEB—Mancheng County	R678T2012	相对稳定	D级
安徽萧县	AH—Xiaoxian County	R679T2012	相对稳定	D级
河南陕县	HEN—Shanxian County	R680T2012	相对稳定	D级
陕西户县	SN—Huxian County	R681T2012	相对稳定	D级
河南虞城县	HEN—Yucheng County	R682T2012	相对稳定	D级
江苏响水县	JS—Xiangshui County	R683T2012	相对稳定	D级
湖南临武县	HN—Linwu County	R684T2012	相对稳定	D级
湖南新化县	HN—Xinhua County	R685T2012	相对稳定	D级
广东龙川县	GD—Longchuan County	R686T2012	相对稳定	D级
安徽全椒县	AH—Quanjiao County	R687T2012	相对稳定	D级
福建云霄县	FJ—Yunxiao County	R688T2012	相对稳定	D级
江苏灌云县	JS—Guanyun County	R689T2012	注意	D级
江苏灌南县	JS—Guannan County	R690T2012	相对稳定	D级

第四届中国县域经济基本竞争力评价(D 级续三)

4th CHINA COUNTY-LEVEL ECONOMY BASIC COMPETITIVENESS EVALUATION

县域单位	UNIT	中郡指数	竞争力动态	竞争力等级
云南禄丰县	YN—Lufeng County	R691T2012	相对稳定	D级
河北献县	HEB—Xianxian County	R692T2012	相对稳定	D级
福建长泰县	FJ—Changtai County	R693T2012	相对稳定	D级
河北魏县	HEB—Weixian County	R694T2012	相对稳定	D级
江苏金湖县	JS—Jinhu County	R695T2012	注意	D级
内蒙古开鲁县	NM—Kailu County	R696T2012	相对稳定	D级
湖北大悟县	HB—Dawu County	R697T2012	相对稳定	D级
广西扶绥县	GX—Fusui County	R698T2012	相对稳定	D级
广东封开县	GD—Fengkai County	R699T2012	相对稳定	D级
江西南康市	JX—Nankang City	R700T2012	相对稳定	D级
河北故城县	HEB—Gucheng County	R701T2012	相对稳定	D级
安徽寿县	AH—Shouxian County	R702T2012	相对稳定	D级
安徽歙县	AH—Shexian County	R703T2012	相对稳定	D级
河北清苑县	HEB—Qingyuan County	R704T2012	相对稳定	D级
山西临猗县	SX—Linyi County	R705T2012	相对稳定	D级
河南义马市	HEN—Yima City	R706T2012	上升	D级
河南浚县	HEN—Xunxian County	R707T2012	相对稳定	D级
山东长岛县	SD—Changdao County	R708T2012	相对稳定	D级
吉林大安市	JL—Da'an City	R709T2012	相对稳定	D级
内蒙古杭锦后旗	NM—Hangjinhou Banner	R710T2012	相对稳定	D级
河南泌阳县	HEN—Biyang County	R711T2012	相对稳定	D级
河北行唐县	HEB—Xingtang County	R712T2012	相对稳定	D级
山东巨野县	SD—Juye County	R713T2012	相对稳定	D级
河南淇县	HEN—Qixian County	R714T2012	相对稳定	D级
河北大城县	HEB—Dacheng County	R715T2012	相对稳定	D级
黑龙江嫩江县	HL—Nenjiang County	R716T2012	相对稳定	D级
辽宁抚顺县	LN—Fushun County	R717T2012	相对稳定	D级
海南临高县	HAN—Lingao County	R718T2012	相对稳定	D级
山西古县	SX—Guxian County	R719T2012	上升	D级
福建建阳市	FJ—Jianyang City	R720T2012	相对稳定	D级

第四届中国县域经济基本竞争力评价(D级续四)

4th CHINA COUNTY-LEVEL ECONOMY BASIC COMPETITIVENESS EVALUATION

县域单位	UNIT	中郡指数	竞争力动态	竞争力等级
新疆米泉市	XJ—Miquan City	R721T2012	相对稳定	D级
河南开封县	HEN—Kaifeng County	R722T2012	相对稳定	D级
海南东方市	HAN—Dongfang City	R723T2012	相对稳定	D级
辽宁长海县	LN—Changhai County	R724T2012	相对稳定	D级
江西信丰县	JX—Xinfeng County	R725T2012	相对稳定	D级
福建古田县	FJ—Gutian County	R726T2012	相对稳定	D级
河北饶阳县	HEB—Raoyang County	R727T2012	上升	D级
四川武胜县	SC—Wusheng County	R728T2012	相对稳定	D级
广东阳西县	GD—Yangxi County	R729T2012	相对稳定	D级
四川会理县	SC—Huili County	R730T2012	相对稳定	D级
湖南隆回县	HN—Longhui County	R731T2012	相对稳定	D级
陕西蒲城县	SN—Pucheng County	R732T2012	相对稳定	D级
四川阆中市	SC—langzhong City	R733T2012	相对稳定	D级
河南郸城县	HEN—Dancheng County	R734T2012	注意	D级
山西汾阳市	SX—Fenyang City	R735T2012	上升	D级
河北固安县	HEB—Gu'an County	R736T2012	相对稳定	D级
云南富源县	YN—Fuyuan County	R737T2012	相对稳定	D级
江西修水县	JX—Xiushui County	R738T2012	相对稳定	D级
湖北罗田县	HB—Luotian County	R739T2012	相对稳定	D级
浙江龙泉市	ZJ—Longquan City	R740T2012	相对稳定	D级
吉林洮南市	JL—Taonan City	R741T2012	相对稳定	D级
云南罗平县	YN—Luoping County	R742T2012	相对稳定	D级
贵州都匀市	GZ—Duyun City	R743T2012	相对稳定	D级
云南沾益县	YN—Zhanyi County	R744T2012	相对稳定	D级
辽宁法库县	LN—Faku County	R745T2012	相对稳定	D级
四川乐至县	SC—Lezhi County	R746T2012	相对稳定	D级
甘肃永登县	GS—Yongdeng County	R747T2012	相对稳定	D级
广西宜州市	GX—Yizhou City	R748T2012	注意	D级
湖南株洲县	HN—Zhuzhou County	R749T2012	相对稳定	D级
辽宁新宾县	LN—Xinbin County	R750T2012	相对稳定	D级

第四届中国县域经济基本竞争力评价(D级续五)

4th CHINA COUNTY-LEVEL ECONOMY BASIC COMPETITIVENESS EVALUATION

县域单位	UNIT	中郡指数	竞争力动态	竞争力等级
河南兰考县	HEN—Lankao County	R751T2012	相对稳定	D级
新疆呼图壁县	XJ—Hutubi County	R752T2012	相对稳定	D级
云南陆良县	YN—Luliang County	R753T2012	相对稳定	D级
浙江开化县	ZJ—Kaihua County	R754T2012	相对稳定	D级
湖南东安县	HN—Dong'an County	R755T2012	相对稳定	D级
广西陆川县	GX—Luchuan County	R756T2012	相对稳定	D级
四川合江县	SC—Hejiang County	R757T2012	相对稳定	D级
贵州纳雍县	GZ—Nayong County	R758T2012	上升	D级
安徽长丰县	AH—Changfeng County	R759T2012	相对稳定	D级
河北大名县	HEB—Daming County	R760T2012	相对稳定	D级
河北东光县	HEB—Dongguang County	R761T2012	相对稳定	D级
广东德庆县	GD—Deqing County	R762T2012	注意	D级
安徽和县	AH—Hexian County	R763T2012	相对稳定	D级
河北南宫市	HEB—Nangong City	R764T2012	相对稳定	D级
广西浦北县	GX—Pubei County	R765T2012	注意	D级
湖北嘉鱼县	HB—Jiayu County	R766T2012	相对稳定	D级
辽宁盖州市	LN—Gaizhou City	R767T2012	注意	D级
黑龙江海伦市	HL—Hailun City	R768T2012	注意	D级
广东郁南县	GD—Yunan County	R769T2012	相对稳定	D级
吉林伊通县	JL—Yitong County	R770T2012	注意	D级
黑龙江萝北县	HL—Luobei County	R771T2012	相对稳定	D级
山西交口县	SX—Jiaokou County	R772T2012	上升	D级
四川华蓥市	SC—Huaying City	R773T2012	相对稳定	D级
新疆轮台县	XJ—Luntai County	R774T2012	上升	D级
河南内黄县	HEN—Neihuang County	R775T2012	相对稳定	D级
山东阳信县	SD—Yangxin County	R776T2012	相对稳定	D级
湖南道县	HN—Daoxian County	R777T2012	相对稳定	D级
河南桐柏县	HEN—Tongbo County	R778T2012	相对稳定	D级
广西容县	GX—Rongxian County	R779T2012	相对稳定	D级
广西藤县	GX—Tengxian County	R780T2012	注意	D级

第四届中国县域经济基本竞争力评价(D级续六)

4th CHINA COUNTY-LEVEL ECONOMY BASIC COMPETITIVENESS EVALUATION

县域单位	UNIT	中郡指数	竞争力动态	竞争力等级
四川蒲江县	SC—Pujiang County	R781T2012	相对稳定	D级
贵州金沙县	GZ—Jinsha County	R782T2012	相对稳定	D级
广东徐闻县	GD—Xuwen County	R783T2012	相对稳定	D级
辽宁调兵山市	LN—Diaobingshan City	R784T2012	相对稳定	D级
福建永泰县	FJ—Yongtai County	R785T2012	相对稳定	D级
江西上栗县	JX—Shangli County	R786T2012	相对稳定	D级
新疆喀什市	XJ—Kashi City	R787T2012	相对稳定	D级
湖北长阳县	HB—Changyang County	R788T2012	相对稳定	D级
江西鄱阳县	JX—Poyang County	R789T2012	相对稳定	D级
陕西南郑县	SN—Nanzheng County	R790T2012	相对稳定	D级
陕西城固县	SN—Chenggu County	R791T2012	相对稳定	D级
福建武夷山市	FJ—Wuyishan City	R792T2012	相对稳定	D级
河南新蔡县	HEN—Xincai County	R793T2012	相对稳定	D级
河北高阳县	HEB—Gaoyang County	R794T2012	相对稳定	D级
山西长治县	SX—Changzhi County	R795T2012	上升	D级
广东清新县	GD—Qingxin County	R796T2012	相对稳定	D级
江西宁都县	JX—Ningdu County	R797T2012	相对稳定	D级
安徽来安县	AH—Lai'an County	R798T2012	相对稳定	D级
四川盐边县	SC—Yanbian County	R799T2012	相对稳定	D级
广西鹿寨县	GX—Luzhai County	R800T2012	相对稳定	D级

第四届中国县域经济基本竞争力评价(E级)

4th CHINA COUNTY-LEVEL ECONOMY BASIC COMPETITIVENESS EVALUATION

县域单位	UNIT	中郡指数	竞争力动态	竞争力等级
河北怀来县	HEB—Huailai County	R801T2012	相对稳定	E级
四川安县	SC—Anxian County	R802T2012	相对稳定	E级
吉林永吉县	JL—Yongji County	R803T2012	相对稳定	E级
安徽利辛县	AH—Lixin County	R804T2012	相对稳定	E级
内蒙古霍林郭勒市	NM—Huolinguole City	R805T2012	上升	E级
内蒙古土默特右旗	NM—Tumoteyou Banner	R806T2012	相对稳定	E级
山西灵石县	SX—Lingshi County	R807T2012	上升	E级
贵州开阳县	GZ—Kaiyang County	R808T2012	相对稳定	E级
内蒙古牙克石市	NM—Yakeshi City	R809T2012	相对稳定	E级
江西于都县	JX—Yudu County	R810T2012	相对稳定	E级
吉林长岭县	JL—Changling County	R811T2012	上升	E级
河北内丘县	HEB—Neiqiu County	R812T2012	上升	E级
广西灵川县	GX—Lingchuan County	R813T2012	相对稳定	E级
安徽宿松县	AH—Susong County	R814T2012	相对稳定	E级
河南宜阳县	HEN—Yiyang County	R815T2012	上升	E级
湖南嘉禾县	HN—Jiahe County	R816T2012	相对稳定	E级
安徽南陵县	AH—Nanling County	R817T2012	相对稳定	E级
新疆奎屯市	XJ—Kuitun City	R818T2012	相对稳定	E级
内蒙古正蓝旗	NM—Zhenglan Banner	R819T2012	上升	E级
山西侯马市	SX—Houma City	R820T2012	相对稳定	E级
河南遂平县	HEN—Suiping County	R821T2012	相对稳定	E级
湖北谷城县	HB—Gucheng County	R822T2012	相对稳定	E级
黑龙江林口县	HL—Linkou County	R823T2012	相对稳定	E级
河南孟津县	HEN—Mengjin County	R824T2012	相对稳定	E级
内蒙古扎鲁特旗	NM—Zhalute Banner	R825T2012	相对稳定	E级
湖南南县	HN—Nanxian County	R826T2012	相对稳定	E级
吉林抚松县	JL—Fusong County	R827T2012	相对稳定	E级
云南呈贡县	YN—Chenggong County	R828T2012	相对稳定	E级
河南清丰县	HEN—Qingfeng County	R829T2012	相对稳定	E级
广西永福县	GX—Yongfu County	R830T2012	上升	E级

第四届中国县域经济基本竞争力评价(E级续一)

4th CHINA COUNTY-LEVEL ECONOMY BASIC COMPETITIVENESS EVALUATION

县域单位	UNIT	中郡指数	竞争力动态	竞争力等级
山东成武县	SD—Chengwu County	R831T2012	相对稳定	E级
河南光山县	HEN—Guangshan County	R832T2012	相对稳定	E级
四川彭山县	SC—Pengshan County	R833T2012	相对稳定	E级
安徽泗县	AH—Sixian County	R834T2012	相对稳定	E级
河北卢龙县	HEB—Lulong County	R835T2012	相对稳定	E级
辽宁清原县	LN—Qingyuan County	R836T2012	相对稳定	E级
陕西岐山县	SN—Qishan County	R837T2012	上升	E级
河北大厂县	HEB—Dachang County	R838T2012	相对稳定	E级
江西兴国县	JX—Xingguo County	R839T2012	相对稳定	E级
湖南武冈市	HN—Wugang City	R840T2012	相对稳定	E级
河北肃宁县	HEB—Suning County	R841T2012	上升	E级
四川平昌县	SC—Pingchang County	R842T2012	上升	E级
山西保德县	SX—Baode County	R843T2012	上升	E级
福建顺昌县	FJ—Shunchang County	R844T2012	相对稳定	E级
河南郏县	HEN—Jiaxian County	R845T2012	相对稳定	E级
甘肃庆城县	GS—Qingcheng County	R846T2012	相对稳定	E级
河南商水县	HEN—Shangshui County	R847T2012	注意	E级
广西合山市	GX—Heshan City	R848T2012	上升	E级
河北永清县	HEB—Yongqing County	R849T2012	相对稳定	E级
江西瑞金市	JX—Ruijin City	R850T2012	相对稳定	E级
安徽霍山县	AH—Huoshan County	R851T2012	相对稳定	E级
安徽阜南县	AH—Funan County	R852T2012	注意	E级
安徽含山县	AH—Hanshan County	R853T2012	相对稳定	E级
宁夏盐池县	NX—Yanchi County	R854T2012	上升	E级
河南沈丘县	HEN—Shenqiu County	R855T2012	注意	E级
陕西凤翔县	SN—Fengxiang County	R856T2012	相对稳定	E级
湖南桃江县	HN—Taojiang County	R857T2012	相对稳定	E级
湖南茶陵县	HN—Chaling County	R858T2012	相对稳定	E级
河北宽城县	HEB—Kuancheng County	R859T2012	上升	E级
内蒙古凉城县	NM—Liangcheng County	R860T2012	上升	E级

第四届中国县域经济基本竞争力评价(E级续二)

4th CHINA COUNTY-LEVEL ECONOMY BASIC COMPETITIVENESS EVALUATION

县域单位	UNIT	中郡指数	竞争力动态	竞争力等级
内蒙古科尔沁左翼中旗	NM—Ke'erqinzuoyizhong Banner	R861T2012	相对稳定	E级
湖北利川市	HB—Lichuan City	R862T2012	相对稳定	E级
内蒙古宁城县	NM—Ningcheng County	R863T2012	相对稳定	E级
江西上高县	JX—Shanggao County	R864T2012	相对稳定	E级
广西岑溪市	GX—Cenxi City	R865T2012	相对稳定	E级
辽宁铁岭县	LN—Tieling County	R866T2012	相对稳定	E级
湖南安化县	HN—Anhua County	R867T2012	相对稳定	E级
黑龙江依兰县	HL—Yilan County	R868T2012	相对稳定	E级
河北高邑县	HEB—Gaoyi County	R869T2012	相对稳定	E级
内蒙古乌审旗	NM—Wushen Banner	R870T2012	相对稳定	E级
河南息县	HEN—Xixian County	R871T2012	相对稳定	E级
内蒙古察哈尔右翼后旗	NM—Chaha'eryouyihou Banner	R872T2012	上升	E级
广东南雄市	GD—Nanxiong City	R873T2012	相对稳定	E级
安徽固镇县	AH—Guzhen County	R874T2012	相对稳定	E级
内蒙古奈曼旗	NM—Naiman Banner	R875T2012	相对稳定	E级
海南昌江县	HAN—Changjiang County	R876T2012	上升	E级
山西乡宁县	SX—Xiangning County	R877T2012	上升	E级
江西东乡县	JX—Dongxiang County	R878T2012	相对稳定	E级
河南平舆县	HEN—Pingyu County	R879T2012	相对稳定	E级
山东庆云县	SD—Qingyun County	R880T2012	上升	E级
江西吉安县	JX—Ji'an County	R881T2012	相对稳定	E级
广东连州市	GD—Lianzhou City	R882T2012	相对稳定	E级
江西分宜县	JX—Fenyi County	R883T2012	相对稳定	E级
四川夹江县	SC—Jiajiang County	R884T2012	相对稳定	E级
浙江磐安县	ZJ—Pan'an County	R885T2012	相对稳定	E级
河北唐海县	HEB—Tanghai County	R886T2012	相对稳定	E级
河南睢县	HEN—Suixian County	R887T2012	注意	E级
河南汝南县	HEN—Runan County	R888T2012	注意	E级
广西田阳县	GX—Tianyang County	R889T2012	相对稳定	E级
河北雄县	HEB—Xiongxian County	R890T2012	相对稳定	E级

第四届中国县域经济基本竞争力评价(E级续三)

4th CHINA COUNTY-LEVEL ECONOMY BASIC COMPETITIVENESS EVALUATION

县域单位	UNIT	中郡指数	竞争力动态	竞争力等级
湖北孝昌县	HB—Xiaochang County	R891T2012	相对稳定	E级
福建大田县	FJ—Datian County	R892T2012	相对稳定	E级
广东紫金县	GD—Zijin County	R893T2012	相对稳定	E级
新疆吐鲁番市	XJ—Tulufan City	R894T2012	相对稳定	E级
福建连城县	FJ—Liancheng County	R895T2012	相对稳定	E级
山西永济市	SX—Yongji City	R896T2012	相对稳定	E级
吉林镇赉县	JL—Zhenlai County	R897T2012	相对稳定	E级
江西上饶县	JX—Shangrao County	R898T2012	相对稳定	E级
广东乐昌市	GD—Lechang City	R899T2012	相对稳定	E级
河南汤阴县	HEN—Tangyin County	R900T2012	相对稳定	E级
重庆武隆县	CQ—Wulong County	R901T2012	相对稳定	E级
河南通许县	HEN—Tongxu County	R902T2012	相对稳定	E级
安徽界首市	AH—Jieshou City	R903T2012	相对稳定	E级
山东定陶县	SD—Dingtao County	R904T2012	相对稳定	E级
黑龙江肇州县	HL—Zhaozhou County	R905T2012	相对稳定	E级
安徽潜山县	AH—Qianshan County	R906T2012	相对稳定	E级
云南腾冲县	YN—Tengchong County	R907T2012	相对稳定	E级
安徽五河县	AH—Wuhe County	R908T2012	注意	E级
山西平遥县	SX—Pingyao County	R909T2012	相对稳定	E级
河北临西县	HEB—Linxi County	R910T2012	上升	E级
宁夏中宁县	NX—Zhongning County	R911T2012	上升	E级
广东五华县	GD—Wuhua County	R912T2012	相对稳定	E级
黑龙江庆安县	HL—Qing'an County	R913T2012	相对稳定	E级
吉林辉南县	JL—Huinan County	R914T2012	相对稳定	E级
陕西府谷县	SN—Fugu County	R915T2012	相对稳定	E级
河南罗山县	HEN—Luoshan County	R916T2012	相对稳定	E级
江西安福县	JX—Anfu County	R917T2012	相对稳定	E级
河北临漳县	HEB—Linzhang County	R918T2012	相对稳定	E级
河北安新县	HEB—Anxin County	R919T2012	相对稳定	E级
内蒙古莫力达瓦旗	NM—Molidawa Banner	R920T2012	注意	E级

第四届中国县域经济基本竞争力评价(E级续四)

4th CHINA COUNTY-LEVEL ECONOMY BASIC COMPETITIVENESS EVALUATION

县域单位	UNIT	中郡指数	竞争力动态	竞争力等级
河南嵩县	HEN—Songxian County	R921T2012	相对稳定	E级
福建将乐县	FJ—Jiangle County	R922T2012	相对稳定	E级
黑龙江东宁县	HL—Dongning County	R923T2012	相对稳定	E级
河南夏邑县	HEN—Xiayi County	R924T2012	注意	E级
湖南邵阳县	HN—Shaoyang County	R925T2012	相对稳定	E级
内蒙古五原县	NM—Wuyuan County	R926T2012	相对稳定	E级
湖南溆浦县	HN—Xupu County	R927T2012	相对稳定	E级
湖南新邵县	HN—Xinshao County	R928T2012	相对稳定	E级
云南建水县	YN—Jianshui County	R929T2012	相对稳定	E级
湖南安仁县	HN—Anren County	R930T2012	相对稳定	E级
河南舞阳县	HEN—Wuyang County	R931T2012	相对稳定	E级
福建武平县	FJ—Wuping County	R932T2012	相对稳定	E级
河北武邑县	HEB—Wuyi County	R933T2012	相对稳定	E级
内蒙古敖汉旗	NM—Aohan Banner	R934T2012	相对稳定	E级
内蒙古阿拉善左旗	NM—Alashanzuo Banner	R935T2012	相对稳定	E级
陕西三原县	SN—Sanyuan County	R936T2012	相对稳定	E级
贵州铜仁市	GZ—Tongren City	R937T2012	相对稳定	E级
内蒙古东乌珠穆沁旗	NM—Dongwuzhumuqin Banner	R938T2012	上升	E级
湖南慈利县	HN—Cili County	R939T2012	相对稳定	E级
河北南皮县	HEB—Nanpi County	R940T2012	上升	E级
安徽东至县	AH—Dongzhi County	R941T2012	相对稳定	E级
广西兴安县	GX—Xing'an County	R942T2012	注意	E级
贵州黔西县	GZ—Qianxi County	R943T2012	相对稳定	E级
河南卫辉市	HEN—Weihui City	R944T2012	相对稳定	E级
山西霍州市	SX—Huozhou City	R945T2012	相对稳定	E级
四川犍为县	SC—Jianwei County	R946T2012	相对稳定	E级
湖南汝城县	HN—Rucheng County	R947T2012	上升	E级
广西荔浦县	GX—Lipu County	R948T2012	相对稳定	E级
黑龙江铁力市	HL—Tieli City	R949T2012	相对稳定	E级
山西壶关县	SX—Huguan County	R950T2012	上升	E级

第四届中国县域经济基本竞争力评价(E 级续五)

4th CHINA COUNTY-LEVEL ECONOMY BASIC COMPETITIVENESS EVALUATION

县域单位	UNIT	中郡指数	竞争力动态	竞争力等级
山西河曲县	SX—Hequ County	R951T2012	相对稳定	E级
陕西吴旗县	SN—Wuqi County	R952T2012	上升	E级
河南民权县	HEN—Minquan County	R953T2012	注意	E级
湖南衡山县	HN—Hengshan County	R954T2012	相对稳定	E级
吉林通化县	JL—Tonghua County	R955T2012	相对稳定	E级
吉林东丰县	JL—Dongfeng County	R956T2012	相对稳定	E级
湖南吉首市	HN—Jishou City	R957T2012	相对稳定	E级
西藏林芝县	XZ—Linzhi County	R958T2012	相对稳定	E级
江西永修县	JX—Yongxiu County	R959T2012	相对稳定	E级
重庆彭水县	CQ—Pengshui County	R960T2012	相对稳定	E级
河南栾川县	HEN—Luanchuan County	R961T2012	相对稳定	E级
山西曲沃县	SX—Quwo County	R962T2012	上升	E级
黑龙江肇源县	HL—Zhaoyuan County	R963T2012	相对稳定	E级
安徽太湖县	AH—Taihu County	R964T2012	相对稳定	E级
河北易县	HEB—Yixian County	R965T2012	相对稳定	E级
河北阜城县	HEB—Fucheng County	R966T2012	相对稳定	E级
陕西洛川县	SN—Luochuan County	R967T2012	相对稳定	E级
福建长汀县	FJ—ChangTing County	R968T2012	相对稳定	E级
河南商城县	HEN—Shangcheng County	R969T2012	相对稳定	E级
四川营山县	SC—Yingshan County	R970T2012	相对稳定	E级
河北灵寿县	HEB—Lingshou County	R971T2012	相对稳定	E级
安徽砀山县	AH—Dangshan County	R972T2012	注意	E级
河北兴隆县	HEB—Xinglong County	R973T2012	相对稳定	E级
辽宁阜新县	LN—Fuxin County	R974T2012	相对稳定	E级
湖南津市市	HN—Jinshi City	R975T2012	相对稳定	E级
安徽泾县	AH—Jingxian County	R976T2012	相对稳定	E级
河北吴桥县	HEB—Wuqiao County	R977T2012	相对稳定	E级
云南祥云县	YN—Xiangyun County	R978T2012	相对稳定	E级
四川会东县	SC—Huidong County	R979T2012	相对稳定	E级
浙江松阳县	ZJ—Songyang County	R980T2012	相对稳定	E级

第四届中国县域经济基本竞争力评价（E级续六）

4th CHINA COUNTY-LEVEL ECONOMY BASIC COMPETITIVENESS EVALUATION

县域单位	UNIT	中郡指数	竞争力动态	竞争力等级
河北曲周县	HEB—Quzhou County	R981T2012	相对稳定	E级
广东蕉岭县	GD—Jiaoling County	R982T2012	相对稳定	E级
云南通海县	YN—Tonghai County	R983T2012	相对稳定	E级
内蒙古科尔沁右翼前旗	NM—Ke'erqinyouyiqian Banner	R984T2012	上升	E级
内蒙古扎兰屯市	NM—Zhalantun City	R985T2012	相对稳定	E级
河南获嘉县	HEN—Huojia County	R986T2012	相对稳定	E级
河南确山县	HEN—Queshan County	R987T2012	相对稳定	E级
江西武宁县	JX—Wuning County	R988T2012	相对稳定	E级
江西瑞昌市	JX—Ruichang City	R989T2012	相对稳定	E级
广西凭祥市	GX—Pingxiang City	R990T2012	相对稳定	E级
河南延津县	HEN—Yanjin County	R991T2012	相对稳定	E级
广西南丹县	GX—Nandan County	R992T2012	相对稳定	E级
江西龙南县	JX—Longnan County	R993T2012	相对稳定	E级
广西钟山县	GX—Zhongshan County	R994T2012	相对稳定	E级
江西余干县	JX—Yugan County	R995T2012	相对稳定	E级
宁夏灵武市	NX—Lingwu City	R996T2012	相对稳定	E级
河北容城县	HEB—Rongcheng County	R997T2012	相对稳定	E级
贵州息烽县	GZ—Xifeng County	R998T2012	相对稳定	E级
广东龙门县	GD—Longmen County	R999T2012	相对稳定	E级
黑龙江讷河市	HL—Nehe City	R1000T2012	注意	E级

第四届中国县域经济基本竞争力评价(F级)

4th CHINA COUNTY-LEVEL ECONOMY BASIC COMPETITIVENESS EVALUATION

县域单位	UNIT	中郡指数	竞争力动态	竞争力等级
海南乐东县	HAN—Ledong County	R1001T2012	相对稳定	F级
广东阳山县	GD—Yangshan County	R1002T2012	相对稳定	F级
甘肃张家川县	GS—Zhangjiachuan County	R1003T2012	上升	F级
贵州福泉市	GZ—Fuquan City	R1004T2012	相对稳定	F级
广西兴业县	GX—Xingye County	R1005T2012	相对稳定	F级
福建浦城县	FJ—Pucheng County	R1006T2012	相对稳定	F级
河北青龙县	HEB—Qinglong County	R1007T2012	相对稳定	F级
河北承德县	HEB—Chengde County	R1008T2012	相对稳定	F级
河南社旗县	HEN—Sheqi County	R1009T2012	相对稳定	F级
陕西兴平市	SN—Xingping City	R1010T2012	注意	F级
江西大余县	JX—Dayu County	R1011T2012	相对稳定	F级
内蒙古翁牛特旗	NM—Wengniute Banner	R1012T2012	相对稳定	F级
黑龙江北安市	HL—Bei'an City	R1013T2012	相对稳定	F级
浙江洞头县	ZJ—Dongtou County	R1014T2012	相对稳定	F级
广西田东县	GX—Tiandong County	R1015T2012	相对稳定	F级
河北涞源县	HEB—Laiyuan County	R1016T2012	上升	F级
黑龙江宝清县	HL—Baoqing County	R1017T2012	相对稳定	F级
山东鄄城县	SD—Juancheng County	R1018T2012	相对稳定	F级
陕西大荔县	SN—Dali County	R1019T2012	相对稳定	F级
辽宁义县	LN—Yixian County	R1020T2012	相对稳定	F级
吉林柳河县	JL—Liuhe County	R1021T2012	注意	F级
宁夏平罗县	NX—Pingluo County	R1022T2012	相对稳定	F级
福建泰宁县	FJ—Taining County	R1023T2012	相对稳定	F级
吉林乾安县	JL—Qian'an County	R1024T2012	相对稳定	F级
河北盐山县	HEB—Yanshan County	R1025T2012	相对稳定	F级
贵州威宁县	GZ—Weining County	R1026T2012	相对稳定	F级
甘肃华池县	GS—Huachi County	R1027T2012	上升	F级
四川蓬安县	SC—Peng'an County	R1028T2012	相对稳定	F级
河北成安县	HEB—Cheng'an County	R1029T2012	相对稳定	F级
四川苍溪县	SC—Cangxi County	R1030T2012	相对稳定	F级

第四届中国县域经济基本竞争力评价（F 级续一）

4th CHINA COUNTY-LEVEL ECONOMY BASIC COMPETITIVENESS EVALUATION

县域单位	UNIT	中郡指数	竞争力动态	竞争力等级
广东佛冈县	GD—Fogang County	R1031T2012	相对稳定	F级
河南原阳县	HEN—Yuanyang County	R1032T2012	相对稳定	F级
广西大新县	GX—Daxin County	R1033T2012	相对稳定	F级
广西平乐县	GX—Pingle County	R1034T2012	相对稳定	F级
吉林通榆县	JL—Tongyu County	R1035T2012	相对稳定	F级
云南蒙自县	YN—Mengzi County	R1036T2012	相对稳定	F级
辽宁康平县	LN—Kangping County	R1037T2012	上升	F级
新疆塔城市	XJ—Tacheng City	R1038T2012	相对稳定	F级
山西祁县	SX—Qixian County	R1039T2012	相对稳定	F级
陕西蓝田县	SN—Lantian County	R1040T2012	相对稳定	F级
内蒙古根河市	NM—Genhe City	R1041T2012	相对稳定	F级
浙江文成县	ZJ—Wencheng County	R1042T2012	相对稳定	F级
贵州织金县	GZ—Zhijin County	R1043T2012	相对稳定	F级
新疆和布克赛尔县	XJ—Hebukesai'er County	R1044T2012	上升	F级
湖北秭归县	HB—Zigui County	R1045T2012	相对稳定	F级
内蒙古杭锦旗	NM—Hangjin Banner	R1046T2012	相对稳定	F级
河南鲁山县	HEN—Lushan County	R1047T2012	相对稳定	F级
吉林集安市	JL—Ji'an City	R1048T2012	相对稳定	F级
河南正阳县	HEN—Zhengyang County	R1049T2012	注意	F级
湖南绥宁县	HN—Suining County	R1050T2012	相对稳定	F级
四川汶川县	SC—Wenchuan County	R1051T2012	相对稳定	F级
山西太谷县	SX—Taigu County	R1052T2012	相对稳定	F级
西藏堆龙德庆县	XZ—Duilongdeqing County	R1053T2012	上升	F级
陕西富平县	SN—Fuping County	R1054T2012	相对稳定	F级
山西黎城县	SX—Licheng County	R1055T2012	上升	F级
河南洛宁县	HEN—Luoning County	R1056T2012	相对稳定	F级
浙江云和县	ZJ—Yunhe County	R1057T2012	相对稳定	F级
江西新干县	JX—Xingan County	R1058T2012	相对稳定	F级
云南晋宁县	YN—Jinning County	R1059T2012	相对稳定	F级
黑龙江勃利县	HL—Boli County	R1060T2012	相对稳定	F级

第四届中国县域经济基本竞争力评价（F 级续二）

4th CHINA COUNTY-LEVEL ECONOMY BASIC COMPETITIVENESS EVALUATION

县域单位	UNIT	中郡指数	竞争力动态	竞争力等级
重庆秀山县	CQ—Xiushan County	R1061T2012	相对稳定	F级
山西蒲县	SX—Puxian County	R1062T2012	上升	F级
云南勐腊县	YN—Mengla County	R1063T2012	相对稳定	F级
黑龙江杜尔伯特县	HL—Du'erbote County	R1064T2012	相对稳定	F级
江西奉新县	JX—Fengxin County	R1065T2012	相对稳定	F级
河北曲阳县	HEB—Quyang County	R1066T2012	相对稳定	F级
重庆巫山县	CQ—Wushan County	R1067T2012	相对稳定	F级
陕西洋县	SN—Yangxian County	R1068T2012	上升	F级
江西永丰县	JX—Yongfeng County	R1069T2012	相对稳定	F级
内蒙古察哈尔右翼前旗	NM—Chaha'eryouyiqian Banner	R1070T2012	上升	F级
吉林临江市	JL—Linjiang City	R1071T2012	注意	F级
江西玉山县	JX—Yushan County	R1072T2012	相对稳定	F级
河北馆陶县	HEB—Guantao County	R1073T2012	相对稳定	F级
江西铅山县	JX—Qianshan County	R1074T2012	相对稳定	F级
陕西泾阳县	SN—Jingyang County	R1075T2012	注意	F级
广西隆林县	GX—Longlin County	R1076T2012	相对稳定	F级
河北深泽县	HEB—Shenze County	R1077T2012	相对稳定	F级
新疆博乐市	XJ—Bole City	R1078T2012	相对稳定	F级
浙江泰顺县	ZJ—Taishun County	R1079T2012	相对稳定	F级
江西万载县	JX—Wanzai County	R1080T2012	相对稳定	F级
广东云安县	GD—Yun'an County	R1081T2012	相对稳定	F级
河南汝阳县	HEN—Ruyang County	R1082T2012	相对稳定	F级
四川盐亭县	SC—Yanting County	R1083T2012	相对稳定	F级
山西原平市	SX—Yuanping City	R1084T2012	相对稳定	F级
云南云县	YN—Yunxian County	R1085T2012	相对稳定	F级
河北巨鹿县	HEB—Julu County	R1086T2012	相对稳定	F级
河南扶沟县	HEN—Fugou County	R1087T2012	注意	F级
湖北南漳县	HB—Nanzhang County	R1088T2012	相对稳定	F级
新疆尉犁县	XJ—Yuli County	R1089T2012	上升	F级
河南封丘县	HEN—Fengqiu County	R1090T2012	相对稳定	F级

第四届中国县域经济基本竞争力评价(F级续三)

4th CHINA COUNTY-LEVEL ECONOMY BASIC COMPETITIVENESS EVALUATION

县域单位	UNIT	中郡指数	竞争力动态	竞争力等级
内蒙古固阳县	NM—Guyang County	R1091T2012	相对稳定	F级
广东连平县	GD—Lianping County	R1092T2012	相对稳定	F级
广东仁化县	GD—Renhua County	R1093T2012	相对稳定	F级
广西东兴市	GX—Dongxing City	R1094T2012	注意	F级
河北宣化县	HEB—Xuanhua County	R1095T2012	相对稳定	F级
河北蔚县	HEB—Yuxian County	R1096T2012	相对稳定	F级
河北肥乡县	HEB—Feixiang County	R1097T2012	相对稳定	F级
云南宾川县	YN—Binchuan County	R1098T2012	相对稳定	F级
江西赣县	JX—Ganxian County	R1099T2012	相对稳定	F级
陕西乾县	SN—Qianxian County	R1100T2012	注意	F级
陕西安塞县	SN—Ansai County	R1101T2012	相对稳定	F级
内蒙古四子王旗	NM—Siziwang Banner	R1102T2012	上升	F级
黑龙江克山县	HL—Keshan County	R1103T2012	相对稳定	F级
广东丰顺县	GD—Fengshun County	R1104T2012	相对稳定	F级
河北丰宁县	HEB—Fengning County	R1105T2012	相对稳定	F级
江西芦溪县	JX—Luxi County	R1106T2012	相对稳定	F级
安徽颍上县	AH—Yingshang County	R1107T2012	注意	F级
山西左云县	SX—Zuoyun County	R1108T2012	相对稳定	F级
江西都昌县	JX—Duchang County	R1109T2012	相对稳定	F级
内蒙古鄂托克前旗	NM—Etuokeqian Banner	R1110T2012	上升	F级
内蒙古额济纳旗	NM—Ejina Banner	R1111T2012	上升	F级
福建华安县	FJ—Hua'an County	R1112T2012	相对稳定	F级
山西平定县	SX—Pingding County	R1113T2012	相对稳定	F级
广东东源县	GD—Dongyuan County	R1114T2012	相对稳定	F级
四川开江县	SC—Kaijiang County	R1115T2012	相对稳定	F级
山西屯留县	SX—Tunliu County	R1116T2012	上升	F级
湖北巴东县	HB—Badong County	R1117T2012	相对稳定	F级
甘肃秦安县	GS—Qin'an County	R1118T2012	上升	F级
陕西定边县	SN—Dingbian County	R1119T2012	上升	F级
广东乳源县	GD—Ruyuan County	R1120T2012	相对稳定	F级

第四届中国县域经济基本竞争力评价(F级续四)

4th CHINA COUNTY-LEVEL ECONOMY BASIC COMPETITIVENESS EVALUATION

县域单位	UNIT	中郡指数	竞争力动态	竞争力等级
四川蓬溪县	SC—Pengxi County	R1121T2012	相对稳定	F级
江西婺源县	JX—Wuyuan County	R1122T2012	相对稳定	F级
山西盂县	SX—Yuxian County	R1123T2012	相对稳定	F级
四川长宁县	SC—Changning County	R1124T2012	相对稳定	F级
四川洪雅县	SC—Hongya County	R1125T2012	相对稳定	F级
安徽金寨县	AH—Jinzhai County	R1126T2012	相对稳定	F级
黑龙江桦南县	HL—Huanan County	R1127T2012	相对稳定	F级
安徽铜陵县	AH—Tongling County	R1128T2012	相对稳定	F级
贵州桐梓县	GZ—Tongzi County	R1129T2012	相对稳定	F级
湖北英山县	HB—Yingshan County	R1130T2012	相对稳定	F级
吉林珲春市	JL—Huichun City	R1131T2012	相对稳定	F级
吉林江源县	JL—Jiangyuan County	R1132T2012	注意	F级
重庆石柱县	CQ—Shizhu County	R1133T2012	相对稳定	F级
江西宜丰县	JX—Yifeng County	R1134T2012	相对稳定	F级
河南南乐县	HEN—Nanle County	R1135T2012	相对稳定	F级
陕西子长县	SN—Zizhang County	R1136T2012	上升	F级
新疆新源县	XJ—Xinyuan County	R1137T2012	相对稳定	F级
广西象州县	GX—Xiangzhou County	R1138T2012	相对稳定	F级
甘肃敦煌市	GS—Dunhuang City	R1139T2012	注意	F级
四川仪陇县	SC—Yilong County	R1140T2012	相对稳定	F级
福建宁化县	FJ—Ninghua County	R1141T2012	相对稳定	F级
宁夏永宁县	NX—Yongning County	R1142T2012	相对稳定	F级
贵州修文县	GZ—Xiuwen County	R1143T2012	相对稳定	F级
四川冕宁县	SC—Mianning County	R1144T2012	相对稳定	F级
江西南丰县	JX—Nanfeng County	R1145T2012	相对稳定	F级
安徽休宁县	AH—Xiuning County	R1146T2012	相对稳定	F级
辽宁北票市	LN—Beipiao City	R1147T2012	相对稳定	F级
湖北崇阳县	HB—Chongyang County	R1148T2012	相对稳定	F级
贵州水城县	GZ—Shuicheng County	R1149T2012	相对稳定	F级
陕西礼泉县	SN—Liquan County	R1150T2012	相对稳定	F级

第四届中国县域经济基本竞争力评价（F 级续五）

4th CHINA COUNTY-LEVEL ECONOMY BASIC COMPETITIVENESS EVALUATION

县域单位	UNIT	中郡指数	竞争力动态	竞争力等级
湖北兴山县	HB—Xingshan County	R1151T2012	相对稳定	F级
江西吉水县	JX—Jishui County	R1152T2012	相对稳定	F级
河南范县	HEN—Fanxian County	R1153T2012	相对稳定	F级
四川德昌县	SC—Dechang County	R1154T2012	上升	F级
河南新县	HEN—Xinxian County	R1155T2012	相对稳定	F级
广西忻城县	GX—Xincheng County	R1156T2012	相对稳定	F级
四川米易县	SC—Miyi County	R1157T2012	上升	F级
江西遂川县	JX—Suichuan County	R1158T2012	相对稳定	F级
云南石林县	YN—Shilin County	R1159T2012	相对稳定	F级
广东陆河县	GD—Luhe County	R1160T2012	相对稳定	F级
内蒙古巴林左旗	NM—Balinzuo Banner	R1161T2012	相对稳定	F级
湖南洪江市	HN—Hongjiang City	R1162T2012	相对稳定	F级
江西浮梁县	JX—Fuliang County	R1163T2012	相对稳定	F级
河南柘城县	HEN—Zhecheng County	R1164T2012	注意	F级
河北武强县	HEB—Wuqiang County	R1165T2012	相对稳定	F级
河北广平县	HEB—Guangping County	R1166T2012	相对稳定	F级
甘肃永昌县	GS—Yongchang County	R1167T2012	相对稳定	F级
辽宁彰武县	LN—Zhangwu County	R1168T2012	上升	F级
湖南新宁县	HN—Xinning County	R1169T2012	相对稳定	F级
四川万源市	SC—Wanyuan City	R1170T2012	相对稳定	F级
四川南江县	SC—Nanjiang County	R1171T2012	相对稳定	F级
山西中阳县	SX—Zhongyang County	R1172T2012	相对稳定	F级
内蒙古阿拉善右旗	NM—Alashanyou Banner	R1173T2012	上升	F级
陕西扶风县	SN—Fufeng County	R1174T2012	相对稳定	F级
山西山阴县	SX—Shanyin County	R1175T2012	相对稳定	F级
陕西旬阳县	SN—Xunyang County	R1176T2012	相对稳定	F级
河北鸡泽县	HEB—Jize County	R1177T2012	相对稳定	F级
浙江景宁县	ZJ—Jingning County	R1178T2012	相对稳定	F级
湖南宁远县	HN—Ningyuan County	R1179T2012	注意	F级
贵州贵定县	GZ—Guiding County	R1180T2012	相对稳定	F级

第四届中国县域经济基本竞争力评价(F级续六)

4th CHINA COUNTY-LEVEL ECONOMY BASIC COMPETITIVENESS EVALUATION

县域单位	UNIT	中郡指数	竞争力动态	竞争力等级
黑龙江绥滨县	HL—Suibin County	R1181T2012	相对稳定	F级
四川大英县	SC—Daying County	R1182T2012	相对稳定	F级
内蒙古新巴尔虎右旗	NM—Xinba'erhuyou Banner	R1183T2012	上升	F级
河北平泉县	HEB—Pingquan County	R1184T2012	相对稳定	F级
内蒙古扎赉特旗	NM—Zhalaite Banner	R1185T2012	相对稳定	F级
内蒙古武川县	NM—Wuchuan County	R1186T2012	上升	F级
广东大埔县	GD—Dapu County	R1187T2012	相对稳定	F级
河北张北县	HEB—Zhangbei County	R1188T2012	上升	F级
河南淮滨县	HEN—Huaibin County	R1189T2012	注意	F级
内蒙古乌拉特后旗	NM—Wulatehou Banner	R1190T2012	上升	F级
辽宁朝阳县	LN—Chaoyang County	R1191T2012	相对稳定	F级
新疆额敏县	XJ—Emin County	R1192T2012	相对稳定	F级
贵州大方县	GZ—Dafang County	R1193T2012	注意	F级
河北赞皇县	HEB—Zanhuang County	R1194T2012	相对稳定	F级
贵州六枝特区	GZ—Liuzhi Special Region	R1195T2012	相对稳定	F级
陕西周至县	SN—Zhouzhi County	R1196T2012	相对稳定	F级
江西南城县	JX—Nancheng County	R1197T2012	相对稳定	F级
山西代县	SX—Daixian County	R1198T2012	上升	F级
安徽望江县	AH—Wangjiang County	R1199T2012	注意	F级
河北邱县	HEB—Qiuxian County	R1200T2012	相对稳定	F级

第四届中国县域经济基本竞争力评价(G级)

4th CHINA COUNTY-LEVEL ECONOMY BASIC COMPETITIVENESS EVALUATION

县域单位	UNIT	中郡指数	竞争力动态	竞争力等级
云南嵩明县	YN—Songming County	R1201T2012	相对稳定	G级
山西沁水县	SX—Qinshui County	R1202T2012	相对稳定	G级
陕西眉县	SN—Meixian County	R1203T2012	上升	G级
吉林东辽县	JL—Dongliao County	R1204T2012	相对稳定	G级
辽宁建平县	LN—Jianping County	R1205T2012	相对稳定	G级
甘肃华亭县	GS—Huating County	R1206T2012	相对稳定	G级
江西崇仁县	JX—Chongren County	R1207T2012	相对稳定	G级
广东翁源县	GD—Wengyuan County	R1208T2012	相对稳定	G级
黑龙江拜泉县	HL—Baiquan County	R1209T2012	注意	G级
四川高县	SC—Gaoxian County	R1210T2012	相对稳定	G级
辽宁建昌县	LN—Jianchang County	R1211T2012	相对稳定	G级
黑龙江漠河县	HL—Mohe County	R1212T2012	相对稳定	G级
云南江川县	YN—Jiangchuan County	R1213T2012	注意	G级
新疆伊宁县	XJ—Yining County	R1214T2012	相对稳定	G级
甘肃阿克塞县	GS—Akesai County	R1215T2012	相对稳定	G级
河北威县	HEB—Weixian County	R1216T2012	相对稳定	G级
贵州湄潭县	GZ—Meitan County	R1217T2012	相对稳定	G级
青海湟中县	QH—Huangzhong County	R1218T2012	相对稳定	G级
四川通江县	SC—Tongjiang County	R1219T2012	相对稳定	G级
内蒙古化德县	NM—Huade County	R1220T2012	上升	G级
四川康定县	SC—Kangding County	R1221T2012	上升	G级
贵州平坝县	GZ—Pingba County	R1222T2012	相对稳定	G级
四川石棉县	SC—Shimian County	R1223T2012	相对稳定	G级
湖北郧县	HB—Yunxian County	R1224T2012	相对稳定	G级
云南泸西县	YN—Luxi County	R1225T2012	相对稳定	G级
四川南溪县	SC—Nanxi County	R1226T2012	相对稳定	G级
黑龙江集贤县	HL—Jixian County	R1227T2012	相对稳定	G级
湖北通城县	HB—Tongcheng County	R1228T2012	相对稳定	G级
江西弋阳县	JX—Yiyang County	R1229T2012	相对稳定	G级
广西天峨县	GX—Tian'e County	R1230T2012	上升	G级

第四届中国县域经济基本竞争力评价（G级续一）

4th CHINA COUNTY-LEVEL ECONOMY BASIC COMPETITIVENESS EVALUATION

县域单位	UNIT	中郡指数	竞争力动态	竞争力等级
新疆富蕴县	XJ—Fuyun County	R1231T2012	上升	G级
四川叙永县	SC—Xuyong County	R1232T2012	相对稳定	G级
云南潞西市	YN—Luxi City	R1233T2012	相对稳定	G级
广西隆安县	GX—Long'an County	R1234T2012	注意	G级
四川江安县	SC—Jiang'an County	R1235T2012	相对稳定	G级
贵州习水县	GZ—Xishui County	R1236T2012	相对稳定	G级
四川罗江县	SC—Luojiang County	R1237T2012	相对稳定	G级
四川剑阁县	SC—Jiange County	R1238T2012	相对稳定	G级
河北唐县	HEB—Tangxian County	R1239T2012	相对稳定	G级
四川梓潼县	SC—Zitong County	R1240T2012	相对稳定	G级
内蒙古乌拉特中旗	NM—Wulatezhong Banner	R1241T2012	相对稳定	G级
黑龙江龙江县	HL—Longjiang County	R1242T2012	注意	G级
云南瑞丽市	YN—Ruili City	R1243T2012	相对稳定	G级
湖南江永县	HN—Jiangyong County	R1244T2012	相对稳定	G级
四川古蔺县	SC—Gulin County	R1245T2012	相对稳定	G级
安徽郎溪县	AH—Langxi County	R1246T2012	相对稳定	G级
安徽祁门县	AH—Qimen County	R1247T2012	相对稳定	G级
云南景谷县	YN—Jinggu County	R1248T2012	相对稳定	G级
青海贵德县	QH—Guide County	R1249T2012	上升	G级
宁夏泾源县	NX—Jingyuan County	R1250T2012	上升	G级
四川汉源县	SC—Hanyuan County	R1251T2012	相对稳定	G级
四川九寨沟县	SC—Jiuzhaigou County	R1252T2012	相对稳定	G级
吉林图们市	JL—Tumen City	R1253T2012	相对稳定	G级
云南师宗县	YN—Shizong County	R1254T2012	相对稳定	G级
陕西高陵县	SN—Gaoling County	R1255T2012	相对稳定	G级
河北围场县	HEB—Weichang County	R1256T2012	相对稳定	G级
河北滦平县	HEB—Luanping County	R1257T2012	相对稳定	G级
广西大化县	GX—Dahua County	R1258T2012	注意	G级
四川井研县	SC—Jingyan County	R1259T2012	相对稳定	G级
江西永新县	JX—Yongxin County	R1260T2012	相对稳定	G级

第四届中国县域经济基本竞争力评价(G级续二)

4th CHINA COUNTY-LEVEL ECONOMY BASIC COMPETITIVENESS EVALUATION

县域单位	UNIT	中郡指数	竞争力动态	竞争力等级
内蒙古磴口县	NM—Dengkou County	R1261T2012	相对稳定	G级
江西九江县	JX—Jiujiang County	R1262T2012	相对稳定	G级
河北望都县	HEB—Wangdu County	R1263T2012	相对稳定	G级
内蒙古科尔沁右翼中旗	NM—Ke'erqinyouyizhong Banner	R1264T2012	上升	G级
湖南蓝山县	HN—Lanshan County	R1265T2012	相对稳定	G级
甘肃甘谷县	GS—Gangu County	R1266T2012	上升	G级
贵州普定县	GZ—Puding County	R1267T2012	相对稳定	G级
湖北咸丰县	HB—Xianfeng County	R1268T2012	相对稳定	G级
新疆霍城县	XJ—Houcheng County	R1269T2012	相对稳定	G级
湖北远安县	HB—Yuan'an County	R1270T2012	注意	G级
四川西充县	SC—Xichong County	R1271T2012	相对稳定	G级
贵州余庆县	GZ—Yuqing County	R1272T2012	相对稳定	G级
新疆福海县	XJ—Fuhai County	R1273T2012	相对稳定	G级
新疆沙雅县	XJ—Shaya County	R1274T2012	相对稳定	G级
陕西黄陵县	SN—Huangling County	R1275T2012	相对稳定	G级
内蒙古突泉县	NM—Tuquan County	R1276T2012	相对稳定	G级
内蒙古新巴尔虎左旗	NM—Xinba'erhuzuo Banner	R1277T2012	相对稳定	G级
江西安义县	JX—Anyi County	R1278T2012	相对稳定	G级
吉林安图县	JL—Antu County	R1279T2012	相对稳定	G级
广西武宣县	GX—Wuxuan County	R1280T2012	相对稳定	G级
湖南芷江县	HN—Zhijiang County	R1281T2012	相对稳定	G级
云南砚山县	YN—Yanshan County	R1282T2012	相对稳定	G级
广西龙州县	GX—Longzhou County	R1283T2012	注意	G级
云南水富县	YN—Shuifu County	R1284T2012	相对稳定	G级
江西井岗山市	JX—Jinggangshan City	R1285T2012	相对稳定	G级
湖南靖州县	HN—Jingzhou County	R1286T2012	相对稳定	G级
黑龙江同江市	HL—Tongjiang City	R1287T2012	相对稳定	G级
贵州绥阳县	GZ—Suiyang County	R1288T2012	相对稳定	G级
黑龙江方正县	HL—Fangzheng County	R1289T2012	相对稳定	G级
山西新绛县	SX—Xinjiang County	R1290T2012	上升	G级

第四届中国县域经济基本竞争力评价(G级续三)

4th CHINA COUNTY-LEVEL ECONOMY BASIC COMPETITIVENESS EVALUATION

县域单位	UNIT	中郡指数	竞争力动态	竞争力等级
广东始兴县	GD—Shixing County	R1291T2012	相对稳定	G级
云南峨山县	YN—Eshan County	R1292T2012	相对稳定	G级
河北临城县	HEB—Lincheng County	R1293T2012	相对稳定	G级
湖南辰溪县	HN—Chenxi County	R1294T2012	相对稳定	G级
新疆焉耆县	XJ—Yanqi County	R1295T2012	相对稳定	G级
广西恭城县	GX—Gongcheng County	R1296T2012	注意	G级
海南定安县	HAN—Ding'an County	R1297T2012	相对稳定	G级
内蒙古卓资县	NM—Zhuozi County	R1298T2012	相对稳定	G级
山西阳曲县	SX—Yangqu County	R1299T2012	上升	G级
甘肃靖远县	GS—Jingyuan County	R1300T2012	相对稳定	G级
河北平乡县	HEB—Pingxiang County	R1301T2012	上升	G级
江西德安县	JX—De'an County	R1302T2012	上升	G级
四川珙县	SC—Gongxian County	R1303T2012	相对稳定	G级
西藏林周县	XZ—Linzhou County	R1304T2012	上升	G级
山西芮城县	SX—Ruicheng County	R1305T2012	相对稳定	G级
四川沐川县	SC—Muchuan County	R1306T2012	相对稳定	G级
广东和平县	GD—Heping County	R1307T2012	相对稳定	G级
浙江庆元县	ZJ—Qingyuan County	R1308T2012	相对稳定	G级
江西万年县	JX—Wannian County	R1309T2012	注意	G级
湖北保康县	HB—Baokang County	R1310T2012	注意	G级
内蒙古兴和县	NM—Xinghe County	R1311T2012	上升	G级
黑龙江木兰县	HL—Mulan County	R1312T2012	相对稳定	G级
黑龙江林甸县	HL—Lindian County	R1313T2012	相对稳定	G级
山西寿阳县	SX—Shouyang County	R1314T2012	相对稳定	G级
贵州龙里县	GZ—Longli County	R1315T2012	相对稳定	G级
山西交城县	SX—Jiaocheng County	R1316T2012	上升	G级
广西阳朔县	GX—Yangshuo County	R1317T2012	相对稳定	G级
湖南会同县	HN—Huitong County	R1318T2012	相对稳定	G级
青海德令哈市	QH—Delingha City	R1319T2012	相对稳定	G级
辽宁西丰县	LN—Xifeng County	R1320T2012	相对稳定	G级

第四届中国县域经济基本竞争力评价（G 级续四）

4th CHINA COUNTY-LEVEL ECONOMY BASIC COMPETITIVENESS EVALUATION

县域单位	UNIT	中郡指数	竞争力动态	竞争力等级
内蒙古西乌珠穆沁旗	NM—Xiwuzhumuqin Banner	R1321T2012	相对稳定	G级
青海互助县	QH—Huzhu County	R1322T2012	相对稳定	G级
广西马山县	GX—Mashan County	R1323T2012	相对稳定	G级
新疆且末县	XJ—Qiemo County	R1324T2012	注意	G级
重庆酉阳县	CQ—Youyang County	R1325T2012	相对稳定	G级
云南禄劝县	YN—Luquan County	R1326T2012	相对稳定	G级
云南洱源县	YN—Eryuan County	R1327T2012	相对稳定	G级
内蒙古陈巴尔虎旗	NM—Chenba'erhu Banner	R1328T2012	相对稳定	G级
贵州正安县	GZ—Zheng'an County	R1329T2012	相对稳定	G级
甘肃武山县	GS—Wushan County	R1330T2012	上升	G级
江西会昌县	JX—Huichang County	R1331T2012	相对稳定	G级
河南卢氏县	HEN—Lushi County	R1332T2012	相对稳定	G级
内蒙古林西县	NM—Linxi County	R1333T2012	相对稳定	G级
安徽岳西县	AH—Yuexi County	R1334T2012	相对稳定	G级
黑龙江富裕县	HL—Fuyu County	R1335T2012	相对稳定	G级
河北隆化县	HEB—Longhua County	R1336T2012	相对稳定	G级
云南镇雄县	YN—Zhenxiong County	R1337T2012	相对稳定	G级
山西文水县	SX—Wenshui County	R1338T2012	相对稳定	G级
贵州瓮安县	GZ—Weng'an County	R1339T2012	相对稳定	G级
江西彭泽县	JX—Pengze County	R1340T2012	相对稳定	G级
甘肃泾川县	GS—Jingchuan County	R1341T2012	相对稳定	G级
四川旺苍县	SC—Wangcang County	R1342T2012	相对稳定	G级
江西崇义县	JX—Chongyi County	R1343T2012	相对稳定	G级
新疆和静县	XJ—Hejing County	R1344T2012	相对稳定	G级
新疆奇台县	XJ—Qitai County	R1345T2012	相对稳定	G级
福建光泽县	FJ—Guangze County	R1346T2012	相对稳定	G级
云南寻甸县	YN—Xundian County	R1347T2012	相对稳定	G级
内蒙古阿鲁科尔沁旗	NM—Aluke'erqin Banner	R1348T2012	相对稳定	G级
云南易门县	YN—Yimen County	R1349T2012	相对稳定	G级
陕西勉县	SN—Mianxian County	R1350T2012	注意	G级

第四届中国县域经济基本竞争力评价(G级续五)

4th CHINA COUNTY-LEVEL ECONOMY BASIC COMPETITIVENESS EVALUATION

县域单位	UNIT	中郡指数	竞争力动态	竞争力等级
西藏巴青县	XZ—Baqing County	R1351T2012	上升	G级
广西上思县	GX—Shangsi County	R1352T2012	相对稳定	G级
黑龙江汤原县	HL—Tangyuan County	R1353T2012	相对稳定	G级
云南华宁县	YN—Huaning County	R1354T2012	相对稳定	G级
甘肃山丹县	GS—Shandan County	R1355T2012	相对稳定	G级
四川荥经县	SC—Yingjing County	R1356T2012	相对稳定	G级
贵州玉屏县	GZ—Yuping County	R1357T2012	相对稳定	G级
云南澄江县	YN—Chengjiang County	R1358T2012	相对稳定	G级
宁夏贺兰县	NX—Helan County	R1359T2012	相对稳定	G级
安徽青阳县	AH—Qingyang County	R1360T2012	相对稳定	G级
广西环江县	GX—Huanjiang County	R1361T2012	上升	G级
吉林汪清县	JL—Wangqing County	R1362T2012	相对稳定	G级
福建建宁县	FJ—Jianning County	R1363T2012	相对稳定	G级
甘肃临洮县	GS—Lintao County	R1364T2012	相对稳定	G级
陕西略阳县	SN—Lueyang County	R1365T2012	相对稳定	G级
海南陵水县	HAN—Lingshui County	R1366T2012	注意	G级
新疆吉木萨尔县	XJ—Jimusa'er County	R1367T2012	相对稳定	G级
福建明溪县	FJ—Mingxi County	R1368T2012	相对稳定	G级
贵州镇远县	GZ—Zhenyuan County	R1369T2012	上升	G级
安徽绩溪县	AH—Jixi County	R1370T2012	相对稳定	G级
河北柏乡县	HEB—Boxiang County	R1371T2012	相对稳定	G级
山西稷山县	SX—Jishan County	R1372T2012	相对稳定	G级
甘肃景泰县	GS—Jingtai County	R1373T2012	相对稳定	G级
山西长子县	SX—Zhangzi County	R1374T2012	相对稳定	G级
福建清流县	FJ—Qingliu County	R1375T2012	相对稳定	G级
黑龙江绥棱县	HL—Suiling County	R1376T2012	注意	G级
湖北建始县	HB—Jianshi County	R1377T2012	注意	G级
陕西甘泉县	SN—Ganquan County	R1378T2012	相对稳定	G级
河北孟村县	HEB—Mengcun County	R1379T2012	上升	G级
贵州石阡县	GZ—Shiqian County	R1380T2012	上升	G级

第四届中国县域经济基本竞争力评价（G 级续六）

4th CHINA COUNTY-LEVEL ECONOMY BASIC COMPETITIVENESS EVALUATION

县域单位	UNIT	中郡指数	竞争力动态	竞争力等级
广西昭平县	GX—Zhaoping County	R1381T2012	注意	G级
湖北江陵县	HB—jiangling County	R1382T2012	相对稳定	G级
河北南和县	HEB—Nanhe County	R1383T2012	相对稳定	G级
云南新平县	YN—Xinping County	R1384T2012	相对稳定	G级
甘肃金塔县	GS—Jinta County	R1385T2012	相对稳定	G级
贵州赤水市	GZ—Chishui City	R1386T2012	注意	G级
云南昌宁县	YN—Changning County	R1387T2012	相对稳定	G级
陕西澄城县	SN—Chengcheng County	R1388T2012	相对稳定	G级
黑龙江通河县	HL—Tonghe County	R1389T2012	相对稳定	G级
河北涿鹿县	HEB—Zhuolu County	R1390T2012	相对稳定	G级
广东平远县	GD—Pingyuan County	R1391T2012	相对稳定	G级
内蒙古额尔古纳市	NM—E'erguna City	R1392T2012	注意	G级
新疆伊吾县	XJ—Yiwu County	R1393T2012	上升	G级
山西榆社县	SX—Yushe County	R1394T2012	上升	G级
湖南龙山县	HN—Longshan County	R1395T2012	相对稳定	G级
江西湖口县	JX—Hukou County	R1396T2012	相对稳定	G级
甘肃肃北县	GS—Subei County	R1397T2012	相对稳定	G级
云南耿马县	YN—Gengma County	R1398T2012	相对稳定	G级
湖北宣恩县	HB—Xuan'en County	R1399T2012	相对稳定	G级
甘肃安西县	GS—Anxi County	R1400T2012	相对稳定	G级

第四届中国县域经济基本竞争力评价(H级)

4th CHINA COUNTY-LEVEL ECONOMY BASIC COMPETITIVENESS EVALUATION

县域单位	UNIT	中郡指数	竞争力动态	竞争力等级
山西灵丘县	SX—Lingqiu County	R1401T2012	相对稳定	H级
黑龙江五大连池市	HL—Wudalianchi City	R1402T2012	相对稳定	H级
湖北郧西县	HB—Yunxi County	R1403T2012	相对稳定	H级
吉林龙井市	JL—Longjing City	R1404T2012	相对稳定	H级
湖北来凤县	HB—Laifeng County	R1405T2012	相对稳定	H级
山西浮山县	SX—Fushan County	R1406T2012	上升	H级
福建寿宁县	FJ—Shouning County	R1407T2012	相对稳定	H级
广东新丰县	GD—Xinfeng County	R1408T2012	相对稳定	H级
新疆和硕县	XJ—Heshuo County	R1409T2012	上升	H级
内蒙古喀喇沁旗	NM—Kalaqin Banner	R1410T2012	相对稳定	H级
云南广南县	YN—Guangnan County	R1411T2012	相对稳定	H级
西藏乃东县	XZ—Naidong County	R1412T2012	相对稳定	H级
云南元江县	YN—Yuanjiang County	R1413T2012	相对稳定	H级
湖南韶山市	HN—Shaoshan City	R1414T2012	相对稳定	H级
新疆莎车县	XJ—Shache County	R1415T2012	相对稳定	H级
云南景东县	YN—Jingdong County	R1416T2012	相对稳定	H级
福建屏南县	FJ—Pingnan County	R1417T2012	相对稳定	H级
广西宁明县	GX—Ningming County	R1418T2012	注意	H级
湖南江华县	HN—Jianghua County	R1419T2012	相对稳定	H级
广西苍梧县	GX—Cangwu County	R1420T2012	注意	H级
河南台前县	HEN—Taiqian County	R1421T2012	相对稳定	H级
黑龙江塔河县	HL—Tahe County	R1422T2012	相对稳定	H级
陕西华阴市	SN—Huayin City	R1423T2012	相对稳定	H级
云南勐海县	YN—Menghai County	R1424T2012	相对稳定	H级
河北涞水县	HEB—Laishui County	R1425T2012	相对稳定	H级
四川兴文县	SC—Xingwen County	R1426T2012	相对稳定	H级
云南凤庆县	YN—Fengqing County	R1427T2012	相对稳定	H级
青海海晏县	QH—Haiyan County	R1428T2012	相对稳定	H级
山西绛县	SX—Jiangxian County	R1429T2012	相对稳定	H级
河北博野县	HEB—Boye County	R1430T2012	相对稳定	H级

第四届中国县域经济基本竞争力评价(H级续一)

4th CHINA COUNTY-LEVEL ECONOMY BASIC COMPETITIVENESS EVALUATION

县域单位	UNIT	中郡指数	竞争力动态	竞争力等级
山西武乡县	SX—Wuxiang County	R1431T2012	上升	H级
新疆托克逊县	XJ—Tuokexun County	R1432T2012	相对稳定	H级
内蒙古苏尼特左旗	NM—Sunitezuo Banner	R1433T2012	上升	H级
湖南炎陵县	HN—Yanling County	R1434T2012	相对稳定	H级
江西全南县	JX—Quannan County	R1435T2012	相对稳定	H级
四川青神县	SC—Qingshen County	R1436T2012	相对稳定	H级
云南石屏县	YN—Shiping County	R1437T2012	相对稳定	H级
甘肃民勤县	GS—Minqin County	R1438T2012	相对稳定	H级
黑龙江望奎县	HL—Wangkui County	R1439T2012	相对稳定	H级
广西富川县	GX—Fuchuan County	R1440T2012	相对稳定	H级
四川天全县	SC—Tianquan County	R1441T2012	相对稳定	H级
江西余江县	JX—Yujiang County	R1442T2012	相对稳定	H级
贵州兴仁县	GZ—Xingren County	R1443T2012	相对稳定	H级
海南白沙县	HAN—Baisha County	R1444T2012	相对稳定	H级
甘肃陇西县	GS—Longxi County	R1445T2012	相对稳定	H级
内蒙古克什克腾旗	NM—Keshiketeng Banner	R1446T2012	相对稳定	H级
新疆拜城县	XJ—Baicheng County	R1447T2012	相对稳定	H级
内蒙古察哈尔右翼中旗	NM—Chaha'eryouyizhong Banner	R1448T2012	上升	H级
山西定襄县	SX—Dingxiang County	R1449T2012	相对稳定	H级
甘肃临泽县	GS—Linze County	R1450T2012	相对稳定	H级
贵州松桃县	GZ—Songtao County	R1451T2012	相对稳定	H级
广西融安县	GX—Rong'an County	R1452T2012	注意	H级
内蒙古正镶白旗	NM—Zhengxiangbai Banner	R1453T2012	上升	H级
山西陵川县	SX—Lingchuan County	R1454T2012	相对稳定	H级
福建柘荣县	FJ—Zherong County	R1455T2012	相对稳定	H级
陕西凤县	SN—Fengxian County	R1456T2012	上升	H级
云南墨江县	YN—Mojiang County	R1457T2012	相对稳定	H级
辽宁喀喇沁左翼县	LN—Kalaqinzuoyi County	R1458T2012	相对稳定	H级
四川筠连县	SC—Junlian County	R1459T2012	相对稳定	H级
新疆布尔津县	XJ—Buerjin County	R1460T2012	上升	H级

第四届中国县域经济基本竞争力评价(H级续二)

4th CHINA COUNTY-LEVEL ECONOMY BASIC COMPETITIVENESS EVALUATION

县域单位	UNIT	中郡指数	竞争力动态	竞争力等级
四川名山县	SC—Mingshan County	R1461T2012	相对稳定	H级
广西靖西县	GX—Jingxi County	R1462T2012	注意	H级
黑龙江泰来县	HL—Tailai County	R1463T2012	相对稳定	H级
青海乐都县	QH—Ledu County	R1464T2012	相对稳定	H级
江西定南县	JX—Dingnan County	R1465T2012	相对稳定	H级
内蒙古库伦旗	NM—Kulun Banner	R1466T2012	相对稳定	H级
海南琼中县	HAN—Qiongzhong County	R1467T2012	相对稳定	H级
江西寻乌县	JX—Xunwu County	R1468T2012	相对稳定	H级
湖南城步县	HN—Chengbu County	R1469T2012	相对稳定	H级
陕西麟游县	SN—Linyou County	R1470T2012	上升	H级
河北任县	HEB—Renxian County	R1471T2012	相对稳定	H级
陕西洛南县	SN—Luonan County	R1472T2012	相对稳定	H级
内蒙古巴林右旗	NM—Balinyou Banner	R1473T2012	相对稳定	H级
河北广宗县	HEB—Guangzong County	R1474T2012	相对稳定	H级
陕西合阳县	SN—Heyang County	R1475T2012	相对稳定	H级
江西金溪县	JX—Jinxi County	R1476T2012	相对稳定	H级
陕西彬县	SN—Binxian County	R1477T2012	相对稳定	H级
新疆泽普县	XJ—Zepu County	R1478T2012	相对稳定	H级
重庆巫溪县	CQ—Wuxi County	R1479T2012	相对稳定	H级
广西灌阳县	GX—Guanyang County	R1480T2012	相对稳定	H级
湖南双牌县	HN—Shuangpai County	R1481T2012	相对稳定	H级
湖北房县	HB—Fangxian County	R1482T2012	相对稳定	H级
甘肃会宁县	GS—Huining County	R1483T2012	相对稳定	H级
山西左权县	SX—Zuoquan County	R1484T2012	相对稳定	H级
吉林长白县	JL—Changbai County	R1485T2012	相对稳定	H级
黑龙江延寿县	HL—Yanshou County	R1486T2012	相对稳定	H级
河北阳原县	HEB—Yangyuan County	R1487T2012	相对稳定	H级
吉林和龙市	JL—Helong City	R1488T2012	相对稳定	H级
湖北鹤峰县	HB—Hefeng County	R1489T2012	相对稳定	H级
陕西武功县	SN—Wugong County	R1490T2012	注意	H级

第四届中国县域经济基本竞争力评价（H 级续三）

4th CHINA COUNTY-LEVEL ECONOMY BASIC COMPETITIVENESS EVALUATION

县域单位	UNIT	中郡指数	竞争力动态	竞争力等级
青海平安县	QH—Ping'an County	R1491T2012	相对稳定	H级
云南大姚县	YN—Dayao County	R1492T2012	相对稳定	H级
湖北五峰县	HB—Wufeng County	R1493T2012	相对稳定	H级
甘肃成县	GS—Chengxian County	R1494T2012	注意	H级
甘肃高台县	GS—Gaotai County	R1495T2012	相对稳定	H级
海南屯昌县	HAN—Tunchang County	R1496T2012	注意	H级
黑龙江友谊县	HL—Youyi County	R1497T2012	相对稳定	H级
江西莲花县	JX—Lianhua County	R1498T2012	相对稳定	H级
江西上犹县	JX—Shangyou County	R1499T2012	相对稳定	H级
四川宁南县	SC—Ningnan County	R1500T2012	相对稳定	H级
广西龙胜县	GX—Longsheng County	R1501T2012	相对稳定	H级
内蒙古苏尼特右旗	NM—Suniteyou Banner	R1502T2012	相对稳定	H级
甘肃民乐县	GS—Minle County	R1503T2012	相对稳定	H级
湖北通山县	HB—Tongshan County	R1504T2012	注意	H级
江西万安县	JX—Wan'an County	R1505T2012	相对稳定	H级
湖北团风县	HB—Tuanfeng County	R1506T2012	相对稳定	H级
湖北竹溪县	HB—Zhuxi County	R1507T2012	相对稳定	H级
青海民和县	QH—Minhe County	R1508T2012	相对稳定	H级
贵州惠水县	GZ—Huishui County	R1509T2012	相对稳定	H级
江西峡江县	JX—Xiajiang County	R1510T2012	相对稳定	H级
湖南中方县	HN—Zhongfang County	R1511T2012	相对稳定	H级
陕西镇安县	SN—Zhen'an County	R1512T2012	相对稳定	H级
湖南花垣县	HN—Huayuan County	R1513T2012	上升	H级
云南富宁县	YN—Funing County	R1514T2012	相对稳定	H级
陕西陇县	SN—Longxian County	R1515T2012	相对稳定	H级
甘肃榆中县	GS—Yuzhong County	R1516T2012	注意	H级
云南富民县	YN—Fumin County	R1517T2012	相对稳定	H级
四川甘洛县	SC—Ganluo County	R1518T2012	相对稳定	H级
云南盈江县	YN—Yingjiang County	R1519T2012	相对稳定	H级
黑龙江嘉荫县	HL—Jiayin County	R1520T2012	相对稳定	H级

第四届中国县域经济基本竞争力评价(H级续四)

4th CHINA COUNTY-LEVEL ECONOMY BASIC COMPETITIVENESS EVALUATION

县域单位	UNIT	中郡指数	竞争力动态	竞争力等级
云南永胜县	YN—Yongsheng County	R1521T2012	相对稳定	H级
河北赤城县	HEB—Chicheng County	R1522T2012	相对稳定	H级
江西石城县	JX—Shicheng County	R1523T2012	相对稳定	H级
贵州普安县	GZ—Pu'an County	R1524T2012	相对稳定	H级
河北顺平县	HEB—Shunping County	R1525T2012	相对稳定	H级
新疆疏附县	XJ—Shufu County	R1526T2012	上升	H级
广西都安县	GX—Du'an County	R1527T2012	注意	H级
山西偏关县	SX—Pianguan County	R1528T2012	上升	H级
内蒙古太仆寺旗	NM—Taipusi Banner	R1529T2012	上升	H级
云南巍山县	YN—Weishan County	R1530T2012	相对稳定	H级
湖南永顺县	HN—Yongshun County	R1531T2012	相对稳定	H级
湖北竹山县	HB—Zhushan County	R1532T2012	相对稳定	H级
新疆叶城县	XJ—Yecheng County	R1533T2012	相对稳定	H级
陕西横山县	SN—Hengshan County	R1534T2012	相对稳定	H级
云南马关县	YN—Maguan County	R1535T2012	相对稳定	H级
贵州沿河县	GZ—Yanhe County	R1536T2012	相对稳定	H级
甘肃临夏市	GS—Linxia City	R1537T2012	相对稳定	H级
甘肃天祝县	GS—Tianzhu County	R1538T2012	相对稳定	H级
山西娄烦县	SX—Loufan County	R1539T2012	上升	H级
山西隰县	SX—Xixian County	R1540T2012	上升	H级
湖南凤凰县	HN—Fenghuang County	R1541T2012	上升	H级
山西万荣县	SX—Wanrong County	R1542T2012	相对稳定	H级
内蒙古商都县	NM—Shangdu County	R1543T2012	相对稳定	H级
河北康保县	HEB—Kangbao County	R1544T2012	上升	H级
贵州罗甸县	GZ—Luodian County	R1545T2012	相对稳定	H级
贵州镇宁县	GZ—Zhenning County	R1546T2012	相对稳定	H级
广西蒙山县	GX—Mengshan County	R1547T2012	相对稳定	H级
江西安远县	JX—Anyuan County	R1548T2012	相对稳定	H级
江西黎川县	JX—Lichuan County	R1549T2012	相对稳定	H级
陕西潼关县	SN—Tongguan County	R1550T2012	相对稳定	H级

第四届中国县域经济基本竞争力评价(H级续五)

4th CHINA COUNTY-LEVEL ECONOMY BASIC COMPETITIVEENESS EVALUATION

县域单位	UNIT	中郡指数	竞争力动态	竞争力等级
贵州安龙县	GZ—Anlong County	R1551T2012	注意	H级
山西安泽县	SX—Anze County	R1552T2012	相对稳定	H级
江西星子县	JX—Xingzi County	R1553T2012	相对稳定	H级
陕西山阳县	SN—Shanyang County	R1554T2012	相对稳定	H级
四川丹棱县	SC—Danling County	R1555T2012	相对稳定	H级
贵州思南县	GZ—Sinan County	R1556T2012	注意	H级
广西乐业县	GX—Leye County	R1557T2012	上升	H级
山西汾西县	SX—Fenxi County	R1558T2012	上升	H级
新疆乌鲁木齐县	XJ—Wulumuqi County	R1559T2012	相对稳定	H级
湖南桑植县	HN—Sangzhi County	R1560T2012	相对稳定	H级
青海湟源县	QH—Huangyuan County	R1561T2012	相对稳定	H级
云南普洱县	YN—Pu'er County	R1562T2012	相对稳定	H级
江西铜鼓县	JX—Tonggu County	R1563T2012	相对稳定	H级
福建松溪县	FJ—Songxi County	R1564T2012	相对稳定	H级
湖南新田县	HN—Xintian County	R1565T2012	相对稳定	H级
山西昔阳县	SX—Xiyang County	R1566T2012	相对稳定	H级
山西浑源县	SX—Hunyuan County	R1567T2012	相对稳定	H级
贵州施秉县	GZ—Shibing County	R1568T2012	上升	H级
福建政和县	FJ—Zhenghe County	R1569T2012	相对稳定	H级
云南澜沧县	YN—Lancang County	R1570T2012	相对稳定	H级
云南河口县	YN—Hekou County	R1571T2012	相对稳定	H级
黑龙江兰西县	HL—Lanxi County	R1572T2012	相对稳定	H级
内蒙古多伦县	NM—Duolun County	R1573T2012	相对稳定	H级
四川屏山县	SC—Pingshan County	R1574T2012	相对稳定	H级
广西田林县	GX—Tianlin County	R1575T2012	相对稳定	H级
福建周宁县	FJ—Zhouning County	R1576T2012	相对稳定	H级
江西乐安县	JX—Le'an County	R1577T2012	相对稳定	H级
湖南麻阳县	HN—Mayang County	R1578T2012	相对稳定	H级
江西靖安县	JX—Jing'an County	R1579T2012	相对稳定	H级
陕西西乡县	SN—Xixiang County	R1580T2012	相对稳定	H级

第四届中国县域经济基本竞争力评价(H级续六)

4th CHINA COUNTY-LEVEL ECONOMY BASIC COMPETITIVEENESS EVALUATION

县域单位	UNIT	中郡指数	竞争力动态	竞争力等级
四川峨边县	SC—Ebian County	R1581T2012	相对稳定	H级
云南武定县	YN—Wuding County	R1582T2012	相对稳定	H级
西藏安多县	XZ—Anduo County	R1583T2012	上升	H级
甘肃静宁县	GS—Jingning County	R1584T2012	相对稳定	H级
河北沽源县	HEB—Guyuan County	R1585T2012	上升	H级
黑龙江呼玛县	HL—Huma County	R1586T2012	相对稳定	H级
西藏日喀则市	XZ—Rikaze City	R1587T2012	相对稳定	H级
新疆若羌县	XJ—Ruoqiang County	R1588T2012	上升	H级
河北海兴县	HEB—Haixing County	R1589T2012	相对稳定	H级
四川宝兴县	SC—Baoxing County	R1590T2012	相对稳定	H级
内蒙古清水河县	NM—Qingshuihe County	R1591T2012	相对稳定	H级
贵州赫章县	GZ—Hezhang County	R1592T2012	相对稳定	H级
云南华坪县	YN—Huaping County	R1593T2012	相对稳定	H级
山西和顺县	SX—Heshun County	R1594T2012	相对稳定	H级
广东南澳县	GD—Nan'ao County	R1595T2012	相对稳定	H级
黑龙江抚远县	HL—Fuyuan County	R1596T2012	相对稳定	H级
云南龙陵县	YN—Longling County	R1597T2012	相对稳定	H级
甘肃玛曲县	GS—Maqu County	R1598T2012	相对稳定	H级
新疆和田市	XJ—Hetian City	R1599T2012	相对稳定	H级
山西应县	SX—Yingxian County	R1600T2012	注意	H级

第四届中国县域经济基本竞争力评价(Ⅰ级)

4th CHINA COUNTY-LEVEL ECONOMY BASIC COMPETITIVENESS EVALUATION

县域单位	UNIT	中郡指数	竞争力动态	竞争力等级
贵州荔波县	GZ—Libo County	R1601T2012	相对稳定	Ⅰ级
贵州天柱县	GZ—Tianzhu County	R1602T2012	相对稳定	Ⅰ级
贵州黎平县	GZ—Liping County	R1603T2012	相对稳定	Ⅰ级
云南弥渡县	YN—Midu County	R1604T2012	相对稳定	Ⅰ级
安徽旌德县	AH—Jingde County	R1605T2012	相对稳定	Ⅰ级
云南兰坪县	YN—Lanping County	R1606T2012	相对稳定	Ⅰ级
云南香格里拉县	YN—Xianggelila County	R1607T2012	相对稳定	Ⅰ级
内蒙古阿尔山市	NM—Aershan City	R1608T2012	相对稳定	Ⅰ级
贵州长顺县	GZ—Changshun County	R1609T2012	相对稳定	Ⅰ级
贵州独山县	GZ—Dushan County	R1610T2012	相对稳定	Ⅰ级
内蒙古阿巴嘎旗	NM—Abaga Banner	R1611T2012	相对稳定	Ⅰ级
湖南保靖县	HN—Baojing County	R1612T2012	相对稳定	Ⅰ级
广西上林县	GX—Shanglin County	R1613T2012	注意	Ⅰ级
云南南涧县	YN—Nanjian County	R1614T2012	相对稳定	Ⅰ级
陕西丹凤县	SN—Danfeng County	R1615T2012	相对稳定	Ⅰ级
青海尖扎县	QH—Jianzha County	R1616T2012	注意	Ⅰ级
甘肃古浪县	GS—Gulang County	R1617T2012	相对稳定	Ⅰ级
西藏墨竹工卡县	XZ—Mozhugongka County	R1618T2012	相对稳定	Ⅰ级
云南施甸县	YN—Shidian County	R1619T2012	相对稳定	Ⅰ级
甘肃皋兰县	GS—Gaolan County	R1620T2012	相对稳定	Ⅰ级
四川盐源县	SC—Yanyuan County	R1621T2012	相对稳定	Ⅰ级
江西横峰县	JX—Hengfeng County	R1622T2012	相对稳定	Ⅰ级
山西垣曲县	SX—Yuanqu County	R1623T2012	相对稳定	Ⅰ级
陕西白水县	SN—Baishui County	R1624T2012	相对稳定	Ⅰ级
云南姚安县	YN—Yao'an County	R1625T2012	相对稳定	Ⅰ级
贵州凤冈县	GZ—Fenggang County	R1626T2012	相对稳定	Ⅰ级
广西融水县	GX—Rongshui County	R1627T2012	注意	Ⅰ级
陕西华县	SN—Huaxian County	R1628T2012	注意	Ⅰ级
新疆巩留县	XJ—Gongliu County	R1629T2012	相对稳定	Ⅰ级
山西岚县	SX—Lanxian County	R1630T2012	上升	Ⅰ级

第四届中国县域经济基本竞争力评价(Ⅰ级续一)

4th CHINA COUNTY-LEVEL ECONOMY BASIC COMPETITIVENESS EVALUATION

县域单位	UNIT	中郡指数	竞争力动态	竞争力等级
甘肃肃南县	GS—Sunan County	R1631T2012	相对稳定	Ⅰ级
云南鹤庆县	YN—Heqing County	R1632T2012	相对稳定	Ⅰ级
安徽黟县	AH—Yixian County	R1633T2012	相对稳定	Ⅰ级
广西德保县	GX—Debao County	R1634T2012	相对稳定	Ⅰ级
云南丘北县	YN—Qiubei County	R1635T2012	相对稳定	Ⅰ级
新疆阿勒泰市	XJ—Aletai City	R1636T2012	注意	Ⅰ级
甘肃宁县	GS—Ningxian County	R1637T2012	相对稳定	Ⅰ级
四川松潘县	SC—Songpan County	R1638T2012	相对稳定	Ⅰ级
青海治多县	QH—Zhiduo County	R1639T2012	上升	Ⅰ级
贵州德江县	GZ—Dejiang County	R1640T2012	注意	Ⅰ级
陕西汉阴县	SN—Hanyin County	R1641T2012	相对稳定	Ⅰ级
内蒙古镶黄旗	NM—Xianghuang Banner	R1642T2012	上升	Ⅰ级
四川平武县	SC—Pingwu County	R1643T2012	相对稳定	Ⅰ级
云南永平县	YN—Yongping County	R1644T2012	相对稳定	Ⅰ级
青海循化县	QH—Xunhua County	R1645T2012	相对稳定	Ⅰ级
云南麻栗坡县	YN—Malipo County	R1646T2012	相对稳定	Ⅰ级
云南元谋县	YN—Yuanmou County	R1647T2012	相对稳定	Ⅰ级
青海天峻县	QH—Tianjun County	R1648T2012	上升	Ⅰ级
新疆哈巴河县	XJ—Habahe County	R1649T2012	相对稳定	Ⅰ级
新疆博湖县	XJ—Bohu County	R1650T2012	相对稳定	Ⅰ级
云南巧家县	YN—Qiaojia County	R1651T2012	相对稳定	Ⅰ级
河北崇礼县	HEB—Chongli County	R1652T2012	相对稳定	Ⅰ级
河北万全县	HEB—Wanquan County	R1653T2012	相对稳定	Ⅰ级
青海门源县	QH—Menyuan County	R1654T2012	相对稳定	Ⅰ级
甘肃灵台县	GS—Lingtai County	R1655T2012	相对稳定	Ⅰ级
广西罗城县	GX—Luocheng County	R1656T2012	相对稳定	Ⅰ级
湖南新晃县	HN—Xinhuang County	R1657T2012	相对稳定	Ⅰ级
青海同仁县	QH—Tongren County	R1658T2012	注意	Ⅰ级
湖南泸溪县	HN—Luxi County	R1659T2012	相对稳定	Ⅰ级
贵州贞丰县	GZ—Zhenfeng County	R1660T2012	相对稳定	Ⅰ级

第四届中国县域经济基本竞争力评价（Ⅰ级续二）

4th CHINA COUNTY-LEVEL ECONOMY BASIC COMPETITIVENESS EVALUATION

县域单位	UNIT	中郡指数	竞争力动态	竞争力等级
宁夏同心县	NX—Tongxin County	R1661T2012	相对稳定	Ⅰ级
陕西宁强县	SN—Ningqiang County	R1662T2012	相对稳定	Ⅰ级
四川越西县	SC—Yuexi County	R1663T2012	相对稳定	Ⅰ级
山西五台县	SX—Wutai County	R1664T2012	相对稳定	Ⅰ级
甘肃清水县	GS—Qingshui County	R1665T2012	相对稳定	Ⅰ级
重庆城口县	CQ—Chengkou County	R1666T2012	相对稳定	Ⅰ级
贵州麻江县	GZ—Majiang County	R1667T2012	上升	Ⅰ级
陕西柞水县	SN—Zhashui County	R1668T2012	相对稳定	Ⅰ级
贵州印江县	GZ—Yinjiang County	R1669T2012	相对稳定	Ⅰ级
陕西石泉县	SN—Shiquan County	R1670T2012	相对稳定	Ⅰ级
黑龙江逊克县	HL—Xunke County	R1671T2012	相对稳定	Ⅰ级
西藏波密县	XZ—Bomi County	R1672T2012	相对稳定	Ⅰ级
西藏米林县	XZ—Milin County	R1673T2012	相对稳定	Ⅰ级
云南南华县	YN—Nanhua County	R1674T2012	相对稳定	Ⅰ级
广西东兰县	GX—Donglan County	R1675T2012	相对稳定	Ⅰ级
河北新河县	HEB—Xinhe County	R1676T2012	相对稳定	Ⅰ级
陕西千阳县	SN—Qianyang County	R1677T2012	相对稳定	Ⅰ级
云南马龙县	YN—Malong County	R1678T2012	相对稳定	Ⅰ级
青海兴海县	QH—Xinghai County	R1679T2012	相对稳定	Ⅰ级
贵州江口县	GZ—Jiangkou County	R1680T2012	相对稳定	Ⅰ级
广西天等县	GX—Tiandeng County	R1681T2012	注意	Ⅰ级
贵州道真县	GZ—Daozhen County	R1682T2012	相对稳定	Ⅰ级
甘肃武都县	GS—Wudu County	R1683T2012	相对稳定	Ⅰ级
吉林靖宇县	JL—Jingyu County	R1684T2012	相对稳定	Ⅰ级
云南西盟县	YN—Ximeng County	R1685T2012	上升	Ⅰ级
新疆尼勒克县	XJ—Nileke County	R1686T2012	相对稳定	Ⅰ级
甘肃徽县	GS—Huixian County	R1687T2012	相对稳定	Ⅰ级
新疆察布查尔县	XJ—Chabucha'er County	R1688T2012	相对稳定	Ⅰ级
新疆托里县	XJ—Tuoli County	R1689T2012	相对稳定	Ⅰ级
云南永善县	YN—Yongshan County	R1690T2012	相对稳定	Ⅰ级

第四届中国县域经济基本竞争力评价（Ⅰ级续三）

4th CHINA COUNTY-LEVEL ECONOMY BASIC COMPETITIVENESS EVALUATION

县域单位	UNIT	中郡指数	竞争力动态	竞争力等级
广西凤山县	GX—Fengshan County	R1691T2012	上升	Ⅰ级
贵州关岭县	GZ—Guanling County	R1692T2012	相对稳定	Ⅰ级
新疆昭苏县	XJ—Zhaosu County	R1693T2012	相对稳定	Ⅰ级
海南五指山市	HAN—Wuzhishan City	R1694T2012	相对稳定	Ⅰ级
新疆木垒县	XJ—Mulei County	R1695T2012	相对稳定	Ⅰ级
山西沁县	SX—Qinxian County	R1696T2012	相对稳定	Ⅰ级
新疆伽师县	XJ—Jiashi County	R1697T2012	相对稳定	Ⅰ级
新疆阿图什市	XJ—Atushi City	R1698T2012	相对稳定	Ⅰ级
甘肃庄浪县	GS—Zhuanglang County	R1699T2012	相对稳定	Ⅰ级
西藏曲松县	XZ—Qusong County	R1700T2012	上升	Ⅰ级
陕西平利县	SN—Pingli County	R1701T2012	相对稳定	Ⅰ级
四川芦山县	SC—Lushan County	R1702T2012	相对稳定	Ⅰ级
河北阜平县	HEB—Fuping County	R1703T2012	注意	Ⅰ级
甘肃镇原县	GS—Zhenyuan County	R1704T2012	相对稳定	Ⅰ级
云南玉龙县	YN—Yulong County	R1705T2012	相对稳定	Ⅰ级
河北怀安县	HEB—Huai'an County	R1706T2012	相对稳定	Ⅰ级
贵州雷山县	GZ—Leishan County	R1707T2012	上升	Ⅰ级
青海都兰县	QH—Dulan County	R1708T2012	相对稳定	Ⅰ级
云南永德县	YN—Yongde County	R1709T2012	相对稳定	Ⅰ级
西藏普兰县	XZ—Pulan County	R1710T2012	相对稳定	Ⅰ级
山西宁武县	SX—Ningwu County	R1711T2012	相对稳定	Ⅰ级
贵州锦屏县	GZ—Jinping County	R1712T2012	相对稳定	Ⅰ级
黑龙江克东县	HL—Kedong County	R1713T2012	注意	Ⅰ级
四川北川县	SC—Beichuan County	R1714T2012	相对稳定	Ⅰ级
宁夏西吉县	NX—Xiji County	R1715T2012	相对稳定	Ⅰ级
四川理县	SC—Lixian County	R1716T2012	相对稳定	Ⅰ级
江西资溪县	JX—Zixi County	R1717T2012	相对稳定	Ⅰ级
新疆塔什库尔干县	XJ—Tashiku'ergan County	R1718T2012	注意	Ⅰ级
四川马尔康县	SC—Ma'erkang County	R1719T2012	相对稳定	Ⅰ级
陕西长武县	SN—Changwu County	R1720T2012	相对稳定	Ⅰ级

第四届中国县域经济基本竞争力评价(Ⅰ级续四)

4th CHINA COUNTY-LEVEL ECONOMY BASIC COMPETITIVENESS EVALUATION

县域单位	UNIT	中郡指数	竞争力动态	竞争力等级
广西凌云县	GX—Lingyun County	R1721T2012	相对稳定	Ⅰ级
陕西岚皋县	SN—Langao County	R1722T2012	相对稳定	Ⅰ级
新疆巴里坤县	XJ—Balikun County	R1723T2012	相对稳定	Ⅰ级
山西夏县	SX—Xiaxian County	R1724T2012	相对稳定	Ⅰ级
新疆新和县	XJ—Xinhe County	R1725T2012	相对稳定	Ⅰ级
新疆疏勒县	XJ—Shule County	R1726T2012	相对稳定	Ⅰ级
湖南桂东县	HN—Guidong County	R1727T2012	相对稳定	Ⅰ级
新疆墨玉县	XJ—Moyu County	R1728T2012	相对稳定	Ⅰ级
河北尚义县	HEB—Shangyi County	R1729T2012	相对稳定	Ⅰ级
陕西旬邑县	SN—Xunyi County	R1730T2012	相对稳定	Ⅰ级
贵州务川县	GZ—Wuchuan County	R1731T2012	相对稳定	Ⅰ级
甘肃岷县	GS—Minxian County	R1732T2012	相对稳定	Ⅰ级
西藏八宿县	XZ—Basu County	R1733T2012	上升	Ⅰ级
山西阳高县	SX—Yanggao County	R1734T2012	相对稳定	Ⅰ级
西藏昌都县	XZ—Changdu County	R1735T2012	相对稳定	Ⅰ级
河南宁陵县	HEN—Ningling County	R1736T2012	注意	Ⅰ级
陕西紫阳县	SN—Ziyang County	R1737T2012	相对稳定	Ⅰ级
陕西商南县	SN—Shangnan County	R1738T2012	相对稳定	Ⅰ级
贵州台江县	GZ—Taijiang County	R1739T2012	上升	Ⅰ级
云南牟定县	YN—Mouding County	R1740T2012	相对稳定	Ⅰ级
西藏桑日县	XZ—Sangri County	R1741T2012	相对稳定	Ⅰ级
四川雷波县	SC—Leibo County	R1742T2012	相对稳定	Ⅰ级
内蒙古阿荣旗	NM—Arong Banner	R1743T2012	注意	Ⅰ级
山西平顺县	SX—Pingshun County	R1744T2012	相对稳定	Ⅰ级
陕西镇巴县	SN—Zhenba County	R1745T2012	相对稳定	Ⅰ级
新疆阿瓦提县	XJ—Awati County	R1746T2012	注意	Ⅰ级
陕西白河县	SN—Baihe County	R1747T2012	相对稳定	Ⅰ级
西藏尼玛县	XZ—Nima County	R1748T2012	上升	Ⅰ级
青海祁连县	QH—Qilian County	R1749T2012	相对稳定	Ⅰ级
云南泸水县	YN—Lushui County	R1750T2012	注意	Ⅰ级

第四届中国县域经济基本竞争力评价(Ⅰ级续五)

4th CHINA COUNTY-LEVEL ECONOMY BASIC COMPETITIVENESS EVALUATION

县域单位	UNIT	中郡指数	竞争力动态	竞争力等级
新疆精河县	XJ—Jinghe County	R1751T2012	注意	Ⅰ级
云南云龙县	YN—Yunlong County	R1752T2012	相对稳定	Ⅰ级
贵州剑河县	GZ—Jianhe County	R1753T2012	相对稳定	Ⅰ级
陕西永寿县	SN—Yongshou County	R1754T2012	相对稳定	Ⅰ级
青海化隆县	QH—Hualong County	R1755T2012	相对稳定	Ⅰ级
陕西富县	SN—Fuxian County	R1756T2012	相对稳定	Ⅰ级
四川青川县	SC—Qingchuan County	R1757T2012	相对稳定	Ⅰ级
西藏谢通门县	XZ—Xietongmen County	R1758T2012	上升	Ⅰ级
山西方山县	SX—Fangshan County	R1759T2012	上升	Ⅰ级
广西资源县	GX—Ziyuan County	R1760T2012	注意	Ⅰ级
海南保亭县	HAN—Baoting County	R1761T2012	注意	Ⅰ级
广东连南县	GD—Liannan County	R1762T2012	相对稳定	Ⅰ级
山西兴县	SX—Xingxian County	R1763T2012	相对稳定	Ⅰ级
云南双柏县	YN—Shuangbo County	R1764T2012	相对稳定	Ⅰ级
西藏江孜县	XZ—Jiangzi County	R1765T2012	相对稳定	Ⅰ级
黑龙江依安县	HL—Yi'an County	R1766T2012	注意	Ⅰ级
贵州晴隆县	GZ—Qinglong County	R1767T2012	相对稳定	Ⅰ级
青海同德县	QH—Tongde County	R1768T2012	上升	Ⅰ级
新疆温宿县	XJ—Wensu County	R1769T2012	注意	Ⅰ级
山西五寨县	SX—Wuzhai County	R1770T2012	相对稳定	Ⅰ级
云南西畴县	YN—Xichou County	R1771T2012	相对稳定	Ⅰ级
四川马边县	SC—Mabian County	R1772T2012	相对稳定	Ⅰ级
内蒙古鄂伦春旗	NM—Elunchun Banner	R1773T2012	注意	Ⅰ级
贵州岑巩县	GZ—Cengong County	R1774T2012	相对稳定	Ⅰ级
云南陇川县	YN—Longchuan County	R1775T2012	相对稳定	Ⅰ级
湖南通道县	HN—Tongdao County	R1776T2012	相对稳定	Ⅰ级
甘肃通渭县	GS—Tongwei County	R1777T2012	相对稳定	Ⅰ级
甘肃环县	GS—Huanxian County	R1778T2012	相对稳定	Ⅰ级
陕西绥德县	SN—Suide County	R1779T2012	相对稳定	Ⅰ级
云南元阳县	YN—Yuanyang County	R1780T2012	相对稳定	Ⅰ级

第四届中国县域经济基本竞争力评价（Ⅰ级续六）

4th CHINA COUNTY-LEVEL ECONOMY BASIC COMPETITIVENESS EVALUATION

县域单位	UNIT	中郡指数	竞争力动态	竞争力等级
青海共和县	QH—Gonghe County	R1781T2012	注意	Ⅰ级
山西大同县	SX—Datong County	R1782T2012	注意	Ⅰ级
云南剑川县	YN—Jianchuan County	R1783T2012	相对稳定	Ⅰ级
甘肃崇信县	GS—Chongxin County	R1784T2012	相对稳定	Ⅰ级
山西静乐县	SX—Jingle County	R1785T2012	相对稳定	Ⅰ级
西藏工布江达县	XZ—Gongbujiangda County	R1786T2012	相对稳定	Ⅰ级
山西右玉县	SX—Youyu County	R1787T2012	相对稳定	Ⅰ级
陕西太白县	SN—Taibai County	R1788T2012	上升	Ⅰ级
西藏边坝县	XZ—Bianba County	R1789T2012	上升	Ⅰ级
新疆裕民县	XJ—Yumin County	R1790T2012	相对稳定	Ⅰ级
江西广昌县	JX—Guangchang County	R1791T2012	相对稳定	Ⅰ级
陕西延长县	SN—Yanchang County	R1792T2012	相对稳定	Ⅰ级
贵州三都县	GZ—Sandu County	R1793T2012	相对稳定	Ⅰ级
西藏聂拉木县	XZ—Nielamu County	R1794T2012	相对稳定	Ⅰ级
贵州平塘县	GZ—Pingtang County	R1795T2012	相对稳定	Ⅰ级
甘肃广河县	GS—Guanghe County	R1796T2012	相对稳定	Ⅰ级
贵州从江县	GZ—Congjiang County	R1797T2012	相对稳定	Ⅰ级
山西天镇县	SX—Tianzhen County	R1798T2012	注意	Ⅰ级
云南双江县	YN—Shuangjiang County	R1799T2012	相对稳定	Ⅰ级
云南沧源县	YN—Cangyuan County	R1800T2012	相对稳定	Ⅰ级

第四届中国县域经济基本竞争力评价(J级)

4th CHINA COUNTY-LEVEL ECONOMY BASIC COMPETITIVENESS EVALUATION

县域单位	UNIT	中郡指数	竞争力动态	竞争力等级
陕西淳化县	SN—Chunhua County	R1801T2012	相对稳定	J级
江西宜黄县	JX—Yihuang County	R1802T2012	相对稳定	J级
甘肃合作市	GS—Hezuo City	R1803T2012	相对稳定	J级
西藏那曲县	XZ—Naqu County	R1804T2012	注意	J级
四川泸定县	SC—Luding County	R1805T2012	相对稳定	J级
新疆阿克陶县	XJ—Aketao County	R1806T2012	相对稳定	J级
西藏日土县	XZ—Ritu County	R1807T2012	上升	J级
云南红河县	YN—Honghe County	R1808T2012	相对稳定	J级
青海贵南县	QH—Guinan County	R1809T2012	相对稳定	J级
湖北神农架林区	HB—Shennongjia Forest Region	R1810T2012	相对稳定	J级
山西广灵县	SX—Guangling County	R1811T2012	相对稳定	J级
云南金平县	YN—Jinping County	R1812T2012	相对稳定	J级
云南镇康县	YN—Zhenkang County	R1813T2012	相对稳定	J级
山西岢岚县	SX—Kelan County	R1814T2012	相对稳定	J级
西藏曲水县	XZ—Qushui County	R1815T2012	上升	J级
云南镇沅县	YN—Zhenyuan County	R1816T2012	相对稳定	J级
广西那坡县	GX—Napo County	R1817T2012	相对稳定	J级
云南维西县	YN—Weixi County	R1818T2012	相对稳定	J级
广东连山县	GD—Lianshan County	R1819T2012	相对稳定	J级
云南漾濞县	YN—Yangbi County	R1820T2012	相对稳定	J级
云南孟连县	YN—Menglian County	R1821T2012	相对稳定	J级
青海刚察县	QH—Gangcha County	R1822T2012	相对稳定	J级
山西平陆县	SX—Pinglu County	R1823T2012	相对稳定	J级
云南永仁县	YN—Yongren County	R1824T2012	相对稳定	J级
广西巴马县	GX—Bama County	R1825T2012	相对稳定	J级
四川喜德县	SC—Xide County	R1826T2012	相对稳定	J级
西藏定结县	XZ—Dingjie County	R1827T2012	相对稳定	J级
甘肃渭源县	GS—Weiyuan County	R1828T2012	相对稳定	J级
贵州三穗县	GZ—Sansui County	R1829T2012	相对稳定	J级
甘肃正宁县	GS—Zhengning County	R1830T2012	相对稳定	J级

第四届中国县域经济基本竞争力评价(J级续一)

4th CHINA COUNTY-LEVEL ECONOMY BASIC COMPETITIVENESS EVALUATION

县域单位	UNIT	中郡指数	竞争力动态	竞争力等级
云南彝良县	YN—Yiliang County	R1831T2012	相对稳定	J级
陕西宜君县	SN—Yijun County	R1832T2012	相对稳定	J级
西藏达孜县	XZ—Dazi County	R1833T2012	相对稳定	J级
新疆民丰县	XJ—Minfeng County	R1834T2012	相对稳定	J级
贵州紫云县	GZ—Ziyun County	R1835T2012	相对稳定	J级
宁夏彭阳县	NX—Pengyang County	R1836T2012	相对稳定	J级
西藏朗县	XZ—Langxian County	R1837T2012	相对稳定	J级
新疆英吉沙县	XJ—Yingjisha County	R1838T2012	相对稳定	J级
宁夏海原县	NX—Haiyuan County	R1839T2012	注意	J级
云南鲁甸县	YN—Ludian County	R1840T2012	相对稳定	J级
黑龙江桦川县	HL—Huachuan County	R1841T2012	相对稳定	J级
黑龙江饶河县	HL—Raohe County	R1842T2012	相对稳定	J级
云南江城县	YN—Jiangcheng County	R1843T2012	相对稳定	J级
新疆特克斯县	XJ—Tekesi County	R1844T2012	相对稳定	J级
四川普格县	SC—Puge County	R1845T2012	相对稳定	J级
四川茂县	SC—Maoxian County	R1846T2012	相对稳定	J级
陕西子洲县	SN—Zizhou County	R1847T2012	相对稳定	J级
西藏措美县	XZ—Cuomei County	R1848T2012	上升	J级
西藏芒康县	XZ—Mangkang County	R1849T2012	相对稳定	J级
新疆洛浦县	XJ—Luopu County	R1850T2012	相对稳定	J级
黑龙江青冈县	HL—Qinggang County	R1851T2012	注意	J级
甘肃西和县	GS—Xihe County	R1852T2012	相对稳定	J级
甘肃文县	GS—Wenxian County	R1853T2012	相对稳定	J级
青海玛沁县	QH—Maqin County	R1854T2012	注意	J级
贵州榕江县	GZ—Rongjiang County	R1855T2012	相对稳定	J级
西藏贡觉县	XZ—Gongjue County	R1856T2012	上升	J级
西藏错那县	XZ—Cuona County	R1857T2012	注意	J级
甘肃礼县	GS—Lixian County	R1858T2012	相对稳定	J级
山西吉县	SX—Jixian County	R1859T2012	相对稳定	J级
甘肃合水县	GS—Heshui County	R1860T2012	相对稳定	J级

第四届中国县域经济基本竞争力评价(J级续二)

4th CHINA COUNTY-LEVEL ECONOMY BASIC COMPETITIVENESS EVALUATION

县域单位	UNIT	中郡指数	竞争力动态	竞争力等级
甘肃临夏县	GS—Linxia County	R1861T2012	相对稳定	J级
四川美姑县	SC—Meigu County	R1862T2012	相对稳定	J级
贵州望谟县	GZ—Wangmo County	R1863T2012	相对稳定	J级
云南威信县	YN—Weixin County	R1864T2012	相对稳定	J级
广西金秀县	GX—Jinxiu County	R1865T2012	相对稳定	J级
西藏拉孜县	XZ—Lazi County	R1866T2012	相对稳定	J级
西藏仲巴县	XZ—Zhongba County	R1867T2012	相对稳定	J级
贵州丹寨县	GZ—Danzhai County	R1868T2012	相对稳定	J级
陕西宁陕县	SN—Ningshan County	R1869T2012	相对稳定	J级
青海达日县	QH—Dari County	R1870T2012	相对稳定	J级
山西繁峙县	SX—Fanshi County	R1871T2012	相对稳定	J级
云南屏边县	YN—Pingbian County	R1872T2012	相对稳定	J级
新疆和田县	XJ—Hetian County	R1873T2012	相对稳定	J级
新疆岳普湖县	XJ—Yuepuhu County	R1874T2012	相对稳定	J级
新疆于田县	XJ—Yutian County	R1875T2012	相对稳定	J级
西藏札达县	XZ—Zhada County	R1876T2012	注意	J级
西藏洛隆县	XZ—Luolong County	R1877T2012	相对稳定	J级
西藏仁布县	XZ—Renbu County	R1878T2012	相对稳定	J级
青海玛多县	QH—Maduo County	R1879T2012	相对稳定	J级
西藏南木林县	XZ—Nanmulin County	R1880T2012	相对稳定	J级
安徽石台县	AH—Shitai County	R1881T2012	相对稳定	J级
黑龙江甘南县	HL—Gannan County	R1882T2012	注意	J级
西藏琼结县	XZ—Qiongjie County	R1883T2012	相对稳定	J级
新疆巴楚县	XJ—Bachu County	R1884T2012	注意	J级
陕西佛坪县	SN—Foping County	R1885T2012	相对稳定	J级
西藏类乌齐县	XZ—Leiwuqi County	R1886T2012	相对稳定	J级
新疆皮山县	XJ—Pishan County	R1887T2012	相对稳定	J级
西藏丁青县	XZ—Dingqing County	R1888T2012	相对稳定	J级
甘肃迭部县	GS—Diebu County	R1889T2012	相对稳定	J级
西藏贡嘎县	XZ—Gongga County	R1890T2012	相对稳定	J级

第四届中国县域经济基本竞争力评价（J级续三）

4th CHINA COUNTY-LEVEL ECONOMY BASIC COMPETITIVENESS EVALUATION

县域单位	UNIT	中郡指数	竞争力动态	竞争力等级
西藏左贡县	XZ—Zuogong County	R1891T2012	相对稳定	J级
西藏洛扎县	XZ—Luozha County	R1892T2012	相对稳定	J级
贵州万山特区	GZ—Wanshan Special Region	R1893T2012	相对稳定	J级
西藏嘉黎县	XZ—Jiali County	R1894T2012	相对稳定	J级
西藏亚东县	XZ—Yadong County	R1895T2012	相对稳定	J级
四川昭觉县	SC—Zhaojue County	R1896T2012	相对稳定	J级
广西三江县	GX—Sanjiang County	R1897T2012	注意	J级
青海称多县	QH—Chengduo County	R1898T2012	相对稳定	J级
四川小金县	SC—Xiaojin County	R1899T2012	相对稳定	J级
四川红原县	SC—Hongyuan County	R1900T2012	相对稳定	J级
西藏岗巴县	XZ—Gangba County	R1901T2012	相对稳定	J级
云南宁蒗县	YN—Ninglang County	R1902T2012	相对稳定	J级
甘肃康乐县	GS—Kangle County	R1903T2012	相对稳定	J级
陕西清涧县	SN—Qingjian County	R1904T2012	相对稳定	J级
甘肃东乡族县	GS—Dongxiangzu County	R1905T2012	相对稳定	J级
云南绿春县	YN—Luchun County	R1906T2012	相对稳定	J级
四川九龙县	SC—Jiulong County	R1907T2012	相对稳定	J级
四川巴塘县	SC—Batang County	R1908T2012	相对稳定	J级
甘肃漳县	GS—Zhangxian County	R1909T2012	相对稳定	J级
陕西米脂县	SN—Mizhi County	R1910T2012	相对稳定	J级
四川布拖县	SC—Butuo County	R1911T2012	相对稳定	J级
陕西镇坪县	SN—Zhenping County	R1912T2012	相对稳定	J级
西藏萨迦县	XZ—Sajia County	R1913T2012	相对稳定	J级
湖南古丈县	HN—Guzhang County	R1914T2012	相对稳定	J级
新疆青河县	XJ—Qinghe County	R1915T2012	相对稳定	J级
甘肃和政县	GS—Hezheng County	R1916T2012	相对稳定	J级
贵州册亨县	GZ—Ceheng County	R1917T2012	相对稳定	J级
西藏吉隆县	XZ—Jilong County	R1918T2012	相对稳定	J级
云南绥江县	YN—Suijiang County	R1919T2012	相对稳定	J级
新疆阿合奇县	XJ—Aheqi County	R1920T2012	相对稳定	J级

第四届中国县域经济基本竞争力评价（J级续四）

4th CHINA COUNTY-LEVEL ECONOMY BASIC COMPETITIVENESS EVALUATION

县域单位	UNIT	中郡指数	竞争力动态	竞争力等级
青海囊谦县	QH—Nangqian County	R1921T2012	相对稳定	J级
陕西黄龙县	SN—Huanglong County	R1922T2012	相对稳定	J级
西藏聂荣县	XZ—Nierong County	R1923T2012	相对稳定	J级
甘肃积石山县	GS—Jishishan County	R1924T2012	相对稳定	J级
西藏隆子县	XZ—Longzi County	R1925T2012	相对稳定	J级
四川木里县	SC—Muli County	R1926T2012	相对稳定	J级
西藏改则县	XZ—Gaize County	R1927T2012	相对稳定	J级
云南梁河县	YN—Lianghe County	R1928T2012	相对稳定	J级
甘肃康县	GS—Kangxian County	R1929T2012	相对稳定	J级
新疆柯坪县	XJ—Keping County	R1930T2012	相对稳定	J级
甘肃宕昌县	GS—Dangchang County	R1931T2012	相对稳定	J级
西藏定日县	XZ—dingri County	R1932T2012	相对稳定	J级
广西西林县	GX—Xilin County	R1933T2012	相对稳定	J级
西藏江达县	XZ—Jiangda County	R1934T2012	相对稳定	J级
甘肃夏河县	GS—Xiahe County	R1935T2012	相对稳定	J级
西藏察隅县	XZ—Chayu County	R1936T2012	相对稳定	J级
山西神池县	SX—Shenchi County	R1937T2012	注意	J级
云南盐津县	YN—Yanjin County	R1938T2012	相对稳定	J级
陕西宜川县	SN—Yichuan County	R1939T2012	相对稳定	J级
陕西留坝县	SN—Liuba County	R1940T2012	相对稳定	J级
青海玉树县	QH—Yushu County	R1941T2012	相对稳定	J级
陕西吴堡县	SN—Wubu County	R1942T2012	相对稳定	J级
西藏萨嘎县	XZ—Saga County	R1943T2012	相对稳定	J级
黑龙江明水县	HL—Mingshui County	R1944T2012	注意	J级
西藏措勤县	XZ—Cuoqin County	R1945T2012	相对稳定	J级
新疆策勒县	XJ—Cele County	R1946T2012	相对稳定	J级
四川若尔盖县	SC—Ruo'ergai County	R1947T2012	相对稳定	J级
西藏比如县	XZ—biru County	R1948T2012	相对稳定	J级
贵州黄平县	GZ—Huangping County	R1949T2012	相对稳定	J级
青海泽库县	QH—Zeku County	R1950T2012	相对稳定	J级

第四届中国县域经济基本竞争力评价（J级续五）

4th CHINA COUNTY-LEVEL ECONOMY BASIC COMPETITIVENESS EVALUATION

县域单位	UNIT	中郡指数	竞争力动态	竞争力等级
甘肃临潭县	GS—Lintan County	R1951T2012	相对稳定	J级
西藏当雄县	XZ—Dangxiong County	R1952T2012	相对稳定	J级
西藏康马县	XZ—Kangma County	R1953T2012	相对稳定	J级
陕西佳县	SN—Jiaxian County	R1954T2012	相对稳定	J级
云南德钦县	YN—Deqin County	R1955T2012	相对稳定	J级
四川黑水县	SC—Heishui County	R1956T2012	相对稳定	J级
青海乌兰县	QH—Wulan County	R1957T2012	相对稳定	J级
四川壤塘县	SC—Rangtang County	R1958T2012	相对稳定	J级
西藏墨脱县	XZ—Motuo County	R1959T2012	相对稳定	J级
西藏索县	XZ—Suoxian County	R1960T2012	相对稳定	J级
四川理塘县	SC—Litang County	R1961T2012	相对稳定	J级
宁夏隆德县	NX—Longde County	R1962T2012	注意	J级
青海河南县	QH—Henan County	R1963T2012	注意	J级
四川阿坝县	SC—Aba County	R1964T2012	相对稳定	J级
西藏班戈县	XZ—Bange County	R1965T2012	相对稳定	J级
新疆温泉县	XJ—Wenquan County	R1966T2012	相对稳定	J级
甘肃碌曲县	GS—Luqu County	R1967T2012	相对稳定	J级
西藏察雅县	XZ—Chaya County	R1968T2012	相对稳定	J级
四川雅江县	SC—Yajiang County	R1969T2012	相对稳定	J级
西藏革吉县	XZ—Geji County	R1970T2012	相对稳定	J级
新疆麦盖提县	XJ—Maigaiti County	R1971T2012	注意	J级
青海久治县	QH—Jiuzhi County	R1972T2012	相对稳定	J级
西藏白朗县	XZ—Bailang County	R1973T2012	相对稳定	J级
西藏扎囊县	XZ—Zhanang County	R1974T2012	相对稳定	J级
青海甘德县	QH—Gande County	R1975T2012	相对稳定	J级
四川稻城县	SC—Daocheng County	R1976T2012	相对稳定	J级
新疆乌恰县	XJ—Wuqia County	R1977T2012	相对稳定	J级
甘肃舟曲县	GS—Zhouqu County	R1978T2012	相对稳定	J级
四川金阳县	SC—Jinyang County	R1979T2012	相对稳定	J级
西藏加查县	XZ—Jiacha County	R1980T2012	相对稳定	J级

第四届中国县域经济基本竞争力评价(J级续六)

4th CHINA COUNTY-LEVEL ECONOMY BASIC COMPETITIVENESS EVALUATION

县域单位	UNIT	中郡指数	竞争力动态	竞争力等级
青海班玛县	QH—Banma County	R1981T2012	相对稳定	J级
四川乡城县	SC—Xiangcheng County	R1982T2012	相对稳定	J级
四川得荣县	SC—Derong County	R1983T2012	相对稳定	J级
甘肃卓尼县	GS—Zuoni County	R1984T2012	相对稳定	J级
四川丹巴县	SC—Danba County	R1985T2012	相对稳定	J级
西藏噶尔县	XZ—Ga'er County	R1986T2012	相对稳定	J级
四川白玉县	SC—Baiyu County	R1987T2012	相对稳定	J级
甘肃两当县	GS—Liangdang County	R1988T2012	相对稳定	J级
新疆乌什县	XJ—Wushi County	R1989T2012	相对稳定	J级
山西永和县	SX—Yonghe County	R1990T2012	相对稳定	J级
云南福贡县	YN—Fugong County	R1991T2012	相对稳定	J级
四川金川县	SC—Jinchuan County	R1992T2012	相对稳定	J级
四川石渠县	SC—Shiqu County	R1993T2012	相对稳定	J级
西藏昂仁县	XZ—Angren County	R1994T2012	相对稳定	J级
山西大宁县	SX—Daning County	R1995T2012	相对稳定	J级
云南大关县	YN—Daguan County	R1996T2012	相对稳定	J级
青海曲麻莱县	QH—Qumalai County	R1997T2012	相对稳定	J级
四川甘孜县	SC—Ganzi County	R1998T2012	相对稳定	J级
云南贡山县	YN—Gongshan County	R1999T2012	相对稳定	J级
四川色达县	SC—Seda County	R2000T2012	注意	J级
西藏浪卡子县	XZ—Langkazi County	R2001T2012	相对稳定	J级
四川道孚县	SC—Daofu County	R2002T2012	相对稳定	J级
西藏尼木县	XZ—Nimu County	R2003T2012	注意	J级
四川新龙县	SC—Xinlong County	R2004T2012	注意	J级
山西石楼县	SX—Shilou County	R2005T2012	相对稳定	J级
四川炉霍县	SC—Luhuo County	R2006T2012	相对稳定	J级
西藏申扎县	XZ—Shenzha County	R2007T2012	相对稳定	J级
四川德格县	SC—Dege County	R2008T2012	相对稳定	J级
山西临县	SX—Linxian County	R2009T2012	注意	J级
青海杂多县	QH—Zaduo County	R2010T2012	注意	J级

第四届中国县域经济基本竞争力评价（J级续七）

4th CHINA COUNTY-LEVEL ECONOMY BASIC COMPETITIVENESS EVALUATION

县域单位	UNIT	中郡指数	竞争力动态	竞争力等级
黑龙江孙吴县	HL—Sunwu County	R2011T2012	注意	J级
新疆吉木乃县	XJ—Jimunai County	R2012T2012	注意	J级

第四届中国县域经济基本竞争力评价（分省市区）

第四届中国县域经济基本竞争力评价（安徽）

4th CHINA COUNTY-LEVEL ECONOMY BASIC COMPETITIVENESS EVALUATION(ANHUI)

县域单位	UNIT	中郡指数	竞争力动态	竞争力等级
安徽长丰县	AH—Changfeng County	R759T2012	相对稳定	D级
安徽枞阳县	AH—Zongyang County	R661T2012	相对稳定	D级
安徽当涂县	AH—Dangtu County	R483T2012	相对稳定	C级
安徽砀山县	AH—Dangshan County	R972T2012	注意	E级
安徽定远县	AH—Dingyuan County	R658T2012	注意	D级
安徽东至县	AH—Dongzhi County	R941T2012	相对稳定	E级
安徽繁昌县	AH—Fanchang County	R583T2012	相对稳定	C级
安徽肥东县	AH—Feidong County	R372T2012	相对稳定	B级
安徽肥西县	AH—Feixi County	R412T2012	相对稳定	C级
安徽凤台县	AH—Fengtai County	R452T2012	相对稳定	C级
安徽凤阳县	AH—Fengyang County	R674T2012	相对稳定	D级
安徽阜南县	AH—Funan County	R852T2012	注意	E级
安徽固镇县	AH—Guzhen County	R874T2012	相对稳定	E级
安徽广德县	AH—Guangde County	R648T2012	相对稳定	D级
安徽含山县	AH—Hanshan County	R853T2012	相对稳定	E级
安徽和县	AH—Hexian County	R763T2012	相对稳定	D级
安徽怀宁县	AH—Huaining County	R486T2012	相对稳定	C级
安徽怀远县	AH—Huaiyuan County	R543T2012	相对稳定	C级
安徽霍邱县	AH—Huoqiu County	R633T2012	注意	D级
安徽霍山县	AH—Huoshan County	R851T2012	相对稳定	E级
安徽绩溪县	AH—Jixi County	R1370T2012	相对稳定	G级
安徽界首市	AH—Jieshou City	R903T2012	相对稳定	E级
安徽金寨县	AH—Jinzhai County	R1126T2012	相对稳定	F级
安徽泾县	AH—Jingxian County	R976T2012	相对稳定	E级
安徽旌德县	AH—Jingde County	R1605T2012	相对稳定	I级
安徽来安县	AH—Lai'an County	R798T2012	相对稳定	D级

第四届中国县域经济基本竞争力评价(安徽续一)

4th CHINA COUNTY-LEVEL ECONOMY BASIC COMPETITIVENESS EVALUATION(ANHUI)

县域单位	UNIT	中郡指数	竞争力动态	竞争力等级
安徽郎溪县	AH—Langxi County	R1246T2012	相对稳定	G级
安徽利辛县	AH—Lixin County	R804T2012	相对稳定	E级
安徽临泉县	AH—Linquan County	R651T2012	相对稳定	D级
安徽灵璧县	AH—Lingbi County	R602T2012	相对稳定	D级
安徽庐江县	AH—Lujiang County	R563T2012	相对稳定	C级
安徽蒙城县	AH—Mengcheng County	R549T2012	相对稳定	C级
安徽明光市	AH—Mingguang City	R613T2012	相对稳定	D级
安徽南陵县	AH—Nanling County	R817T2012	相对稳定	E级
安徽宁国市	AH—Ningguo City	R322T2012	相对稳定	B级
安徽祁门县	AH—Qimen County	R1247T2012	相对稳定	G级
安徽潜山县	AH—Qianshan County	R906T2012	相对稳定	E级
安徽青阳县	AH—Qingyang County	R1360T2012	相对稳定	G级
安徽全椒县	AH—Quanjiao County	R687T2012	相对稳定	D级
安徽石台县	AH—Shitai County	R1881T2012	相对稳定	J级
安徽寿县	AH—Shouxian County	R702T2012	相对稳定	D级
安徽舒城县	AH—Shucheng County	R643T2012	相对稳定	D级
安徽泗县	AH—Sixian County	R834T2012	相对稳定	E级
安徽宿松县	AH—Susong County	R814T2012	相对稳定	E级
安徽濉溪县	AH—Suixi County	R585T2012	相对稳定	C级
安徽太和县	AH—Taihe County	R580T2012	相对稳定	C级
安徽太湖县	AH—Taihu County	R964T2012	相对稳定	E级
安徽天长市	AH—Tianchang City	R413T2012	相对稳定	C级
安徽桐城市	AH—Tongcheng City	R373T2012	相对稳定	B级
安徽铜陵县	AH—Tongling County	R1128T2012	相对稳定	F级
安徽望江县	AH—Wangjiang County	R1199T2012	注意	F级
安徽涡阳县	AH—Guoyang County	R514T2012	相对稳定	C级
安徽无为县	AH—Wuwei County	R327T2012	相对稳定	B级
安徽芜湖县	AH—Wuhu County	R596T2012	相对稳定	C级
安徽五河县	AH—Wuhe County	R908T2012	注意	E级
安徽歙县	AH—Shexian County	R703T2012	相对稳定	D级

第四届中国县域经济基本竞争力评价（安徽续二）

4th CHINA COUNTY-LEVEL ECONOMY BASIC COMPETITIVENESS EVALUATION(ANHUI)

县域单位	UNIT	中郡指数	竞争力动态	竞争力等级
安徽萧县	AH—Xiaoxian County	R679T2012	相对稳定	D级
安徽休宁县	AH—Xiuning County	R1146T2012	相对稳定	F级
安徽黟县	AH—Yixian County	R1633T2012	相对稳定	I级
安徽颍上县	AH—Yingshang County	R1107T2012	注意	F级
安徽岳西县	AH—Yuexi County	R1334T2012	相对稳定	G级

第四届中国县域经济基本竞争力评价（北京）

4th CHINA COUNTY-LEVEL ECONOMY BASIC COMPETITIVENESS EVALUATION(BEIJING)

县域单位	UNIT	中郡指数	竞争力动态	竞争力等级
北京密云县	BJ—Miyun County	R71T2012	相对稳定	A级
北京延庆县	BJ—Yanqing County	R291T2012	相对稳定	B级

第四届中国县域经济基本竞争力评价（重庆）

4th CHINA COUNTY-LEVEL ECONOMY BASIC COMPETITIVENESS EVALUATION(CHONGQING)

县域单位	UNIT	中郡指数	竞争力动态	竞争力等级
重庆璧山县	CQ—Bishan County	R325T2012	相对稳定	B级
重庆城口县	CQ—Chengkou County	R1666T2012	相对稳定	I级
重庆大足县	CQ—Dazu County	R391T2012	相对稳定	B级
重庆垫江县	CQ—Dianjiang County	R482T2012	相对稳定	C级
重庆丰都县	CQ—Fengdu County	R642T2012	相对稳定	D级
重庆奉节县	CQ—Fengjie County	R646T2012	相对稳定	D级
重庆合川市	CQ—Hechuan City	R123T2012	相对稳定	A级
重庆江津市	CQ—Jiangjin City	R103T2012	相对稳定	A级
重庆开县	CQ—Kaixian County	R329T2012	相对稳定	B级
重庆梁平县	CQ—Liangping County	R551T2012	相对稳定	C级
重庆南川市	CQ—Nanchuan City	R426T2012	相对稳定	C级
重庆彭水县	CQ—Pengshui County	R960T2012	相对稳定	E级
重庆綦江县	CQ—Qijiang County	R292T2012	相对稳定	B级
重庆荣昌县	CQ—Rongchang County	R494T2012	相对稳定	C级
重庆石柱县	CQ—Shizhu County	R1133T2012	相对稳定	F级
重庆铜梁县	CQ—Tongliang County	R294T2012	相对稳定	B级
重庆潼南县	CQ—Tongnan County	R464T2012	相对稳定	C级
重庆巫山县	CQ—Wushan County	R1067T2012	相对稳定	F级
重庆巫溪县	CQ—Wuxi County	R1479T2012	相对稳定	H级
重庆武隆县	CQ—Wulong County	R901T2012	相对稳定	E级
重庆秀山县	CQ—Xiushan County	R1061T2012	相对稳定	F级
重庆永川市	CQ—Yongchuan City	R186T2012	相对稳定	A级
重庆酉阳县	CQ—Youyang County	R1325T2012	相对稳定	G级
重庆云阳县	CQ—Yunyang County	R673T2012	相对稳定	D级
重庆忠县	CQ—Zhongxian County	R606T2012	相对稳定	D级

第四届中国县域经济基本竞争力评价(福建)

4th CHINA COUNTY-LEVEL ECONOMY BASIC COMPETITIVENESS EVALUATION(FUJIAN)

县域单位	UNIT	中郡指数	竞争力动态	竞争力等级
福建安溪县	FJ—Anxi County	R106T2012	相对稳定	A级
福建长乐市	FJ—Changle City	R75T2012	相对稳定	A级
福建长泰县	FJ—Changtai County	R693T2012	相对稳定	D级
福建长汀县	FJ—ChangTing County	R968T2012	相对稳定	E级
福建大田县	FJ—Datian County	R892T2012	相对稳定	E级
福建德化县	FJ—Dehua County	R274T2012	相对稳定	B级
福建东山县	FJ—Dongshan County	R579T2012	相对稳定	C级
福建福安市	FJ—Fu'an City	R289T2012	相对稳定	B级
福建福鼎市	FJ—Fuding City	R384T2012	相对稳定	B级
福建福清市	FJ—Fuqing City	R17T2012	相对稳定	A级
福建古田县	FJ—Gutian County	R726T2012	相对稳定	D级
福建光泽县	FJ—Guangze County	R1346T2012	相对稳定	G级
福建华安县	FJ—Hua'an County	R1112T2012	相对稳定	F级
福建惠安县	FJ—Hui'an County	R36T2012	相对稳定	A级
福建建宁县	FJ—Jianning County	R1363T2012	相对稳定	G级
福建建瓯市	FJ—Jian'ou City	R547T2012	相对稳定	C级
福建建阳市	FJ—Jianyang City	R720T2012	相对稳定	D级
福建将乐县	FJ—Jiangle County	R922T2012	相对稳定	E级
福建晋江市	FJ—Jinjiang City	R5T2012	相对稳定	A级
福建连城县	FJ—Liancheng County	R895T2012	相对稳定	E级
福建连江县	FJ—Lianjiang County	R164T2012	相对稳定	A级
福建龙海市	FJ—Longhai City	R76T2012	相对稳定	A级
福建罗源县	FJ—Luoyuan County	R518T2012	相对稳定	C级
福建闽侯县	FJ—Minhou County	R77T2012	相对稳定	A级
福建闽清县	FJ—Minqing County	R363T2012	相对稳定	B级
福建明溪县	FJ—Mingxi County	R1368T2012	相对稳定	G级
福建南安市	FJ—Nan'an City	R34T2012	相对稳定	A级
福建南靖县	FJ—Nanjing County	R388T2012	相对稳定	B级
福建宁化县	FJ—Ninghua County	R1141T2012	相对稳定	F级
福建平和县	FJ—Pinghe County	R650T2012	相对稳定	D级

第四届中国县域经济基本竞争力评价(福建续)

4th CHINA COUNTY-LEVEL ECONOMY BASIC COMPETITIVENESS EVALUATION(FUJIAN)

县域单位	UNIT	中郡指数	竞争力动态	竞争力等级
福建平潭县	FJ—Pingtan County	R666T2012	相对稳定	D级
福建屏南县	FJ—Pingnan County	R1417T2012	相对稳定	H级
福建浦城县	FJ—Pucheng County	R1006T2012	相对稳定	F级
福建清流县	FJ—Qingliu County	R1375T2012	相对稳定	G级
福建沙县	FJ—Shaxian County	R497T2012	相对稳定	C级
福建上杭县	FJ—Shanghang County	R581T2012	相对稳定	C级
福建邵武市	FJ—Shaowu City	R414T2012	相对稳定	C级
福建石狮市	FJ—Shishi City	R59T2012	相对稳定	A级
福建寿宁县	FJ—Shouning County	R1407T2012	相对稳定	H级
福建顺昌县	FJ—Shunchang County	R844T2012	相对稳定	E级
福建松溪县	FJ—Songxi County	R1564T2012	相对稳定	H级
福建泰宁县	FJ—Taining County	R1023T2012	相对稳定	F级
福建武平县	FJ—Wuping County	R932T2012	相对稳定	E级
福建武夷山市	FJ—Wuyishan City	R792T2012	相对稳定	D级
福建霞浦县	FJ—Xiapu County	R552T2012	相对稳定	C级
福建仙游县	FJ—Xianyou County	R352T2012	相对稳定	B级
福建永安市	FJ—Yong'an City	R190T2012	相对稳定	A级
福建永春县	FJ—Yongchun County	R168T2012	相对稳定	A级
福建永定县	FJ—Yongding County	R511T2012	相对稳定	C级
福建永泰县	FJ—Yongtai County	R785T2012	相对稳定	D级
福建尤溪县	FJ—Youxi County	R534T2012	相对稳定	C级
福建云霄县	FJ—Yunxiao County	R688T2012	相对稳定	D级
福建漳平市	FJ—Zhangping City	R562T2012	相对稳定	C级
福建漳浦县	FJ—Zhangpu County	R223T2012	相对稳定	B级
福建诏安县	FJ—Zhao'an County	R465T2012	相对稳定	C级
福建柘荣县	FJ—Zherong County	R1455T2012	相对稳定	H级
福建政和县	FJ—Zhenghe County	R1569T2012	相对稳定	H级
福建周宁县	FJ—Zhouning County	R1576T2012	相对稳定	H级

第四届中国县域经济基本竞争力评价(甘肃)

4th CHINA COUNTY-LEVEL ECONOMY BASIC COMPETITIVENESS EVALUATION(GANSU)

县域单位	UNIT	中郡指数	竞争力动态	竞争力等级
甘肃阿克塞县	GS—Akesai County	R1215T2012	相对稳定	G级
甘肃安西县	GS—Anxi County	R1400T2012	相对稳定	G级
甘肃成县	GS—Chengxian County	R1494T2012	注意	H级
甘肃崇信县	GS—Chongxin County	R1784T2012	相对稳定	I级
甘肃宕昌县	GS—Dangchang County	R1931T2012	相对稳定	J级
甘肃迭部县	GS—Diebu County	R1889T2012	相对稳定	J级
甘肃东乡族县	GS—Dongxiangzu County	R1905T2012	相对稳定	J级
甘肃敦煌市	GS—Dunhuang City	R1139T2012	注意	F级
甘肃甘谷县	GS—Gangu County	R1266T2012	上升	G级
甘肃皋兰县	GS—Gaolan County	R1620T2012	相对稳定	I级
甘肃高台县	GS—Gaotai County	R1495T2012	相对稳定	H级
甘肃古浪县	GS—Gulang County	R1617T2012	相对稳定	I级
甘肃广河县	GS—Guanghe County	R1796T2012	相对稳定	I级
甘肃合水县	GS—Heshui County	R1860T2012	相对稳定	J级
甘肃合作市	GS—Hezuo City	R1803T2012	相对稳定	J级
甘肃和政县	GS—Hezheng County	R1916T2012	相对稳定	J级
甘肃华池县	GS—Huachi County	R1027T2012	上升	F级
甘肃华亭县	GS—Huating County	R1206T2012	相对稳定	G级
甘肃环县	GS—Huanxian County	R1778T2012	相对稳定	I级
甘肃徽县	GS—Huixian County	R1687T2012	相对稳定	I级
甘肃会宁县	GS—Huining County	R1483T2012	相对稳定	H级
甘肃积石山县	GS—Jishishan County	R1924T2012	相对稳定	J级
甘肃金塔县	GS—Jinta County	R1385T2012	相对稳定	G级
甘肃泾川县	GS—Jingchuan County	R1341T2012	相对稳定	G级
甘肃景泰县	GS—Jingtai County	R1373T2012	相对稳定	G级
甘肃靖远县	GS—Jingyuan County	R1300T2012	相对稳定	G级
甘肃静宁县	GS—Jingning County	R1584T2012	相对稳定	H级
甘肃康乐县	GS—Kangle County	R1903T2012	相对稳定	J级
甘肃康县	GS—Kangxian County	R1929T2012	相对稳定	J级
甘肃礼县	GS—Lixian County	R1858T2012	相对稳定	J级

第四届中国县域经济基本竞争力评价(甘肃续一)

4th CHINA COUNTY-LEVEL ECONOMY BASIC COMPETITIVENESS EVALUATION(GANSU)

县域单位	UNIT	中郡指数	竞争力动态	竞争力等级
甘肃两当县	GS—Liangdang County	R1988T2012	相对稳定	J级
甘肃临潭县	GS—Lintan County	R1951T2012	相对稳定	J级
甘肃临洮县	GS—Lintao County	R1364T2012	相对稳定	G级
甘肃临夏市	GS—Linxia City	R1537T2012	相对稳定	H级
甘肃临夏县	GS—Linxia County	R1861T2012	相对稳定	J级
甘肃临泽县	GS—Linze County	R1450T2012	相对稳定	H级
甘肃灵台县	GS—Lingtai County	R1655T2012	相对稳定	I级
甘肃陇西县	GS—Longxi County	R1445T2012	相对稳定	H级
甘肃碌曲县	GS—Luqu County	R1967T2012	相对稳定	J级
甘肃玛曲县	GS—Maqu County	R1598T2012	相对稳定	H级
甘肃民乐县	GS—Minle County	R1503T2012	相对稳定	H级
甘肃民勤县	GS—Minqin County	R1438T2012	相对稳定	H级
甘肃岷县	GS—Minxian County	R1732T2012	相对稳定	I级
甘肃宁县	GS—Ningxian County	R1637T2012	相对稳定	I级
甘肃秦安县	GS—Qin'an County	R1118T2012	上升	F级
甘肃清水县	GS—Qingshui County	R1665T2012	相对稳定	I级
甘肃庆城县	GS—Qingcheng County	R846T2012	相对稳定	E级
甘肃山丹县	GS—Shandan County	R1355T2012	相对稳定	G级
甘肃肃北县	GS—Subei County	R1397T2012	相对稳定	G级
甘肃肃南县	GS—Sunan County	R1631T2012	相对稳定	I级
甘肃天祝县	GS—Tianzhu County	R1538T2012	相对稳定	H级
甘肃通渭县	GS—Tongwei County	R1777T2012	相对稳定	I级
甘肃渭源县	GS—Weiyuan County	R1828T2012	相对稳定	J级
甘肃文县	GS—Wenxian County	R1853T2012	相对稳定	J级
甘肃武都县	GS—Wudu County	R1683T2012	相对稳定	I级
甘肃武山县	GS—Wushan County	R1330T2012	上升	G级
甘肃西和县	GS—Xihe County	R1852T2012	相对稳定	J级
甘肃夏河县	GS—Xiahe County	R1935T2012	相对稳定	J级
甘肃永昌县	GS—Yongchang County	R1167T2012	相对稳定	F级
甘肃永登县	GS—Yongdeng County	R747T2012	相对稳定	D级

第四届中国县域经济基本竞争力评价(甘肃续二)

4th CHINA COUNTY-LEVEL ECONOMY BASIC COMPETITIVENESS EVALUATION(GANSU)

县域单位	UNIT	中郡指数	竞争力动态	竞争力等级
甘肃永靖县	GS—Yongjing County	R657T2012	上升	D级
甘肃榆中县	GS—Yuzhong County	R1516T2012	注意	H级
甘肃玉门市	GS—Yumen City	R484T2012	相对稳定	C级
甘肃张家川县	GS—Zhangjiachuan County	R1003T2012	上升	F级
甘肃漳县	GS—Zhangxian County	R1909T2012	相对稳定	J级
甘肃镇原县	GS—Zhenyuan County	R1704T2012	相对稳定	I级
甘肃正宁县	GS—Zhengning County	R1830T2012	相对稳定	J级
甘肃舟曲县	GS—Zhouqu County	R1978T2012	相对稳定	J级
甘肃庄浪县	GS—Zhuanglang County	R1699T2012	相对稳定	I级
甘肃卓尼县	GS—Zuoni County	R1984T2012	相对稳定	J级

第四届中国县域经济基本竞争力评价(广东)

4th CHINA COUNTY-LEVEL ECONOMY BASIC COMPETITIVENESS EVALUATION(GUANGDONG)

县域单位	UNIT	中郡指数	竞争力动态	竞争力等级
广东连州市	GD—Lianzhou City	R882T2012	相对稳定	E级
广东廉江市	GD—Lianjiang City	R263T2012	相对稳定	B级
广东龙川县	GD—Longchuan County	R686T2012	相对稳定	D级
广东龙门县	GD—Longmen County	R999T2012	相对稳定	E级
广东陆丰市	GD—Lufeng City	R418T2012	相对稳定	C级
广东陆河县	GD—Luhe County	R1160T2012	相对稳定	F级
广东罗定市	GD—Luoding City	R202T2012	相对稳定	B级
广东梅县	GD—Meixian County	R323T2012	相对稳定	B级
广东南澳县	GD—Nan'ao County	R1595T2012	相对稳定	H级
广东南雄市	GD—Nanxiong City	R873T2012	相对稳定	E级
广东平远县	GD—Pingyuan County	R1391T2012	相对稳定	G级
广东普宁市	GD—Puning City	R47T2012	相对稳定	A级
广东清新县	GD—Qingxin County	R796T2012	相对稳定	D级
广东曲江县	GD—Qujiang County	R535T2012	相对稳定	C级
广东饶平县	GD—Raoping County	R386T2012	相对稳定	B级
广东仁化县	GD—Renhua County	R1093T2012	相对稳定	F级
广东乳源县	GD—Ruyuan County	R1120T2012	相对稳定	F级
广东始兴县	GD—Shixing County	R1291T2012	相对稳定	G级
广东四会市	GD—Sihui City	R197T2012	相对稳定	A级
广东遂溪县	GD—Suixi County	R459T2012	相对稳定	C级
广东台山市	GD—Taishan City	R83T2012	相对稳定	A级
广东翁源县	GD—Wengyuan County	R1208T2012	相对稳定	G级
广东吴川市	GD—Wuchuan City	R668T2012	相对稳定	D级
广东五华县	GD—Wuhua County	R912T2012	相对稳定	E级
广东新丰县	GD—Xinfeng County	R1408T2012	相对稳定	H级
广东新兴县	GD—Xinxing County	R476T2012	相对稳定	C级
广东信宜市	GD—Xinyi City	R174T2012	相对稳定	A级
广东兴宁市	GD—Xingning City	R537T2012	相对稳定	C级
广东徐闻县	GD—Xuwen County	R783T2012	相对稳定	D级
广东阳春市	GD—Yangchun City	R326T2012	相对稳定	B级

第四届中国县域经济基本竞争力评价（广东续一）

4th CHINA COUNTY-LEVEL ECONOMY BASIC COMPETITIVENESS EVALUATION(GUANGDONG)

县域单位	UNIT	中郡指数	竞争力动态	竞争力等级
广东博罗县	GD—Boluo County	R116T2012	相对稳定	A级
广东潮安县	GD—Chao'an County	R143T2012	相对稳定	A级
广东从化市	GD—Conghua City	R110T2012	相对稳定	A级
广东大埔县	GD—Dapu County	R1187T2012	相对稳定	F级
广东德庆县	GD—Deqing County	R762T2012	注意	D级
广东电白县	GD—Dianbai County	R161T2012	相对稳定	A级
广东东源县	GD—Dongyuan County	R1114T2012	相对稳定	F级
广东恩平市	GD—Enping City	R328T2012	相对稳定	B级
广东丰顺县	GD—Fengshun County	R1104T2012	相对稳定	F级
广东封开县	GD—Fengkai County	R699T2012	相对稳定	D级
广东佛冈县	GD—Fogang County	R1031T2012	相对稳定	F级
广东高要市	GD—Gaoyao City	R79T2012	相对稳定	A级
广东高州市	GD—Gaozhou City	R98T2012	相对稳定	A级
广东广宁县	GD—Guangning County	R664T2012	相对稳定	D级
广东海丰县	GD—Haifeng County	R195T2012	相对稳定	A级
广东和平县	GD—Heping County	R1307T2012	相对稳定	G级
广东鹤山市	GD—heshan City	R147T2012	相对稳定	A级
广东化州市	GD—Huazhou City	R144T2012	相对稳定	A级
广东怀集县	GD—Huaiji County	R424T2012	相对稳定	C级
广东惠东县	GD—Huidong County	R130T2012	相对稳定	A级
广东惠来县	GD—Huilai County	R481T2012	相对稳定	C级
广东蕉岭县	GD—Jiaoling County	R982T2012	相对稳定	E级
广东揭东县	GD—Jiedong County	R118T2012	相对稳定	A级
广东揭西县	GD—Jiexi County	R474T2012	相对稳定	C级
广东开平市	GD—Kaiping City	R68T2012	相对稳定	A级
广东乐昌市	GD—Lechang City	R899T2012	相对稳定	E级
广东雷州市	GD—Leizhou City	R401T2012	相对稳定	C级
广东连南县	GD—Liannan County	R1762T2012	相对稳定	I级
广东连平县	GD—Lianping County	R1092T2012	相对稳定	F级
广东连山县	GD—Lianshan County	R1819T2012	相对稳定	J级

第四届中国县域经济基本竞争力评价（广东续二）

4th CHINA COUNTY-LEVEL ECONOMY BASIC COMPETITIVENESS EVALUATION(GUANGDONG)

县域单位	UNIT	中郡指数	竞争力动态	竞争力等级
广东阳东县	GD—Yangdong County	R503T2012	相对稳定	C级
广东阳山县	GD—Yangshan County	R1002T2012	相对稳定	F级
广东阳西县	GD—Yangxi County	R729T2012	相对稳定	D级
广东英德市	GD—Yingde City	R569T2012	相对稳定	C级
广东郁南县	GD—Yunan County	R769T2012	相对稳定	D级
广东云安县	GD—Yun'an County	R1081T2012	相对稳定	F级
广东增城市	GD—Zengcheng City	R19T2012	相对稳定	A级
广东紫金县	GD—Zijin County	R893T2012	相对稳定	E级

第四届中国县域经济基本竞争力评价(广西)

4th CHINA COUNTY-LEVEL ECONOMY BASIC COMPETITIVENESS EVALUATION(GUANGXI)

县域单位	UNIT	中郡指数	竞争力动态	竞争力等级
广西巴马县	GX—Bama County	R1825T2012	相对稳定	J级
广西北流市	GX—Beiliu City	R505T2012	注意	C级
广西宾阳县	GX—Binyang County	R554T2012	注意	C级
广西博白县	GX—Bobai County	R573T2012	相对稳定	C级
广西苍梧县	GX—Cangwu County	R1420T2012	注意	H级
广西岑溪市	GX—Cenxi City	R865T2012	相对稳定	E级
广西大化县	GX—Dahua County	R1258T2012	注意	G级
广西大新县	GX—Daxin County	R1033T2012	相对稳定	F级
广西德保县	GX—Debao County	R1634T2012	相对稳定	I级
广西东兰县	GX—Donglan County	R1675T2012	相对稳定	I级
广西东兴市	GX—Dongxing City	R1094T2012	注意	F级
广西都安县	GX—Du'an County	R1527T2012	注意	H级
广西凤山县	GX—Fengshan County	R1691T2012	上升	I级
广西扶绥县	GX—Fusui County	R698T2012	相对稳定	D级
广西富川县	GX—Fuchuan County	R1440T2012	相对稳定	H级
广西恭城县	GX—Gongcheng County	R1296T2012	注意	G级
广西灌阳县	GX—Guanyang County	R1480T2012	相对稳定	H级
广西桂平市	GX—Guiping City	R455T2012	相对稳定	C级
广西合浦县	GX—Hepu County	R310T2012	相对稳定	B级
广西合山市	GX—Heshan City	R848T2012	上升	E级
广西横县	GX—Hengxian County	R597T2012	注意	C级
广西环江县	GX—Huanjiang County	R1361T2012	上升	G级
广西金秀县	GX—Jinxiu County	R1865T2012	相对稳定	J级
广西靖西县	GX—Jingxi County	R1462T2012	注意	H级
广西乐业县	GX—Leye County	R1557T2012	上升	H级
广西荔浦县	GX—Lipu County	R948T2012	相对稳定	E级
广西临桂县	GX—Lingui County	R652T2012	上升	D级
广西灵川县	GX—Lingchuan County	R813T2012	相对稳定	E级
广西灵山县	GX—Lingshan County	R379T2012	相对稳定	B级
广西凌云县	GX—Lingyun County	R1721T2012	相对稳定	I级

第四届中国县域经济基本竞争力评价（广西续一）

4th CHINA COUNTY-LEVEL ECONOMY BASIC COMPETITIVENESS EVALUATION(GUANGXI)

县域单位	UNIT	中郡指数	竞争力动态	竞争力等级
广西柳城县	GX—Liucheng County	R610T2012	相对稳定	D级
广西柳江县	GX—Liujiang County	R540T2012	相对稳定	C级
广西龙胜县	GX—Longsheng County	R1501T2012	相对稳定	H级
广西龙州县	GX—Longzhou County	R1283T2012	注意	G级
广西隆安县	GX—Long'an County	R1234T2012	注意	G级
广西隆林县	GX—Longlin County	R1076T2012	相对稳定	F级
广西陆川县	GX—Luchuan County	R756T2012	相对稳定	D级
广西鹿寨县	GX—Luzhai County	R800T2012	相对稳定	D级
广西罗城县	GX—Luocheng County	R1656T2012	相对稳定	I级
广西马山县	GX—Mashan County	R1323T2012	相对稳定	G级
广西蒙山县	GX—Mengshan County	R1547T2012	相对稳定	H级
广西那坡县	GX—Napo County	R1817T2012	相对稳定	J级
广西南丹县	GX—Nandan County	R992T2012	相对稳定	E级
广西宁明县	GX—Ningming County	R1418T2012	注意	H级
广西平果县	GX—Pingguo County	R241T2012	上升	B级
广西平乐县	GX—Pingle County	R1034T2012	相对稳定	F级
广西平南县	GX—Pingnan County	R536T2012	上升	C级
广西凭祥市	GX—Pingxiang City	R990T2012	相对稳定	E级
广西浦北县	GX—Pubei County	R765T2012	注意	D级
广西全州县	GX—Quanzhou County	R616T2012	注意	D级
广西容县	GX—Rongxian County	R779T2012	相对稳定	D级
广西融安县	GX—Rong'an County	R1452T2012	注意	H级
广西融水县	GX—Rongshui County	R1627T2012	注意	I级
广西三江县	GX—Sanjiang County	R1897T2012	注意	J级
广西上林县	GX—Shanglin County	R1613T2012	注意	I级
广西上思县	GX—Shangsi County	R1352T2012	相对稳定	G级
广西藤县	GX—Tengxian County	R780T2012	注意	D级
广西天等县	GX—Tiandeng County	R1681T2012	注意	I级
广西天峨县	GX—Tian'e County	R1230T2012	上升	G级
广西田东县	GX—Tiandong County	R1015T2012	相对稳定	F级

第四届中国县域经济基本竞争力评价（广西续二）

4th CHINA COUNTY-LEVEL ECONOMY BASIC COMPETITIVENESS EVALUATION(GUANGXI)

县域单位	UNIT	中郡指数	竞争力动态	竞争力等级
广西田林县	GX—Tianlin County	R1575T2012	相对稳定	H级
广西田阳县	GX—Tianyang County	R889T2012	相对稳定	E级
广西武鸣县	GX—Wuming County	R493T2012	相对稳定	C级
广西武宣县	GX—Wuxuan County	R1280T2012	相对稳定	G级
广西西林县	GX—Xilin County	R1933T2012	相对稳定	J级
广西象州县	GX—Xiangzhou County	R1138T2012	相对稳定	F级
广西忻城县	GX—Xincheng County	R1156T2012	相对稳定	F级
广西兴安县	GX—Xing'an County	R942T2012	注意	E级
广西兴业县	GX—Xingye County	R1005T2012	相对稳定	F级
广西阳朔县	GX—Yangshuo County	R1317T2012	相对稳定	G级
广西宜州市	GX—Yizhou City	R748T2012	注意	D级
广西邕宁县	GX—Yongning County	R258T2012	相对稳定	B级
广西永福县	GX—Yongfu County	R830T2012	上升	E级
广西昭平县	GX—Zhaoping County	R1381T2012	注意	G级
广西钟山县	GX—Zhongshan County	R994T2012	相对稳定	E级
广西资源县	GX—Ziyuan County	R1760T2012	注意	I级

第四届中国县域经济基本竞争力评价（贵州）

4th CHINA COUNTY-LEVEL ECONOMY BASIC COMPETITIVENESS EVALUATION(GUIZHOU)

县域单位	UNIT	中郡指数	竞争力动态	竞争力等级
贵州安龙县	GZ—Anlong County	R1551T2012	注意	H级
贵州毕节市	GZ—Bijie City	R507T2012	注意	C级
贵州册亨县	GZ—Ceheng County	R1917T2012	相对稳定	J级
贵州岑巩县	GZ—Cengong County	R1774T2012	相对稳定	I级
贵州长顺县	GZ—Changshun County	R1609T2012	相对稳定	I级
贵州赤水市	GZ—Chishui City	R1386T2012	注意	G级
贵州从江县	GZ—Congjiang County	R1797T2012	相对稳定	I级
贵州大方县	GZ—Dafang County	R1193T2012	注意	F级
贵州丹寨县	GZ—Danzhai County	R1868T2012	相对稳定	J级
贵州道真县	GZ—Daozhen County	R1682T2012	相对稳定	I级
贵州德江县	GZ—Dejiang County	R1640T2012	注意	I级
贵州都匀市	GZ—Duyun City	R743T2012	相对稳定	D级
贵州独山县	GZ—Dushan County	R1610T2012	相对稳定	I级
贵州凤冈县	GZ—Fenggang County	R1626T2012	相对稳定	I级
贵州福泉市	GZ—Fuquan City	R1004T2012	相对稳定	F级
贵州关岭县	GZ—Guanling County	R1692T2012	相对稳定	I级
贵州贵定县	GZ—Guiding County	R1180T2012	相对稳定	F级
贵州赫章县	GZ—Hezhang County	R1592T2012	相对稳定	H级
贵州黄平县	GZ—Huangping County	R1949T2012	相对稳定	J级
贵州惠水县	GZ—Huishui County	R1509T2012	相对稳定	H级
贵州剑河县	GZ—Jianhe County	R1753T2012	相对稳定	I级
贵州江口县	GZ—Jiangkou County	R1680T2012	相对稳定	I级
贵州金沙县	GZ—Jinsha County	R782T2012	相对稳定	D级
贵州锦屏县	GZ—Jinping County	R1712T2012	相对稳定	I级
贵州开阳县	GZ—Kaiyang County	R808T2012	相对稳定	E级
贵州凯里市	GZ—Kaili City	R619T2012	相对稳定	D级
贵州雷山县	GZ—Leishan County	R1707T2012	上升	I级
贵州黎平县	GZ—Liping County	R1603T2012	相对稳定	I级
贵州荔波县	GZ—Libo County	R1601T2012	相对稳定	I级
贵州六枝特区	GZ—Liuzhi Special Region	R1195T2012	相对稳定	F级

第四届中国县域经济基本竞争力评价（贵州续一）

4th CHINA COUNTY-LEVEL ECONOMY BASIC COMPETITIVENESS EVALUATION(GUIZHOU)

县域单位	UNIT	中郡指数	竞争力动态	竞争力等级
贵州龙里县	GZ—Longli County	R1315T2012	相对稳定	G级
贵州罗甸县	GZ—Luodian County	R1545T2012	相对稳定	H级
贵州麻江县	GZ—Majiang County	R1667T2012	上升	I级
贵州湄潭县	GZ—Meitan County	R1217T2012	相对稳定	G级
贵州纳雍县	GZ—Nayong County	R758T2012	上升	D级
贵州盘县	GZ—Panxian County	R396T2012	相对稳定	B级
贵州平坝县	GZ—Pingba County	R1222T2012	相对稳定	G级
贵州平塘县	GZ—Pingtang County	R1795T2012	相对稳定	I级
贵州普安县	GZ—Pu'an County	R1524T2012	相对稳定	H级
贵州普定县	GZ—Puding County	R1267T2012	相对稳定	G级
贵州黔西县	GZ—Qianxi County	R943T2012	相对稳定	E级
贵州清镇市	GZ—Qingzhen City	R530T2012	相对稳定	C级
贵州晴隆县	GZ—Qinglong County	R1767T2012	相对稳定	I级
贵州仁怀市	GZ—Renhuai City	R441T2012	相对稳定	C级
贵州榕江县	GZ—Rongjiang County	R1855T2012	相对稳定	J级
贵州三都县	GZ—Sandu County	R1793T2012	相对稳定	I级
贵州三穗县	GZ—Sansui County	R1829T2012	相对稳定	J级
贵州施秉县	GZ—Shibing County	R1568T2012	上升	H级
贵州石阡县	GZ—Shiqian County	R1380T2012	上升	G级
贵州水城县	GZ—Shuicheng County	R1149T2012	相对稳定	F级
贵州思南县	GZ—Sinan County	R1556T2012	注意	H级
贵州松桃县	GZ—Songtao County	R1451T2012	相对稳定	H级
贵州绥阳县	GZ—Suiyang County	R1288T2012	相对稳定	G级
贵州台江县	GZ—Taijiang County	R1739T2012	上升	I级
贵州天柱县	GZ—Tianzhu County	R1602T2012	相对稳定	I级
贵州桐梓县	GZ—Tongzi County	R1129T2012	相对稳定	F级
贵州铜仁市	GZ—Tongren City	R937T2012	相对稳定	E级
贵州万山特区	GZ—Wanshan Special Region	R1893T2012	相对稳定	J级
贵州望谟县	GZ—Wangmo County	R1863T2012	相对稳定	J级
贵州威宁县	GZ—Weining County	R1026T2012	相对稳定	F级

第四届中国县域经济基本竞争力评价(贵州续二)

4th CHINA COUNTY-LEVEL ECONOMY BASIC COMPETITIVENESS EVALUATION(GUIZHOU)

县域单位	UNIT	中郡指数	竞争力动态	竞争力等级
贵州瓮安县	GZ—Weng'an County	R1339T2012	相对稳定	G级
贵州务川县	GZ—Wuchuan County	R1731T2012	相对稳定	I级
贵州息烽县	GZ—Xifeng County	R998T2012	相对稳定	E级
贵州习水县	GZ—Xishui County	R1236T2012	相对稳定	G级
贵州兴仁县	GZ—Xingren County	R1443T2012	相对稳定	H级
贵州兴义市	GZ—Xingyi City	R390T2012	相对稳定	B级
贵州修文县	GZ—Xiuwen County	R1143T2012	相对稳定	F级
贵州沿河县	GZ—Yanhe County	R1536T2012	相对稳定	H级
贵州印江县	GZ—Yinjiang County	R1669T2012	相对稳定	I级
贵州余庆县	GZ—Yuqing County	R1272T2012	相对稳定	G级
贵州玉屏县	GZ—Yuping County	R1357T2012	相对稳定	G级
贵州贞丰县	GZ—Zhenfeng County	R1660T2012	相对稳定	I级
贵州镇宁县	GZ—Zhenning County	R1546T2012	相对稳定	H级
贵州镇远县	GZ—Zhenyuan County	R1369T2012	上升	G级
贵州正安县	GZ—Zheng'an County	R1329T2012	相对稳定	G级
贵州织金县	GZ—Zhijin County	R1043T2012	相对稳定	F级
贵州紫云县	GZ—Ziyun County	R1835T2012	相对稳定	J级
贵州遵义县	GZ—Zunyi County	R300T2012	相对稳定	B级

第四届中国县域经济基本竞争力评价(海南)

4th CHINA COUNTY-LEVEL ECONOMY BASIC COMPETITIVENESS EVALUATION(HAINAN)

县域单位	UNIT	中郡指数	竞争力动态	竞争力等级
海南白沙县	HAN—Baisha County	R1444T2012	相对稳定	H级
海南保亭县	HAN—Baoting County	R1761T2012	注意	I级
海南昌江县	HAN—Changjiang County	R876T2012	上升	E级
海南澄迈县	HAN—Chengmai County	R644T2012	相对稳定	D级
海南儋州市	HAN—Danzhou City	R276T2012	相对稳定	B级
海南定安县	HAN—Ding'an County	R1297T2012	相对稳定	G级
海南东方市	HAN—Dongfang City	R723T2012	相对稳定	D级
海南乐东县	HAN—Ledong County	R1001T2012	相对稳定	F级
海南临高县	HAN—Lingao County	R718T2012	相对稳定	D级
海南陵水县	HAN—Lingshui County	R1366T2012	注意	G级
海南琼海市	HAN—Qionghai City	R332T2012	相对稳定	B级
海南琼中县	HAN—Qiongzhong County	R1467T2012	相对稳定	H级
海南屯昌县	HAN—Tunchang County	R1496T2012	注意	H级
海南万宁市	HAN—Wanning City	R504T2012	相对稳定	C级
海南文昌市	HAN—Wenchang City	R466T2012	相对稳定	C级
海南五指山市	HAN—Wuzhishan City	R1694T2012	相对稳定	I级

第四届中国县域经济基本竞争力评价（河北）

4th CHINA COUNTY-LEVEL ECONOMY BASIC COMPETITIVENESS EVALUATION(HEBEI)

县域单位	UNIT	中郡指数	竞争力动态	竞争力等级
河北安国市	HEB—Anguo City	R593T2012	相对稳定	C级
河北安平县	HEB—Anping County	R641T2012	相对稳定	D级
河北安平县	HEB—Anxin County	R919T2012	相对稳定	E级
河北霸州市	HEB—Bazhou City	R181T2012	相对稳定	A级
河北柏乡县	HEB—Boxiang County	R1371T2012	相对稳定	G级
河北泊头市	HEB—Botou City	R510T2012	相对稳定	C级
河北博野县	HEB—Boye County	R1430T2012	相对稳定	H级
河北沧县	HEB—Cangxian County	R225T2012	相对稳定	B级
河北昌黎县	HEB—Changli County	R430T2012	相对稳定	C级
河北成安县	HEB—Cheng'an County	R1029T2012	相对稳定	F级
河北承德县	HEB—Chengde County	R1008T2012	相对稳定	F级
河北赤城县	HEB—Chicheng County	R1522T2012	相对稳定	H级
河北崇礼县	HEB—Chongli County	R1652T2012	相对稳定	I级
河北磁县	HEB—Cixian County	R368T2012	相对稳定	B级
河北大厂县	HEB—Dachang County	R838T2012	相对稳定	E级
河北大城县	HEB—Dacheng County	R715T2012	相对稳定	D级
河北大名县	HEB—Daming County	R760T2012	相对稳定	D级
河北定兴县	HEB—Dingxing County	R566T2012	相对稳定	C级
河北定州市	HEB—Dingzhou City	R187T2012	相对稳定	A级
河北东光县	HEB—Dongguang County	R761T2012	相对稳定	D级
河北肥乡县	HEB—Feixiang County	R1097T2012	相对稳定	F级
河北丰宁县	HEB—Fengning County	R1105T2012	相对稳定	F级
河北抚宁县	HEB—Funing County	R469T2012	相对稳定	C级
河北阜城县	HEB—Fucheng County	R966T2012	相对稳定	E级
河北阜平县	HEB—Fuping County	R1703T2012	注意	I级
河北高碑店市	HEB—Gaobeidian City	R275T2012	相对稳定	B级
河北高阳县	HEB—Gaoyang County	R794T2012	相对稳定	D级
河北高邑县	HEB—Gaoyi County	R869T2012	相对稳定	E级
河北藁城市	HEB—Gaocheng City	R100T2012	相对稳定	A级
河北沽源县	HEB—Guyuan County	R1585T2012	上升	H级

第四届中国县域经济基本竞争力评价（河北续一）

4th CHINA COUNTY-LEVEL ECONOMY BASIC COMPETITIVENESS EVALUATION(HEBEI)

县域单位	UNIT	中郡指数	竞争力动态	竞争力等级
河北固安县	HEB—Gu'an County	R736T2012	相对稳定	D级
河北故城县	HEB—Gucheng County	R701T2012	相对稳定	D级
河北馆陶县	HEB—Guantao County	R1073T2012	相对稳定	F级
河北广平县	HEB—Guangping County	R1166T2012	相对稳定	F级
河北广宗县	HEB—Guangzong County	R1474T2012	相对稳定	H级
河北海兴县	HEB—Haixing County	R1589T2012	相对稳定	H级
河北邯郸县	HEB—Handan County	R338T2012	相对稳定	B级
河北河间市	HEB—Hejian City	R221T2012	相对稳定	B级
河北怀安县	HEB—Huai'an County	R1706T2012	相对稳定	I级
河北怀来县	HEB—Huailai County	R801T2012	相对稳定	E级
河北黄骅市	HEB—Huanghua City	R315T2012	相对稳定	B级
河北鸡泽县	HEB—Jize County	R1177T2012	相对稳定	F级
河北冀州市	HEB—Jizhou City	R499T2012	相对稳定	C级
河北晋州市	HEB—Jinzhou City	R272T2012	相对稳定	B级
河北井陉县	HEB—Jingxing County	R525T2012	相对稳定	C级
河北景县	HEB—Jingxian County	R600T2012	相对稳定	C级
河北巨鹿县	HEB—Julu County	R1086T2012	相对稳定	F级
河北康保县	HEB—Kangbao County	R1544T2012	上升	H级
河北宽城县	HEB—Kuancheng County	R859T2012	上升	E级
河北涞水县	HEB—Laishui County	R1425T2012	相对稳定	H级
河北涞源县	HEB—Laiyuan County	R1016T2012	上升	F级
河北乐亭县	HEB—Leting County	R199T2012	相对稳定	A级
河北蠡县	HEB—Lixian County	R371T2012	相对稳定	B级
河北临城县	HEB—Lincheng County	R1293T2012	相对稳定	G级
河北临西县	HEB—Linxi County	R910T2012	上升	E级
河北临漳县	HEB—Linzhang County	R918T2012	相对稳定	E级
河北灵寿县	HEB—Lingshou County	R971T2012	相对稳定	E级
河北隆化县	HEB—Longhua County	R1336T2012	相对稳定	G级
河北隆尧县	HEB—Longyao County	R500T2012	相对稳定	C级
河北卢龙县	HEB—Lulong County	R835T2012	相对稳定	E级

第四届中国县域经济基本竞争力评价（河北续二）

4th CHINA COUNTY-LEVEL ECONOMY BASIC COMPETITIVENESS EVALUATION(HEBEI)

县域单位	UNIT	中郡指数	竞争力动态	竞争力等级
河北鹿泉市	HEB—Luquan City	R150T2012	相对稳定	A级
河北栾城县	HEB—Luancheng County	R314T2012	相对稳定	B级
河北滦南县	HEB—Luannan County	R157T2012	相对稳定	A级
河北滦平县	HEB—Luanping County	R1257T2012	相对稳定	G级
河北滦县	HEB—Luanxian County	R261T2012	相对稳定	B级
河北满城县	HEB—Mancheng County	R678T2012	相对稳定	D级
河北孟村县	HEB—Mengcun County	R1379T2012	上升	G级
河北内丘县	HEB—Neiqiu County	R812T2012	上升	E级
河北南宫市	HEB—Nangong City	R764T2012	相对稳定	D级
河北南和县	HEB—Nanhe County	R1383T2012	相对稳定	G级
河北南皮县	HEB—Nanpi County	R940T2012	上升	E级
河北宁晋县	HEB—Ningjin County	R399T2012	相对稳定	B级
河北平泉县	HEB—Pingquan County	R1184T2012	相对稳定	F级
河北平山县	HEB—Pingshan County	R419T2012	相对稳定	C级
河北平乡县	HEB—Pingxiang County	R1301T2012	上升	G级
河北迁安市	HEB—Qian'an City	R53T2012	相对稳定	A级
河北迁西县	HEB—Qianxi County	R231T2012	相对稳定	B级
河北青龙县	HEB—Qinglong County	R1007T2012	相对稳定	F级
河北青县	HEB—Qingxian County	R527T2012	相对稳定	C级
河北清河县	HEB—Qinghe County	R362T2012	相对稳定	B级
河北清苑县	HEB—Qingyuan County	R704T2012	相对稳定	D级
河北邱县	HEB—Qiuxian County	R1200T2012	相对稳定	F级
河北曲阳县	HEB—Quyang County	R1066T2012	相对稳定	F级
河北曲周县	HEB—Quzhou County	R981T2012	相对稳定	E级
河北饶阳县	HEB—Raoyang County	R727T2012	上升	D级
河北任丘市	HEB—Renqiu City	R108T2012	相对稳定	A级
河北任县	HEB—Renxian County	R1471T2012	相对稳定	H级
河北容城县	HEB—Rongcheng County	R997T2012	相对稳定	E级
河北三河市	HEB—Sanhe City	R119T2012	相对稳定	A级
河北沙河市	HEB—Shahe City	R335T2012	相对稳定	B级

第四届中国县域经济基本竞争力评价（河北续三）

4th CHINA COUNTY-LEVEL ECONOMY BASIC COMPETITIVENESS EVALUATION(HEBEI)

县域单位	UNIT	中郡指数	竞争力动态	竞争力等级
河北尚义县	HEB—Shangyi County	R1729T2012	相对稳定	I级
河北涉县	HEB—Shexian County	R240T2012	上升	B级
河北深泽县	HEB—Shenze County	R1077T2012	相对稳定	F级
河北深州市	HEB—Shenzhou City	R402T2012	相对稳定	C级
河北顺平县	HEB—Shunping County	R1525T2012	相对稳定	H级
河北肃宁县	HEB—Suning County	R841T2012	上升	E级
河北唐海县	HEB—Tanghai County	R886T2012	相对稳定	E级
河北唐县	HEB—Tangxian County	R1239T2012	相对稳定	G级
河北万全县	HEB—Wanquan County	R1653T2012	相对稳定	I级
河北望都县	HEB—Wangdu County	R1263T2012	相对稳定	G级
河北威县	HEB—Weixian County	R1216T2012	相对稳定	G级
河北围场县	HEB—Weichang County	R1256T2012	相对稳定	G级
河北蔚县	HEB—Yuxian County	R1096T2012	相对稳定	F级
河北魏县	HEB—Weixian County	R694T2012	相对稳定	D级
河北文安县	HEB—Wen'an County	R340T2012	相对稳定	B级
河北无极县	HEB—Wuji County	R513T2012	相对稳定	C级
河北吴桥县	HEB—Wuqiao County	R977T2012	相对稳定	E级
河北武安市	HEB—Wu'an City	R113T2012	相对稳定	A级
河北武强县	HEB—Wuqiang County	R1165T2012	相对稳定	F级
河北武邑县	HEB—Wuyi County	R933T2012	相对稳定	E级
河北献县	HEB—Xianxian County	R692T2012	相对稳定	D级
河北香河县	HEB—Xianghe County	R293T2012	相对稳定	B级
河北辛集市	HEB—Xinji City	R172T2012	相对稳定	A级
河北新河县	HEB—Xinhe County	R1676T2012	相对稳定	I级
河北新乐市	HEB—Xinle City	R287T2012	相对稳定	B级
河北兴隆县	HEB—Xinglong County	R973T2012	相对稳定	E级
河北行唐县	HEB—Xingtang County	R712T2012	相对稳定	D级
河北邢台县	HEB—Xingtai County	R502T2012	上升	C级
河北雄县	HEB—Xiongxian County	R890T2012	相对稳定	E级
河北徐水县	HEB—Xushui County	R425T2012	相对稳定	C级

第四届中国县域经济基本竞争力评价（河北续四）

4th CHINA COUNTY-LEVEL ECONOMY BASIC COMPETITIVENESS EVALUATION(HEBEI)

县域单位	UNIT	中郡指数	竞争力动态	竞争力等级
河北宣化县	HEB—Xuanhua County	R1095T2012	相对稳定	F级
河北盐山县	HEB—Yanshan County	R1025T2012	相对稳定	F级
河北阳原县	HEB—Yangyuan County	R1487T2012	相对稳定	H级
河北易县	HEB—Yixian County	R965T2012	相对稳定	E级
河北永年县	HEB—Yongnian County	R316T2012	相对稳定	B级
河北永清县	HEB—Yongqing County	R849T2012	相对稳定	E级
河北玉田县	HEB—Yutian County	R175T2012	相对稳定	A级
河北元氏县	HEB—Yuanshi County	R509T2012	相对稳定	C级
河北赞皇县	HEB—Zanhuang County	R1194T2012	相对稳定	F级
河北枣强县	HEB—Zaoqiang County	R512T2012	相对稳定	C级
河北张北县	HEB—Zhangbei County	R1188T2012	上升	F级
河北赵县	HEB—Zhaoxian County	R451T2012	相对稳定	C级
河北正定县	HEB—Zhengding County	R262T2012	相对稳定	B级
河北涿鹿县	HEB—Zhuolu County	R1390T2012	相对稳定	G级
河北涿州市	HEB—Zhuozhou City	R216T2012	相对稳定	B级
河北遵化市	HEB—Zunhua City	R61T2012	相对稳定	A级

第四届中国县域经济基本竞争力评价(河南)

4th CHINA COUNTY-LEVEL ECONOMY BASIC COMPETITIVENESS EVALUATION(HENAN)

县域单位	UNIT	中郡指数	竞争力动态	竞争力等级
河南安阳县	HEN—Anyang County	R334T2012	相对稳定	B级
河南宝丰县	HEN—Baofeng County	R567T2012	相对稳定	C级
河南博爱县	HEN—Bo'ai County	R445T2012	相对稳定	C级
河南长葛市	HEN—Changge City	R167T2012	相对稳定	A级
河南长垣县	HEN—Changyuan County	R612T2012	相对稳定	D级
河南郸城县	HEN—Dancheng County	R734T2012	注意	D级
河南登封市	HEN—Dengfeng City	R192T2012	相对稳定	A级
河南邓州市	HEN—Dengzhou City	R170T2012	相对稳定	A级
河南范县	HEN—Fanxian County	R1153T2012	相对稳定	F级
河南方城县	HEN—Fangcheng County	R501T2012	相对稳定	C级
河南封丘县	HEN—Fengqiu County	R1090T2012	相对稳定	F级
河南扶沟县	HEN—Fugou County	R1087T2012	注意	F级
河南巩义市	HEN—Gongyi City	R49T2012	相对稳定	A级
河南固始县	HEN—Gushi County	R345T2012	相对稳定	B级
河南光山县	HEN—Guangshan County	R832T2012	相对稳定	E级
河南滑县	HEN—Huaxian County	R558T2012	相对稳定	C级
河南淮滨县	HEN—Huaibin County	R1189T2012	注意	F级
河南淮阳县	HEN—Huaiyang County	R553T2012	相对稳定	C级
河南潢川县	HEN—Huangchuan County	R564T2012	相对稳定	C级
河南辉县市	HEN—Huixian City	R286T2012	相对稳定	B级
河南获嘉县	HEN—Huojia County	R986T2012	相对稳定	E级
河南济源市	HEN—Jiyuan City	R114T2012	相对稳定	A级
河南郏县	HEN—Jiaxian County	R845T2012	相对稳定	E级
河南浚县	HEN—Xunxian County	R707T2012	相对稳定	D级
河南开封县	HEN—Kaifeng County	R722T2012	相对稳定	D级
河南兰考县	HEN—Lankao County	R751T2012	相对稳定	D级
河南林州市	HEN—Linzhou City	R264T2012	相对稳定	B级
河南临颍县	HEN—Linying County	R393T2012	相对稳定	B级
河南灵宝市	HEN—Lingbao City	R183T2012	相对稳定	A级
河南卢氏县	HEN—Lushi County	R1332T2012	相对稳定	G级

第四届中国县域经济基本竞争力评价（河南续一）

4th CHINA COUNTY-LEVEL ECONOMY BASIC COMPETITIVENESS EVALUATION(HENAN)

县域单位	UNIT	中郡指数	竞争力动态	竞争力等级
河南鲁山县	HEN—Lushan County	R1047T2012	相对稳定	F级
河南鹿邑县	HEN—Luyi County	R506T2012	相对稳定	C级
河南栾川县	HEN—Luanchuan County	R961T2012	相对稳定	E级
河南罗山县	HEN—Luoshan County	R916T2012	相对稳定	E级
河南洛宁县	HEN—Luoning County	R1056T2012	相对稳定	F级
河南孟津县	HEN—Mengjin County	R824T2012	相对稳定	E级
河南孟州市	HEN—Mengzhou City	R477T2012	相对稳定	C级
河南泌阳县	HEN—Biyang County	R711T2012	相对稳定	D级
河南民权县	HEN—Minquan County	R953T2012	注意	E级
河南内黄县	HEN—Neihuang County	R775T2012	相对稳定	D级
河南内乡县	HEN—Neixiang County	R541T2012	相对稳定	C级
河南南乐县	HEN—Nanle County	R1135T2012	相对稳定	F级
河南南召县	HEN—Nanzhao County	R639T2012	相对稳定	D级
河南宁陵县	HEN—Ningling County	R1736T2012	注意	I级
河南平舆县	HEN—Pingyu County	R879T2012	相对稳定	E级
河南濮阳县	HEN—Puyang County	R571T2012	相对稳定	C级
河南淇县	HEN—Qixian County	R714T2012	相对稳定	D级
河南杞县	HEN—Qixian County	R555T2012	相对稳定	C级
河南沁阳市	HEN—Qinyang City	R230T2012	相对稳定	B级
河南清丰县	HEN—Qingfeng County	R829T2012	相对稳定	E级
河南确山县	HEN—Queshan County	R987T2012	相对稳定	E级
河南汝南县	HEN—Runan County	R888T2012	注意	E级
河南汝阳县	HEN—Ruyang County	R1082T2012	相对稳定	F级
河南汝州市	HEN—Ruzhou City	R242T2012	相对稳定	B级
河南陕县	HEN—Shanxian County	R680T2012	相对稳定	D级
河南商城县	HEN—Shangcheng County	R969T2012	相对稳定	E级
河南商水县	HEN—Shangshui County	R847T2012	注意	E级
河南上蔡县	HEN—Shangcai County	R640T2012	相对稳定	D级
河南社旗县	HEN—Sheqi County	R1009T2012	相对稳定	F级
河南沈丘县	HEN—Shenqiu County	R855T2012	注意	E级

第四届中国县域经济基本竞争力评价(河南续二)

4th CHINA COUNTY-LEVEL ECONOMY BASIC COMPETITIVENESS EVALUATION(HENAN)

县域单位	UNIT	中郡指数	竞争力动态	竞争力等级
河南渑池县	HEN—Mianchi County	R478T2012	相对稳定	C级
河南嵩县	HEN—Songxian County	R921T2012	相对稳定	E级
河南睢县	HEN—Suixian County	R887T2012	注意	E级
河南遂平县	HEN—Suiping County	R821T2012	相对稳定	E级
河南台前县	HEN—Taiqian County	R1421T2012	相对稳定	H级
河南太康县	HEN—Taikang County	R623T2012	注意	D级
河南汤阴县	HEN—Tangyin County	R900T2012	相对稳定	E级
河南唐河县	HEN—Tanghe County	R260T2012	相对稳定	B级
河南通许县	HEN—Tongxu County	R902T2012	相对稳定	E级
河南桐柏县	HEN—Tongbo County	R778T2012	相对稳定	D级
河南卫辉市	HEN—Weihui City	R944T2012	相对稳定	E级
河南尉氏县	HEN—Weishi County	R449T2012	相对稳定	C级
河南温县	HEN—Wenxian County	R578T2012	相对稳定	C级
河南武陟县	HEN—Wuzhi County	R522T2012	相对稳定	C级
河南舞钢市	HEN—Wugang City	R576T2012	上升	C级
河南舞阳县	HEN—Wuyang County	R931T2012	相对稳定	E级
河南西华县	HEN—Xihua County	R677T2012	注意	D级
河南西平县	HEN—Xiping County	R521T2012	相对稳定	C级
河南西峡县	HEN—Xixia County	R614T2012	相对稳定	D级
河南息县	HEN—Xixian County	R871T2012	相对稳定	E级
河南淅川县	HEN—Xichuan County	R565T2012	相对稳定	C级
河南夏邑县	HEN—Xiayi County	R924T2012	注意	E级
河南襄城县	HEN—Xiangcheng County	R574T2012	相对稳定	C级
河南项城市	HEN—Xiangcheng City	R270T2012	相对稳定	B级
河南新安县	HEN—Xin'an County	R207T2012	相对稳定	B级
河南新蔡县	HEN—Xincai County	R793T2012	相对稳定	D级
河南新密市	HEN—Xinmi City	R131T2012	相对稳定	A级
河南新县	HEN—Xinxian County	R1155T2012	相对稳定	F级
河南新乡县	HEN—Xinxiang County	R394T2012	相对稳定	B级
河南新野县	HEN—Xinye County	R364T2012	相对稳定	B级

第四届中国县域经济基本竞争力评价（河南续三）

4th CHINA COUNTY-LEVEL ECONOMY BASIC COMPETITIVENESS EVALUATION(HENAN)

县域单位	UNIT	中郡指数	竞争力动态	竞争力等级
河南新郑市	HEN—Xinzheng City	R126T2012	相对稳定	A级
河南修武县	HEN—Xiuwu County	R622T2012	上升	D级
河南许昌县	HEN—Xuchang County	R266T2012	相对稳定	B级
河南鄢陵县	HEN—Yanling County	R490T2012	相对稳定	C级
河南延津县	HEN—Yanjin County	R991T2012	相对稳定	E级
河南偃师市	HEN—Yanshi City	R92T2012	相对稳定	A级
河南郾城县	HEN—Yancheng County	R245T2012	相对稳定	B级
河南叶县	HEN—Yexian County	R632T2012	相对稳定	D级
河南伊川县	HEN—Yichuan County	R220T2012	相对稳定	B级
河南宜阳县	HEN—Yiyang County	R815T2012	上升	E级
河南义马市	HEN—Yima City	R706T2012	上升	D级
河南荥阳市	HEN—Xingyang City	R141T2012	相对稳定	A级
河南永城市	HEN—Yongcheng City	R200T2012	相对稳定	A级
河南虞城县	HEN—Yucheng County	R682T2012	相对稳定	D级
河南禹州市	HEN—Yuzhou City	R133T2012	相对稳定	A级
河南原阳县	HEN—Yuanyang County	R1032T2012	相对稳定	F级
河南柘城县	HEN—Zhecheng County	R1164T2012	注意	F级
河南镇平县	HEN—Zhenping County	R217T2012	相对稳定	B级
河南正阳县	HEN—Zhengyang County	R1049T2012	注意	F级
河南中牟县	HEN—Zhongmou County	R313T2012	相对稳定	B级

第四届中国县域经济基本竞争力评价(黑龙江)

4th CHINA COUNTY-LEVEL ECONOMY BASIC COMPETITIVENESS EVALUATION(HEILONGJIANG)

县域单位	UNIT	中郡指数	竞争力动态	竞争力等级
黑龙江阿城市	HL—Acheng City	R122T2012	相对稳定	A级
黑龙江安达市	HL—Anda City	R357T2012	相对稳定	B级
黑龙江巴彦县	HL—Bayan County	R516T2012	相对稳定	C级
黑龙江拜泉县	HL—Baiquan County	R1209T2012	注意	G级
黑龙江宝清县	HL—Baoqing County	R1017T2012	相对稳定	F级
黑龙江北安市	HL—Bei'an City	R1013T2012	相对稳定	F级
黑龙江宾县	HL—Binxian County	R382T2012	相对稳定	B级
黑龙江勃利县	HL—Boli County	R1060T2012	相对稳定	F级
黑龙江东宁县	HL—Dongning County	R923T2012	相对稳定	E级
黑龙江杜尔伯特县	HL—Du'erbote County	R1064T2012	相对稳定	F级
黑龙江方正县	HL—Fangzheng County	R1289T2012	相对稳定	G级
黑龙江抚远县	HL—Fuyuan County	R1596T2012	相对稳定	H级
黑龙江富锦市	HL—Fujin City	R624T2012	相对稳定	D级
黑龙江富裕县	HL—Fuyu County	R1335T2012	相对稳定	G级
黑龙江甘南县	HL—Gannan County	R1882T2012	注意	J级
黑龙江海林市	HL—Hailin City	R628T2012	相对稳定	D级
黑龙江海伦市	HL—Hailun City	R768T2012	注意	D级
黑龙江呼兰县	HL—Hulan County	R138T2012	相对稳定	A级
黑龙江呼玛县	HL—Huma County	R1586T2012	相对稳定	H级
黑龙江虎林市	HL—Hulin City	R546T2012	相对稳定	C级
黑龙江桦川县	HL—Huachuan County	R1841T2012	相对稳定	J级
黑龙江桦南县	HL—Huanan County	R1127T2012	相对稳定	F级
黑龙江鸡东县	HL—Jidong County	R603T2012	相对稳定	D级
黑龙江集贤县	HL—Jixian County	R1227T2012	相对稳定	G级
黑龙江嘉荫县	HL—Jiayin County	R1520T2012	相对稳定	H级
黑龙江克东县	HL—Kedong County	R1713T2012	注意	I级
黑龙江克山县	HL—Keshan County	R1103T2012	相对稳定	F级
黑龙江兰西县	HL—Lanxi County	R1572T2012	相对稳定	H级
黑龙江林甸县	HL—Lindian County	R1313T2012	相对稳定	G级
黑龙江林口县	HL—Linkou County	R823T2012	相对稳定	E级

第四届中国县域经济基本竞争力评价(黑龙江续一)

4th CHINA COUNTY-LEVEL ECONOMY BASIC COMPETITIVENESS EVALUATION(HEILONGJIANG)

县域单位	UNIT	中郡指数	竞争力动态	竞争力等级
黑龙江龙江县	HL—Longjiang County	R1242T2012	注意	G级
黑龙江萝北县	HL—Luobei County	R771T2012	相对稳定	D级
黑龙江密山市	HL—Mishan City	R592T2012	相对稳定	C级
黑龙江明水县	HL—Mingshui County	R1944T2012	注意	J级
黑龙江漠河县	HL—Mohe County	R1212T2012	相对稳定	G级
黑龙江木兰县	HL—Mulan County	R1312T2012	相对稳定	G级
黑龙江穆棱市	HL—Muling City	R615T2012	相对稳定	D级
黑龙江讷河市	HL—Nehe City	R1000T2012	注意	E级
黑龙江嫩江县	HL—Nenjiang County	R716T2012	相对稳定	D级
黑龙江宁安市	HL—Ning'an City	R665T2012	相对稳定	D级
黑龙江青冈县	HL—Qinggang County	R1851T2012	注意	J级
黑龙江庆安县	HL—Qing'an County	R913T2012	相对稳定	E级
黑龙江饶河县	HL—Raohe County	R1842T2012	相对稳定	J级
黑龙江尚志市	HL—Shangzhi City	R208T2012	相对稳定	B级
黑龙江双城市	HL—Shuangcheng City	R120T2012	相对稳定	A级
黑龙江绥滨县	HL—Suibin County	R1181T2012	相对稳定	F级
黑龙江绥芬河市	HL—Suifenhe City	R626T2012	相对稳定	D级
黑龙江绥棱县	HL—Suiling County	R1376T2012	注意	G级
黑龙江孙吴县	HL—Sunwu County	R2011T2012	注意	J级
黑龙江塔河县	HL—Tahe County	R1422T2012	相对稳定	H级
黑龙江泰来县	HL—Tailai County	R1463T2012	相对稳定	H级
黑龙江汤原县	HL—Tangyuan County	R1353T2012	相对稳定	G级
黑龙江铁力市	HL—Tieli City	R949T2012	相对稳定	E级
黑龙江通河县	HL—Tonghe County	R1389T2012	相对稳定	G级
黑龙江同江市	HL—Tongjiang City	R1287T2012	相对稳定	G级
黑龙江望奎县	HL—Wangkui County	R1439T2012	相对稳定	H级
黑龙江五常市	HL—Wuchang City	R214T2012	相对稳定	B级
黑龙江五大连池市	HL—Wudalianchi City	R1402T2012	相对稳定	H级
黑龙江逊克县	HL—Xunke County	R1671T2012	相对稳定	I级
黑龙江延寿县	HL—Yanshou County	R1486T2012	相对稳定	H级

第四届中国县域经济基本竞争力评价（黑龙江续二）

4th CHINA COUNTY-LEVEL ECONOMY BASIC COMPETITIVENESS EVALUATION(HEILONGJIANG)

县域单位	UNIT	中郡指数	竞争力动态	竞争力等级
黑龙江依安县	HL—Yi'an County	R1766T2012	注意	I级
黑龙江依兰县	HL—Yilan County	R868T2012	相对稳定	E级
黑龙江友谊县	HL—Youyi County	R1497T2012	相对稳定	H级
黑龙江肇东市	HL—Zhaodong City	R148T2012	相对稳定	A级
黑龙江肇源县	HL—Zhaoyuan County	R963T2012	相对稳定	E级
黑龙江肇州县	HL—Zhaozhou County	R905T2012	相对稳定	E级

第四届中国县域经济基本竞争力评价（湖北）

4th CHINA COUNTY-LEVEL ECONOMY BASIC COMPETITIVENESS EVALUATION(HUBEI)

县域单位	UNIT	中郡指数	竞争力动态	竞争力等级
湖北安陆市	HB—Anlu City	R631T2012	相对稳定	D级
湖北巴东县	HB—Badong County	R1117T2012	相对稳定	F级
湖北保康县	HB—Baokang County	R1310T2012	注意	G级
湖北长阳县	HB—Changyang County	R788T2012	相对稳定	D级
湖北赤壁市	HB—Chibi City	R295T2012	相对稳定	B级
湖北崇阳县	HB—Chongyang County	R1148T2012	相对稳定	F级
湖北大悟县	HB—Dawu County	R697T2012	相对稳定	D级
湖北大冶市	HB—Daye City	R171T2012	相对稳定	A级
湖北丹江口市	HB—Danjiangkou City	R627T2012	注意	D级
湖北当阳市	HB—Dangyang City	R219T2012	相对稳定	B级
湖北恩施市	HB—Enshi City	R637T2012	相对稳定	D级
湖北房县	HB—Fangxian County	R1482T2012	相对稳定	H级
湖北公安县	HB—Gong'an County	R309T2012	相对稳定	B级
湖北谷城县	HB—Gucheng County	R822T2012	相对稳定	E级
湖北广水市	HB—Guangshui City	R453T2012	相对稳定	C级
湖北汉川市	HB—Hanchuan City	R153T2012	相对稳定	A级
湖北鹤峰县	HB—Hefeng County	R1489T2012	相对稳定	H级
湖北红安县	HB—Hong'an County	R561T2012	注意	C级
湖北洪湖市	HB—Honghu City	R439T2012	注意	C级
湖北黄梅县	HB—Huangmei County	R405T2012	相对稳定	C级
湖北嘉鱼县	HB—Jiayu County	R766T2012	相对稳定	D级
湖北监利县	HB—Jianli County	R400T2012	相对稳定	B级
湖北建始县	HB—Jianshi County	R1377T2012	注意	G级
湖北江陵县	HB—jiangling County	R1382T2012	相对稳定	G级
湖北京山县	HB—Jingshan County	R356T2012	相对稳定	B级
湖北来凤县	HB—Laifeng County	R1405T2012	相对稳定	H级
湖北老河口市	HB—Laohekou City	R302T2012	相对稳定	B级
湖北利川市	HB—Lichuan City	R862T2012	相对稳定	E级
湖北罗田县	HB—Luotian County	R739T2012	相对稳定	D级
湖北麻城市	HB—Macheng City	R224T2012	相对稳定	B级

第四届中国县域经济基本竞争力评价(湖北续一)

4th CHINA COUNTY-LEVEL ECONOMY BASIC COMPETITIVENESS EVALUATION(HUBEI)

县域单位	UNIT	中郡指数	竞争力动态	竞争力等级
湖北南漳县	HB—Nanzhang County	R1088T2012	相对稳定	F级
湖北蕲春县	HB—Qichun County	R385T2012	相对稳定	B级
湖北潜江市	HB—Qianjiang City	R128T2012	相对稳定	A级
湖北沙洋县	HB—Shayang County	R550T2012	相对稳定	C级
湖北神农架林区	HB—Shennongjia Forest Regi	R1810T2012	相对稳定	J级
湖北石首市	HB—Shishou City	R366T2012	相对稳定	B级
湖北松滋市	HB—Songzi City	R331T2012	相对稳定	B级
湖北天门市	HB—Tianmen City	R135T2012	相对稳定	A级
湖北通城县	HB—Tongcheng County	R1228T2012	相对稳定	G级
湖北通山县	HB—Tongshan County	R1504T2012	注意	H级
湖北团风县	HB—Tuanfeng County	R1506T2012	相对稳定	H级
湖北五峰县	HB—Wufeng County	R1493T2012	相对稳定	H级
湖北武穴市	HB—Wuxue City	R307T2012	相对稳定	B级
湖北浠水县	HB—Xishui County	R432T2012	相对稳定	C级
湖北仙桃市	HB—Xiantao City	R97T2012	相对稳定	A级
湖北咸丰县	HB—Xianfeng County	R1268T2012	相对稳定	G级
湖北孝昌县	HB—Xiaochang County	R891T2012	相对稳定	E级
湖北兴山县	HB—Xingshan County	R1151T2012	相对稳定	F级
湖北宣恩县	HB—Xuan'en County	R1399T2012	相对稳定	G级
湖北阳新县	HB—Yangxin County	R416T2012	相对稳定	C级
湖北宜城市	HB—Yicheng City	R588T2012	相对稳定	C级
湖北宜都市	HB—Yidu City	R443T2012	相对稳定	C级
湖北应城市	HB—Yingcheng City	R198T2012	相对稳定	A级
湖北英山县	HB—Yingshan County	R1130T2012	相对稳定	F级
湖北远安县	HB—Yuan'an County	R1270T2012	注意	G级
湖北云梦县	HB—Yunmeng County	R457T2012	相对稳定	C级
湖北郧西县	HB—Yunxi County	R1403T2012	相对稳定	H级
湖北郧县	HB—Yunxian County	R1224T2012	相对稳定	G级
湖北枣阳市	HB—Zaoyang City	R205T2012	相对稳定	B级
湖北枝江市	HB—Zhijiang City	R387T2012	相对稳定	B级

第四届中国县域经济基本竞争力评价（湖北续二）

4th CHINA COUNTY-LEVEL ECONOMY BASIC COMPETITIVENESS EVALUATION(HUBEI)

县域单位	UNIT	中郡指数	竞争力动态	竞争力等级
湖北钟祥市	HB—Zhongxiang City	R196T2012	相对稳定	A级
湖北竹山县	HB—Zhushan County	R1532T2012	相对稳定	H级
湖北竹溪县	HB—Zhuxi County	R1507T2012	相对稳定	H级
湖北秭归县	HB—Zigui County	R1045T2012	相对稳定	F级

第四届中国县域经济基本竞争力评价（湖南）

4th CHINA COUNTY-LEVEL ECONOMY BASIC COMPETITIVENESS EVALUATION(HUNAN)

县域单位	UNIT	中郡指数	竞争力动态	竞争力等级
湖南安化县	HN—Anhua County	R867T2012	相对稳定	E级
湖南安仁县	HN—Anren County	R930T2012	相对稳定	E级
湖南安乡县	HN—Anxiang County	R625T2012	相对稳定	D级
湖南保靖县	HN—Baojing County	R1612T2012	相对稳定	I级
湖南茶陵县	HN—Chaling County	R858T2012	相对稳定	E级
湖南长沙县	HN—Changsha County	R65T2012	相对稳定	A级
湖南常宁市	HN—Changning City	R436T2012	相对稳定	C级
湖南辰溪县	HN—Chenxi County	R1294T2012	相对稳定	G级
湖南城步县	HN—Chengbu County	R1469T2012	相对稳定	H级
湖南慈利县	HN—Cili County	R939T2012	相对稳定	E级
湖南道县	HN—Daoxian County	R777T2012	相对稳定	D级
湖南东安县	HN—Dong'an County	R755T2012	相对稳定	D级
湖南洞口县	HN—Dongkou County	R653T2012	相对稳定	D级
湖南凤凰县	HN—Fenghuang County	R1541T2012	上升	H级
湖南古丈县	HN—Guzhang County	R1914T2012	相对稳定	J级
湖南桂东县	HN—Guidong County	R1727T2012	相对稳定	I级
湖南桂阳县	HN—Guiyang County	R336T2012	相对稳定	B级
湖南汉寿县	HN—Hanshou County	R663T2012	相对稳定	D级
湖南衡东县	HN—Hengdong County	R607T2012	相对稳定	D级
湖南衡南县	HN—Hengnan County	R317T2012	相对稳定	B级
湖南衡山县	HN—Hengshan County	R954T2012	相对稳定	E级
湖南衡阳县	HN—Hengyang County	R367T2012	相对稳定	B级
湖南洪江市	HN—Hongjiang City	R1162T2012	相对稳定	F级
湖南花垣县	HN—Huayuan County	R1513T2012	上升	H级
湖南华容县	HN—Huarong County	R378T2012	相对稳定	B级
湖南会同县	HN—Huitong County	R1318T2012	相对稳定	G级
湖南吉首市	HN—Jishou City	R957T2012	相对稳定	E级
湖南嘉禾县	HN—Jiahe County	R816T2012	相对稳定	E级
湖南江华县	HN—Jianghua County	R1419T2012	相对稳定	H级
湖南江永县	HN—Jiangyong County	R1244T2012	相对稳定	G级

第四届中国县域经济基本竞争力评价(湖南续一)

4th CHINA COUNTY-LEVEL ECONOMY BASIC COMPETITIVENESS EVALUATION(HUNAN)

县域单位	UNIT	中郡指数	竞争力动态	竞争力等级
湖南津市市	HN—Jinshi City	R975T2012	相对稳定	E级
湖南靖州县	HN—Jingzhou County	R1286T2012	相对稳定	G级
湖南蓝山县	HN—Lanshan County	R1265T2012	相对稳定	G级
湖南耒阳市	HN—Leiyang City	R301T2012	相对稳定	B级
湖南冷水江市	HN—Lengshuijiang City	R448T2012	相对稳定	C级
湖南澧县	HN—Lixian County	R304T2012	相对稳定	B级
湖南醴陵市	HN—Liling City	R215T2012	相对稳定	B级
湖南涟源市	HN—Lianyuan City	R594T2012	相对稳定	C级
湖南临澧县	HN—Linli County	R659T2012	相对稳定	D级
湖南临武县	HN—Linwu County	R684T2012	相对稳定	D级
湖南临湘市	HN—Linxiang City	R589T2012	相对稳定	C级
湖南浏阳市	HN—Liuyang City	R117T2012	相对稳定	A级
湖南龙山县	HN—Longshan County	R1395T2012	相对稳定	G级
湖南隆回县	HN—Longhui County	R731T2012	相对稳定	D级
湖南泸溪县	HN—Luxi County	R1659T2012	相对稳定	I级
湖南麻阳县	HN—Mayang County	R1578T2012	相对稳定	H级
湖南汨罗市	HN—Miluo City	R318T2012	相对稳定	B级
湖南南县	HN—Nanxian County	R826T2012	相对稳定	E级
湖南宁乡县	HN—Ningxiang County	R177T2012	相对稳定	A级
湖南宁远县	HN—Ningyuan County	R1179T2012	注意	F级
湖南平江县	HN—Pingjiang County	R528T2012	相对稳定	C级
湖南祁东县	HN—Qidong County	R442T2012	相对稳定	C级
湖南祁阳县	HN—Qiyang County	R447T2012	相对稳定	C级
湖南汝城县	HN—Rucheng County	R947T2012	上升	E级
湖南桑植县	HN—Sangzhi County	R1560T2012	相对稳定	H级
湖南韶山市	HN—Shaoshan City	R1414T2012	相对稳定	H级
湖南邵东县	HN—Shaodong County	R228T2012	相对稳定	B级
湖南邵阳县	HN—Shaoyang County	R925T2012	相对稳定	E级
湖南石门县	HN—Shimen County	R508T2012	相对稳定	C级
湖南双峰县	HN—Shuangfeng County	R590T2012	相对稳定	C级

第四届中国县域经济基本竞争力评价（湖南续二）

4th CHINA COUNTY-LEVEL ECONOMY BASIC COMPETITIVENESS EVALUATION(HUNAN)

县域单位	UNIT	中郡指数	竞争力动态	竞争力等级
湖南双牌县	HN—Shuangpai County	R1481T2012	相对稳定	H级
湖南绥宁县	HN—Suining County	R1050T2012	相对稳定	F级
湖南桃江县	HN—Taojiang County	R857T2012	相对稳定	E级
湖南桃源县	HN—Taoyuan County	R308T2012	相对稳定	B级
湖南通道县	HN—Tongdao County	R1776T2012	相对稳定	I级
湖南望城县	HN—Wangcheng County	R203T2012	相对稳定	B级
湖南武冈市	HN—Wugang City	R840T2012	相对稳定	E级
湖南湘潭县	HN—Xiangtan County	R375T2012	相对稳定	B级
湖南湘乡市	HN—Xiangxiang City	R389T2012	相对稳定	B级
湖南湘阴县	HN—Xiangyin County	R427T2012	相对稳定	C级
湖南新化县	HN—Xinhua County	R685T2012	相对稳定	D级
湖南新晃县	HN—Xinhuang County	R1657T2012	相对稳定	I级
湖南新宁县	HN—Xinning County	R1169T2012	相对稳定	F级
湖南新邵县	HN—Xinshao County	R928T2012	相对稳定	E级
湖南新田县	HN—Xintian County	R1565T2012	相对稳定	H级
湖南溆浦县	HN—Xupu County	R927T2012	相对稳定	E级
湖南炎陵县	HN—Yanling County	R1434T2012	相对稳定	H级
湖南宜章县	HN—Yizhang County	R539T2012	相对稳定	C级
湖南永顺县	HN—Yongshun County	R1531T2012	相对稳定	H级
湖南永兴县	HN—Yongxing County	R471T2012	相对稳定	C级
湖南攸县	HN—Youxian County	R369T2012	相对稳定	B级
湖南沅江市	HN—Yuanjiang City	R560T2012	相对稳定	C级
湖南沅陵县	HN—Yuanling County	R630T2012	相对稳定	D级
湖南岳阳县	HN—Yueyang County	R496T2012	相对稳定	C级
湖南芷江县	HN—Zhijiang County	R1281T2012	相对稳定	G级
湖南中方县	HN—Zhongfang County	R1511T2012	相对稳定	H级
湖南株洲县	HN—Zhuzhou County	R749T2012	相对稳定	D级
湖南资兴市	HN—Zixing City	R403T2012	相对稳定	C级

第四届中国县域经济基本竞争力评价(吉林)

4th CHINA COUNTY-LEVEL ECONOMY BASIC COMPETITIVENESS EVALUATION(JILIN)

县域单位	UNIT	中郡指数	竞争力动态	竞争力等级
吉林安图县	JL—Antu County	R1279T2012	相对稳定	G级
吉林长白县	JL—Changbai County	R1485T2012	相对稳定	H级
吉林长岭县	JL—Changling County	R811T2012	上升	E级
吉林大安市	JL—Da'an City	R709T2012	相对稳定	D级
吉林德惠市	JL—Dehui City	R162T2012	相对稳定	A级
吉林东丰县	JL—Dongfeng County	R956T2012	相对稳定	E级
吉林东辽县	JL—Dongliao County	R1204T2012	相对稳定	G级
吉林敦化市	JL—Dunhua City	R458T2012	相对稳定	C级
吉林扶余县	JL—Fuyu County	R529T2012	相对稳定	C级
吉林抚松县	JL—Fusong County	R827T2012	相对稳定	E级
吉林公主岭市	JL—Gongzhuling City	R178T2012	相对稳定	A级
吉林和龙市	JL—Helong City	R1488T2012	相对稳定	H级
吉林桦甸市	JL—Huadian City	R284T2012	相对稳定	B级
吉林珲春市	JL—Huichun City	R1131T2012	相对稳定	F级
吉林辉南县	JL—Huinan County	R914T2012	相对稳定	E级
吉林集安市	JL—Ji'an City	R1048T2012	相对稳定	F级
吉林江源县	JL—Jiangyuan County	R1132T2012	注意	F级
吉林蛟河市	JL—Jiaohe City	R411T2012	相对稳定	C级
吉林靖宇县	JL—Jingyu County	R1684T2012	相对稳定	I级
吉林九台市	JL—Jiutai City	R229T2012	相对稳定	B级
吉林梨树县	JL—Lishu County	R408T2012	相对稳定	C级
吉林临江市	JL—Linjiang City	R1071T2012	注意	F级
吉林柳河县	JL—Liuhe County	R1021T2012	注意	F级
吉林龙井市	JL—Longjing City	R1404T2012	相对稳定	H级
吉林梅河口市	JL—Meihekou City	R337T2012	相对稳定	B级
吉林农安县	JL—Nong'an County	R140T2012	相对稳定	A级
吉林磐石市	JL—Panshi City	R238T2012	相对稳定	B级
吉林前郭县	JL—Qianguo County	R246T2012	相对稳定	B级
吉林乾安县	JL—Qian'an County	R1024T2012	相对稳定	F级
吉林舒兰市	JL—Shulan City	R392T2012	相对稳定	B级

第四届中国县域经济基本竞争力评价(吉林续)

4th CHINA COUNTY-LEVEL ECONOMY BASIC COMPETITIVENESS EVALUATION(JILIN)

县域单位	UNIT	中郡指数	竞争力动态	竞争力等级
吉林双辽市	JL—Shuangliao City	R604T2012	相对稳定	D级
吉林洮南市	JL—Taonan City	R741T2012	相对稳定	D级
吉林通化县	JL—Tonghua County	R955T2012	相对稳定	E级
吉林通榆县	JL—Tongyu County	R1035T2012	相对稳定	F级
吉林图们市	JL—Tumen City	R1253T2012	相对稳定	G级
吉林汪清县	JL—Wangqing County	R1362T2012	相对稳定	G级
吉林延吉市	JL—Yanji City	R234T2012	相对稳定	B级
吉林伊通县	JL—Yitong County	R770T2012	注意	D级
吉林永吉县	JL—Yongji County	R803T2012	相对稳定	E级
吉林榆树市	JL—Yushu City	R146T2012	相对稳定	A级
吉林镇赉县	JL—Zhenlai County	R897T2012	相对稳定	E级

第四届中国县域经济基本竞争力评价(江苏)

4th CHINA COUNTY-LEVEL ECONOMY BASIC COMPETITIVENESS EVALUATION(JIANGSU)

县域单位	UNIT	中郡指数	竞争力动态	竞争力等级
江苏宝应县	JS—Baoying County	R213T2012	相对稳定	B级
江苏滨海县	JS—Binhai County	R278T2012	相对稳定	B级
江苏常熟市	JS—Changshu City	R2T2012	相对稳定	A级
江苏大丰市	JS—Dafeng City	R95T2012	相对稳定	A级
江苏丹阳市	JS—Danyang City	R20T2012	相对稳定	A级
江苏东海县	JS—Donghai County	R333T2012	相对稳定	B级
江苏东台市	JS—Dongtai City	R57T2012	相对稳定	A级
江苏丰县	JS—Fengxian County	R320T2012	相对稳定	B级
江苏阜宁县	JS—Funing County	R204T2012	相对稳定	B级
江苏赣榆县	JS—Ganyu County	R296T2012	相对稳定	B级
江苏高淳县	JS—Gaochun County	R163T2012	相对稳定	A级
江苏高邮市	JS—Gaoyou City	R185T2012	相对稳定	A级
江苏灌南县	JS—Guannan County	R690T2012	相对稳定	D级
江苏灌云县	JS—Guanyun County	R689T2012	注意	D级
江苏海安县	JS—Hai'an County	R104T2012	相对稳定	A级
江苏海门市	JS—Haimen City	R33T2012	相对稳定	A级
江苏洪泽县	JS—Hongze County	R667T2012	相对稳定	D级
江苏建湖县	JS—Jianhu County	R151T2012	相对稳定	A级
江苏江都市	JS—Jiangdu City	R46T2012	相对稳定	A级
江苏江阴市	JS—Jiangyin City	R1T2012	相对稳定	A级
江苏姜堰市	JS—Jiangyan City	R115T2012	相对稳定	A级
江苏金湖县	JS—Jinhu County	R695T2012	注意	D级
江苏金坛市	JS—Jintan City	R66T2012	相对稳定	A级
江苏靖江市	JS—Jingjiang City	R69T2012	相对稳定	A级
江苏睢宁县	JS—Suining County	R330T2012	相对稳定	B级
江苏句容市	JS—Jurong City	R137T2012	相对稳定	A级
江苏昆山市	JS—Kunshan City	R4T2012	相对稳定	A级
江苏溧水县	JS—Lishui County	R154T2012	相对稳定	A级
江苏溧阳市	JS—Liyang City	R44T2012	相对稳定	A级
江苏涟水县	JS—Lianshui County	R417T2012	相对稳定	C级

第四届中国县域经济基本竞争力评价（江苏续）

4th CHINA COUNTY-LEVEL ECONOMY BASIC COMPETITIVENESS EVALUATION(JIANGSU)

县域单位	UNIT	中郡指数	竞争力动态	竞争力等级
江苏沛县	JS—Peixian County	R152T2012	相对稳定	A级
江苏邳州市	JS—Pizhou City	R142T2012	相对稳定	A级
江苏启东市	JS—Qidong City	R41T2012	相对稳定	A级
江苏如东县	JS—Rudong County	R87T2012	相对稳定	A级
江苏如皋市	JS—Rugao City	R89T2012	相对稳定	A级
江苏射阳县	JS—Sheyang County	R127T2012	相对稳定	A级
江苏沭阳县	JS—Shuyang County	R165T2012	相对稳定	A级
江苏泗洪县	JS—Sihong County	R283T2012	相对稳定	B级
江苏泗阳县	JS—Siyang County	R354T2012	相对稳定	B级
江苏宿豫县	JS—Suyu County	R355T2012	相对稳定	B级
江苏太仓市	JS—Taicang City	R13T2012	相对稳定	A级
江苏泰兴市	JS—Taixing City	R51T2012	相对稳定	A级
江苏通州市	JS—Tongzhou City	R31T2012	相对稳定	A级
江苏铜山县	JS—Tongshan County	R101T2012	相对稳定	A级
江苏吴江市	JS—Wujiang City	R6T2012	相对稳定	A级
江苏响水县	JS—Xiangshui County	R683T2012	相对稳定	D级
江苏新沂市	JS—Xinyi City	R361T2012	相对稳定	B级
江苏兴化市	JS—Xinghua City	R105T2012	相对稳定	A级
江苏盱眙县	JS—Xuyi County	R252T2012	相对稳定	B级
江苏扬中市	JS—Yangzhong City	R124T2012	相对稳定	A级
江苏仪征市	JS Yizheng City	R93T2012	相对稳定	A级
江苏宜兴市	JS—Yixing City	R7T2012	相对稳定	A级
江苏张家港市	JS—Zhangjiagang City	R3T2012	相对稳定	A级

第四届中国县域经济基本竞争力评价（江西）

4th CHINA COUNTY-LEVEL ECONOMY BASIC COMPETITIVENESS EVALUATION(JIANGXI)

县域单位	UNIT	中郡指数	竞争力动态	竞争力等级
江西安福县	JX—Anfu County	R917T2012	相对稳定	E级
江西安义县	JX—Anyi County	R1278T2012	相对稳定	G级
江西安远县	JX—Anyuan County	R1548T2012	相对稳定	H级
江西崇仁县	JX—Chongren County	R1207T2012	相对稳定	G级
江西崇义县	JX—Chongyi County	R1343T2012	相对稳定	G级
江西大余县	JX—Dayu County	R1011T2012	相对稳定	F级
江西德安县	JX—De'an County	R1302T2012	上升	G级
江西德兴市	JX—Dexing City	R635T2012	相对稳定	D级
江西定南县	JX—Dingnan County	R1465T2012	相对稳定	H级
江西东乡县	JX—Dongxiang County	R878T2012	相对稳定	E级
江西都昌县	JX—Duchang County	R1109T2012	相对稳定	F级
江西分宜县	JX—Fenyi County	R883T2012	相对稳定	E级
江西丰城市	JX—Fengcheng City	R277T2012	相对稳定	B级
江西奉新县	JX—Fengxin County	R1065T2012	相对稳定	F级
江西浮梁县	JX—Fuliang County	R1163T2012	相对稳定	F级
江西赣县	JX—Ganxian County	R1099T2012	相对稳定	F级
江西高安市	JX—Gao'an City	R577T2012	相对稳定	C级
江西广昌县	JX—Guangchang County	R1791T2012	相对稳定	I级
江西广丰县	JX—Guangfeng County	R346T2012	相对稳定	B级
江西贵溪市	JX—Guixi City	R256T2012	相对稳定	B级
江西横峰县	JX—Hengfeng County	R1622T2012	相对稳定	I级
江西湖口县	JX—Hukou County	R1396T2012	相对稳定	G级
江西会昌县	JX—Huichang County	R1331T2012	相对稳定	G级
江西吉安县	JX—Ji'an County	R881T2012	相对稳定	E级
江西吉水县	JX—Jishui County	R1152T2012	相对稳定	F级
江西金溪县	JX—Jinxi County	R1476T2012	相对稳定	H级
江西进贤县	JX—Jinxian County	R531T2012	相对稳定	C级
江西井岗山市	JX—Jinggangshan City	R1285T2012	相对稳定	G级
江西靖安县	JX—Jing'an County	R1579T2012	相对稳定	H级
江西九江县	JX—Jiujiang County	R1262T2012	相对稳定	G级

第四届中国县域经济基本竞争力评价（江西续一）

4th CHINA COUNTY-LEVEL ECONOMY BASIC COMPETITIVENESS EVALUATION(JIANGXI)

县域单位	UNIT	中郡指数	竞争力动态	竞争力等级
江西乐安县	JX—Le'an County	R1577T2012	相对稳定	H级
江西乐平市	JX—Leping City	R381T2012	相对稳定	B级
江西黎川县	JX—Lichuan County	R1549T2012	相对稳定	H级
江西莲花县	JX—Lianhua County	R1498T2012	相对稳定	H级
江西龙南县	JX—Longnan County	R993T2012	相对稳定	E级
江西芦溪县	JX—Luxi County	R1106T2012	相对稳定	F级
江西南昌县	JX—Nanchang County	R206T2012	相对稳定	B级
江西南城县	JX—Nancheng County	R1197T2012	相对稳定	F级
江西南丰县	JX—Nanfeng County	R1145T2012	相对稳定	F级
江西南康市	JX—Nankang City	R700T2012	相对稳定	D级
江西宁都县	JX—Ningdu County	R797T2012	相对稳定	D级
江西彭泽县	JX—Pengze County	R1340T2012	相对稳定	G级
江西鄱阳县	JX—Poyang County	R789T2012	相对稳定	D级
江西铅山县	JX—Qianshan County	R1074T2012	相对稳定	F级
江西全南县	JX—Quannan County	R1435T2012	相对稳定	H级
江西瑞昌市	JX—Ruichang City	R989T2012	相对稳定	E级
江西瑞金市	JX—Ruijin City	R850T2012	相对稳定	E级
江西上高县	JX—Shanggao County	R864T2012	相对稳定	E级
江西上栗县	JX—Shangli County	R786T2012	相对稳定	D级
江西上饶县	JX—Shangrao County	R898T2012	相对稳定	E级
江西上犹县	JX—Shangyou County	R1499T2012	相对稳定	H级
江西石城县	JX—Shicheng County	R1523T2012	相对稳定	H级
江西遂川县	JX—Suichuan County	R1158T2012	相对稳定	F级
江西泰和县	JX—Taihe County	R608T2012	上升	D级
江西铜鼓县	JX—Tonggu County	R1563T2012	相对稳定	H级
江西万安县	JX—Wan'an County	R1505T2012	相对稳定	H级
江西万年县	JX—Wannian County	R1309T2012	注意	G级
江西万载县	JX—Wanzai County	R1080T2012	相对稳定	F级
江西武宁县	JX—Wuning County	R988T2012	相对稳定	E级
江西婺源县	JX—Wuyuan County	R1122T2012	相对稳定	F级

第四届中国县域经济基本竞争力评价（江西续二）

4th CHINA COUNTY-LEVEL ECONOMY BASIC COMPETITIVENESS EVALUATION(JIANGXI)

县域单位	UNIT	中郡指数	竞争力动态	竞争力等级
江西峡江县	JX—Xiajiang County	R1510T2012	相对稳定	H级
江西新干县	JX—Xingan County	R1058T2012	相对稳定	F级
江西新建县	JX—Xinjian County	R444T2012	相对稳定	C级
江西信丰县	JX—Xinfeng County	R725T2012	相对稳定	D级
江西兴国县	JX—Xingguo County	R839T2012	相对稳定	E级
江西星子县	JX—Xingzi County	R1553T2012	相对稳定	H级
江西修水县	JX—Xiushui County	R738T2012	相对稳定	D级
江西寻乌县	JX—Xunwu County	R1468T2012	相对稳定	H级
江西宜丰县	JX—Yifeng County	R1134T2012	相对稳定	F级
江西宜黄县	JX—Yihuang County	R1802T2012	相对稳定	J级
江西弋阳县	JX—Yiyang County	R1229T2012	相对稳定	G级
江西永丰县	JX—Yongfeng County	R1069T2012	相对稳定	F级
江西永新县	JX—Yongxin County	R1260T2012	相对稳定	G级
江西永修县	JX—Yongxiu County	R959T2012	相对稳定	E级
江西于都县	JX—Yudu County	R810T2012	相对稳定	E级
江西余干县	JX—Yugan County	R995T2012	相对稳定	E级
江西余江县	JX—Yujiang County	R1442T2012	相对稳定	H级
江西玉山县	JX—Yushan County	R1072T2012	相对稳定	F级
江西樟树市	JX—Zhangshu City	R544T2012	相对稳定	C级
江西资溪县	JX—Zixi County	R1717T2012	相对稳定	I级

第四届中国县域经济基本竞争力评价(辽宁)

4th CHINA COUNTY-LEVEL ECONOMY BASIC COMPETITIVENESS EVALUATION(LIAONING)

县域单位	UNIT	中郡指数	竞争力动态	竞争力等级
辽宁北宁市	LN—Beining City	R421T2012	相对稳定	C级
辽宁北票市	LN—Beipiao City	R1147T2012	相对稳定	F级
辽宁本溪县	LN—Benxi County	R660T2012	相对稳定	D级
辽宁昌图县	LN—Changtu County	R587T2012	相对稳定	C级
辽宁长海县	LN—Changhai County	R724T2012	相对稳定	D级
辽宁朝阳县	LN—Chaoyang County	R1191T2012	相对稳定	F级
辽宁大石桥市	LN—Dashiqiao City	R86T2012	相对稳定	A级
辽宁大洼县	LN—Dawa County	R429T2012	相对稳定	C级
辽宁灯塔市	LN—Dengta City	R359T2012	相对稳定	B级
辽宁调兵山市	LN—Diaobingshan City	R784T2012	相对稳定	D级
辽宁东港市	LN—Donggang City	R136T2012	相对稳定	A级
辽宁法库县	LN—Faku County	R745T2012	相对稳定	D级
辽宁凤城市	LN—Fengcheng City	R281T2012	相对稳定	B级
辽宁抚顺县	LN—Fushun County	R717T2012	相对稳定	D级
辽宁阜新县	LN—Fuxin County	R974T2012	相对稳定	E级
辽宁盖州市	LN—Gaizhou City	R767T2012	注意	D级
辽宁海城市	LN—Haicheng City	R22T2012	相对稳定	A级
辽宁黑山县	LN—Heishan County	R524T2012	相对稳定	C级
辽宁桓仁县	LN—Huanren County	R670T2012	相对稳定	D级
辽宁建昌县	LN—Jianchang County	R1211T2012	相对稳定	G级
辽宁建平县	LN—Jianping County	R1205T2012	相对稳定	G级
辽宁喀喇沁左翼县	LN—Kalaqinzuoyi County	R1458T2012	相对稳定	H级
辽宁开原市	LN—Kaiyuan City	R570T2012	相对稳定	C级
辽宁康平县	LN—Kangping County	R1037T2012	上升	F级
辽宁宽甸县	LN—Kuandian County	R556T2012	相对稳定	C级
辽宁辽阳县	LN—Liaoyang County	R377T2012	相对稳定	B级
辽宁辽中县	LN—Liaozhong County	R254T2012	相对稳定	B级
辽宁凌海市	LN—Linghai City	R279T2012	相对稳定	B级
辽宁凌源市	LN—Lingyuan City	R669T2012	上升	D级
辽宁盘山县	LN—Panshan County	R492T2012	相对稳定	C级

第四届中国县域经济基本竞争力评价（辽宁续）

4th CHINA COUNTY-LEVEL ECONOMY BASIC COMPETITIVENESS EVALUATION(LIAONING)

县域单位	UNIT	中郡指数	竞争力动态	竞争力等级
辽宁普兰店市	LN—Pulandian City	R70T2012	相对稳定	A级
辽宁清原县	LN—Qingyuan County	R836T2012	相对稳定	E级
辽宁绥中县	LN—Suizhong County	R343T2012	相对稳定	B级
辽宁台安县	LN—Tai'an County	R324T2012	相对稳定	B级
辽宁铁岭县	LN—Tieling County	R866T2012	相对稳定	E级
辽宁瓦房店市	LN—Wafangdian City	R48T2012	相对稳定	A级
辽宁西丰县	LN—Xifeng County	R1320T2012	相对稳定	G级
辽宁新宾县	LN—Xinbin County	R750T2012	相对稳定	D级
辽宁新民市	LN—Xinmin City	R180T2012	相对稳定	A级
辽宁兴城市	LN—Xingcheng City	R520T2012	相对稳定	C级
辽宁岫岩县	LN—Xiuyan County	R350T2012	相对稳定	B级
辽宁义县	LN—Yixian County	R1020T2012	相对稳定	F级
辽宁彰武县	LN—Zhangwu County	R1168T2012	上升	F级
辽宁庄河市	LN—Zhuanghe City	R73T2012	相对稳定	A级

第四届中国县域经济基本竞争力评价（内蒙古）

4th CHINA COUNTY-LEVEL ECONOMY BASIC COMPETITIVENESS EVALUATION(NEIMENGGU)

县域单位	UNIT	中郡指数	竞争力动态	竞争力等级
内蒙古阿巴嘎旗	NM—Abaga Banner	R1611T2012	相对稳定	I级
内蒙古阿尔山市	NM—Aershan City	R1608T2012	相对稳定	I级
内蒙古阿拉善右旗	NM—Alashanyou Banner	R1173T2012	上升	F级
内蒙古阿拉善左旗	NM—Alashanzuo Banner	R935T2012	相对稳定	E级
内蒙古阿鲁科尔沁旗	NM—Aluke'erqin Banner	R1348T2012	相对稳定	G级
内蒙古阿荣旗	NM—Arong Banner	R1743T2012	注意	I级
内蒙古敖汉旗	NM—Aohan Banner	R934T2012	相对稳定	E级
内蒙古巴林右旗	NM—Balinyou Banner	R1473T2012	相对稳定	H级
内蒙古巴林左旗	NM—Balinzuo Banner	R1161T2012	相对稳定	F级
内蒙古察哈尔右翼后旗	NM—Chaha'eryouyihou Banner	R872T2012	上升	E级
内蒙古察哈尔右翼前旗	NM—Chaha'eryouyiqian Banner	R1070T2012	上升	F级
内蒙古察哈尔右翼中旗	NM—Chaha'eryouyizhong Banner	R1448T2012	上升	H级
内蒙古陈巴尔虎旗	NM—Chenba'erhu Banner	R1328T2012	相对稳定	G级
内蒙古达拉特旗	NM—Dalate Banner	R305T2012	相对稳定	B级
内蒙古达茂联合旗	NM—Da'erhan maoming'an Union Banner	R572T2012	上升	C级
内蒙古磴口县	NM—Dengkou County	R1261T2012	相对稳定	G级
内蒙古东乌珠穆沁旗	NM—Dongwuzhumuqin Banner	R938T2012	上升	E级
内蒙古多伦县	NM—Duolun County	R1573T2012	相对稳定	H级
内蒙古额尔古纳市	NM—E'erguna City	R1392T2012	注意	G级
内蒙古额济纳旗	NM—Ejina Banner	R1111T2012	上升	F级
内蒙古鄂伦春旗	NM—Elunchun Banner	R1773T2012	注意	I级
内蒙古鄂托克旗	NM—Etuoke Banner	R415T2012	上升	C级
内蒙古鄂托克前旗	NM—Etuokeqian Banner	R1110T2012	上升	F级
内蒙古鄂温克旗	NM—Ewenke Banner	R649T2012	相对稳定	D级
内蒙古二连浩特市	NM—Erlianhaote City	R601T2012	相对稳定	D级
内蒙古丰镇市	NM—Fengzhen City	R584T2012	上升	C级
内蒙古根河市	NM—Genhe City	R1041T2012	相对稳定	F级
内蒙古固阳县	NM—Guyang County	R1091T2012	相对稳定	F级
内蒙古杭锦后旗	NM—Hangjinhou Banner	R710T2012	相对稳定	D级
内蒙古杭锦旗	NM—Hangjin Banner	R1046T2012	相对稳定	F级

第四届中国县域经济基本竞争力评价（内蒙古续一）

4th CHINA COUNTY-LEVEL ECONOMY BASIC COMPETITIVENESS EVALUATION(NEIMENGGU)

县域单位	UNIT	中郡指数	竞争力动态	竞争力等级
内蒙古和林格尔县	NM—Helinge'er County	R376T2012	上升	B级
内蒙古化德县	NM—Huade County	R1220T2012	上升	G级
内蒙古霍林郭勒市	NM—Huolinguole City	R805T2012	上升	E级
内蒙古喀喇沁旗	NM—Kalaqin Banner	R1410T2012	相对稳定	H级
内蒙古开鲁县	NM—Kailu County	R696T2012	相对稳定	D级
内蒙古科尔沁右翼前旗	NM—Ke′erqinyouyiqian Banner	R984T2012	上升	E级
内蒙古科尔沁右翼中旗	NM—Ke′erqinyouyizhong Banner	R1264T2012	上升	G级
内蒙古科尔沁左翼后旗	NM—Ke′erqinzuoyihou Banner	R671T2012	相对稳定	D级
内蒙古科尔沁左翼中旗	NM—Ke′erqinzuoyizhong Banner	R861T2012	相对稳定	E级
内蒙古克什克腾旗	NM—Keshiketeng Banner	R1446T2012	相对稳定	H级
内蒙古库伦旗	NM—Kulun Banner	R1466T2012	相对稳定	H级
内蒙古凉城县	NM—Liangcheng County	R860T2012	上升	E级
内蒙古林西县	NM—Linxi County	R1333T2012	相对稳定	G级
内蒙古满州里市	NM—Manzhouli City	R398T2012	相对稳定	B级
内蒙古莫力达瓦旗	NM—Molidawa Banner	R920T2012	注意	E级
内蒙古奈曼旗	NM—Naiman Banner	R875T2012	相对稳定	E级
内蒙古宁城县	NM—Ningcheng County	R863T2012	相对稳定	E级
内蒙古清水河县	NM—Qingshuihe County	R1591T2012	相对稳定	H级
内蒙古商都县	NM—Shangdu County	R1543T2012	相对稳定	H级
内蒙古四子王旗	NM—Siziwang Banner	R1102T2012	上升	F级
内蒙古苏尼特右旗	NM—Suniteyou Banner	R1502T2012	相对稳定	H级
内蒙古苏尼特左旗	NM—Sunitezuo Banner	R1433T2012	上升	H级
内蒙古太仆寺旗	NM—Taipusi Banner	R1529T2012	上升	H级
内蒙古突泉县	NM—Tuquan County	R1276T2012	相对稳定	G级
内蒙古土默特右旗	NM—Tumoteyou Banner	R806T2012	相对稳定	E级
内蒙古土默特左旗	NM—Tumotezuo Banner	R491T2012	相对稳定	C级
内蒙古托克托县	NM—Tuoketuo County	R620T2012	上升	D级
内蒙古翁牛特旗	NM—Wengniute Banner	R1012T2012	相对稳定	F级
内蒙古乌拉特后旗	NM—Wulatehou Banner	R1190T2012	上升	F级
内蒙古乌拉特前旗	NM—Wulateqian Banner	R591T2012	相对稳定	C级

第四届中国县域经济基本竞争力评价（内蒙古续二）

4th CHINA COUNTY-LEVEL ECONOMY BASIC COMPETITIVENESS EVALUATION(NEIMENGGU)

县域单位	UNIT	中郡指数	竞争力动态	竞争力等级
内蒙古乌拉特中旗	NM—Wulatezhong Banner	R1241T2012	相对稳定	G级
内蒙古乌兰浩特市	NM—Wulanhaote City	R618T2012	上升	D级
内蒙古乌审旗	NM—Wushen Banner	R870T2012	相对稳定	E级
内蒙古五原县	NM—Wuyuan County	R926T2012	相对稳定	E级
内蒙古武川县	NM—Wuchuan County	R1186T2012	上升	F级
内蒙古西乌珠穆沁旗	NM—Xiwuzhumuqin Banner	R1321T2012	相对稳定	G级
内蒙古锡林浩特市	NM—Xilinhaote City	R495T2012	相对稳定	C级
内蒙古镶黄旗	NM—Xianghuang Banner	R1642T2012	上升	I级
内蒙古新巴尔虎右旗	NM—Xinba'erhuyou Banner	R1183T2012	上升	F级
内蒙古新巴尔虎左旗	NM—Xinba'erhuzuo Banner	R1277T2012	相对稳定	G级
内蒙古兴和县	NM—Xinghe County	R1311T2012	上升	G级
内蒙古牙克石市	NM—Yakeshi City	R809T2012	相对稳定	E级
内蒙古伊金霍洛旗	NM—Yijinhuoluo Banner	R209T2012	上升	B级
内蒙古扎赉特旗	NM—Zhalaite Banner	R1185T2012	相对稳定	F级
内蒙古扎兰屯市	NM—Zhalantun City	R985T2012	相对稳定	E级
内蒙古扎鲁特旗	NM—Zhalute Banner	R825T2012	相对稳定	E级
内蒙古正蓝旗	NM—Zhenglan Banner	R819T2012	上升	E级
内蒙古正镶白旗	NM—Zhengxiangbai Banner	R1453T2012	上升	H级
内蒙古准格尔旗	NM—Zhunge'er Banner	R160T2012	相对稳定	A级
内蒙古卓资县	NM—Zhuozi County	R1298T2012	相对稳定	G级

第四届中国县域经济基本竞争力评价(宁夏)

4th CHINA COUNTY-LEVEL ECONOMY BASIC COMPETITIVENESS EVALUATION(NINGXIA)

县域单位	UNIT	中郡指数	竞争力动态	竞争力等级
宁夏海原县	NX—Haiyuan County	R1839T2012	注意	J级
宁夏贺兰县	NX—Helan County	R1359T2012	相对稳定	G级
宁夏泾源县	NX—Jingyuan County	R1250T2012	上升	G级
宁夏灵武市	NX—Lingwu City	R996T2012	相对稳定	E级
宁夏隆德县	NX—Longde County	R1962T2012	注意	J级
宁夏彭阳县	NX—Pengyang County	R1836T2012	相对稳定	J级
宁夏平罗县	NX—Pingluo County	R1022T2012	相对稳定	F级
宁夏青铜峡市	NX—Qingtongxia City	R488T2012	相对稳定	C级
宁夏同心县	NX—Tongxin County	R1661T2012	相对稳定	I级
宁夏西吉县	NX—Xiji County	R1715T2012	相对稳定	I级
宁夏盐池县	NX—Yanchi County	R854T2012	上升	E级
宁夏永宁县	NX—Yongning County	R1142T2012	相对稳定	F级
宁夏中宁县	NX—Zhongning County	R911T2012	上升	E级

第四届中国县域经济基本竞争力评价(青海)

4th CHINA COUNTY-LEVEL ECONOMY BASIC COMPETITIVENESS EVALUATION(QINGHAI)

县域单位	UNIT	中郡指数	竞争力动态	竞争力等级
青海班玛县	QH—Banma County	R1981T2012	相对稳定	J级
青海称多县	QH—Chengduo County	R1898T2012	相对稳定	J级
青海达日县	QH—Dari County	R1870T2012	相对稳定	J级
青海大通县	QH—Datong County	R634T2012	相对稳定	D级
青海德令哈市	QH—Delingha City	R1319T2012	相对稳定	G级
青海都兰县	QH—Dulan County	R1708T2012	相对稳定	I级
青海甘德县	QH—Gande County	R1975T2012	相对稳定	J级
青海刚察县	QH—Gangcha County	R1822T2012	相对稳定	J级
青海格尔木市	QH—Ge'ermu City	R285T2012	相对稳定	B级
青海共和县	QH—Gonghe County	R1781T2012	注意	I级
青海贵德县	QH—Guide County	R1249T2012	上升	G级
青海贵南县	QH—Guinan County	R1809T2012	相对稳定	J级
青海海晏县	QH—Haiyan County	R1428T2012	相对稳定	H级
青海河南县	QH—Henan County	R1963T2012	注意	J级
青海互助县	QH—Huzhu County	R1322T2012	相对稳定	G级
青海化隆县	QH—Hualong County	R1755T2012	相对稳定	I级
青海湟源县	QH—Huangyuan County	R1561T2012	相对稳定	H级
青海湟中县	QH—Huangzhong County	R1218T2012	相对稳定	G级
青海尖扎县	QH—Jianzha County	R1616T2012	注意	I级
青海久治县	QH—Jiuzhi County	R1972T2012	相对稳定	J级
青海乐都县	QH—Ledu County	R1464T2012	相对稳定	H级
青海玛多县	QH—Maduo County	R1879T2012	相对稳定	J级
青海玛沁县	QH—Maqin County	R1854T2012	注意	J级
青海门源县	QH—Menyuan County	R1654T2012	相对稳定	I级
青海民和县	QH—Minhe County	R1508T2012	相对稳定	H级
青海囊谦县	QH—Nangqian County	R1921T2012	相对稳定	J级
青海平安县	QH—Ping'an County	R1491T2012	相对稳定	H级
青海祁连县	QH—Qilian County	R1749T2012	相对稳定	I级
青海曲麻莱县	QH—Qumalai County	R1997T2012	相对稳定	J级
青海天峻县	QH—Tianjun County	R1648T2012	上升	I级

第四届中国县域经济基本竞争力评价（青海续）

4th CHINA COUNTY-LEVEL ECONOMY BASIC COMPETITIVENESS EVALUATION(QINGHAI)

县域单位	UNIT	中郡指数	竞争力动态	竞争力等级
青海同德县	QH—Tongde County	R1768T2012	上升	I级
青海同仁县	QH—Tongren County	R1658T2012	注意	I级
青海乌兰县	QH—Wulan County	R1957T2012	相对稳定	J级
青海兴海县	QH—Xinghai County	R1679T2012	相对稳定	I级
青海循化县	QH—Xunhua County	R1645T2012	相对稳定	I级
青海玉树县	QH—Yushu County	R1941T2012	相对稳定	J级
青海杂多县	QH—Zaduo County	R2010T2012	注意	J级
青海泽库县	QH—Zeku County	R1950T2012	相对稳定	J级
青海治多县	QH—Zhiduo County	R1639T2012	上升	I级

第四届中国县域经济基本竞争力评价(山东)

4th CHINA COUNTY-LEVEL ECONOMY BASIC COMPETITIVENESS EVALUATION(SHANDONG)

县域单位	UNIT	中郡指数	竞争力动态	竞争力等级
山东安丘市	SD—Anqiu City	R193T2012	相对稳定	A级
山东博兴县	SD—Boxing County	R236T2012	相对稳定	B级
山东苍山县	SD—Cangshan County	R248T2012	相对稳定	B级
山东曹县	SD—Caoxian County	R479T2012	相对稳定	C级
山东昌乐县	SD—Changle County	R299T2012	相对稳定	B级
山东昌邑市	SD—Changyi City	R159T2012	相对稳定	A级
山东长岛县	SD—Changdao County	R708T2012	相对稳定	D级
山东成武县	SD—Chengwu County	R831T2012	相对稳定	E级
山东茌平县	SD—Chiping County	R404T2012	相对稳定	C级
山东单县	SD—Shanxian County	R526T2012	相对稳定	C级
山东定陶县	SD—Dingtao County	R904T2012	相对稳定	E级
山东东阿县	SD—Dong'e County	R647T2012	相对稳定	D级
山东东明县	SD—Dongming County	R599T2012	相对稳定	C级
山东东平县	SD—Dongping County	R319T2012	相对稳定	B级
山东肥城市	SD—Feicheng City	R58T2012	相对稳定	A级
山东费县	SD—Feixian County	R249T2012	相对稳定	B级
山东高密市	SD—Gaomi City	R134T2012	相对稳定	A级
山东高青县	SD—Gaoqing County	R582T2012	相对稳定	C级
山东高唐县	SD—Gaotang County	R173T2012	相对稳定	A级
山东冠县	SD—Guanxian County	R568T2012	相对稳定	C级
山东广饶县	SD—Guangrao County	R155T2012	相对稳定	A级
山东海阳市	SD—Haiyang City	R194T2012	相对稳定	A级
山东桓台县	SD—Huantai County	R112T2012	相对稳定	A级
山东惠民县	SD—Huimin County	R395T2012	相对稳定	B级
山东即墨市	SD—Jimo City	R28T2012	相对稳定	A级
山东济阳县	SD—Jiyang County	R247T2012	相对稳定	B级
山东嘉祥县	SD—Jiaxiang County	R348T2012	相对稳定	B级
山东胶南市	SD—Jiaonan City	R26T2012	相对稳定	A级
山东胶州市	SD—Jiaozhou City	R30T2012	相对稳定	A级
山东金乡县	SD—Jinxiang County	R259T2012	相对稳定	B级

第四届中国县域经济基本竞争力评价（山东续一）

4th CHINA COUNTY-LEVEL ECONOMY BASIC COMPETITIVENESS EVALUATION(SHANDONG)

县域单位	UNIT	中郡指数	竞争力动态	竞争力等级
山东莒南县	SD—Junan County	R239T2012	相对稳定	B级
山东莒县	SD—Juxian County	R188T2012	相对稳定	A级
山东巨野县	SD—Juye County	R713T2012	相对稳定	D级
山东鄄城县	SD—Juancheng County	R1018T2012	相对稳定	F级
山东垦利县	SD—Kenli County	R407T2012	相对稳定	C级
山东莱西市	SD—Laixi City	R85T2012	相对稳定	A级
山东莱阳市	SD—Laiyang City	R107T2012	相对稳定	A级
山东莱州市	SD—Laizhou City	R40T2012	相对稳定	A级
山东乐陵市	SD—Leling City	R312T2012	相对稳定	B级
山东利津县	SD—Lijin County	R559T2012	相对稳定	C级
山东梁山县	SD—Liangshan County	R339T2012	上升	B级
山东临清市	SD—Linqing City	R226T2012	相对稳定	B级
山东临朐县	SD—Linqu County	R349T2012	相对稳定	B级
山东临沭县	SD—Linshu County	R423T2012	相对稳定	C级
山东临邑县	SD—Linyi County	R243T2012	相对稳定	B级
山东陵县	SD—Lingxian County	R311T2012	相对稳定	B级
山东龙口市	SD—Longkou City	R25T2012	相对稳定	A级
山东蒙阴县	SD—Mengyin County	R475T2012	相对稳定	C级
山东宁津县	SD—Ningjin County	R271T2012	相对稳定	B级
山东宁阳县	SD—Ningyang County	R251T2012	相对稳定	B级
山东蓬莱市	SD—Penglai City	R88T2012	相对稳定	A级
山东平度市	SD—Pingdu City	R35T2012	相对稳定	A级
山东平邑县	SD—Pingyi County	R237T2012	相对稳定	B级
山东平阴县	SD—Pingyin County	R257T2012	相对稳定	B级
山东平原县	SD—Pingyuan County	R397T2012	相对稳定	B级
山东栖霞市	SD—Qixia City	R227T2012	相对稳定	B级
山东齐河县	SD—Qihe County	R255T2012	相对稳定	B级
山东青州市	SD—Qingzhou City	R111T2012	相对稳定	A级
山东庆云县	SD—Qingyun County	R880T2012	上升	E级
山东曲阜市	SD—Qufu City	R102T2012	相对稳定	A级

第四届中国县域经济基本竞争力评价(山东续二)

4th CHINA COUNTY-LEVEL ECONOMY BASIC COMPETITIVENESS EVALUATION(SHANDONG)

县域单位	UNIT	中郡指数	竞争力动态	竞争力等级
山东荣成市	SD—Rongcheng City	R10T2012	相对稳定	A级
山东乳山市	SD—Rushan City	R62T2012	相对稳定	A级
山东商河县	SD—Shanghe County	R360T2012	相对稳定	B级
山东寿光市	SD—Shouguang City	R38T2012	相对稳定	A级
山东泗水县	SD—Sishui County	R267T2012	相对稳定	B级
山东郯城县	SD—Tancheng County	R218T2012	相对稳定	B级
山东滕州市	SD—Tengzhou City	R37T2012	相对稳定	A级
山东微山县	SD—Weishan County	R212T2012	相对稳定	B级
山东文登市	SD—Wendeng City	R14T2012	相对稳定	A级
山东汶上县	SD—Wenshang County	R460T2012	相对稳定	C级
山东无棣县	SD—Wudi County	R353T2012	相对稳定	B级
山东五莲县	SD—Wulian County	R306T2012	相对稳定	B级
山东武城县	SD—Wucheng County	R410T2012	相对稳定	C级
山东夏津县	SD—Xiajin County	R480T2012	上升	C级
山东莘县	SD—Shenxian County	R347T2012	相对稳定	B级
山东新泰市	SD—Xintai City	R42T2012	相对稳定	A级
山东兖州市	SD—Yanzhou City	R56T2012	相对稳定	A级
山东阳谷县	SD—Yanggu County	R431T2012	相对稳定	C级
山东阳信县	SD—Yangxin County	R776T2012	相对稳定	D级
山东沂南县	SD—Yinan County	R288T2012	相对稳定	B级
山东沂水县	SD—Yishui County	R158T2012	相对稳定	A级
山东沂源县	SD—Yiyuan County	R370T2012	相对稳定	B级
山东鱼台县	SD—Yutai County	R454T2012	相对稳定	C级
山东禹城市	SD—Yucheng City	R265T2012	相对稳定	B级
山东郓城县	SD—Yuncheng County	R468T2012	相对稳定	C级
山东沾化县	SD—Zhanhua County	R409T2012	相对稳定	C级
山东章丘市	SD—Zhangqiu City	R39T2012	相对稳定	A级
山东招远市	SD—Zhaoyuan City	R60T2012	相对稳定	A级
山东诸城市	SD—Zhucheng City	R54T2012	相对稳定	A级
山东邹城市	SD—Zoucheng City	R23T2012	相对稳定	A级

第四届中国县域经济基本竞争力评价（山东续三）

4th CHINA COUNTY-LEVEL ECONOMY BASIC COMPETITIVENESS EVALUATION(SHANDONG)

县域单位	UNIT	中郡指数	竞争力动态	竞争力等级
山东邹平县	SD—Zouping County	R78T2012	相对稳定	A级

第四届中国县域经济基本竞争力评价（山西）

4th CHINA COUNTY-LEVEL ECONOMY BASIC COMPETITIVENESS EVALUATION(SHANXI)

县域单位	UNIT	中郡指数	竞争力动态	竞争力等级
山西安泽县	SX—Anze County	R1552T2012	相对稳定	H级
山西保德县	SX—Baode County	R843T2012	上升	E级
山西长治县	SX—Changzhi County	R795T2012	上升	D级
山西长子县	SX—Zhangzi County	R1374T2012	相对稳定	G级
山西大宁县	SX—Daning County	R1995T2012	相对稳定	J级
山西大同县	SX—Datong County	R1782T2012	注意	I级
山西代县	SX—Daixian County	R1198T2012	上升	F级
山西定襄县	SX—Dingxiang County	R1449T2012	相对稳定	H级
山西繁峙县	SX—Fanshi County	R1871T2012	相对稳定	J级
山西方山县	SX—Fangshan County	R1759T2012	上升	I级
山西汾西县	SX—Fenxi County	R1558T2012	上升	H级
山西汾阳市	SX—Fenyang City	R735T2012	上升	D级
山西浮山县	SX—Fushan County	R1406T2012	上升	H级
山西高平市	SX—Gaoping City	R638T2012	相对稳定	D级
山西古交市	SX—Gujiao City	R517T2012	相对稳定	C级
山西古县	SX—Guxian County	R719T2012	上升	D级
山西广灵县	SX—Guangling County	R1811T2012	相对稳定	J级
山西和顺县	SX—Heshun County	R1594T2012	相对稳定	H级
山西河津市	SX—Hejin City	R96T2012	相对稳定	A级
山西河曲县	SX—Hequ County	R951T2012	相对稳定	E级
山西洪洞县	SX—Hongtong County	R420T2012	上升	C级
山西侯马市	SX—Houma City	R820T2012	相对稳定	E级
山西壶关县	SX—Huguan County	R950T2012	上升	E级
山西怀仁县	SX—Huairen County	R656T2012	相对稳定	D级
山西浑源县	SX—Hunyuan County	R1567T2012	相对稳定	H级
山西霍州市	SX—Huozhou City	R945T2012	相对稳定	E级
山西吉县	SX—Jixian County	R1859T2012	相对稳定	J级
山西稷山县	SX—Jishan County	R1372T2012	相对稳定	G级
山西绛县	SX—Jiangxian County	R1429T2012	相对稳定	H级
山西交城县	SX—Jiaocheng County	R1316T2012	上升	G级

第四届中国县域经济基本竞争力评价（山西续一）

4th CHINA COUNTY-LEVEL ECONOMY BASIC COMPETITIVENESS EVALUATION(SHANXI)

县域单位	UNIT	中郡指数	竞争力动态	竞争力等级
山西交口县	SX—Jiaokou County	R772T2012	上升	D级
山西介休市	SX—Jiexiu City	R456T2012	上升	C级
山西静乐县	SX—Jingle County	R1785T2012	相对稳定	I级
山西岢岚县	SX—Kelan County	R1814T2012	相对稳定	J级
山西岚县	SX—Lanxian County	R1630T2012	上升	I级
山西黎城县	SX—Licheng County	R1055T2012	上升	F级
山西临县	SX—Linxian County	R2009T2012	注意	J级
山西临猗县	SX—Linyi County	R705T2012	相对稳定	D级
山西灵丘县	SX—Lingqiu County	R1401T2012	相对稳定	H级
山西灵石县	SX—Lingshi County	R807T2012	上升	E级
山西陵川县	SX—Lingchuan County	R1454T2012	相对稳定	H级
山西柳林县	SX—Liulin County	R605T2012	上升	D级
山西娄烦县	SX—Loufan County	R1539T2012	上升	H级
山西潞城市	SX—Lucheng City	R467T2012	上升	C级
山西宁武县	SX—Ningwu County	R1711T2012	相对稳定	I级
山西偏关县	SX—Pianguan County	R1528T2012	上升	H级
山西平定县	SX—Pingding County	R1113T2012	相对稳定	F级
山西平陆县	SX—Pinglu County	R1823T2012	相对稳定	J级
山西平顺县	SX—Pingshun County	R1744T2012	相对稳定	I级
山西平遥县	SX—Pingyao County	R909T2012	相对稳定	E级
山西蒲县	SX—Puxian County	R1062T2012	上升	F级
山西祁县	SX—Qixian County	R1039T2012	相对稳定	F级
山西沁水县	SX—Qinshui County	R1202T2012	相对稳定	G级
山西沁县	SX—Qinxian County	R1696T2012	相对稳定	I级
山西沁源县	SX—Qinyuan County	R538T2012	上升	C级
山西清徐县	SX—Qingxu County	R434T2012	相对稳定	C级
山西曲沃县	SX—Quwo County	R962T2012	上升	E级
山西芮城县	SX—Ruicheng County	R1305T2012	相对稳定	G级
山西山阴县	SX—Shanyin County	R1175T2012	相对稳定	F级
山西神池县	SX—Shenchi County	R1937T2012	注意	J级

第四届中国县域经济基本竞争力评价（山西续二）

4th CHINA COUNTY-LEVEL ECONOMY BASIC COMPETITIVENESS EVALUATION(SHANXI)

县域单位	UNIT	中郡指数	竞争力动态	竞争力等级
山西石楼县	SX—Shilou County	R2005T2012	相对稳定	J级
山西寿阳县	SX—Shouyang County	R1314T2012	相对稳定	G级
山西太谷县	SX—Taigu County	R1052T2012	相对稳定	F级
山西天镇县	SX—Tianzhen County	R1798T2012	注意	I级
山西屯留县	SX—Tunliu County	R1116T2012	上升	F级
山西万荣县	SX—Wanrong County	R1542T2012	相对稳定	H级
山西文水县	SX—Wenshui County	R1338T2012	相对稳定	G级
山西闻喜县	SX—Wenxi County	R461T2012	上升	C级
山西五台县	SX—Wutai County	R1664T2012	相对稳定	I级
山西五寨县	SX—Wuzhai County	R1770T2012	相对稳定	I级
山西武乡县	SX—Wuxiang County	R1431T2012	上升	H级
山西昔阳县	SX—Xiyang County	R1566T2012	相对稳定	H级
山西隰县	SX—Xixian County	R1540T2012	上升	H级
山西夏县	SX—Xiaxian County	R1724T2012	相对稳定	I级
山西乡宁县	SX—Xiangning County	R877T2012	上升	E级
山西襄汾县	SX—Xiangfen County	R557T2012	上升	C级
山西襄垣县	SX—Xiangyuan County	R654T2012	上升	D级
山西孝义市	SX—Xiaoyi City	R341T2012	上升	B级
山西新绛县	SX—Xinjiang County	R1290T2012	上升	G级
山西兴县	SX—Xingxian County	R1763T2012	相对稳定	I级
山西阳城县	SX—Yangcheng County	R440T2012	相对稳定	C级
山西阳高县	SX—Yanggao County	R1734T2012	相对稳定	I级
山西阳曲县	SX—Yangqu County	R1299T2012	上升	G级
山西翼城县	SX—Yicheng County	R672T2012	上升	D级
山西应县	SX—Yingxian County	R1600T2012	注意	H级
山西永和县	SX—Yonghe County	R1990T2012	相对稳定	J级
山西永济市	SX—Yongji City	R896T2012	相对稳定	E级
山西右玉县	SX—Youyu County	R1787T2012	相对稳定	I级
山西盂县	SX—Yuxian County	R1123T2012	相对稳定	F级
山西榆社县	SX—Yushe County	R1394T2012	上升	G级

第四届中国县域经济基本竞争力评价（山西续三）

4th CHINA COUNTY-LEVEL ECONOMY BASIC COMPETITIVENESS EVALUATION(SHANXI)

县域单位	UNIT	中郡指数	竞争力动态	竞争力等级
山西垣曲县	SX—Yuanqu County	R1623T2012	相对稳定	I级
山西原平市	SX—Yuanping City	R1084T2012	相对稳定	F级
山西泽州县	SX—Zezhou County	R383T2012	相对稳定	B级
山西中阳县	SX—Zhongyang County	R1172T2012	相对稳定	F级
山西左权县	SX—Zuoquan County	R1484T2012	相对稳定	H级
山西左云县	SX—Zuoyun County	R1108T2012	相对稳定	F级

第四届中国县域经济基本竞争力评价(陕西)

4th CHINA COUNTY-LEVEL ECONOMY BASIC COMPETITIVENESS EVALUATION(SHANXI)

县域单位	UNIT	中郡指数	竞争力动态	竞争力等级
陕西安塞县	SN—Ansai County	R1101T2012	相对稳定	F级
陕西白河县	SN—Baihe County	R1747T2012	相对稳定	I级
陕西白水县	SN—Baishui County	R1624T2012	相对稳定	I级
陕西彬县	SN—Binxian County	R1477T2012	相对稳定	H级
陕西长武县	SN—Changwu County	R1720T2012	相对稳定	I级
陕西城固县	SN—Chenggu County	R791T2012	相对稳定	D级
陕西澄城县	SN—Chengcheng County	R1388T2012	相对稳定	G级
陕西淳化县	SN—Chunhua County	R1801T2012	相对稳定	J级
陕西大荔县	SN—Dali County	R1019T2012	相对稳定	F级
陕西丹凤县	SN—Danfeng County	R1615T2012	相对稳定	I级
陕西定边县	SN—Dingbian County	R1119T2012	上升	F级
陕西凤县	SN—Fengxian County	R1456T2012	上升	H级
陕西凤翔县	SN—Fengxiang County	R856T2012	相对稳定	E级
陕西佛坪县	SN—Foping County	R1885T2012	相对稳定	J级
陕西扶风县	SN—Fufeng County	R1174T2012	相对稳定	F级
陕西府谷县	SN—Fugu County	R915T2012	相对稳定	E级
陕西富平县	SN—Fuping County	R1054T2012	相对稳定	F级
陕西富县	SN—Fuxian County	R1756T2012	相对稳定	I级
陕西甘泉县	SN—Ganquan County	R1378T2012	相对稳定	G级
陕西高陵县	SN—Gaoling County	R1255T2012	相对稳定	G级
陕西韩城市	SN—Hancheng City	R487T2012	上升	C级
陕西汉阴县	SN—Hanyin County	R1641T2012	相对稳定	I级
陕西合阳县	SN—Heyang County	R1475T2012	相对稳定	H级
陕西横山县	SN—Hengshan County	R1534T2012	相对稳定	H级
陕西户县	SN—Huxian County	R681T2012	相对稳定	D级
陕西华县	SN—Huaxian County	R1628T2012	注意	I级
陕西华阴市	SN—Huayin City	R1423T2012	相对稳定	H级
陕西黄陵县	SN—Huangling County	R1275T2012	相对稳定	G级
陕西黄龙县	SN—Huanglong County	R1922T2012	相对稳定	J级
陕西佳县	SN—Jiaxian County	R1954T2012	相对稳定	J级

第四届中国县域经济基本竞争力评价（陕西续一）

4th CHINA COUNTY-LEVEL ECONOMY BASIC COMPETITIVENESS EVALUATION(SHANXI)

县域单位	UNIT	中郡指数	竞争力动态	竞争力等级
陕西泾阳县	SN—Jingyang County	R1075T2012	注意	F级
陕西靖边县	SN—Jingbian County	R586T2012	相对稳定	C级
陕西岚皋县	SN—Langao County	R1722T2012	相对稳定	I级
陕西蓝田县	SN—Lantian County	R1040T2012	相对稳定	F级
陕西礼泉县	SN—Liquan County	R1150T2012	相对稳定	F级
陕西麟游县	SN—Linyou County	R1470T2012	上升	H级
陕西留坝县	SN—Liuba County	R1940T2012	相对稳定	J级
陕西陇县	SN—Longxian County	R1515T2012	相对稳定	H级
陕西略阳县	SN—Lueyang County	R1365T2012	相对稳定	G级
陕西洛川县	SN—Luochuan County	R967T2012	相对稳定	E级
陕西洛南县	SN—Luonan County	R1472T2012	相对稳定	H级
陕西眉县	SN—Meixian County	R1203T2012	上升	G级
陕西米脂县	SN—Mizhi County	R1910T2012	相对稳定	J级
陕西勉县	SN—Mianxian County	R1350T2012	注意	G级
陕西南郑县	SN—Nanzheng County	R790T2012	相对稳定	D级
陕西宁强县	SN—Ningqiang County	R1662T2012	相对稳定	I级
陕西宁陕县	SN—Ningshan County	R1869T2012	相对稳定	J级
陕西平利县	SN—Pingli County	R1701T2012	相对稳定	I级
陕西蒲城县	SN—Pucheng County	R732T2012	相对稳定	D级
陕西岐山县	SN—Qishan County	R837T2012	上升	E级
陕西千阳县	SN—Qianyang County	R1677T2012	相对稳定	I级
陕西乾县	SN—Qianxian County	R1100T2012	注意	F级
陕西清涧县	SN—Qingjian County	R1904T2012	相对稳定	J级
陕西三原县	SN—Sanyuan County	R936T2012	相对稳定	E级
陕西山阳县	SN—Shanyang County	R1554T2012	相对稳定	H级
陕西商南县	SN—Shangnan County	R1738T2012	相对稳定	I级
陕西神木县	SN—Shenmu County	R211T2012	相对稳定	B级
陕西石泉县	SN—Shiquan County	R1670T2012	相对稳定	I级
陕西绥德县	SN—Suide County	R1779T2012	相对稳定	I级
陕西太白县	SN—Taibai County	R1788T2012	上升	I级

第四届中国县域经济基本竞争力评价（陕西续二）

4th CHINA COUNTY-LEVEL ECONOMY BASIC COMPETITIVENESS EVALUATION(SHANXI)

县域单位	UNIT	中郡指数	竞争力动态	竞争力等级
陕西潼关县	SN—Tongguan County	R1550T2012	相对稳定	H级
陕西吴堡县	SN—Wubu County	R1942T2012	相对稳定	J级
陕西吴旗县	SN—Wuqi County	R952T2012	上升	E级
陕西武功县	SN—Wugong County	R1490T2012	注意	H级
陕西西乡县	SN—Xixiang County	R1580T2012	相对稳定	H级
陕西兴平市	SN—Xingping City	R1010T2012	注意	F级
陕西旬阳县	SN—Xunyang County	R1176T2012	相对稳定	F级
陕西旬邑县	SN—Xunyi County	R1730T2012	相对稳定	I级
陕西延长县	SN—Yanchang County	R1792T2012	相对稳定	I级
陕西延川县	SN—Yanchuan County	R533T2012	上升	C级
陕西洋县	SN—Yangxian County	R1068T2012	上升	F级
陕西宜川县	SN—Yichuan County	R1939T2012	相对稳定	J级
陕西宜君县	SN—Yijun County	R1832T2012	相对稳定	J级
陕西永寿县	SN—Yongshou County	R1754T2012	相对稳定	I级
陕西镇安县	SN—Zhen'an County	R1512T2012	相对稳定	H级
陕西镇巴县	SN—Zhenba County	R1745T2012	相对稳定	I级
陕西镇坪县	SN—Zhenping County	R1912T2012	相对稳定	J级
陕西志丹县	SN—Zhidan County	R675T2012	相对稳定	D级
陕西周至县	SN—Zhouzhi County	R1196T2012	相对稳定	F级
陕西子长县	SN—Zizhang County	R1136T2012	上升	F级
陕西子洲县	SN—Zizhou County	R1847T2012	相对稳定	J级
陕西紫阳县	SN—Ziyang County	R1737T2012	相对稳定	I级
陕西柞水县	SN—Zhashui County	R1668T2012	相对稳定	I级

第四届中国县域经济基本竞争力评价(上海)

4th CHINA COUNTY-LEVEL ECONOMY BASIC COMPETITIVENESS EVALUATION(SHANGHAI)

县域单位	UNIT	中郡指数	竞争力动态	竞争力等级
上海崇明县	SH—Chongming County	R67T2012	相对稳定	A级

第四届中国县域经济基本竞争力评价(四川)

4th CHINA COUNTY-LEVEL ECONOMY BASIC COMPETITIVENESS EVALUATION(SICHUAN)

县域单位	UNIT	中郡指数	竞争力动态	竞争力等级
四川阿坝县	SC—Aba County	R1964T2012	相对稳定	J级
四川安县	SC—Anxian County	R802T2012	相对稳定	E级
四川安岳县	SC—Anyue County	R485T2012	相对稳定	C级
四川巴塘县	SC—Batang County	R1908T2012	相对稳定	J级
四川白玉县	SC—Baiyu County	R1987T2012	相对稳定	J级
四川宝兴县	SC—Baoxing County	R1590T2012	相对稳定	H级
四川北川县	SC—Beichuan County	R1714T2012	相对稳定	I级
四川布拖县	SC—Butuo County	R1911T2012	相对稳定	J级
四川苍溪县	SC—Cangxi County	R1030T2012	相对稳定	F级
四川长宁县	SC—Changning County	R1124T2012	相对稳定	F级
四川崇州市	SC—Chongzhou City	R201T2012	相对稳定	B级
四川达县	SC—Daxian County	R462T2012	相对稳定	C级
四川大邑县	SC—Dayi County	R374T2012	相对稳定	B级
四川大英县	SC—Daying County	R1182T2012	相对稳定	F级
四川大竹县	SC—Dazhu County	R365T2012	相对稳定	B级
四川丹巴县	SC—Danba County	R1985T2012	相对稳定	J级
四川丹棱县	SC—Danling County	R1555T2012	相对稳定	H级
四川道孚县	SC—Daofu County	R2002T2012	相对稳定	J级
四川稻城县	SC—Daocheng County	R1976T2012	相对稳定	J级
四川得荣县	SC—Derong County	R1983T2012	相对稳定	J级
四川德昌县	SC—Dechang County	R1154T2012	上升	F级
四川德格县	SC—Dege County	R2008T2012	相对稳定	J级
四川都江堰市	SC—Dujiangyan City	R184T2012	相对稳定	A级
四川峨边县	SC—Ebian County	R1581T2012	相对稳定	H级
四川峨眉山市	SC—Emeishan City	R545T2012	相对稳定	C级
四川富顺县	SC—Fushun County	R498T2012	相对稳定	C级
四川甘洛县	SC—Ganluo County	R1518T2012	相对稳定	H级
四川甘孜县	SC—Ganzi County	R1998T2012	相对稳定	J级
四川高县	SC—Gaoxian County	R1210T2012	相对稳定	G级
四川珙县	SC—Gongxian County	R1303T2012	相对稳定	G级

第四届中国县域经济基本竞争力评价(四川续一)

4th CHINA COUNTY-LEVEL ECONOMY BASIC COMPETITIVENESS EVALUATION(SICHUAN)

县域单位	UNIT	中郡指数	竞争力动态	竞争力等级
四川古蔺县	SC—Gulin County	R1245T2012	相对稳定	G级
四川广汉市	SC—Guanghan City	R268T2012	相对稳定	B级
四川汉源县	SC—Hanyuan County	R1251T2012	相对稳定	G级
四川合江县	SC—Hejiang County	R757T2012	相对稳定	D级
四川黑水县	SC—Heishui County	R1956T2012	相对稳定	J级
四川红原县	SC—Hongyuan County	R1900T2012	相对稳定	J级
四川洪雅县	SC—Hongya County	R1125T2012	相对稳定	F级
四川华蓥市	SC—Huaying City	R773T2012	相对稳定	D级
四川会东县	SC—Huidong County	R979T2012	相对稳定	E级
四川会理县	SC—Huili County	R730T2012	相对稳定	D级
四川夹江县	SC—Jiajiang County	R884T2012	相对稳定	E级
四川犍为县	SC—Jianwei County	R946T2012	相对稳定	E级
四川简阳市	SC—Jianyang City	R297T2012	相对稳定	B级
四川剑阁县	SC—Jiange County	R1238T2012	相对稳定	G级
四川江安县	SC—Jiang'an County	R1235T2012	相对稳定	G级
四川江油市	SC—Jiangyou City	R176T2012	相对稳定	A级
四川金川县	SC—Jinchuan County	R1992T2012	相对稳定	J级
四川金堂县	SC—Jintang County	R250T2012	相对稳定	B级
四川金阳县	SC—Jinyang County	R1979T2012	相对稳定	J级
四川井研县	SC—Jingyan County	R1259T2012	相对稳定	G级
四川九龙县	SC—Jiulong County	R1907T2012	相对稳定	J级
四川九寨沟县	SC—Jiuzhaigou County	R1252T2012	相对稳定	G级
四川筠连县	SC—Junlian County	R1459T2012	相对稳定	H级
四川开江县	SC—Kaijiang County	R1115T2012	相对稳定	F级
四川康定县	SC—Kangding County	R1221T2012	上升	G级
四川阆中市	SC—langzhong City	R733T2012	相对稳定	D级
四川乐至县	SC—Lezhi County	R746T2012	相对稳定	D级
四川雷波县	SC—Leibo County	R1742T2012	相对稳定	I级
四川理塘县	SC—Litang County	R1961T2012	相对稳定	J级
四川理县	SC—Lixian County	R1716T2012	相对稳定	I级

第四届中国县域经济基本竞争力评价(四川续二)

4th CHINA COUNTY-LEVEL ECONOMY BASIC COMPETITIVENESS EVALUATION(SICHUAN)

县域单位	UNIT	中郡指数	竞争力动态	竞争力等级
四川邻水县	SC—Linshui County	R645T2012	相对稳定	D级
四川隆昌县	SC—Longchang County	R617T2012	相对稳定	D级
四川芦山县	SC—Lushan County	R1702T2012	相对稳定	I级
四川泸定县	SC—Luding County	R1805T2012	相对稳定	J级
四川泸县	SC—Luxian County	R575T2012	相对稳定	C级
四川炉霍县	SC—Luhuo County	R2006T2012	相对稳定	J级
四川罗江县	SC—Luojiang County	R1237T2012	相对稳定	G级
四川马边县	SC—Mabian County	R1772T2012	相对稳定	I级
四川马尔康县	SC—Ma'erkang County	R1719T2012	相对稳定	I级
四川茂县	SC—Maoxian County	R1846T2012	相对稳定	J级
四川美姑县	SC—Meigu County	R1862T2012	相对稳定	J级
四川米易县	SC—Miyi County	R1157T2012	上升	F级
四川绵竹市	SC—Mianzhu City	R169T2012	相对稳定	A级
四川冕宁县	SC—Mianning County	R1144T2012	相对稳定	F级
四川名山县	SC—Mingshan County	R1461T2012	相对稳定	H级
四川木里县	SC—Muli County	R1926T2012	相对稳定	J级
四川沐川县	SC—Muchuan County	R1306T2012	相对稳定	G级
四川南部县	SC—Nanbu County	R470T2012	相对稳定	C级
四川南江县	SC—Nanjiang County	R1171T2012	相对稳定	F级
四川南溪县	SC—Nanxi County	R1226T2012	相对稳定	G级
四川宁南县	SC—Ningnan County	R1500T2012	相对稳定	H级
四川彭山县	SC—Pengshan County	R833T2012	相对稳定	E级
四川彭州市	SC—Pengzhou City	R273T2012	相对稳定	B级
四川蓬安县	SC—Peng'an County	R1028T2012	相对稳定	F级
四川蓬溪县	SC—Pengxi County	R1121T2012	相对稳定	F级
四川郫县	SC—Pixian County	R210T2012	相对稳定	B级
四川平昌县	SC—Pingchang County	R842T2012	上升	E级
四川平武县	SC—Pingwu County	R1643T2012	相对稳定	I级
四川屏山县	SC—Pingshan County	R1574T2012	相对稳定	H级
四川蒲江县	SC—Pujiang County	R781T2012	相对稳定	D级

第四届中国县域经济基本竞争力评价（四川续三）

4th CHINA COUNTY-LEVEL ECONOMY BASIC COMPETITIVENESS EVALUATION(SICHUAN)

县域单位	UNIT	中郡指数	竞争力动态	竞争力等级
四川普格县	SC—Puge County	R1845T2012	相对稳定	J级
四川青川县	SC—Qingchuan County	R1757T2012	相对稳定	I级
四川青神县	SC—Qingshen County	R1436T2012	相对稳定	H级
四川邛崃市	SC—Qionglai City	R244T2012	相对稳定	B级
四川渠县	SC—Quxian County	R629T2012	相对稳定	D级
四川壤塘县	SC—Rangtang County	R1958T2012	相对稳定	J级
四川仁寿县	SC—Renshou County	R358T2012	相对稳定	B级
四川荣县	SC—Rongxian County	R611T2012	相对稳定	D级
四川若尔盖县	SC—Ruo'ergai County	R1947T2012	相对稳定	J级
四川三台县	SC—Santai County	R344T2012	相对稳定	B级
四川色达县	SC—Seda County	R2000T2012	注意	J级
四川射洪县	SC—Shehong County	R298T2012	相对稳定	B级
四川什邡市	SC—Shifang City	R191T2012	相对稳定	A级
四川石棉县	SC—Shimian County	R1223T2012	相对稳定	G级
四川石渠县	SC—Shiqu County	R1993T2012	相对稳定	J级
四川双流县	SC—Shuangliu County	R45T2012	相对稳定	A级
四川松潘县	SC—Songpan County	R1638T2012	相对稳定	I级
四川天全县	SC—Tianquan County	R1441T2012	相对稳定	H级
四川通江县	SC—Tongjiang County	R1219T2012	相对稳定	G级
四川万源市	SC—Wanyuan City	R1170T2012	相对稳定	F级
四川旺苍县	SC—Wangcang County	R1342T2012	相对稳定	G级
四川威远县	SC—Weiyuan County	R473T2012	相对稳定	C级
四川汶川县	SC—Wenchuan County	R1051T2012	相对稳定	F级
四川武胜县	SC—Wusheng County	R728T2012	相对稳定	D级
四川西昌市	SC—Xichang City	R232T2012	相对稳定	B级
四川西充县	SC—Xichong County	R1271T2012	相对稳定	G级
四川喜德县	SC—Xide County	R1826T2012	相对稳定	J级
四川乡城县	SC—Xiangcheng County	R1982T2012	相对稳定	J级
四川小金县	SC—Xiaojin County	R1899T2012	相对稳定	J级
四川新津县	SC—Xinjin County	R472T2012	相对稳定	C级

第四届中国县域经济基本竞争力评价(四川续四)

4th CHINA COUNTY-LEVEL ECONOMY BASIC COMPETITIVENESS EVALUATION(SICHUAN)

县域单位	UNIT	中郡指数	竞争力动态	竞争力等级
四川新龙县	SC—Xinlong County	R2004T2012	注意	J级
四川兴文县	SC—Xingwen County	R1426T2012	相对稳定	H级
四川叙永县	SC—Xuyong County	R1232T2012	相对稳定	G级
四川宣汉县	SC—Xuanhan County	R636T2012	相对稳定	D级
四川雅江县	SC—Yajiang County	R1969T2012	相对稳定	J级
四川盐边县	SC—Yanbian County	R799T2012	相对稳定	D级
四川盐亭县	SC—Yanting County	R1083T2012	相对稳定	F级
四川盐源县	SC—Yanyuan County	R1621T2012	相对稳定	I级
四川仪陇县	SC—Yilong County	R1140T2012	相对稳定	F级
四川宜宾县	SC—Yibin County	R515T2012	相对稳定	C级
四川荥经县	SC—Yingjing County	R1356T2012	相对稳定	G级
四川营山县	SC—Yingshan County	R970T2012	相对稳定	E级
四川岳池县	SC—Yuechi County	R598T2012	相对稳定	C级
四川越西县	SC—Yuexi County	R1663T2012	相对稳定	I级
四川昭觉县	SC—Zhaojue County	R1896T2012	相对稳定	J级
四川中江县	SC—Zhongjiang County	R351T2012	相对稳定	B级
四川资中县	SC—Zizhong County	R595T2012	相对稳定	C级
四川梓潼县	SC—Zitong County	R1240T2012	相对稳定	G级

第四届中国县域经济基本竞争力评价（天津）

4th CHINA COUNTY-LEVEL ECONOMY BASIC COMPETITIVENESS EVALUATION(TIANJIN)

县域单位	UNIT	中郡指数	竞争力动态	竞争力等级
天津蓟县	TJ—Jixian County	R149T2012	相对稳定	A级
天津静海县	TJ—Jinghai County	R156T2012	相对稳定	A级
天津宁河县	TJ—Ninghe County	R179T2012	相对稳定	A级

第四届中国县域经济基本竞争力评价（西藏）

4th CHINA COUNTY-LEVEL ECONOMY BASIC COMPETITIVENESS EVALUATION(XIZANG)

县域单位	UNIT	中郡指数	竞争力动态	竞争力等级
西藏安多县	XZ—Anduo County	R1583T2012	上升	H级
西藏昂仁县	XZ—Angren County	R1994T2012	相对稳定	J级
西藏八宿县	XZ—Basu County	R1733T2012	上升	I级
西藏巴青县	XZ—Baqing County	R1351T2012	上升	G级
西藏白朗县	XZ—Bailang County	R1973T2012	相对稳定	J级
西藏班戈县	XZ—Bange County	R1965T2012	相对稳定	J级
西藏比如县	XZ—biru County	R1948T2012	相对稳定	J级
西藏边坝县	XZ—Bianba County	R1789T2012	上升	I级
西藏波密县	XZ—Bomi County	R1672T2012	相对稳定	I级
西藏察雅县	XZ—Chaya County	R1968T2012	相对稳定	J级
西藏察隅县	XZ—Chayu County	R1936T2012	相对稳定	J级
西藏昌都县	XZ—Changdu County	R1735T2012	相对稳定	I级
西藏措美县	XZ—Cuomei County	R1848T2012	上升	J级
西藏措勤县	XZ—Cuoqin County	R1945T2012	相对稳定	J级
西藏错那县	XZ—Cuona County	R1857T2012	注意	J级
西藏达孜县	XZ—Dazi County	R1833T2012	相对稳定	J级
西藏当雄县	XZ—Dangxiong County	R1952T2012	相对稳定	J级
西藏丁青县	XZ—Dingqing County	R1888T2012	相对稳定	J级
西藏定结县	XZ—Dingjie County	R1827T2012	相对稳定	J级
西藏定日县	XZ—dingri County	R1932T2012	相对稳定	J级
西藏堆龙德庆县	XZ—Duilongdeqing County	R1053T2012	上升	F级
西藏噶尔县	XZ—Ga'er County	R1986T2012	相对稳定	J级
西藏改则县	XZ—Gaize County	R1927T2012	相对稳定	J级
西藏岗巴县	XZ—Gangba County	R1901T2012	相对稳定	J级
西藏革吉县	XZ—Geji County	R1970T2012	相对稳定	J级
西藏工布江达县	XZ—Gongbujiangda County	R1786T2012	相对稳定	I级
西藏贡嘎县	XZ—Gongga County	R1890T2012	相对稳定	J级
西藏贡觉县	XZ—Gongjue County	R1856T2012	上升	J级
西藏吉隆县	XZ—Jilong County	R1918T2012	相对稳定	J级
西藏加查县	XZ—Jiacha County	R1980T2012	相对稳定	J级

第四届中国县域经济基本竞争力评价（西藏续一）

4th CHINA COUNTY-LEVEL ECONOMY BASIC COMPETITIVENESS EVALUATION(XIZANG)

县域单位	UNIT	中郡指数	竞争力动态	竞争力等级
西藏嘉黎县	XZ—Jiali County	R1894T2012	相对稳定	J级
西藏江达县	XZ—Jiangda County	R1934T2012	相对稳定	J级
西藏江孜县	XZ—Jiangzi County	R1765T2012	相对稳定	I级
西藏康马县	XZ—Kangma County	R1953T2012	相对稳定	J级
西藏拉孜县	XZ—Lazi County	R1866T2012	相对稳定	J级
西藏朗县	XZ—Langxian County	R1837T2012	相对稳定	J级
西藏浪卡子县	XZ—Langkazi County	R2001T2012	相对稳定	J级
西藏类乌齐县	XZ—Leiwuqi County	R1886T2012	相对稳定	J级
西藏林芝县	XZ—Linzhi County	R958T2012	相对稳定	E级
西藏林周县	XZ—Linzhou County	R1304T2012	上升	G级
西藏隆子县	XZ—Longzi County	R1925T2012	相对稳定	J级
西藏洛隆县	XZ—Luolong County	R1877T2012	相对稳定	J级
西藏洛扎县	XZ—Luozha County	R1892T2012	相对稳定	J级
西藏芒康县	XZ—Mangkang County	R1849T2012	相对稳定	J级
西藏米林县	XZ—Milin County	R1673T2012	相对稳定	I级
西藏墨脱县	XZ—Motuo County	R1959T2012	相对稳定	J级
西藏墨竹工卡县	XZ—Mozhugongka County	R1618T2012	相对稳定	I级
西藏那曲县	XZ—Naqu County	R1804T2012	注意	J级
西藏乃东县	XZ—Naidong County	R1412T2012	相对稳定	H级
西藏南木林县	XZ—Nanmulin County	R1880T2012	相对稳定	J级
西藏尼玛县	XZ—Nima County	R1748T2012	上升	I级
西藏尼木县	XZ—Nimu County	R2003T2012	注意	J级
西藏聂拉木县	XZ—Nielamu County	R1794T2012	相对稳定	I级
西藏聂荣县	XZ—Nierong County	R1923T2012	相对稳定	J级
西藏普兰县	XZ—Pulan County	R1710T2012	相对稳定	I级
西藏琼结县	XZ—Qiongjie County	R1883T2012	相对稳定	J级
西藏曲水县	XZ—Qushui County	R1815T2012	上升	J级
西藏曲松县	XZ—Qusong County	R1700T2012	上升	I级
西藏仁布县	XZ—Renbu County	R1878T2012	相对稳定	J级
西藏日喀则市	XZ—Rikaze City	R1587T2012	相对稳定	H级

第四届中国县域经济基本竞争力评价(西藏续二)

4th CHINA COUNTY-LEVEL ECONOMY BASIC COMPETITIVENESS EVALUATION(XIZANG)

县域单位	UNIT	中郡指数	竞争力动态	竞争力等级
西藏日土县	XZ—Ritu County	R1807T2012	上升	J级
西藏萨嘎县	XZ—Saga County	R1943T2012	相对稳定	J级
西藏萨迦县	XZ—Sajia County	R1913T2012	相对稳定	J级
西藏桑日县	XZ—Sangri County	R1741T2012	相对稳定	I级
西藏申扎县	XZ—Shenzha County	R2007T2012	相对稳定	J级
西藏索县	XZ—Suoxian County	R1960T2012	相对稳定	J级
西藏谢通门县	XZ—Xietongmen County	R1758T2012	上升	I级
西藏亚东县	XZ—Yadong County	R1895T2012	相对稳定	J级
西藏扎囊县	XZ—Zhanang County	R1974T2012	相对稳定	J级
西藏札达县	XZ—Zhada County	R1876T2012	注意	J级
西藏仲巴县	XZ—Zhongba County	R1867T2012	相对稳定	J级
西藏左贡县	XZ—Zuogong County	R1891T2012	相对稳定	J级

第四届中国县域经济基本竞争力评价(新疆)

4th CHINA COUNTY-LEVEL ECONOMY BASIC COMPETITIVENESS EVALUATION(XINJIANG)

县域单位	UNIT	中郡指数	竞争力动态	竞争力等级
新疆阿合奇县	XJ—Aheqi County	R1920T2012	相对稳定	J级
新疆阿克苏市	XJ—Akesu City	R233T2012	相对稳定	B级
新疆阿克陶县	XJ—Aketao County	R1806T2012	相对稳定	J级
新疆阿勒泰市	XJ—Aletai City	R1636T2012	注意	I级
新疆阿图什市	XJ—Atushi City	R1698T2012	相对稳定	I级
新疆阿瓦提县	XJ—Awati County	R1746T2012	注意	I级
新疆巴楚县	XJ—Bachu County	R1884T2012	注意	J级
新疆巴里坤县	XJ—Balikun County	R1723T2012	相对稳定	I级
新疆拜城县	XJ—Baicheng County	R1447T2012	相对稳定	H级
新疆博湖县	XJ—Bohu County	R1650T2012	相对稳定	I级
新疆博乐市	XJ—Bole City	R1078T2012	相对稳定	F级
新疆布尔津县	XJ—Buerjin County	R1460T2012	上升	H级
新疆策勒县	XJ—Cele County	R1946T2012	相对稳定	J级
新疆察布查尔县	XJ—Chabucha'er County	R1688T2012	相对稳定	I级
新疆昌吉市	XJ—Changji City	R282T2012	相对稳定	B级
新疆额敏县	XJ—Emin County	R1192T2012	相对稳定	F级
新疆福海县	XJ—Fuhai County	R1273T2012	相对稳定	G级
新疆阜康市	XJ—Fukang City	R542T2012	相对稳定	C级
新疆富蕴县	XJ—Fuyun County	R1231T2012	上升	G级
新疆伽师县	XJ—Jiashi County	R1697T2012	相对稳定	I级
新疆巩留县	XJ—Gongliu County	R1629T2012	相对稳定	I级
新疆哈巴河县	XJ—Habahe County	R1649T2012	相对稳定	I级
新疆哈密市	XJ—Hami City	R406T2012	相对稳定	C级
新疆和布克赛尔县	XJ—Hebukesai'er County	R1044T2012	上升	F级
新疆和静县	XJ—Hejing County	R1344T2012	相对稳定	G级
新疆和硕县	XJ—Heshuo County	R1409T2012	上升	H级
新疆和田市	XJ—Hetian City	R1599T2012	相对稳定	H级
新疆和田县	XJ—Hetian County	R1873T2012	相对稳定	J级
新疆呼图壁县	XJ—Hutubi County	R752T2012	相对稳定	D级
新疆霍城县	XJ—Houcheng County	R1269T2012	相对稳定	G级

第四届中国县域经济基本竞争力评价（新疆续一）

4th CHINA COUNTY-LEVEL ECONOMY BASIC COMPETITIVENESS EVALUATION(XINJIANG)

县域单位	UNIT	中郡指数	竞争力动态	竞争力等级
新疆吉木乃县	XJ—Jimunai County	R2012T2012	注意	J级
新疆吉木萨尔县	XJ—Jimusa'er County	R1367T2012	相对稳定	G级
新疆精河县	XJ—Jinghe County	R1751T2012	注意	I级
新疆喀什市	XJ—Kashi City	R787T2012	相对稳定	D级
新疆柯坪县	XJ—Keping County	R1930T2012	相对稳定	J级
新疆库车县	XJ—Kuche County	R269T2012	上升	B级
新疆库尔勒市	XJ—Ku'erle City	R43T2012	相对稳定	A级
新疆奎屯市	XJ—Kuitun City	R818T2012	相对稳定	E级
新疆轮台县	XJ—Luntai County	R774T2012	上升	D级
新疆洛浦县	XJ—Luopu County	R1850T2012	相对稳定	J级
新疆玛纳斯县	XJ—Manasi County	R450T2012	相对稳定	C级
新疆麦盖提县	XJ—Maigaiti County	R1971T2012	注意	J级
新疆米泉市	XJ—Miquan City	R721T2012	相对稳定	D级
新疆民丰县	XJ—Minfeng County	R1834T2012	相对稳定	J级
新疆墨玉县	XJ—Moyu County	R1728T2012	相对稳定	I级
新疆木垒县	XJ—Mulei County	R1695T2012	相对稳定	I级
新疆尼勒克县	XJ—Nileke County	R1686T2012	相对稳定	I级
新疆皮山县	XJ—Pishan County	R1887T2012	相对稳定	J级
新疆奇台县	XJ—Qitai County	R1345T2012	相对稳定	G级
新疆且末县	XJ—Qiemo County	R1324T2012	注意	G级
新疆青河县	XJ—Qinghe County	R1915T2012	相对稳定	J级
新疆若羌县	XJ—Ruoqiang County	R1588T2012	上升	H级
新疆沙湾县	XJ—Shawan County	R422T2012	相对稳定	C级
新疆沙雅县	XJ—Shaya County	R1274T2012	相对稳定	G级
新疆莎车县	XJ—Shache County	R1415T2012	相对稳定	H级
新疆鄯善县	XJ—Shanshan County	R182T2012	相对稳定	A级
新疆石河子市	XJ—Shihezi City	R321T2012	相对稳定	B级
新疆疏附县	XJ—Shufu County	R1526T2012	上升	H级
新疆疏勒县	XJ—Shule County	R1726T2012	相对稳定	I级
新疆塔城市	XJ—Tacheng City	R1038T2012	相对稳定	F级

第四届中国县域经济基本竞争力评价（新疆续二）

4th CHINA COUNTY-LEVEL ECONOMY BASIC COMPETITIVENESS EVALUATION(XINJIANG)

县域单位	UNIT	中郡指数	竞争力动态	竞争力等级
新疆塔什库尔干县	XJ—Tashiku'ergan County	R1718T2012	注意	I级
新疆特克斯县	XJ—Tekesi County	R1844T2012	相对稳定	J级
新疆吐鲁番市	XJ—Tulufan City	R894T2012	相对稳定	E级
新疆托克逊县	XJ—Tuokexun County	R1432T2012	相对稳定	H级
新疆托里县	XJ—Tuoli County	R1689T2012	相对稳定	I级
新疆尉犁县	XJ—Yuli County	R1089T2012	上升	F级
新疆温泉县	XJ—Wenquan County	R1966T2012	相对稳定	J级
新疆温宿县	XJ—Wensu County	R1769T2012	注意	I级
新疆乌鲁木齐县	XJ—Wulumuqi County	R1559T2012	相对稳定	H级
新疆乌恰县	XJ—Wuqia County	R1977T2012	相对稳定	J级
新疆乌什县	XJ—Wushi County	R1989T2012	相对稳定	J级
新疆乌苏市	XJ—Wusu City	R676T2012	相对稳定	D级
新疆新和县	XJ—Xinhe County	R1725T2012	相对稳定	I级
新疆新源县	XJ—Xinyuan County	R1137T2012	相对稳定	F级
新疆焉耆县	XJ—Yanqi County	R1295T2012	相对稳定	G级
新疆叶城县	XJ—Yecheng County	R1533T2012	相对稳定	H级
新疆伊宁市	XJ—Yining City	R621T2012	相对稳定	D级
新疆伊宁县	XJ—Yining County	R1214T2012	相对稳定	G级
新疆伊吾县	XJ—Yiwu County	R1393T2012	上升	G级
新疆英吉沙县	XJ—Yingjisha County	R1838T2012	相对稳定	J级
新疆于田县	XJ—Yutian County	R1875T2012	相对稳定	J级
新疆裕民县	XJ—Yumin County	R1790T2012	相对稳定	I级
新疆岳普湖县	XJ—Yuepuhu County	R1874T2012	相对稳定	J级
新疆泽普县	XJ—Zepu County	R1478T2012	相对稳定	H级
新疆昭苏县	XJ—Zhaosu County	R1693T2012	相对稳定	I级

第四届中国县域经济基本竞争力评价(云南)

4th CHINA COUNTY-LEVEL ECONOMY BASIC COMPETITIVENESS EVALUATION(YUNNAN)

县域单位	UNIT	中郡指数	竞争力动态	竞争力等级
云南安宁市	YN—Anning City	R189T2012	相对稳定	A级
云南宾川县	YN—Binchuan County	R1098T2012	相对稳定	F级
云南沧源县	YN—Cangyuan County	R1800T2012	相对稳定	I级
云南昌宁县	YN—Changning County	R1387T2012	相对稳定	G级
云南呈贡县	YN—Chenggong County	R828T2012	相对稳定	E级
云南澄江县	YN—Chengjiang County	R1358T2012	相对稳定	G级
云南楚雄市	YN—Chuxiong City	R235T2012	相对稳定	B级
云南大关县	YN—Daguan County	R1996T2012	相对稳定	J级
云南大理市	YN—Dali City	R145T2012	相对稳定	A级
云南大姚县	YN—Dayao County	R1492T2012	相对稳定	H级
云南德钦县	YN—Deqin County	R1955T2012	相对稳定	J级
云南峨山县	YN—Eshan County	R1292T2012	相对稳定	G级
云南洱源县	YN—Eryuan County	R1327T2012	相对稳定	G级
云南凤庆县	YN—Fengqing County	R1427T2012	相对稳定	H级
云南福贡县	YN—Fugong County	R1991T2012	相对稳定	J级
云南富民县	YN—Fumin County	R1517T2012	相对稳定	H级
云南富宁县	YN—Funing County	R1514T2012	相对稳定	H级
云南富源县	YN—Fuyuan County	R737T2012	相对稳定	D级
云南个旧市	YN—Gejiu City	R446T2012	相对稳定	C级
云南耿马县	YN—Gengma County	R1398T2012	相对稳定	G级
云南贡山县	YN—Gongshan County	R1999T2012	相对稳定	J级
云南广南县	YN—Guangnan County	R1411T2012	相对稳定	H级
云南河口县	YN—Hekou County	R1571T2012	相对稳定	H级
云南鹤庆县	YN—Heqing County	R1632T2012	相对稳定	I级
云南红河县	YN—Honghe County	R1808T2012	相对稳定	J级
云南华宁县	YN—Huaning County	R1354T2012	相对稳定	G级
云南华坪县	YN—Huaping County	R1593T2012	相对稳定	H级
云南会泽县	YN—Huize County	R435T2012	注意	C级
云南建水县	YN—Jianshui County	R929T2012	相对稳定	E级
云南剑川县	YN—Jianchuan County	R1783T2012	相对稳定	I级

第四届中国县域经济基本竞争力评价（云南续一）

4th CHINA COUNTY-LEVEL ECONOMY BASIC COMPETITIVENESS EVALUATION(YUNNAN)

县域单位	UNIT	中郡指数	竞争力动态	竞争力等级
云南江城县	YN—Jiangcheng County	R1843T2012	相对稳定	J级
云南江川县	YN—Jiangchuan County	R1213T2012	注意	G级
云南金平县	YN—Jinping County	R1812T2012	相对稳定	J级
云南晋宁县	YN—Jinning County	R1059T2012	相对稳定	F级
云南景东县	YN—Jingdong County	R1416T2012	相对稳定	H级
云南景谷县	YN—Jinggu County	R1248T2012	相对稳定	G级
云南景洪市	YN—Jinghong City	R523T2012	相对稳定	C级
云南开远市	YN—Kaiyuan City	R532T2012	相对稳定	C级
云南兰坪县	YN—Lanping County	R1606T2012	相对稳定	I级
云南澜沧县	YN—Lancang County	R1570T2012	相对稳定	H级
云南梁河县	YN—Lianghe County	R1928T2012	相对稳定	J级
云南龙陵县	YN—Longling County	R1597T2012	相对稳定	H级
云南陇川县	YN—Longchuan County	R1775T2012	相对稳定	I级
云南泸水县	YN—Lushui County	R1750T2012	注意	I级
云南泸西县	YN—Luxi County	R1225T2012	相对稳定	G级
云南鲁甸县	YN—Ludian County	R1840T2012	相对稳定	J级
云南陆良县	YN—Luliang County	R753T2012	相对稳定	D级
云南禄丰县	YN—Lufeng County	R691T2012	相对稳定	D级
云南禄劝县	YN—Luquan County	R1326T2012	相对稳定	G级
云南潞西市	YN—Luxi City	R1233T2012	相对稳定	G级
云南绿春县	YN—Luchun County	R1906T2012	相对稳定	J级
云南罗平县	YN—Luoping County	R742T2012	相对稳定	D级
云南麻栗坡县	YN—Malipo County	R1646T2012	相对稳定	I级
云南马关县	YN—Maguan County	R1535T2012	相对稳定	H级
云南马龙县	YN—Malong County	R1678T2012	相对稳定	I级
云南勐海县	YN—Menghai County	R1424T2012	相对稳定	H级
云南勐腊县	YN—Mengla County	R1063T2012	相对稳定	F级
云南蒙自县	YN—Mengzi County	R1036T2012	相对稳定	F级
云南孟连县	YN—Menglian County	R1821T2012	相对稳定	J级
云南弥渡县	YN—Midu County	R1604T2012	相对稳定	I级

第四届中国县域经济基本竞争力评价（云南续二）

4th CHINA COUNTY-LEVEL ECONOMY BASIC COMPETITIVENESS EVALUATION(YUNNAN)

县域单位	UNIT	中郡指数	竞争力动态	竞争力等级
云南弥勒县	YN—Mile County	R222T2012	相对稳定	B级
云南墨江县	YN—Mojiang County	R1457T2012	相对稳定	H级
云南牟定县	YN—Mouding County	R1740T2012	相对稳定	I级
云南南华县	YN—Nanhua County	R1674T2012	相对稳定	I级
云南南涧县	YN—Nanjian County	R1614T2012	相对稳定	I级
云南宁蒗县	YN—Ninglang County	R1902T2012	相对稳定	J级
云南屏边县	YN—Pingbian County	R1872T2012	相对稳定	J级
云南普洱县	YN—Pu'er County	R1562T2012	相对稳定	H级
云南巧家县	YN—Qiaojia County	R1651T2012	相对稳定	I级
云南丘北县	YN—Qiubei County	R1635T2012	相对稳定	I级
云南瑞丽市	YN—Ruili City	R1243T2012	相对稳定	G级
云南师宗县	YN—Shizong County	R1254T2012	相对稳定	G级
云南施甸县	YN—Shidian County	R1619T2012	相对稳定	I级
云南石林县	YN—Shilin County	R1159T2012	相对稳定	F级
云南石屏县	YN—Shiping County	R1437T2012	相对稳定	H级
云南双柏县	YN—Shuangbo County	R1764T2012	相对稳定	I级
云南双江县	YN—Shuangjiang County	R1799T2012	相对稳定	I级
云南水富县	YN—Shuifu County	R1284T2012	相对稳定	G级
云南嵩明县	YN—Songming County	R1201T2012	相对稳定	G级
云南绥江县	YN—Suijiang County	R1919T2012	相对稳定	J级
云南腾冲县	YN—Tengchong County	R907T2012	相对稳定	E级
云南通海县	YN—Tonghai County	R983T2012	相对稳定	E级
云南威信县	YN—Weixin County	R1864T2012	相对稳定	J级
云南巍山县	YN—Weishan County	R1530T2012	相对稳定	H级
云南维西县	YN—Weixi County	R1818T2012	相对稳定	J级
云南文山县	YN—Wenshan County	R662T2012	相对稳定	D级
云南武定县	YN—Wuding County	R1582T2012	相对稳定	H级
云南西畴县	YN—Xichou County	R1771T2012	相对稳定	I级
云南西盟县	YN—Ximeng County	R1685T2012	上升	I级
云南香格里拉县	YN—Xianggelila County	R1607T2012	相对稳定	I级

第四届中国县域经济基本竞争力评价（云南续三）

4th CHINA COUNTY-LEVEL ECONOMY BASIC COMPETITIVENESS EVALUATION(YUNNAN)

县域单位	UNIT	中郡指数	竞争力动态	竞争力等级
云南祥云县	YN—Xiangyun County	R978T2012	相对稳定	E级
云南新平县	YN—Xinping County	R1384T2012	相对稳定	G级
云南宣威市	YN—Xuanwei City	R433T2012	相对稳定	C级
云南寻甸县	YN—Xundian County	R1347T2012	相对稳定	G级
云南盐津县	YN—Yanjin County	R1938T2012	相对稳定	J级
云南砚山县	YN—Yanshan County	R1282T2012	相对稳定	G级
云南漾濞县	YN—Yangbi County	R1820T2012	相对稳定	J级
云南姚安县	YN—Yao'an County	R1625T2012	相对稳定	I级
云南宜良县	YN—Yiliang County	R489T2012	相对稳定	C级
云南彝良县	YN—Yiliang County	R1831T2012	相对稳定	J级
云南易门县	YN—Yimen County	R1349T2012	相对稳定	G级
云南盈江县	YN—Yingjiang County	R1519T2012	相对稳定	H级
云南永德县	YN—Yongde County	R1709T2012	相对稳定	I级
云南永平县	YN—Yongping County	R1644T2012	相对稳定	I级
云南永仁县	YN—Yongren County	R1824T2012	相对稳定	J级
云南永善县	YN—Yongshan County	R1690T2012	相对稳定	I级
云南永胜县	YN—Yongsheng County	R1521T2012	相对稳定	H级
云南玉龙县	YN—Yulong County	R1705T2012	相对稳定	I级
云南元江县	YN—Yuanjiang County	R1413T2012	相对稳定	H级
云南元谋县	YN—Yuanmou County	R1647T2012	相对稳定	I级
云南元阳县	YN—Yuanyang County	R1780T2012	相对稳定	I级
云南云龙县	YN—Yunlong County	R1752T2012	相对稳定	I级
云南云县	YN—Yunxian County	R1085T2012	相对稳定	F级
云南沾益县	YN—Zhanyi County	R744T2012	相对稳定	D级
云南镇康县	YN—Zhenkang County	R1813T2012	相对稳定	J级
云南镇雄县	YN—Zhenxiong County	R1337T2012	相对稳定	G级
云南镇沅县	YN—Zhenyuan County	R1816T2012	相对稳定	J级

第四届中国县域经济基本竞争力评价（浙江）

4th CHINA COUNTY-LEVEL ECONOMY BASIC COMPETITIVENESS EVALUATION(ZHEJIANG)

县域单位	UNIT	中郡指数	竞争力动态	竞争力等级
浙江安吉县	ZJ—Anji County	R166T2012	相对稳定	A级
浙江苍南县	ZJ—Cangnan County	R90T2012	相对稳定	A级
浙江长兴县	ZJ—Changxing County	R82T2012	相对稳定	A级
浙江常山县	ZJ—Changshan County	R609T2012	相对稳定	D级
浙江淳安县	ZJ—Chun'an County	R342T2012	相对稳定	B级
浙江慈溪市	ZJ—Cixi City	R8T2012	相对稳定	A级
浙江岱山县	ZJ—Daishan County	R548T2012	相对稳定	C级
浙江德清县	ZJ—Deqing County	R99T2012	相对稳定	A级
浙江东阳市	ZJ—Dongyang City	R52T2012	相对稳定	A级
浙江洞头县	ZJ—Dongtou County	R1014T2012	相对稳定	F级
浙江奉化市	ZJ—Fenghua City	R91T2012	相对稳定	A级
浙江富阳市	ZJ—Fuyang City	R29T2012	相对稳定	A级
浙江海宁市	ZJ—Haining City	R24T2012	相对稳定	A级
浙江海盐县	ZJ—Haiyan County	R72T2012	相对稳定	A级
浙江嘉善县	ZJ—Jiashan County	R84T2012	相对稳定	A级
浙江建德市	ZJ—Jiande City	R129T2012	相对稳定	A级
浙江江山市	ZJ—Jiangshan City	R253T2012	相对稳定	B级
浙江缙云县	ZJ—Jinyun County	R463T2012	相对稳定	C级
浙江景宁县	ZJ—Jingning County	R1178T2012	相对稳定	F级
浙江开化县	ZJ—Kaihua County	R754T2012	相对稳定	D级
浙江兰溪市	ZJ—Lanxi City	R132T2012	相对稳定	A级
浙江乐清市	ZJ—Leqing City	R18T2012	相对稳定	A级
浙江临安市	ZJ—Lin'an City	R81T2012	相对稳定	A级
浙江临海市	ZJ—Linhai City	R55T2012	相对稳定	A级
浙江龙泉市	ZJ—Longquan City	R740T2012	相对稳定	D级
浙江龙游县	ZJ—Longyou County	R438T2012	相对稳定	C级
浙江宁海县	ZJ—Ninghai County	R74T2012	相对稳定	A级
浙江磐安县	ZJ—Pan'an County	R885T2012	相对稳定	E级
浙江平湖市	ZJ—Pinghu City	R50T2012	相对稳定	A级
浙江平阳县	ZJ—Pingyang County	R121T2012	相对稳定	A级

第四届中国县域经济基本竞争力评价(浙江续)

4th CHINA COUNTY-LEVEL ECONOMY BASIC COMPETITIVENESS EVALUATION(ZHEJIANG)

县域单位	UNIT	中郡指数	竞争力动态	竞争力等级
浙江浦江县	ZJ—Pujiang County	R290T2012	相对稳定	B级
浙江青田县	ZJ—Qingtian County	R380T2012	上升	B级
浙江庆元县	ZJ—Qingyuan County	R1308T2012	相对稳定	G级
浙江瑞安市	ZJ—Rui'an City	R21T2012	相对稳定	A级
浙江三门县	ZJ—Sanmen County	R428T2012	相对稳定	C级
浙江上虞市	ZJ—Shangyu City	R32T2012	相对稳定	A级
浙江绍兴县	ZJ—Shaoxing County	R9T2012	相对稳定	A级
浙江嵊泗县	ZJ—Shengsi County	R519T2012	上升	C级
浙江嵊州市	ZJ—Shengzhou City	R94T2012	相对稳定	A级
浙江松阳县	ZJ—Songyang County	R980T2012	相对稳定	E级
浙江遂昌县	ZJ—Suichang County	R655T2012	相对稳定	D级
浙江泰顺县	ZJ—Taishun County	R1079T2012	相对稳定	F级
浙江天台县	ZJ—Tiantai County	R280T2012	相对稳定	B级
浙江桐庐县	ZJ—Tonglu County	R139T2012	相对稳定	A级
浙江桐乡市	ZJ—Tongxiang City	R27T2012	相对稳定	A级
浙江温岭市	ZJ—Wenling City	R11T2012	相对稳定	A级
浙江文成县	ZJ—Wencheng County	R1042T2012	相对稳定	F级
浙江武义县	ZJ—Wuyi County	R303T2012	相对稳定	B级
浙江仙居县	ZJ—Xianju County	R437T2012	相对稳定	C级
浙江象山县	ZJ—Xiangshan County	R80T2012	相对稳定	A级
浙江新昌县	ZJ—Xinchang County	R125T2012	相对稳定	A级
浙江义乌市	ZJ—Yiwu City	R16T2012	相对稳定	A级
浙江永嘉县	ZJ—Yongjia County	R109T2012	相对稳定	A级
浙江永康市	ZJ—Yongkang City	R64T2012	相对稳定	A级
浙江余姚市	ZJ—Yuyao City	R12T2012	相对稳定	A级
浙江玉环县	ZJ—Yuhuan County	R63T2012	相对稳定	A级
浙江云和县	ZJ—Yunhe County	R1057T2012	相对稳定	F级
浙江诸暨市	ZJ—Zhuji City	R15T2012	相对稳定	A级

第三部分
中国县域经济动态

中国县域经济发展历程

1998年　中郡县域经济研究所成立。该所是目前全国县域经济领域惟一一家专门从事县域经济研究和服务的社会性、独立性机构，被称为中国县域经济第一所。

1999年　《经济日报》开辟“县域经济”专版。该版是全国第一个专门报道县域经济发展的媒体，开创了县域经济报道的先河。

2000年　建设“中国县域经济网”（域名：www.china-county.org）。为全国县域经济信息交流提供了一个平台。

2001年　第一届全国县域经济基本竞争力评价完成。该评价第一次对全国县域经济做了比较系统的概述，为全社会关注县域经济起到积极的推动作用。

2001年　第一届中国县域经济论坛召开。

2002年　《经济日报》县域经济周刊创刊。

2002年　十六大提出：发展农产品加工业，壮大县域经济。

2002年　第二届全国县域经济基本竞争力评价完成。

2003年　十届全国人大一次会议提出：推动县域经济发展。

2003年　十六届三中全会提出：大力发展县域经济。

2003年　《中国县域经济（2002卷）》由国家行政学院出版社出版发行。为全国县域经济交流提供了一个综合性、权威性、年鉴式资料。

2003年　第二届中国县域经济论坛召开。

2003年　第三届全国县域经济基本竞争力评价完成。

2004年　中央一号文件提出：壮大县域经济。

2004年　十届全国人大二次会议：发展农产品加工业等农村非农产业，壮大县域经济。

2004年　《中国县域经济（2003卷）》由经济日报出版社出版发行。

2004年　第四届全国县域经济基本竞争力评价完成。

2005年　十届人大三次会议提出：发展乡镇企业，壮大县域经济。

2005年　《中国县域经济年鉴（2004卷）》由社会科学文献出版社出版发行。经过几年的探索，全国县域经济年鉴式资料正式定名为《中国县域经济年鉴》。

2005年　全国县域经济大发展的局面即将到来！

2004年度中国县域经济大事记

一、中央一号文件和十届人大二次会议政府工作报告进一步强调要“壮大县域经济”

十届人大二次会议政府工作报告提出“发展农产品加工业等农村非农产业，壮大县域经济。”县域经济引起与会代表的关注，成为十九处修改之一。

二、部分省区制定了加快县域经济发展的文件，进行强县扩权探索和县域经济考核

广西、云南、湖南等省区先后制发了关于加快县域经济发展的文件；安徽、黑龙江、湖北、吉林、河南、陕西、江西、辽宁等省在实施“省管县”财政体制、强县扩权、县域经济考核等方面进行了有益的探索。全国县域经济的政策环境日趋成熟，理性审视“市管县”体制，探索省内县域经济考核规律，引导县域经济发展。

三、第四届全国县域经济基本竞争力评价结果揭晓

2004年11月6日，全国县域经济基本竞争力评价中心发布了第四届全国县域经济基本竞争力评价结果。《经济日报》独家报道，新华社、人民日报、中央电视台、农民日报、中国改革报、中国经济周刊等先后有100多家报纸期刊、网络等媒体进行了转载。

四、县域经济成为2004年经济关键词

2004年是县域经济大发展全面展开的一年。《中国经济周刊》将县域经济列为2004年中国经济十大关键词之一。县域经济发展也入选2004年湖南十大新闻事件。部分省区、市县以及大学院校召开县域经济论坛、研讨会和研修班。

五、人民网开通“中国百强县”专栏

为了全面展示中国县域经济发展轨迹，推广全国经济百强县实现腾飞的成功经验，总结和探索百强县发展模式，为中国的县域经济发展推波助澜，人民网开设“中国百强县”的大型专栏。其目的在于，通过全国网络新闻媒体的力量，引导社会关注“百强”，为“百强”的繁荣和发展创造良好的社会条件；为全国其他省份县市发展起到导航和示范效应；为“百强”继续扩大经贸合作领域和招商引资积极创造条件，促进我国县域经济大发展和全面建设小康社会格局的形成。

六、农博网县域经济频道和河南报业网陆续开通县域经济频道，广西县域经济网开通

七、《经济日报》加大县域经济的宣传报道力度，提升县域经济品牌

2004年10月，将《县域经济》周刊从每周刊一个版增加到每周两个版。

八、《中国县域经济（2003卷）》出版发行

全国县域经济领域一个权威性、综合性、年鉴式读本——《中国县域经济（2003卷）》由经济日报出版社出版发行，为全国县域经济的交流提供了一个中心载体。《中国县域经济（2003卷）》是全国县域经济的年鉴，是对全国县域经济发展情况的“集大成”，是县域经济发展的“思想库”。

2004年度中国县域经济文件(部分省区)

中共广西壮族自治区党委　自治区人民政府关于加快县域经济发展的决定

桂发[2004]19号

2004年5月12日

县域经济是国民经济的重要组成部分，在我区经济社会发展中具有十分重要的作用。为加快我区县域经济发展，实现富民兴桂新跨越和全面建设小康社会目标，特作如下决定：

一、加快县域经济发展的总体要求

1.指导思想。以邓小平理论和“三个代表”重要思想为指导，全面贯彻中央决策和自治区的部署，认真落实全面、协调、可持续的科学发展观，围绕富民、强县、奔小康的目标，进一步解放思想，抓住机遇，求真务实，开拓进取，以发展民营经济、开放型经济、劳务经济为重点，以产业结构调整为主线，以体制创新、机制创新和科技创新为动力，以工业区和项目建设为载体，以招商引资和激活民间投资为突破口，加快工业化、城镇化和农业产业化步伐，培育壮大优势产业和特色经济，推动县域经济迅速发展。

2.基本原则。坚持以人为本，着力扩大就业，提高城乡居民的收入水平和生活质量；坚持以市场为导向，依托资源优势，大力发展特色经济；加快推进工业化、城镇化、农业产业化，充分发挥工业的主导作用和城镇的辐射带动作用，统筹城乡和产业发展；坚持激活内力和借助外力相结合，在扩大对外开放中增强自主发展能力；坚持在国家产业政策指导下，因地制宜，选择可行的产业发展路子，对资源消耗大、污染严重、安全生产缺乏保障的项目要严禁发展；坚持尊重群众的首创精神，调动好、发挥好、保护好各方面的积极性，推动全民创业。

3.目标任务。从2005年起，县域生产总值、财政总收入、农民人均纯收入和城镇居民人均可支配收入年均增长幅度高于或接近全国平均水平。经过5年左右的努力，绝大多数县(市)形成一批税收达500万或1000万元以上的骨干企业和2～3个竞争力较强的支柱产业；全区县域平均生产总值达到30亿元以上，其中10个以上县(市)超过80亿元；大多数县(市)财政实现基本自给；县域城镇居民失业率控制在4%以内，农村劳动力向非农产业转移每年提高2个百分点左右；城乡居民生活水平不断提高；涌现一批特色鲜明、发展势头好、增长后劲足的经济强县(市)。

二、加快县域经济发展的工作重点

4.大力发展民营经济。把民营经济作为县域经济的主体，采取更灵活、更优惠、更有力的措施，深化改革，扩大开放，经过5年左右的努力，民营经济占县域经济总量达到80%左右。依法保护民营企业的合法权益，确保合法私有财产不受侵犯，营造全民创业的良好环境。着力发展非公有制经济，积极发展混合所有制经济，完善企业法人治理结构。建立完善产权交易市场。改变以租赁、承包代替改制的做法，鼓励、支持民营企业采取收购、兼并、参股等方式参与国有企业和集体企业改制改组。两年内完成县域国有和集体企业产权制度改革。加快乡镇企业体制、机制创新和规模以上乡镇企业的技术改造，促进产品更新换代和产业优化升级。放宽民间资本市场准入条件，拓宽民间资本的投资领域，凡国家法律、法规没有禁止的投资领域和我国政府承诺对外开放的所有领域，都向民间投资开放。鼓励和引导民间资本进入供水、供电、交通等基础设施以及工业、服务业和农业产业化等投资领域；加快民营经济向具有资源优势、市场竞争力和发展潜力的产业聚集，实现民营经济规模化、集约化。

5.大力推进工业化。实施工业强县战略，以特色经济特别是特色农产品加工和优势资源型工业为重点，围绕中心城市、大型企业集团发展专业化配套工业和劳动密集型工业，积极培育和发展非资源型工业特别是高新技术产业，做大做强县乡工业，经过5年左右的努力，工业增加值在县域生产总值中的比重提高到30%以上。优先发展农产品加工业，在主要农产品生产基地建立起较为完备的加工体系，培育优势企业和名牌产品，形成“小产品、大产业”的格局，每个县(市)农产品加工转化率达到25%以上，把农产品加工业培育成县域经济的主导产业。集中力量建设工业区，各县(市)要形成具有产业特色和一定规模的工业区，各乡镇也要因地制宜，抓好工业区建设。充分发挥工业区作为项目引进窗口、项目建设载体的作用，引导各类项目和乡村工业向工业区聚集。推进县域企业的重组、并购和嫁接改造，扩大和提升县域企业的规模及竞争力。

6.大力推进城镇化。在加大县域基础设施建设力度的同时，以县城和重点镇建设为重点，以市场化运作为手段，以企业为主力军，以发展非农产业为主体，通过产业聚集，加快城镇建设。力争经过5年左右的努力，全区县域城镇化率达到32%以上，大多数县(市)建成2个以上年生产总值超5亿元、财政总收入超2000万元、镇区人口超2.5万人、功能较为完善的城镇。切实做好县域城镇总体规划和控制性详规的编制，提高规划设计水平，凸显城镇特色和风格。积极稳妥地调整乡镇建制。加快城镇公共设施建设，强化城镇的综合功能。健全管理机构，加强城镇综合管理。把加快城镇建设与发展特色经济结合起来，坚持产业兴镇。通过项目招商、组建公司、合作经营等多种形式，实现企业与城镇共同发展。用市场机制促进产业聚集，推动城镇基础设施建设，加快旅游、现代物流、商贸服务、金融保险、科教文卫等第三产业的发展。抓好县城和重点镇建设，发挥其示范、带动和辐射作用，使城镇成为县域经济发展的重要平台和新的经济增长点。

7.大力推进农业产业化。面向市场，立足资源优势，以畜牧、水产、蔬菜、水果、糖蔗、粮油、桑茶、中药材、林产品、烟叶、花卉等优势和特色产品为中心，在两、三年内形成一批在国内外市场有竞争力的知名品牌农产品，培育一批全区共有品牌，创国家和自治区级名牌产品100项以上。抓好优势和特色产品基地、现代农业科技示范园和现代农业实验区建设，引导大宗农产品生产向优势产区集中，推进优势农产品生产经营的规模化和区域化。坚持“扶优、扶强、扶大”原则，壮大、改造、发展、引进多管齐下，经过5年左右的努力，各县(市)都要形成一批规模大、效益好、组织化程度高、辐射带动力强的龙头企业，并建立密切而稳定的龙头企业与农户之间“利益共享、风险共担”的利益联结机制，带动农户增加收入。积极推行农产品标准化生产，建立健全农产品市场准入制度，按标准化生产的农产品占总产量的比重有大幅度提高。加快农业社会化服务体系建设，大力发展农产品行业协会和农村专业合作经济组织，完善科技、生产资料供应、农产品流通、农业信息等服务。建设一批区域性和全国性的农产品批发市场，形成布局合理、设施完备的农产品市场网络，建设农产品销售“绿色通道”。两年内完成县级供销合作社改革，发挥基层供销合作社的带动作用。

8.加快发展开放型经济。把扩大开放作为加快县域经济发展的突破口，以“中国—东盟博览会”为平台，以泛珠三角经济区建设为契机，加大招商引资力度，主动承接广东等发达地区产业转移，加强县域内外的经济技术合作。各县(市)

要依托本地优势，整合项目资源，动员一切社会力量，多渠道、多形式、多层次开展招商引资工作，做到县县有项目，乡乡有项目，有条件的村也有项目。积极吸引外资进入农业领域，投资特色农业资源开发和农产品精深加工。以企业、中介组织为招商主体，推行业主招商、代理招商、联合招商。拓宽招商引资渠道，积极引进外地资本和企业，特别是民营资本和民营企业。既要积极引进资金，又要注重引进管理、技术、人才等生产要素。各市要定期在媒体上公布县乡招商引资和项目建设情况。对招商引资作出突出贡献的部门和个人，给予表彰和奖励。鼓励和引导有条件的县域企业到境外投资办厂，参与国际工程承包和资源开发等。

9.加快发展劳务经济。把发展劳务经济作为农民增收的重要渠道，加大劳务输出力度，不断提高农民工资性收入占纯收入的比重。努力探索“政府引导、市场配置、专业化培训、企业化运作、规范化经营、一体化服务”的农村劳动力转移就业的新路子。推进农村劳动力全方位、多层次、宽领域转移就业，加强两广劳务合作，扩大向广东劳务输出规模，拓宽农村劳动力向二、三产业转移的渠道，开拓国外特别是东盟国家劳动力就业市场。建立城乡统一的劳动力市场，打破身份限制，实行城乡居民平等就业。以提高农民劳动技能为中心，加强对外出务工农民的职业技能培训。整合培训资源，提高培训质量，培育劳务品牌。加强对劳动力转移的服务和管理，切实保障外出务工农民的土地承包经营权，保障务工农民的合法权益。鼓励农民离土离乡、落户城镇。鼓励外出务工人员返乡创业。

三、加大政策支持力度，为县域经济发展注入新动力

10.扩大县(市)经济管理权限。按照责权统一、运转协调的原则，凡自治区授予市的经济管理权限，除国家另有明确规定外，一律授予县(市)。扩大县(市)投资管理权限，对不需要自治区或国家财政预算投资、未纳入财政预算管理的各类专项建设资金及国债投资、不借用国际金融组织和外国政府贷款、国家产业政策鼓励发展的项目，属自治区审批权限内的，实行属地登记备案制；对重大项目和限制类项目投资实行核准制，除国家法律、法规明确规定仍由自治区核准的投资事项外，实行属地核准并报自治区备案。对自治区保留审批的项目，要进一步简化审批程序，其立项、可行性研究和初步设计等审批环节，实行合并审批或委托市审批。

11.完善自治区对市、市对县(市)的财政体制。自治区财政安排对各县(市)的各项转移支付补助资金和专项补助资金，各市财政不得截留和挪用。除中央要求的配套比例外，降低对各县(市)专项转移支付的县级配套资金比例。按国家规定收取的各项规费，自治区及市收取部分向符合规定使用范围的县(市)级项目倾斜安排。

12.加大财政投入。自治区基本建设资金、财政专项资金以及国债项目的申报向县域倾斜，重点扶持一批发展潜力大的县(市)。运用财政贴息、补助等办法，支持县域发展龙头企业、专业合作经济组织、支柱产业和特色经济。加大对自治区级小康示范镇、重点镇的扶持力度。增加对农村社会保障的投入，逐步把农村特困户纳入最低生活保障范围，加快五保村建设，支持新型农村合作医疗制度和疾病预防控制体系建设，建立城乡居民重大疾病医疗救助制度。

13.完善土地使用制度。城镇尤其是县城、重点镇周边国有农、林场的土地，纳入城镇总体规划和土地利用总体规划，用于工业发展和城镇建设用地。稳妥推进农村集体建设用地使用权流转，农村集体建设用地可在自愿、有偿和用途管制的前提下，依法进行使用权流转，享有与城镇国有土地使用权同等权益。允许以农村集体建设用地使用权入股兴办企业。妥善解决被征用土地农民的就业、住房等问题。自治区、市、县(市)分别从土地有偿使用收益中提取一定比例，用于失地农民基本养老保险。盘活存量建设用地，通过土地整理新增耕地的60%，可作为建设用地折抵指标。因旧村改造、迁村并点新增的耕地，允许在本县(市)范围内置换成建设用地指标。旧城改造腾出的土地，可作建设项目用地或土地置换的周转用地。实行产业化经营的畜禽饲养地、农业设施用地和养殖水面用地，经依法批准，可修建必要的非永久性附属设施。

14.对自治区重点镇给予用地倾斜。在重点镇城镇规划区范围内，符合土地利用总体规划的建设项目，可分批次供地。列入自治区重大项目的，可作为局部修改土地利用总体规划的依据(涉及基本农田调整的除外)。重点镇的建设项目需征用土地的，按自治区重大项目建设用地的有关优惠政策办理，优先安排用地指标。自治区每年安排重点镇一定用地指标，单列专项下达。在国家每年下达的年度用地计划指标之外，设立农地转用专用指标。重点镇工业区、城镇基础设施和公用设施建设用地，可依法有偿使用农民集体土地，允许以集体土地使用权依法投资人股兴办企业。

15.加大对工业和基础设施、公用设施建设的用地支持。市确定的县域重点工业项目和所有基础设施、公用设施建设项目，需征用土地的，享受自治区重大项目建设用地的有关优惠政策。耕地开垦费、森林植被恢复费按国家最低标准征收。建设项目经依法批准占用耕地，已采取措施实现先补后占的，不再收取耕地开垦费。实行工业用地地价补贴办法，允许各地从经营性项目用地出让收益中，按5%的比例提取工业用地成本调节资金，专项用于工业区项目用地地价补贴。工业项目可采取出让、租赁、作价出资或入股的方式取得土地使用权。一次性交纳土地出让金有困难的，经批准可缓交或分期交纳。

16.加快用地审批速度。新增建设用地，由当地国土部门直接向上一级国土部门申报；已由县级人民政府组织会审的，上级人民政府不再组织会审。市国土部门对县(市)国土部门上报的建设用地报件，10个工作日内完成审查上报；自治区国土部门对所受理的用地申请，15个工作日内完成审查。

17.拓宽建设资金筹措渠道。在基础设施、市政设施领域推行BOT投资方式。加快市政设施的收费改革，全面推行污水和垃圾处理收费制度。鼓励有实力的企业以收购、兼并、参股等形式，参与县域基础设施、市政设施建设。政府还贷公路收费权以及码头、电站和城镇基础设施等的经营权可公开转让或拍卖，其收入转投基础设施建设。捆绑申请县域建设项目的国债资金和财政专项资金。鼓励市政公用企业结合公司制改革，以股权融资等方式筹集建设资金。

18.放宽市场准入条件。对公司制中小企业实行注册资本认缴制，在注册登记时，注册资本未达到法律法规规定的最低限度的，首期实缴资本可按认缴金额的10%出资，其余资本缴足期限为三年。投资者可根据需要，申办出资额不设底限的合伙企业和个人独资企业。注册资本达到200万元以上的企业或注册资本达到100万元以上的高新技术、持有自治区著名商标、自治区级“守合同重信用”的企业，可申请冠广西区名。核心企业注册资本最低限额达到500万元或集团合并注册资本达到1000万元的企业集团，可申请冠市名。异地创办个体工商户和私营企业，不受户籍限制，在法律法规允许的范围内，凭本人身份证直接到注册机关办理登记手续。在县域创办的民营科技型、农产品加工型、扶贫型企业以及下岗失业人员创办的企业，涉及前置审批的，可先办理登记注册，由工商行政管理部门核发有效期一年的营业执照，在有效期内，按前置审批部门的规定申办相关手续。

区外产业转移项目的环境保护、安全生产、设备工艺经改进能达到国家产业政策和国家环保要求的，可核发临时营业执照。支持农副土特产品注册商标。简化前置条件审批事项，除国家法律、法规规定的前置审批项目外，不再设立前置审批事项。前置审批项目必须向社会挂牌公示。改革后置审批方式，积极推行现场审批、现场年检等办法。对依法经营、照章纳税、连续三年未受到行政机关处罚的企业，经申请和有关机关批准，可免予年检(审)。对免于工商登记的农村流动小商小贩，免收工商行政管理的各项收费。下岗失业人员从事个体经营(除国家规定的特殊项目外)的，自工商部门批准其经营之日起，三年内免交有关登记类、证照类和管理类的各项行政事业性收费；自领取税务登记证之日起，三年内免交营业税、城市维护建设税、教育费附加和个人所得税。严禁以任何理由强行要求或变相要求个体私营企业加入各种协会或其他自治组织。

19.加大金融支持。支持金融机构在县乡发展分支机构，增加中小企业贷款的发放比例，进一步推进邮政储蓄改革工作。稳步推进农村信用社改革试点，积极引导金融机构发放农业贷款。鼓励民营资本参股组建投资公司及风险投资机构。允许民营资本参与地方金融机构的股份制改造，或采取股份制形式创办金融机构。帮助金融机构进一步推广小额农贷、联保贷款等信贷方式，鼓励金融机构开发适应中小企业和县域经济特点的信贷品种，积极推行商业汇票承兑、贴现业务，扩大抵押和质押贷款范围，探索中小企业以适销库存产品、适用原材料和可靠的应收款作为贷款抵押的办法，合理确定中小企业贷款期限和额度。建立和完善适应中小企业特点的评级、授信制度和资信评估、金融中介、信用担保机构。加强信用建设，营造良好的信用环境，增强县域对银行授信的吸引力。

20.加大教育和人才支持。支持县域发展义务教育、职业教育和成人教育。增加经费投入，巩固“普九”成果，到2007年全面实现“两基”目标。建立农民技术培训体系，实施县乡实用人才工程和农民教育培训工程，使农村劳动力普遍接受职业技术教育，掌握1~2门实用技术。把职业培训经费纳入各级财政预算。对经批准承担劳务职业技术培训的教育机构(含民办)，自治区财政视财力情况和培训人数给予一定的补助。市、县(市)财政也要安排相应的培训补助经费。拓宽引智渠道，切实做好大中专毕业生的就业服务工作，鼓励各类人才以多种方式服务县域经济。加强企业经营管理人才培训，加快急需的高技能人才培养，加大专业技术人员继续教育力度。

21.强化科技支撑。围绕特色产业，依托大型企业或龙头企业，建立和健全公共技术中心、检测中心等科技服务体系，建设科技示范基地。县域中小企业在先进适用技术的引进、转化及生产过程中，其技术开发费按照实际发生额计入成本。自治区每年安排一定的技改资金用于县域中小企业技术进步贷款贴息和补助，重点支持以高新技术和先进适用技术改造提升传统产业，发展优势和特色产品的科技项目。健全农村技术推广体系和农村信息服务网络。大专院校、科研院所向定点帮扶县(市)转让科技成果、形成产业化生产的，优先安排项目用地，并可分期缴付土地出让金。支持科技生产要素参与分配，鼓励科技人员通过项目承包、兼职、担任技术顾问、技术入股等形式，为县域企业提供科技服务。

22.加快推进户籍管理制度改革。取消按农业户口、非农业户口登记常住户口的办法，以经常居住地登记常住户口，建立全区统一的户口登记管理制度。实行以具有合法固定住所为基本条件的户口迁移条件准入制。凡在县(市)城区、建制镇有合法固定住所的人员都可办理城镇常住户口，其家庭成员在入学、参军、就业、社会保障等方面与城镇居民享受同等待遇。

四、加强和改进领导，为县域经济发展提供组织保障

23.明确领导责任。自治区及各市党委、政府，要切实加强对县域经济工作的领导，建立支持县域经济发展的长效机制。区直部门和中直驻桂单位，每个单位联系一个县(市)，指导、帮助所联系的县(市)正确理解和贯彻落实本《决定》精神，为联系县(市)经济发展出谋献策，理顺思路，共谋发展大计；为联系县(市)招商引资；为联系县(市)的同志到自治区以上机关办事协调关系，排忧解难；帮助所联系的县(市)党委抓好党的建设。挂钩联系工作与县域经济发展同步考核，实行同责同奖同罚。市直部门也要建立相应的挂钩联系制度。县(市)党政主要负责人要勇于负责，敢闯敢冒，千方百计抓好县域经济发展。

24.加强县乡领导班子和基层组织建设。深化干部人事制度改革，加强县乡领导班子建设，重点选配好党政正职，并保持领导班子的相对稳定。加大县(市)干部到区外发达地区挂职学习力度。加强干部双向学习交流，选派厅级后备干部到县(市)、县处级后备干部到乡(镇)、县(市)党政领导到区直部门挂、任职锻炼。选拔一批德才兼备的中青年留学回国人员到县(市)任职。深入开展"三级联创"活动，进一步加强基层组织建设，为加快县域经济发展提供强有力的组织保证。

25.完善自治区垂直管理部门的协管体制。自治区垂直管理部门要把执行国家法律、政策、部门规定与支持地方经济发展统一起来，自觉接受地方党委、政府的领导。自治区垂直管理部门在县(市)乡(镇)延伸机构领导干部的任免要征求所在县(市)、乡(镇)党委的意见。对支持和服务县域经济不力、地方意见较多的延伸机构的领导，其上级主管部门应及时予以调整。

26.建立激励机制。完善县域经济发展考核指标体系和评价办法，把考评结果作为奖惩和任用干部的重要依据。自治区每半年公布一次各县(市)经济发展的主要指标，每年公布一次各县(市)经济发展排序(按桂发[2003]25号关于广西经济发展十佳县(市、区)考评办法确定)。对被评为全区"十佳县(市)"或位次前移五位以上(含五位)的县(市)及其挂钩联系单位，分别给予表彰和奖励。对在全区各县(市)经济发展排序中连续两年每年倒退三位以上(含三位)县(市)的党政主要领导，在综合考核的基础上，进行必要调整。

27.改进领导方法。坚持因地制宜和分类指导，科学制定不同类型县(市)经济发展战略和规划。坚持抓两头、带中间、促全面，努力做到经济相对发达的县率先发展，中等县迅速崛起，欠发达县跨越发展。建立健全重大决策专家咨询制度。今后，自治区及各市凡出台与县(市)相关的重大政策措施，应征求县(市)意见。

28.狠抓工作落实。区直有关部门和各市要根据本《决定》精神，在今年6月底前，出台相关的实施办法，并抓好落实。

广西壮族自治区科学技术厅关于进一步加强县（市、区）科技工作，促进县域经济发展的若干意见

桂科政字［2004］55号

2004年6月10日

为全面落实自治区党委、自治区人民政府关于加快县域经济发展的部署，充分发挥科技进步对县域经济发展的支撑作用，现就今后一段时期进一步加强县（市、区）科技工作，促进县域经济发展提出如下意见。

一、县（市、区）科技工作是我区科技工作的重要组成部分，是科教兴桂战略落实到基层的关键所在。

加快县域经济发展，对县域科技进步提出了更迫切的要求。必须适应形势发展的需要，与时俱进，更新观念，积极探索新的工作方式和有效途径，进一步加强县（市、区）科技工作，为发展壮大县域经济提供有力的科技支撑。

二、加强县（市、区）科技工作必须坚持以人为本，树立全面、协调、可持续的发展观，深入实施科教兴桂战略和可持续发展战略，围绕加快发展壮大县域经济，通过“智力支持、能力提高、项目带动”的方式，加强对不同类型县（市、区）科技工作的分类指导。

三、加强县（市、区）科技工作以提高科技进步对当地经济社会发展的支撑力为目标，主要任务是强化对县（市、区）科技工作的指导和统筹协调，发挥各地比较优势，加强先进适用技术的推广应用和科学技术普及，提高县（市、区）科技创新能力和创新效率。

四、建立健全加强科技进步与创新的地方性法规、政府规章和政策措施。协同自治区人大教科文卫委员会、自治区法制办适时组织科技执法检查和政策落实情况检查，督促县（市、区）政府切实贯彻实施科技法律、法规、规章和其他政策措施，落实科技三项经费预算，保证专款专用，保护知识产权。定期编辑印发科技政策法规汇编。

五、加强对县（市、区）科技管理工作和人才队伍建设的指导和帮助。厅领导班子每年至少召开两次会议，专题研究县（市、区）科技工作的重大问题。围绕县域特色和优势产业的发展，选择若干县（市）开展科技创新示范工作，取得经验后，逐步向全区推广。

六、弘扬求真务实精神，大兴求真务实之风按照《中华人民共和国行政许可法》的精神和原则，进一步转变职能和作风，更新管理理念，创新管理方式，建立和完善政务公开制度；开展经常性的县（市、区）科技工作实地调研，提高指导县（市、区）科技工作的实效性。

七、加强对县（市、区）申报科技项目的前期指导，帮助县（市、区）争取国家和有关部门的各项科技资金。

八、加强对农业科技创新示范基地、农业园区工作的指导，对示范作用显著的基地和园区加大支持力度。总结科技特派员试点工作经验，稳步向全区推广。

九、进一步完善自治区和县（市、区）联动实施重大科技项目的机制，重点围绕科技信息共享平台和区域特色科技示范基地建设，策划若干项对县（市、区）经济和社会发展具有推动作用、能提升县（市、区）科技创新能力的重大科技项目，由自治区和县（市、区）共同实施。

十、编制以县（市、区）实施为重点的科技合作项目，为县（市、区）引进技术、人才和资

金提供服务，加强对引进技术的消化吸收与创新工作。

十一、制定县（市、区）科技管理干部培训计划，在十四个设区的市建立健全星火培训机构，对基层科技管理干部进行业务知识和管理知识轮训，不定期组织基层科技管理干部到先进发达地区参观学习。根据需要，开展自治区与基层科技管理部门干部的双向挂职锻炼工作。

十二、完善广西科技信息网县（市、区）节点建设，扩大乡镇村示范点，开展县（市、区）科技局电子政务试点，逐步建立全区科技系统统一、规范的科技信息平台和电子政务平台。

十三、充分重视发挥县（市、区）科技中介机构的桥梁和纽带作用。积极扶持县（市、区）生产力促进中心和各类科技中介机构建设。

十四、贯彻落实《中华人民共和国科学技术普及法》及有关政策法规，指导和督促县（市、区）科技行政部门加强科普工作，建立上下联动机制，自治区科普项目的构造和组织实施要体现地方科普工作的需求。定期组织基层科普工作的业务交流和素质培训。

十五、继续深入开展县（市、区）和乡镇科技进步考核，推动创建科技进步先进县（市、区），加强地方党政领导科技进步目标责任考核。

十六、设区的市科技行政部门要加强对辖区县（市、区）科技工作的指导和支持，编制县（市、区）科技专项，有效集成各级科技资源，提高科技工作的显效性。

十七、县（市、区）科技行政部门要加强自身建设，密切与相关部门的协调和沟通，积极主动适应新形势对科技进步的要求和科技进步环境新特点，与时俱进，更新观念，提高素质和能力，围绕党委、政府的中心工作和当地经济社会发展的重点开展工作，增强科技管理工作的前瞻性、主动性和创造性，努力推进当地的科技进步。

中共河南省委　河南省人民政府 关于发展壮大县域经济的若干意见

豫发〔2004〕7号

2004年4月13日

为认真贯彻落实党的十六大和十六届三中全会精神，按照省委七届六次全会和省一届人大二次会议的要求，结合我省实际，现就进一步发展壮大县域经济提出如下意见：

一、县域经济的重要意义和目标要求

1.重要意义。县域经济发展与中心城市带动是实现中原崛起总体战略部署的两个重要方面，都是统筹工业化、城镇化和农业现代化的重要载体。我省作为发展中的人口大省、农业大省，加快发展县域经济是促进城乡协调发展、全面建设小康社会的必然选择，是提高我省综合经济实力、缩小与先进省的发展差距、实现中原崛起的战略举措。当前，县域经济发展正面临着国家投入力度加大、地区之间产业转移步伐加快、城市辐射带动作用增强的历史性机遇，又存在着农民增收缓慢、县乡财政困难、人才资金短缺、县级政府调控乏力等矛盾与问题。全省上下要从实践“三个代表”重要思想的高度，充分认识加快发展县域经济的重大意义，把发展壮大县域经济与加快中原城市群建设、推进城市化进程紧密结合起来，提高中心城市劳动能力，强化城乡经济的内在联系，以城带乡，城乡互动，优势互补，推动全省县域经济持续快速协调健康发展。

2.总体要求。按照全面建设小康社会的战略部署，进一步解放思想，改变、革除一切妨碍和束缚发展的思想观念、政策规定和体制弊端，坚持以人为本，树立和落实全面、协调、可持续的科学发展观，紧紧围绕富民强县目标，在巩固农业基础地位的同时以工业化为主导，调整优化经济结构，大力发展非公有制经济、特色经济、劳务经济和开放型经济，加快工业化、城镇化，推进农业现代化，简政放权，多予少取，促强扶弱，全面增强县域经济的竞争力和综合实力，为实现中原崛起奠定坚实的基础。

3.主要原则。坚持市场导向，培育市场主体，充分发挥市场机制对资源配置的基础性作用，营造公平、竞争、有序的发展环境；坚持体制与机制创新，尊重人民群众的首创精神，调动好、保护好、发挥好方方面面发展县域经济的积极性；坚持因地制宜、分类指导，从实际出发，充分发挥比较优势，选择适合自己的发展模式，培育特色经济；坚持科教兴县，注重依靠科技进步和提高劳动者素质，改善经济增长的质量和效益；坚持“五个统筹”，把发展作为第一要务，在发展中谋求协调，在协调中推进发展。

4.预期目标。力争经过几年的不懈努力，使县域经济发展迈上一个新台阶：经济实力明显增强，经济结构明显优化，财政状况明显好转，居民收入明显增加，社会文明程度明显提高。到2007年，全省县域生产总值达到6800亿元左右，财政一般预算收入达到200亿元左右，农民人均纯收入达到2800元以上；全省县域二、三产业比重达到80%左右，城镇化水平达到达20%左右。一批基础条件好、竞争能力强、发展潜力大的县（市）经济快速增长，有2～3个县（市）的生产总值超过200亿元，15个左右的县（市）生产总值超过100亿元；有2个县（市）地方财政收入超5亿元，10个县（市）超3亿元。到2010年，县域生产总值达到8800亿元左右，财政一般预算收入达到300亿元以上，农民人均纯收入超过3500元，二、三产业比重达到85%左右，城镇化水平达到25%以上。

二、发展县域经济的主要途径和工作重点

5.坚持工业强县，加快工业化进程。以建立

现代产权制度为重点，加快国有企业改革步伐。县属国有资产要退出一般性竞争领域，集体企业要完成改制任务，盘活资产存量，促使资产向优势企业集中，做大做强骨干企业和优势产业。加大投资力度，强化项目带动，充分利用丰富的农产品、矿产资源和劳动力资源，大力发展资源加工工业和劳动密集型产业，搞好产品系列开发，使优势产业尽快形成比较完整的产业链条。积极引导中小企业加入大企业、优势企业的分工协作体系，利用大型企业集团和优势企业所提供的市场份额、技术支持，增强自我发展能力，培育新的增长点。对工业园区进行整合、提升，构筑有利于企业集聚的良好平台，引导资金、技术、人才等生产要素向园区汇集，促进产业集群的形成与发展。用先进适用技术和高新技术改造提升传统产业，走科技含量高、经济效益好、资源消耗低、环境污染少、人力资源优势得到充分发挥的新型工业化道路。

6.调整优化农业和农村经济结构，推进农业产业化进程。 继续抓好粮食生产，确保粮食安全，重点建设一批以优质专用小麦为主的粮食生产基地，提高粮食转化与加工能力，把粮食产业做大做强。努力抓好绿色奶业产业示范带、中原肉牛肉羊产业带、猪禽规模化养殖等优质畜产品生产基地建设，把畜产品的生产、转化、加工、流通作为完整的产业链条，进行系列开发和精深加工，提高综合效益。大力发展蔬菜、林果、花卉、中药材等特色产品，集中布局，连片开发，规模经营，培育特色农业。根据国际市场需求，调整结构，组织生产，促使更多的农产品进入国际市场。用工业的理念发展农业，加快农业产业化进程，各级财政要采取贷款贴息、补贴补助等措施，培育壮大农业产业化龙头企业，重点抓好优质专用小麦加工、肉制口加工、乳制品加工、果蔬加工、中药材加工和林纸一体化等项目建设。建立健全农业社会化服务体系，支持发展农村各类专业合作经济组织、购销大户和农民经纪人队伍，搞好农产品流通，提高农业组织化程度。大力推进农产品标准化生产，进一步完善农产品安全监测、质量认证体系，开展无公害食品、绿色食品的生产与认证，培育优质名牌产品。制定完善动物疫情应急预案，加强动物疫病防治工作。

7.放手发展非公有制经济，增强县域经济发展活力。非公有制经济是县域经济最具活力的增长点。要继续认真贯彻落实《中共河南省委、河南省人民政府关于进一步促进非公有制经济发展的决定》，继续清理和修订阻碍非公有制经济发展的规定和政策，落实放宽市场准入的措施，尽快制定鼓励非公有制企业参与国有企业改组改造、进入基础设施和公用事业等领域的具体办法。要进一步放宽个体工商户、私营企业注册条件和经营范围，凡法律法规未禁止的，可自主选择经营项目，允许一照多业。积极创造更加有利于非公有制经济发展的政策环境，在财政支持、税收优惠、投资立项、用地用电、银行信贷、发行股票债券等方面做到与其他企业一视同仁。进一步整顿和规范市场经济秩序，严厉查处乱检查、乱摊派、乱收费、乱罚款行为，切实保护非公有制企业的合法权益。要加强与非公有制企业的联系，建立制度化、规范化的沟通渠道，及时发布传递产业政策、发展规划和市场需求信息，搞好服务和指导。支持引导非公有制经济从传统服务业和低层次加工业向现代服务业、先进制造业拓展；引导支持非公有制企业由小规模、粗放型向规模化、外向型发展；引导非公有制企业讲信誉、重质量、合法经营，提高整体素质。要把非公有制企业家联合体建设摆在更加突出的位置，加大培训力度，提高科学管理和经营决策水平。

8.加大招商引资力度，提高对外开放水平。各地要立足本地特色，精心筛选一批资源开发项目、基础设施项目、公用事业项目和工业项目对外招商，推出一批资产优、效益好、潜力大的企业向外商转让。充分发挥企业在招商引资中的主体作用，树立全方位开放思想，鼓励企业走出去到县外、省外、国外招商引资，寻求合作伙伴。努力办好现有的外商投资企业，引导鼓励外资企业增资扩股和再投资，发挥其示范效应，以商招商，以外引外。依托劳动力资源优势和现有的制造业基础，大力发展加工贸易，融入跨国公司的产业链条，坚持以质取胜，优化出口商品结构，多元化、多渠道开拓国际市场，努力促进对外贸易快速增长。继续实施东引西进，积极承接东部地区的经济辐射和产业转移，吸引东部企业到县域建立生产与加工基地。要不折不扣地贯彻落实我省扩大开放的一系列政策措施，努力提高服务意识和服务水平，不断降低商务成本，着力营造良好的投资环境，吸引更多的外来投资者参与县域经济发展。

9.加快县域和中心镇建设，发挥城镇的集聚带动作用。经济实力较强的县域和县级市可按中等城市、一般县域按小城市规模进行科学规划，中心镇建设要合理布局，突出特色。进一步完善城镇基础设施，健全城镇功能，强化城镇管理，提高城镇品位，优化人居环境。实行以实际居住地登记户口的政策，取消限制农民到城镇居住的不合理规定和收费，鼓励农村人口向城镇转移。城镇建设要与市场建设、产业集群发展相结合，大力发展二、三产业，引导各类企业向县城和中心镇集中，以产业集聚带动城镇发展。对城镇具有投资效益的土地、市政公用事业实行市场化动作，通过特许经营、项目法人招标、产权转让等途径，吸引支持民间资本和外资参与城镇基础设施、公用事业建设和运营。

10.积极发展劳务经济，促进农村劳动力转移。外出务工经商是增加农民收入的重要渠道。各市、县（市）要建立完善劳务输出管理服务组织，健全地区间劳务协作机制和信息网络，引导农民走出农业、走出农村、走出河南，提高劳务输出的规模和层次。加快建立城乡统一的劳动力市场，取消针对农民工的一切歧视性规定和不合理的限制，实现城乡劳动力平等就业。农民工已成为产业工人的重要组成部分，城市政府要解决好进城农民工落户入籍、子女教育、社会保障、工资拖欠、劳动安全等问题，切实维护农民工的合法权益。建立和完善农民工培训制度，各级财政预算要安排一定资金专门用于农村劳动力职业技能培训，整合现有各类教育资源，办好职业技术学校，发展民间职业教育和远程教育，建立多渠道、多层次、多形式的农民技术培训体系和培训网络，提高农村劳动力素质和就业能力，培育具有地方特色的劳务品牌。要积极创造条件，鼓励支持外出务工人员回乡创业。

三、发展县域经济的政策和措施

11.扩大县（市）经济社会管理权限。凡县（市）自筹资金、符合国家法律法规和产业政策的建设项目，无论规模大小，一律不再对项目投资进行审批，由投资主体自主决定。赋予巩义、永城、项城、固始、邓州五县（市）省辖市的经济管理权限和部分社会管理权限；选择30个基础条件好、经济实力强、发展速度快的县（市），赋予其省辖市经济管理权限，并在建设用地等指标分配给予倾斜。各市、县（市）也要按照“能放则放、责权统一”的原则，减少审批事项，简化审批程序，下放管理权限，凡市场能够解决的问题，一律通过市场机制解决。

12.加大财政对县域经济的支持。建立县域经济发展奖励资金，今后，省财政每两年安排3亿元专项用于对发展速度快、经济效益好的县（市）的奖励。在整合现有支持县域经济发展的各项资金的基础上，省财政从今年起每年安排2亿元，以贴息、补助等形式重点用于培育特色经济、壮大龙头企业、支持中小企业和高新技术产业发展等方面。从2004年起，省级营业税除省投资的跨市经营企业外，全部下划所在市、县；省级企业所得税除重点企业、特殊行业、跨省经营集中纳税企业跨市经营企业外，其他企业所得税全部下划所在市、县；省级个人所得税全部下划所在市、县；省级土地增值税、城镇土地使用税和耕地占用税全部下划市、县。对财政供养人员及总人口人均财力在全省县级平均水平以下的财政困难县（市），分三年逐步取消原体制上解。除养路费、客货运附加费、各项航运规费和中央规定的规费外，取消省、市两级对县（市）非税收入分成。加快建立政策性农业保险制度，选择部分产品和部分地区进行试点，对参加种养业保险的农户给予一定的保费补贴。

13.落实有关税收优惠政策。按国务院规定，2004年降低农业税税率3个百分点，争取尽早取消农业税。自2004年1月11日起，销售货物的起征点为月销售额5000元，销售应税劳务的起征点为月销售额3000元，按次纳税的起征点为每次（日）销售额200元。取消烟以外的农业特产税。减征、免征农业税或特业税后，农民取得的农业特产所得和从事种植业、养殖业、捕捞业所得，农民销售自产农产品所得，仍暂不缴纳个人所得税。对农业机耕、排灌、病虫害防治、农牧保险以及相关技术培训和畜禽、水生动物的配种及疾病防治业务免征营业税。对农村的为农业生产提供产前、产中、产后服务的行业，所取得的技术服务或劳务收入暂免征所得税。对农业科技企业和个人从事技术转让、技术开发业务和与之相关的技术咨询、技术服务业务取得的收入免征营业税。对科研单位和大中专院校服务于农业的技术成果转让、技术培训、技术咨询、技术服务、技术承包所取得技术服务收入暂免征企业所得税。对农业产业化国家重点龙头企业从事种植业、养殖业和农林产品初加工业取得的所得，暂免征企业所得税，对合法经营的农村流动性小商小贩，免于工商税务登记和收取有关税费。

14.改善对县域经济的金融服务。建立对金融机构支持县域经济发展情况的评价激励机制，鼓励各商业银行调整贷款审批权限，扩大对县域经济的信贷投放。各商业银行县域分支机构吸收的储蓄应主要用于支持县域经济发展。省和省辖市中小企业信用担保机构要把担保业务的重点放在支持县域中小企业发展上，鼓励支持县（市）和民间经济组织按市场运行方式建立担保机构。加快信用社管理体制和产权制度改革，把信用社办成由农民、农村工商户和各类经济组织入股的社区性地方金融机构，充分发挥信用社农村金融主力军作用。通过吸引社会资本和外资，积极兴办直接为“三农”服务的多种所有制的金融组织。培育完善多层次资本市场，进一步拓宽融资渠道。建立企业和个人信用信息征集体系、信用市场监督管理体系和失信惩戒制度，防止和打击各种形式的逃废债行为，创建金融安全区。

15.改进建设用地管理。在实行最严格的耕地保护制度的前提下，从促进县域经济发展的长远目标出发，科学调整和修订完善土地利用总体规划。新增建设用地土地有偿使用费除按规定上缴中央财政的外，其余由县（市）征收并用于耕地开发复垦。通过空心村治理、砖瓦窑场整治和工矿废弃地复垦等形成的集体建设用地可作为存量建设用地异地置换使用。优先保证县域重点项目、重点产业集群和招商引资项目的建设用地。允许依法取得的集体建设用地以转让、租赁、作价出资（入股）等形式进行有序流转。完善土地征用补偿机制，妥善安置失地农民。

16.加强基础设施和公用事业建设。加大财政对县、乡基础设施建设投资力度，改善农村生活生产条件。各级财政每年新增加的教育、卫生、文化事业经费主要用于农村。加强农村医疗卫生基础设施和卫生队伍建设，用三年时间改造600个乡镇卫生院；加快各县（市）突发公共卫生事件救治设施建设，年内各县（市）要建成疾病预防控制中心，不断完善设施，提高疾控水平；建立功能比较完善的农村公共卫生服务体系和农村医疗救助体系，搞好新型农村合作医疗制度试点，力争3~4年内基本覆盖全省农村居民。积极筹备资金，确保2005年底前基本完成现有农村中小学D级危房改造任务，2008年完成县以下农村远程教育网络建设。到2007年累计投资160亿元，修建改造农村道路15000公里，实现平原区村村通油路，山区村村通公路，95%以上的县乡公路基本达到等级公路标准。重点抓好大型灌区续建配套、机井灌溉、节水灌溉、河道整治、水土保持和新建灌区建设，提高农业抗旱防涝能力，加强黄河滩区治理和安全建设，加快解决农村安全饮水问题。继续支持26个城镇化重点县（市）和123个重点镇的建设，重点搞好水、电、气、道路、通讯、污水及垃圾处理等基础设施建设。

17.加大对扶贫开发重点县的扶持。继续增加扶贫投入，支持贫困地区经济发展，促进贫困农民增收。中央、省、省辖市和县（市）安排的各类扶贫资金要足额落实到位，严禁截留挪用。鼓励支持社会力量参与扶贫开发。扶贫开发重点县引进省外项目，按实际到位资金或形成固定资产的一定比例，对有功人员给予奖励。对生存条件特别恶劣、居住过于分散的贫困人口，有计划、有组织地进行自愿移民搬迁，搬迁费用由省、省辖市、县（市）和搬迁户共同负担，移民所在县（市）政府要做好搬迁善后工作，确保迁得出、稳得住，解决好移民的脱贫问题。建立健全扶贫开发激励约束机制，扶贫开发重点县要自加压力、艰苦奋斗、真抓实干，增强自我造血功能，尽快改变贫困面貌。提前实现脱贫目标的，原定扶贫期限内享受的扶贫政策保持不变；对扶贫开发多年未见明显成效的扶贫开发重点县，予以通报批评，其党政领导班子要相应调整。

四、加强和改进对县域经济工作的领导

18.加强县（市）乡（镇）领导班子和干部队伍建设。要选好配强县（市）、乡镇党政正职，进一步优化领导班子结构，提高领导班子中熟悉经济工作的成员的比例，充分发挥领导班子在推动县域经济发展中的关键作用。县乡领导班子成员要保持相对稳定，没有特殊情况，任届内一般不进行调整，以保持工作的连续性。巩义、永城、项城、固始、邓州五县（市）的县（市）委书记由所在省辖市的市委常委兼任；对埋头苦干、做出贡献，在一个县（市）长期担任主要领导的，经考察可明确为副市（厅）级干部，具体年限、标准由省委另行行文。适应县域经济发展的新要求，扎实推进基层党建工作创新，不断提高党的基层组织的创造力，凝聚力，战斗力。认真落实县、乡机构改革方案及有关规定，维护编制的严肃性，分流安置超编人员，清理清退编外人员，建设一支政治坚定、精于高效、诚信谦明、作风优良的干部队伍。各县（市）、乡镇要国家规定标准保证编制内在职人员和离退休人员工资及离退休费按时发放，不断改善县（市）、乡镇基层干部和各类人才的工作与生活条件。

19.积极探索完善省以下垂直管理部门地方党委协管机制。省垂直管理部门在县（市）、乡镇的延伸机构党的关系实行属地管理。赋予县（市）党委对省以下垂直管理部门在县（市）延伸机构领导干部的任免建议权。省以下垂直管理部门在县（市）、乡镇机构的考评、考核，必须听取地方党委、政府的意见。实行双重管理的部门，要以地方管理为主。垂直管理部门要自觉接受地方党委、政府的领导、管理和人大的依法监督，积极服务、支持地方经济发展。地方党委、政府要支持垂直管理部门依法行政，做好本职工作。

20.营造发展县域经济的良好环境。省直各部门要把发展县域经济摆上重要议事日程，深入调查研究，加强协调指导，切实解决好县域经济发展中的实际问题。省辖市党委、政府要把更多的精力放在县域经济工作上，纳入目标管理，跟踪问效，督促检查，真正担负起发展县域经济的领导责任。各县（市）要切实转变政府职能，结合行政许可法的出台和实施，全面推行依法行政和政务公开，加强政府信用建设，提高行政能力和管理水平，简化办事程序，降低管理成本，县（市）可在规定的机构编制限额内自主调整设置行政机构，不要求上下对口。各级党委政府要进一步精简各类会议、文件，省和省辖市原则上不再组织统一的检查评比和达标活动，把县乡干部从文山会海和接待应酬中解脱出来，集中精力抓经济工作。还要正确处理改革、发展和稳定的关系，才有效化解各类矛盾，维护社会安定。要支持探索和创新，保护干事创业的积极性，营造聚精会神搞建设、一心一意谋发展的浓厚氛围。

21.建立科学的评价体系和激励机制。结合

我省实际，制订科学的县域经济评价体系和考核办法。每两年召开一次县域经济工作会议，对全省县域经济发展进行总结部署，对经济实力强、发展速度快、财政保障水平明显提高的县（市），给予表彰和奖励。要把县域经济发展考评结果纳入县（市）领导干部考察内容。

22.牢固树立科学的发展观和正确的政绩观。要切实把科学发展观落实到发展壮大县域经济的各项工作当中去，坚持以经济建设为中心不动摇，正确处理与发展相联系的各方面重大关系，抓住机遇，加快发展，用发展的办法解决前进中的问题，大力弘扬求真务实的精神，一切从实际出发，按客观规律办事，既立足当前，又着眼未来；既要有强烈的发展愿望，又要有扎实的工作作风；既要积极进取，消除无所作为的保守意识，克服等、靠、要思想和畏难情绪，又要量力而行，实事求是，杜绝不顾现实条件搞劳民伤财的“形象工程”、“政绩工程”。把实现人民群众的利益作为追求政绩的根本目的，把重实干、求实效作为实现政绩的主要途径，力戒浮夸和做表面文章，严禁弄虚作假。

省直有关部门、各市、县（市）党委、政府要按照本意见的要求，尽快把发展壮大县域经济的政策措施落到实处。

河南省人民政府关于扩大部分县(市)管理权限的意见

豫发〔2004〕7号

2004年5月19日

为进一步激发县域经济发展活力,根据《中共河南省委河南省人民政府关于发展壮大县域经济的若干意见》(豫发〔2004〕7号),现就扩大部分县(市)管理权限提出如下意见:

一、扩大管理权限的总体要求

以邓小平理论和“三个代表”重要思想为指导,认真贯彻党的十六大和十六届三中全会精神,牢固树立和全面落实科学发展观,积极推进制度创新,创造良好的体制和政策环境,减少管理层次,降低行政成本,推动扩权县(市)抓住机遇,加快发展,尽快形成一批经济活力强、发展速度快、综合素质高的县(市),进一步壮大县域经济总体实力,促进城乡经济和区域经济协调发展,加快全省工业化、城镇化和农业现代化进程,为全面建设小康社会、实现中原崛起打好基础。

二、扩大管理权限的县(市)范围

综合考虑各县(市)在区域生产力布局中的地位、经济总量、财政实力、工业基础、城镇化水平、经济特色和发展潜力,以及省本级财政的承受能力,着眼于充分发挥经济强县(市)在促进全省县域经济发展中的示范带动作用,在对各县(市)主要指标认真比较分析的基础上,决定扩大巩义市、项城市、永城市、固始县、邓州市、新密市、新郑市、登封市、荥阳市、偃师市、沁阳市、义马市、灵宝市、长葛市、禹州市、林州市、新安县、新乡县、渑池县、安阳县、孟州市、伊川县、博爱县、辉县市、舞钢市、鹿邑县、淅川县、汝州市、淇县、长垣县、临颍县、尉氏县、濮阳县、潢川县、西平县等35个县(市)的管理权限。

三、赋予巩义等五县(市)的管理权限

对巩义市、项城市、永城市、固始县、邓州市等5个区位优势明显、有望培育成未来地区性中心城市的县(市),赋予与省辖市相同的经济管理权限和部分社会管理权限。

(一)计划直接上报。5县(市)的国民经济和社会发展年度计划、中长期规划、专项规划、行业规划,以及各业务部门的专业计划、业务报表,由县(市)有关部门直接向省有关部门上报、衔接,同时抄报所属省辖市有关部门。省有关部门对5县(市)的计划指标进行直接平衡,并在其所属省辖市名下以“其中”形式列出。

(二)财政直接结算。巩义、项城、固始、邓州4县(市)财政实行与省财政直接结算。4县(市)的财政预决算在报所属省辖市财政汇总的同时报省财政审核。省财政批复决算、安排转移支付和补助专款时,将4县(市)在所属省辖市名下以“其中”形式列出,直接批复安排到县(市)。实行对省结算后,从2004年起,省财政按照存量不动、确保既得利益的原则,重新核定4县(市)对所属省辖市本级的上解基数固定上解省级,由省财政返还所属省辖市。4县(市)新增财政收入除中央和省级分成外,原则上全部留归县(市)。4县(市)因财政结算体制变化对所属省辖市本级财力造成较大影响时,由省财政根据省辖市本级财力状况给予适当补助。相关省辖市2004年前对4县(市)的财政补助和追加专款(剔除一次性因素),按2003年以前三年平均数专项上解省级,由省财政直接补助到县(市)。4县(市)现金管理体制随财政结算体制变化相应调整。4县(市)政府的财政决算由省审计部门直接审计。永城市与商丘市的财政体制另行确定。

(三)经费直接划拨。省有关部门向省辖市划拨各类事业费、交通规费等建设资金、预算外返

还资金、福利救济资金、科技计划项目经费等资金时，凡按规定5县(市)应当享有的，一律在所属省辖市名下以“其中”形式直接向5县(市)划拨。拖拉机和摩托车养路费由5县(市)自行组织征收和安排使用，不再与所属省辖市分成；客票附加费和货运附加费、道路运输管理费征收计划由省对5县(市)单列，征收资金直接解缴到省，客货附加费返还资金(包括征收工作经费及分成资金)和道路运输管理费分成资金由省直接拨付到县(市)，由县(市)按规定自行安排使用。省交通规费安排的农村公路建设切块补助资金对5县(市)实行计划单列，资金直接拨付到县(市)。

(四)税权部分扩大。

(1) 5县(市)因自然灾害等不可抗力需要税收减免的，由县(市)有关部门直接报省有关部门按有关规定办理。

(2) 5县(市)30亩以下的耕地占用税减免，由五县(市)自行审批，报所属省辖市备案。

(3) 5县(市)国税部门的涉税行政审批权限比照省辖市国税部门的审批权限执行。主要是：生产性外商投资企业享受企业所得税“两免三减”税收优惠的年度确认，外商投资企业免征地方所得税的年度确认，外商投资的先进技术企业所得税优惠延长减免的审批，外商投资企业的外商税后利润再投资退税的审批，外商投资企业年度财产损失金额在100万元以上需要在税前扣除的项目的审批，外商投资企业根据实际需要计提坏账准备金的审批，内资企业所得税财产损失税前扣除的审批，民政福利、校办企业的认定，饲料减免税审批等。

(4) 5县(市)地税部门受理纳税人的营业税政策性减免事项，依照省辖市的审批管理权限办理。即纳税人申报的营业税政策性减免数额在50万元以下的，5县(市)地税部门按政策规定直接办理。

(5) 5县(市)地税部门受理纳税人的企业所得税政策性减免事项，依照省辖市的审批管理权限办理。即纳税人申报的企业所得税政策性减免数额在100万元以下的，5县(市)地税部门按规定直接办理。

(6) 5县(市)地税部门受理纳税人的税前弥补亏损、处理财产损失事项，依照省辖市的审批管理权限办理。即纳税人申报的税前弥补亏损、处理财产损失，数额在300万元以下的，5县(市)地税部门按政策规定直接办理。

(7) 5县(市)的企业投资于符合国家产业政策的技术改造项目，其国产设备投资额的40%抵免企业所得税申请，由县级地税部门受理并直接报省地税部门审核确认。

(五) 项目直接申报。5县(市)需要经过省辖市向省有关部门上报的固定资产投资项目和申报投资补助的建设项目，包括国家财政性投资项目、国家银行优惠政策性贷款项目、国家和省统借统还的国外贷款项目(跨县级行政区域的除外)，以及使用省工业结构调整、高新技术产业化、农业结构调整、县域经济发展等专项资金安排的建设项目，一律改由5县(市)有关部门直接向省有关部门申报。凡符合国家产业政策，不在国家和省审批范围，不需要省、省辖市两级出资或平衡建设条件的建设项目，一律比照省辖市权限由5县(市)自行审批、核准或按规定进行登记备案。5县(市)申报的省级、国家级各类科技计划项目，由县(市)有关部门直接上报省有关部门，并抄报所属省辖市有关部门。5县(市)对所辖行政区域内所有建设项目的环境影响评价文件的审批，享有省辖市有关部门的权限，审批项目每半年向省有关部门备案。5县(市)境内省出资的或受国家委托的重大建设项目招标文件备案，由县(市)有关部门直接报省有关部门。

(六) 用地直接报批。5县(市)国土规划、土地利用总体规划的编制、修编和调整，由县(市)政府直接报省政府审批、报省有关部门备案，同时抄报所属省辖市有关部门。矿产资源规划(含专项规划)和土地开发整理等专项规划，由县(市)政府直接报省有关部门审批并备案，同时抄报所属省辖市有关部门。土地利用年度计划由县(市)有关部门直接向省有关部门申请核准。需省政府审批的各项建设用地，由县(市)政府直接报省政府。在县(市)区域内的省重点建设项目用地，经县(市)有关部门初步预审后，由项目法人直接报省有关部门审核、审批。省级审批的土地开发项目，矿产资源勘查、开采、保护项目，以及矿山生态环境恢复治理项目的立项，由县(市)有关部门直接报省有关部门审批。5县(市)有关部门自行设置乙类矿产中型以下的采矿权。

(七) 证照直接发放。5县(市)有关部门直接向行政管理相对人核发省辖市权限内的各类证照。主要包括经营性收费、商业流通、对外贸易、质量技术监督、工商行政管理、建设、交通、农业、林业、水利、科技、教育、食品药品监督管理、卫生、文化、体育、旅游、民政、劳动用工、社会保障、户籍、统计等方面的证照。5县(市)工商行政管理部门享有省辖市工商行政管理部门的企业登记管理权限。属于省有关部门发放的证照和批准的事项，一律由5县(市)有关部门直接报省有关部门审批、核准，报所属省辖市备案。

(八) 统计直接报送。5县(市)的统计指标由县(市)有关部门直接向省有关部门对口上报，并抄报所属省辖市有关部门。省有关部门依据统计法律、法规，提供、发布分地区统计资料时，将5县(市)的资料在所属省辖市名下以“其中”形式列出。

(九) 政策直接享有。省政府及有关部门依据法律、法规和行政管理的实际需要，委托省辖市政府及有关部门代行的管理权限，5县(市)同时享有。国家和省在经济社会发展和国民经济管理方面新制定的各项政策，包括经济管理体制改革中新确定的管理权限划分，凡省辖市享有的，5县(市)均直接享有。

(十) 信息直接获得。省政府召开的综合性会议、省政府各部门召开的专业性会议、发放的各类文件、指导作的各类信息，凡是省辖市参加或享有的，均扩大到5县(市)。

四、赋予新密等30个县(市)的经济管理权限

对新密市、新郑市、登封市、荥阳市、偃师市、沁阳市、义马市、灵宝市、长葛市、禹州市、林州市、新安县、新乡县、渑池县、安阳县、孟州市、伊川县、博爱县、辉县市、舞钢市、鹿邑县、淅川县、汝州市、淇县、长垣县、临颍县、尉氏县、濮阳县、潢川县、西平县等30个经济基础好、发展潜力大、特色和优势明显的县(市)，赋予省辖市的部分经济管理权限：在建设项目管理、土地审批、证照发放方面享有与巩义等5县(市)第(五)、(六)、(七)项规定完全相同的经济管理权限；在税权方面享有与5县(市)第(四)项规定中第(4)、(5)、(6)、(7)小项完全相同的权限。

国家和省在上述4个方面对省辖市新出台的经济管理政策和经济管理权限划分，新密等30个县(市)同巩义等5县(市)一样直接享有。

计划、财税、统计管理及经费划拨维持现行体制。

五、扩大管理权限的组织实施

(一) 省政府各部门要切实加强对扩大部分县(市)管理权限工作的指导，做好衔接，确保县(市)管理权限扩大后不出现管理上的脱节和漏洞。在扩大管理权限过程中，凡涉及基数划分或需要参照基期数字的，要及时指导、协调扩权县(市)与所属省辖市，按照公平合理、不挤不占、协商一致、双方认可的原则，做好基数划分工作。要督促指导各省辖市有关部门，切实做好扩权县(市)管理权限的落实工作，加强监督检查，防止政策棚架。要按照责权利统一的原则，在扩大管理权限的同时，明确扩权县(市)的责任，加强业务培训和指导，提高扩权县(市)政府部门的业务工作水平。

(二) 发展改革、教育、科技、公安、民政、财政、人事、劳动和社会保障、国土资源、建设、交通、信息产业、水利、农业、林业、商务、文化、卫生、人口和计划生育、税务、环保、统计、工商行政管理、质量技术监督、食品药品监督管理、旅游、畜牧等部门，要在生产力布局、经济结构调整、投资和项目安排、事业经费补助等方面，进一步加大对扩权县(市)的支持力度。要优先满足扩权县(市)发展所必需的建设用地，对因资源条件限制无法在本区域内实现占补平衡的，省有关部门可利用建设用地异地置换、耕地异地占补平衡等政策给予支持。扩权县(市)有关部门收取的市场管理费，由省有关部门核定、拨付一定比例用于当地市场建设。扩权县(市)乡级行政区划调整直接上报省政府审批。在扩权县(市)城镇有稳定职业和住所的农村人口，按当地规定在就业地或居住地登记户籍。

(三) 各级金融机构要进一步加大对扩权县(市)的资金支持力度。在政策允许的范围内，视存款规模和增长速度，适当扩大扩权县(市)金融机构的贷款规模、审批权限和经营范围。人民银行要通过再贷款、再贴现等手段，支持扩权县(市)金融机构扩大信贷投放能力。股份制商业银行要因地制宜地开展对扩权县(市)的授信业务。各金融机构在扩权县(市)设立的分支机构在当地吸收的资金(含邮政储蓄)，应主要用于支持当地经济发展，保持合理的贷款增量。扩权县(市)的农村信用社应根据农户信誉，自主核定免除担保和抵押的信用贷款额度，增加对“公司+农户”的农产品加工和流通龙头企业的信贷支持。企业债券发行等直接融资由扩权县(市)有关部门直接向省有关部门申报。

(四) 扩权县(市)要以扩大管理权限为契机，强化加快发展意识，积极转变政府职能，加快建立健全行政服务中心、服务大厅等服务窗口，推行“一站式”办公，实行限时办结制，不断提高工作效率和服务水平，努力从内部和外部两个方面营造良好的发展环境。

扩大部分县(市)管理权限，是省委、省政府发展壮大县域经济的重要举措之一。省有关部门、各省辖市、各有关县(市)都要高度重视，加强领导，积极探索，大胆创新，认真研究和协调解决扩权政策执行中可能遇到的新情况、新问题，努力推进我省县域经济持续快速协调健康发展。

各省辖市政府和省有关部门要依据本意见，抓紧进行对35个扩权县(市)配套政策的衔接和细化，尽快制订本地、本部门的具体实施方案，报省政府批准后实施。

本意见中关于财政体制和统计管理权限的规定自2004年1月1日起生效，关于其他管理权限的规定自发布之日起生效。

《中华人民共和国行政许可法》(以下简称行政许可法)施行后，本意见中有关规定与行政许可法相抵触的，按行政许可法有关规定执行。

本意见由省发展和改革委员会负责解释。

附件：赋予35个扩权县(市)的主要管理权限项目

一、扩权县(市)的国民经济和社会发展年度计划、中长期规划、专项规划、行业规划，以及各业务部门的专业计划、业务报表，由县(市)有关部门直接向省有关部门上报、衔接，同时抄报所属省辖市有关部门。省有关部门对扩权县(市)的计划指标进行直接平衡，并在其所属省辖市名下以“其中”形式列出。

二、扩权县(市)的统计指标由县(市)有关部门直接向省有关部门对口上报，并抄报所属省辖市有关部门。省有关部门依据统计法律、法规，提供、发布分地区统计资料时，将扩权县(市)的资料在所属省辖市名下以“其中”形式列出。

三、巩义、项城、固始、邓州4县(市)财政实行与省财政直接结算。4县(市)的财政预决算在报所属省辖市财政汇总的同时报省财政审核。省财政批复决算、安排转移支付和补助专款时，将4县(市)在所属省辖市名下以“其中”形式列出，直接批复安排到县(市)。实行对省结算后，从2004年起，省财政按照存量不动、确保既得利益的原则，重新核定4县(市)对所属省辖市本级的上解基数固定上解省级，由省财政返还所属省辖市。

4县(市)新增财政收入除中央和省级分成外,原则上全部留归县(市)。4县(市)因财政结算体制变化对省辖市本级财力造成较大影响时,由省财政根据省辖市本级财力状况给予适当补助。相关省辖市2004年前对4县(市)的财政补助和追加专款(剔除一次性因素),按2003年以前三年平均数专项上解省级,由省财政直接补助到县(市)。4县(市)现金管理体制随财政结算体制变化相应调整。永城市与商丘市的财政体制另行确定。

四、巩义、项城、固始、邓州4县(市)政府的财政决算由省审计部门直接审计。

五、省有关部门向省辖市划拨各类事业费、交通规费等建设资金、预算外返还资金、福利救济资金、科技计划项目经费等资金时,凡按规定扩权县(市)应当享有的,一律在所属省辖市名下以"其中"形式直接向县(市)划拨。

六、拖拉机和摩托车养路费由扩权县(市)自行组织征收和安排使用,不再与所属省辖市分成;客票附加费和货运附加费、道路运输管理费征收计划由省对扩权县(市)单列,征收资金直接解缴到省,客货附加费返还资金(包括征收工作经费及分成资金)和道路运输管理费分成资金均由省直接拨付到县(市),由县(市)按规定自行安排使用。省交通规费安排的农村公路建设切块补助资金对扩权县(市)实行计划单列,资金直接拨付到县(市)。

七、扩权县(市)因自然灾害等不可抗力需要税收减免的,由县(市)有关部门直接报省有关部门按有关规定办理。

八、30亩以下的耕地占用税减免审批,由扩权县(市)自行审批,报所属省辖市备案。

九、扩权县(市)国税部门的涉税行政审批权限比照各省辖市国税部门的审批权限执行。主要是:生产性外商投资企业享受企业所得税"两免三减"税收优惠的年度确认,外商投资企业免征地方所得税的年度确认,外商投资的先进技术企业所得税优惠延长减免的审批,外商投资企业的外商税后利润再投资退税的审批,外商投资企业年度财产损失金额在100万元以上需要税前扣除的项目的审批,外商投资企业根据实际需要计提坏账准备金的审批,内资企业所得税财产损失税前扣除的审批,民政福利、校办企业的认定,饲料减免税审批等。

十、扩权县(市)地税部门受理纳税人的营业税政策性减免事项,依照省辖市的审批管理权限办理。即纳税人申报的营业税政策性减免数额在50万元以下的,由县(市)地税部门按政策规定直接办理。

十一、扩权县(市)地税部门受理纳税人的企业所得税政策性减免事项,依照省辖市的审批管理权限办理。即纳税人申报的企业所得税政策性减免数额在100万元以下的,由县(市)地税部门按政策规定直接办理。

十二、扩权县(市)地税部门受理纳税人的税前弥补亏损、处理财产损失事项,依照省辖市的审批管理权限办理。即纳税人申报的税前弥补亏损、处理财产损失,数额在300万元以下的,由县(市)地税部门按政策规定直接办理。

十三、扩权县(市)的企业投资于符合国家产业政策的技术改造项目,其国产设备投资额的40%抵免企业所得税申请,由县(市)地税部门受理并直接报省地税部门审核确认。

十四、扩权县(市)需要经过省辖市向省有关部门上报的固定资产投资项目和申报投资补助的建设项目,包括国家财政性投资项目、国家银行优惠政策性贷款项目、国家和省统借统还的国外贷款项目(跨县级行政区域的除外),以及使用省工业结构调整、高新技术产业化、农业结构调整、县域经济发展等专项资金安排的建设项目,一律改由县(市)有关部门直接向省有关部门申报。

十五、凡符合国家产业政策,不在国家和省审批范围,不需要省、省辖市两级出资或平衡建设条件的建设项目,一律比照省辖市权限由扩权县(市)自行审批、核准或按规定进行登记备案。

十六、出口企业研发基金申报,中小企业国际市场开拓资金申报,外贸出口企业技改贴息资金申报,由扩权县(市)自行审核、报省审批、报所属省辖市备案。

十七、扩权县(市)的县乡及农村公路、道路运输场站建设项目直接向省有关部门申报，并征求所属省辖市的意见，项目建设计划由省单列。

十八、扩权县(市)申报的省级、国家级各类科技计划项目，由县(市)有关部门直接上报省有关部门，并抄报所属省辖市有关部门。

十九、县管河道管理范围内的建设项目(跨县级行政区域的除外)，省辖市审批权限内的水利基建项目可研报告和初步设计(跨县级行政区域的除外)，申请中央和省补助投资的中型水库除险加固项目可研报告和初步设计(跨县级行政区域的除外)，由扩权县(市)自行审批、报所属省辖市备案。

二十、大中型水利水电工程项目可研报告、初步设计和开工报告，国家和省投资的由市县管理的重大水利基建项目竣工验收报告，由扩权县(市)自行审核、报省审批、报所属省辖市备案。

二十一、扩权县(市)境内的省管河道管理范围内的建设项目(跨县级行政区域的除外)，由县(市)自行审核、报省审批、报所属省辖市备案。

二十二、需省有关部门或国家有关部门审批的境外投资项目，由扩权县(市)自行审核、报省审批、报所属省辖市备案。

二十三、扩权县(市)对所辖范围内所有建设项目的环境评价文件的审批，享有省辖市有关部门的权限，审批项目每半年向省有关部门备案。

二十四、扩权县(市)境内省出资的或受国家委托的重大建设项目招标文件备案，由县(市)有关部门直接报省有关部门。

二十五、县以下电厂非上网电量电价、医疗机构配制制剂和中药饮片价格、种子价格核准由扩权县(市)自行决定。

二十六、扩权县(市)区域内的支线公路客运价格由县(市)有关部门自行审批。

二十七、省级及省级以下旅游参观点门票价格由景区所在地扩权县(市)政府自行制定。

二十八、城市供水价格、医药企业生产的进入医保目录的药品价格、污水处理费收费标准、垄断行业经营服务性收费标准的确定，由扩权县(市)有关部门直接报省有关部门审批。

二十九、廉租住房租金、经济适用房、公共住房、拆迁补偿房屋、房屋重置价格的审批权，按属地管理，直接下放到扩权县(市)。

三十、销售指定商品和服务价格，办理《国家鼓励发展的外资项目确认书》、《国家鼓励发展的内资项目确认书》、《外商投资企业进口更新设备技改及配备件证明》，由扩权县(市)有关部门直接报省有关部门核准。

三十一、供电营业许可、省级企业技术中心的确认，由扩权县(市)有关部门直接报省有关部门审批或核准。

三十二、扩权县(市)国土规划、土地利用总体规划的编制、修编和调整，由扩权县(市)政府直接报省政府审批，报省有关部门备案，同时抄报所属省辖市有关部门。

三十三、矿产资源规划(含专项规划)和土地开发整理等专项规划，由扩权县(市)政府报省有关部门审批并备案，同时抄报所属省辖市有关部门。

三十四、土地利用年度计划由扩权县(市)有关部门直接向省有关部门申请核准。

三十五、需省政府审批的各项建设用地，由扩权县(市)政府直接报送省政府。在扩权县(市)区域内的省重点建设项目用地，经县(市)有关部门初步预审后，由项目法人直接报省有关部门审核、审批。

三十六、省级审批的土地开发项目，矿产资源勘查、开采、保护项目，以及矿山生态环境恢复治理项目的立项，均由扩权县(市)有关部门直接报省有关部门审批。

三十七、扩权县(市)有关部门自行设置乙类矿产中型以下的采矿权。

三十八、扩权县(市)有关部门直接向行政管理相对人核发省辖市权限内的各类证照。主要包括经营性收费项目、商业流通、对外贸易、质量技术监督、工商行政管理、建设、农业(含农作物种子及农药经营许可证)、林业、水利、科技、教育、食品药品监督管理、卫生(包括卫生用品卫生许可证现场审核、医疗机构职业许可、医疗广告出证审批等)、文化、体育、旅游、民政、劳动用工、社会保障、户籍、统计等方面的证照。

三十九、扩权县(市)工商行政管理部门享有省辖市工商行政管理部门的企业登记管理权限。

四十、属于省有关部门发放的证照和批准的事项,一律由扩权县(市)有关部门直接报省有关部门审批、核准,报所属省辖市备案。

四十一、省级水产原(良)种、苗种生产,国家保护二级水生野生动物驯养、繁育、捕捞许可,国家保护二级水生野生动物收购、产品销售、运输许可,由扩权县(市)自行审核、报省审批、报所属省辖市备案。

四十二、扩权县(市)进出口国家保护二级以下水生野生动物及其产品,由县(市)自行审核、报省核准、报所属省辖市备案。

四十三、《河南省取水许可制度和水资源费征收管理办法》(省政府令59号第8条、第11条规定范围)的取水许可,河道采砂许可(省管河道),乙、丙级《编制开发建设项目水土保持方案资格证书》审核,三、四级水利施工企业资质及水利施工企业安全资格认证核准,水利工程质量监督员资格核准,水井凿井甲级资质审核,由扩权县(市)自行办理、报省审批、报所属省辖市备案。

四十四、从省管水库、河道取水占用农业灌溉水源及设施补偿方案,省际、市际边界水事纠纷处理方案,由扩权县(市)自行审核、报省审批、报所属省辖市备案。

四十五、扩权县(市)自行审批、报所属省辖市备案水井凿井乙、丙级资质。

四十六、工业产品生产许可证申报、推荐,质检机构新增产品检验项目,工业园区质量检测机构的立项评估,食品生产许可证,BR、DR5容器制造许可证,气瓶检验许可证,D级锅炉制造许可证,特种设备安全许可证,由扩权县(市)自行受理申请、报省审查、报所属省辖市备案。

四十七、扩权县(市)自行审查、直接报省有关部门审批发放二级及二级以下建筑业企业资质、工程勘察乙级资质、工程勘察劳务资质、建筑工程设计乙级资质和其他建设工程勘察设计丙级资质、房地产开发二级企业资质、工程造价咨询单位资质、工程监理丙级企业的证照等,并报省辖市有关部门备案。

四十八、扩权县(市)自行审查、直接报省有关部门核准乙级施工图审查机构许可证、国家和省批准立项的建设项目规划选址意见书、工程建设项目招标代理机构资质、建设工程质量检测单位资质、房地产价格评估机构等资质,并报省辖市有关部门备案。

四十九、扩权县(市)享有征、占用林地的初审权,并直接报省有关部门审批,同时报省辖市有关部门备案。

五十、省有关部门对扩权县(市)的森林资源采伐限额指标实行单列,由县(市)有关部门审批。

五十一、扩权县(市)自行审核、报省审批、报所属省辖市备案大型水库、水闸控制计划(跨县级行政区域的除外)。

五十二、省辖市审批权限内的中小型水库、水闸控制运行计划(跨县级行政区域的除外),省辖市权限内立项的开发建设项目水土保持方案报告书,省辖市权限内审批的水利工程规划同意书(跨县级行政区域的除外),由扩权县(市)自行审批、报所属省辖市备案。

五十三、扩权县(市)股份有限公司的设立、增发新股、合并及分立,由县(市)有关部门直接报省有关部门审批。

五十四、扩权县(市)有关部门直接向省有关部门申报企业债券发行等直接融资事项。

五十五、扩权县(市)自行审批、报所属省辖市备案允许类商品加工贸易合同。

五十六、3000万美元以下鼓励和允许类外商投资企业的新设、增资、合同章程的变更等事项,外商投资企业在境内设立分支机构,由扩权县(市)自行审批、报省和所属省辖市备案。

五十七、扩权县(市)自行审批、报所属省辖市备案定点生猪(牛、羊)屠宰场规划设置。

五十八、扩权县(市)受省有关部门委托,自行审批、报所属省辖市备案新建加油站(点)验收。

五十九、对外承包劳务经营权,接受多边、双边援助,国际货代企业的设立及变更,生产企业进出口权登记及变更事项,生产企业进出口经营权,3000万美元以下限制类外商投资企业的新设、增资、合同章程的变更等事项,3000万美元以上外商投资企业的新设、增资、合同章程的变更等事项,外商投资企业特殊商品加工贸易合同审批及加工贸易进口料件转内销,由扩权县(市)自行审核、报省审批、报所属省辖市备案。

六十、外商投资企业进出口商品管理,“五类”企业利用投资总额以外自有资金进口设备免税,“广交会”和“华交会”摊位申报及安排落实,由扩权县(市)自行审核、报省审批、报所属省辖市备案。

六十一、外商投资企业中先进技术企业的考核确认,技术进出口备案许可,典当经营许可证申报,省成品油市场规划布局审定及仓储设施、加油(气)站(点)建设定点及企业经营资格审核,拍卖企业设立前置审批,由扩权县(市)自行审核、报省审批、报所属省辖市备案。

六十二、扩权县(市)在管辖范围内自行审批因私出入境中介活动广告、广告显示屏设置。

六十三、扩权县(市)自行对医药行业特有工种职业技能进行鉴定培训,直接接受执业药师注册申请并审核和注册、报省备案。

六十四、扩权县(市)自行对产品质量监督检查不合格企业进行后处理。

六十五、扩权县(市)自行批准通过GSP认证的农村零售药店或连锁分店在其周围人口较少的自然村分设非处方药(OTC)专柜,具备条件的乡镇卫生院为个体诊所、村卫生室代购药品。

六十六、扩权县(市)直接受理非处方药登记发证申请,经所属省辖市审核验收发证,报省备案。

六十七、《医药机构制剂许可证》的办理,中药饮片、药用辅料、药用胶囊、医用氧《药品生产许可证》的办理,第一类医疗器械生产企业的备案,第二、三类医疗器械生产企业《医疗器械生产企业许可证》的办理,第一类医疗器械零售企业的备案,第二、三类医疗器械零售企业《医疗器械经营企业许可证》的办理,由扩权县(市)直接受理申请、报省审核验收发证备案,并报所属省辖市备案。

六十八、持有《医疗机构制剂许可证》的医疗机构申报配制制剂,属于省级审批的药品包装材料和容器,持有《药品生产许可证》的企业申报已有国家药品标准的药用辅料品种,由扩权县(市)直接受理并初审(包括资料的形式审查,现场考核)、报省审批、报所属省辖市备案。

六十九、扩权县(市)中的优秀旅游城市,经国家旅游局授权,享有对一、二星级饭店质量等级的评定权。

七十、对A级旅游区(点)质量等级的评定、旅游从业人员培训,由扩权县(市)有关部门自行审批,并享有对AA级旅游区(点)质量等级的初评权。

七十一、扩权县(市)自行审批本地高中学校的设立和撤并、高中阶段招生计划;自行审批社会力量举办的普通高中、中等以下职业学校和相应教育机构;自行报省有关部门审批普通话水平测试站。

七十二、扩权县(市)直接向省申请县(市)文化馆、博物馆建设专项补助费,自行派遣艺术中专毕业生,自行评定先进文化乡镇。

七十三、扩权县(市)自行审批专业技术职务结构比例方案。

七十四、扩权县(市)自行审批中级工及其以下技术工种职业技能鉴定机构和核发职业资格证书,技工学校招生直接报省备案。

七十五、扩权县(市)自行审核并直接报省审批建设殡葬设施、赋予或取消抚恤和优待事项

七十六、扩权县(市)乡级行政区划调整直接上报省政府审批。

七十七、扩权县(市)对本区域内城镇有稳定职业和住所的农村人口,按当地规定在就业地或居住地登记户籍。

七十八、省政府及有关部门依据法律、法规和行政管理的实际需要,委托省辖市政府及有关部门代行的管理权限,扩权县(市)可同时享有。

七十九、国家和省在经济社会发展和国民经济管理方面新制定的各项政策,包括经济管理体制改革中新规定的管理权限划分,凡省辖市享有的,巩义、项城、永城、固始、邓州5县(市)直接享有。其他30个扩权县(市)除计划、财税(不含地税)、统计管理和经费划拨方面的权限外也同时享有。

八十、省政府召开的综合性会议、省政府各部门召开的专业性会议、发放的各类文件、指导工作的各类信息,凡是省辖市参加或享有的,均扩大到巩义、项城、永城、固始、邓州5县(市)。

注:第三、四项权限只适用于巩义、项城、固始、邓州4县(市),第一、二、五、六、七、八、九、十七、八十项权限只适用于巩义、项城、永城、固始、邓州5县(市)。

黑龙江省人民政府
关于扩大十强县（市）经济管理权限的决定

黑政发[2004]18号

2004年3月13日

为深入贯彻落实全省县域经济工作会议和《中共黑龙江省委黑龙江省人民政府关于加快发展县域经济的若干意见》（黑发[2003]15号）精神，按照放权放物给政策的原则，省政府决定，扩大阿城市、绥芬河市、双城市，肇东市、尚志市、呼兰县、五常市、讷河市、虎林市、宁安市十个经济强县（市）的经济管理权限，为其加快发展创造宽松的政策环境。省直有关部门放权不能放责任，要按照建立服务型政府的要求，积极探索新的管理模式，加强指导和监督检查；市直有关部门要积极配合，搞好衔接，不准截留下放的权限，做好备案和服务工作；十强县（市）要抓紧制定实施细则，用好用足政策，加快经济发展。

给予十强县（市）扩权事项（218项）

一、有关发展和改革审批管理权限

十强县(市)自行审批、报地市备案的事项:

1.省限额以下固定资产投资项目的项目建议书、可研报告、初步设计、开工报告和竣工验收;

2.3000万美元以下鼓励类直接利用外资项目建议书和可研报告；

十强县（市）自行审核、报省审批、报地市备案的事项：

3.利用国外贷款项目；

4.境外投资项目；

5.3000万美元以上鼓励类直接利用外资项目建议书和可研报告；

6.3000万美元以下限制类直接利用外资项目建议书和可研报告；

7.鼓励类利用外资新建合资、合作项目及国内投资基建项目进口设备免税项目确认书；

8.发行企业债券；

9.技工学校招生计划；

10.口岸城市外贸企业进口的废旧金属的公路、铁路运输证明。

二、有关经济贸易审批管理权限

十强县(市)自行审批、报地市备案的事项:

11.总投资3000万元以下技改项目（技术引进项目除外）；

12.符合国家产业政策的1000万元以下技改项目国产设备投资抵免企业新增所得税确认书；

13.用汇在100万美元以下引进设备的技改项目；

14.投资额在1000~5000万元的化工、冶金、建材、能源等行业工业性投资项目（技术引进项目除外）；

十强县（市）自行审核、报省审批、报地市备案的事项：

15.股份有限公司审批；

16.省技术创新重点项目；

17.限额以下技术引进项目可研报告；

18.限额以上技术改造（技术引进）项目建议书、可研报告安全内容审查；

19.工商领域利用外资技改限额以下项目建议书、可研报告审批（鼓励类：总投资在3000万美元至1亿美元项目；限制类：总投资在3000万美元以下项目）；

20.工商领域利用外资技改限额以上项目建议书、可研报告及商业领域利用外资可研报告；

21.省成品油市场布局规划的审定、仓储设施和加油（气）站（点）建设定点及企业经营资格安全条件的前期审查；

22.煤炭生产许可证和煤炭经营资格证；

23.煤炭订货指标及运输计划；

24.开办煤矿企业；

25.砖厂许可证；

26.水泥企业化验室合格证；

27.机械工业输变电设备产品目录管理及110KV以下输变电设备产品鉴定；

28.汽车、民用改装车和摩托车生产企业、产品目录和新产品开发审查及鉴定；

29.省级及省级以上新产品试制试产项目的立项、审核、组织产品及成果鉴定；

30.化工专业施工、监理单位资质及年检；

31.国家规定的化工产品企业标准；

32.符合国家进口设备税收政策的限额以下内外资技改项目免税确认书，符合国家产业政策的限额以下技改项目国产设备投资抵免企业新增所得税确认书；

33.符合国家进口设备税收政策的限额以上内外资技改项目免税确认书，符合国家产业政策的限额以上技改项目国产设备投资抵免企业新增所得税确认书；

34.权限内的技术改造项目及外商投资项目；

35.建立省级企业技术中心；

36.5000万元以下资源节约综合利用技术改造示范项目；

37.技术创新项目、资金及试点企业认定；

38.规定规模以下开采黄金矿产批准书；

39.黄金产量计划；

40.特种劳动保护用品经营许可证。

三、有关商务审批管理权限

十强县（市）自行审批、报地市备案的事项：

41.一般商品加工贸易合同及进口料件转内销的审批；

42.3000万美元以下鼓励类、允许类外商投资项目合同、章程的审批及变更；

43.十强县（市）自行审批的外商投资企业在境内设立分支机构审批；

44.边境口岸县（市）边境小额贸易经营权审批；

45.地市旧货企业（市场）设立；

46.定点畜、禽屠宰场规划设置；

十强县（市）自行审核、报省审批、报地市备案的事项：

47.对外劳务合作项目审查；

48.对外工程承包项目；

49.对外承包劳务经营权；

50.部分特殊商品加工贸易合同审批；

51.出口商品配额管理；

52.出口商品配额投标资格；

53.国际货代企业的设立及变更；

54.外国（境外）企业在华常驻代表机构登记承办和雇员的提供及管理；

55.生产企业进出口权的登记及变更事项审定；

56.企业进出口经营权审核；

57.企业进出口经营资格证书年审；

58.申办境外企业；

59.境外投资、加工贸易项目建议书及可研报告；

60.3000万美元以下限制类外商投资项目合同、章程的审核；

61.3000万美元以上外商投资企业新设、增资、合同章程变更等事项的审核；

62.外商投资企业特殊商品加工贸易合同审批及加工贸易进口料件转内销；

63.外商投资产品出口企业、先进技术企业考核；

64.外商投资企业进出口商品管理；

65."五类"企业利用投资总额外自有资金进口设备免税确认审核；

66.需省商务厅或商务部审批的境外投资项目的审核；

67."广交会"、"华交会"摊位申报及初审；

68.中小企业国际市场开拓资金申报；

69.机电出口生产企业技改贴息资金申报；

70.外贸出口重点支持名牌申报；

71.重要工业品关税配额；

72.一、二类口岸及临时口岸开放；

73.私营企业境外投资项目；

74.成品油经营企业年审；

75.汽车更新定额补贴；

76.地市级旧机动车交易中心设立；

77.典当经营许可证。

四、有关国土资源审批管理权限

十强县（市）自行审批、报地市备案的事项：

78.十强县（市）立项的建设项目用地预审；

79.5公顷以内存量建设用地审批；

80.临时用地审批；

81.“农业三项用地”项目审批；

82.十强县（市）自行投资或引资进行土地开发整理项目的立项审批和管理验收；

83.可供开采的矿产储量规模为零星分散的普通建筑用砂、石、黏土矿产资源的审批；

84.年产50～100万吨普通建筑材料砂、石、黏土矿产的审批登记；

85.开采年产量20万吨以下普通建筑材料砂、石、黏土矿产资源和选矿许可证申请；

十强县（市）自行审核、报省审批、报地市备案的事项：

86.省投资的土地开发整理项目验收初审；

87.省级补充耕地项目验收初审；

88.调整征用耕地平均年产值具体补偿标准；

89.开采年产量20万吨以上普通建筑材料砂、石、黏土矿产资源和选矿许可证申请；

90.土地利用年度计划；

91.土地整理项目验收；

92.省留计划指标项目的农用地转用、征用及供地手续。

五、有关交通审批管理权限

十强县（市）自行审批、报地市备案的事项：

93.县域内水路旅客、货物运输和渡船运输企业的审批及年度审验；

94.公路货物运输、省内水路运输服务业的审批；

95.县乡以下公路经营权的审批；

96.地方养路费的审批；

97.营运车和证照、县内营运客运线路、微型面包出租车和县内公共汽车的审批；

98.机动车营运证发放及年审检；

99.机动车驾驶员从业资质培训及考核、发证；

100.二、三级汽车修理厂（含保修厂）的审批；

十强县（市）自行审核、报省审批、报地市备案的事项：

101.限额以下公路工程项目可研报告评审、初步设计审查、交工验收核准、竣工验收；

102.公路绿化采伐；

103.国内外合资、合作建设经营公路水路项目。

六、有关建设、环保审批管理权限

十强县（市）自行审批、报地市备案的事项：

104.县域内建筑施工图设计文件审查行政审批权；

105.四级城市园林绿化企业资质核定；

十强县（市）自行审核、报省审批、报地市备案的事项：

106.建筑业中介机构资质审批；

107.二级及二级以下建筑企业资质审批及年检；

108.二级及二级以下施工企业安全生产许可证审批及年检；

109.每日100万吨以上城市供水企业资质审核；

110.20万户以上的城市燃气企业资质审核；

111.500万平方米以上的城市集中供热企业资质审核；

112.三级及三级以下房地产企业资质核定

(含开发、拆迁、物业及评估)；

113.承接省内工程设计任务的国(境)外设计机构资格；

114.县(市)属二级及二级以下房地产企业单位资质审核；

115.龙江杯工程和省优质样板工程的审核申报；

116.承租、承包、兼并和购买燃气企业的资质变更；

117.建设企事业单位专业管理人员岗位、资格证书核发；

118.房地产开发、办公楼、学校、仓储、宾馆和饭店类项目的环境影响报告书或报告表的审批；

119.县域内建设项目对环境影响报告书或报告表的初审；

120.应编制建设项目环境影响登记表的项目审批。

七、有关财政、税务审批管理权限

十强县(市)自行审批、报地市备案的事项：

121.工业类集团公司及所属企业在同一县(市)的，集团公司向所属企业提取技术开发费的审批；

122.残疾、孤老人员、烈属和因严重自然灾害造成重大损失个人所得税减征审批；

123.由地方税务局负责征收管理的企业，按国家政策规定的企业所得税减免审批；

124.由国家税务局负责征收管理的企业，按国家政策规定企业所得税减免税额在100万元以下(不含100万元)的审批；

125.由地方税务局负责征收管理的企业，总机构及所属企业在同一县(市)的总机构管理费税前扣除审批；

126.由国家税务局负责征收管理的企业，总机构及所属企业在同一县(市)的，总机构管理费税前扣除在1000万元以下(不含1000万元)的审批；

127.年减免税额在20万元以下(含20万元)的城市房地产税减免审批；

128.0.67公顷以下耕地占用税减免审批；

129.坏账损失、财产损失、弥补亏损额度在50万元以下(含50万元)税前扣除审批；

130.企业缴纳房产税确有困难，税额在5万元以下(含5万元)减免审批；

十强县(市)自行审核、报省审批、报地市备案的事项：

131.由地方税务局负责征收管理的企业，技术改造国产设备投资抵免企业所得税审核；

132.由国家税务局负责征收管理的企业，技术改造购买国产设备在5000万元以下(不含5000万元)的抵免企业所得税的核准；

133.延期缴纳税款审核。

八、有关农、林、水利审批管理权限

十强县(市)自行审批、报地市备案的事项：

134.农药经营资格验审合格证核准；

135.一般保护陆生野生动物、驯化养殖许可证、经营利用许可证、狩猎证；

136.临时占用2公顷以下除防护林或特种用途林以外的其他林地面积审批；

137.省内一般野生动物运输；

138.县与县之间林木种苗运输；

139.县内种苗生产经营许可证；

140.木材经营加工许可证；

141.农村集体经济组织采伐林木调查设计和采伐证；

142.县级水利旅游区的设立；

143.由市立项的开发建设项目水土保持方案(跨县除外)；

144.地下水年取水量200万立方米以下、地表水年取水量500万立方米以下的取水许可审批(跨县跨流域地下水超采区除外)；

145.非国家投资的小型水利工程及中型水库除险加固可研报告和初步设计；

146.非国家和省投资的水利水电工程项目的报建申请和开工报告；

147.依据有关法律、法规和规划，小流域治理与河道疏浚项目审批（跨县除外）；

148.依据有关法律、法规和规划，河道采砂许可（市级河段及县边界河段除外）；

149.由市审批、审核的水利规划（跨县除外）；

150.由市审批的水利基建项目建议书、可研报告和初步设计（跨县跨流域除外）；

151.污水年总排放量100万立方米以下的涉河排污口的设置（跨县河流除外）；

152.由市审批的水利工程规划同意书（跨县跨流域除外）；

十强县（市）自行审核、报省审批、报地市备案的事项：

153.蚕种生产、经营许可证核准；

154.捕捞许可证的核发、变更及遗失补发；

155.国家二级水生野生动物驯养繁殖、出售、收购及利用许可；

156.12马力以上渔业船舶检验；

157.县（市）级森林公园；

158.木材检疫证明；

159.省级森林病虫害工程治理项目；

160.森林植物检疫员资格；

161.引进林木种苗和其他繁殖材料；

162.林木良种审定；

163.地方国有林场森林抚育采伐调查设计；

164.出省木材运输证明的签发；

165.地方国有林场林木采伐许可证的签发；

166.林业生态建设项目和森林防火项目；

167.国债种苗工程可研报告；

168.大中型、限额以上及跨县跨流域水利水电和城市防洪工程等基建项目建议书、可研报告及初步设计；

169.大型水库、跨县界中型水库、大型水闸控制运行计划；

170.二、三级水利施工企业资质及水利施工企业安全资格认证；

171.二、三级水利施工企业项目经理资质；

172.乙、丙级编制开发建设项目水土保持方案资质；

173.县界河段的河流河道采砂、取土、淘金许可；

174.县界河段的河流河道新建、扩建、改建项目；

175.跨县界的江河湖泊排污口的新建、改建、扩建及年总排放量100万立方米以上的涉河排污口的设置；

九、有关劳动、人事、民政审批管理权限

十强县（市）自行审批、报地市备案的事项：

176.除国家指定统一考试评审以外的部分专业技术人员职务中级资格评审；

177.专业技术职务结构比例方案审批；

178.提高高级专家退休费标准审批；

179.优异待遇和荣誉津贴（指劳动模范按规定享受的津贴补贴）核准；

180.成立婚姻介绍服务机构审批；

181.新办、变更社会福利企业；

182.福利企业年检；

十强县（市）自行审核、报省审批、报地市备案的事项：

183.专业技术人员执业资格报名条件审核；

184.涉外组织和个人举办福利机构；

185.公墓单位跨省设立销售机构；

186.台湾同胞在黑龙江省死亡丧事处理，外国人、华侨、港澳台同胞的尸体或骨灰运输，华侨丧事处理；

187.制造销售火化机、运尸车、遗体冷藏柜等大型殡葬设备；

188.确定省级革命烈士纪念建筑物保护单位；

189.革命烈士追认；

190.进口残疾人专用和生产设备的免海关税和增值税；

191.中国福利彩票大奖组销售。

十、有关科技、教育、信息产业审批管理权限

十强县（市）自行审批、报地市备案的事项：

192.高中学校的设立和撤并；

193.高中阶段招生计划管理；

194.中等及中等以下层次社会力量办学的审批；

十强县（市）自行审核、报省审批、报地市备案的事项：

195.省级科技计划项目；

196.省级信息产业项目；

197.省级科技成果推广项目；

198.专利技术产业化项目；

199.创建省级高新技术产业园区；

200.全国电子信息应用贷款建议项目；

201.除地震安全性评价和抗震性能鉴定项目以外的地震项目。

十一、有关工商、质量技术监督、食品药品监督审批管理权限

十强县（市）自行审批、报地市备案的事项：

202.在国家禁止范围以外的媒介或者场所发布烟草广告的审批；

203.因私出入境中介活动广告审批；

204.全省产品质量监督检查不合格企业的后处理；

205.中外合资合作企业、外商独资企业生产假冒伪劣产品查处；

十强县（市）自行审核、报省审批、报地市备案的事项：

206.企业集团的审批；

207.黑龙江省名牌产品的申报；

208.黑龙江省著名商标的申报；

209.工业产品生产许可证的申报；

210.食品生产许可证申报；

211.第一类医疗器械生产企业的备案，第二、三类医疗器械生产企业的《医疗器械生产企业许可证》材料的审核；

212.第一类医疗器械零售企业的备案，第二、三类医疗器械零售企业的《医疗器械经营企业许可证》材料的审核；

213.药用辅料、医用氧的生产批准文号。

十二、有关旅游审批管理权限

十强县（市）自行审批、报地市备案的事项：

214.一、二星级饭店质量等级的评定（仅限十强县（市）优秀旅游城市）；

十强县（市）自行审核、报省审批、报地市备案的事项：

215.旅游从业人员岗位资格培训和发证；

216.A、AA级旅游区（点）质量等级的评定；

217.三星级饭店质量等级的评定；

218.四星级饭店质量等级的评定。

中共湖北省委 湖北省人民政府 关于促进县域经济发展的补充意见

鄂发［2004］8号

2004年6月24日

去年省委、省政府下发《关于加快县域经济发展的若干意见》(鄂发［2003］10号)以来，各地从实际出发，认真贯彻落实“一主三化”和“工业兴县”的指导方针，不断加大工作力度，县域经济活力明显增强，区域经济特色更加明显，整体呈现出喜人的发展态势。为进一步促进县域经济的发展，经省委、省政府研究，提出如下意见。

一、对20个扩权县(市)，在项目审批、办事程序等经济和社会发展管理方面，赋予与省直管市相同的权限，有关事项的办理结果报市(州)备案。按照“谁投资、谁决策、谁收益、谁承担风险”的原则，对于民营资本投资建设的项目，政府只对少数重大项目和限制类项目是否关系经济安全、影响资源环境、涉及整体布局等公共性问题进行核准，对严重影响环境项目进行审批，其他项目均由审批改为备案。

二、对全省52个县(市)(不含直管市、神农架林区和恩施州的8个自治县、市)实施“省直管县”财政体制。从2005年起，根据财政收入的增长状况，适当增加对县(市)财政的转移支付，缓解县乡财政困难，逐步化解县乡债务风险。

三、进一步加大招商引资力度。要充分调动和发挥各方面的积极性，拓宽领域，扩大规模，增强招商引资效果。各级政府要加强对开展招商引资工作的领导和考核，按照招商引资的资金到位数、项目开工数、税收增长数和就业增加人数等实绩指标进行考评，对取得突出成效的地方、部门、企业和个人给予表彰和奖励。

四、对县(市、区)财政收入增长实行激励性转移支付。对52个县(市)和比照县(市)管理的区，以2003年为基数，从2004年起至2006年止，其工商四税(营业税、增值税、企业所得税、个人所得税)新增部分的省级分成及52个县(市)的市级分成，全部留在当地，以支持县(市、区)经济发展。

五、实行财政周转金回收奖励办法。对各地拖欠的财政周转金进行清理核实，核实后一次性结清的，按30%比例收回；对“零资产”、“负资产”改组企业的财政周转金，经省财政部门批准，可转增国家资本金。

六、建立扶持中小企业发展专项资金。省财政继续按省委、省政府《关于加强技术创新加快发展高新技术产业的决定》(鄂发［1999］20号)精神，分年筹措1亿元资金，建立省中小企业科技型创业基金，滚动使用，重点用于支持中小企业技术创新、中小企业服务体系建设。

七、积极支持县域工业化。县域工业化是全省新型工业化的重要组成部分，省财政高新技术产业化专项资金、省级技改贴息专项资金等引导工业发展的省级资金，应集中不低于20%的资金用于支持县域工业的发展。在县(市)上缴省财政新增建设用地有偿使用费的70%部分中，50%直接返还县(市)，专项用于耕地开发。省级示范工业园区缴纳的土地出让金，除中央、省另有规定外，其用于城市基础设施建设的部分，应专项用于该工业园区的基础设施建设。加快闲置资产的流转和重组，对企业改制、重组中发生的土地、房屋权属转移的契税给予减免税优惠政策。县(市、区)经济发展、招商引资的重大项目，需要给予特殊政策支持的可报省政府研究处理。

八、加大金融支持力度。各商业银行应扩大对县域企业的贷款规模，对符合条件的县域企业可以通过审核批准发放信用贷款，积极试行非全额担保和非完全抵押贷款。支持中小企业上市融资和发行债券，或通过兼并、收购等形式重组上市。县属非上市股份公司国有股权设置、变更等管理事项下放至县级财政部门管理。充分发挥国家开发银行开发性金融机构的作用，加强现有资源的整合和信用机制的创新，从20个扩权县(市)入手进行县域中小企业贷款试点，并逐步推广到全省。加快中小企业担保体系建设。对已经建立中小企业担保体系的县(市)，省财政要重点扶持；省、市(州)、县三级财政要按照规范管理与政策支持相结合的原则，在防范的和控制担保风险的同时，进一步加大对中小企业信用担保机构的政策支持力度，根据当年财政预算平衡的要求和中小企业信用担保机构的业务开展情况，对担保机构出现的贷偿损失核定适当的风险补偿资金，纳入当年财政预算。鼓励民间资本组建信用担保机构，支持具备条件的社会法人成立担保机构和开展担保业务。积极筹建省级再担保机构。

九、加大对贫困县(市)和乡村的扶贫开发力度。省每年投入到29个扶贫工作重点县(市)的信贷资金，要与其它资金配套，重点扶持资源条件好、市场前景广、经济效益高的龙头企业。对29个扶贫工作重点县(市)，省政府每年从财政扶贫配套资金中拿出1000万元左右的资金，专项补贴重点贫困村的贫困农户从农村信用社等金融部门的贷款息差，力争扩大2~3亿元的小额信贷规模。

十、完善县域经济发展评价体系，健全工作机制和激励约束机制。按照科学的发展观设置评价指标体系，健全县域经济发展的统计制度，定期发布统计数据。发挥评价体系的导向作用，建立和完善奖惩办法，使绩效与作用挂钩。要保持县(市、区)领导班子的相对稳定，对政绩突出的县(市、区)党政主要负责同志给予表彰和奖励。建立县域经济联席会议制度，

定期研究制定加快发展县域经济的政策措施，协调解决县域经济发展中的重大问题。对不同发展水平的县(市、区)实施分类指导，分别制定科学的经济发展目标，实行目标责任管理。

省直有关部门及各市(州)要根据本意见及鄂发［2003］10号文件精神，结合实际，制定具体实施办法。

中共湖南省委　湖南省人民政府
关于加快县域经济发展若干问题的意见

湘发[2004]17号

2004年9月13日

县域经济是国民经济的重要基础和支撑力量。大力推进县域经济发展，是实践“三个代表”重要思想和落实科学发展观的具体体现，是全面建设小康社会的基础工程，是加快推进工业化、农业产业化与城镇化进程和解决农业、农村、农民问题的迫切要求。为更快更好地发展县域经济，现提出如下意见：

一、明确县域经济发展的总体要求

1.指导思想。以邓小平理论和“三个代表”重要思想为指导，认真贯彻落实党的十六大和十六届三中全会精神，牢固树立、认真落实科学发展观和正确的政绩观，按照全面建设小康社会的要求，坚持统筹城乡经济社会发展，紧紧围绕经济增长、财政和城乡居民增收，大力推进工业化、农业产业化和城镇化进程，大力发展民营经济、开放型经济、劳务经济和特色经济，实现县域经济持续、快速、协调、健康发展和社会全面进步。

2.目标任务。在优化经济结构和提高经济效益的前提下，县域经济保持较快增长。到2010年，全省县(市)平均GDP由2003年的31.3亿元增加到60亿元以上，县域生产总值实现翻一番，GDP过100亿元的县(市)由2003年的2个增加到20个左右；县(市)平均财政总收入由2003年的1.68亿元增加到4亿元以上，地方财政收入过亿元的县(市)达到80%以上，其中过3亿元的占1/3；县域城镇化率由2003年的22.7%提高到35%以上；城镇居民可支配收入分别由2003年的7674、2元增加到11000元，农村居民人均纯收入由2003年的2532.9元增加到3900元。

3.基本原则。坚持“五个统筹”，促进协调发展，推动经济发展和社会事业全面进步；坚持以人为本，切实维护群众利益。尊重群众首创精神，充分调动各方面的积极性和创造性，激发经济发展的活力；坚持市场导向，立足改革创新，大力招商引资，充分发挥市场配置资源的基础性作用；坚持分类指导，充分发挥比较优势，形成发达县率先发展、中等县跨越发展、欠发达县加快发展的格局。

二、突出县域经济发展的工作重点

4.大力推进工业发展。以新型工业化为目标，立足各地优势，发展各具特色的工业产业集群，大力提高工业在县域经济中的比重，使工业成为推动县域经济发展的主导力量。以先进制造业、资源型产业、农产品加工业和特色优势产业为主攻方向，依托本地发展的基础条件和比较优势，壮大产业规模，提升产业层次。以工业项目为切入点，坚持以项目开发促发展，以项目集聚生产要素，推动资产重组，促进投资增长，带动县域工业发展。把骨干企业培育壮大、中小企业发展和县(市)财源建设结合起来，努力提高县域工业的质量和效益。

5.大力推进农业产业化经营。坚持用现代工业理念抓农业，加大农业结构调整力度，促进现代农业发展，引导优势和特色农产品向优势产区集中，建设一批农产品优势产业带。大力发展农产品加工业，培育壮大农业产业化龙头企业，发挥龙头企业产业整体开发功能，逐步形成农业产业化经营的区域化布局、专业化生产、一体化经营、标准化加工、企业化管理格局。积极发展农民专业合作组织和社区性集体经济组织，提高农民生产经营的集约化程度。创新农业科技推广机制，广泛推广“农村科技合作社”网络模式，建立健全农产品质量安全标准体系，加快发展有机生态农业，全面提升农产品质量。

6.强化城镇聚集功能。按照统筹城乡发展的要求，加快推进城镇化进程。突出重点，优先发展县城，不断提升县城综合功能。坚持城镇建设、市场建设、工业园区建设相结合，引导、鼓励各类企业向县城和重点中心镇集中，引导农村人口向城镇有序流动和集聚，加速城镇化进程，完善城镇市场化、社会化服务功能。重点发展中心镇，逐步形成以县城为龙头、中心镇为重点、村镇为基础的城镇体系。发挥工业园区产业集群、要素集聚、资源集约的“洼地”效应，结合城镇建设，规范和集中办好工业园区。

7.放手发展民营经济。按照党中央、国务院和省委、省政府关于加快民营经济发展的要求，进一步放宽准入领域，除国家法律、法规禁止的产业和行业外，一律向民营经济开放。支持民营企业采取收购、兼并、控股、租赁等多种形式参与国有企业和集体企业改制；支持民间资本进入经营性基础设施建设和公益性事业领域；支持符合条件的民营企业在境内外上市。培养造就高素质民营企业家队伍，推动民营企业管理创新和升级。依法保护民营企业的正当权益和财产安全，对依法经营、照章纳税、保护职工合法权益、符合国家产业政策和安全生产标准的民营企业，都要放手发展。同时，大力发展股份合作经济。

8.大力开展招商引资。创新招商方式，拓展引资渠道。发挥政府、企业和民间各方面的积极性，多渠道引进县域外资金、项目、技术、管理和人才，尤其要注重引进沿海发达地区的资本和企业，积极主动承接沿海产业梯度转移。对招商引资取得突出成绩的单位和个人，给予表彰奖励。加大向县域外“走出去”的步伐，积极发展劳务经济和外向型经济，努力提高县域经济的外向度和竞争力。

9.继续深化各项改革。加大改革力度，抓紧完成县域国有企业和集体企业改革改制。全面深化农村改革，巩固农村税费改革成果，推进粮食和棉花流通体制改革，引导土地经营权“依法、自愿、有偿”流转。把统筹城乡就业、加快农村劳动力转移作为一项长期的战略任务，采取多种方式，加强对农村劳动力的职业技能培训。加快推进户籍制度改革，完善社会保障制度，消除农民进城各种体制性障碍，促进农村劳动力向非农产业和城镇有序转移。按照精简、效能的原则，深化县(市)、乡镇机构改革；分类推进事业单位体制和机构改革，逐步降低县(市)、乡镇财政供养系数。

10.优化经济发展环境。以建设良好的体制环境、法制环境、信用环境和服务环境为目标，进一步理顺关系，对省直有关部门已下放给市州的行政执法职责直接下放到县(市)。进一步改革行政审批制度，公开和规范办事程序，实行“一站式”审批，“一条龙”服务和“一个窗口”收费制度、提高办事效率和透明度，建立服务型和效能型政府。全面加强政府信用、企业信用和个人信用建设，依法查处“三乱”和各种侵权行为，为县域经济发展创造宽松、文明、安全的社会环境和低成本投资环境。

三、加大对县域经济发展的支持力度

11.扩大县(市)经济管理权限。按照“能放则放、权责统一”的原则，对县(市)下放经济社会管理权限。按照“谁投资、谁决策、谁收益”的原则，改革现行的企业投资管理办法。除国债项目、财政预算内项目、统借统还国外贷款项目以及国家限制的项目外，对企业不使用政府投资建设的项目，一律不再实行审批制，区别不同情况实行核准制和备案制，将投资项目的决策权下放给各类投资主体。省直各有关部门要根据扩大县(市)经济管理权限的总体要求，尽快地在计划、经济贸易、对外经贸、国土资源、建设、环保、财政、税收等方面制定实施细则。认真抓好《行政许可法》的贯彻落实，继续清理和减少行政许可事项，真正把政府不该管的事交给企业、市场、行业组织和中介机构。全面清理各级出台的收费项目，凡违反国家和省现行规定的，一律取消；保留的收费项目，进一步降低收费标准，并适当降低省市集中比例。今后，凡是国家没有明确规定的，省里原则上不出台新的收费项目。

12.支持经济强县(市)率先发展。凡2004年GDP在40亿元以上、财政总收入在3亿元以上的县(市)，列入全省首批经济强县(市)。凡经济强县(市)GDP增长要高于全省平均水平2个百分点以上，地方财政收入增长要高于全省平均水平5个百分点以上，城市居民人均可支配收入和农村居民人均纯收入要高于全省平均增长水平。对经济强县(市)实行动态管理，达不到上述目标要求的予以调整。赋予经济强县(市)相当于省辖市的经济社会审批管理权限。对此，省政府将另行发文明确。省辖市所设县级区可参照省对经济强县（市）的管理办法，具体由各市拟定。省、市州都要加大对经济强县(市)的支持力度。

13.加大财税支持力度。要调整和完善财政体制，理顺省以下政府间财政分配关系。从2005年起，按照分税分享、向县(市)倾斜的原则，调整省以下财政体制。省财政从2004年起设立县域经济发展专项资金，通过贴息、担保等形式引导和促进县域经济发展。调整财政体制的方案和财税支持县域经济的措施，由省财政厅发文明确。加大转移支付力度，省财政在2005年至2007年间，从当年的超收收入中安排部分资金采取转移支付办法直接计算分配到县(市)，支持县域经济的发展。对财政收入增长快、贡献大的经济强县(市)，省政府给予一定奖励。依照《中小企业促进法》，县级以上政府都要在本级财政预算中设立中小企业发展专项资金，主要用于县域工业发展。省、市州要采取多种措施支持县(市)、乡镇消赤减债。

14.加大金融支持力度。各类金融机构都要积极主动支持县域经济发展，努力改善中小企业融资环境。县（市)金融机构吸收存款(含邮政储蓄)，要有一定比例支持当地经济发展。各商业银行要积极组建中小企业信贷部。加快农村信用社管理体制和产权制度改革，把农村信用社办成由农民、农村工商户和各类经济组织入股的社区性地方金融机构，加快建立中小企业信用担保体系，对信用担保公司按规定实行税费减免政策，适度扩大信贷担保倍数。建立适应县(市)中小企业特点的信用评级和授信制度。积极推行票据融资，扩大抵押和质押贷款范围，大胆探索有利于县域经济发展的信贷产品创新和金融服务创新。县(市)政府要支持金融部门积极盘活不良贷款，共同创建金融服务安全区。支持县(市)的优势企业、支柱企业和高新技术企业等进行规范的股份制改造，培育上市公司后备资源，力争更多的企业通过国内主板市场、中小企业板市场或境外资本市场上市。

15.加大对工业和基础设施建设用地的支持力度。大力发展土地要素市场，建立和完善土地储备制度，健全土地公开交易规则，鼓励土地使用权依法有偿流动，激活土地二、三级市场，盘活存量，优化结构。在实行耕地保护政策的前提下，科学调整和修编土地利用总体规划，对县城工业园区建设、重点基础设施项目、重点产业集群和符合产业政策的招商引资项目的建设用地给予重点保证。省集中的新增建设用地土地有偿使用费和部分土地出让金，可以直接拨付到县(市)，按规定用途使用。经批准的工业园区缴纳的土地出让金，除中央、省另有规定外，其用于城市基础设施部分，专项用于该工业园区的基础设施建设。依法取得的集体建设用地可以转让、租赁、作价出资(入股)等形式流转。保护被征地农民的合法权益和发展权利，积极探索征地补偿安置的新途径新方法，支持被征地集体经济组织利用生产安置用地从事开发经营、兴办企业和自主创业。

16.加大科技和人才的支持力度。提高人口素质，优化劳动力和人才结构。在巩固和提高义务教育水平的基础上，大力发展普通高中教育、职业技能教育、实用性技术培训等多种形式教育，为加快县域经济社会发展提供大批适用型、创新型人才。创新人才制度，实行人才“柔性”流动政策，鼓励各类人才到县(市)、乡镇创业。实施职业技能人才和农村实用人才工程，开发人才资源。实行科技特派员或组织专家技术服务的制度，加强产学研、农科教相结合，完善高校、科研院所与县(市)合作机制，鼓励科研机构、科技人员创办经济实体。采取相关优惠政策和措施，鼓励党政机关、事业单位人员辞职、分流到县域企业工作和从业民营经济；吸引各类专业技术人才和海外留学人员回湘到县(市)创业，鼓励更多大中专毕业生服务县域经济。

四、加强对县域经济发展的组织领导

17.加强对县域经济的领导。把加快县域经济发展摆到重要位置，县(市)领导要集中精力抓县域经济发展。省、市州、县(市)都要成立县域经济工作领导小组，制定促进县域经济发展的政策和措施，指导各县(市)确定符合本地实际的经济发展思路，定期研究解决县域经济发展中的突出问题，负责督促、协调、推进有关决策和工作任务的落实。

18.加强县(市)领导班子建设。坚持干部队伍“四化”方针和德才兼备原则，重点选配好党政班子一把手，并保持领导班子的相对稳定，原则上县(市)党政领导至少要任满一届。加强对县(市)党政领导班子和主要领导干部发展县域经济实绩的考察、考核，对符合党政领导干部选拔任用条件、县域经济发展成效明显、工作业绩突出的县(市)党政主要领导，要优先提拔重用、提高职级待遇；对没有作为的要及时调整。具体办法由省委组织部另行规定。加强乡镇干部队伍建设，切实改善乡镇干部的工作和生活条件。完善省以下垂直管理部门领导班子地方党委协管机制。省垂直管理部门在县(市)的延伸机构党的关系实行属地管理，其领导干部的任免，主管部门要事先征求并充分尊重所在县(市)、乡镇党委的意见。服务、支持地方经济发展是垂直管理部门的基本职责。垂直管理部门要自觉接受地方党委、政府的领导，地方党委、政府要支持垂直管理部门依法行政，做好本职工作。

19.完善县域经济考核机制。按照科学发展观和正确政绩观的要求，制定科学合理的县域经济考核指标体系。重点加强对入库财政收入、GDP和城乡居民收入等经济发展质量指标的考核，实行一年一考核，一年一排队，一年一公布。对进入全国百强行列的县(市)和综合排序进入全省前十位或位次前移十位的县(市)，省政府给予奖励；对无特殊原因退出强县和位次后移十位的县(市)，主要领导要进行调整。考核办法另行规定。

20.形成促进县域经济发展合力。省直各部门和市州要牢固树立服务基层的思想，制定和实施支持县域经济发展的具体政策措施。继续深化行政审批制度改革，进一步清理、废止阻碍县域经济发展的不合理规定。今后凡新出台与县域经济发展关系重大的规范性文件，应事先征求县(市)意见。对各部门和市州支持县(市)经济发展的情况要进行综合考评。

由县改区且比照县管理的区，可适用本《意见》。

辽宁省人民政府办公厅　转发省财政厅关于支持县域经济发展若干政策意见的通知

辽政办发[2005]1号

2005年1月8日

经省政府同意，现将省财政厅《关于支持县域经济发展的若干政策意见》转发给你们，请认真贯彻执行。

关于支持县域经济发展的若干政策意见

为贯彻落实党的十六届四中全会和省委九届七次全会精神，推进城乡配套改革，统筹城乡发展，繁荣县域经济，加快实现富民强县和全面建设小康社会目标，结合我省实际，现就财政支持县域经济发展提出如下政策意见。

一、支持县域经济发展的财政体制政策

本着“多予少取、先予后取、放水养鱼”的原则，进一步完善省对40个县(不含大连市所辖4个县，下同)的财政体制，建立激励发展的财政体制和运行机制。

(一)省政府办公厅《转发省财政厅关于促进辽西北地区省扶贫开发工作重点县和民族自治县经济与社会发展政策意见的通知》(辽政办发[2003]65号)中政策享受范围的22个县在2007年之前继续执行原定各项财政政策。2005～2007年，省参与分享的个人所得税15%，房产税50%部分，以2004年为基期年，其定比增量部分，省财政将全额返还。

其他18个县，2005～2007年省参与分享的增值税10%、营业税30%、企业所得税20%、个人所得税15%、房产税50%部分，以2004年为基期年，其定比增量部分，省财政将全额返还。

40个县省分享5个税种体制政策，在执行期间如遇国家大的财政体制改革和调整，省将对县进行相应调整。

(二)市辖区继续试行《辽宁省人民政府关于进一步完善省市财政管理体制的决定》(辽政发[2003]17号)相关政策，发挥城区、城市郊区地处中心城市和城乡结合部的地缘优势，通过加快发展解决自身财力需求问题。对确有困难的城区、城市郊区，市级财政要通过完善财政体制和规范转移支付制度等办法，进一步加大扶持力度。

二、实行保运转、重激励的转移支付政策

进一步完善转移支付制度，按照统一、规范的政策和办法，打破基数，据实测算转移支付补助数额。确立支持改革与发展的政策导向，鼓励各县加强人员编制管理，加强财政管理，加快推进各项改革。转移支付要体现以下基本原则：

(一)保工资、保基本运转的原则。遵循“一是吃饭，二是建设”的预算安排指导思想，合理核定各县可支配财力和必保刚性支出，对可支配财力存在缺口的县实行基本需求保障政策，即通过省、市财政的转移支付，保证县乡国家标准工资发放和政府基本正常运转。

(二)激励发展的原则。在转移支付相关系数和权重指标的设计上引入激励机制，对经济发展和税收增长较快的困难县，按税收收入增加额，适当给予奖励性转移支付。

(三)支持改革、促进稳定的原则。核定市县财政收支项目和标准，将农村税费改革、行政事业单位医疗改革等支出，以及社会保障、政法经费、军转干部经费、支持粮食生产和粮食风险金等支出，作为政府正常运转所需的支出予以保障，鼓励县乡加快机关事业单位精简机构、控编减员、促进教育布局调整等。

(四)向困难县和民族自治县倾斜的原则。核定县乡政府正常运转等基本公共需求，要体现党

和政府扶贫开发政策和对民族自治县倾斜政策，保证县乡基本公共支出需求，促进此类地区经济与社会发展。

三、取消部分专项资金上解政策

清理县级专项上解项目，取消县级财政承担的对口支援、共同致富基金等专项上解；取消县级农业综合开发配套上解，其地方配套部分，由省、市按一定比例分别承担；调整县级粮食调价后农业税增收省集中和农业税征管经费上解，减轻县级财政专项上解压力。

四、调整县级财政专项配套政策

本着量力而行，"有多少钱、办多少事"的原则，除国家明文规定要求地方配套的上级专项补助项目外，省、市各部门下达的专项补助项目原则上不规定县乡配套资金；对国家要求地方配套的项目，应以省、市配套为主，县级不予配套或视财力可能少予配套。

五、实行财政支农周转金缓还政策

从2005年起，40个县所欠省的财政支农周转金缓还3年。对县欠市的财政支农周转金，市级财政也要研究制定相应的政策，减轻县级财政债务压力，支持县级财政平稳运行。

六、实行招商引资大项目奖励政策

2005~2007年，对县级政府从省外引进资金用于发展本地区第一、二、三产业，单位项目引资额在1000万元人民币以上且投入正常生产经营，增加税源、增加就业岗位等经济社会效益显著的项目，省将按引资额(美元按汇率折算为人民币)的0.5%予以奖励（单位项目引资额的奖励上限为50万元，每个县奖励总额上限为200万元)。奖励资金主要用于弥补县级政府招商引资成本和奖励相关有功人员。

七、强化市对县的财政扶持政策

强化市级政府管县的责任，各市制定的集中县级财力、分享县级税收收入等财政体制政策，要根据本意见第一条政策精神进行调整，把市集中县的财政收入或财力下放给县；除1995年分税制体制改革以前就已经明确为市本级收入以及2002年实行所得税共享体制时中央和省下划作为市级收入的企业外，地处县域内的所有企业，原则上按属地纳税、属地受益的原则管理；市本级财力状况好、财政供养人口人均财力水平高，在保证本级人员支出和政府正常运转的前提下，可支配财力仍有结余的市，要加大对所属县转移支付力度。具体办法由省财政厅制定。

八、建立激励发展的绩效评价机制

(一)建立扶持资金监管机制。省、市用于支持县域经济和社会事业发展的财政专项转移支付和工资性转移支付资金，科技、教育、文化、卫生、基础设施建设资金等大额专项支出全面实行国库集中支付；社保、农业、林业、水利、开发式扶贫和农业综合开发重点扶持资金实行县级报账制，专户管理、封闭运行。

(二)完善扶持资金的监督检查制度。财政、审计、监察等部门要充分发挥职能作用，坚持日常监督和定期检查相结合，对检查中发现的截留、挪用上级扶持资金等违规、违纪问题，通过等额扣减财力方式给予处罚，并按有关规定追究主要责任者和其他直接责任人的党纪和行政责任，确保扶持资金安全有效运行。

(三)建立综合绩效评价奖励制度。2005~2007年，省财政安排县级财政综合绩效评价以奖代补专项资金，用于对县级财政的奖励。每年通过对县级一般预算收入、税收收入、可支配财力、财政供养人口、公教人员工资发放程度、政府债务管理、县乡预算管理等指标进行财政综合绩效评价，对综合绩效评价好的县，省给予奖励。具体评价办法由省财政厅制定。

中共云南省委　云南省人民政府关于加快县域经济发展的决定

云发[2004]21号

2004年6月22日

县域经济是国民经济的基本单元，是综合经济实力的重要体现，在全省经济社会发展中具有基础和关键的作用。为贯彻党的十六大和十六届三中全会关于大力发展县域经济的精神，落实中央农村工作会议的部署，切实加快我省县域经济发展，现作如下决定。

一、加快县域经济发展的重大意义

(一)发展现状。

近年来，我省县域经济有了新的发展，成为推动全省经济增长的重要力量。但从总体上看，我省县域经济仍处于全国后列，多数县是农业弱县、工业小县、财政穷县，发展中存在诸多困难和问题，如整体水平低，经济实力弱；发展不平衡，区域差距大；县域财政困难，难以为经济发展提供支持；经济结构不合理，多数县没有形成特色支柱产业；经济与社会、资源与环境、城镇与乡村协调发展不够等。按照统筹城乡经济社会发展、与全国同步实现全面建设小康社会目标的要求，我省县域经济发展任重道远，亟待加强和提速。

(二)重大意义。

加快发展县域经济，是落实科学发展观的体现，是全面建设小康社会的基础，是解决“三农”问题的关键，是调整经济结构的着力点，是实现区域协调发展的重点，是深化改革、扩大开放的新希望。县域兴则全省兴，县域强则全省强，只有牢固树立科学的发展观，切实把发展作为第一要务，紧紧抓住发展县域经济这一解决“三农”问题的牛鼻子不放松，切实把部分区域优先发展与实现共同富裕有机结合起来，努力实施“引进来”和“走出去”开放战略，在激烈的市场竞争中积极发展特色经济，不断增强发展实力、发展后劲和发展活力，才能真正实现好、维护好、发展好最广大人民群众的根本利益，促进我省经济持续快速协调健康发展，实现物质文明、政治文明、精神文明的全面进步。

二、加快县域经济发展的基本思路

(三)发展思路。

以邓小平理论和“三个代表”重要思想为指导，认真贯彻十六大和十六届三中全会精神，牢固树立以人为本，全面、协调、可持续的科学发展观，围绕农民增收、工业增效、财政增长、后劲增强的要求，大力发展非公有制经济，以特色经济为依托，城镇化为载体，改革开放和体制创新为动力，切实加快县域经济发展和社会进步的步伐，为全面建设小康社会奠定坚实的基础。

(四)发展原则。

——统筹协调、全面发展。按照“五个统筹”的要求，促进经济建设与人口、资源、环境相互协调，促进经济效益、社会效益和生态效益相统一，努力缩小城乡差距和区域差距，推进经济发展和社会事业全面进步。

——发挥优势、各展特色。深化县情认识，因地制宜，扬长避短，发挥优势，选择具有市场竞争力的特色产业加大扶持，将潜在优势尽快转化为现实经济优势，逐步形成独具特色的县域产业和产品体系。

——市场导向、合理分工。发挥市场配置资源的基础性作用，围绕市场需求调整结构、开发产品；突破行政区划界限，力求做到合理布局，优势互补，资源联合开发，产业联动发展。

——分类指导、扶优扶强。遵循经济规律和竞争法则，让大中小县都找到加快发展的方向、重点和空间；按照因地制宜、分类指导、突出重点、兼顾一般的要求，形成发达县率先发展，中等县加快发展，欠发达县跨越发展的全省县域经济发展新格局。

(五)发展目标。

——增强综合实力。到2010年，每个县培育起1~2个特色明显、优势突出、支撑力强的支柱产业，县域生产总值和地方财政收入在现有基础上翻一番，地方财政收入上亿元的县由25个增加到40个，县域经济发展的活力和后劲明显增强，综合实力进入西部先进行列。

——促进农民增收。对农业和农村的投入年年有提高，农业基础设施得到较大改善，农业产业结构明显优化，农村经济快速发展，非农产业成为农民收入增长的主要来源，人均纯收入年均增幅不低于5%，2010年达到2500元以上。

——实现科学发展。城乡之间、区域之间、经济社会之间发展不平衡的状况得到改善，非农产业就业比重、人民群众生活质量、人均受教育年限、社会基本保险覆盖率、能源利用效率等大幅提高，政府管理能力明显增强，人口自然增长率降到或接近全国平均水平，生态环境不断改善，人与自然更加和谐。

三、加快县域经济发展的重点

(六)大力推进农业产业化，加快农村工业化进程。

深入贯彻省委提出的"围绕增收调结构、突出特色闯市场、依靠科技增效益"的方针，大力推进农业和农村经济结构的战略性调整。坚持用工业的理念谋划农业发展，广泛利用农业工程技术和设备，全面提升农产品质量，积极推进农业品牌战略，鼓励各地争创省级、国家级名牌产品，努力构建农产品营销体系，大力提高农产品的外向度。加快发展有机生态农业，实施食品放心工程，建设有机食品、绿色食品、无公害食品基地，推动农业结构调整和升级，构筑新的经济增长点。在巩固提高烟、糖、茶、胶、花卉等传统产业的基础上，按照省委、省政府《关于推进农业产业化经营的意见》和《云南省优势农产品区域布局规划》的要求，进一步搞好布局调整，重点抓好畜牧业、林业、马铃薯、蔬菜、亚麻等优势产业，到2010年，优势农产品的综合产值达到1200~1500亿元。采取有力措施扶持龙头企业发展，通过龙头企业带动和加快农产品的加工、出口步伐。高质量、高标准建设一批规模大、效益高的农业生产基地和农产品深加工基地。大力发展农民合作经济组织和中介机构，规范和完善农产品批发和集贸市场，建立健全农产品质量安全标准体系，形成农业产业化发展的区域化布局、专业化生产、一体化经营、社会化服务、企业化管理格局。

(七)发挥比较优势，培育壮大县域特色经济。

适宜发展农业的县，要想方设法积极推进农业产业化经营；适宜发展工业的县，要坚定不移地走新型工业化道路，大力提高工业在县域经济中的比重；适宜发展旅游业的县，要着力提高旅游产品的档次、质量和效益，使其在县域经济发展中发挥更大的作用；位于边境口岸和国际大通道沿线的县，要充分利用国内国外两种资源，大力开拓两个市场，使边境进出口加工和贸易成为县域经济的重要增长点；人口大县和资源短缺的贫困县，要特别重视劳务经济的开发，把劳务经济培育成农民增收致富的重要产业；具有其他比较优势的县，应着力寻找市场定位，明确主攻方向，加快培育特色经济。到2010年，力争建成一批农业产业化经营、工业经济、旅游经济、口岸经济、劳务经济和其他特色经济的大县强县。

(八)努力加快城镇化步伐，实现县域经济的聚集发展。

集中力量重点支持一批基础条件好、人口规模较大、具有产业支撑、区位和特色经济优势明显的县城加快发展，同时发展一批边境口岸城市和中心城镇。力争到2010年，形成全省大、中、小各具特色的城镇发展格局，全省城市化率每年提高1个百分点以上，达到36%左右。

高水平搞好以县城为中心的城镇建设发展规

划，县城和中心城镇的规划要和工业布局、园区建设、行政区划调整和旧城改造相结合，形成县域工业化、城镇化和农业产业化的良性互动。县域要积极参与城市间的产业转移和资源整合，发挥城镇的信息、资金、技术、人才等优势，在加快城镇经济发展的同时反哺农村和农业发展。积极引导农村人口、乡镇企业、商品市场向县城和小城镇集中，形成县城和小城镇的聚集规模效应，促进县域经济加快发展。

(九)大力发展非公有制经济，建立县域经济长效增长机制。

进一步贯彻落实省委、省政府《关于加快非公有制经济发展的若干意见》，确保非公有制经济在市场准入、投资领域、项目审批、投融资、土地使用、城市建设、税费征收、银行贷款、财政贴息、股票上市、债券发行、对外贸易等各方面，享受与公有制经济同等的政策和待遇，鼓励、支持和引导非公有制经济加快发展，使其成为县域经济发展的主体、深化改革的主体、扩大开放的主体、优化结构的主体、就业和再就业的主体、农民增收的主体，形成县域经济长效增长机制。到2010年，力争多数县(市、区)非公有制经济创造的增加值和提供的财政收入分别达到当地生产总值和财政收入的70%以上。

(十)加大改革开放力度，提升县域经济竞争力。

抓住国内外产业梯次转移、中国－东盟自由贸易区建设、大湄公河次区域合作的机遇和国家实施西部大开发战略、继续深化国有企业改革等有利条件，全方位开展与发达国家和周边国家及地区的经济技术合作，积极推动企业开拓国际市场，扩大我省商品的国际市场占有率。按照“谁投资、谁管理、谁受益”的原则，放开基础设施建设领域，推进和实现基础设施投资主体多元化。全面整治和优化投资环境，营造重商、亲商、安商的良好氛围。创新招商思路，发挥企业的主体作用，加强项目的开发和储备，采取项目招商、中介招商、委托招商、网上招商、上门招商、驻点招商、亲缘招商、以商招商等多种形式和方法，实现县域招商引资市场化、企业化、社会化，在利用外资的规模和质量上实现新的突破。力争到2010年，多数县都引进1～2个大企业、大集团参与发展。

四、加快县域经济发展的政策措施

(十一)建立综合评价及考核制度。

——按照实事求是、科学、精简、容易考核的原则，从发展实力、发展潜力、发展活力三方面入手，科学制订评价考核标准和指标体系，对全省县域经济进行综合评价及考核。每年分别评出综合指数位于前列的10个强县、发展潜力和发展活力指数位于前列的各10个先进县，分别对党政班子主要成员和其他成员给予表彰奖励。

——选准配强县乡党政主要领导，党政“一把手”既要熟悉党务工作又要熟悉经济工作，注意提高班子中熟悉经济工作成员的比例，优化县乡领导班子结构。保持县乡干部队伍相对稳定，县乡党政主要领导原则上要至少任满一届。

——按照树立科学发展观和正确政绩观的要求，改进对县乡领导班子和领导干部的考核。考核的重点主要是经济社会发展业绩考核方式，主要采取党委组织部门与政府综合经济管理部门联合考核。对任期内抓县域经济取得突出成效的要奖励，并作为提拔任用的重要依据；对连续2年完不成县域经济发展目标的，进行必要的组织调整。

(十二)选择部分县先行试点。

——在综合评价的基础上，选择一批综合竞争实力较强、具有发展潜力的县，进行加快发展县域经济的试点，促其尽快做大做强，发挥示范带头作用。

——对试点县实行财政收支平衡目标包干考核奖励办法。

——对试点县进行扩大经济管理权限的试点。除国家法律法规有明文规定的外，将省、州、市级的有关经济管理权限下放到试点县，取得经验后逐步推开。

——对列入试点的县实行目标管理和动态管理，1年一考核，3年一调整，对连续3年完不成目标任务的县，取消其试点资格，同时递补其他试点县。

（十三）下放投资项月审批权限。

对不需要省或国家财政预算内投资、不纳入财政预算管理的各类专项建设资金、不使用国债资金、不借用国际金融组织和外国政府贷款的投资项目，以及国家和省产业政策鼓励发展的项目，省不再审批，由投资主体自行决策，由有关部门依法办理用地、资源、环保、安全等许可手续。对不使用政府性投资的建设项目，实行核准制和备案制。

（十四）实施优势农产品推进工程。

——积极发展粮食生产，确保粮食安全。认真贯彻落实国务院农业和粮食工作会议精神，按照省政府《关于加强我省农业和粮食工作的意见》，实施优质粮食产品工程。

——省政府建立优势农产品推进工程协调联席会议制度，定期研究重大政策措施和重大问题，制订管理办法，审定年度计划，促进资金、项目向优势产业、区域集中。

——加快优势农产品推进工程的建设步伐。重点发展《云南省优势农产品区域布局规划》确定的18类优势农产品，重点建设一批良种(畜禽)繁育体系、质量安全监测检测系统、高效优势农产品生产基地等公共设施和产业基地。

——结合农业优势资源布局，根据市场需求和产业发展规律，科学规划各类优势农产品的产业化发展，形成各具特色的产业区和产业带。

——推进土地承包经营权合理流转。具备条件的地方应鼓励和引导土地经营权依法向种植能手、专业大户和农业企业集中，大幅度提高土地的生产效率和规模效益。

——实施“百万农民培训工程”，加强实用技术培训，为优势农产品推进工程提供人才保障和农村富余劳动力转移奠定基础。

（十五）加大财政支持力度。

在现有各类专项扶持的基础上，进一步加大财政支持力度：

——省财政通过“政银合作”方式筹集30亿元政府信用贷款支持县域经济发展。按照资本化、市场化、产业化运作原则，通过专业投资公司，建立融资平台，以参股、担保等方式，重点支持农业产业化、新型工业化和城镇化发展。

——设立县域经济发展专项资金。通过盘活、收回财政有偿资金等方式，从2004~2007年每年收回1亿元，用于县域经济发展项目，重点用于优势农产品推进工程项目的贴息或补助资金。

——按照“不动体制、激活机制、政策激励、重点支持”的原则，以2003年为基数，综合考虑财政总收入、财政支出、收支平衡情况和财政供养人员控制情况，对试点县实行财政收支平衡目标包干考核奖励，奖励资金主要用于发展县域经济和各项社会事业等方面的专项支出。

（十六）提高金融保障水平。

——积极实施中国农业银行服务“三农”云南行动计划，加大对“三农”的信贷支持力度，支持农业和农村经济发展。

——国有商业银行要加大对县域经济发展的信贷投入，农业银行新增贷款的70%、其他国有商业银行新增贷款的60%左右要用于支持县域经济发展，设在县域的分支机构要将当年新增存款(剔除缴存资金外)的80%左右用于当地信贷投放。

——农业发展银行要认真履行政策性金融机构的职责，当年新发放贷款的90%以上要用于支持县域经济发展，其中粮油收购贷款100%，粮油购销贷款85%，粮油储备贷款要按计划发放。

——深化农村信用社管理体制改革，把农村信用社办成由农民、农村工商户和各类经济组织入股，为农民、农业和农村经济发展服务的地方金融机构。农村信用社支农各项贷款每年力争比上年增长10%以上，新增贷款余额的60%以上投入农业。继续加强农户小额信用贷款工作，给予山区农户每户3000元、坝区农户每户5000元的授信额度。

——有条件的县可与有关金融机构建立“政银合作”关系，金融机构可对县进行信用评级，同时给予相应的授信额度，支持县域经济社会发展。

(十七)稳步进行行政区划调整和机构、户籍改革。

——按照有利于生产力合理布局、有利于城镇化建设、有利于行政管理的要求，综合考虑经济联系、地理条件、民族分布、风俗习惯、交通状况、城镇规划等方面的实际情况，科学规划，精心组织，积极稳妥地对规模小、布局不合理的县、乡行政区划进行必要调整，减少行政区划建制数量，扩大行政区划辖区规模，提高行政区划设置的科学化水平，促进县域经济的快速健康发展。

——继续推进县级政府机构改革。除了统一规定设置的机构要上下对口外，只要不超过批准的机构数量，其他机构各地可以综合设置。逐步将自收自支和差额拨款事业单位改为社会中介机构或企业。加强编制管理，县级事业单位编制管理权上收到州市。

——深化户籍制度改革，建立城乡统一的户籍登记管理制度，使户籍登记既能证明公民的身份状况，反映公民实际居住地，为各项社会管理职能行使奠定基础，又能引导人才合理流动，引导农村富余劳动力向城镇转移，加快城镇化进程，实现城乡共同富裕。

(十八)深化农村改革，落实各项农村经济发展政策。

——继续深化农村税费改革，完善各项配套政策，切实减轻农民负担。全省农业税率在去年农村税费改革后核定的农业税税率基础上降低1个百分点，开展对种粮农民的直接补贴试点，扩大良种补贴范围和规模，将退耕还林由补助粮食改为直接补贴现金，充分调动和保护农民种粮的积极性。

——认真贯彻中央中发〔2004〕1号文件精神，落实好省委、省政府关于加快畜牧业、水利、中小水电、林业、扶贫工作的决定和意见。以畜禽产品加工为突破口，强化良种繁育和疫病防治体系建设，努力把畜牧业发展成为国民经济的重要产业。加快水利发展与改革，大力发展中小水电，加大对农村水电建设项目的扶持力度，积极推进农村电气化建设、小水电代燃料生态保护工程建设和农村电网改造，增强对县域经济发展的支持和服务能力。围绕建设完备的森林生态体系和发达的林业产业体系两大目标，坚持走生态建设产业化，产业发展生态化的路子，加速林业发展。加快新时期扶贫开发工作，以安居温饱工程、易地开发扶贫、劳务输出为重点，创新扶贫开发机制，强化扶持措施，促进贫困地区经济社会事业全面发展。

——认真贯彻落实省委、省政府《关于贯彻<中共中央、国务院关于进一步加强人才工作的决定>的实施意见》，围绕县域经济社会发展的需要，切实加大对紧缺人才的培养和引进工作力度；实施“云岭先锋工程”，切实加强基层党组织建设，为加快县域经济发展提供人才支持和坚强的组织保证。

——认真贯彻执行《云南省农村工作守则》。各级党委、政府和广大干部职工要充分认识贯彻执行《守则》的重要性和必要性；按照《守则》要求规范县乡两级干部为农服务的行为；各级领导干部要树立科学发展观、正确政绩观和马克思主义群众观，在全省形成关注农村、关心农民、支持农业的新局面。各级党委和政府要把发展县域经济纳入重要议事日程，切实加强对发展县域经济的领导。

省政府负责对县域经济工作的组织协调和领导。各级党政主要领导是县域经济发展的第一责任人，要亲自抓调研、抓规划、抓落实；其他领导要增强大局意识，明确分工，加强协调配合；各部门要充分发挥职能作用，建立落实机制，务必将各项政策措施落到实处；省直有关部门要尽快制定相应的配套政策措施，报省委、省政府审定后发布实施。州、市党委和政府对发展县域经济负有重要责任，一定要集中精力，坚决抓好。各县(市、区)党委和政府的主要职责就是加快发展县域经济，一定要全力以赴，狠抓各项政策措施的落实，推进县域经济的大发展。

陕西省人民政府
关于印发陕西省县域经济社会发展考核暂行办法的通知

陕政发[2004]31 号

2004 年 7 月 5 日

为了认真贯彻落实省委、省政府《关于加快发展壮大县域经济的决定》，客观考核、科学监测县域经济社会的发展，加快全面建设小康社会的步伐，特制定本暂行办法。

一、考核的指导思想和工作原则

第一条 县域经济社会发展考核的指导思想。坚持以人为本，全面、协调、可持续的科学发展观和正确的政绩观，统筹城乡经济与社会发展，紧紧围绕特色经济、民营经济、劳务经济、扶贫开发和小城镇建设、社会事业发展等重要任务，促进农民增收和财政增收，建立科学、公正、公开的考核指标体系，实行定量综合考核，客观全面地反映县域经济社会发展状况，调动县域单位加快发展的积极性，促进县域经济社会全面发展，加快全面建设小康社会的步伐。

第二条 县域经济社会发展考核的工作原则。坚持经济与社会事业统筹发展的原则，体现经济与社会事业的协调发展，突出经济考核；坚持全面和重点相结合的原则，体现综合考评，突出重要工作考核；坚持近期和长远相兼顾的原则，使考评工作具有前瞻性和正确的导向性，突出各地加快县域经济社会发展的工作实绩；坚持科学真实、公正可比的原则，推动和引导县域经济提高质量，优化结构，加快发展。

二、考核范围

第三条 县域经济社会是指在县域范围内以城镇为中心、农村为基础，由各种经济成分有机构成的一种区域性经济社会。结合本省实际，县域经济社会考核范围是全部县、县级市及农业比重较大的市辖区(纳入考核的县、市、区名单详见附件 1)。

三、考核指标设置

第四条 结合本省县域经济社会发展状况，考核指标选取经济发展指标、经济结构指标、社会发展指标、生态环境指标等四大类共 23 项具体指标。

第五条 经济发展指标包括地区生产总值总量、人均和增速，财政收入总量、人均和增速，地方财政收入总量、人均和增速，农民人均纯收入和增速等 11 项指标。

地区生产总值、财政收入、地方财政收入是国民经济发展的综合性指标，是一个地区社会生产活动成果和水平的体现，具体反映县域经济规模、综合竞争力和发展后劲，是考核县域经济的基础性指标。

人均指标包括人均地区生产总值、人均财政收入、人均地方财政收入、农民人均纯收入，主要反映一个地区的经济水平和农民生活状况。采用人均指标体现考核工作的可比性和公正性，是经济指标考核工作的重点。

经济发展速度指标为地区生产总值增长速度、财政收入和地方财政收入增长速度、农民人均纯收入增长速度，主要反映各县域单位抓县域经济发展的工作实效。

第六条 经济结构指标包括工业增加值和服务业增加值占地区生产总值的比重、城镇化率和劳务输出率。经济结构指标主要反映实施工业强县战略、推动非公有制经济发展、加快城镇化建设和农村劳动力转移等当前重点工作任务的实绩。

第七条 社会发展指标包括社会保障覆盖率、每万人拥有医院病床数、九年义务教育普及率和广播电视覆盖率。社会发展指标主要反映统筹城乡经济与社会协调发展，推动农村社会事业发展的情况，促进当前农村卫生、教育事业建设严重滞后等问题的有效解决。

第八条　生态环境指标包括垃圾无公害化处理率、城镇自来水普及率、退耕还林植树造林保存率、常用耕地面积指数。生态环境指标主要体现科学发展观，反映县域经济社会可持续发展的能力，促进人与自然的和谐相处，经济、生态、环境、资源协调发展，推动社会走向经济发展、生活富裕、生态良好的文明发展道路。

四、考核方法

第九条　实行加权汇总百分评定制，确定县域经济社会综合实力排序。具体办法是对综合考核的四大类23项指标进行无量纲化处理，依据确定的权重对各项指标进行加权汇总(具体办法由省县域经济社会发展领导小组考核组商省统计局在考核时制定)，依照得分多少确定全省县域经济社会综合实力排序。

第十条　考核工作基期年为2004年，每年公布各县域经济社会综合实力排序结果，每三年综合考评表彰奖励一次。公布考核结果和表彰奖励时间均为次一年的5月底前。

首次综合考评表彰奖励为2004年，表彰奖励时间为2005年5月底前，考核工作以2004年数据为准。

第十一条　考核指标数据统一由各级统计部门采集、审核、汇总，填报《县域经济考核数据报表》。统计部门没有统计的指标由相关职能部门负责收集、整理，报当地统计部门审核。

第十二条　统计部门审核上报的考核指标数据，所在县(市、区)政府要严格审查把关，一把手签字认可，以确保数据真实可靠。省县域经济社会发展领导小组考核组每年对各县(市、区)上报的指标数据进行抽查，抽查县(市、区)的个数不少于考核总数的三分之一。

第十三条　省统计局每年对各县(市、区)上报的指标数据进行审核、汇总和综合测评，将测评结果报省县域经济社会发展领导小组统一评审。

五、表彰奖励

第十四条　省政府每年向社会发布县域经济社会发展综合考核排序结果。对综合考核前十名的县域单位进行表彰奖励，授予“陕西省经济社会发展十佳县”称号。

第十五条　省政府设立县域经济社会发展奖励专项资金，奖励“陕西省经济社会发展十佳县”。奖励分为三等，一等奖三名，各奖励200万元，二等奖四名，各奖励150万元，三等奖三名，各奖励100万元。

省级有关部门对县域经济社会发展考核范围的县域单位进行的单项奖励，原则上应参考县域经济社会发展考核指标体系的分项考核结果评定，对已获得综合考核奖励的，以精神奖励为主，不再给予物质奖励。

六、组织实施

第十六条　省县域经济社会发展领导小组下设县域经济社会发展考核组，具体组织实施考核工作。

第十七条　省统计局按照考核办法，审核、提交全省县域经济社会发展综合测评排序结果，于次一年4月底前报省县域经济社会发展领导小组考核组审核后，报领导小组评定。

县级统计部门次一年2月底前将本级考核数据上报市级统计部门，市级统计部门审核、汇总后于次一年3月底前上报省统计局。

第十八条　各级政府要高度重视考核工作，加强统计队伍建设，将县域经济社会发展考核工作经费纳入本级财政预算，确保县域经济社会发展考核工作正常进行。

第十九条　县域经济社会发展考核是一项十分严肃的工作，各级政府和各有关部门必须依法提供客观真实的考核数据。对填报数据不实、弄虚作假和未按规定履行审查职责的，要通报批评，追究相关责任人的责任。

第二十条　各级统计部门要完善统计调查体系，健全统计调查网络，加强统计标准化、现代化建设，提高统计人员素质和统计数据的时效性、准确性。

附件1：

陕西省县域经济社会发展考核范围

西安市(6个区县)

临潼区、长安区、蓝田县、周至县、户县、高陵县

铜川市(2个区县)

耀州区、宜君县

宝鸡市(10个区县)

陈仓区、凤翔县、岐山县、扶风县、眉县、陇县、千阳县、麟游县、凤县、太白县

咸阳市(11个县市)

三原县、泾阳县、乾县、礼泉县、永寿县、彬县、长武县、旬邑县、淳化县、武功县、兴平市

渭南市(11个县区市)

临渭区、华县、潼关县、大荔县、合阳县、澄城县、蒲城县、白水县、富平县、韩城市、华阴市

汉中市(11个区县)

汉台区、南郑县、城固县、洋县、西乡县、勉县、宁强县、略阳县、镇巴县、留坝县、佛坪县

安康市(10个区县)

汉滨区、汉阴县、石泉县、宁陕县、紫阳县、岚皋县、平利县、镇坪县、旬阳县、白河县

商洛市(7个区县)

商州区、洛南县、丹凤县、商南县、山阳县、镇安县、柞水县

延安市(13个区县)

宝塔区、延长县、延川县、子长县、安塞县、志丹县、吴旗县、甘泉县、富县、洛川县、宜川县、黄龙县、黄陵县

榆林市(12个区县)

榆阳区、神木县、府谷县、横山县、靖边县、定边县、绥德县、米脂县、佳县、吴堡县、清涧县、子洲县

全省共93个县、市、区。

附件2：

陕西省县域经济社会发展考核指标

一、经济发展指标

1、总量指标：

(1)地区生产总值

(2)财政收入

(3)地方财政收入

2、人均指标：

(4)人均地区生产总值

(5)人均财政收入

(6)人均地方财政收入

(7)农民人均纯收入

3、速度指标：

(8)地区生产总值增长速度

(9)财政收入增长速度

(10)地方财政收入增长速度

(11)农民人均纯收入增长速度

二、经济结构指标

(12)工业增加值占地区生产总值比重

(13)城镇化率

(14)服务业增加值占地区生产总值比重

(15)劳务输出率

三、社会发展指标

(16)社会保障覆盖率

(17)每万人拥有医院病床数

(18)九年义务教育普及率

(19)广播电视覆盖率

四、生态环境指标

(20)垃圾无公害化处理率

(21)城镇自来水普及率

(22)退耕还林植树造林保存率

(23) 常用耕地面积指数(具体是指常用耕地面积报告期与基期的比率，当常用耕地面积增加时，比率大于100%，当面积减少时，比率小于100%)

2004年度中国县域经济发展情况（部分省区）

广西壮族自治区县域经济发展情况

为了加快县域经济发展，2004年，广西采取了一系列的措施：

第一，出台了《关于加快县域经济发展的决定》

《决定》提出了加快县域经济发展主要在以下五大重点上下功夫：一是以发展民营经济为重点，培育新的经济增长点。自治区将坚定不移地贯彻“政治平等、政策公平、法律保障、放手发展”的方针，坚持“四放宽”“四不限制”的原则，即放宽投资领域、放宽经营条件、放宽财政信贷支持、放宽融资渠道；对民营经济不限制发展比例，不限制发展速度，不限制经营方式，不限制经营规模，力争在5年后，民营经济占县域经济总量的80%左右。二是以推进工业化、城镇化和农业产业化进程为重点，实现产业富民强县。自治区决定，今后，凡可向县域转移、延伸的城市工业，都应根据市场经济原则，积极向县（市）转移，要用抓工业的思维抓农业，用发展企业的理念发展农业，抓龙头、建基地、带农户，加快形成培育一个龙头企业、牵动一个特色产业，促进一片基地发展、带动一批农户致富的农业产业化经营格局。力争5年后全区县域城镇化率达到35%以上，大多数县建成2个以上年生产总值超5亿元、财政收入超2000万元、镇区人口超过5万人、功能较为完善的城镇。三是以扩大对外开放和项目建设为重点，拓宽县域经济发展空间。力争5年后50%左右的县实现当年利用外资或外贸出口额超1000万美元，其中10个左右县（市）当年利用外资额或外贸出口额超过1亿美元。四是以加大政策支持力度为重点，优化县域经济发展环境。五是以体制和机制创新为重点，加快政府职能转变。

第二，加大财政扶持力度

一是积极探索财政资金投入的新形式。主要通过财政贴息、以奖代补等办法，充分发挥财政资金的粘合和吸附作用，引导民间资本和外资投入县域经济发展领域。二是支持县乡公共事业领域引入市场机制。确立通过市场化求发展的思路，支持县（市）在基础设施、公益事业和社会保障等领域大胆引入市场竞争机制，加快推进县域经济市场化进程，增强县域经济实力。三是通过体制激励为县域经济发展提供新动力。进一步规范市对县的财政体制，各市不得集中享受一般性转移支付县的财力。选择适当时机逐步改变目前按企业隶属关系划分自治区与市县财政收入的做法；合理确定县对乡财政体制，充分调动县乡两级政府培植财源、增收节支的积极性。按照“县努力、市尽责、自治区帮助”的原则，自治区继续通过转移支付等措施支持基层政权正常运转，帮助基层缓解财政困难。按照效率优先、分类分档、实事求是、简化适用的原则，建立财政收入增收激励机制，调动县（市）做大经济“蛋糕”和财政“蛋糕”的积极性，促进县（市）财政收入的快速、稳定增长。四是指导县（市）推进财政制度创新。当前重点抓好部门预算、国库集中收付、政府采购、收支两条线、绩效评价等财政改革，从制度上确保资金使用效果，降低行政成本，尽可能腾出更多资金支持县域经济发展。五是整合好支持县域经济发展的各种专项资金。目前广西区财政安排的专项资金种类很多，但由于使用过于分散，各主管部门各自为政，其综合效益并不高。因此，必须重新整合各种专项资金，研究并选择好载体问题，以形成支持县域经济发展的合力。

第三，加大科技护持力度。主要是在全区实施四大科技工程

一是星火富民科技工程。三年内，以自治区和市、县共建方式，重点抓好60所星火学校、50个农村专业技术协会、10个龙头企业技术创新中心、10个农村区域科技成果转化中心、10个农村信息化基地、10个星火科技专家大院和选派100名科技特派员的试点示范。各县(市)以推进农村信息化建设为突破口，重点抓好农业技术传播体系、农村科技服务体系、农民科技培训体系建设，推进科技星火进农家，逐步做到县县有科技信息中心，有星火学校，有农业科技创新示范基地，有科技示范乡(镇)，有农业科技型龙头企业。乡镇有星火课堂，有科技信息网点，有农村专业技术协会，有科技示范村和一批科技示范户和科技种养能人。

二是县域科技创新示范工程。通过自治区重大科技专项支持，在16个县(市、区)进行“科技进步示范县”和“科技工作试点县”试点，推进县(市)领导任期科技进步目标考核制度建设，推进县(市)一把手亲自抓一项事关富民强县的产业化科技开发项目，探索科技支撑和引领县域特色产业发展的新机制、新模式，为周边同类县(市)提供示范。未纳入试点的县(市、区)，也要按照“科技进步示范县”和“科技工作试点县”的工作要求，作好规划，分步推进，到2007年，全区有三分之一的县(市、区)建立起“一把手抓第一生产力”的机制，有一把手抓的重大产业科技开发项目，科技研究开发经费达到县市财政支出的1%以上。

三是农产品深加工及特色产业培育科技工程。从县域特色产业发展的需求人手，选择一批关联度高、应用面广的先进适用技术和重大共性技术，加大科技攻关、技术集成和推广应用的力度。重点加强主要种养业的育种技术创新研究；在百色国家农业科技园区组织实施亚热带特色农业关键技术研究与示范；开展奶水牛和黄牛规模化养殖、名特优禽类规模化养殖的配套技术研究与示范和畜禽主要传染病诊断与防制技术的研究；开展淡水养殖主导品种产业化健康养殖技术、北部湾名贵鱼虾贝类种苗繁育及集约化养殖技术以及名特优农作物标准化栽培关键技术等研究与示范，为培育县域特色产业提供一批新品种、新技术和技术标准。在农副产品深加工方面，重点支持特色植物资源、海洋生物资源有效成份提取及果蔬和家禽产品深加工所需的加工、检测、储运保鲜技术和设备开发，培育和发展一批科技型农产品深加工龙头企业，开展名特优产品原产地保护，提高区域特色农业产业化水平。

四是科技兴企工程。围绕实施自治区“工业兴桂”战略，以产业技术升级为主线，以增强行业共性技术和关键技术开发能力、提升企业竞争力为目标，重点完善以企业为主体、产学研结合的技术创新体系，支持有条件的企业建立研发机构，推动企业与高校、企业与科研院所联合建立行业工程技术研究中心，鼓励中小企业采取联合出资、共同委托等方式进行合作开发，扶持行业相关科技中介服务机构建设，建立以市场机制为基础的技术转移和扩散机制，形成产业集群创新网络，使广西强优企业和行业骨干企业具有较强的自主创新能力，中小企业具有吸纳转移技术的消化创新能力。瞄准做强做大广西原有的优势产业和培育新的优势产业，抓好一批科技企业创新示范，集成推广应用以信息技术、生物技术、新材料技术为主的高新技术；凝炼相关的重大科技问题，积极探索行业共性技术、关键技术的开发模式；集中力量在机械机床产品、制糖及其深加工产品、稀有金属铟材料与超硬材料产品、非金属矿物材料与锌铝合金高性能功能材料产品、木薯淀粉深加工产品、松香等林化深加工产品和肉桂、八角等香料新产品、生物能源产品、工业微生物产品和嵌入式软件及其智能控制产品开发等方面有新的突破，打造一批工业名牌产品，培育出新兴产业集群。

第四，营造低成本、高效率的县域创业环境

一是简政放权，扩大县域经济管理权限。按照“能放都放”的原则，凡国家下放给自治区的审批权，除国家另有明确规定外，一律下放给县（市）。今后县域投资项目的审批，除国债项目、自治区预算内项目、统借统还国外贷款项目需按程序规定报自治区审批外，所有项目都实行属地登记备案制，对确需审批的项目，要严格按照《行政许可法》的规定执行，减少审批环节，简化审批手续，限期办结。二是完善自治区以下垂直管理部门地方党委协管体制。自治区垂直管理部门在县（市）、乡（镇）的延伸机构，其领导干部的任免，要有所在县（市）、乡（镇）党委的意见。对服务、支持地方经济建设不力的，县（市）乡（镇）党委有权建议上级主管部门免去其领导职务。三是加强社会信用体系建设。县（市）政府要树立诚实守信的良好形象，努力营造廉洁高效的政务环境和公正透明的法治环境，全面提高政府公信度。要强化对企业信用的监督和规范。要制定行业信用守则，规范行业行为。四是建立软环境目标责任制和软环境损害责任追究制。进一步加强经济发展软环境治理工作，探索建立发展软环境建设长效机制。制定可操作的管理和执法行为规范，建立健全监督制约机制。

第五，加强对县域经济发展的领导

为了更好地促进县域经济发展，自治区党委政府还特别明确了确保领导力量到位、工作措施到位、服务支持到位和责任落实到位的“四到位”要求，自治区党委常委带头，每人挂点联系一个县（市），区直、中直驻桂单位也要与县（市）结成一对一帮扶；地级市一级专门成立“县域经济工作领导小组”。同时，自治区党委号召全区广大党员特别是领导干部要求真务实，真抓实干，以“不见成效不回头，不达目的不罢休”的精神韧劲，促进县域经济腾飞，实现富民兴桂。（广西县域经济研究会提供）

湖北省县域经济发展情况

湖北省委、省政府坚持把发展县域经济作为落实科学发展观、统筹城乡发展、统筹区域发展、实现湖北中部崛起的战略措施，明确提出了“一主三化”的指导方针，连续四年召开全省县域经济工作会议，出台了三个加快和促进县域经济发展的文件，采取了扩大县域经济社会管理权限、实行财政直管、信息直达、项目直达、资金直达等一系列重大举措。2004年，全省上下思想认识进一步统一，各地认真贯彻落实省委、省政府关于发展县域经济的方针政策，扎实工作，克难奋进，县域经济发展取得了可喜的成绩，实现了新的突破。

一、湖北省县域经济发展态势

1.主要经济指标快速增长。2004年，全省76个县(市、区)完成地区生产总值3677.7亿元（按现价计算，下同），比上年增长13.42%，与2001~2003年年均增幅7.64%相比，提高了5.78个百分点；城乡市场繁荣，实现社会消费品零售额1404亿元，同比增长11.93%，与2001~2003年的年均增幅6.89 %相比，提高了5.04个百分点；财政收入稳定增长，完成地方一般预算收入101.06亿元，增长11.5%，其中蔡甸、江夏、黄陂、大冶、宜都等16个县（市、区）增幅达20%以上。

2.工业化进程明显提速。县域工业发展呈现出多年来少有的好势头。2004年，全省县域规模以上工业总产值达到1818.8亿元，增长28%，其中江夏、阳新、宜都、兴山等11个县(市、区)增幅达到40%以上；工业销售收入增长25%；工业利润增长35%。县域工业占全省工业的比重超过50%，比2001年提高了 1.3 个百分点。县域工业占县域GDP的比重达到40%，比2001年提高近4个百分点。

3.城镇化步伐加快。各地坚持产业兴镇，通过发展工业园区和促进产业聚集，使得小城镇的水平有了进一步的提高。2002年以来，全省县域内每年近26万人向小城镇转移。仙桃、潜江、宜城、赤壁、大冶的城镇化率达到40%，其中大冶市已超过45%。汉川的马口、仙桃的彭场、应城的长江埠、大冶的陈贵、灵乡等一批工业新镇迅速发展。

4.农业产业化经营有新发展。各地通过扶持壮大龙头企业，用工业化的理念抓农业，促进了农业产业化经营。2004年底，全省各类农业产业化经营组织16465个，比上年增加5280个；产业化龙头企业3839个，比上年增加720个。全省各类龙头企业实现销售收入640亿元，比上年增加80亿元，带动农户560万户，比上年增加37万户。

5.经济外向度提高。2004年，共引进内资426.05亿元，同比增长64.32%；实际利用外资5.74亿美元，比上年同期增长52.69%，与2001年2.35亿美元比，年均增长34.86%；外贸出口13.37亿美元，与2001年的4.92亿美元比，年均递增 39.55%。

6.民营经济已成为县域经济的主体。民营经济成为全省经济发展和社会进步的重要力量，在县域经济总量中的份额达70%左右。仙桃、汉川、宜都、枝江、大冶、赤壁、鹤峰等县(市)达80%以上。全省民营经济呈现出规模迅速壮大、经营领域不断拓宽、质量效益明显提高的新阶段。

7.一批强县（市、区）脱颖而出。省委、省政府实施“扩权强县”政策，极大地激发了县域经济的发展活力，一批县（市、区）成为新的发展亮点。20个扩权县（市）实现地区生产总值1556.67亿元，同比增长12.98%， 占全省县域的42.3%;完成一般预算收入38.62亿元，增长8.63%，占县域比重达38.2%。仙桃、潜江、天门、曾都、汉川等5个县（市、区）GDP过100亿元。

二、湖北省县域经济发展主要做法

湖北省县域经济的快速发展，是省委、省政府认真落实科学发展观，坚持把县域经济的发展作为统筹城乡、统筹区域的重要成果，也是全省上下齐心协力、克难奋进的结果。各地在实践中，坚持因地制宜、发挥优势，扬长避短，初步走出了一条各具特色的路子，积累了宝贵经验：

1.坚持不懈地改善发展环境。环境建设对县域经济的发展起着至关重要的作用。近年来，省委、省政府始终把环境建设放在首位，省直32个部门结合各自职能，制定了支持和促进县域经济发展的具体措施。各市州县从本地实际出发，加大投入，改善发展的硬环境；加强舆论宣传，形成人人思富的人文环境；加大对“三乱”问题的查处力度，营造公开、公平、公正的创业环境；以创建“信用县市”为突破口，营造诚实守信的信用环境 。2004年，为缓解中小企业、民营企业融资难、担保难的问题，省财政拿出1亿元资金，支持20个扩权县市建立担保机构，发挥了重要导向作用，各地也分别集中财力，加强担保体系建设。全省已建立95家担保机构，注册资本14亿元，为中小企业提供担保贷款50多亿元。目前，在全省上下“发展是第一要务”的氛围已经形成，基层干部的精神状态良好，支持县域经济发展的合力基本形成。

2.坚持不懈地以工业化为主导。工业是推进农业产业化和城镇化的核心和基础。全省各地把“工业兴县”作为经济发展的“牛鼻子”和强县富县之路。黄冈市明确提出“全党抓经济、重点抓工业”。京山县把“兴工富县”作为全县经济发展的头等大事来抓。夷陵区提出“工业主导发展、项目带动发展、城乡统筹发展、环境推动发展”的工作思路。从全省面上看，“工业兴县(市)”的指导思想已经深入人心，工业项目建设如火如荼。汉川市去年新上项目112个，大冶市新上项目195个，咸安区新上项目143个。通城这个较为偏僻的山区县，去年新上项目124个，总投资达3.9亿元。各县市都有一大批新的工业项目建成投产，有的项目科技含量较高。与此同时，各地加快了经济结构调整步伐，促进产业的聚集，加大新产品开发和培育精品名牌的力度，努力扩大产品的市场覆盖率，形成了一批带动力强的工业骨干企业和主导产业，提升了县域工业的竞争力，推动了县域工业的快速发展。2004年，县域规模以上工业实现总产值比上年同期增长28%，工业销售收入增长25%，工业利润增长35%，县域规模工业产值占全省工业的比重达到36.4%，比上年提高了1.4个百分点。县域工业占县域GDP的比重三年来提高了2个百分点，县域工业所占经济的份额约为40%。工业的发展，还带动了一大批小城镇的迅速崛起，一些县（市、区）工业已经成为国民经济的主体力量。

3.坚持不懈地发展民营经济。几年来，省委、省政府坚持县域经济以发展民营经济为基本取向的指导方针，专门召开了全省民营经济工作会议，出台了一系列加快民营经济发展的政策措施，拓宽了民营经济发展的领域，表彰了一批发展民营经济的先进县（市）。各地也采取积极有效的措施，促进了民营经济的大发展。各地在推进民营化过程中主要采取了以下措施：一是以产权制度为核心，推进国有、集体企业改革，加快民营化进程。仙桃、大冶、汉川、宜都、枝江、京山、当阳等地改制面达90%以上。一大批停产、半停产企业起死回生，资产存量盘活。宜城市还对全市16个乡镇卫生院进行改革，已有14家实行社会化经营。二是通过招商引资引进一批民营企业，民营经济成为县域经济新增投入的主体。三是激活民间资本，促进个体私营企业大发展。近年来，全省各地降低注册门槛，放宽准入条件，简化审批手续，放开经营范围，大力实施“创业工程”，以创业促就业，全省民营经济从整体上进入快速发展、快速提高的新阶段。全省个体私营企业达到110.4万户，其中当年新登记私营企业2.9万家，注册资本金达1823.15亿元，比上年增长46%，其中，规模以上私营工业企业2596家，资本金达479.49亿元，增长27%。全省民营经济占二、三产业的比重比上年提高2个百分点，达到44%，县域民营经济所占比重预计达70%左右，仙桃、汉川、宜都、枝江、大冶、赤壁、鹤峰等地民营经济所占比重达80%以上。目前，县域经济以民营为主体的格局基本形成。

4.坚持不懈地完善县域行政管理体制。2003年以来，湖北省采取了一系列扩权强县的政策，推进行政体制改革的不断深入，增强了县域社会经济自我发展能力。一是在全省选择了经济基础较好的20个县（市）为扩权县（市），下放了239项行政审批、审核权限，省对县实行项目直达、信息直达、资金直达的管理方式，促进了扩权县（市）的快速发展。二是实行了省对县财政直管的财政管理体制。这是我省财政体制的一项重大改革，减少了中间环节，降低了行政成本，受到县市的普遍欢迎。三是实行激励性的财政政策，对县市工商四税新增省级和市级留成部分，全部返还给县（市），有效地缓解了县级财政困难，极大地增强和调动了县（市）理财增收的积极性。四是各地积极推进乡镇综合配套改革。咸安区在乡镇综合配套改革中，对全区行政事业单位及民办教师进行改革分流，减少财政供养人员1584人，财政供养系数由2.11%下降到1.77%。以上这些改革措施的实施，扩大了县级政府管理权限，提高了行政效率，缓解了基层财政困难，增强了县（市、区）管理社会事务和发展经济的能力。

5.坚持不懈地抓招商引资。各地把招商引资作为扩大对外开放的重中之重，创新招商引资机制，搭建招商引资平台，优化招商引资环境，注重招商引资的效果，使招商引资成为县域经济发展的助推器。2004年，76个县（市、区）招商引资426亿元，比上年同期增长64.32%，其中引进外资5.74亿美元，增长52.69%。仙桃市近年来引进民营企业781家，引进企业占全市民营企业总数的58%。江夏区近年来引进投资过千万元以上的项目144个，投资额达50亿元。钟祥市去年招商引资项目260个，已上项目174个，到位资金5.07亿元。通城县通过“回归工程”，引进在外经商人员324人回乡创业，创办企业176个，引回资金4.1亿元，回归经济成为该县经济的主要增长点。招商引资促进了全省的对外开放，2004年县域外贸出口12.37亿美元，增长13.99%，郧县、竹山、枝江、南漳、东宝等县（市、区）成倍增长。

6.坚持不懈地发展特色板块经济。特色既是竞争力，也是生产力。各地以资源、骨干企业、品牌和工业园区为载体，大力发展特色经济，推进资源向优势企业聚集、企业向园区聚集、主导产业向产业配套和产业链接方向发展。截至2004年底，全省县域已有80多个销售收入过亿元的产业集群。如仙桃成为中国最大的无纺布生产基地，大冶成为全国最大的保健酒生产基地，通城成为国内最大的涂附磨具生产基地和第二大云母生产基地，鹤峰成为全国最大的氨基酸生产基地，武穴成为全国最大的核黄素生产基地。还有京山轻工机械、安陆粮食机械，在全国均占有一定份额。

各地充分发挥龙头企业的带动作用，用工业化的理念抓农业，推动农业向集约化、产业化、企业化、规模化方向发展。全省与农民建立一定联结关系的农业产业化经营组织达8342个，其中龙头企业带动型经营组织2824个，省级龙头企业达106家，国家级龙头企业22家。枝江市近几年来引进农产品加工项目44个，投资总额14.2亿元，已完成投资7.7亿元，形成规模以上的农业产业化龙头企业36家，建设与其配套的农产品基地142万亩。带动农业生产基地50多万亩，安置农村富余劳动力1.27万人，网络农户6.9万户。一些县市还形成了一镇一业、一镇一品的特色板块经济，增强了区域经济竞争力。（湖北省经委县域经济处提供）

湖南省县域经济发展情况

2004年湖南省发展县域经济主要做了以下工作：

一、开展了关于加快湖南省县域经济发展的课题研究

一是湖南省政协开展了湖南省县域经济发展的思路与对策的课题研究，形成了《湖南省县域经济加快发展的思路与对策》的研究报告。省委、省政府高度重视这一研究成果，在2004年8月下发的《中共湖南省委、湖南省人民政府关于加快县域经济发展若干问题的通知》中引用了省政协课题组的研究成果。

二是湖南省发展与改革委员会和湖南省县域经济研究会开展了“十一五规划期间湖南省加快县域经济发展思路”的课题研究，前后18人参加这项研究，形成了《十一五规划期间湖南省加快县域经济发展思路研究报告》，得到省内外研究县域经济的专家的高度评价，为湖南省县域经济发展提供了宝贵的思路与建设。

二、召开了湖南省县域经济工作会议

2004年8月底9月初中共湖南省委、省人民政府召开了全省县域经济工作会议，参加会议的有省、市、县的党政主要负责同志。会后，下发了《中共湖南省委、湖南省人民政府关于加快县域经济发展若干问题的通知》（2004年17号）

三、成立湖南省县域经济工作领导小组

2004年12月1日中共湖南省委办公厅、湖南省人民政府办公厅联合发文（湘办85号），通知成立湖南省县域经济工作领导小组，省委副书记戚和平任组长，省人民政府副省长杨泰波任副组长。领导小组办公室设省政府农村工作办公室，省农村工作办公室主任武吉海任办公室主任。

四、各县市区做了许多加快县域经济发展的工作

各县市区2004年在加快县域经济发展方面主要做的工作有：

1、大力发展县域工业，主要有农产品加工业、水电业、矿产业等；

2、大力发展小城镇，各县市以县城为重点加快小城镇发展；

3、落实中央关于“三农”的政策，千方百计增加农民收入；

4、大力开展招商引资工作，招商引资工作有较大成效；

5、加强工业园、科学园的规范和建设。

（湖南省县域经济领导小组办公室供稿）

山东省县域经济发展情况

2004年，在省委、省政府的正确领导下，山东省上下认真贯彻执行党的十六大和十六届三中、四中全会精神，牢固树立和落实科学发展观，按照省委提出的“一二三四五六”发展目标和工作思路，大力实施“双30”工程，推进县域经济加快发展。一年来，各级各部门作了大量富有成效的工作，全省县域经济发展的成果初步显现，同时，随着形势的发展，县域经济发展也面临着一些新的情况和问题。

一、30个经济强县和30个欠发达县经济运行情况

1.30个经济强县发展势头强劲。经济强县是全省县域经济发展的“排头兵”，经济基础较好，发展意识超前，主要经济指标均超过全省平均水平，对全省经济发展贡献大。2004年1~11月实现规模以上工业增加值1768.07亿元，平均增长35.8%，高于全省平均水平9.4个百分点，占全省的比重为30.6%；利税总额714.12亿元，增长51.4%，高于全省平均水平9.3个百分点，所占比重为35.6%。完成规模以上固定资产投资2630.95亿元，增长54.4%，地方财政收入160.7亿元，增长32.2%，实际外商直接投资50.85亿元，增长54.3%，占全省比重分别为37.9%、21.8%、和55.8%，增速超过全省平均水平12.6、4.2和9.5个百分点。农民人均现金收入4789.79元，增长13.9%。

2.30个欠发达县经济发展实现新突破。30个经济欠发达县加速发展。紧紧抓住扶持经济发展的战略机遇，描绘经济发展的新蓝图，实现跨越式发展，2004年1~11月除地方财政收入外，各项主要经济指标增速均超过经济强县。实现规模以上工业增加值233.96亿元，平均增长38.6%，超过经济强县2.8个百分点；利税总额93.48亿元，增长53.1%，超过经济强县1.7个百分点。地方财政收入41.74亿元，增长20.1%。完成规模以上固定资产投资580.58亿元，增长56.8%，实际外商直接投资3.86亿元，增长74.6%，农民人均现金收入3055.93元，增长15.4%，分别超过经济强县2.4、20.3、1.5个百分点。

经过近一年的实践证明，省委、省政府关于加快县域经济发展，实施“双30”工程是全面落实科学发展观的英明决策，成效显著。2004年1~11月，在30个经济强县中，17个县的地方财政收入超过5亿元，其中邹城市、荣成市、文登市超过8亿元，分别为8.79亿元、8.57亿元、8.52亿元，分别增长23.2%、66.8%、40.1%。16个县的增长速度超过30%，其中荣成市、邹城市、广饶县位居前三名，分别增长66.8%、52.7%、52.2%。在30个经济欠发达县中，11个县的地方财政收入超过1.5亿元，其中陵县、宁津县、武城县分别为2.71亿元、2.65亿元、1.96亿元，分别增长22.6%、22.5%、22.4%。7个县的增长速度超过30%，其中无棣县、郓城县、鄄城县增速在40%以上，分别增长72.7%、47.3%和42.3%。

县域经济快速发展的同时，突出存在以下问题。一是县乡财政紧张。受出口退税政策和农村税费改革影响，县乡两级财政的困难加大。出口退税体制改革后，由于地方承担25%，出口额越大的县，财政负担越重，经济强县所受影响明显。取消农业特产税、农业税降低3个百分点后，县乡财政减收明显，各县减收一般在2000万至7000万元之间。欠发达县农业税所占比重大，财政减收较多，基层运转困难。二是用地紧张。部分县反映，土地指标已经用完，一些项目难以落地。三是建设资金紧张。由于国家控制贷款规模，一些在建项目缺乏后续资金，一些新上项目缺乏资金支持。对宏观形势的发展变化，一些地方不适应，看不到变化中有机遇，拿不出有效措施，甚至出现消极畏难情绪。

二、各级各有关部门为加快县域经济发展所做的主要工作

对省委、省政府加快县域经济发展的决策，

从省级领导、有关部门，到市、县都高度重视。28位省级领导分别担任了7个帮扶欠发达县领导协调小组的领导工作，亲自带队深入欠发达县开展工作。省直各有关部门主要负责同志亲自抓。各县市区认识到位，措施得力，把省委、省政府的决策作为难得的机遇，扎扎实实地推进各项工作的开展。

1．省直部门发挥了很好的职能作用，支持县域经济发展形成合力。全省县域经济工作会议和促进东西部经济协调发展动员会议以后，特别是全省加快县域经济发展座谈会会议以来，省直部门充分发挥总综合优势，认真贯彻鲁发[2003]25号文件精神，转变工作作风，制定了具体的实施方案和措施，加大了对县域经济的支持力度。

（1）统一思想认识，增强帮扶工作的主动性。各部门、各单位认真学习省委、省政府《关于加快县域经济发展的意见》、贯彻落实全省促进东西部经济协调发展动员会议和加快县域经济发展座谈会会议精神，从构建社会主义“和谐山东”的高度，从全面落实科学发展观和五个统筹的高度，不断统一思想，提高认识，增强加快县域经济社会发展的紧迫感、责任感和使命感，增强帮扶工作的自觉性、积极性和主动性，帮扶工作扎实有效。

（2）落实科学发展观，帮助理清发展思路。省直各部门在帮扶工作中发挥政策、人才、信息等方面的优势，从落实科学发展观和实现“五个统筹”的高度，帮助县、区理清发展思路，强化机遇意识、危机意识和创新意识，帮助制定科学可行的发展规划和目标任务，全面提高县域经济的综合竞争力，推动经济社会全面发展。省委办公厅、省委组织部、省政府办公厅研究制定了《关于做好结对帮扶工作的意见》。省委统战部制定了《关于帮扶宁津县经济发展招商引资的奖励政策规定》。省委办公厅帮助莒南县提出了调整一产结构，优化、提高第二产业，进一步加快工业化进程，大力发展服务业和旅游业的思路。省政府办公厅认真分析了东平县的优势，提出了重点抓好农业结构调整、旅游资源开发、淡水养殖、劳务输出、招商引资、环境保护等工作的指导性意见和建议。省委宣传部与峄城一起，确定了经济和社会发展目标，在发展重点上作了相应调整。按照以人为本，全面、协调、可持续发展的要求，着重抓好五个统筹的落实。

（3）落实25号文件，强化政策支持。各部门对省委、省政府的有关政策进行了分解、细化，明确了分工，针对县域经济发展中存在的困难和问题，从财政金融支持、加大农业投入、招商引资、土地利用、加快基础设施建设和社会事业发展等九大方面，制定了具体实施方案和措施。如省财政对欠发达县实行了税收返还，2004年对下安排转移支付40.7亿元；安排专项资金，支持产粮大县和30个欠发达县优质农产品基地和龙头企业建设；为支持粮食主产区加大农业综合开发力度，适当调减30个欠发达县的配套资金比例，优先核消综合开发资金呆帐，省级安排土地复垦项目向欠发达县倾斜；省级森林生态效益补偿、林业基本建设资金重点向30个欠发达县倾斜。省外经贸厅为鼓励招商引资，制定出台了欠发达县招商引资的考核奖励政策，对实际使用外资规模、增幅达到一定水平和位次的，给予相应奖励。省交通厅将大部分经济强县纳入全省高速公路网建设规划，对30个欠发达县的农村公路建设重点加大投入；对连接欠发达县的高速公路项目、30个欠发达县境内的国省道项目，给予优先安排；除按省里确定的补助标准外，从2004年起，3年内对菏泽市农村公路改造工程每年再补助3000万元。社会事业方面，支持县级发展教育事业，计划每个县重点建设1至2所职业学校、每个乡镇建设1所重点中小学；加大对欠发达县中小学危房改造的倾斜力度，对欠发达县农村中小学公用经费给予补助；选择40个县进行生产力促进中心建设试点；投资30063万元对87个县疾控中心实施改扩建或装备改造，投资20617万元对98个县级医院进行改造，投资4446万元对欠发达县30个乡镇中心卫生院进行改造；推动农村合作医疗制度改革，规划到2010年在全省普遍建立起覆盖农村居民的新型农村合作医疗制度，2004年省级试点扩大到26个县；深化农村卫生机构改革，开展了城市医疗卫生单位对口支援农村工作，其中省部属医疗机构对欠发达地区进行对口支援。随着这些政策的逐步落实，将对县域经济发展起到重要导向作用。

(4) 工作重心下移，注意帮助基层解决实际问题。28位省级领导分别担任了7个帮扶欠发达县领导协调小组的领导工作，帮扶欠发达县的7个领导协调联系小组、对口帮扶欠发达县的省直30个部门多数是主要负责同志亲自带队，深入欠发达县实地调研，注意抓好对口帮扶机制的创新，把政府引导和市场化运作相结合，外部帮扶与启动内力相结合，帮扶工作从改善基础设施、引进项目和资金、优化发展环境等环节入手，为增强县域经济的自主发展能力创造良好条件。

一是帮扶基础设施建设，夯实发展平台。欠发达县基础设施建设相对落后，各有关部门抓住这一制约发展的关键因素，大力帮扶欠发达县加强基础设施建设。省交通厅每年帮助定陶县500万元作为公路建设的地方配套资金。2004年补助农村公路改造资金3478万元，完成农村公路改造工程392公里，解决了92个行政村的通油路问题，补助200万元建设定陶县客货运输服务中心。省建设厅在协调好德州联系组内部工作的基础上，帮扶陵县搞好县城总体规划修编、城市供水工程、垃圾处理、污水管网工程等10大重点项目建设，争取各类补助资金430万元，2004年帮助陵县研究提报的11个项目，已有7个开工建设，完成投资1.35亿元。省水利厅协助冠县制定了建设引黄西调灌区续建配套与节水改造等九大工程建设规划，规划总投资18910万元，分五年实施，并支持河道治理、扬水站改造和节水示范工程资金427万元。省委宣传部确定了对峄城的38项帮扶工程，目前有8个项目已经落实，争取到各类无偿资金500万元。省审计厅协调帮助莘县建设连接河北的关金公路，一期工程23公里竣工通车，协调专项资金800万元，改造了一条20余公里的县乡公路。省民政厅、财政厅、农业厅在资金和项目上对欠发达县也进行了大力支持。

二是突出抓好项目帮扶，增添发展动力。各部门帮扶以项目为载体，积极帮助欠发达县引进资金、技术和人才。省委办公厅在抓好临沂组内部沟通协调的同时，积极帮助莒南县企业解决资金和原材料紧张问题，协调银行低息贷款额度5000万元，帮助解决钢材1700吨，帮助招商引资，推动莒南与日本朝日啤酒公司的合作。省委组织部协调省广电局、省国土资源厅、滨州市，在济南举行对口帮扶惠民、阳信、无棣三县工作对接推进会，进行了项目推介，签约6个项目。省政府办公厅按照“突出重点，抓住关键，统筹兼顾”的原则，狠抓项目落实，2004年帮助东平县落实18个项目，到位资金1亿多元。发挥东平县资源优势，帮助引进聊城美景建设集团和上海荷鑫投资管理公司共同投资3亿元，建设300万吨水泥熟料项目。省发改委帮助单县湖西轴承、单县化工等重点项目解决流动资金2200万元，为农村公路改造工程无偿提供资金1000万元。省委统战部安排全省工商联第十届四次常委会议在宁津召开，会议期间有6个项目签订了合作协议。协助引进菲律宾密铵脂餐具项目，一期投资1.2亿元。省经贸委牵头组织开展了“百个项目进菏泽”活动，达成了22个项目合作协议，计划总投资104亿元，已启动10个，完成投资9.99亿元。省国土资源厅以引进项目为重点，帮助惠民县加快发展，目前已经引进项目14个，投资额3.25亿元。争取无偿资金3225万元，争取国家投资9158万元。省外经贸厅发挥部门优势组织了“东部客商西部行”考察活动，与东阿县的企业签订合作项目16个，总投资1500万美元。省人事厅发挥综合优势，积极帮助武城引进国外智力项目14项。从日本引进EM农业有机肥料生产技术，建立了中国留日同学总会武城创业基地，争取水利部资金800万元，帮助组织了武城棉花经贸洽谈会，签订合同金额6.8亿元，组织武城县有关人员参加长三角地区的招商引资活动，签订合同、协议金额达人民币5.8亿元。省科技厅在第五届中国专利高新技术产品博览会上，帮助嘉祥签订技术项目、合同、协议26项，协议投资总额1.2亿元，聘请两位院士为嘉祥县人民政府高级科技经济顾问，促成了中国重汽集团厢车生产项目落户嘉祥。省国资委组织省管企业与巨野达成了14个合作项目。省旅游局帮助山亭区把2个扶贫开发项目列入了全省旅游大项目计划。省工商局积极支持沂南企业争创名牌和省著名商标活动，举办了浙江民营企业“沂蒙行”合作发展洽谈会，签约项目5个，意向投资额2.92亿元。在省工商局牵头组织的山东省赴广东经贸考擦和招商引资活动中，帮助沂南与深圳世瑞科技有限公司达成了投资额2.5亿元的房地产开发和商务会馆建设项目。省林业局积极支持平邑“生态县”建设，在项目资金上给予重点帮扶，落实资金485.1万元。省地税局帮助庆云确定了引黄入庆、环城公路、鑫和化工等六项重点建设项目，争取了1500万元帮扶资金，成功申报了一个全国农业产业化龙头企业。省信息产业厅帮扶平原县利用信息技术改造传统产业，安排190万元资金用于重点企业自动控制系统技术改造，协调省农业银行解决项目贷款1.3亿元。

三是帮扶工作注重以人为本，优化发展环境。

各帮扶部门对欠发达县的扶持，注重以人为本，统筹经济与社会全面发展，对欠发达县的社会事业发展倾注了关心和支持。省劳动保障厅牵头，组织济南等东部7市在菏泽先后召开了两次劳务输出工作洽谈会，通过“西输东接”，菏泽输出劳动力13.4万人。省教育厅组织全省20所本科高校，与费县的20个乡镇建立结对帮扶关系。省卫生厅支持苍山县卫生防疫站、县传染病医院扩建和中心卫生院改造，组织省直医疗卫生事业单位分别对口帮扶县级卫生单位和13个乡镇卫生院。省公安厅积极帮扶梁山县加强公安基础设施建设，打造“平安梁山”。从厅机关选拔34名优秀干警分两批到梁山县公安局及派出所挂职工作，援助300余万元资金和一批设备器材。省环保局将汶上列入全省生态县建设试点县，出资委托山东大学为其编制生态县建设规划。对于煤炭产业和生态矿建设、境内南水北调东线工程沿线治污项目建设给予积极支持，将2个治污项目列入了国务院批复的《南水北调东线治污规划》。省信息产业厅把平原县列为第一个县级电子政务试点县，补助资金280万元建设综合信息网。省广电局帮助阳信县组织了第15届梨花会，提高了阳信梨花会的品位和档次，投资1000多万元，设立了有线电视公司阳信分公司，促进文化事业发展。

四是在狠抓落实上下功夫。省直有关部门、经济强县和大企业加强与欠发达县成立了专门的帮扶机构，建立了帮扶协调机制。省直部门到欠发达县挂职的干部，经济强县和欠发达县互派的交流干部第一批150人已全部到位并开展工作。有关部门成立了相应的组织领导机构，明确了分管领导和责任处室，普遍建立了帮扶工作联席会议制度，实行了责任制，做到组织落实、人员落实、责任落实，把帮扶工作和任务完成情况，列入干部考核的内容，建立了奖惩制度。

2.各县从实际出发，加快自身发展。一是根据省委、省政府的部署，进行了广泛深入的组织发动。30个强县和弱县都相继召开动员会议，统一认识，一些县开展了解放思想大讨论。惠民县开展了“全省重点帮扶，我们怎么办”的大讨论，进一步增强了广大干部群众加快县域经济发展的紧迫感、责任感和机遇意识。二是进一步理清思路，调整目标。各县按照科学发展观的要求和省委、省政府提出的工作思路，重新调整了今后五年的经济社会发展规划和目标，研究了切实可行的措施。临淄区在注重加快经济发展的同时，强化了对城乡经济和社会事业协调发展的措施，建立了多层次全方位的考评体系，每年投入1000万元，用于帮助弱村和救助特困农户，同时大力发展新型农村合作医疗，参保农户目前达到全区总户数的72.8%。章丘市提出，立足自身优势，与济南市实现“四个对接”，即城市对接、产业对接、基础设施对接、科技和人才对接，依托大城市发展自己。许多县从自身实际出发，紧紧围绕经济结构调整这一主线，提出在搞好第一产业发展的同时，把发展二三产业、农业产业化龙头企业、服务业作为经济工作的第一亮点、劳动力就业的第一平台、农民增收的第一载体来抓。三是层层分解任务，落实工作责任。各县市普遍建立了责任体系，加强考核监督，确保加快县域经济发展的措施落到实处。莱州市提出，抓建设要求真务实，“投入看现场、收入看税票、外资看到账、出口看报关”，许多县的基层干部，争取项目拿出“磨劲、缠劲和韧劲”，取得实效。四是破解土地、资金等难题，积极拓展发展空间。荣成市大力推行土地集约利用措施，一方面严格项目审批，另一方面不断加大土地开发整理力度，先后实施了土地整理项目6个，新增耕地8800多亩，并盘活闲置土地1800多亩。肥城市采取“用好现有的、盘活闲置的、开发可用的”等办法，缓解建设用地矛盾，今年以来铺开了7个复垦整治项目，1~6月新增耕地面积5200亩。陵县通过盘活重组合并乡镇后腾出乡政府办公院等闲置土地，解决民营经济发展用地问题，上半年盘活闲置土地3000多亩。同时，加强政策引导，发展民营经济，大力激活民间资本。今年以来，陵县全县启动民间资本3亿多元。五是欠发达县加强与省直有关部门、经济强县和大企业的沟通联系，建立帮扶协调机制，促进共同发展。各地的帮扶对象之间普遍签订了合作协议书，成立了专门的帮扶机构，抽调力量，制定了帮扶工作方案，建立了交流协调制度。省国资委、邹城市、兖矿集团与巨野县建立了四方主要负责人定期碰头会制度，每季召开一次，研究协调帮扶中的重大问题。诸城市积极开展了对欠发达县乡镇一级的结对帮扶，选择14个乡镇与东平县的14个乡镇结成友好乡镇，并接纳了东平县的22干部来挂职。在结对工作中，各地办实事，求实效。济南市无偿援助500万元，帮助山亭区建设高标准职业中专学校，已完成规划、选址工作。即墨市与汶上县在市场建设、企业合作、劳动力转移等方面签订了12个协议，其中，即墨财政每年拿出100万元，用于协助汶上县开展劳动力培训工作。各地坚持把项目建设作为帮扶工作的结合点。梁山县在省公安厅和平度市的帮助下，洽谈、新上帮扶项目96个，其中，投资过亿元的13个。目前，已完成固定投资3.2亿元。

3.各市积极为加快县域经济发展创造良好环境。15个相关市按照省委、省政府25号文件要求，制定了相应的配套措施在抓好本市入选“双30”名单县的工作的同时，还参照省里的做法，加强对面上县域经济发展的指导。青岛出台了《关于统筹城乡发展增加农民收入的决定》，围绕统筹城乡发展的“七个互动”战略，出台了30条政策措施。枣庄、东营、泰安、滨州、临沂出台了《关于加快县域经济发展的意见》，制定了各县今后5年的发展目标和任务，明确了工作重点，出台了鼓励县、乡镇发展的政策措施。德州市从实际出发，拟定了《加快县域经济发展工作方案》，进一步明确了县域经济发展工作的指导思想、任务目标、工作重点和工作措施，扎实有效地推进全市县域经济发展工作。东营、滨州、聊城市与省实施“双30”工程相配合，在全市范围内选择强乡镇和弱乡镇进行加快改革发展试点，在改革、放权、财政、金融、小城镇建设等方面给予重点支持和扶持，市主要领导、市直有关部门联系一个弱乡镇，帮助解决工作中遇到的实际困难，促进经济社会协调发展。

三、支持菏泽加快发展的工作情况

2004年2月加快菏泽发展现场会和3月份对口帮扶菏泽欠发达县工作汇报会后，省里围绕实现“突破菏泽”的目标，主要抓了五项大的工作：一是进一步加大对菏泽的政策支持。2004年4月7日，省政府发出了《关于济南铁路局对口帮扶菏泽市鄄城县的通知》（鲁政办字[2004]17号）。在2004年11月召开的全省科学发展情况交流现场会议上，省委、省政府又确定在对口支援的基础上，由济南、青岛、淄博、东营、烟台、潍坊、济宁、威海8个市，相应帮扶菏泽的8个县。9月14日，经省委、省政府同意，省委办公厅印发了《关于加快菏泽发展有关问题的通知》，提出了支持菏泽发展的6条政策，在出口退税、转移支付、交通、电力、资金、人才等方面进一步对菏泽进行倾斜，允许和支持菏泽市采取比其他地区更加开放、灵活的政策，探索适合自己发展的路子。二是组织开展了“百个项目进菏泽”工程。29家企业与菏泽市9县区企业就22个项目达成了合作协议，计划总投资104.22亿元，已启动10个，完成投资9.99亿元。三是加强银企合作。在菏泽召开了“突破菏泽银企合作项目洽谈会”，共签约贷款意向101个，计划贷款额126亿元。已经落实62项，累计落实银行贷款26.2亿元，呈兑3.1亿多元。四是组织了“西输东接”工作。在菏泽召开了两次劳务输出工作洽谈会，济南等东部城市的用工单位与菏泽签订了大批用工协议。2004年，菏泽市累计通过 “西输东接” 输出劳动力13.4万人。五是抓了“东西联动项目”的落实。“东西联动项目”是以东部企业为主，与菏泽的企业结对，共同投资兴办的项目。今年以来，各帮扶单位先后组织人员到结对帮扶的县区进行考察、洽谈项目。到2004年底，共签约东西联动项目54个，总投资122.98亿元。已有30个项目开工建设，完成投资13.6亿元。

在加快菏泽发展中，菏泽市抓住机遇，努力创造良好的环境，与帮扶单位加强协作。同时，自我加压，启动内部活力，加快发展步伐。2004年，菏泽市经济发展呈现出了前所未有的良好态势。预计实现地区生产总值368亿元，比上年增长17.5%，增速比上年加快5.2个百分点；地方财政收入17.2亿元，按可比口径增长32%，成为1996年以来增长最快的时期；农民人均纯收入2630元，增长18.9%；全市规模以上固定资产投资270亿元，同比增长66.7%。城市建设完成政府性投资近6亿元，带动社会投资20多亿元，两年来城建投入超过建国以来前53年的总和。2004年，菏泽市地区生产总值、固定资产投资、地方财政收入、农民人均纯收入等主要经济指标全部实现高速增长，增长幅度超过了全省平均水平，实现了省委、省政府提出的“三个高于”目标，取得了“突破菏泽”战略首年开门红。(山东省县级经济管理研究会提供)

四川省县域经济发展情况

2004 年，四川省的领导部门对县域经济的发展更加重视，有针对性地采取了加快县域经济发展的措施，使四川省县域经济在原有的基础上，有了新的进展，出现了好的发展势头。主要表现在以下几个方面：

第一，经济结构在优化，县域经济工业化进程明显加快，传统的产业结构正在发展变化，由农业主导型向工业主导型转变，一些工业产业集群正在一部分县形成；所有制结构，也正由单一的公有制向多元化的所有制转化，民营经济正在成为县域经济发展的主要力量；随着工业的发展，城镇的扩张和城镇人口的聚集，三产业呈加速发展之势。

第二，经济聚集力增强。经济的开放度和市场配置资源的力度加大，突破了行政区划的封闭式发展格局，逐步走向整合生产要素的开放式的发展，从而增强了投资的吸引力和县域经济的聚集度，形成了一批有一定经济实力的县。

第三，突出抓了薄弱环节。四川丘陵地区是四川经济重心，大多主要经济指标，特别是农业经济的指标，都占全省 60%～70%，但该区域受多种因素的制约，经济发展长期滞后于全省，成了四川经济发展的瓶颈地带。为了突破这个薄弱环节，四川省委、省政府近两年把该区域作为全省区域经济发展的重点，落实了领导分片联系指导发展的责任制，设立了相关的办事机构，组织省级 20 多个经济、事业等主管部门，分别制定了具体支持发展的政策措施，加大了财政的扶持力度，并选择射洪县和资阳市作为示范点，实行抓点带面的工作方法推动发展。经过这些努力，已初步改变了丘区拖腿的被动局面，从两个示范县市 2004 的发展情况看，GDP 的增长已明显快于全省的平均水平。

第四，加大了对县域经济发展的研究力度。2004 年，省科技顾问团根据省委的部署，把四川县域经济发展，作为重点社科科研课题，组织了众多知名专家开展研究，已形成专题科研报告。该报告对四川县域经济发展的现状和制约因素，进行了系统深入的分析，有针对性地提出了发展对策。报告明确提出：在新的历史条件下，四川省发展县域经济必须深化改革，大胆创新，坚持以推进工业化为主导，以发展农产品加工为重点，突破性地深化行政、财政和投融资体制改革，充分利用市场机制，有效组合生产要素，集中力量，重点突破，分类推进，全力打造各具优势的县域特色经济，使四川省县域经济实现更快和更有效的发展。（四川省县域经济学会提供）

第四部分
中国县域经济论坛

以新型工业化为抓手　促进县域经济大发展

中国井冈山干部学院副院长、教授、研究员　周金堂

工业化是一个历史范畴，在不同国家和不同时期，工业化的内涵和道路有所不同。新型工业化道路是在信息技术出现后产生的一种新的经济发展道路。在我国，新型工业化道路作为国家发展的大政方针，给新世纪新阶段县域经济的发展提出了新的历史性的任务。县域经济是指一个县（市）辖区范围内所有经济关系和经济活动的总和。据统计，2003年我国大陆共有县级行政区划单位2016个，国土面积910万平方公里，占全国国土面积的94.0%；人口9.16亿，占全国总人口的70.9%；GDP6.45万亿元，占全国的55.2%。因此，在当前，抓住新型工业化的本质特征，大力发展县域经济，对于贯彻落实科学发展观，构建和谐社会无疑具有十分重大的现实意义。

一、以信息化带动工业化，以工业化促进信息化，推动县域经济的跨越式发展

走新型工业化道路的核心是处理好工业化与信息化的关系，特别是要突出信息化。以信息化带动工业化，以工业化促进信息化，实现工业化与信息化的协调发展，这是新型工业化道路最显著的特征。工业化的基本概念是指传统农业社会向工业社会转型的过程，强调的是“转”也即“化”字。就县域范围而言，就是要在工业化进程中，抓住推行信息化、发展县域经济的重点——信息技术的推广和运用，做好工业化与信息化相结合这篇文章。一方面，积极运用信息化成果，对传统产业进行改造，努力提高企业的信息化程度，提高产品的技术含量和附加值，推动工业化发展；另一方面，利用工业化建立的物质基础和社会基础，因县制宜，加快信息化进程，努力实现工业化和信息化同时并举的新发展，使以信息技术为主的高科技及其产业化的成果能更及时有效地作用于县域经济的现代化。在区域经济大发展的背景下，县域经济的发展差距集中表现在信息化水平的差距上，加大信息化投入和人才培养力度，整合信息资源，提高信息技术应用程度，努力使信息化与工业化融为一体，就必须在产业信息化、企业信息化、政府信息化、社会信息化上下功夫，切实抓好信息化、工业化与县域经济发展的配套联动工作，并根据各县的生产力水平和财政状况，以适用、低成本、高效益为目标，探索一条具有中国县域特色的工业化和信息化发展道路。信息化是实现跨越式发展的一个重要支柱，信息化支撑跨越式发展。“跨越式发展”作为我国经济发展的阶段性战略与作为我国长期的、总体的经济社会“可持续发展”战略是有联系和区别的。跨越式发展，必须以可持续发展为基础，必须体现可持续协调发展的思想，必须排除“追赶型”习惯做法的干扰，必须突破传统工业化道路中单纯追求“速度型”增长模式的羁绊，克服经济发展中“单项突进”或只顾眼前利益的短期行为，追求一种速度与效率并重、当前发展与长远发展兼顾、经济社会与生态环境协调发展的模式。在新型工业化的实践中，以信息化带动产业结构的优化升级，从而减少自然资源的消耗，保护生态环境。因此，要通过实施信息化带动工业化的战略创新、可持续发展的战略创新、以技术进步为核心的科技战略创新、人力资源开发的战略创新来推动新型工业化，促进县域经济跨越式的发展。

二、以降低资源消耗，减少环境污染为目标，促使县域经济走向可持续发展

新型工业化的一个重要标志是“高好低少优”——科技含量高，经济效益好，资源消耗低，环境污染少，人力资源优势得到充分利用。新型工业化是可以增强可持续发展能力和经济后劲的工业化。传统工业化大多是以消耗能源，牺牲环境为代价的，走的是一条“先发展，后治理”的

路子，新型工业化道路特别强调生态建设和环境保护，强调处理好经济发展与资源、环境之间的关系。目前，我国的生态环境形势十分严峻，要用世界9%的耕地、6%的可更新水源、4%的森林资源养活22%的人口，使得本来脆弱的生态环境更加雪上加霜。再加上多年来，我国一直沿袭能耗物耗高，环境污染重的粗放型增长方式，使处于重化工业的我国经济增长的成本比国际平均水平高出许多，是世界上创造GDP代价最高的国家之一，万元GDP资源消耗是世界平均水平的3.4倍，万元GDP的总能耗比发达国家高4倍多，是世界平均水平的3倍，工业排放的污染超过发达国家10倍以上。尤其是县域内的小水泥、小造纸、小矿山等“五小”企业的工业排放的污染大大超过发达国家。抓住新型工业化的本质特征，大力发展县域经济，要坚持资源与能源的可持续开发利用，使资源的生产效率、配置效率、动态效率符合构建和谐社会的需要。由于我国长期以来的粗放型增长方式，使能源发展与环境保护、资源供求之间的矛盾日益尖锐，后备资源日趋紧张。通过合理开发利用矿产资源、能源，改善能源结构，提高清洁能源在能源生产和消费中的比重，逐步降低煤炭消费比重，实现县域内资源、经济、环境的可持续发展，既是新型工业化道路的本质要求，也是发展县域经济的必然选择。环境是经济社会发展的重要基础。切实加强环境保护工作，降低县域经济发展的资源能源消耗，缓解资源与县域经济发展的矛盾，提高县域的可持续发展能力，必须认真开展各类环境与经济协调发展的示范和创建活动，积极推广一些典型县（市）的成功做法，在发展经济时始终不忘环境和资源的合理保护与使用，坚持因县制宜，按规律办事；在建设生态示范县、环境优美乡镇、生态工业园区的同时，实施好“蓝天工程”、“青山工程”、“绿水工程”，发展循环经济，启动绿色消费，拉动绿色生产，推广资源再生利用，延长产业链条，努力缓解环境对经济增长的“瓶颈”制约，促进生态资源转化为经济增长优势，坚持走人口、资源、环境可持续发展的区域经济发展之路，使县域经济的发展能在“经济生态化”、“生态经济化”的过程中，更好地与环境和生态保护结合起来，与资源的可持续利用结合起来，与构建农村和谐社会结合起来，进而不断为促进物质、社会和生态文明共同发展创造条件、夯实基础。

三、以科技进步为动力，以工业结构调整为突破口，带动县域经济整体素质的提高

科学技术是生产力发展和变革的决定因素，也是一个县提高竞争力的核心因素，是县域经济创新与发展的持久动力。目前，我国县域经济的发展，实际上面临着两类矛盾：一类矛盾是结构性的矛盾，如中西部县域最突出的结构矛盾是，农业的优质化程度还不高，农民的比重还过大，工业化水平、城镇化水平还过低等等。沿海地区也存在一些结构性的矛盾，如浙江是全国县域经济最发达的省份之一，可是浙江的经济却只是“两件衬衣一瓶水”，最著名的品牌是娃哈哈、杉杉衬衣等，一流的世界品牌还没有。浙江省要实现由劳动密集型向技术密集和资本密集型跨越，要进行体制机制创新，也面临结构性的调整；第二类矛盾是一种体制性的矛盾，如财政体制、金融体制、土地制度，及城乡分割的二元结构体制等等。发展县域经济，就是要在推进工业化、城镇化、农业产业化协调发展上实现新的突破。因此，经济结构调整的主要任务和方向就是推进信息化和工业化。工业化是实体经济的问题，相对于全国多数县来说，显得尤为紧迫和重要，因为大多数县工业化的任务远没有完成。从全国县域经济的一二三次产业的结构可以看出，2002年第一产业占24%，第二产业占43%，第三产业占33%，农业的比重比较大。再加上县域工业的结构不合理，技术水平较低，生产规模不经济，能源原材料利用率低，环境污染严重等，迫切需要用科学技术改造传统产业，促进工业结构的调整。要全面提高县域经济的整体素质，必须大力实施以技术进步为核心的科技战略创新，通过技术研究与开发的引领作用，推动可持续发展的技术革命，从根本上克服制约工业和县域经济可持续发展的瓶颈。要根据国内外相关技术领域和产业、产品等结构调整的现状与发展趋势，结合县域经济发展的实际，加快产业技术进步，提高经济效益。以工业结构调整为突破口，必须按照新型工业化的要求，并结合各地的实际情况，从加大科技进步和科技创新力度，全面提升县域经济的整体素质，增强县域经济可持续发展的能力等方面入手并逐项抓好落实。比如资源型县的接续产业发展问题，不仅要考虑资源的不可再生性，而且要科学把握矿业的生命周期，这样才能在资源盛产期和经济发展的兴盛时期及早谋划发展接续产业，防止出现“矿竭城衰”、“矿竭县衰”、“矿竭厂败”的悲剧发生。实践证明，只有抓住科技兴企这个关键，提高县域经济整体素质的目标才会在工业结构及其相关产业结构的调整、调优过程中得以实现。

四、以发挥人力资源优势为着力点，以加速县域内人力资本的积累为抓手，不断提升县域经济的发展水平

我国新型工业化道路的一个鲜明特点，构建和谐社会的一个重要任务，就是要使人力资源优势得到充分发挥。当前，我国县域范围是劳动力资源丰富的地区。县域内人力资源的主要特点是存量大、质量差，科技文化素质低。据统计，2002年，全国各地15岁及其以上人口的文盲、半文盲的比例达11.63%；大专以上文化程度仅占从业人员总数4.71%，而美国1994为46.5%，日本1990年为20.7%，韩国1995年为21.2%。从2004年县域经济百强县排行榜的情况不难得出这样的结论：凡是经济发达地区、县（市），那里的农民都有较高的素质。如苏南的无锡市那里的农民敢闯敢干，创出了闻名全国的阳光集团、红豆集团、三毛集团等一批国家大型乡镇企业，创出了太湖珍珠米、阳山水蜜桃等名牌农产品，推动了个体私营企业的大发展，促进了县域经济的繁荣。事实告诉我们：要突破农民增收的瓶颈，必须尽快提高农民素质；要坚定不移地走新型工业化的道路，大力促进县域经济的发展，必须把发挥人力资源丰富的比较优势，作为经济发展、社会进步、人类进化的关键性工作来抓；要全面提高县域经济的整体素质和发展水平，不解决人力资本的积累问题，县域经济参加国际国内竞争的核心竞争力就无法增强，县域内一、二、三产业参与市场竞争的能力就无法提高，经济社会发展的动力和后劲就会严重缺乏；县域内劳动力供求总量矛盾与结构性矛盾并存，城镇就业压力与农村富余劳动力转移加速等问题就无法解决。因此，要解决以上问题，必须采取一系列政策和措施，加速人力资本积累，缩小与发达地区人力资源存量上的差距；必须切实加大培训教育的力度，不断提高县域内劳动力的文化知识水平；必须通过职业技术教育，为农村富余劳动力的转移，为城镇服务业的发展培养更多的适用型人才；必须在充分发挥人力资源优势上做文章，努力实现经济增长与就业增长相统一，产业政策与就业政策相和谐。

五、以工业化推动城镇化，以城镇化支撑工业化，构建城乡协调，产业联动发展的县域经济发展新格局

党的十六届三中全会把大力发展县域经济，加快城镇化进程作为一句话来讲，寓意十分深刻。城镇的发展，是县域经济发展和提升县域内城镇化水平的重要依托。没有县域的城镇化，就没有农村的工业化、现代化；没有小城镇这个具有独特优势的重要层次，通过发展县域经济来打破城乡二元结构，整合并优化配置城乡各种资源的目标就难以实现；没有县域范围内农村的城镇化作支撑，新型工业化和农村现代化既难以推进，也难以取得实效。以工业化推动城镇化，以城镇化加速工业化，就要舞好工业化这个发展和壮大县域经济的“龙头”，把工业化作为推进农村城镇化和农业产业化的核心来认真对待。以城镇化支撑工业化，就要坚持新型工业化与城镇化协调发展的原则，因为，工业化是城镇化的基础，城镇化又会进一步促进工业化水平的提高。东部地区一些地方县域经济发展成功的一个主要做法就是以工业化带动城镇化，以城镇化提升工业化，通过减少农民来富裕农民，通过工业反哺农业，城市带动农村来支持农业、农村经济的发展，通过加快农业现代化的步伐来促进农村社会的繁荣。据国家发展和改革委员会测定，2001年至2015年间，如果我国每年能提高一个百分点的城镇化速度，将转移2.5亿农村人口，按目前城镇人口消费支出水平测算，即可增加6000多亿元的消费需求。而转移出了2.5亿农业人口，对于继续从事农业的人口来说，则意味着可以增加30%的总收入。所以，大力发展城镇化，对提高农民收入、扩大县域内的需求，意义十分深远。全国不少县（市）通过加速工业化提高城镇化水平，取得了推动县域经济大发展的好效果。例如，江苏省江阴市在工业化过程中，提出“三个集中”，即工业向园区集中，农民向城镇集中，土地向规模经营集中。“三个集中”的龙头就是工业化。现在江阴通过这三个集中，使不少农民变成了工人，有的变成了小老板，农村逐步地就变成了城镇。因此，集中必要的人力物力搞好县城和中心镇的建设，为工业企业在城镇落户创造条件；引导人口和生产要素向城镇集聚，为构建城乡协调发展、产业连动发展的县域经济发展新格局夯实基础，是县域范围内走新型工业化道路的重要内容。

六、以工业园区建设为重点，发挥产业集群效应，不断提高县域经济的集约化程度

工业园区是工业企业的摇篮，是推进新型工业化的载体，是发展县域经济的引擎。依托工业园区，大力发展产业集群，是推动产业优化升级，全面提升产业竞争力，促进县域经济发展的有效途径，也是各县市根据各自经济社会发展实际和资源能源状况，走出一条具有县域特色的新型工业化道路的必然选择。走新型工业化道路，最根本的目的就是要实现工业增长由粗放型向集约型转变，产业集群的形成和发展是实现产业集约增长的新型模式，同时产业集群能够以专业配套协作的全球化来应对经济全球化，将专业化与全球化紧密结合，是实现工业化的新路径。当前，在开发区和工业园区的建设上，存在着一哄而上趋同化现象严重的问题。据统计省以下的开发区有2500多家，占全国开发区总数的2/3，有些县不是依托中心城市或中心镇办工业区，而是不顾实际，盲目地把一些工业项目往所谓的县里的工业园区赶，致使产业集群成了“企业相加”。在市场经济的条件下，产业集群已日益成为国内外产业发展的重要组织形式。在国内，一些经济相对发达的沿海省份依靠产业集群这种产业组织形式取得了经济发展的巨大成功。浙江经济特别是县域经济的快速发展主要靠特色鲜明的产业集群。据统计，至2002年底，浙江省已形成年产值超亿元的产业集群519个，总产值5993亿元，约占当年浙江省工业总产值的49%。产业集群作为一种经济发展战略方式，它能够提升本地产业的竞争优势，拉动本地的经济增长，推动工业化进程，促进中小企业发展。在建好、用好、管好工业园区、推动产业集群的过程中，必须遵循产业集群形成、升级的内在规律，以产业集聚推动产业整合，以产业整合促进产业升级，不断为产业规模优势和核心竞争力的形成营造氛围，提供条件。必须千方百计吸引国内外同行业中的著名企业到县域内的工业园区落户，以实现催生若干个规模大、效益好、竞争力强的龙头企业的目的，在工业园区建设与发展过程中必须遵循可持续发展战略，在招商引资过程中不能“饥不择食”，急于求成，盲目引进，必须考察项目对资源的破坏和对环境的影响，决不能只顾眼前利益而忽视长远利益，更不能为彰显政绩而搞哗众取宠的企业“归大堆”。一些工业规模小，资源、能源缺少的县，可依托周边县或城市的工业园区，不求所在，但求所有，发展“飞地工业”，通过借区强工、借区兴企等措施，不断推动县域经济在新型工业化进程中向集约化方向发展。

山东省经济强县的现状、问题与发展对策

山东省县级经济管理研究会副会长兼秘书长　高焕喜

一、山东省经济强县的基本情况

山东省的30个经济强县分布在全省的11个市（地级），其中青岛、烟台各占5个，威海、潍坊、济宁各占3个，淄博占4个，济南、泰安各2个，枣庄、东营、滨州各1个。从其区域分布看，济南以东有24个；从其集聚特点看，东部沿海是连片分布，其余则主要分布在矿区或交通干线沿线；从其经济实力看，30个强县以其占全省26.9%的人口，创造了全省35%的GDP，创造了全省30个弱县3.3倍的财政收入。

二、山东省经济强县的现状特点

1.基础条件好，发展路子对

强县的区位环境、交通条件、自然资源条件、经济发展基础、人文社会环境都相对较好，有的地处大城市郊区，有的比邻交通干线，有的境内矿产资源丰富，有的经年积累的产业种类多，生产设施好，产品有优势，经济有特色。

强县大都多年来或近年来已形成了较成功的各具特色的发展路子。找准了自己的发展定位、发展特色，一届接着一届干，形成了自己的发展路子。比如，地处胶州湾畔的胶州市，1997、1998年时在青岛的五市中其经济实力倒数第一，为摆脱困境，走出低谷，胶州市广开路子，问计于民，经广泛论证，达成共识：要摆脱困境，激活经济，走出低谷，靠自我积累太慢，靠民间集资太少，靠银行贷款太难，只有靠利用外资才是最好、最有效的途径。他们当时分析，走以开放型经济为龙头的县域经济发展之路，既得天时、地利、又得人和。为此，胶州人果断提出了“三个不动摇，即坚持外资重中之重的地位不动摇，坚持发展靠外资的思想不动摇，坚持党政一把手抓外资的做法不动摇，把对外开放作为强市之路，以招商引资为总揽，以园区建设为载体，以开放促改革，以开放促调整，借外力激活经济，建立开放型经济体系，构筑全方位、多层次、宽领域的对外开放新格局。为打造招商引资的载体，胶州人在一片水草丛生的盐碱地建起了工业园区，他们在园区建设上，坚持园区投入多元化，园区发展责任化，大力推行政府、企业、村镇、中介、外商办园的多种模式，形成了韩国、日本、台湾工业园特色集聚，海尔、澳柯玛等产业园包片开发的良好格局，并创造了10个人10个月引进28个项目完成10亿元产值的奇迹。2002年，先后有美国艾默里等8家世界500强企业在此落户，开工投产的外资企业达400家，全市每月实现出口创汇1亿美元，以年创汇12亿美元居山东省县市之首。2002年胶州市涉外税收占全部税收总额的46.4%，已名副其实地撑起了县域经济的“半壁江山”。再如，即墨曾是全省有名的经济弱县，但历史上的百姓曾有经商贩运的传统，即墨划归青岛市辖县以后，即墨人围绕服务于青岛拾遗补阙建市场，不断拓展市场带动服装等相关产业发展的路子，也走出了一条成功的强县之路。

2.经济总量大，发展速度快

山东省的30个经济强县，人口与省内30个经济弱县差不多，而创造的GDP是经济弱县的3.6倍，创造的地方财政收入是经济弱县的3.3倍；五年前在30个经济强县中排名第一的荣成，五年来其地方财政收入增长幅度是当时30个经济弱县中排名第一的无棣县地方财政收入增长幅度的1.65倍。

3.工业为主导，各业齐发展

经济强县的强主要强在工业，其工业比较发达，已占有主导地位。从三次产业的比例来看，山东省的30个经济强县是14.2:52.5:33.3，而山东省的30个经济弱县则是30.9:39.2:29.9，经济强县比经济弱县第一产业低16.7个百分点，第二、第三产业分别高13.3和3.4个百分点。蓬

莱市的临港工业、葡萄酒、旅游度假三大产业利用外资占全市的90%，提供的税收占全市的70%，从业人员比重达到80%。2002年，山东省的30个经济强县中的招远、龙口、邹城，其第一产业比重都已不到10%，而二、三产分别为60%、33%，56%、35%，57%、34%。

经济强县不仅工业发达，其农业也大都各具特色，相当发达。比如寿光、临淄的蔬菜，青州、广饶的花卉，荣成等沿海强县的水产、水果，莱阳的梨，肥城的桃，蓬莱的葡萄，滕州的土豆、等等，都有着较好的经济效益和较高的知名度。在寿光建有全国知名，号称“江北第一”的“买全国、卖全国”的蔬菜批发市场，在这里没有买不着的菜，没有卖不了的菜；寿光全市蔬菜面积已达80万亩，蔬菜大棚35万个，仅蔬菜一项，农民人均年纯收入3000多元。

4.改革力度大，民营企业多

经济强县一般改革力度较大，经济发展的包袱轻，活力强，后劲足。诸城市对县属企业率先通过股份制、租赁、拍卖、重组、兼并、破产等形式进行了改革、改组、改造，极大地增强了发展活力。兖州市通过对市、乡、村企业实施了产权制度改革，使国有、集体资产从竞争性领域全部退出，大大增强了企业活力，1997~2002年兖州市县域企业实现利税平均年增长42%，累计新增投入76亿元，是改革实施头20年投入总和的3倍，固定资产总量比未改制前增长了3倍。

由于改革力度大，经济强县的民营经济也发展较早，发展较快。章丘市通过制定优惠政策鼓励民间资本、投资创办实业，鼓励优势民营企业参与国有、集体企业的改制，引导民营企业加快改革、改组、改造，形成了一大批综合实力较强的民营企业集团，使民营经济成为推动县域经济发展的重要力量。2002年，章丘市个体工商业户发展到2.3万户，民营企业1241家，民营企业实现税收1.24亿元。

5.县城规模大，带动能力强

山东省的30个经济强县，其县城人口规模大多在10万人上下或超过10万人，有的可达20~30万人。县城规模大需要有产业作支撑，一般来说，县城规模的大小与其二、三产业的发达程度呈正相关。县城规模大，有的拥有经过改造的传统产业，有的拥有功能完备、产业集聚的工业园区，有的拥有竞争能力、带动能力强的支柱产业。邹平县的纺织业产值占到全县工业总产值的91%，魏桥纺织集团年销售收入52亿元，利税8.2亿元，极大地带动了全县相关产业的发展，吸纳了众多劳动力的就业；胶州市通过工业园区建设，招商引资，三年累计引进内外资项目1881个，实际利用外资6.1亿美元，年均增长45%，实际利用内资47亿元，年均增长108%，带动了整个县域经济的蓬勃发展；龙口市南山集团自办工业园区，经过多年发展已成为拥有纺织、电力、铝加工、旅游、教育等10多个产业，100多亿元固定资产，40多家企业，3万多名职工就业的大型企业集团，对县域经济发展做出了重要贡献。支柱产业、骨干企业、工业园区已成为经济强县，县城人口膨胀的基础和县域经济发展的龙头，对县域经济发展产生了重要带动作用。

三、山东省经济强县存在的问题

1.发展动力不足

山东是一代圣人孔子的故乡，是儒学的发源地，传统的孔孟思想在山东根深蒂固，影响深远。这在现实中往往表现为：(1) 求稳。山东省的经济发展和各项工作向来以稳健著称，过分求稳，往往闯、创、冒、试的精神不足，甚至仍有宁左勿右的思维定势，有时“宁可慢，也要看，谨防乱”；有时机遇来了，“宁可躲过，不可抓错”。(2) 求官。学而优则仕、官本位的思想对人们影响至深，人们往往仍以官职的高低来衡量人的进步，知识、科技仍被人们看淡，对有些人来说学历、学位成了晋官的敲门砖，经济发展、GDP成了升迁的铺路石。因此，现实中不少人重政治强于重经济，个人升迁强于当地经济发展。(3) 求绩。现行体制下，升迁大都需要有一定显性的政绩，现实中为追寻和彰显政绩，舍大求洋的有之，短期行为的有之，弄虚作假的亦有之。求绩不一定求实，求实眼下未必有绩。这些，在经济强县的发展中都不同程度的有所存在，从而也影响着发展的压力和动力。

2.强县实力不强

强与不强是相对的。山东省经济强县中排名第一的荣成的2003年地区生产总值只有江苏江阴的52.0%；2003年荣成市实现地方财政收入9.5亿元，而同期江苏省的江阴市和张家港市所实现的地方财政收入分别为38.9亿元、41.0亿元。

3.农业比重仍大

从三次产业的构成看，江、浙、粤、鲁四省比较，山东省的农业比重仍然偏大，江、浙、粤三省的二、三产业比重都在90%以上，而山东只有85.9%，江苏省的第一产业比重只有6.6%，比山东低7.5个百分点；山东省的30个经济强县中第一产业比重最低的3个县是招远7%，龙口9%，邹城9%，其余都在10%以上，平度的第一产业还高达23%，而江苏省的张家港第一产业比重只有3%，而昆山、江阴、常熟也才只占4%，其多数经济强县的第一产业所占比重低于10%。

4.产业升级较慢

山东省的经济强县，其支柱产业、骨干企业大多还是纺织、煤炭、建材、电力、造纸、酿酒、食品、机械等传统产业，高科技含量、高附加值的产业较少，高市场占有率、高利润回报的产品较少。现实中，人们重企业个数，重企业个头，重规模扩张，对传统企业的升级改造却重视不够。

5.资源环境堪忧

山东省不少的经济强县的发展靠的是当地矿产资源、自然资源（陆地的和海上的）的支撑。的确，山东是资源大省，许多资源的存量在全国各省市区比较名列前茅，但山东也是人口大省，人均占有资源却有限，比如山东省人均占有耕地面积只是全国平均水平的70%，人均水资源仅为全国平均水平的1/6，山东省当地水资源总量约310亿立方米，仅为全国总量的1.1%，而养活的人口占7%，水资源不仅总量少、人均少，而且时空分布不均。

另外，各级政府对县域经济的发展虽异常重视，但长期以来条条管理的制约，长官意志、行政命令的惯性依然严重存在，行政审批事项依然较多，办事程序繁琐，工作效率不高，重复执法，多头执法，吃拿卡要，乱收乱罚的现象依然存在，会议多、文件多、检查评比多的情形依然普遍存在，政府该管的事管得不够，不该管的事管得太多，等等。这些对县域经济的健康、持续、快速发展不断产生着不良的影响。

四、经济强县加快发展的决策

1.比

经济强县，最怕的是安于现状，盲目乐观，自我感觉良好，从而产生自满情绪或过分自负的情结。孔子讲：每日三省吾身。这“省”的过程也是对比的过程，没有对比难以反省，没有对比难有清醒。因此，经济强县需要经常寻找参照系来比，要比先进、比更强、比更快、比更好、比更优；要比对国家的贡献，比老百姓的增收，比发展环境的优劣，比产业的规模，比产品科技含量，比管理的效能，比政风的清正，等等。

（1）要比出自信。

有自信才能自强。通过纵向、横向，尤其是纵向的对比，看到成绩，总结经验，展望前景，鼓舞士气，增强自信。要充分认识到我有优势，有长处，有潜能；要充分认识到，别人能做到的，我们也能做得到，并且可能创造条件做得更好；要充分认识到先进可能更先进，发展的速度可以更快些、更好些，发展的质量可以更优些、更强些。

（2）要比出差距。

知耻者勇，知不足才有动力，才能进步。高明的有事业心的领导是永不满足现状的领导。对强县来说，一方面怕过分自负，自得其乐，满足现状，盲目乐观，二怕过分自卑，比更为先进的总强调客观，找一堆比不过人家、不如人家的理由，为自己的差距、不足开脱。在这里主要应通过横向对比，比与先进的差距，与某一更先进的强县比差在哪里，差距有多少，差了哪几步，差在哪几项，差距会否进一步拉大，在哪些方面会差距拉大。要比出差距，需要知彼知己，充分了解自己所在的县，充分了解与其对比的县，做到详能熟知，差距了然。当然，这个比，可能是领导人做，可以一班人去做，也可能借助外脑帮助去做。比时，既要条梳细理地比条件、比数据，更要比干劲、比思路、比实质、比重点产业、企业，比能支撑整个县域经济的优业强势。

（3）要比出目标。

发展需要有目标，经济强县的发展更需要有明确的目标。通过对比，看到人家的长处、经验，充分领会人家的所以更强的实质性经验，对照自己找到差距，就可以在此基础上结合当地县域的实际情况，融会贯通，实事求是地确定发展的近期、中期，甚而远期的目标。邓小平同志为我们提出的三步走的奋斗目标，也是在与国际不同类型国家、国内不同时期的发展情况反复对比、比较后，才胸有成竹地提出来的。任何没有对比、比较所提出的目标，都是凭空的，不切实际的，不科学的。当然，发展目标的确定，一需要反复地对比、比较、权衡；二需要经过一定的科学的程序才能够最终确定。

（4）要比出干劲。

经济强县寻找参照系，予以对比的过程，是人们解放思想，实事求是，与时俱进的过程，是增强自信，坦议差距，寻求目标，鼓足干劲的过程。因此，这比，不仅要一个人去比，一个班子去比，而且有必要发动广大干部群众去比，并且要通过正确周密的组织引导，切实比出热情，比出干劲，比出发展的动力。务要防止越比越泄气，越比越散劲。

在这里，比，是为了不断地砥砺，不断地加油，不断地解放思想，要圆满地完成比的目的，需要科学恰妥地选择对比的参照系，需要周密组织，精心安排，需要营造气候，形成氛围。

2.找

经济强县加快发展，需要不断地找新对手，找新差距，找新矛盾，找新潜力，找新增点，找新的突破口。如果说“比”，是为了解放思想，寻求目标，鼓舞士气，那么“找”，是为了调查研究，深究问题，找出对策。

（1）要找到问题。

经济强县最需要找差距、找问题，找差距、找问题也最难。经济强县的强是相对的，也并非什么都强，强中有弱，强有强中的问题、矛盾。经济强县找问题，可以与更强的县通过对比去找，也可以通过深入实际，调查研究，解剖麻雀去找；问题找出来以后，要归纳整理，找出突出问题，主要矛盾或矛盾的主要方面；要进而寻找产生问题和矛盾的原因。要将问题和矛盾找准，将产生问题和矛盾的原因分析透，这样破解矛盾才有针对性。

（2）要找到潜力。

经济强县要加快发展，需要不断找到发展的新潜力，找到发展的新增长点，找到发展的新契机。所谓“干着一个，看着一个，想着一个”，这想的就是在“找”，这想着的也是找出来的。只有不断地找到新潜力，才有新增点，只有新增点才能会带来发展的新契机，才会带来新的发展。从某种意义上讲，县域经济加快发展的过程也就是不断寻找新潜力、新增点、新契机的过程。这新潜力可以是某种产业的，可以是某类或某个企业的，可以是某类或某种产品的，也可以是市场的、技术的、人力资源开发的；可以是体制变化的，也可以是生产要素重组或改造、提升的；可以是招商引资请进来的，也可以是主动出击走出去的；可以是政策、机制激发的，也可以是搭造平台、优化环境诱引的。总之，这“找”既有宏观方面的，也有微观方面的，既有硬的，也有软的，即有经济的，也有精神的、思路的，即有眼前的，也有潜在的；找应分层次地找，找应形成一种氛围，设计畅通的渠道，动员方方面面的力量找，让广大干部群众都找。

(3) 要找到措施。

解决问题，加快发展，挖掘潜力，打造新增点，都需要具体切实可行、简便易于操作的措施。措施是到达目标彼岸的船或桥。找措施，要在明确发展目标的基础上，紧紧围绕目标实现的需要去找；找措施，也要吃透县情、乡情，或者在充分了解市场、行业、企业、产品、技术、资源条件等情况的基础上去找，以便充分整合运用现有资源、条件；找措施，需要考虑方方面面力量的优化组合、协调搭配，找措施，应将措施定的既科学合理又切实可行，一般应确保稳妥可行，当然，在具体措施的寻找上，有时也要善于找奇招、怪招、险招、绝招。只有招招鲜，才有硕果美。

(4) 要找到突破口。

突破口就是入口处、切入点，在这里，是指经济强县加快经济发展需要也可以率先突破的地方。找突破口，是在明确目标，既定措施的基础上找或与措施一并找；找突破口，需要脚踏实地，总揽全局，在全局上选取关键的突破点位；找突破口，就是找主要矛盾或矛盾的主要方面，需要紧密结合所在县的实际，对各要素、各类矛盾条梳细理，比较筛选；找突破口，既要经过深思熟虑，又要当机立断，果断拍定。胶州市在1997年把招商引资作为加快发展的重中之重，这无疑是基于当时当地的实际选择，找准了发展定位，选对了突破口，结果似雷霆万钧，使其县域经济发展突飞猛进。

3.争

争，例来是强者之所为。争，既是一种精神，也是一种气概，争，需要有勇气、有动能，更需要有谋略、有实力。三国时，刘备因争三分天下有其一，曹操因争而得天下，周瑜因争之不当却三气而亡。经济强县有条件、有实力在经济发展中去争。

(1) 要争先机。

先机，在这里指率先得到机会、机遇、发展平台、发展空间或发展的关键要素。更具体地讲是抢占发展的制高点，夺取发展的主动权，赚取市场竞争中的超额利润。从某种意义上说，经济强县之所以强，是以往曾抓住了发展的先机。东部在经济发展中率先得到了发展乡镇企业的先机，又曾率先享受到了对外开放的先机。机会、机遇，无时不有无处不在，关键看谁能够率先捕捉。要争先机，首先需要有敢争先机，敢闯、敢试、敢冒、敢创的勇气；其次，要独具慧眼能够率先识别，能够赶早发现，及时捕捉；第三，有机会、有机遇，需义无反顾全力抓住、抓牢、一抓到底、抓出成效。以往寿光、诸城、即墨的大市场及其相关产业的快速发展，邹平棉纺、莱阳农产品加工，胶州工业园区的搭建无一不是争得先机的结果。

(2) 要争先进。

先进即走在前头。作为经济强县在经济发展中更应敢为人先，敢于争先，力争先进更先进。争先进，须尽可能确定先进一点的目标；须有先进的决策程序、决策系统；须有先进的管理办法、工作程序和先进的工作效率。争先进，须善于学先进，学先进能够把先进的真经，结合实际予以借鉴，得到自己争创先进的真谛。争先进，须团结一致，拧成一股绳，合力奋争。争先进，须有一股韧劲，有一种咬定青山不放松，咬紧牙关奋力爬坡的毅力，有一种丝毫不敢懈怠，一鼓作气，不达目的誓不罢休的勇力。

(3) 要争先创。

这里的先创是指率先创新。经济强县有条件、有能力与时俱进，不断创新，并要争取更多的先创、原创。争先创，应争取率先创出佳绩、实绩，骄人的业绩。争先创，应争取创造奇迹，产品的奇迹、产业的奇迹、规模的奇迹、效益的奇迹、科技的奇迹、人才的奇迹、速度的奇迹，等等。江阴的“上市板块”，柳清的低压电器，萧山的外资吸引是奇迹；寿光的蔬菜市场，义乌的小商品市场，即墨的服装市场，石狮的鞋城是奇迹；城阳、胶州、乳山的发展速度，邹平的纺织，莱阳的农产品加工也是奇迹。争先创，应力争创出经验，走出路子，形成模式，这样，既有利于当地的健康持续稳定快速地发展，又可能有惠于他人。

4.超

超，是强者的最高境界，是胜者的最强音符。经济强县的发展应有超越的境界，超越的速度，创造超人的业绩。

(1) 要超越自己。

想要超越别人，首先必须超越自己。超越自己已有的理念、定势、目标、模式；超越自己的成就、速度、绩效、经验。超越，从某种意义上讲是否定，只有否定才有新的肯定，只有对过去的否定才可能创新。超越自己往往是最难的，因为需要否定、摆脱、淘汰、告别自己的过去，这需要勇气，需要实力，需要果敢。作为经济强县要超越自己更难，但没有超越就不可能有更快的发展。当然，否定、超越，是否定过去的不足，不是否定过去的一切，否定更科学辩证地看待过去，找到过去所存在的差距；超越是用更新的思路、速度、措施去取代过去，也不是完全脱离过去的基础。

(2) 要超越他人。

超越自己是为了练好内功，提升自己，更好地超越他人。超越他人须不断地选定可以超越的目标，并了解他人研究他人，才知道要超越什么，如何超越；超越他人，可以是单项的超越，也可以是全方位的超越；超越他人，要不断地超越。当然，在超越他人的同时也还要不断地超越自己，这超越自己与超越他人有时是同时存在的，有时是交叉进行的。

(3) 要超越时空。

我们是唯物主义者，辩证唯物主义告诉我们，一切以时间地点条件为转移，事物的发展须循着一定的规律。超越时空，是打破常规，创造条件，突进式发展，跳跃式发展。事物的发展是呈螺旋式上升的，跳跃式发展是通过创造条件变螺旋式上升的曲线为直线，这在某一区域的一定时期一定条件下是完全可以做得到的，现实已反复证明了这一点，这里的关键是跳跃的主体要有强烈的跳跃愿望，要积累跳跃的实力。要创造能够支撑跳跃的条件，当条件具备时，跳跃必须一跳而起，奋力跨越。

强者可以恒强，但恒强的强者肯定具备勇于争强，奋于超越的意志和品格。经济强县要保持强县的地位并加快发展，应保持恒强的品格，坚持不断地在比、找、争、超上下功夫。

欠发达地区县域经济的转型战略

湖南省县域经济研究会 邱志忠 刘曼文

欠发达地区县市在不同时期制定的发展战略，大体有如下几种类型：一是立县立市的发展战略，如科技立县立市型、工业立县立市型、人才立县立市型、旅游立县立市型等；二是以地理特征命名的发展战略，如城郊型战略、山区型战略、湖区型战略、丘陵型战略等；三是以某种特色经济命名的发展战略，如农产品加工战略、矿产业发展战略、柑桔发展战略、瓷器发展战略等；四是以某种品牌命名的发展战略，如临湘县的长康牌发展战略、株洲的唐人神发展战略；五是以区位特征命名的发展战略，如望城县融城发展战略、浏阳的卫星城发展战略等。

县市制定的发展战略，从各自的区位、地形、地貌、产品、产业情况出发，根植于各自人文环境、文化底蕴，有很强的成长性、生命力和号召力，对推动各县市经济社会发展起了非常重要的导向、凝聚、鼓舞、激励和号召的作用。但从欠发达地区县域经济发展的战略全局看，总结欠发达地区多年来县域经济发展的实践经验和教训，县域经济发展战略中存在一些误区：

1.在思想观念上，存在就农业发展农业、就农村发展农村、就县域经济发展县域经济的误区

当代县域经济是开放的经济，是WTO背景下的全球经济的一部分。长期以来，我们的思想却处在计划经济时代的封闭状态，就农业讲农业，就农村讲农村，就县域经济讲县域经济，眼光狭小短浅，只看到粮食、牲猪、棉花，看不到大农业，看不到二产业、三产业；只看到本地资源，看不到外地资源；只看到本地市场，看不到外县、外省、全世界市场。

2.在科学发展观上，存在城乡分割，经济发展与社会事业发展非同步的误区

在发展县域经济中缺乏科学发展观作指导，在户籍、就业、子女上学、社会保障、卫生医疗，特别是投资方向上，长期执行的是城乡分割，忽视农业、农村、农民；在发展经济的同时，忽视教育、文化、卫生、社保和其他社会公益事业的发展，加深了城乡二元经济社会结构的对立。

3.在产业布局上，产业雷同，缺乏特色产业的误区

欠发达地区县市经济虽然在近些年来注意发展自己的特色，但一种产业布局是长期形成的，结构调整不是一朝一夕所能奏效的。由于计划经济影响，县域经济在产业布局上存在着严重的产业雷同、重复发展的现象。在湖南省88个县市中，各县市排在前5位的产业大体是：粮食或棉花、牲猪、蔬菜、油料作物、柑桔或烟叶，工业企业多数县市都有的企业有：化肥企业、农药企业、水泥企业、农产品粗加工企业。由于产业雷同没有特色，因此缺乏市场，相互恶性竞争，经济效益低下，许多面临消亡。

4.在主导产业培育上，各产业齐头发展，忽视主导产业的误区

决定一个县市经济发展的产业不是所有产业，而是主导产业。据调查，欠发达地区现在只有1/3的县市形成了真正意义上的主导产业，2/3的县市还没有完全意义上的主导产业，更没有现代区域经济要求的主导产业。

5.在农业与工业关系上，过分重视农业，忽视工业的误区

我们长期以来被农业所困扰，10多年前当浙江省提出“轻工立省”时，广东省提出“家电强省”时，我们还在作“农业强省”的美梦。近几年来，虽然一些县用了很大劲搞工业，也有所成就，但毕竟起步太晚，因此，从总体上看，工业仍是欠发达地区县域经济的一条短腿，仍然是县域经济的一块心病，仍然是制约县域经济快速发展的关键因素。

6.在农产品加工上，重视粗放产品加工，忽视产品的深加工增值的误区

我国粮食、油料、水果、豆类、肉类、蛋类、水产品等主要农产品产量均居世界首位，但产后加工程度仅为45%，其中二次以上的深加工只有20%，而发达国家则在80%以上。由于加工转化不足，许多地方瓜果蔬菜等大量鲜活农产品集中上市后造成供过于求、价格暴跌，一些粮食主产区粮食转化没有解决，仍存在农民卖粮难问题，且市场有限，效益低下。

7.在小城镇建设上，存在资源分散，重点不突出的误区

我国城镇建设资源，尤其是资金、土地、就业岗位、公共设施资源相当紧缺，且缺乏小城镇规则、建设、管理的经验。因此，必须将有限的资源集中起来，保证重点投入。现在各地小城镇建设积极性很高，县城、中心镇、建制镇以至一些集镇都要争土地、争资金、争项目，造成许多资源由于分散使用而浪费，资源配置效益极低，不少小城镇成了一个很少有居民、很少有产业的空壳。

8.在人才的培养、使用上的误区

重视培养、使用政治型、革命性，传统型人才，忽视培养、使用企业家、民营老板、经济领袖、技工等开拓创型新型人才。

总结欠发达地区发展县域经济的经验教训，接收发达省份发展县域经济的先进经验，经过大量的调查研究，我们提出欠发达地区县域经济实行资源优势转化为经济优势的转型战略。

(1) 观念转型战略：发展县域经济必须彻底破除计划经济体制下形成的陈旧观念，牢固树立开拓创新意识

实施县域经济转型战略，首先要解放思想、转变观念．以思想的大解放、观念的大更新，加快县域经济转型步伐，促进县域经济的大发展。在工作实践中不断进行思路创新、方法创新、制度创新和机制创新，打破条条框框的束缚，积极探索新的历史条件下实现县域经济转型的新路子、新机制、新办法。要充分调动上下干事创业的积极性，咬定县域经济转型目标不放松，不犹豫、不争论、不空谈，出实招、办实事、求实效。

(2) 经济属性转型战略：县域经济由雷同型经济向特色经济转变

县域经济实质就是特色经济。作为县(市)，必须立足当地优势，围绕“特”字做文章，要倡导特色经济、差异经济、多样化经济，千万要避免重复产业雷同的错误。必须依据其区位和自然资源优势，因地制宜打造特色产业和名牌产品。做到人无我有、人有我优、人优我精，并能把握现代消费趋向，创新产品，不断适应和创造市场需求，从而在竞争中做大产业基地和龙头企业，靠市场的力量推动做强特色经济。

(3) 产业结构转型战略：县域经济以农业经济为主向工业经济为主转变，工业由分散向集聚转变

决定县域经济命运的产业不是农业，不是旅游，农业不能强县，农业不能强省；科技、旅游少数县市可以，多数县市没有条件。决定县域经济命运的是工业，工业是主导，是当前大多数县市发展的方向。实施县域经济转型，必须坚持以结构调整为主线，向结构调整要速度、要效益、要后劲，努力把一产调优、二产调强、三产调大，尽快实现由资源型产业向优势产业、新兴产业和高新技术产业转变，顺应经济工业化潮流，把农业和农村经济的发展融入工业化进程中，工业依托农业又反哺农业、带动农业、提升农业的良性循环。

(4) 农产品加工转型战略：县域经济由粗放的原材料、初加工产品向深加工产品转变

现在欠发达地区县市加工工业生产的产品多属初级原材料、粗加工产品，精深加工，附加值高的产品少，高新技术产品更少，县域经济必须注重技术创新，加快产品结构调整，引导企业把发展的立足点转移到品牌、质量、信誉、档次上来，实现从低档大众产品向高档产品、从低附加值低竞争性产品向高附加值高竞争性产品、从普

通技术为主的产品向技术含量较高的产品、从追求量的扩张向质量并举转变，努力培植一批具有较强竞争力和较高经济效益的名、特、优、新产品。

(5) 资源市场转型战略：县域经济由单纯依靠当地资源和国内市场向利用两种资源、开拓两个市场转变

在扩大开放、加快发展的新形势下，面对竞争更为激烈的国内外环境，作为县域经济要实现转型，必须适应经济全球化和我国加入世贸组织的新形势，主动参与大经济区域的分工与协作，接受发达地区的经济辐射和产业转移，在更大范围、更广领域和更高层次上参与国际经济技术合作和竞争，坚持引进项目、资金、人才“三引”并进，借助外力、启动内力、激发企业内部活力“三力”并发，把“引进来”和“走出去”紧密结合起来，统筹利用国际国内两个市场、两种资源，提高县域经济发展外向度。

(6) 所有制转型战略：县域经济由国有、集体所有制为主向以民营企业为主体的经济框架转变

要进一步解放思想，为民营经济发展营造更为宽松的环境。要降低市场准入门槛，放宽投资领域，改善服务，进一步启动民间投资，鼓励民资参与国有集体企业的改制重组，以存量吸引增量，以增量激活存量，形成全方位发展民营经济的格局，使民营经济成为县域经济的主体，县乡财政的支柱。

积极培育“农民老板”。抓住民营资本在全国范围内大规模流动的时机，到民营经济发达地区招引一批大型民营企业落户。支持农民实现自主创业，充分借鉴在下岗失业人员中打造“小老板”的经验，在提供场所、信贷和税收等方面给予扶持，挖掘农民群众自主创业潜能，努力培育“农民老板”。

(7) 城镇建设转型战略：县域城镇建设从一般城镇建设转为重点加快县城建设，以县城经济带动县域经济发展

让农民进县城是中国城市化、农民进城的重要而便捷的途径，这是因为：县城相对于大、中城市而言“门槛”低，农民进入较容易；农民进小城镇总觉得没有进城，进大城市又有被排斥感，而进县城却是祖祖辈辈夙愿以求；县城具有一定城建基础与规模，可以在不需要投入多大成本的基础上迅速进入城市高速膨胀期，在湖南省88个县城中，常住人口多的有20多万，少的不到2万，不足5万人的占30%，不足10万人的占60%，平均每个县城常住人口5万多人。县城能够承载更多的来自农村的人口；县城还是功能完备的经济单元，产业齐全，有工有农，一、二、三产业同在，农林牧副渔、工商建运一应俱全，几乎国民经济所拥有的产业它都有；正因县城产业齐全，所以其经济的优势互补、协和运作、集聚辐射、内生增殖、特色营造、自我服务等功能完备，是一个可以按照自己的模式相对独立运作的社会经济单位。湖南省经过十年左右的时间使每个县城常住人口平均达到15万以上。

(8) 人才转型战略：县域由以开发传统型人才为主转变为开发企业家、技师人才为主

县域经济发展呼唤各类人才，不仅需要科技人才、管理人才和经营人才，而且更需要企业家和千百万技师。要大力开创新的用人机制，想方设法采取优惠政策吸引、留住、培养和造就技术人才和适应市场经济的人才。

(9) 发展观转型战略：县域经济由单纯的经济发展转为统筹城乡经济社会发展

正确处理县域经济发展与人口、资源、环境的关系．继续严格控制人口数量，努力提高人口素质，优化人口结构。高度重视环境保护和生态建设，合理开发利用自然资源，加强水土保持与减灾防灾工作，使资源保护开发利用与经济建设同步，促进经济、社会、生态效益相统一。加大农村社会公共事业投入，各级政府每年新增加的教育、卫生、文化事业经费主要用于农村公共事业。鼓励外资和民资以各种形式进入社会事业领域。

把推进“三农”的四化作为县域经济发展的重点

四川省县域经济学会副会长兼秘书长　杨忠好

县域经济是国民经济的基础环节，建立实力强劲的县域经济，是我国经济社会持续协调发展必练的基本功。农村经济是县域经济的主体，实行城乡统筹，打破城乡分割的二元结构，以科学的发展观，着力推进农业经营的产业化，农产品的标准化，农民的组织化和农村的城镇化，是当前发展县域经济应突出抓好的工作。

一、加速农业产业化经营

农业的产业化经营，是以市场为导向，以千家万户组成的商品生产基地为基础，以龙头载体为依托，形成农工商或农商有机结合的产业链和利益共同体的经营形式。它是随着我国农村改革与发展的深化而出现的一种新的农业经营模式。是实现农业现代化的现实途径之一。经过多年的努力，四川农业产业化经营有了很大的发展，取得了可喜的成效。目前，四川省已有农业产业化经营组织9000多个，龙头企业2500多家，产业化经营带动的农户达40%，对农业科学技术的推广运用，提高农产品市场占有率，增加农民收入，都发挥了十分重要的作用。继续推进农业产业化经营，是四川省农村经济特别是县域经济发展的重头戏。当前农业产业化经营，我认为要切实抓好四个环节。一是培育龙头企业。这是农业产业化经营的重点。有了龙头，才会有龙身、龙尾，才能把一个产业带动起来，形成一体化的经营格局。培育龙头企业，一方面要抓好重点龙头企业的发展，把龙头企业做大、做强，做出品牌，打造大宗农产品的集团化的大龙头，增强市场的竞争力和在市场的占有率，如四川省的生猪产业。另一方面，要注意培育科技含量高，成长性很好的特色产业、优势产业的龙头企业，这类龙头企业，尽管目前规模还不大，但几年后就可能形成大型龙头企业，所以切不可忽视。如彭州市的科汇生物技术有限公司、成都市龙泉驿区的聚和生态农业发展有限公司，就有这样的成长潜力。二是建立龙头企业与农户的合理的利益联结。这是产业化经营的核心。要形成产业化经营格局，既要有龙头企业的积极性，也要有农户的积极性，这两个积极性的调动和结合，才能使产业化化得起来，而两个积极性的调动和结合靠的是合理的利益联结机制。这就必须研究确定利益分配的合理度和有效的体现方式。井研县哈哥有限公司带动下的兔业产业化经营在这方面的成功运作，是值得借鉴的。三是通过政策等扶持建立起龙头企业的非赢利性的为农服务功能。这是农业产业化经营的重要内容。作为一般企业，它是以钱为本，围绕着资本转，目的是追求最大的利润，是不具备对农户的非赢利性服务功能的。作为农业产业化龙头企业对农户完善的非赢利性的服务，则是必不可少的。这就要靠政府的扶持，来建立这种功能，在指导农业产业化经营和培育农业产业化龙头企业时，一定要有这种意识，积极加以引导，在建立服务功能这个环节上加大扶持力度。作为农业产业化的龙头企业，更要清楚地认识到这一点，自觉地履行应尽的责任。四是牢牢抓住科技和市场不放。这是农业产业化经营的关键所在。科技和市场是一个企业或一个产业的支撑，离开了它们中间任何一个的支撑作用，企业或产业不可能得到很好的发展。所以一个好的龙头企业，必须使自己的产品具有前沿的科学技术，并紧紧跟随科学技术的发展步伐，始终保持其领先地位，才能立于不败之地。市场的支撑作用更是显而易见的，龙头企业必须在市场里滚爬摸打，练功就一身驰骋市场的真本领。一定要把深入地调查市场，不断地开拓市场，有效地占领市场，切实巩固市场作为自己发展的永恒的主题，要充分了解市场的变化情况，摸透消费者的心态和竞争对手的底细；以强烈的竞争意识和手段去开拓市场；以优质安全的产品去占领市场；以良好的信誉和服务去巩固市场。只有始终做活跃于市场的强者，才能有强大的产业化经营。

二、大力实施农产品的标准化

农产品的标准化，是通过农业产前、产中、产后各个环节标准体系的建立和实施，把先进的科学技术和成熟的经验推广到农户，转化为现实的生产力，从而取得经济、社会和生态的最佳效益。它融技术、经济、管理于一体，是各种资源的综合集成和科学技术的集中体现，是科技兴农的载体和农业增长方式转变的重要内容，具有生产与需求对接、工业要素与农业要素融合、运用科学又促进科学发展的特殊属性。因而是规范农业生产，保障消费安全，促进农业经济发展的有效措施，是推进我国农业的产业化、市场化、工业化和国际化的基础，是现代化农业的重要标志。我们必须高度重视这项带根本性的工作。我国现今大多农产品被阻隔于国际市场之外，产品不符合要求标准，是致命一环。因此，必须下工夫花力气抓好农产品标准化的实施，根本改变我国农产品标准化率低的状况。首先要把优势农产品、特色农产品的标准化实施好，争取在最短的时间内实现标准化。目前，在实施农产品标准化中存在的主要问题是：许多同志对此认识不足，重视不够，农民更缺乏这方面的自觉性；相关体系不健全，检测手段落后，有关部门组织实施不力。对这些问题，必须采取有效措施，切实加以解决，才能把实施农产品标准化推向一个新的阶段。

三、努力提升农民的组织化

广大农民在改革发展的实践中，按照合作制的原则组织起来的各种农民专业合作经济组织，是农民群众在经营组织上的创新。这种组织能有效地改变农业生产小而散的格局，适应了农业走向市场的需要。实践证明合作制是农业和农村经济发展的成功之路，是提升农民组织化程度的基本途径。因此，应当把大力发展农民专业合作经济组织，作为农村深化改革的一个重点，积极有序的发展，并在此基础上积极发展农产品行业协会。近两年来，四川省采取了多种措施大力推动农民专业合作经济组织的发展，收到了可喜的成效，在引导农民走向市场，推动农业产业化经营，加快农产结构调整和增加农民收入等方面都发挥了重要作用。回顾近两年的工作经验，要继续抓好农民专业合作经济组织的发展，应坚持营造一个环境、抓牢两个支撑、依托三个资源、健全四个机制的工作路子。

营造一个环境，就是党政领导要高度重视，切实把发展农民专业合作经济组织摆到重要工作日程，积极引导和支持，这包括大力做好广泛的宣传，开展多种方式的培训，普及基本知识，政府部门努力做好服务工作，在政策、资金上给予必要扶持，同时政府又不能越权错位，过多干预，切实尊重农民的意愿，充分体现其群众性和民主性，为农民专业合作经济组织创造一个良好的发展环境。

抓牢两个支撑，就是科技和市场，这一点与农业产业化经营的龙头企业是相似的，农民专业合作经济组织与农业产业化经营是密切相连的，所以科技和市场的支撑作用也是共同性的。农民专业合作经济组织在农业产业化经营中，一方面作为龙头企业和农户的中间体，起着重要的桥梁作用；另一方面农民专业合作经济组织本身也可以成为龙头，形成产业化经营的格局，所以农民专业合作经济组织与农业产业化经营有着密切的联系。但不能把龙头企业和农民专业合作经济组织等同化，因为它们有着完善不同的内涵。

依托三个资源。农民专业合作经济组织作为经济社会发展到一定阶段的产物，有其必备的客观条件，不能不顾客观条件，主观臆断地发展。发展农民专业合作经济组织的客观条件，可归结为三个资源，一是产业资源，农民专业合作经济组织是以专业生产为基础的，只有一种专业生产发展到一定程度，有较多的产品可以转化为在市场上交易的商品时，成立这种产业的农民专业合作经济组织才有必要。二是组织资源，组建农民专业合作经济组织，要有一批基本队伍，作为组织基础，这就是农村的专业户和专业大户，只有一个产业形成了一批专业户之后，建立这个产业的农民专业合作经济组织才有可能。三是人才资源，好的领头人，技术骨干和得力的管理人才，是农民专业合作经济组织能否办好的关键。那些懂技术、会经营、善管理，又有为农民朋友服务做奉献的专业大户主，是农民专业合作经济组织的重要领军人物，农业基层技术部门的技术人员、基层供销社的经营行家，都是农民专业合作经济组织的重要人才资源。应该让这些人才资源进入农民专业合作经济组织，使他们充分发挥其作用。

健全四个机制。这是农民专业合作经济组织正常运转，发挥作用的必要的制度保证。这就是：真正的民主管理机制，它是农民专业合作经济组织最基本的制度，是“三民”原则的具体体现；合理的利益联结机制，它是产生合作的原动力；完善的服务机制，它是农民专业合作经济组织的基本特征的体现，也是基本功能和宗旨；可靠的风险防范机制，它是农民专业合作经济组织健康发展的重要保障。

四、积极有效推进农村城镇化

实现城镇化是我国经济社会发展的一大战略目标。农村城镇化的核心内涵是农村人口向城镇转移，改变农村人口传统的生产和生活方式，逐步消除城乡二元结构。实现农村人口的转移，首先要实现农村富余劳动力的转移，只有农村劳动力在城镇二、三产业有了稳定的就业岗位和收入，才能使大批农民转为城市居民。这就面临三大任务，第一，要把一批农民培养成有专业技能的产业工人，当务之急是把农民工的培养抓好，有效地转移农村的富余劳动，同时要努力抓好农村后备劳动力的职业技能教育，还要开展对农民摆脱不良传统习俗的教育，使其融入城市文明和现代文明。因此，对农民的教育培训是十分艰巨的任务。第二，大力推进农村工业化，实现产业结构的优化、升级和扩容，为农民在非农产业提供就业岗位。以农产品加工为重点的农村工业的突破性发展，民营经济的突破性发展，在城镇中心以信息产业为代表的三产业的突破性的发展，是实现产业优化、升级、扩容的基础，这个任务更是十分艰巨的。第三，加强城镇基础设施建设，建立和完善城镇的基本功能，保障公共产品的供给，使农民能在城镇里进得来，住得下，稳得住。这三大任务或三大工作的推进，需要一个历史过程，工作是十分艰巨的，不可能凭一股热情而实现。因此，应注意克服不顾客观条件的急于推进，更要消除以剥夺农民利益为代价搞城镇化，把大批农民变为无业贫民的倾向。

实践科学发展观　走生态经济发展道路

中共北京市密云县委书记　夏强　　北京市密云县人民政府县长　王孝东

科学发展观是新一届中央领导集体从新世纪新阶段的实际出发，适应现代化建设需要，进行理论创新的重大成果。实践科学发展观，走生态经济发展道路，对肩负着保护首都饮用水源和发展县域经济双重任务的密云县来说，不仅是全面建设小康社会和率先实现现代化的需要，也是历史的必然抉择。

一、密云县几十年保护首都饮用水源，已创造了明显的生态环境优势

我县是北京市面积最大的区县，全境2229.45平方公里。首都最大的饮用水源——密云水库，坐落在县域中央，最大库容43.75亿立方米，最大水面188平方公里。上世纪80年代初，随着北京严重缺水加剧，国务院决定密云水库停止向津、冀供水，专供北京生活用水。1985年市政府颁布的《密云水库怀柔水库和京密引水渠水源保护管理暂行办法》，将密云县1500多平方公里的地域划定为水源保护区。经过多年坚持不懈地进行环境建设和综合整治，我县形成了“净水、净土、净气”的良好生态环境，全县林木覆盖率达到62.7%，水体质量始终保持国家二级标准，大气环境质量二级和好于二级的天数超过2/3，主要经济指标已提前两年达到“十五”目标。2004年9月，我县按照“国家级生态示范区”试点二类标准申报验收，国家环保局的领导和专家通过实地考核，确认我县达到一类标准。

二、坚持“保水”与“富民”的高度统一，将环境优势转化为经济优势

我县由于履行了“保水”特殊职责，避免了走“先污染，后治理”的弯路，打造了一流的生态环境，这是十分可喜的。但是，我们也清醒地认识到，我县在经济发展和社会进步方面与先进地区相比，存在着较大差距，全面建设小康社会和率先实现现代化任务十分艰巨。这就要以科学发展观为指导，把潜在优势变为现实优势，把生态环境优势变成经济优势，坚持全面协调可持续发展。在我县，选择发展道路，有几个支点是必须充分考虑的。

1.对水源的保护已由沉重的包袱转变为巨大的财富。过去，我们确实为保水付出了许多代价，但换来了一方清洁优美的生态环境，这是我县明显的后发优势。在环境成为投资者选择投资地的因素比重日益增大的今天，只要宣传到位，工作得力，我县就会成为投资热点。

2.北京是严重缺水的特大型城市，我县为首都保护水源的特殊使命不会改变。据有关部门测算，北京城区每年生活、生产用水30多亿立方米，而南水北调每年只在10亿立方米左右。因此，密云水库仍是首都的重要水源基地。保护水源将是我县永恒的主题。

3.密云水库南属非水源保护区，是北京东部发展带的重要一极。《北京城市总体规划》确定的“两轴、两带、多中心”的城市空间发展新格局，将我县库南地区纳入了东部发展带，这无疑为我县进行人口和产业布局战略性调整，在库南地区大力发展二、三产业提供了重大机遇。

4.工业化是不可逾越的阶段，必须大力发展绿色工业。目前我县一是市场发育不充分，许多商场冷清；二是第三产业发展不充分，一些新兴现代服务业还是空白；三是就业不充分，农业只创造15%左右的增加值，却占用着50%的劳动力。这几个不充分的根源是工业发展不充分。工业还没有集聚足够的人口规模，形成巨大的社会购买力。这说明：在远离都市核心区的郊县，不可能跨越工业化阶段，直接进入以第三产业为主导的阶段，产业结构在相当长的时期内应是“二、三、一”。基于以上判断，我县要加快发展，只能走生态经济发展道路。为此，要自觉地处理好

几个关系。

一是处理好保护水源与发展产业的关系。有所为有所不为。由于保护水源是首要职责，在这个前提下，不允许干的产业项目，坚持不上；允许干的产业项目，要多上快上。切实做到保护水源与发展产业相互协调和相互促进。

二是处理好水源保护区与非水源保护区的关系。水源保护区内居住着12万多人，这些人必然要在生产生活中产生污染源，要想达到全面小康和富裕，是十分困难的。出路在库南非水源保护区。这就要开拓新思路，通过教育移民、就业移民、产业移民的办法，经过5~10年，将水源保护区的农民50%以上6万多人吸引到库南非水源保护区居住和从事二、三产业。

三是处理好解决“三农”问题和推进工业化城市化的关系。解决“三农”问题，需要立足“三农”抓“三农”，更要跳出“三农”，拓宽出路。这就要城乡统筹，推进工业化城市化。而在非农产业中，第三产业发展受地区整体购买力的制约，只有第二产业尤其是工业具有吸纳就业人口多的特点。加快工业发展有几个好处是显而易见的：一是最大限度地减少农民，使留下的农民成倍扩大人均资源规模，有效提高人均收入；二是使在工业就业的农民变市民，提高收入水平；三是整体提高地区购买力，为第三产业发展创造条件；四是城镇化发展具有了坚实的产业依托。

四是处理好农业和二、三产业的关系。农业是基础，要切实使农业增产增效、农民增收致富，必须创新方法，推进农业标准化和产业化，使农业向二、三产业延伸，与二、三产业有机结合。

处理好以上关系的核心要求是坚持“保水”与“富民”高度统一，将生态环境优势转化为经济优势，走生态经济发展道路，建设无污染、高效益、快发展的生态经济体系。这个经济体系应该包括：与首都现代制造业相匹配的科技含量高、无污染的都市型工业基地，与首都国际化大都市相衔接的旅游休闲度假、会议和培训基地，与首都农业现代化要求相符合的都市型生态农业基地，与首都全国教育中心地位相适应的人才培养基地，与首都国际交往中心相对接的重要外事活动基地和首都经济向北部东部辐射的物流集散基地。

三、统一思想，真抓实干，全面推进经济发展和社会进步

实践科学发展观，走生态经济发展道路，全面推进经济发展和社会进步，必须统一思想，真抓实干。我们要采取以下措施。

1.坚持和丰富首都水源区发展战略，积极争创国家级生态县

进入新世纪以来，我县开始实施首都水源区发展战略。这个战略的核心是环境立县。几年的实践证明，这个战略是正确的，必须继续坚持。但是，必须与时俱进，对其不断丰富和发展。我们已经确定了在北京率先争创国家级生态县的奋斗目标，力争用4~6年的时间，达到国家级生态县的考核标准。我们利用这个“总抓手”，就能统一思想，明确目标，加大力度，把环境建设、经济发展、社会进步推上一个新台阶。

2.以发展为主题，大力建设生态经济体系

一是以严格的环境保护为前提，以北京市的产业布局规划为依据，建设科技含量高、无污染的都市型工业基地。在巩固和优化服装、食品制造、电子信息等主导行业的同时，大力发展汽车部件业和生物医药业。二是充分利用生态环境优势，建设北京最大的休闲旅游、会议和培训基地。三是充分利用“净水、净土、净气”的生态优势，高效利用土地资源，建设都市型生态农业基地。四是充分利用北京教育资源多的优势，针对教育资源分布不均的问题，建设人才培养基地。五是充分利用首都国际交往中心的优势和密云县的区位环境优势，建设重要外事活动基地。六是充分利用密云地处首都经济向关外五省区辐射的物流节点的优势，建设物流集散基地。

3.进一步扩大开放，提高招商引资绩效

发展生态经济，仅靠密云自身的实力是远远不够的，必须进一步扩大开放，借助外力求发展。

要按照“不求所有，但求所在”的原则，加大高质量生产要素的引进力度，在本地区集聚和组合，形成先进生产力。要紧紧围绕工业五大主导行业的培育和发展，引进一批效益高、见效快、无污染的高科技项目和劳动密集型项目，实现经济总量的迅速增加，就业岗位迅速扩展，城市化进程加快。

4.全县齐努力，全面优化发展环境

全方位主体化的对外开放，招商引资，需要全面优化发展环境。在清洁优美的生态环境建设方面，重点是保护已有成果，严防破坏。要加快潮河治理，形成靓丽风景线，将密云城区的环境建设提高到新水平。在先进完善的设施环境建设方面，重点是提高县、乡、村三级公路的档次，提高通行效率。要解决好镇、村集中供水问题，还要加强污水和垃圾无害化处理设施建设，形成循环经济的亮点。在高效规范的体制环境建设方面，重点是改进工作作风，提高办事效率，推行全程代理制，树立政府诚信形象。在健康和谐的人文环境建设方面，重点是依法行政，综合治理，建立良好的生产生活秩序。要加强教育，提高公民的文明素质。要正确处理人民内部矛盾，建立好的机制。要严厉打击黄、赌、毒、邪教和各类刑事犯罪。尤其要开展系列工程，创建平安密云。使在密云县工作和生活的人，真正地感到这里平平安安，祥和幸福。

以科学发展观促进县域经济跨越式发展

中共河南省荥阳市委书记　丁福浩

荥阳市位于河南省中部，东距省会郑州15公里，西通古都洛阳，南眺中岳嵩山，北濒滔滔黄河，是中原城市群崛起的经济腹地和郑洛城市工业走廊的重要支点。全市总面积908平方公里，总人口60万，是全国科技进步县（市）、全国科普示范试点县（市）、省级文明卫生城市、河南省首批对外开放重点示范县（市），河南省扩权县（市），并享有"阀门之乡"、"建筑机械之乡"的美誉。2003年经济综合实力跻身全省前5强，在全国县域经济基本竞争力评价中居第141位。

荥阳境内资源丰富，交通便捷。原煤、铝矾土、大理石、石灰石、花岗岩等矿产资源储量较大；青台仰韶文化遗址、郑国京城文化遗址、风景名胜浮戏山环翠峪、楚汉争雄的汉霸二王城、三英战吕布的虎牢关和历史上与少林寺齐名的洞林寺构成了荥阳特有的自然旅游景观；陇海铁路、连霍高速公路、郑州四环高速公路、310国道穿境而过。

2004年，在宏观政策趋紧、要素制约矛盾突出等严峻挑战下，荥阳市经济继续保持较为强劲的增长势头。全市生产总值完成107.6亿元，比上年增长15.7%；工业增加值完成61.3亿元，增长18%；财政收入完成4.2亿元，增长49%；农村人均纯收入3875元，增长17.1%；城市居民人均可支配收入7646元，增长15.7%；城乡居民储蓄存款余额42.6亿元，比年初增长10.7%；全社会固定资产投资完成42亿元，增长46.9%。结合荥阳市近年来的实践探索，我们认为坚持以科学发展观为指导，正确把握县域经济的特色、优势和定位，从而选准并坚持一条适合本地发展的战略，是县域经济快速发展的关键所在。经过充分调研和分析论证，我们提出了2005年的发展思路："突出一个中心、实施一个战略、确保五个重点"。一个中心是"实干干实促发展、狠抓工业上项目"。一个战略是"东引东进"战略，"东引"是指积极引进东南沿海和省会郑州市的资金、项目、人才、技术；"东进"是指把荥阳的城市向东发展，更好地接受大郑州的辐射。五个重点是突出抓好主导产业培育、工业大项目建设、招商引资、东区建设、旅游开发和群众生活等五个方面的工作，全力加速经济和社会发展。

一、坚持以项目建设为载体，大力发展规模工业经济

发展县域经济，必须坚持以工业为主导，狠抓项目建设，加快规模工业经济发展。基于此，我们根据荥阳工业基础较好的实际，继续强力实施"工业强市"的发展战略，靠扶持大户支撑全市工业，靠增加投入上项目积蓄发展后劲，靠创新机制增强企业活力，尽快实现量的扩张和质的提高。一是培优扶强，集中精力培育支柱产业。本着扶优扶强、鼓励生产要素向支柱行业、重点企业集聚的原则，重点培植壮大汽车、煤电铝、阀门制造、建筑机械、医药化工、建材、食品轻纺七大主导产业。在7大主导产业中选择50户发展潜力大、成长性强、优势突出的企业，集中进行支持。汽车产业上，引导少林汽车与国内外知名集团联合发展，积极运作上市，全力支持少林汽车集团公司建设5000台大中型客车生产线；煤电铝产业上，整合煤炭资源，着力实施规范化管理和规模型开发，以龙祥、中原、晖龙、龙基、龙泰、五龙、中联等铝电企业为基础，积极推进煤电铝一体化；医药化工产业上，巩固提高康泰制药甲磺酸甲替沙星项目生产能力，开工建设阿韦酸纳生产线，支持瑞龙制药集团公司进一步扩大规模，加快门诊病房楼建设和医药科研开发研究，走产学研一体化发展之路；阀门制造和建筑机械产业上，成立阀门、建筑机械行业协会，增强行业自我发展能力，探索阀门、建筑机械企业

联合发展模式，走集团化、专业化生产之路。向国家申报“中国阀门之乡”、“中国建筑机械之乡”，利用先进技术对阀门、建筑机械进行嫁接改造，使两大传统产业焕发出新的生机和活力。二是集中力量办好工业园区，推进工业再上新水平。以优势产业和骨干企业集群为依托，吸引项目、资金、技术和人才向园区及产业带聚集，努力形成“六大工业园区、三大产业集群”。即以汽车、医药为主的“建设路工业园”，以郑氏产业和郑纺机项目为主的“郑荥工业园”，以南部三乡镇为主的“煤炭工业园”和建筑机械产业集群、阀门产业集群、建材产业集群。通过培育和壮大，使各具特色的工业园区、产业集群成为郑洛工业带的重要支撑点和荥阳经济的增长极。三是大力实施精品品牌战略，竭力打造知名品牌。不断强化企业在实施名牌战略中的主体地位，引导企业树立强烈的名牌意识，切实搞好市场定位，主动适应市场需求，用先进技术改造传统产业，加大技改投入，贴近市场创新技术，增加产品的科技含量，迅速提高产品质量和技术档次，争创精品名牌，抢占市场制高点。四是主攻市场和人才，提高企业经营水平。引导企业强化质量管理，提升产品档次，围绕市场做品牌，精心培育主导产品，加大市场营销力度，培养一批有现代化经济意识和能力的企业人才，提高企业经营水平。

二、坚持以招商引资为重点，大力发展开放型经济

县域经济由于受资金、技术、人才、市场等因素制约，必须借外力促发展，坚持以“开放带动”为先导，充分利用国际国内两种资源和两个市场，大力发展外向型经济，彻底解决县域经济发展中创业主体不足、竞争活力不强的问题，全面提高对外开放水平。一是加强招商队伍建设。明确政府一名副市长专职招商，各乡镇、街道办事处、市直委局明确一名党政正职专职招商，选择一批素质高、能力强的干部组成专业招商队伍，投身招商引资第一线。在发挥好商务局和5个专业招商小组作用的基础上，再成立3~5个招商小组。派驻招商小组有选择地进驻经济发达地区和城市，扩大引资据点。积极落实招商引资目标责任制，对招商引资突出贡献企业和个人，按市委、市政府规定落实政策，兑现奖励措施。二是巩固郑氏文化节招商成果。2004年我市成功举办了中国荥阳首届郑氏文化节，通过文化搭台、经贸唱戏，我们共与国内外客商签订合同项目40个，合同资金17.68亿元;意向项目5个，意向资金14.5亿元。2005年要继续加强文化节期间与会郑氏的联系，对文化节期间签约项目逐一责任到人，紧盯死守，确保锁业基地、郑纺机搬迁等项目落地。把抓大项目引进作为重点。下大工夫，下大投入，组织骨干人员强力出击，力争国电荥阳发电厂2×60万KW的机组工程通过国家审批。三是启动“回归工程”。引导动员在外创业的荥阳籍成功人士回家乡投资兴业。

三、坚持立足资源和区位优势，大力发展旅游业

通过挖掘自身资源和区位优势，坚持从大旅游、大产业、大发展的高度出发，不断增加投入，提升旅游产业素质，做大做强旅游业。一是抓投入，打造精品旅游景区。重点推出楚河汉界古战场文化苑、龙泉湖生态旅游示范苑、广武湖古文化苑、虎牢关、孤柏渡黄河“天鹤苑”、桃花峪生态文化苑等旅游精品招商项目，以切实可行的优惠政策吸引客商投资我市旅游业。同时，对环翠峪和三皇山桃花峪两个景区进行生态、文化、艺术精包装，力争两个景区被评为3A景区。二是抓宣传，扩大荥阳旅游知名度。重点举办环翠峪“杏花会”、“红叶节”、桃花峪“桃花节”，精心制作旅游宣传品，开展旅游促销活动，强力宣传，营造声势，展示荥阳良好的旅游形象。三是抓整治，不断提升旅游业整体品位。整顿旅游市场秩序，规范经营行为。治理景区脏乱差现象，关停景区污染严重的企业。加强旅游队伍建设，重点抓好导游队伍建设、管理队伍建设和营销队伍建设，举办旅游从业人员培训班，不断提高旅游队伍整体素质。

四、坚持以东区建设为主攻方向，努力加快城市化进程

以城区向东推进为主攻方向，把服务、交通、通讯等多方面的规划进行通盘考虑，严格按照同济大学设计的新区建设控制性详规和行政中心的建设性详规，加快新区建设步伐，实现与郑州的全面接轨。一是加快城市路网建设。构筑东区更为完善的路网框架，完成中原路西延工程、唐王路（郑上路 — 中原路）建设工程，在唐王路以东，新修一条南北道路。搞好郑州西南绕城高速的协调服务工作。打通市区部分断头路，实现与郑州的道路连接。二是强化城市规划工作。搞好郑上路、新310国道、中原路 — 郑上路、建设路—陇海路等每一条新修道路两侧及索滨公园两侧的控制性详规。狠抓落实，成立由城建、环保部门及人大代表、政协委员、专家教授组成的规划执行及土地使用审查委员会。加大城市规划的执行力度，严厉打击违反城市规划的行为；加大对土地使用的检查力度，严厉打击新区开发中的圈地、占地、倒地行为，防止圈而不用、圈多用少、擅自改变土地用途。三是全面启动新区行政中心建设。力争年内完成10个行政单位的搬迁，开工建设行政中心广场。严把入驻东区单位的建筑形态关，保证一楼一特色一品位。处理好速度、质量、效益的关系，适度控制东区土地供应量。四是推进公用事业改革。加快环卫、园林、污水处理、市政工程等事业单位的改革，实行干管分离。对自来水公司、燃气公司、开发公司、市政公司、公交公司等企业单位，采用合资或独资等形式，做好股份制改造。五是提高城市管理水平。全面实行土地收购储备制度，经营性土地使用权招拍挂出让的比例达到100%。坚持建管并重，重在管理的原则，创新城市管理体制，重点做好都市村庄、城郊结合部、背街小巷、居民楼院的管理。

五、坚持以民为本、富民优先，进一步提高农业综合生产能力和增加农民收入

“三农”问题是县域经济发展中必须高度重视并且要切实解决好的重大现实问题。在坚持科学发展观的同时，必须牢固树立正确的政绩观，坚持以人为本，让广大人民群众在加快发展中得到更多的实惠。一是减负富民。继续落实粮食直补、良种补贴、农机购买补贴等政策，在全市范围内免征农业税，进一步调动广大农民的生产积极性。积极化解乡镇债务，加强涉农收费监管，稳步推进乡镇综合配套改革，减轻和规范农民负担。二是品牌兴农。以树品牌、创名牌为重点，加快农产品标准化生产体系建设。大力发展无公害农产品和有机农产品，争取注册一批农产品品牌商标，完成一批无公害农产品基地的省级认定，实现一批无公害农产品基地的省级认定，实现一批无公害农产品省级认定。三是提高就业技能帮民。继续搞好农业信息服务中心和农民就业服务中心建设，建设市级农民技能培训中心，建设10所村级农民技能培训学校。四是帮扶济民。加大扶贫开发力度，逐步完善对贫困村的道路、饮水、用电、就医等基础设施的建设。

抢抓机遇　借路腾飞　实现潼南快速崛起

中共重庆市潼南县委书记　魏寿明

潼南地处重庆市西北部，与四川遂宁、安岳、蓬溪等市县接壤，是川渝经济互通、结合的重要通道，是衔接成渝两大经济圈最重要的地区之一。近年来，在潼南县委、县政府的正确领导下，全县上下以提高县域经济竞争力为中心，以加速实现潼南的崛起为目标，克难攻坚，负重前行，实现了县域经济实力的大幅跃升。2004年，在第四届中国西部百强县（市）中，潼南从第一届的91位上升到63位，平均每届上升了7位，四年迈了四大步。特别是渝遂快速铁路和渝遂高速公路（简称“两高”）建设和即将通车，圆了92万潼南人民的百年之梦，“两高”推动了潼南区位大质变，区位优势正在空前彰显，潼南正成为一个极有发展潜力、极具发展前景、极富投资价值的地区，县域经济综合竞争力将快速提升。

一、“两高”建设　激发潼南发展潜力

潼南物华天宝，资源丰富，是全国百个无公害蔬菜生产示范基地县、产粮百强县和优质商品瘦肉猪基地县，已探明的天然气储量达300亿立方米；风景秀丽，名胜众多，“红色、绿色、古色”三色资源极具特色。可以说，潼南是成渝经济圈结合部上“风景最秀丽、资源最丰富、投资机会最多、发展潜力最大”的地区之一，然而，由于长期受交通“瓶颈”的制约，资源优势、产业优势却久不见成为经济优势，经济发达地区大规模的产业转移，常常看中潼南优越的劳动资源，却因山高路阻绕道而行，另栖他枝；潼南本地丰富的农副产品因路不畅，常常堆在田里，烂在地里，潼南经济发展渴望与成渝、周边地区“牵手”。要想富、修大路，要大富、修高速，“两高”的建设给潼南大地带来了质的“巨变”，潼南区位优势正向发展优势转变，资源优势正向经济优势转变。

“两高”建成后，我们将由区位劣势向区位优势转变。渝遂快速铁路、高速公路的建设，将潼南到重庆、成都的距离缩短至80~100公里，使潼南可以在1小时内直接沟通成渝两个中心城市，进入两大中心城市的辐射半径，使潼南距大都市偏僻的区位特征出现质的反转和量的叠加，成为成渝两个特大城市连接点、中继站和它们绝对有效辐射距离中的最佳辐射叠合点，也同时成为成渝两个大城市实质性的经济卫星城。潼南正从重庆的远郊县向近郊县转变，正从重庆西北部最边远的地区向1小时左右通达成渝两地的中心地带转变。

“两高”建成后，我们将由资源优势向经济优势转变。可以实现资本、信息、资源、技术、劳动力等生产要素远程互动，彻底改变潼南越境人流、物流、资金流、信息流的结构和流动方式，不断优化内外资源配置。区位大变，使潼南沉睡千年的各种自然资源和人文资源开始大幅度增值，农副产品向农副商品转变，旅游资源向旅游产业转变，资源优势向经济优势转变。

“两高”建成后，我们将由比较优势向竞争优势转变。潼南的比较优势主要是劳动力资源丰富且价廉，土地等生产要素价格低廉，相对经济发达地区电力、水利、交通等基础设施建设的成本较低，“两高”的建设将使这种比较优势进一步向竞争优势转变，可以利用这一优势，大力发展和引进劳动力密集型企业，在两高沿线建成“退二进三”企业的承接基地，向成渝两地提供它们各种强烈的需求和配套服务，建成成、渝两地二、三产业大量转入的最好区域，彻底改变潼南经济结构格局。

“两高”建成后，我们将由后发劣势向后发优势转变。“近水楼台先得月”，“两高”的建成，可以充分利用方便、快捷的交通网络，及时接受成渝两地的先进前卫的思想意识、先进创新的生

产技术、先进科学的管理方式，省去大量的研发成本和漫长的尝试与摸索阶段，可以借鉴经验，少走弯路，起到事半功倍的效果。

二、抢抓机遇　推动潼南高速发展

我们要充分利用“两高”的聚集效应，加快农业产业化进程，打造渝西绿色产品大县。“两高”建成后，畅通的农产品外运通道将进一步推动农业产业的聚集，形成优势产业带。要打好“全国无规定动物疫病安全区”和“全国无公害农产品（蔬菜）生产示范县”两张牌，大力发展“蔬菜、笋竹、优质粮油”三大主导产业。“早晨还在菜园子，上午就进了成渝两地的菜摊子，中午就上了成渝市民的菜盘子”将成为现实，潼南蔬菜基地将真正成为成渝市民的“菜篮子”，着力把潼南建设成为重庆的“寿光”。要大力发展招商农业，引进和新建一批具有特色、有活力的龙头企业，建设蔬菜加工特色园区，积极推进农业综合开发，探索并逐步建成“农业百花园”，加速农业产业化进程，打造渝西绿色产品大县。

我们要充分利用“两高”的带动作用，走新型工业化之路，建设特色工业强县。加快工业园区建设。充分发挥“互通口”优势，主动对接，利用“互通口”建立工业园区，布局工业项目，重点发展五种工业，即：农副产品加工、电力、化工、纸业和机械加工，着力构建绿色食品加工园、化工纸业园和机电工业园。大力发展招商工业。栽下梧桐树，引得凤凰来，“两高”建成后，人便其行、货畅其流给投资者提供了良好的投资环境，要积极发挥与成渝的地缘、人缘、业缘关系，以项目为平台，开展与成渝和周边地区的全方位合作，让“两高”成为潼南招商引资的一块金字招牌。

我们要充分利用“两高”的辐射能力，大力实施县城“东下北移西进”战略，建设现代山水园林中等城市。一是突出新城新区。充分利用火车站站前大道和高速路梓潼镇互通口的建设，努力把新城建设成为环境优美、功能完善、山水园林特色突出的全县政治、经济、文化中心，把新区建设成为有较强经济辐射力、吸引力和带动力的地区性工业经济园区，同时启动涪江二桥与高速公路互通之间的大佛新区片的规划建设。二是加快发展小城镇。在“两高”沿线着力加强小城镇建设，重点加强高速公路互通口所在地双江镇和塘坝镇的建设，把双江和塘坝镇建成县城的“卫星城镇”，形成“以县城为中心，双江和塘坝为两翼”的城市布局，大力建设一批市场带动型、产业带动型、旅游带动型、资源带动型的各具特色的中小城镇。

我们要充分利用“两高”的助推作用，加快交通建设步伐，增强潼南发展后劲。充分利用“两高”建设的契机，大力推行“三路并进”，加快交通建设步伐，不断完善路网功能，把潼南建设为成渝辐射的最佳叠合点。逐步构筑以高速公路、快速铁路、绵璧公路连接东西，以王兴公路、中塘公路贯穿南北，以水上运输和乡村公路为补充的“三横一纵一补”，形成优势互补、互相促进、辐射全县的立体、快捷、畅通的交通网络，提高公路等级，增强潼南经济发展后劲。

我们要充分利用“两高”的拉动效应，重点发展商贸经济的旅游产业，提速潼南三产经济。“两高”缩短了产销两地的时空距离，减少了商品运输的费用和时间，借助“两高”贯通后的拉动效应，为商贸经济创造优先发展的环境，加快市场建设，加速商贸业态调整，依托火车站和互通口，着力建设潼南无公害蔬菜批发市场等一批专业市场（仓储场），引进重百等著名商贸企业来潼设立分店，逐步构建渝西北区域性商贸中心。大力发展旅游这一“朝阳产业”，念好“三色”经，利用便捷快速的“两高”通道，吸纳周边城市旅游客源，加入成渝旅游大循环，整合旅游资源，着力打造旅游精品，把潼南建设成与主城区旅游配套的重庆近郊短程特色旅游县。

以科学发展观为指导 努力构筑高州经济发展新格局

中共广东省高州市委书记 卢方圆

党的十六届三中全会提出在新世纪新阶段全面建设小康社会，必须坚持以人为本，树立和落实全面、协调、可持续的科学发展观。我市是一个农业大市，三大产业结构约各占三分之一。我们必须坚持以科学发展观为指导，按照“‘三化’联动，城乡齐兴”的发展思路，以经济结构的战略性调整为主线，以转变经济增长方式为手段，以推进工业化、城镇化、农业产业化为主要途径，以改革开放和科技创新、体制创新为动力，以改善投资环境、落实优惠政策、抓好招商引资、发展民营经济、抓好重点工程建设为重要措施，着力优化经济结构，发展特色经济，努力构建高州经济发展新格局。

一、深入实施“工业立市”发展战略，努力开创高州工业发展新阶段

坚持“工业立市”不动摇，狠抓发展工业不放松，把发展工业作为高州经济的重中之重来抓，集中精力，集中时间，谋加快工业发展之策，造加快工业发展之势，鼓加快工业发展之劲，凝加快工业发展之力，解加快工业发展之难，务加快工业发展之实，举全市之力做好工业发展的大文章。一是巩固提高劳保手套、铸铁件等传统优势产业。进一步加强与省内外高等院校和科研部门的交流与合作，积极引进先进的技术、设备和人才，大力改造提升传统产业，一方面对原有的产品进行增值改进，促进产品更新换代，提高产品质量和档次；一方面积极延伸产业链，对原有产品进行深度开发，推进产品多样化，增强产品的市场竞争力。要在巩固发展出口产品的同时，大力发展内销产品，利用国内外两种资源，开拓两个市场，把劳保手套、铸铁等传统产业做大做强。二是大力发展重化工业配套工业。目前，管辖我市的地级市茂名市正在抢抓机遇，大力发展石化、冶金、电力三大重化产业，开创茂名重化工业新阶段。茂名重化工业的发展，必将对周边地区发展轻工业、服务业提供广阔的发展空间和有利条件。我们要不失时机抓住这一机遇，利用毗邻茂名重化工业区的优势，“借重带轻”，发展配套产业和开发中下游产品，逐步形成塑料制品、精细化工等轻化工业产业群。三是加快发展农产品加工、小水电等资源型工业。充分利用我市农产品丰富的优势，积极引进资金、技术、人才，加强科研开发，加快对现有农产品加工企业的技术改造，拉长产业链，增加附加值，提高农产品加工能力和水平。抓住省大力扶持发展小水电的机遇，利用我市水力资源优势，大力发展小水电等资源型工业。四是大力发展毛织、服装、玩具等劳动密集型工业。抓住珠三角产业优化升级，劳动密集型产业大量向欠发达地区转移的大好机遇，充分发挥我市劳动力资源丰富、外出务工掌握有技术和管理经验人员多的优势，采取各种有效手段和灵活方式，积极承接珠三角产业转移，大力发展毛织、服装、玩具等劳动密集型工业，推动工业快速发展，实现工业经济量的扩张。五是加快国有集体企业改革步伐，盘活国有集体企业资产，加快企业发展。坚持分类指导，实行“一厂一策”，采取兼并、租赁、股份合作制、出售、破产等灵活多样的形式，积极推进国有集体企业改革，促进国有集体(拥有股份)企业发展。

二、大力发展旅游业和现代物流业，加快第三产业发展

第三产业繁荣是一个地区兴旺发达的标志，是拉动一、二产业发展的强大动力，我们决心采取强有力的措施推动第三产业发展。一是加快发

展旅游业，打造粤西山区旅游大市。高州历史悠久，文化底蕴深厚，文物古迹众多，据国家有关部门考证并登记在案的有204处，自然生态环境优美，旅游资源丰富，发展旅游业具有得天独厚的条件。我们要抓住我市被列为全国“红色旅游线路”重要一站的机遇，充分发挥我市人文、自然、生态农业旅游资源丰富的优势，认真搞好景区景点的规划设计，认真落实我市《关于加快旅游业发展的若干规定》，积极提供优惠政策措施，积极开展招商引资活动，积极鼓励支持社会力量投资开发建设旅游景区景点。抓紧开发建设以根子红荔阁、市区人民会堂、中山纪念堂、观山为主要景点的“红色”旅游线路；以冼太文化公园、宝光塔、文笔塔、南宫岭庵群、高城古城区、长坡旧城为主要景点的“古色”旅游线路；以高州水库、高凉岭、浮山岭、佛子岭、仙人洞、平云山为主要景点的“绿色”旅游线路。通过抓好旅游景区景点建设，带动“吃、住、行、游、购、娱”等方面的服务业发展。二是加快发展现代物流业，重振高州商业雄风。高州与广西北流交界，是粤西沟通桂东南的重要枢纽，历史上曾是粤西和桂东南的重要商埠。我们要抓住实施泛珠三角合作、阳茂高速建成通车、途经我市的洛湛铁路岑溪至茂名段开工建设和我市通广西公路全面升级的机遇，积极扶持有一定规模实力的大型民营物流企业发展，推动第三产业发展。

三、进一步调整优化农业结构，不断增强高州农业竞争力

我们要从本地实际出发，以市场为导向，以科技进步为动力，以产业化经营为手段，加大农业结构调整力度，大力发展优势农产品和特色农产品，建设一批新的优质高效的农产品商品生产基地。一要调整优化种植业结构，引进和培育新的优良品种，改造传统产业，发展特色果蔬。积极利用荒地、疏残林地大力发展生态公益林，扩大森林覆盖率。二要加快发展养殖业，不断提高养殖业在农业中的比重。继续扩大瘦肉型猪的养殖规模。围绕茂名市提出的建设罗非鱼“金三角”产业基地的工作部署，搞好以罗非鱼为主的淡水养殖。大力发展白鸽、山鸡、山羊等特色养殖业。三要以提高产品质量为主攻方向，全面提升农产品品质。大力引进推广新品种、新技术，全面普及标准化生产技术，大力发展无公害产品、绿色食品和有机食品，打造高州农产品品牌，增强市场竞争力，提高经济效益。

突出特色 狠抓落实 不断壮大县域经济

中共广西壮族自治区桂平市委书记、市人大常委会主任 刘俊

近年来，桂平市紧紧抓住发展这个第一要务，用“三个代表”重要思想统揽全局，以经济建设为中心，突出特色，狠抓落实，壮大县域经济，三个文明协调发展。2003年全市地区生产总值、全市工业总产值、全社会固定资产投资三项指标增速创十年来新高，综合实力明显增强，被评为“广西经济发展十佳县（市）”。经初步核算，2004年全市GDP实现50.02亿元，增长15.5%；财政收入3.45亿元，增长20.9%；全社会固定资产投资14.84亿元，增长93.07%；全市工业总产值42.5亿元，增长53.75%；农林牧渔业总产值32.06亿元，增长6.3%；城乡居民储蓄存款余额42.79亿元，增长13.77%。

一、以民营经济为重点，全力推进工业化

把发展工业作为壮大县域经济的重中之重来抓，以发展民营经济为重点，通过改善投资环境和加大招商引资力度，吸纳先进地区产业转移、培育优势企业和优势产品。近年来，以学习广东为契机，先后出台了一系列有关文件规定，成立了行政服务中心，实行了重点企业保护制度、执法职能部门到企业检查登记备案制度、纪检监察机关走访企业制度、企业代表和人大代表评议行政机关制度、市四家班子领导挂点联系服务企业制度、损害投资软环境责任追究制度，营造了良好的政策环境和政务环境。同时，投入近5亿元，进一步加强交通能源、水利、通讯等基础设施建设和工业集中区建设，为招商引资上项目搭建平台。2004年，全市招商引资上生产经营性项目210个，计划总投资25.67亿元，增长81%，已到位资金7.72亿元，增长39.5%。其中投资超1000万元的项目共43个，计划总投资22.4亿元，已到位资金5.9亿元，在东博会上签约项目5个，计划总投资近10亿元。一大批项目正常开工建设。外经外贸工作正常开展，经初步核算，全市完成出口总额835.94万美元，增长82.78%；直接利用外资499.1万美元，增长45.32%。至年底已有300多家毛织企业，毛织机械近3万台，固定资产投资1.1亿元，年总产值超3亿元，提供就业岗位近3万多个，拉动了相关产业的发展，产生了良好的经济和社会效益。

二、以市区建设为突破口，加快城镇化步伐

进一步加大经营城市力度，充分盘活城市土地，广泛吸纳民间资金投入城市建设，以市区建设为突破口，以“中国优秀旅游城市”为标准，以规划为龙头，加快城镇化进程。近年来，先后出台了《关于加快桂平市新区开发建设的决定》和《关于加快市区旧城改造建设和管理的决定》等一系列有关文件规定，通过经营城市共筹集了资金5亿多元投入城市建设。重点抓好了凤凰新区、滨江花苑、滨江大道、江滨公园、七星公寓、桂平商贸城、桂平商厦、新天地步行街、桂贵路整改、桂江路、碧云天广场等一批重大城建项目。新区开发和旧城改造进展顺利，2004年房地产建设达到了历年新高，城市的档次和品位进一步提高。市区面积比撤县设市时扩大了2.5倍，城镇人口增长了10.5%。同时，抓好城市绿化、美化、净化、亮化、硬化、彩化建设，加大市容市貌综合整治力度，城市容貌明显改观。此外，投入1亿多元，以重点镇为示范，以“玉贵走廊”为重点，稳步推进小城镇建设，引导农民建设小康生态文明新村，人居环境进一步改善。

三、发展特色农产品，推进农业产业化

跳出农业抓农业，跳出农村抓农村，积极探索土地合理流转方式，以农业龙头企业带动和农村各类协会推进农业产业化进程。通过培育农村土地使用权市场，促进农户之间的土地流转；在稳定农户土地承包关系的基础上，通过农户的土

地使用权入股，以“反租倒包”等形式，大力发展农业生态产业园，打造桂平特色产品，培育龙头企业，建设大基地，带动农业产业化经营，走集约化、规模化经营的道路。近年来，突出抓好“北回归线现代生态农业经济区——石咀小汶生态农业示范园”的建设，先后引进威隆蔬果有限公司、南木合山蔬菜生产基地公司、万德米业公司等龙头企业，成立蒙圩官桥蔬菜协会、金田淮山协会、金田黄沙鳖协会等一批农业经济合作组织。2004年底，石咀小汶生态农业示范园规模已近1500亩，建成大棚250个，取得显著效益，大棚种植每亩年产值2万多元，公司与农户联合经营每亩年产值5000多元。在小汶示范园的辐射带动下，一批农业示范园或基地在全市范围内纷纷建立，农民的思想意识正悄悄改变，在整个贵港市产生了深远的影响。

四、发展特色景观游，打造旅游品牌

桂平市自然景观和民族文化、历史文化、宗教文化等极为丰富，拥有太平天国金田起义旧址、4A级风景名胜区西山、龙潭国家森林公园等国家级旅游景区和素有“广西小三峡”之称的大藤峡景区等，发展旅游业是桂平市壮大县域经济，实现富民兴市新跨越的重要举措。为加快旅游业发展，桂平在广西县级市中第一个提出争创“中国优秀旅游城市”，并顺利通过了国家旅游局验收。以“创优”为契机，优化整合旅游资源，加大旅游宣传促销力度，打造桂平旅游品牌。大力发展以西山、龙潭公园、大藤峡为重点的自然景观游；以金田起义旧址为重点的人文景观游；以石咀小汶现代农业园区和以麻垌无公害荔枝出口基地为主的生态园林景观游等。同时，加快培养高素质的旅游人才，提高旅游业服务水平。通过发展旅游业，促进第三产业协调、快速发展，经初步核算，2004年全市第三产业增加值实现14.63亿元，增长10.6%。

五、坚持科学发展观，三个文明协调发展

以科学发展观为指导，坚持物质文明、政治文明和精神文明一同规划、一同部署、协调发展的原则，在抓好经济工作的同时，认真抓好精神文明建设、民主法制建设和党的建设，不断提高党的执政能力，并加大对社会事业发展的投入力度，合理利用资源，保护生态环境，保证了经济社会的全面协调可持续发展。近年来，先后荣获“全国科技先进县（市）”、“全国文化先进县（市）”、“全国普法宣传教育先进县（市）”和“全国双拥模范城”等荣誉称号。

随着中国加入WTO、西部大开发战略深入实施、中国－东盟博览会每年在广西南宁召开、泛珠三角经济区建立，给桂平带来了新的发展机遇，桂平市正紧紧围绕“从2004年起，三年打基础、五年上台阶、十年翻两番、2020年全面实现小康”的奋斗目标，深入实施“工业强市、农业稳市、商贸活市、旅游旺市、城建美市、文明兴市”发展战略，全市上下解放思想，团结拼搏，为早日实现全面建设小康社会的宏伟目标而努力奋斗。桂平市170万人民竭诚欢迎海内外朋友到桂平观光旅游、投资置业、共创辉煌！

做好“借铝兴平”文章 加快县域经济发展

中共广西壮族自治区平果县委 平果县人民政府

平果县位于广西西南部，为百色市的东大门，处在桂东南开放与桂西开发的结合部，是南（宁）贵（阳）昆（明）经济区的重要组成部分，是国家大型骨干企业平果铝所在地。近年来，在自治区党委、政府的正确领导下，平果县立足县情，发挥优势，认真做好“借铝兴平”文章，加快了县域经济发展的步伐。2004年全县GDP达到50.87亿元，同比分别增长39.12%，GDP增幅比上年提高1.48个百分点；规模以上工业总产值达到56.25亿元，同比增长28.77%；全社会固定资产投资完成14.20亿元，同比增长 4.41%；财政收入达7.46亿元；农村人均纯收入达1750元。全县经济综合实力明显增强，2003年被评为广西全区“经济十佳县”，入围全国西部经济百强县，名列第22位。

一、发展特色县域经济，实施“借铝兴平”发展战略

平果县具有丰富的铝资源，已探明的铝矿储量有2.9亿吨，其三氧化二铝含量高达60.45%，品位可与产铝著称的法国、几内亚等国的铝矿相媲美，在邓小平同志“广西平果铝要搞”的英明决策下，国家大型骨干企业平果铝一期工程于1995年全面建成投产，二期工程也于2003年全线竣工投产。丰富的铝资源和国家大型骨干企业平果铝在当地建成发展，这是平果县优势所在，也是构建特色经济的依托，紧紧围绕这一得天独厚的优势，平果县确立了县域经济发展的战略“借铝兴平”，即依托平果铝，以铝工业为核心，带动地方工业、农业和服务业发展，形成以铝加工业为核心的产业体系，将平果建设成为中等城市规模的桂西铝城。在“借铝兴平”的总体战略思想指导下，经过多年的努力和探索，该县明确提出了“一产稳县、二产强县、三产兴县”、“非公兴平”、和“以工哺农”的具体发展思路，县域经济持续、快速、健康发展。

二、以铝工业为核心，大力推进“工业立县，工业强县”

在广西的经济发展战略中，将百色列为中国乃至亚洲新兴铝工业基地来发展，而平果则是这个铝工业基地中基础较好、起步较早的县份，经过多年的努力，铝工业及相关产业取得了长足的发展，铝工业基地初具规模，因此，构建以铝工业为核心的支柱产业，打造一批相关产业的龙头企业，带动其他产业的发展，是平果发展特色县域经济的最佳途径和当务之急，是“借铝兴平”的核心内容。几年来，平果县依托铝资源优势，初步构筑了以铝加工业为核心的五大支柱产业。

1.重点打造铝工业。一是重点做好为平果铝的服务工作，确保平果铝发展壮大。几年来，平果县投入大量人力、物力、财力，协调解决平果铝征地、周边治安等方方面面的问题，促使中铝广西分公司氧化铝二期工程于2003年建成投产，目前中国铝业广西分公司的生产能力为：年产铝土矿190万吨，氧化铝85万吨，电解铝13.5万吨。近期平果县将重点抓好电解铝二期、氧化铝三期工程的服务和配套工作，以促使其尽快上马。二是充分发挥平果铝的辐射带动作用，拉长铝产业链。发展为平果铝生产配套服务的工业企业，为平果铝生产提供原料、辅助材料。创办铝型材厂，利用平果铝初级产品进行深加工，生产铝型材等高附加值产品。目前已引进3家铝型材厂，其中2家已建成投产，年产5万吨铝型材。平果县力争在“十五”期间铝材加工能力达到年产10万吨的规模、20亿元的产值。使平果成为名副其实的南国铝都。

2.加快发展化工工业。依托平果铝生产需要，引资建设为平果铝生产提供原料、辅助材料的化工企业，目前已建成了年产2万吨氟化盐的

氟化盐有限公司，年产2000吨钢球、1.2万吨合金铝棒、5万吨硫酸的广西百合化工股份有限公司，年产6万吨预焙阳极碳素的皓海碳素制品有限公司、年产4万吨预焙阳极碳素的强强碳素制品有限公司等化工企业，年总产值达32459万元，力争将化工工业打造成仅次于铝工业的第二大工业支柱产业。

3.稳步推进制糖业。制糖业是平果的传统工业支柱，为使制糖业不断得到发展壮大，通过招商引资，完成了对国有企业平果县糖厂的改制工作，成立了私营企业“平果南华糖业有限公司”，日榨能力从3000吨提高到4200吨。同时加大原料蔗种植力度，力争进厂原料蔗稳定在50万吨、产糖6万吨、产值达1.5亿元的目标，在此基础上，进一步配套糖产品深加工和综合利用项目。

4.努力培植建材工业。重点抓水泥厂“2835”工程技改项目，使水泥厂从年产28万吨扩大到35万吨生产能力；同时抓好平果铝赤泥尾矿综合利用和年产加气混凝土生产线10万块标砖项目；充分发挥乡乡基本实现通油路这一优势，发展一批乡镇建材工业。

5.扶持壮大农副产品深加工。重点抓好食品厂改制，已完成对腐竹一车间的拍卖出让工作，拍卖出让后企业正在加大投入，即将投产。同时，有重点地对金果公司、广海食品公司、刘佰记食品公司等农业龙头企业进行扶持，使其发展壮大，进一步延伸产业链，真正解决农民产品销路难的问题。

三、优化投资环境，加大招商引资力度，实现“非公兴平”目标

1.改善和优化投资环境。一是转变政府职能，规范政府行为，简化行政审批手续，取消了11个部门共110项审批项目；推行“一个窗口办文、一个口子收费、一站式服务”的办公形式；设立外商企业合法权益保护牌；为企业办理收费登记卡，对一些负责收费的自收自支事业单位实行“收返分离”；为切实转变机关工作作风，营造良好的投资环境。2003年平果县由组织、人事部门组织民营企业主对政府部门二层机构的副股长以上干部进行考核，对不称职、客商不满意的干部免职或调离，部门为客商服务意识、办事效率不断提高。二是不断完善优惠政策。2003年初出台《关于外商投资的暂行规定》、《关于奖励引荐外地资金、项目的暂行规定》2个规范性文件，进一步完善招商引资优惠政策，形成了一整套吸引外商投资和鼓励全县广大干部职工、社会各界积极参与招商引资的办法和措施，2001年以来，县财政共拿出500万元作为招商引资的奖励资金，在外来投资优惠政策方面，给予客商3万元/亩的用地优惠，其余由地方财政补贴，县方负责三通，平整场地县方出资20%等等。不断丰富完善引资办法和措施，重新编写《平果县投资指南》，突出平果的引资优势。三是加强以工业区为载体的硬件建设。为营造更为良好的投资环境，进一步吸引外来投资，平果县于2001年投资建设江南工业区，以相对集中布局一批优势项目，目前工业区主干道已建成，区内建成35千伏变电站一座，完成生产供水、生活用水管道的安装，现代通信系统覆盖全工业区，通讯联络畅通。当前，平果县正不断加大投入，重点抓好工业区项目用地储备和工业区管、路、网、环保等基础设施建设工作，确保做到项目未进，先路通、水通、电通。目前，已有平果亚洲铝业有限公司、平果铝型材厂、广西协成日用化工有限公司、平果蓝天五金模具有限公司、平果东风汽车销售服务有限公司、平果铜铝板业有限公司等九家企业到区内建设，其中平果亚洲铝业有限公司、平果铝型材厂两个项目已建成投产。尚有一批以铝加工为主的项目正在洽谈中。四是强化服务意识。在民营经济的发展上，平果县坚持“重引勤管”方针，建设项目引进后，从项目立项、办证办照、征地到开工建设乃至竣工投产，均实行全日制、无周日工作制，全力为项目的建设及发展壮大保驾护航，县领导和职能部门经常深入企业第一线，了解项目建设和企业生产经营情况，协商解决企业建设发展中遇到的困难和问题。优质的服务，使外来投资者感到平果不仅具有投资置业的优越条件，而且在平果投资办事省心、舒心、放心，极大增强了企业投资的信心，使企业得以不断发展壮大。如强强碳素制品有限公司对平果的投资环境和企业的发展前景充满了信心，在完成年产4万吨预焙阳极碳素工程项目后，2003年又出资与香港客商共同投资成立了建设规模为年产6万吨阳极碳素的平果皓海碳素制品有限公司。几年来，全县共引进广西百合化工股份有限公司、平果铝型材厂、强强碳素制品有限责任公司、皓海碳素制品有限公司、平果亚洲铝业有限公司、广西协成日用化工有限公司、蓝天五金模具公司等一批实力强、市场前景广阔的民营企业。2004年全县私营企业已达188家，比上年增加24家，增长15%，全县个体工商户1.21万户，从业人员1.58万人，分别比上年增长5%和8%。全县规模以上非公有制企业完成工业总产值11.39亿元，占县属工业企业总产值的91.93%。

2.通过大力招商引资，吸引外商到平果发展民营经济。在不断优化投资环境的基础上，积极走出去，广泛开展招商引资活动。县四家班子领导、各乡（镇）领导及县直有关部门每年都到广东、江苏、福建、浙江、上海等地开展招商活动，将项目分解到班子，到部门，形成了人人有项目，人人都招商的良好氛围，还通过在平果的客商以商招商，如民营企业平果铝型材厂谢志强老板2003年为平果引进一家年产1.5万吨的铝板材项目，该项目于2004年6月份动工建设。2004年新引进和争取上级扶持项目87个，总投资8.3亿元，引进各类资金4.85亿元。

3.大力推进县属国有企业民营化，鼓励和支持民间资本对县属国有企业进行收购、兼并、控股、租赁、承包等，使国有企业退出竞争性领域。2002年上半年，平果县尚有11家国有企业，处境非常艰难，平果县委、县政府下决心抓改制，采取切实措施，通过多种途径从广东湛江、深圳、上海等地引进7家客商收购了糖厂、氟化盐厂、酒精厂等7家国有企业转为民营企业，这些企业在市场经济指导下，通过建立新的经营模式，重新焕发了生机，成为平果县域经济发展的生力军。

四、以城市建设为载体，加快第三产业发展

平果县围绕建设桂西铝城目标，不断加快城镇化发展步伐，促进第三产业快速发展，努力实现“三产兴县”。一是立足铝业，按照中等城市的架构做好城市发展规划，邀请广州、南宁、福建、浙江等地资深设计部门编制平果城市总规、详规以及17个乡（镇）的小城镇规划，合理划分县城小区功能，对商贸区、办公区、居住区、休闲娱乐区、工业加工区、仓储区等进行科学定位，并严格按规划建设。二是加快基础设施建设。县财政3年来累计投入1.49亿元进行城区建设，完成了县城区18条长21公里的市政道路建设，拉大了城市的框架，县城区道路硬化率达70%，绿化覆盖率达45%。2004年开工建设铝城大道、三星级宾馆、人民文化公园、平果第三高级中学等一批城建及其配套项目，同时完成了瀬江至金沙13公里、黎明至同老24公里通乡油路建设，从而实现了乡乡通油路奋斗目标。同时改建乡镇油路262.55公里，三是围绕工业化、城镇化建设，加快服务业的聚集。以铝业生产资料市场和铝材销售市场为中心，以公路、铁路、水路运输为重点，建设现代物流基地。到2004年，建成综合批发市场8家，专业批发市场6家，形成了辐射周边县的区域性商贸中心。3年来县城区新建商铺2800多家、工商个体户5500多户、商业企业129家，安排3.1万人就业。四是抓好经营城市工作。通过建立土地二级市场，盘活国有土地资产，储备城市建设用地1000亩。到2004年，共引进8家外地房地产公司到平果县城区进行房地产开发，新建8个商住区建筑面积达39多万平方米，商场门店300多个面积达16.2万平方米，目前已有60多家江浙一带经营小商品的客商购买了商场门店。五是坚持工业化与城镇化联动发展，做好工业发展与工业用地规划，在县城区安排工业用地1000多亩。除平果铝厂区外，设立了城东、城南、城北、江南四个工业小区，规划面积1.2万亩，保证工业用地充足、布局合理，既聚集了工业企业，又形成了新的城区。同时，增加商业、金融、通信、餐饮、娱乐、交通等服务网点，不断完善城市功能，城镇化率已从1993年的8.6%上升到2004年的23.6%。

五、跳出农业抓农业，走“以工哺农”、“以工兴农”之路

在加快工业发展、财政增收的同时，加大了对农业的投入。自2001年以来，共投入高效农业补助资金970多万元，主要用于“名、特、优、新”水果品种的引进，以及补助葡萄种植户、聘请农民技术员工资，促进了全县高效农业的发展。

一是加大投入，大力调整农业产业结构。近几年来，平果县坚持以市场为导向，以科技为依托，以机制创新为动力，以农业增效农民增收为重点，大力发展特色优势支柱产业。以平果现代农业综合示范区为龙头，加快葡萄、龙眼、红江澄、大青枣、优质香蕉、杨桃等水果生产基地建设，为引导农民大力发展高效农业，2001年下发了《平果县委、县人民政府关于大力发展高效农业若干问题的决定》（平发[2001]42号），对发展高效农业的单位、个人均给予每亩1500元的补助，以此引导和带动农民发展高效农业。2004年，全县累计水果种植面积16.5万亩，完成甘蔗种植12.75万亩，进厂原料蔗46万吨。剑麻、霸王花生产取得显著成果，完成剑麻种植3.6万亩、霸王花种植2.15万亩，剑麻、霸王花生产逐渐成为石山地区农民增收的重要渠道。二是推动农业产业化发展，用工业化、市场化、商品化的理念来发展农业。积极扶持农业龙头企业，给予农业龙头企业贷款、农业种养项目租地等方面的优惠，有效促进了平果县刘佰记食品有限公司、广海食品公司等一批本地民营企业发展壮大；引进了广东、上海、浙江、台湾、沈阳等地的老板、客商到平果发展种养业和农产品加工业；同时培植了本县张世坚、张光理、黄志远、韦志律等一批种植示范户，促进了全县农业产业化经营较快发展。2004年，全县共有各种大型立体或专业养殖场14个，年产值达1100多万元，初步形成了生猪生产、草食动物生产、奶业产业、水产养殖四大生产基地。并涌现了南华糖业有限公司、酒精厂、食品厂、金果公司等一批优秀的农业产业化龙头企业，提高了农业效益，增加了农民收入。三是通过发展工业和扩大城镇规模，加快农村人口转移。在平果铝的辐射带动下，平果县工业得到快速发展，城镇化建设步伐加快，县城面积从原来的6.5平方公里扩大到2004年的12.9平方公里，为农村人口的转移奠定了基础。实施农民下山进城入谷工程，把任务量化分解到各乡镇，强化对农村劳动力的技能培训，不断拓宽就业渠道，加强劳务输出服务管理，维护民工合法权益，确保农民外出务工有效益。良好的服务促进了全县外出务工经商人员不断增多。2004年，全县共有2.8万人下山进城入谷务工经商。外出务工经商已成为农民收入的重要来源，2004年，全县农民人均纯收入1750元，同比增长14.53%。

重点突破推进强市建设　跨越发展加速实现小康

贵州省兴义市人民政府市长　夏开益

贵州省建设经济强县（区、市），是省委、省政府加快推进我省县（区、市）域经济发展做出的重大战略决策。兴义市被列入全省首批建设的20个经济强县（区、市）之一。首轮强县（区、市）建设期间，全市经济保持高速增长，社会事业协调发展，各项改革进一步深化，对外开放取得较大进展。全省首轮经济强县（区、市）考核，兴义市综合经济实力位居第8位，获“全省十强经济县（区、市）”称号，受到省委、省政府的表彰。县域经济基本竞争力位居中国西部第46位，进入西部50强。

2003年底，省委、省政府决定实施第二轮经济强县（区、市）建设，兴义市又被明确为全省第二轮建强县（区、市）之一。二轮建强时期，是我市抢抓西部大开发机遇、全面建设小康社会的关键时期，为此，我们必须把西部大开发、小康社会建设和强市建设融会贯通，形成一个有机的整体来加以推进。西部大开发是机遇，小康社会建设是目的，强市建设是手段。在实施西部大开发战略中，用小康社会建设统揽全局，把强市建设作为战略举措来抓。重点突破，推进强市建设；跨越发展，加速实现小康。

一、思路

兴义市第二轮建强工作的总体思路拟是：抢抓西部大开发机遇，坚持科学的发展观，突出发展主题，以“三化一业”为重点，以改革开放为突破口，以项目工作为着力点，全面推进强市建设，努力实现“保十争五”目标，总体上达到小康生活。

二、目标

兴义市第二轮建强工作的奋斗目标只有一个，就是“保十争五”。即到2007年，兴义市在全省经济强县（市、区）中保住前十位次，争取进入前五位次，实现我市小康社会建设“两步走”战略目标第一步，全市总体上达到小康水平。

三、重点

兴义市第二轮强市建设的重点是强力推进“三化一业”，即工业化、城市化、产业化和旅游业，重中之重是突破工业化。

第一，全力主攻工业化。强化工业主导地位，实施工业强市战略，是兴义市二轮建强期间做大经济总量，实现跨越式发展的必然选择。实施工业化，重点是抓好三个方面的工作：

一是优化工业布局。要以建设南昆产业带为目标，科学规划、合理布局工业，着力抓好威舍、马岭、郑屯、清水河、顶效、民航六个工业基地建设，按照各基地的功能与定位，优化工业企业布局，形成各具特色的工业产业群。依托工业基地载体和集聚功能，拉动南昆产业带加速发展，辐射带动全市经济快速发展。

二是培育支柱产业。重点是培育八大支柱产业。煤炭产业：主要是增强原煤生产能力和转运量，到2007年原煤年产量达150万吨，生产能力达200万吨，煤焦转运量达800万吨。同时，大力发展煤炭精洗、精选等深加工和煤化工，做强做大机焦，开发煤变油项目，延伸煤炭产业链。电力工业：要实施“水火并举”发展战略，大力发展小水电，小水电总装机容量突破30万千瓦；争取兴义火电厂、自备火电厂项目建设，新增电力总装机容量300万千瓦。酿造工业：主要是加大市场拓展力度，做大做强“贵州醇”白酒和“万峰”啤酒。冶金工业：重点抓好铝煤电联营项目，适度发展铁合金、铜铁、铅锌等载能工业。建材工业：要进一步扩大水泥、页岩砖等传统建材工业生产能力，加快开发新型建材。制药工业：要通过GMP、GAP、GSP等规范化管理，把心意、苗药、天地、华圣、云峰、圣都等培育为支柱骨干制药企业。要进一步挖掘民族民间特色中草药秘方和加快新产品研发，培育一批以地方中药材研发、加工为主的制药业。化工工业：要抓好兴义化工总厂2030项目建设，进一步拓宽化工行业的发展领域，发展煤化工、重化工、磷化工、日用化工产业。烟草工业：搞好资产重组，通过挂靠、加盟大型烟草集团，盘活兴义卷烟厂资产，做大做强烟草工业。

三是发展新兴工业。要加大力度发展绿色食品精深加工、特色保健饮料、民族工艺品、机械制造与组装、高新电子元件加工等工业，培育一批科技含量高、经济效益好、市场前景好、竞争能力强的新兴工业，不断增强工业发展后劲。

同时，要积极利用先进技术改造传统产业，推进传统产业高新化、高新技术产业化。加强调度，协调解决好企业在生产经营中遇到的资金、人才、市场等问题，促进企业生产经营。

第二，重点突破城市化。要以建设现代化中等城市为目标，突出城市特色，扩大城市规模，提高城市品位，大力发展城市经济。推进城市化，在抓好规划设计的基础上，要着力抓好四个方面。

一是加快城市建设。要坚持旧城改造与新城拓展两手并举，一手抓旧城改造，继续实施旧城主干道的硬化，完善市政公共服务设施。一手抓新城拓展，重点推进桔山新城区“两纵三横五中心”建设，进一步抓好坪东片区、下五屯片区、顶效开发区开发，启动马岭新区、民航新区、北门小区、水库小区开发。同时，下大力抓好小城镇建设。

二是规范城市管理。要进一步理顺城市管理体制，相对集中城管综合执法，落实城市管理长效机制，强化社区管理与服务功能，构建“居民自治、社区管理、政府引导、法律保障”的公共管理体系，形成规范高效的城市综合管理体制；逐步走上城市管理市场化、社会化路子，将公用设施、环境卫生等纳入物业管理；加快城市净化、绿化、美化、亮化、序化步伐，狠抓市民素质教育，开展“卫生与秩序”主题创建活动，实施城市“畅通工程”，巩固“创卫”成果，争创全省、全国文明卫生城市。

三是发展城市经济。重点是发展第三产业。要充分发挥兴义位处黔、滇、桂三省区结合部和南（宁）贵（阳）昆（明）经济圈中心的区位优势，以及南昆铁路、兴义机场、324国道和210省道、南盘江航运构成的水、陆、空立体交通运输优势，以西南出海便捷通道构建大市场、大流通的格局，形成西南较大范围的区域性物流中心。尽快完成城区商业网点建设规划，合理布局城区商业网点和专业批发市场，促进商贸等第三产业的发展，繁荣城市经济。

四是搞好城市经营。要引入市场机制，利用市场手段，整合城市有形、无形资产，加速城市资产向城市资本的转化。重点是作好土地文章，管好盘活地产房产资产。实施出租车、公共汽车营运权和广告经营权、道路冠名权以及经营性市政设施经营权的有偿出让，拓宽城市建设渠道。通过民资、外资、银资、国债、财政投入和资本置换等途径，不断开创政府主导推动、多元主体参与、社会积极支持的城市经营新格局。

第三，突出推进产业化。推进产业化，重点要抓好三个方面。

一是拓展市场空间。进入市场是农产品成为商品的标志，是农业产业化的最终目的。要积极拓展农产品市场空间，提高农业的市场化和商品化程度。要围绕扩大市场规模、完善市场设施，加大城镇农贸、集贸市场规划和建设力度，重点建设农产品批发市场、大牲畜交易等专业市场。同时，要树立大市场观念，开辟周边市场，大力发展国内、国际市场，拓展市场空间，增大市场份额。

二是抓好基地建设。要在稳定粮食生产的基础上，以市场为导向，积极推行订单农业，以名、优、新、特、奇为方向，大力发展农产品商品基地。重点建设优质粮食、烤烟、中药材、蔬菜、板栗、油桐、竹子及商品猪、牛、羊、家禽等农畜产品基地。到2007年，全市形成年产优质商品粮2亿斤，优质烤烟20万担，中药材10万亩，蔬菜10万亩，板栗15万亩，油桐20万亩，竹子10万亩，商品猪60万头、商品牛10万头、商品羊10万只、商品禽300万羽的规模。

三是发展龙头企业。要按照公司制的思路发展农业产业化龙头企业。要以绿茵公司、佳鑫肉联厂等现有农业产业化龙头企业为主体，大力发展农副产品精深加工企业，配套发展储存、保鲜、运输等经营企业。要新建一批适应市场需求的产业化龙头企业，延伸产业链，增强龙头企业对农户的带动功能，实现生产基地与产品购销、加工的统一，促进农产品的多次增值。以龙头企业带动基地建设和订单农业的发展。

第四，积极发展旅游业。要把旅游业作为支柱产业来培育和发展。主要是围绕把兴义建设成为国内知名的旅游目的地、中国西部旅游明珠这个目标，突出抓好四个重点。

一是抓好旅游配套基础设施建设。要抓好马岭河峡谷、万峰林、万峰湖等重要景区景点的基础设施建设，加强对何应钦故居、刘氏庄园等重要文物的保护和修复。继续抓好公路、铁路、航运、航空四位一体的交通网络建设，改善旅游可进入性条件，搞好旅游业相关的宾馆、酒店、商店、娱乐等配套基础设施建设。

二是加强旅游行业管理。要创新旅游经营机制，理顺旅游管理体制，规范旅游行业管理，消除阻碍旅游业发展的体制性、机制性障碍。加快旅游服务网络体系建设，不断增强旅游服务功能，提升旅游接待能力和服务水平。特别是要加快推进浙江青鸟旅游投资集团有限公司对马岭河峡谷——万峰湖国家重点风景名胜区特许经营项目的实施，以带动全市旅游业的大发展。

三是强化旅游品牌推介。首先，要对兴义市进行整体包装推介，提高兴义市的知名度，整体上塑造兴义市的形象。其次，要强力推介以马岭河峡谷为代表的自然风光、以“贵州龙”为代表的自然遗产、以何应钦故居为代表的人文景观、以布依文化为代表的民族风情四大品牌，提高旅游知名度，拓展国内、国外两个客源市场，吸引国内外游客到兴义旅游观光、投资开发。

四是积极研发旅游商品。旅游商品在旅游发展中占有十分重要的地位，世界上旅游发达的国家和地区旅游商品销售收入占旅游总收入的比重达40%~60%，我国平均为20%，而兴义仅在5%左右。因此，要把发展旅游商品作为旅游业发展的战略措施之一加以考虑，制定并有步骤实施旅游商品在研究、设计、开发、生产、营销等方面的方案和措施，推出一批旅游商品，满足游客需要。

四、突破口

我市二轮建强工作的突破口是改革开放。通过改革创新体制，搞活机制，消除体制、机制障碍，营造良好的发展环境，向改革要活力，要发展。通过开放，招商引资，发展开放型经济，借船出海，借梯登高，借势发展，借助外力加快发展。

在深化改革上，要把制约经济社会发展的难点作为深化改革的重点，破除阻碍经济发展的体制和机制障碍。重点抓好五个方面的改革：一是行政管理体制改革。要结合贯彻实施行政许可法，建设法治政府，提高行政效能，把政府经济管理职能转变到主要为市场主体服务和创造良好发展环境上来，充分发挥市场配置资源的基础性作用。二是行政审批制度改革。要进一步简化行政审批程序，真正确立企业的投资主体地位，严格按照国家规定的目录范围，对重大项目和限制类项目进行核准，其他项目一律实行备案制。三是投融资体制改革。要放宽投资准入限制，允许社会资本进入法律法规未禁止的基础设施、公共事业及其他行业和领域，利用特许经营、投资补助、贷款贴息等多种措施，鼓励、支持和引导社会资本以独资、合资、合作、联营、项目融资等多种方式，参与经营性的公益事业和基础设施项目建设，拓宽投融资渠道，促进投资主体多元化，资金来源多渠道，投资方式多样化，项目建设市场化，减轻财政负担、化解财政风险，加快地方建设与发展。四是土地征用制度改革。要通过盘活存量土地、调剂利用进城农民退宅还耕新增的耕地等，努力保证重点项目建设用地。五是国有资产管理体制改革。要将部分行政机关、企事业单位国有资产纳入资本运营范畴，有效配置国有资产，提高使用效率。同时，通过改革，促进以诚信服务为重点的政务、市场、法制、信用等“软环境”建设，特别是努力营造使投资者感到宽松、满意的政策环境和公正、高效的办事环境。

在扩大开放上，重点是招商引资，要在“走出去，引进来”两个方面取得大的突破，推动全方位、多层次、宽领域的对外开放，进一步发展开放型经济。一是要加强与泛珠三角（9+2）、长三角、东盟等区域合作组织及地区的经贸交往与合作，特别是加强能与我市形成优势互补的地区及企业集团的经济交流与合作，吸引各类外商到我市投资兴业。二是人要走出去，学经验，学技术，解放思想，转变观念；骨干企业、优势产业和优势产品要走出去，扩大市场份额，提高经济效益。三是要努力引进项目、资金、技术、人才和先进的管理经验，特别要以引进和实施一批重大项目为重点，强化招商引资工作，积极探索专业招商、中介招商、亲情招商、激励招商、外出招商、以商招商等途径，推进招商方式多样化，争取在重大项目、高新技术项目招商上取得新的突破。

五、着力点

项目是经济发展的支撑点。项目工作是经济强市建设的着力点，是我市建强工作的抓手。

二轮建强期间，要继续抓好以“三化一业”、基础设施和社会发展等方面的重点项目。一是突出抓好南昆二线兴义段、汕昆高速公路兴义段、毕水兴高速公路兴义段、兴兴二级汽车专用线兴义段、万峰湖码头及港口建设、通乡油路工程、骨干电网建设工程等以交通为重点的基础设施建设项目。二是着力抓好兴义火电厂、铝煤电项目、重化工、煤化工、马岭河水电梯级开发、老江底水电站等重点工业发展项目。三是抓好城市污水处理厂、城市功能配套建设、城市供气工程、兴义监狱搬迁改造、城市交通枢纽工程等城市建设项目。四是大力抓好大型肉产品加工、蔬菜加工、粮食加工、中药材加工、草地畜牧业发展、优质粮食基地、万峰湖生态建设等农业产业化项目。五是继续抓好马岭河峡谷特许经营、兴义贵州龙国家地质公园、马岭河峡谷—万峰湖国家重点风景名胜区基础设施等旅游发展项目。六是抓好兴义十中、殡葬一体化服务、群众文化活动中心、体育场馆建设等社会发展项目。

突出项目工作这个着力点，主要是抓好两个方面五项工作。一个方面是争取国家投资，另一个方面是强化招商引资。五项工作：一是抓项目储备。要从深度和广度入手，加强项目库建设，提高项目的质量，扩大项目的数量和外延，认真研究、筛选、论证、储备一批符合国家投向和具有吸引力的招商项目。二是抓项目对接和项目推介。对符合国家投向的基础设施建设等项目，要掌握信息，搞好对接，争取投资；对招商引资项目，要充分利用互联网、电视、报刊等媒体，搞好宣传推介。三是抓项目招商。要坚持行政推动与市场化招商相结合，建立健全招商引资激励机制，调动各方面的招商引资积极性，全社会形成合力，共同招商。四是抓项目跟踪服务，无论对国家投资项目，还是招商引资项目，都要搞好跟踪落实和服务，狠抓落实，树立良好的项目形象。五是要重点做好兴义火电厂、铝煤电联营、重化工、煤化工等重大项目的前期工作，并取得突破，发挥效益。

以项目建设为支撑　促进县域经济大发展

中共河南省林州市委书记　来亮

近年来，林州市围绕全面建设小康社会的奋斗目标，坚持以大投入上大项目，带动经济社会大发展。2004年全市GDP完成80.9亿元，同比增长24.6%；地方财政一般预算收入达到2.79亿元，同比增长26%；农民人均纯收入达到3445元，同比增长18.6%；金融机构各项存款余额达到102.7亿元，继续保持全省第一。

一、突出工业经济，切实加大项目建设力度

林州市地处深山区，自然资源匮乏，区位优势不明显，发展农业没有出路，传统优势产业建筑业重在富民，旅游业带动的第三产业刚刚起步。为此，林州市委、市政府果断决策，提出了“全党抓经济，重点抓工业，突出抓项目，强力抓环境”的工作思路。连续几年来，每年向工业投资都在10亿元以上，每年都有一批大型项目建成投产，工业利润以每年1500万元左右的速度大幅递增，已初步形成了以冶金、机械制造、轻纺、医药化工、玻璃制品、建材、电力、农副产品加工为主体的八大主导产业。2004年，林州实行了四大班子成员分包项目责任制，共新上、技改、扩建、恢复项目300余个，总投资约30亿元，其中投资在5000万元以上的项目16个，超亿元以上6个。2005年新上投资5000万元以上项目11个，总投资达18.8亿元，全部投入运营后，将年增产值75亿元，利税5.6亿元。

抓好基础设施项目建设，为工业经济发展创造环境。水利建设上，突出抓好以“一大一小一条渠”为主的重点项目。“一大”就是马家岩水库，作为红旗渠的补源工程，该项目总投资1.99亿元，建成后平水年可向红旗渠补源4540万立方米，灌溉农田11万亩，向城镇提供工业、生活用水900万立方米。“一小”就是以旱井、水窖为主的小型水利工程。目前，全市已新打旱井、水窖15万余眼，解决了山区人畜饮水和发展经济用水困难问题。“一条渠”就是管好用好红旗渠。公路建设上，实现了“村村通”，投资近4亿元的浚南、翟阳、葛嘴三条县道升省道工程计划10月份建成通车。投资16.5亿元的安林高速进展顺利，建成后可实现与京珠高速、107国道成功对接。依托工业经济基础，带动城镇建设和第三产业发展。先后建成了一中新校、体育中心等一批城市标志性建筑，广电大楼、五中新校已奠基开工，行政新区已完成设计、招标等前期工作，蜜蜂山开发、向阳街改造等重点项目已经开工。同时，新上了城市供水、供气、供热、污水处理等配套项目，城市框架不断拉大，城市功能进一步完善。林州具有十分丰富的旅游资源，近年来，市委、市政府着力化资源优势和经济优势为发展优势，围绕“一红一绿”做文章，全市已形成6个国字号风景区。2004年共接待游客152万人次，门票收入2380万元，实现综合效益2.1亿元。

二、大力招商引资，多渠道筹集项目建设资金

2004年，招商引资引进项目71个，引进资金3.5亿元；向上争取项目49个，到位资金3.7亿元。其中，铃木铸造有限公司的三条汽配生产已经成型，红旗渠轻型飞机公司的首架飞机飞上蓝天；郑州白鸽集团投资1000万元新上玻璃球项目，产品全部供应韩国三星公司，每年可直接出口创汇1000万美元。

创新信贷模式。每年，市政府都要牵头组织2~3次大型的银企洽谈会。2004年，金融机构各项贷款余额达到54.85亿元。由于服务到位，一些在林州没有分支机构的银行也加大支持力度。铝业公司通过广发行融资3000万元、通过光大银行融资5000万元、通过浦发行融资7500万元，凤宝钢铁公司通过广发行融资3000万元，电力集团公司通过广发行融资3000万元。

激活民间资金。针对林州市建筑工队长较多的实际，开展了“建转工”活动，引导建筑工队长投资办企业，取得了明显效果。据统计，林州近两年来新上的工业企业有30%以上是建筑工队长投资兴办的。此外，成立了城市建设投资公司，通过经营城市建设提供资金保障，2003年，对市政府旧址进行了拍卖，价格高达137万元／亩。

盘活呆滞资金。目前，全市国有企业基本改制完成，民营企业达到11400多家。特别是太行大峡谷景区经过积极运作，已组建成了注册资金5100万元的旅游开发公司。市红旗渠钢铁公司是一家老牌国有企业，近年来，由于种种原因，一度陷入困境。面对这种情况，民营企业定角实业总公司对该公司进行了租赁，一次性买断流动资产，使企业重新焕发了生机。

三、强力优化环境，努力为项目建设提供平台

营造务实高效的服务环境，建立重商亲商的氛围。在办证上，只要在规定时间内没有将手续退回，即视为同意；在用地上，实行一项目一会审，随报随审；在人才引进上，对愿到企业工作的高层次人才，把人事关系保留在行政事业单位，并享受特殊津贴；在税收上，将纳税额超过30万的纳税人作为重点对象，开辟“绿色通道”，两年内免予税务稽查。同时，不断深化审批制度改革，将原有的800多个行政审批事项压缩到180多种。成立了行政服务中心，对34个单位、474个行政审批和收费项目，实行“一门受理，并联审批，一口收费，限时办结”工作程序，承诺时限办结率100%，真正形成了“上级围绕基层转，一切围绕项目转”的发展格局。

营造奖惩严明的用人环境，建立干事创业的氛围。在全市各级干部中树立“以项目论荣辱”的观念，大力选拔起用那些肯干事、干成事的干部。同时，切实加大了惩处力度，对那些按部就班、不思进取、缺乏创新精神的干部，就是要坚决搬位子，初步形成了激励干事者、保护创新者、鞭策落后者的环境。

营造诚信法制的市场环境，建立遵法守信的氛围。以政府信用为先导，企业信用为重点，个人信用为基础，采取法律和道德共约束，整治和教育双管齐下，行政监管和社会监督一齐运用等手段，大力加强社会信用体系建设。进一步规范和整顿市场经济秩序，严厉打击制假、哄抬物价、偷税漏税、逃废债务、欺行霸市等不法行为。创造了公平、公正的竞争环境。

实施“工业强市”战略　提升县域经济核心竞争力

中共河南省偃师市委书记　原文涛

偃师是河南省经济基础较好、发展步伐较快的县（市）之一。近年来，偃师市委、市政府牢固树立科学的发展观，围绕工业抓经济，大力实施“工业强市”战略，坚持“工业主导、项目拉动、产业升级、强市富民”的发展思路，推动了县域经济的持续、快速、健康发展。2004年11月份，在第四届全国县域经济基本竞争力百强县(市)评价中，偃师市的经济总量、人均GDP、农民人均纯收入等八项指标综合评价位居全国第九十二位，成为河南省第二个跨入全国百强的县市。2004年，全市共完成生产总值161亿元，同比增长16.1%；财政一般预算收入35018万元，同比增长36.3%；全社会固定资产投资42亿元，同比增长91%；农民人均纯收入3850元，同比增长11.1%；城镇居民人均可支配收入7800元，同比增长12.8%。

一、狠抓骨干项目建设，增强县域经济发展后劲

骨干项目是加速县域经济增长的关键。作为内陆地区经济发展欠发达的县市，过去在宏观上由于受诸多因素的限制，投入不足、发展不快，导致县域经济跨越式发展的基础较差、动能较弱，为此，近年来，我们在基本完成企业改制、盘活现有存量的基础上，结合国家产业政策，紧紧围绕偃师各种优势，优化经济发展要素配置，把经济发展的重点放在县域工业的外延扩张和增量扩充上，坚持大项目建设和招商引资并重，以大项目招商，招引大项目，不断增强县域经济发展的后劲。我们认真落实三个“三分之一”工作法，在项目建设和招商引资上，采取大员上阵，建立目标责任制，层层落实任务，全力开展招商活动；同时，大力创新招商方式，坚持“请进来”与“走出去”相结合，外出招商与委托中介招商相结合，举行集中招商与利用网络招商相结合，依托优势资源、优势项目、优势企业和优秀企业家，有针对性地引进重点企业和项目，使项目建设取得了历史性的突破，一批大项目和高科技项目在我市相继落地生根，开花结果。我们先后引进了河南华润首阳山有限公司2 × 60万千瓦机组、华润热电公司2 × 5万千瓦机组、首龙铝业有限公司年产1万吨高精度超薄铝箔、中硅高科技有限公司年产300吨多晶硅、洛玻集团龙门玻璃公司超薄玻璃项目等一批投入大、科技含量高、带动作用明显的亿元项目，快速壮大了全市的工业经济实力，有力推动了全市经济结构的优化调整。河南华润首阳山有限公司2 × 60万KW机组项目，是香港华润集团在河南最大的投资项目，该项目将被建成中原地区大型绿色环保电厂。预计2006年工程全部完工投产后，将为偃师财政直接增加收入3亿多元。近几年来，通过抓招商引资和骨干项目建设，我市每年引进的超百万元项目都在50个以上。

2004年，全市共引进百万元以上项目102个，其中千万元以上项目35个，亿元以上项目6个，投资总额达60.8亿元（域外资金51.6亿元）。

二、激发民营经济活力，壮大县域经济发展总量

民营经济是社会生产力结构中最具活力和生机的经济形态。发展县域经济，不能只单单借助外力，还要激活内力。偃师民营企业达1.3万家，占全市企业总数的97%，固定资产总额达51亿元，产值在全市工业经济中占90%，对全市财政的贡献达70%以上，已经占据全市经济的主导地位，是县域经济发展的希望所在。近年来，为进一步做大做强民营经济，我们出台优惠政策，放宽市场准入，优化创业环境，引导民营企业家开阔眼界，解放思想，创新企业经营体制和运行机制；坚持“依托优势产业上项目，依托优势企业

扩规模，依托优势产品创名牌”；积极实施“骨干带动工程”、“人才振兴工程”和“名牌兴业工程”；加大资金服务力度，充分让项目、人才、资金向民营经济流动，促使民营经济进一步呈现出快速健康发展的良好势头。截至目前，全市营业收入超过亿元的民营企业达到9家，聘请职业经理人参与企业经营管理的民营企业达到100余家，通过ISO9000国际质量体系认证的民营企业达到90余家。全市民营企业拥有河南省著名商标4个，河南省名牌产品4个，河南省优质产品4个，在全省县（市）中名列前茅。特别是2004年洛阳花都金柜集团有限公司的“花都”牌保险柜荣获“中国名牌”，实现了偃师乃至洛阳市中国名牌产品零的突破，该公司成为洛阳市第一家获此殊荣的企业，一举进入全国保险柜行业四大“中国名牌”之列。2004年，偃师民营企业共完成营业收入233.8亿元，同比增长20.5%；实现税金2.76亿元，同比增长23.3%。

三、大力培育特色优势产业，提升县域经济发展档次

不同地区有不同的要素禀赋，这是其他地区没有的比较竞争优势。具有区域特色的主导产业和产业群，是县域经济竞争力的集中表现，也是县域经济发展的比较优势所在。经过多年的发展，偃师初步形成了在全省乃至全国有一定影响力的能源、建材、机械加工、化工、轻纺、农副产品加工等六大优势行业和钢制家具、制鞋、三轮摩托车、针织四大产业基地。面对竞争激烈的市场形势，为使主导产业特色更“特”、优势更“优”，我们结合产业市场发展趋势，聘请经济学家做顾问，超前制订产业发展规划；规划建设产业集中区，对特色工业集中的庞村、李村、顾县等乡镇工业区不断完善功能，促使特色产业连片发展，发挥集聚效应；召集市直经济管理部门、各金融单位在特色产业有关乡镇召开现场办公会，对制约产业发展的质量标准、发展用地、用电以及行政事业性收费等一些实际问题逐一落实责任单位，并要求限期予以解决；培育龙头企业，引导企业加快科技创新步伐，更新设备，提高企业核心竞争力，特别每年从市财政拿出1000万元专项资金，用于重大新上、技改和扩建项目的贷款贴息；积极实施“质量立市、名牌兴业”计划，大力整治产业发展秩序，打击不规范竞争行为，有力加快了特色产业的整合升级步伐。目前，全市优势产业均呈现出良好的发展势头。钢制家具生产企业达174家，年产钢制家具300余万套，年产值13亿元，是全国最大的钢制家具生产基地，占全国同行业市场份额的40%左右。制鞋业通过招商三引，发展步伐加快，产品档次和质量大幅提升，现有企业400多家，年生产布胶鞋1.8亿双，年产值达到11亿元，成为全国最大布胶鞋基地之一。摩托车行业通过外引内联，分别与力帆集团、河柴集团、重庆宗庆公司、福建三力公司合作，扩大生产能力20万辆，成为全国重要的三轮摩托车生产基地之一。针织、管件、耐火材料等产业也呈现出产销两旺的态势。

四、优化经济发展软硬环境，降低县域经济发展成本

环境就是生产力和竞争力。惟有把县域经济发展的环境建好了，以诚信、保护、优质服务和良好的基础设施做保证，才能形成环境磁场效应，牢牢吸住、引来内外企业在本地安心生产经营，进而减少县域经济发展的内在阻力，降低县域经济发展的总体成本。因此，近年来，偃师市委、市政府借鉴发达地区优化环境的经验和措施，结合实际大胆创新，在优化经济环境上狠下工夫，全方位、深层次改善发展环境，最大限度地拓展了发展空间。我们及时提供和出台优厚政策，凡上级有的政策都认真落实，外地有的政策都积极给予，外商提出的只要不违反政策，也尽量给予满足；深化企业产权制度、政府机构、财政体制、城乡投融资体制及行政审批制度等改革，使县域经济发展的体制制约得到有效缓解；加强法治建设，深入开展企业周边环境、专业市场秩序、“打黑除恶”等专项治理活动，切实规范政府及工作人员的行政执法行为，营造有利于经济发展的法治环境；严格执行“20天安静生产日”制度、行政机关服务“承诺制”、“首问负责制”、“审批签卡制”，深入开展民主评议行风及“争创优质服务单位”活动，建设少障碍、高效率的行政服务环境；结合城镇化发展，大力开发城市西区和市、镇工业园区，增强经济发展的承载能力和集聚效应。由于高度重视了环境建设，近年来，偃师发展环境明显好转，对外形象、地位和吸引力明显提升。

总之，回顾近些年偃师发展县域经济的历程，我们深深体会到，工业经济是县域经济发展的核心和火车头，工业化是推动县域经济不断进步的最主要动力。只有工业发展了，经济发展才有质量速度，财政收入才会快速提高，强市富民目标才能真正实现。因此，县域经济要实现跨越式大发展，关键在于加快推进工业化进程，促进工业经济的大发展。在今后新一轮县域经济发展的激烈竞争中，偃师将进一步认真贯彻落实党的十六大和十六届四中全会精神，牢固树立科学发展观，加强和提高执政能力，大力解放思想，与时俱进，开拓创新，围绕建设“经济强市、教育名市”的既定蓝图，大力推进新型工业化进程，为加快中原崛起，率先基本实现现代化，提前完成全面建设小康社会的宏伟目标而努力奋斗。

县(市)委书记要从战略上创新县域经济发展思路

中共河南省义马市委书记　张英焕

以党的十六大为标志，全国上下掀起了新一轮县域经济发展热潮，县域经济面临着前所未有的发展机遇和极其严峻的市场挑战。在经济全球化不断加快、区域竞争日趋激烈这样一个大背景下，每一个县(市)要谋求自身的跨越式发展，就必须从自身实际出发，站在战略的高度，重新审视自己的优势和劣势，创新县域经济发展的思路。结合自己的体会，我认为，创新县域经济发展思路要把握好五个方面。

一、要创新战略布局，大力发展特色经济

县域经济相对于整个国家多门类、全方位的经济体系来说，最大的特点就是具有其独立性。每一个县市都有其独特的自然资源、地理环境、文化传统，由此也决定了每个县市的资源条件、区位条件、产业基础等等也不尽相同。因此每个地方的发展战略也必然有着比较大的差异。那么每个地方如何确定自己的发展战略？外国经济学家赫尔希曼很早就提出“非平衡发展战略”，强调优先发展有特色、有优势的产业和行业，以带动整个经济的起飞。也就是说，一个地方只有发展有自身优势、自身特色的区域经济，才能在国际国内市场中占有一席之地。这一点，早已被国内外经济发展实践所证明。从当今世界范围看，全球性的产业分工日渐明晰，也在不断加速，正是基于这样一种判断，中央提出要把我国建设成为全球制造业基地。从国内实践看，以浙江省为例，他们的特色经济由小到大、由弱到强，如今已形成以义乌为代表的小商品集散地、以嵊州为代表的领带生产基地、以乐清为代表的低压电器生产基地等等个性鲜明的特色产业区，这一个个特色产业区犹如一颗颗明珠，共同支撑了浙江经济的快速发展。事实证明，市场经济就是特色经济，有特色才有竞争力、生命力。如果搞“趋同”经济，人家搞啥我搞啥，结果非但发挥不出自己的优势，形不成特色，也必然导致失败。但在现实中，这样的事例并不鲜见。在农业产业结构调整上，有些地方不顾条件，一哄而起搞大棚蔬菜，有些地方盲目扩种苹果，由于品种单一，质量不高，卖难问题日益突出，“烂市”现象时有发生。在城镇化建设方面也现了“千城一面”的格局。因此，县(市)委书记作为负责一个地方的一把手，必须把发展特色经济作为未来经济工作的目标取向，推动县域经济的更快发展。首先要把立足点放在特色产品的开发上。要围绕有优势、有潜力的产品，加大要素聚集力度，加强保护和扶持，提高市场意识、公关广告意识，形成产品开发、产品升级、市场自然垄断的良性循环。其次，要把关键点放在特色产业的培植上。发展特色经济，产业的专业化整合是关键。这种整合，核心是要打破行业、部门和地区乃至所有制的界限，打破自成体系、门类齐全的地方经济格局，筛选出能够影响经济大局的支柱产业和当家产品，实行优势突出、重点集中的倾斜式发展。要有壮士断腕的决心和气魄，有所为有所不为，大力推行产业的集中化和专业化，在短期内迅速形成气候打出特色品牌。再次，要把支撑点放在特色资源的转化上。要开发现有资源，挖掘潜在资源，同时要破除“就资源论资源、产资源卖资源”的自然经济观，没有资源培植资源，有资源再生资源，使资源生生不息、多次利用，形成新的财富和富源，不断促进特色经济的形成和发展。就我们义马来说，我们按照发展特色经济的理念，经过认真地分析和选择，确定重点培育发展能源(煤、电)、煤化工、铬盐三大主导产业，力争在2～3年建成在全国有影响有规模的三大基地，最终形成有义马特色的经济体系。我们的这个规划得到了省、市两级的高度重视，在省、市两级全面建设小康社会规划纲要中，也将这三个基地列为重点培育的支柱产业。这将为我们今后特色经济的发展提供广阔的空间。

二、要创新发展途径，既依托资源又超越资源

经济发展规律表明，在工业化初始阶段，发挥资源优势，加速资源开发，能够实现经济发展初期的资本积累。但随着工业化的不断推进，资源开发也日益呈现出局限性，特别资源的不可再生性，必然导致资源开发型产业难以稳定持久，难以带动整个地区经济的可持续发展，甚至还会因资源逐步枯竭而导致地区经济的衰竭。我们义马是一个以煤炭为主的资源型城市，如何规避资源枯竭带来的风险，我们提出了发展循环经济的工作指导思想，既要依托资源，又要超越资源，并编制了详细的产业发展规划。结合我们的实践，我认为，在现代市场经济条件下，要发展壮大县域经济，应在充分发挥资源优势的同时，注重研究降低经济发展对资源的依赖度，走出资源依赖的怪圈，重点是要推动经济由资源依赖型向市场主导型的转变。一是加快培育市场主体。要针对过去市场主体不到位、产权所有者不明确、资产没有人格化的实际，加快产权制度改革步伐，真正使出资人到位，实现社会化的多元投资机制。同时要加速构建市场化的决策、生产、经营机制，科学地而非人为地确定主导行业、支柱行业、拳头产品，让市场去选择，让规模去定名，让效益去定位，切实提高产业与市场的对接程度。二是创市场环境。市场环境是现代经济的发展载体。一个地方经济发展的快慢，决定性不在资源，不在基础，而在于是否创造了良好的市场环境，为此要营造开放的社会环境，平等的竞争环境和优良的服务环境，促进良好市场环境的形成。三是健全市场法则。要让市场经济良性运作、良性发展。要建立社会信用体系，以相应的社会规则来协调社会各个层面的利益。要加强各种中介组织建设，依靠中介力量代替传统的政府行为。要加强经济秩序整顿，打击各种不法行为，努力为各类市场主体提供良好的竞争平台。

三、要创新发展主体，加快发展民营经济

民营经济是最具竞争活力、最具增长潜力的经济成分。从实际情况看，县域经济并没有涉及国家经济命脉的产业，也没有影响国家经济安全的企业，加快县域经济的民营化进程，不仅可行，而且大有可为。因此，在县域经济发展主体方面，应坚持“县域经济以民营为主，民营经济以个体私营为主，个体私营经济以加工业为主”的总体思路，加快推进民营化进程。一要加快国有资本退出步伐。迅速把国有经济从一般性、竞争性及盈利性的领域中退出，鼓励民营企业进入，凡是给予外资和国有企业的优惠政策都同时给予民营企业，凡是允许外资和国有企业进入的地区和行业都允许民营企业进入，努力为民营企业的发展拓宽广阔的空间。要利用亲情、友情、乡情，广泛吸引外地客商投资兴业，鼓励本地在外的能人创办实业，支持县内的各类人才领办企业，努力形成境外资本、县外资本、县内资本一起上的多元化投资面。二是提高素质。要帮助私营企业完善决策机制，避免“拍脑袋”等决策风险，使企业从非理性决策向理性决策转变。要引导私营企业走科技兴企之路，构筑以科技为支撑的经济发展新平台。三要建好载体。民营经济园区建设，不仅便于管理，而且有利于进区企业主生产条件的改善。要运用市场化运作方式，建立民营企业经济园区，使投资者低门槛进入、低风险投资、低成本经营、高效益回报，真正使园区成为吸引民间资本的“洼地”。

四、要创新发展动力，大力推进技术创新

分析国外市场经济的发展，大致都要经历要素驱动、制度创新拉动和技术创新三个阶段。我国县域经济的发展，过去主要依靠制度创新推动，也就是改革推动，在新经济时代和加入WTO的大背景下，经济发展主动力将由以往的改革推动向以科技创新为主转变。技术创新的重要特点，就是其相对较少地受地区经济总量、企业规模、资本实力等条件的制约，后来者可以居上，落后地区、无名企业只要推进技术创新，可以快速崛起。可以说，推进技术创新是实现县域经济的跨越式发展的必由之路。一要加快建立以企业为主体的技术创新机制。企业是技术创新的主体。要高起点、高标准建立和完善企业技术创新开发机构，充实技术开发队伍，增强技术创新的投入，强化企业的创新能力。要加快形成对企业科技人员的分配激励机制，不断推进产学研联合，使每个企业都有一个合作伙伴，每个产品都有一个技术靠山，形成技术创新滚动推进局面。二要加快建立以人才为根本的智力保证机制。牢固确立人才是第一资源的观念，用活用好现有人才，扭转现有人才资源浪费和外流的现象。改变科技人员工资待遇偏低的状况，大力引进紧缺的高层次人才，使科技人员的创造性劳动所得得到具体体现，真正做到既要以事业留人，以感情留人，以真诚的服务留人，又要用待遇留人，用市场经济法则留人。三要建立以政策支持为杠杆的调控促进机制。实施技术创新，离不开倾斜的政策支持和多元化的投资支撑。要加大对技术创新的财政支持，科研经费占财政实际支出的比重要按规定逐年提高。要落实对企业推进技术创新的税费减免政策，强化对技术创新的金融扶持，通过多方努力，加快形成以政府投入为引导、企业投入为主体，直接融资和间接融资相结合的多元化投融资体系。

五、要创新政府职能，努力建设服务型政府

在市场经济条件下，特别是在我国已加入WTO的新形势下，政府的角色必须重新定位。要顺应市场经济发展的客观要求，加快转换政府职能。一是处理好政府与企业的关系。新形势下的政企关系是互动关系。企业是政府的基础，政府应按政企分开的要求，不再干预企业的生产经营和投资决策，让企业享有充分的自主权，真正形成“市场调控企业、政府调控市场”的新体制。同时要发挥协调服务职能，努力为企业创造良好的发展环境，逐步建立一个以企业为中心的政府运行机制。二是处理好政府和市场的关系。市场经济确立了市场在资源配置中的基础性作用，但同时也要看到市场在资源配置和实现其他社会目标方面的局限性，市场自身这些“先天性缺陷”，需要政府干预加以弥补。因此，一方面，凡市场能解决的问题，一律由市场解决，政府主要抓好统筹规划，信息引导和市场规范工作，做到微观放开搞活，宏观管住管好。另一方面要当好市场的“守护神”。三是处理好政府与社会的关系。按照建立“小政府，大社会”的运行构架，制定一系列行政的，经济的规范，促使人们去服从和遵循这些规范。总之，政府应强化经济以企业为主、资源配置以市场为主、经济发展以质量效益为主的“三主”意识，把属于企业的权力还给企业，把属于市场的功能还给市场，把属于社会的职责还给社会，促进政府管理方式的不断创新。

中小企业生存和发展的新思维

湖南省长沙县人民政府县长　黎勇

"做大做强"，这是时下无论大中小企业普遍流行的一句口号。这种"'大'行其道"，似乎谁也不曾有过质疑，但是，世界著名管理大师，德国人赫尔曼·西蒙发明的中小企业"隐形冠军"理论，却引起了一场全新的辩证思维。

愚以为，概而言之，这种辩证思维有三。

一、经济现象中惊人的认知之差

又具体表现在以下三个方面：

1.主流文化和舆论导向之"大"。美国企业咨询专家沃尔斯特有一大新发现，在当今以大众传媒为导向的文化中，小企业无法获得社会应有的认可和尊重，这种文化主要是赞美和崇拜那种奇怪的巨大——巨大的规模、庞大的数字、强烈的自负感和巨大的杀伤力，并以这些作为成功的标准……

正是在谁也不曾怀疑这种主流文化的时候，西蒙教授被人依据这种主流文化的逻辑问住了。那是1986年，西蒙到美国哈佛访问，受到这样的质疑：德国的企业在世界500强的排行榜上并不出众，但为什么能够成为世界顶级出口大国，世界经济强国？于是被质疑者成了真正的质疑者。回国经过10年的研究，西蒙发现了一个惊人的事实。

2.整体经济的中流砥柱之"小"。原来，德国的出口贸易乃至整体经济的中流砥柱并不是西门子、拜耳、奔驰那些耳熟能详的巨头，而是一些名不见经传、却在某一窄小的领域做到极致的中小企业！为什么他们不为人们所知晓，甚至为西蒙这样的经济学家所忽略呢？

3.货真价实的冠军企业之"隐"。中国有一句古话："小隐隐于野，中隐隐于市，大隐隐于朝。"就在显赫的大型企业周围，有如群星般的中型企业，它们随时注视着企业王国巨头们的动向，捕捉具有潜在发展与盈利的市场空间，它们行动敏捷，高度专注于某一远离大众视野的行业；大音稀声，它们闷声发财，心目中的市场是全世界；大象无形，它们的产品创新遥遥领先于同行，不经意之间，它们甚至占据了市场一半以上的全球份额。

高手无名，在全球最负盛名的中小企业管理专家西蒙看来，它们是世界最优秀的，货真价实的冠军企业，"隐形冠军"！它们无论经营水准、产品技术还是创新能力，丝毫不亚于500强企业，甚至独树一帜，建立了大企业无法奢求的竞争优势！

隐者无名，但最终历史的辩证法可能是，"惟有'隐'者留其名"。

二、中小企业的理性之光

依据西蒙的研究，隐形冠军具备八大素质。

第一，奋斗目标就是在自己的领域成为全球领袖，并孜孜不倦地追求这一梦想。

第二，高度专注，它们自己的市场定义很窄，强调深度而不是广度。

第三，把自己的产品和专有技术方面的独到造诣与全球化营销结合起来，从不把客户交给第三方。

第四，贴近客户，尤其是顶级客户，通过技术与市场共同驱动取胜。

第五，创新！创新！创新！创新活动是全球导向的，是持续不断的。

第六，为了保持企业的活力，他们会主动出击，会不惜一切代价维护行业的地位。

第七，保持独一无二的个性。

第八，强大的企业文化，企业领导非常杰出，而且一般都掌舵几十年。

我以为，八大素质闪现的是中小企业应有的理性之光。"宁为鸡头，不为凤尾"，"小王也是王，蚂蚁腿也是肉"，"锤子、剪刀、布，各有各的玩法”，“不怕招招会，就怕一招精”，“物竞天择，适者生存”，在世界经济一体化的大循环中，关键是要建立全球化的视野，细分目标市场，自己准确定位，做最擅长的那一块，一头深扎下去，小产品里玩出大乾坤。在我国县域经济中，义乌的纽扣、亳州的药材、寿光的蔬菜、东阳的磁铁、宁海的模具，无一不是靠众多中小企业支撑出“百强县（市）”的经济平台，靠不显眼的产业做精做专创造出别人无法与之竞争的强大活力与传统拳头产业。因此，与其盲目做大做强，不如倾心做专做精；与其着眼争做500强，不如做足500年。要做到别人无法替代，无法进入。

隐形不是最重要的。重要的在于如何成为冠军。但是“隐形”显而易见的好处是，避免了更多的人加入，减少了竞争，延长了产品周期，因不易受外界影响，也更便于从容决策，韬光养晦，从长计议，出奇制胜。

三、政府决策的“大”“小”之辩

当主流商业文化和舆论导向把企业的成功与快速增长、巨额收入和巨大规模联系起来，并把不沉迷于迅速创立巨无霸公司的中小企业视为无足轻重、胸无大志或是沙场败将的时候，我们由于无知，已经深深地伤害了他们。更为严重的是，错误的商业文化和舆论导向，深刻影响了政府决策，使中小企业生存发展条件改善缓慢，遭受不公正对待，出现融资难等诸多问题，使他们陷入发展的困惑与迷惘，失去了前进的目标与方向。而事实是，中小企业是当今中国吸纳社会就业的绝对主力，企业数量占到国内企业总数的99%以上（即使在高度发达的工业国家，中小企业也是绝大多数，美国80%的企业，员工在5名以下），创造的最终产品和服务价值占到全国GDP比重的50%以上，全国出口总值的60%以上，全部税收的近一半。中国经济的未来可能更多地依赖中小企业而不是为数不多的大企业，更不要说他们中一批代表中国经济的真正脊梁的“隐形冠军”有朝一日将如异军突起了。

由此想到县域经济，随着强县扩权与经济工作中心下移，县域经济将在整个国民经济中扮演越来越重要的角色。而县域经济所面临的，更是广大的寂寂无名的中小企业。孟子说过：鱼，我所欲也；熊掌，亦我所欲也。又说：惟智者能以小事大。鱼和熊掌何尝不能兼得？万事万物大小是变化的，焉知大不能小，小不能大？没有多样性的世界，哪能丰富多彩？入世以后在中外强品牌财大气粗、“坚船利炮”的狂轰滥炸中，在大众媒介“‘大’行其道”的舆论压力下，在绝大多数管理教科书“巨大崇拜”的说教中，在偏离科学发展观和正确政绩观的“好大喜功”“贪大求全”主流意识面前，能否客观实际一些，坚持统筹协调发展，对处于自身发展初级阶段的中小企业，更多一些关注、支持和政策倾斜（特别是对县域本土企业、乡镇企业，更不能在“做大做强”的口号下，迫使其抛弃过去曾令企业成功的冷静谨慎的作风，走上低水平重复建设，与龙王比宝般扩张规模之路，千军万马挤上一条道，一条道上走到黑，以至膨胀得越大，破败得越惨，最终成为不切实际盲目竞争的牺牲品）？同样是取水，我们何必千篇一律地只要求挖大塘而不能掘深井呢？

树立和落实科学发展观　必须处理好八大关系

中共湖南省花垣县委书记　吴彦承

科学发展观以马克思主义世界观和方法论为指导，充分体现了辩证唯物主义和历史唯物主义的基本原理。在实际工作中，我们要树立和落实科学发展观，就必须充分分析县情，处理好以下八大关系。

一、既要抓基础设施建设又要抓产业建设

基础设施建设是一个地方经济社会发展的基础，产业建设是一个地方经济社会快速发展的助推器。很难想像在一个基础设施落后的地方，经济社会会有快速发展，也很难想像在一个没有主导产业为支撑的地区，经济社会会实现全面、协调、可持续的发展。就花垣而言，　在基础设施建设上，我们要加快交通建设的步伐，让319、209及麻栗场至凤凰的公路成为进出花垣的快捷通道；我们要加快以建制镇为核心的小城镇建设的步伐，形成以县城为中心，以建制镇为依托的经济网络新平台；我们要加快城镇建设的步伐，使花垣成为三省市边区最具吸引力的物流、人流、资金流的中心等等。在产业建设上，我们要进一步做大做强两矿业，特别要做大做强像振兴6000吨微细铝粉项目那样的锰锌系列下游产品的开发，为工业强县注入更多的科技活力；我们要以大户经济为突破口，以椪柑、清见、脐橙、香桂、金秋梨、烤烟、线椒、大棚蔬菜等为重点，通过产业化运作、工业化管理，让农业产业成为继工业之后的第二大产业，为农村的全面小康建设打下基础；我们要以边城茶峒的保护开发为契机，使旅游业成为我县的朝阳产业。基础设施建设要先行，要用好的基础设施条件来吸引人才、资金和项目，同时基础设施建设也要跟着产业走，力争做到产业建设和基础设施建设的同步配套。

二、既要抓当前又要抓长远

经济的发展和社会的进步是有继承性的，今天的发展是昨天的继续，明天的进步又要以今天为基础，割断继承的发展是空中楼阁。从花垣的情况来看，我们既要抓当前工业的达产增效，又要抓科技的投入和工业产品的更新换代；我们

既要抓农业产业的规划实施、农业基础设施的完善，又要抓整个农村小康社会的建构；我们既要抓城市硬件建设的提高，又要抓城市环境和市民素质的提升；我们既要抓控制人口数量，又要提高抓人口质量；我们既要抓经济社会的繁荣，又要抓经济社会的稳定；我们既要抓经济的快速增长，又要抓经济总量的不断扩大；我们既要抓经济的增长方式，又要抓人与自然的良性循环；我们既要抓干部的任用，又要抓干部的培养等等。所有这些都是辩证和统一的，都是实现科学发展观中全面、协调、可持续发展的必然要求。

三、既要抓贫困村脱贫又要抓小康村建设

通过这些年的努力，以六通为标志的农村基础设施建设得到了加强，以产业结构调整为标志的农村经济得到了加强，花垣农村面貌发生了巨大变化，涌现出了以团结峨碧、雅西油麻为代表的一大批小康示范村。但是我们应该清醒地看到，在整个农村小康社会的构建上，我们仍然任重道远。首先要抓好贫困村的脱贫。对于自然环境恶劣，人和自然关系日趋紧张的村寨，要加大退耕还林力度和退人还山进度，通过搬迁的方式探索出移民开发的新路子；对于土地资源相对丰富、人和自然关系相对融洽的村寨，要继续加大基础设施的建设力度和项目扶持的力度来使农民群众稳步脱贫；要针对农村教育普遍落后的现实，加强基础教育、职业技术教育和适用科技教育，以普遍提高农村劳动者的素质；要进一步贯彻落实中央1号文件精神，出台更多支农、扶农政策，让贫困村有一个更好的治穷脱贫环境。其次要抓好小康村的建设。一方面我们要继续抓好现有的小康示范村的建设，帮助他们在支柱产业

的培植和发展、在生活习惯的改变和整体素质的提高上狠下工夫，通过他们的示范作用来带动和促进整个农村社会的大变化。另一方面，我们要看到我们的小康示范村还是小范围、低水平的，要教育和引导群众居安思危，富而思进，用科学发展观武装头脑，用加快发展来巩固小康地位，来提升小康水平。

四、既要抓工业达产又要抓农业增效

在花垣，要强调工业强县的思路不动摇。2004年1～10月的工业增幅达57.5%。我们2005年工业的目标，是要使锰、锌产品的产量分别达到8万吨，是要使我县的工业增长达到历史最高水平。为了达到这个目标，就必须在技改、达产、增效、改制上做文章，努力开发锰锌系列的下游产品，努力改善环境加大服务，让工业成为推动全县经济加快发展的主动力。在抓工业的同时，我们仍然要强调农业的基础地位不动摇，要通过多种方式使农民增收农村稳定。工业和农业的关系不是对立的而是互利的。农业是工业的基础，工业发展了又可以反哺农业。工业的发展可以拉动城市建设，可以为农民进城提供较多的就业岗位。总之，我们既要通过农业的发展来稳固工业发展的基础，又要通过工业的发展来促进农业的发展。

五、既要抓县城建设又要抓小城镇建设

实践已经证明，在适当的规模下，市场经济具有自我发展、自我膨胀的内在性，而落后地区经济的造血功能之所以弱，关键在于缺乏规模经济，因此，落后地区要满足经济良性发展所需求的经济规模，城镇化建设是最有效的途径之一。一方面，我们要继续加大花垣县城建设的步伐。要按照一手抓旧城改造一手抓新城扩容的思路，重点搞好旧城道路的改造，边城步行街的建设，边城集贸市场及老政府的开发建设，边城公园边城广场的建设和城北新区主干道的拉通硬化，通过城市建设来带动工业和第三产业的发展，通过工业和第三产业的发展来拉动整个经济社会的发展。另一方面，我们要继续加大小城镇建设的步伐。小城镇建设要以建制镇为骨干，要立足资源，科学规划。茶洞要以旅游为主打响边城的品牌；团结和民乐龙潭要以矿业开采和加工为主，建成工业园区；雅酉要以民族风情和生态为主，建成花垣南部的一扇窗口；麻栗场要依托交通和市场，建成花垣中部最主要的农副产品集散地；花垣镇要以县城为中心，建成功能全设施齐品位高的中心集镇。

六、既要抓发展又要抓治理

坚持科学发展观的实质就是要用新的发展思路解决发展道路上所遇到的各种问题和矛盾，从而实现经济社会的更快更好的发展。花垣这样的发展速度和水平，自己纵向比较，确实来之不易，但与东部及沿海发展达地区相比，与省内发达县市相比，其差距十分巨大。可以说，花垣最大的实际就是发展不够，解决一切问题的根本出路也在于加快发展。因此，必须坚持发展不动摇，千方百计地加快发展，在发展中崛起，在发展中缩小差距，在发展中实现新的跨越。但是，我们在抓发展的同时，也要狠抓治理。工业发展所带来的环境问题需要治理，矿区的开采秩序和安全生产需要治理，对经济发展起决定作用的整个社会环境需要治理，同时，农村要结合退耕还林政策，把生态环境进一步治理好，为实现可持续发展打下基础。

七、既要用好内资又要招商引资

通过这些年的发展，花垣的经济总量进一步增长，综合实力进一步增强，但要加快发展，我们还须运用科学发展观，处理好运用内资和招商引资 的关系。我们要出台更优惠更灵活的融资政策，在调动县级财政基础上充分调动和利用民间资本来为县城经济的发展服务。同时，我们要进一步优化环境，用环境招商，用政策招商，为花垣经济社会的发展注入更新更强的活力。

八、既要自力更生又要争取上级支持

辩证唯物主义告诉我们，事物的发生和发展是内因外因共同作用的结果，但内因是基础，外因通过内因而起作用。因此，一个地方的经济社会发展，既离不开自力更生，也离不开上级的支持。一方面，我们要大力弘扬艰苦奋斗的精神。我们要立足实际，在原有基础上甩开膀子大干，在追求经济高增长的同时又追求经济的总量和质量；要在全社会掀起热血奔涌拔穷根的发展热潮，让只有加快发展才能加快发展成为我们发展的内力。另一方面，我们要多方争取上级的支持。有关部门要按照县委经济工作会的部署，在能源、交通、水利水电，两矿下游产品开发，农业龙头企业和城市建设等方面加大招商引资力度，让更多的高、新、特项目落户花垣。再一方面，我们要致力于整个社会环境的治理，用一流的基础环境，一流的舆论环境，把花垣打造成三省市区人才的洼地，项目的洼地和资金的洼地，从而促进花垣经济社会的更快发展。

总之，树立和落实科学发展观，必须要在不断实践中正确处理八大关系，才能实现经济社会全面、协调、持续发展。

魅力海安 实力海安 和谐海安

中共江苏省海安县委书记 张爱军

海安地处我国经济社会最发达、最活跃的长三角地区。这里南望滔滔长江、东濒浩荡黄海、西承扬泰余脉、北通江淮腹地。海安有着悠久的历史，已有5000年历史的“青墩新石器遗址”，展露着江海平原最初的文明曙光。这块古老而光荣的土地，得人文之胜，开风气之先，一直是苏中地区经济繁荣、商贸发达、文化昌盛的富庶之乡。

改革开放以来，海安的经济和各项社会事业取得了令人瞩目的成就。海安农业一直是全国高扬的一面旗帜，“以粮为纲，全面发展”是结构调整的发轫之作；“百万雄鸡下江南”是发展市场经济最初的萌动；“超市农业”是发展高效现代化农业探索之路；丰富的农副产品资源为海安经济发展奠定了基础。海安工业从无到有，从小到大，从传统型到高新技术和外向型经济，海安工业经济发展已经实现连续3年多保持高位增长。海安城市化建设实现了由传统商贸重镇向拉开现代化中型城市架构的跨越。海安交通正在实现由传统水陆要冲向现代化交通枢纽的跨越。近年来，海安迎来了历史上最快的发展时期。在2004年全国县域经济基本竞争力评价中，海安从3年前的165位跃升到104位，经济实力快速提升。

海安的发展，是邓小平理论和“三个代表”重要思想在海安的具体实践，是海安人民在建设有中国特色社会主义的伟大征程中的生动创造，是海安壮大县域经济、加快富民强县的成功探索。

一、魅力海安

海安是江海平原上一颗耀眼的明珠。这里物产丰饶、风光秀丽、绿野平畴、人杰地灵。海安是江苏东部交通优势最为凸现的地区。即将竣工的盐通高速和规划中的海溧高速，204国道和328国道以及海防公路，数百公里的农村等级公路，织就了海安公路网，使海安快速融入全国公路体系。建设中的苏通大桥，让长江天堑变通途，使海安加入到上海1.5小时都市圈，加快了海安接轨大上海的步伐。新长铁路和宁启铁路在此汇合，海安作为二级编组站，发挥着在铁路大动脉中的作用。海安是长江水系和淮河水系交汇区，距南通港和建设中的洋口港都近在咫尺，拥有水运之利。交通的发展，带动和影响着海安经济、城市化建设和各项社会事业的发展。

海安有着深厚的文化积淀。“青墩新石器遗址”表明，海安是南通地区最早成陆的地方。优秀文化代代传承，杰出人物层出不穷。既有韩紫石、魏建功等名望大家，也有王庆根、卢立等后学才俊。海安是全国文化先进县、全国科技先进县、全国体育先进县、全国法制教育先进县。海安高考升学率连续多年居全国第一，为社会培育了大量高素质人才。曾获得全国文艺最高奖的《海安花鼓》、《海安龙舞》，舞出了国门，敲进了北京国庆50周年大典，展示着海安独特的文化风情。

海安人民以生活在这块富庶之地引为自豪。海安是国家级生态示范区、江苏省文明城市、江苏省卫生城市。这里望江临海，一马平川，水清木秀，气候温和，环境宜人。作为江苏省治安安全县，这里被誉为全国最安全的地方。海安地区人均储蓄高达1.2万元，百姓的殷实富裕可与苏南等经济发达地区媲美。

海安资源丰富、产业配套，展现着良好的发展前景。海安有着丰富的特色农副产品资源，已成为全国蚕桑、禽蛋、银杏、特种水产等十大商品生产基地。海安是全国惟一的“禽蛋之乡”，蛋鸡饲养量年存栏4000多万羽，高居全国第一，上海、南京等城市每3只鸡蛋就有1只来自海安。

海安是全国知名的“茧丝绸之乡”，拥有桑园18万亩，鲜茧产量连续20多年居全省第一。海安拥有世界上最大的河豚鱼养殖基地和全国最大的条斑紫菜生产加工基地。海安机械制造加工能力全省领先，建材机械、剪折卷机械生产全国第一、世界知名。茧丝绸生产一条龙，成为全国重要的纺织、服饰生产基地。电动工具、化纤、新材料等产业都在全国占有一席之地。海安的新兴产业开始在工业经济发展中起主导作用。8英寸0.25微米集成电路芯片项目，是全国惟一落户县市级的高新技术产业，总投资4.3亿美元，其丰富的产业链必将带动海安经济的发展。LCD液晶显示屏等项目相继投产海安，努力打造“苏中硅谷”。

二、实力海安

海安隶属于南通市，历史上的海安，因为在南通市六县（市）中人口最少、地理位置较偏、经济总量最小而位居“小六子”。海安人对此感到脸上无光、说话不响。海安一直为甩掉“小六子”的帽子而奋发努力，终于在近年实现了这一目标，在周边县（市）中脱颖而出。

工业经济过去是海安这一农业大县、农业强县的短腿，多年前，海安人就曾提出过工业超百亿大关的目标，直到本世纪初工业经济总量仅为100亿元。经过3年努力，海安工业经济大打翻身仗，已连续3年多保持40%的增幅。2004年工业经济总量达到310亿元，当年净增整整110亿元。

过去，海安工业企业都是些“小不点”，规模小、块头小，到本世纪初也只有8家亿元企业。经过几年努力，海安亿元企业群迅速成长，2004年超亿元企业42家，2005年可达60家。南通市历史上第一个“中国名牌”——“鑫缘”牌真丝绸产品就诞生在海安。

一组组数据，印证着“实力海安”。2004年，海安经济工作实现了6个历史性突破。工业总产值突破300亿元；财政收入突破10亿元；人均GDP和人均储蓄突破1万元；工业增幅突破40%；技改投入突破40亿元；亿元企业突破40家。实现了8个指标增幅均居南通市6县（市）之首，即：一产增加值、二产增加值、三产增加值、新批注册外资、自营出口总额、社会消费品零售总额、规模以上投资额、规模以上工业投资额。海安2004年农民人均纯收入达4777元，城镇居民可支配收入达9503元，均领先于周边县市。海安工业用电量增幅居南通市首位，2005年比上年增加3亿千瓦时达11亿千瓦时，高于周边县（市）。

三、和谐海安

海安开放，但不张扬；海安人进取，但不浮躁；海安人质朴，但不甘落后。

海安人民在三个文明建设的历史征程中，凝聚而成“不张扬、不浮躁、不甘落后”的精神，是宝贵的财富。海安人民正是坚持这“三不”精神，努力建设和谐社会。

海安人民万众一心，以发展为第一要务，以建设海安为共同目标。县领导班子成员把全部精力扑在加快海安发展的历史使命上，县级机关和各乡镇各级干部视发展为生命，一大批机关干部离开机关办公桌，活跃在全县大大小小企业，农村干部带领群众致富，带头致富，一群有胆有识、能创业、善经营的企业家抓机遇、谋发展，与企业一同成长。全县广大干部群众在改革开放中激发出的内身创造活力正成为经济发展源源不断的动力。

海安在发展经济过程中，坚持科学发展观，增强可持续发展能力，在经济发展中，实现资源使用和保护的协调统一。注重集约用地，节约用地，向科技要效益，向高新技术要产值，向新兴产业要发展。海安注重工业集中区的建设，较早着手整合资源，给园区消肿，根据各工业集中区的区位、资源、项目、环境优势，园区数由一开始的43个调整为县级管理的6个重点工业园区，板块经济更加明晰，项目特色更加鲜明，发展潜力更加备足，经济效益更加突出，实现了“6>43”的不等式。海安在发展经济中，加大生态建设和环境保护力度，在城市建设中突出生态乐园的主题，在新上项目中，把牢环保关。

海安在发展工业、发展城市过程中，始终不忘城乡统筹发展。江苏是城乡差别最小的省份，海安是城乡差别较小的县市。海安农民依靠传统的养禽业、茧丝绸、建筑业和其他产业富裕一方，海安在苏中地区第一家消灭农村草危房，在全省较早推行新型农村合作医疗，成功地推行了农村养老保险，海安农村医疗卫生、教育文化、社会保障等事业都走在全省的前列。我们遵循着解放农民、减少农民、保障农民、提高农民的方针，努力实现让更多的农民变成城里人的梦想，在城乡统筹发展的实践中，迈出了可喜的步伐。

建设和谐海安，必须提高人的素质和城市文明程度。海安在加快经济发展的同时，切实加强精神文明建设和各项社会事业建设，促进社会全面进步，使经济更加发展、文化更加繁荣、社会更加和谐、人民生活更加富裕。在保持共产党员先进性教育活动中，全县党组织教育广大党员干部，发挥先锋模范作用，积极投身三个文明建设的浪潮。我们以创建活动为契机，深入推进社会公德、职业道德、家庭美德教育和实践活动，通过行之有效的活动，深化了群众性的精神文明创建活动，有效地提高了城乡文明程度和市民素质。从满足人民群众日益增长的物质文化生活需要出发，加大对各项社会事业的投入，让人民群众享受现代生活的美好，感受社会文明的进步。

树立和落实科学发展观
实现醴陵经济社会更快更好的发展

中共湖南省醴陵市委书记　杨治平

科学发展观，是我们党在“三个代表”重要思想指引下，对改革开放实践的经验总结，对发展规律和执政理念认识的飞跃，是解决经济社会发展诸多矛盾的基本原则，也是全面建设小康社会的重要指导思想。树立和落实科学发展观，我们必须把中央精神和本地实际结合起来，吃透上情，了解下情，创造性地开展工作。

一、树立和落实科学发展观，加快发展是第一要义

发展观的第一要义是发展。坚持科学发展观，其根本着眼点是要用新的发展思路来谋划更快更好的发展，实现经济增长的质量、速度、效益相统一，经济发展和人口资源、环境相协调。作为中部欠发达地区，加快发展尤为重要。只有不断解放和发展生产力，保持经济的较快发展，才能为社会全面进步和人的全面发展提供物质基础。

自强不息，加快发展。放眼全国，各地都在强抓机遇，形成了“千帆竞发，百舸争流”的大发展局面。着眼全省，我们与周边较发达地区的县市区存在明显差距。在市场经济条件下，在区域经济发展中，自身不强，生产要素必然为周边县市区所吸附。为做强自己，做出特色，2005年我们自我加压，提出了“奋战四年、跻身三强”的战略目标，即力争在2008年，确保在2010年实现跻身全省三强的目标。这一战略目标的提出，在全市形成了共识，并得到了湖南省、株洲市主要领导的充分肯定。

凝聚人心，加快发展。近年来，醴陵的经济取得了长足的发展，县域经济综合实力不断增强，县域经济的综合素质提高很快。随着改革开放的不断深入，市场经济的不断完善，广大群众的思想进一步解放，观念进一步更新，发展意识进一步增强，思干图变和致富奔小康的愿望更加迫切。因此，只要我们因势利导，真抓实干，就一定能够加快发展，维护社会的安定祥和。发展能安定人心。近两年，我们大力推进工业发展、城市建设、道路建设，触及了不少老百姓的眼前利益，给老百姓生活带来了很多不便，但由于我们顺应了群众的发展要求，广大群众识大体、顾大局，积极配合支持，各项工作进行得很顺利。

二、树立和落实科学发展观，做强优势产业是必然选择

科学发展观的根本要求是统筹与兼顾。统筹兼顾是为了整合，为了优化，为了协调。树立和落实科学发展观，关键是走可持续发展之路。对醴陵来说，要把握四点：一是要合理开发利用土地；二是要挖掘人力资源优势；三是要重视产业安全生产；四是要注重环境保护。

陶瓷、花炮两大产业是醴陵的特色和优势。做强这两大产业，我们认为民众是主体，依靠民力，集中民智，激活民资，加快企业改革改制，依托民企，做强优势产业；政府是主导，用加速产业支柱的建设来推动支柱产业的发展，牢牢抓住支撑产业发展的重大项目进行不懈的努力。我们正在积极实施重大项目有：陶瓷科技工业园；引天然气入醴工程；106国道北段拓宽改造工程；商检、海关、口岸办、集装箱货场建设；推进陶瓷产业标准化、专业化分工项目。这些支撑性项目的实施，极大地提高了醴陵在全国乃至全世界陶瓷业的聚集能力。力争到2010年，形成一个产业发展有龙头，生产有分工，内部有动力，外部有支撑的门类齐全、成龙配套、专业协作的现代化陶瓷生产体系；陶瓷销售收入达到100亿元；实现醴陵陶瓷产业的科研开发能力、品牌培育能力、工业技术现代化程度达到国际水平，把醴陵建成全国陶瓷生产“硅谷”和国际陶瓷制造工厂。

实践证明，通过项目支撑，醴陵优势产业的发展产生了明显的带动效应。一是带动经济持续走强。目前，陶瓷、花炮两大产业发展势头强劲，提供税收2个多亿，占全市财政总收入的一半多。两大产业的快速高效发展，极大地带动了整个经济发展速度，提高了经济发展质量。二是带动投资增长。围绕两大产业打造招商引资的“卖点”，特别是陶瓷产业被列为省标志性产业，陶瓷科技工业园跻身省级高新技术园区后，醴陵掀起了新一轮投资传统产业发展的高潮。同时，利用醴陵“釉下彩”、“红色官窑”等厚重的陶瓷文化和在国际国内享有较高声誉的优势，开发醴陵陶瓷工业旅游，吸引更多的投资。三是带动城市发展。产业的发展，尤其是陶瓷产业的发展，形成了城乡产业内人流、物流、信息流的快速流动，进入了一个陶瓷产业加快发展聚集城市人气，城市功能完善推动陶瓷产业加快发展的良性循环。可见，做强优势产业是我市树立和落实科学发展观的正确选择。

三、树立和落实科学发展观，满足人民需求是最高目标

科学发展观的本质和核心是以人为本。随着人民群众物质生活水平的日益提高，对精神文化、健康安全等方面的需求也日益增长，更加要求社会与经济共同发展。我们必须按照科学发展观的要求，在大力推进经济发展的同时，更加关注社会发展，将满足人民群众多方面的需求作为发展的最高目标。

统筹产业发展与就业。陶瓷、花炮产业是劳动密集型产业，也是老百姓有就业能力的岗位。我们借助这两大产业，通过做大规模以及发展城市，增加更多的就业机会，实现了劳动力就地转移，促进了群众收入增加，使两大产业成为真正的富民产业。目前，陶瓷、花炮吸纳劳动力20多万，占我市劳动力总数的近一半；城镇人口达到36万，城市化水平达36%，城镇对劳动力的吸附、转移作用日益明显。

协调产业发展与安全。醴陵是花炮主产区之一，安全至关重要。为了从根本上解决花炮安全问题，我们坚持了“两手抓”，即一手抓花炮安全药物的研制，运用科技手段解决花炮产业安全问题；一手抓打击花炮非法生产，从源头上预防安全事故的发生，有效保证了花炮生产的安全、规范，保护了人民群众的生命财产安全。

兼顾产业发展与环保。为彻底解决陶瓷产业对城乡环境的污染问题，实现产业发展与城市发展良性互动。我们千方百计争取天然气入醴项目，对陶瓷产业进行一场“能源革命”，废弃污染严重的燃煤和重油，启用清洁能源天然气，从根本上解决陶瓷产业的污染，净化醴陵的大气环境，改善居民生活环境，为建设成山水园林城市和长株潭卫星城市提供生态保障。

注重人的全面发展。陶瓷、花炮两大产业铸造了醴陵丰富的人才资源。为促进人的更高发展和全面进步，我们全面推进人才强市战略。一是加快产业发展，使现有的陶瓷、花炮行业方面的各种人才有施展才华的平台。二是加强对民营企业主党员的教育和培养，使他们成为人才队伍的领导者和组织者。三是建立以业绩为依据，以品德、知识、能力为构成要素的科学合理的人才评价体系，做到人尽其才，人尽其能。四是围绕山水园林城市、长株潭卫星城市定位，改善人居环境、提高人的素质，努力使人民群众能够拥有中小城市的秀美与方便，享受大城市大规模形成的诸多功能，比如医疗、文化、教育、体育、金融、贸易等。

增强工贸特色　打造苏南强市

中共江苏省镇江市委常委、丹阳市委书记　杨根林

近年来，丹阳把打造现代化工贸城市作为增强区域竞争力的重要抓手，逐步形成了眼镜、五金工具、木业、汽摩配件、彩印包装五大产业板块，涌现出了大亚、飞达、天工、沃得等规模企业，以及中国眼镜城、华东灯具城、中国汽配城等在国内外知名度高、规模和辐射能力位居全国前列的专业市场。产业、企业、市场相互联动，科研、生产、销售整体提升，有效促进了全市经济的快速发展。但在苏南板块丹阳仍处于"次发达"地区，要跻身苏南强市之林，实现科学发展新跨越，惟有扬长避短，错位发展，差别竞争，全面放大做强工贸特色，才能真正实现丹阳经济跨越式发展、追赶型前进。

一、夯实产业基础，增强工贸集聚力

产业是我市经济发展亮点，也是打造工贸强市的基础。一是促进产业集聚。加快建设眼镜、木业、五金工具等专业化产业集中区，引导相关企业逐步集中到统一的空间布局，共享基础实施和公共服务，实现专业化生产和集约化经营，加快培育有竞争优势的产业集群，使块状经济占全市总量的70%。二是做大产业规模。以筹建国家级眼镜检测中心为契机，加快要素聚集，加大市场占有率，力争眼镜产业年销售突破80亿元，抢占国内市场的三分之一，国际市场的五分之一，真正成为我市品牌产业、形象产业和第一产业。汽配、木业、五金工具三大产业年销售分别突破100亿元，柴油机曲轴、金刚石锯片、光学元件、超薄铝箔等产品争创和保持全国单打冠军，使眼镜之乡、五金工具之乡、汽摩配件之乡和木业加工之乡真正成为丹阳的城市名片。三是提升产业层次。依托国家星火计划技术密集区和国家火炬计划丹阳新材料基地两大优势，着力培育一批拥有自主知识产权的产品和品牌，力争每年新增1~2个国家级品牌产品，3~5个省级品牌产品，使品牌对经济的贡献率达到30%以上。

二、做大企业规模，增强工贸竞争力

规模企业是我市工业经济发展的支柱，也是优化我市工业结构和增强城市工贸特色的重要依托。一是实施组团战略。通过规模企业收购兼并、合资合作，在重组中整合有效资源，实现规模扩张，形成一个规模企业带动一个特色产业，一批规模企业聚集一个产业集群的发展格局。把丹阳打造成以沃得、宏运为核心，全国重点农用机械生产基地；以天工、飞达为核心，全国最大的五金工具生产基地；以大亚木业、克诺双凤为核心，全国最大的木业加工基地。二是加大有效投入。确保技改投入年均增幅不低于30%，三年累计突破150亿。运用国内外一流的先进设备、工艺和技术，提升企业产品质量，改造传统产业，优化产业结构。三是突出科学管理。加快实现企业产权的股份化、企业资金的融通化、资源配置的国际化、企业行为的规范化、企业发展的集团化和科研生产一体化。

三、优化市场结构，增强工贸扩张力

始终把加强市场建设作为推动区域经济发展的重要引擎来抓。一是坚持走产业与市场联动发展之路。充分发挥特色板块经济供给集聚效应所带来的多品种和低价格优势，迅速扩大专业市场规模。重点推进中国眼镜城、中国五金工具城、华东灯具城、中国汽配城、华东皮鞋城、华东皮革城等专业市场的建设，加快木业市场的规划和建设。力争用3年时间使华东灯具城、中国汽配城年成交额突破50亿元，中国眼镜城、华东皮革城、木业市场年成交额突破30亿元，真正实现工贸之间的双向联动，良性互动。二是坚持走有形市场与无形市场同步发展之路。顺应信息化潮流，抢占发展先机，加快专业市场网络建设，拓展市场运作空间，缩短交易时空，简化交易程

序，加快市场商流、物流、资金流的集聚，努力提高市场的辐射范围和国际竞争力。三是坚持走政府服务和市场自由发展之路。政府要把规范市场秩序，提高办事效率放在突出位置，切实维护投资者的权益，促进市场主体健康发展。

四、壮大人才队伍，增强工贸后发力

打造现代化工贸城市，必须把技术改造与人才培养结合起来，把招商引资与招商引智结合起来，发挥人才在发展中“第一资源”的作用。一是加大人才引进力度。面向全国广纳贤才，灵活运用有人才集市、网上招聘、猎头代理等多种方式，每年吸引600名本科以上专业人才来我市工作，以满足产业和企业高速发展的需要。二是建立人才培育体系。通过政府组织培养、企业自主培养、社会参与培养，全面提高劳动者素质，加快人力资源向人才资源转变，一般人才向专业人才转变。每年定期邀请国内外专家学者来丹开展专业知识讲座，并选送部分人员到高校和科研院所进行研修，通过“请进来、送出去”，使强者更强，优者更优。三是促进企业产学研联合。加强与科研院所、大专院校的合作，通过参股、控股等形式共建研发机构，形成紧密型合作关系。三年内将新建3～5个博士后工作站，围绕新产品、关键技术、技术难，进行联合攻关、研制，加快高科技转化。

五、完善城市功能，增强工贸影响力

与苏南板块其他城市相比，我市在区位、环境、资源等方面并无优势可言，惟有加快城市化进程，最大限度地整合发展资源，吸纳优质要素，才能有效推动经济跨越发展。一是做 “大”城市。站在长三角区域经济共同发展，主动接受上海、南京两大都市圈辐射的高度，对城市发展再规划，再定位。到2007年，把丹阳打造成50平方公里城区规模，35万城市人口的现代化中等城市，使之成为沪宁线上重要的人流、物流、信息流集中区。二是做“通”城市。全面放大沪宁高速公路优势，加快新老312国道与高速公路互通，积极筹建机场路，尽快形成东中西齐上高速的大交通格局。加快城区外围道路建设和城市出入的建设，构建高效进出体系。三是做“活”城市。切实规划好行政区、商贸区、工业区、文化教育区和住宅生活区等城市功能板块，加快城市退二进三步伐，突出发展集运输、仓储、包装、配送、信息处理为一体的现代物流业。

接轨大上海　建设新启东

中共江苏省启东市委书记　沈振新　　江苏省启东市人民政府市长　曹斌

位于长江入海口的启东，近年来以接轨上海，推进江海联动开发为主线，精心打造“江风海韵北上海”。如今，1157平方公里的江海大地显现出一派生机和活力，116万启东人民与时俱进，开拓创新，谱写着全面跨越发展的崭新篇章。

启东三面环水，形似半岛，集黄金水道、黄金海岸、黄金大通道于一身，是出江入海的重要门户。这里平原绿野，气候宜人，物产丰富，风光秀丽，人杰地灵，被誉为“江海明珠”。一百多年来，特别是改革开放以来，勤劳勇敢的启东人民在昔日江口海域上建起了一座现代化新城，打造出了一张张亮丽的名片：启东成为全国著名的海洋经济之乡、电动工具之乡、建筑之乡、教育之乡和版画之乡。作为全国首批沿海对外开放地区之一，启东连续多年跻身全国农村综合实力百强县（市）行列，先后荣获全国首批小康县、全国科技百强县（市）、中国明星县（市）、全国卫生城市、全国县域经济基本竞争力百强县（市）等称号。

2004年，启东市深入贯彻党的十六大和十六届三中全会精神，坚持以科学发展观为指导，全面落实中央加强宏观调控的战略决策，突出跨越发展主旋律，审时度势抢机遇，真抓实干快推进，全市经济社会保持了快速增长、协调发展的良好态势，为走出苏中、融入苏南打下了坚实的基础。全市实现国内生产总值181.5亿元，完成财政收入13亿元，分别比上年增长15.7%和29.8%；全社会固定资产投资80亿元，增长41.1%；全部工业总产值360亿元，同比增长22.1%；城乡居民储蓄存款余额143.5亿元，同比增长11.9%；社会消费品零售总额57.3亿元，同比增长14%；城镇居民人均可支配收入10500元，农民人均纯收入5466元，分别同比增长14.5%和12.4%。

启东与上海的直线距离仅50公里，地缘相连，人缘相亲，文化相通，经济相融。正在开工建设中的上海至崇明的隧桥越江大通道与即将立项开工的崇（崇明）启（启东）大桥相连接，把启东纳入上海一小时都市圈，成为沟通沪苏两省市、连接苏北平原和欧亚大陆桥的重要交通枢纽。面对这一千载难逢的历史性机遇，启东积极发挥毗邻上海的优势，在学习上海、借力上海、服务上海、融入上海中实现自身的跨越发展。

一、抢抓历史机遇，加速调整经济结构，全力加快新型工业化进程

市委、市政府审时度势，积极适应宏观调控的新形势，始终突出速度与效益并重，坚持走高质量、高效益、集约化、节约型的新型工业化道路。在国家产业政策的指导下，加速调整经济结构，一手抓高新技术产业培育，一手抓传统优势产业提升，积极培植壮大支柱产业，促进产业集聚、企业集群。2004年，我们以项目技改投入作为重要抓手，强势推进产业结构调整的步伐。全市工业投入完成实物工作量52.56亿元，比上年同期增长60.7%。目前全市共有在建、竣工的超千万元项目179个，总投资162亿元，占全部投资额的86.35%。全市已形成了机械电子、生物医药、船舶制造、新型建材、精细化工和生态农业等支柱产业。十万建筑铁军创施工总产值106亿元，南通二建集团、市建筑公司跻身江苏建筑业20强行列，南通二建集团被评为中国企业500强、中国承包商60强、中国建筑业领先企业。

二、强势招商引资，推进江海联动开发，构筑跨越发展崭新平台

我们以解放思想为先导，把招商引资作为经济工作的重中之重，进一步强化节会招商，每年精心组织举办光彩事业民间投资恳谈会、海鲜节暨国际经贸洽谈会、科技节暨国际经贸洽谈会以及上海、浙江、东莞、新加坡、泰国等地的投资

环境推介会，形成了一浪高过一浪的节会招商攻势。2004年新批外商投资企业140家，增资扩股企业35家；累计新批注册外资5亿美元，同比增长112.6%，超过了前8年的总和；注册外资实际到账1亿美元，同比增长10%，超过了前5年的总和。总投资超千万美元的贸联铝合金、华泰陶瓷等一批重大外资项目已竣工投产。总投资5000万美元的先豪国际大酒店、总投资5000万美元的申港城等一批重大外资项目也相继开工。与此同时，全面接轨上海、江海联动开发取得新突破。近年来，上海来启东投资的竣工和在建的千万元以上项目有55个，总投资27亿元。吕四港开发紧锣密鼓。总投资250亿元的吕四大唐电厂前期基础建设工程顺利推进，单点系泊、原油中转、风力发电等一批重大项目正在规划筹建之中。江苏省启东经济开发区、吕四海洋经济开发区出现了前所未有的开发建设热潮。

三、突出以人为本，坚持富民优先执政理念，推进农村全面小康建设

市委、市政府全面贯彻落实党的十六大精神，根据启东经济社会发展的实际情况，提出到2009年国内生产总值比2000年增长2倍左右，人均超过31000元，在苏中地区率先全面建成小康社会，在此基础上加快向现代化迈进。为此，我们坚持以农民增收为核心，突出发展项目农业，大力培育龙头企业，加快农村劳动力转移，切实保障农民权益，全市农业和农村经济呈现出良好的发展态势。2004年全市新增农业园区164个，新增园区面积10万亩，新增扩建农业龙头企业133家，实际新增投入8.5亿元。向海内外输出有技能的农村劳动力35万人，占全市总劳动力的50.7%。

四、加大基础设施建设，打造最佳人居和创业环境，大力营造和谐社会

我们以争创最佳人居环境、最佳创业环境为目标，强势推进城市建设，不断完善基础设施，全面优化投资环境，举全市之力打造江风海韵北上海，蓝天碧水新启东。近两年来全市共计投入城市建设资金40亿元左右。仅2004年开工建设项目75项，其中市政建设项目53项，房地产开发项目22项，总面积108.67万平方米。名都苑南区、城市花苑、豪门广场等30多幢高层楼宇拔地而起。设计新颖、功能配套的广电中心、教育大厦落成使用。人民路等6条城市道路的绿化、亮化、美化工程全面竣工。全市新增公共绿地10万平方米，城市夜景建设全面实施，完成了亮化楼座140座。我们坚持城乡统筹，逐步形成了以市区为核心、重点中心镇为纽带、特色小集镇为补充的三级城镇体系。目前小城镇建设总规模从上年的28平方公里扩大到2004年的38平方公里，江苏省级新型示范小城镇3个，南通市级新型示范小城镇达11个。同时为外来投资者开辟行政审批、就医、子女就学等绿色通道，还专门设立行政服务中心、外商服务中心和经济环境监察中心，建起江苏省第一家社会矛盾调解中心，大力建设“平安启东”，对中外客商在启东投资实施“保姆式”服务，创造和谐发展的人居环境。2004年底，启东市创建全国生态示范区通过了国家级验收。

接轨大上海，建设新启东。百万启东人民正以“自信笃行、开拓创新、攀高争先、跨越奋进”的新时期启东精神，用智慧和力量把江海新城建设得更加繁荣、更加美丽，创造启东更辉煌的明天！

确立科学发展理念　推进更快更好发展

江苏省如东县人民政府县长　詹立风

近几年来，如东从濒江临海的区位条件和农业大县的县情实际出发，按照“突出发展主题，凸现工业主体”的总体思路，大力推进工业化、城镇化、外向化、市场化进程，有力促进了全县经济的快速健康发展。面对新的形势和要求，如东将坚持以科学发展观为指导，进一步更新观念，调整策略，优化举措，努力营造加快发展的新优势，促进县域经济的持续快速健康发展。

一、实施大招商，增强加快发展的后劲

坚持把招商引资作为促进结构调整，增强发展后劲的重要途径，继续加大大招商、招大商的力度，确保利用外资在连续两年翻番的基础上，实现再翻番。进一步突出重点项目。以提高项目质量为导向，建立项目联合预审机制，切实加大对规模型、科技型、高税赋项目的引进力度，强化扶持和服务，把政策性优惠的空间更多地集中到质量高、效益好的项目上来。进一步突出产业招商。积极适应国际分工不断深化、生产要素配置特点更趋明显的新形势，立足如东现有产业基础和资源条件，重点围绕纺织、化工、机电、能源等支柱型产业，切实加大对产业链项目和产品工序项目的引进力度，提高外来资本和技术与我县资源的对接度，不断增强产业发展的内在竞争力。进一步聚合招商力量。在全面调动企业家、机关事业人员和社会各界精英招商引资积极性的同时，继续强化专业招商，优化招商方向，加强能力培训，注重队伍锻炼，努力掀起千军万马齐招商的新热潮。积极探索招商引资市场化、企业化运作的模式，加强与上海、苏州等发达地区及其专业机构的招商合作，不断拓展招商扇面。

二、建设大港口，打造加快发展的引擎

洋口港是江苏近千公里海岸线上惟一可建10～20万吨级国际性深水海港的天然理想港址，是十分稀缺而珍贵的港口资源。洋口港的开发建设对如东、对江苏沿海经济的发展均具有重大的带动意义，可以说是如东乃至整个苏中地区经济发展最具爆发力的重大增长极。经过长期不懈的努力，特别是近两年来，洋口港开发取得一系列重要进展。目前，洋口港总体规划已获得南通市政府批准，港口功能定位及其产业发展等专项规划将进入省“十一五”规划；由香港保华德祥集团公司和如东洋口港投资开发公司共同投资3亿美元开发的洋口港基础设施建设项目已经启动，各项工作进展顺利；由中石油和新加坡金鹰集团投资17.7亿美元的洋口港LNG接收站，已被正式列为国家“西气东输”配套工程，正在进行项目核准的前期工作，240万千瓦燃气电厂项目已进入国家发改委审核程序。下一阶段，我们将紧紧围绕洋口港与苏通大桥同步启用的目标，继续举全县之力，在国家、省、市的支持下，进一步做好港口开发的规划和争取工作，加快在手项目的实施进程，大力开展石化、冶金等大型临港项目和海洋运输项目招商，确保港口开发建设早日成型。

三、促进大集聚，构筑加快发展的板块

集聚化发展既是科学发展的要求，也是县域经济转变增长方式，实现持续健康发展的必由之路。我县将根据土地利用集约化、企业发展集群化和工业化、城镇化互动的要求，进一步强化对县城新区、洋口港区、小洋口开发区和如泰运河经济带四个核心增长区的规划、开发和建设，切实加快县城工业新区、化学工业园区、纺织印染园区等功能型、规模型、特色型园区建设，同步推进城镇服务业项目开发和建设，努力促进优势资源和人流、物流、资金流向“三区一带”集聚，形成支撑县域经济发展的重大增长板块。围绕特色支柱产业的培植，进一步加大对重点项目、重点企业和重点行业的倾斜扶持力度，全力支持优

势企业加快装备更新和技术改造步伐，加大新品开发和引进力度，强化企业间的联合和协作，不断拓展和延伸产业链条，提高产业发展的集聚度和竞争力，形成特色产业板块。

四、推进大创业，激发加快发展的活力

推进全民创业，发展民营经济有利于全面激活县域经济发展的各类要素，扩大就业，增加财税收入，促进百姓增收，是统筹城乡发展的必然要求，也是县域经济实现富民强县的现实需要。近两年来，我县根据上级的要求，紧紧抓住一系列有利机遇，深入推进全民创业，有力促进了民营经济的倍增式增长。新的一年，我县将继续加大民营经济发展力度，进一步建立完善鼓励全民创业的政策体系，切实降低民营企业进入的“门槛”和成本，着力解决民营企业发展过程中的政策性、制度性、机制性障碍，不断激发民营经济发展的内在活力；进一步强化服务体系建设，重点建好审批服务平台、用工服务平台、融资服务平台、科技信息咨询服务平台、中介服务平台等五大平台，全力打造一流办事环境，使民营经济发展的政策更宽松、环境更优越，使各类要素的配置更自由、更充分，全面激发和增强县域经济发展的内在活力。

新型工业化是通州发展的动力源

中共江苏省通州市委书记　陈照煌

通州市位于长江入海口北翼，与上海灯火相邀，与苏州隔江相望，三面环绕南通市，是苏通长江大桥的北桥头堡，现辖23个建制镇、1个省级开发区和通州港区，面积1166平方公里，人口127万。作为鱼米之乡、建筑之乡、纺织之乡、崇学之乡，已连续七届荣获全国百强县（市）称号，2004年度的位次由上届的第99位前移到第73位，前移速度为江苏省第一。连续四届进入全国县域经济百强县前50强，名列南通六县（市）社会发展总指数评估之首。2004年，全市实现GDP200.4亿元、财政总收入16.9亿元，同比分别增长15.8%、31.3%；完成工业投入64亿元、工业销售收入632亿元，分别增长33.8%、53.4%；实现自营出口5.93亿美元、实际利用外资1.24亿美元。

县域是目前我国城市和农村的结合点，是城乡联动的关节点，也是全面建设小康社会的着力点。由于特定的历史原因和资源禀赋，县域工业化水平一直滞后于城市。当前，要走出一条科技含量高、经济效益好、资源消耗低、环境污染少、人力资源优势得到充分发挥的新型工业化道路，最大的难点在县域，最艰巨的任务也在县域。因此，研究新型工业化与县域经济发展问题，具有重大的现实意义。

当然，由于发展水平和基础条件不同，各地所采取的方略和路径也应该有所不同。处于改革开放的前沿阵地，通州建立起市场化的体制架构。经过农村体制改革、企业体制改革和发展外向型经济、全面推进市场化和国际化三大阶段，通州已经确立市场在资源配置中的基础性地位，各类市场主体平等使用生产要素，形成巨大的要素集聚和市场扩张效应。这两年，我市工业投入平均增幅在90%以上，实际利用外资平均增幅在190%以上，自营出口平均增幅在20%以上，都创下了历史新高。预示着通州市已经步入体制就位、结构转型的新一轮发展期。处于民族工业的发祥地区，通州进入了工业化的中期阶段。按照人均GDP测算，2004年通州市超过1800美元，位于工业化中期初始阶段；按照产业结构测算，2004年通州市的三次产业结构为11.8:51.8:36.4，位于工业化中期阶段；按照城乡结构测算，2004年通州市城镇化率为38.2%，位于工业化中期的初始阶段；按照工业增加值贡献率测算，2004年通州市工业增加值占工农业增加值的比重为79.6%，位于半工业化社会阶段。总体判断，通州市已进入工业化中期，并跻身经济快速增长的临界点。处于民营经济发达地区，通州呈现出内生性的发展特征。近几年，通州市民营经济迸发性增长，拉动整个工业经济沿着量质并举的方向发展。2004年，实现民营工业总产值660亿元、民营工业利税35亿元，同比分别增长55%、40%，占整个工业的比重接近99%。与此同时，民营经济铺天盖地发展，孕育出若干特色产业板块，其中，家纺色织和电子资讯板块，2004年规模都将超过100亿元；民营经济顶天立地发展，缔造出规模企业占绝对主导的发展特色，目前拥有年产值超亿元的企业45家、超10亿元的企业1家。所有这些，决定了通州走新型工业化道路已经成为必然选择。

一、大力实施市场化战略，激发体制活力

工业化的过程，就是资源配置效率提高的过程。没有充分的市场经济体制基础，也就没有新型工业化的内在动力。通州在20世纪90年代中期企业产权制度改革基本到位的基础上，进一步将市场化改革向经济社会各个领域延伸。一是培育合格的市场主体。重点解决改制企业与公有资产管理公司的资产明晰，多方筹集资金买断改制企业的职工身份，使企业真正成为自主经营、自

负盈亏的法人实体和市场主体。目前，通州公有资产已从工业、流通、建筑等一般竞争性领域彻底退出，工业和流通企业的人员身份置换也全部结束。积极支持企业进行股权流转，形成有利于企业科学治理的股权结构。积极支持企业开展资本营运，已有2家公司成功上市，还有2家企业有望近期上市。二是完善高效透明的政府体系。成立市总商会和建筑房地产、纺织服装、机械、电子电器、轻工化工、服务业六大行业分会，以及上海、浙江、新疆等异地分会，受让了政府过去不该管、也管不好的一系列职能，使企业自律、行业自律达到了新的水平。有序推进社会事业改革，逐步向政府购买公共服务转变，市镇两级事业机构精简42.4%。在全省较早推进教育、卫生、文化、体育等领域的产业化进程，学前教育全面推向市场，民间力量兴办中小学20所，1家国家级示范高中成功实施股份制改造，50家公办医疗机构完成改制，各项社会事业迸发出新的活力。三是建立起多元化的投融资机制。工业化进程的加快，带来了更大的基础设施建设等方面的压力。按照“谁受益、谁投资”、“社会兴办、政府激励”的原则，广辟投融资渠道。近几年，通州市大面积的城市建设、绿化建设以及“甜水、活水、净水”等工程，资金主要来自市场化运作。四是突出发展非公有制经济。以老百姓经济为主抓手，通过在全社会倡导创富主体观念、民富国强观念、投资为荣观念和服务至上观念，破除广大干部群众的思想束缚；通过积极鼓励机关事业单位工作人员创办帮办和参股民营企业，允许机关事业单位工作人员获得合法的资产性收入；通过降低创业门槛、加大财政金融扶持力度等措施，激发全民创业热情，争创“全省民营经济第一大市（县)”。

二、大力实施国际化战略，拓展发展空间

县域经济的开放性比较强，只有在广泛的对外合作中，才能找到广阔的发展空间。通州在积极“引进来”的同时，大胆地“走出去”，主动利用国际国内“两种资源”，抢占国际国内“两个市场”，形成了较为开放的经济体系。一是全力承接国际产业转移。充分发挥通州市投资环境好、人力资源丰富、科教优势和产业特色较为明显的有利条件，大力开展招商引资，积极融入全球市场链。近几年，通州市实际利用外资连年翻番，已经达到苏南中等发达县（市）水平。在招商引资的过程中，我们注重通过产业招商和企业家招商，大力引进先进产业和急需的管理、技术等生产要素。每年，通州市都要举办几个专题产业招商会，让企业广泛与外商接触，寻求合作机会。鼓励规模企业加强与跨国公司的合资合作，加快引进一批关联度大、集聚度高、带动力强的外资项目。目前，综艺集团、东源集团、大富豪公司等一批亿元以上企业都与跨国公司合作，互动的空间越来越广。二是积极参与国际市场竞争。在国家出口退税政策调整的情况下，通州积极应对，变被动为主动，坚定地鼓励企业实施“走出去”战略。在通州，不仅规模企业的主要市场在国外，就连家用纺织品的经纪人也遍布世界各地。与此同时，积极引导企业调优出口产品结构，重点发展高科技、高附件值、高税收的“三高”出口产品，鼓励有条件的企业开展境外经营，把发展的眼光定位在跨国经营上。三是主动对接国内先进地区。国内一些先进地区的国际化水平很高，主动与他们对接有利于分工合作，有利于借力发展。通州市已连续三年开展“接轨上海学赶浙江、策应广深”等活动，在政府交往、信息交流、项目交换、市场交互、产业交融等方面达到了较高层次。构建有效的对接平台，加快发展桥头堡经济。充分利用苏通长江大桥开工建设的先期效应，做足路桥经济文章，招商引资以桥为牌，园区经济沿江沿海沿路发展，形成互动开发的最大效应。

三、大力实施信息化战略，打造产业优势

坚持以信息化带动工业化，以工业化促进信息化，推动各个领域的技术创新，促进经济结构的战略性调整，进而形成后发优势。一是致力于

发展信息产业，形成新的迸发力。采取积极的政策，鼓励信息产品制造业的发展，初步形成了以综艺集团、中联科技集团、江海电容器厂、百格电子公司等重点企业为龙头，以电子电器、基础材料为主体的多门类产业体系。全市规模以上企业中，有信息产品制造企业20多家，2004年实现产值78.8亿元，比上年增长43.5%，发展速度和经济效益高于其他行业。二是致力于改造传统产业，形成新的竞争力。以培育企业自主创新能力为着力点，广泛运用先进适用技术改造传统产业，打造具有鲜明特色和比较优势的产业群体，加快特色化经济的发展。特别是在前几年传统纺织业逐步衰落的情况下，通过采取资源整合、企业裂变等措施，推动企业进军新的领域，开发新的产品，运用新的技术，使整个行业迅速向家纺色织进军，已经成为长江三角洲最具特色和竞争力的产业之一。目前，家用纺织品产值占通州市工业总产值的比重达到38%，依然是通州的支柱产业和朝阳产业。三是致力于信息技术普及，形成新的渗透力。大力实施政府上网、企业上网、家庭上网工程，在江苏省率先建成县级党政信息网和县级综合性门户网站"通州大众网"，规模企业上网率达到100%。积极引导企业运用信息技术建立资源管理系统，使企业生产的自动化、设计的多元化、营销的便捷化、管理的科学化达到了前所未有的程度，提升了企业的整体水平和综合实力。

四、大力实施城镇化战略，增强环境引力

现代经济的发展，县域范围内城镇经济的带动作用越来越明显。城镇强，县域经济就强；城镇有竞争力，县域经济就有竞争力。通州在推进新型工业化的过程中，高度重视了城镇化的互动并进。一是做强主城区。以增强城区辐射带动能力为目标，加快城区南延西扩进程，拉开城区大建设框架。目前，建成区达到11.87平方公里。以建成上海都市圈的明珠，苏中地区最具现代气息的亮点，南通市最具特色和魅力的辅城，长江三角洲北翼最适宜创业和居住的地方为目标，大力实施绿化、美化、亮化工程，建成国家卫生城市，两度被命名为省文明城市，目前正在推进国家环保模范城市、全国生态示范区、全国文明城市、国家园林城市、国际健康城市"五城同创"工作。二是整合建制镇。2001年对行政区划进行了调整，乡镇由原来的49个合并成23个，改变了过去镇区小而散、资源浪费大、发展能力差的状况。重点扶持基础好、区位优、竞争力强的5个中心镇优先发展，逐步形成规模效益和集聚效益。致力打造镇区产业带，加快发展增长点经济，规划建设26个镇工业集中区，加大招商引资和项目建设力度，努力将投入优势转化为产出优势，形成城镇化的内生动力。三是完善交通网。近几年，通州市新建改建二级以上等级公路164.5公里，完善了道口设置和接线建设，使各镇具备了直达高速公路的能力，形成了一刻钟快速通道圈。全面启动村级公路体系建设，总长达到221.72公里。可以说，把骨干公路建设到哪里，就把繁荣延伸到哪里，产生了显著的发展效应。

五、大力实施知识化战略，提供人才支撑

人力资源是最活跃的生产要素，也是加快发展、跨越发展、科学发展必备的条件。我们始终坚持科教兴市方略，大力实施知识化战略。一是开展创建学习型城市活动。建立机关、系统、企业、社区、村镇和家庭等6类学习型组织，突出科技人才、经营管理者、党政干部"三支队伍"建设。大力实施"名师工程"、"名医工程"、"IT高层次人才工程"、"当代鲁班工程"。全面开展企业经营管理者职业资质评审，目前已有20人获得高级资质并享受市政府特殊津贴。逐步推行副科职以上领导干部竞争上岗，全面实施机关中层干部竞争上岗，公开招考青年后备干部，为提高党的执政能力夯实基础。二是健全人才柔性流动机制。近两年，先后引进国外资深专家11名，引进国外智力项目8个，已被国家和省外国专家局立项6个。通州市还以重点骨干企业为依托，建立博士后工作站和研发中心，主动与著名高校进行对接，充分借助他们的人才优势。三是加强人力资源素质建设。完善基础教育，高考录取率一直名列全省前十位。加强职业教育，成立了通州职教集团，建筑、模具、机械、服装等专业在全国享有较高知名度，对外输出劳务的受教育程度高于全国平均水平20个百分点，为劳动力经济的发展奠定了基础。广泛开展科普和科技推广活动，被国家科技部确定为科技成果重点推广计划集中试验区；成立了通州市高新技术产业研究会，被“中高会”吸收为团体会员。

通州的工业化已经有了扎实的基础，但在传统工业化向新型工业化的调整、转移、开拓阶段，依然面临艰巨的任务。通州市将用新工业革命的视角把握未来发展的新趋势，用科学的发展观解决前进中的各种问题，统筹兼顾，理性把握，强势推进。一是继续致力增量发展。通州市将继续抓住国际产业加速向长江三角洲转移的机遇，大力承接产业和生产要素集聚，尽快形成更具实力、更具活力、更具张力的新工业体系，以工业带动农业产业化，以工业促进服务业发展，最终实现“以工兴市”的目标。二是更加注重人本发展 。把“争创全省民营经济第一大市（县）”，作为激发人的积极性和创造性的有效载体，促使更多的社会成员走上自主创业、艰苦创业的道路，让广大百姓通过创业获得更多的经营性和资产性收入。三是深度推进集约发展。以放大龙头产业的集聚、配套和延伸功能为切入点，打造若干个特色经济板块和经济品牌，促进产业向高层次发展，产品向深加工拓展，真正形成核心竞争力。以提高土地集约利用水平为关键点，引导和推动“工业向园区集中，人口向城镇集中、住宅向社区集中”。四是始终坚持生态发展。以“五城同创”为契机，大力发展循环经济，切实构建起生态农业、生态工业、生态商业、绿色房地产业等具有较强竞争力和科技水平的生态产业体系，促进生态资源显著增值，生态环境显著改善。五是正确把握公平发展。消除一切影响各类经济发展的体制性障碍，摈弃一切影响创新创业的政策性制约，约束一切影响经济运行的不公正行为，使社会的运行建立在更高效率的基础上。组织发达地区与欠发达地区牵手合作，加强产业链接和资源互补，共同开创全面建设小康社会的新局面。

以科学发展观为指导 推进县域经济健康快速发展

中共江苏省宜兴市委书记 史祖能

近年来，宜兴市委、市政府认真树立和落实科学发展观，坚持以经济建设为中心，以富民为核心，以改革开放为动力，大力推进结构调整，不断优化发展环境，促进了县域经济的健康快速发展。在具体工作中，持之以恒抓住以下五个重点。

一、坚定不移推进结构调整

在工业上，坚持以结构调优、水平调高、竞争力调强为目标，大力推进经济结构调整，努力走出一条速度、结构、质量、效益相统一的新型工业化之路。一是突出扶优育强，大力培育支柱产业、规模企业和名牌产品。切实强化产业导向和行业调控力度，大力扶持电线电缆、化纤织造、精细化工、服装服饰、机械铸件、环保、陶瓷等七大特色支柱优势产业，制定并实施特色产业发展规划，促进特色支柱产业提档升级。不断完善对规模骨干企业的扶持优惠政策，组织开展“工业50强”企业评选活动，加大奖励力度，引导企业上规模、上水平。大力实施品牌战略，重点抓好省级以上名牌产品争创工作和优势产品的品牌培育工作，以品牌优势进一步增强企业在市场上的竞争力和影响力。二是切实加快工业集中区建设步伐，不断提高集约化发展水平。大力推进工业集中区路、水、电、汽等基础设施建设，不断优化投资环境。充分发挥工业集中区在招商引资中的载体优势，加大吸引“三资”力度，引导同类或相关联的企业和工业项目向工业集中区集聚。根据国家治理整顿开发区的要求和本市行政区划调整的实际，及时搞好规划调整和资源整合工作，使有限的土地资源尽可能向重点镇工业集中区集聚。高度重视节约用地、集约用地，严把投资密度关，投资规模较小的项目引导其进标准厂房，不单独供地。三是切实加强技术创新，不断提高企业核心竞争力。抓住建设和发展国家火炬计划宜兴非金属材料产业基地这一契机，组织对事关本市支柱产业发展的关键共性技术项目的开发和攻关。加强信息技术在企业研制、生产、营销和管理等各个环节的应用，切实提升制造业信息化水平。积极扶持电子信息、生物新药、新材料等高新技术产业的发展。大力推进技术创新体系建设，促进产学研联合，加强知识产权保护，进一步增强企业自主创新能力和核心竞争能力。四是狠抓技改投入，不断增强工业发展后劲。认真制定本市产业发展规划，引导投资主体多上资源消耗少、环境污染小、技术含量高、经济效益好的项目，严格控制高能耗、高物耗、高污染、低产出、低效益等不符合国家产业政策的项目上马。在农业上，坚持把加快农业结构调整作为加强农业基础地位的重要途径，进一步增强农业综合竞争力。一是大力推进农业特色区域建设。坚持从本市实际出发，以发展特色、扩大规模、创造优势为目标，积极培育以山区为主的林特产产业带，以鬲湖沿线为主的特种水产产业带，以渎区为主的无公害蔬菜产业带，努力形成一批具有区域特色的优势农产品产业群。二是大力推进农业产业化经营。围绕特色主导产品的精深加工，引导和鼓励“三资”投资开发农业，扶持和培育一批产业关联度大、辐射面广、带动力强的龙头企业，促进龙头企业与农户建立风险共担、利益共享的联结机制，充分发挥龙头企业对农户的带动作用。三是大力实施科技兴农工程。深入实施“品种、知识、技术”三项更新工程，积极引进、培育和推广名特优新品种，建立农产品质量标准体系和检测体系，发展无公害农产品和绿色食品，以适应农产品市场多元化、优质化、安全化的要求。在服务业上，坚持把提高服务业比重作为实现产业升级、增加就业岗位、改善人民生活的重要举措，进一步优化布局，拓宽领域，提升水平。一是加快发展商贸流通业。坚持从新兴中心城市的要求出发，制定并实施新的商业网点布局规划，引导商贸流通企业创新经营业态，推行现代营销方式。加大对重点骨干流通企业的扶持培育力度，鼓励他们跨行业经营、跨地区发展，使之成为具有较强竞争力的商贸流通企业集团。二是加快发展旅游业。重新制定了全市旅游总体规划，有效整合旅游资源，着重抓好竹海风景区，善卷风景区等重点风景区的开发建设，打响宜兴旅游品牌。三是加快发展特色专业市场。认真抓好新华东石材市场和丁蜀陶瓷商贸城等特色专业市场建设，切实增强市场的集聚和辐射能力。

二、坚定不移扩大利用外资

始终坚持把利用外资放在经济工作的第一位，坚持利用外资“一把手工程”地位不动摇，坚持主攻台港、突破日韩、拓展欧美的招商思路，实行综合性招商与专业性招商相结合，“走出去”与“请进来”相结合，直接利用外资和间接利用外资相结合。积极创新招商引资方式，从主要依靠优惠政策招商转变为主要依靠环境优势特别是软环境优势来招商，注重利用规划预期效应和品牌特色效应来招商，不断增强招商引资的针对性和实效性。大力拓展利用外资的领域，积极引导外资投向农业、服务业和基础设施建设等领域。注重引进一些基地型、龙头型、新科技型的外资大项目。对重大外资项目，建立领导责任制和推进例会制，集中力量，组织强攻，进一步提高利用外资的质量和水平。充分发挥环科园在利用外资中的“龙头”作用，切实加大形象开发、功能开发和项目开发力度，努力把环科园建设成为具有现代气息的开放园区。

三、坚定不移深化各项改革

坚持以改革促发展，全面推进市场取向的改革，不断为经济发展增添新的动力。在企业改革方面，近几年来，按照“彻底改、改彻底”的要求，强力推进市属企业改革，突出抓好产权、职工劳动关系“双置换”环节，全面完成了市属工业企业、流通企业的改制工作。目前，本市正以建立现代企业制度为方向，大力推进企业制度创新，进一步优化股权结构，完善法人治理结构，提升企业组织形式，切实增强企业发展动力和活力。在行政体制改革方面，重点是加快政府职能转变，削减审批事项，规范审批行为，坚持依法行政，使政府切实履行好经济调节、市场监管、社会管理、公共服务的职能，努力为企业发展提供优质的服务。

四、坚定不移优化发展环境

坚持以人为本，着力优化软硬环境，为经济发展提供一个良好的承载平台。一是统筹城乡建设。加强对城乡建设的统筹规划，开展了城市第五轮总体规划、市域城镇体系规划等6项跨年度规划的编制，确定了城市发展新的定位，按照打造山水园林城市、绿色生态城市、历史文化名城的目标，大力推进龙背山森林公园、团氿风景区、体育中心、城区三条河流两侧环境改造等重点工程，让城市“显山、露水、透绿”，将自然山水资源和历史人文底蕴有机融合，打造新兴中心的崭新形象和品牌。完成了500千伏宜兴输变电工程等一系列城市配套项目建设，进一步完善了城市功能。市内一条铁路和两条高速公路的建成通车，芜申运河绕城段、锡溧漕河宜兴段的开工建设，以及全市境内八条干线公路沿线环境改造的顺利完成，进一步凸现了本市的区位优势，改善了本市的投资环境。二是加强环境整治。围绕创建国家环保模范城市，全国生态示范区和国家卫生城市，全面加强了水环境，大气环境及城区环境卫生的综合整治，加快了城市及中心镇的污水处理厂和管网建设，巩固和扩大了达标排放成果，加强了工业窑炉整治，关停并转了一批污染严重的矿山宕口和建材企业，进一步提高了环境质量。三是优化发展软环境。深入开展机关思想作风建设集中教育活动和“千人评议机关”等活动，不断掀起市机关各部门思想作风建设的热潮，认真落实省政府出台的改善企业发展环境的“十不准”要求，切实抓好突出问题的整改，逐步树立起勤政、廉洁、务实、高效的机关作风。

五、坚定不移实施富民工程

市政府把富民作为发展经济的出发点和落脚点，千方百计增加城乡居民收入，不断提高人民群众生活水平。一是大力发展民营经济，不断提高群众的经营性、资产性收入。落实“六放”方针，营造宽松的创业环境，掀起群众投资创业的热潮。引导和鼓励民营企业做大做强，提升发展水平。二是大力推进农村劳动力转移，不断提高群众的工资性收入。制订出台了一系列促进农村劳动力转移的政策意见，建立健全城乡统一的就业失业登记制度和劳动力市场，加强对农村劳动力的职业技能培训和就业上岗推荐工作，加大行政推动力度，提高组织化程度，促进农村富余劳动力向城镇和非农产业转移。三是大力完善社会保障体系，不断提高群众的福利性收入。以实施《劳动和社会保障议案》为抓手，切实扩大社会保险覆盖面，推行企业职工大病住院医疗保险和以大病统筹为主的新型农村合作医疗制度，落实城乡居民最低生活保障制度，进一步扩大社会保险这张“安全网”。高度重视失地农民问题，促使工业企业在新增用地中提供辅助性岗位，有效解决失地农民的就业问题。规范和完善被征地农民基本生活保障机制，切实维护被征地农民的合法权益。加大城乡统筹力度，做好农村改水和道路建设等实事工程，使广大城乡居民都享受到经济发展的成果。

加快壮大县域经济　全面建设小康社会

宁夏回族自治区青铜峡市人民政府市长　张吉胜

壮大县域经济，是统筹城乡经济和社会发展，全面建设小康社会的必然要求。为进一步从根本上提高人民群众的生活水平和生活质量，我们将牢固树立科学的发展观，拓展优势，突出特色，开拓创新，举全市之力，加快县域经济发展。

一、壮大县域经济，必须以发展新型工业化为支撑点

1.做强优势支柱产业。运用先进技术和高新技术，改造提升能源电力、冶金、建材、酿酒、化工等五大优势特色产业，做大做强行业“排头兵”。冶金行业以青铜峡铝业集团和加宁铝业有限责任公司为核心，全力支持青铜峡铝业集团一、二期改造项目，四期扩建项目及加宁铝业有限责任公司扩产项目，力争铝锭年产量达到60万吨成为全国最大的铝业基地。电力行业以大坝电厂为核心，积极支持大唐大坝第二发电有限公司120万千瓦建设项目，全力支持贺兰山风力发电场30万千瓦发电机组建设，切实抓好金昱元公司热电厂10万千瓦项目扩建，使辖区内年发电总量达到360万千瓦。建材行业以青铜峡水泥、西夏水泥为核心，重点支持青铜峡水泥集团90万吨和金昱元公司30万吨水泥生产线建设项目，力争三年后水泥生产能力达到300万吨。化工行业以金昱元、峡光纸业公司为核心，加快实施金昱元公司5万吨树脂、4万吨烧碱、5万吨固碱、峡光纸业公司1万吨机制纸、天峰公司3万吨脱碳扩产项目，力争纸、树脂、烧碱、电石产量分别达到5万吨、13万吨、14万吨、50万吨，化工产业产值突破15亿元。葡萄酒行业以御马酒业公司为核心，规划建设10万亩酿酒葡萄基地，重点支持御马葡萄酒公司扩建项目，积极引进中粮集团葡萄酒生产项目，进一步扩规模、增效益、拓市场，力争葡萄酒年产量达到5万吨。农副产品加工以法福来公司、塞外香公司、清真食品公司、雄鹰皮草公司等企业为核心，发展壮大西夏贡米、塞外香面粉、塞外香大米、老苗月饼、雄鹰裘皮等名牌产品，提高农产品、畜产品的附加值，延伸产业链。

2.做大园区平台。把工业园区建设作为走新型工业化道路的载体来抓，依托大企业，落实园区优惠政策，强化基础设施建设，吸引更多商家投资置业。加快建设宁夏青铜峡新材料产业基地和东城区基础设施，完善主干道路、绿化及配套设施建设，确保达到“七通一平”的要求，进一步提高承载能力，力争建成全区最大的新材料产业基地和较有影响的高新技术产业开发区。规划建设峡口牛首山、青镇百塔、大坝榆树湾、邵刚顺宝、树新沿山等五个镇、场工业发展项目区，积极引进各类项目入驻园区和项目区，扩大经济总量。鼓励乡镇企业离乡进园，个体私营企业连片进园，不断提高工业聚集度，把工业园区建设成为经济发展的核心区，特色产业的培育区，城市发展的新区。

3.狠抓项目建设。以抓项目建设，蓄足工业发展后劲。按照市委、政府“工业强市”的要求，把项目储备作为一项长期的任务来抓，既要保证政策紧缩时有项目可调，又能确保政策宽松时有项目可上，并围绕产业结构优化升级选择重大项目，建设一批资源型、开发型、造血型项目，为传统产业的改造和提升，高新技术产业的培育和壮大提供有力保障。做到改造一批，新建一批，争取一批，储备一批，依托大项目、大投入，推动新型工业化快发展，带动县域经济大发展。

二、壮大县域经济，必须以推进农业产业化为引领点

1.推进农业产业化，要培育壮大龙头企业，构筑农业产业化核心。坚持以增加农民收入为目标，本着“高水平、大规模、专业化、外向型”

的思路，加快龙头企业建设步伐，对农民实施全方位的带动。依托法福来公司、塞外香公司，抓好20万亩的优质小麦和10万亩的优质水稻基地建设；依托米来生物公司抓好20万亩的优质玉米基地建设，使谷氨酸、玉米淀粉生产能力分别达到5万吨、10万吨；依托名特优气调保鲜公司、华立蔬菜脱水公司等企业，抓好万亩无公害蔬菜、万亩鲜食葡萄基地建设；依托雄鹰裘皮公司、纳氏肥牛集团、明珠园乳业公司及邻县的新华百货夏进乳品公司，抓好2个万头奶牛养殖基地、3个千头奶牛养殖园区的建设，形成奶牛产业带。

2.推进农业产业化，要提高生产组织化程度，夯实农业产业化基础。提高农业生产的组织化程度，是增强产业化经营组织竞争力的重要环节。要围绕主导产业和优势产品，着力发展农村合作经济组织联合会等各类协会及农村新型专业合作组织，加强对牛羊、生猪、水果、鲜鱼、蔬菜等农副产品的营销力度，进一步拓展农产品服务领域和层次，不断增强专业合作组织的凝聚力和经济实力。完善多样化的利益联结机制，大力推行“公司＋基地＋农户”的经营模式，大力推广“订单农业”，使广大农民紧盯市场种田，围绕市场发展种植业，克服分散农户直接参与农业产业化经营的局限性，培育农户、农村合作经济组织和农业企业三元并联的农业产业化格局。建立和完善农产品专业批发市场和农贸市场，建设全区最大的宁夏青铜峡粮油批发市场和瞿靖友好村食用菌批发市场、张岗蔬菜批发市场，拓展农产品服务领域，力促农民增收。

3.推进农业产业化，要加大科技创新力度，增强农业产业化动力。加大对现代农业科技园区、酿酒葡萄基地、国家级万亩农业综合开发示范区的技术服务力度。进一步深入开展科技特派员创业行动，鼓励科技人员带项目，带技术，带资金参与科技承包和从事科技有偿服务。组织技术人员下乡包村包点，大胆尝试，创新科技承包模式，强化科技在农业增产增收中的作用。实施科技推广项目，大力引进优质牛、羊新品种，加快畜禽改良步伐。抓好“百万农民培训工程”，促进科技试验、示范、推广一体化，提高农业的科技含量和产出效益。大力扶持民营科技企业，积极与区内外高等院校、科研机构的技术协作，加快科技成果转化。继续加大对农业科技投入，实行招商引资、立项争资、民间融资“三资”并举和资金、技术、项目三管同上，多渠道增加对技术改造和支持农业技术推广的投入，促进农业产业化发展。

三、壮大县域经济，必须以统筹城乡建设为出发点

1.以城市建设推动农村发展。城市在城乡互动中起着龙头带动作用。只有城市建设不断得到发展，才能辐射和拉动农村的发展。按照“改造老城区、完善北城区、建设东城区、开发新城区”的思路，全力抓好新城区中央大道、朔方街、永庆南路、古峡东街道路建设、民用天然气一期、东区集中供热、康泰小区二期、银基花园一期等城市建设重点工程，不断完善城市综合配套功能。搞好城市美化、绿化、亮化，建设好城市道路、供水、供暖、供电、通信、绿化、环保等公用设施建设，提升城市形象和档次。大力发展现代服务业，不断提高城市经营管理水平，搞活商贸流通，加快推进房地产业、旅游业、社区服务和文化娱乐等产业的发展。到2007年，将城市规划区内的农业人口全部转化为城市人口，城镇人口达到15万以上，城市面积达到16.5平方公里以上，城市化率提高到50%以上。

2.加快小城镇建设。小城镇建设是统筹城乡协调发展的重大举措。没有城镇体系的完善，农村、农业、农民问题就不可能得到根本解决，农民奔小康、农村经济的可持续发展就难以实现。为此，我们将大力推进重点集镇建设，以突出特色、强化功能、提高质量、繁荣经济、集聚人口为目标，加快青镇、峡口、叶升、陈袁滩4个重点集镇的二、三产业发展；加快黄河生态园景区建设；规划建设谭桥村、叶升村2个小康示范村。推进一般集镇建设，加强瞿靖、大坝、邵刚3个一般集镇的规划、建设和管理；推进树新林场、南庄村2个农宅示范点建设项目；开发建设三道湖、朱家湖等新景点；鼓励和引导集体、个人、私营企业等投资主体，积极参与集镇开发建设。逐步形成布局合理的城镇体系。

3.统筹城乡基础设施建设。基础设施建设是改善生产生活条件，实现城乡居民人居环境同步提升的前提。要进一步推进全市路网建设，抓好东南环路建设、201省道过境段改建、陈袁滩滨河大道、牛首山、庙山湖景区旅游专道、峡口镇团结南路、东星路的建设，进一步完善城乡交通一体化网络。并向城区周边条件好、人口多、居民集中的村、队延伸自来水、供暖管网和其他市政基础设施，逐步消除城乡黑白分明的二元分割局面。认真实施好峡口、青镇、陈袁滩镇部分村人畜饮水工程及农村千户“一池三改”（沼气池、改厨、改厕、改圈）沼气示范项目，进一步改善部分农民生产生活条件。加强有线广播电视城乡联网工作；提高农村固定电话、移动电话普及率，加快全面建设小康社会的步伐。

四、壮大县域经济，必须以构建和谐社会为归宿点

1.大力发展社会事业。社会事业的发展是构建和谐社会的必要条件。因此，政府在发展经济的同时，必须加大对社会事业的投入力度，建立和完善多元化的社会事业投资机制，实现经济与社会的良性互动。特别是要大力推进教育创新，优化教育结构，合理配置教育资源，加强素质教育，大力发展职业教育、继续教育，构建终身教育体系。加强基层文化设施建设。建立健全市、镇、村三级疾病预防控制体系、突发公共卫生事件医疗救治体系、重大疫情信息网络体系和卫生执法监督体系，加快公共卫生事业发展。改善农村医疗卫生条件，加强农村卫生工作。

2.健全社会保障体系。社会保障体系是经济发展的推进器，也是社会和谐的稳定器。要进一步扩大城镇职工养老、失业、工伤、医疗保险覆盖面，稳步推进新型农村合作医疗工作；拓宽就业渠道，千方百计增加就业岗位；完善以救灾、就医、住房、助学、法律援助、农村计划生育家庭奖励扶助为主要内容的农村救助体系；做好城乡最低生活保障工作，做到应保尽保。加强社会保险基金征缴和管理，加大监督检查力度，保障劳动者特别是弱势群体的合法权益。

3.加强社会事务管理。尽快建立健全社会协调机制，努力提高解决群众反映的问题的能力，着力对实施土地征用、城市拆迁、国企改革、农村劳动力进城务工等群众信访反映强烈的问题依法及时处理，解决好上访群众反映的热点问题和难点问题，切实维护群众的合法权益。充分发挥司法等专门机关惩治犯罪、维护稳定的职能作用，不断完善社会治安综合治理工作机制。把建设“平安青铜峡”落实到每个社会细胞，保证全市社会稳定。

4.打造“诚信社会”。人是和谐社会的主体。人与人和谐，人与社会和谐，人与自然和谐是和谐社会的重要标志。要扎实推进群众性精神文明创建活动，弘扬先进，扶正压邪，使全市人民始终保持奋发向上的精神状态。要在全社会唱响尊重劳动、尊重知识、尊重人才、尊重创造的主旋律，积极营造鼓励人干事业、支持人干成事业的社会环境。要以提高人的素质和县域文明程度为目标，大力加强新时期社会公德、职业道德、家庭美德教育，建设诚信社会，形成科学文明、健康向上的社会风尚。

强力推进东港经济隆起　打造最具活力黄金海岸

中共辽宁省东港市委书记　于国平

东港市位于辽东半岛东端，南临黄海，东依鸭绿江，与朝鲜半岛隔江、隔海相望，与日本一依带水，是连接中、韩、朝三国的交通枢纽和欧亚大通道的必经之地，享有“东北亚经济圈金瓶口”之美誉；总面积2445平方公里，海岸线93公里，总人口64万，是中国虾贝等重要养殖和出口基地、全国惟一优质草莓生产基地、绿色优势稻米生产基地、风力和潮汐发电基地。2004年全市实现国内生产总值119亿元，实现财政总收入5.67亿元。人均国民生产总值18600元，综合经济实力在辽宁省县区中名列第6位。中央实施振兴东北老工业基地战略，为东港加快发展带来了难得的历史机遇。中央提出“建设纵贯东北东部地区的铁路工程，形成东北新的出海通道”，将使东港市成为东北地区东部重要的海陆门户。这一新的战略决策，将使东港彻底打破昔日终端地域的劣势，更多的物流、人流、信息流和资金流将向东港聚集，这对东港的跨越式发展将起到巨大的推动作用。特别是将为东港利用吉林、黑龙江、内蒙古腹地丰富的资源，吸引外资，大力发展临港产业和资源加工型产业以及现代物流业，打造新的开放型经济体系提供了有利条件。目前，围绕形成新出海通道的基础设施建设已全面展开。东北东部铁路工程三年内将完工，丹大线铁路、丹本铁路复线、丹东至通化高速公路等三条铁路、三条高速公路都已进入施工阶段或准备阶段。作为东北东部出海大通道的重要窗口，东港如何在东北老工业基地振兴中找准定位，抢抓机遇，加快发展，在辽宁沿海经济带中实现“隆起”，是我们当前面临的重大课题和重要使命。

面对新形势、新使命，我们把建设“丹东黄海经济隆起带”、打造祖国万里海疆最具经济活力的黄金海岸确定为今后一个时期的奋斗目标。要紧紧抓住东北东部新的出海通道建设和丹东市新的发展定位带来的新机遇，用世界的眼光、战略的思维谋划“丹东黄海经济隆起带”的建设，充分发挥港口优势、资源优势、区位优势，坚持以加快发展为主题，以项目建设为核心，以招商引资为重点，以环境建设为关键，大力实施“五九四四”工程，力争用三个五年时间实现经济总量翻三番。在“十一五”期间，各项主要经济指标要翻一番，成为丹东地区新的经济增长极和可持续发展示范区，初步完成黄海经济带的隆起；通过10年左右的努力，使东港的经济结构更加合理，二产、三产、一产的比重达到50:40:10，到2020年全市地区生产总值突破1000亿元，财政收入突破100亿元，基本实现打造祖国万里海疆最具经济活力的黄金海岸目标。

按照这一奋斗目标的和总体思路，在工作中力争实现“八个新跨越”：

一、坚持“创新、奋进、突破、超越”的精神不动摇，实现思想解放的新跨越

思想解放程度如何对一个地区的发展起着非常关键的作用。推进地区经济隆起，打造黄金海岸，就必须不断解放思想，结合新机遇、新要求，用新思路、新措施谋划新发展。我们对思想和作风等方面存在的影响发展的根源性问题进行了查找：一是由于盲目乐观而导致的不思进取；二是由于悲观畏难而导致的不思进取；三是由于封闭保守而导致的不思进取。必须认真解决好这三种“不思进取”，以思想上的新跨越推动工作上的新跨越。在工作中，充分发扬“创新、奋进、突破、超越”的东港精神，做到“四个破除、四个树立”：一是破除无所作为、不思进取的意识，树立奋发有为、开拓进取的发展观念，想大事、干大事，创大业；二是破除因循守旧、求稳怕乱的思想观念，树立敢想敢干、敢为人先的创新精神，勇于突破前人，突破常规；三是破除狭隘保守、固步自封的思想意识，树立世界的和战略的思维，站在全局的高度谋划发展；四是破除形式主义、官僚主义意识，树立求真务实、真抓实干的作风，雷厉风行、只争朝夕。特别是在战略思维上，要跳出东港看东港，站在东北乃至东北亚高度来审视“丹东黄海经济隆起带”建设，自觉融入到环黄渤海经济圈，打造开放型产业带。

二、坚持“工业强市”战略不动摇，实现工业经济新跨越

加快工业发展是建设“丹东黄海经济隆起带”的重要支撑，是实现东港经济隆起的加速器。要围绕打造生产加工、电力能源两大基地，突出临港型工业和资源加工型工业两大重点，做大做强食品工业、机械冶金、纺织服装、医药化工、新材料、新能源。在工作上，着力抓好“四个一批”：一是着力做大做强一批规模企业。围绕现有骨干龙头企业，研究扩展上游产品和下游产品，引进相关企业，拉长产业链条，形成产业集群。二是着力培育引进一批高新技术企业。一方面要运用高新技术改造提升传统产业，实现在传统产业中拓展和分离高新技术产业；另一方面以现有的高新技术企业为基础，力争引进和培育出一批在国内外同行业中具有领先优势的高新技术企业群。三是着力抓好一批重点工业园。以东港经济开发区、前阳经济开发区为核心工业区，努力建设好201国道和丹大高速公路沿线的10个重点工业园区，进一步提升园区的集聚效应和竞争力。四是着力改造培育一批现代企业。积极引导企业深化改革，破除传统的家族式管理，建立现代企业制度，大胆引进优秀管理人才和先进管理理念，重视技术创新，强化品牌意识，不断改造企业的管理模式和经营模式，提高市场竞争力。

三、坚持“农业产业化”战略不动摇，实现农业经济新跨越

要以工业化理念为指导，重点拉长绿色稻米、优质草莓、设施果菜、板栗、畜禽、稻田渔业、港湾养殖、滩涂浅海贝类、工厂化海洋渔业等农业主导产业的链条，努力构建沿海精品渔业带、高速公路高效农业带和北部山区林下经济带，全面提高农业整体素质和效益。在工作中，重点抓好四个环节：一是大力培育龙头企业，抓好产业化的核心环节。围绕水稻、水产、果菜、板栗、禽畜等主导产业，在科研、生产、加工、销售等各环节培育和壮大一批龙头企业。认真研究国家和省对龙头企业的扶持政策，力争得到上级政策支持，帮助企业搭上政策快车，推动企业迅速做大做强。走龙头企业+基地+农户的路子，形成稳定的农业产业化运行机制。二是大力培育特色产业，抓好产业化的基础环节。以市场需求为导向，认真研究北方大中城市和周边国家特别是日韩等国的“餐桌经济”，大力实施畜牧业、渔业、特色产业、农产品出口创汇“倍增”计划，突出发展绿色无公害农业产业。到2007年，基本实现农产品无公害化生产。到2012年，要把东港建成全国优质农产品生产基地。三是努力打造农业品牌，抓好产业化的市场环节。集中精力研究和实施品牌营销战略，在几个重点产业中打造一批省级以上品牌，以品牌带动产业，以品牌开拓市场。注重东港农业这个大品牌，进一步强化宣传和包装力度，使“东港”成为优质农产品生产基地的代表，成为优质农产品的品牌和象征。四是强化农业合作组织建设，抓好产业化的组织环节。坚持民办、民管、民营的原则，组织引导农民在民主、自愿的基础上发展农村专业合作社或专业协会，提高农民进入市场的组织化程度。特别鼓励农民经纪人、龙头企业组建多形式、多主体的农民专业合作社和产销协会，达到一个协会带动一项产业。

四、坚持“以港兴市”战略不动摇，实现临港现代物流业新跨越

东港港口优势明显，依托港口发展现代物流业的潜力和空间更加广阔，现代物流业将是打造“丹东黄海经济隆起带”的重要增长点。要围绕建成东北东部现代物流基地为目标，依托港口优势、区位优势，以“三区”建设为重点，进一步完善基础设施建设，加大现代物流企业引进，把物流业打造成为地区经济的重要支柱。在工作上，重点做好“三篇文章”：一是着眼于建设东北东部乃至东北亚海陆门户，做好规划这篇文章。坚持高标准、大气魄、大手笔，着眼于为东北东部服务，乃至为东北亚服务，围绕丹东“一港两带三区”发展思路，进一步完善物流业发展规划，科学、超前地规划好仓储区、保税区、中心商务区、加工贸易区，为建设区域性、国际性现代物流基地打好基础。二是进一步挖掘港口资源，做好港口这篇文章。在积极配合大东港二、三期扩建的同时，依托东港海岸线较长，适宜建港选址较多的优势，从而形成以大东港为主、其他港口码头为辅的港口群，为现代物流业和临港工业大发展大提供更广阔的空间。三是为临港现代物流业发展造足声势，做好宣传这篇文章。紧紧抓住当前有利时机，大力宣传好东港海、陆、空优势，把有利于发展物流业的全部要素、优势、政策宣传到位，让更多的地区、更多的投资者了解东港的区位优势，增强东港的吸引力，聚焦国内外投资者眼光。

五、坚持“扩大开放”战略不动摇，实现招商引资新跨越

抓住沿海地区进一步扩大开放的机遇，大力招商引资，是建设“丹东黄海经济隆起带”的强劲动力。要以对外开放为主战略，抓住“两个机遇”，利用“两个市场”，牢固树立大开放、大放开，大招商、招大商，大上项目、上大项目意识，坚持内资外资一起引，引资引智相结合，努力打造开放型经济。在工作中，重点打好“三张牌”：一是打好港口牌。东港不仅有大东港，而且在93公里海岸线上多处可建港口、码头。充分利用这方面的优势，引进资金开发港口资源，建设商业港口和业主码头，同时以港口优势吸引临港工业、物流业。二是打好沿海牌。充分利用海洋资源，大力引进设施渔业及相关加工产业。特别是以海洋红风力发电厂、大鹿岛风力发电厂为基础，加大对风电项目的包装和招商引资力度，吸引更多的风力、潮汐发电厂落户东港，打造电力能源基地，使新能源产业成为经济新增长点。三是打好区位牌。东边道铁路建成后，东港将成为东北东部对外开放的窗口，成为东北腹地与日韩及东南亚等国家联系的交通枢纽。依托东港现有的区位优势，加强对外宣传，加快引进现代物流、临港工业等项目，使东港良好的区位优势真正转化为经济强势。

六、以打造“人居佳市”为目标，实现城镇建设新跨越

要加快城镇发展，打造多功能服务平台，是建设“丹东黄海经济隆起带”的必然要求，更是东港构建现代化港口城市的重要举措。要以打造出海通道为契机，以建设现代化港口城市为目标，大力实施城市牵动战略，不断完善城市功能，突出海陆特色，提升文化品位，增强城市的辐射力和牵动力，推动城乡统筹发展。在工作中，做到“三个坚持”。一是坚持高标准规划城市。着眼新的出海通道的形成，按照丹东新的城市定位和“一港两带三区”的战略构想，把建设区域性现代化沿海港口城市作为东港城市建设的主攻方向，按照20年达到60万城区人口的标准进一步修订城市发展规划，使东港更好地融入到区域发展的大框架之中，更好地接受全省各个经济圈的辐射。按照“两点、一轴”的格局，规划好201国道沿线小城镇带，进一步加快小城镇建设。二是坚持市场化经营城市。经营好城市，实现城市最大增值，使城市建设、管理、发展步入良性循环轨道是推进城市化进程的重要举措。进一步加快政府职能转变，把公共服务管理推向社会，努力探索城市经营的新路子，实现基础设施建设、公益活动市场化。三是坚持可持续发展建设城市。作为一座新兴的港口城市，作为东北东部出海大通道的龙头和窗口，城镇建设必须着眼于凸显海陆特色、着眼于生态环境、着眼于现代品位，一草一木、一街一景都彰显人文特色，使城市建设符合科学发展观的要求，符合建设和谐社会的要求。

七、进一步加强软环境建设，实现投资环境新跨越

加强软环境建设，创造经济发展良好环境，是建设“丹东黄海经济隆起带”的重要保障。要以简政放活为核心，以规范服务为重点，以解放思想为动力，以创建东北地区投资环境最佳城市为目标，努力营造廉洁高效的政务环境、宽松和谐的政策环境、公平公正的法制环境、诚信有序的市场环境、尊重知识和尊重人才的人文环境、积极奋进的舆论环境，打造东北地区软环境建设最佳城市。在工作中，重点做好五个方面：一是进一步深化行政审批制度改革。减少审批项目，降低审批门槛，缩短审批时间，改革审批方式，提高审批效率。在行政项目审批上，实行行政审批全程代理制度，为企业和群众提供高效、快捷、方便、满意的服务。二是进一步规范执法行为。按照《行政许可法》的要求，对全市所有的行政审批项目、规定和行政许可实施主体进行全面清理。严格规范执法程序和执法行为，坚决杜绝不规范执法、不公正执法和执法随意性等问题的发生。细化自由裁量标准，严格控制执法人员随意使用自由裁量权。三是进一步强化服务意识，全面提升服务水平。建立健全规范服务的制度规定，努力改进服务态度，提高服务质量，完善服务措施，提高服务水平。四是进一步加强舆论宣传工作，发动群众搞好监督检查。继续在媒体开设软环境建设宣传专题和专栏，开设软环境建设热线电话，设立“曝光台”，营造人人关心软环境建设的良好舆论氛围。五是进一步严厉查处损害软环境的违法违纪案件。加大监督检查力度，建立软环境建设投诉举报奖励制度，对损害软环境建设的违法违纪案件，发现一件，查处一件，决不姑息迁就。

八、创新选人用人机制，实现干部队伍建设新跨越

建立起能上能下、能进能出、有效激励、严格监督、竞争择优、充满活力的用人机制，最大限度地激发广大干部的积极性、主动性和创造性，是东港大发展快发展、建设“丹东黄海经济隆起带”的重要保证。要按照“公开选人、事业取人、政绩用人”的原则，用好的作风选作风好的人，用解放的思想选思想解放的人，努力形成人尽其才、人才辈出的局面。在工作中，重点抓好四个方面：一是突出工作，以绩取人。以政绩大小定升降，把政绩突出的干部及时选拔到领导岗位上来，真正让想干事的人有机会、能干事的人有舞台。二是着眼潜力，以干育人。把优秀后备干部集中到经济建设一线和艰苦环境，把年富力强、懂经济、善管理的中青年干部向经济建设主战场倾斜，在经济发展实践中锻炼干部，促使其尽快成长。三是不拘一格，以能用人。坚决破除论资排辈、求全责备等旧观念的束缚，既论资历，又不惟资历；既讲台阶，又不抠台阶，大胆起用人才，大胆选拔学历高、年纪轻、有发展潜力的优秀干部进领导班子。四是强化考核，以严评人。进一步完善个人述职、民主测评、组织考核、群众评议等考核程序，特别是强化行风函询评议制、人大代表评议制，增强干部政绩考核的真实性，让干成事的人得奖励，让不干事的人让位置，干扰干事的人受惩戒。

建设“丹东黄海经济隆起带”、打造最具经济活力的黄金海岸是东港大发展快发展的新起点。我们将站在全局和战略的高度，以新思维、新举措、新作风，抢抓机遇，乘势而上，真抓实干，开拓创新，加快“丹东黄海经济隆起带”建设，为把东港打造成祖国万里海疆最具经济活力的黄金海岸而努力奋斗！

励精图治　加快发展　全力打造辽北经济旗舰

中共辽宁省开原市委　　辽宁省开原市人民政府

开原市地处辽宁省北部，是联结关内外人流物流的重要通道，区域面积2828平方公里，人口60万，哈大电气化铁路、京哈高速公路、102国道横贯市区，南距沈阳100公里，区位与交通优势十分明显。开原是资源丰富、风光秀美、历史悠久、盛产欢乐的城市。全国著名笑星赵本山自导自演的《刘老根》2部、《马大帅》1、2部就是在他的家乡——开原实景拍摄的。

"十五"期间，市委、市政府始终坚持把执政兴市作为第一要务，凝心聚力，优化环境，抢抓机遇，务实争先，开原经济进入了全新快速发展阶段。全市GDP、财政一般预算收入年均增长20.3%、20.5%，四年累计完成固定资产投资38.5亿元，相继建成了一批重大基础设施和工业项目，综合经济实力显著增强。产业结构进一步优化升级，三次产业结构比例由2000年的49:22:29调整到33:41:26。建成了功能完善，服务上乘、初具规模的市级工业园区，南京雨润集团、哈尔滨朝龙亚麻等数十家国内知名企业纷纷在开原投资建厂，凯尔集团、立达集团、开原水泥、赢德肉禽等一批产值超亿元民营骨干企业迅速崛起，初步形成了新型建材、轻工纺织、机械加工、食品及农副产品加工五大主导产业；做大做强了畜禽、蔬菜、绿色稻米、优质水果、苗木花卉、草莓、榛子等一批具有鲜明区域特色和较强竞争力的农产品基地，形成了肉鸡、鸭鹅、生猪、绿色稻米等十大产业链条；贸易服务业比较发达，各类市场体系健全，辐射力强，已经成为辽北重要的物流中心；对交通、通信、给排水、城乡供电网、供热、煤气等，四年城建投资近20亿元，对市区主要街路全部进行了拓宽改造，四年建成住宅面积125万平方米，15600户居民喜迁新居，城市基础设施进行了全面改造，相继建成了开原广场、金山国际饭店、新都商贸购物中心、体育场、游泳馆等一批国内一流水平、代表开原形象的标志性工程，实施了城市绿化、亮化、美化工程，开原建设辽北现代化小都市，全力打造辽北最佳人居、创业环境取得显著成效。

"十五"期间开原经济社会取得了丰硕成果，我们主要抓了以下几项工作：

一、始终坚持把加快发展作为执政兴市的主旋律

以加强党的执政能力建设为根本，充分发挥市委总揽全局、协调各方的领导核心作用，高水平、超常规谋划开原的发展，强化措施，狠抓落实，实施既定的大政方针不动摇。

二、始终坚持把人民群众的根本利益放在首位

四年为百姓办成50件实事，以此赢得了民心，充分调动了一切积极因素，形成了稳定和谐、共谋发展的强大政治合力和良好社会环境。

三、始终坚持全方位开放战略

充分利用"两种资源、两个市场"，进一步优化环境，加大招商力度，我们制定了一系列招商引资优惠政策，成立了一门受理、一次办结、高效率、低收费的公共行政服务中心，开原正在成为广大投资者的服务高地、成本洼地、创业宝地。

四、始终坚持工业立市战略

以资源为依托，项目为载体，加大投入为手段，打造知名品牌为核心，四年完成工业项目投资16亿元，争创省以上著名品牌20余项，全力扶持骨干企业的规模扩张和产品升级，以此改造提升五大主导产业，培育壮大区域特色经济，提高综合竞争实力。

五、始终坚持实施全民创业战略

大力发展百姓经济，激活民间资本，推进县域经济民营化进程，民营经济对GDP的贡献率达60%，对财政的贡献率达65%，对就业的贡献率达75%，民营经济的主导地位和支撑作用得到增强。

六、始终坚持城乡统筹发展战略

全面实施城市发展战略，着力打造城市品牌，人居环境显著改善，城市功能明显提升，对各类生产要素的吸纳能力和全市经济的牵动作用日益增强。积极推进农村城镇化进程，增强城镇的聚集效应和牵动作用。形成了以城带乡，以工促农的发展格局。

七、始终坚持科学发展观，统筹经济社会协调发展

坚持以人为本，着力提高人民生活水平和文化素质，城乡居民人均收入年均增长12%。全市劳动就业和社会保障事业稳步发展，社会大局保持稳定和谐。牢固树立科学技术是第一生产力的思想，着力打造知名品牌，提高企业核心竞争力。积极发展文化、教育、卫生等各项社会事业，切实加强精神文明建设和民主法制建设。开原城乡共建精神文明经验在全国推广。开原连续多年荣获全国文化、体育、文明村镇创建先进市荣誉称号。

展望“十一五”，开原既面临严峻挑战，更恰逢千载难逢的重大战略机遇期。辽宁省、铁岭市主要领导多次到开原调研，对开原的建设成果和发展经验给予了充分肯定，对开原未来寄予厚望，先后提出“要把开原进入全国百强县作为奋斗目标”，“开原要当好辽北经济建设的旗舰”，“要按照中等城市规模规划建设好开原”等发展定位。

殷殷期望催人进，机遇难求当抢抓。“十一五”期间，市委、市政府要把建设全国综合经济实力百强县，全力打造辽北经济建设的旗舰作为奋斗目标，带领60万开原人民，团结拼搏，务实创新，续写新的辉煌。同时，开原将以优良的投资环境、博大的开放胸怀竭诚欢迎国内外有识之士到开原投资兴业，谋求发展，共创美好的明天。

坚持“一主三化”方针 推进县域经济快速强势发展

中共辽宁省普兰店市委　辽宁省普兰店市人民政府

县域经济是国民经济的基础单元，促进县域经济发展，对整个国民经济的良性循环具有极大的积极作用。普兰店市紧紧抓住东北老工业基地振兴的历史机遇，从县域经济发展规律和基本市情出发，把“一主三化”的方针转化为具体的县域经济发展战略，实现了县域经济全面、协调和可持续发展。

一、树立民营经济的主体地位，坚实县域经济发展根基

民营经济是实现县域经济快速增长的重要支撑，我们始终坚持“主题是发展、主攻是工业、主体是民营、主导是服务”的思想，激活民营经济发展的内生动力。为民营经济进入基础领域提供投资途径和运营平台，吸纳民间资本1.6亿元参与交通、供热、供气、净（污）水处理等经营性项目；组建中小企业信用担保公司，作为市政府直属国有控股有限公司，为民营中小企业技术改造和扩张规模给予贷款扶持；推行产业项目行政审批全程代理制度，强化行政审批中心服务职能，实行审批项目、审批部门、收费项目“三必进”；积极扶持民营科技企业发展，发挥其在信息产品开发、生物制药、电子产品等高新技术应用开发领域的潜在优势，逐步发展县域高新技术产业。截至2004年底，已发展民营企业23364个，年创税收亿元以上民营企业2家、500万元以上25家，民营经济实现营业收入457 亿元，占全市的99.8%。

二、坚持产业兴市、工业立市的发展思路，加快工业化进程

工业化是县域经济综合竞争力的核心和标志，是实现城镇化的前提，是实现农民增收的重要途径。我市举全市之力，全面加快新型工业化的发展步伐，使县域经济尽快发展壮大。

立足市情，科学布局。依据已经形成的产业优势，按照“三区一带”的思路，建立建设投资有限公司，充分利用国家开发银行资金和民间资本，加大“三区一带”基础设施投入，2004年完成“三区一带”基础设施和产业项目226项，完成投资23.1亿元。工业企业实现经济总量占全市的81%，已经成为我市工业发展的承载区和经济发展的重要增长极。

调优结构，做大优势。特色是优势，如果没有一定的结构档次，很难彰显产业的特色优势。先后对服装、机电、酒水、农产品加工四大特色产业进行深度开发，推进大雪企业集团与世界500强企业子公司、全球10强啤酒企业日本麒麟麦酒株式会社合作，参与国际竞争。推进大杨集团与美国、英国等世界著名服装企业合资合作，“创世”西装荣获中国名牌。积极鼓励企业开发新产品，中低压互感品在全国市场占有率达到20%以上。

做大产业，集群发展。以产业龙头的带动，做长产业链条，催生具有区域特色、竞争优势的机电、服装、家具和农产品加工四大产业集群发展，到2007年，四大产业集群增加值将达到110亿元，年均增长14%以上。

完善政策，倾力推进。对符合产业规划和投资强度要求的项目在土地出让金、行政性收费免征、经营性收费、基础设施项目融资贴息等实行优惠政策，推进一批与培育特色经济有较强产业关联度的大项目、好项目，推介一批高产出、高效益、低污染的项目，加快潜在的资源优势向现实的经济优势转化。

三、以增加农民收入为出发点，加快推进农业产业化

发展县域经济，实现农村和农业经济增长，始终是县域经济的根本。我市在全面优化品种、提高质量、增加农业效益、减少税负基础上，不断创新农业发展思路，用工业化理念谋划农业发展。2004年，围绕畜牧、水果、水产、蔬菜等优势产业，积极推进农村经济和产业结构调整，组建农业协会20家，新发展年经销额50万元以上的经纪人160个，订单农业达31.3万亩，引进投资额在1000万元以上水果深加工、畜牧加工、水产品加工项目12个，新增省、市级农业产业化重点龙头企业7个，年加工能力达到63万吨，规模产业化龙头企业实现销售收入12亿元，农民人均纯收入增长22.2%。今后将坚持“培育、扶持、做大”的发展思路，重点做大海升果业和全盛业玉米深加工两个首批国家振兴东北老工业基地农业产业化项目，形成联结千家万户的农产品深加工企业群和产业链条。

四、强化基础设施建设，加快城镇化进程

城镇化有利于工业产业聚集、服务业成长和农村劳动力转移。我们以市区和中心镇的规划建设为重点，以增强城镇综合生产能力和经济辐射带动能力为方向，着重解决功能不完善、设施不配套和可持续发展能力不强的问题，积极稳妥地推进土地向园区集中、资本向产业集聚、人口向城镇流动。先后启动了新城区、新市区建设，推进道路、供热、电力、通讯、给排水管网、污水、垃圾处理等城市基础设施建设，完善城市功能；高起点、高标准、高质量建设皮口、杨树房、城子坦、瓦窝、安波等中心镇，提高中心城镇对二三产业的承载能力，促进项目、资金与农业人口向中心镇聚集；建设海皮路三期工程，加快沿线11个乡镇城镇化步伐；积极做好城市发展的土地储备，充分利用国家开发银行贷款，做好普兰店湾工业区20平方公里的盐滩回填工程建设，为承接仪表电子工业园等项目提供了土地资源。

我市县域经济的快速发展得益于东北老工业基地和大连市开发“北三市”战略的实施。今后我们要进一步解放思想，更新观念，落实科学发展观，深化投融资体制改革，通过吸纳社会资金，放大政府投资效益，解决好县域经济发展过程中的瓶颈问题，为县域经济的跨越式发展提供强有力的内在动力。

树立和落实科学发展观　建设生态型中等海滨城市

中共辽宁省庄河市委书记　张凤全

县域经济发展要落实科学发展观首先要统筹城乡发展，改变城乡二元结构，减少农民，变农民为工人，变农民为市民，走出一条农村工业化、城镇化的发展之路，这是在农村实践科学发展观，推动农村快速发展的关键。庄河市位于辽东半岛东南部，介于大连和丹东中间，南临黄海，东与东港、岫岩接壤，西与普兰店、瓦房店毗邻。陆域面积4068平方公里，海域面积2700平方公里，人口89万，辖22个乡镇，4个街道。几年来，庄河人坚持靠工业强市、靠农业富民、靠城市牵动、靠体制创新的"四靠"的发展思路，解放思想，大胆创新，自加压力，求实苦干，使庄河的经济保持了快速发展和社会的全面进步，县域经济基本竞争力快速提升，2004年第四届县域经济基本竞争力评价中居第73位。在新形势新机遇面前，庄河人坚持把科学发展观与庄河的实际相结合，创造性开展工作，谋求更快速度、更大效益、更高水平的发展，寻求更有能力、更高质量、更高水平的统筹。力争用十年左右的时间，把庄河建成生态型中等海滨城市。

一、落实科学发展观，就必须加快庄河的发展

振兴东北老工业基地的战略决策的实施，为东北地区县域经济实现赶超，实现跨越提供了千载难逢的历史性机遇。在这种动态的大背景下，县域经济你追我赶，要求快速发展的愿望更加强烈。国家几项重大能源和交通项目在庄河布局和建设为快速发展奠定基础。即将全线开通的大丹高速公路、即将兴建的东港到绥中海滨公路和已列入省公路建设计划的庄盖高速公路，使辽东半岛环形高速交通网在庄河对接，庄河进入以大连和沈阳为中心的1小时和3小时经济圈，接受两大中心城市的拉动；即将兴建的东部边境铁路和庄岫铁路，将使庄河成为东北铁路交通的重要节点；正在建设的庄河港，作为国家一类口岸，打开东北大陆通向世界的又一重要海上通道，构成东北连通国内外的重要交通枢纽。这种四通八达的大交通格局的形成，使庄河的区位优势更加明显，发展空间更加广阔。投资超百亿元的庄河电厂项目建设不仅为庄河未来发展提供充沛的电力支持，而且将对地区发展形成巨大拉动。加之庄河的土地、淡水、海洋、劳动力等明显优势资源，我们完全具备了成为世界加工业特别是日韩加工业的重心向中国转移承接地的条件。所有这些，都为我们迈向中等城市目标提供了强大的支撑。

从庄河自身的发展基础、发展潜力、发展条件来看，已经初步具备了建设中等城市的基础条件。庄河的比较优势明显。在参与振兴东北老工业基地调整、改造中，庄河有条件有能力比别人发展得更好一些、更快一些。县域经济基本竞争力登上新台阶。2004年，全市生产总值完成135亿元，比上年增长16%；财政收入完成4.7亿元（按可比口径），比上年增长12%；固定资产投资完成35亿元，比上年增长31%。县城由12平方公里扩展到25平方公里，人口发展到20万人。基本实现由农业县向工业市的转变，连续几年强力推进项目发展，兴建了花园口等一批工业发展区，发展了华丰、大轮、大宇、名兴电束线、宝锋轧辊、嘉隆电机等一批大的工业项目。2004年，新开工百万元以上工业及产业化项目243个，其中千万元以上86个，亿元以上9个，创历史最高水平。到目前，全市规模以上工业企业达到110多家，第二产业增加值在三产的比重已经上升到55%。农业产业化步伐不断加快。扩大优势产业，创立农业品牌，发展和做大善岛、海洋贝类育苗、富谷水产、天利生物等一批龙头企业。到2004年末，农业龙头企业已达70多家，农民人均收入预计完成4653元，比上年增长15%，为历史最

高年份。第三产业发展水平有新的提升。2004年，建成了新天地商业城、旺客隆超市等一批大型商业设施，新的商业业态初步形成。旅游业有较快发展，2004年，成功实施了冰峪旅游区经营体制改革。多年来，全市教育、科技、文化、卫生、计划生育、体育、新闻、社会保障等各项社会事业全面发展。其中2004年，教育和卫生事业的投入达到历史最高水平。城市发生巨大变化。坚持高起点规划，高质量建设，高标准管理，持续推进城市发展。庄河港、庄河电厂、丹庄高速公路、北部大通道、乡乡通油路、村村通油路以及农村电网改造等重大基础设施建设实现历史性跨越。以绿化山川、控制污染、保护水质为主体的生态环境建设得到空前重视，不断加大植树造林、封山育林工作力度，2004年植树造林15.6万亩、2400万株，森林覆盖率达到42%，人们的生态意识、环保意识明显增强。庄河的生态环境、人居环境越来越好。党的建设得到切实加强和改进，政治文明和精神文明建设水平不断提高，社会和谐稳定。连续两届被评为省“基层组织建设先进市（县）”和“文明城市建设标兵市（县）”。整个庄河充满着蓬勃生机和旺盛活力，显示出巨大的发展后劲和广阔的发展前景。今天的庄河，基础设施，产业基础，发展能力都有了长足的进步，综合经济实力和基本竞争力显著提高，具备了加快发展的条件和能量。天时、地利、人和条件的具备，预示着庄河新一轮发展高潮的到来。我们完全有能力抓住机遇，顺势而上，谋求在更大范围上，更宽领域中，更高平台上获得更大的发展。

二、落实科学发展观，要努力把庄河建设成生态型中等城市

庄河建设中等城市的基本架构是“一城四区三带”。“一城”，即庄河城区，规划面积76平方公里。“四区”，即逐步形成花园口工业区、青堆农副产品加工区、仙人洞旅游产业区、黑岛电力产业区。“三带”，即形成临港和沿路工业经济发展带，山区经济发展带，海洋经济发展带。建设中等城市目标要分两步走。第一步，到2010年，初步形成生态型中等海滨城市的基本框架。全市生产总值达到360亿元，年均增长17.6%；财政收入达到15亿元，年均增长25.8%；固定资产投资达到160亿元，年均增长28.5%。城市76平方公里规划区建设全面启动，建成区面积达到50平方公里，人口达到30万人。全市城镇化率达到60%。农民人均收入达到8000元，年均增长9.4%；城镇居民可支配收入达到13000元，年均增长12%。社会保障体系比较完善，农村贫困地区全部实现脱贫。第二步，到2015年左右，把庄河建成经济实力雄厚、基础设施完备、服务功能齐全、生态环境良好、社会和谐稳定的生态型中等海滨城市。必须紧紧抓住的四个重点：

1.强力推进产业发展。要按照走新型工业化道路的要求，毫不动摇地把工业放在全部经济工作的重中之重位置，积极实施工业支撑、投资拉动战略，坚持扩大规模与提高质量并重的方针，集中全力大上项目、上大项目。工业固定资产投资年均增长30%以上。到2010年，第二产业增加值达到234亿元，年均增长21%。规模以上企业达到500家以上，年产值超亿元的大项目达到50个以上，超10亿元的大项目达到10个以上。形成机械制造、家具、农副产品深加工三个主导产业集群，形成一批在全国全省同行业中领先的企业，形成一批国家和省级知名品牌。三次产业比例由目前的23:55:22调整为15:65:20。要努力加快农业产业化步伐。到2010年，年产值超千万元的农业龙头企业达到100家以上，80%的农户进入龙头企业生产链。第一产业增加值达到58亿元，年均增长10%。要加快第三产业发展。打造辽南旅游名城，大力发展新型商业业态，提升交通运输业发展水平，积极发展金融、保险业，加快发展现代物流业、信息业。到2010年，第三产业增加值达到68亿元，年均增长15%。

2.继续推进城市化进程。要加快城市的南进西拓东展。按照庄河市区总体规划，到2010年，要在巩固、改造、提升现有25平方公里城区基础设施和服务功能的基础上，基本完成城市的南进、西拓和东展。加快城市周边工业集中发展区建设，基本建成城南临港物流区和城东产业服务区，重点完成污水处理厂和垃圾处理厂项目，进一步配套和完善城市基础设施。拓展城市要坚持道路先行，形成城市平面框架。合理规划和建设若干个高层建筑和别墅区，形成城市立体框架。要彰显城市特色。以“水”凸现灵性，以“山”展示秀美，张扬“显山露水”的个性化特点。加强城市周边山岳的绿化美化和植被保护，加大市区绿化美化力度，形成“城在青山绿林中，青山绿林在城中”的美丽景象。利用市区内的小寺河、庄河、海岸线、城南湿地和青龙山、九顶梅花山、西山、蛤蜊岛等地理地貌特点，建成若干个风景区和休闲场所。要搞好城区老下街建筑群的保护，保留城市的历史风貌。要强化城市管理，不断提高城市管理水准。

3.积极推进重大基础设施建设。庄河目前的重大基础设施还不够完备，其拉动作用还没有充分显现出来。城市的基础设施欠账较多，功能不够完善，与建设中等城市的要求尚有较大距离。今后几年，我们要继续推进国家在庄河布局的几项重大能源和交通项目，继续完成庄河自己已建的重要基础设施项目。同时，要积极谋划和争取一批新的基础设施项目落户我市，为向中等城市目标迈进创造更完备的基础设施条件。

4.大力推进生态环境建设。我们建设中等城市不仅要经济发达、社会和谐文明，更要全力创造一个良好生态环境。要在全社会营造爱护环境、保护环境、建设环境的强烈共识和良好风气。要牢固树立保护林木、保护水质就是保护庄河根本利益的意识，建立一套更加有效的山林、淡水、海水不受破坏和污染的保护机制。要彻底治理原有污染源，控制和防止出现新的污染源。要严格保护花岗岩、硅砂等不可再生矿产资源，坚决制止掠夺性、破坏性开采。在进行重大基础设施和项目推进中，尽最大可能减少开山劈岭，减少对地形地貌的破坏。要经过持续不懈的努力，真正达到人与自然的和谐、经济发展与生态保护的统一。

2005年的主要工作任务：全市生产总值要达到160亿元，比上年增长17.6%；财政收入要达到4.86亿元（按新口径），比上年增长13%；固定资产投资要达到45.5亿元，比上年增长30%；农民人均收入要达到5100元，比上年增长10%。

1.要全力推进工业项目发展。全年新上项目的数量和质量要有明显提高，百万元以上项目要超过200个，总投入要超过30亿元。要全力推进工业发展区基础设施和项目建设。花园口工业发展区力争年内基本完成一期基础设施建设，为更多项目落地创造条件。韩国工业发展区年内全面完成一期建设任务，并使项目全部达产。城关、昌盛、新华工业发展区要进一步完善基础设施，拓展建成区，在项目推进上要有大的突破。所有工业发展区的厂房设计、建设标准要与城市的建筑设计标准和风格相适应。青堆、吴炉、兴达、徐岭、光明山、大郑等工业发展区都要积极创造条件，加快建设步伐。要把招商引资作为新上项目的主线，开展更广泛的引资、引智、引牌、引市（场）活动。要珍惜工业用地，提高单位面积的技术和资金承载量。市乡领导要集中精力抓项目，建立促进项目发展的工作机制，继续实行市级班子和领导包工业发展区、包大项目制度，明确任务，强化责任，规定时限，及时解决项目推进中的土地、资金等方面问题，加快项目建设进度，形成齐心协力抓项目和积极主动为项目服务的良好氛围。要以农民增收为核心，进一步加快农业结构调整步伐。年内有家庭项目农户要达到80%以上，全年新发展龙头企业20家以上。通过龙头企业牵动水产、畜牧、食用菌、水果、蔬菜等优势产业发展，形成良性循环的产业链。要加快海上庄河建设步伐，突出发展渔业园区和工厂化养殖，在建设好海洋、富谷等渔业园区的基础上，创造条件新发展和扩大一批渔业园区和工厂化养殖基地。认真实施“绿色食品计划”，实行标准化生产。第三产业要继续创新管理体制，整合冰峪、天门山、海王九岛等旅游资源，形成独具特色旅游体系，增强对相关产业的拉动作用。要发挥新天地商业城、旺客隆超市等大型商业项目的牵动作用，加快发展新型商业业态。要积极提升交通运输业水平，推动物流业大发展。继续加强生态环境建设。加大植树造林和封山育林工作力度，集中资金重点绿化丹庄高速公路、丹普路、庄岫路沿线和庄河、小寺河、鲍码河沿岸。要深化林权改革，落实管护责任，严厉打击滥砍盗伐行为。积极发展替代产业，妥善解决林羊矛盾，杜绝放牧毁林现象。建立并开始实行柞蚕场三年轮放制度。清理各类木材加工点。禁止开荒毁坏植被。要对所有严重污染项目进行限期整治，做到达标排放。整顿采矿业秩序，逐步萎缩采矿业。

2.要加大力度抓好城市和基础设施建设。按照城市总体规划要求做好详控规划的论证工作。郊区建设项目要纳入城市规划之中严格控制。要拓宽六高中到富谷公司等城市主干线油路，搞好疏港路南段建设，开工兴建建设大桥。启动世纪大街北侧等地段房地产开发，搞好永兴街等部分旧区改造。集中建设和改造一批“民心工程”项目。要开展“爱护城市、保护家园”教育活动，增强人们的城市意识。城市管理要由主路街向小街小巷延伸，不断改善城市整体形象。要全力以赴抓好重大基础设施建设。年内完成庄河港建设任务；全力以赴推进庄河电厂建设；做好庄盖高速公路开工建设的争取工作；积极协助省交通部门完成丹庄高速公路庄河段后期建设工程；协助国家和省有关部门做好东部边境铁路庄河段、庄岫铁路庄河段、东港到绥中滨海公路庄河段的勘测设计和建设工作。同时，要继续抓好村村通油路工程，积极推进石城岛港建设。

三、落实科学发展观，就要以提高党的执政能力建设为保证

庄河迈向中等城市目标，关键在于搞好党的建设，开展保持共产党员先进性教育，提高党的执政能力。要牢固树立责任意识，克服一切困难，加快投融资体制改革，努力创造更好的融资环境，通过举债经营超前发展，突破困扰我市快速发展的资金瓶颈。以科学的发展观为指导，把庄河现有资源实现最科学、最有效益的利用，推动庄河经济的超常规发展。要加强干部队伍建设。深化干部人事制度改革，继续坚持“三看”的用人导向。即：一看干部是否具有强烈的事业心和责任感，二看干部是否具有求真务实的工作作风，三看干部是否具有解决实际问题、能干事、能干成事的能力。不断提高领导干部的综合素质和各级班子整体素质。积极探索形成吸纳人才、使用人才新机制，不断壮大各类优秀人才群体。要开展好“三级联创”活动，切实做好基层党建工作。要积极加强党员队伍建设。开展好保持共产党员先进性教育活动。要加强党风廉政建设。认真落实党风廉政建设责任制，构建教育、制度、监督并重的惩治和预防腐败体系。充分发挥人大、政协在全市政治、经济、社会各个领域的作用，加快推进依法治市和依法行政，搞好普法教育，提高执法水平，维护司法公正。深入开展严打整治斗争，加强社会治安综合治理；严格依照法律和政策做好信访工作，及时妥善处置好突发性群体事件；加快社会保障体系建设，认真做好扶贫和扶持弱势群体工作，确保社会稳定。积极加强宣传思想工作和精神文明建设。宣传加快发展取得的新突破、新进展，要通过积极的宣传思想工作，振奋精神，理顺群众的情绪，化解社会矛盾，更好地调动和激发干部群众的积极性和创造性。深入开展建设学习型城市活动，发展城市文化，不断加厚城市文化底蕴的积累。要继续加强机关作风建设，深化服务型政府建设，巩固提高“全程办事代理制”成果，促进软环境不断优化。通过不断的解放思想，使全部工作的着眼点、着力点都调整到紧紧围绕建设中等城市目标上来，使建设中等城市的各项任务切实贯穿于、落实于各个方面、各个环节的工作之中。

“三个集中”的实践效应

政协包头市委员会副主席、中共内蒙古自治区达茂旗委书记　巴特尔

旗县经济如何实现超常规跨越式发展?而偏远落后旗县经济又怎样才能按照科学发展观的要求得到和谐发展?近三年，达茂旗作为内蒙古自治区的边境牧业旗，走出了一条“工业立旗、三产拉动”集中发展的强旗富民路子。

达茂旗是内蒙古自治区的33个牧业旗和19个边境旗市之一，也是“草原钢城”包头市惟一的以蒙古族为主体、汉族占多数、多民族聚居的边境牧业旗。2002年，达茂旗提出了“工业生产向三大优势区集中、农牧业生产向水源富集区集中、农牧业人口向小城镇集中”的“三个集中”工作思路。经过三年多的实践，“三个集中”不仅大大推动了达茂旗的工业化、农牧业产业化和城镇化进程，而且还创造了达茂旗国内生产总值和财政收入三年翻两番，农牧民人均纯收入、城镇居民可支配收入、在岗职工月平均工资、机关事业单位职工月平均工资和城乡居民储蓄存款余额五项指标三年翻一番的奇迹。2004年，达茂旗在包头市率先进入了中国西部县域经济百强县(市)，实现了一个历史性的跨越。

“三个集中”工作思路的实质就是充分利用现有的生产要素，发挥集聚效应，盘活资产，做大做强优势产业，最终使生产力各要素得到合理配置，使之最大限度地发挥作用。长期以来，达茂旗形成了生产力布局分散、产业结构不合理等结构性矛盾。为解决这一深层次矛盾，我们果断地提出了“工业立旗、三产拉动”的发展战略。在全旗树立大工业的理念，用工业化的思维谋划全旗经济的快速发展，抓住经济发展中的主要矛盾和矛盾的主要方面，以调整生产力布局为切入点，进一步优化生产力要素的配置，实施工业建设向三大优势区集中、农牧业生产向水源富集区集中、农牧业人口向小城镇集中的工作思路，将资源、资本、技术、人才等生产要素收缩在优势区域，集中发展优势产业，提高生产的组织化程度和集约化水平，加速推进工业化、农牧业产业化、城镇化和市场化的进程，实现投资效益的最大化和资源优势向经济优势的转化，进而实现生产经营方式的根本转变，使“三个集中”工作思路具体化和现实化，收到了良好的实践效应。

实践证明，“三个集中”是一条强旗富民、使广大农牧民群众得实惠奔小康的有效途径。三年来，我们主要采取了三大措施：

一、在资源优势区域突出发展工业经济，快速增加了财政收入

按照“工业建设向优势区集中”的思路，我们采取政府规划、企业投资的办法，在铁、稀土和农畜产品资源富集的优势区域，集中建设了以发展钢铁产业为主的石宝工业园区、以发展稀土产业为主的稀土工业园区、以发展农畜产品加工业为主的百灵工业园区。三年来，地方财政已累计投资5000万元，完善了园区的水、电、路、通讯等基础设施，实现了园区的“四平一通”，为园区的“筑巢引凤”和优势集聚效应的发挥创造了条件。目前，三个园区已完成工业投资17.9亿元，相当于“九五”时期投资总和的60倍；已实施工业项目75个，建成投产50个，全部建成达产达效后可实现工业产值50亿元，初步形成了以钢铁、稀土为支撑，能源和非金属产品加工快速跟进的工业体系。同时，三大工业区围绕铁精粉、稀土和农畜产品加工等主导产业，全力聚集相关产业，开发下游产品，延长产业链，提高了资源的开发利用水平，加快了资源转化增值的步伐。达茂石宝钢铁有限责任公司已成为纳税超亿元的大企业，三大工业区的产值占到了全旗工业总产值的86%，税金占到了财政收入的76%，真正形成了工业“立”旗之势。

二、建设生态农牧业产业化园区，重点发展乳、薯、肉业，大幅度提高了农牧民的收入

按照“农牧业生产向水源富集区集中”的工作思路，我们把生态建设和农牧业产业化经营结合起来，以建设生态农牧业产业化园区为切入点，全面实施生态移民和退耕退牧还草，加快了生产力布局的调整和生产经营方式的根本转变。三年来，全旗已集中捆绑使用国家各类项目资金和群众自筹资金4亿元，在水源富集和土地条件较好的滩川地带，开发改造水浇地6万亩，建成了35个生态农牧业产业化园区，累计规划搬迁移民2270户8072人，成为自治区规模最大的移民工程。园区内集中发展乳、薯、肉等优势产业，使农牧业逐步走上了以市场为导向、以企业为龙头、以科技为支撑的区域化布局、专业化生产、产业化经营的路子。依托伊利、蒙牛等龙头企业，我们把发展养牛业作为农牧业和农村牧区经济结构调整的重点和增加农牧民收入的可靠保障，大力改造传统农牧业，种草养畜，更换畜种，由养羊为主的传统畜牧业转变为以养牛为主的集约化畜牧业。依托海德、富广等龙头企业的带动，加快推进了马铃薯的产业化进程。

三、加快以百灵庙镇为中心的小城镇建设，大力发展城镇特色经济，促进了城乡经济的协调发展

按照“农牧业人口向小城镇集中”的思路，我们通过财政引导、社会融资、市场化运作的办法，三年投资3亿元，完成了旗政府所在地百灵庙镇的街道拓宽改造和管网下地、集中供热、广福广场、居民住宅小区等重点建设工程和艾不盖河道的垃圾清污工程。如今的百灵庙镇，城镇功能日臻完善，城镇面貌焕然一新，居民住宅的楼房化水平达到了30%，2003年荣获了自治区“十佳文明城镇”称号。在小城镇建设上，我们坚持以产业兴城镇、以产业聚人口，建设大市场、发展大商贸、搞活大流通、培育壮大城镇特色产业的原则，规划建设了大百灵庙镇，同时也加快了满都拉、希拉穆仁和石宝三个集镇的发展步伐，为农牧民大量进入小城镇筑起了平台，从而实现了“三产拉动”的效应。

立足优势　突出特色　努力打造西部经济强旗

中共内蒙古自治区乌拉特前旗旗委书记　贾英祥　乌拉特前旗人民政府旗长　张喜民

县域经济是以县为行政区划的区域经济，是国民经济的基石，在国民经济中的地位举足轻重。当前，在东部大开放、西部大开发的大背景下，作为西部欠发达地区的乌拉特前旗，如何抢抓本世纪头二十年这一重要战略机遇期，尽快融入内蒙古呼包鄂“经济金三角”，推动县域经济跨越式发展，是摆在我们面前的重要课题。

从乌拉特前旗的自身发展来看，经过建国后50余年的发展建设，特别是改革开放20多年的奋斗，取得了巨大成就。2004年，全旗国内生产总值达到36.8亿元，地方财政收入达2.895亿元；二产业增加值首次超过一产，并一越超出10个百分点，经济初步呈现出“跨越式”发展的良好态势。

一、审时度势，科学定位产业方向

乌拉特前旗紧紧围绕县域经济如何融入“金三角”经济圈，深入分析了巴彦淖尔市与呼、包、鄂的产业结构差异，准确把握自治区产业调整升级和发展重化工业的发展战略，按照新型工业化的要求，积极承接相对处于分工低端环节的部分产业转移，并在产业链的衔接延伸上下功夫，努力融入“经济金三角”的产业分工体系中去。可以说，前旗之所以有今日的发展，最主要得益于对自身旗情的清醒认识，对产业发展战略的准确定位，对战略机遇的牢固把握，从而赢得了发展的先机。为加快前旗发展，2004年初，组织开展了全旗性的大调研、大讨论，客观分析旗情，审视发展形势，归纳总结出了前旗发展所具有的巨大优势和面临的难得机遇：一是毗邻呼包鄂“经济金三角”，发展“归雁”经济和外向型经济，具有得天独厚的区位优势。二是资源丰富，旗内有矿藏40余种，分布广、储量大、品位高，农牧业产品质优量丰；水资源极其丰富，全国八大淡水湖之一——乌梁素海镶嵌旗内，黄河过境段长，流量充沛，是发展重化工工业的必需基础。三是交通便利，运输条件优越，110国道、丹拉高速公路横卧腹地，包兰、包白铁路贯穿旗境，并且已实现乡乡通油路。四是经济类型齐全，有较好的工业基础。旗内已形成以电力、冶金化工、矿山建材、造纸、农畜产品加工五大行业为支柱的工业体系。为此，旗委、政府审时度势，果断决策，进一步将全旗的经济发展思路定位为：坚持以经济结构调整为主线，努力推进农牧业主导型向工业主导型、种植业主导型向养殖业主导型两大转变，谋求工业化、农牧业产业化、城镇化三大突破；工业经济以发展资源依托型经济为主导，以发展五大行业为突破口，走循环经济之路，构筑工业强旗的新框架，促进经济持续快速发展。

二、立足优势，全力发展特色经济

县域经济必须依托自身比较优势，大力培育和发展区域特色产业，构筑县域经济发展支柱。特色资源是发展特色经济的基础，特色经济是特色资源物质形态的加工和转化。前旗正是依托资源和围绕市场确定特色产业，紧紧抓住内蒙古发展重化工和能源工业的战略方针，适时提出了依托丰富的白云岩、石灰石、工业盐、铁矿和水等资源，以工业园区为载体，全力构建PVC、金属镁、钢铁、电力和矿山建材五大产业的发展思路。目前，我旗已抢占PVC产业发展先机，建成6万吨／年PVC生产线，并与市外财团签订了50万吨PVC合作项目，2005年积极谋划一期20万吨PVC生产线上马建设；铁矿采选能力突破140万吨／年，为发展大钢铁奠定了坚实的原料基础；在原有20万千瓦发电能力基础上，投资建设2×30万千瓦机组，年底前可并网发电，为经济发展提供强有力的电力保证。在此基础上，立足我旗良好的农业基础，依托旗内外龙头企业，突出培育奶牛、肉羊、番茄、速生丰产林、葵花五大基地，打造农业新优势，努力将我旗特色优势转化为经济的发展优势。同时，以现有特色产业作为嫁接相关特色产品成长的母体，认真研究产业、企业的成长空间，不遗余力地催化其尽快膨胀、裂变，逐步把现有产业和企业调“特”，规模调“大”，品质调“优”，效益调“高”，形成“你无我有，你有我优，你优我精”的优势效应，做大做强现有企业。积极培育和构建产业集群，提高区域经济核心竞争力，有力地推动我旗经济的快速发展。

三、大胆探索，积极发展开放型经济

县域经济是以市场为导向的开放型经济，而不是封闭的“诸侯经济”。在开放过程中，我旗注重既要认真研究国家相关政策，又要认准自身优势，围绕传统产业的结构调整、财政增收、提高人民生活水平，以项目为重点，抓好招商引资。通过引资金、引技术、引人才，做大经济总量，调优经济结构，加快经济发展。一是借助外力优化资源配置。在资源配置过程中，注重利用旗内外两种资源、两个生产要素、两个市场，这样既立足旗内经济实际，促进内部资源、生产要素和市场的优化配置，又做到了眼光向外，充分利用旗外各种资源、要素和市场，促进经济的发展。二是扩大开放，承接辐射带动。我旗主动承接呼市、包头等大城市的辐射，“放下架子”发展“拾遗经济和补缺经济”。想方设法抓住机遇创造条件，把我旗特色优势同发达地区的资金、技术、管理优势对接，借大船出海，靠外力发展。三是变政策招商为实施产业集群式招商，依托特色产业，重点引进关联度大、聚集度高、带动作用强的龙头型、基地型项目，解决效益不高、资金不足的问题。同时，大力优化经济发展环境。从某种意义上说，环境优劣关系到县域经济，特别是外向型经济的生死存亡。对外来企业而言，基础设施不行就进不来，发展环境不好就留不住。我们始终将创造良好环境作为一项战略决策来抓，在大力改善基础设施的同时，突出抓好优化经济发展环境，改变作风，转变职能，努力创造良好的经济发展环境，推动旗域经济健康、快速、高效发展。

坚持科学发展观　促进县域经济发展

内蒙古自治区额济纳旗旗长　乔金加布

额济纳旗位于内蒙古自治区最西端。东南与阿拉善右旗相连，西南与甘肃省毗邻，北与蒙古国接壤，边境线长507公里，总面积11.46万平方公里。有蒙、汉、回、藏等9个民族2.5万余人，是以蒙古族为主体的少数民族边境旗。境内有我国重要的国防科研试验基地——东风航天城，“神舟”飞船从这里升起，实现了中华民族几代人的飞天梦想。由于涉及军事禁区，额济纳旗历史上曾担负着协助边防部队守土戍边、服务国防试验基地、维护地区安宁和民族团结三项任务。长期以来，额济纳与外界沟通往来少，信息闭塞，全旗经济发展缓慢，属经济欠发达地区。随着国家西部大开发战略的实施、我国加入世贸组织和中蒙关系的发展，全旗对外开放环境进一步改善，为不断加大资源转换步伐和实现经济跨越式发展创造了良好的条件。

进入新世纪以来，在党的十六大精神指引下，额济纳旗立足旗情，以“三个代表”重要思想为指导，抢抓发展机遇，深刻理解“五个统筹”内涵，用科学发展观审视旗情，把加快发展作为第一要务，把强旗富民作为第一目标，坚定实施自治区党委、政府“三化”战略和盟委、行署“转移”发展战略，确立工业核心主导地位，依托西北经济区、国防高科技试验基地和策克口岸优势，深入实施“生态立旗、国防建旗、工业强旗、旅游兴旗”发展战略，加大转移发展、经济结构调整和基础设施建设力度，推进工业化、城镇化、农牧业产业化进程，全旗经济发展步入了快车道。2004年，全旗生产总值达到59727万元，同比增长94.7%。财政收入达到6058万元，同比增长100.6%。城镇居民人均可支配收入达到7822元，同比增长15.1%。农牧民人均纯收入达到3857元，同比增长15.2%。全社会固定资产投资达到82263万元，同比增长367.3%。

一、进一步扩大对外开放，提高对外开放水平

扩大开放的关键是改善投资环境。投资环境是生产力，是对外开放的前提条件。招商引资的竞争实际上是投资环境的竞争，特别是软环境的竞争。所以，经济要发展，就要把改善投资环境特别是软环境摆在更加突出的位置，抓紧抓好，抓出成效，只有这样才能以资源吸引资金和技术，才能拓宽对外交往合作的领域和渠道，才能实现资源大开发、经济大发展。为此，我旗主要抓了以下几个方面的工作。一是加强依法行政，努力创造法制环境。牢固树立法制观念，重合同、守信用，严格依法行政，切实保护投资者的合法权益。二是制定扶持工业发展的优惠政策，努力创造政策环境。既要把国家扶持西部地区的各项政策用足、用活、用好，又要结合我旗实际制定出台相关优惠政策。并真正落到实处。三是转变政府职能，努力创造良好的服务环境。减少审批事项，简化办事程序，提高办理效率。四是完善市场体系，努力创造统一、开放、竞争、有序的市场环境。重点是整顿和规范市场经济秩序，反对地方保护，清除行业壁垒，取消市场障碍，树立良好诚信观念。通过建设硬环境、改善软环境促进对外开放，以大开放促进大开发，以大开发促进大发展。

二、确立工业的核心、主导地位，做大做强工业经济

额济纳旗矿产资源储量大、品位高、种类多。目前全旗已探明许多可供开发利用的矿产地。主要矿产种类多、品级优。相邻的蒙古国地区矿产资源也极为丰富，仅纳林苏海特煤田一处探明的储量就达16.7亿吨，资源量50亿吨以上，主要是优质无烟煤和优质焦煤，适宜大规模露天开采。鉴于以上资源优势，所以发展工业经济潜

力巨大。

一是抓好两大产业。重点抓好煤炭及煤化工业和铁、石英等矿产品采选加工这两大产业。发挥资源优势，以大企业、大项目为支撑，在精深加工上做文章，提高产品的附加值和科技含量，延长产业链。加快开发利用煤炭资源，提高煤炭生产能力，大力发展煤炭及煤化工业，开发煤化工产品，在煤炭精深加工上做文章，增强煤炭资源加工转化能力，提高经济效益。积极培育铁、石英、镁等矿产品采选加工业。高起点规划、高标准建设、分阶段实施，把铁、石英、镁等矿产品采选加工业做成高附加值产业，防止简单出售原材料现象，逐步延长产业链，改变单一工业初级产品输出的局面。

二是建设好两个园区。结合现有赛汗陶来工业区和策克口岸贸易经济区的区位条件和特点，强化政策扶持，多渠道筹资，加强这两个区域的基础设施建设，营造良好的投资环境，提高园区的承载功能和项目的吸纳能力。把园区招商引资的着力点放在大企业、大项目上，逐步形成比较完整的产业链和关联度较高的产业群。利用赛汗陶来工业区的交通便利条件，引进资金技术在这里进行铁、煤电、石英、镁等矿产品的加工，把赛汗陶来工业小区建成资金技术密集型产业为主的高载能区。充分利用策克口岸的区域辐射优势，把策克口岸建成以国际贸易为主，以矿产资源加工增值和第三产业为辅，以国际旅游为补充的独具特色的贸易经济区。

三是大力加快地质勘查步伐。在争取国家地质调查项目的同时，采取市场化运作形式，引入竞争机制，采取“谁投资，谁受益”的原则，鼓励国内外投资者特别是有实力的私营企业来我旗进行商业性、风险性矿产资源勘查。在资源开发利用方面，实行严格的资源管理制度，坚持“在保护中开发，在开发中保护”的方针。对主要的矿产资源，实行高起点、高标准和上规模的集中开发，防止掠夺式开采，造成对资源的浪费和对环境的破坏。积极推进资源的深度加工和综合利用，采取新技术、新工艺改造现有企业，不断降低能耗和原材料消耗，提高资源利用价值。

三、加大农牧业结构调整力度，大力推进农牧业产业化

深入实施“转移发展战略”，结合退牧还草、退耕还林等工程，进一步加大农牧民转产及转移搬迁力度，加快农牧区经济结构调整步伐，教育广大农牧民树立以生态环境为本、资源永续利用和以建设求发展的新观念，转变传统畜牧业经营方式，实现从单纯放牧向舍饲半舍饲转变，创建集约型的生态畜牧业生产体系。加快饲草料加工体系建设，大力推广青贮技术，提高青贮入户率，推动舍饲半舍饲和农区畜牧业向规模化、专业化生产的方向发展。鼓励发展人工种植甘草、苁蓉等沙地产业。发展龙型经济，进一步完善龙头企业与农牧民之间利益共享、风险共担的关系，发展提高棉花、蜜瓜两大优势特色产业，推进农牧业产业化进程。以产业化促进农牧业和农牧区经济结构的战略性调整，以城镇化带动农牧区生产力布局调整和富余劳动力的转移，以工业化提升农牧区经济发展的质量和效益，力争早日消除城乡二元结构，实现城乡一体化发展。加强生态保护与建设，在局部区域内加大投入，进行人工建设，采取保护性措施恢复植被，把生态建设与农牧业经济结构调整、农牧区生产经营方式转变和农牧民增收结合起来，做到生态效益、社会效益、经济效益的协调统一。

四、大力发展口岸经济和旅游业

为把策克口岸建设成为通关便捷、服务优良、运作高效的现代化口岸，我旗认真贯彻落实国家“走出去”战略和自治区“向北开放”战略，在对旗情再认识的基础上，提出了“充分利用国际国内两个市场，开发国外国内两种资源，实施‘走出去’战略，高标准规划、高起点建设，加快基础设施建设、加大过货总量、提高通关效率，全面提升策克口岸规模档次，尽快实现口岸常年对外开放，依托口岸优势，促进地方经济发展”的工作思路。启动了策克口岸贸易经济区建设工程，凭借策克口岸的优势吸纳大量人流、物流和资金流涌入我旗，支持和鼓励广大城乡居民积极参与商贸、餐饮等服务行业，繁荣口岸经济，扩大就业机会、增加收入来源，并以此促进第三产业取得更大的发展。

从2004年起，全面启动了旅游业，积极争取重点建设项目立项。大力招商引资，搞好文化产品开发和旅游景点基础建设，在完成胡杨节主会场建设的基础上，争取黑城、胡杨林景观区、东居延海三个重点景区早日立项开工建设。突出新、奇、特、险等特点，加强旅游线路和项目的设计包装。加大对外宣传力度，努力打造“神奇美丽的额济纳”和航天城旅游品牌。积极开发新的旅游产品，拓展旅游市场，加强与周边地区的旅游横向联合，加速开发酒泉、嘉峪关、敦煌、东风航天城、巴彦浩特、银川等旅游线路，力争使旅游业成为我旗新的支柱产业。

加快经济发展是少数民族地区县委书记的首要任务

中共内蒙古自治区科尔沁右翼中旗旗委书记　波特奇

一、紧紧抓住制约经济发展的主要矛盾，加快少数民族地区经济发展

影响和制约少数民族地区经济发展的矛盾很多。作为少数民族地区的县委书记，要善于统揽全局，把握重点，从错综复杂的矛盾中抓住主要矛盾，要下大气力解决制约经济发展的瓶颈问题。

1.要引导各族干部群众进一步解放思想，更新观念

认识是行动的先导。少数民族地区与发达地区的差距，表现在经济上，体现在速度上，但根子还是在思想观念上。由于交通落后、信息闭塞等诸方面因素的制约，少数民族地区的干部群众大都思想比较落后，观念比较陈旧。特别是长期以来受“左”的思想观念束缚，缺乏敢为人先的意识；缺乏敢闯、敢试、敢冒的开拓进取意识；缺乏自力更生、艰苦奋斗的意识；缺乏强烈的开放意识。所以，作为少数民族地区的县委书记，一方面要通过种种形式，促进干部群众思想观念的更新，另一方面还要有计划地选派素质较好的干部到发达地区干干干干去考察学习，以开阔视野，拓展思路。要通过解放思想、更新观念，使干部群众找准差距，增强加快发展的紧迫感和责任感，把各族干部群众的全部精力凝聚和引导到加快发展的主题上来。

2.要激发各族干部群众抢抓机遇，乘势而上

目前，从大的方面来看，少数民族地区面临着很多发展机遇。一是西部大开发的机遇。大部分少数民族地区已被列入西部大开发的范围，国家将在基础设施建设、生态环境保护与建设、产业结构调整、科技教育发展等方面进行综合开发，这是少数民族地区加快发展的千载难逢的机遇。二是民族区域自治政策的机遇。《民族区域自治法》已进行了修订，国家在发展经济方面给予了民族自治地区和少数民族地区较多的优惠政策，这是少数民族地区独有的发展机遇。三是扶贫开发的机遇。大部分少数民族地区属贫困落后地区，已被国家列入扶贫开发重点县，国家将投入大量扶贫专项资金扶持贫困地区的群众脱贫致富。作为少数民族地区的县委书记，一定要抓住这个机遇，积极向上争取项目和资金，用足用好国家给予少数民族地区的优惠政策，推动经济快速发展。

3.要集中各族干部群众的智慧，确定符合当地实际的经济发展战略

思路决定着出路。少数民族地区的实践证明，没有一个好的发展战略、好的发展规划，经济建设就会走弯路，甚至出现挫折。所以，作为少数民族地区的县委书记，要多深入基层调查研究，通过集中各族干部群众的智慧，适时确定符合当地实际的发展战略。只有这样，才能调动起各族干部群众的积极性，激发起他们的热情，得到他们的拥护。科右中旗是国贫旗，2000年底，在确定本旗经济发展战略时，为了准确的把握国贫旗的特点和实际，旗领导就曾利用一个多月的时间到基层进行深入的调查研究，最后提出了实施“生态立旗、农业稳旗、工业富旗、开放强旗、科教兴旗”五大战略和完成“优化一产、壮大二产、强化三产”三大任务的总体发展思路，得到了各族干部群众的一致赞同和拥护。现在，“五大战略”和“三大任务”已经深入人心，变成各族干部群众的实际行动，收到了非常好的效果。

4.要因地制宜地调整经济结构，突出抓好特色产业

由于受传统生产经营方式的制约，大部分少数民族地区的生产经营粗放，经济结构单一，产业层次较低。主要表现在：一产大而不优、二产小而不强、三产弱而不活，产业关联度很低。鉴于此，我认为必须要在以下两个方面重点突破：

一是要大力调整优化产业结构。第一产业方面，要充分利用少数民族地区土地面积大、无公害、无污染的优势，集中发展特色种养业，生产绿色、特色农畜产品，走绿色农业和生态畜牧业的路子，总的方向是体现特色和绿色，并要大力开拓市场，扩大规模，提高效益。第二产业方面，要依托地上、地下资源，加快发展农畜产品加工业和采矿业，变资源优势为经济优势，要不断培育和壮大工业经济的总量，使工业经济成为当地经济发展的支撑点。第三产业方面，要在规范发展传统的交通运输业、商贸流通业、餐饮娱乐业等服务行业的同时，着力培育新的产业。从大部分少数民族地区的现状看，发展旅游业的潜力很大，前景看好。要抓住旅游消费者崇尚自然、返朴归真的心理，大力发展融自然风光、民族风情、历史文化为一体的“游、购、娱、展”旅游业，使旅游业成为第三产业中的主导产业。

二是要大力发展产业化经营。从一定意义上讲，只要做好了产业化经营这篇文章，少数民族地区的经济发展就有了可靠的保证。因此，作为少数民族地区的县委书记，一定要把产业化经营作为最佳抓手，切实采取有效措施，加快推进。要因地制宜地规范“龙头企业＋农户”、“龙头企业＋中介组织＋农户”、“市场＋农户”等多种形式的产业化经营模式，真正形成一、二、三产业相互促进、相互拉动、相互支撑的产业发展格局。

二、切实加强对少数民族地区经济工作的领导，为加快发展创造良好的外部环境

作为少数民族地区的县委书记，不仅要统筹兼顾，善谋发展思路，更要时时处处把经济建设放在第一位的任务来对待，切实加强和改善对经济工作的领导，保证经济建设顺利进行。

1.要维护安定团结的政治局面，为经济发展创造良好的法制环境

稳定压倒一切，没有一个稳定的社会环境，什么事情都干不成，这已被历史和现实所证明。作为少数民族地区的县委书记，尤其要重视和做好维护稳定的工作。要教育和引导各族干部群众牢牢树立“各民族谁也离不开谁”的思想，自觉维护民族团结，形成齐心协力抓经济的良好氛围。要切实抓好扶贫工作和社会保障工作，把解决农村特困人口的温饱问题和保障城镇特困居民生活和下岗职工的基本生活问题当做大事来抓，不能因为此类问题没抓好而出现不稳定的局面。要通过加强社会治安综合治理，为招商引资等经济工作创造良好的社会治安环境。

2.要加强各级党组织建设，为经济发展提供可靠的组织保证

作为少数民族地区的县委书记，无论在什么情况下，都要始终如一地遵循围绕经济抓党建，抓好党建促经济的思路和原则，通过抓党的思想建设、组织建设和作风建设，不断地增强各级党组织的凝聚力和战斗力。特别是要切实加强各级领导班子建设，按照德才兼备原则和干部“四化”方针，选准配硬各级领导班子，提高各级领导班子驾驭经济工作的能力。

3.要着力培养，引进和使用好人才，为经济发展提供人才保证

缺乏各类人才，是少数民族地区经济发展面临的最大的现实问题。作为少数民族地区的县委书记，对此一定要引起高度重视。一方面，要合理地使用好现有人才，根据现有人才所学专业和特长，将其选配到合适的岗位上工作，使其人尽其才，才尽其用。另一方面，要建立健全有利于人才施展才华的用人机制，制定优惠政策，吸引大批外地人才到少数民族地区工作，通过发挥人才的聚集效应，促进经济快速发展。此外，还要特别注意培养自己的人才。要有计划、有组织地选派本地区人才到高等院校、发达地区去学习，同时，还可以通过短期培训、挂职培训等方式，

培养一大批留得住、用得上的各类有用人才，为加快经济发展储备好人才资源。

4.要优化人文环境，营造人人思发展、人人求发展的良好氛围

要教育和引导少数民族地区干部群众切实增强加快发展的意识，用发展来对待人和事，以发展来判别是非，形成全社会关注发展、支持发展、服务发展的氛围。特别是在对外开放中，要坚决摒弃“引进怕上当、合作怕吃亏、肥水怕外流”的保守观念，树立“你发财、我发展”的思路，大力引进先进技术、各类人才和埠外资金及项目，形成全方位、多层次、宽领域的对外开放格局，借助外力发展自己，为早日脱贫致富和实现经济的跨越式发展奠定坚实的基础。

齐头并进　多业并举　力促新右旗超常规发展

中共内蒙古自治区新巴尔虎右旗委书记　段志强

草原上的明珠——新巴尔虎右旗地处祖国的北部边陲，位于内蒙古自治区呼伦贝尔市最西部的中俄蒙三国交界地带，东北部与全国最大的陆路口岸满洲里毗邻，北、西、南三面与蒙古国、俄罗斯接壤，国境线长515.4公里，是自治区向北开放特别是向蒙古国开放的重要窗口。总面积2.52万平方公里，其中：水域面积2217.4平方公里，辖9个苏木、1个镇、1个牧场，有蒙、汉、达斡尔等11个民族，人口3.74万。

新巴尔虎右旗历史悠久、地大物博、资源富足、景色宜人。自公元1734年（雍正十二年）巴尔虎蒙古族迁居呼伦贝尔草原至今已有270年历史。境内有中国第四大淡水湖——呼伦湖、中蒙界湖——贝尔湖；横穿中蒙两国境内的克鲁伦河、乌尔逊河；达赉湖国家级自然保护区；世界级保护湿地、国家珍禽鸟类繁殖科研基地乌兰诺尔；国家一类陆路口岸阿日哈沙特口岸；巴尔虎民间祭祀“圣山”宝格德乌拉；有金海岸天然浴场、成吉思汗拴马桩等风景区；自然植物繁多，植物种类达62科229属448种，野生动物有35种，鱼类30种，鸟类292种，其中珍稀鸟类35种；地下矿产资源蕴藏富足，素有“南油、北煤、西银、东铜、遍地是玛瑙”之称。

进入新世纪以来，新巴尔虎右旗新一届领导班子审时度势，从新右旗实际出发，确立了超常规跨越式发展思路，按照“生态立旗，畜牧业稳旗，工业强旗，科教兴旗、旅游富旗，口岸活旗”的总体战略，带动全旗经济社会各项事业实现了全面发展。经过几年的努力，目前，由单一畜牧业“独木支撑天下”的局面已成为历史，形成了石油业、有色金属业、畜产品加工业、煤业、渔业、旅游业、口岸经济、绿色能源八大支柱产业齐头并进、多业并举的良好经济发展格局。2003年，新巴尔虎右旗生产总值完成49910万元，同比增长31.9%。城镇居民人均可支配收入5849元；牧民人均纯收入3192元。2004年牧业年度牲畜总头数达205万头（只）。2004财政总收入达13671万元，同比增长150.29%。与2000年相比，增长了13倍。全旗各苏木、镇之间已全部实现通电、通车、通邮、通讯。科、教、文、卫等各项社会事业也得到空前发展。

西部大开发、东北振兴、国家重视加强与俄蒙经济技术合作为新右旗经济社会发展带来了前所未有的机遇，以科学发展观为基础的超常规跨越式发展战略为新右旗全面发展指明了前进方向，为实现全面建设小康社会的宏伟目标，在未来五年内新右旗的奋斗目标是以经济结构调整为主线，全力推进工业化、畜牧业产业化、城镇化进程；深化改革、扩大开放、加强基础设施建设；突出项目带动和投资拉动，做大经济总量，做强八大产业，努力把新右旗建设成面向东北乃至全国的有色金属、石油化工和农畜产品加工的重要原料供应和加工基地。我们的总体目标是新右旗生产总值年均递增20%以上，2008年突破12亿元，人均GDP达3万元；财政总收入年均递增30%，2008年达到3.9亿元；城镇居民人均可支配收入和牧民人均纯收入分别达到9430元和6600元。

在全面完成上述目标的基础上，我们要力争在以下三方面有新的突破：

一、生态建设为中心，加快工业化进程，全力打造边疆新兴工业化城镇

牢固树立“生态就是生命”的指导思想，坚持“以草定畜”、“双增双提”、“数质并举”的发展战略，走建设养畜、科学养畜的生态型畜牧业道路。加快结构调整，加大畜牧业产业化步伐，努力打造品牌优势，以绿色产品为主导，以出口创汇为目标，实现农畜产品附加值的最大化。在加强草原生态建设的基础上，在有效保护生态环境的前提下，充分发挥资源富足的优势，以石油业、有色金属业、煤业开发为龙头，全力推进工业化进程。实施资源转换战略，延长产业链条，实现石油、有色金属在本地的落地精深加工。

二、以实施精品战略为重点，推进旅游产业的开发，全力打造边疆精品旅游城镇

依托我旗资源优势、地域优势、环境优势，努力打造“双色”旅游品牌，实现“四个突破”，谋求“八个结合”，全力构筑自然生态游、民俗风情游、地区人文游“三位一体”的旅游大格局。以“高起点、高水平、高立意”为原则，突出五大文化，实施精品战略，通过景区景点基础设施的完善，旅游环线的开发，区域旅游的结合，打造上规模、有特色、成线路的精品，形成大联合、大开发的整合优势，把旅游业培育成“绿色朝阳”的支柱产业，成为我旗新的经济增长点。

三、以小城镇建设为突破口，发挥口岸优势，全力打造集中俄蒙三国特色于一体的边疆特色城镇

加大城镇建设力度，科学规划、合理布局，构建边疆特色城镇的市政骨架，强化“四个一起，四个功能”重点抓好基础设施的配套完善和提升城镇品位的精品工程建设；加快“收缩战略”的实施，扩大城镇规模，聚集生产要素，全面推进城镇化进程。

依托阿口岸、满口岸对俄蒙开放的优势，发展“外向型”经济，走开放活旗之路。以阿口岸集中开关为契机，扩大进出口规模，全力打造中蒙贸易第二大进出口商品集散地；壮大绿色蔬菜出口创汇产业，并充分利用两种资源两个市场，继续引进境外资源，促进资源的可续利用。通过推进城镇化进程、口岸经济的加快发展，促进房地产开发、交通运输、文化旅游、餐饮娱乐、信息服务行业等第三产业的协调发展。

巨大的机遇、丰富的资源、超强的优势，为新右旗营造了广阔的发展空间，我们将以优惠的政策、宽松的环境，真诚欢迎国内外有识之士前来观光旅游，投资开发，与我们携手并进，共创巴尔虎草原美好的明天！我们将敞开草原般的胸怀，拥抱四海宾朋。

大力实施“五大战略”推动县域经济跨越式发展

中共山东省广饶县委书记　徐春福

近年来，我们紧紧围绕跨入全国百强县这一目标，坚持以科学发展观统领经济社会发展全局，大力实施工业强县、农业立县、商贸兴县、城乡联动和文化促动“五大战略”，不断推动县域经济超常规、跨越式发展。2004年，全县实现GDP 112.9亿元，同比增长30.5%；地方财政收入3.76亿元，增长29%；城镇居民人均可支配收入9693元，增长17.1%；农民人均纯收入4204元，增长14.9%。

一、实施工业强县战略，提升经济综合竞争力

积极适应国家宏观调控形势，坚定不移地实施“工业强县”战略，加快推进“三个一批”，拉动了工业增量与质量的同步提升。一是培植壮大一批支柱产业。按照“产业集群化、经济板块化发展”的要求，从现有基础和发展潜力出发，高标准编制造纸、橡胶、纺织印染、石油化工等产业集群发展规划，进一步明确了各个产业的发展方向和发展重点。围绕加快产业资源整合，有重点地运用高新技术嫁接改造传统产业，形成了特色突出、优势明显的区域产业发展聚集带。以开发区为龙头，大力兴建专业园区和特色园区，加快优势产业区域性集中，工业协作配套水平不断提高。二是扶持发展一批大企业。以10家骨干企业和10家成长型企业为重点，落实扶持政策，不断优化产业结构，骨干企业的带动作用进一步增强，“双十”企业实现增加值占限额以上工业的比重达到90%以上。坚持把招商引资作为企业迅速做强做大的捷径，引导企业瞄准世界、全国500强开展战略合作，加快膨胀规模，提升发展水平。目前，全县限额以上工业企业已发展到79家，华泰集团跻身全省23家重点企业集团、全国特大型企业集团行列。三是加快实施一批大项目。根据全县产业发展规划和重点发展的大企业，以10个过亿元的大项目和10个科技型项目为重点，创造性地实施“一主多元化”融资，千方百计保投资、保增长，全年完成工业固定资产投资53.9亿元。西水集团、金宇集团等6条全钢载重子午胎生产线，华泰集团7.5万吨纸浆，正和集团4万吨汽油添加剂，华星集团100万吨重油加氢等一批重点项目顺利建成投产。2004年，全县共实施1000万元以上工业项目47个，其中过亿元的14个。

二、实施农业立县战略，加快农业产业化步伐

坚持以工业化的理念谋划农业，把突出发展龙头企业作为带动农业结构调整的重要举措来抓，走出了一条“围绕龙头建基地、依托龙头促调整”的新路子，农业产业化水平不断提高。一是培育发展龙头企业。围绕市场和产业发展需要，不断加大政策扶持力度，多渠道培育龙头，多方式扶持龙头，多成分发展龙头，龙头企业规模不断膨胀。县财政每年拿出300万元专项资金，通过贷款贴息、补助、奖励等方式，用于支持重点龙头企业建设。目前，全县销售收入过500万元的龙头企业发展到35家，过亿元的8家。二是扶持壮大农业基地。坚持把培育龙头企业与建设生产基地有机结合起来，围绕蔬菜加工、畜产品加工、粮棉加工等龙头企业，重点培育发展蔬菜、畜牧、优质小麦、良种棉等八大生产基地，建设无公害蔬菜基地10万亩，优质棉生产基地20万亩，新增“两牛一羊一鸡”养殖小区78个。同时，积极探索利益联结机制，大力发展壮大农村经纪人队伍和专业协会，全县农村经济合作组织发展到25个。三是积极推行标准化生产。建立健全农产品质量检验检测体系，坚持关口前移，从生产源头抓起，引导龙头企业大力推行标准化生产，着力培育绿色、无公害、有机农产品。目

前，全县无公害绿色农产品生产基地已发展到5.2万亩，培育形成了黄河口鳖、华誉中草药鸡、凯银特菜、半球面粉等一批名牌产品。其中，3种农产品获国家名牌产品称号，7种农产品获得无公害农产品标志使用权，14种农产品获得国家绿色食品标志使用权。

三、实施商贸兴县战略，加快繁荣第三产业

始终把发展繁荣第三产业作为扩大流通、活跃经济、增加地方财政和农民收入的重大举措，通过依托重点项目、重点设施建设，不断加快推进“三个接轨”，以大市场、大贸易、大流通为支撑的第三产业现代化新格局初步形成。先后建成投用东营华泰直通场站和公用型保税仓库，积极争取广饶出口加工区项目建设，不断加快参与国际化流通进程，加速了广饶与国际市场的接轨。积极运作实施总投资28亿元的义乌小商品批发市场一期主体工程，并以此为龙头，规划建设佳乐购物广场、机车市场、五金建材市场等八大市场，市场体系更加完善，加速了广饶与江浙等南方发达地区的接轨。着眼于增创发展新优势，开工建设兴广地方铁路、东青高速公路广饶互通立交等重点基础工程，构筑起现代化的交通网络，进一步畅通了人流、物流、信息流，加速了广饶与县外流通体系的接轨。同时，积极探索会展经济，成功承办了2004年秋季山东省糖酒商品交易会，实现交易额15.3亿元。大力发展信息、房地产、社区服务等新兴服务业，第三产业现代化水平进一步提高。2004年，全县第三产业实现增加值28.08亿元，占GDP总量的24.9%。

四、实施城乡联动战略，加速城乡一体化

坚持以城带乡、以乡促城、城乡结合，突出发展县城和有资源特色优势、规模优势的中心镇，加快了全县城市化进程。一是实施城乡规划对接。按照把广饶建成功能完善、环境宜人、具有丰富文化底蕴、园林式的现代化新型城市的定位，确定了县城与大王镇、稻庄镇相向对接的总体思路，逐步拉开了“一轴辐射、三线牵动、五区并进”的城市发展大框架，以淄河为轴心，以潍高路、傅家路、红旗路为主线，依次布局的工业区、商贸区、住宅区、教育区和行政办公区全面启动建设。二是加快重点工程建设。乐园商贸广场一期、西苑小区三期、“渤海明珠”一期、广饶一中东校等重点工程相继建成投用，城市规模进一步膨胀，县城建成区面积达到17平方公里。同时，着眼于建设生态园林城市，积极实施城市绿化工程，新增绿地面积40.5万平方米；建成了县污水处理厂二期、生活垃圾无害化处理场和医疗垃圾处置中心，城市功能日臻完善。三是加速城镇产业聚集。把小城镇建设与壮大县域经济、发展农村二三产业结合起来，加快培育特色产业，吸引更多的个体私营业主和农民进入小城镇。同时，研究制定鼓励农民进城务工的各项优惠政策，疏通了农民进城渠道，城镇规模进一步扩大。

五、实施文化促动战略，凝聚发展合力

始终把文化建设作为振兴广饶、繁荣广饶的基础性工作来抓，着力发展文化事业和文化产业，文化带动能力进一步增强，有力地促进了经济社会发展。着眼于城市建设与文化建设的有机统一，高起点编制实施文化旅游发展规划，深度开发孙武文化、古齐文化、吕剧文化和现代人文资源，全力打造“孙武故里”和“吕剧之乡”两大文化品牌。规划建设以展示孙子文化为主题的孙武湖，开工建设了关帝庙配套及倪宽墓修复工程，特色文化产业初步形成。积极开展群众性精神文明创建活动，扎实推进“文明城市”、“小康文明村”创建和“信用广饶”建设，全社会文明程度进一步提高，被评为全省第六届精神文明建设工作先进县。充分发挥科技和教育的基础性、先导性和全局性作用，大力实施“科教兴县”战略，科教水平显著提高。不断推进技术创新，深化产学研结合，积极引进、开发和转化高新技术成果，科技对经济发展的贡献率明显提高，被表彰为全国科技进步示范县。加快发展教育事业，完善了以县为主的农村教育管理体制，县域教育资源进一步优化。

牢固树立科学发展观
以开放推动胶州经济快速健康发展

中共山东省胶州市委书记　李皓

随着经济全球化的加速发展，任何一个国家和地区都不可能在封闭状态下求生存。作为县级市，要实现跨越发展，必须用开放的思维、开放的举措，充分利用好国际和国内两种资源、两个市场，加快融入国际产业分工，做大做强自身的特色产业，促进自身的快速发展。近年来，我们牢固树立科学发展观，始终坚持把扩大开放作为富民强市的根本举措，以开放促改革，以开放促调整，以开放促发展，保持了经济平稳快速发展的良好态势。2004年实际利用外资6.6亿美元（老口径），增长26.9%；实际利用内资57.5亿元，增长71.6%；出口创汇15.6亿美元，增长25.6%，完成地方财政收入8亿元，增长33.1%。

一、加快项目集聚，扩张经济总量

要实现对外开放的突破发展，必须把招商引资作为经济工作的重中之重，采取多种措施，进行强力推进。

1.突出大项目，培育产业集群。坚持“招大商、引巨资”，重点引进高科技项目、国内外名牌企业、重大的机械装备制造企业，提升招商引资的层次和水平。一是突出引进龙头项目。围绕机械制造、家电电子等主导产业，集中引进经济实力强、带动能力强的大项目。新引进投资1000万美元的世界五百强企业泰国正大、投资8亿元的海源实业等一批大企业，带动了一大批项目前来配套生产。二是突出引进配套项目。围绕青岛四大产业基地，发挥我市制造业传统优势，强化中下游企业招商。先后引进机车配套企业14家，新引进机械制造企业75家。三是突出引进产业集群项目。通过韩国厨具产业协会，成功引进了韩国贤东、孝信两家厨具龙头企业，带动总投资6500万美元的8家配套企业向我市整体转移。整体引进韩国纤维工业组团，总投资达5000万美元，共有15家企业整体搬迁，带动全市纺织产业迅速发展。

2.实施收地缩院，提高土地产出效益。在当前土地政策下，谁做好土地挖潜利用这篇文章谁就会掌握发展主动权。我们注重在土地挖潜、优化载体、提高投资强度上下力气，不断拓展发展空间。一是收地缩院，积极盘活存量土地。对全市容积率低于30%的项目，通过法律政策等手段，促开工、促建设，促清理，共依法收回闲置土地1700余亩，盘活闲置厂房10万多平方米，吸引资金近1.5亿美元，落户项目30个。二是优化载体，提高工业集聚区承载能力。先后投资4亿多元对分散的工业区进行基础设施配套，将分散和零散的土地连接在一起，使其走上规范化、集约化和特色化发展之路。目前全市80%以上的项目、70%以上的税收和出口创汇来自重点工业区。三是提高门槛，严把项目准入关。通过制定严格的项目落户标准，对达不到指标的项目坚决不予落户。依据这一标准先后取消待签项目 50余个，涉及资金 7亿元。目前，全市土地利用效率明显提高，全市工业区每平方公里投资额平均达到5亿元以上。

3.实行严格考核，强力推进项目开工建设。把提高广大干部的工作主动性作为推进招商引资工作的重要抓手，新成立目标管理绩效考核办公室，作为常设机构，加大考核力度。2004年对全市18处镇、办根据划分出的三大经济方队进行考核，对考核排名末位的镇、办，责成其向市委、市政府作了书面检查，党委书记在电视上公开谈不足、找差距、定措施，并将考核结果记入年终总考核得分，与奖惩及干部任用挂钩，极大地调动了干部加快招商引资的积极性，2004年全市新开工项目1350个，完成建筑面积近400万平方米。

二、培育特色优势，增强发展活力

特色就是优势，就是竞争力。我们坚持把开放作为培育特色产业、提升发展竞争力的重要抓手，加快建设工业加工制造、仓储物流两大基地，大力发展外向型农业，不断增创经济发展新优势。

1.加快打造工业加工制造基地。抢抓国际产业加速转移、国内南资北上、青岛经济重心西移的历史机遇，全面对接青岛立体功能延伸，重点培植壮大规模型企业。全市规模以上工业企业达到345家，实现工业增加值92.1亿元，利税12亿元，分别增长35.7%和32.3%。目前，全市已形成汽（机）车造船配件、锅炉辅机、家电电子、钢结构制造、轻工纺织、食品加工、木器厨具等优势产业集群。

2.加快建设仓储物流基地。发挥近港和交通优势，加快引进和推进仓储物流项目。2004年全市共引进仓储物流项目20个，总投资额20多亿元，其中包括投资6.4亿元的中铁物流项目。目前，全市初步形成了以胶州湾综合批发市场为龙头的西部建材物流基地、以胶州湾物流园为龙头的生产资料物流基地、以福兴祥物流中心为龙头的生活资料配送基地，带动了全市大市场、大流通、大贸易格局的形成。

3.加快发展外向型农业。坚持把开放作为促进农业发展、带动农民增收的重要举措来抓，围绕畜牧、花木、蔬菜、水产四大特色产业，强化农业专项招商。全年新引进内外资农产品加工项目128个，农业实际利用外资8000多万美元，利用内资6亿多元。目前全市农产品加工企业发展到300多家，年加工能力达到120万吨，2004年完成农产品出口创汇1.94亿美元。

三、抓好引资建城，拓展城市空间

城市建设靠自身积累太慢，必须善于利用外来资金，以外力促活力，实现城市的快速发展。

1.包装项目引资金。按照“谁投资、谁所有、谁受益”的原则，2004年赴温州成功举办了“2004年胶州城市运营项目招商洽谈会”，共签约9个项目，投资总额26.3亿元。其中引进投资1亿元的新奥燃气项目，不仅有效解决了老企业技术改造、职工安置等制约难题，而且供热状况良好，极大改善了城区供热条件。

2.完善配套融资金。坚持把完善基础设施配套作为吸引外来资金的有效手段，着力搞好道路、供排水等基础设施建设，将“生”地养“熟”，吸引外来资金开发建设。2004年，投资500多万元对东部滞洪区及南部国际社区进行了远期发展规划，吸引了众多国内外投资大公司、大客商的关注。目前，东部滞洪区南区3平方公里湖面已顺利动工开挖，全部建成后将成为大沽河下游重要的滞洪区和江北地区一流的生态观光休闲娱乐区。

3.激活市场聚资金。坚持把土地作为经营城市的重要载体和最大资产，对土地使用权、项目开发权采取公开招标拍卖，激活土地市场，转换土地资源获取建设资金。2004年以来，通过建立“监、管、办”相互协调的新机制，先后对12处地块1077亩进行了“招拍挂”，土地经营市场异常活跃，全年共实现土地收益3.6亿元。

壮大粮食经济　促进农民增收

山东省莱州市人民政府市长　林建宁

“民以食为天”。粮食事关百姓稳、天下安。粮食经济不仅仅是一个经济问题，更是社会问题、政治问题。2002年我市由粮食主产区转变为粮食主销区，在这一转变过程中，我们围绕壮大粮食经济，确保粮食安全，促进农民增收，实现粮企增效的目标，立足实际，从粮食的特殊属性和一般属性出发，按照“该管的管住管好，该放的放开放活”的思路，采取“政府调控、市场运作、强化服务、确保安全”等措施，取得了较好的成效。

一、深化粮企改革，实现由计划主渠道向市场主渠道转变

国有粮食企业是粮食市场的主导力量，具有双重任务：一方面，承担着政府宏观调控，保证粮食市场供应的责任；另一方面，又是市场竞争的主体，要按照市场规则参与竞争。但长期以来，国有粮食企业习惯于按政府计划收粮，靠国家补贴存粮，企业活力不足、亏损严重，财政包袱沉重、越背越大。国有粮食企业要实现由计划主渠道向市场主渠道的转变，就必须深化改革。粮食企业改革，既要遵循企业改革的一般规律，又要充分考虑其所承担的重要职责，用好“加减法”，使改革产生裂变效应，使粮食经济像滚雪球一样越滚越大。

1.及时解决“三老”问题，使国有粮企轻装上阵。“老粮、老人、老账”一直是压在国有粮食企业身上的大包袱，使企业抬不起脚、迈不开步。2002年前，我市粮食系统库存1998年以前的“老粮”7.1万吨，在职“老人”1800多人，国家有关部门认定的“老账”1779万元，政策性潜亏达4300万元。部分企业常年停产，“三金”欠交，职工下岗，上访不断。在解决“三老”问题上，我们一是抓住2002年小麦市场行情较好的时机，通过财政补贴等方式，充分调动粮食购销企业的积极性，当年将库存“老粮”全部顺价销售完毕。政府注入871万元资金，激活了8346万元的粮食沉淀资金，每年减少财政补贴469万元。二是通过建立现代企业制度组建股份制公司、创办农村“粮食服务社”、开发城乡经营网点等措施，转换职工身份，分流安置职工1350多人。三是按照国家有关规定，将“老账”从企业剥离，设立专户，进行了挂账停息处理。“三老”问题的及时解决，使国有粮食企业卸掉了包袱，轻装上阵。

2.转换经营机制，整合粮企资源。一方面，规范改制，建立现代企业制度。我们根据粮食企业所承担的不同职责，实行区别对待、分类改革。对承担政府粮食调控职能的收储、加工、转运骨干企业建立现代企业制度，实行国有独资或控股；对其他经营性企业实行股份制改造；对扭亏无望的企业实行外资嫁接、租赁承包、破产关闭。全市70家国有粮食企业全部完成了规范改制，成为自主经营、自负盈亏、自我约束、自求发展的市场主体。另一方面，整合资源，壮大粮企实力。第一，抓住粮食收储、加工、转运关键环节，采取化零为整、扩大规模、改造提升等措施，先后投资2300万元，使粮食收储中心、宝洋面粉厂、海庙港粮食物流中心等龙头企业的规模进一步膨胀。粮食收储中心年销售收入由2001年的1.8亿元增加到2003年的3.15亿元；宝洋面粉厂年加工量由3万吨增加到7万吨；2001年投资1600万元建设的海庙港粮食转运专用码头，年吞吐能力达到60万吨。第二，通过招商引资和综合开发，启动盘活了国有粮食系统1.8亿元的闲置资产，新建开发粮食经营设施3.5万平方米，使粮食企业的国有资产不断增值。

3.转变经营方式，主导粮食市场。一是发展订单农业，从“根”上掌握粮源。全市每年发展

优质订单小麦20多万亩，占全市小麦播种面积的50%以上。二是变“等粮上门”为“上门收粮”，在市场上控制粮源。全市设立了粮食购销网点300多个，网点职工开着三轮车常年走街串巷上门收粮。三是搞活流通，形成粮食集散中心。发挥我市靠近粮食产区，交通方便的优势，加大粮食流通设施建设，成为胶东半岛的粮食集散地。通过以上措施，国有粮食企业掌握和控制了全市粮食市场80%以上的粮源。

深化改革，国有粮食企业个数减少了，资产增多了；国有身份职工减少了，粮食行业从业人员增多了；财政补贴减少了，国有粮食企业对市场的控制力增强了，主渠道作用发挥得越来越好。国有粮企每年实现利税均为改革前两年的1.5倍；职工年均收入由改革前的8000元增加到1.3万元；粮食企业国有资产由原来的8500万元增加到2.8亿元；全市直接为国有粮食企业工作的人员增加了1000多人。

二、打破传统收粮卖粮格局，用“协会＋产业”方式架起农企增收桥梁

粮食产业是一个有机整体，“根”在粮食生产。传统的粮食生产、科研、流通环节相互分割，存在许多弊端：粮农只知种粮不知市场；农技部门只管技术推广不管粮食收购；粮食企业只在购销环节上“折腾”，收不到适销对路的粮食。国有粮食企业要掌握工作主动权，必须打破传统框框，重心前移，把割裂的粮食产业链连接起来，延伸到生产领域。

1.组建粮食产业协会，提高农民组织化程度。我们按照“政府引导、政策扶持、自愿参与、互惠互利”的原则，成立了以市粮食收储中心为龙头企业，科研、财政、金融等部门共同参与的粮食产业化协会，在全市16个乡镇设立了12个分会，在500多个种粮大村成立了会员组，吸纳了10360个种粮大户参与，涉及粮田面积35万亩，占全市粮田面积的80%。粮食协会统一协调粮食龙头企业直接为粮农服务，用产业链把企业和粮农拉紧，组成“联合舰队”闯市场，增强了粮企和粮农抗御市场风险的能力。

2.发展订单农业，使小生产联结大市场。订单农业不但能使粮食企业掌握粮源，更重要的是让粮农吃下了“定心丸”。为了促进订单农业发展，协会对粮农实行了“四统一”服务。一是统一供种。从省内外精选良种，播种前提供给粮农。二是统一技术服务。定期邀请专家和技术人员现场指导，无偿服务。三是统一订单收购。市粮食收储管理中心直接与种植优质小麦的农户签订收购合同，收购价格高于保护价10%。四是统一代存粮食。农民出售订单粮后的余粮，根据农民自愿，无偿为农户代存粮食，农民凭证可到当地农村粮食服务社就近提取原粮或成品粮，把方便送到农民家中。发展订单农业以来，无论是遇到自然灾害还是粮食价格波动，粮食龙头企业都能严格履行订单，赢得了农民的信赖。全市优质专用小麦订单户由2001年的40户增加到2003年的3万户，订单面积由3500亩增加到20万亩。

“协会＋产业”打破了体制不顺、条块分割的传统粮食产业格局，使企业和粮农组成了利益共同体，农民的组织化程度和粮食企业的自身经营能力都得到了提升。两年来，国有粮食企业累计收购订单小麦10万多吨，仅优质粮差价一项就增加农民收入3000多万元。

三、发展现代物流，降低粮食经营成本

以较小的投入换取较大的收益是企业追求的重要目标。计划经济时期，粮食企业主要实行“包装存运、以存为主”的经营方式，成本高、效率低。在市场经济条件下，粮食企业要成为市场的“主宰”，必须面对市场，发展现代物流，降低粮食经营成本。

1.推广“四散”作业，打造物流平台。围绕把我市建成区域性粮食物流中心，我们大力推广“四散”作业，在海庙港建设了10座总容量1.2万吨的粮食立筒转运库，在全市19个收储站配套了散装车辆和设备，实现了“散装、散卸、散运、散存”，大大降低了粮食流通成本。按年“四散”流转粮食20万吨计算，仅此一项，就可节省开支500多万元。

2.改革流通方式，“零”距离应对市场。一方面，按照粮源和流向，合理调整布局和库存，撤销了11个粮食收储站，做到不产粮的收储站基本不存粮，粮源主要集中在交通要道和靠近沿海的收储站仓库。另一方面，减少中间环节，实行“直达式”入库。全市农村粮食服务社收购的粮食，一次性调运到指定的库点，减少了中间环节。采取以上措施，每年可节省费用开支200多万元。

3.运用信息技术，发展电子商务。电子商务效率高、成本低，是粮食物流发展的方向。我们投资100多万元，开发了粮食收储管理信息系统，市粮食收储中心与农发行、各收储站以及国内大型用粮企业直接联网，实现了网上签约，网上资金结算。

顺畅的物流平台，极大降低了流通成本。近两年来，全市共向国内各大中城市销售优质小麦30多万吨，节省开支近1000万元。

四、采取“四藏”措施，确保县域粮食安全

粮食安全是粮食经济的底线，县域粮食安全是国家粮食安全的基础。在确保县域粮食安全上，我们主要采取了四项措施：

一是保证粮田面积，实现藏粮于地。我市现有86万人，按每人每年拥有粮食400公斤计算，确保县域粮食安全每年需粮食34.4万吨。据此，我们针对全市低山、丘陵、平原各占三分之一的实际，确定了“粮食、林地、经济作物三个三分之一”的种植业结构调整思路，全市规划了30万亩吨粮田作为基本粮田，实行严格的耕地保护制度，雷打不动。同时，采取多项措施，鼓励粮农多种粮食。

二是强化政府储备，实现藏粮于府。根据国家关于地方粮食储备的有关规定，按保证供应6个月、每人每月15公斤口粮的标准，确定了3.3万吨的地方粮食储备规模，并于2002年足额配齐。同时，集中财力，按1:1.5的比例落实到位了1190万元粮食风险基金。为加强储备粮食管理，建立了60多人的地方储备粮专业管理队伍，按照严格制度、严格管理、严格责任和管得好、调得动、用得上的要求，确保储备粮数量真实、质量良好和储存安全。

三是鼓励农民存粮，实现藏粮于民。实践中我们认识到，要真正实现粮食安全，仅靠死看硬守有限的储备粮还是远远不够的，必须大力实施“藏粮于民”工程。针对我市农民有存粮习惯的实际，我们因势利导，鼓励农民户户存粮。全市24万个农户储存粮食25万吨，户均存粮1000公斤以上。

四是搞好加工流通，实现藏粮于市。我市每年工业和商业用粮达22万吨，本地仅能供应14万吨，缺口8万吨。为解决这个问题，我们与省内外部分粮食产区县市建立了稳定的购销关系，每年从这些地区购入粮食11万吨，生产加工的食品、饲料等产品每年外销达5万吨，既解决了产区的粮食销售问题，又满足了本地需求。同时，每年还购进大米等粮食5万吨，进行品种调剂，满足了市场供应，繁荣了粮食市场。

手中有粮，心中不慌。2002年4月，胶东半岛遭遇了百年不遇的低温冻害，我市90%的粮田受灾，小麦减产5成以上。由于农民手中有粮，没有引起粮食价格波动。2003年“非典”期间，我市面粉价格刚有抬头，我们迅速采取行动，开仓放粮，在很短的时间内稳定了市场。近几年来，虽然国内外粮食市场时有波动，但我市始终保持了粮食市场稳定，民心稳定。

五、实施科技带动战略，提高土地综合产出能力

在有限的土地上，要增加农民收入，确保粮食安全，壮大粮食经济，根本出路在于科技。近几年来，我们突出抓了以下三个方面：

1.大力实施“金种子工程”。种子是粮食革命的关键，一粒种子可以改变整个世界。多年来，我们千方百计支持民营种业企业加快发展。目前，全市民营种业科技企业达到18家，在“全国种业50强”中我市独占3家。2002年以来，我市共培育小麦、玉米等粮食优质新品种20多个，引进推广优质小麦品种9个；制种基地达到24万亩，其中市外基地18万亩。登海种业集团的“掖单13号”玉米良种选育与推广技术，荣获2003年度国家科技进步一等奖。金海种业培育的“金海5号”玉米良种创造了国内新的夏玉米高产纪录。目前，我市培育的玉米良种每年在全国推广种植9000多万亩，占全国种植面积的40%以上。

2.创新种植方式。在确保基本粮田面积的前提下，我们对一些农民有种菜习惯，又适合种粮的地方，推广了粮菜轮作，发展立体农业。目前，全市粮菜轮作面积达到7万亩。粮菜轮作使农民既有粮吃、又有钱花，土地综合产出效益大大提高。

3.搞好农业科技服务。市政府统一组织农业、粮食、宣传等部门，对粮农实行全方位、立体化的农业科技服务。在全省率先开通了“农业科技服务热线”，设立了2000多个热线联系户（点）；开通了“小康网站”，在电视台开辟了“农业科技天地”、“农民奔小康空中学院”栏目；在订单基地集中推广了“精量半精量播种、氮肥后移、均衡施肥、垄作节水、病虫害防治”5项新技术。农民坐在家里、站在田头，便可知天下粮情，得到免费培训和无偿服务。

在实施科技带动战略的同时，我们还不断加强农村水利、道路、电力等基础设施建设。三年投资10多亿元，完成农田基本水利工程4000多项，扩大改善灌溉面积18万亩，全市新增蓄水能力7000多万方；实施了“村村通”工程，县乡路硬化率由2000年的26%提高到90%；完成了农村电网改造，每年可减少农村用户电费支出1800多万元。

农业科技的有效推广和农业生产条件的不断改善，提高了土地的综合生产能力。两年来，全市小麦单产提高了100公斤，共增产粮食4万吨，直接增加农民收入6000多万元。

实践使我们体会到：粮食是人心稳定、社会稳定的最基本物资，它和我们每天呼吸的空气一样重要。构建完整的粮食产业链，做大做强粮食产业，壮大粮食经济，有利于促进农民增收、企业增效，有利于确保粮食安全，有利于国家的长治久安。

明确思路 突出重点 推动县域经济跨越式发展

中共山东省庆云县委书记、人大主任 翟长生

县域经济作为国民经济体系的重要组成部分，是区域经济发展的基础单元。近几年来，庆云县以“三个代表”重要思想为指导，牢固树立和认真落实科学发展观，按照“商贸兴城、工业立县、枣树富民”的总体思路和“五年三步走，经济翻两番”的战略目标，解放思想，干事创业，全县经济和各项社会事业呈现出前所未有的良好势头，各项主要经济指标增幅均保持在30%以上，跻身全国县域经济基本竞争力提升速度最快的百县市之列，经济和各项社会事业取得了历史性突破。

一、坚持工业立县，在发展工业经济上求突破

始终坚持工业立县战略不动摇，以项目建设为重点，以加大投入为主线，深入开展了“工业发展年”、“项目建设年”等活动，仅2004年新建续建重点工业项目30个，总投资16亿元，中澳集团、鼎力集团、金诺集团被认定为省级企业集团，中澳公司已列为国家级重点农业产业化龙头企业。“金粒宝”、“婴儿乐”、“庆元”成为省级知名品牌。工业的发展离不开民营经济的繁荣，在民营经济发展上，以产业培植为主攻方向，狠抓产业聚集和加工基地建设，延伸金融电子、低压电器、塑料加工等特色产业链条，全县加工基地达到24处，入驻企业255家，民营经济总户数达到14000户，产业聚集效应明显、加工基地初具规模成为全县民营经济的“两大亮点”。

二、实施富民工程，在发展农村经济上求突破

实现县域经济的突破，解决“三农问题”是关键。以农民增收、农业增效和农村稳定为目标，以结构调整为主线，以农业龙头企业为依托，以“枣树富民”为根基，积极调整优化农业结构，培植了“一林二牧”两大特色产业，推进了农业产业化进程。在林业生产上，以被国家林业局命名为“中国金丝小枣之乡”为契机，深入开展了“枣园生态县”活动，建立了全市首家林业服务大厅，制定了林业产权政策，为林地确权发证，全县枣树总量超过1200万株，人均达到40株，其中有2个乡提前一年建成“枣园生态乡”。在此基础上，以“千年唐枣”为品牌、依托庆云水库和专业批发市场，发展了以旅游、品尝、采购为一体的旅游观光农业。在农业产业化上，重点培植壮大龙头企业，先后培育出中澳、鼎力、婴儿乐等农业龙头企业。围绕龙头企业，先后建成了肉鸭养殖基地、枣产品基地、奶牛基地、蔬菜种植等众多基地。建立“公司＋标准化基地”、“公司＋基地＋农户”的市场化、产业化经营模式，成立农村合作经济组织67个，带动农户5.6万人，实现农民收入2.6亿元，企业和农户实现双赢。在农村劳动力转移上，实施了以转移农村剩余劳动力为主的“三个一批”工程，即鼓励、引导农村劳动力外出务工输出一批；依托市场优势，大力发展小型加工业，转移一批；进一步放开户籍管理制度，建设经济适用房，鼓励农民进城，融入一批。仅2004年全县外出务工人员新增1.6万人，全县新增收入达1.3亿元。

三、突出商贸兴城，在发展商贸经济上求突破

庆云县靠近京津圈，人流物流信息流集中，又有万名货郎下关东，发展商贸流通拥有得天独厚的优势。1998年以来，以创建“北方商贸名城”为目标，借鉴“义乌模式”，建设“内陆特区”为总抓手，狠抓了大型专业批发市场建设，现拥有专业批发市场23处，占地面积154万平方米。近两年，以市场培育为主线，开展了市场经营秩序规范整顿活动，推进市场由建设为主向培育为主的战略性转移，先后将120余家超范围经营业户

规范到相应市场，提高了市场的专业化程度，2004年市场交易额突破160亿元，在德州市43家销售收入超亿元的市场前六名中庆云独占5家，继2003年被评为全省八大现代批发市场之后，2004年庆云小商品城又被评为“山东省30强市场”。确立了中国庆云宝艺服装节和中国庆云小商品博览会“一节一会”的办展模式，提升了市场知名度，增强了市场辐射力。中央电视台播出了庆云市场专题片《货郎变迁的启示》，“北方商贸名城”的品牌已走出山东、走向全国。市场的壮大带动了加工业的发展，按照“横抓特色产业，纵抓特色乡镇，一乡一品或几乡一品，纵横结合，整体推进”的要求，在全县范围内狠抓了围绕市场搞加工，构筑起了“小企业、大群体，小商品、大市场”的民营经济新格局，形成了铺天盖地之势，全县围绕市场搞加工业户达1200余家。

四、优化发展环境，为社会发展保驾护航

环境是形象，是竞争力，是效益。近年来，以构筑良好的工作平台和建立健全长效治理机制为目标，通过整顿治理、规范完善、优化提高，经济发展环境进一步优化，环境品牌进一步提升，“走进庆云门，就是庆云人；来到庆云县，事事都好办”的口号响彻全国，并被其他县市所仿效。在全国首先成立了优化经济发展环境委员会和经济“110”，成立了行政审批中心，将每年5和6月份定为外商服务月，每月1～25日为企业“无干扰生产日”，实行外地客商特别保护证、外商团体临时保护证、外地客商车辆特别通行证和税费明白卡等“三证一卡”制度；对影响经济发展环境的问题做到“三个不放过”，即不查清不放过、不处理不放过、整改不到位不放过；加大对“三乱”、“五霸”的打击力度，对“三乱”的治理实行“五个一律”，即当事人一律查处、“三乱”单位一律曝光、“三乱”资金一律追缴、“三乱”单位负责人一律责任追究、“三乱”单位各项评比一律一票否决；健全完善服务承诺制，将执法执收部门的承诺装订成册，向社会公开，接受群众监督。同时，以“坚持、改进、创新、提高”八字方针为指导，新建了优化经济环境通报制度、优化环境联络员制度、案件跟踪报道制度、暗访通报制度、“优化经济环境信得过单位”挂牌制度等五制度，打造庆云经济发展环境的新优势。

深入实施工业立市战略
强力推进区域经济跨越式发展

中共山东省乳山市委副书记、市长　李洪义

综观全国各地，大凡经济强县，无一不是工业强县，他们的实践表明，工业兴则经济兴，工业强则区域强。近年来，乳山市牢固树立“工业立市”理念，把做强工业经济作为跨越式发展的主力支撑，全力推动传统工业强筋壮骨、新兴工业强势崛起，促进了金属冶炼、食品加工、染纺服装、机械配件四大产业集群化发展，鑫山冶金、金洲集团、金华集团、中鲁果汁、华隆公司等骨干企业群体式膨胀，在全市构筑起了以工业为主导、强企为支撑的区域经济新框架。2004年全市216家规模以上工业企业完成增加值67亿元、利税18.2亿元，分别增长25.6%和31.5%，带动地区生产总值、地方财政收入分别增长了19.7%和35.9%，使乳山在山东省30强县、全国县域经济基本竞争力百强县位次前移的基础上，成功跻身全国综合发展百强县行列，成为山东省年度惟一新进百强的县市。

一、集群化发展主导产业

按照“工业经济特色化、特色经济产业化、产业经济规模化”的发展思路，集中培育壮大以金洲、金华、鑫山冶金为龙头的金属冶炼，以中鲁、华隆为龙头的食品加工，以笙歌、圣民为龙头的染纺服装，以日信、双连为龙头的机械配件四大产业链，加快构筑龙头企业带动、关联企业集中、协作配套紧密、规模效应显著的链式产业集群。至2004年底拥有规模以上企业168家，当年实现工业增加值49亿元，利税17亿元，分别占全市工业总量的73%和81%。其中食品加工、染纺服装两个传统产业的企业拥有量分别达到155家和238家，累计吸纳了全市50%的外资、安排了60%的职工、提供了70%的创汇，成为拉动经济和社会发展的重要力量。

二、群体化培植骨干企业

把膨胀骨干作为“工业立市”的重中之重，优中选优确定了一批行业骨干企业，实行领导、资金、政策等全方位倾斜，促其快速膨胀、壮大成强。成立了由市委、市政府主要领导挂帅的工业领导小组，将重点企业年度工作目标列入市级领导包扶范围，形成了重抓工业的强势领导机制；出台了《鼓励加快经济发展的若干规定》、《鼓励扶持工业企业发展的规定》等一系列文件，加大对企业的奖励扶持，为其做大做强创造了宽松环境；积极引导社会资金投向工业、外来资本介入工业、金融贷款倾斜工业、企业自筹发展工业，尤其是鼓励企业瞄准海内外资本市场，加快上市融资，2004年成功运作了国投中鲁国内主板上市、华隆公司新加坡上市和金洲集团挂靠上市，使乳山市拥有了国内果汁行业首家主板市场上市公司、威海市首家海外上市公司，成为山东省一年内在国内外拥有两家上市公司的惟一县（市），2004年全市工业领域完成投资50亿元，完成财务支出40亿元，连续2年翻番。通过抓大促强，培植起了以纳税过6000万元的鑫山冶金、纳税过千万元的金洲集团等为代表的23家利税过千万元的骨干企业群。

三、一体化推进一、二产业

坚持把工业发展与农业增效有机结合起来，以产业化为纽带，抓一产促二产、抓二产带一产，加快一、二产业一体化进程。具体工作中，以建设309国道高效农业产业带、沿海渔业产业带为抓手，大力发展农字号龙头企业，培植起带动能力较强的农业龙头企业30多家，带动各类基地30多万亩，农业龙头企业提供税收占地方财政收入的比重也由1998年的9%上升到15%，收到了一二并进、工农互促的实效。在推进工农联动的同时，立足乳山独特的区位优势，依托省级银滩旅游度假区房产项目开发日趋红火的势头，大做“房后”文章，抓三产促二产，引导大庆油田、胜利油田、台湾八极公司等海内外大企业边建房边上工业项目，边建生活区边建工业园，实现了由投资三产向投资二产的延伸。仅2004年以来，全市由三产带二产项目的企业就达到28家，引进二产项目53个，总投资18亿元。

四、园区化发展新兴工业

把园区经济作为“工业立市”的新兴板块，按照特色化、规模化、效益化目标，集中培育纺织染整、机械配件、食品加工三大特色园，促进了关联产业、同类企业的抱团进入、组团开发；采取不分属地、纳入考核、异地安置、利益共享的原则，鼓励非园区镇、部门向园区引进项目，引领项目向园区聚集，汇集全市力量集中办园，加速园区规模扩张；坚持“布局集中、产业集聚、资源集约”，对各园区实行了以投资规模、建筑密度、建设期限、产业方向、投入产出比等为主要内容的项目控制性进园机制，推动园区工业步入了讲投入、重产出、看效益的新阶段。2004年共引进以工业为主体的园区项目342个，总投资85.2亿元，加速了以三大特色园区为轴心、以环城工业隆起带为主体的工业新方阵的崛起。

走城乡统筹之路 实践科学发展观

中共山东省寿光市委书记 徐振溪

近年来，寿光市坚持以“三个代表”重要思想为指导，按照科学发展观的要求，坚持统筹城乡，协调发展，促进了全市城乡经济社会的共同进步和全面繁荣。2004年完成地区生产总值193亿元，财政收入12.8亿元，其中地方财政收入7.3亿元，农民人均纯收入5016元，各项主要经济指标都保持了20%以上的增幅。连续七届跻身全国农村经济综合实力百强县，在第四届全国县域经济基本竞争力评价中列第38位，农业增加值列全国第19位。交通通讯、社会保障、农村电气化和党的建设都达到了全省先进水平，农业标准化、政法、教育、卫生、体育、科技和环境保护等步入全国先进行列。

一、立足实际，确立城乡统筹的发展观

寿光是一个传统的农业大市，解决农业、农村和农民问题始终是县域经济发展的核心问题。全面建设小康社会，重点在农村，难点也在农村。几年来寿光市紧紧围绕“争创全国50强，建设世纪新寿光”这个目标，牢固树立“率先发展、持续发展、统筹发展”三个理念，统筹城乡，协调发展，积极探索破解“三农”问题、发展县域经济的新途径、新方法，建立起城乡互动、良性循环、共同发展的一元化机制，在工作指导上，突破就城市抓城市、就农村抓农村的传统做法，以推进城乡融合、三次产业融合为切入点，抓城带乡，抓工促农；在发展思路上，突出“工业立市、农业富民、搞活三产、抓好城建、科教兴市”五个重点；在投入机制上，进一步调整财政、金融支出结构，尽力向农业、农村倾斜；在产业布局上，充分考虑城乡产业的替代规律，促进生产力在城乡地域空间上的合理配置；在发展质量上，着力改善生态环境，提高资源利用效率，促进人与自然的和谐发展；在发展社会事业上，更多地考虑到改善农民的生产、生活条件，从而做到城乡一起谋划、统筹安排，努力实现城乡资源共享、人力互助、市场互动、产业互补，从而将城乡经济协调发展、生产力互为攀升的内在动力挖掘与发挥出来，推动整个社会走上生产发展、生活富裕、生态良好的文明发展道路。

二、统筹城乡产业布局，调整优化经济结构

寿光市紧紧抓住结构调整这条主线，大力转变经济增长方式，促进三次产业协调发展，形成了“工业的纸、农业的菜、三产的市场扬海外”的产业格局，三次产业结构比调整为21:45:34，二、三产业比重比2000年提高了10个百分点，经济运行质量和效益有了明显提高。一是调优农业结构，增加农民收入。农业是县域经济的基础。近年来，寿光市在稳定粮食种植面积，依靠科技提高粮食单产和品质的前提下，不断调整优化农业结构，全面推行标准化生产，重点在南部乡镇发展大棚蔬菜、花卉，在北部乡镇发展冬枣、速生杨种植和畜牧养殖、海淡水养殖，蔬菜大棚35万个，仅蔬菜一项，全市农民人均纯收入3000多元。二是坚持工业立市，壮大县域经济实力。坚持抓招商、抓投入、抓骨干企业、抓重点项目、抓民营经济五措并举，发展限额以上工业企业441家，有4支股票上市，3家企业搭车上市。近年来，工业利税、利润增幅年均达到40%以上，财政收入的78%来自工业。2004年全市限额以上工业企业完成销售收入276.9亿元、利税32亿元、利润21亿元。三是繁荣发展第三产业，拓宽经济发展领域。寿光蔬菜批发市场与上市公司深圳布吉市场合作，年交易额达30亿元，进一步扩大了影响力。目前在寿光务工经商的农民工、外来人口达到10万人以上，商贸、餐饮、娱乐、旅游、交通、房地产蓬勃兴起。

三、统筹城乡生产力布局，提高县域经济发展集中度

加快发展县域经济，必须站在县域全局，下好“城乡一盘棋”，重点是科学规划，构筑区域性经济增长点和隆起带，发挥其集聚、辐射、带动作用。

突出市区和中心镇建设，加快推进农村城市化。近年来，寿光市突出县城和中心镇建设，构筑起了点面结合、梯度辐射的现代化城镇体系。目前城区面积已发展到25平方公里，人口25万人，城市绿化覆盖率达到40%，被省政府授予“山东省园林城市”和“山东省最适宜人居环境奖”。同时，重点建设了1处全国小城镇建设明星镇、3处省级中心镇和11处重点建制镇，规划建设了100个中心村。依托小城镇、中心村，发展起了各具特色、日趋活跃的城镇经济，成为带动一方经济社会发展的中心。

加快园区建设，培育县域经济新的增长点。在市区，重点发展省级经济技术开发区；在乡镇根据产业基础和资源优势，规划建设一批特色项目区，成为推动全市经济发展的隆起带。城市建设、园区建设有效地带动了人口向城镇集中、企业向园区集中、土地向大户集中，农民逐步拥有了与城市人口平等的发展机会，实现了转移农民、减少农民、富裕农民的目标。

四、统筹城乡投入布局，促进城乡协调发展

坚持城乡统筹，解决“三农”问题，关键是统筹城乡投入。一是加大农业投入。对农业龙头企业建设、新品种引进推广、标准化生产、畜牧业生产等重点农业项目，不断投资扶持，四年来市财政以直接投资及贴息、奖励等形式投入资金1.5亿元。二是加大农村基础设施投入。全市用于农村道路、电网改造、植树造林、水利、通信、环保等基础设施和生态环境建设资金累计达10多亿元，全市柏油路通车里程达到2040公里，公路密度达到每百平方公里93公里，在全省率先实现了村村通等级柏油路，户户通自来水、有线电视和固定电话。三是加大农村社会事业投入。投资近30亿元，对农村教育、文化基础设施进行了全面改造建设，实施了乡村卫生一体化管理，建立了农村养老保险和农村最低收入生活保障制度；完善了市乡村农业科技推广网络，有10万农民获得了“绿色证书”和“农民技术员”称号，科技进步对农业增长贡献率达到60%。

五、统筹城乡三个文明建设，促进社会全面进步

通过抓基层、抓基础，积极推进城乡精神文明、政治文明建设，努力实现城乡三个文明建设全面协调发展。一是加强基层民主政治建设。在全市基层广泛推行公开办事制度，重点在农村普遍成立“两会一组”(即党员议事会、村民议事会和民主理财小组)，把每月16日作为全市农村“民主公开日”，集中开展议事活动，让村民参政议政，走出了一条扩大基层民主、强化监督约束、建设农村政治文明的新路子。积极加强基层党组织建设，以党支部为核心的村级班子战斗力明显增强。二是加强基层精神文明建设。以创建全国文明城市为目标，在全市开展系列精神文明创建活动，倡树了文明新风。三是加强基层法制建设。重点开展了创建“平安菜乡”活动，突出抓了农村基层综治组织建设，夯实了社会稳定的根基，连续3年被省委、省政府命名为全省社会治安综合治理先进单位。

突出重点　抓住关键
推动县域经济持续快速健康发展

中共山东省枣庄市委副书记、滕州市委书记　牛启忠

县域经济是在县域内统筹安排经济社会资源的区域经济，是国民经济的基本单位、基础层次。滕州是1988年设立的一个县级市，总面积1485平方公里，总人口157万。近年来，滕州坚持以邓小平理论和“三个代表”重要思想为指导，牢固树立和认真落实科学发展观，改进和强化招商引资，突出重点项目建设，突出结构调整，突出“亮点”培植，突出城市化，深化体制改革，强化科技教育，优化发展环境，加强党的领导，促进了县域经济的持续快速健康发展。2004年，地区生产总值完成214.6亿元，比上年增长20.4%；全社会固定资产投资完成71.5亿元，增长58.3%；社会消费品零售总额完成64亿元，增长15.2%；境内财政总收入完成18.4亿元，增长25.9%，其中地方财政收入6.5亿元，增长38.8%。第四次跻身全国县域经济基本竞争力百强县，列第37位，比上届上升6位。

一、认真执行国家宏观调控政策，发挥优势，扩大招商引资，推进重点项目建设

招商引资是增强县域经济发展活力，推动经济结构优化升级、创造良好人居环境、实现经济社会全面协调可持续发展的重要途径。近年来，我们按照科学发展观的要求，认真执行国家宏观调控政策，依托当地水、电、煤等资源优势和农产品加工、煤炭、电力、化工、机械等产业优势，有选择地突出重点，论证、筛选了一批有利于资源综合利用、科技含量高、发展前景广阔的项目，建立了高标准的项目库，严格依照国家产业政策，按程序逐级申报、立项、核准备案。在项目引进、实施过程中，大力推进节约和集约用地，严格控制建设用地增量，努力盘活土地存量，提高单位土地投资强度，提高土地利用率。同时，严格把住项目环保审批关，不符合环保要求的项目，坚决不引、不上。建立健全招商引资推进机制，创新招商方式，加大赴外招商力度，先后在韩国、日本、中国台湾及温州、深圳等地举办了大规模的招商活动。2004年，全市共引进各类项目526个，实际利用市外资金61.2亿元，增长50.7%，其中境外资金3300万美元，增长106.3%。全年开工建设过亿元的重点项目43个，完成年度投资60亿元。

二、深化农业结构调整，认真解决“三农”问题

坚持把“三农”问题作为事关国计民生、事关经济发展大局、事关社会稳定的大事来抓，按照标本兼治、统筹发展的原则，不断加大扶持和投入力度，积极探索新形势下解决“三农”问题的有效途径，取得了显著成效。一是认真贯彻中央一号文件精神，着力提高粮食生产水平和农业综合生产能力。不折不扣地落实粮食直补政策，涉及全市1168个村、总额达1130万元的种粮农民补贴资金全部发放到32万农户手中，大大提高了农民种粮的积极性；认真实施科教兴农战略，大力推广应用农业新技术、新成果，农民科学种田的水平明显提高。2004年粮食播种面积144.2万亩、单产每亩477.9公斤、总产达到68.9万吨，分别比2003年增长4.6%、13.8%和18.8%，单产、总产均创近年来最高水平，被评为“全国十大粮食生产先进县（市）”。二是深化农业结构调整，推进产业化经营，增强农业可持续发展能力。坚持用工业的理念和市场经济的办法抓农业，不断调整优化农业结构，推进农业产业化，培植壮大了粮油、蔬菜、畜牧、林果等优势产业。蔬菜播种面积达到90万亩，其中马

铃薯60万亩，被命名为"中国马铃薯之乡"；大力发展农产品加工项目，拉长农民增收的产业化经营链条，2004年新上各类农产品加工企业53家，总数达到631家，固定资产100万元以上的农产品加工企业达94家，其中国家级龙头企业1家，省级6家，农产品加工增值率达到40%以上；重点推进畜牧产业化，国家级农产品加工龙头企业盈泰集团，形成了年加工肉鸡肉兔8000万只、肉熟食2万吨的生产能力，被评为"全国肉制品及副产品加工行业效益十佳企业"，多元化投入8000万元，建成标准化养鸡大棚400栋，年出栏合同鸡兔3600万只。三是加强农业基础设施建设。2004年市财政列支1200多万元农业发展资金，用于农业基础设施和农田基本建设；多渠道投入1.89亿元，实施了马河水库除险加固、河库联网等重点水利工程，新建、改建闸、坝、渠20余座（条），年增加拦蓄水量4300万方，有效灌溉面积达到102万亩，其中节水灌溉面积64万亩；积极搞好土地复垦，投资3000万元，加强"四荒"、煤矿塌陷地等土地后备资源规模整理、开发利用，新增耕地6600余亩。四是创新农业经营方式，促进农民多元化增收。采取市场引导、典型带动、部门参与等多种形式，大力发展农村合作经济组织，2004年新发展各类农村合作经济组织320个，累计发展到3025个，带动农户3.3万户；积极实施"阳光工程"、"青春创业行动"等农村劳动力转移培训项目，千方百计为农村劳动力外出务工就业提供信息、技术、维权等方面的服务，转移农村富余劳动力，推进多元化就业，2004年共转移农村劳动力7.2万人，总量达到30万人，转移劳动力占农村劳动力的比重达到50%以上。

三、加快经济结构调整，转变经济增长方式

调整和优化经济结构，是促进资源优化配置，增强县域经济发展后劲、提高县域经济竞争力的根本性措施。滕州坚持把调整优化经济结构作为加快发展的一条主线，大力发展高科技、外向型、高效益产业，转变经济增长方式，提高了经济增长的质量和效益。积极推进新型工业化，膨胀改造提升第二产业。坚持增量调整与存量调整相结合，进一步深化企业改革；围绕节能、降耗、增效，加强企业技术改造；加强企业环境保护，依法取缔"五小"企业，在电力、焦化等企业推广脱硫技术，全市治污设施运行率、达标率稳定在98%以上；坚持以信息化带动工业化，大力实施企业上网工程，推行计算机辅助设计与制造，促进了工业结构优化升级，培植壮大了煤电、建材、机械、化工、农副产品加工、食品加工等支柱产业和机床、童车、标件、金属软管、旋转接头等特色产业，使工业经济保持了速度和效益同步大幅增长的良好态势。2004年，全市规模以上工业增加值、利税、利润分别实现55.77亿元、28.93亿元、17.1亿元，分别增长38.6%、63%、78%；新增利税过千万元企业8家，新增利税过亿元企业3家，总量分别达到50家和5家。加快发展第三产业。改造、提升传统商贸流通业，积极发展超市、连锁经营、物流配送、电子商务等新型业态，现代流通企业达到215家。加快发展旅游和文化产业，2004年成功举办了首届中国·滕州微山湖湿地红荷节暨经贸洽谈会和"盈泰杯"国际摄影大赛，湿地红荷旅游风景区游客当年突破30万人次。

四、突出"亮点"培植，增创发展新优势

随着市场经济的不断发展和完善，外经外贸、民营经济、高新技术产业日益成为强县富民的关键。为此，滕州按照山东省委、省政府和枣庄市委、市政府的要求，把外经外贸、民营经济、高新技术产业作为"三大亮点"，创新思维，强化措施，优先发展。强力推进外经外贸，坚持"走出去"和"引进来"相结合，积极扶持培育机电、轻纺、化工、工艺品、农副产品加工等出口骨干企业和优势产业，到2004年底，全市自营进出口获权企业达到110家，增加了35家；全年进出口总额4719万美元，增长66.6%，其中出口4559万美元，增长72%。放手发展民营经济，深入开展民营经济发展大竞赛活动，搞好民营企业信用

担保、诚信评估、人才培训、法律服务，促进民营经济快速发展。2004年新发展民营企业1285家，增长44%，总量达到3221家；新发展个体工商户8564户，增长43%，累计发展到34796户；民营经济增加值140亿元，增长33.3%；上交税金6亿元，增长46%。滕州被评为“山东省民营经济发展先进区市”，16家企业被评为“中国制造业1000家最具成长性中小企业”。加快发展高新技术产业，同锐数控、威达机床等一批高新技术企业逐步崛起，2004年，高新技术产业产值实现22.2亿元，增长45.5%。

五、坚持以人为本，推进城市化，建设生态市

城市建设是优化人居、创业环境，促进开放，扩大消费，增加就业，加快县域经济发展的重要载体。滕州围绕建设“花园式、生态型、现代化历史文化名城”目标，完成了城市控制性详规和近期建设规划，实施了重点区域的城市设计，城市建成区面积达到39.4平方公里，城市化水平达到41.8%。积极稳妥搞好旧城改造和新区开发，2004年以来，实施了樱花苑、民俗文化村、滨江国际花苑、新兴中路商业步行街、上海花园等开发建设项目，开发总面积80万平方米，完成投资10亿元；加大城市基础设施建设力度，实施了善国路、荆河路等11条道路的改造升级和亮化美化，城市建成区绿化覆盖率达到38.6%。发挥城市国有资产经营公司和土地储备中心的作用，依法筹集城市建设资金2.35亿元。成立了城市管理行政执法局，深入开展环境卫生综合整治活动，城乡面貌有了新的改善。积极推进小城镇建设，重点抓好中心镇、重点镇和文明生态村建设，完成小城镇开发建设面积50万平方米。着力抓好城市绿化、平原绿化和经济林、速生丰产林建设，生态环境质量明显改善。

六、推进平安创建，努力构建和谐社会

构建和谐社会，是全面建设小康社会的一项重大战略任务。2004年以来，滕州围绕构建民主法治、公正正义、诚信友爱、充满活力、安定有序、人与自然和谐相处的社会这一总体目标要求，大力推进依法治市。扎实推进“平安滕州”创建活动，加强社会治安综合治理，深入开展“严打”整治斗争，利用高科技手段打造电子防控城，治安案件发案率比2003年下降8%；充分发挥社会矛盾调处中心和人民来信分理中心的作用，有效化解各类社会矛盾，在2004年6月份召开的全国社会治安综合治理工作会议上，作为惟一的县级代表作了典型发言，在10月份召开的全国政法稳定工作座谈会上也作了发言。加强精神文明建设，坚持不懈地搞好社会主义思想道德教育，加强社会公德、职业道德、家庭美德教育，倡导守法经营、公平竞争、义利兼顾、诚信为本，不断深化精神文明创建活动，广泛开展丰富多彩的群众性文化活动，38个村建成了文明生态村。坚持以人为本，围绕人民群众最现实、最关心、最直接的问题，着力推进全民健康、教育扶贫、就业再就业、扶贫济困、阳光政务等八大“民心工程”，2004年以来实现就业再就业8950人，养老保险、医疗保险新扩4800人，城市低保人员达到1.6万人，贫困危难救济覆盖面达到100%。

贯彻落实科学发展观　再创县域经济新辉煌

中共山西省保德县委书记　梁洁　　山西省保德县人民政府县长　王继明

保德县要用科学的发展观统揽全局，继续实施“开放引进、创优环境、大项带动、富民强县”的发展战略，全力推进传统产业新型化和新型产业规模化；坚持“立党为公、执政为民”的根本宗旨，不断提高执政能力，实现好、维护好广大群众的根本利益。抢抓机遇，乘势而上，攻坚克难，争创一流，努力构建和谐美好文明富裕的新保德。

一、统筹处理好提升传统产业与发展接续产业的关系，重点在延伸产业链条、发展接续产业上求突破

立足保德实际，通过“资源整合、链式开发、优势对接”，主攻以“煤电铝”为主线的三大产业，是全县经济快速持续健康发展的必然选择和现实突破口。将继续实施“开放引进、大项带动、兴工强县”战略，把“煤电铝”三大支柱产业进一步做大做强。全力支持煤矸石电厂的建设工程，确保2005年年底一台机组竣工投产。坑口火电厂、氧化铝项目要抢占先机，抓紧运作，积极推进，力争尽快开工上马。与此同时，提供全方位的优质服务。发挥“煤电铝”的龙头带动作用，在延伸产业链条、开发接续产业、发展循环经济、提高产业关联度和产品附加值上做文章，同时带动一批民营企业崛起，安排一批劳动力就业，努力创造最佳经济效益和社会效益。

二、统筹处理好城乡小康建设的关系，重点在农民增收上求突破

认真贯彻落实中央一号文件精神，做到加强“三农”的决心不动摇、扶持“三农”的力度不减弱、强化“三农”的工作不松懈。首先要优化农业产业结构，做到宜粮则粮、宜林则林、宜牧则牧、宜特则特。不仅要继续做好“两杂”、“两红”这篇文章，力求在深度加工、改进包装、绿色认证、争创名牌上有新突破，而且要坚持不懈地走“立草为业、兴畜富民”的路子，逐步实现林草上山、米粮下川、牛羊入圈，建设山川秀美、林茂粮丰畜旺的新农村。其次要引导农村剩余劳动力向二、三产业转移，要以推进城镇化战略为重点，通过加大城镇建设力度、发展壮大民营经济、培育扶持龙头企业等途径，创造更多的就业岗位，吸纳农村剩余劳动力。要打破城乡“二元”结构，降低城镇准入门槛，赋予农民阶层真正的国民待遇，使他们享受平等的就业权和公共产品、公共福利的共享权。建立以工促农、以城带乡、城乡互动、产业互补、体现公平、良性循环的新型体制，以城镇化拉动“非农化”，最终实现城乡一体化。三要实施移民开发，下大决心把那些久居山庄窝铺的农民逐步搬迁出来，向集镇聚集，从根本上改变他们的生存条件。四要组织劳务输出。认真实施“优化结构、劳力转移、移民开发、劳务输出”四大战略，多管齐下抓增收，四轮（产业化、城镇化、民营化、市场化）驱动促发展，不断开辟发展农村经济的新天地。

三、统筹处理好多种所有制经济共同发展的关系，重点在民营经济的发展壮大上求突破

实施民营经济富县战略，是推动全县经济社会全面发展的重大举措和现实选择。按照2004年出台的《关于进一步优化环境发展民营经济的决定》精神，要进一步加大对民营经济的扶持力度，全方位营造民营经济大发展的环境氛围，强化民营经济在县域经济中的地位，使其继续保持良好的发展态势。2005年将重点抓好“红黑灰白”四大产业，全年深加工红枣2000吨，产煤300万吨，并积极筹建百万吨级的焦化厂，生产水泥50万吨、白灰150万吨；同时新上100万元以上项目10个，引进资金2000万元，新增就业人员1500人；通过培养大型骨干龙头企业和纳税大户，争取形成亿元产值的企业1个、千万元以上产值的企业20个，纳税500万元以上的企业2~3个，纳税百万元以上的企业10个。

四、统筹处理好基础建设与城镇发展的关系，重点在改善群众生产生活条件上求突破

城乡基础设施与人民群众的生产、生活息息相关，是经济和社会各项事业发展的重要基础。将抓住国家政策倾斜的机遇，多方筹集资金，加大建设力度，特别要在县城公益设施和农村基础设施建设方面迈出新步，进一步改善生存环境，提高生产能力，惠泽于民。与此同时，要树立正确的政绩观，把主要精力用在为民办事上，切实解决好关乎广大干部群众切身利益的问题。2005年重点要抓三件事：一是争取完成县城详细规划，把整个县城建设纳入科学化、规范化、法制化的轨道，并在此基础上逐步实现规划一张图、审批一支笔、建设一盘棋。二是大张旗鼓地开展“保德是我家、人人都爱她”的活动，从美化、亮化、绿化、净化入手，逐步培育居民的城市意识、公德意识、法律意识，逐步提升保德县城的整体水平和公民素质。三是多方筹集资金，加大市政建设力度，力争完成一批街道、照明、煤气、居民小区、广场、体育场、公厕等设施。同时，还要积极争取小城镇建设、县城污水处理、铁匠铺至马家滩黄河护堤加高加固等项目。

五、统筹处理好经济发展与基础教育的关系，重点在提高教育教学质量上求突破

在加快经济发展的同时，更要注重教育事业的发展。2004年，经过认真研究，下发了《进一步加强教育工作的意见》，配套出台了6个政策性文件，建立实施了7个保障性机制，为全方位发展教育创造了良好的氛围。2005年，将强化竞争激励机制，千方百计增加投入，努力营造良好的育人环境，全面提升教育教学水平，以更好地实现“两年打基础、三年有起色、五年见成效”的奋斗目标。

六、统筹处理好资源开发与环境保护的关系，重点在可持续发展上求突破

要实现可持续发展，必须切实加强资源与环境保护。要立足我县资源环境和产业结构的实际，从合理利用资源中求发展，从保护环境中求发展，从循环经济中求发展。按照减量化、再利用、资源化的原则，以推进资源节约、综合利用、清洁生产为重点，大力发展循环经济。对高能耗、高污染、高物耗设备和产品实行淘汰制度，积极发展洁净煤技术，提高煤炭清洁化程度和资源回收率。要开展建设节约型经济、节约型社会活动，重视水资源的节约和保护，注重用价格机制引导节约用水，在农村大力推广节水灌溉，在城市积极发展循环用水。要切实加强环境保护，全面实行政府环保目标责任制，对重要生态功能区实行抢救性保护，对重点资源开发区实行强制性保护，对生态良好地区实行积极性保护，切实加强城市环境综合整治，坚决杜绝各种不计资源代价换取眼前利益的短视行为，追求有限资源合理利用的效益最大化。

七、统筹处理好困难群体救助与社会全面进步的关系，重点在建立健全社会保障体系上求突破

以人为本，关注民生，构建和谐社会，是对新时期党的执政能力的新要求、新考验。2005年，将按照“自主择业、市场调节、政府促进”的就业方针，完善就业援助制度，落实优惠政策，开发公益性岗位，实施再就业光彩工程，努力促进就业再就业。不断完善社会保障制度，做好两个确保，抓好三条保障线衔接，启动特困职工医疗救助。进一步加大投入，完善措施，抓好城市低保，同时积极创造条件，推进农村低保工作的开展。关注困难群体，开展各种形式的扶贫帮困活动，切实保护和关心低收入阶层、困难群众的利益，让更多群众特别是农村特困群众享受到政府的救助。

为努力构建和谐文明富裕的新保德而努力奋斗！

全力打造产业隆起带　推进县域经济跨越式发展

中共山东省诸城市委书记　刘德成

近年来，我们立足诸城县域实际，不断培强做大汽车和零部件、纺织服装、食品加工三大主导产业，并积极培育造纸包装、医药化工、木器家具、建筑建材等新兴产业，形成了一批特色突出、优势明显的产业隆起带，有力地推动了全市工业经济乃至整个县域经济的跨越式发展。目前三大主导产业和新兴产业实现销售收入和利税分别占全市工业总量的90%以上。2004年，全市完成GDP176.36亿元，比上年增长19.5%；实现财政总收入11.7亿元，其中地方收入6.5亿元，分别增长33.1%和63.2%。

一、推进结构调整，营造产业发展优势

坚持以市场为导向，对汽车和零部件、纺织服装、食品加工三大主导产业的结构不断进行培育、调整、改造和整合，使产业链条进一步拉长、加宽、增厚。汽车和零部件业，主要是以福田公司为依托，高起点对各配套企业进行全面整合和合理分工，不断拉长汽车产业链条；纺织服装业，主要是狠抓产业链条的协调运转，实现了纺织、印染、成衣一条龙；食品加工业，以同属全国151家农业产业化重点龙头企业的外贸公司和得利斯集团为龙头，进一步完善一体化生产经营体系，把企业经营管理体制引入农业生产，提高了整个产业的组织化程度，促进了产业链条的不断延长和日益完善。通过培育、整合，三大主导产业和新兴产业的经济效益和核心竞争力不断提升，2004年全市36家利税过千万元的企业，全部在产业链条上。

二、加大企业投入，营造产业规模优势

2004年，全市共落实投资过千万元的大项目292个，总投资163.2 亿元；全市实际利用市外资金65亿元，其中境外资金8943万美元。这些新增投入和新上项目，绝大多数在三大主导产业和新兴产业链条上。在投入方式上，主要是适应入世后传统商贸公司转型实业、南方发达城市资金北移和世界制造业向我国转移的大好机遇，适时把招商引资重点转到具有一定实力的贸易公司和世界知名企业上，争取他们加盟诸城，投资兴业，实现优势互补，形成新的利益共同体。美国泰森、日本富士纺、丹麦泰森、马来西亚金狮集团等一批世界知名企业以及中纺公司、上海新纺集团等国内大企业纷纷落户诸城，极大地增强了企业发展后劲，加速了产业隆起带的崛起。充分发挥三大产业和新兴产业庞大的客户群体优势，不断提升与其合作的层次和深度，由原来的贸易客户关系变为投资伙伴关系，拓宽了合作领域。同时，积极做好企业上市工作，得利斯、泰盛化工、新郎等企业2005年将实现境外上市。

三、加强配套协作，营造产业集聚优势

发挥产业群体优势，关键是使整个产业链条紧密结合，环环相扣，相互促进，共同发展。为此，我们狠抓了三个关键环节。一是培强做大产业龙头。食品加工业中，外贸公司和得利斯集团2004年销售收入分别为61.3亿元和25.3亿元，作为全国农业产业化的重点龙头企业，两大集团销售收入总和已占整个食品加工产业的95%。二是组建行业协会。按照信息、资源、市场“三共享”和价格自律原则，组建了“汽车和零部件”、“纺织服装”和“食品加工”三个协会，有效地加强了企业间交流与合作，促进了产业群体的协调运作和有序竞争。三是加强园区建设。大力实施园区带动战略，投资5.2亿多元，用于市开发区基础设施建设，截至目前，已开工建设和准备入区开发的项目108个，总投资100多亿元。与此同时，积极搞好产业布局，对新上项目进行科学分类，尽量把相同或者相近的项目安排在同一区域，形成产业集聚优势。目前，外贸城、汽车城、纺织服装城和食品加工城“四大工业城”已

初具规模，成为拉动全市工业经济的巨大隆起带。

四、不断深化改革，营造产业机制优势

主要是推进企业组织形式升级。目前，全市乡镇（街办）以上国有集体企业288家，有282家改制为有限公司或股份有限公司，其中4家为省政府批准的股份有限公司。同时，不断优化调整股权结构，破除“均股制”，加大经营管理层的持股比例，使经营管理层的持股比例达到绝对控股，其中董事长的持股比例达到30%左右。规范企业内部运作机制。依法健全完善法人治理结构，进一步明确股东会、董事会、监事会和经理层的职权范围，建立起相互监督、互相制衡的决策机制和议事程序；实行企业内部重大问题公开制度，提高职工参与落实决策的自觉性，增强企业的凝聚力和向心力。创新企业管理体制。进一步转变政府职能，由管理企业改为服务企业，帮助企业解决发展中遇到的困难和问题。同时，充分发挥企业在工业经济发展中的主体作用，积极探索建立企业、行业间“竞争有序、管理自律、资源共享、互相促进”的管理体制。

解放思想　干事创业
推动县域经济超常规跨越式发展

中共山东省滨州市委常委、邹平县委书记　刘士合

近年来，全县上下以“三个代表”重要思想和党的十六大精神为指导，立足邹平实际，创造性地推进改革和发展，县域经济实现了超常规、高速度、跨越式发展。2003年被山东省委、省政府确定为重点扶持的30个经济强县之一。2004年，完成国内生产总值156亿元，同比增长41.8%；财政总收入15亿元，其中地方财政收入5.9亿元，同比分别增长49.9%和57.8%；农民人均纯收入3942元，城镇居民人均可支配收入9197元，分别增加 453元和800元。在第四届全国县域经济百强县排名中，位列第78位，是山东省惟一一个新进入全国百强的县。

一、大力实施工业强县战略，强力推进工业化进程

按照“全党抓经济，重点抓工业”的思路，坚持“投入支撑、园区集聚、骨干带动、招商借力、民营激活、技改提升”六位一体，强力推进工业化进程。2004年，全县完成固定资产投入100亿元，生产性投入75亿元。27个生产性重点项目完成投入51.2亿元；县开发区完成生产性投入71.8亿元，72个项目竣工投产。投入的坚实支撑和开发区的强力聚集，促进了工业经济的大发展。全县规模以上工业完成总产值341.7亿元，增加值93.5亿元，利税33.6亿元，分别增长97.1%、96.1%和60.1%。其中，开发区完成工业产值156亿元，利税13.7亿元，分别占全县规模以上工业的49.6%和41%，成为全县经济发展的最大平台和最具活力的增长点。

随着工业经济规模的扩张和质量的提升，经济结构更加优化，综合竞争力明显增强。主要表现在，基本培植起了“三个一批”。一是培植了一批大型骨干企业。以魏桥创业、齐星、西王等为龙头，全县规模以上企业发展到237家，其中利税过千万元的企业36家。全县有5家企业进入全国大型企业行列，3家企业进入全省民营企业百强。二是培植了一批支柱产业。初步形成了纺织印染服装、食品医药、制造冶炼、造纸、化工等五大支柱产业，培植了高档装饰用纸、结晶葡萄糖、无水葡萄糖、真空伏辊等在国内同行业居领先地位的新兴产业。国际家纺生产基地建设成效显著，被命名为“中国棉纺织名城”。三是培育了一批知名品牌。西王牌麦芽糊精、口服葡萄糖、植物油、碧云洞矿泉水等7种产品获山东省名牌产品称号，“魏桥” 品牌被列为山东省重点培植的国际知名品牌，以46亿元的身价，位列中国500个最具价值品牌第120位。

二、紧紧抓住“三个亮点”，增强经济发展的推动力

坚持抓开放借外力，抓民营增内力，抓科技提升竞争力，推动县域经济快速发展。一是全力推进招商引资和外经外贸。2004年引进外资项目224个，实际利用县外资金93.8亿元，其中境外资金2.4亿美元，完成社会出口58亿元，其中自营出口6.3亿美元。二是大力发展民营经济。坚持以“百万工程”即投资百万元以上的项目为抓手，以培植规模企业为目标，以园区建设为载体，以招商引资为保证，与小城镇建设相结合，加快发展民营经济。2004年，全县民营经济完成总产值426.2亿元、利税36.5亿元，分别增长44%和54%。三是大力发展高新技术。突出传统产业改造、新兴产业培植，提升核心竞争力。近年来累计完成技改投入121亿元，培植省级以上高新技术企业23家，培育海洋饲料、生物制药、无水葡萄糖等一批高科技产品。2004年全县高新技术

产业产值达到26.3亿元，增长143.8%。

三、大力实施城镇带动战略，加快城镇化进程

以建设对接半岛城市群和中西部地区生态型、现代化鲁中中等城市为目标，坚持“三高”标准，强力推进城镇化进程。2000年以来，县城建设累计投入33亿元，开工城建项目120多个，其中南部新区2000年8月规划建设，完成投入15亿元，完善5.6平方公里基础设施，建成区面积达4平方公里。2004年，县城建成区面积达35平方公里，居住人口超过25万。全年实施小城镇“百件实事”100项，全县城镇化水平达49%。

四、统筹城乡发展，切实解决好“三农”问题

坚持调整是主线、转移是关键、投入是保证，用统筹的思路和工业化的手段解决“三农”问题。一是抓调整。以建设畜牧大县和发展优质高效农业为重点，大力调整农业产业结构，2004年，畜牧产值占农业总产值比重达到49%，建成畜牧大县。大力发展农村二、三产业，加快发展农产品加工龙头企业和龙头市场，增加农民非农收入。截至2004年底，全县农副产品加工企业139家，其中总资产过千万元的49家。随着农村二、三产业的发展，农民收入中来自二、三产业的比重已占70%以上。二是抓转移。以小城镇建设为龙头，以经济园区为载体，以百万工程为抓手，加快农村二、三产业发展，为农村富余劳动力提供大量的就业岗位。同时，加快实施“百万技术工人培训工程”，搞好对农民的技能培训。近年来，年均转移农村劳动力2.5万人。三是抓投入。建立支农资金稳定增长机制，2004年县镇财政支农资金达1.6亿元。取消“两工”、农业税下调及粮食直补，农民人均直接受益104.8元。2005年起全部免除农业税。

经过几年的努力，邹平经济发展已经具备了良好的基础。今后，我们将坚持以“三个代表”重要思想和科学发展观为指导，认真贯彻十六大和十六届三中、四中全会精神，大力实施工业强县、城镇带动、环境立县三大战略，突出抓好“163”工程（即到2007年全县规模以上工业总产值突破1000亿元大关，利税过千万元的企业达到60家，规模以上企业达到300家）、“三农工作”、“一园两带”和县城建设四个工作重点，解放思想，干事创业，加快发展，确保“两个跨入、两个率先”（即到2007年跨入全国60强、跻身全省前十强，在全省率先全面建成小康社会，并在此基础上，经过几年努力，在全省率先基本实现现代化）的宏伟目标顺利实现。

落实科学发展观　努力构建和谐社会

山西省古县人民政府县长　张成梁

近年来，古县县委、政府按照科学发展观的要求，坚持“长抓核桃短抓菇，改善生态兴畜牧，煤焦产业促提升，建材旅游求突破”的县域经济发展方针，立足县情，突出特色，统筹兼顾，县域经济实现了超常规跨越式发展。2004年，财政收入突破2亿元大关，人均GDP超过2000美元，县域经济基本竞争力提升速度再次跻身全国最快的百县(市)行列。古县正在全面落实着科学发展观，奋力构建富裕古县、生态旅游古县、诚信古县、和谐古县。

一、壮大支柱产业，建设富裕古县

振兴县域经济，必须重点发展一批特色鲜明、前景广阔、后劲充足的支柱产业，构筑县域经济发展的四梁八柱，夯实构建和谐社会物质基础。多年来，我们一直坚持立足区域和资源优势，着力主攻核桃、双孢菇、煤焦、建材四大产业，努力实现“核桃大县、双孢菇名县、煤焦强县、建材富县”的目标。核桃总规模达到22万亩630万株，年产量750万斤，人均核桃面积、株数、产量、收入位居全省第一。在核桃深加工上，龙头企业古岳食品有限公司生产的核桃仁、琥珀桃仁、天力胶囊三个产品被中国绿色食品发展中心审核认定为绿色A级食品，产品远销东南亚各国；古县双孢菇以质地坚实、品质优良、无污染、无公害的特点，被认定为“绿色A级食品”。目前，总规模已达到5000棚、100万平方米，年产鲜菇7000余吨，产值3000万元，菇农人均增收800元，成为华北地区最大的双孢菇生产基地，并建成了天力生物工程有限公司，引进具有国际领先水平的冻干生产线，所产的冻干产品供不应求。古县煤焦属于国家稀有的优质主焦煤，经过连续多年的联营改造和壮大提升，全县建有50座规模煤矿、6大机焦企业和36家洗煤企业。原煤生产能力达到550万吨，焦炭生产能力达到410万吨，是山西省四大优质主焦煤生产基地。铝矾土是古县仅次于煤炭的又一大资源，围绕这一优势，大力发展建材、耐材产业，具有广阔的市场前景。我们先后研制出不定型耐火材料等九大系列产品，产量达到26万吨，产值8000万元。同时，依托山区特有的土壤、气候等条件，建成了古县金米、早熟土豆、中药材等1000万元以上的绿色农产品基地，大力发展订单农业和品牌农业，全县农民人均1亩经济田，当年增收1000元。

实践证明，发展壮大支柱产业，必须按照国家产业政策的要求，发挥资源优势，提高科技含量，发展循环经济。一是支柱产业新型化。多年来，煤焦产业始终按照“减量化、再利用、再循环”的原则，坚持走科技含量高，资源消耗少，环境污染小的道路，变外延式扩张为内涵式提升。依托森润、正泰、利达、晋豫、宝丰、锦华等六大机焦企业发展煤——气——电、煤——焦——油、煤——电——镁产业链条，深度开发煤焦下游产品，实现资源有效利用。二是支柱产业集群化。重点建设好涧河、蔺河两大煤焦工业园区，以及旧县、南垣双孢菇、核桃农业示范园区。坚持统筹安排、合理规划、功能互补、有序竞争、循环发展的目的，促进煤焦联合，打造煤焦企业航母，提高企业核心竞争力。鼓励和吸引有实力的大企业和有带动作用的大项目进园区，不断提升园区的规模和效益，形成“集群”效应，使之成为现代工业的聚集区，开放开发的示范区。三是支柱产业民营化。加大招商引资力度，增强发展后劲。激活民间资本，坚定不移地鼓励、引导和支持民营经济发展，形成“投资以民间为主，企业以民营为主，事业以民办为主”的经济发展格局，壮大支柱产业，培育支柱财源，促进财政持续增收。2005年力争实现财政收入超3亿。

二、培育新兴产业，建设生态旅游古县

促进人与自然和谐相处是构建和谐社会的重要内容。加大生态建设力度，深度开发旅游资源，发展生态旅游是古县调整产业结构，培育接续替代产业的重大举措。古县历史久远，自然环境优美，人文古迹较多，旅游资源丰富而独特。尤其是石壁河流域山奇水秀、树茂林深、风光旖旎，民风淳朴，人文荟萃。石壁三合千年牡丹相传生于唐代，据考证系国内单株冠幅最大，历史最长的单株野生白牡丹，花开盛世，十里飘香，享誉天下。县委、政府依托"天下第一牡丹"，打牡丹牌、唱牡丹戏，坚持近期建设与长远规划相结合，政府投资和社会融资相结合，景区建设和产业开发相结合，按照"政府引导、企业经营、市场运作、多元投入、突出重点、逐步实施"的原则，建精品牡丹园，栽药用牡丹，对石壁河流域进行山水田林路、乡村亭园景生态综合治理，旅游开发如火如荼，慕名观光游客络绎不绝。在旅游开发上，我们一是坚持政策引导，多元投入。按市场经济的要求，放宽投资政策，实行谁开发，谁受益，谁所有，政府规划设计，企业投资经营。国家、集体、私营、个体齐上阵，引进外地资金，吸纳社会资金，激活民间资金，鼓励多种经济成分参与旅游景点的开发与经营，充分调动社会投资旅游的积极性。2005年78家煤焦企业投资700万元栽植各类生态林，石壁河流域已形成春有花，夏有青，秋有果，冬有绿的四季景色。企业投资的"天上人间"度假村设计新颖，功能齐全，可为游客提供星级宾馆服务。可以说，整个牡丹景区已经形成了政府和社会共同参与的良好投资机制。二是整合资源，打造精品。古县北部有天然氧吧之称的太岳森林公园，有载誉史册的战国名相蔺相如之墓，有传奇诱人的凌云溶洞；中部城市建设日新月异，亮化、绿化、美化初见成效，相如公园、东山生态公园正托起一个崭新的生态园林城市；南部有祖师顶森林公园，隋唐名将罗成战死之淤泥河，还有享誉华夏的"天下第一牡丹"。通过资源整合综合开发，使历史文化底蕴与优美生态环境相结合，最终形成一条以牡丹为龙头，南北贯通，富有地方特色的生态旅游带，并纳入省市旅游总体规划之中，与周边省市旅游名胜相连相通，进一步扩大辐射半径。在旅游景点的建设上，以生态休闲观光为主题，坚持高起点规划，高标准设计，高品位建设，规模发展，精品取胜，增加亮点。在牡丹景区形成"三绝"、"三奇"。三绝：千年牡丹天下绝无仅有，采用写真手法、陶瓷工艺制作的牡丹壁天下第一，高达三十余米的汉白玉牡丹仙子塑像堪称世间珍品；三奇：水奇，山间溪流清澈见底，经年湍流不息，人工天池闸坝相接，瀑布飞流；树奇，仕女峰树种奇特，亭亭玉立；花奇，国色、富贵、丹阳三园牡丹，集天下精品牡丹于一园，百花怒放，北国称奇。三是宣传推介，扩大影响。在全县营造大旅游、大产业、大发展的氛围，全面促进旅游事业的发展。通过各种媒体、影视、字画、摄影、牡丹文化研讨等形式，扩大牡丹品牌在国内外的知名度。

三、优化发展环境，建设诚信古县

环境就是吸引力，环境就是竞争力。打造优美的人居环境，良好的政务环境，高雅的人文环境，诚实的信用环境，是构建外向型经济发展平台、促进经济发展、建设和谐社会的前提条件。多年来，我们一直大开山门诚邀四海嘉宾，合作投资开发，不断加大软硬环境建设，为开发开放创造良好的条件。

在硬件建设上，2004年以来，我们投资近30亿元，兴建近百项重点工程，以水、电、路、城建为重点，年年大投入，年年大变化。目前，境内交通四通八达，村村通油路出境无瓶颈；通讯网络覆盖全县，消息传递快捷方便；特别是在城市建设上，短短三年来，先后投入2亿多元，实施60多个重点工程，使县城面积扩大了2倍，人口翻了一番，县城7街12路的框架基本形成，一个富有地方特色、充满现代气息的生态园林城市正呈现在世人面前。

在软环境建设上，我们致力于创造优越宽松的政策环境、严明规范的法制环境、优良便捷的服务环境、舒适优美的人文环境。县委、县政府出台了《关于损害经济发展软环境行为的责任追究办法》等一系列政策，严打仗势欺人、以主欺客、以官欺企、以公欺私行为，实行一个窗口对外、一站式办公、一条龙服务的便企措施，倡导“人人都是软环境，个个都是开放形象”，广泛开展“诚信政府、诚信机关、诚信企业、诚信市民”创建活动。营造重商、亲商、爱商、护商、扶商的良好氛围，构建以道德为支撑，产权为基础，法律为保障的社会信用体系。引导全社会爱岗敬业、守法经营、公平竞争，使古县成为发展要素聚集的洼地、人才汇集的高地、商家云集的盆地，倾力打造“诚信古县”。

四、统筹协调发展，建设和谐古县

建设民主法制、公平正当、诚信友爱、充满活力、安定有序、人与自然和谐相处的和谐社会是经济持续健康发展的支撑力，也是我们始终坚持聚精会神搞建设，一心一意谋发展的重要保障，多年来，我们始终坚持以科学发展观统领第一要务，坚持五个统筹，致力建设和谐古县。

一是加大对“三农”的扶持力度。做到已经实行的支农政策不变，已经给农民的实惠不减，进一步扩大粮食直补、核桃直补、双孢菇直补和购买农机补贴的规模和范围；同时不断加大工业反哺农业力度，大力实施以“绿化一座山、修建一条路、帮扶一个村”为主题的企业以工补农三个一工程，每年都拿出几千万元的资金投入农业，为农村发展夯实基础、添活力、增后劲。

二是加大对弱势群体的关心力度。我们建立了社会救助体系长效机制，全面推行完善城市低保、农村五保供养制度，全面落实计划生育奖励政策，建立健全农村合作医疗制度，逐步减免农村学生学费，设立人才培育基金，千方百计帮助困难家庭解决看病难、子女上学难等问题，着力减轻农民负担。

三是加大对稳定工作的关注力度。坚持稳定压倒一切，群众利益高于一切，要求全县各级干部都要切实关注民生疾苦，倾听群众呼声，把群众的反应当作一面镜子，检查自己的“过失”，遇到矛盾不回避，担上责任不推卸，以实干赢得民心。同时引导广大人民倍加珍视当前团结的有利局面，倍加珍惜当前的发展的良好机遇期，团结一致向前看，与时俱进谋发展，努力建设富裕、文明、和谐的新古县。

充分发挥空港优势 大力发展临空经济

中共四川省双流县委副书记、县长 牛 敏

临空经济是依托机场优势发展起来的一种新型经济形态，是引领21世纪发展的朝阳经济。双流地处“天府之国”四川省腹地、西南经济区核心地带，是成都中心城市向南发展建设现代新城的核心区域，拥有中国第五、跻身世界100强的成都双流国际机场。随着县域经济的快速发展和机场辐射西南、西北及连接欧亚的战略性地位的日益凸显，双流已具备加快发展临空经济的条件和基础。当前，双流县委、县政府正按照“圈层规划，集聚发展，带动整体”的思路，加速整合机场与地区优势资源，致力构筑国际产业转移的对接平台、与西南地区互为辐射的商务平台和未来新兴产业的培育平台，加速推进双流经济空港化，空港经济国际化。

一、依托立体交通网络优势，大力发展现代物流业

以航空运输为核心，加速整合纵贯县境的成昆铁路和成雅高速等十余条高等级公路以及府河水路运输资源，启动建设5.1平方公里的航空物流园区，大力引进世界知名的现代物流企业，建设以信息技术为依托、以发展第三方物流为切实入点、以配套服务为主业、以现代仓储为配套、以现代运输为载体、以商品交易为手段的“六位一体”的现代物流园区，力争成为国际国内航空物流枢纽。

二、依托区位和资源优势，大力发展现代服务业

采取市场化运作方式，加快发展都市会展、休闲旅游和绿色食品加工业。在西航港经济开发区和紧邻空港的成都副中心城市华阳镇、卫星城市东升镇，规划建设高档次的会展及配套的宾馆、酒店和商务中心，努力把双流建设成世界了解成都的窗口、成都走向世界的前沿。积极引进国际国内旅行商社等市场主体，加快牧马山体育休闲旅游新城建设、黄龙溪古镇旅游和府河观光旅游开发，主动融入全国大旅游圈，力争建成以双流空港为始端的巴蜀旅游服务基地。充分发挥拥有中国最大的优质枇杷基地、冬草莓基地等资源优势，大力引进世界知名的绿色食品加工营销企业，力促资源优势变经济优势和竞争优势。同时，着力发展总部经济、楼宇经济、商务贸易、金融保险等现代服务业，努力打造新的产业亮点。

三、依托高科高教城优势，大力发展高新技术产业

充分发挥聚集西航港经济开发区的中科院、四川大学、成都信息工程学院等科研优势和初步形成的中科院产业园、光电产业园等产业优势，加快发展光机电一体化产业，努力将其建成中国西部的“光谷”。依托已经构建的中医药科研、生产和开发相结合的体系，充分借助成都作为全国最重要的中药材产地和集散地的优势，扶持发展22家优势制药企业，加速吸聚相关产业，实现集群化发展，努力将生物制药业培育为双流的支柱产业。

四、依托西部汽摩城优势，大力发展现代制造业

充分借助西部汽摩城毗邻西航港经济开发区的优势，加快引进世界汽车摩托车整车及其配件生产企业聚集西航港经济开发区，实施生产与市场配套发展，努力打造中国西部以汽摩及其配件为龙头的机械制造产业基地。同时，主动配合机场引进航空制造及维修企业。

银鹰起落，撒下无限商机。我们将综合利用成都新城开发、国际机场扩建和县域经济升级的契机，努力打造临空产业与区域经济对接互促发展的成功模式，在双流建起一座现代化的“绿色国际港”。

落实四抓措施　壮大县域经济

中共山西省潞城市委书记　李进军

近年来，潞城经济和社会各项事业取得了令人瞩目的成就。全市生产总值由2001年的16.4亿元增至2004年的42亿元，财政收入由2001年的1.4671亿元增至2004年的5.0488亿元。在全国第四届县域经济基本竞争力评价中，我市跨入全国县域经济提升速度最快的百县市行列，经济综合实力进入全国500强，跻身三晋十强。

一、着力抓产业升级，全力打造实力潞城

发展壮大县域经济，必须以科技进步为支撑，推进新型工业化。为此，我们牢牢抓住结构调整这一主线，大力实施产业升级战略，极力加快传统产业新型化和新兴产业规模化步伐。2003年，我们在全省首开先例，炸毁污染严重、浪费资源、不符合国家产业政策要求的“红旗三号”焦炉，全面取缔了各种不符合环保要求的“五小企业”。在此基础上，加快对煤焦铁等传统产业全面进行新型化改造。三年来，全市共引进、自筹资金近30亿元，新上、技改、扩建项目106个，其中投资千万元以上项目42个，列入长治市百强调产项目23个，已有19个投产。随着兴宝百万吨钢厂、亚晋与天脊集团合作的30万吨甲醇与13万吨苯胺、潞宝与潞矿合作的200万吨捣固焦及20万吨甲醇、年产6万吨精密铸件和华大300万件汽车配件及利用排荒煤气建成的4.6万KW的自备电厂等项目的开工建设或建成投产，我市的产业链条进一步延伸，初步形成了煤、焦、电、热、冶的良性循环产品生态链和焦气电、铁钢铸、煤焦化等三大产业链。同时依靠科技进步跳出对资源的依赖，大力培育新型产业，通过挂靠中国矿业大学建立石膏研发基地，开发出了可供建筑、装饰、雕塑、制药等行业使用的各类高、中档石膏制品，带动了我市新型建材和相关建材业的发展；加快了具有400多年悠久历史的中华老字号产品大风丸制药公司的规模化改造；大力扶持益尔生物农药和厦华机顶盖等新项目、新产品的开发，使新兴产业逐步走上了规模化，成为推动我市县域经济发展的新生力量。

二、持续抓农民增收，全力打造富民潞城

统筹城乡发展是全面建设小康社会的必然要求。全面达小康，重点在农村。农村要发展，增加农民收入是关键。近年来，我们高度重视“三农”工作，创造性地执行中央“多予、少取、放活”的政策，多渠道增加农民收入，努力实现城乡人民共同富裕。

一是调整农业结构，带动农民增收。以推进农业产业化为方向，着力构建产业特色。全市绿色有机经济区种植面积达到19.9万亩，初步形成了以苗木花卉、大葱土豆、大田蔬菜、三樱椒、甜糯玉米等五大绿色经济产业带；大力实施百千万养殖工程，规模养殖场达到52个。其中利用我市丰富的泉水资源养殖的三文鱼、虹鳟鱼等珍贵鱼种，已成为我市的招牌产品。围绕特色优质农产品，我们先后培育扶持了森龙、神农、正源、牧村乳业等多个农产品龙头企业，形成了规模化生产、产业化经营。2004年龙头企业与农户签订种植订单合同4万余亩，农产品就地加工转化率达到了60%以上，初步形成了种养殖业为加工业服务，加工业为农民增收服务的产业循环新格局。

二是发展打工经济，拓宽增收渠道。大力发展民营经济，就地转化农村闲余劳力，目前，我市60%的农民实现了就近就业，亦工亦农，离土不离乡，收入有保证。同时有领导有目标地组织劳务输出，鼓励农民外出务工，据统计，近三年先后转移农村剩余劳动力5万余人，“打工经济”已成为农民增收的一个重要渠道。

三是加大财政扶持，实现减负增收。2003年，率先在全省启动了新型农村合作医疗，使全

市农民人人享有合作医疗；2004年又一次性全部减免了农业税，实现了农民零税赋；并筹资1000余万元用于发展农业和农村经济。这一系列举措，确保了农村稳定、农业丰收、农民增收。

三、深入抓改革创新，全力打造活力潞城

冲破妨碍发展的思想观念，改变束缚发展的做法和规定，革除影响发展的体制弊端，是县域经济强劲增长的永续动力。近年来，我们始终把创新作为解决和克服各类现实困难和问题的有效途径，不断开拓创新，靠创新破难题促发展。

一是创新思路。为确保县域经济沿着正确的轨道发展，审时度势提出了以结构调整为主线，大力实施产业升级和人才开发两大战略，发展园区、园场、园林三园经济的发展思路。在发展定位上，把潞城作为上党地区开发开放的前沿阵地，确立了建设三晋十强市的奋斗目标。十六大之后，我们又提出“率先翻两番，建设百亿市”全面建设小康社会的“三步走”奋斗目标。由于这些思路紧跟发展变化的形势，符合广大百姓心愿，从而进一步激发了全市人民谋求发展的积极性、主动性和创造性。

二是创新观念。针对干部群众思想保守、观念陈旧，严重束缚经济发展、社会进步这一关键问题，我们创办“解放思想论坛”，从2002年至今，利用双休日先后邀请全国各地的知名专家、教授、学者和一些成绩卓然的领导干部60余人到潞城给全市副科以上干部上大课，以此引领广大干部群众进一步解放思想、更新观念，全市干部队伍的整体素质得到了很大提高。同时，依托“解放思想论坛”这一平台，大力开展了创建学习型城市活动。市委党校、经贸局、人事局、农业局、科协等单位都举办了不同形式的短期专业培训班，全市基本形成了覆盖城乡的人才培训网络和全民学习、终身学习的浓厚学习氛围。狠抓人才引进 和使用，支持人才干事创业，人才环境进一步优化。为县域经济的快速持续健康发展，提供了强大的人才支撑。

三是创新体制。针对全市财税体制阻碍生产力发展的现状，从2002年开始，我们果断地改变沿用多年的考核办法，取消乡村两级税收考核指标，将乡村干部的工作重点由抓税收变为抓税源，从此卸掉了乡村干部的包袱，强化了税务干部的责任，极大地调动了广大干部群众引资上项的积极性，大大增强了县域经济的发展后劲。

四、突出抓创优环境，全力打造魅力潞城

环境是形象，环境是生产力，创环境就是发展生产力。我们坚持把优化环境作为加快县域经济发展的重中之重来抓，努力创优服务环境，硬化保护环境，改善人居环境。明确提出“墙内的事情企业办，墙外的事情政府办”，建立了市级领导联系帮扶企业制度和为企业家排忧解难例会制度，组建了政务大厅，坚持一站式审批、一条龙服务、一个窗口对外。加强市民的诚信教育，提高市民文明程度，着力塑造诚信企业、诚信社会；深入开展平安潞城创建活动，开通了经济环境“110”投诉系统，大力整顿行业不正之风，集中开展打黑除恶专项斗争，维护了经济秩序和社会稳定，保护了企业家的合法权益和企业的正常运行。

在硬环境方面，为提升城市品位，促进招商引资，我们高标准进行了城市总体规划，紧紧围绕创建国家园林城市这一目标，不断美化城市环境。建成完善了世纪广场、府前广场、老干部活动中心、潞城大酒店、潞城公园、城市污水处理厂等一批重点工程；实施了城市通煤气工程，三分之一的城市居民用上了管道煤气；启动了城市集中供热、科技馆、体育场、垃圾处理厂等工程；突出城市绿化，建成了一批园林单位、园林村，城市绿化覆盖率达到37.4%，人均公共绿地面积达到8.5平方米，城市人居环境明显改善。2004年，我市顺利通过了省级园林城市初评审。随着城市功能的日趋完善，城市品味的不断提高，近几年来，我市先后吸引福建、河南、辽宁、北京等外地客商30多人，引进资金20多亿元，项目50多个，为县域经济发展注入了新的活力。

科学发展 整体推进
在全面建设小康沁源的事业中再攀新高

中共山西省沁源县委书记 王玉圣

2004年是山西省沁源县全面贯彻党的十六届三中、四中全会精神，树立和落实科学发展观，全面建设小康沁源的关键一年。这一年沁源县与时俱进，争先发展，创造了被上级领导和广大群众称道的经济社会发展奇迹，展示了沁源小康建设的美好前景。

一、经济提速，财源涌动，主要指标刷新纪录

2004年，全县生产总值17.81亿元，比上年增长66%，人均生产总值1.1万元，迈上了一个新台阶；财政收入超过3.3亿元，增长114%，绝对额增收1.8亿元，增幅为全市、全省第一；城镇居民人均可支配收入7074元，增长38%；在岗职工人均收入1.2万元，增长36.8%；农民人均收入2445元，增长19%，增幅全市第一；固定资产投资5.9亿元，增长64%；引进资金17.6亿元，增长46%；规模以上工业销售产值18.3亿元，增长51%；社会消费品零售总额2.36亿元，增长28%；城镇居民储蓄余额6.48亿元，增长39%。连续两届进入全国县域经济竞争力提升速度最快的百县(市)，经济提速位居山西省首位。在全国2012个县(市)中列538位，比上一届前移了1121个位次。

二、调整结构，大兴百强，发展后劲日趋增强

顺利推进和陆续投产了一批百强项目，全县经济实力进一步增强。传统产业规模化取得新进展。焦炭行业全部实现大机焦生产，年产焦炭58万吨。传统产业新型化迈出新步伐。煤炭行业由生产原煤向洗选、加工、转化方向演进。龙头企业的经济效益取得新突破。销售收入超5亿元、税金超亿元的企业实现从无到有，沁新公司跨入中国煤炭工业100强。

三、攻克硬件，改善设施，发展环境持续改善

县城建设，投资1200万元，续建和改造了县城人民路北延、商业街、北门街、官渠巷等4条街巷，新建了标准门球场和河西环岛，东水公园全面完工，改变了沁源无公园的历史。公路建设，投资6700万元，完成阳景线12公里油面铺装，汾屯线交口至城关、王陶至聪子峪28公里改建，沁洪线西务至北平4.3公里路面改造，沁霍线猫尾川至霍州界5公里三级路改造，“村村通”工程完成50.4公里，全县通水泥（油）路的村达到249个，占行政村总数的97%。生态建设，造林2.7万亩，滩涂绿化2000亩，建成园林村72个、园林企业30个、园艺景点20处，新建绿地8万平方米，人均15平方米。村镇建设，沁河镇、郭道镇、灵空山镇、李元镇、聪子峪乡等小城镇建设力度加大，其中，沁河镇被确定为全国小城镇建设重点镇。水利建设，完成18个自然村7756口人、2530头大牲畜的饮水解困工程，县域建设、公路建设、“村村通”工程、生态建设、村镇建设、水力建设、电力建设、通讯建设等一批项目得到改造、续建和陆续完成，发展环境持续改善。

四、宏观把握，统筹发展，社会事业态势良好

党的建设，全面引深“高全强”工程；干部教育工作得到加强；干部人事制度改革取得新进展，在全县范围内公选了20名30岁以下的副科级干部，考试录用了630名大中专毕业生，充实到机关和企业。综治工作，加强“一线设防”，引深“三打三防”，开展“三排一保”；科教、宣传、卫生事业得到发展，实行农村新型合作医疗制度，参保农民12.9万人，参保率达到86%，计划生育率达到93%；“两个确保”、社会保障、优抚安置、特困救助、再就业等工作也得到了加强。

五、逢一必争，逢冠必夺，工作亮点不断增多

全县各行各业争先创优，竞相发展，百业升腾，亮点纷呈，近30项工作受到国家、省、市的表彰和推广。沁源县成为全国生态示范县、天保示范县，全省护林防火先进县、防汛抗旱先进县，全市党建先进县、百强调产先进县。

2004年，沁源取得了非凡业绩，为经济的持续快速发展奠定了基础。2003年原定用七年时间即2010年赶超全国平均水平、人均生产总值达到1万元的目标，经过不到两年的奋斗就已提前实现。沁源的发展成效被长治市委赞誉为创造了经济社会发展的奇迹，被多家媒体称为“沁源现象”。省市领导多次称赞沁源坚持科学发展，没有以牺牲环境和资源为代价却赢得了惊人的发展速度、发展质量、发展效益，这在全省乃至全国都是少有的。经济总量和财政收入一年翻一番，生态效益和环境质量却一年比一年好，真是看天一片蓝、看山一片绿、看人有精神，一个贫穷落后的沁源已经成为历史，一个欣欣向荣、大步跨越的新沁源已经崛起。

2005年，沁源县将科学发展，再攀新高，重点实施八大攀升：

一、以农民增收为重点，“三农”工作要持续攀升

必须以农民增收为重点，从领导精力、政策措施、资金投入等方面继续予以倾斜，推进“三农”工作的整体发展。一是提升产业化，优化农业。我们要继续用抓工业的思路、机制和办法抓农业，以市场需求为导向，以培育特色产品为重点，举龙头、带龙身、抓基地、树品牌、育中介、拓市场，全面提升产业化水平。二是加快城镇化，繁荣农村。三是促进非农化，转移农民。

二、以结构调整为主线，新型能源和工业基地建设要持续攀升

全县工业经济经过几年的结构调整和资源整合，产业的集中度进一步提高，初步形成了“煤—焦—气—电—化”产业格局。根据省、市经济发展的基本走势，要把沁源县建成新型能源和工业基地，就必须坚定不移地走新型工业化道路。一是要大力发展循环经济。二是巩固煤炭产业强势地位。要提高产业集中度，提升煤炭产业。要注重加工转化，提升经济效益。要发挥资源优势，加快第二梯次能源项目建设。三是大力发展新兴产业和后续产业。要加快发展化工产业和建立中药材深加工和生产基地。四是继续推进体制、机制和管理创新。

三、以激发活力为手段，商贸流通效益要持续攀升

商贸流通是县域经济的重要组成部分。要通过激活机制，推进大市场、发展大商贸、搞活大流通，加快建设布局合理、功能完善、城乡互动、运行规范、竞争有序、内外贸易相结合的区域市场体系。一要以商业、粮食、供销和物资等四大行业为主导，整合和优化现有商业资源，培育和壮大商贸流通龙头企业。二要加强专业市场体系建设。三要坚持以产权制度改革为重点，强力度推进商贸企业彻底改制。四要继续整顿和规范市场经营秩序，维护物畅其流。五是要通过网站、电视、报刊等媒体，通过参加产品交易会、展销会、发布会等形式，扩大对外宣传，大力推广我县的绿色产品、特色产品，提高知名度，扩大销售量。

四、以创优环境为目标，基础设施建设要持续攀升

环境是生产力，也是竞争力。要继续抓好全方位的环境建设。水利环境、电力环境、交通环境、通讯环境、县城环境、安全环境、社会环境等都要全面建设，全社会都要为发展创造环境，要坚持弘扬与遏止相结合，软件与硬件相配套，大力整顿市场经济秩序，依法打击各种破坏环境的行为，保护平等竞争和合法经营，实现人才、资金、技术等生产要素的聚集，使沁源切实成为投资和发展的热土。

五、以改善人居环境为重心，绿色生态建设要持续攀升

不断推进生态建设，实现人与自然和谐发展是大家的共同追求。一要在“造绿”上做文章。狠抓植树造林、通道绿化、县城绿化、园林化建设四项工作。二要在“护绿”上下功夫。继续巩固完善家庭托管和万人红色流动防火墙制度，保护好226万亩森林和130万亩草坡，加大打击力度，严禁私砍滥伐，加强护林防火，确保万无一失。三要在“用绿”上搞开发。要以成功申报国家生态示范县为契机，叫响生态品牌，以生态品牌提升县城品味，以生态品牌拉动产业发展。围绕绿色搞开发，发展产业促增收。

六、提高全民素质为目的，精神文明建设要持续攀升

全面建设小康社会，不单是物质财富的增加，而且包括精神文明的提升和社会事业的发展。因此，要以提高全民综合素质为目标，推进各项社会事业的持续攀升。思想道德素质是综合素质的基础。要通过全社会的努力，建立与传统美德相承接，并具有时代特征的道德体系。科技文化素质是综合素质的重要组成部分。各级各类学校都要自强不息、努力工作，保持幼儿教育、普通教育、职业教育、成人教育与时俱进。身心健康素质是综合素质的载体，要完善公共卫生体系，健全合作医疗制度，开展全民健身活动，全面提高群众的身心健康水平。

七、以稳定压倒一切为前提，民主法制建设要持续攀升

要坚持和完善人民代表大会制度，坚持和创新3+X工程，使人大工作在创新中推进、完善。要充分发挥人民政协政治协商、民主监督和参政议政的职能，巩固和发展最广泛的爱国统一战线。要不断扩大基层民主，按照依法公开、真实公开、注重实效、有利监督的原则，不断完善“四务”公开。要进一步抓好信访工作，倾听群众呼声，化解基层矛盾，努力实现无老户上访、无越级上访、无群体上访的“三无”目标。与民主政治相一致要加快依法治县步伐。要坚持依法行政，运用法律手段管理经济和社会事务。要加强对执法活动的监督。要确保司法公正，维护公平正义。要努力维护社会稳定。

八、以先进性教育为主题，党的建设要持续攀升

我们要按照上级部署，全面开展保持共产党员先进性教育活动，高度重视，严密组织，务求实效，切实做到学习教育和各项工作两不误、两促进。通过先进性教育，提高党员素质，加强队伍建设，优化班子结构，严肃党的纪律。真正做到“五个坚持和坚定不移”：要坚持深化改革，坚定不移地巩固堵漏、改制和发展成果；坚持一线设防，坚定不移地确保安全生产万无一失；坚持稳定压倒一切，坚定不移地维护发展的大好形势；坚持结构调整，坚定不移地走新型工业化道路；坚持二产带一产，坚定不移地推进农村城镇化，实现农民就业最大化。要继续推进“高全强”党建工程，非公有制企业的党建工作继续保持全省领先地位。

要实现上述目标，必须加强党的执政能力建设，提升思想境界，改善领导方式，保持整体推进的生机与活力，具体讲要做到“五个增强”：

第一，加强学习，增强辨证思维能力

越是形势大好、越要保持清醒头脑，越要在大是大非面前不糊涂，要结合先进性教育活动，在理性思维和思想方法上，坚持看前看后、看左看右的辩证思维，摒弃只看当前、只看本县的片面认识；坚持荣誉面前冷静审视，摒弃成绩面前头脑发热；坚持一年打柴三年烧，摒弃今朝有酒今朝醉；坚持激流勇进，持续攀升，摒弃划船歇桨，不进则退；坚持你发财、我发展，互相支持向前看的处事胸怀，摒弃事情塌台没人管，别人搞好就发难的扭曲行径；坚持多劳多得、承认差别的分配观，摒弃诋毁“快牛”、嫉妒先富的红眼病；坚持为发展的“大树”培土整枝，摒弃对丰收的“田园”损害践踏；坚持吃水不忘打井人、“腰包”鼓起颂党恩，摒弃端起碗来吃肉、放下筷子责难。只有这样，才能保证和保障2005年乃至今后工作的持续攀升。

第二，从长计议，增强科学运作本领

沁源说到底是属于资源型经济。面对国际能源日趋紧张的形势，煤炭资源终究会出现短缺甚至枯竭。决不能干“挖祖宗坟、吃子孙饭”的事情，不能给后人留下一个废水、废气、废物充斥的沁源，必须从长计议，科学运作，走一条情系子孙、功在当代、利在千秋的可持续发展之路。同时，还要注重人才的科学培养。主要是建立市场型、管理型、技术型、创造型、交际型等多门类人才梯次发展的体系，使建设沁源的人才源远流长，永不断档。

第三，以人为本，增强和谐发展意识

一是讲人与人的关系和谐。村与村之间、部门与部门之间、上级与下级之间、领导成员之间以至社会中的你我他之间，都要以信念、道德和诚信为基点，着力打造和谐家庭、和谐机关、和谐企业、和谐社会。二是讲权益保障和利益分配方面的和谐。要继续向薄弱环节和弱势群体倾斜，采取穷有所济、弱有所扶、残有所爱、老有所靠、病有所医等亲民之策，建立权利公平、分配合理、人道主义的保障机制，以适应和谐社会的目标要求。

第四，廉洁从政，增强拒腐防变底功

要标本兼治、综合治理、惩防并举、注重预防，抓紧建立健全与社会主义市场经济体制相适应的教育、制度、监督并重的惩治预防腐败体系。要全面落实党风廉政建设责任制，始终把反腐倡廉作为关系发展全局的大事来抓，切实担负起党风廉政建设和反腐败斗争的重大政治责任，决不能让腐败削弱党的执政基础，决不能让腐败降低党的执政能力，以党风廉政建设的实际效果保障全县三个文明协调发展。

第五，执政为民，增强建树业绩斗志

提高党的执政能力，首先表现为提高发展的能力。我们要以品格和技能辨人才，以实绩和贡献论英雄。要表彰和重用想干事、会干事、能干成事的干部；警示不创新、无发展、工作平平的干部；淘汰混天气、熬日月，不谋事、不干事的干部。

坚持用循环经济的思路指导县域经济发展

中共陕西省韩城市委书记　刘新兴

科学发展观是我们党在实践“三个代表”重要思想过程中形成的新的执政理念，是在新的形势下实现经济社会全面发展必须长期坚持的根本指导方针。近年来，韩城市坚持以人为本，始终把发展循环经济作为落实科学发展观的具体行动，实现了市域资源、环境和经济的可持续发展。2004年，全市实现生产总值42.6亿元，规模以上工业总产值78.7亿元，完成固定资产投资31.6亿元，市域经济综合实力以陕西省第二名的成绩跃入全国西部百强县(市)行列。实践证明，在资源有限的条件下发展县域经济，就必须走循环经济的路子，这是坚持科学发展观的必然要求，是县域经济可持续发展的必然选择。

韩城是一个能源工业城市。多年来，资源开发型工业的连年快速发展，引发区域环境质量不佳，尤其是龙门地区“三废”排放严重、环境恶化等问题，已成为韩城区域经济社会可持续发展面对的严峻课题。2003年初，省环保局将我市作为循环经济示范县(市)，建立生态工业(循环经济)示范园区，从此拉开了我市发展循环经济的序幕。

生态工业(循环经济)示范园包括龙门冶金工业园和昝村煤化工业区，是我市工业经济发展的中心园区。目前，园区主要工业企业已达118家，总产值占到全市工业产值的90%。自2004年以来，两大工业区投资近10亿元，建立10多个综合利用项目，每年可循环利用废水1.46万吨、富余煤气6.4亿立方米、煤焦油6万吨、各类固体废物32.9万吨，年创经济效益1.44亿元。随着各类项目的建成投运，2004年底，园区将形成钢铁生产能力300万吨、焦炭生产能力700万吨、炭黑生产能力12.5万吨，焦炉煤气和高炉煤气的综合利用量将达到8.4亿立方米，煤矸石发电2.4万KW。形成煤 — 焦炭 — 钢铁、煤 — 矸石、煤 — 电、煤 — 煤气(焦油)— 炭黑等多条相互链接、耦合的产业链条，实现了环境效益、经济效益的“双赢”。我们发展循环经济的主要做法是：

一、以规划为龙头，有序推进示范区建设。聘请专家、学者编制完成了循环经济工业园总体规划及道路、绿化等专项规划。成立了循环经济园区建设的专门协调机构，将龙门冶金和昝村煤化工业园纳入统一管理之中，强化规划权威赋予园区管理机构规划管理的职能，加强规划控制管理，严格按照规划办事，解决无序建设问题，逐步把园区现有企业纳入规划控制之下。同时，建立园区企业环境绩效评估体系，加强环境监管，严厉打击环境违法行为。在规划的指导下，加快园区基础设施建设，通过采取争取下边的，融通民间的，吸引企业投资等各种办法，有重点的逐步解决道路、供水，电力、污水处理等园区基础设施建设问题，支撑起园区发展的框架。

二、重点突破，充分发挥龙头示范作用。按照全面推进、重点突破的原则，以龙钢集团和黄河矿业公司为重点，在企业内部实施闭路循环，最大限度地实现工业副产品的再利用，取得了良好效果。陕西龙钢集团公司按照循环经济模式累计投资1亿多元形成“四闭路一循环”系统，即生活污水、工业废水、富余煤气和余热闭路循环、废渣循环利用。每年可实现循环利用废水1.31亿立方米，煤气57920万立方米，废渣13.5万吨，创造经济效益4883万元。陕西黄河矿业有限责任公司投资1.7亿元，建成7.5万吨炭黑生产线及尾气发电厂，正在建设120万吨焦化、10万吨甲醇和2 × 1.2万KW煤泥发电厂，同时将立项建设20万吨甲醇生产线。目前，该企业已初步形成了采煤—洗煤—炼焦—发电、甲醇、炭黑—尾气发电的循环产业链。

三、把好“入口”，搞好入区项目的对接。落实项目带动战略，按照循环经济发展规划，认真执行我市鼓励发展的产业化政策措施，提高园区企业准入条件，有选择地重点引进符合链接和耦合条件的企业，满足园区发展的补链需要，促进资源的合理利用。对于通过煤气综合利用发展甲醇，化产回收，煤气发电以及矸石发电、粉煤灰和废渣的综合利用等项目，在立项、土地占用等方面优先照顾，从政策上给予扶持倾斜，从而推动园区健康发展。

四、政策引导，保持循环经济的良好发展态势。制定生态工业园区企业间资源综合利用优惠政策和入区企业产业技术政策，如废物资源综合利用优惠保障政策、园区企业资源利用奖励与处罚政策、园区企业清洁生产优惠政策等，以推动园区企业间资源相互利用与整体耦合，实现生态工业园整体效益的发挥。

大项目撑起集群支柱大产业
大调整打造循环经济新优势

山西省介休市人民政府市长　尚金华

在介休无论是政府领导还是企业家谈论最多的话题是调产，到介休的人，感到惊奇的是新上的项目大，兴奋点多，亮点频频。“项目是发展的载体，抓项目就是抓发展，上大项目就是谋大发展”已成为介休市上上下下的共识。大项目、大调整、带动了大发展、产生了大效应，介休经济孕育出前所未有的强劲的发展动力，市域经济进入了新的良性高速增长期。特别是2004年，在克服取缔100户改良焦企业，减少880万吨焦炭生产能力，煤电油运紧张等诸多不利因素影响下，介休经济继续保持了高速度、高效益、高质量的增长态势。2004年实现国内生产总值50.3亿元，同比增长11.6%；财政收入6.81亿元，同比增长67%，净增2个亿；农民人均纯收入3265元，同比增长17%；城镇居民可支配收入6735元，同比增长12%。更令人振奋的是，通过以一大批工业重点项目的实施，介休的经济结构得到进一步优化，优势产业进一步做大做强，发展后劲显著增强。

一、200亿元投资、54个优势项目、八大支柱产业构成一幅介休调产的壮丽画卷

大投入、大项目、大手笔是介休人特有的气魄，正是靠这种大气势、大动作构成了一幅幅介休调产的壮丽画卷。近年来，介休市委、市政府紧紧抓住每一次发展机遇，特别是按照省委、省政府建设新型能源和工业基地的发展战略和晋中市实施“双百项目”的总体要求，掀起了一轮又一轮的项目建设高潮。全市相继建成、开工建设和正在运筹的重点工程项目有54个，总投资约200亿元，其中，投资35亿元以上的项目1个，10亿元以上的项目4个，亿元以上的项目12个，5000万元以上的项目27个。目前全市重点工业项目累计完成投资80亿元。依托这些项目的建设，介休形成了煤炭、焦化、钢铁、电力、碳素、林造纸、农产品加工和旅游八大优势产业。煤炭产业按照资源整合、关小上大的总体要求，投资10亿元重点对义棠、新寨、南窑头、赵家窑、洪山、大佛寺等27对矿井进行采改扩建，在2～3年内，介休将建成3对120万吨、2对90万吨、3对60万吨的大型矿井，煤炭产量有望突破1000万吨。焦化产业作为介休最大的支柱产业，面临了最严峻的考验，也取得了新的历史性跨越。在全面取缔100余户改良焦企业，减少焦炭生产能力880万吨之后，全市投资58亿元新上了安泰220万吨机焦、茂胜120万吨机焦、晓山100万吨机焦、路鑫60万吨机焦、三盛60万吨机焦、昌盛60万吨机焦和三佳公司等12户企业480万吨清洁型热回收焦炉。这些项目全部建成后，介休焦炭生产能力将稳定在1200万吨左右，同时还将形成焦油加工、甲醇等100万吨化工产品的生产能力。钢铁、电力、碳素、林造纸、农产品加工和旅游六大支柱产业快速成长。在煤焦产业进一步优化升级的同时，投资132亿元新开工建设了安泰200万吨钢铁、路鑫10万吨特钢、晋中产业集团一期2×13.5万KW、二期2×30万KW矸石发电、经华公司5万吨铝用石墨阴极炭块、安泰公司3万吨超高功率碳素、创新公司10万吨预焙阳极、造纸厂10万吨木浆造纸、聚兴万吨肉制品加工、环飞1000万只乳鸽加工、鑫宇200万只肉鸭加工、天盛1500万只肉鸡饲养加工项目，不失时机地开发形成了绵山、秦柏岭、张壁古堡、后土庙等一批颇具人气的旅游景点，这些项目全部投产达效后，介休将形成210万吨钢铁、120万KW发电、40万吨碳素、10万吨林

造纸、10万吨农产品加工和旅游六大支柱产业。大项目支撑发展起优势产业群，也催生出一批具有国际国内竞争力的大企业、大集团，未来两三年内，介休将涌现出1个超百亿元企业，1个超50亿元企业，3个超20亿元企业，4个超10亿元企业和20个左右亿元企业等一批大企业、大集团优势群体。

二、煤—焦—化、焦—热—电、焦—铁—钢一条条产业链链接出介休循环经济发展雏形

发展循环经济，实现传统产业新型化，新型产业规模化，一直是介休市委、市政府调产的主攻方向。经过几年的实施，全市产业结构正在由过去主导产品初级化，产业链条简而短向上下游产品并重，产业链条越拉越长，资源利用率越提越高、污染程度越来越小的循环经济模式发展。在以往，不要说改良焦，就是机焦企业也只是能回收少量焦油，几乎不能回收其他化工产品，特别是大量煤气被点火排空，大大降低了焦炭行业的附加值，更主要的是浪费了大量资源，产生了严重的环境污染。如何改变这种局面，介休的决策者和广大企业家形成了共识，根本途径是尽可能延伸产业链条，提高资源综合利用，减少环境污染，走循环经济发展道路。在安泰、三佳、茂胜等一批龙头企业的率先实践和强力带动下，全市催生出一条条综合效益显著和发展潜力巨大的新型产业链。煤—焦—化。依托大型机焦实现化工产品的最大限度回收加工，在建成安泰、茂胜、晓山、路鑫、三盛、昌盛等大型机焦的基础上，实施煤气制甲醇和焦油加工，投资11亿元新上了光华公司10万吨甲醇、安泰公司30万吨甲醇和佳乾公司30万吨焦油加工项目，年可消化煤气6亿标立方米。此外，年可回收粗苯3万吨，硫铵11万吨，全市焦化工产品产值两年内将达到11亿元。焦—热—电。一种是以三佳公司的清洁型热电联产焦化工艺为主，将炼焦后产生的热能转化为电能，全市12户清洁型热电联产焦化企业仅余热发电将达到14.4万KW。一种是安泰公司、茂胜公司、路鑫公司利用机焦煤气和高炉废气燃烧发电，正在建设的有安泰2×2.5万KW、晓山2×2.5万KW、路鑫3×2.5万KW三座电厂。还有一种是利用丰富的中煤矸石资源发电，由晋中产业集团新上2×13.5万KW的中煤矸石电厂，年可消化中煤矸石800万吨。焦—铁—钢。即安泰公司、路鑫公司利用自产的焦炭和电力优势，发展特钢项目，吨钢生产成本相比其他厂家要降低20%~30%，具有明显的价格竞争优势。同时由于安泰特钢主要生产市场紧缺的H型钢和轴承钢，也具有广阔市场空间。利用矸石资源发展建材产业也初具规模，天力墙体材料公司矸石砌块砖和王贵名投资的粉煤灰砌块砖生产线，年产量可达到10万吨，产品强度光洁度都大大好于黏土砖，既解决了焦化企业废物利用，又节省了土地资源，发展前景非常看好。就是通过这样一条条产业链，介休以焦化为主导的工业形成了一个个大的循环圈，而且整个循环圈的每一个关键链接点都有一个或几个大的龙头企业支撑，由此推动全市工业发展初步踏上了循环经济的轨道。

三、调产的主体是企业，政府的最大作为就是围绕主体优质服务、优化环境

环境也是生产力，没有一个好的发展环境，什么产业都发展不起来。过去介休的焦化产业之所以能够迅速做大，很大程度上得益于有一个宽松的环境。而今介休调产之所以能大手笔、大气魄、大效应，政府的服务超前、引导到位、环境宽松仍然是至关重要的原因。这几年，介休始终把优化发展环境作为政府工作的头等大事，竭力为企业提供更加适宜创业发展的软环境，千方百计推动企业做大做强，尤其是在项目建设上倾注的精力更多。介休市委、市政府专门成立了“重点项目”领导组和办公室，四套班子成员包项目、包工程，对事关全局的大项目，还成立了专门的协调领导组，具体负责解决项目实施中的有关问题。如为确保安泰机焦、钢铁两大项目和晋中产业集团2×13.5万KW矸石电厂的顺利实施，市里专门成立了由分管工业副书记、副市长任组长

的协调领导组，遇到什么问题解决什么问题，需要什么方便提供什么方便，尽可能把困难留到市里，把便利提供给企业，放手让企业发展壮大。市长尚金华全面负责“双百项目”的实施，全身心投入，只要项目需要，不管路途远近，不管困难大小，随唤即到，随时解决。如晋中产业集团 2 × 13.5 万 KW 热电联产项目，在介休建设的条件是必须配套建设一座年产 200 万吨的煤矿。而在当前煤炭市场如此看好的情况下，满足这一要求难度确实很大，但市委、政府不推不拖，市长亲自协调解决，最后将金山坡煤矿的技改扩建工程转让给了晋中产业集团，最终促成了项目落户介休。张壁古堡的开发，从研讨、立项、规划到筹资开发每个环节，市长都亲自参与。市里其他领导也把足够精力放到了扶持重点项目实施上，可以说，介休的中心工作就是抓项目，上上下下、方方面面帮助企业解决困难，千方百计保证调产重点项目不受外界任何影响。广大企业家切切实实地感到在介休创业发展的环境最宽松，形象地讲，只要投资者合法经营，就感觉不到政府的存在，只要你不违法乱纪，就感觉到创业发展的自由度最大。

县(市)委书记要敢想、敢说、敢干

——“龙门三跳”战略构想的实践与思考

中共山西省河津市委书记　雷郭堂

县市一级在我们党的组织结构和国家政权结构中是直接面向基层的一个重要层次，也是党的路线、方针、政策能否落实到基层的关键环节。作为一名县市委书记，现就在河津任职期间，坚持把“敢想、敢说、敢干”的超前理念，大胆运用于实施“龙门三跳”战略构想，并取得两年当三晋首富、三年进全国百强、四年财政收入翻三番成绩的工作实践，谈一点如何加快县域经济发展，提高党的执政能力的体会。

所谓敢想，就是在谋划发展战略和确立奋斗目标上，既要脚踏实地，又要超前思维，因为世界上没有一件连想都不敢想的事干成了。也就是说，发展思路要超常规，奋斗目标要高起点。不这样，就难以凝聚人心；不这样，就难以催人奋进；不这样，就难以超常发展。当然，敢想并不是主观臆想，更不是胡思乱想，而是要坚持主观和客观、解放思想和实事求是的统一。

2001年年初，我从稷山县委书记改任河津市委书记。河津古称龙门，历史悠久，人文荟萃，大禹治水、鱼跃龙门的古老神话就源于这里；生活在这块土地上的龙门儿女，自古就有一种争强好胜、敢为人先的创业精神。境内资源丰富，厂矿聚集，不仅有总投资50亿元、年产120万吨氧化铝的国家大型企业山西铝厂，有总投资44亿元、装机容量70万千瓦的国家大中型企业河津电厂，而且有一批产值在千万元以上的民营煤焦、冶炼和建材企业，工业总产值占到全市社会总产值的90%以上，经济发展有着独特的优势和潜力。同时，全市发展也存在一些十分突出的矛盾和问题：尽管河津当时的经济实力在运城名列前茅，但与全省的不少先进县市相比，仍有很大的差距；尽管河津当时的工业发展已具有一定的基础，但企业普遍规模不大，结构不优，效益不高，后劲不强，很难适应日益激烈的市场竞争，甚至那种以“黑大粗”为特征的资源型企业朝不保夕，将面临着被国家产业和环保政策淘汰的危险；尽管河津当时已经撤县建市七年，但交通滞后、城建滞后、环境滞后的三大问题非常突出，如此等等，不一而论。

在充分调查研究，认真分析优势与劣势、机遇与挑战、希望与潜力的基础上，我们不断完善发展战略，创新发展思路，并经过三年多的实践探索和完善提高，逐步形成了“龙门三跳”战略构想。这一战略构想也可以概括为“三步曲”：第一步曲从2001年初开始，经过分析论证，我们把全市经济发展的目标定位，确定在力争用五年时间，摘取三晋首富市桂冠。经过两年的努力，2002年全市生产总值就达到了42.2亿元，财政总收入由2000年的2亿元增加为4.6亿，顺利实现了当三晋首富的目标。第二步曲从2003年开始，我们把加快经济发展的目标定位，放在了一个较高的起点上，提出力争用三年时间，跨入全国经济百强县市。欣喜的是，经过一年的顽强拼搏，全市生产总值一跃达到了73.2亿，财政总收入突破8个亿。经国家统计局和全国县域经济基本竞争力评价中心按照经济百强县（市）8个方面36项指标全面评估后，2003年就顺利进入了全国经济百强县(市)，列第95位，填补了我省没有百强县（市）的空白。第三步曲从2004年开始，根据科学发展观的要求，我们又把发展目标定位在2010年初步建成现代化新型工业城市上，并明确提出要以建设速度河津、现代河津、绿色河津、小康河津、人本河津、平安河津等“六个河津”为载体，经济发展要翻番翻番再翻番，百强位置要前移前移再前移，力争到2006年，全市生产总值达到200亿元，财政收入达到32亿元，实现六年翻四番的目标；2010年，全市生产总值突破300亿元，财政总收入突破60亿元，实现十年翻五番的目标，并跻身全国经济百强县（市）前50名。2004年，全市经济继续保持强劲的发展势头，到年底，生产总值完成103.2亿元，农民人均纯收入5065元，财政总收入又比上年翻了一番，达到16.5亿元，预计在全国经济百强县（市）排位中，位次可有大幅度提升。两年当三晋首富、三年进全国百强、四年财政收入翻三番的实践证明，没有大思路、大目标，就不会有大发展、大变化；正是由于有了符合实际的超常规发展思路，才为河津的大跨越发展奠定了坚实的思想基础。

特别值得一提的是，两年多来，省委书记田成平、省长张宝顺百忙之中，先后两次到河津视察调研，对河津工作给予了很高评价，称赞河津是全省“率先发展的典型”和“县域经济发展的榜样”，并对河津争百强和建设现代化新型工业城市工作做出重要批示，提出殷切希望。同时，河津的发展也引起了中央有关部门和相邻省市的关注。据不完全统计，两年来，河南、陕西、内蒙到我市走访的县市和单位就达50多家，三门峡市还把经济工作会议放到我市召开。全国县域经济基本竞争力评价中心和中国社科院已把我市作为中西部地区崛起的典范进行专题研讨。

所谓敢说，就是在实现发展目标和激励发展斗志上，既要发号施令，又要接受监督，因为世界上没有一个连说都不敢说的人能干成大事。也就是说，要公开承诺想干的事，切实干好承诺的事。不这样，就难以取信于民；不这样，就难以言而有信；不这样，就难以有所作为；不这样，就难以产生轰动。当然，敢说并不是信口开河胡说，更不是脱离实际冒说，而是要坚持认识和实践、领导决策和当地实际相统一。就市委来讲，四年来，我们向社会公开承诺了四件大事，均取得了显著成效，在上上下下、方方面面和人民群众中产生了强烈的反响。

一是公开承诺，三至五年内，民营经济总量要达到全省一流水平。民营经济是我市的一大优势。几年来，按照传统产业新型化、新型产业规模化、支柱产业多元化的要求，我们制订并实施“三重奖、五鼓励”的优惠政策，先后奖励高级轿车61辆，价值1000余万元，大大调动了全市上下发展民营经济的积极性。我们狠抓招商引资，加快项目建设，全市每年都在珠江三角洲、长江三角洲等发达地区举办招商引资活动，从而使民营企业连续三年保持了20亿元以上的投资规模，累计建设投资在千万元以上的重大调产项目50多个，形成了一批新的经济增长点。我们大力发展园区经济、块状经济，高标准规划和建设了三大特色工业园区，提高了产业集中度和关联度，做强做大了煤电铝、焦铁铸、煤焦化三大独具河津特色的优势产业链条。目前，煤电铝工业园区已形成了20亿产值、2亿利税的规模。焦铁铸工业园区已形成5亿产值、3000万利税的规模。煤焦化工业园区已形成20亿产值、4亿利税的规模。2004年，民营企业完成总产值132.4亿元，营业收入完成127.1亿元，上交税金6.9亿元，吸纳劳动力4.4万人，提供农民人均纯收入2500元。全市涌现出10亿元产值企业2家，亿元产值企业33家，千万元产值企业112家。2003年6月，全省在我市召开了乡镇企业暨民营经济发展河津现场会。

二是公开承诺，三至五年内，全力支持国有大中型企业跨入世界一流水平。山西铝厂、河津电厂和即将开工兴建的王家岭煤矿是我市境内的三大国有企业。新一届市委市政府班子调整后，我们把靠大工业拉动作为地方经济快速发展的新定位，明确提出要像战争年代支前、像北京申办奥运那样，全力支持山西铝厂投资100个亿的三期工程项目建设，努力做到“绘好同一张图，下好同一盘棋，办好同一件事，唱好同一首歌”。并研究制定了整治大工业周边环境的工作思路。即：经济发展靠拉动，拉力形成靠环境，环境优化靠整治，整治环境促发展。之后，我们在山西铝厂召开了全市整治企业周边环境暨“打黑除恶”公捕公判大会。紧接着，又组织有关部门集中三个月时间，对山西铝厂、河津电厂附近乡村私拉乱接水电、随意挡工挡路以及在厂区占道经营、乱搭乱建等问题进行集中整治，对康家庄、任家庄两个村实行了整体搬迁，有效解决了长期令企业头疼的老大难问题，确保了山西铝厂三期、河津电厂二期、王家岭煤矿工程的立项和开工建设，三大国有企业“十五”和“十一五”期间在我市投资达到近150亿元。目前，山西铝厂三期新上28万吨电解铝、扩建80万吨氧化铝和60万千瓦自备电厂工程进展顺利，预计2005年第三季度相继投产；河津电厂新上120万千瓦项目、年产原煤800万吨的王家岭煤矿也将在2005年内开工建设。这些项目建成后，可新增工业产值上百亿元，利税20亿元。同时，也将使山西铝厂生产规模由亚洲第一、世界第五，提升到世界第三位；河津电厂和王家岭煤矿的技术装备水平也将在国际国内处于领先地位。

三是公开承诺，三至五年内，基础设施建设要达到中西部地区一流水平。针对我市交通、城建和环境三大滞后问题，我们突出路建、城建、供电、供水和用地五个重点，集中人力、物力和财力，大打基础设施建设攻坚战，努力构筑良好的发展平台和发展环境。道路建设上，四年来我们共投资5亿多元，相继完成了东张、稷西、万苍等十五条道路的拓宽改造，并建成了10条工业园区路，同时配合上级有关部门铺开了侯禹高速和临河一级公路的建设。加上目前正在规划和建设的十条道路，两年之后，我市将建成半小时经济圈，迈入全国道路网络最密集的先进县市行列。城市建设大力实施“123456”规划，先后完成龙门广场、龙门大道城区段、双供工程等一大批重点工程，并对市区8条主要街道进行了拓宽、延伸和改造，大大提高了城市品位。电力建设建成了8个乡级变电站，完成了124个农网改造，建设了一批利用荒煤气、高炉气和煤矸石发电的环保型自备电厂，大大缓解了全市用电紧张的矛盾。工业用水投资1.2亿元，铺开了禹门口10万方工业供水工程。企业占地以建设三大园区为重点，共规划5000余亩。随着这些瓶颈的相继打破，河津的投资环境大为改善，知名度大大提高，已成为上下关注的焦点和吸引投资的热土，经济发展呈现出勃勃生机。

四是公开承诺，三至五年内，各项社会事业要逐步向全国一流的和谐社会迈进。在加快工业经济发展的同时，我们认真落实科学发展要求，不断加大以工补农、以工促农、以工建农力度，促进城乡协调发展和社会全面进步。我们积极推进农业产业结构调整，在柴家、城区、赵家庄发展3万亩优质粮食，在黄汾两滩发展2万亩芦笋，在阳村、城区、樊村发展1万亩无公害蔬菜，在城区、工矿区发展400头奶牛，四条特色产业带初步形成，区域优势和市场效益日益凸现。农田水利和生态环境建设上，完成了6000亩中低产田改造和1万亩优质粮食基地建设，完成水保初治3.5万亩，退耕还林1万亩，三北防护林1万亩，农田林网2万亩，天保工程3000亩，解决饮水困难人口0.9万人。2004年全市拿出2000万元，一次性减免了全部农业税。2005年全市还将拿出3000万元，一次性减免农村九年制义务教育阶段学杂费。我们大力扶持农村各项事业的发展，四年累计投入支农资金2.5亿元，新建和改造了230公里乡村道路，硬化了55个村主巷道，建设了龙门、干涧、康家庄、高家湾、西辛封等一批小康建设示范村。在教育事业上，全市共撤并中小学校22所，建成了3所城区学校、13栋农村教学楼和10个标准化学校。在农村医疗卫生事业上，推进农村新型合作医疗制度试点工作，全市87.48%的农民纳入了保障范围，对5万农民进行了体检建档，使农民真正体会到，百强不百强就是不一样。

所谓敢干，就是在落实重大决策和解决热点难点问题上，既要精心筹划，又要敢于碰硬，因为世界上没有一件事情是等出来的，都是靠苦干、实干、硬干干出来的。也就是要敢于严明纪律，敢于杀一儆百。不这样，就难以政令畅通；

不这样，就难以刹住歪风；不这样，就难以打开局面；不这样，就难以维护稳定。作为一名县市委书记，有没有能力，有没有魄力，有没有权威，有没有号召力，往往体现在这些方面。当然，敢干并不是心血来潮瞎干，更不是忘乎所以盲干，而且要坚持自由和纪律、原则性和灵活性的统一。具体工作中，我们坚持做到“五个绝不”。

在打击违法犯罪和维护社会稳定上，绝不心慈手软。四年来，我们始终保持对违法犯罪分子的高压态势，深入开展专项整治和严打斗争，全力维护社会稳定。全市共破获各类刑事案件1200余起，抓捕犯罪嫌疑人1300余名，打掉犯罪团伙60多个。特别是在整治企业周边环境问题上，我们一次就抓捕了40余名厂霸、路霸和料霸，并在山西铝厂召开了公捕公判大会。针对西卫口部分村民和司机聚众闹事，打砸209国道收费站工作人员和房屋设施的恶性事件，我们毫不客气，迅速出击，对十名闹事者进行了拘留和处罚。此外，我们还严肃查处了两起有影响的黑恶势力案，一起三次爆炸杀人未遂案。这些案件的查处，都在全市产生了很大的影响和震动，有力地打击了犯罪分子的嚣张气焰，维护了全市的社会和政治稳定。

在支持重点工程和加快建设速度上，绝不搞马拉松。比如，在龙门广场的建设中，我们四套班子齐上阵，全力以赴抓拆迁，半个月时间，就炸掉了四栋大楼，整体搬迁了16个单位和1个经营市场，三个月时间就建成了全省一流的广场。还有稷西、东张、万苍三条二级公路的建设，百川超市和城市双供工程的完工，龙门大道城区段的改造和新耿南街的打通，也都是三个月时间完成的。再如，铝厂三期建设中对康家庄、任家庄两村的整体搬迁，由于领导重视，发动充分，措施有力，方法对头，1900亩土地如期交付使用，所涉及的800余户和13万平方米的拆迁都按时完成，没有一户无理取闹的，也没有一人上访告状的，从而有力地保证了山西铝厂三期工程的顺利进行。

在取缔土小企业和推进经济结构调整上，绝不保护落后。针对我市生态环境问题非常突出的矛盾，四年来，我们迎难而上，冲破阻力，不仅彻底取缔了小炼油、小土焦，取缔了108国道沿线长达5公里的黄村废旧汽车拼装市场，而且深入开展了环保治理达标和焦化行业治理整顿。仅2004年一年，全市就取缔炭化室高度在2.5米以下的落后机焦炉28座，淘汰落后生产能力200多万吨，并受到省上表彰。2005年，我们将全部取缔炭化室高度在2.8以下的机焦炉。我们还深入开展了矿业秩序整顿和煤炭安全生产工作，特别是在2004年的煤炭资源整合中，对全市年生产能力在9万吨以下的11座有证煤矿全部进行了关停并转，进一步提高了煤炭产业集中度和煤矿安全生产水平。为彻底改变工业发展对全市生态环境的影响，市委、市政府决定从2005年开始，每年要拿出1亿元用于全市道路、企业、校园、机关和环城绿化工作。

在惩治腐败问题和加强党风廉政建设上，绝不姑息迁就。四年来，我们坚定不移地开展反腐败斗争，层层落实党风廉政建设责任制。全市纪检监察机关共立案查处违纪违法案件580件，结案568件；给予党政纪处分556人，其中局级以上领导干部106人；开除党籍28人，留党察看57人，党内严重警告180人。特别是在查处典型人事上，我们旗帜鲜明地配合省纪委和运城市纪委，严肃查处了人大代表贿选案、“假转干”案、富源煤矿和小湾沟煤矿瓦斯爆炸事故案。这些重大案件的查处，有力地惩治了腐败行为，严肃了党纪政纪，对广大干部起到了很好的警示教育作用。

在选拔任用干部和推进干部人事制度改革上，绝不暗箱操作。四年来，我们始终把端正用人导向，严格选人用人，努力建设高素质的干部队伍，作为推进河津事业发展的根本措施来抓，认真贯彻执行《党政领导干部选拔任用工作条例》，努力做到坚持原则不动摇，执行标准不走样，履行程序不变通，遵守纪律不放松。特别是在乡镇撤并和市直机构改革中，我们对所有的副职实行公开选拔，竞争上岗，全程监督，阳光作业，从而使上岗的113名干部人人满意，下岗的50余名干部个个心服，也大大激发了各级干部加强学习，奋发进取，干事创业的积极性。同时，对拒不服从市委人事安排决定和工作失职失察的三名乡局级主干，果断采取组织措施，分别给予撤职和免职处分，进一步严明了组织人事纪律，保证了政令畅通。四年来，本着积极稳妥的原则，我们还分期分批对全市各级班子进行调整充实，进一步加大了干部人事制度改革和年轻干部的选拔任用力度，为全市各项事业的发展提供了强有力的组织保障。

从“三敢”——“三跳”的成功实践，我们可以看出这样一条轨迹，敢想、敢说、敢干是“龙门三跳”战略构想形成和完善的思想基础，“龙门三跳”战略构想则是“敢想、敢说、敢干”超前理念的丰硕成果。没有“敢想、敢说、敢干”的超前理念，就不会有全市社会经济发展一个又一个阶段性目标的提出和实现，就不会有“龙门三跳”战略构想的形成和完善。所以“敢想、敢说、敢干”超前理念是一个开拓创新的理念，是一个大胆实践的理念，是一个与时俱进的理念，是一个争创一流的理念，是一个有志者事竟成的理念。正像毛主席当年教导的那样，要始终保持革命战争年代那么一股劲、那么一种革命热情，革命才能无往而不胜。战争年代是这样，现在我们建设有中国特色社会主义事业也不例外。

从“三敢”——“三跳”的成功实践，对龙门儿女来说，既值得骄傲和自豪，更值得引人深思，略做一点理性分析思考，将对实施好“龙门三跳”战略构想第三跳：建设现代化新型工业城市会有一些启迪：

理性分析思考之一：从“三敢”——“三跳”的成功实践，不难看出，“龙门三跳”战略构想的形成和完善，是一个由不自觉到自觉、“摸着石头过河”的实践过程，可以说，为探索县域经济实行目标管理新路子开辟了先河。

理性分析思考之二：从“三敢”——“三跳”的成功实践，不难看出，“龙门三跳”战略构想前两跳目标的顺利实现，是一个由精神到物质，敢想、敢说、敢干超前理念的升华过程，可以说，是对“争强好胜，敢为人先”的“河津精神”的丰富和发展。

理性分析思考之三：从“三敢”——“三跳”的成功实践，不难看出，“龙门三跳”战略构想前两跳与第三跳承前启后，是一个由当三晋首富、进全国百强量的积累到建设现代化新型工业城市质的飞跃，没有首富、百强，就没有建设现代化新型工业城市的渐进过程，可以说，为中部崛起趟出了一条新路子。

理性分析思考之四：从“三敢”——“三跳”的成功实践，不难看出，“龙门三跳”战略构想一跳更比一跳高，是龙门儿女正在上演的一出由神话到现实，加速现代化建设“活剧”的创业过程，可以说，在龙门大地上奏响了一曲又一曲全面建设小康社会的嘹亮凯歌。

理性分析思考之五：从“三敢”——“三跳”的成功实践，不难看出，“龙门三跳”战略构想一跳接着一跳跳，是一个四大班子由心往一处想到劲往一处使，“市委有号召，政府有行动，书记有话，市长有活”，四大班子拧成一股绳，团结得像亲兄弟一样的贴心过程，可以说，为河津的大发展、快发展，铸就了坚不可摧的“团队丰碑”。

理性分析思考之六：从“三敢”——“三跳”的成功实践，不难看出，“龙门三跳”战略构想是在经济发展上，起点低、起步迟的地区想把起点高、起步早的地区超越，是一个由条件差到条件好、没有条件创造条件也要跳的挑战过程，可以说，为实现“龙门三跳”宏伟目标，人间奇迹自有龙门儿女去努力创造。

理性分析思考之七：从“三敢”——“三跳”的成功实践，不难看出，“龙门三跳”战略构想是对一个县市委书记执政能力、执政水平的检验，是一个由想干大事到会干大事和能干成大事、干好大事的导引过程，可以说，是一个提高领导干部执政能力建设的成功实践。

构筑成都经济增长极　争创中国西部第一县

中共四川省双流县委书记　谢瑞武

近年来，在科学发展观的指导下，双流县坚持与时俱进，认真总结经验，紧密联系实际，创造性地提出了“三个集中”（工业向园区集中，农民向城镇集中，土地向业主集中）发展思路，在打破城乡二元结构，加快城乡一体化上闯出了一条新路，有力促进了城乡经济互融，县域经济社会协调发展。2004 年，全县完成地区生产总值 173.45 亿元，全口径财政收入 13.5 亿元，县域经济基本竞争力跃居全国“百强县”第45位，县域经济综合实力连续 9 年位居四川省“十强县”榜首。

目前，双流县二、三产业比重已超过 90%，形成特色明显的产业集群。工业上，制药、电子、新材料、机械等主导产业集群化发展已具雏形，主导产业增加值占规模以上工业的 75%；农业上，建成了全国最大的枇杷和冬草莓生产基地，西南地区最大的小家禽生产销售基地，形成了一大批农产品品牌；服务业上，以航空运输为龙头的交通运输业处于西部领先水平。通过不断加大基础设施建设力度，县内交通、通讯、电力等基础设施日益完善。县内还拥有 5 所大学，3 所国家级重点中学，并与中科院、上海交大等 30 余所高校建立了全面合作关系，康弘制药等四家企业建立了博士后工作站或国家级技术中心，科教技术力量十分雄厚。

随着成都城市沿南北轴向的迅速扩张，双流三面环绕成都的区位优势进一步得到发挥，吸纳大都市经济辐射的步伐不断加快。双流国际机场（全国第五大枢纽机场）扩建和第五航权的争取，其辐射西南、西北，连接欧亚的战略性地位日益凸显。

为了抢抓机遇，加快发展，县委提出以科学发展观为指导，以深化“三个集中”、全面深入推进城乡一体化为统揽，全面融入成都，加速城乡融合，努力构建和谐双流；大力实施“项目带动”、“工业强县”、“三产富县”、“都市农业”、“人才兴县”五大战略，倾力打造两区（西航港开发区、空港物流园区），突出建设两城（东升现代空港园林城市、华阳成都城市副中心），加速建设三走廊（东山快速通道生态观光走廊、双黄路文化休闲走廊、华龙路高档住宅休闲娱乐走廊），着力构筑成都经济增长极，奋力争创中国西部第一经济强县。

为此，我们将突出抓好以下几个重点

一、不断深化“三个集中”，在深化、完善、提高、创新上下功夫，切实抓好规划龙头、政策配套、城乡改革、农民转移四个环节。把双流作为成都市的重要组成部分来高起点定位，以高水平规划引领双流发展，进一步完善城乡发展总体规划，强化政策配套，健全城乡一体化管理体制，完善城乡社会保障体系，统筹城乡社会事业发展。

二、加快城市建设，全面融入成都。按照成都市总体规划，加快双流北部新区建设步伐，全力打造东升、华阳两个城市组团，积极完善城市基础设施和城市功能。加快构筑大交通格局，通过快捷的交通网络，加快与成都的对接。

三、大力实施“五大战略”，加速推动双流发展。

1.实施“项目带动”战略，加大对外开放力度，以项目带动集聚生产要素，以要素聚集促进投资增长，不断增强发展动力。

2.实施“工业强县”战略，运用市场经济手段，加快工业集中区建设，把西南航空港经济开发区打造全国一流园区，促进产业集聚，招大引强，扶优扶强，确保工业对县域经济支撑作用有重大突破。

3.实施“三产富县”战略，依托区位优势和拥有全国第五大航空枢纽机场、火车站、公路交通四通八达的优越条件，全力打造全国一流、国际知名的航空物流园区，加快发展现代物流业和会展旅游等现代服务业，确保第三产业发展有重大突破。

4.实施“都市农业”战略，以系统思维方式综合思考农业发展，坚持农业为都市服务的理念，着力打造“三条走廊”，发展休闲旅游，做强特色品牌，确保农民持续增收有新突破。

5.实施“人才兴县”战略，注重人才的培养和引进，加快对人才的开发利用，为推动双流新跨越提供人才支撑。

四是创新政策措施，狠抓工作落实。要进一步深化投融资体制改革、现代企业改革、社会事业体制改革、农村产权制度改革和政府体制改革，增强发展活力。大力提高广大干部科学管理、依法行政的水平，积极营造优质高效、公开透明的政务环境，激励创业、健康向上的人文环境，和谐稳定、协调发展的社会环境，为推动双流经济社会发展提供坚强的保障。

干事创业为民：在推进跨越式发展中提高执政能力

中共河北省唐山市委常委、迁安市委书记　姚自敏　　迁安市人民政府市长　刘桂东

提高县域综合竞争力，推进县域经济持续健康发展，是县级党委、政府所面临的重要任务。近年来，我们牢固树立和落实科学发展观，积极探索县域经济发展方向和发展方式，迁安经济和社会事业实现了跨越式发展。2004年全市完成生产总值178.4亿元，财政收入21.2亿元，综合经济实力连续两年位列河北省县级30强之首；在第四届全国县域经济基本竞争力百强县(市)评比中，列第53位，在全国最发达县（市）评价中位列第97位，是河北惟一跻身“双百强”的县(市)。

一、提高战略思维能力，不断创新发展理念

领导班子思路的深度和广度往往决定着一个地方经济发展的速度和社会发达的程度；要想致富一方，创新思路是关键。我们始终注意把迁安放到全国乃至世界经济的大格局中谋划发展思路和竞争战略，使目标和决策既符合迁安实际，又体现时代发展趋势。2001年7月我们抓住首钢决定把原材料基地建在迁安的机遇，提出“依托首钢、服务首钢、发展迁安”的发展思路和建设“钢铁迁安、中等城市”的宏伟目标，并以此统一全市人民思想，凝聚全市力量，统领各项事业发展。很快，我市与首钢、天津轧一等域外合作项目不断深化，市内民营经济高潮迭起，城乡一体化建设加速推进，“钢铁迁安、中等城市”框架全面拉开。随着形势的迅猛发展和认识的逐步深化，积极抢抓国际产业转移、国内结构调整优化的机遇，我们又适时提出“进军全国50强”、“努力走在全国最前列”的宏伟目标。2005年认真贯彻落实科学发展观，我们将全市各项工作基调确定为“调优、跨越”，着力转变经济增长方式，实现经济既快又好地发展。在具体的发展思路和举措上着力做到六个统筹，实现六个协调。统筹三次产业发展，明确“强一产、带一产、活三产”的思路，努力实现三次产业的协调发展；统筹城乡发展，确定了工业反哺农业、城市支持农村的思路，努力实现城乡协调发展；统筹经济与社会发展，进一步加大教育、文化、卫生、体育等社会事业的投入力度，努力实现经济与社会的协调发展；统筹三大文明建设，大力加强政治文明和精神文明建设，努力实现三大文明的协调发展；统筹人与自然，深入开展三城创建活动、进一步整顿和规范资源开发利用行为，实现人与自然的和谐发展和经济的可持续发展；统筹镇域之间的发展，制定扶持落后镇乡加快发展的政策，努力实现镇域之间协调发展。发展目标的不断完善，成为引领全市人民前进的航标灯，开启了经济和社会发展的新阶段。从2001年到2004年，国内生产总值年均增长20%，财政收入年均增长72.9%，全市一、二、三产业的比例调整到8.7：57.1：34.2，经济结构逐步优化，效益和竞争力不断增强。2005年全市生产总值力争达到228亿元，全部财政收入达31亿元。

二、提高决策执行能力，不断开拓发展新境界

大力实施“工业化”战略，推进工业结构优化升级。按照“抓龙头、抓规模、抓延伸、抓整合”的思路，重点抓好燕山钢铁公司100万吨中宽带、天津华基投资公司100万吨热轧带钢和焊管生产线等项目，大力发展板、管、带材，培育特种钢，努力实现钢铁产业结构全面优化、效益显著提升。同时，深入实施存量联合和增量联合，全力推进钢铁企业的整合重组。瞄准全国同行业领先的规模和档次，按照“壮大规模、培育品牌、提升档次”的思路，加快非钢产业发展，到2007年，迁安市将成为全国最大的地毯生产基地、北方最大的化肥生产基地和电缆生产基地。加快迁擂公路、迁曹铁路、110千伏变电站等交通、电力基础设施建设，提高产业承载能力。大力实施

"城镇化"战略，全面提升城市建设档次。按照"完善功能、丰富内涵、提升形象"的思路，重点抓好滦河生态防洪三期、管道燃气、集中供热三期等基础设施工程，开工建设新闻广电中心、地志博物馆、老干部活动中心等一批标志性工程，加快中等城市建设；坚持科学经营城市，不断拓宽城市资产的经营领域，高水平经营管理城市；按照"城市化定位、企业化开发、园区化建设、一体化发展"的思路，培育壮大城镇支柱产业，增强城镇辐射带动能力；按照"经济发展、民主健全、精神充实、环境良好"的总体要求，统筹使用各类农村建设配套资金，进一步巩固文明生态村创建成果。2001年以来，共实施城镇项目近百个，总投资40多亿元，初步构筑起了"一河两区"的发展格局。建成区面积由2001年的7.8平方公里扩展到21.4平方公里。全市城镇化率达到46.5%。小城镇建设稳步推进。全市534村文明生态村建设全面展开。"中等城市"发展体系日趋完善。先后被命名为省环保模范城市、省园林城市，被国家环保总局命名为"国家级生态示范区"。目前正朝着国家级园林城、国家级卫生城、国家级环保城迈进。

三、提高统筹能力，不断创造城乡协调发展新气象

城市发展了，农村怎么办？我们确立了"公共财政向农村倾斜、基础设施向农村延伸、城市文明向农村辐射、社会保障向农村覆盖"的思路，实行以工促农、以城带乡、反哺农业、回报农民，全力推进城乡协调发展。2004年，在全省率先进行"新型农村合作医疗试点"，筹集资金1899万元，54.2万农民参保，参保率达95%，有效地解决了农民因病致贫、因病返贫的难题；减轻农民负担，免征农业税；探索建立失地农民养老保障制度，已参保农民4685人，较好解决了失地农民的后顾之忧；抓住被列为"全国农村劳动力平等就业试点县(市)"的机遇，实施劳动力转移工程，2004年转移农村劳动力1.5万人，到2007年全市每个农户将至少有一人从事非农产业，2001年以来，累计转移农村富余劳动力4万多人，有5个乡镇的青壮年劳动力实现了充分就业，有63.9%的农村劳动力从事非农产业。2005年，在2004年实施"十大惠农工程"的基础上又确定了25件惠民实事，特别是进一步加大了对"三农"的投入，各级财政向"三农"的投入将达到2.2亿元。目前，投资4064万元涉及15个镇乡的卫生院标准化建设工程，投资2400万元的中小学危旧房改造工程，投资3641万元的城市道路工程，投资5078万元的迁安北市区集中供热工程已经全面开工建设；文明生态村创建的延伸和发展、新型农村合作医疗制度的完善、失地农民养老保障的扩面、"两个低保"的扩面和提高标准等实事也扎实推进。一个富裕文明的新农村正在冀东大地崛起。

瞄准“进军百强”目标　加快登封发展步伐

中共河南省登封市委书记　张学军

登封因中岳嵩山而显名，更因少林武术而声名远播。古代人类文明、宗教文化、禅武精神与现代城市文明、经济腾起、人文和谐在这里交相辉映，处处映射着中原文化的强大包容力和社会推动力。在壮阔的历史长河中，勤劳智慧的登封人民勇于进取，敢为人先，创造了骄人的业绩，囊括了国家卫生城市、中国优秀旅游城市、全国创建文明城市工作先进城市、全国城市环境综合整治优秀城市等一项又一项殊荣，为中原文明增添了无比丰厚的无形资产。2004年，全市生产总值完成85.2亿元，同比增长15.8%，人均生产总值超过1500美元；财政收入比2003年净增1.9亿，达到5.1亿元，位居全省县（市）第二位；全社会固定资产投资完成50.7亿元，综合经济实力位居河南省第四位。

2005年是登封市进一步壮大县域经济，继续保持经济社会良好发展态势的重要一年。为此，市委、市政府审时度势，科学决策，提出了“2～3年内跨入全国百强县（市）”的奋斗目标，力争2005年全市生产总值实现100亿元，财政收入完成6亿元，规模以上工业增加值实现56亿元，全社会固定资产投资50亿元，着力打造“实力登封、活力登封、生态登封、和谐登封”。

一、锻造工业经济主体，壮大“进军百强”实力

坚持以结构调整为主线，以项目建设为龙头，以产业集群为载体，积极推进新型工业化，加快构筑“环郑州半月形产业带”深加工基地。一是抓结构调整。加大资源整合力度，推动资源、资金、技术、人才等生产要素向优势企业转移和聚集。充分发挥登电集团、新登集团、华润电力、发祥铝业等大企业、大项目的辐射带动作用，整合资源、提升装备、改进技术，大力发展链条经济、循环经济、高端经济，做大做强煤铝电、耐材建材、磨料磨具等传统产业，力争全市年销售收入超亿元工业企业达到25家。破除狭隘的资源观，搞好项目筛选论证，转变投资方向，利用现有的资产、技术，积极培育和引进汽车电器、医药包装、精细化工等新兴产业，在新的领域形成自己的核心竞争力。二是抓项目建设。把2005年确定为“工业项目建设年”，研究出台《关于加快工业发展的实施意见》，强力实施项目带动战略，严格实行四大班子领导联系分包制度，建立全程跟踪项目建设责任制，加大督促协调力度，认真抓好项目建设各个环节的组织管理，确保新上一批超亿元、超十亿元的大项目，形成项目建设“百花齐放”的局面，增强全市工业发展的底气和后劲。力争全年工业投入突破40亿元，主要工业增加值突破56亿元，主要工业企业销售收入突破130亿元。三是抓产业集群。按照“相对集中、专业分工、节约成本”的原则，克服低水平重复建设和无序竞争现象，切实加强对产业布局的规划、控制与管理，打破行政区划界限，大力培育“块状经济”，引导企业和项目集中连片发展，进一步提升产业聚集水平，打造产业集群基地，构建具有较强竞争力的产业支撑体系，提升全市工业经济的市场竞争力。

二、打造国际一流景区，提升“进军百强”引力

充分发挥得天独厚的旅游资源优势，大力实施“大旅游、大市场、大产业”战略，加快发展融观光、旅游、休闲、度假、餐饮、娱乐、健身为一体的第三产业，形成新的人流、物流、信息流、资金流，带动相关产业发展。一是加快景区建设步伐。加大少林景区建设资金投入，高起点规划景区核心区“三园一坛”，高标准建设无费化公厕　污水排放等配套设施，高品位绿化美化景点和配套设施，高水平管理规范游客服务中

心，进一步完善景区服务功能；搞好太室山景区峻极阁、登封坛和卢崖瀑布景区"嵩山湖"等小品景点建设，进一步提升景区品位。高度重视少林文化研究工作，精心策划"禅武少林·音乐大典"大型实景演出项目，倾力打造全国规模最大、辐射力最强的武术培训和人才输送基地，着力培育新的旅游兴奋点和卖点。二是深化旅游体制改革。按照旅游行业国际运行规则，彻底改革现行旅游管理体制，调整完善景区管理机构，强化旅游主管部门的宏观管理职能，建立高效有力的行业管理体系和管理机制。充分发挥少林旅游有限责任公司的龙头带动作用，全面整合旅游资源，打破景区景点条块分割，完成少林寺景区和三皇寨景区的优化整合，实现统一经营、统一管理、统一宣传，构建大旅游格局，促进旅游业科学发展、持续发展、协调发展。三是强化旅游宣传促销。切实加强对外宣传，加大资金投入，策划举办"世界看登封"、"聚集登封"集中宣传和"网上看登封"形象展示等宣传活动，进一步提升登封的知名度和美誉度。加强对主要客源地、客源层、客源群的跟踪研究，针对不同客源市场，采取开通旅游大篷车、举办广场文化、举行新闻发布会、旅游推介会、聘请旅游形象大使等不同促销方式，全方位、多角度、立体化地宣传、推介登封旅游。突出形象塑造和专项促销，注重旅游营销个性化，实现旅游促销协作化，真正与省内外著名旅游景区建立"黄金搭档"关系，做到资源共享、信息共享、客源共享。四是加强旅游市场管理。大力整顿和规范旅游市场秩序，完善旅游市场监管体系，强化旅游市场执法检查，深入开展反不正当竞争和打击坑、蒙、拐、骗集中整治活动，严厉惩处黑车、黑商、黑导等违反旅游管理规定的人员，净化旅游市场，切实保障游客利益，维护登封旅游城市形象。制定登封旅游从业规则，推行旅游从业人员和旅游企业准入资格证制度；强化对旅游从业人员的业务技能培训和职业道德教育，全面提升旅游从业人员素质，确保为游客提供优质满意服务。

三、塑造城市精品形象，增添"进军百强"魅力

牢固树立山、城、人合一的生态文明城市理念，围绕"建设西城区、完善中城区、开发东城区"的城市发展格局，坚持以"三城联创"，即争创全国文明城市、国家园林城市、国家环保模范城市为突破口，着力提高城市的形象和品位。一是以战略的眼光抓好城市详规。聘请国内一流规划设计院，从登封经济社会发展全局的高度出发，高起点编制出既遵循规划规律，又突出优势特色；既充满现代气息，又彰显历史风韵；既促进城市经济繁荣，又注重自然生态保护的城市详细规划。完成乡镇政府驻地总体规划以及16个郑州市小康示范村总体规划，为加快推进全市城乡规划一体化建设奠定基础。二是以全新的理念抓好城市建设。大力实施"5152"工程。"五个一"：即改造一条街（少林大道建筑仿古式改造）、打通一条路（颍河东路）、修建一个网（中城区排污管网）、筹建一个馆（大型综合性活动场馆）、建设一座楼（市直委局综合办公大楼）；"五个二"：即建好两个园（武林园和嵩阳公园）、新建两个厂（污水处理厂和垃圾处理厂）、搞好两个雕塑（郑少高速下线口新市雕和东转盘处大型雕塑）、开发两个区（示范性居民小区）、抓好两条路（许少和巩少高速公路新建工程）。高标准搞好城市立体绿化和生态景观建设，充分彰显个性和特色，体现佛、道、儒三教荟萃的文化底蕴，达到城市的建筑美、自然的和谐美、历史的文化美有机结合，全力打造最佳人居环境。三是以长效的机制抓好城市管理。制定完善城市管理规范，保证城市管理有法可依，有章可循；理顺城市管理体制，健全城乡建设管理机构，切实加强城管队伍建设，充分发挥城管职能，做到严格执法、文明执法，促进城市管理的规范化、标准化。坚持日常管理与集中治理相结合，教育与处罚相结合，深入开展城乡环境卫生综合整治，积极开展街道卫生、违章建筑、占道经营等专项整治，保护城市公共设施，维护城市公共秩序。四是以

市场的手段抓好城市经营。坚持科学规划城市用地，垄断土地一级市场，放开土地二级市场，提高城市用地的市场化配置程度，发挥以地生财效应；集聚、整合和盘活城乡有形、无形资产，采用公开拍卖经营权、收益权、冠名权等方式，引导社会资本投资经营性、商业性、收费性的市政公用设施，大力实施资本运作，不断拓宽城市建设的投融资渠道，实现投资主体多元化。

四、构造有序和谐社会，凝聚“进军百强”合力

坚持正确处理改革发展稳定的关系，以人为本，统筹兼顾，多策并举，加快构建和谐社会，提升加快发展的人气，凝聚加快发展的合力。一是真心关注民生民情。继续贯彻落实积极的就业政策，多渠道开发公益性岗位，进一步扩大就业容量，全年新增城镇就业岗位3200个。继续健全完善弱势群体救助扶持政策，落实“两个确保”、“一个低保”和“三条保障线”，努力解决贫困家庭生产生活问题。继续深入开展领导干部“双下访”活动和“进千家门、访千家苦、解千家忧”调查研究活动，切实解决群众关心的重点、难点、焦点问题和信访稳定突出问题。二是扎实开展先进性教育活动。结合登封实际，把“学习长霞精神，勇做时代先锋”主体教育活动和“十岗百星”评比活动，作为保持共产党员先进教育活动的重要载体，采取多种形式，打造活动平台，评出“十岗百星”先锋模范，大力弘扬长霞精神，激励全市广大党员奋勇争先，永葆先进性。三是大力发展社会各项事业。整合城乡教育资源，深化教育教学改革，全面提高教育教学质量；推进文化体制改革，整合文化产业资源，做大做强文化产业；深入挖掘、整理、恢复少林传统文化，努力发展独具特色的登封体育事业；加大医疗卫生体制改革，健全公共卫生应急预防机制，高度重视艾滋病防治工作，积极争取列入第二批新型农村合作医疗试点县（市），从根本上解决群众看病难和因病返贫的问题；严厉打击各种犯罪行为，坚决遏制重大案（事）件发生；大力加强社会治安综合治理，构筑群防群治网络，增强全社会治安防控能力，切实保障人民群众生命财产安全；健全安全生产监管网络，扩大安全生产监管覆盖面，彻底查找和整改各类事故隐患，坚决遏制重大安全事故的发生。

五、营造改革创新氛围，充足“进军百强”动力

坚持以环境塑形象，以招商促后劲，以改革创动力，以创新激活力，着力提升登封发展的吸引力、凝聚力和创新力。一是铁腕优化发展环境。深入开展“六型”机关（学习型、服务型、创新型、公道型、自律型、诚信型）争创活动，大力弘扬新时期的“长霞精神”，大兴学习之风、调查研究之风、求真务实之风、开拓创新之风、勤政为民之风，强化市行政服务中心职能，推行中心牵头、一口受理、多方联办的并联办事机制，实现“审批缩量，政府提速”，全力打造“阳光政府”、“服务政府”；严厉打击失信违约、强买强卖、强装强卸等扰乱市场经济秩序的行为，狠抓典型，严格追究，坚决处理一批、打击一批、警示一批、教育一批，努力为投资者和市民提供最优的发展环境和生活环境，做到“保驾式”呵护、“保姆式”服务。二是全面开展招商引资。按照“各行各业全招、内资外资全引”的原则，加强招商引资载体建设，充实招商项目库，提高招商承载能力；拓展招商领域，努力引进有利于登封产业调整的项目，提高招商引资质量；扩大招商队伍，创新招商方式，积极参加对外项目洽谈会、发布会，实施武术招商、委托招商、以商招商，提高招商引资效益。三是强力推进企业改制 。按照企业改革整体到位、国有（集体）资本退出到位、职工身份置换到位、债权债务处理到位的要求，因企施策、分类指导、严格程序、规范操作，鼓励、支持、引导民营企业采取参股控股、整体兼并、租赁经营等方式，积极参与国有（集体）企业改制，完成全市29家国有（集体）企业产权制度改革，激活国有资产要素，促进改制企业逐步由小变大、由弱变强。

新兴的港口城市——江阴

江阴市是长江下游新兴的滨江港口城市和交通枢纽城市，是历史上著名的军事重镇和重要商港，素有“江海门户”、“锁航要塞”之称。全市总面积988平方公里，总人口117万。2004年，全市完成国内生产总值638亿元，财政收入92亿元，工业总产值1897亿元。

自2000年以来，江阴市财政收入连续五年居江苏省县（市）之首。在第三、四届全国县域经济基本竞争力排名中，江阴市蝉联冠军。江阴规模经济优势明显，全市有9家大企业集团跻身“中国企业500强”，其中华西、阳光、三房巷、兴澄4家企业销售收入超百亿元，12家企业进入全国上规模民营企业500强，江阴拥有18家上市公司，占中国A股上市公司总数的1%，形成证券界独树一帜的“江阴板块现象”。江阴社会和谐，人民生活富裕，人均GDP超过6000美元。

中共枣庄市委副书记
中共滕州市委书记　牛启忠

中共滕州市委副书记
滕州市人民政府市长　杜永光

墨子故里——滕州

滕州市位于鲁南，隶属枣庄市，总面积1485平方公里，辖21个镇(街道)，总人口157万。

滕州历史悠久，文化灿烂，境内有7300年前的“北辛文化”遗址，是“科圣”墨子和“工匠祖师”鲁班的故里；京福高速公路、104国道、京沪铁路和京杭大运河穿境而过；煤炭储量近49亿吨，可用水资源近10亿立方；农业水平较高，工业门类齐全，服务业繁荣活跃；坚持“投资者是上帝，引资者是功臣”、“外商只管投资，其他一切由我们来办”的理念，形成了“亲商”、“安商”、“富商”的浓厚氛围。2004年生产总值214.6亿元，全社会固定资产投资71.5亿元；财政总收入18.4亿元，其中地方财政收入6.5亿元；实际利用市外资金61.2亿元，在建过亿元项目43个，农民人均纯收入4006元。第四次跻身全国县域经济基本竞争力百强，列第37位，是山东省30强县之一。

华电国际滕州新源热电公司

盈泰食品城

滕州新貌

柳琴戏《墨子》晋京汇演剧照

金州玻璃有限公司低辐镀膜玻璃生产线

滕州市经济开发区

全国春季麦田管理现场会在滕州召开，农业部副部长范小健深入农村进行调研

奉化市

奉化市地处长江三角洲南翼的东海之滨，区位优势明显，投资环境优越，是宁波市的副中心城市。全市人口47.94万，总面积1349平方公里，其中陆地面积1253平方公里，海域面积96平方公里。

2004年奉化市生产总值首次突破百亿元，达到111亿元，按可比价格计算，比上年增长15.1％ ；人均GDP达到2.31万元；地方级财政收入达到5.98亿元，增长35.7％；城镇居民人均可支配收入14512元，农村居民人均纯收入6225元，实际分别增长11％和7.6％。在第四届全国县域经济基本竞争力评价中首次进入全国经济百强县（市）行列。

惠政廊桥

滕头村

奉城夜景

居民小区

溪口文昌阁

桃园美景

波导生产车间

奉城远眺

河南省登封市

中共登封市委书记 张学军

登封市人民政府市长 陈松林

登封市位于河南省中西部的中岳嵩山南麓，东视七代帝京开封，西接九朝古都洛阳，南连汉魏故都许昌，北眺九曲黄河；交通区位优势明显，是连接郑州、洛阳、许昌三市的交通枢纽。全市总面积 1220 平方公里，总人口 63 万。

登封旅游资源丰厚：境内“佛、道、儒”三教荟萃，是著名的“文物之乡”；矿产资源丰富：是全国 15 个产煤重点县（市）之一、河南省两个铝钒土基地之一。

近年来，登封市紧紧围绕“建设现代化旅游名城”这一总目标，充分发挥自身优势，大力实施“工业强市”战略，县域经济得到长足发展。2004 年，全市生产总值完成 85.2 亿元，同比增长 15.8%，人均生产总值超过 1500 美元；财政收入达到 5.1 亿元，位居全省县（市）第二位，同比增长 57.4%；登封市在第四届全国县域经济基本竞争力评价中，较上届前移 22 个位次，居全国第 192 位，在中国中部百强县（市）评价中名列第 28 位。

嵩山世界地质公园

国家 AAAA 级风景区——少林寺

华润集团

国家 AAAA 级风景区——嵩阳书院

道教胜地——中岳庙

市行政服务中心

中岳嵩山

SHUANG LIU

四川省双流县

中共双流县委书记　谢瑞武

中共双流县委副书记、县长　牛敏

双流县位于西南经济区核心地带、天府之国成都平原腹地，是成都中心城市近郊大县，幅员1067平方公里，辖26个镇（街道办事处），总人口90.6万。县域内平原、浅丘、河流交错，地貌多样，风景秀丽，物饶民殷，诗仙太白赞誉："暮雨向三峡，春江绕双流"。

双流县经济实力雄厚，2004年实现国内生产总值173.45亿元，全口径财政收入13.5亿元，农民人均纯收入4293元，年末城乡居民储蓄余额104.5亿元。县域经济综合实力连续9年位居四川省十强县市榜首，连续七届跻身全国百强县市行列，县域经济基本竞争力连续四届跻身全国百强县市并居西部前两位；区位优势独特，县域自西向东三面环绕成都中心城市，全县1067平方公里范围已整体纳入成都市新一轮3681平方公里的城市发展总体规划；产业基础厚实，因地制宜调整产业结构，优化产业布局，促进了区域经济联动发展；城市功能完善，建成东升、华阳"两城"环城公路，建成东升人民广场和华阳音乐广场，建成东升污水处理厂、垃圾处理厂，启动建设华阳污水处理厂，完成"蓉南明珠"——棠湖公园改造，完成东升、华阳城市新区主干道路建设及旧城街道改造，加快实施水、电、气、光纤配套工程和"小三线"下地工程建设，城市组团发展框架已经形成；投资环境优越，始终把营造良好的投资环境作为加快发展的重要抓手，特别是近年来大力推进规范化服务型政府建设和工业集中发展区基础设施建设，投资软硬环境进一步优化。

"两江绿水绕双流，一条飞虹连五洲"。双流将始终以开阔的胸襟、务实的作风、重信的准则，以更加优惠的政策、更加优美的环境、更加优质的服务，热忱欢迎海内外朋友前来观光旅游、投资兴业，携手共创更加美好的明天。

中国第五、跻身世界百强的成都双流国际机场

农民集中安置小区

四川省双流县

明清古镇——黄龙溪

空港园林城市——东升镇

县城东升镇夜景

引进的世界五百强——德国拜耳公司

四川国际高尔夫球场

中共庆云县委书记、县人大常委会主任　翟长生

中共庆云县委副书记、县长　王立来

北方商贸名城——山东庆云

庆云县位于山东省德州市东北部，地处山东、河北两省，德州、滨州、沧州三市交界处，与乐陵、无棣、阳信、盐山、海兴五县市接攘。辖4镇4乡、1个街道办事处，381个行政村，人口近30万，面积502平方公里，是山东省“改革开放试点县”和德州市“放开搞活试点县”。

地理位置优越，交通便利。庆云县背靠京、津、冀，面向齐鲁大地，是连接华南、胶东和华北、东北以及北京、天津的重要交通枢纽，素有进京门户、山东北大门和德州桥头堡之称。

近几年来，庆云县委、县政府团结带领全县干部群众，逐步探索和形成了“商贸兴城，工业立县，枣树富民”的发展思路，并围绕这一思路解放思想，干事创业，奋力拼搏，加快发展，全县经济和社会事业呈现出前所未有的良好发展势头。2004年，全县主要经济指标全面快速增长，增幅均保持在30%以上，其中10项主要经济指标增幅居全市第一，并跻身全国县域经济基本竞争力提升速度最快的百县市之列，实现了历史性跨越。

庆云商贸广场

庆云鑫和化工有限公司

中国庆云建筑装饰材料城

山东中澳农工商集团有限公司

中国庆云宝艺服装城

山东金诺集团有限公司

山东鼎力集团有限公司

锦绣江南 金太仓

程惠明书记会见加拿大教育部长

浦荣皋市长拜访德国林达美公司

耐克体育用品公司

市经济开发区大楼

特灵空调

四星级花园酒店

太仓港码头

太仓是江苏省惟一既沿江又沿沪的县（市），拥有得天独厚的区位优势。太仓作为上海国际航运中心组合港的干线港，已建成各类泊位25个，货物吞吐能力1600万吨，集装箱吞吐能力565万标箱。

太仓拥有经济社会发展的雄厚基础，率先在全国实现小康县市，经济竞争力连续多年名列百强县（市）前茅。2004年，全市完成生产总值248.3亿元，财政收入31.76亿元，全社会固定资产投资138.6亿元，实际利用外资7.2亿美元，实际利用内资97.9亿元，全市金融机构人民币存款余额227.7亿元，城镇居民人均可支配收入14558元，农民人均纯收入7636元。临江工业发展迅速，石油化工、能源原材料、电子机械、汽车配件、造纸、物流等产业凸现群体发展态势。太仓城市靓丽、洁净、舒适，古典风雅与现代气息相映交融，人与自然和谐发展，先后荣获国家卫生城市、全国生态示范区、国家环保模范城市、创建全国文明城市工作先进市等多项桂冠。

南园风荷

江苏·丹阳

DANYANG

中共镇江市委常委
中共丹阳市委书记 杨根强

丹阳市人民政府市长 王常生

图片说明：

图01：新区一角

图02：东门外大街一角

图03：丹阳为世界著名的五金工具生产基地，素有“工具王国”之称。图为飞达工具展台

图04：万善路风光带一角

图05：2004年全市620余公里的农村公路改造一新。图为市内一级公路——丹西大道

图06：丹阳市被命名为江苏省首批“社会治安安全市，图为市公安局110指挥中心

图07：丹阳素有“木业航母”之称。图为大亚木业20万立方米生产线

图08：营业面积达四万余平方米的华地百货

图09：丹阳为著名的“眼镜之都”。图为正在扩建的中国首席眼镜专业市场——中国“丹阳”眼镜城

图10：江苏省最大的县（市）书店——丹阳书城

图11：全国文明村——丹阳市的埤城镇常兴村孩子们在游泳池戏水

中国酒都——贵州省仁怀市

天下第一瓶

城市一角

中共仁怀市委书记　曾永涛

仁怀市人民政府市长　房国兴

中国第一酒镇——茅台

酒都新区一角

正在建设的酒都新区国酒大道

仁怀市位于贵州省西北部，赤水河中游，大娄山脉西段北侧，东临历史文化名城遵义，是红军长征“四渡赤水”战斗过的地方，驰名中外的国酒茅台酒的故乡，全国文化先进市，省治安模范市，省级科技工作先进市，省级卫生城市和省“双拥”模范市，贵州首批建设的20个经济强县之一，2004年7月被正式认定为“中国酒都”。

2004年，仁怀市以“三个代表”重要思想为指导，认真贯彻党的十六大和十六届三中、四中全会精神，以强市升位为目标，按照“培植特色产业、发展特色经济、建设特色城市”的总体构想，坚持“农民增收、企业增效、财政增长、基础增强”的工作主线，工业化、城镇化、农业产业化建设迈出新的步伐，主要经济指标提前一年实现“十五”预期目标。全市综合经济实力名列贵州经济十强县第5位，中国西部百强县（市）第58位。

酒都石刻长龙

红军四渡赤水纪念塔

国酒大道

国酒门

国酒城汉馆

茅台酒股份公司厂区一隅

晋江人雕像

品牌之都
——中国晋江

世纪大道

中共泉州市委常委
晋 江 市 委 书 记 龚清概

晋江市人民政府市长 杨益民

鞋业生产线

食品生产线

纺织生产线

深沪码头

福厦高速公路晋江出入口

泉州晋江机场

晋江地处福建省东南沿海，与台湾隔海相望，是福建省加快闽东南开放开发、建设海峡西岸经济区的前沿区域，全国著名侨乡。全市陆域面积649平方公里，海岸线长110公里，辖13个镇、6个街道，385个行政村，人口102万，旅居海外的侨胞和港、澳、台同胞200多万人，号称“海内外300万晋江人”。唐开元六年（公元718年）始建晋江县，1992年撤县设市，2001年被福建省委省政府确定为中等城市，素有“泉南佛国”、“海滨邹鲁”美誉。

晋江市按照“加快城市化，提升工业化，迈向现代化，实现大跨越”的要求，围绕发展主题，找准发展定位，着力打造现代化制造基地、品牌之都、外经贸强市和特色农业产业基地，经济运行质量和效益明显提高，区域综合竞争力明显增强。1992年以来，晋江市经济实力连年居全国前列、福建省首位；2004年，县域经济基本竞争力位居全国第5位。

福田公司生产的汽车产品

巨大诸城鸭嘴恐龙化石

新开通的潍河大桥

诸城市银河污水处理厂

ZHUCHENG 正在崛起的现代化强市——诸城

诸城市位于山东省东南部，东临海滨名城青岛，北依世界风筝都潍坊，南毗新兴港口日照，距离三市均为 1 小时车程，处于三市枢纽位置。2004 年，全市完成生产总值 176.4 亿元，比上年增长 19.5%，实现财政总收入 11.7 亿元，其中地方收入 6.5 亿元，同比分别增长 33.1% 和 63.2%。位居第四届全国县域经济基本竞争力百强县（市）第 54 位。

1

2

3

1、诸城市高级技工学校
2、全国最大的肉鸡出口企业诸城外贸公司之肉鸡宰杀线
3、“得利斯”商标被认定为中国驰名商标，得利斯集团生产的低温肉制品被评为中国名牌产品
4、“新郎”商标荣获中国驰名商标，新郎公司生产的西裤荣获中国名牌产品

交口县青城广场

资源宝地 投资胜地——交口

交口县位于山西省中部西侧，吕梁山脉中段，面积1257.6平方公里，辖4镇3乡，10.8万人。境内林草覆盖率达56%。为全国沙棘八大产区之一，也是著名的汾州核桃、金香小米的主产区；境内旅游资源丰富，云梦山、牡丹洞、金代大铁钟、元代千佛洞、红军东征总指挥部旧址等文物古迹远近闻名；境内矿产资源得天独厚，煤、硫、铁、铝、石膏、石灰炭、白云石、耐火粘土等矿产含矿面积850平方公里，占总面积的67.1%，其中煤可采储量15亿吨，铝矾土可采储量1.27亿吨，铁矿石可采储量0.5亿吨，硫铁矿可采储量2.24亿吨，白云石储量42.6亿吨，且埋藏浅、易开采、品质优。目前，全县已形成年产生铁120万吨、钢铁100万吨、原煤300吨、焦碳300万吨、洗精煤150万吨、机焦130万吨、高级耐火材料5万吨的生产能力。

交口县新一届县委、县政府立足资源优势，致力优化环境，重点围绕铝工业园区开发和四大特色农业基地（优质中药材、优质核桃、优质沙棘、优种牛养殖）、四大工业基地（铝、耐火料、钢铁冶炼油、煤化工）建设，加大招商引资图谋着力打造宽领域、多层次、全方位的对外开放新格局，实现全县经济的大跨越。

交口物华天宝、人杰地灵、商机无限，诚邀各地有识之士来此投资创业。

省委书记田成平视察交口县铝工业园区

省委书记田成平视察交口县天马公司

省长张保顺视察晋阳耐火材料厂

市委书记郭海亮视察晋阳耐火材料厂

省委书记田成平与交口县四套班子领导合影

省委副书记金银焕在交口县水头镇调研

中共哈密地委委员、哈密市委书记　关鹏

哈密市政府市长　阿不都热依木·阿不列孜

市区一隅

西部明珠——腾飞的哈密市

载歌载舞庆丰收

瓜乡少女

哈密市位于新疆维吾尔自治区东部，是新疆联系祖国内地的交通要道，素有“新疆门户”之称．全市面积8.5万平方公里，人口39.9万人，主要有维吾尔、汉、哈萨克、回等多个民族，其中少数族人口占28.17%。

哈密市地域辽阔，物产丰富，交通便利，通讯发达；

哈密市历史悠久，文化底蕴厚重，民族风情浓郁，人文、历史、自然景观星罗棋布，闻名遐迩。

2004年全市完成GDP 44.92亿元，同比增长8.5%，财政收入完成1.85亿元，同比增长17.4%；农牧民人均纯收入达到3130元。在第四届全国县域经济基本竞争力评价中，列“中国西部百强县（市）”第52位。

哈密市政府网站：http://www.xjhm.gov.cn

哈密瓜的故乡

丰富的石材资源

人居和谐的环境

中共岳池县委书记　漆小林

中共岳池县委副书记
岳池县人民政府县长　易铭珅

县城夜景

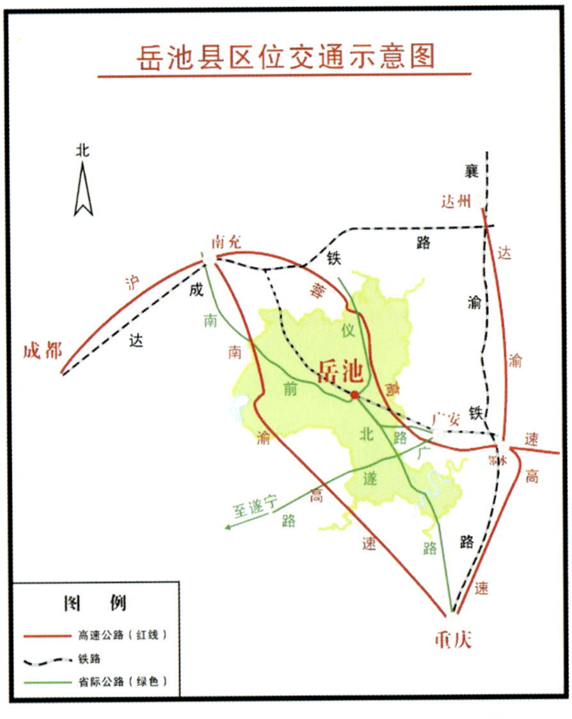

多次举办国际国内赛事、大型文艺演出的体育馆、文体广场

岳池农家文化节享誉全国——岳池中秋糍粑会

川东明珠银岳池

川东第一湖——岳池翠湖

“岳池米粉”畅销全国

富流滩电航工程

环境优美的高档住宅小区——外滩花园

香港振柏集团独资的三星级酒店——花园大酒店

现代化生猪养殖场一角

座落于岳池的广安回乡创业园区
司康乐科教用品公司

岳池花园镇高坑桥农民新村

岳池县城全景

孟子故里——邹城市

中共邹城市委书记　刘仲本

邹城市人民政府市长　朱庆安

邹城体育广场

棂星门

邹城市原名邹县，全市111万人口，境域面积1613平方公里，其中城区人口25万。邹城市是我国春秋战国时期伟大的思想家孔子和孟子的诞生地，素有“孔孟桑梓之邦，文化发祥之地”的美誉，是国家级历史文化名城，也是一座新兴的能源工业城市。

区位优势独特。邹城市位于山东省西南部，地处京沪铁路和新日铁路交汇处，东倚沂蒙山区，西临鲁西平原，南襟徐淮要冲，北枕泰岱南脉与鲁都曲阜毗邻。

交通通信便捷。全市形成铁路、公路、水路纵横交错、四通八达的交通网络。市区距济南机场180公里，距济宁机场70公里。京沪铁路纵贯南北，新日铁路横穿东西，104国道、京福高速公路等10余条公路干线遍布全境，通车里程达600多公里。水运可由白马河经南四湖、大运河扬帆远行至宁、沪、浙一带。

2004年，全市国内生产总值完成233.32亿元，地方财政收入完成10.0016亿元。在第四届全国县域经济基本竞争力评价中，列全国百强县（市）第23位；在国家统计局发布的县域经济社会综合发展指数评定中，位居全国百强县市第51位、山东省第5位。先后被评为中国明星城市、全国科技先进市、全国社会文化先进市和山东省经济强市，被国家列为首批对外开放地区。

邹城市区全景

街心雕塑——腾飞的额济纳

内蒙古额济纳旗

内蒙古庆华集团在蒙古国开采的纳林苏海特露天煤矿开采现场

额济纳旗位于内蒙古自治区最西端，东南与阿拉善右旗相连，西南与甘肃省毗邻，北与蒙古国接壤，边境线长507公里，总面积11.46万平方公里，约占全区总面积的十分之一。全旗辖1个镇、6个苏木、1个国营农场。生活着蒙、汉、回、藏等9个民族1.6万余人。是以蒙古族为主体的边境多民族聚居旗。

近年来，额济纳旗充分发挥资源优势、口岸优势和后发优势，不断优化开放环境，招商引资，加快资源转换步伐，经济和社会各项事业迅速发展，在第四届全国县域经济基本竞争力评价中，进入“全国县域经济基本竞争力提升速度最快的百县（市）”行列。

额济纳旗夜景

2004·中国·额济纳国际金秋胡杨生态旅游节经济合作项目签约仪式

美丽的额济纳——道桥风景

额济纳旗策克口岸监管区落成

额济纳旗党机关办公大楼

额济纳旗策克口岸

江风海韵北上海——启东

中共启东市委书记 沈振新

启东市人民政府市长 曹斌

江苏省启东市位于中国东部海岸线的中部，地处美丽富饶的长江三角洲，万里长江入海口的北岸，是东海、黄海、长江三水交汇之处，集黄金海岸与黄金水道于一身。与国际大都市上海隔江相望，直线距离只有 50 多公里。全市面积 1157 平方公里，人口 116 万。全市辖 24 个镇（乡）和启东经济开发区。素有“江风海韵北上海”之称，被誉为“江海明珠”。

改革开放以来，全市国民经济与社会事业取得了长足的进步，连续四届跻身全国经济百强县（市）、全国农村综合实力百强县（市）行列，先后荣获全国首批小康县、全国科技百强县市、中国明星县市、全国卫生城市等称号。

随着沪崇苏越江大通道、宁启高速公路、宁启铁路、沿海高速公路等一批大交通工程的相继开工建设，启东将全面融入上海一小时都市经济圈，成为长江三角洲新的开发开放热点地区。

全国著名的电动工具之乡

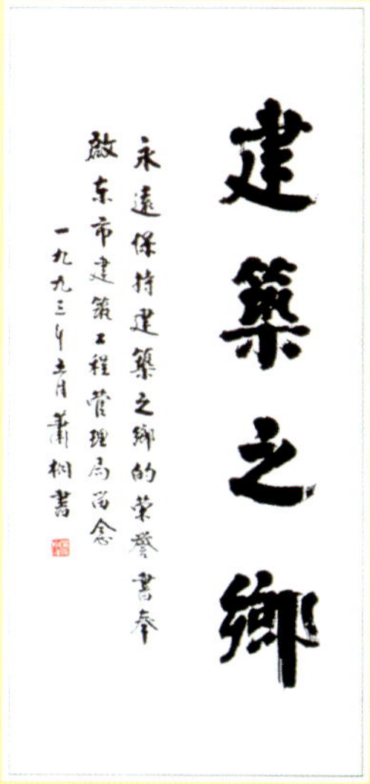

启东十万建筑大军足迹遍布国内外，曾 9 次荣获国家建筑工程最高奖——鲁班奖

江苏省启东中学在国际中学生奥林匹克学科竞赛中先后荣获 10 块金牌 2 块银牌

迷人的人民路夜景

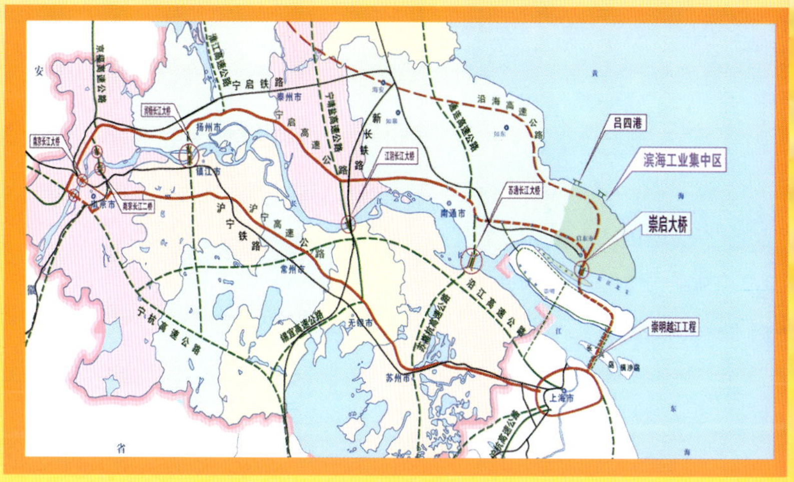

宁启高速公路、宁启铁路、沪崇苏大通道规划建设示意图

七朝古都 豫西明珠

——河南省偃师市

中共偃师市委书记 原文涛

偃师市人民政府市长 李明智

偃师市位于河南省中西部地区的洛阳盆地东隅，南倚嵩山，北临黄河，全市总面积948.43km²，总人口83万，是全省首批10个小康达标县（市），也是省委、省政府确定的全省26个城镇化发展重点县（市）、35个扩权县（市）和第二批对外开放重点县（市）之一，综合经济实力居全省前列。历史上先后有夏、商、周、东汉、曹魏、西晋、北魏等七个朝代在此建都，是目前国内已知建都朝代最多的县级市。

2004年，全市共完成生产总值161亿元，同比增长16.1%；财政一般预算收入3.5018亿元，同比增长36.3%；全社会固定资产投资42亿元，同比增长91%；农民人均纯收入3850元，同比增长11.1%；城镇居民人均可支配收入7800元，同比增长12.8%。在第四届全国县域经济基本竞争力评价中，首次跻身全国百强县（市）行列，列第92位。

偃师高中——全国千所示范学校

玄奘故里

市区华夏广场

中国名牌产品企业 — 花都集团

农业高效示范园区

超薄玻璃生产线

渝西经济走廊强县

——潼南

潼南城镇化建设一角

全国无公害蔬菜基地

奋进广场夜景

潼南县位于重庆西北，地处巴蜀腹心，是川渝两地的经济结合部，是重庆对外开放的西北重要窗口。全县幅员面积1594平方公里，总人口92万。遂渝快速铁路和高速公路建成后，潼南距成都、重庆两个大都市仅80~90公里（约1个小时的行程距离），成为成、渝两大都市的经济卫星城。

电力大厦

潼南人杰地灵，资源丰富。在这块土地上诞生了一大批中华名人，大革命时期中共四川省委第一任书记杨闇公、共和国第四任国家主席杨尚昆等诞生于潼南双江镇。潼南素有鱼米之乡、蚕桑之乡、黄桃之乡、小水电之乡的美称，境内有各类生物3000多种，可供开发土地55万亩。农作物种类繁多，主产水稻、小麦、油菜、无公害蔬菜，盛产黄桃、柑桔、蜜梨、柚子、银杏等。黄桃品种居全国之冠，养殖业以生猪、蚕、鱼为大宗，“太安鱼”闻名全国；以潼南为中心的川中磨溪天然气储量达300亿立方米，现已布井60多口，年开采量3.7亿立方米；水电资源藏量14万千瓦，可开发12万多千瓦。自备电站7座，年发电量1.7亿千瓦时，有两条110千伏和220千伏输电线路，已实现了与国家电网并网，电力充沛。旅游资源独具特色。有亚洲最大的恐龙化石；有全国最大的鎏金摩岩大佛和最年轻的马龙山卧佛；有全国最大的古代石刻顶天“佛”字；有全国四大回音建筑之一的“石磴琴声”；有西南地区保存最完好的清代民居建筑群；有杨闇公陵园、杨尚昆陵园；有山青水秀的青云湖泊、碧波涟涟的人工运河、风貌独特的马鞍山原始森林和古迹遍布的龙多山。

县四大班子领导描绘发展蓝图：县委书记黄翠莲（右三）、县长张成梁（左四）、县人大主任
普选（右二）、县政协主席李进裕（左三）、县委常委、统战部长樊成良（左二）

蓬勃发展的煤焦产业

四大支柱产业之一——核桃

山西古县

古县政务中心大楼全景

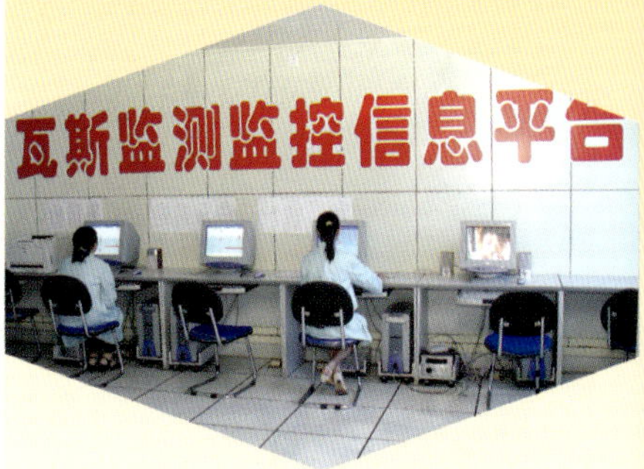

先进的瓦斯监测监控网络

古县位于临汾市东北部，太岳山南麓，汾河一级支流——涧河中上游。辖4镇3乡111个行政村，9万余口人，农业人口7.12万人，国土面积1206平方公里，其中森林面积325平方公里，草地面积45平方公里，耕地面积2.2万公顷，森林覆盖率达42%。

古县历史悠久，人杰地灵。早在6000年前的仰韶文化时期，这里就有人类居住、繁衍；上古时期曾是大禹治水之地；战国时期赵国名相蔺相如和现代著名电影表演艺术家赵子岳就出生在这里。抗日战争时期，这里一直是晋冀鲁豫边区太岳区党政军机关驻扎地，刘少奇、朱德、邓小平、薄一波、陈赓等老一辈革命家都曾在这里进行过革命活动。

古县矿藏资源丰富，有煤炭、铁矿、铝钒土、石灰岩以及铜、钴、钛、钼等多种矿产，所产优质主焦煤闻名遐迩，总储量达48.96亿吨，是山西省重点产煤县之一。

古县旅游资源丰富。有"天下第一牡丹"之称的三合牡丹，据史家考证，该牡丹生于唐代，是国内迄今发现的历史最长、冠幅最大的单株野生白牡丹。有树龄已逾千年的核桃、酸枣、柳树、枞树四大树王、战国名相蔺相如墓、隋唐时期罗成阵亡之地淤泥河等等，都是其中的代表。闻名全国的旅游避暑胜地灵空山、太岳山森林公园就在古县北部。

古县二中一角

双孢菇大棚内景

正在建设中的古县三合牡丹园区

——湖南长沙县

中共长沙县委书记　杨光荣

长沙县人民政府县长　黎勇

移城筹举措，徙治振邦家——迁址星沙后的县委、政府办公大楼远眺。

长沙县毗邻湖南省会长沙，从东、南、北三面环绕长沙市区，处于长株潭都市经济圈的核心地带。319国道横穿县境，107国道、京珠高速公路和省道1819线纵贯南北、黄花国际机场坐落于境内，具有得天独厚的区位优势。县城星沙距黄花国际机场、长沙火车站、湘江码头均约8公里，区位优势尤为突出。全县辖20个乡镇，总人口74万，总面积1997平方公里。

长沙县自古为三湘首善之区，其建制远溯秦汉，迄今已有2200多年的历史。长沙县钟灵毓秀、人文荟萃，在壮阔的历史长河中，勤劳智慧的长沙县人民勇于进取、敢为人先，创造了骄人的业绩，使这块富饶美丽的土地焕发出无限的生机。这里曾哺育了黄兴、李维汉、徐特立、杨开慧、柳直荀、田汉、许光达等仁人志士；杨开慧纪念馆、黄兴故居、陶公庙、石燕湖等令人神往的胜地如珠玑遍布。长沙县气候宜人，资源充足，特产丰富，自古就有“鱼米之乡”的美称；这里区位优越、交通发达、信息便捷、百业兴旺，经济实力为“芙蓉国”中之最。

小桥流水人家——县城星沙近获“中国人居环境范例奖”。

为改写近百年来有县无城的历史，1992年8月，长沙县举全县之力，聚万众之心，在107国道和319国道交汇处筹划设立经济技术开发区，并作为新治城址。经过10余年的奋力拼搏，已完成基本建设投资两百亿元，城区面积已达22平方公里，“一园六区”的城市构架初步形成，一座现代化的新城在三湘大地拔地而起。区内已形成了以远大空调、三一重工、LG曙光、长丰猎豹、北汽福田、长海视听、华天铝业、力元新材料、中粮可口可乐、长沙娃哈哈、金沙利彩印、永泰、巨星等企业为主体的机械制造、信息、新材料、饮料、轻印、房地产6大产业格局。与之配套的暮云、榔梨、黄花、江背、金井、毛塘6个乡镇工业小区也相继开园。开发区与县城两位一体，珠联璧合。2002年2月被批准为国家级经济技术开发区。随着县城发展，2002年5月按长沙市副中心的定位对县城进行规划修编，到2010年县城骨架将发展到60平方公里，人口发展到50万。

长沙县是湖南惟一进入全国百强的县，经济实力位居中部各省诸县前列。

一站式审批，一条龙服务
——长沙县政务服务中心

看取墓门西北向，九泉犹自射天狼
——晚清名臣左宗棠墓。

韶麓杜鹃都绽爱，板仓云锦总飞霞——毛泽东主席亲密战友和夫人杨开慧烈士陵园。

夕烟村雅，晓雾园嘉，画阁入云霞——印山村农民公园一览。

∟红如火，宏图灿若霞——国家级长沙经济技术开发区一角。

无公则无民国，有史必有斯人——与孙中山齐名的辛亥革命领导人黄兴故居凉塘。

内蒙古自治区

新巴尔虎右旗

思歌腾广场

中共新巴尔虎右旗委书记　段志强

新巴尔虎右旗人民政府旗长　金海

民族服饰

新巴尔虎右旗（简称新右旗），位于祖国东北边陲，内蒙古自治区呼伦贝尔市西部中俄蒙三国交界处。东北部与全国最大的陆路口岸城市满洲里毗邻。辖9个苏木、1个镇、1个牧场，有蒙、汉、达斡尔、鄂温克、鄂伦春、回、满等11个民族，共有3.74万人口。

全旗总面积25194平方公里,有效草场面积2.05万平方公里，占总面积的81.3%，是著名的呼伦贝尔大草原的重要组成部分。克鲁伦河、乌尔逊河在新右旗境内。呼伦湖水面在新右旗境内的面积达1958平方公里，占该湖的84%左右。贝尔湖为中蒙界湖，在我国境内的湖域全部都在新右旗境内。呼伦贝尔之称便因两湖而得。

多年来，新右旗各族人民发扬“求实创新，迎难而上，奋勇拼搏，敢于胜利”的创业精神，改变过去单一畜牧业“独木支撑”的产业局面，实现了由牧业大旗向工业强旗转变的历史性跨越。到2004年末，三次产业比重达到31.0:55.2:13.8,二产比重首次超过一产和三产之和，逐步形成了以石油开采业、有色金属采掘业、畜产品加工业、煤业、渔业、旅游业、口岸经济、绿色能源业等八大支柱产业齐头并进的良好产业格局。

克尔伦大街

成吉思汗栓马桩旅游景点

巴尔虎博物馆

湘东明珠——醴陵

中共醴陵市委书记　杨治平

醴陵市人民政府市长　邝邹飞

醴陵是一座古老而充满活力的江南城市，享有“瓷城”和“花炮之乡”的美誉。

东汉初年，醴陵置县，至今已近两千年。置县之初，醴陵就有较大规模的作坊，专门从事陶器制作。唐朝初年，醴陵人李畋发明了“炮竹”，后被世人尊为“花炮祖师”。清朝雍正七年（1729年），醴陵开始生产瓷器，至清朝末年，研制出釉下五彩瓷。1915年，醴陵釉下五彩扁豆双禽瓷瓶参加了在美国旧金山举行的“巴拿马太平洋万国博览会”，获得金奖。从1958年起醴陵开始为毛泽东、周恩来等党和国家领导人生产釉下彩生活用器。1959年国庆十周年，醴陵釉下彩瓷器被军事博物馆、民族文化宫和工人体育馆选用。1964年，醴陵为人民大会堂成批精制出国宴餐具。此后，醴陵釉下彩瓷器成为国家礼品瓷的首选。1987年，醴陵研制开发出一种新的日用陶瓷产品——炻瓷。2004年，被誉为“红色官窑”的醴陵群力艺术陶瓷有限公司成为全国工业旅游示范点，对国内外游客开放。8月，以扁豆双禽瓷瓶为原型制作的“世界和瓶”出现在雅典奥运会，作为国家礼品瓷赠给了国际奥委会及其领导人。

毛主席用瓷

巴拿马金奖瓷

陶瓷生产

国宴瓷

炻瓷新产品

渌江书院

李畋殿

李立三故居

左权纪念碑

仙山公园

醴陵花炮

山水醴陵

西水工业园鸟瞰

兵圣的故里 吕剧的故乡
——山东广饶

县委书记徐春福（左二）、县长郭建民（左一）陪同副省长孙守璞（右一）在广饶县承办的 2004 年秋季山东省糖酒商品交易会上

四通八达的城市交通网

华誉集团国内一流的 2000 万只肉鸡自动宰杀流水线

西水集团盛泰公司生产的全钢载重子午胎

广饶县位于黄河三角洲南部，濒临渤海莱州湾，地处山东半岛城市群经济带和环渤海经济圈的重要位置，2003 年列入山东省经济发展 30 强。全县辖 6 镇 4 乡 2 个办事处，一个省级经济开发区，553 个行政村，人口 48 万，总面积 1138 平方公里，海岸线 11.8 公里。广饶古称乐安，历史悠久，人杰地灵，是一代兵圣孙武的故里，吕剧的故乡。

近年来，县委、县政府团结带领广大干部群众，坚持以邓小平理论和“三个代表”重要思想为指导，认真落实中央的各项决策部署，牢固树立并积极落实科学发展观，解放思想，求真务实，干事创业，构建起以工业为主导，工业拉动、工农互动、城乡联动的县域经济发展新格局。2004 年，全县实现 GDP112.9 亿元，同比增长 30.5%；地方财政收入 3.76 亿元，增长 29%；城镇居民人均可支配收入 9693 元，增长 17.1%；农民人均纯收入 4204 元，增长 14.9%。2005 年力争 GDP 达到 145 亿元，增长 25%；地方财政收入达到 4.62 亿元，增长 25%。励精图治，拼搏奋战，三年进入全国百强。

华泰集团投资 13 亿元建设的亚洲第一条“同一平台新概念”高附加值新闻纸机生产

“三省通衢”——长兴县

全国综合治理先进县

国家卫生县城

浙江省文明城市

浙江省小康县

浙江省教育强县

浙江省文化先进县

全国科技进步先进县

全国综合实力百强县（市）

中国县域经济基本竞争力百强县（市）

便捷的交通优势

中心广场一角

长兴百叶龙

高新技术企业的孵化器长兴科技创业园

县经济技术开发区标准[illegible]一角

江海明珠——如东县

洋口港远景规划

国家审计署审计长李金华（中）为洋口港题字。后为南通市委副书记、常务副市长袁静波，左为如东县委书记严长俊，右为如东县政府县长詹立风。

如东县隶属江苏省南通市，南邻长江，东濒黄海，区位条件独特。全县总面积1872平方公里，总人口109万人，辖有15个镇、2个省级开发区。如东海洋资源丰富，境内海岸线长达106公里，滩涂面积104万亩，盛产50多种海鲜产品，是全国最大的文蛤养殖出口基地和优质条斑紫菜生产出口基地。尤为珍贵的是，如东还拥有长江口以北近1000公里海岸线上惟一可建10～20万吨级国际性深水海港的天然理想港址——洋口港。

洋口港址位于如东海岸线外13公里。该港址拥有一条一般水深在17米以上，直通外海，长期稳定的天然潮汐通道，并拥有可以建设港口仓储基地的天然沙洲、可供大型海船进出的天然港池等一系列天然港口资源组合，具有不可多得的建港条件，是江苏省的一个十分珍贵而稀缺的港口资源。

近两年来，在国家、省、市各级的重视支持下，洋口港开发取得了一系列重要进展。洋口港整体规划已通过上级批准，根据规划，洋口港将建成矿石、原油、天然气等大宗原料中转基地，钢铁、冶金、石化等临港工业基地，并逐步发展成一个拥有40万人口的新型港口城市。目前，洋口港综合开发和基础设施建设工程已经启动，由中石油和新加坡金鹰集团共同投资建设的“西气东输”配套工程——江苏LNG项目，已经进入国家发改委审核程序，一批大型炼油、乙烯、浮动码头等项目正在洽谈之中。

洋口港开发展正展现出无限美好的前景。

洋口港开发开工典礼

洋口港岛陆通道

20万吨级巨轮试航

如东风电工程

世纪广场

环保型生态城市——阿克苏市

市委书记岳秀诚（右）与市长艾尼瓦尔·赛依提（左）研究工作

阿克苏市位于天山南麓，塔里木盆地西北边缘，是一个新兴的环保型生态城市，素有“塞外江南”之美誉，是阿克苏地区政治、经济、文化中心。市辖区总面积 1.83 万平方公里（含农一师 12 个团场），辖区人口 56.13 万人，由维、汉、回、哈等 30 个民族成份组成。

近年来，随着国家西部大开发战略全面推进，阿克苏市依托中心城市的区位优势和资源优势，抢抓机遇，响亮地提出了建成南疆商贸集散、物流配送中心及加工工业基地和全疆一流农业区的口号，制定了深化改革，扩大开放，实施以市场为导向的优势资源转化战略，一心一意谋发展，取得了经济超常规发展和社会各项事业全面进步的新成效。2004 年实现国内生产总值 319750 万元，同比增长 14.15%；实现地方财政收入 31800 万元，同比增长 14.3%；农牧民人均纯收入达 3420.01 元，比上年增加 320.11 元。在第四届全国县域经济基本竞争力评价中，列中国西部百强县（市）第 20 位。

城市道路

纺织机

步行街

中共诸暨市委书记　陈长兴　诸暨市人民政府市长　张仲灿

西施故里旅游区

越国古都　西施故里

诸暨

中国香榧王

诸暨市位于长江三角洲南翼、浙江省中部偏北，区域面积2311平方公里，常住人口105.63万，素有“婺越通衢”之称，区位优势明显，投资环境优越。

诸暨人文荟萃，物产丰富，经济社会事业全面协调发展。被誉为“中国袜业之乡”、“中国珍珠之乡”、“中国名品衬衫之乡”、“中国香榧之乡”、“中国无公害茶叶之乡”、“中国民间艺术之乡”，是“全国基础教育先进县市”、“中国优秀旅游城市”、“全国环境综合整治优秀市”、“全国卫生城市”、“全国科技进步先进市”、“全国双拥模范城市”。

全国最大的珍珠加工、销售基地

全国最大的五金（管件）生产基地

千载古邑，风华新猷。诸暨已连续七届荣获“全国农村综合实力百强县（市）”称号，目前居第32位，在全国县域经济基本竞争力百强排名中列第15位，在第6城市群县级市竞争力排名中列第5位，是2003年度全国强县（市）6个发展之星之一。2004年，全市实现国内生产总值276.56亿元，人均GDP突破3000美元，财政总收入22.60亿元，实际利用外资1.5亿美元，综合实力、发展活力、国际竞争力显著增强。

暨阳大地，商机无限。诸暨愿与天下朋友共谋发展，同创未来！

道路交通

明清建筑博物馆——西施殿

全国最大的袜业生产基地

纪念毛泽东同志批示“枫桥经验”40周年暨创新“枫桥经验”大会

诸暨城区鸟瞰

振兴东路

巨石集团现代化生产车间

"长三角"的明珠——桐乡市

滨河广场

桐乡市地处长江三角洲杭嘉湖平原腹地，总面积723平方公里，人口66万，辖3个街道、9个镇和1个乡。境内地势平坦、河网密布，四季分明，环境优美，是典型的江南水乡。

桐乡市工业经济区域特色明显。已初步形成了东、中、西三大工业区块和毛纺针织、化学纤维、丝绸服装和建筑材料四大支柱产业。2004年，实现地区生产总值215.49亿元，财政一般预算收入15.96亿元（新口径），城镇居民人均可支配收入14201元，农民人均纯收入7082元。在第四届全国县域经济基本竞争力评价中，列百强县（市）第27位。

古镇雪

中共嵊州市委书记　陈月亮

嵊州市人民政府市长　魏伟

潜力無限　魅力嵊州

中国领带之乡
中国越剧之乡
中国围棋之乡
中国茶叶之乡
中国竹编之乡
全国科技进步先进县市
浙江省教育强市
浙江省卫生城市

领带生产车间

王羲之故居旅游区

茶叶基地

浙江省嵊州经济开发区

城市风光

浙江省——上虞市

上虞位于浙江省东北部，西距省城杭州70公里，东离东方大港宁波62公里。交通发达便捷，素有“九县通衢”之称。是浙江省建县最早的县份之一，历史悠久，贤人志士辈出。全市总面积1403平方公里，人口77.4万，其中建成区面积18平方公里，城区人口19.95万，呈“五山一水四分田”的格局，享有“鱼米之乡”、“葡萄之乡”、“建筑之乡”等称号。

改革开放以来，上虞始终坚持以工业为主体，以乡镇企业起家，把一个以产粮棉为主的农业县建设成为了新兴工业城市，走出了一条具有上虞特色的发展路子。2004年，全市实现GDP200.3亿元，增长12.6%；地方财政收入达6.23亿元，增长26.2%（按老口径为7.53亿元，增长26.7）；城镇居民人均可支配收入15179元，增长19.7%；农民人均纯收入7120元，增长12.5%；再次进入全国县域经济基本竞争力百强县（市）及全国最发达百强县（市）行列。

上虞国际大酒店（五星级）

高速公路

小舜江水库

世纪阳光生产车间

上虞实验小学

虞城夜景

姆渡遗址

东南名邑 文献名邦——余姚市

中共余姚市委书记　贺富昌

余姚市人民政府市长　王永康

余姚是一座历史悠久的山水城市，地处美丽富庶的长江三角洲南翼，市域总面积 1527 平方公里，人口 85 万。余姚秦时置县，素有“东南名邑”、“文献名邦”之誉。余姚交通十分便捷，随着 2008 年杭州湾跨海大桥的建成，余姚将纳入上海“二小时交通圈”范围和“以上海为中心的世界级特大型国际都市圈”范围。

改革开放以来，余姚经济建设和社会事业取得了显著成就。2004 年，全市实现生产总值 252 亿元，财政一般预算收入 35.3 亿元，其中地方级收入 12 亿元，在第四届中国县域经济基本竞争力百强县（市）中排名第 12 位。

全景

“百里画廊”太行大峡谷

现代化生态旅游城市——林州市

中共林州市委书记 市人大常委会主任 来 亮

中共林州市委副书记 市人民政府市长 王春安

林州市地处承东启西的中西部结合部，原为以修建红旗渠而闻名中外的河南省林县，是一个古老而年轻的内陆城市。1994年元月，经国务院批准，撤销林县设立林州市，全市总面积2046平方公里，总人口100.3万人。

林州自然风光优美，人文景观丰富。境内有被称之为“世界第八大奇迹”的红旗渠和两个国家4A级景区：红旗渠景区、太行大峡谷景区，及1个国家重点风景名胜区林虑山风景名胜区。

近年来，林州市根据自身实际，确立了建设现代化生态旅游城市总体发展目标，提出了“全党抓经济、重点抓工业、突出抓项目、强力抓环境”的发展思路。2004年，全市GDP完成80.9亿元，同比增长24.6%；地方财政一般预算收入完成2.79亿元，同比增长26%；金融机构各项存款余额达到102.7亿元，连续24年位居全省各县（市）首位。综合经济实力2003年在河南省109个县（市）中排第12位。

红旗渠青年洞

红旗渠干渠

太行平湖

林虑山国际滑翔基地

现代化汽车配件生产基地

美丽的高要市城区

中国百强县

高要市

高要市位于广东省中部，既属珠江三角洲经济区，又是全省50个山区县(市)之一。全市总面积2196平方公里，总人口73.7万人。

2004年，高要市坚持以邓小平理论、“三个代表”重要思想和科学发展观为指导，坚持“扎实、稳健、有效”的方针，紧紧围绕“增总量、提质量、强实力”的目标，抢抓泛珠三角区域合作发展机遇，积极实施“东引西连”战略，努力打造肇庆东南部经济板块，全市经济保持持续、快速、健康发展的良好势头，社会各项事业全面进步。在全国县域经济基本竞争力评价中，高要市连续四届被评为“全国百强县（市）”。

东中心镇金利镇城镇建设

金渡工业产业集聚基地

高要交通网络四通八达，图为广肇高速公路

广新农业生态园

新城风貌

新世纪大道

居民新村

常熟市

国际花园城市

国家卫生城市

国家园林城市

国家环保模范城市

中国优秀旅游城市

全国绿化模范城市

全国双拥模范城市

山水文化园

南三环立交

尚湖大堤

展览中心

古城方塔

十里青山半入城

河南省荥阳市

荥阳商业大厦

广武路

荥阳市位于河南省中部，全市总面积908平方公里，人口59.4万，综合经济实力连续3年位居全省第5位。荥阳历史悠久，文化灿烂，迄今已有2000余年，是中华民族最早聚居和开发地之一，也是中华望族郑氏的发祥地；楚汉争雄的汉霸二王城、象棋的故里——楚河汉界之鸿沟、三英战吕布的虎牢关、青台仰韶文化遗址、郑国京城遗址、环翠峪风景区等古战场和人文景观久负盛名；阀门、建筑机械享誉全国，“少林”牌客车、“万山牌”冬桃、“河阴”石榴等10多个品牌在全省乃至全国都有一定的市场占有量；陇海铁路、连霍高速公路、310国道横贯全境，是中原城市群崛起的经济腹地和郑洛城市工业走廊的重要支点。

温馨家园

连霍高速

索河路与京城路交汇处

夜景

荥阳人民广场

风物淮南第一州

仪征

中共仪征市委书记、市人大主任　卜宇

仪征市人民政府市长　陈扬

地理位置

江苏省仪征市地处我国经济发达，自然条件优越的长江三角洲顶端，宁镇扬三角中心地带，南濒长江，北倚两淮。地域面积902平方公里，下辖9个镇2个乡，6个场圃，总人口59.1万人。

仪征市处于江苏省沿江开发地带，拥有28公里长江黄金岸线，现已建成6座万吨级和13座千吨级油运、货运码头，其中包括全国最大的内河中转油港。宁通高速公路横贯东西，泗大线纵穿南北，与全省高等级公路相循环，形成了水陆衔接，干支相连，四通八达的交通运输网络。仪征已经集聚了一批大中型企业，有全国最大的化纤工业生产基地仪化集团和仪征化纤股份有限公司，全国最大的内河油港南京港第六港务公司，上汽集团仪征汽车制造有限公司，核工业华兴建设公司，南京输油公司仪征输油站等。

市府广场

万年大道

博物馆

上海汇众

仪征化纤股份有限公司

江海明珠

海门市

海景小区

南通市人大常委会副主任
中共海门市委书记 徐永兵

中共海门市委副书记
海门市人民政府市长 汤仲飞

海门东濒黄海，南倚长江，西靠开放城市南通，北连广袤的江海平原，素有“江海门户”之称。被誉为“金三角上小浦东”。

经济建设突飞猛进。近年来，海门坚持“苏中地区比领先、长三角上比超前、百强县市比进位”的工作目标，开拓进取，攻坚克难，团结拼搏，奋勇争先，全市经济连续多年保持高平台上的快速增长。2004年实现地区生产总值200.3亿元，增幅为15.9%，完成地方一般预算收入6.24亿元，增幅30.1%,实现了历史性突破。同时开创了七项主要经济指标在苏中县（市）名列第一的好局面。在第四届全国县域经济基本竞争力评价中，列全国百强县（市）第33位。

社会事业日新月异。在经济建设持续、健康、快速、协调发展的同时，海门的各项社会事业也取得了全面进步，在江苏省长江以北率先建成了“国家卫生城市”、“国家环境保护模范城市”、“全国生态示范市”。据统计，截至2004年底，先后荣获了“全国综合实力百强县”、“中国明星县”、“全国科技百强县”、“中国最具竞争力百强市”等53项国家级荣誉，为这颗长三角上耀眼的明珠倍增光辉。

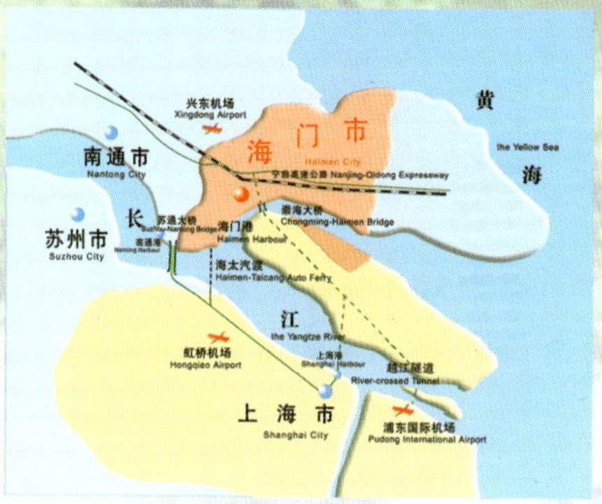

海门地理位置图

夜景

东洲公园

叠石桥国际家纺城

海门高等专科学校

体育馆图

内蒙古自治区

——乌拉特前旗

汽车站

乡镇道路

乌拉山发电厂

白绒山羊

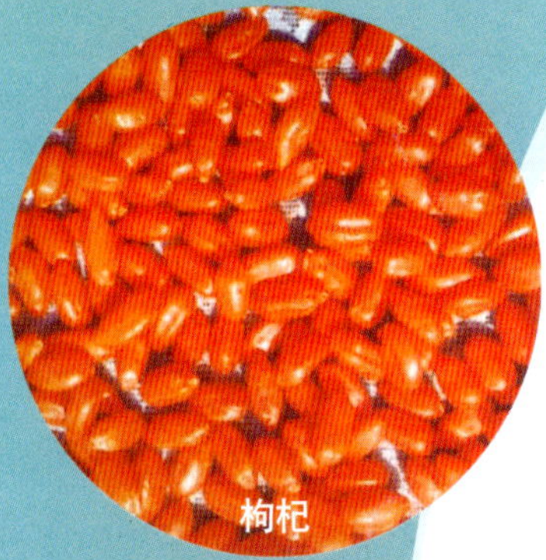
枸杞

蜜瓜

大桦背原始森林

乌拉特前旗位于内蒙古自治区西部，河套平原东端，隶属巴彦淖尔市，东临包头，西接五原，南与鄂尔多斯市隔河相望，境内西部是广阔富饶的河套平原，中部是美丽的塞外明珠——乌梁素海，东部横亘着白音查汉山、查石太山和乌拉山，三大山脉之间形成小佘太川、明安川及乌拉山山前倾斜平原。全旗按地貌分为黄灌、山旱、山牧三大区。

乌拉特前旗现辖18个乡镇苏木，总面积7476平方公里。全旗农牧业发展突飞猛进，交通通讯便利，基础设施完善。已初步形成了造纸业、矿山建材业、农畜产品加工业、化工业、电力业“五业并进”的工业经济格局。

在新的历史时期，乌拉特前旗积极抢抓国家西部大开发和加入世贸组织后的有利契机，制定更加优惠的政策，营造更加宽松的环境，热忱欢迎海内外有识之士前来投资，参与当地经济社会各项事业的建设。

乌梁素海渡假村

司马迁故里

——韩城

中共韩城市委书记　刘新兴

韩城市人民政府市长　姚双年

韩城市位于陕西省关中平原东北部，东临黄河，西依梁山，山清水碧，人文荟萃，全市国土面积1621平方公里，常住人口40万。韩城市是中国著名的历史文化名城，伟大的史学家，文学家司马迁的故乡；以党家村为代表的民居建筑“四合院”被誉为“民居瑰宝”享誉海内外。

韩城是一座新兴的能源、冶金、重化工业城市，是中国西部百强（县）市，县域经济竞争力位居陕西省第二位。2004年，全市实现地区生产总值42.6亿元，比上年增长22.5%；地方财政收入1.6亿元，比上年增长39.2%；固定资产投资完成31.6亿元，比同年增长36.6%。

司马迁祠

党家四合院

韩城特产“大红袍”花椒

太史园

禹甸园

龙门工业园

传统支柱产业——拉堡糖厂

投资 18 亿元建设中的红花水电

桂中商埠——柳江县

张乔林书记在 2004 年东莞招商会上致辞

姚汉龙县长在 2004 年东莞招商会上致辞

国家重点中成药企业

——花红药业生产基地

初具规模的汽配业

——柳新焊装车间

无公害蔬菜基地

农业结构调整——百万亩藕海

中共衡阳市委常委、耒阳市委书记 廖炎秋

耒阳市人民政府市长 唐学石

被誉为天下第一衙的耒阳汉代县廷

蔡伦故里——湖南省耒阳市

耒阳是农耕文化的发祥地，是伟大的造纸术发明家蔡伦的故乡，秦时建县，东汉置郡，元代设州，是一座具有2000多年历史的文化古城，历有“荆楚名区”、“三湘古邑”的美誉。耒阳资源丰富，素有“汉白玉之乡”、“油茶林之乡”的美称，煤炭可开采储量居湖南省各县（市）之首，年产煤量达500万吨，是全国百强产煤重点县（市）之一，地方电力充足，总装机容量140万千瓦，是全省最大的电能县（市）。耒阳区位优越，交通便利。京广铁路、107国道、京珠高速公路、即将兴建的武广高速铁路纵贯南北，320省道横跨东西，北上武汉，南下广州均可在5小时内到达。城市初具规模，城市建成区面积30平方公里，城区人口30万人，是湖南省规模最大的县级城市，2004年我市成功创建为省级文明城市。

农业产业结构调整成效显著，国家级“10万亩杂交水稻制种基地”初具规模，制种总产量占全国的1/8，实现了“耒阳种、种天下”；烤烟种植面积突破5万亩，武汉卷烟集团将我市列为烤烟生产基地。工业化进程明显加快，全市形成了以煤炭、电力为主的能源支柱产业，建材、冶金、机械、制鞋业等产业初具规模。2004年我市完成GDP76.99亿元，增长14.3%，列湖南县级市第三；完成财政总收入3.82亿元，位居湖南省第八。在第四届中国中部百强县（市）评比中排名第60位。

流光溢彩的样板街夜景

纸圣蔡伦铜像

园林式休闲广场——神农广场

老百姓喜爱的湖南百景之一——蔡伦纪念园

(耒阳)农耕文化节开幕式盛况

塞上明珠

——青铜峡

中共青铜峡市委书记　周生信

青铜峡市人民政府市长　张吉胜

古峡广场

青秀园

黄河库区鸟岛

青铜峡地处宁夏平原中部，乃古时西北边陲名镇，山川雄秀，崇文重道，历史积蕴恢沃，九曲黄河穿境北流，十大干渠绵延阡陌，素有“塞上明珠”之美誉。全市总面积2445平方公里，辖8镇1个办事处、3个农林场，总人口26.8万人。是全国重要的商品粮生产基地和现代农业基地市、宁夏乃至西北地区重要的电力、铝业基地，宁夏经济核心区之一。综合经济实力名列中国西部百强县(市)第71位，宁夏各县(市)首位。

在新世纪大开放、大开发和大发展的征程中，青铜峡市将一如继往地按照“优势互补、互惠互利、长期合作、共同发展”的原则，以丰富的资源、热情的服务和优越的环境，热忱欢迎国内外朋友们前来观光旅游，考察访问，洽谈合作，投资发展，携手并进！

金昱元公司电厂

勤昌实业公司

万亩设施农田

御马葡萄酒庄园

图什业图马术队在表演

十旗会盟地遗址

油菜

牛群

山林

内蒙古自治区

科尔沁右翼中旗

百吉纳工业区

科尔沁右翼中旗（简称科右中旗），古称图什业图旗，是当时科尔沁十旗会盟所在地。位于内蒙古自治区兴安盟南部，大兴安岭南麓的边缘地带，科尔沁草原的腹地。行政隶属于兴安盟。全旗地形自西北向东南呈狭长状，南北长500多公里。东西宽60多公里。土地总面积15613平方公里（合2342万亩）。总人口为251，303人，其中蒙古族人口占总人口的83.4%，是全国蒙古族人口比例最高的少数民族聚居旗。

111国道贯穿境内150公里

科尔沁右翼中旗党政办公楼

2001年，科右中旗确定了“实施五大战路，推进三化进程、加强两项建设、完成三大任务”的发展思路，即：全面实施生态立旗、农业稳旗、工业富旗、开放强旗、科教兴旗“五大战略”，大力推进工业化、城镇化、农牧业产业化“三化进程”，切实加强生态环境和基础设施“两项建设”，完成优化第一产业、壮大第二产业、强化第三产业“三大任务”。四年来，在上述思路的指导下，经过全旗各族干部群众艰苦奋斗，科右中旗的经济建设和社会各项事业得到了较快的发展。2004年，全旗地区生产总值达到12.5亿元，比2001年增长81.2%；全社会固定资产投资达到5.1亿元，比2001年翻二番多；乡及乡以上工业增加值实现3.1亿元，比2001年翻一番多；其中，规模以上工业增加值实现6864万元，比2001年翻一番多；引进国内资金5.3亿元，比2001年翻二番多。财政收入达到8120万元，比2001年翻一番多；城镇居民人均可支配收入达到5904元，比2001年增长30.3%；农牧民人均纯收入达到2100元，比2001年增长67.7%。由于经济的快速发展，在第四届全国县域经济基本竞争力评价活动中，被评为全国县域经济提升速度最快的百县（市）之一。

金科水泥厂

五角枫景区

中共开原市委书记　魏俊星

开原市人民政府市长　王志勇

开原，一片投资创业的热土，一个旅游休闲的乐园。

开原市位于辽宁省北部，松辽平原中部。地处沈阳、长春两大省会城市之间是辽北次中心城市。市辖区总面积3000平方公里，总人口60万。哈大电气化铁路、京哈高速公路、102国道纵贯市区，数条省级干道和铁路专用线穿境而过，构成了开原经济发展的动脉。

进入新世纪，开原经济全新快速发展，各项经济指标年均增幅在20%以上。建设了纺织造纸、优质农副产品深加工、新型建材生产三大基地，形成了轻工、机械制造、新型建材、食品及农副产品深加工等五大行业为支柱产业的工业体系。以南京雨润、赢德肉禽等十家大型企业为龙头，形成了烟叶、绿色稻米和畜禽产品加工为主的九大产业链，农副产品香飘海内外。深入开展全民创业，民营经济蓬勃发展，成为县域经济发展的主体。

开原深入实施城市发展战略，城市面貌日新月异，城市魅力日益彰显。一座新兴的生态旅游城市正在崛起。著名笑星赵本山，自导自演的电视剧《刘老根》二部、《马大帅》一、二部就是在开原拍摄的。

各项事业协调发展，几年来，开原先后被评为全国体育工作先进市、全国文化工作先进市、全国法制宣传教育先进市、全国文明村镇创建先进市。开原首创的城乡共建经验在全国推广。

开原，正向着新的辉煌迈进。

开原广场音乐喷泉

辽代古塔——崇寿寺塔

开原朝龙亚麻纺织有限公司

辽北古刹——七鼎龙潭寺

开原市瑞信印务有限公司

开原雨润肉食品有限公司

开原特色农业

古龟兹——新疆库车县

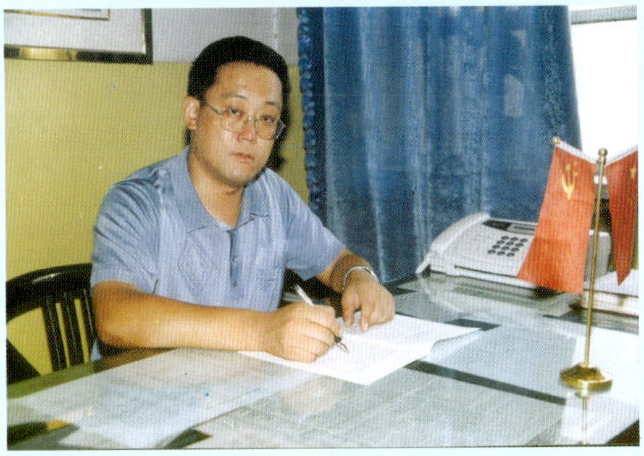

中共库车县委书记　李刚

中共库车县委副书记、县长　艾则孜·木沙

库车古称龟兹，地处天山南麓中部、塔里木盆地北缘，是举世闻名的龟兹文化发祥地，素有“西域乐都”、“歌舞之乡”和“中国白杏之乡”的美誉。全县总面积1.52万平方公里，辖9镇、6乡、218个行政村、5个国营农牧场，有中央、自治区、兵团、地区驻库企事业单位和部队70余个。总人口45万，其中，城镇人口20万，是一个以维吾尔为主，汉、回等多民族聚居的县。

库车历史悠久，文化灿烂；区位和资源优势得天独厚。

近年来，库车依托独特的区位优势和丰富的资源优势，发挥人流、物流、资金流、信息流集中的优势，进一步解放思想，大力调整经济结构，加强区域经济技术合作，加快实施优势资源转换战略，全县经济和社会各项事业蓬勃发展。2004年，完成国内生产总值29.08亿元（不含石油），实现财政收入3.16亿元。工业化进程进一步加快，在第四届全国县域经济基本竞争力评价中，列“全国县域经济基本竞争力提升速度最快的百县（市）”，再度进入“中国西部百强县（市）”行列，跃居第27位，被自治区评为经济增长速度最快、投资环境最佳县（市）。

库车麦西来湧

库车天山神秘大峡谷

库车小白杏

龟兹文化广场

库车机场

库车火车站

库车步行街

中石化塔河分公司

中共大石桥市委书记　董建国

大石桥市人民政府市长　周大寨

中国镁都

打造世界一流镁质材料产业化基地

辽宁省大石桥市位于辽东半岛中部，渤海岸畔，总面积1600平方公里，总人口72万。境内菱镁资源丰富，已探明储量达15.58亿吨，占全国储量的50%，素有“中国镁都”之誉，是科技部确定的国家镁质材料产业化基地。

大石桥市镁质材料产业发展迅猛。2003年，全市镁质材料总产量931万吨，其中，镁质耐火材料销售量为450万吨，占世界需求总量的28%，出口60万吨，占全国出口总量的42.5%。

镁质材料精深加工能力居全国之首，有7项产品达到国际领先、先进水平；19项达到国内领先、先进水平；12项填补国内空白。

目前，大石桥市已经形成了一个镁质材料生产骨干企业集群。青花集团是亚太地区最大的碱性耐火材料生产基地；嘉晨集团是中国最大的耐火材料原料生产企业；金龙集团是中国最大的镁碳砖生产企业；新型集团是中国最大的电熔镁砂生产企业。此外，群益集团、太容集团、石佛集团、华镁集团、金鼎公司、荣源镁矿有限公司等企业的生产能力均居全国同类企业前列。

为了加快镁质材料产业发展，大石桥市制定了国家镁质材料产业化基地建设规划，以发展高新技术产品、面向多领域需求、组建大企业集团、推进专业化分工、实施国际化标准为指导思想，努力使深加工经济总量、技术创新能力、产品科技含量、工业装备水平等居于世界前列，力争到2010年，镁质材料产业产值实现400亿元，其中，深加工产品产值达到320亿元。

大石桥市还制定了国家镁质材料科技产业园建设规划。工业园规划面积5平方公里，到2010年，计划多渠道投资100亿元，摆放镁质材料精深加工企业120家，建成技术研发与人才培训、产品加工、教育文化体育活动、科技贸易、生活服务五大分区，从而加快世界一流镁质材料产业化基地建设步伐。

大石桥市委市政府办公大楼

大石桥

亚洲最大的碱性耐火材料生产企业——青花集团

国家镁质材料产业化基地专项对接会开幕式

大石桥市教育城

中国最大的安全门生产企业——盼盼集团生产车间

花园城市 lucheng

——山西潞城

高山流水风景区一角

“万泉河”竹筏漂流

越人公园一角

市委市政府

高标准的居民住宅小区

潞城市世纪广场举行大型文艺活动

中共潞城市委书记　李进军

潞城市位于
西省东南部，是晋
冀、鲁、豫的通
要冲。全市国土
积615平方公里，
4镇3乡2个办
处，总人口21万
是长治地区惟一
县级市。

2004年全市地区生产总值达到42亿元，财政收入突破5亿元
在第四届全国县域经济基本竞争力评价中，潞城市首次跨入全国
升速度最快的百县（市）行列，名列全省各县（市）第九位。是“
国科普示范先进市”、“省双拥模范城”、“省级卫生城市”、“环境
护工作先进市”，2004年10月，顺利通过省级园林城市初评。

潞城市夜景

亚洲最大的复合肥生产基地——天脊集团有限公司

贯穿全市的“邯长”高速公路

潞城最大的民营企业——潞宝集团鸟瞰图

俯前广场一角

国际一流精品工程亚洲最大的火力发电厂——王曲火电厂建设工地

中共宜兴市委书记　史祖能

宜兴市人民政府市长　吴峰枫

中国陶都——江苏宜兴

宜兴市地处江苏省南端，位于苏、浙、皖三省交界处，沪宁杭三角中心，地理环境和自然条件得天独厚，是太湖西岸著名的历史文化名城，江苏省重点发展的四个三级一类中心城市之一，宜兴全境 2039 平方公里（水域 250 平方公里），耕地 110 万亩，山林 60 万亩，全市总人口 106 万，下设 21 个镇、1 个国家级高新技术开发区——环保科技工业园。

宜兴已经形成了新兴中心城市的基本框架。根据第五轮城市总体规划定位，宜兴要建成“中国著名陶都，长江三角洲生态旅游城市，苏浙皖三省交界地区重要的工业城市和商贸中心”。目前，宜兴已基本形成了以城东新城区、城西物流园区、城北工业区、城南行政中心和宜城商业文化服务中心为主的城市功能布局，基本形成了以龙背山森林公园、团氿风景区为代表的山水园林城市特色。

宜兴经济发达，社会文明，是江苏省首批文明城市之一。2004 年，全市完成生产总值 310 亿元，增长 18.3% 以上；财政总收入完成近 40 亿元，增长 30%，地方一般预算收入完成 14 亿元，增长 30% 以上；第四届全国县域经济基本竞争力评比中排名第 7 位，在全国首批 80 家小康县（市）中名列前茅。

环保技术博览中心

新体育中心

远东集团

龙背山森林公园

竹海公园

善卷洞

陶瓷博物馆

团氿风光

宜园风光

中国百强
——辽宁瓦房店

各级领导视查瓦房店

瓦房店市位于辽东半岛中西部，西临渤海，东倚千山余脉，北距省城沈阳292公里，南濒大连104公里，面积3793.5平方公里，人口103万人。

市长徐长元在长兴岛深水码头开工典礼上讲话

瓦房店市历史上曾是辽南重镇，是闻名中外的苹果之乡和中国轴承工业的摇篮。近年来，瓦房店市上下紧紧抓住振兴东北老工业基地和建设“大大连”的历史机遇，大力推进经济和社会发展。在第四届全国县域经济基本竞争力排名中，瓦房店市位列第48位，比上届提升20个位次。目前，在福布斯推出的中国内地最佳商业城市排行榜中，瓦房店市名列“未来之星”全国县级第二位。

东北明珠——仙浴湾

风力发电

金刚石采矿现场

永宁 —海马石

永宁 —钓鱼石

大象吸水

海滨一角

东山公园人工湖

世纪广场

永丰塔（建于辽代）

生态型中等海滨城市

——辽宁庄河

步云山温泉旅游度假区

海王九岛是国家级海岛森林公园
图为九岛之一——观象岛

庄河市位于辽东半岛东南部，丹东和大连之间，南临黄海，陆域面积4068平方公里，海域面积2700平方公里，人口89万，辖22个乡镇，4个街道。

近几年来庄河经济持续快速发展，县域经济基本竞争力快速提升，在第四届全国县域经济基本竞争力排名中获73位。2004年国内生产总值实现135亿元，财政收入完成4.3亿元，农民人均收入达到4650元。 在新的形势新任务面前，庄河人落实科学发展观谋求更快发展，力争用10年左右的时间把庄河建成生态型海滨中等城市。

庄河资源丰富，人杰地灵。有中国一流的、世界最大的现代化家具生产基地——大连华丰家具有限公司，华丰家具获国家驰名商标。与中科院共同研究开发海洋贝类育苗，是中国最大的贝类育苗基地。有著名的国家AAAA级冰峪旅游度假区，有天门山国家级森林公园，有省级著名的森林海岛公园活化出一幅独具神韵的海岛奇观，领略“世界蚬库”蛤蜊岛的博大神奇，浓缩晋代以来历史沧桑的城山古城，享受大自然恩赐的步云山温泉，同时庄河又是大连城市用水的水源地。

正在崛起的海滨城市——庄河，曾获“全国科技先进县（市）”、“全国体育先进县（市）”、“全国广播电视先进县（市）”，国家畅通工程C类城市二等管理水平，2004年获辽宁省城市建设“绿叶杯”。

城山古城旅游区

国家4A级冰峪旅游度假区

庄河年产各类水产品15万吨，有“世界蚬库”之美誉

庄河大酒店

大连华丰家具有限公司

千佛宝殿

石城岛是世界濒危鸟类“黑脸琵鹭”的故乡

举世闻名的庄河大骨鸡

天门山国家森林公园

市区一角

中共藁城市委书记　张树志

藁城市人民政府市长　王普增

GAOCH

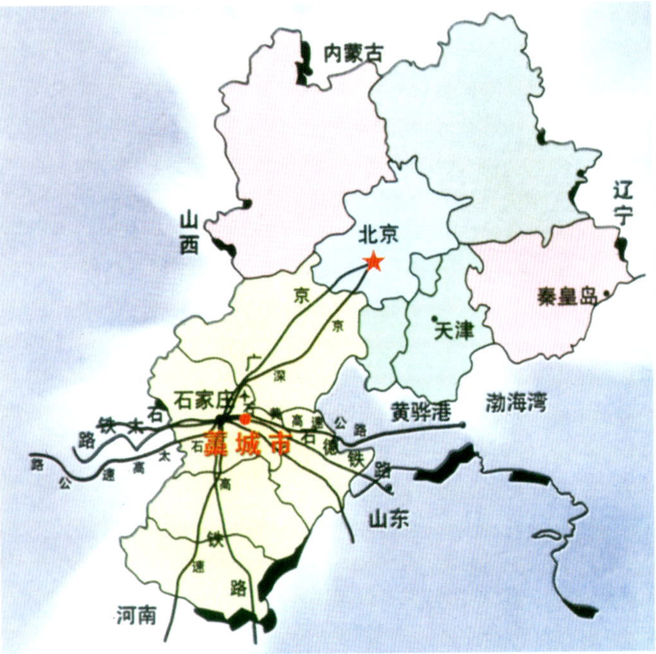

藁城市地处河北省中南部太行山东麓平原，西侧与省会石家庄相邻，是石家庄市“1+4”组团城市之一。现全市总人口74.4万，总面积836平方公里。

藁城市综合经济实力连续多年位居河北省十强，2004年，完成地区生产总值139.56亿元，同比增长13.1%；完成财政收入60893万元，增长12.2%；城镇居民可支配收入和农民人均纯收入分别达到7935元和4621元，分别增长10.98%和13.1%；完成农业增加值30.3亿元，同比增长5.9%，被授予“全国十大粮食生产先进县市”称号。在第四届全国县域经济基本竞争力评价中，藁城市首次跻身全国百强县（市）行列。

纵贯全市的石黄高速公路

广场夜景

石家庄（良村）经济技术开发区中日合资倍达药业公司

冀中明珠 藁城市

中美合资高科技阿鸥环保技术公司

省级示范性高中——藁城一中

南市区全景图

银杏之乡、教育之乡、建筑之乡

一江畔明星 泰兴

中共泰州市委常委
泰兴市委书记 李春江

泰兴市人民政府市长 曹苏民

泰兴市名寓意“国泰民安、五业兴旺”，建县南唐升元元年，距今1069年。地处苏中平原，西濒长江，拥有26公里长江黄金岸线，是国务院最早批准的沿海开放城市之一，也是长江三角洲地区一座新兴的滨江工贸城市，面积1253平方公里，人口128万，辖24个乡镇和1个省级经济开发区，素有“银杏之乡”、“教育之乡”和“建筑之乡”的美誉。

泰兴土地肥沃，物产丰饶，银杏产量占全国的三分之一，“泰兴白果”是国家原产地域保护产品，畅销海内外。境内有全国储量最大、纯度最高的二氧化碳气田，具有良好的开发前景。工业基础较好，现有规模企业2000多家，其中省级企业集团27个，主要产品涉及化工、医药、纺织、电子等十大类近6000个品种。减速机、曲轴、靛蓝染料、小提琴等10多个产品产量雄踞全国乃至世界首位。建筑业久负盛名，承建工程6次夺得中国工程质量最高荣誉“鲁班奖”。外向型经济蓬勃发展，现有三资企业400多家，总投资10亿美元。省级泰兴经济开发区设施齐全，功能齐备，已成

繁忙的泰兴天然良港

国家红色旅游经典景区——泰兴市黄桥革命历史纪念地

地处闹市的泰兴仙鹤湾风光带一景

泰兴人的“客厅”——鼓楼文化广场

郁郁葱葱的江苏省泰兴古银杏森林公园一角

南黄海的一颗明珠

江苏海安

JIANGSU HAIAN

县委书记张爱军（右）通过中央电视台向世界展示海安魅力

江苏省海安县地处长江三角洲，位于南通、盐城、泰州三市交界处。东临黄海，南濒长江，与国际大都市上海隔江相望。海安是全国首批14个沿海开放城市中最早的对外开放县。全县总面积1108平方公里，人口96万。

海安地理位置优越，是东部沿海地区重要的交通枢纽。新长铁路和宁启铁路在此交汇，海安火车站是江苏东部地区最大的二级编组站；204、328国道和202省道贯穿全境，建设中的沿海高速和规划中的海溧高速公路在此汇合；通扬、通榆运河畅流其间。

海安经济发展迅猛，2003年综合经济实力排名居江苏省第18位。海安属长三角经济开放区，为上海经济辐射地带。海安工业基础雄厚，机械、电子、纺织、丝绸闻名全国。铸造锻造机械加工能力在江苏省名列前茅，195系列单缸曲轴产销亚洲第一；丝绸纺织工业是海安传统的支柱产业，海安是全国重要的茧丝绸生产基地，蚕茧产量全国第一。化纤业品种齐全，“海安锦纶”名扬全国，占全国总量的八分之一。海安是江苏省重要的化工助剂生产基地，连续法二苯胺生产居全球第二位，亚洲第一。海安建筑业誉扬国内外，有全国著名的建筑“铁军”——江苏省苏中建设集团股份有限公司。海安农业资源丰富，畜牧业兴旺发达，家禽饲养量、禽蛋产量居全国农区之首，是中国粮油（双低油菜）猪禽茧重要的生产基地，是世界最大规模的海淡水河豚养殖基地，也是亚洲最大的紫菜养殖现代化育苗基地。

海安社会事业全面发展。基础教育硕果累累，职业教育闻名全国，双楼职中被誉为“新中国农村职业教育第一面红旗”。海安花鼓、龙舞闻名全国。大公（北凌）农民体育名扬四方。海安县是全国教育先进县、全国文化先进县、全国科技百强县、全国粮食生产先进县、江苏省文明城市、江苏省社会治安安全县、江苏省生态农业建设先进县，是全国著名的“茧丝绸之乡”、“禽蛋之乡”、“建筑之乡”、“龙舞之乡”、“民间艺术之乡”。

JIANGSU HAIAN

县长章树山主持中国 · 海安服饰节暨“海林杯
’2004 世界最佳模特大赛中国区总决赛开幕式

江苏鑫港企业

江苏苏中建设集团股份有限公司

流光溢彩不夜城

夜之帆——时代广场一角

川流不息的火车站场

环境优美的住宅区——中洋水景园

广东省增城市

增城建县于东汉建安六年（公元201年），距今已有1800多年历史。1993年撤县设市，全市总面积1741平方公里，现辖6个镇、3个街道办事处，常驻人口约94万。

增城位于珠江三角洲东北部、广州东部，背靠大广州，南与东莞隔江相望，东临惠州，北界从化、龙门，处于广州、东莞、深圳、香港等发达城市区间，紧连广州市经济技术开发区和广州科学城，被经济学家称为“黄金走廊”。随着广州“南拓北优、东进西联”战略的实施，这个“走廊”已成为最具开发潜力的广州东部板块主要组成部分，是广州城市向东扩展的重要地区。

增城是广东省文明城市、广东省卫生城市、广东省林业生态市，素有“荔乡仙境”的美誉；增城投资环境优越，境内有四通八达的交通，逐步完善的各项基础设施，优越的人居环境，完善的教育文化设施，丰富的人力资源。

增城经济发展迅速，2004年，全市实现生产总值236.88亿元，比上年增长13.04%；工业总产值465.63亿元，增长14.98%；农业总产值42.6亿元，增长8.12%；财政总收入23.44亿元，增长20.7%；实际利用外资1.74亿美元，增长15.06%。经济实力居广东省首位，列全国百强县(市)第19位。

广惠高速公路

汽车产业基地

落差428.5米的白水仙瀑
（中国大陆落差最大）

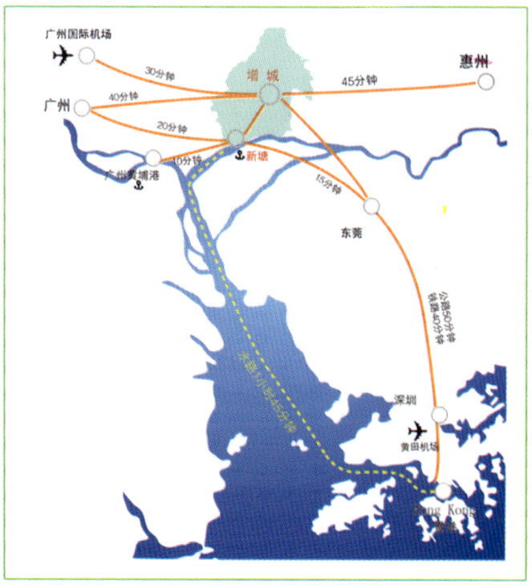

增城区位图

角

独一无二的挂绿荔枝母树

五星级酒店

商业中心一角

大型新社区

中共唐山市委常委、迁安市委书记　姚自敏

迁安市人民政府市长　刘桂东

古为黄帝故都　今日中等城市

迁安市，地处河北省东北部，傍燕山山脉而坐，纳滦水穿城而过。地理位置优越，交通运输便利。地处“京津唐秦承”中心位置，总面积1208平方公里，人口67.6万。

矿产储量丰富，其中金属矿藏主要是铁，储量达27.2亿吨，矿石品位在30%左右，2004年铁精粉产量达1180万吨，已连续数年居全国县级首位，素有“铁迁安”之称。

2004年全市生产总值达178.4亿元，全部财政收入达21.2亿元，地方财政收入达10.1亿元。综合经济实力连续两年位列河北省县级30强之首；在第四届全国县域经济基本竞争力评价中，列百强县(市)第53位，在全国最发达县（市）评比中位列第97位，是河北惟一跻身“双百强”的县（市）。

地毯厂

冀东车间

大化

绿色环保企业——华北戴尔特印刷包装有限公司

迁安市

行政办公中心

迁安一中

中韩书画展

迁安市人民广场

中共胶州市委书记　李皓

胶州市人民政府市长　曹友强

杭萧钢构

胶州湾畔一颗璀璨的明珠

市级机关办公大楼

三里河

胶州湾工业园

——金胶州

青岛艺德木业有限公司

南方家园

胶州——中国东部重要的沿海开放城市，坐落于美丽的黄海之滨，富饶的胶州湾畔，是中国名城青岛市的卫星城市。辖区总面积1210平方公里，总人口78万人，市建成区面积40平方公里，常住人口28万人，其中外国人口2万多人，是外商在山东最大的聚居和投资县级市之一。

近年来，胶州人民乘改革开放之东风，解放思想，与时俱进，坚持在改革中前进、开放中壮大、竞争中超越，经济建设和社会发展取得了新成就。2004年完成国内生产总值217亿元，实际利用外资6.6亿美元，实际利用内资57.5亿元，出口创汇15.6亿美元，实现地方财政收入8亿元，在第四届全国县域经济基本竞争力评价中，列全国30位。

放眼新世纪，展望新征程，78万胶州人民正以百倍的努力、发挥传乘的睿智、运用现代的理念，号令于“提升金胶州，共筑大青岛”的旗帜下，向世人展示一个复兴的胶州、一个活力的胶州、一个面向新世纪的胶州！

实验初中

中共寿光市委书记　徐振溪

寿光市人民政府市长　刘中会

中国百强——山东寿光

SHOUGUANG

寿光市位于山东半岛中部，渤海莱州湾南畔，总面积2180平方公里，海岸线56公里，辖20处乡镇（街道），人口108万。

寿光交通发达，通讯便利。济青高速公路横贯东西，青羊铁路纵贯东西，潍高、羊临等省道、国道纵横交错。国家二类开放口岸羊口港，可直达周边国家和地区。

近年来，寿光市以科学发展观为指导，坚持统筹城乡，加快由传统农业向现代农业、传统工业向现代工业、普通县级市向现代化中等城市的"三大跨越"，走出了一条一二三产业协调发展、经济社会共同进步的县域经济发展之路。

综合实力显著提升。2004年全市完成地区生产总值193亿元，财政总收入12.8亿元，其中地方财政收入7.3亿元，各项主要经济指标始终保持了强劲的增长态势。在第四届全国县域经济基本竞争力评价中，列百强县第38位。

全国首批国家级农业示范园区之一——寿光蔬菜高科技示范园

日新月异的城市建设

国家重点农业龙头企业——寿光蔬菜批发市场

欧盟十四国驻化华大使考察寿光农业

蓬勃发展的寿光市省级经济技术开发区

全国 500 强企业、拥有 A、B 两支股票的晨鸣纸业集团

每年一届的中国（寿光）国际蔬菜科技博览会开幕式

日益完善的基础设施

中共滨州市委常委、邹平县委书记刘士合（左二）、邹平县人民政府县长魏克田（右三）深入企业调研

中国百强县—

邹平县隶属于山东省滨州市，地处鲁中泰沂山区与鲁北黄泛平原叠交地带，东接淄博市，西邻济南市，南依胶济铁路，北濒黄河。西距济南国际机场48公里，东距青岛260公里。

资源丰富，境内蕴藏大量的花岗岩、大理石、麦饭石、铜金矿、矿泉水及银、钼、硫等矿产资源。境内长白山脉绵延百里，素有“泰山副岳”之美称。

邹平是全国著名的香椿之乡、山药之乡、甜椒之乡，还被命名为“中国棉纺织名城”。

县城老城区

县经济开发区一角（邹魏纺织第一工业园）

—山东邹平

近年来，全县上下以“三个代表”重要思想和党的十六大精神为指导，立足邹平实际，创造性地推进改革和发展，县域经济实现了超常规、高速度、跨越式发展。2003年被山东省委、省政府确定为重点扶持的30个经济强县之一。2004年，完成国内生产总值156亿元，同比增长41.8%；财政总收入15亿元，其中地方财政收入5.9亿元，同比分别49.9%和57.8%；农民人均纯收入3942元，城镇居民人均可支配收入9197元，分别增加453元和800元。在第四届全国县域经济百强县排名中，位列第78位，是山东省惟一一个新进入全国百强的县。

全民建身活动

城南新区景观大道

城南新区市民公园一角

国家级森林公园鹤伴山风景区一角

长山山药（中国山药之乡）

中共遵化市委书记　刘树祥

遵化市人民政府市长　赵山

畿东第一城 遵化市

遵化位于河北省东北部燕山南麓，北倚长城，西顾北京，南临津唐，东通辽沈，交通极为便利。全市人口69.3万，总面积1521平方公里。

遵化自然资源丰富，是国家确定的全国商品粮生产基地县(市)和全国粮食大县(市)。特产“京东板栗”名扬海内外，年产量达1500万公斤。矿产资源种类众多，储量丰富。铁矿储量3.2亿吨，冶金矿山业成为一大支柱产业。旅游资源得天独厚，境内有世界文化遗产——清东陵和古长城。

遵化市全面实施“开放带动、科教兴遵、旅游突破、工业强市、龙企富民”发展战略，确立了“立足资源优势，培育特色产业，促进五龙腾飞”的经济发展思路，形成了冶金矿山、蔬菜、林果、畜牧和旅游五龙型经济。在第四届全国县域经济基本竞争力评价中，列百强县(市)第61位。

电厂

板　栗

长城科贸

栗源集团

建龙钢铁公司

港陆钢铁公司

清东陵

中共高州市委书记、
市人大常委会主任　卢方圆

中共高州市委副书记、
高州市人民政府市长　李上林

皮手套生产车间

纺织生产车间

广东省山区综合开发的一面旗帜

高 州 市

高州市位于广东省西南部，全市总面积3276平方公里，现有人口157万。市区现有面积约20平方公里，人口20多万。曾是粤西的经济、军事、文化中心，为省级历史文化名城。

改革开放以来，特别是近几年来，高州市坚持走“农业起步，以农促工，以工带农，全面发展”的经济发展路子，以“建设经济强市，争创文化名城，力争在全省山区中率先基本实现现代化”，全面建设小康社会为总目标总任务统揽工作全局，以发展工业化为核心，积极实施“三化联动，城乡齐兴”发展战略，有效地促进了国民经济持续快速健康协调发展和社会全面进步，人民生活水平稳步提高。2004年，全市国内生产总值138.6亿元，比上年增长8.2%；财政总收入7.83亿元，增长26.3%。曾获“全国第二、三、四届县域经济基本竞争力百强县（市）”、“全国水果第一市”、“全国农村综合实力百强县（市）”、“中国手套名城”、“全国农产品深加工十强县（市）”、“全国明星市（县）”等28项国家级殊荣。

全国水果第一市

竹器编织一角

建于明朝万历年间的宝光塔

深镇仙人洞美景

千年古城秀色

JIANGDU

江淮明珠

江都

城市新貌

行政服务中心

江都历史悠久，人文荟萃，环境优美，物产丰饶，素有鱼米之乡、花木之乡、丝绸之乡、建筑之乡之美誉，是华东地区重要的交通枢纽、水利枢纽和电力枢纽，是国家南水北调东线工程源头。全市总面积1332平方公里，人口107万。

改革开放以来，江都人民开拓进取，乘势而上，经济建设和各项社会事业得到了较快发展，在第四届全国县域经济百强县（市）中名列第46位。还先后荣获全国科技进步先进市、全国文化先进市、全国社会治安综合治理先进市、江苏省党建工作先进市、江苏省双拥模范城、江苏省卫生城市、江苏省文明城市等荣誉称号。

长青集团

水乡一角

江都夜景

新通扬运河城区段

龙川广场一角

江都水利枢纽

朱镕基同志在花垣视察工作和花垣的干部群众在一起

湖南省省长周伯华(右一)和县委书记吴彦承(中)在边城茶峒开发现场

团结务实的县领导集体

县委书记吴彦承(右)和县长宛庆丰(左)在一起研究工作

花垣县

花垣县位于湖南省西北部，与黔、渝两省（市）接壤，是朱镕基总理曾经读过书的地方，是沈从文先生笔下《边城》茶峒所在地。全县总面积1108.69平方公里，辖8镇13乡，人口27万,其中苗族人口占76.8%。209、319国道在县城交汇。境内矿产资源丰富，锰、铅锌贮量分别达3112万吨、1108万吨，素有“有色金属之乡”之称。

近年来，花垣县坚持“四个坚持、四个突出”的工作思路，坚持经济和社会协调发展，坚持人与自然和谐发展，坚持城乡统筹发展，经济和社会各项事业得到了“高速、全面发展”。2004年，全县实现国内生产总值10.48亿元,同比增长23.5%,净增3.15亿元,实现财税收入1.607亿元,同比增长71%,净增6698万元,其中财税增长部分占全州财税增长总量的38.6%,农民人均纯收入1456元,财税收入、工业总产值、金融机构存款余额、城乡居民储蓄存款四项指标均在2002年的基础上翻了一番。在2004年全国县域经济提升速度最快的百县（市）中，花垣位居第27位，是湖南省惟一一个榜上有名的县。

01

02

03

新建的居民小区一角

著名画家黄永玉老先生亲自为边城茶峒设计了翠
翠雕像。图为黄老和县委书记吴彦承在边城茶峒
开发现场。

州委书记童铭谦（中）在花垣检查指导工作

州长杜崇烟（左二）在花垣检查烟叶生产

图片说明：

图01：县城一角
图02：正在修建中的湘西第一街——边城步行街
图03：三省市边区设施最齐、功能最全的县人民医院综合大楼
图04：目前自治州惟一的集交警、火警、城管为一体的城市多功能监控中心
图05：边城茶峒古建筑
图06：边城茶峒位于湘、黔、渝三省市交界处，是著名文学大师沈从文小说《边城》描写地，这里风光秀美、风情独特，是享誉中外的文化旅游胜地
图07：农业结构的调整，为农民的脱贫致富打下了坚实的基础。图为丰收的猕猴桃
图08：正在修建中的边城高级中学

全国百强县—

县委书记黄源水（前右一）、县长李转生（前右三）陪同省市领导到重点建设项目现场调研

县城中新广场

惠安县位于福建省东南沿海中部，介于湄洲湾和泉州湾之间。东临台湾海峡，与台湾隔海相望，是福建省著名侨乡和台湾汉族同胞主要祖籍地之一。自北宋太平兴国六年(公元981年)置县，至今已有一千多年历史。现隶属泉州市，辖16个乡镇，人口92万人。全县土地面积720平方公里，海域面积1200平方公里。1978年被福建省开辟为对台接待港口和对台开放贸易点，1985年被国务院列为闽南金三角开放县。

改革开放以来，惠安人民在县委、县政府的带领和海内外惠籍乡亲的鼎力相助下，大力弘扬“勤奋刻苦、务实求真、团结拼搏、创新争先”的惠安精神，发挥区位、人文、资源、侨台、基础设施和支柱产业等优势，艰苦创业、开拓进取，面貌焕然一新，经济建设和社会事业发展成效显著，经济实力和经济总量继续保持全省、全市前列，2004年位居全国县域经济基本竞争力第36位、全国最发达100县第87位，连续十一年进入福建省经济实力“十强县”行列。各项社会事业同步推进，先后获得全国食品工业强县、全国科技进步先进县、全国农村电气化先进县、全国文化信息网络示范县、全国水土保持生态环境建设示范县、中国石雕之都、中国雕艺之乡、中国民间艺术之乡等称号。

惠安县城一隅

—惠安县

省级农业示范区——走马埭

城南工业园区

燕京惠泉啤酒集团有限公司北厂

泉州船厂工地

崇武古城

国家一级渔港——崇武

中共即墨市委书记　张洪训

即发工业园一角

温泉麒麟山庄项目

墨河公园一角

经济开发区一角

中国针织名城——山东即墨

即墨城区一角

即墨城区一角

即墨市地处山东半岛城市群、半岛制造业基地的核心地带和青岛市“半小时经济圈”，城区距青岛流亭国际机场15公里、青岛港40公里。烟青一级路、青银高速、济青高速和即将修建的乌威高速、青平高速、青岛滨海公路在境内纵横交贯，柏油公路连通各镇；胶济铁路、蓝烟铁路相会于此；女岛国家二类开放口岸可直达周边国家和地区，区位十分优越。

经济社会快速健康协调发展。2004年以来，即墨市积极适应科学发展观的新要求和国家加强宏观调控的新形势，紧紧围绕建设大青岛都市新区的奋斗目标，突出重点，把握关键，抢抓机遇，聚力突破，经济社会快速健康协调发展。2004年，即墨市荣获全省就业再就业先进工作单位、全省发展民营经济先进市、全省外经贸工作先进市、全省环境综合整治先进单位等省级以上荣誉称号8项，全市GDP、外经贸工作、各项存款余额、居民储蓄余额均居青岛市农村五市第一位，县域经济基本竞争力和社会经济综合发展指数分别列全国百强县第28位和第64位。

即墨田横岛鸟瞰

青岛即墨服装城

即墨温泉天泰滑雪场

创新科技有限公司

即墨城区一角

国家级融侨经济技术开发区

福州市人大常委会副主任
中共福清市委书记　陈瑞麒

福清市人民政府市长　杜源生

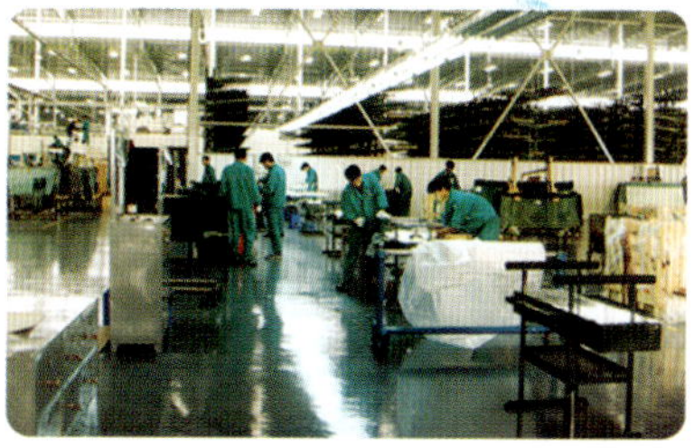

中国最大的汽车玻璃制造商
和出口商——福耀玻璃

全球最大的电脑显示器供应商
——冠捷电子公司

国家AAAA级石竹山景区

福清国际商展中心

福清福洛兰花出口创汇基地

5万吨级江阴国际码头一号泊位

一都镇果农获丰收年

南安——海峡西岸璀璨明珠

南安市位于福建东南沿海，地处闽南金三角中心区域，与台湾、金门隔海相望。现全市总面积2036平方公里，人口148万，海外侨胞和港澳台同胞300万人，是全国著名的侨乡。

近年来，南安市农业综合开发颇具规模，工业立市步伐不断加快，投资环境日臻完善，经济建设蓬勃发展，社会事业蒸蒸日上。2004年，全市完成地区生产总值219亿元，实现财政总收入14.0亿元，城镇居民可支配收入10983元，农民人均纯收入5512元。跻身“全国经济百强市（县）”及“省十强市（县）”行列。并先后荣获全国“科技先进市（县）”、“文化先进市（县）”、“科普示范市（县）”等荣誉。

图片说明：

01：滨海市民公园
02：霞美千亩成片鲜花基地百花争艳
03：“中国水暖城”南安市仑苍水暖专业工业区生产车间一角
04：矗立在民族英雄郑成功故乡福建省南安市东区的郑成功塑像
05：溪美大桥一瞥
06：国家二类口岸石井港5000吨级码头的货船正在装运南安的石材运销国内外
07：“中国雨伞城”南安市诗山雨伞生产企业的员工在检验出口国外的雨伞产品的质量
08：著名侨乡——南安市市区全景

中共沁源县委书记　王玉圣

沁源县人民政府县长　张圣

沁源县地区生产总值（万元）

沁源县财政总收入（万元）

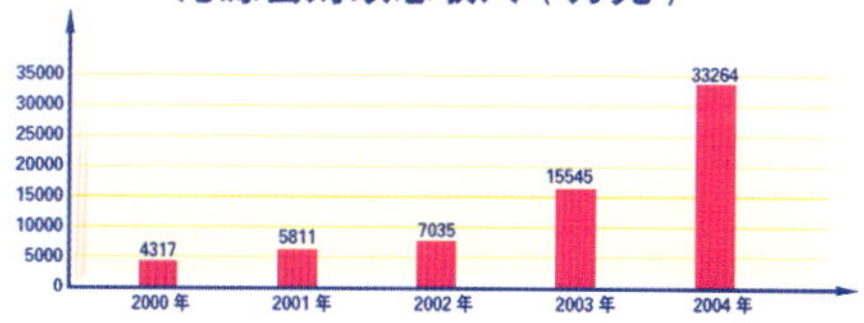

绿色经济特区——山西沁源

花坡草甸

旅游胜地——灵空山

沁河源头

沁源县位于山西省会太原市东南，长治市西北部。是全国重点产煤县之一，境内含煤面积约2040平方公里，原煤储量128.8亿吨，可采量90亿吨。其中主焦煤储量约41.4亿吨，全县铁矿总储量5800万吨，含铁量大多在30~50%。

近年来，沁源的经济建设突飞猛进，健康发展。工业经济平稳运行，国有企业改制工作取得突破性进展，乡镇企业股份制发展迅速，初步形成了以采掘、冶炼、焦化、加工为主体的模式。2004年，沁源实现地区生产总值17.81亿元，比上年增长66%，人均生产总值1.1万元，迈上了一个新台阶；财政收入超过3.3亿元，增长114%，绝对额增收1.8亿元，增幅为全市、全省第一。再次进入全国县域经济竞争力提升速度最快的百县（市），经济提速位居全省第一、在全国2012个县（市）中位居538位，比上一届前移了1121个位次。

县城建设日新月异

全国12家最具成长性企业——沁新集团公司

农业调产重点项目——万亩万寿菊种植基地

桂平市

北回归线上的一颗璀璨明珠

GUIPING

毛泽东亲笔题字的"广西小三峡"大藤峡风光

全国重点文物保护单位太平天国金田起义遗址

国家AAAA级重点风景名胜区桂平西山

跨越式发展的桂平市城市建设

中共桂平市委书记、市人大常委会主任　刘俊

桂平市人民政府市长　黄志光

桂平市位于广西东南部，黔郁浔三江交汇处，东和东北与平南县交界，东南与容县接壤，南与北流、兴业两县（市）相连，西与港北区为邻，北交武宣、金秀两县，毗邻粤港澳，背靠大西南，既是西江工业走廊和红水河能源工业带的结合部，又是连结华南经济区和西南经济区水陆交通大通道上的重要城市，区位优势明显。

桂平是国务院批准的全国最早对外开放县（市）之一，全国农林牧渔业总产值百强县（市），全国双拥模范城，中国著名的"荔枝之乡"，中国优秀旅游城市，连续四届进入中国西部百强县（市）行列。

今天的桂平，已走向世界，成为北回归线上的一颗璀璨明珠。

中国500最具价值品牌企业之一的广西源安堂药业有限公司

荣获首届中国东盟博览会指定用酒的广西乳泉液酒业有限公司产品

北回归线现代生态农业经济区小汶示范

南国铝都——广西平果

县四家班子领导规划平果蓝图

中共平果县委书记　蒋志农

平果县人民政府县长　曹凌

被誉为“南国铝都”的平果县坐落在右江河畔，为百色市东大门。是我国大西南出海通道上的重镇，为滇、黔、桂三省区的交通要冲，桂西重要的商贸物资集散地。在广西宏观经济战略布局中，平果处于桂东南开放与桂西开发的结合部，是右江河谷经济开发带的重要组成部分，是国家大型骨干企业“平果铝”及西南、华南电力系统重要枢纽50万伏超高压变电站所在地。县城驻地在广西首府南宁市和桂西中心城百色市之间，与两地距离约为110公里，成为承接南宁中心城市向桂西山区经济辐射的“二传手”，区位优势十分突出。

近年来，全县上下解放思想，抓住机遇，认真实施“借铝兴平”、“非公兴平”发展战略，经济建设取得持续、快速、健康发展。2004年全县GDP达50.87亿元，财政收入达7.46亿元，实现了跨越式发展。在第四届全国县域经济基本竞争力评价中，列中国西部百强县第22位，2003年被评为广西经济十佳县之首。

县城大转盘

县城人民文化公园音乐喷泉

平果县江南工业区一角

国家大型重点企业——平果铝外景

江东福地 苏南明珠

——金坛市

江苏晨风集团

金坛广电中心

金沙广场

五角场

金坛地处江苏南部，位于美丽富饶、经济发达的长江三角洲地区，既是一座有着1300余年历史的江南文化名城，又是一座充满现代气息的新兴工业城市。

境内拥有中国东部地区含盐盆地中开采条件最好、综合指标最佳、经济价值最高的大型盐岩矿床，还蕴藏着丰富的石灰石、石英石、花岗岩、凹凸棒土等矿产资源。

近年来，通过加快结构调整，加强技术创新，大力培育支柱产业和高新技术产业，全市工业经济整体素质得到不断提升，已形成纺织服装、医药化工、机械电子、建筑材料四大支柱产业，优势产品主要有各式服装、农药、医药、兽药、水泥、农用机械、纺织机械等。先后跨入中国科技实力百强县市、省级文明城市、国家卫生城市、国家环保模范城市等先进行列。在最新公布的第四届全国县域经济百强县（市）中，金坛列第66位；在江苏省十强县（市）中列第9位。

东门大街

泰沂明珠——山东新泰

中共新泰市委书记
辛显明

中共新泰市委副书记、市长
孙丰刚

新泰市位于山东省中部，泰沂腹地，北依五岳独尊的泰山，南临孔子故里曲阜，东接山东半岛沿海城市。人口135万，面积1946平方公里，其中耕地面积106万亩。辖20个乡镇办事处、912个行政村及居委会。曾先后荣获全国科技工作先进市、全国基础教育先进市、全国体育工作先进市、全国民政工作先进市、全国卫生城市、全国园林绿化先进市、全国司法工作先进市、全国文化工作先进市、全国村民自治模范市等荣誉称号。第四届全国县域经济基本竞争力评比，新泰市由上届的第45位上升到第42位，是山东省30强县市。

银花峪生态旅游区

中华大樱桃

明珠电视塔

现代化采煤工作面

特种电磁线生产车间

市区远景

省级经济开发区——东阳市经济开发区

浙江省东阳市

全国县域经济基本竞争力百强县（市）

2004年海内外公众最喜爱的中国城市

浙江省17个经济强市

『中国木雕之乡』

『中国香榧之乡』

全国科技工作先进市

全国文化先进市

江南最大明清古民居建筑群——卢宅

浙江横店影视产业实验区——明清宫苑

横店高科工业园

胡锦涛总书记视察周市镇市北村

温家宝总理视察南亚项目

市委书记曹新平向农民发放医疗保险证

昆山经济技术开发区鸟瞰

幽兰昆曲

周庄双桥

阳澄湖大闸蟹

街心公园

中国魅力城市
——昆山

昆山，充满灵气的江南水乡城市。就像镶嵌在上海与苏州之间的一颗璀璨明珠，发源于这里并被联合国教科文组织命名为“人类口述与非物质遗产代表作”的昆曲，以及以“中国第一水乡”周庄为代表的水乡古镇，构成了昆山文化永恒的背景。

昆山，经济高度国际化的开放型城市。全球55个国家和地区的投资者在这里创办了3800多个项目，投资总额超过200亿美元，昆山已经成为国际资本投入的高密度地区、外商投资产出的高回报地区和经济发展的高增长地区之一。

昆山，现代文明的新兴工商城市。先后荣获国家卫生城市、国家环保模范城市、中国优秀旅游城市、国家园林城市、国家生态示范区等称号。在中央电视台“2004年度中国魅力城市”展示活动中，荣膺“最佳中国魅力城市”称号。

腾飞的出口加工区

内蒙古达茂联合旗

广福广场

稀土生产排污设备

达茂联合旗全称达尔罕茂明安联合旗，位于阴山北麓，向南距离呼和浩特市150公里、距离包头市160公里，处在呼和浩特—包头—银川的经济辐射圈内；向北距离中蒙边境满都拉口岸120公里，是呼包两市对蒙开放的经济通道。全旗总面积18177平方公里，人口11万。

2004年，达茂联合旗旗域经济发展水平和综合实力得到了较快提升。全旗完成GDP28.8亿元，增速居包头市第二；实现财政收入24919万元，在内蒙古自治区101个旗县区中居第29位。在第四届全国县域经济基本竞争力评价中，达茂联合旗再次进入“全国县域经济基本竞争力提升速度最快的百县（市）”行列，首次跨入了“中国西部百强县（市）”行列，列第91位。

石宝铁矿采区

蒙古野驴

畜牧业产业化园区

中蒙满都拉——杭吉口岸

旗政府所在地——百灵庙镇全景

县城一瞥

华源新村一瞥

中国荔枝之乡——广西灵山县

灵山县位于广西南部，钦州市东北部，行政区域面积3558平方公里，总人口139万多人。县城距南宁市150公里、钦州市100公里、北海市130公里、玉林120公里、贵港120公里、广州500公里。北临横县、邕宁县，南接合浦县，东临蒲北县，西连钦南、钦北区。具有“背靠大西南，面向东南亚”的得天独厚的地缘优势。

灵山属南亚热带季风气候，四季温和，土壤肥沃，雨量充沛，特别适合农作物的生长。境内主要盛产大米、甘蔗、茶叶、蔬菜及荔枝、香蕉、柑橙等40多种水果，是广西粮食、水果、甘蔗、冬菜、奶牛、七彩山鸡、鱼苗和果苗等主要产区之一和南亚热带作物名优基地。被中国特产之乡命名委员会授予“中国荔枝之乡”和“中国奶水牛之乡”称号。

灵山县商贸、饮食、金融、保险等第三产业快速发展，个体、私营经济不断扩大。市政公用设施建设、农副产品市场建设、生态环境建设综合治理工程、工业化建设、城镇化建设、农业产业化建设等倍受重视，发展迅速。科技、教育、文化、卫生等社会事业全面发展，人民生活水平不断提高。

灵山县十里工业集综区大道

灵山体育馆晚景

灵山县陆屋农场茶园一角

灵山县城“硕果”雕塑群

江海明珠

朋来门

中共通州市委书记　陈照煌

通州市人民政府市长　葛亮

通州市位于长江入海口北翼，与上海灯火相邀，与苏州隔江相望，三面环绕南通市，是苏通长江大桥的北桥头堡，现辖23个建制镇、1个省级开发区和通州港区，面积1166平方公里，人口127万。

通州素有鱼米之乡、建筑之乡、纺织之乡、崇学之乡的美誉；连续四届进入全国县域经济百强县（市）前50强。2004年，全市实现GDP200.4亿元、财政总收入16.9亿元，同比分别增长15.8%、31.3%；完成工业总产值673亿元、工业投入64亿元、工业销售收入632亿元，分别增长52.3%、33.8%、53.4%；实现自营出口5.93亿美元、实际利用外资1.24亿美元。

人民公园

河滨公园

TONGZHOU

通州市

世界第一斜拉桥——苏通长江大桥

世界第三大家纺中心——南通家纺城

居民小区

外资企业

货运码头

兴东机场

绿化广场

江海明珠广场

中共东港市委书记　于国平

东港市人民政府市长　王力威

现代化的新兴沿海港口城市

——辽宁东港市

东港市第二中学

东港客运站

东港体育馆

东港经济开发区

东港市地处中国海岸线最北端，南临黄海，东依鸭绿江，与朝鲜半岛一衣带水，与日本隔海相望。总面积2446平方公里。在中国沿海开放城市中独享沿海、沿江、沿边的地域优势。

近年来，东港市发扬“创新、奋进、突破、超越”的新时期东港精神，以加快发展为主题，以招商引资为重点，以项目建设为核心，以环境建设为关键，大力实施“工业强市、农业产业化、扩大开放、以港兴市、城市牵动”五大战略，重点发展食品工业、现代物流、特色旅游等九大产业，努力构建生产加工、现代物流、电力能源、特色农业四大基地，全力打造东北东部地区重要海陆门户和物流中心。三个文明建设均取得丰硕成果，先后获得了“全国双拥模范城”、“全国创建文明村镇工作先进市”、“全国科技先进市（县）”、“全国边境文化长廊建设先进市”、“全国社会治安综合治理先进单位”等20多项国家级荣誉称号。如今，64万东港人民在市委、市政府的领导下，抓住振兴东北老工业基地良好机遇，正以打造“工业大市、农业强市、旅游旺市、人居佳市”为目标，朝着建设现代化的新兴沿海港口城市的方向奋进。

大东港区全貌

铁甲风光

千年古刹——大孤山

大鹿岛海滨浴场

亚洲第二大湿地——鸭绿江口湿地

丰富的水果资源

丰富的水产资源

东港—韩国仁川客货班轮

华能电厂

世纪广场

新疆梨城——库尔勒市

库尔勒市是新疆巴音郭楞蒙古自治州的首府，地处天山南坡经济带前沿，是南疆经济发展的“龙头”、自治区西部大开发扶优扶强、首批推出的重点城市，是环塔里木盆地的政治、经济、文化、科技的中心。全市总面积为7117平方公里，城市建成区为63.2平方公里，居住着汉、维、蒙、回等23个民族，总人口达40.76万。

2004年，库尔勒地区国民经济稳步发展，综合实力进一步增强，全年实现生产总值168.47亿元，地方财政总收入完成6.67亿元，城乡居民人均可支配收入达8000元，农牧民人均年纯收入达4530.1元。在第四届全国县域经济基本竞争力百强县（市）中列第43位，列西部百强县（市）第一位。

新疆梨城—库尔勒

高速发展中的库尔勒市

美丽宁静的孔雀河

库尔勒经济技术开发区

中共大丰市委书记　丁宇

大丰市人民政府市长　王荣

麋鹿故乡 新兴港城
——江苏大丰

大丰市位于江苏省中部，黄海之滨，人口73万人，总面积2367平方公里。辖14个镇、两个省级开发区。是首批江苏省文明城市、卫生城市和全国城市环境综合整治优秀城市。

大丰是珍稀动物麋鹿故乡，大丰麋鹿国家级自然保护区是世界上最大的麋鹿放养区；大丰是绿色生态家园，被命名为全国生态建设示范市、国家可持续发展实验区；大丰是滩涂湿地宝库，拥有亚洲东方最大的一片滩涂湿地；大丰是新兴港口城市，国家一类开放口岸大丰港2005年建成通航。

大丰资源丰富，交通便捷，市场潜力巨大，投资环境日臻完善，对外合作的领域和前景十分广阔。大丰人民热忱欢迎中外客商前来旅游观光、考察交流、投资兴业。

省级经济技术开发区

省级海洋经济开发区

施耐庵纪念馆

公园雪景

a feng
JIANG SU

纺纱生产线

丰富的农副产品

江苏省四星级普通高中——大丰中学

市区金丰路一隅

保德——向三晋经济强县迈进

中共保德县委书记　梁洁

保德县人民政府县长　王继明

山西省保德县地处晋西北，属黄土丘陵沟壑区。全县总面积 960 平方公里，总人口 15.2 万。近年来，县委、县政府坚持以科学的发展观统领全局，紧紧围绕“率先翻番，加速脱贫、建设小康”的总体目标，大力实施“开放引进，创优环境，大项带动，富民强县”发展战略，县域经济实现了超常规、跨越式发展。2004 年，全县国内生产总值完成 10.68 亿元，同比增长 31.4%；财政总收入突破 1.7 亿元，同比增长 47.3%；农民人均纯收入达到 1596 元，同比增长 12.1%，保德再次成为第四届全国县域经济竞争力提升速度最快的百县（市）之一，在全国 2012 个县（市）中排名 843 位，比上一届在全国前移了 959 个县位次。

神东康家滩煤矿地面煤炭传送系

忻州市委书记吕德功（左一）在县委书记梁洁（中）县长王继明（右一）的陪同下视察工作

德胜大酒店外景

忻州市长耿怀英（右一）在县委书记梁洁（中）县长王继明（左一）的陪同下搞调研

县委、政府办公大楼

群众文化丰富多彩

县城府前大街一角

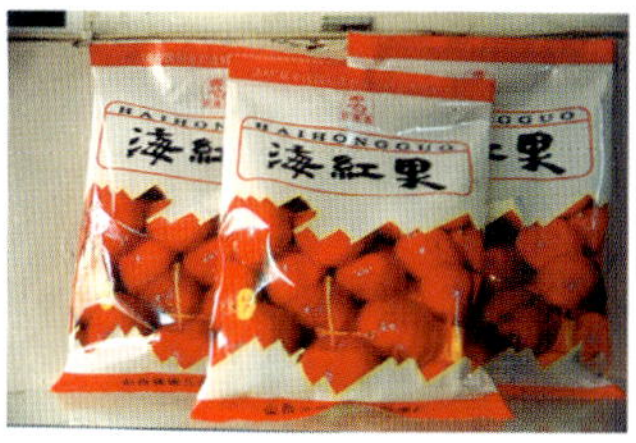

产品包装

油枣基地

中共德清县委书记杨建新（左）、德清县人民政府县长徐国平（右）

县城永安街

浙江省德清县

唐代诗人——孟郊像

浙江省德清县地处长三角腹地，东望上海，南接杭州，北靠太湖，西枕天目山麓。中国四大避暑胜地之一的国家级风景名胜区莫干山座落于县境西部；浙江五大内陆湖中惟一保持原始风貌的景区，浙北第一湿地—下渚湖，位于德清中部；全县总面积936平方公里，总人口42.4万。

近年来，德清人民树立和落实科学发展观，创新破难，坚持加快科学发展不动摇，经济和社会各项事业发展迅速。2004年，全县实现生产总值105.32亿元，全县人均GDP首次达到3000美元。一二三产比例为9.8：57.3：32.9，财政总收入12.33亿元，农民人均纯收入6545元，城镇居民人均可支配收入13452元。在第四届全国县域经济基本竞争力评价中，列全国百强县（市）第99位。

德清国家级风景区——莫干山云雾

莫干山经济开发区

浙北第一湿地　浙江五大内陆湖中惟一保持原始风貌的景区——下渚湖

德清武康春晖公园一角

余英溪畔

德清新市蚕花庙会

内蒙古准格尔旗

JUNGER BANNER

中共准格尔旗委书记　贺隽

准格尔旗人民政府旗长　白智

准格尔旗地处内蒙古自治区西南部，鄂尔多斯高原东端，蒙晋陕三省交界带。全旗总面积 7692 平方公里，总人口 27.6 万人，辖一个省级经济技术开发区，20 个乡镇。

准格尔旗地域辽阔，资源富集。煤炭探明诸量 544 亿吨，远景储量 1000 亿吨；电力资源得天独厚。现已建成并投入运营的坑口火电厂有 2 座，装机容量 86 万千瓦；水电站一座，装机 108 万千瓦；年发电量 80 亿度。

准格尔旗在跨入新世纪后，站在适应经济在发展的战略高度，坚持全面、协调可持续的科学发展观。努力为国内外商家投资创业搭建最好的舞台，以促进全旗经济跨越式发展。2004 年人均 GDP35084 元，财政总收入 12.52 亿元，地方财政收入 6.5 亿元，在第四届中国西部百强县（市、旗）中列第 6 位。总体经济实力居内蒙古自治区旗县第一位。

准格尔发电厂

万家寨水利发电枢纽

准格尔煤田

中国油松王

精煤（储量1275.86亿吨）

石英砂（储量1000万吨以上）

煤矸石

白沙岩

木纹大理石

铝钒土（储量1.5亿吨）

准格尔召

准格尔仿古地毯

中共普兰店市委书记　袁克力

普兰店市人民政府市长　姜周

大连第一互感器厂

大连海升果业企业集团

中粮麦芽生产线

皮口港

中国莲城

辽宁普兰店

大雪集团啤酒生产线

大杨服装集团生产车间

大连玉璘企业集团海参育苗基地

普兰店市辖区面积2896平方公里，人口83万。其中市区面积25平方公里，城市人口17万。全市辖16个乡镇4个办事处1个经济开发区。

区位优势明显。普兰店距大连周水子国际机场70公里，距大连大窑湾港50公里。长大铁路、大庄铁路穿境而过，沈大高速公路与省、市、乡三级公路交汇贯通。皮口港与胶东半岛、长山列岛直接通航，并将逐步打开与朝鲜、韩国、日本等国家的海上通道。

产业优势突出。已形成机电制造、服装纺织、酒水食品三大主导产业，年销售额超过300亿元，实现工商税收近7亿元。

近年来，普兰店的经济和各项社会事业发展迅猛，综合经济势力不断增强，连续四届进入中国经济百强县(市)行列。

县委书记夏强在古北口慰问民政对象

县长王孝东检查供暖单位

北京东方的一颗明珠 密云

滔滔白河入库来

密云地处北京市东北部，燕山山脉南麓，华北大平原北缘，是平原与山区交接地带，为中原地区至东北、内蒙的重要通道，南控幽燕，北捍溯漠，战略地位十分重要，自古为兵家必争之地，有“京师锁钥”之称。全县总面积2229.45km²，人口43万，距市区65km，辖17镇1乡。

历史悠久的文化;洁净优美的环境;得天独厚的资源;充满生机的产业;园林风格的城市，都是密云的特点。

密云这一方水土孕育了密云的“绿色辩证法”，走出了既保水又富民的生态型经济之路。今后，密云将进一步优化区域生态环境，发挥资源优势，以“三个代表”重要思想为指针，运用科学发展观建设“绿色密云、平安密云、效率密云、学习型密云和魅力密云”，以“优美的环境、优惠的政策、优质的服务”广结四海商，诚交天下客。

白天鹅入住密云水库

密云县城一角

霞客大道夜景

国家级生态示范区

——浙江省宁海县

宁海县位于杭州湾“V”型城市连绵带和甬台温沿海“T”型城市连绵带的黄金节点上，地处宁波、台州、绍兴三市的交界地带，经济发达的长三角南翼，是甬台温间重要的交通枢纽。宁海依山傍海、山海资源丰富，区域面积1880平方公里，海岸线长176公里，呈“七山一水二分田”分布，人口58.3万，是宁波市第一个通过验收的国家级生态示范区，是浙江省海水养殖面积第一大县。

改革开放以来，特别是新世纪以来，宁海坚持城乡统筹发展、坚持人与自然和谐发展、坚持经济社会协调发展，走出了一条可持续发展的新路，经济社会各项事业取得了令人瞩目的成就。2004年，全县实现生产总值115.3亿元，完成财政总收入13.69亿元，城镇居民人均可支配收入达到14379元，农民人均纯收入6104元，再度跻身全国县域经济基本竞争力百强县（市），位列第74位。

坐落于国家级森林公园内的宁海温泉

堪称中国一绝的宁海平调“耍牙”

浙江国华宁海电厂

万亩高山有机茶基地

贯穿宁海全境的同三线高速公路

东大峡谷——大松溪峡谷

温州礼品城

龙港全貌

行政大楼

浙江省南大门——苍南县

苍南区位优越，素有“两浙咽喉，八闽唇齿”之称，是全国首批沿海对外开放县之一，“大温州”发展的重要经济增长极和战略新区。陆地面积1261.08平方公里，海域面积3700平方公里，海岸线长168.88公里，人口约122.56万。

近年来，苍南积极接轨温州“一港三城”建设，主动融入温州大经济圈，经济发展势头强劲。2004年全县实现生产总值123.02亿元，地方财政收入4.77亿元，社会固定资产投资28.69亿元，县域经济基本竞争力再次跻身“全国百强县”行列。

仪器仪表生产

蘑菇石

渔寮大沙

开放的义马市

义马市位于河南省西部，交通便利，310国道、连霍高速公路、陇海铁路穿境而过。境内煤炭资源丰富，探明储量达79亿吨，2004年生产原煤达1400万吨。国土面积112平方公里，总人口15.96万人，其中农业人口3.3万人。

经过建市20余年的发展，义马市综合经济实力得到快速提升。2003年，义马市以能源、煤化工、铝盐三大基地建设为突破口，提出了自己的经济发展奋斗目标：从2003年起，在2000年的基础上，到2010年实现国内生产总值、财政收入翻三番，三年跻身河南省经济强市，五年进入全国百强县市。2004年，义马市国内生产总值完成27亿元，财政收入完成12060万元，提前一年实现了第一个翻一番的目标。第二次跨入全国县域经济基本竞争力提升速度最快的100个县市行列。

①

②

③

④

⑤

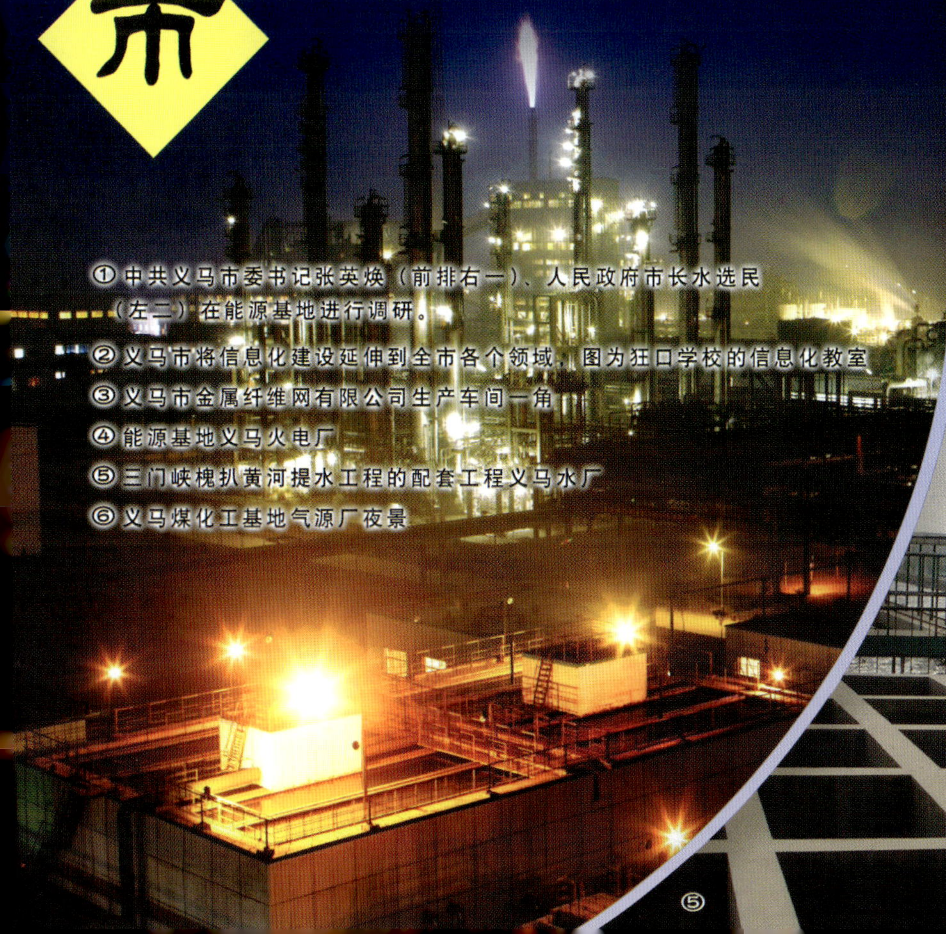

① 中共义马市委书记张英焕（前排右一）、人民政府市长水选民（左二）在能源基地进行调研。

② 义马市将信息化建设延伸到全市各个领域，图为狂口学校的信息化教室

③ 义马市金属纤维网有限公司生产车间一角

④ 能源基地义马火电厂

⑤ 三门峡槐扒黄河提水工程的配套工程义马水厂

⑥ 义马煤化工基地气源厂夜景

中共宜阳县委书记　谭建忠

宜阳县人民政府县长　阎中洋

快速发展中的宜阳县

国家AAA级森林公园——花果山景区

天然景观——兽石

水帘洞瀑布

中州古刹灵山寺

花果山——岳山顶

李贺故里

县城概貌

中心广场

县城跨洛河大桥夜景

滨河公园一角

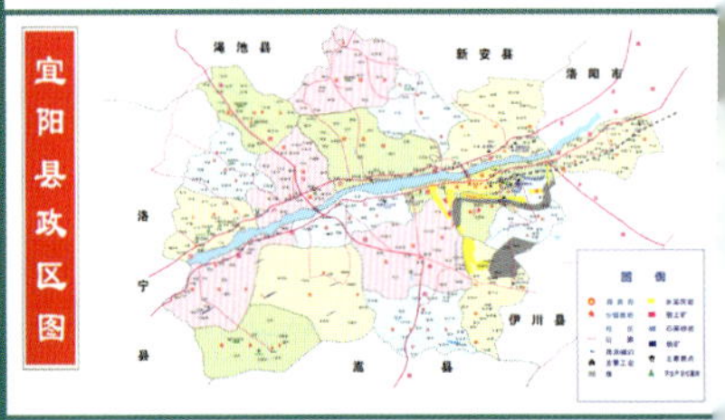

宜阳县政区图

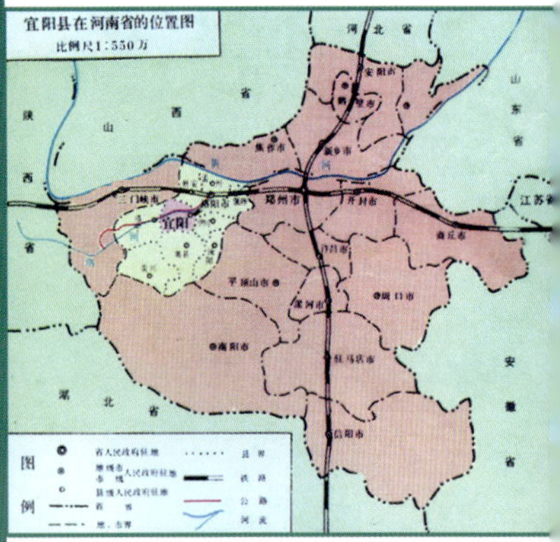

省优质烟基地宜阳烟田

宜阳县第一高级中学鸟瞰图

黔西南明珠——兴义

胡锦涛总书记在省委书记钱运录（前排左二）、省长石秀诗（前排左一）、州委书记许正维（前排右一）、州长班程农（后排中）、州委常委、兴义市委书记黄定承（后排右）、兴义市长夏开益（后排左）陪同下视察兴义绿茵奶牛场。

中共黔西南州委常委 兴义市委书记 黄定承

兴义市人民政府市长 夏开益

贵州省兴义市地处滇、桂、黔三省（区）结合部，素有“黔桂锁钥”之称。是黔西南布依族苗族自治州首府所在地和全州政治、经济、文化、信息中心。

兴义山川秀美，资源富集，有“天下双绝”之称的，集雄、奇、险、幽于一体的马岭河峡谷地缝风景区和气势恢弘的万峰林最为突出，千姿百态的泥凼石林、赏心悦目的兴西湖、景色与民族风情相互融汇的高原平湖——万峰湖。还有储量较大、品位较高的煤、铁、钼、镁、金。国家重点水电工程鲁布格电站和天生桥电站均建于兴义界河。

改革开放给兴义的发展增添了活力。工业已发展有酿酒、建材、冶炼、电力、采掘、化工、造纸、食品加工、制药、印刷等二十多个门类。全市有驰名全国的南盘江牌“贵州醇”低度白酒、水泥、塑料制品、桐油、药品、纸张、化肥、铁合金、黄金等。

天下第一缝　西南第一漂

坪东广场夜景

穿城而过的湾塘河一景

被徐霞客誉为“磅礴数千里，惟西南奇胜”的万峰林

中共中央政治局委员、自治区党委书记王乐泉同志视察奶牛养殖情况

自治区党委副书记、自治区主席司马义·铁力瓦尔地在玛纳斯县检查工作

新疆天山电力股份有限公司

新天酒业

白色产业 领军天山北坡

自然风光

县城街景

天山上的金凤凰
——玛纳斯县

玛纳斯县位于天山北坡经济带的中心地段，东距自治区首府乌鲁木齐市135公里，西距石河子市17公里，区位优势明显；玛纳斯特色资源丰富，有着“中国优质棉花之乡”、“中国优质酿酒葡萄之乡”、“中国优质加工番茄之乡”等称号。

玛纳斯县产业化发展较快。通过采取“引龙头、育龙头、强龙头”等扶持龙头企业的措施，已建成新天酒业、屯河番茄、天山面粉、新玛实业、华西种业、天山畜牧、澳洋科技、屯河油脂、万源海产等一批龙头企业。2004年县域实现地区生产总值41.55亿元，比上年增长16.7%，县属实现地区生产总值25.8亿元，比上年增长18%，地方财政收入实现1.18亿元。农牧民人均纯收入6706元，连续14年位居全疆第一。县域经济竞争力列中国西部百强县第60位。

北公园

龙的故乡
金的海岸
中国石都

中共莱州市委书记　刘延林

莱州市人民政府市长　林建宁

山东莱州

莱州市位于山东半岛西北部，濒临美丽富饶的渤海湾，面积1878平方公里，人口86万人。1988年，被确定为沿海对外开放城市。

莱州历史悠久，风光绚丽，自古就有“齐鲁之甲胜，天下之名疆”的美誉，秦始皇、汉武帝、宋太祖等都曾在此留下过足迹。境内文峰山魏碑石刻、大基山道士谷、金海岸等十多处景观遥相辉映，让人流连忘返。

莱州资源丰富，物华天宝，现已发现各类矿产资源30多种，海岸线长108公里，盛产鱼、虾、贝、藻类等海产品300多种，被誉为“中国石都”，是中国黄金生产基地、盐化工基地、石材加工出口基地、商品粮生产基地、海珍品养殖加工基地、中国玉米良种之乡、中国月季之乡。

莱州产业基础较好，经济发展迅速，工业形成了机电、石材、黄金及铁业、盐及盐化工、工艺品五大支柱产业，农业形成了种苗、果蔬、畜牧、水产四大产业，第三产业形成了物流、商贸、旅游三大产业，首批进入“中国农村综合实力百强县(市)”和山东省30个经济强县行列。

莱州交通便利，基础设施完备，威乌高速公路、大莱龙铁路贯穿全境，国家一级开放口岸莱州港5万吨级泊位正在建设；境内水、电等资源供应充足。

莱州环境优美，社会稳定，是“国家卫生城市”、“全国环保模范城市”和“全国园林绿化先进城市”、“全国社会治安综合治理先进市”。

莱州面向世界，全面开放，政策优惠，服务到位，劳动力整体素质较高，是投资兴业的最佳选择，目前已与180多个国家建立了经贸合作关系，有500多家外资企业在莱州落户发展。

“让世界了解莱州，让莱州走向世界”，是86万莱州人民的共同心愿。真诚地欢迎海内外有识之士到莱州观光考察、投资兴业。

大基山风景区

黄海明珠——东台

金墩市民广场一角

东台位于江苏省中部，东濒黄海，南望长江，属当今中国最具活力的长三角经济区，市域总面积2340平方公里，辖23个镇，403个行政村（居委会），人口116万。1987年撤县建市，1988年被国务院列为沿海对外开放地区。上世纪九十年代曾两度进入“全国农村综合实力百强县（市）”行列，获得中国明星市、全国科技进步先进市、全国科技进步示范市、国家级农业产业化示范市、江苏省文明城市、江苏省党建工作先进县（市）等称号。2001年以来，连续四届进入全国县域经济基本竞争力百强排行榜，2004年综合排名位居全国第57位，列苏北各县(市)之首。2004年完成地区生产总值143.71亿元，同口径增长19.2%；财政收入同口径突破10亿元，三年翻了一番。城乡居民储蓄存款余额在苏北各县（市）中率先突破100亿元，人均储蓄存款达8703元；城镇在岗职工平均工资11937元，农民人均纯收入5163元，同比分别增长12.6%、12.9%。

华灯齐放不夜城

明清古街——九龙坊

湖畔花园别墅小

金融大厦

家级农业产业化重点龙头企业——江苏富安茧丝绸股份有限公司

世界钼业大王——江苏峰峰钨钼股份有限公司

东强电缆 驰名全国

州最大的纺机生产基地——马佐里(东台)纺机有限公司

江苏富腾纺织公司车间。

群众文化 丰富多彩

正在建设中的东昇焦化公司

肇东市

肇东市人民政府市长 张锡才

——天鹅项下一颗璀璨明珠

肇东市福和大酒店

肇东伊利乳品有限公司

大型味精生产企业肇东市成福公司

黑龙江汇中锅炉燃料有限公司

肇东市位于黑龙江省西南部，松嫩平原中部，南距省会哈尔滨53公里，北距油城大庆74公里，是哈大齐黄金经济带上的一座重要城市，滨洲铁路、哈大高速公路纵穿南北，绥肇公路横贯东西，松花江流经南部5个乡镇，水陆交通发达，地理位置优越。全市幅员面积3905平方公里，城区规划面积50平方公里，建成区面积23平方公里，耕地305万亩，草原150万亩，林地100万亩，水面20万亩，素有“半林半水六分田三分大草原”之称，具有得天独厚的农牧资源和自然资源优势。境内油气资源丰富，地下储藏石油1.2亿吨，天然气4亿立方米，开发潜力巨大。肇东市是国家级“两高一优”农业示范区、可持续发展综合实验区、综合改革试点县、黑龙江省十强县（市）之一，已被纳入哈尔滨都市经济圈和哈大齐工业走廊。

亚洲最大的酒精生产企业华润酒精有限公司厂区一角

未来十几年，是肇东经济实现腾飞的重要时期，我们将结合市情，以全面建设小康社会为主攻目标，争取在2020年之前，不仅把肇东建设成为全面小康社会并进入全国百强县市行列，而且建设成为经济高速发展、科教事业兴盛、社会保障有力、基础设施配套、城市功能齐全、人居环境优良、社会和谐稳定的中等发达城市。

中共威海市委常委、乳山市委书记　赵熙殿

中共乳山市委副书记、市长　李洪义

中国县域经济
基本竞争力
百强县（市）

山东·乳山

生态型花园式滨海旅游城市

市政府办公大楼

省委书记张高丽来乳山视察指导工作

全国综合发展百强县（市）
中国投资环境百强县（市）
中国科技实力百强县（市）
国家环境保护模范城市
中国优秀旅游城市

生机盎然的国家AAAA级银滩旅游度假区

乳山市夜景

乳 山 城 区 概 貌

重庆市委书记黄镇东（左二）视察垫江

县委书记雷政富（左一）、县长李勇（左二）正在研究城市建设规划

渝东明珠——垫江

垫江县位于重庆主城都市1小时经济圈内，地处重庆、万州、涪陵等大中城市的结合部，扼长江三峡陆路之咽喉，踞重庆东出之要冲，是连接重庆主城和三峡库区的二传手、桥头堡，素有“渝东明珠”和“牡丹之乡”等美称。幅员面积1518平方公里，总人口90万，是重庆市规划的新兴工商业中等城市、市域中部的陆上交通枢纽、商贸中心。

重庆工业五十强企业——鼎发公司天然气脱硫装置

县城南大门——灯火辉煌的南阳转盘

明月山下金垫江

丰收的喜悦

第五届垫江牡丹节开幕式

渝黄一号油菜基地

渝东建材市场

巴渝第一道——垫江迎宾大道

生态人居环境优良的县城一角

横贯全境的渝万高速公路

迅速崛起的新型城市——孝义

中共孝义市委书记　李良森

孝义市人民政府市长　张旭光

孝义市，像一颗明珠镶嵌于文化大省、旅游大省、资源大省——山西省的中部，背倚吕梁山脉，面俯晋中盆地，市域总面积 945.8 平方公里，辖 7 镇 5 乡 3 个街道办事处，379 个行政村，26 个居委会，总人口 43 万。

孝义山川兼资，物产丰富。境内有煤、铁矿、铝矾土、硫磺矿、石膏、白云石、石灰石、耐火粘土等矿产资源数十种之多，尤以煤铝资源最为著名。境内储煤面积 783.5 平方公里，占市域面积 82.8%，探明储量 90 亿吨，具有煤层厚、埋藏浅、煤种全、易开采等特点，是全国首批重点产煤县（市）之一。铝矿探明储量 2.6 亿吨，占全国储量的 16.6%，全省储量的 44%，而且地质构造简单，矿体规模宏大、品质好、亚洲第一、世界第二、在国内外享有“白色主焦煤”的美誉。

近年来，按照“延伸煤焦化、煤电铝、煤铁钢三大产业链条，建设机焦、耐材、煤化工、农副产品加工四大生产基地”的调产方略，突出“大上项目、上大项目”，大力推进新型能源和原材料工业基地建设，原煤产量达到 800 万吨，精煤矿产量达到 1200 万吨，机焦生产规模突破 1000 万吨，成为全国县级最大的优质冶金焦出口基地。2004 年，全市国内生产总值完成 61.1 亿元，财政总收入完成 9.27 亿元，名列全省县市前列。

循环经济式企业——楼东俊安公司厂区一角

大办教育杰作——孝义中学

山西城财焦化集团公司 240 万吨钢厂生产区

府前广场掠影

第五部分
中国县域经济推荐

美丽的密云

密云县地处北京市东北部，燕山山脉南麓，华北大平原北缘，是平原与山区交接地带，为中原地区至东北、内蒙的重要通道，南控幽燕，北捍溯漠，战略地位十分重要，自古为兵家必争之地，有“京师锁钥”之称。全县总面积2229.45km^2，人口43万 ，距市区65km，辖17镇1乡。

历史悠久的文化

据出土文物考证和文献记载，六千年前，先民们已聚居生活而形成村落；春秋战国时期密云为燕地；秦朝置渔阳郡、渔阳县，为密云地区建县之始；隋置檀州，辖密云、燕乐；元置密云县；明清时属顺天府；境内留有大量历史名人的遗迹。密云是革命老区，抗日民族英雄白乙化曾血洒长城；新中国成立后，密云大地又留下了毛泽东、邓小平、江泽民、胡锦涛等党和国家领导人的足迹。

洁净优美的环境

密云是“全国生态示范县”、“全国林业生态先进县”，是个“净水、净土、净气”的绿色田园。“八山一水一分田”是密云的地貌格局，14条河流贯穿其中，以潮、白两河最为著名。密云是首都北京的饮用水源基地，43.75亿m^{3}库容的密云水库是北京须臾不可离开的“生命之水”。为保护这一“盆”净水，密云县关闭了水库周边所有的企业，并引进生物技术，用放飞赤眼蜂、灰喜鹊防治害虫，22万亩粮田不用农药。多年卓有成效的水源保护，形成了密云优美的生态环境，全县林木覆盖率达62.7%，空气质量一级，水体质量二级。

得天独厚的资源

密云果品有“三宝”：“田各庄的枣，黄土坎的梨，坟庄的核桃好剥皮”，自古有名。目前，全县果树总面积达54 万亩，年果品生产能力6000多万公斤，其中“云岫”苹果、“燕香”板栗、“黄土坎”鸭梨、大城子红肖梨、“玉皇”李子广为人知。密云山场广阔，水草丰美，发展畜牧业的条件得天独厚，现有天然草场45万亩；人工种植牧草7万亩，全县年产饲草总量6.5亿公斤。据考察，密云具有开发价值的自然、人文景观50类100多处。境内有300km长的明代和北齐古长城。以惊、险、奇著称的司马台长城，被长城专家罗哲文教授誉为“中国长城之最”，联合国教科文组织将其列为“世界人类文化遗产”。

充满生机的产业

2005年，密云县提出了创建国家级生态县的奋斗目标，力争用4~6年的时间，达到国家级生态县的考核标准，努力建设清洁优美的自然环境、先进完善的设施环境、高效规范的体制环境和健康和谐的人文环境。

高新技术工业——工业开发区作为全县工业发展的重点，食品饮料、纺织服装、汽车配件、电子信息和生物医药被确立为密云工业的五大主导行业，现已有清华、北大、中科院、恒基伟业等高校、科研院所和知名新技术企业在密云落户。1999年，国务院将密云县列为“中关村科技园辐射区”。

绿色农业——密云形成了以观光农业为底色，绿色精品为主体，区域规模为主导，高效发展为主题的国际化农业发展格局。42.5万亩特色林果基地已开发完成。以优质板栗、苹果、鸭梨、红肖梨和雪花梨、李子为主导产品的五大果品基地已经建成。

生态旅游业——长城为头、青山为体、碧水为魂的密云旅游，资源丰富。奇山秀水，植被茂密的云蒙山分布着北京市最大的瀑布群；以“冰川巨砾、水秀石红、国际狩猎场”为特色的云岫谷享誉京城。海拔2118m的雾灵山，分布着2400多种植物，旅游专家称“这是北京最好的山水景观”。目前，全县已开发25个景区，旅游宾馆饭店40家，民俗旅店2500多户，初步形成了“一城带四线”的旅游格局。

园林风格的城市

密云县城规划面积30km²，是一座具有园林风格的北京新城，具有“天蓝、水碧、地绿、花香”的总体特色。30华里白河穿城而过，24座公园把美丽的密云城装扮得花园般美丽。

从星星之火到星光灿烂。密云这一方水土孕育了密云的“绿色辩证法”，走出了既保水又富民的生态型经济之路。今后，密云将进一步优化区域生态环境，发挥资源优势，以“三个代表”重要思想为指针，运用科学发展观建设“绿色密云、平安密云、效率密云、学习型密云和魅力密云”，以“优美的环境、优惠的政策、优质的服务”广结四海商，诚交天下客。

渝东明珠　牡丹之乡——重庆市垫江县

垫江县位于重庆主城都市1小时经济圈内，地处重庆、万州、涪陵等大中城市的结合部，扼长江三峡陆路之咽喉，踞重庆东出之要冲，是连接重庆主城和三峡库区的二传手、桥头堡，素有“渝东明珠”和“牡丹之乡”等美称。幅员面积1518平方公里，总人口90万，是重庆市规划的新兴工商业中等城市、重庆中部的陆上交通枢纽、商贸中心。

发展势头强劲

改革开放特别是重庆直辖以来，垫江致力于加快全县工业化、城镇化和农业产业化进程，经济发展和社会各项事业呈现勃勃生机。2004年，全县实现国内生产总值43.71亿元，增长12.7%；固定资产投资完成19.36亿元，增长3.9%；地方财政收入25086万元，增长21.4%；社会消费品零售总额达到16.13亿元，增长12.5%；城乡居民储蓄存款余额35.5亿元，增长16.1%；城镇居民可支配收入8169元，增长10.4%；农民人均纯收入2614元，增长17.6%。2000~2003年连续四年荣获重庆市区县经济社会发展综合考评一等奖。在第四届中国西部经济百强县评比中，垫江列67位，较上一届上升6位。

发展区位突出

重庆经垫江至万州(渝万)高速公路的开通，垫江进入重庆主城1小时核心经济圈内。正在建设的垫(江)利(川)高速公路与渝万高速公路在垫江境内成“十”字交汇。垫江至贵州道真高等级公路基本完工，连接渝怀铁路和达万铁路的长垫梁铁路已启动实施可研规划论证，重庆第二国际机场已正式选址垫江，构成了垫江独具特色的立体交通网络，垫江加快发展的区位优势凸显，逐步成为重庆中部重要的陆上交通枢纽和区域性物流结点，商贸流通活跃，已建成的北门农贸市场、桂东小商品批发市场、渝东建材市场辐射梁平、开县、丰都、忠县、大竹、邻水等周边区县。

发展资源丰富

垫江是大西南重要的天然气能源供应基地，是重庆天然气精细化工、高档建陶发展基地。天然气资源得天独厚，发展天然气化工条件优越，卧龙河气田、大天池气田年输气20多亿m^3；重庆鼎发实业公司是全国惟一集钻井、采输、净化、加工为一体的地方天然气综合开发企业。县内自然条件好，优质特色农副产品资源丰富，是国家商品粮基地县、瘦肉型生猪基地县、种子建设示范县和重庆市优质出口猪肉项目县，素有“巴国粮仓”、“丹皮之乡”等美称。名优特产“垫江白柚”多次获国际国内金奖。绿色食品藠头、酱瓜备受消费者青睐。无公害蔬菜、优质大米、中药材、家畜家禽等农副产品十分丰富，重庆11个农业产业化百万工程中，垫江县入围9个，极具发展优质特色农副产品深加工产业优势。垫江旅游资源极富特色，极具开发价值，旅游业发展前景广阔。2万亩牡丹花西部少有，10万亩油菜花和白柚花、东印茶海颇具规模，盐浴资源独具特色，构成了垫江旅游资源的独特优势，具有打造秀美田园山川观光旅游的良好基础。以牡丹为依托，已经成功举办了6届牡丹节，提升了垫江形象，扩大了垫江知名度，获得了经济效益和社会效益双丰收。垫江人杰地灵，文化昌达，是全国农民铜管乐之乡、重庆市书画之乡。全县国民人均受教育年限8.9年，从这里走出了众多院士、博士、将军和知名企业家。

发展环境良好

全县已于2000年实现“乡乡镇镇通水泥路”，“40分钟垫江”已成为现实，交通条件得到大幅度改善；迎宾大道、桂东大道、桂西大道构成了县城中等城市的主骨架，县城硬化、亮化、美化、绿化工程顺利实施，全县酒店餐饮、商贸流通等第三产业发展迅猛，城市形象不断提升；城市供水扩建工程顺利完工，县城新水厂纳入近期实施规划，确保了县城未来20年发展的用水需求；完成了电力体制改革，大力实施农村电网和城市电网改造，电力供应充足；进入重庆市30个特色工业园的朝阳工业园区规划控制面积达到8平方公里，一期1.5平方公里建设如火如荼，已有10余家企业入驻。投资软环境建设得到有效改善，掀起了“全党动员、全民招商” 加速推进新型工业化的开放型经济发展热潮，“人人都是投资环境，事事关系垫江形象”的开放意识浓厚，行政审批制度改革取得明显成效，全县“亲商、爱商、惠商”的服务意识普遍形成。

发展政策优惠

根据固定资产投资额度，土地供应实行地价浮动制度。投资农业综合开发项目可享受市级农业开发区的各项优惠政策。外来投资企业兴办民营企业，在2010年以前免征企业所得税，增值税、营业税从企业实现销售之日起，财政按一定比例奖励给企业；外来企业在建设及投产后应缴纳的各项行政事业性收费，能免则免，能减则减，按规费的最低标准执行。行政审批方面：加强服务型政府建设，对外来重大投资项目，一律实行“并联式”、“一站式” 办公，对重点外来投资企业进行重点挂牌保护、发放绿卡等制度。对投资额度大、影响广的重大项目，坚持一事一议、特事特办的原则，提供更加优惠的政策。此外，在朝阳工业园区投资发展还可享受更为积极优惠的园区政策。

发展领域广阔

坚定不移推进新型工业化，重点发展天然气精细化工和轻型加工工业，是垫江富民升位、全面建设小康社会必须长期坚持的重要战略方针。县委、县政府郑重承诺：在推进全县开放型、外向型经济发展的进程中，涉及城市建设、工业园区建设、现代公共服务体系建设、国有企业改革和民营经济发展、商贸流通业发展、农业产业化经营等领域，只要不属于国家明文禁止的项目，都会全方位、多层次、宽领域地向投资者开放。随着近年来全县招商引资进程的加快，青岛啤酒、温州德力西电器、深圳英特化工、重庆捷力轮毂、民生燃气、丝绸集团、新华集团、博飞生物、金谷集团、长龙药业、威龙钢构、格瑞公司、京兆公司、美联医药、众旺教育等一大批国内知名企业和重大项目相继落户垫江，并成功发展壮大，为加快全县经济社会发展注入了活力，增添了后劲。

发展潜力巨大

垫江县委、县政府在全面、协调、可持续的科学发展观的指导下，重新审视县情，解放思想，与时俱进，进一步创新发展思路，明确了发展目标，对县域经济发展做出了新的科学定位：以全面建设小康社会统揽经济社会发展全局，努力推进城镇工业化、农村城镇化、农业产业化，建设渝东经济强县，实现富民升位的目标。结合垫江实际，明确了以天然气精细化工和轻型加工工业为主导，构建区域经济特色鲜明的现代工业体系的新型工业化发展定位；提出了努力把垫江建设成为重庆都市经济圈内新兴的工商业中等城市、市域中部重要的陆上交通枢纽和商贸中心的城市发展定位。同时，进一步完善了全县商贸流通业发展、农业产业化建设、交通建设等专题规划，为全县经济社会保持持续快速健康发展奠定了坚实的基础。要实现这些目标定位，县委、县政府牢固树立“既快又好” 的发展思想，负重自强，加压奋进，确立了当前和今后一段时期全县经济建设四个方面的工作重点：基础设施建设要有重大突破，为县域经济发展构筑新的平台；工业经济要有重大突破，为推进城镇化提供强有力的产业支撑；强化农业基础地位，稳定粮食生产，开发新型涉农产业，推进农业产业化经营，促进农民增收，有效解决“三农” 问题；抢抓高速公路开通带来的发展机遇，扩大对外开放，强化招商引资，借助外力发展壮大垫江经济。垫江，这颗镶嵌在长江上游经济中心的渝东明珠必将焕发新的生机与活力！

重庆市潼南县

潼南县位于重庆西北，地处巴蜀腹心，是川渝两地的经济结合部，是重庆对外开放的西北重要窗口。全县幅员面积1594平方公里，总人口92万。境内地貌属盆地浅丘，冲积平坝较多，一般海拔在300～450米之间。遂渝快速铁路和高速公路建成后，潼南距成、渝两个大都市仅80—90公里（约1个小时的行程距离），成为成、渝两大都市的经济卫星城。

历史悠久，人杰地灵

早在公元373年建制兴县，1912年更名为东安县，1914年改为潼南县，沿用至今。在这块土地上诞生了一大批中华名人，大革命时期中共四川省委第一任书记杨闇公、共和国第四任国家主席杨尚昆等诞生于潼南双江镇。

物华天宝，资源丰富

潼南素有鱼米之乡、蚕桑之乡、黄桃之乡、小水电之乡的美称，境内生物达3000多种，可供开发土地55万亩。主产水稻、小麦、油菜、无公害蔬菜，盛产黄桃、柑桔、蜜梨、柚子、银杏等。黄桃品种居全国之冠，养殖业以生猪、蚕、鱼为大宗，“太安鱼”闻名全国；以潼南为中心的川中磨溪天然气储量达300亿立方米，现已布井60多口，年开采量3.7亿立方米；水电资源藏量14万千瓦，可开发12万多千瓦。自备电站7座，年发电量1.7亿千瓦时，有两条110千伏和220千伏输电线路，已实现了与国家电网并网。

旅游资源独具特色

自然景观和人文景观远近闻名：这里有亚洲最大的恐龙化石；有全国最大的鎏金摩岩大佛和最年轻的马龙山卧佛；有全国最大的古代石刻顶天“佛”字；有全国四大回音建筑之一的“石磴琴声”；有西南地区保存最完好的清代民居建筑群；有杨闇公陵园、杨尚昆陵园；有山清水秀的青云湖泊、碧波涟涟的人工运河、风貌独特的马鞍山原始森林和古迹遍布的龙多山。

交通发达，信息灵通

潼南水上交通十分便捷。涪琼两江纵贯县境194公里，水运航程102公里，保持全年通航；陆路交通高速发展。全县公路通车里程500余公里，过境快速铁路，高速公路各达40余公里。形成了以遂渝快速铁路、高速公路为主骨架，319国道、205省道和中塘、王兴公路等出境公路为主线，以乡村公路为网络，以涪、琼两江水运交通为补充，沟通成渝大城市，连接周边毗邻区县（市）高质快捷、四通八达、“三纵一横一补”的水陆交通网络。构建成了“潼南到成、渝大都市1小时、1小时行程半径涵盖千万人口大市场、县内各乡镇到县城1小时”的“三个1小时潼南”大交通格局。潼南在重庆区县中率先实现了光纤电视大联网，实现了光纤电视、程控电话村村通；电话装机容量达6.5万门，移动电话5万部，移动通信和无线传呼覆盖面达98%以上，信息宽带网已建成使用，电子传真、特快专递等现代通讯十分便捷。

经济腾飞，百业俱兴

潼南始终坚持以经济建设为中心，紧紧围绕“富民强县，建设渝西经济走廊强县”和“建设山水园林中等城市”的目标，大力实施“工业强县”战略，努力推进工业化、城镇化、农业产业化进程，打造工业主导型经济新格局。形成了粮食、水果、蚕桑、生猪、蔬菜、笋竹、花卉等农业产业化基地。潼南是全国百个产粮、产肉大县之一，是国家农业部确定的百个无公害农产品（蔬菜）生产示范县之一，是饮誉巴蜀的蚕桑大县，是西南地区最大的笋竹基地、网箱鱼基地；形成了以食品、机械、建材、纸业、化工等工业支柱产业。涪江大曲、康尔寿、电熔砖、黄桃罐头、白板纸、纸包装制品等一批知名产品远销欧美、东南亚等国家和地区；文化旅游、商贸、房地产、饮食、社区服务等第三产业快速发展。

福建省惠安县

惠安县位于福建省东南沿海中部，介于湄洲湾和泉州湾之间。东临台湾海峡，与台湾隔海相望，是福建省著名侨乡和台湾汉族同胞主要祖籍地之一。自北宋太平兴国六年(公元981年)置县，至今已有一千多年历史。现隶属泉州市，辖16个乡镇，人口92万人。全县土地面积720平方公里，海域面积1200平方公里。1978年被福建省开辟为对台接待港口和对台开放贸易点，1985年被国务院列为闽南金三角开放县。

改革开放以来，惠安人民在县委、县政府的带领和海内外惠籍乡亲的鼎力相助下，大力弘扬“勤奋刻苦、务实求真、团结拼搏、创新争先”的惠安精神，发挥区位、人文、资源、侨台、基础设施和支柱产业等优势，艰苦创业、开拓进取，面貌焕然一新，经济建设和社会事业发展成效显著，经济实力和经济总量继续保持全省、全市前列，2004年位居全国县域经济基本竞争力第36位、全国最发达100县第87位，连续十一年进入福建省经济实力“十强县”行列。各项社会事业同步推进，先后获得全国食品工业强县、全国科技进步先进县、全国农村电气化先进县、全国文化信息网络示范县、全国水土保持生态环境建设示范县、中国石雕之都、中国雕艺之乡、中国民间艺术之乡等称号。

“十五”期间，惠安县围绕“两个率先”目标，坚持以人为本，树立全面、协调、可持续的科学发展观，加快建设洛秀新城区、斗尾港口经济区、崇武旅游经济区、县城工贸科教文中心区四大特色经济区域，规划整合城南工业园区、惠南工业园区、惠东工业园区、泉惠石化园区四大工业园区和一批工业基地，加快开发斗尾港区、秀涂港区、崇武港区三大港区，基本形成现代化滨海港口城市基本框架，实现新一轮跨越式发展。目前，惠安已发展成为全福建省经济发展最活跃、最具吸引力的沿海开放县之一，具有自己独特的发展优势。

区位优势

惠安地处南亚热带地区，气候温和，雨水充沛，海域广阔，拥有漫长的海岸线和崇武港、秀涂港、斗尾港等天然良港，区位优势明显，为国道324线中心点，闽东南经济“龙头”的中枢位置，是大陆离台湾中部最近的地区之一；位居上海至广州海上运输路线的中间位置，距厦门港80海里、福州港90海里、台湾台中梧栖港97海里、基隆港158海里、香港350海里，地理位置十分优越。2003年12月23日泉州市政府批准通过的《惠安县城市总体规划调整》确定了未来惠安城市布局将向东、向南发展，调整后的惠安将与“大泉州”相对接，成为大泉州的次中心城市，城市依托更加可靠。特别是近几年来，基础设施建设把惠安的整体投资环境推上一个更新更高的层面。

资源优势

1.海洋资源：惠安县海域面积1200平方公里，海岸线长141公里，拥有崇武港、秀涂港和斗尾港等天然良港。崇武港被农业部确定为国家一级渔港，正在申报国家级中心渔港；秀涂港被确定为“大泉州”的中心港区，3万吨级综合码头正在建设中；斗尾港被交通部规划为全国四大中转港口之一，水深港宽，可建万吨级码头泊位17个，其中20万吨级以上泊位4个，在建的有“福建炼化一体化”配套的青兰山30万吨原油码头，是“大泉州”北翼重工业区的重要依托港口，也是惠安县新世纪发展港口、临港工业的中心所在。

2.旅游资源优势：惠安县环境优美，名胜古迹众多，境内县以上文物保护单位60多处，其中洛阳古桥、崇武古城列为国家重点保护单位，是福建省著名旅游风景区。“惠安女”更以其独特的民风民俗和神韵十足的服饰，成为东南沿海一道亮丽的风景线，成为福建旅游五大品牌之一。惠女、雕艺、滨海已成为惠安的新形象和丰富文化内涵的代表。尤其是通过第五届泉州市“旅游节”的宣传，更加突显了惠安的知名度和影响力。县城建设已初具城市规模，拥有星级酒店3家，正在筹建四星级酒店2家，有承办国外旅游业务的旅行社3家，以及一批体育、健身、娱乐、绿地等设施，城市环境配套日臻完善。

3.人文优势：惠安历史积淀深厚，英才辈出，整体文化素质比较高。改革开放以来，惠安县更是把实施科教兴县与可持续发展战略相结合，努力构建和谐社会，扎实推进各项社会事业的发展。现拥有一流的中小学校，设有5 所中等职业教育技术学校和3所大专学院；周边还有国立华侨大学、仰恩大学、泉州师范学院、黎明大学及厦门大学、集美大学、福州大学等。同时惠安侨胞、台胞、港澳同胞众多，全县旅居海外侨胞和港澳同胞75万人，台胞90万人，他们造福桑梓，踊跃参加家乡建设。

4.侨台优势：惠安是著名的侨乡和台湾汉族同胞主要祖籍地之一，惠籍海外华侨90多万人，港澳台胞90多万人。他们爱国爱乡，纷纷到惠安投资兴业，成为该县对外开放的重要桥梁，构成了惠安发展外向型经济的新优势。

支柱产业、特色经济

惠安素以“渔业强县”、“建筑之乡”、“石雕之乡”著称于世，经过多年来的打造，又荣获“中国石雕之都”、“中国食品工业强县”称号，已形成石雕石材、食品饮料、包袋鞋服、五金机械、建筑装潢、海洋水产等主导产业，船舶修造业、石化加工业和旅游业正在兴起，产业集群具有较大的发展潜力和空间。

1.四大主导产业集群。石雕石材业。坚持雕刻工艺创新和设备创新，走基地化、产业化、集约化、标准化发展路子。努力建设惠东和崇武山霞为主区域的全国石雕制品加工中心，力争五年内成为国际性制造业加工中心。食品饮料业。大力扶持推广“惠泉”、“达利”品牌，培育一批新的食品饮料品牌。争取在五年内建成国家级食品饮料基地。鞋服包袋业。重点发展福建名都鞋业基地，加快重点项目相关企业配套，培育发展鞋服产业集群。要以创新名牌产品为切入点，以开发新材料为重点，加大技改增资力度，扩大生产规模。依托一批龙头企业，完善配套企业，发展包袋产业集群，加快区域性箱包基地建设。机械五金业。加快发展建德集团的装载机等一批优势特色产品，鼓励发展一批与之相配套的专业化生产企业，形成若干有较强竞争力的骨干企业，并以船舶工业发展带动相关船机等配套企业发展。

2.三大特色新兴产业集群。船舶修造业。发挥港口资源优势，抓住全球造船产业转移的机遇，以“国内一流、世界先进”为目标，加快泉州船厂等项目建设，加大招商引资和内联外引力度，积极引进国内外船舶大集团项目。大力支持民营修船企业的发展，鼓励发展船舶配件、零部件、船用材料及相关服务业，推动船舶修造业跨越式发展。石化产业。立足斗尾沿岸深水航线资源优势和区位优势，主动接受福建炼化一体化辐射，规划发展石化产业和产品物流业。旅游服务业。整合优化“滨海”、“民俗”、“雕艺”、“古迹”等旅游资源，重点培育、完善和提升一批旅游项目和精品旅游线路。继续打造“惠女”、“惠石”品牌，不断开发旅游新产品，拓展旅游产业空间，把惠安建成全省乃至全国旅游强县。

3.三大农业主导产业。着力发展蔬菜、水产和畜牧三大农业主导产业，2004年新建扩建46个农业基地，现拥有国家、省、市级龙头农业企业11家，省级无公害企业5家。2005年计划新建或改建各类特色农业基地或无公害农产品基地25个，计划培育余甘村、鲍鱼村、蔬菜村、鱼卷村、米粉村等25个特色农业村。

投资环境优越

1.基础设施日臻完善：

公路：已形成四通八达的交通网络，公路通车里程达1250公里，其中高级路面和次高级路面484公里，形成以县城为中心，通往乡镇和沿海港口的“四纵四横”高等级公路网络；福厦高速公路在黄塘镇设立互通口，由惠黄二级公路连接通达，距县城10公里。

铁路：连接鹰厦线的漳泉肖铁路在螺阳镇设立惠安站，距县城2公里。

港口：规划建设斗尾国际中转港口，在建青兰山30万吨原油码头，已有崇武千吨对台贸易码头、一级渔业码头。

航空：距晋江机场40公里，距福州和厦门国际机场一小时路程。

通信：通讯发达，具有无线、有线等多种传播方式和传输覆盖网和海、陆、空立体通邮格局。城乡电话交换机容量27.6万门，泉灵通容量10万门，移动电话装机容量30万门，互联网用户近1万户。

供电：已建成霞光、厝斗、洛阳、赤湖、玉围和东园6座110KV输变电站和涂寨220KV输变电站，正在筹建加坑110KV输变电站、松村110KV输变电站各一座，年供电能力25万千瓦时。

供水：现有城南、北关2座自来水厂，日供水能力达25 万吨，已建成惠东、惠南供水工程，规划依托泉州湄洲湾南岸供水工程系统，筹建斗尾供水工程。

2.政策服务环境良好：

惠安县在用好用足用活中央、省、市赋予的优惠政策的基础上，先后出台了《惠安县扶持重点企业和重点项目的若干优惠政策》、《关于进一步加快工业园区开发建设的暂行规定》《关于鼓励扩大出口的若干暂行规定》和《惠安县促进科技进步若干规定》等一系列鼓励投资的配套措施，在资金、技术、人才等方面实行重点倾斜扶持，为客商投资创造更加有利的条件。推行“一条龙”服务和全程代理制，实行零收费，简化办事环节和下放审批权限，帮助入区企业办妥一揽子手续，为投资者提供高效和优质服务。

对外招商引资重点项目

1.基础建设项目：泉州斗尾30万吨原油码头、崇武一级渔港港后综合服务区配套设施、惠安辋川后任千吨级综合码头、秀涂码头等。

2.工业投资项目：泉惠石化基地、台商创业基地、鞋材鞋类原辅材料、服装原辅材料、石雕石材包装用品、箱包配件等。

3.农业开发项目：外走马埭围垦工程、走马埭溪南农业基地综合开发等。

4.旅游开发项目：崇武古城旅游区、惠女民俗风情馆、青山宫旅游区、中国雕艺城旅游商贸等。

5.船舶配套产业项目：泉州市造船厂造船项目、泉州市船舶配套产业园地、钢结构制造中心、拖轮公司等。

正在兴起的海峡西岸现代化港口工业城市——福清

福清位于福建东南沿海，是一座得益于改革开放而逐步兴起的侨乡、港口工业新市，市域总面积2430平方公里，人口122万。作为福建省改革开放的重要窗口，福清紧紧抓住历史机遇，领开放风气之先，借政策驱动之利，扬侨台区位优势，以农业和外向型经济为两翼，推动经济全面起飞。特别是近年来，福清认真贯彻福建省、福州市“建设海峡西岸经济区，做大做强省会中心城市”的总体部署，全面推进经济结构战略性调整，坚定不移地走新型工业化道路，以此拉动、提升农业和第三产业，实现县域经济发展的新提速。2004年全市国内生产总值和财政总收入分别突破300亿元和20亿元，人均国内生产总值突破3000美元，县域经济基本竞争力位居全国百强第17位，初具一座现代化港口工业城市的雏形，成为海峡西岸最具发展活力的地区之一。

福清发展县域经济具备几个得天独厚的优势：一是山海资源丰富。西北多山，东南濒海，山地面积102万亩，浅海滩涂92万亩，耕地50万亩，素有“四山四水两分田”之说，发展农业综合开发条件优越。二是对台优势突出。福清与台湾仅一水之隔，是祖国大陆距离台湾最近的城市之一，最近处与台湾新竹市仅84海里，发展对台经贸前景十分广阔。三是建港条件优越。福清深水岸线长达130多公里，可建3~30万吨级深水码头200多座，成为福清实施“以港立市”战略的重要依托。四是爱乡侨贤众多。福清旅外乡亲达78万，遍布世界112个国家和地区，他们不仅实力雄厚，而且爱乡恋土蔚然成风，成为推动福清经济发展的重要力量。五是旅游资源丰富。自然景观和人文胜迹荟萃，拥有国家4A级旅游区“中华梦乡”石竹山、日本佛教三大流派之一黄檗宗祖庭万福寺及南少林寺遗址、瑞岩山弥勒造像、灵石国家森林公园等诸多名胜古迹，令人流连忘返。

经过改革开放二十多年的蓬勃发展，福清逐步形成了独具魅力的发展优势，奠定了福清经济在新世纪再次腾飞的坚实基础。

一是经济载体扎实。福清拥有国家级融侨经济技术开发区和两个福州市级工业区元洪投资区和江阴工业集中区。融侨开发区以发展电子信息、汽车玻璃等高新技术产业为主，目前正在建设国家显示器产业园，申报出口加工区，初步形成一区多园、联合驱动的发展格局。元洪投资区采取福州、福清与外商林氏集团三方合作开发模式，着力发展粮油饲料、轻工纺织等产业，已成为福建省颇具规模的粮油饲料加工基地之一。江阴工业集中区建港条件优越，国电、钢铁等一批大型项目正在动建当中，是福清市实施以港立市战略，发展临海重化工业和仓储运输业的重要载体。同时，福清市充分发挥民间资金实力雄厚的优势，大力实施亲情工程，促进民资回归，推动镜洋、龙田、渔溪等乡镇工业小区迅速成长，初步形成了福厦、大真、海城公路沿线三条“经济走廊”。

二是产业基础雄厚。经过多年来的产业集聚发展，福清已初步形成电子、食品、塑胶、玻璃、医药等五大支柱产业。电子行业以冠捷、捷联为龙头，吸引上下游配套企业集聚，成为全球最大的显示器生产基地，仅冠捷、捷联两家企业2004年产值就接近300亿元；食品行业以烤鳗、对虾等水产品加工和粮油饲料加工为主，是全国最大的烤鳗加工出口基地之一；塑胶行业以塑胶管材和沙滩鞋为主，是全国最大的沙滩鞋出口基地之一，塑胶管材也占据国内市场10%的份额；玻璃业以福耀汽车玻璃和新福兴建筑装饰玻璃为龙头，其中福耀是全国最大的汽车玻璃生产基地，占据国内市场60%的份额，随着福耀浮法玻璃的动建投产，玻璃产业在福清工业产值中的比重将进一步提升。医药行业以福抗、福兴和福清药业为龙头，随着总投资10亿元的丽珠得乐原料药生产基地的动建和福清药业的上市增资，医药业将发展成为福清新兴的支柱产业。

三是基础配套完善。经过10多年来的集中建设，福清基础设施配套已经从制约型变成适应型甚至适度超前型，进入全国投资环境百强县(市)行列。水利方面，投资5亿多元兴建了闽江调水工程，彻底扭转了福清干旱缺水的局面，城区日供水能力达20万吨并逐步扩容。电力方面，区内拥有2座22万伏变电站、12座11万伏变电站和一批乡镇变电站，2004年全社会用电量达13.3亿度，是全国农村电气化建设达标县(市)。交通方面，福清距福州长乐国际机场仅45公里，国道福厦线和福泉高速公路纵贯全境，福厦铁路福清段和“沿海一纵”201省道即将动工，公路密度位居全国前列。港口方面，福清已建有元洪3万吨级通用码头、江阴港区1号泊位5万吨级集装箱码头和融侨3000吨级集装箱码头，配套有全套口岸查验机构，是国家一类开放口岸。2004年全市口岸货物吞吐量达152．39万吨，集装箱吞吐量达7.7万标箱。2005年还将动工兴建江阴港区2～7号泊位、10号泊位化工码头、玉融海港码头、国电项目配套煤码头及元洪码头二期工程，初步形成港口集群化发展格局。

四是政府服务到位。近年来福清大力开展“转变作风年”建设，强化管理就是服务、寓管理于服务之中的意识，着力打造诚信政府，相继推出无偿代办制、服务企业例会制、项目联审和联合踏勘制、重点项目领导挂钩和跟踪服务制等一系列服务制度，既注重笑脸相迎，更注重效率吸引，努力为投资者提供便捷高效的全过程服务。

今后几年是福清加快发展、再立潮头的重要战略机遇期。本市将认真贯彻党的十六大和十六届三中、四中全会精神，牢牢把握发展第一要务，坚持以科学发展观统领全局，继续贯彻福建省、福州市“建设海峡西岸经济区、做大做强省会中心城市”的总体部署，大力实施以港立市、工业强市、商旅富市、科教兴市、依法治市五大战略，积极推进“三区”、“三线”建设，努力把福清建设成为海峡西岸一座政治清明、经济繁荣、环境优美、民生富庶、社会和谐的现代化中等港口工业城市，力争下一个十年初在全省率先实现建设全面小康社会目标，争取到2020年前后，在全国率先基本实现现代化。

品牌之都——中国晋江

晋江地处福建省东南沿海，与台湾隔海相望，是福建省加快闽东南开放开发、建设海峡西岸经济区的前沿区域，全国著名侨乡。全市陆域面积649平方公里，海岸线长110公里，辖13个镇、6个街道，385个行政村，人口102万，旅居海外的侨胞和港、澳、台同胞200多万人，号称“海内外300万晋江人”。唐开元六年（公元718年）始建晋江县，1992年撤县设市，2001年被福建省委省政府确定为中等城市，素有“泉南佛国”、“海滨邹鲁”美誉。

改革开放以来，晋江弘扬“诚信、谦恭、团结、拼搏”精神，充分发挥侨乡优势，从“三闲”（闲人、闲房、闲散资金）起步，通过市场途径引进设备、技术和原材料组织商品生产，从遍地开花大办企业到形成专业生产区，并促使产业链上下延伸和相关行业逐步配套，形成了竞争力较强的区域产业集群，构建了富有特色的产业发展环境，并逐步成为我国东南沿海重要的现代制造业基地和品牌之都。1992年以来，晋江市经济实力连年居全国前列、福建省首位；2004年，县域经济基本竞争力位居全国第5位。目前，全市拥有中国驰名商标9枚、中国名牌产品9项、中国出口名牌产品2项、福建省著名商标76枚、福建省名牌产品86件及一大批质量、环保等认证企业，拥有26件国家免检产品，工业标准化达到省A级水平，主要产品采标率68.7%，两次被国家权威机构评为“全国质量兴市先进市”，城市品牌入选“中国50家投资环境诚信安全区”。

晋江市按照“加快城市化，提升工业化，迈向现代化，实现大跨越”的要求，围绕发展主题，找准发展定位，着力打造现代化制造基地、品牌之都、外经贸强市和特色农业产业基地，经济运行质量和效益明显提高，区域综合竞争力明显增强。2004年全市生产总值438.9亿元，比增15.5%；财政总收入33.11亿元，比增22.55%，其中地方本级财政收入13.11亿元；全社会用电总量62亿度，比增16.4%；全年合同利用外资8.02亿美元，比增10.9%。

产业规模不断壮大

晋江全市已培育纺织服装、制鞋、食品、陶瓷石材、玩具文具、伞具业等产业集群，并初步形成车辆机械、精细化工、纸制品、生物制药、新型材料等新兴产业，这些产业共聚集企业6300多家，年产值占全市工业总产值的90%以上，拥有较大的市场份额和较高的产业地位。其中，纺织服装业共有企业3000多家，年产值占全市同期工业产值的三分之一强，荣获“中国纺织工业基地”、“中国拉链之都”称号；制鞋业共有企业3000多家，年产量7亿多双，旅游运动鞋产量占全国的40%、世界的20%，被授予“中国鞋都”称号；食品业共有规模以上企业550多家，产值占福建的50%以上，糖果总产量占全国的近20%，被评为“中国食品工业强县”；陶瓷石材业共有陶瓷生产企业680多家，石材企业300多家，外墙砖在国内市场占有率达65%，琉璃瓦产品几乎垄断全国市场；制伞业年产值近45亿元，出口总值占全国的23.8%，是中国最大的伞业制造基地；玩具业共有企业100多家，是全国三大生产基地之一，安海镇被美国玩具专家赞誉为“中国东南之滨初具规模的玩具生产基地”。磁灶镇、永和镇、东石镇、深沪镇、英林镇、龙湖镇和新塘街道分别被授予“中国陶瓷重镇”、“中国石材之乡”、“中国伞都”、“中国内衣名镇”、“中国休闲服装名镇”、“中国织造名镇”、“中国运动服装名镇”称号。

基础设施不断完善

以“现代化制造基地、著名侨乡、生态型滨海城市”作为城市发展定位，按中心市区组团、产业经济组团和滨海组团将晋江作为一个城市整体来建设，全面推进立体交通、供水排水、生态园林、电力燃气、环境卫生等市域基础设施建设，城市绿化覆盖率达34.5%，人均公共绿地7.5平方米，城市化水平达42%。1999~2003年，全社会固定资产投资完成201.7亿元，适度超前构筑了能源、交通、通讯、供水和市政等五大基础设施网络。福厦高速公路穿境而过，市域公路通车里程1700.6公里，公路密度以每百平方公里262公里的通车里程名列全国前茅。建成50万伏输变电站1座、22万伏输变电站2座、11万伏输变电站15座、装机容量7万千瓦的发电厂，正在投建LNG发电厂和热电厂，成为全省电力设施配套最完整的区域之一。建成国家级一类开放口岸深沪港和围头港两个万吨级码头以及4D级泉州晋江机场。市区20万吨自来水厂投入运营，晋南106万吨引水工程全线贯通；民用信息通讯技术与世界先进水平基本同步。另外，相继规划建设了陈埭鞋材、罗山食品、磁灶陶瓷建材、永和石材、英林布料、安海糖烟酒以及SM广场等一批有一定规模、辐射面较广的专业市场和综合市场；成功举办了6届中国（晋江）国际鞋业博览会、3届全国糖酒食品（晋江）博览会和4届全国陶瓷石材（晋江）博览会，城市商贸流通初具规模。

社会事业协调发展

首批通过省"双高普九"评估验收，高考上线率达78.9%，荣获"全国现代教育技术实验市"、省"教育'两基'先进市"等称号。首期占地6000亩的高教发展中心进入实质性开发。晋江电视频道获批开播，"同一首歌"走进晋江，成功承办2004~2005全国男篮甲A联赛开幕式及福建赛区赛事。建立全国第一个县级博士后工作站，设立专家活动中心、留学人员创业园，引进中高级人才2076名（其中博士后30名）。科技进步、科学普及等工作跻身全国先进。继1995年率先实现小康后，2001年又率先基本实现宽裕型小康。城市绿化覆盖率达34.5%，人均公共绿地7.5平方米，城市化水平达42%；自来水普及率达98.8%，燃气普及率达93%，垃圾无害化处理率达90%，人均拥有道路面积18.5平方米。农民人均纯收入7166元，村村通水泥公路，镇镇实现初级保健目标，有线电视、广播电台村村覆盖，城乡用电同网同价。确定每年12月18日为"晋江慈善日"，成立晋江市慈善总会，募集善款1.1亿多元。群众的衣、食、住、行、用、保健就医以及精神文化生活等条件大为改善，人民安居乐业，社会安定稳定。

行政改革深入推进

被中编办列为全国公共行政体制改革试点单位。以转变政府职能为先导，以创新运行机制为主线，以提高服务质量为核心，积极实施公共行政体制试点改革，着力推进政府职能转变、组织结构重组、工作流程再造、管理方式更新，努力构建与晋江经济社会发展相适应并适度前瞻的新型公共行政体制。目前，晋江市级党政机构由45个整合为33个，内设机构总体精简24.5%，财政供养人员比例缩小为79∶1。

当前，晋江正处于工业化加快发展的上升阶段。根据现有的经济基础和产业结构，晋江市提出了"两个率先"发展目标（到2010年地区生产总值比2000年翻一番以上，人均超过6500美元，在全省率先基本实现现代化；到2020年地区生产总值比2000年翻两番以上，人均超过11700美元，率先达到上中等发达国家水平）。为此，今后一段时间，晋江市将深入贯彻科学发展观，依靠民营经济、发展产业集群、政企互动协作，把产业、城市、文化、政府四个方面作为一个有机整体，致力于推进经济现代化、城市现代化、人的全面发展现代化和公共行政体制现代化，努力实现晋江经济社会在更高平台上的更快发展。

经济建设方面，围绕推进经济现代化，按照区域产业集群发展规划，着力打造三个"五"（做强做大五大传统产业集群、扶持培育五大新兴优势产业集群、培育50家年产值在10亿元以上的核心企业）、形成三个"一"（培育一批国家级品牌、在证券市场形成一个"晋江板块"、力争把晋江发展成为一个"国家产业集群发展示范基地"）、营造"双环境"（优化产业集群生态环境、形成良好的自然生态环境），把晋江建设成为福建省具有国际竞争力的先进加工制造基地。

城市建设方面，围绕推进城市现代化，按照“现代化制造基地、著名侨乡、生态型滨海城市”的总体要求，分“三个阶段”（2010年、2015年、2020年）建设，按“三大组团”（中心市区组团、产业经济组团和滨海组团）推进，建设“五项配套设施”（立体交通、供水排水、生态园林、电力燃气、环境卫生），强化“十个发展保障”（组织领导、队伍建设、宣传引导、规划执法、体制创新、城市经营、产业培育、资源整合、资金投入、检查监督），把晋江建设成为福建省二级经济发展中心、花园式滨海城市。

文化建设方面，围绕推进人的全面发展现代化，按照晋江当前发展水平，确立“爱拼才会赢、学习才会赢、创新才会赢”的先进理念，充分调动集体、家庭、个人与企业共同参与的积极性，努力建设学习型社会、构建高等教育普及型社会，创新区域文化和企业文化，推动人的素质全面提高。

公共服务方面，围绕推进公共行政体制现代化，努力实现执政观念上的“三个转变”，即从“官即是管”到“执政就是服务”转变、从“权力本位”到“责任本位”转变、从“权治”到“法治”转变，不断深化公共行政体制试点改革，创建一个与市场经济要求和WTO规则相适应的公共服务型政府。

广东省高要市

高要市位于广东省中部，既属珠江三角洲经济区，又是全省50个山区县(市)之一。全市总面积2196平方公里，辖16个镇、1个街道办事处、324个村委会、26个居委会，总人口73.7万人。

高要市的七个特点：

1.历史悠久。县建制始于公元前111年，有2100多年的历史，因境内羚羊峡扼两广咽喉，有居高扼要之势而得“高要”之名。1988年高要县城从端州搬迁至南岸。1993年9月经国务院批准撤县建市。

2.地理位置独特。处于西江中下游，珠江三角洲与粤西交汇处，西江黄金水道、三茂铁路、国道321线和324线、广梧高速公路、肇江公路几大交通动脉在境内交汇，是粤桂两地的交通枢纽。

3.资源丰富。全市森林覆盖率达到60%，有肉桂基地53万亩，是全国著名的肉桂之乡。主要矿产有黄金、瓷土等，是南方最大的黄金生产基地和陶瓷制品主要原料产地。驰名特色产品主要有端砚、剑花、 肉桂、松香、麦溪鲤等。

4.工业发展较快。全市国有及规模以上工业企业224家，形成了轻纺、五金、机械、建材、陶瓷、制衣、制鞋等优势行业，五金制品、汽车配件、陶瓷建材、制衣制鞋等加工制造业已逐步成为工业支柱产业，工业基础不断增强。

5.农业基础较好。高要原是全省四大粮食生产基地之一，近年来大力调整农业结构和布局，推进规模化、集约化生产，已建立起30万亩水稻、14.5万亩蔬菜、13.8万亩水产、12万亩水果、100多万亩商品林和禽畜养殖六大商品基地。

6.城乡基础设施比较完善。全市公路密度达每百平方公里63公里，镇村道路基本实现硬底化。供电、供水、通讯等设施不断配套和提高，拥有年吞吐能力20万吨的集装箱码头1个，内河运输码头25个；有220千伏变电站2座，110千伏变电站7座，500千伏换流站1座，全市电网具备36万千瓦供电负荷、年供电量15亿千瓦时的规模和能力；全市供水充足，市城区南岸和城东区分别建有1个日供水能力10万吨的自来水厂；市城区污水处理厂正在加紧建设，预计建成投产后污水处理能力达到每日4万吨；全市信息化综合指数达到47.1%，电视网络普及率达到99%，电话普及率达到46%，实现了光纤到镇、网络到村。

7.华侨众多。全市有华侨、港澳台同胞23.5万人，分布在世界30多个国家和地区。其中回龙镇在澳州的华侨有3万多人。

改革开放以来，高要市经济和社会各项事业持续稳健发展。1993年进入全国农村综合实力百强县（市）行列，1994年被列入珠江三角洲经济区，并成为广东省首批23个小康达标县（市）之一。2000年以来，相继获得了全国村民自治模范市、省村民自治模范市和省双拥模范市、省文明城市、省卫生城市、省文化先进市、省科技进步先进市、省“三五”普法先进单位等多项殊荣。2004年被省科技厅定为“广东省可持续发展实验区”。

县域经济发展基本情况

2004年，高要市坚持以邓小平理论、“三个代表”重要思想和科学发展观为指导，坚持“扎实、稳健、有效”的方针，紧紧围绕“增总量、提质量、强实力”的目标，抢抓泛珠三角区域合作发展机遇，积极实施“东引西连”战略，努力打造肇庆东南部经济板块，全市经济保持持续、快速、健康发展的良好势头，社会各项事业全面进步。

全市实现生产总值比上年增长13.5%；工业增加值增长21.9%；全社会固定资产投资总额增长20.4%；地方财政一般预算收入增长14.8%；社会消费品零售总额增长13%；新增私营企业159户，比计划增加29户；个体私营企业税收1.08亿元，增长3.8%；农民人均纯收入5333元，增长

4.5%；2004年新签招商引资项目合同投资总额52.04亿元，增长15.6%；新批注册合同外资7008万美元，增长48.7%；实际吸引外资7560万美元，增长71.8%；外贸出口总值15614万美元，增长34.3%

1.大力开展招商引资，促进园区经济集聚发展

紧紧抓住珠三角发达地区产业转移和省委实施泛珠三角区域合作战略的有利机遇，善用其利，充分发挥高要独特的环境、资源和区位优势，按照“五个有利”的原则，实行产业招商与项目招商并重，委托招商与以商引商并举，特别是加大对港澳优势企业和台资企业的招商引资力度，进一步提高了招商引资的质量和水平。成功举办了“3·28”、“9·26”对外经贸洽谈会，积极参加粤台经济技术贸易交流会和“肇庆金秋”经贸洽谈会，招商引资实现新突破。2004年，全市引进项目200个，其中外资项目34个，民营项目166个。2004年底已履约进资或动工项目有166个，履约率达到83%。园区开发建设取得新突破，成功引进民资开发建设金利五金产业基地和金渡平布工业园，全市园区经济建设如火如荼，初步形成了“三园一带多群体”的发展格局。金渡、金陶、金盛、西区4大产业集聚基地蓬勃发展，累计落户项目共186个，实际总投资达33亿元。其中，肇庆（高要）金渡工业园已有进园项目35个，金陶工业园已有19家总投资38亿元的陶瓷生产企业落户，西区工业带现有进园项目89个。各镇的工业群体建设也不断加快，全市形成了强大的工业经济集聚效应，为高要市经济加快发展、跨越发展，实现工业强市目标打下了坚实的基础。

2.大力发展工业，实现工业经济提速增效

始终确立工业主战场的战略地位，大力发展县域特色工业，发展簇群经济、服装制鞋、五金机械等劳动密集型产业，培育五金、机械、汽配、制鞋、陶瓷等支柱产业和骨干企业，特别是在抓发展、抓规模、抓市场、抓效益等方面下工夫，推动工业经济快速增长。2004年全市工业总产值、工业增加值、国有及规模以上工业总产值和工业用电量分别比上年增长20.4%、21.9%、27.9%和20.4%。鸿图科技股份公司实现销售收入2.96亿元，同比增长48.7%；税收入库2261万元，同比增长78%；利润4100万元，同比增长82.5%，获得“亚太地区增长最快500强企业”称号。稳步推进国企改革，鸿图科技股份公司完成上市申报材料并上报中国证监会，成功转让高要丽晶大酒店，广东真空设备厂、市商业集团公司、市粮食集团公司、西江酿酒厂等一批企业实施了新的改革，获得了新的发展。目前，全市124家国有企业都实行了不同形式的改革。在抓好企业的产权制度改革，盘活国有资产的同时，进一步强化国有资产运营监管，以加强管理为重点，建立健全管人管事管资产相结合的国有资产管理体制，完善企业内部法人治理结构，全面推进现代企业制度建设，提高国有资产运营效益，保障国有资产保值增值。坚持依法依规、公开透明，建立健全国有企业转让产权股权的事前报告、事中监督和事后核查机制，促进国有资产进退有序、合理流动。

3.加大扶持力度，推动民营经济快速发展

认真落实省、市关于扶持民营经济发展的政策措施，加强扶持引导，进一步落实市、镇领导挂钩联系制度，采取措施切实解决民营企业发展中面临的资金短缺等困难和问题，加强信息、技术、人才等服务，鼓励和引导中小企业推进制度创新、技术创新和管理创新，提高企业素质。依托特色资源和传统产业优势，通过发展和壮大金利小五金商贸市场、白土二手设备交易市场和南岸摩托车市场等专业市场，加快民营经济发展。2004年，全市新发展个体私营企业2186家，天龙油墨、金山水泥、康成五金、利星实业等民营企业税收保持强势增长，增幅均达40%以上。

4.大力推进农业产业化，提高农村经济发展水平

大力推进农业结构调整，重点发展基地农业

和效益农业，推动农业特色经济快速发展。全市形成7万亩的“蔬菜走廊”，并完善了广州江南市场的“高要无公害蔬菜一条街”和蚬岗、金渡、荷村、松塘等4个蔬菜交易市场，使蔬菜产业向规模化、集约化方向发展，抓好粮食产业产、加、销一条龙建设，全市优质水稻播种面积47万亩，各类粮食加工厂360家，年加工能力19万吨，2004年被评为“全国粮食生产先进县（市）”。大力发展水产养殖业，建成连片万亩罗氏虾、3000亩桂花鱼和2000亩麦溪鲤的水产养殖加工、出口基地。禽畜产业向多元化发展，建成黑棕鹅、山地鸡等多个养殖业生产基地，成为肇庆市最大的肉类商品生产基地。大力发展肉桂种植和肉桂深加工，年产肉桂9600吨、桂油800吨，桂油出口量占全国的一半。大力抓好农业招商引资，成功举办了“十里花木长廊”建设推介会暨农业项目签约仪式，引进项目17个，新发展花卉种植7000亩。2004年全市共引进农业项目35个，引进资金2亿多元。引进建设了投资5000万元阿莱斯三利（高要）化工公司和投资2500万元的振业水产冷冻厂回龙分厂等多个农林水产品深加工项目。加快农业改革步伐，基层农技推广体系改革被列为全国试点市；农村集体资产和财务管理工作有效推进，被列入全省“十县百镇千村示范工程”试点市。

5.加快城镇化建设步伐，营造良好发展环境

坚持“高起点规划、高标准建设、高效能管理”原则，在重点抓好市城区建设、发展繁荣市城区的同时，抓好白土、金利、新桥三个省级中心镇的规划建设，并对各镇城区进行规划修编。特别是把工业园区的规划建设与各镇城区的规划建设有机地结合在一起，进一步完善了各镇城区的配套设施建设，提高了镇城区的绿化、美化、亮化、净化水平。大力推进商业贸易、饮食娱乐、信息服务、房地产、交通运输等第三产业发展，加速农村人口、生产要素向城镇集聚。大力抓好新农村建设、旧村改造、卫生村建设和生态文明村建设，全市324个行政村中规划建设了38条生态文明示范村，农村群众生活居住环境得到进一步改善。

6.大力培育税源，壮大地方财政实力

建立税收与经济发展同步增长的良性互动机制，促进财政增收。一是强化税收征管，确保应收尽收。特别是加强对五金、加工制造业等重点税源的监控和征收，做到细管严征，严厉打击各种偷税、骗税、逃税、抗税行为。二是积极培植、拓宽税源。一方面，加快发展民营经济，培育新经济税收增长点；另一方面，抓好现有生产企业达标达产和增资扩产，挖掘增收潜力。三是稳定存量、巩固扩大税基。稳固、壮大作为税收支柱的工业，引导、扶持现有税源产业和纳税大户，提供便捷、满意服务，使税源持续增长。

南安——海峡西岸璀璨明珠

南安位于福建东南沿海，地处闽南金三角中心区域，与台湾、金门隔海相望。现全市总面积2036平方公里，人口148万，海外侨胞和港澳台同胞300万人，是全国著名的侨乡。南安古称武荣，历史悠久，人杰地灵，自古即以“礼仪之邦”、“海滨邹鲁”享誉八闽。自三国东吴永安三年（公元260年）置县以来，已有1700多年的历史，曾一度是闽南的政治、经济和文化中心，著名“海上丝绸之路”的东端。南安历代人文荟萃，英贤辈出，先后孕育了“开八闽文化之先声”的唐代诗人欧阳詹、明代民族英雄郑成功、伟大的思想家李贽、海外侨领李光前、一代名将叶飞等俊杰贤人。

千年的历史文化积淀，为南安大地播撒了灿若星河的名胜古迹：有举世闻名的“海上丝绸之路”起点九日山，有被誉为“天下无桥长此桥”的宋代安平桥，有堪称世界建筑瑰宝的“闽南建筑大观园”蔡氏古民居建筑群，有全国爱国主义教育基地的郑成功史迹，还有闽南古刹雪峰寺、凤山寺等。诸多的历史人文因素，使南安成为一个得天独厚的文明古郡。

南安人自古以来就有一种敢为天下先的秉性。而今，在鼓荡的改革大潮中，南安人民发扬“团结、务实、开明、奋进”的精神，发挥“山、海、侨、台、文”等优势，击水潮头，抢抓机遇，奋发进取，抒写了南安历史上最辉煌的一页。

经济建设蓬勃发展

历经十多年发展，南安闯出了一条独具侨乡特色的经济发展道路，形成了以市场经济为主、外向型经济为主、股份合作制为主、多种经济成分并存共同发展的经济格局和运行机制，实现了从农业穷县到工贸城市的巨大跨越，跻身“全国经济百强市（县）”及“省十强市（县）”行列。2004年，全市完成生产总值219亿元，实现财政总收入14.0亿元，城镇居民可支配收入10983元，农民人均纯收入5512元。

农业综合开发颇具规模。全市已形成了水果、粮糖油、肉蛋奶、水产品、畜牧、蔬菜、食用菌、花卉苗木等8大农业生产基地。全市水果面积38万亩，其中龙眼种植面积20多万亩，1998年荣膺“中国龙眼之乡”称号。

工业立市步伐不断加快。全市拥有1万多家乡镇企业，建材支柱产业不断优化升级，轻纺鞋帽、电子机械、石油化工、食品饮料、家私装潢和纸制品等六大重点产业不断发展壮大，高新技术和信息产业得到引导和培育。值得一提的是，以石材为主的建材业已发展成为南安的支柱产业，全市建材企业1700多家，年产值150多亿元，占据全市工业总产值的53%，撑起南安经济的“半壁江山”，成为南安经济最具活力的增长源和支柱产业。“精美的石头会唱歌！”石材是南安建材业中的“龙头”产业。全市现有石材企业1300多家，年产值110多亿元，占全市工业总产值的37.4%，成为我国规模最大、种类最齐全的石材生产出口基地。1999年，南安骄傲地摘取了全国惟一的“中国建材之乡”桂冠。

坚持“市场、产业、基地”联动发展，实现生产力合理布局。这是南安的经济特色，也是南安专业特色市场发展的成功经验。近几年来，南安市委、市政府高度重视各类专业市场的开发和建设，把建设专业市场作为建设海峡西岸经济区的发展平台，坚持以建设大市场、发展大贸易、搞活大流通、带动产业大发展为目标，依托支柱产业和重点行业，规划建设了一批一流专业市场，组成了联合开拓市场的强大“舰队”，促进了南安市经济社会在更高的平台上快速健康发展。短短的几年中，“中国石材城”、“中国粮食城”、“中国雨伞城”、“中国水暖城”、“环球家具城”和“泉州花卉城”等一批专业市场在全省乃至全国的影响力和辐射力日益彰显，并有效地带动了南安建材、粮食、石化、家私、花卉等产业和基地的繁荣发展，有效地带动了优势产业的发展壮大，促进产业链的延伸和产业集群的形成。

社会事业蒸蒸日上

“九五”以来，南安先后获得全国“科技先进市（县）”、“文化先进市（县）”、“体育先进市（县）”、“科普示范市（县）”、“婚育新风进万家活动先进单位”、“民政工作先进市（县）”、“‘两基’工作先进地区”以及省“双拥模范城”四连冠等荣誉，连续三届荣获“省文明城市”称号。文化、卫生、广播电视、旅游业以及环境保护、劳动就业、社会保障等事业都取得了长足的发展。社会稳定安定，人民安居乐业。

投资环境日臻完善

海陆空交通方便快捷，市区距厦门国际机场仅97公里，距泉州晋江机场只有30公里，泉厦高速公路、国道324线、省道307、308线、漳泉肖铁路穿境而过，境内公路密度居福建省第一；国家二类口岸石井港5000吨级码头群已建成，并直航香港、上海、广州、金门等地区。水电供应富足有余，全市日供水达40多万吨，年供电能力达30亿千瓦时。邮电通讯超前发展，网络建设初见规模，实现电话程控化和传输数字化，以“南安政府公众信息网”为核心的网络群架起了电子政务、电子商务、电子社会的网络平台。中心市区建设步伐加快，按照“打开城门、拓展空间、建改并举、提高品位”的思路推进城市规划与建设，城区规划面积由1992年的近10平方公里扩大到现在的近30平方公里，绿化覆盖率达36%。城市功能进一步完善，一批基础设施项目和市政重点项目相继建成投入使用，城市形象大为改观。小城镇建设力度加大，水头和梅山分别被列为全国、全省小城镇建设示范镇。

南安市还致力打造优化宽松的软环境，大力实施招商引资“畅通工程”，简化审批程序，实行“一幢楼”办公和“一条龙”服务，营造了“亲商、安商、富商”的良好氛围，从而促进开放型经济迅速发展，利用外资规模逐年扩大，外经外贸工作不断得到加强。举办和参加各类交易会、展洽会，取得了丰硕成果。组建了12家国内异地商会，开展各种联谊活动，进一步加强了与海内外南安乡亲和社团的联络。对台合作交流取得突破，实现了祖国大陆第一团以官方身份赴金门经贸考察，顺利开通了至金门、澎湖、马祖的货运航线。

望前程繁花似锦，赴征途任重道远。面临更加开放、更具竞争、更有前途的战略机遇，勤劳智慧的148万南安人民将紧密团结在南安市委的领导下，以邓小平理论和“三个代表”重要思想为指导，认真贯彻党的十六大、十六届三中、四中全会精神，牢固树立和认真落实科学发展观、努力构建南安改革发展的跃升平台，突出抓好区域特色、项目带动、产业聚群、改革开放、城镇建设、农民增收、稳定和谐、侨乡文化和生态环保，扎实推进物质文明、政治文明、精神文明建设，推动南安经济社会实现更快更好发展，把南安建设成为工贸发达、经济外向、科教先进、城乡一体、设施完善、环境优美的现代化新城市和文明、进步的新侨乡，使南安成为海峡西岸经济区一颗璀璨的明珠。

广东省增城市

增城建县于东汉建安六年（公元201年），距今已有1800多年历史。1993年撤县设市，全市总面积1741平方公里，现辖6个镇、3个街道办事处，常住人口约94万。

增城位于珠江三角洲东北部、广州东部，背靠大广州，南与东莞隔江相望，东临惠州，北界从化、龙门，处于广州、东莞、深圳、香港等发达城市区间，紧连广州市经济技术开发区和广州科学城，被经济学家称为“黄金走廊”。随着广州“南拓北优、东进西联”战略的实施，这个“走廊”已成为最具开发潜力的广州东部板块主要组成部分，是广州城市向东扩展的重要地区。

境内交通四通八达

广九铁路、广汕公路、广深公路、广深高速公路、广园东快速路、广惠高速公路等贯穿市境，增莞高速公路已动工建设，广河（广州至河源）高速公路、增从（增城至从化）高速公路及广园东快速路四期工程等正抓紧规划兴建，广州的城市轨道交通也规划延伸至增城，是广州通往深圳、东莞和粤东各地的交通咽喉。至广州国际机场和深圳黄田国际机场仅需30～40分钟车程，一个半小时可达珠三角任何一个城市。

各项基础设施逐步完善

全市在运行变电站总容量168万千伏安。拥有丰富优质的水资源，全市日供水能力60万吨。设有新塘海关等联检机构，新塘为国家一类口岸，码头紧接邻广州黄埔港，年吞吐能力达427万吨，目前正在新建江龙、新塘两个口岸出入境车检场，可为广大企业提供方便、快捷的进出口服务。建立了市审批服务中心，可为投资者提供优质、便捷的“一站式”投资服务。市内有三家四星、一家五星级酒店，有国内最内具规模的牛仔服装专业市场。

人居环境优越

到处青山绿水，生态环境优美。气候温和，风调雨顺，是著名的荔枝之乡、鱼米之乡。全市森林覆盖率达49%，拥有蕉石岭、大封门、南香山、金坑等9个森林公园和自然生态保护区，是广州东翼的“绿肺”，也是珠江三角洲大工业圈中的绿洲。建有规模大、环境美、治安好、档次高的碧桂园凤凰城、锦绣香江等十多个大型绿色社区，市区内拥有多个各具特色的广场、公园。

教育文化设施完善，人力资源丰富

普及了九年义务教育和高中教育，形成了多层次的教育体系。市内有华南师范大学增城康大学院、广州大学松田学院、广东工业大学华立学院、广东商学院华商学院、增城广播电视大学等多所高等院校，可为各类企业提供充足的中高等职业技术人才。建设了完善的农村富余劳动力培训和转移就业网络，每年可向市场提供2万多个经严格培训、掌握一定技能的高素质劳动力。建有展览馆、博物馆、图书馆、文化馆、电影院、广场等一批文化设施，广场文化及群众性体育活动活跃，人民安居乐业。

经济发展迅速。增城紧连广州市经济技术开发区、东莞等发达地区，具有扎实的产业基础，尤其是随着广东省十大建设工程之一的广州本田汽车第二工厂和五羊本田摩托车厂的成功落户，汽车、摩托车、IT业等高新技术产业聚集效应持续增强，具有强大的产业支撑能力，既可承接周边产业的转移，又能为周边产业提供核心配套。全市已形成汽车、摩托车及其配件制造业、牛仔休闲服装业三大支柱产业，民营经济成为三大支柱产业的主力军，至2004年底止，全市个体工商户和民营企业分别达19153户和4243家，拥有宝龙、东凌、创兴、康威、苹果等众多知名品牌。2004年，全市实现生产总值236.88亿元，比上年增长13.04%；工业总产值465.63亿元，增长14.98%；农业总产值42.6亿元，增长8.12%；财政总收入23.44亿元，增长20.7%；实际利用外资1.74亿美元，增长15.06%。经济实力居广东省首位，在全国百强县(市)中列第19位。

增城发展规划。随着广州东进战略的加快推进，增城已规划定位为广州市重点发展的九大片区之一，将建设成为广州东部新型工业基地、现代服务业中心、都市农业生产基地、生态旅游休闲基地和职业高等教育基地，努力打造广州东部现代化生态新城区，逐步形成“四大主轴、五大组团”的发展格局。以广惠高速公路为主轴，以工业基地为载体，大力发展现代组团式工业；以广园东快速路增城段为主轴，以新塘为龙头，大力发展现代商贸物流业；以广汕公路为主轴，以农业科技产业园为突破口，大力发展都市型农业；以增派公路为主轴，以大封门旅游景区为重点，以白水寨省级风景名胜区为龙头，大力发展生态旅游业，把北部的派潭打造成广州最大的生态旅游区。

增城亮点多多。增城是广东省文明城市、广东省卫生城市、广东省林业生态市，素有“荔乡仙境”的美誉；新塘镇是全国牛仔休闲服装名镇。

1.广州本田第二工厂。选址新塘镇，占地约1500亩，首期投资22亿元、生产规模12万辆，2006年下半年投产。还有宝龙商务车、特种车制造基地，以及提爱思、戴卡旭等较大规模的汽车配件厂，目前正筹划建设广州东部汽车产业基地。

2.五羊本田摩托车新工厂。选址新塘镇，首期投资4亿元，生产规模100万辆，将于2005年底建成投产。

3.牛仔休闲服装。新塘镇被评为中国牛仔服装名镇，其产量占全国牛仔产业一半以上，出口的三成以上。新塘从原材料到销售，整个牛仔产业链非常完整。全市拥有2000多家牛仔服装及相关企业，每年产值约100亿，其中康威、创兴等14家企业年产值超亿元。

4.荔枝。是著名的荔枝之乡，全市荔枝种植面积20多万亩，年产量约5000至15000吨。位于市区中心的西园挂绿母树，已有400年历史，2001年、2002年分别举行了挂绿荔枝拍卖，其中一颗拍得55.5万元，载入吉尼斯世界大全，被称为世界上最贵的水果。

5.增城丝苗米。2004年申报通过增城丝苗米原产地保护，“泰稷牌丝苗米”被评为全国农业博览会名牌产品，“荔新牌总统米”被评为广州市优质产品，是全国首家通过ISO9002质量体系认证企业。“挂绿牌丝苗王”品质最优，价钱最贵，每公斤18元。

6.增城菜心。全市共有蔬菜种植面积15.6多万亩，其中增城菜心占2.5亩。增城菜心又叫“迟菜心”或“高脚菜心”，以茎心肥大、菜质鲜嫩、香脆甜爽、风味独特而远近驰名，素有“菜心之王”、“菜品之冠”的美誉。

7.高档次新社区。已建设了广园东碧桂园凤凰城、锦绣香江翡翠绿洲、新世界花园等大型社区。其中凤凰城占地面积一万多亩，拥有一间超五星级大酒店，社区内公共配套设施齐全，居住环境优美。

8.增城广场。规模宏大，设计独特，广场与生态公园融为一体，是市民休闲运动的理想场地。

9.高尔夫球场。增城现有仙村、南华、紫云山庄、荔湖等4个高尔夫球场，是全国县级拥有高尔夫球场最多的地方。

10.白水寨省级风景名胜区。位于增城市北部与龙门县交汇处的南昆山西侧，有我国大陆落差最大达428.5米的瀑布，因形似仙女，又名“白水仙瀑”。目前正建设万级登山天梯和缆车工程。位于高滩的温泉，日出水量3400吨，平均水温63度，属硫碘泉，极具医疗效果。温泉度假村和大封门森林公园正在开发建设中。

11.何仙姑家庙。小楼镇是八仙之一何仙姑的故乡，何仙姑家庙始建于明朝，至今有400多年历史，是著名的道教圣地。何仙姑家庙瓦顶上生长有一棵仙桃，相传是何仙姑师傅麻姑献寿之桃，故又名“麻姑仙桃”，瓦顶仙桃虽缺土少肥，但四季常青，年年开花结果，是果中珍品，稀世传奇。

广东省高州市

高州市位于广东省西南部，全市总面积3276平方公里，其中山地面积377万亩，耕地面积88.3万亩，现有人口157万，辖23个镇和5个街道办事处。市区现有面积约20平方公里，人口20多万。市人民政府所在地——高州城，始建于隋开皇十八年（公元598年），为历代州、郡、路、府、道、专区的治所，曾是粤西的经济、军事、文化中心，为省级历史文化名城。

改革开放以来，特别是近几年来，高州市坚持走“农业起步，以农促工，以工带农，全面发展”的经济发展路子，以“建设经济强市，争创文化名城，力争在全省山区中率先基本实现现代化”，全面建设小康社会为总目标总任务统揽工作全局，以发展工业化为核心，积极实施“三化联动，城乡齐兴”发展战略，有效地促进了国民经济持续快速健康协调发展和社会全面进步，人民生活水平稳步提高。2004年，全市地区生产总值138.6亿元（可比价，下同），比上年（下同）增长8.2%（其中第一产业增加值41.6亿元，第二产业增加值41.8亿元，第三产业增加值55.2亿元）；农民人平纯收入4530元，增长4.1%；外贸出口总值1.6亿美元；城乡居民储蓄存款余额81.5亿元，增长10.1%；财政总收入7.83亿元，增长26.3%；社会消费品零售总额46.7亿元，增长13.3%。精神文明建设和社会各项事业也取得了长足的进步。曾获“全国第二、三、四届县域经济基本竞争力百强县(市)”、“全国水果第一市”、“全国农村综合实力百强县(市)”、“中国手套名城”、“全国农产品深加工十强县(市)”、“全国明星市(县)”等28项国家级殊荣。农业总产值已连续9年名列广东省各县(市)第一，山地亩产值居全国之冠，高州市因此被中共中央政治局常委李长春(时任中共中央政治局委员、广东省委书记）赞誉为“广东省山区综合开发的一面旗帜”。2000年2月，江泽民同志亲临高州视察，在高州市领导干部“三讲”教育会议上作了重要讲话，并对本市农业综合开发所取得的成绩给予充分肯定，亲笔题词“搞好山区综合开发，促进农村经济发展”。

“三高”农业稳步发展

高州属南亚热带季风暖湿气候，光照充足，雨量充沛，土壤肥沃，优越的自然环境为发展农业提供了得天独厚的条件。多年来，高州市从本地实际出发，发挥资源优势，大力发展以水果为龙头的“高产、高质、高效”农业。水果种植面积达170多万亩，年产量80多万吨，总产值30多亿元。

高州享有“全国水果第一市(县)”的美誉，被命名为“中国荔枝龙眼香蕉之乡”。高州市水果种植历史悠久，据高州府茂名县志记载，高州种植荔枝始于秦末，至今已有2000多年的历史。位于东部荔枝基地的根子镇贡园内有数十棵古荔树，树龄最长的有1500多年。据专家考证，当年进贡给杨贵妃的荔枝，正是取自高州。那时的当红太监高力士为高州人，为向杨贵妃献媚，极力推荐家乡高州产的岭南佳果荔枝给杨贵妃品尝。清代曾任两广总督的著名诗人阮元有诗云：“新歌初谱荔枝香，岂独杨妃带笑尝；应是殿前高力士，最将风味念家乡。”因此，根子又有“大唐荔乡”之称。

高州种植水果不但历史悠久，而且具有很强的市场竞争力。一是种植品种名优化。荔枝以荣获“中国第三届农业博览会名牌产品”称号的白糖罂、白蜡、黑叶和桂味荔枝为主。2000年2月19日，江泽民同志在根子镇观荔亭前手植的“中华红”荔枝树，就是从荣获广东省早熟优质第一名的“白糖罂”荔枝中提纯优化出来的新品种；龙眼以荣获“全国首届农业博览会金质奖”的储良龙眼和荣获“中国农业博览会名牌产品”称号的石硖、双孖木龙眼为主；香蕉以荣获“全国首届农业博览会银质奖(香蕉类第一名)”的遁地雷香蕉为主。同时，高州市还大力开展“三优”活动(保优——对品种进行提纯复壮；改优——淘汰改造劣质品种；引优——引种新的优质品种)。目前，全市荔枝、龙眼、香蕉名优品种种植率达95%以上。二是基地布局区域化。形成了东部4.5万公顷的荔枝生产基地，西部3.2万公顷的龙眼生产基地，中部1.8万公顷的香蕉生产基地，北部1万公顷的黄榄生产基地。三是生产管理标准化。高州市严格按照农作物的种植规程，对水果实行标准化生产，科学化管理，确保水果优质、安全无公害。高州市因此被国家质量技术监督总局命名为“国家荔枝标准化示范区”和“国家龙眼标准化示范区”。“白糖罂牌”荔枝、“马头牌”储良龙眼、“长恒牌”香蕉等一批名优水果被中国绿色食品开发中心认证为无公害的A级绿色食品。多年来，高州名优水果以其质优价宜畅销国内市场，并有部分销往美国、加拿大、日本、新加坡、港澳等国家和地区，受到越来越多消费者的青睐。

此外，高州市还大力调整农业经济结构，推广稻－稻－菜模式，发展蔬菜生产，大力发展养殖业，已形成东部年养猪35万头的肉猪生产基地，西南部面积达14万亩的优质淡水鱼生产基地，中部年养鸡达3500万只的肉蛋鸡生产基地。现在全市已建立水果、蔬菜、养殖、食品等农业龙头企业10家。

工业经济迅猛发展

高州市进一步强化“工业立市”意识，按照“建园区、办民营、引外资、兴科技、舞龙头、创特色”的工业发展的18字方针，全面加快工业发展步伐。一是以抓好软环境建设为突破口，吸纳投资者到高州投资置业。市委、市政府出台了《高州市加快工业发展的若干规定》和对重点企业进行保护等优惠政策，从市场准入、企业用地、资金借贷、减免规费等方面给予优惠，并成立了投资服务中心和民营企业投诉处理中心，为企业提供“保姆式”服务。二是以抓工业区为载体，大力加快工业化进程。本市不断加大了金山工业区的建设力度，完善了金山工业区的基础设施和其他配套设施建设。同时，又千方百计搞好金墩工业区和汉桥工业区的基础设施建设。石鼓、长坡等镇也引导企业集中发展。三是以发展民营企业为重点，推动工业快速发展。按照“政治平等、政策公平、法律保障、放手发展”的方针，坚持以为民营企业人员营造“社会上有地位、政治上有荣誉、经济上有实利”的良好氛围为宗旨，千方百计激活民间投资，大力发展民营经济。目前民营企业已达3000多家，年产值50多亿元。四是以发展资源加工型和劳动密集型企业为主攻方向，大力发展特色支柱产业。高州市充分发挥资源优势和产业优势，大力调整优化工业结构，抓好农产品加工、皮革制品加工、铸铁件加工、乙烯产品后续加工等资源型、劳动密集型特色工业，初步形成了劳保手套、铸铁和食品加工等具有高州特色的支柱产业。2004年全市实现工业总产值112.2亿元。

第三产业蓬勃发展

一是积极搞活农产品流通。大力引导农民、外地客商和个体商业户参与流通，通过“地方军”、“远征军”、“外援军”、“三军联动”，积极搞活流通。全市已建立起一个由1000多个代购商，下联数以万计的小商贩，上联全国20多个省100多个大中城市拥有3万多人的购销网络。二是建设一批大商场、大市场。已建成5家大型商场，全市拥有农产品批发市场18万平方米，购销站1000多个。三是利用生态农业发展快、名胜古迹众多、自然风光好以及江泽民同志亲临高州视察等优势发展特色旅游业，打造红色旅游、古色旅游、绿色旅游品牌，已建成根子红荔阁及贡园、深镇仙人垌自然风景区、市区冼夫人文化公园、长坡旧城古郡城遗址等旅游景点。

外贸出口持续增长

高州市积极实施“外向拉动”战略，制定和完善了鼓励外贸出口的优惠政策，在行政审批、通关环节、资金融通等方面对重点企业给予优先扶持，重点培育壮大皮革制品加工、铸铁件加工和竹器编织等外贸出口企业，逐步发展成为全国最大的劳保用品生产出口基地和全省重要铸铁件生产出口基地。积极开拓农产品国际市场，鼓励有条件的企业和个人从事农产品出口销售工作。荔枝、龙眼、香蕉等农产品已相继打入国际市场，远销日本、韩国、东南亚及欧美地区。2004年外贸出口总值1.6亿美元。

基础设施日臻完善

高州市坚持多渠道筹集资金，高起点规划，高标准建设，集中力量建设一批重点项目。全面完成了城乡电网改造，大大降低了电耗，农村电价已降至0.79元／度以下。公路交通设施日臻完善，形成了四通八达的交通网络，全市各镇已基本实现通二级公路，各村委会实现通上等级公路。环绕高州城辐射边远农村的230公里水泥硬底化道路已大部分投入使用，基本形成了高州“230”经济圈。全市公路密度为72公里／百平方公里。国道207线石仔岭至祥山路段、高长一级公路、省道283线均已动工。全市固定电话装机量达17万台，城乡已全部通电话，已建成数字移动通信基地站100多个，移动通信网络已覆盖全市城乡每个角落。

文化科教事业全面进步

积极实施“科教兴市”战略。积极走科技与经济紧密结合的路子，依靠科技推动经济快速发展。2004年，全市科技进步对经济增长的贡献率达42%。加快科技体制改革，建立和健全科技网络，现已建立起市、镇、村和自然村四级科技网络，民间群众成立了“香蕉研究会”、“荔枝研究会”等专业技术研究会300多个，参加人数达7000多人。积极投入大量资金，新建和改造薄弱学校，使全市中小学校舍面貌一新。高州二中的搬迁工作正在进行。普通教育和成人职业教育有较大发展。2004年全市高考入省专线以上人数8229人，创历史最高记录，居茂名市各县(市、区)之首。有7所学校被评为省一级学校。积极实施先进文化进万村(家)工程。投入大量资金抓好文化阵地建设，文明单位、文明窗口、文明镇(村)等精神文明创建活动和文化、科技、卫生“三下乡”以及科教、卫生、文化、法律“四进社区”活动蓬勃兴起，用先进文化占领城乡文化阵地，使城乡群众的科学文化素质和道德水平、文明程度普遍提高。

桂平市——北回归线上的一颗璀璨明珠

桂平市位于广西东南部，黔郁浔三江交汇处，是国务院批准的全国最早对外开放县（市）之一，全国农林牧渔业总产值百强县（市），全国双拥模范城，中国著名的“荔枝之乡”，中国优秀旅游城市。全市辖30个乡镇，总面积4074平方公里，聚居着汉、壮、瑶等12个民族，2004年末总人口170万，其中市区人口20万。自1994年被国务院批准撤县设市至今，桂平已走过了10年春秋。今天的桂平，已走向世界，成为北回归线上的一颗璀璨明珠。

区位独特

桂平东和东北与平南县交界，东南与容县接壤，南与北流、兴业两县（市）相连，西与港北区为邻，北交武宣、金秀两县，毗邻粤港澳，背靠大西南，既是西江工业走廊和红水河能源工业带的结合部，又是联结华南经济区和西南经济区水陆交通大通道上的重要城市，区位优势明显。南梧二级公路横贯市境东西、桂金二级路纵贯市境南北，市内各乡镇圩集皆有公路相通；水路溯江而上直达贵港、南宁、柳州，顺江而下可泊梧州、广州、香港、澳门通海外；此外还有位于市郊、可起降大中型飞机的桂平机场；随着正在动工的玉林——桂平二级路、武宣——桂平——平南二级路的建成通车，桂平的交通网络将更加完善。因此，桂平既是广西水路交通枢纽，也是中国大西南物资通过港澳出口的便捷运输线，有利于加快对外开放步伐，大力发展外向型经济。

资源丰富

北回归线横贯桂平市境中部，这里气候温和，阳光充足，雨量充沛，土地肥沃，物产丰富。全年无霜期长达339天以上，年日照1700小时，年平均降雨量1726.7mm，年平均温度21.4℃，相对湿度为80%，对发展珍、优、高值农业有着得天独厚的条件，是广西粮食、蔗糖、亚热带水果和淡水养殖业的重要生产基地。著名土特产品有西山茶、麻垌荔枝、西山香粘、金田淮山、罗秀米粉、社坡腐竹、紫荆竹笋等。西山茶汤色淡绿而清澈明亮，味道醇厚，是绿茶中的上乘佳品。西山香粘曾多次获得全国评比金奖，畅销区内外。常用中药材淮山主产地在金田，其出产的淮山在国内药材市场上占有重要地位。罗秀米粉是驰名中外的“中国一绝”产品，畅销区内外及粤、港、澳地区。矿产资源种类多，贮藏丰富。金属矿产品主要有锰、锡、铅、铜等，锰总储量在3000万吨以上，铅锌矿储量在2560万吨以上；非金属矿产品主要有石灰石、花岗岩、大理石、重晶石等。水电资源潜力巨大。横贯市境的黔江、郁江、浔江水源充足，水电能量在152万千瓦以上。城区附近的红水河最末梯级电站——大藤峡水电站，规划总装机容量为120万千瓦，建成后年发电量可达70亿度。

山川秀丽

桂平是中国优秀旅游城市、广西优秀旅游县（市），境内拥有国家4A级重点风景名胜区西山，素有“桂林山水甲天下，更有浔城半边山”之称，以林秀、石奇、泉甘、茶香而闻名于世，人称西山“四绝”，是广西佛教中心。宋代理学家周敦颐和他的弟子程颢、程颐，民国期间孙中山、李宗仁、陆荣廷等先后到过西山畅游。太平天国金田起义遗址，是全国重点文物保护单位，广西革命传统教育基地。大藤峡风光，是广西境内最大、最典型的峡谷景观，明代著名地理学家徐霞客到此游历后写下《大藤峡记》。毛泽东也曾为此峡亲笔题字。此外，还有龙潭国家森林公园和中国道教三十六洞天之第二十一洞天的“白石洞天”，有中国道教七十二福地之一的天南福地罗丛岩洞风光，有广西第一塔之称的东塔古建筑，以及奇特迷人的紫荆瑶寨风情和广西惟一的北回归线标志公园等。

投资环境不断改善

桂平不仅区位独特、资源丰富、山川秀丽，而且政治稳定、经济稳定、社会稳定，各项事业蓬勃发展，基础设施不断完善。以光缆、数字微波为手段的通信传输网，程控电话系统，移动电话系统，无线寻呼系统覆盖全市。除了日臻完善的交通网络外，市区的桂平航运枢纽水电站，2座11万伏变电站，日供水能力11万吨的供水设施，以及跨越式推进的市政设施建设等，为桂平逐步成为一个中等商贸旅游城市提供了保障。在抓好硬环境建设的同时，桂平还站在与时俱进的高度，不断改善投资软环境，先后成立了行政服务中心，实行了重点企业保护制度、执法职能部门到企业检查登记备案制度、纪检监察机关走访企业制度、企业代表、人大代表评议行政机关制度、市四家班子领导挂点联系服务企业制度、损害投资软环境责任追究制度，同时制定了一系列优惠政策，营造了投资办企业的良好环境。

国民经济稳步发展

改革开放以来，桂平市紧紧抓住发展这个第一要务，用“三个代表”重要思想统揽全局，以经济建设为中心，突出特色，狠抓落实，壮大县域经济，三个文明协调发展。2003年全市GDP实现39.8亿元，比1994年增长1.3倍，年均增长4.2%；全市工业总产值实现27.18亿元，比1994年增长1.2倍，年均增长4.7%；农林牧渔业总产值实现30.5亿元，比1994年增长1.2倍，年均增长4.2%；全社会固定资产投资7.97亿元，比1994年增长3.76倍，年均增长18.2%；城乡居民储蓄存款余额36.9亿元，比1994年增长3.5倍，年均增长15.5%；财政一般预算收入完成2.85亿元，比1994年增长2.2倍，年均增长9.4%。地区生产总值、全市工业总产值、全社会固定资产投资三项指标增速创十年新高，全市综合实力明显增强，被授予“广西经济发展十佳县（市）”荣誉称号。经初步核算，2004年全市GDP实现50.02亿元，增长15.5%；财政收入3.45元，增长20.9%；全社会固定资产投资14.84亿元，增长93.07%；全市工业总产值42.5亿元，增长53.75%；农林牧渔业总产值32.06亿元，增长6.3%；城乡居民储蓄存款余额42.79亿元，增长13.77%。非公有制经济发展迅猛，全市共有私营企业500多家，初步形成了以制药、酒业和酒精业、矿产品加工、建材、铸造、服装针织、食品加工等七大特色产业为主的工业格局。主要工业产品达300多种，其中白砂糖、酒精、书写纸、皮鞋、乳泉井酒等十几个品种先后被评为省、部优产品，并出口外销，打入国际市场，乳泉井酒还荣获首届中国——东盟博览会指定用酒。农业内部主要由粮食、甘蔗、畜禽、水产、水果、林业等主导产业构成，全市已初步建成茶叶、果蔬、辣椒、花卉、淮山、黄沙鳖、速丰桉、亚热带名优水果、优质香米等一批高效、特色农业生态示范基地以及特色养殖业、林果业基地，并引进和培育了总投资1.9亿元的20万吨／年优质香米及其副产品深加工项目等农业龙头企业，引导农业向工业化、产业化发展，不断拓宽农业增值、农民增收的途径，逐步把农民从田野引进车间、工厂。此外，充分利用旅游资源丰富的优势，认真实施旅游带动战略，积极争创“中国优秀旅游城市”并顺利通过国家旅游局验收，全市旅游产业蓬勃发展，带动了城乡商业、旅游业、饮食业、运输业、通讯业等第三产业的发展。经初步核算，2004年全市第三产业增加值完成14.63亿元，增长10.6%。

招商项目种类齐全

为了促进非公有制经济发展，进一步壮大县域经济，桂平市建立了较完善的项目库。近期推出的主要招商引资项目有：总投资1000万美元的太平天国金田起义遗址旅游区旅游资源开发与历史人文景观保护项目、总投资3000万美元的龙潭国家森林公园旅游景点开发、总投资6300万美元的锰矿产品深加工项目、总投资9600万美元的城北商业步行街、总投资1900万美元的城南物流园、总投资4000万美元的市区沿江路、总投资1500万美元的桂平摩托车城、总投资3000万美元的高支麻纱生物脱胶梳纺工程、总投资200万美元的荔乡商贸城、总投资550万美元的沙岗别墅小区、总投资730万美元的垃圾无害化处理厂、总投资400万美元的白沙渔场综合开发、总投资1400万美元的年产10万头商品猪开发项目、总投资360万美元的肉桂综合加工厂、总投资800万美元的酒精厂、总投资300万美元的淮山深加工项目、总投资130万美元的3000亩无公害西山茶种植基地、总投资1150万美元的20万亩速生丰产桉基地、总投资1000万美元的邮电宾馆、总投资1000万美元的西山灵湖景区开发、总投资360万美元的鸿华保健品开发项目、总投资150万美元的社坡腐竹生产基地、总投资220万美元的北回归线公园科技娱乐城、总投资700万美元的周城别墅小区、总投资120万美元的轻纺城、总投资300万美元的“中国一绝”罗秀米粉1万吨／年加工项目、总投资300万美元的罗丛岩旅游景区文物保护与利用、总投资150万美元的翠柏园、总投资1100万美元的教育城、总投资2500万美元的五金交电市场、总投资960万美元的年产500万羽商品鸡、鸭项目、总投资600万美元的年产2万吨铅产品深加工项目、总投资75万美元的年产2万吨锌产品深加工项目、总投资730万美元的荔枝、龙眼深加工项目、总投资300万美元的滨江公园、总投资6000万美元的长安工业集中区开发建设项目、总投资1850万美元的服装城等。

桂平各族人民竭诚欢迎海内外朋友到桂平观光旅游，投资置业，共创美好明天！

中国荔枝之乡——广西灵山县

县情简介

灵山县建制于隋开皇十八年(636年)。现辖19个镇，行政区域面积3558平方公里。2004年总人口139多万人。是广西的重点侨乡之一，在国外的华侨、华人6522人左右，分布在28个国家和地区。灵山县位于广西南部，钦州市东北部，东靠浦北县，南接合浦县，西连钦州市北区，北与邕宁县、横县交界。

灵山县以丘陵、陆地、平原为主，土壤肥沃。地处南亚热带季风气候，年平均气温21.7℃，年均日照总时数1670小时，年均降雨量1649毫米。2004年，全县实现地区生产总值53.67亿元，完成固定资产投资12.62亿元，财政收入3.01亿元，城镇居民可支配收入7905元，农民人均纯收入2794元。

区位优势

灵山县城距南宁150公里、钦州100公里、北海130公里、玉林120公里、贵港120公里、广州594公里。陆路有黎钦铁路自西北向西南过境，设有沙坪和灵山县两个客货火车站；公路有正在扩建二级公路的209国道和已建成的二级公路20124线、20221线省道在县城通过，是柳州、玉林、贵港、横县出入北海、钦州、防城的便捷通道；镇镇通柏油路，90%行政村通公路。水路有沙坪港和灵山港，货轮可直达南宁、梧州、广州、香港等地。

资源优势

灵山主要盛产大米、甘蔗、茶叶、蔬菜及荔枝、龙眼、香蕉、西瓜、柑橙、桃李、沙梨、杨梅等40多种水果，是广西粮食、水果、甘蔗、冬菜、奶牛、七彩山鸡、灵山麻鸡、鱼苗和果苗等土产区之一和南亚热带作物名优基地。在首届全国农业博览会上，灵山桂味荔枝获金奖，灵山香荔获银奖。特优龙眼新品种——“灵龙”在1993年起连续三年获广西龙眼优良单株一等奖，并于1995年9月被评为广西龙眼优良单株第一名。灵山茶叶香浓、味醇色靓、耐泡，其中三芽牌毛峰茉莉花茶和安畅福禄茶在1998年中国国际名茶制品茶文化展览会上被推荐为名茶。现已初步建立以冶金、钢材、食糖、罐头、茶叶、水泥、中西成药、松香、电子、纺织等为主的100多个工业主要产品的工业体系。以个体、私营等非公有制经济为主体的县域经济新框架也逐步形成。水力资源蕴藏量19.9万千瓦，水域面积9.8万亩，占总面积的1.84%，其中河流3.12万亩，水库3.92万亩。主要矿产资源有花岗岩、石灰石、大理石、石膏、铀、钛、铁、锰、黏土等27种。其中花岗岩分布甚广，约占全县总面积的一半；石膏矿和铁矿含量全国最高、最好，储量分别约1亿万吨和200万吨；石灰岩储量1697万吨。有自然人文景观50处，其中六峰山、三海岩和大芦民俗风情旅游区为省级风景名胜。农村劳动力资源丰裕，有90万人之多，可转移60%即54万人，现有40万劳动力转移到第二、第三产业，其中有25万已对县外劳务输出，仍有15万人有待转移到第二、三产业中去。

投资环境

近年来，灵山县委、县政府高举招商兴县旗帜，不断完善发展环境，大胆创新，先后出台20多个改善发展环境的文件，内容涉及投资优惠、政务改革、“一站式办公”、非公有制经济发展、工业化、城镇化、农业产业化、房地产开发、市政公用设施，鼓励消费等各个方面。建立健全了首问责任制、行评投诉制、政务公开制、办事限时服务承诺制、监督反馈制、目标责任制、引进项目和外来资金奖励机制、责任追究制等一系列行之有效的制度。努力把灵山打造“政策最优惠、办事最便捷、服务最到位、环境最优美、社会最诚信、投资最安全”投资区域，以城信和真心服务吸引更多业主来灵山投资创业。

重点推荐项目

1.广西灵山县十里工业集中区招商项目：该

项目是2002年进行规划，并开发的具地方特色工业区，是灵山县城体系的一个重要工业发展区域。位于灵山县城南郊，距县城2.5公里，国道209线和S20221线从园区旁通过，交通十分便捷；园区附近有220千伏变电站，区位优势强。园区总体规划开发面积170公顷。完成土地征用手续，基础设施较完善，道路网络基本形成，实行无费管理。现已入驻企业17户，其中投产企业7户，在建企业10户。目前，该工业园区发展已成为灵山县工业经济新的增长点。

2.广西灵山县三隆大马工业区招商项目：该项目于2003年进行规划、并开发的具有地方特色工业园区，是灵山县一个重要工业发展区域。位于灵山县三隆镇南面，距县城33公里，距钦州港80公里，S20221线从园区旁通过，交通便捷，区位优势强。园区总体规划开发面积2平方公里。基本完成土地征用手续，基础设施较完善，道路网络基本形成，实行无费管理。现已入户的永盛铁合金有限公司硅锰合金生产线，2004年建设当年投产。2005年计划扩大建设二期工程，项目建设达到预期效益。目前，该工业园区已成为当地工业经济新的一个增长亮点。

3.广西灵山县乌龙茶生产基地建设开发项目：灵山县已在三年内成为广西壮族自治区第一茶叶大县。乌龙茶生产是广西茶叶生产发展的方向，灵山县独特的土壤气候条件适合乌龙茶树生长，灵山县陆屋农场引进生产成功。

4.广西灵山县檀圩至陆屋水泥路面建设项目。该项目是钦州市至玉林市二级公路灵山段中最繁忙的一段，是灵山县毗邻各县主要干线公路。现在路面为沥青路面，路基基本达二级公路标准。该路段目前有两个收费站：檀圩收费站、陆屋收费站。据统计过往檀圩的车辆流量为2606辆／日，过往陆屋车辆流量为2070辆／日，年增比率为6%。项目建设投入使用后，改善路况，车辆流量应有所增长，前景极为看好。

5.广西灵山县城区给水系统扩建工程：灵山县2004年人口为138多万人，县城区人口超过12万人，据测算到2010年，人口将达17万人，需用水量将达7万吨。目前，只有2万吨／日供水能力。现在，该项目已完成可行性报告，并通过广西区发改委批复，部分项目已开工建设。项目财政内部收益计10.55%，财政评价各项指标良好。

6.广西灵山县生活垃圾卫生填埋场建设项目：县城区人口现超过12万人，据预计2010年将达17万人，垃圾产量将达200吨。该项目已完成可行性研究报告，并通过广西区发改委批复，项目总投资为5022万元。项目通过专家评估，财务内部收益金为4.17%，财政评价各项指标良好。

7.广西灵山县六峰山双鹤风景区建设项目：六峰山、三海岩风景区既是品位较高的广西自治区级风景名胜区，又具有得天独厚的自然地理旅游优势。其中，六峰山有灵胜福祉东南亚的北帝庙，三海岩有岳飞儿子岳霖亲笔题词。项目开发建设集山、水、田园风光农家乐、灵山县荔枝、龙眼品尝为一体，具有很浓地方特色旅游资源。项目计划开发建设面积45万平方米，有几十多个特色景观，具有很好的旅游开发价值。

联系人：秦达光(灵山县发展和改革局)
电　话：0777-6552032
联系人：黄奕汉(灵山县招商服务中心)
电　话：0777-6513449

桂中商埠——广西壮族自治区柳江县

县市简介

柳江县位于广西中部，地处西南与华南经济圈的结合带，是西南工业重镇、广西第二大城市柳州市郊县，区域面积2504平方公里，辖13个乡镇，人口53万人，历来都是广东、湖南、贵州、云南等省货物贸易流通的中转站，也是广西工业产品、农副产品和手工产品的集散地，素有“桂中商埠”之美称。柳江是中国南方人类的发祥之地，具有悠久的历史。“柳江人”古文化遗址、百里柳江景观、典型的喀斯特岩溶地貌，以及曾任柳州刺史的唐宋八大文豪之一柳宗元等历代名人旅居柳江，构成了柳江独特的山水人文景观。

区位优势

柳江县地理位置极为优越，区位优势明显，地处广西中部，位于中国西南与华南经济圈的结合带。北连柳州市，西邻宜州市，南靠来宾市，东邻象州县、鹿寨县，距首府南宁市250公里，桂林市150公里，柳州市10公里，是柳州市的卫星城。拥有陆、河、空立体交通网络，湘桂、黔桂、枝柳铁路、国道322线、209线、南柳高速公路、桂柳高速公路、宜柳高速公路穿境而过；境内柳江河道航运可以直达广州、香港，县城距柳州白莲机场7公里，交通极为便利。柳江地处中国南方交通枢纽、西南出海大通道要塞，地理位置优越，区位优势明显。在“再造一个工业柳州”和市区工业扩张转移、农业产业化、资金、技术、人才、信息、物流等方面可充分接受柳州市的辐射，是投资者从中国进入东盟市场的理想投资选择。

资源优势

1.农业资源　柳江县是全国农业综合开发重点县，盛产水稻、玉米、黄豆、花生、甘蔗、瓜果、蔬菜等作物，是广西主要商品粮和蔗糖生产基地、柳州市“菜篮子”基地、全国秸秆养牛、瘦肉型猪生产基地。著名的主要农副产品有莲藕、子姜、头菜、瓜菜、葡萄、柑橙、沙田柚、李果、果蔗等。牲畜年饲养量超过16万头，年出栏3.85万头以上，年肉类总产量不低于4万吨。全县有四个国有林场，森林覆盖面积85993.7公顷，主要有松木、杉木、桉木、樟木、香椿等材林，木材蓄积量1251148M^3。

2.水能资源　柳江县境内有7条河流，水能可开发量25万千瓦以上。目前正在兴建投资18亿设计装机容量23万千瓦的红花水利枢纽。

3.矿产资源　县域非金属矿产丰富，主要有石灰石、方解石、白云石、大理石、高岭土等，其中以石灰石、方解石和大理石较为著名，石灰石遍布全县，优质石灰石储量达2.5亿吨；方解石矿点60多处，年产量1.5万吨以上。金属矿产主要有锰矿、铁矿等，探明总储量为202.67万吨。这些矿产开发均具良好的开采条件，交通方便，部分矿产开发还可利用现有的厂房、场地。天然彩花和墨黑大理石储量在1亿立方米以上。该县还有“方解石之乡”之称。

特色经济

柳江县是柳州市最大的蔬菜生产基地，柳江县注重农业标准化建设，大力发展无公害蔬菜生产，加强农业投入品管理，蔬菜品质有明显提高。2004年1月至7月，百朋、成团等5个乡镇蔬菜基地的产品检测合格率达97.35%，比上年提高6个百分点。柳江县作为“菜篮子”生产基地县，柳州市市场上供应的蔬菜60%以上来自该县。为保障城市居民食菜安全，提高蔬菜产品质量，该县从1996年开始抓无公害蔬菜生产，加强蔬菜生产用水、用肥、用药的技术培训和指导，从源头杜绝有毒有害物质的危害。2002年，该县被自治区农业厅列为全区仅有的三个创建无公害蔬菜生产基地示范县之一，在全县范围内大力创建无公害蔬菜基地。为确保基地蔬菜的质量，使消费者食菜安全有保障，该县在全县范围内狠抓蔬菜标准化栽培，按农业部行标和农业厅地方标准培训指导生产，禁止甲胺磷等5种国家规定的高毒高残留农药在市场出售，打击伪劣农药经营，净化农资市场。此外，在百朋、成团、进德等乡镇建蔬菜农药残留检测室，定期或不定期对无公害蔬菜基地待售蔬菜，进行农药残留检测，对超标的蔬菜，指导农民做好安全处理，不许采摘出售，上市蔬菜质量因此显著提高。至2005年4月份，全县有11.56万亩无公害蔬菜基地通过自治区农业厅认定，有大白菜、韭菜、黄瓜等11个产品被农业部认证为无公害蔬菜。柳江县每年有6万吨莲藕，2万吨生姜，1万吨李果，12万吨果蔗，0.5万吨葡萄，26万吨其他蔬菜等大宗鲜活农产品销往广东、湖南、湖北、贵州等省及南宁、北海、桂林等市，外销产品所占比例相当高。此外，柳江县还大力发展园艺农业、花卉种植业以及休闲农业，使这些产业在国民经济中的比重不断加强，为增加农民收入做出了较大贡献。

主导产业

1.汽配业　2003年，全县汽配企业达48家，其中17家通过ISO9000国际质量体系认证，规模以上企业20家，形成以发动机、大型覆盖件、弹簧、传动轴、锻件、线束等产品为主的近千个品种的汽配产业链，产品不仅为柳州主车厂提供配套，还远销北京福天、海南马自达、昆明红塔等地厂家，形成20多亿元产值的年生产规模。全县全年汽配产业总产值14.38亿元，占全县工业总产值的38.42%，增加值4.63亿元；缴纳税金0.98亿元，占工业税收的52.13%。

2.制糖业　柳江县有广西凤糖柳江制糖有限责任公司、广西凤糖白沙制糖有限责任公司、广西区露塘糖厂、广西农垦糖业集团柳兴制糖有限责任公司等四家制糖企业，日榨能力达1.8万吨，年榨蔗糖量达240万吨，产值超过6亿元。制糖行业作为柳江县经济的重要组成部分，对柳江县的经济发展起到了举足轻重的作用，做出了巨大贡献。2003年，全县制糖业完成工业总产值6.14亿元，实现工业增加值1.97亿元，产品销售收入6.12亿元，实现工业税金4434万元，实现利润3860万元。

3.制药业　以花红药业、柳江县制药企业有天天乐药业有限公司等为代表，主要以生物制药为主的中成药，有10个剂型近百个品种，产品畅销国内外，其中花红药业是国家民族药生产基地和国家重点中成药生产企业，年产值达6亿元。天天乐药业有限公司2003年顺利通过改制，年生产中成药达1230吨。

4.建材业　柳江县建材业以水泥、大理石材为主，全县有水泥厂5家，主要产品有P.O32.5和P.O42.5普通硅酸盐水泥，年产量达80万吨。轻质板材、复合板材、装饰材料等新型建材发展较快，成为目前柳江县发展新型建材方向。

投资环境

柳江县依托柳州市工业基础，抓住柳州市工业扩张的大好机遇，自觉接受柳州市工业辐射，加大招商引资力度，以优惠的各项政策迎接内外投资，规定凡“新建工业项目，三年内免收小城镇基础设施配套费，扩建工业项目，小城镇基础设施配套费按收费标准50%收取”。县域行政区划面积2504平方公里，耕地面积80万亩，境内资源丰富，森林覆盖率28.6%。柳江电力供应并入柳州电网，全县现有110千伏变电站1座，即将投资建设220千伏变电站一所，35千伏变电站9座，建有小水电站4座，正在兴建红花水利枢纽，各工业园区用电可保障。全县现有各类专业技术人员9353人，其中高级职称123人，中级职称2012人，初级职称7218人。全县农村劳动力27万人，其中富余劳动力7万人，可提供大量廉价劳动力。邻近柳州市有广西工学院等高等院校和职业技术学校33所，专业涵盖机械、汽车、计算机、土木、生物工程、商业、财经等工学、理学、管理学、经济学、法学多种学科，可为企业发展、科研提供和培训各类技术、管理人才。

对外招商引资项目

1.汽车配件业：汽车零部件产品技术开发中心项目；汽车用新型发动机项目；防抱死装置、安全气囊、排气净化系统、自动变速箱等汽车关键零部件改造项目；汽车高级内装饰件、汽车圆簧生产、大型冲压件、大型锻造等项目。

2.机械制造：依托柳州机械工业优势，发展机械配套产品企业，引进和兴建一批机械产品零部件和专业生产厂家。

3.制药业：按GMP要求规模化、专业化种植生产药材，建立药材生产基地；开发花红药业、天天乐药业海内外市场。

4.建材业：大力发展散装水泥粉磨企业和水泥制品企业，利用资源优势开发国家鼓励的日产4000吨以上新型干法水泥项目；新建年产6000万块以上规模烧结空心砖生产企业；大力发展新型墙体材料，重点发展非黏土类空心制品、混凝土砌块、以农作物秸秆为原料的各种轻质板材和复合板材、装饰材料、大理石材料等。

5.化工、造纸业：新型精细无机化工产品、新型涂料、农药、易回收可降解农用塑料薄膜、育秧塑料用具、各种专用复混肥料、生物活性肥料和以竹子、尾叶桉、蔗渣为原料的造纸业。

6.现代农业：主要发展农副产品种植、养殖、加工业。重点发展优质米、水果、畜禽肉制品、莲藕、生姜等蔬菜深加工、精加工和农副产品冷藏仓储、运输，农副产品批发市场建设。

7.物流业：引进和发展一批大中型物流企业。

8.旅游业：红花水电站沿江旅游、龙怀、北弓水库和观光农业、“柳江人”遗址开发。

处处充满商机的南国铝都——广西平果县

被誉为“南国铝都”的平果县座坐落在右江河畔，为百色市东大门。该县辖8镇9乡180个行政村（社区），总面积2485平方公里。近年来，该县解放思想，抓住机遇，认真实施“借铝兴平”、“非公兴平”发展战略，经济建设取得持续、快速、健康发展。2003年被评为全区经济十佳县之首，在第四届全国县域经济基本竞争力评价中列中国西部百强县第22位。2004年全县GDP达50.87亿元，财政收入达7.46亿元，实现跨越式发展。

区位优势

平果是我国大西南出海通道上的重镇，为滇、黔、桂三省区的交通要冲，桂西重要的商贸物资集散地。在广西宏观经济战略布局中，平果处于桂东南开放与桂西开发的结合部，是右江河谷经济开发带的重要组成部分，是国家大型骨干企业“平果铝”及西南、华南电力系统重要枢纽50万伏超高压变电站所在地。县城驻地处在广西首府南宁市和桂西中心城百色市之间，与两地距离约为110公里，成为承接并发挥南宁中心城市向桂西山区经济辐射与吸引的“二传手”。区位优势十分突出。

交通优势

国道324线穿城而过，并有两条省公路经县城辐射到周边各县；南昆铁路已开通运行，在平果境内设有四个客货运站；即将建设的南昆高速公路将穿越境内；右江平果港上逆百色，下达南宁、梧州，经广州出海，通航通力为上航250吨，下航为360吨。平果县已形成了公路、铁路、水路四通八达的立体交通网络。

资源优势

这里气候宜人，雨量充沛，盛产大米、玉米、黄豆、花生、木薯、甘蔗、龙眼、荔枝、葡萄、香蕉等。矿产储量丰富，已探明的矿产资源主要有铝、铁、锰、金、银、红锑、钛铁、朱砂、硫磺、水晶、冰州石、大理石、石灰石、灰元子、煤等。其中已探明的铝矿储量有2.9亿吨，三氧化二铝含量高达60.45%，质量之优，可与产铝著称的法国、几内亚等国的铝矿相媲美；水源丰富，电力充足。县城自来水供水能力为每日4万吨。有国家“西电东送”战略重点工程50万伏超高压变电站及与之配套的三座22万伏变电站、两座11万伏变电站、五座3.5万伏变电站。旅游资源、人文景观奇特迷人。有瑰丽神气的黎明敢沫岩（正在开发），有风格独特的小石林，有日涌三潮的天下奇泉，有气势宏伟的明代州府城堡，有广西乃至西南规模最大、制作最精美的明代土司陵园，有造型精巧的庙宇、古朴深厚的石塔，有慑人心魄的摩崖石刻，有吸引历史学家、考古学家和游人的千古之谜——崖洞葬棺，有闻名遐迩的没六鱼洞和喷涌银虾的奇泉。

特色经济

工业龙头劲舞。平果铝建立起来后，该县提出“借铝兴平”发展战略，即以平果铝为龙头，大力发展为平果铝生活生产服务的相关行业及铝上游配套项目和铝下游深加工项目，做大做强铝工业。几年来先后引进了广西百合化工股份有限公司、平果强强碳素制品有限责任公司、平果亚洲铝业有限公司、平果铝型材等铝上游配套项目及铝下游深加工项目。目前全县涉铝项目达13个总投资额12亿多元。2003年这些涉铝工业项目实现工业产值11.15亿元，占县属工业总产值85.8%，对县财政贡献率达70%。为扩大铝工业规模，该县加快对涉铝项目的引进和原有涉铝项目的技改工作步伐，力争在2010年全县铝工业销售收入达120亿元，比2005年翻一番。把平果建设成为名副其实的南国铝都。在铝工业的辐射带动下，全县已逐步构造以铝工业为核心、包括化工工业、制糖业、建材业、农副产品加工业在内的五大支柱产业。

园区经济方兴未艾。2001年7月，平果县投资建立江南工业区。工业区总体规划占地面积10

平方公里，首期开发用地4.8平方公里，严格按照“高起点规划、高标准建设，高效能管理”的原则进行建设。目前园区50米大道和“三通一平”工作已完成，还建成35千伏变电站一座，完成生产供水、生活用水管道的安装，现代通信系统覆盖全工业区，通讯联络畅通，且有平果亚洲铝业有限公司、平果铝型材厂等九家企业到区内建设，园区经济效益凸现。

城镇化建设日新月异。以房地产、市场建设为突破口，通过以地养城、以城养城等方式，大力推进城镇化建设步伐。城市框架不断拉大。目前县城区面积达12.9平方公里。城区主干道硬化率达100%；绿化率达45%；亮化覆盖率达到90%。城镇化建设的发展推动三产的繁荣。目前全县共有亿鑫房地产、长江房地产等五大房地产公司，新建8个商住区总建筑面积达40万平方米，商场门店300多个面积达16.2万平方米，有60多家江浙一带经营小商品的客商购买了商场门店。形成了辐射周边县的区域性商贸中心。

名特优水果规模化发展。目前全县已初步形成万亩大青枣基地、万亩葡萄、万亩香蕉等10多个名特优水果基地。

投资环境

为扩大对外开放，该县不断优化投资软环境。规范政府行为，简化行政审批手续，取消了11个部门共110项审批项目；推行“一个窗口办文、一个口子收费、一站式服务”的办公形式；设立外商企业合法权益保护牌；为企业办理收费登记卡，对一些负责收费的自收自支事业单位实行“收返分离”。出台优惠政策。2003年以来先后出台了《关于外商投资的暂行规定》、《关于奖励引荐外地资金、项目的暂行规定》2个规范性文件，进一步完善全县的招商引资优惠政策。如对于外商投资建厂，该县给予客商3万元/亩的用地优惠，其余由地方财政补贴，县方负责三通，平整场地县方出资20%等等；强化服务意识。坚持“重引勤管”方针，建设项目引进后，从项目立项、办证办照、征地到开工建设乃至竣工投产，均实行全日制、无周日工作制，全力为项目的建设及发展壮大保驾护航，县领导和职能部门经常深入企业第一线，了解项目建设和企业生产经营情况，协商解决企业建设发展中遇到的困难和问题。努力把平果建成外商投资的乐土。

对外招商项目联系人：

广西平果县发展和改革局局长 李杰锋

电话：0776—5821321 传真：0776—5821840

平果县招商局局长 唐自劼

电话：0776—5820513 传真：0776—5828888

平果县2005年对外招商项目表

项目名称	建设规模和内容	总投资（万元）	项目前期工作情况
高纯铝厂	厂房、设备及附属设施，年产5000吨高纯铝	6286	完成项目建议书
铝复合材厂	铝塑复合板车间等，年产10万片铝塑复合板、3000t电泳涂漆铝材、3000t空调器散热片用涂层铝箔	11409	完成项目建议书
铝合金铸件厂	生产汽车、摩托车铝合金轮毂等，年产100万件铝合金铸件。	3573	完成项目建议书
高精度铝板带厂	厂房、设备及附属设施，年产高精度铝板材15万吨	110000	完成项目建议书
优质铝门窗及配件项目	厂房及附属设施等，年产五金配件35万套，铝合金窗150×10^3 m²	1100	完成项目建议书
年产100万吨铝合金轮毂厂	厂房、设备、供电线路及附属设施，年产100万件铝合金轮毂及车用铝压铸部件	23000	完成项目建议书
平果稀土铝导线厂	厂房、办公设备及附属设施等。年产电线、电缆、稀十铝导线2万吨。	7000	完成项目建议书
年产1万吨复合铝箔厂	购置复合设备等，年产1万吨复合铝箔	18000	完成项目建议书
衬塑铝合金管厂	厂房、办公楼及附属设施，年产衬塑铝合金管道60000km	4800	完成项目建议书
加气混凝土砌块生产线	厂房、设备及附属设施，年产加气混凝土10万立方米	2250	完成项目建议书
赤泥尾矿综合利用	厂房、设备及附属设施，年产铁精矿9万吨，年产生铁5万吨	2800	完成项目建议书
年产180万吨回转窑水泥生产线	厂房、设备及附属设施，年产180万吨高标号水泥	50000	完成项目建议书
60kt/a氯碱生产线	厂房、设备及附属设施，年产22万吨离子膜氯碱。	62000	项目建议书批复
建材专业市场	交易楼、停车场等设施	3000	完成项目建议书
生活污水处理厂	建各种处理污水池及办公楼等，日处理污水5万吨	8470	完成项目建议书
生活垃圾处理厂	厂房及设备，日处理150吨生活垃圾	4017	完成项目建议书
平果房地产宗地招商项目	占地63亩，城镇混合住宅，出让年限50年，建筑高度控制大于12层		完成项目建议书
大型果蔬冷藏库	仓储库、冷藏库及附属设施	3000	完成项目建议书
果蔬产品综合加工生产线	建设腐皮、脱水制品生产线等，年产各类腐竹、萝卜丝各1000吨，脱水干制品1900吨，桂圆肉400吨，霸王花500吨	3484	项目建议书批复及可研批复
水牛奶业开发项目	建厂房并引进多种牛品种	2669	完成项目建议书
澂沫岩旅游风景开发	洞内洞外景区建设	705	已完成洞外景区公路等
那劳森林生态旅游风景区开发	景区公路、设施建设等	2500	完成项目建议书
布镜湖旅游风景区	景区公路、度假山庄等	1300	完成项目建议书

中国酒都——贵州省仁怀市

仁怀市位于贵州省西北部，赤水河中游，大娄山脉西段北侧，东临历史文化名城遵义，是红军长征“四渡赤水”战斗过的地方，驰名中外的国酒茅台酒的故乡，全国文化城市，省治安模范市，省级科技工作先进市，省级卫生城市和省“双拥”模范市，贵州首批建设的20个经济强县之一，2004年7月被正式认定为“中国酒都”。全市幅员面积1788平方公里，辖12个镇，6个乡，1个街道办事处，149个村委会，22个社区居委会，居住着汉、苗、布依、仡佬、彝、白等9个民族，总人口59万，主要矿藏有煤矿，硫铁矿等，森林覆盖率22.83%。

2004年，仁怀市以“三个代表”重要思想为指导，认真贯彻党的十六大和十六届三中、四中全会精神，以强市升位为目标，按照“培植特色产业、发展特色经济、建设特色城市”的总体构想，坚持“农民增收、企业增效、财政增长、基础增强”的工作主线，工业化、城镇化、农业产业化建设迈出新的步伐，主要经济指标提前一年实现“十五”预期目标。全市生产总值43.7亿元，同比增长13.7%；工业总产值564740万元，同比增长18.0%；财政总收入108600万元，同比增长44.64%，财政总支出43316万元，同比增长21.6%；市级50万元以上固定资产投资完成3.22亿元，同比增长23.8%；社会消费品零售总额39490万元；城镇居民人均可支配收入6835万元。全市综合经济实力名列贵州经济十强县第5位，中国西部百强县（市）第58位。

依托资源比较优势，工业化进程明显加快

一是做大做强酒业经济。仁怀市酿酒历史悠久。早在汉朝，今仁怀一带土著先民酿制的“枸酱”被汉武帝赞誉为“甘美之”。1915年，茅台酒获巴拿马万国博览会金奖，成为世界三大蒸馏名酒之一，解放后，茅台酒成为新中国的外交酒、国宴酒，被尊为“国酒”。赤水河流域仁怀茅台镇海拔400米左右，典型的“两山夹一川”地理生态环境及由此孕育的微生物群，形成茅台河谷酿制优质酱香型白酒的垄断性优势。其优势被科学的研究和反复证明，其他地方无法比拟，更不可代替，师法自然的以国酒茅台酒为代表的酱香型白酒传统酿造工艺是我国拥有自主知识产权参与国际竞争的民族传统工艺的代表。仁怀市按照“依托茅台、服务茅台”的发展思路，支持茅台酒厂集团发展，为国酒茅台创造优良环境和发展空间，茅台酒集团已发展成为白酒行业全国惟一的国家一级特大企业。2004年实现茅台酒产量12946千升，产值37亿元。近年来，仁怀市制定和实施科学的酿酒工业发展规划，拟建了茅台河谷酿酒工业园区，推行白酒行业准入制度，推动市属酒业资产的兼并、重组和品牌整合，努力扶植了小糊涂仙、金士力、酒中酒、茅合、云峰等一批知名酒业。全市现有白酒企业400余家，已注册品牌近5000个，2004年白酒产量达80000吨，实现销售产值42亿元，仁怀已成为中国最大的酱香型白酒生产基地；二是发展煤炭工业。全市现已探明煤炭总储量44.2亿吨，上表储量6.5亿吨。分布在长岗向斜、茅台向斜、周市坝向斜北翼、二郎坝向斜四个含煤构造单元。现已规划建设重点在长岗向斜，规划动用资源量3.1亿吨。总规划煤矿年生产能力530万吨，已投入生产和建成煤矿总设计生产能力473万吨，实际生产能力350万吨，可供电煤280万吨。2004年，仁怀市加大煤炭技改力度，抓了鸭习电煤基地建设，强化煤炭工业环境治理，全年煤产量125万吨，实现税费1700万元，煤炭工业已成为市域经济的又一支柱。

突出四大产业重点，推进农业产业化经营

仁怀是典型的“立体农业”市，粮、油、烟、畜是仁怀传统农业的主导产业。2004年，仁怀市贯彻“多予、少取、放活”的方针，努力改善农村生产条件，加快推进农业产业化经营，实现农村牧渔业总产值12.2亿元，同比增长5.7%，农民人均纯收入2262元，同比增长5.2%。一是依托“国酒茅台”，按照生态、有机、绿色的要求，抓酒用优质原料的种植生产。2004年建成高粱、小麦专用生产基地25万亩，全部实行订单种植，其中高粱15万亩，小麦10万亩，收购量2.4万吨，创产值8700万元；二是做强畜牧业。2004年，按照建立生态畜牧大市的目标，抓畜牧养殖专业村、专业户建设，推进了畜牧业向规模化发展。全年肉类产量达46561吨；禽蛋2645吨；牛奶40吨；水产品产量746吨。实现畜牧渔业产值46528万元，占农业总产值比例从39%提升到41%，其增长幅度创近年新高；三是发展烤烟生产。实施提质、增效工程，2004年种植烤烟2.9万亩，收购6.2万担，创税500余万元；四是发展蔬菜产业。以二合镇为中心的低海拔河谷地区早熟蔬菜基地和以后山、长岗为代表的高寒地区反季节蔬菜基地建设取得突破性进展。2004年全市早熟蔬菜、反季节蔬菜种植面积达2万余亩。

统筹城乡发展，城市化进程步伐加快

仁怀城区规划面积为60km^2，规划2020年城区人口15万。城市主体以酒都新区、中枢旧城、茅台城区构成。近年来，仁怀市按照“政府组织、市场运作、系统筹划、分期实施”的城市发展模式，推动城市建设。在城市规划方面。2004年投入资金200余万元，完成了第三轮城市总体规划总体修编，组织了8家规划设计单位，召开了茅台镇建筑风貌设计研讨会；委托了贵州省建筑设计院等6家规划设计单位，完成了全市9个乡镇集镇规划设计。城市详细规划覆盖率达30%；在城市建设方面，新区建设取得重大突破。相继建成了国酒大道、会展中心、人民广场、文化广场、青少年文化中心、白酒交易市场、新区高级中学、实验小学、行政办公中心等一批重大市政工程项目，酒都馨天地花园小区、金庆花园小区、景宏花园小区、酒都花园小区等一批商住开发项目进展顺利，新建成住房总面积200万m^2，市区人均住房面积25m^2，新开发城区面积2.29 km^2；旧城改造工作有序推进。斥巨资改、扩建了国酒大道、河滨大道、国酒中路，建成了街心花园、解放广场、河滨公园等市民休闲场所。2004年推进了国酒中路、水电局组团、解放广场组团及茅台镇旧城改造工程。全年50万元以下项目固定资产投资总额达4.8亿元，小城镇建设累计投资1.51亿元，新建城区路网10.61km，铺装人行道12800m^2。目前拥有城市道路总长35km，主道路宽10~42m，人均拥有道路面积8m^2，城市化率达28.1%；城市管理方面，重点抓了创文明卫生城市、绿色城市、旅游城市工作。2004年争取国债资金11714万元，建成了中茅城区污水处理厂、垃圾填埋场。城市供水能力达3.5万吨/日，用水普及率达100%，人均日生活用水量176升，2004年，创建省级卫生城市取得实质性进展，省级卫生城市各项工作顺利通过省政府复查；在环境保护方面，开展了城区饮用水源保护，国酒基地生态环境保护，实施了水保“长治”工程，退耕还林工程，加大了环境文化宣传。通过几年的努力，仁怀城市功能不断完善，城市辐射力不断增强，已成为具国酒文化、长征文化特色的中国酒都。

张扬旅游资源优势，第三产业快速发展

仁怀市第三产业发展主要是旅游业。仁怀是贵州省三级风景名胜区，也是黔北旅游资源密集地区之一。国酒文化、长征文化、盐文化、山水文化交相辉映，形成了仁怀风格别具的旅游文化体系。境内自然风光和人文景观极为丰富，现已开发出盐津旅游区、茅台旅游区、赤水河吴公岩旅游区三大旅游区60多处旅游景点。其中天下第一瓶、国酒文化城、巨型石刻长龙群、美酒河摩崖石刻四处景点被列入上海大世界世界吉尼斯纪录；红军四渡赤水纪念塔、青少年活动中心、仁怀市博物馆、茅台渡口纪念碑等几处爱国主义教育基地。2004年共接待国内游客20万人次，接待海外游客1000余人次，创收5100万元。旅游业正成为仁怀市新的经济增长和支柱产业。在旅游业的带动下，全市餐饮服务、零售贸易等第三产业快速发展，实现第三产业增加值69557万元。

抢抓“西部开发”机遇，城乡基础设施建设快速推进

2004年完成通乡油路改造78km，新建村级公路112km。白腊坎至茅台二级公路建设正式启动，茅台旅游支线机场等重大项目前期工作进展顺利。全市建成公路通车路程1684km，其中省道153.2km，三级公路45.21km，县道43.71km，出境公路增至9条，逐步形成“二纵七横八连线”、四通八达的公路网。投资800万元实施了电力城网改造，引资2.32亿元新建圆满灌电站。全市现有两家液化气充装站，燃气用户达14672户，供气3.5万吨，。电信、移动、联通、铁通四家通讯公司竞相发展，已建成数字一级和二级干线通信网，全市电话进入全国电话程控交换网，已开通200多个国家和地区的直拨电话，全市固定电话容量50000门，电话普及率为672部/万人，移动电话用户达3万余户。

实施科教兴仁战略，各项社会事业协调发展

仁怀市将“科教兴仁”作为全市经济社会发展的主体来抓。全市有1个较大规模的农科教培训中心，19个乡镇（办事处）科技示范基地和农民文化技术学校。全市各类事业技术人员4788人，国家知识产权局授予仁怀地区专利97件。现有幼儿园（学前班）187所（班），在园（班）学生7460人；各级各类学校336所，在校学生119649人，其中普通高中4所，在校生3191人；职业学校1所，在校学生530人；普通初中30所，在校学生35207人，普通高校录取率达到74.08%；有文化馆1个，图书馆1个，文化管理所1所，文化站19个，广播站19个；有各类卫生机构22家（其中县级医院3家），病床800多张，卫生机构从业人员665人。仁怀民族文化和民族风情丰富多彩。有苗族的踩山节、赶苗场，有仡佬族的仡佬节、牛王节、爬杆节，彝族的火把节等民族节日。“爬花杆”、“踩月亮”、“滚山珠”等民族传统体育项目多次参加全国和全省民运会，连夺金奖，被誉为“五彩缤纷的奇葩”。

城市品牌魅力彰显，“中国酒都”申报成功

2003年12月，仁怀以“中国酒都”冠名参加在人民大会堂举行的中国首届伊尹奖企业管理成就奖及全国技术能手颁奖大会，引起了众多媒体和社会各界的广泛关注。2004年1月18日，仁怀正式向中国食文化研究会申报认定“中国酒都”。2004年5月15日至19日，“中国酒都文化高层论坛”在茅台集团召开，原全国政协副主席孙孚凌及来自全国各地的酒学专家、酒文化学者、食文化历史学家、经济学家等20余人出席论坛大会，并进行了实地考察。历经8个多月的资料认定、实地考察和会议研讨，仁怀市有180多项达到和超过《中国酒都认定标准ECO1000—JD》的200多项量化指标。中国食文化研究会认为，仁怀市在全国范围内酒生产规模、集散能力、酒文化积淀等方面，是具有无与伦比地位的城市，是中国酒文化最具有代表性、最具有权威性的地方。并于2004年7月18日在北京钓鱼台国宾馆召开新闻发布会，原全国人大副委员长布赫，原全国政协副主席孙孚凌到会并向仁怀市颁发了“中国酒都”证书和标志牌，正式认定仁怀市为中国酒都。

仁怀是一片充满希望的热土。得天独厚的自然资源，灿烂悠久的历史文化，浩瀚醇厚的国酒文化、长征文化、盐运文化，神秘的赤水河，较为完善的交通通讯条件，安定祥和的社会政治环境，为仁怀经济腾飞和社会的进步创造了条件。仁怀各族人民正以加快发展为第一要务，按照把仁怀建成综合实力强、城市建设好、生态环境优良、人民比较富裕、社会比较和谐、西部地区有重要影响和承载能力的特色城市的目标，努力缔造仁怀美好的明天。仁怀人热忱欢迎海内外宾朋来仁怀旅游观光，投资兴业。

河北省藁城市

历史悠久，源远流长

藁城历史悠久，西汉元鼎四年（公元前113年）置县，至宋开宝六年（公元973年），建置境界方成定制。1989年7月，经国务院批准藁城撤县建市，现辖13个镇、1个回族乡，1个省级经济技术开发区，239个行政村，全市总人口74.4万，总面积836平方公里。

境内有台西商代遗址、前西关商代遗址、九门古城址和“梅花惨案”遗址4处省级文物保护单位。梅花惨案纪念馆是省级爱国主义教育基地，耿村是闻名全国的故事村，多次与美国等国家和地区民间组织开展友好文化交流。

区位优越，设施完善

藁城市地处河北省中南部太行山东麓平原，西侧与省会石家庄相邻，东北距首都北京264公里，距天津港口270公里。石家庄民航机场位于市境北部，是石家庄市“1+4”组团城市之一。

市内交通发达，全市公路通车总里程1018公里。石德铁路横穿全境，307国道、石黄高速和省级正深公路、衡井公路贯穿东西，省级定魏公路纵穿南北，京珠高速改线扩建即将开工建设。

藁城市基础设施配套完善，拥有220千伏变电站1座，110千伏变电站4座，35千伏变电站15座。建有日供水5万吨水厂1座、日处理10万吨污水处理厂2座。建有3座热电厂，供气能力充裕。

特色突出，经济发达

藁城市拥有医药、化工、轻纺、板材、机械、家具、禽蛋产销七大主导产业，形成了蔡家岗合子板、彭家庄三轮摩托、九门清真肉食等31个特色专业村，以宫灯为主的“宫”字系列产品已成为重点特色行业。

2004年，藁城市紧紧围绕“民富、市强、社会稳定”的施政目标，以科学发展观统领全市经济社会全局，正确把握国家宏观调控新形势，确立了建设“省会最大生态精品卫星城”的城市功能定位、“一城三区八园”县域经济发展框架的空间布局定位、省会产业制造中心和综合性经济区的产业发展三个定位，全力推介实力藁城、活力藁城、魅力藁城和诚信藁城四张城市名片，全市综合经济实力实现了新的增长。2004年，完成地区生产总值139.56亿元，同比增长13.1%；完成财政收入60893万元，增长12.2%；完成固定资产投资41.4亿元，同比增长30.8%；城镇居民可支配收入和农民人均纯收入分别达到7935元和4621元，分别增长10.98%和13.1%。完成农业增加值30.3亿元，同比增长5.9%，被授予“全国十大粮食生产先进县市”称号。规模以上工业完成增加值33.7亿元，利税11.6亿元，同比分别增长27.1%和41.8%。第三产业增加值完成47.6亿元，同比增长9.9%；社会消费品零售总额达到36.89亿元，同比增长20.9%。全年实际利用外资1908万美元，引进域外资金11.7亿元，同比分别增长31.4%和30%。实现出口创汇7400万美元，同比增长27.6%。综合经济实力连续多年位居河北省十强，特别是在第四届全国县域经济基本竞争力评价中，藁城市跻身全国百强县（市）行列。

投资沃土，创业高地

近几年，藁城市相继制定了《关于优化投资环境促进对外开放的若干政策规定》、《关于进一步加快个体私营经济发展的若干规定（试行）》、《藁城市优化发展环境“十不准”》等一系列政策和措施，全力打造投资环境最优、政策最活、成本最小、风险最低、回报最高、商业机会最多的风水宝地、置业旺地、创业高地和成本洼地。同时，建立了行政服务中心，对各项审批手续实行一站式办公、一条龙服务、进一个门办好、在规定时限办结，优化了发展环境。

藁城市以“三区八园”为依托，为招商引资和项目建设铺设了平台，构筑了载体。石家庄（良村）经济技术开发区，该区位于藁城市西部，规划占地面积9.8平方公里，于1992年经国务院批准设立，是河北省八个重点开发区之一，也是国家重点向外推荐的开发区之一。开发区区位交通优势明显，西邻河北省会石家庄，紧靠京珠高速公路、石德铁路、307国道和石黄高速公路。经过十多年的发展，开发区各项配套齐全，投资环境日趋优越，已成为海内外有志之士理想的投资沃土和施展才华的发展平台。2004年，全区共引进规模较大项目12个。目前，全区规模工业企业达97家，总投资达75亿元。藁城新区，藁城新区位于藁城市区东北部，南靠石德铁路和307国道，北邻石黄高速公路，于2001年9月开始启动建设，一期规划占地4.6平方公里，是以发展工业为主，集文化、娱乐、行政办公、商业金融等配套设施齐全的综合工业园。区内规划用地分为工业、仓储、市政设施、道路广场居住、公共设施等六部分，并细分为外商投资企业园区、私营企业园区。新区投资超亿元的“三纵两横三座桥梁”路网结构已经形成，水电汽气供应、通讯、有线电视、宽带互联网等基础设施建设已实现“七通一平”，基础设施日趋完善，已经形成新的工业城雏形。石家庄（丘头）化工园区，该区是依托石家庄炼油厂，结合石家庄电化厂、焦化厂等一批老化工企业搬迁改造，建设集石油化工、煤化工、氯碱化工“三化一体”的循环经济示范基地，总投资100亿元。目前，化工园区已完成规划编制，并通过国家级专家论证，园区龙头和基础性项目已经确定，一期工程占地面积2平方公里，项目投资20亿元，年内将开工建设。廉州、兴安、常安、梅花、南董、张家庄、南孟、增村八个乡镇工业园区均已完成规划和土地调整，各种配套基础设施日趋完善。目前，进区企业已达425家。

主要对外招商引资项目

（一）藁城市增村机场路工业园区招商

1．园区情况

该园区位于藁城市增村镇，是以农副产品深加工为主的民营经济开发区，规划占地1500亩，西邻石家庄民航机场，机场路穿区而过，至京深高速公路出入口3公里，南至石港高速公路出入口12公里，北至新乐火车站10公里。区内公用工程设施齐全，三条公路贯穿区内。地下水资源丰富，能满足各类企业用水需要。拥有35千伏变电站一座，电力供应充足。目前，区内共有工业企业、商业门店56家，固定资产超过2.1亿元。

2．联系方式

联系地址：藁城市增村镇招商办公室

联系电话：0311—8189555

8189666　8180802

传真：0311—8079003

E-mail:zengcunzhen@163.com

（二）藁城市建鹏综合市场招商

1．市场情况

建鹏综合市场建于2003年，总投资4800万元，占地150亩，总建筑面积87760平方米，2003年10月开业。市场地处藁城市新城区，北临307国道，西邻火车站和长途汽车站，交通便利。市场内水、电、暖供应充足，现有可供开发利用的门店（含99平方米、137平方米和181平方米等多种套型）共27670平方米，仓库、大棚1万平方米，极利于小五金、小电器、文具等商品的生产加工和经营销售。

2．联系方式

联系单位：藁城市市场建设管理办公室

联系人：马小平

联系电话：0311—8192860

（三）藁城市双庙村蔬菜批发市场

1．项目情况

该市场距省会石家庄市15公里，北临307国道，西临机场路，占地202亩，建筑总面积1.17万平方米。计划新建3座交易大厅，设计容纳400个摊位，年交易量19万吨。另建集办公、住宿、餐饮、休闲娱乐于一体的综合楼一栋。项目计划总投资600万元，拟引资340万元。该市场依托藁城市双庙村蔬菜协会，蔬菜购销业务遍及国内10几个省，年收益可达256万元。经营方式可为独资、合作或其他方式。

2．联系方式

联系单位：藁城市岗上镇双庙村

联系人：吴军勇

联系电话：0311—8363383

（四）藁城市万头奶牛养殖基地项目

1．项目情况

项目总投资393万美元，拟利用外资334万美元。项目建设主要包括：高科技奶牛饲养场、奶牛养殖小区和奶牛饲料厂。项目建成后，可提供奶牛胚胎移植、兽医治疗和一系列技术服务，不仅可使项目区内养殖户饲养管理水平大幅度提高，也可以大大提高鲜奶质量等级和销售价格，经济效益和社会效益十分显著。目前，项目已经石家庄市发改委批准立项。

2．联系方式

联系单位：藁城市畜牧兽医服务中心

联系人：张改河

联系电话：0311—8114366

（五）藁城市绿色鸡蛋基地项目

1．项目情况

项目一期工程新建蛋鸡存栏200万只、年产绿色鸡蛋2700万公斤的蛋鸡基地示范区一个、建设年产4500吨绿色添加剂厂一个、年产9万吨绿色饲料厂一个、饲养厂一个。项目总投资143.77万美元，拟利用外资60万美元。该绿色鸡蛋现已通过中国绿色食品发展中心认证并颁发了绿色食品证书，成为河北省生产绿色食品鸡蛋第一家，完全可迎合人们对畜产品由数量型向无公害、绿色型转变的需求。目前，该项目已经石家庄市发改委批准立项。

2．联系方式

联系单位:藁城市伟业养殖基地

负责人:张金锁

主管部门：藁城市畜牧水产局

负责人：鲍永志

联系电话：0311—8114366

（六）河北宏泰人造板有限公司林板一体化项目

1．项目情况

河北宏泰人造板有限公司是一家民营股份制企业，年产中密度纤维板12万立方米，年产值1.1亿元。拟新建20万立方米中密度纤维板生产线及15万亩人工林基地。计划总投资2亿元，自筹5000万元，拟引进外资1.5亿元。项目建设期二年，项目建成后，预计年销售收入5亿元，利税4500万元。可通过合资、合作等方式投资。

2．联系方式

联系单位：藁城市发展计划局　河北宏泰人造板有限公司

联系人：曹卫科

联系电话：0311—8116755

（七）藁城市华扬碳素厂年产500吨石墨技改项目

1．项目情况

项目采取国际先进技术，引进国外先进设备，扩大生产市场急需的高纯石墨制品，连铸石墨200吨，金刚石烧结摸300吨，拟引进资金20万美元。该项目位于藁城市增村镇工商贸发展中心，东临机场路，西距省民航机场2000米，距京深高速公路2500米，京广铁路2600米，距北京200公里，距石家庄30公里。目前，该项目已做好各项前期准备工作，可通过合资、合作等方式参与投资。

2．联系方式

联系单位：藁城市华扬碳素厂

联系人：高增伟

邮政编码：052160

联系电话：0311—8076156

河北省遵化市

遵化经济和社会发展，坚持以邓小平理论和“三个代表”重要思想为指导，深入贯彻落实党的“十六大”精神，落实科学发展观，利用资源优势，发展特色经济和主导产业，不断加大和优化投资环境，招商引资环境力度。全市社会和经济保持了快速、健康发展，2004年在全国县域经济基本竞争力评价中位于61位。

基本情况

遵化市位于河北省东北部燕山南麓，北倚长城，西顾北京，南临津唐，东通辽沈，素有“畿东第一城”之称。境内“三山两川”，总面积1521平方公里，69.3万人口。

遵化市位居北纬39°55′至40°22′，东经117°34′至118°14′之间，属温热带半湿润性气候，四季分明，自然环境优越。年均日照2714.8小时，年均气温10.4℃，无霜期181天，年均降雨量804毫米。

新中国诞生以来，勤劳智慧的遵化人民谱写了改造山河的壮丽篇章。五十年代，“穷棒子”精神被毛泽东誉为“我们整个国家的形象”，六十年代，沙石峪人“万里千担一亩田，青石板上创高产”，被周恩来总理称为“当代活愚公”和“中国北方农业的一面红旗”；七十年代，遵化大办“五小工业”，受到各级领导和国际友人的赞誉。1971年为全国农业机械化重点县及创办“五小工业”先进典型；1987年荣获全国体育先进县称号。此间，党和国家主要领导人周恩来、邓小平、温家宝、彭真、万里、杨尚昆、陈毅、李先念、胡耀邦、李铁映、李瑞环、李德生等先后视察了遵化，为这块被称为“风水宝地”的遵化增添了无尽的光辉。

自然资源和旅游资源

全市水能储量10609千瓦，可开发量3540千瓦，可利用系数0.33。市域内平原、丘陵、山地各占三分之一，耕地78.5万亩，林业面积116万亩，森林覆盖率达52.4%。粮食产量2亿公斤左右，素有京东“米粮仓”之称，是国家确定的全国商品粮生产基地县(市)和全国粮食大县(市)。畜牧养殖业以猪、牛、羊、鸡为主，是国家农业部确定的瘦肉型猪生产基地。林果生产是遵化一大优势，年产干鲜果品2.4亿公斤。名扬海内外的“京东板栗”年产量达1500万公斤。矿产资源丰富，有铁、金、银、白云石等30多种矿产，铁矿储量达3.2亿吨，年产铁精粉250万吨，年产钢能力达180万吨，冶金矿山业已经成为全市经济的一大支柱产业。

遵化市旅游资源得天独厚，境内有世界文化遗产——清东陵和古长城。清东陵是我国现存规模最宏伟、体系最完整、布局最为得体的古代帝后妃嫔陵寝建筑群，共建有15座陵寝。其东北侧7公里处是上关湖旅游区，湖面碧波荡漾，风景秀丽。北侧有古长城雄踞山巅，气势磅礴。东侧有始建于唐贞观二年，明代抗倭名将戚继光修葺的汤泉池，水温常年保持62℃，堪为旅游、疗养、度假的理想胜地。沿古长城东行近百里，便可欣赏山石奇特、鸟语花香的鹫峰山自然风景区和林木幽邃、禽兽嘶鸣的洪山口狩猎场……。

特色经济和主导产业

遵化市委、市政府全面实施“开放带动、科教兴遵、旅游突破、工业强市、龙企富民”发展战略，国民经济持续、快速、健康发展，2002年县域经济基本竞争力跻身全国百强县(市)行列，2003年县域经济基本竞争力位于第76位。2004年全国县域经济基本竞争力位于61位。遵化市立足当地资源优势和产业基础，把发展龙型经济作为推进经济结构战略性调整的切入点和突破口，确立了“立足资源优势，培育特色产业，促进五龙腾飞”的经济发展思路，形成了冶金矿山、蔬菜、林果、畜牧和旅游五龙型经济。

全市有各类工业企业9424家，年销售产值超500万元的企业92家，初步形成了冶金矿山、机械电子、建筑建材、轻工食品、纺织服装、化工医药六大支柱产业。其中规模最大的唐山建龙实业有限公司，唐山港陆钢铁有限公司，新利能源有限公司等股份制民营企业，推进了全市经济的快速发展。唐山建龙实业有限公司主导产品热轧带钢，产品覆盖广东、浙江、东北、京津等15个省、市、自治区。连续四年成为河北省百强企业，并跻身于全国钢铁企业50强。

遵化市还有国内最大的外向型专业板栗深加工企业——遵化栗源食品有限公司；有被农业部、外经贸部评为国家级园艺产品出口示范企业、河北省出口日本成品菜数量最大的企业——遵化市广野物产实业公司等。

2005年，遵化市将继续筹建一批重点项目，主要有：唐山建龙将投资5.2亿元，完成2004年接转项目3项；总投资28亿元的港陆钢铁有限公司三期技改工程投资7亿元；电厂二期投资5.0亿元；河北宝钢制罐生产线3.2亿元。

遵化特产十分丰饶，远近闻名。主要有京东板栗、燕山大枣、薄皮核桃、“佛见喜”甜梨、咯馇、磨盘柿子、香白杏、红芽香椿、广野渍菜等。

投资和城市环境

遵化交通便利，与京、津、唐、承、秦等大中型城市都有公路相通，国家级干线宣唐公路、省级干线帮宽线和唐遵铁路穿境而过；横贯东西的电气化大秦铁路和功能齐全的二级客货车站成为襟带京、津、唐，连接东、西、北的交通枢纽；电信事业现代化水平不断提高，电话装机总容量达到18万门，实现了传输数字化、变换程控化。市内有变电站21座，变电额定总容量45万千伏安，装机容量10万千瓦的热电厂已经投产运行。总装机容量60万千瓦的热电厂二期工程正在建设中。

近年来，遵化市立足资源特点和区位优势，认真落实“开放带动”战略，面向国际、国内市场，加大双向开放力度，初步形成了全方位、大开放的格局。全市兴建三资企业26家，投资领域涉及工业、农业、房地产开发、商饮服务、旅游、市政建设等众多行业，遵化出口商品达20类、100多个品种。

遵化市坚持科学发展观，坚决把住污染项目审批关。大力实施治理污染源、治理脏乱差和绿化、美化、净化城市的“两治三化”工程，重点对污染源进行了专项治理，城市环境得到全面优化。

遵化市实施“科教兴遵”发展战略，科技队伍不断发展壮大，科学研究和技术开发取得新成果。

广播、电视事业蓬勃发展，各项体育健身活动在城乡深入开展。广播电台每日播音时间达到14小时20分，电视每周播出时间达到126小时，覆盖人口率均达到100%。全市共有运动场地104个，国家体育锻炼达标人数9.5万人。

城市容貌以优化城市环境为目标。先后改造了一环路、建设南路、通华西街等8条旧城区骨干道路，建成开通了二环路、华明路、文柏路、文礼大街等7条新城区交通主干线。完成了以国际饭店、交通大厦、邮政综合楼、金融一条街、人民广场为代表的重点项目建设。邮电小区、警察公寓、教师公寓等居住小区建设和移动、电信、国税等办公楼都已竣工。新一中一期建设工程已投入使用，“燕山一集”市场改造和商住楼建设已接近尾声。投资2亿元，总建筑面积为10万平方米的国际会展中心正在建设中。新城区初具雏形，形成以两环（一环路、二环路)、两线(东西线、南北线)、四街(文茂大街、海南大街、建华街、文礼大街)、四路(华明路、文柏路、建兴路、海泉路)等主要道路为骨架、新旧城区联为一体的城市发展格局。先后开发建设了12个居民区，市民居住条件得到改善；市旧城区商业楼和临街门店进行了改造，初步形成了繁商区；完成了护城河治理、自来水厂建设、新旧城区供水、供热管网改造等30多项市政工程建设和广播、供电、通讯等基础设施建设。

古为黄帝故都　今日中等城市——新迁安

迁安市，地处河北省东北部，山水景物秀美、历史渊源悠久，傍燕山山脉而坐，纳滦水穿城而过。面积1208平方公里，人口67.6万，坐落在京津唐秦承最活跃的经济区位上。1996年撤县设市。2004年全市生产总值达178.4亿元，全部财政收入达21.2亿元，地方财政收入达10.1亿元。综合经济实力连续两年位列河北省县级30强之首；在第四届全国县域经济基本竞争力百强县(市)评价中，列第53位，在全国最发达县（市）评比中位列第97位，是河北惟一跻身“双百强”的县（市）。

地理位置优越，交通运输便利

迁安市地处“京津唐秦承”中心位置，西距北京市195公里、天津市160公里，东至秦皇岛市及秦皇岛港75公里，南距唐山市及京唐港90公里。境内京沈高速、102国道、三抚等三条公路和京秦、大秦、通坨等三条铁路横贯东西，冷大公路、卑水铁路纵穿南北，形成了以市区为中心的四通八达的交通网络。位于迁安北部，连接曹妃甸港与大秦铁路的迁曹铁路及其大货站项目，已经铁道部正式批准，目前正在组织实施，它将成为迁安沟通全国乃至世界的又一重要门户。

矿产储量丰富，物产种类齐全

现已探明的矿藏达20多种，其中，金属矿藏主要是铁，储量达27.2亿吨，矿石品位在30%左右，2004年铁精粉产量达1180万吨，已连续数年居全国县级首位，素有“铁迁安”之称。非金属矿藏主要是石灰石、白云石、花岗岩等。石灰石储量达4亿多吨，主要作为水泥、石灰等产品的原材料，年开采量达100多万吨；白云石储量达1.5亿吨，花岗大理岩储量达1.5亿吨。现已发现的动植物资源400多种。其中，“京东板栗”源于迁安，驰名中外；花生、甘薯常年产量居全省第二位，是全省甘薯发展重点县；是全国瘦肉型猪生产基地和京东干鲜果品主要产地之一。

历史源远流长，文化底蕴深厚

早在旧石器时代晚期（4.2~5万年前），迁安境内滦河沿岸、爪村一带就有人类居住。古代(尧时，全国划分为“十州”，冀州分为冀、幽两州，今迁安市属幽州)为幽州地，商朝时为有名的孤竹国，春秋时为山戎令支国，秦朝时为离支县，西汉时改为令支县，辽时取名安喜县，金大定七年(公元1167年)更名为迁安县(意思是迁自安喜)。历史上有名的伯夷叔齐让国、老马识途等典故就发生在迁安。

旅游资源丰富，开发前景广阔

迁安是河北省26个发展旅游重点县（市）之一。境内已具备开发价值的旅游资源多达20余处，其中，世界文化遗产1处（长城），省级文物重点保护单位4处(长城、爪村旧石器时代遗址、安新庄新石器时代遗址、建昌营封山寺商周时代遗址)。建有4个旅游风景区，白羊峪、龙山两个旅游区被列为省级旅游区，新开发的红峪山庄长城溶洞景区正在建设之中，这里发现了北方最大的溶洞群，已开发4万平方米，拥有钟乳石、石笋、地下暗河等多种景观。拥有河北省第一家县级综合性博物馆(建于1992年)，馆内收藏文物5000件，其中古菱齿象骨化石（高3.85米、长7.5米，距今约1.2万年），其高大和完整程度，目前在国内同一种类象骨化石中首屈一指。有万里长城中惟一的1.5公里大理石长城，堪称长城绝景。另外，北京自动化研究所退休工程师任重远先生通过多年研究破译《山海经》，提出了轩辕黄帝的都城在迁安(即安新庄遗址)、大禹治水在迁安市擂古台龟口的重要观点，并已获部分专家认可和支持。《迁安——黄帝古都》研究专著已经出版，民进中央主席、全国人大副委员长费孝通为该书题词“黄帝胜迹，光耀千秋”。

工业基础雄厚，支柱产业鲜明

近年来，迁安不断进行产品创新和科技创

新，积极推进产业结构调整和产品换代升级。2004年，完成工业增加值93.9亿元，占地区生产总值的52.6%，形成了冶金铸造、水泥建材、地毯服装、造纸包装、医药化工、食品加工、电线电缆等七大支柱产业。2004年，全市工业总产值超千万元企业107家，产值超亿元企业26家。

基础设施完善，城乡面貌日新月异

按照“中等城市——小城市——建制镇——社会主义文明生态村”的发展层次，按照“园林城市、旅游城市”的发展定位和“一河两区”的发展格局，利用8~10年时间，努力构筑起布局合理、功能完善、特色鲜明的现代化城市发展体系，把迁安建成总面积达到40平方公里、人口30万以上的中等城市，把迁安打造成为综合实力雄厚、产业结构合理、人民生活富裕、城市功能完善、人居环境优美的具有鲜明时代特色的北方名城。市区面积达到21.4平方公里，城区人口达到21.6万人。全市公路通车里程达到2050公里，村通油路率达93%，形成了连接城区、建制镇、旅游区和村的四级快速路网；全社会用电量达38.1亿千瓦时，日供水能力5万吨，日处理污水能力8万吨，集中供热面积达到188万平方米，形成了100%集中供热、100%的自来水普及率等多能源网络；全市固定电话使用量达到17.7万部，移动电话使用量达到11.5万部，固定电话普及率达到26.1部／百人，移动电话普及率达到17部／百人。被国家环保总局命名为国家级生态示范区，被省政府命名为“省级环保模范城”和“省级园林城”，正朝着国家级园林城、国家级卫生城、国家级环保城迈进。小城镇建设稳步推进。全市534村文明生态村建设全面展开。“中等城市”发展体系日趋完善。

农业基础稳固，农村经济健康发展

全市共有耕地67万亩，其中水浇地54万亩，喷灌面积达到30万亩，是全国农业喷灌示范县。以实施菜篮子、花卉、苗木、绿色食品“四大工程”为载体，农业结构调整扎实推进，生产区域化、规模化格局初步形成。到2004年底，全市已建成10万亩菜篮子基地、10.5万亩绿色食品基地，建成100亩以上的苗木、花卉基地30个，各种苗木栽培面积达到2万亩，花卉面积达到2100亩。2004年，粮食总产达到20.9万吨，出栏生猪76万头，肉牛7.5万头，肉鸡104万只。

第三产业发达，民营经济蓬勃发展

到2004年底，全市个体工商户、民营企业累计达4.3万户，注册资金累计达到53亿元，规模型、科技型、外向型私营企业达578家。民营经济占全市经济总量82.6%，上缴税金占全市税收总额的85%，从业人员占全市总人数84.9%。全市建立各类市场40个，年营业额9.8亿元。2004年，全市第三产业增加值61.1亿元，占地区生产总值的34.2%。

发展环境开明开放，双向经济充满活力

以建设诚信迁安、效率迁安和信息迁安为目标，设立了经济110，建立了经济环境建设委员会，加大监督查处力度，不断增创发展的比较优势，以大诚信求大发展。服务环境周到便捷，紧紧抓住首批扩权县的有力机遇，大力转变政府职能，提供“零距离”无缺陷服务。法制环境公平公正，各级政府及职能部门不断强化依法行政、依法办事意识，市场经济秩序规范有序。来迁安的考察、洽谈、投资者络绎不绝，合作伙伴遍及五大洲18个国家和地区以及30多个大中城市。与国内50多个大中城市，80多所大专院校、科研单位建立了稳定的经济技术协作关系。

科教成果丰硕，社会全面进步

教育投入不断加大，投资2.77亿元实施中小学危房改造、第三高中、二中整合与一实小迁建、一中完善和山西海侨外语学校等教育基础设施建设。全市普、职、成、幼、特各类教育均进入全省乃至全国先进行列，高考升学率已连续十年稳居唐山市各县（市）区之首，先后被评为“全国农村教育综合改革先进县”、“全国两基工作先进县”；卫生医疗条件进一步完善，在广大农村率先实行以大病统筹为主的新型农村合作医疗，初步形成了市乡村三级卫生保健网络，实现了

“小病不出村、一般病不出乡、大病不出市（县）”的目标。率先在全省建立起失地农民养老保险制度。科技成果转化率达71%，农业先进技术覆盖率达85%。1993年被国家科委授予“全国科技工作先进县(市)”，1997年被省教委确定为全省惟一的“产学研基地县(市)”。

和着十六大、十六届三中、四中全会的东风，迁安又开始了新的航程，迁安市委、市政府带领全市67万人民，正朝着全力推进“钢铁迁安、中等城市”建设新跨越，努力走在全国最前列，率先实现全面小康社会的宏伟目标而奋力拼搏。一个经济繁荣、社会和谐、环境优美、生活富裕的新迁安，正在以前所未有的发展速度跨越式地前进着，迁安如同一颗璀璨的明珠，在北方大地上熠熠生辉，分外夺目。

河南省登封市

登封市位于河南省中西部的中岳嵩山南麓，东视七代帝京开封，西接九朝古都洛阳，南连汉魏故都许昌，北眺九曲黄河。1994年5月撤县设市，总面积1220平方公里，辖17个乡镇区、办事处，307个行政村，总人口63万。登封是一座因山而立的历史文化名城，以其壮美的自然风光，琳琅满目的名胜古迹，多姿多彩的奇峰秀水，五代同堂的地质景观，博大精深的少林功夫吸引着中外游客。先后被命名为“国家卫生城市”、“中国优秀旅游城市”、“全国创建文明城市工作先进城市”、“全国城市环境综合整治优秀城市”、“全国文物工作先进县（市）”、“全国科普示范县（市）”、“省级园林城市”和“河南省人居环境奖城市”。

旅游资源丰厚

历史悠久，文化灿烂，是华夏文明的发祥地之一。境内佛、道、儒三教荟萃，文物古迹众多。现存文物古迹1127处，其中国家级重点文物保护单位13处，省、市级25处，是著名的“文物之乡”。少林武术博大精深，源远流长，全市现有武术馆校83所，在校海内外学员4万余人，是闻名全国的“武术之乡”。中岳嵩山险峻壮美，隐秘深奥，是国家“4A”级风景名胜区、国家森林公园、世界地质公园。

矿产资源丰富

境内现已探明的矿产多达41种，主要有煤炭、铝矾土、石灰石、硅石、花岗岩、麦饭石等，其中，煤炭储量达31亿吨，是全国15个产煤重点县（市）之一；铝矾土储量2.4亿吨，是河南省两个铝矾土基地之一。依托矿产资源优势发展的煤炭、电力、冶炼、磨料、建材等工业具有一定规模。

交通区位优势明显

距郑州国际机场60余公里，公路交通四通八达，是连接郑州、洛阳、许昌三市的交通枢纽。登封铁路与京广、陇海、焦枝铁路相连，国道207、省道316、317贯穿全境。

近年来，登封市紧紧围绕“建设现代化旅游名城”这一总目标，充分发挥自身优势，大力实施“工业强市”战略，县域经济得到长足发展。2004年，全市生产总值完成85.2亿元，同比增长15.8%，人均生产总值超过1500美元；财政收入比2003年净增1.9亿，达到5.1亿元，位居全省县（市）第二位，同比增长57.4%；全社会固定资产投资完成50.7亿元，增长36.8%；金融机构各项存款余额60.9亿元，比年初增长27.8%；农民人均纯收入达到3340元；城镇居民人均可支配收入达到5733元。主要经济指标均位居郑州市前列。登封市在第四届全国县域经济基本竞争力评价中，较上届前移22个位次，居全国第192位，在中国中部百强县（市）评价中名列第28位。

狠抓工业经济主体，实现经济总量扩张

登封市坚持实施“工业强市”战略，依托丰富的矿产资源优势，大力发展具有本地特色的支柱产业和“块状经济”，逐步走出了一条“煤变电、电变铝、铝变铝制品、废渣变水泥”的循环经济发展之路，促进了全市经济总量的快速扩张，成为郑州发展先进制造业的铝电产品深加工基地。一是靠上大项目拉动。近年来，新上马的大项目有：投资24.7亿元的2×30万千瓦大电、投资9亿元的2×21万千瓦热电、投资9亿元的10万吨氧化铝项目和投资10亿元的30万吨氧化铝项目。目前2×60万千瓦大电、20万吨工业硅等重点项目也正在加紧运作之中；二是靠龙头企业带动。着重培育了一批产品竞争力强、发展潜力大、具有辐射带动力的企业作为产业发展龙头，如登电集团、新登集团、国投教学煤矿、发祥电力等。同时，还有一批民营企业，在科技创新上实现了新的突破，如登封熔料公司在国内高铝水泥生产领域占有重要一席，嵩山企业集团生产的医药丁基橡胶塞，在国内外同行业中处于

领先地位；三是靠块状经济驱动。在对登封市经济布局给予重新定位，科学规划，合理布局的基础上，积极推动资源整合，大力发展特色鲜明、具有产业支撑的“块状集群经济”。目前，登封已初步形成了耐材、磨料磨具、金属冶炼、木材加工等几个具有相当规模的产业群区，另外，登电集团生态工业群区、大冶工业开发群区也正在规划、实施之中。特别是登电集团生态工业群区，规划大项目达十多个，总投资100亿元，现已入驻的企业和项目就有2 × 21万热电厂、30万吨氧化铝、100万吨粉煤灰水泥厂等。通过大项目建设、龙头企业带动和块状经济的发展，2004年登封工业经济增势强劲。主要工业产品产量大幅提高，原煤产量1595万吨，同比增长28%；铝及铝制品产量9.5万吨，同比增长15.4%；发电量48亿千瓦时，同比增长47%；规模以上企业新增25家，达到189家；规模以上工业增加值完成38.4亿元，增长30.6%，增速居郑州六县（市）第一位；实现销售收入89.8亿元，增长55%；实现利税14亿元，增长46.7%。工业经济效益综合指数173.6，同比提高24.9个百分点。全市销售收入超亿元工业企业达到13家，其中登电集团销售收入近20亿元。

夯实农业发展基础，提高产业化水平

登封气候温和，物产丰富，农产品种类繁多，特别是烟叶久负盛名。近年来，市委、市政府不断优化全市农业区域布局，着力推进现代农业示范区建设，重点加大对龙头企业的扶持力度，农业产业化经营水平大大提高。目前，已初步形成畜牧养殖、优质烟叶、无公害蔬菜、小杂粮、小杂果等特色产业带。2004年全市农业总产值完成10.3亿元，同比增长33%；农业增加值达到5.7亿元；畜牧业总产值实现5.1亿元；农业投入超过6500万元。有7家企业被郑州市确定为农业产业化龙头企业，6大现代农业示范园区年产值达5000多万元。

打造国际一流景区，促进第三产业发展

近年来，登封市不断加快旅游基础设施建设步伐，深化旅游体制改革，加大旅游宣传促销力度，以此带动了全市第三产业的迅猛发展。总投资1.8亿元，完成了少林景区入口处建设、核心区绿化和少林寺常住院整修，景区面貌大为改观。成功举办了气势恢弘的首届世界传统武术节登封迎宾式，扩大了知名度和影响力。嵩山首批入选世界地质公园，实现了登封世界级品牌“零”的突破。嵩阳书院景区成为继少林寺之后登封第二个国家4A级景区。2004年，全市接待中外游客238万人次。旅游业的迅猛发展也带动了第三产业的快速增长，全年完成增加值24.6亿元，同比增长13.8%。

扩大招商引资规模，聚合发展外在动力

登封充分利用其作为全省重点开放县（市）1000万美元以下项目审批权的政策优势，大力实施项目招商、以商招商、代理招商、武术招商。在2004年首届世界传统武术节期间，共发布各类招商项目104个，签约资金130亿元。2004年新增自营进出口权企业3家，全市出口创汇836万美元。全年合同利用外资9.45亿元，实际利用外资7.74亿元，其中境外资金3829万美元，居郑州六县（市）第一位，荣获了河南省对外开放重点县（市）先进单位。

发展思路和目标

2005年工作的总体思路是：围绕“一个目标”，即：建设实力登封、活力登封、魅力登封、和谐登封的总目标。突出“三项重点”，即：以加快国际国内一流景区建设为重点，做大做强旅游产业；以加快大项目和产业集群建设为重点，积极推进新型工业化进程；以加快城乡基础设施建设为重点，全面提升城市形象和品位。实施“四大工程”，即：大力实施引才引智工程，构建县域经济发展人才高地；大力实施优化环境工程，构建县域经济发展投资洼地；大力实施依法治访工程，构建最和谐稳定城市；大力实施“三城联创”工程，打造中西部最佳人居环境城市。实现“六大变化”，即：实现经济总量有新提高、发展后劲有新增强、城乡建设有新进展、投资环境有新改善、社会事业有新进步、执政能力有新加强。达到“一个确保”，即确保2~3年综合经济实力跨入全国百强县（市）行列。

2005年，全市国民经济和社会发展的主要预期目标是：全市生产总值达到100亿元，增长17.3%；财政收入完成6亿元，增长17.6%；规模以上工业增加值完成56亿元，增长45.8%；游客人数达到300万，增长26%；全社会固定资产投资完成50亿元；城镇居民人均可支配收入达到6192元，增长8%；农民人均纯收入达到3600元，增长7.8%。

实现上述目标，既需要我们用足内力，坚持不懈地拼搏进取，更需要我们抢抓机遇、广借外力谋求发展。站在新的战略起点，登封人民将以容八方之财，纳八方之才的广阔胸怀，热诚欢迎国内外有识之士来登旅游观光、投资兴业，愿与各界宾朋携手发展，共创美好未来。

2005年是市全面完成“十五”计划，立足新起点、实现新跨越的重要一年。当前，我们正处于重要的发展战略机遇期。从外部环境看，我国经济仍处于新一轮增长周期的上升阶段，国家明确提出从政策、资金、产业布局等方面支持中部地区崛起；省委、省政府提出了加快建设“中原城市群经济隆起带”的战略举措；东部地区部分产业实施跨地区扩张或受发展空间、发展要素的制约，逐步加快向中西部地区转移，这都为登封市加快发展提供了良好机遇。从自身条件看，经过多年的发展和积累，登封市综合经济实力显著提升，资本聚集速度加快，经济自主发展的能力明显提高；丰富的旅游、矿产资源，良好的城市品牌形象，日益完善的交通体系，使登封市的县域经济竞争力进一步增强。更为重要的是，在市委的正确领导下，全市上下干事创业的氛围日益浓厚，各方面加快发展的积极性空前高涨，这些都为2005年实现更快更好的发展奠定了坚实基础。面对大好形势和机遇，我们必须始终保持积极进取、奋发有为的精神风貌，增强创新意识，提高创新能力，投身创新实践，以时不我待、只争朝夕的蓬勃朝气，以开拓创新、奋勇争先的昂扬锐气，增强凝聚力，迸发创造力，拉高坐标，乘势而上，努力推动各项工作再上新台阶。

玄奘故里——河南省偃师市

偃师位于河南省中西部地区的洛阳盆地东隅，南倚嵩山，北临黄河，地理坐标介于东经112°26′15″~113°00′00″和北纬34°27′30″~34°50′00″之间。全市东西长44km，南北宽约34km，总面积948.43km²，辖17个乡镇（其中13个建制镇）、332个行政村，总人口83万，是全省首批10个小康达标县（市），也是省委、省政府确定的全省26个城镇化发展重点县（市）、35个扩权县（市）和第二批对外开放重点县（市）之一，综合经济实力居全省前列。2004年，全市共完成生产总值161亿元，同比增长16.1%；财政一般预算收入35018万元，同比增长36.3%；全社会固定资产投资42亿元，同比增长91%；农民人均纯收入3850元，同比增长11.1%；城镇居民人均可支配收入7800元，同比增长12.8%。在2004年第四届全国县域经济基本竞争力评价中，首次跻身全国百强县（市）行列。

历史悠久，古文化优势明显

偃师是唐朝高僧玄奘和北宋名相吕蒙正的故乡，因公元前1046年周武王东征伐纣在此“息偃戎师”而得名。历史上先后有夏、商、周、东汉、曹魏、西晋、北魏等七个朝代在此建都，是国内已知建都朝代最多的县级市。现有国家级文物保护单位5处，省级以上文物保护单位15处。境内有被史学家命名为“二里头文化”的夏都斟鄩遗址，被夏商周断代工程确定为夏商断代界标的商城遗址，是华夏文明的重要发源地之一。有全国闻名的东汉太学遗址和灵台遗址，有商汤王冢、伯夷、叔齐墓、吕不韦墓、齐田横墓、王铎墓、颜真卿墓、唐太子李弘冢、杜甫墓等。张衡、蔡伦、班固、王充等历史人物都在这里成就了伟业英名。

物华天宝，自然资源丰富

偃师地下水净储量18.5亿立方米，并有伊河、洛河等过境水源。南部山区富含花岗岩、石英石、煤炭、铝矾土等多种矿藏，开发前景广阔。花岗岩储量6亿立方米，其中的“牡丹石”、“云里梅”两个品种被誉为世界“独特品种”，原煤储量7亿吨，铝矾土储量3500万吨。

区位优越，投资环境优良

偃师位于陇海经济发展带和河南省“三点一线”旅游热线上，东距郑州90公里，西距洛阳30公里，与龙门石窟、白马寺、少林寺等风景名胜区毗邻。陇海铁路穿境而过，310国道、连霍高速公路横贯东西，207国道沟通南北，太澳、洛界高速公路均过境偃师。全市城乡公路通车里程达850多公里，在河南省率先实现“村村通油路”目标。境内有4座发电厂，总装机容量130万千瓦。目前在建2个年产90万吨煤矿，1个2×60万千瓦机组和1个2×30万千瓦机组电厂两座。预计到2006年，偃师总装机容量将超过300万吨，煤炭年开采能力达到300万吨；偃师将成为华北重要的能源供应基地。

工业门类齐全，特色优势突出

全市有各类企业1.3万家，产品达2000余种，从业人数20万人，年工业增加值达72亿元，纳税达3亿元。工业在全市经济中所占的份额达到61.6%。民营经济蓬勃发展，其生产总值占全市生产总值的比重达到75.9%，对财政的贡献达70%以上。形成了能源、建材、机械加工、化工、轻纺、农副产品加工等六大优势行业以及在中原乃至全国比较有影响的钢制办公家具制造、制鞋、针织和三轮摩托车制造等四大特色产业基地。能源产业年发电能力达到117万千瓦，年产煤能力达100万吨，年产值16亿元；建材业年产玻璃150万重箱，水泥120多万吨，耐火材料两大类40余个品种，年产值5亿元以上；化工业年创产值5.4亿元，年上交税金1600余万元；轻纺业年产值19亿元；钢制办公家具制造现有企业200余家，年产钢制办公家具300余万套，从业人员3万人，年产值13亿元，为全国产量最大的钢制办公家具生产制造基地，占全国同行业市场份额的30%左右；制鞋业现有企业400多家，年生产布胶鞋1.3亿双，年产值达到10亿元；三轮摩托车制造业年产值7亿元以上，年产量近30万辆。全市通过ISO9000国际质量体系认证的工业企业达到100余家，拥有6个省级以上知名品牌，1个全国名牌产品，是全国质量兴市先进县(市)。

农业生产条件较好，小麦生产蜚声全国

偃师现有可耕土地74万亩，其中水浇地面积53万亩，近80%的土地实现了机械化耕作，粮食总产年均3.5亿公斤左右，为全国小麦高产、稳产、优质、低成本栽培技术的发源地。国家科委“九五”科技攻关项目“小麦万亩21世纪超高产样板田”曾在偃师市实施，并达到平均亩产608.3公斤目标。农业结构调整步伐加快，已经形成了优质专用小麦和小麦良种、无公害蔬菜、葡萄、花卉苗木、畜牧等五大优势产业和十大特色种养基地。

城镇体系基本形成，功能日趋完善

偃师城市规划控制面积130.6平方公里，建成区面积16平方公里，人口14万人，是全国城市环境综合整治先进城市、全国卫生先进城市、省级卫生城市、省级文明城市、省级园林城市，也是全省第一个获得“河南省人居环境奖”和惟一获得“中国人居环境范例奖”的县级市。偃师被授予河南省村镇建设先进县（市）荣誉称号，诸葛镇被确定为全省小城镇重点建设城镇，顾县镇还获得中宣部等5部委命名的“全国创建文明小城镇示范点”光荣称号。全市城镇化率达到31.6%。

科教兴市步伐较快，社会事业蓬勃发展

全市共拥有各级各类农村科技服务组织1098个，省、洛阳市科技型企业6个，科技示范园区4个，各类专业技术人员20455人，其中享受国务院政府津贴的科技人才5人，高级技术职称353人，中级技术职称的2667人。科技进步对经济增长的贡献份额达到50.63%。2002年被国家科技部批准为“全国星火技术密集区”。教育事业已跻身全国先进行列，先后被评为河南省基础教育先进县、省政府首批“两基”工作试点县、河南省“两基”工作先进单位、全国首批实现“两基”单位、全国“两基”工作先进单位。

附：2004年主要对外招商项目

工业项目：

大口径管道配件扩建项目；大直径区单晶硅制备及磨片高纯清洗项目；“2×300MW”电厂建设项目；光电显示导电膜玻璃建设项目；钢制家具工业园建设项目；焦村煤矿缑山矿新建年产120万吨原煤项目；聚丙烯后加工项目；年产1.6万吨聚酯薄膜(BOPET)项目；阔幅高强力PVG阻燃输送带项目；林纸一体化项目；耐火材料科技创业园开发项目；年产5万吨再生铝合金锭项目；年产20万吨甲醇项目；年产20万套涡轮增压器项目；年产100万吨粉煤灰水泥生产线；年产100万吨氧化铝项目；年产120万套全钢载重子午胎项目；年产2000吨汽车内装饰材料；碳素厂改建项目；土工合成材料生产项目；轿车防滑装置项目；中高档皮具及旅游鞋生产项目。

农业项目：

十万亩无公害小麦基地建设项目；洛阳长发食品有限公司食品加工项目；大型综合蔬菜批发交易市场项目；秸秆气化集中供气项目；肉牛养殖及饲料加工项目。

基础设施建设项目：

城市东区中学建设项目；工业园标准厂房建设项目；工业园招商项目；洛河水上活动中心项目；城市新区四星级宾馆及会议中心建设项目；无公害垃圾处理场项目；城市新区给水管网配套建设项目；城市新区核心商务区综合开发；肿瘤医院建设项目。

旅游项目：

夏都遗址保护与开发项目；虎头山生态公园开发项目；商城遗址保护与开发项目；唐恭陵旅游景区建设项目；玄奘故里二期开发建设项目。

河南省宜阳县

宜阳县位于河南省西部、洛河中游浅山丘陵区，东连洛阳，西接洛宁，北与新安、义马、渑池毗临，南与嵩县、伊川交界。东西长55公里，南北宽50公里，总面积1666平方公里。其中耕地面积102万亩，林地面积35万亩。全县辖6镇13乡，383个行政村，总人口66万。

宜阳地形地貌复杂多样，总的特征为“南岭北丘西南山、洛河一水中间穿、三山六丘一分川”。南部为熊耳山余脉，北部为崤山红土丘陵。地处西南部的花果山，海拔1831.8米，为全县最高峰。洛河自西向东流经全县，境内流长68公里，是宜阳最大的河流。

宜阳属温带大陆性季风气候，年平均气温14.4℃，7月份最高，平均27.3℃，1月份最低，平均零下1℃。全年日照时间1847.1~2313.6小时，无霜期228天。年均降水量660毫米。

宜阳区位优越，交通便利。县城距省会郑州158公里，距洛阳市区25公里，紧临洛阳高新技术开发区和洛南新区，西南环高速和即将建设的五县(市)外环高速穿境而过，焦枝铁路洛宜支线直抵县城。郑卢路、安虎线、南阎路等干线公路纵横贯通，形成“两纵两横加一环”的公路网络。

宜阳矿产资源丰富，现已探明的矿藏有30余种，主要有煤炭、石灰石、石英砂、重晶石、钾长石、花岗岩、蛭石等，其中煤炭储量2.1亿吨。

宜阳历史悠久，夏属豫州，商属雒西地，西周为周南地，春秋归晋。宜阳设县于公元前408~前407年，当时属战国七雄之一的韩，韩都城由宜阳(即今韩城)迁阳翟(今禹县)后在宜阳建县。历称宜阳、甘棠、寿安、兴泰、福昌等。现存仰韶、龙山文化和商周文化遗址14处，战国韩昭侯墓、晋高祖陵、曹魏二杜墓、明毕都堂墓等古代名人陵墓38座，汉光武庙、五花寺塔、灵山寺、龙潭寺、虎头寺、福昌阁等古代建筑10余处，有花果山、灵山、九龙洞、白鹿苑、召伯听政处等主要名胜。其中灵山寺、虎头寺石窟、五花寺塔、邵窑遗址、苏羊遗址、二里庙窑址等，为河南省省级文物保护单位。

2004年全县完成生产总值30.5亿元，地方财政一般预算收入11366万元，农民人均纯收入2165元，城乡居民年末储蓄存款余额15.2亿元。其中生产总值和地方财政一般预算收入均较2000年翻了一番，跨入第四届全国县域经济基本竞争力提升速度最快的百县（市）行列。

工业强县迈出坚实步伐

已初步形成以煤炭、火电、建材、冶金、化工为主的五大支柱产业和“一区”(以龙羽电厂为中心的城北工业区)、“一带”(东起丰李西至前进公司的洛南工业带)的基本格局。现有县办企业22家，限额以上工业企业18家，投资50万元以上企业近300家，个体商户6900户。已建和在建了一批如龙羽宜电5×5.75万千瓦火电厂、黄河同力450万吨高标号水泥生产线、恒基铝业20万吨氢氧化铝、洛阳新区供热中心2×13.5万千瓦联产机组、一拖公司通铸等工业项目。

农业产业化进程加快

全县形成烟叶、大豆、特色种植、特色养殖四大产业化基地。按照“公司+农户+基地”的模式，健全农业产业化经营体系，培育了一批以烟叶、大豆、芦笋、大枣、大蒜、中药材、黑色作物、双孢蘑菇、香花辣椒为代表的特色农业发展典型。烟叶种植面积10万亩，荣获“国家烟叶生产先进县”称号，2004年实现特产税1223万元。养殖专业村50个，发展规模养殖科技示范户1200户，注册资金50万元以上养殖企业62家。

城镇化水平不断提升

近年来，宜阳先后投资4亿多元，完成城市建设项目200余项，县城面积由8平方公里增加到11.8平方公里，城区人口达到10万人，初步形成了“以洛河为轴线，南北对应发展，南有锦屏山，北有香鹿山，滨河游园镶嵌其间”的城市框架。2002年以来，投资3亿多元，在所辖19个乡镇建成了19个规模适宜、布局合理、功能齐全、小巧玲珑的小城镇，有力地推进了城市化进程。

基础设施得到不断改善

全县现有省道5条222.8公里，县道9条195.5公里，乡道12条156.7公里。19个乡镇全部通油路或水泥路，354个行政村通公路，236个行政村通油路或水泥路，并将于2006年底实现村村通油路或水泥路。各类水利设施2302项，万亩灌区6个，万亩以下自流灌溉渠道40条，机电井630眼，提灌站82处，中小型水库19座，有效灌溉面积19.7万亩，旱涝保收田面积14.3万亩。

社会事业取得全面进步

全县现有高中10所，定点初中45所，成建制小学381所，在校学生13万人，教职工6468名。卫星地面接收站57个，教育电视覆盖率达80%，一部分中小学已经建立了先进的闭路电视教学系统。县、乡医疗卫生机构28个，其中县级医疗卫生机构9个，乡镇卫生院19个。乡镇卫生院实行了一体化管理，75%的村所达到省甲级村卫生所标准。广播电台1座，电视台1座，MMDS网点1个，有线光纤550千米，联网乡镇17个，联网行政村158个，有线用户3.5万户。卫星地面接收站6座，村村通广播电视室135处。本地电话用户62414户，电话普及率9.3部／百人，移动电话用户3.85万户。

经济发展环境不断优化

认真贯彻实施《行政许可法》，严格规范行政审批行为，废除不合理收费项目。设立行政服务大厅，采用先进服务手段，实行“一站式办公、一条龙服务”。严厉查处“四乱”行为和干扰经营秩序案件，建立了“企业安静生产日”制度，县四大班子重点项目、重点工程、重点企业等支持和保护企业发展的制度，并出台了一系列招商引资优惠政策：

土地政策：凡来宜阳投资的客商，建设需要使用土地，可采取租赁、先租后征、分期付款和土地作价入股等方式取得土地使用权。租地、征地价格实行优惠。县外客商来宜阳投资办企业的，固定资产投资达2000万元、5000万元、1亿元以上的项目，分别由受益单位或当地政府承担相当于10亩、20亩、30亩土地的费用。外来投资企业以出让方式依法取得土地使用权的，根据投资额大小，按出让金的10%～50%奖励投资者。对投资公共基础设施和社会公益事业的，经县政府批准，可以划拨方式免费提供建设用地。

税费政策：凡来宜阳投资的外来客商(房地产开发除外)，投资在100万元以上，且符合国家可持续发展战略，除正常办证费用外，项目投产后，三年内免征一切行政、事业性收费，五年后减半计征。县外投资者投资房地产开发以外的第一、第二产业项目，投资在100万元以上的，在项目建成投产后，企业所得税经批准可享受前三年免征，第四、五年减半征收的优惠政策。

奖励政策：设立招商引资专项基金。每年县列支财政收入的2%作为招商引资专项基金，对为招商引资做出贡献的单位和个人(简称中介人)给予奖励。中介人介绍县外客商到宜阳县直接投资，并形成固定资产300万元人民币或30万美元以上的(建筑业除外)，按1.5%～2%给予奖励。

招商项目

1.年产1万吨铝合金箔材项目

2.5万亩优质扁桃生态经济林树种项目

3.年产3000吨磷酸脂系列生产线

4.年产500吨牛肉干、800吨冷冻牛肉项目

5.无公害蔬菜开发项目

6.大蒜系列保健品开发项目

7.花果山民俗度假村项目

8.日产5000吨石英石项目

9.日产5000吨工业民用生石灰项目

10.年产100万吨原煤项目

河南省义马市

义马市位于河南省西部，国土面积112平方公里，总人口15.96万人，其中农业人口3.3万人，辖两镇、五个办事处，20个行政村、31个居委会。

义马煤炭资源丰富，探明储量达79亿吨，境内有国家特大型煤炭企业——义马煤业集团，2004年生产原煤达1400万吨。义马交通便利，310国道、连霍高速公路、陇海铁路穿境而过。经过建市20余年的发展，义马市综合经济实力得到快速提升。2003年，义马市综合经济实力位列河南省第8位，2004年第二次跨入全国县域经济基本竞争力提升速度最快的100个县（市）行列。勇于争先的义马没有满足于现状，建设经济强市、财政富市成为义马人的追求。2003年，义马市提出了自己的经济发展奋斗目标：从2003年起，在2000年的基础上，到2010年实现国内生产总值、财政收入翻三番，三年跻身河南省经济强市，五年进入全国百强县市。具体来讲，2000年，义马市国内生产总值11亿元，财政收入5000万元，到2010年，义马市国内生产总值将达到80亿，力争突破100亿，财政收入达到5亿元。2004年，义马市国内生产总值完成27亿元，财政收入完成12060万元，提前一年实现了第一个翻一番的目标。为实现这些宏伟目标，义马市以能源、煤化工、铬盐三大基地建设为突破口，形成了独具义马特色的原煤生产、电力、煤化工、铬盐、新型建材等产业。

能源基地建设方面，义马市致力于煤一电联产，大力发展环保型火电项目。2003年以来，义马市相继开工建设了投资10.3亿元的2 × 135兆瓦矸石电厂、投资13亿元的2 × 155兆瓦综合利用电厂、投资4.5亿的2 × 50兆瓦煤泥电厂，加上已建成的两个电厂，该市电厂装机容量已超过80万千瓦。目前，该市正在积极做好4 × 60万千瓦坑口电厂一期2 × 60万千瓦电厂的前期工作，这些项目建成后，义马市的火电装机容量将达到320万千瓦，成为全国最大的县级电力能源基地。

煤化工基地方面，义马市致力于煤气化，大力发展煤化工系列产品。2002年，该市13个煤化工系列项目一次获河南省发改委批复，总投资达19亿元。目前，煤化工产业正在成为义马的支柱产业，已经建成了生产能力120万标立方／日的义马气化厂，年产14万吨的甲醇项目，年生产能力达6000吨的粗酚精制项目、年生产甲苯、二甲苯3000吨的石脑油精制项目和1万吨液氧项目等，这些项目所用原料全部是煤化工的副产品。正在建设的投资14亿元的2 × 25万吨甲醇项目建成后，义马市的甲醇生产能力将达到64万吨的规模。该市正积极建设的投资8亿元的20万吨醋酸项目和正在做前期工作的2 × 2.5万吨1－4丁二醇、2万吨聚甲醛、2万吨甲酸等煤化工系列项目将使义马成为名副其实的全国重要的煤化工基地。

铬盐基地方面，该市在1.5万吨重铬酸钠生产线的基础上，投资9500万元，建成了1万吨重铬酸钾示范工程，该工程采用中科院自主开发的钾碱液相氧化与再生循环铬盐清洁生产新工艺，实现了铬渣零排放。同时，投资5.08亿元的10万吨铬盐系列产品项目建议书已经国家发改委批复，项目建成后，义马市的铬盐生产能力将达到全国的60%以上，成为全国最大的清洁铬盐生产基地。

义马是一个典型的工业城市。第一产业在国民经济中的比重仅为1%，第二产业比重达70%以上。义马又是一个典型的资源型城市，但是从2004年以来，义马市以科学发展观为指导，提出了发展循环经济，建设生态城市的发展思路，走出了一条依托资源又超越资源、依托产业又超越产业、依托企业又超越企业的新型资源型工业城市发展路子。按照这一发展思路，义马市在项目选择上，对照国家有关政策，列出了详细的产业发展明细目录，对鼓励类项目优先发展，对限制类项目不予支持，对禁止类项目一律不予引进、不予审批、不予建设，并在财政税收、土地使用等方面为循环经济建设大开绿灯。2004年，该市做出了“高污染、高耗能项目不予引进”的重大决策，已经成功地杜绝了棕刚玉、硅铁等项目，为建设生态城市打下了项目基础。目前，义马市正在着手建设循环型示范企业、城市垃圾处理、城市污水处理、煤矿矿井疏干水开发再利用、城市公厕建设、推进城市集中供热供气、宏观生态环境建设等十项重点工程，一大批工业项目、城建项目、农业项目正在招商，尤其是粉煤灰开发利用、煤矿沉陷区开发等项目急需建设。

2004年底，义马市被国家环保总局批准为全国循环经济型创建示范城市，同时，在河南省规划的郑洛工业走廊中，义马被列为第一档次的三个县级市之一，义马正以循环经济为发展模式，以经济的高速发展扛起河南省工业经济振兴的大旗。为了扛起这个大旗，义马市不遗余力地扩大开放，优化经济发展环境。2004年，义马市被列为河南省35个扩权县(市)之一，河南省首批23个对外开放县市之一，被评为全省首批6个对外开放先进市之一。义马的经济发展环境优越，被评为全国县域经济发展环境50优。

更加开放的义马欢迎你。

河南省林州市

基本情况

1.建制、人口

林州市原为以修建红旗渠而闻名中外的河南省林县，是一个古老而年轻的内陆城市。早在商代即为帝都之畿，西汉高帝二年（公元前205年）开始置县，因太行山脉隆虑山纵贯全境，故取名隆虑县。东汉延平元年（公元106年），避殇帝刘隆的名讳，改称为林虑县。宋嘉定八年（公元1215年）改为林州，明洪武三年（公元1370年）改为林县。1994年元月，经国务院批准，撤销林县设立林州市，现辖16个乡镇、4个街道办事处、545个行政村。

截至2004年底，全市总人口达到100.3万人，人口密度每平方公里489人，是我国人口密度较高的县级市之一。市区人口13.4 万人。

2.地理位置

林州市位于河南省安阳市西部，处于河南、河北、山西三省交界处。南北长74公里，东西宽29.4公里，总面积2046平方公里。

林州市地处承东启西的中西部结合部，周边200公里半径范围内城市和人口分布密集。林州所在的河南省是中国第一人口大省，省会郑州是全国的交通枢纽和商品集散地。随着我国经济发展中心“西移北进”和西部大开发战略的实施，林州必将是“东引西进”受益的最直接地区，具有较强的辐射联动功能，有着广阔的市场空间和投资潜力。

3.风景名胜

林州自然风光优美，人文景观丰富，交相辉映，相得益彰。现已形成以红旗渠和太行大峡谷为龙头，以黄华神苑、洪谷山、龙凤山、万泉湖、五龙镇为侧翼的景区格局。

红旗渠景区、太行大峡谷景区先后被评为国家4A级景区，林虑山风景名胜区被评为国家重点风景名胜区。2004年共接待游客152万人次，旅游门票收入2380万元，实现综合效益2.1亿元。国家级风景名胜区红旗渠·林虑山风景名胜区，以其“雄、奇、险、绝”令中外游客流连忘返。被称之为“世界第八大奇迹”的红旗渠，响彻世界，精神永驻。林虑山乃“北雄风光最胜处”，群峰秀拔，峭壁险峻，林木葱郁，飞瀑流泉，景物奇秀，为世所称，内有天然公园“王相岩”。有高达346米的亚洲第一高瀑，以及三九严寒桃花怒绽、三伏酷暑结冰等神奇的自然景观。被国际航联誉为“亚洲第一、世界一流”的林虑山国际滑翔基地，吸引着中外滑翔健儿竞相来此大展雄姿。

近年来经济社会发展情况

近年来，林州市根据自身实际，确立了建设现代化生态旅游城市总体发展目标，提出了“工业创强市、城建创精品、旅游创名牌、环境创一流”的发展战略，力争提前3~5年使林州实现全面建设小康社会的奋斗目标。

2004年，全市GDP完成80.9亿元，同比增长24.6%；地方财政一般预算收入完成2.79亿元，同比增长26%；城镇居民人均可支配收入、农民人均纯收入分别完成5106元、3445元，分别比2003年增长14.4%、18.6%；全社会固定资产投资完成31.3亿元，同比增长79.1%；金融机构各项存款余额达到102.7亿元，连续24年位居全省各县(市)首位。全市经济呈现了高速增长的良好态势。近年来，林州先后被授予全国文化模范市、全国科技工作先进市、全国卫生城市、全国城市环境综合整治先进市、全国创建文明村镇工作先进市等国家级荣誉称号，被确定为国家星火技术密集区和国家可持续发展综合实验区。综合经济实力2003年在河南省109个县（市）中排第12位。

在工业发展上，林州提出“全党抓经济，重点抓工业，突出抓项目，强力抓环境”的发展思路，坚持工业适当向园区集中，人口适当向城镇集中的发展方向，采取项目拉动，开放带动，积极推进国企改革步伐，加大非公有制经济发展力度，以“一黑（铸造业）一白（铝业）”为重点的工业经济对林州经济发展的支撑作用日益凸现，全市形成了钢铁冶炼、铝电、机械铸造、玻璃制品、建材、轻纺、医药化工、食品酿造等八大支柱产业，初步搭起了工业强市的框架。2004年，全市工业总产值完成163.8亿元，较上年增长30.8%；工业增加值完成47.3亿元，增长30.7%。规划面积8平方公里的林州工业园是2004年河南省确定的全省两个保留的县级工业园之一，并报国务院备案。2005年新上投资5000万元以上项目11个，总投资18.8亿元，建成投产后，预计可年增产值75亿元，利税5.6亿元。林州经济已跨入一个高速增长的新时期。同时，强化可持续发展观念，走新型工业化道路，促进经济、社会的协调发展。

在城镇建设上，提出了创建省级文明城市、园林城市的奋斗目标，以市区和建制镇为重点，坚持市、乡、村“三头并举”，加快推进城镇化，不断提高城镇的产业集聚能力和支撑带动力，创造最佳人居环境。发展的总体部署分“三步走”：第一步，力争到2007年，把林州建设成为市区面积20平方公里，市区人口20万，连接林虑山景区的园林式中等城市；第二步，到2015年，城市建成面积达到35平方公里，市区人口达到35万，形成以市区为中心，以姚村、陵阳两镇为副中心的“一城三区”城市格局；第三步，到2020年，城市建成区面积达到45平方公里，市区人口达到50万，城镇化率达到60%以上，实现现代化生态旅游城市目标。按照这一思路，坚持高起点规划，高标准建设，高水平管理，高效率经营，完成了市域城镇体系总体规划、城市总体规划修编。一中新校、体育中心、人民医院病房大楼、学府花园、桂园东区、东外环路等一批重点工程相继建成并投入使用。深化城市管理体制改革，成立了城市管理局，城市管理走上有序、依法管理轨道。走经营城市之路，积极稳妥推进旧城改造，合理有序进行城区企业“退二进三”，城市建设的投融资渠道进一步拓宽。林州市被确定为河南省城镇化重点县（市），陵阳镇、姚村镇被确定为河南省小城镇建设重点镇，合涧镇、临淇镇、河顺镇、东姚镇被确定为安阳市小城镇建设重点镇。

在基础设施建设上，林州市境内有安林、东南、翟阳、葛嘴、浚南五条省级干线公路共240余公里，有县乡、乡村公路661条1911公里，公路通车里程达2151.2公里，各类公路密度达到每百平方公里105.1公里，公路密度位居河南省前列。东距107国道和京珠高速公路50公里，安（阳）林（州）高速公路即将建成通车，京广铁路支线安（阳）林（州）铁路直达林州腹地。

林州市电力资源充裕，电价低廉，有火力、水力发电和大电网3种，跨入了全国农村电气化县（市）行列。2004年，林州市社会用电量达到18亿千瓦时。林州有220千伏变电站1座，110千伏变电站6座，35千伏变电站23座，供电网络能满足全市工农业生产和居民生活10~15年发展需要。

自来水保障能力为2.5万吨／日；城市燃气保障能力为 4.5万M^3／日，正在建设的天然气长输管线工程的城市燃气保障能力为15万M^3／日。

多所星级宾馆和旅游涉外饭店可为国内外客商和游人提供优质服务。

资源优势和招商项目

1.资源优势：截至目前，林州市已探明的矿产资源有铁、钴、镁、铅、铌、钽、石灰岩、白云岩、花岗岩、大理石、石英砂、板石、硅石、铸石、方解石、冰洲石、硅灰石、水晶、钾长石、磷、含钾岩石、煤、耐火黏土、建筑石料、砖瓦黏土、河沙、麦饭石等32种，其中20余种已开发利用。如铁矿储量3402万吨，金属镁矿探明储量26.16亿吨，石英砂储量12亿吨，大理石、白云岩、花岗岩遍布林虑山脉。

2.部分招商项目

（1）林州工业园区：2004年河南省确定的全省两个保留的县级工业园之一，并报国务院备案。园区规划面积8平方公里，区位优越，交通便利，配套设施完善，用地形式灵活，费用低廉。

(2) 姚村镇汽配工业区：现有汽车配件企业100余家，从业人员9000多人，年铸造能力20万吨，产品包括前后桥总成、变速箱总成等各种零配件1000余种。销售网络遍布全国二十八个省、市自治区，市场占有率在30%~40%。

(3) 中国北方玻璃制品工业区：现有玻璃制品企业20家30条生产线，年产各种档次各种型号玻璃瓶10亿只，预熔屏玻5万吨，产品销往全国各地，屏玻出口至韩、日、欧洲等地，是中国北方最大的玻璃制品生产基地。

(4) 含钾砂页岩矿开发项目：资源储量达10亿吨，钾含量最高达11.2%，大部分含量在10.3%以上。

(5) 金属镁资源开发项目：已探明储量26.16亿吨，MgO>21%。拟与国内国际开发商联合，全力打造中国最大的金属镁及其深加工基地。

(6) 石英砂系列产品开发项目：已探明石英砂储量12亿吨，其中二氧化硅含量大于99.7%。目前，全市拥有普通玻璃制品企业37家，预熔玻璃制品企业6家，微晶玻璃粒料企业2家。

(7) 中升风力发电项目：项目拟总投资10亿美元，安装1万台600千瓦的发电机组，年发电量预计216亿千瓦时，建设期一年，投资回收期2.45年。

(8) 电动汽车产业化项目：项目总投资 7.14亿元，其中技术投入2.14亿元，资金投入5亿元。

(9) 配套带钢扩建380M^{3}高炉、50吨转炉及小板坯连铸机项目：该项目总投资1.99亿元。项目建成后年销售收入21亿元，年利润总额可达1.53亿元。

(10) 年产30万吨软冲特钢项目：产品主要用于医用不锈钢针管、空调散热器用不锈钢U型管、冰箱和冰柜冷凝器用不锈钢U型管等。该项目总投资18亿元。其中，一期投资3亿元，二期投资15亿元。

(11) 年产10万吨甲醇生产线项目：项目总投资1.6亿元，项目全部投产后可年产甲醇10万吨，预计年产值2.5亿元。

(12)林州市太行大峡谷景区整体开发招商项目：林州市境内旅游资源丰富，拟对多处景区及配套设施建设进行整体开发。该项目总投资1.85亿元，其中包括11个单个景区开发项目。

(13)林州市肿瘤防治康复中心招商项目：林州市食管癌（胃癌）治疗全国闻名，年接诊肿瘤患者11000多人。该项目总投资10亿元，中心建成后，预计全国食管癌（胃癌）10%病人即5万人次来林治疗，年业务收入高达15亿左右。

(14) 林州市红旗渠迎宾馆招商项目：该宾馆依山傍水，风景秀丽，占地面积1300亩，按四星级标准建设，已被河南省委组织部确定为干部培训中心。项目总投资1.08亿元。

(15)林州市一中北校区工程招商项目： 林州市一中是河南省重点高中，河南省示范中学之一。该项目规划用地约23公顷，总建筑面积约21万平方米，总投资1.1亿元，年收益为1560万元。

河南省永城市

永城市位于河南省最东部的豫、皖、苏、鲁四省结合处，素有“豫东门户”之称，是一座新兴的能源工业和文化旅游城市，总面积2000平方公里，人口140万。辖30个乡镇，747个行政村，1996年撤县设市以来，永城先后被省政府确定为加快城镇化进程重点县市和河南省对外开放重点市，2004年又被省委、省政府赋予与省辖市相同的经济管理权限和部分社会管理权限。

历史悠久，人文荟萃

永城早在4000多年前就有人聚居，春秋战国时期，被称为“膏腴之地”，隋大业六年(公元610年)，割彭城、睢阳二郡之地设县，始名永城，沿袭至今。得儒家思想之濡然，承汉梁文化之浸润，灿烂的古代文明在这块丰饶的土地上留下了雄浑神奇的历史足音。境内的芒阳山文化旅游区是国家AAA级旅游景区，芒砀群山中，孔夫子避雨处、陈胜墓、汉高祖斩蛇处、文庙、郭塔、张飞寨等名胜古迹星罗棋布，尤其是西汉大型王室陵墓群：斩山为廓：凿石为藏，结构复杂，气势恢弘，宛如地下宫殿，为国内乃至世界罕见，被誉为“汉十三陵”。出土的汉代壁画、金缕王衣等文物堪称艺术瑰宝、稀世珍品，具有极高的文物考古和文化艺术价值。境内的萧何造律台遗址、黑固堆遗址、王油坊遗址，是龙山文化的独特分支，引起史学界的高度重视，许多著名学者纷至沓来，痴迷忘返：历经900余年风雨的北宋崇法寺塔屹立于沱河南岸；市区东北25公里的陈官庄是著名的淮海战役第三阶段主战场，坐落于此的淮海战役烈士陵园与位于市南的抗日军政大学永城第四分校旧址等革命纪念地，已成为有广泛影响的爱国主义教育基地。

物华天宝，资源丰富

这里土地肥沃，雨量丰沛，日照充足，四季分明。盛产小麦、大豆、玉米、棉花、芝麻等农作物，是全国商品粮基地、小麦良种繁育基地，优质棉基地：粮棉油产量位居全国百强县行列。永城物阜年丰，名优特产众多，永城“三辣(辣椒、大蒜、大葱)一甜(枣乾)”在全国已久负盛名，其中，永城辣椒以色艳、肉厚、油多、味美、飘汤等特点名扬海内外，永城丰庄枣干以独特的风味、晶透的体态成为明清时代的宫廷贡品，被誉为“贡乾”。目前利用传统工艺和高科技手段，相结合制成的枣乾，更具保健、养身之功效，受到广大消费者青睐。高庄酥梨个大、核小、含糖量高，畅销全国。永城大蒜以独特品质制成的大蒜油，风靡国际市场。裴桥西瓜以籽少、沙瓤、皮薄等特色占据国内广大市场。永城饮食文化集南北之风味，融东西之特色，龙岗烧鸡、邓城糟鱼、任湖狗肉、薛湖水煎包声名远播。李寨苔干清香可口，成为东南亚人餐桌上的佳肴。

永城为全国六大无烟煤基地之一，地下含煤面积572平方公里，精查储量31亿吨，绝大部分为低磷、低疏、低灰分、高发热量的优质无烟煤、永城煤电、河南神火两大企业集团坐落在境内，现有8对矿井，年产原煤1200万吨。另外还储有铁、钴、水泥灰岩、白云岩、花岗岩、大理石、石英斑岩、膨润土等17种矿产资源，而且分布广、储量大、品位高，便于开采。

区位优势明显，交通便利

永城毗邻东部沿海经济发达地区；多受华东经济文化辐射，有望融入长三角经济带，永城北依陇海、东傍京沪、西临京九，境内永（城）青（疃）铁路连接上述三大干线，连接欧亚大陆的霍尔果斯至连云港高速公路、311国道贯穿全境。距徐州市机场70公里。全市程式控制电话容量34万门，无线电话漫游无间隙，2000M宽带网络连接国内外，拉近了与世界各地的时空距离。

基础设施完备，城市功能日趋完善

市区环境优美，水、电、路、通讯等各种配套设施齐全；城市负载能力增强，全市劳动力资源丰富，商贸物流繁荣，文化教育事业发达；卫生医疗机构健全。城区面积20平方公里，城市人口22万。

工业化进程加快

近年来，永城市委、市政府确立了“工业立市”的发展战略，把发展工业经济作为建立现代化中等城市的重要支撑点。全市现以形成煤炭、电力、冶金、纺织、造纸、面粉等十多个工业门类，1000余种产品品种的工业规模。2004年，全市规模以上工业企业预计累计完成工业总产值114亿元，同比增长36%，销售收入预计累计完成72亿元，同比增长38%。完成增加值34.5亿元，同比增长33%，实现利税总额19.84亿元，同比增长93.8%，其中利润13.6亿元。工业经济效益指数246.66%。煤、电、铝和农产品加工四大支柱产业发展势头强劲，规模以下工业企业发展较快，企业个数达到7640家。重点项目建设进展顺利。裕东公司永城电厂完成投资17.5亿元，已于7月20日点火运营。神火工业园电厂一期13.5万千瓦机组已试运行发电，新桥矿、薛湖矿、刘河矿一期工程已开工建设。市委、市政府紧紧依托永城资源优势，着力做好“黑”（煤炭）“白”（面粉）“绿”（林纸一体化）三篇文章。永城现已成为全国第二大小麦粉生基地，目前全市面粉加工企业达到142家，日加工能力100吨以上的21家，日加工能力500吨以上有4家，年加工面粉能力20亿公斤，成为全国多家知名食品企业的原料供应地，产品销往全国各地，并进入俄罗斯、朝鲜等国际市场。

农村经济实现平稳发展

认真落实党在农村的各项政策，深化农村改革，一手抓增收，一手抓减负，较好地解决了“三农”问题，几年来，全市的农业增加值、粮食产量、棉花产量、水果产量四项指标均进入全国百强县行列。2004年全市以实施“五类十大基地”工程为契机，强力推进农业结构调整，大力发展特色无公害农产品生产。现已建成温棚蔬菜千棚乡两个，百棚村38个，蔬菜种植面积达59万亩，温棚面积6.5万亩，预计总产量达12.8亿公斤。2003年又有西瓜、酥梨、辣椒、大白菜四个产品通过农业部农产品产地认证和产品认证。畜牧业发展迅速，全年家禽存舍890万只，商品禽出舍1860万只，同比分别增长7.9%、10%；生猪存栏56.82万头，出栏68.32万头，同比分别增长5%、4%；羊存栏78.63万只，出栏103.56万只，同比分别增长5%、6%。牛存栏23.77万头，出栏19.83万头，同比分别增长2%、3%。全市肉、蛋、奶产量分别达到11.89万吨、5.8万吨、9000吨，同比分别增长7%、7.8%、16.7%，预计全年畜牧业产值可实现14.92亿元，较上年增长7.2%，占农林特渔业总产值的1/3。全市实施了农业综合开发和农田水利基本建设，成效显著。2004年再次获得了省政府“红旗渠精神杯”。农业产业化进程加快，以面粉加工、饲料加工、木材加工、肉食加工等为主的投资50万以上的涉农龙头企业已发展到400余家。发展农民专业合作经济组织180余家。全年农业产业化企业营业性收入可完成30亿元，上缴税金200万元，实现利润8600万元。

招商引资和民营经济发展势头良好

2004年全市签约招商项目848个，签约资金49.59亿元，到位资金26.3亿元。民营经济完成营业收入45.6亿元，同比增长19%，完成增加值11.8亿元，同比增长18%，交纳税金6999万元，同比增长12%。全年新注册登记个体工商户2057户，注册资金3578万元，个体私营企业226家，注册资本3.02亿元。以面粉加工、木材加工为代表的群体性民营企业发展迅速，已形成规模，木材加工企业达到200多家。

城市建设和管理有了新起色

近两年，投资2亿多元用于城市建设，完成了城市总体规划的编制；修建城市主要干道总长度达70公里，基本形成了五纵五横的城市道路框架；实施了城市建设20件实事32个项目；建设了城市管道燃气工程和供热工程；投资2300万元建成了占地220亩的新城广场。开展了城市环境综合整治和“四城”创建，提高了城市绿化、净化、亮化水平，改善了城市环境。小城镇建设稳步推进，被评为全省小城镇建设先进市。

文化旅游区保护和开发建设力度增大

2004年投资1616万元，对芒砀山、陈官庄淮海战役烈士陵园等旅游景区的景点、道路、服务设施进行了建设和修复，新增了两家旅行社，较好地完善和提升了永城市旅游业的接待和服务功能，景区吸引力明显增强，2003年共接待旅游人数21.6万人次，同比增长172%，旅游综合收入600万元，同比增长186%。

独特的区位优势，厚重的历史文化积淀、丰厚的矿产资源，难逢的历史机遇，成就了永城的迅速崛起。到2010年，永城将发展成为35万人口的中等城市行列，2020年则要跨进70万人口的大城市行列，成为华东地区以能源工业为支柱产业，农副产品加工和第三产业协调发展的区域性中心城市。

黑龙江省肇东市

基本概况

肇东市位于黑龙江省西南部，松嫩平原中部，南距省会哈尔滨53公里，北距油城大庆74公里，是哈大齐黄金经济带上的一座重要城市，滨洲铁路、哈大高速公路纵穿南北，绥肇公路横贯东西，松花江流经南部5个乡镇，水陆交通发达，地理位置优越。全市幅员面积3905平方公里，城区规划面积50平方公里，建成区面积23平方公里，耕地305万亩，草原150万亩，林地100万亩，水面20万亩，素有“半林半水六分田三分大草原”之称，具有得天独厚的农牧资源和自然资源优势。南部乡镇地质肥沃，适宜农业生产，北部乡镇草质肥美，适宜发展牧业，是国家商品粮和畜产品的重要生产基地。境内油气资源丰富，地下储藏石油1.2亿吨，天然气4亿立方米，开发潜力巨大。全市现辖城内4个社区，农村22个乡镇（含1个办事处），186个行政村，1228个自然屯。全市人口90万，其中农村人口68万，城市人口22万。肇东市是国家级“两高一优”农业示范区、可持续发展综合实验区、综合改革试点县、黑龙江省十强县（市）之一，已被纳入哈尔滨都市经济圈和哈大齐工业走廊。

发展成就

2004年，肇东市继续深入实施“三新一强”发展战略（加速构筑以工业为主导的市域经济新体系、构筑以民营经济为主力的市场经济新格局、构筑以牧业为主体的农村经济新框架、建设经济强市），保持了经济社会全面发展的良好局面。全市地区生产总值实现108.1亿元，增长16.4%。固定资产投资完成11亿元，增长101.1%。财政收入实现60050万元，增长12.23%。城镇居民人均可支配收入实现6598元，增长24.9%，农民人均纯收入实现3556元，增长23.4%。具体标志：招商上项成果丰硕。全年共引进项目156个，其中投资千万元以上项目38个，亿元以上项目7个，引进到位资金10.2亿元，完成项目建设总投资38亿元，福和制药二期等8个项目建成投产，有5个项目新落户工业开发区。农村经济强劲发展。全市粮食生产创历史新高，总产达到32.1亿斤，居全省首位。奶牛饲养总量达到11.8万头，新增成母奶牛2.5万头，鲜奶商品量达到13万吨。肉牛、生猪、山绵羊、家禽饲养量分别增长25.09%、31.68%、30.08%和30.26%。农业总产值实现50.47亿元，增长39.4%，其中养殖业产值28.95亿元，占农业总产值的57.4%。全年转移农村劳动力12.5万人，实现劳务总收入4亿元。工业质效稳步提高。规模以上工业实现产值30.87亿元、增加值11亿元、销售收入29.8亿元、利税2.49亿元，分别增长20.3%、16.7%、24.8%和45.4%。个体民营经济强力发展。全年新发展个体工商户2000户、私营企业230户，分别增长11.3%和6%。第三产业从业人数达到12万人，占城镇从业人数的35.3%。财贸经济大幅攀升。财政收入首次突破6亿元大关，继续保持全省县级第一位次。社会消费品零售总额实现20亿元，外贸出口创汇2560万美元。城乡建设步伐加快。启动了第四轮城市总体规划修编工作，完成了对城区地形的飞机航测；城区一期建设和改造道路27.2公里，铺设排水管线80条段45公里，铺装给水管线40公里，新安装路灯500座；文化广场建设全面展开；生态园林植树900多亩；开发建设综合住宅楼15万平方米；新建通乡公路42.1公里、通村砂石路159.5公里；小城镇建设有一定的进展。各项事业长足进步。实施国家和省级科技项目10项，争取项目研发资金140万元。改造和维修学校131所，高中扩招新生366人，高考升学率达90%，居绥化之首。继续巩固了全国文化先进市成果。体育场建成投入使用。完成疾病预防控制中心、传染病院和ICU病区建设。继续稳定低生育水平，计生率达94.29%。完成城区有线电视信号加密工程，新增有线电视用户5562户。

主要做法

1.坚持“项目兴市”理念，把项目作为经济发展的关键、核心和命脉，会战攻坚，紧逼加压，抢上、招引一批投资额度大、科技含量高、带动能力强的大项目。肇东市把2004年确定为“项目年”，把项目建设作为全市的“一号工程”倾力推进，集中时间、集中人力、集中精力打响了两个项目建设“百日会战”。浓化工作氛围。通过召开全市性“项目年”建设动员大会、市领导发表电视动员讲话，公开表明市里号召全民抓项目的态度以及开展“项目年”的政策、思路和措施，全市形成了上下群情振奋、“以项目为令，唯项目是从”的浓厚氛围。强化奖罚手段。制定出台引建项目激励政策，对于项目建设有功人员，实施重奖。对在项目建设中不思进取、无所作为的干部，进行诫勉谈话和通报批评。细化工作责任。专门成立大项目建设领导小组和办公室，把项目建设纳入目标管理，明确规定处级、科级领导引资建项任务。优化招引环境。成立招商引资服务办公室，对引进项目，实行全方位、一条龙、跟踪式服务，从批立项、征地、企业注册登记到开工手续办理，无偿代办。并发放了“绿卡”、“绿色通行证”，使投资者享受“贵宾”礼遇。

2.推进“主副换位”，在抓好粮食生产的同时，重点发展以奶牛养殖为主导的牧业经济，促进农业增效、农民增收。利用国家加大对粮食生产扶持力度的有利契机，认真贯彻中央1号文件精神，深入落实“一免两补”优惠政策，以优质、高产、高效、安全为核心，把粮食生产工作重点放在适应市场、优化结构、增加亩产、改善品质、提高效益上，切实加大推进力度。同时，重点发展绿特色农业，推进瓜菜、烤烟的生产。在抓好粮食生产的同时，大力发展以奶牛养殖为代表的牧业经济，通过干部发动、典型带动、经纪人牵动、政策促动、产业拉动，促进标准化建设、专业化生产、防疫体系完善，实现牧业升级、规模发展。

3.突出工业的主导作用，发挥龙头骨干企业的主体作用，推动工业经济高质高效发展。肇东市紧紧抓住龙头骨干企业不放，给政策促做大，搞服务促做强，建环境促发展，充分释放龙头企业的活力，发挥龙头企业的牵动作用。积极引导市内现有龙头骨干企业积极投身于会战中，利用基础，抓住机遇，搞技改，上项目，扩规模，把企业进一步做大做强；把为企业营造宽松的发展环境作为重点，设立服务企业办公室，对企业起到了“屏蔽”保护和“零距离”服务作用，并对重点企业，发放“重点企业保护牌”，实施重点保护；对纳税超500万元的规模型企业，按比例给予一定的奖励，激励他们大发展、快发展。

4.立足打造财政强市，涵养财源、依法征管，推动财贸经济持续健康快速发展。肇东市坚持走财政富市发展之路，积极涵养财源、扩大征收。在财源建设上，牢牢把握财源建设项目，不断加大工作力度，加快财源项目建设步伐，有效增加了财政发展后劲；在财税征收上，坚持“加强征管、堵塞漏洞、清缴欠税、惩治腐败”的方针，健全和完善税收征管体系，实施依法征收，有效减少了税源流失，实现了足额征收、应收尽收、均衡入库；在财政管理上，实行严格的预算管理，规范资金拨付程序，优化支出结构，严格控制弹性支出和不合理支出，保证了工资的足额及时发放，并有效加强了城乡部门的审计监督，杜绝了财务方面违规违纪现象发生；在繁荣商贸流通上，坚持内外贸并举，全面规范本地市场，搞活地方经济，满足消费需求，积极开拓埠外市场，努力扩大产品销售，组织酒精、绢花、葵花仁、甘草、筷子等十大工、农副产品出口日本、韩国、德国、美国等十几个国家和地区。

5.加大工作力度，多元筹资，整体推进，全面推进城市基础设施建设，为经济社会发展打造优良环境。全面加强了城市基础设施建设，在全市城建史上创下了资金投入之最、项目数量之最、建设速度之最、工程质量之最，推进房变新、街变净、路变宽、地变绿、景变美、夜变亮，促进人居环境和投资环境大幅改善。对于城市规划，遵循“资源配置一体化、产业分工一体化、区域经济一体化和人与自然和谐”的城市可持续发展战略，全面启动第四轮城市总体规划修编工作。同时，按照“启动新区、改造老区”的总体思路，投入60万元，聘请哈尔滨蓝德测绘公司对城区进行飞机航测，请大连规划事务所完成新区概念规划设计，为城市的全面建设和战略发展提供了规划依据；对于资金筹措，把重点放在争取国家政策性资金上，把眼光瞄准开发银行，经多方工作、多次协商、多轮考察，与国家开发银行黑龙江分行签订了借款合同，获得了开发银行9900万元城市建设资金支持，已首批到位7000万元，从而为全面启动城市基础设施建设提供了资金支持。同时，对重点城建项目，采取施工单位先行垫付、分期付款、资产置换等方式，解决落实建设资金；对于工程建设和管理，实行“阳光操作”，全面推行工程招投标制、工程质量监理制，保证工程成本最低、投入最少、质量最好。

未来展望

未来十几年，是肇东经济实现腾飞的重要时期，我们将结合市情，以全面建设小康社会为主攻目标，争取在2020年之前，不仅把肇东建设成为全面小康社会并进入全国百强县(市)行列，而且建设成为经济高速发展、科教事业兴盛、社会保障有力、基础设施配套、城市功能齐全、人居环境优良、社会和谐稳定的中等发达城市。全市GDP达到485亿元以上，人均GDP达到47520元以上，工业增加值达到117亿元以上，财政收入19.5亿元以上，城镇居民可支配收入和农民人均纯收入分别达到19000元和8400元以上，城市人口50万人，城市建成区面积40平方公里。第一步，到2010年，力争用5年左右时间，构建起中等发达新肇东的总体框架。人均GDP由2004年的11495元增加到20000元以上；工业增加值达到38亿元以上；财政收入达到10亿元以上；城镇居民可支配收入和农民人均纯收入提高到8981元和4702元以上；城市人口达到35万人，城市建成区面积扩大到30平方公里。第二步，到2015年，力争再用5年左右时间，初步建成中等发达的新肇东。全市GDP达到312亿元，人均GDP增加到31500元以上；工业增加值达到71亿元以上；财政收入达到13.7亿元以上；城镇居民可支配收入和农民人均纯收入提高到13200元和6300元以上；城市人口达到40万人，城市建成区面积扩大到40平方公里。第三步，到2020年，力争最后用5年左右时间，全面实现建设中等发达新肇东的目标。

湖南省花垣县

基本情况

花垣县位于湖南西北部，与黔、渝两省（市）接壤，是朱镕基总理曾经就读过的地方，是“乡土文学之父”沈从文先生笔下《边城》茶峒所在地。全县总面积1108.69平方公里，辖8镇13乡300个村20个居委会。2004年末总人口272646人，其中苗族人口占76.8%。319、209国道和长渝高速公路贯穿县境，是承东启西，连南通北的交通枢纽。境内矿产资源丰富，锰、铅锌贮量分别达3112万吨、1108万吨，素有“有色金属之乡”之称。

2004年经济社会发展情况

2004年，在上级的正确领导和全县上下的共同努力下，花垣经济社会得到了“高速、全面发展”。全县实现国内生产总值10.48亿元，同比增长23.5%，净增3.15亿元，实现财税收入1.607亿元，同比增长71%，净增6698万元，其中财税增长部分占全州财税增长总量的38.6%；农民人均纯收入1456元，同比增长15.4%。在2004年全国县域经济基本竞争力评价中心公布的全国县域经济提升速度最快的百县（市）中，花垣位居第27位，是湖南惟一一个榜上有名的县。 在工业上。花垣县利用丰厚的锰锌资源，大力发展以矿业开采和加工为龙头的工业，现拥有工业企业170家，具有年开采锰矿石60万吨、采选铅锌矿220万吨、年产硅锰合金2.8万吨、电解金属锰11万吨、电解金属锌18万吨、硫酸26万吨、电解二氧化锰1.2万吨的生产能力。

近年来，花垣县坚持以工业为主导，提出了“没有工业的发展就没有花垣经济的发展，没有工业的发展就没有花垣人民的小康，没有工业的现代化就没有花垣的现代化”的口号，大力发展工业经济。2004年，花垣县通过优化配置、达产增效、改革改制等方面的工作，全年实现工业总产值20.16亿元，占全州工业总产值的37%，工业对全县的经济贡献率达83.1%，拉动经济增长19.5个百分点，使工业生产进入了建国以来最快最好的发展时期。

在农业上。花垣县以调整农业产业结构入手，大力发展大户经济，通过大户富来带动农户富，通过大户发展来带动农业产业的发展。目前，花垣县已形成了不同海拔的区域产业带，其中以柑桔为主的橙柚类水果3.16万亩，以金秋梨为主的时鲜水果2.8万亩，以桤木为主的造纸原料林21.7万亩，以优质烟叶为主的经作面积3万亩，产业格局初步形成。同时，2004年，花垣县还以贯彻落实中央1号文件为契机，加大了农业农村工作的力度。2004年，花垣县率先免征了农业税，全面开展了农村合作医疗试点，全面进行新型能源改造，使广大农民群众成为改革发展最直接的受益者。

在城市建设上。坚持一手抓新区开发，一手抓老城区改造，先后启动了一大批市政建设项目，使城市面貌发生了巨大变化。花垣县先后启动了边城步行街、边城公园、边城广场、商贸大厦、城关集贸市场等骨干项目建设。2004年，县城面积达12平方公里，县城人口达6万人，分别是1994年的5倍和3.1倍，一个功能齐全、辐射边区的现代化新城正在崛起。同时，城市建设的加快也为花垣县城的提质扩容和城乡的协调发展奠定了坚实基础。

在交通建设上。209、319两条国道穿境而过，交通优势十分明显，但由于路面老化等原因，致使花垣的交通状况和经济发展极不匹配。2004年，花垣把交通条件的改善摆在突出位置，先后完成了209国道绕城段和319国道境内段59.54公里公路的升级改造工程，顺利拉通了319国道绕城段公路和城北新区大道。同时，麻栗场至雅酉的砂改油工程、吉首至茶峒的高速公路工程已进入了施工阶段。全县21个乡镇100%通公路，全县300个村场98%通公路，完善快捷的公路网络为花垣经济社会的发展做出了巨大贡献。

在文化旅游产业建设上。花垣县以沈从文笔下的《边城》茶峒为核心景点，启动了一批旅游景点的建设。茶峒位于湘、渝、黔三省市交界处，是沈从文先生的名著《边城》描写地。茶峒自然风光优美、文化底蕴深厚，具有苗族特色的古建筑保存完好，是中外游人向往的旅游胜地。目前，翠翠岛工程完成了90%，翠翠岛上由著名画家黄永玉老先生亲自设计的高9米、重250吨的汉白玉“翠翠”雕像将在6月完成设计和制作。由中国书协主席沈鹏先生领衔的当代100位书法家书写的《边城》小说石林建设、从文大道和老街改造工程将在6月底完成。整个民居的保护、维修将于年内完成。通过边城茶峒的建设，使花垣形成以茶峒为核心景点的旅游网络，把旅游业建设成为新兴产业，让花垣走向全国，走向世界。

社会各项事业全面发展。2004年，也是花垣社会各项事业得到全面发展的一年。边城高级中学建设快速推进。2004年，花垣县共投入资金7000万元，新建了一所占地面积225亩，可容纳60个高中教学班的三省市边区一流的边城高级中学，其中8家企业捐资修建了3栋教学楼1栋综合楼、1栋科技楼、1栋体育馆、2栋教师宿舍，2005年9月将建成招生。全州惟一的城区多功能电子监控系统顺利完成，社会治安综合治理跨越式进步。成功地举办了全州十运会，这是州运会在县的首次成功举办。投资2500万元，兴建了全省一流的县人民医院综合大楼，是目前三省市边区功能最齐全、设施最先进的医院综合楼。人口和计划生育工作成为全州惟一一个升类进位的县和湖南省进步最快的三个县之一。此外，广播电视城区综合网改造完成，农村实用科技进一步推广，三个文明建设取得新成就等，都使花垣面貌焕然一新。

2005年工作目标和措施

GDP增长12%，财税收入突破2亿元，力争达到2.2亿元，农民人均纯收入增加100元，人口自然增长率控制在8‰以内。为达到此目标，重点采取以下措施：

一、突出工业发展。2005年工业目标：主要产品电解锰、电解锌分别达到10万吨、8万吨。实现工业总产值25个亿，力争30个亿，税收2个亿；2005年工业发展思路是：围绕“三个转移”，狠抓“三个重点”，加快改革改制，加强队伍建设，实现高速增长。“三个转移”即工业产品由初级加工向精深加工转移、工业生产由污染型向环保型转移、工业经济由低效益向高效益转移。花垣县已成立锰锌产品精深开发领导小组，县财政每年安排100万元工业引导资金专门用于锰锌产品精深开发项目的追踪服务和聘请国内外知名专家帮助加快锰锌产品精深加工开发进程。“三个重点”即继续抓好达产增效、继续抓好新上项目、继续抓好解决电力瓶颈问题。在新上项目上，花垣县主要抓好湘源公司4吨/年的青篙素药业开发、振兴3000吨/年微细铝粉项目建设、汇银公司4万吨/年四氧化三锰、兴银公司1万吨/年无硒高纯电解锰建设和水泥厂30万吨/年水泥粉磨站等新建项目，力争早出效益。在解决电力瓶颈上，花垣重点加快州网和县电力公司两条220千伏输变电线路建设，并出台了供电目标奖励政策。同时，加快企业的改革改制，加强企业家队伍建设，保证花垣工业高速增长。

二、突出农业发展。一是围绕大户建产业。通过大户发展带动群众发展，把小产业建成大产业。二是围绕项目抓发展。三是围绕劳务促增收。四是围绕扶贫奔小康。2005年，省、州确定该县8个乡（镇）46个村为扶贫攻坚的主战场，花垣县委、县政府根据这一情况，及时确定了全县另外13个乡（镇）32个村作为扶贫的重点，扩大脱贫面，加快农民脱贫致富奔小康的步伐。突出城市建设和管理。一是完善城市规划。二是加快建设速度。重点加快边城广场、边城公园、边城步行街、城关集贸市场、商贸大厦、城北大道建设；启动城市垃圾处理场、城南农贸市场、凉水井二级客运站建设；老城区大街小巷年内改造到位。三是加强城市管理。成立县城综合管理领导小组，抽调200多人加强城市管理，把花垣县城建设成为文明卫生县城。

三、突出发展文化旅游产业。花垣县不仅有享誉海内外的边城茶峒，同时又有亚洲最雄伟壮观的高达208米的大龙洞洞瀑，又有远古的古苗河、明洪武元年崇山卫古城遗址、小排吾奇特的石栏杆和丰厚的苗族风情等。2005年在全面保护和维修边城古镇的同时，通过政府引导、市场运作、公司经营等方式，全面开发全县的旅游资源，把花垣建成以边城茶峒为核心景点的旅游网络，把资源优势转化为经济优势，把资源优势建设成新的产业，把花垣建设成为旅游胜地。

四、 突出办好边城高级中学。一是2005年县财政安排150万元用于边城高级中学教师的奖励，从2006年起对边城高级中学教师的奖励每年安排300万元。二是提高教师的工资待遇，凡进入边城高级中学的教师，在保证原工资（含所有国家政策性补助）的基础上，每月增加500元教师津贴，确保教师年工资和奖金达3~6万元。三是对引进到边城高级中学的教师每人安排一套住房。四是突出教育质量的提高，力争用3到5年让花垣的高中教育质量有一个根本性的提高。

五、突出基层组织建设。从2005年起，在确保在职村主干补贴按时足额发放的基础上，对建国以来连续任职15年以上的离任村支书、村主任，从离任之日起，每人每年补助600元。同时，大力加强农村党员远程教育网络建设，加大对农村党员和干部的培训。

2005年，花垣以“三个代表”重要思想为指导，以保持共产党员先进性教育为契机，全面落实科学发展观，使全县的经济社会呈现出良好的发展势头。2005年1~4月实现国内生产总值40249万元，比增17.5%，其中工业总产值67565万元，比增42.8%。实现财税总收入11356万元，同比增长283.3% ，其中地方财政收入4094万元，同比增长233.9%。

三湘首善——长沙县

区位良好

湖南省长沙县素有“荆楚重镇，湖湘首邑”之美誉，地处湖南省会近郊，位于长株潭都市经济圈的核心地带。全县辖20个乡镇，总人口74万，总面积1997平方公里。长沙县区位优越，交通发达，信息便捷。湖南国际航空港黄花机场坐落在境内，京珠高速、107国道、省道S207线南伸北展，长永高速、机场高速、319国道东贯西通。县城距黄花国际机场、长沙火车站、湘江码头、霞凝新港、长沙汽车东站均约8公里。水、陆、空三位一体交错成网，物畅其流。

历史悠久

长沙县自古为三湘首善之区，其建制远溯秦汉，公元589年改临湘县为长沙县。两千余年的时空跨越，给长沙县留下了丰富的历史文化遗产。这片古老而神奇的土地，曾哺育了黄兴、李维汉、徐特立、杨开慧、柳直荀、田汉、许光达等仁人志士，也是朱镕基、李铁映同志的家乡。

基础雄厚

改革开放以来，长沙县致力于经济的发展和社会的进步，迈向现代化的征程中走在全省的前列。2004年，全县实现GDP149.5亿元，增长17.5%，一二三产业分别增长7.3%、23.0%、10.7%。完成工业增加值72.5亿元，增长23.4%。完成财政总收入15.1688亿元，增长39.7%。完成全社会固定资产投资61.3亿元，增长35.4%。城镇化率提高了2.8个百分点。招商引资实际到位外资1.1亿美元，市外内资32.1亿元。实现社会消费品零售总额28.9亿元，增长12.2%。农民人均可支配收入4338元，增长10.4%，各项主要经济指标在全省处于领先地位，被誉为“湖南经济第一县”，主要经济指标连续四届跻身基本竞争力全国百强县（市）。

设施完备

长沙县基础设施完备，城市功能健全。全县已建成拥有220KV变电站和装机容量7万千瓦的应急发电厂、变装机容量67.6万千瓦的电力供应网络；现有16座自来水厂，日供水能力19.5万吨，市区20万吨自来水厂和引水工程正加紧建设；日处理能力达8万吨的污水处理厂和垃圾填埋场均已建成。装机总容量25万门的程控电话网络也相继建成，电话普及率达23%以上，全县固定电话装机容量、程控电话用户、移动电话用户人均占有率居全省前列。国际互联网实现了与164个国家和地区及国内210个城市的通信宽带传输。供电、供水已形成了完整的网络。

开发领先

1992年10月，长沙县委、县政府乘邓小平同志南方谈话的东风，在107国道和319国道交汇处，设立了长沙经济技术开发区。2000年被批准为国家级经济技术开发区。经过建设者10余年的奋战，昔日的荒山已变成了楼宇鳞次栉比、道路纵横通畅、夜晚霓虹闪烁、四季绿树成荫的现代化新城。如今，开发面积22平方公里。这里既是长沙市整体规划中的次中心，又是湖南惟一的国家级经济技术开发区，也是“三湘第一县”——长沙县的县城。这里各项经济指标在中西部国家级经开区中名列前茅。

建区以来，已有300余家境内外企业在这里投资兴业，投资总额达130亿元，均获得了丰厚的回报。县城与经济开发区融为一体，显示出现代化城镇的独特魅力。几年来，这里迭获国家卫生县城、国家文明县城、国家生态示范县、中国人居环境范例奖等荣誉称号。这里先后成功举办了全国百城市自行车赛、全国五城会射箭比赛、全国纸张订货会、中国星沙企业文化论坛、中国星沙招商节等一系列大型活动，盛况空前，声名远播。

工业主导

多年来，长沙县工业的规模、技术、效益一直在全省各县（市、区）中遥遥领先，特别是近几年来，随着一批高新技术企业的崛起，长沙县的工业在全市乃至全省都有了举足轻重的地位，是全省经济的主要增长点之一，获得“湖南工业看长沙，长沙工业看星沙”的美誉。

目前，有韩国LG、美国可口可乐、德国博世、法国达能、法国道达尔、荷兰飞利浦、瑞典伊莱克斯、泰国正大、美国肯德基、中国粮油进出口总公司等10家世界五百强企业落户长沙县，湖南最大的民营企业——三一重工在县内扎根，全省最大的乡镇企业——同心实业也在长沙县。LG曙光、HEG、三一重工、远大空调、长丰猎豹、北汽福田、长海视听、劲隆光阳、华天铝业、金沙利彩印、力元新材、杭州娃哈哈等一大批中外企业交相辉映，构筑了长沙县工业的脊梁。在高新技术产业迅速增长的同时，传统的乡镇工业也展现勃勃生机，同心实业、榔梨车身、金井铸造、江背水泥等产品享誉省内外。以乡镇工业为基础的暮云、榔梨、黄花、江背、金井五个工业园区应运而生，已具备一定的规模，蕴藏着极为巨大的发展潜力。全县工业已形成了机械制造、电子信息、汽车及零配件、新材料等为主的支柱产业结构，成为全县GDP和财政收入的主要贡献者，使全县实现了由农业大县向工业强县的跨越。2004年，全县完成工业总产值280亿元，增长24.5%。规模工业和园区工业的主导地位稳固。规模企业达到201家，实现产值218亿元，增长28.2%。园区内109家规模企业完成产值196.7亿元，占全县工业总产值的70.3%。

发展协调

2004年，“三农”工作取得历史性突破，落实各项粮食直补和良种补贴1312.6万元，在全省率先全免农业税和农业特产税4687万元，结束了全县农民种田缴税的历史。农林牧渔业实现总产值39.7亿元，增长7.3%。茶叶、花木、蔬菜、畜牧水产、“农家乐”“三带两业”支柱凸显，农业和农村基础设施建设日益增强。新型农村合作医疗等社会保障制度正逐步建立和完善。制定了加快第三产业发展的规划和措施，投资近40亿元的八大市场建设项目快速推进。在经济发展的同时，长沙县社会各项事业取得全面进步。全县社会稳定，教育、科技、文化、卫生、计划生育、社会保障、民族事务等各项社会事业有新的发展，物质文明、政治文明、精神文明建设取得新的成就。

目标远大

为进一步加快发展步伐，长沙县委、政府通过对比分析，科学论证，确立了“领跑中西部，进军五十强”的战略目标：力争用3~5年的时间，实现县域经济基本竞争力进入全国五十强，夺取中西部县（市）第一名；国内生产总值260亿元，财政总收入30亿元，工业总产值700亿元；经济外向度进一步提高，人民生活更加富裕，社会文明程度达到更高水平，到2012年全面实现小康社会目标。

产业导向

1.以近郊、高效、创汇、生态为特点的农林牧渔业；

2.以净水（纯净水和污水处理）、畅通（道路桥梁）、美化（园林）为基础的城镇设施；

3.以基础机械、工程机械、专用机械和汽车零部件及彩管、大规模集成电路为拳头的机电工业；

4.以食品、湘绣、服装、皮革制品为支柱的轻纺工业；

5.以软件技术、生物制药、新型建筑装饰材料、精细化工产品为重点的高新技术产业；

6.以小区建设、安居工程为主的房地产业；

7.以市场运作为原则的小城镇建设；

8.金融、保险、电讯、咨询、商业、教育、环保、旅游、医院、文化、运输等服务业。

招商项目

2005年长沙县重点推介的招商项目有：县治东迁配套路网建设、长沙县星沙北污水处理厂、长沙县固体废弃物处置场经营权转让、长沙大道暮云段与火星大道暮云段、火星大道北延（广电中心－捞刀河）、人民路东延、星沙生态新CBD、红旗水库旅游开发、石燕湖生态旅游公园、湖南星沙茶叶大市场、山水茗园、湖南星沙湘绣城等项目。

蔡伦故里——湖南省耒阳市

耒阳市位于湖南省东南部，总面积2656平方公里，总人口130万，1986年撤县设市，辖31个乡镇，3个街道办事处、1个经济开发区。

历史悠久，旅游资源丰富

耒阳历史源远流长，是神农创耒之地，炎帝在此发明耒耜，开创了中华农耕文明；纸圣蔡伦诞生于耒阳，蔡伦发明造纸术，使东方文明领先世界一千多年。耒阳秦时建县，汉代设郡，元代升州，明清以来皆为县治，素有“荆楚名区”、“三湘古邑”的美誉。耒阳既是一座有两千多年历史的文化古城，也是一个具有光荣传统的革命老区，朱德在耒阳发行了中华苏维埃政权第一张劳动券，抗战时期耒阳曾一度为临时省会所在地。耒阳文化底蕴深厚，著名诗人杜甫闲游卒于此，汉佐张良隐居于斯，张飞巡耒，庞统治耒，韩愈、徐霞客等历史名人留迹于耒阳，境内有蔡侯祠、八角亭、张良洞、谷朗碑、杜甫墓等名胜古迹。耒阳是一个新兴的旅游城市，境内人文景观荟萃，旅游资源丰富。黄市竹海漫山遍野，绵延数十里，蔚为壮观；东湖汤泉闻名遐迩，水质优良，可浴可饮，令人神往；蔡伦纪念园被评为“老百姓喜爱的湖南百景”之一，东汉古县廷是国内惟一保存完好的汉代古县廷，农耕博物馆被誉为天下第一农耕博物馆，“耒阳一日游”已成为湘南旅游新亮点。

区位优越，基础设施完善

地处湖广要冲，是内陆地区承接广东沿海城市产业梯度转移的前沿地。京广铁路、107国道、京珠高速、即将兴建的武广高速铁路纵贯南北，连通闽南、赣南、湘南的320省道横跨东西，耒水、舂陵江四季通航，遥田机场可军民两用，水、陆、空交通发达，南下广州，北上武汉，东去南昌，西往桂林，均可在5小时内到达，客货运输十分便利。城乡电网改造基本完成，县乡公路改建成效显著，程控电话、移动电话、宽带网络覆盖全境，优越的交通通讯条件，为耒阳提供了良好的发展平台。

资源富集，经济特色鲜明

耒阳物产丰盈，素有“油茶之乡”、“楠竹之乡”、“能源之乡”、“汉白玉之乡”的美誉。已探明的矿产有45种之多，大理石洁白如玉，高岭土储量丰富，煤炭可采储量达5.1亿吨，为全国产煤百强重点县（市）之一，年产煤量达500万吨，居湖南省各县（市）之首。近年来，耒阳市坚持以加快发展为主题，以工业化为总揽，以招商引资为核心，以民营经济为主体，全面实施“项目带动、能源带动”战略，大力优化经济环境，着力推进“三化”进程，市域经济呈现出加快发展的良好势头。2004年完成GDP76.99亿元，增长14.3%，列湖南省县级市第三；完成全社会固定资产投资22.94亿元，增长11.3%；完成财政总收入3.82亿元，位居湖南省第八。

农业产业结构调整成效显著。国家级“10万亩杂交水稻制种基地”初具规模，制种总产量占全国的1/8，全省的1/3，实现了“耒阳种，种天下”；省优质烤烟生产基地不断壮大，种植面积已突破5万亩，武汉卷烟集团将耒阳市列入烤烟生产基地；省级草食动物养殖基地发展迅速，年出栏草食动物5万多头；20万亩优质稻生产基地基本形成。农产品加工取得重大进展。衡阳隆平高科有限公司、绿海粮油有限公司、金利食品公司、小水绿源油茶开发公司等一大批农产品加工企业不断发展壮大，产品远销国内外，有效带动了农民增收。

工业化进程明显加快。2004年完成规模以上工业总产值45.4亿元，增长46.8%。能源产业支柱作用愈加显现，煤炭产业向集团化、精深加工方向发展，成功拍卖东冲、明冲煤矿，首开湖南省煤炭资源开采权拍卖先河；先后组建耒阳能源集团有限公司等集团公司，建成董溪天宇洗煤有限公司、省煤炭公司南阳洗煤厂等10余家年产精煤20万吨，年产值过6000万元的煤炭精深加工企业，煤炭对耒阳市财税收入的贡献大幅提高，2004年完成煤炭相关税费1.3亿元，占财政收入的1/3，煤炭产业的龙头地位更加突出。大唐耒阳发电厂二期扩建3#、4#机组竣工发电，成为全省最大的火力发电厂。耒中水电站建成发电，上堡水电站、韶耒综合利用电厂破土动工。耒阳市装机总容量将达140万千瓦，年发电量将突破100亿千瓦时，年产值将突破20亿元，成为湖南省最大的县级能源基地。民营经济发展迅速，国企改制稳步推进，防火装饰材料有限公司、湘安钢铁公司、超牌化工、讯通实业等骨干民营企业不断发展壮大，民营经济成为市域经济中发展最快、活力最强、效益最好的部分。

环境优良，开放步伐加快

近年来，耒阳市始终坚持把招商引资作为振兴耒阳经济的根本举措和核心动力紧抓不放，抢抓沿海发达地区产业梯度转移机遇，充分发挥利用耒阳市的区位交通、人文资源、工业能源、城市规模、两个省级开发区等五大优势，大力优化经济环境，增强招商引资吸引力，制定出台了《关于鼓励兴办生产性企业的优惠政策》，工业项目用地和审批，属市本级收入的土地出让金和各种规费全免，对重大工业项目，实行“一事一议”，享受更加优惠的条件。全面推行委托代办制，制定了《关于规范企业规费收取的暂行办法》，对所有外资企业、重点项目的收费，均委托政务中心或东江工业区、经济开发区管委会按最低标准收取。严格经济环境责任追究制，建立优化经济发展环境联络员和督察员制度，对破坏经济环境的人和事，发现一起，查处一起，大胆实行重奖激励招商，制订出台了《关于完善招商引资奖励的实施办法》，把招商引资作为一项产业推进，对招商引资中介人给予重奖，2003年耒阳市重奖引资中介人150万元，2004年重奖引资中介人200万元，全市形成了“一心一意抓招商，理直气壮拿奖金”的浓厚氛围，招商引资出现了前所未有的良好发展态势。2003年耒阳市引进项目115个，引资15.54亿元，2004年引进项目137个，引资17.8亿元，初步形成了以能源产业为龙头、以冶炼化工产业为特色、以劳动密集型产业为重点的产业集群。园区招商平台作用更加突出，截至目前，东江工业区引进入区企业16个，引资4.67亿元，经济开发区引进外资企业34个、资金6.6亿元。

城市秀美，社会事业发达

耒阳城区共建成道路48条，道路总长达110公里，道路总面积及人均拥有道路面积居全省之首；建成区面积达30平方公里，城市人口30万，发明家广场、神农广场、杜甫公园等旅游休闲场所相继建成，神农路、城北路东段样板街改造一新，城市绿化、净化、美化、亮化进一步加强，供水、环卫、交通等配套设施日趋完善，2004年耒阳市成功创建为“省级文明城市”，成为湖南省城市规模最大、城市品位最高、城市面貌最靓的县级城市，特别是“首届全国舞龙精英赛”、“首届中国（耒阳）蔡伦科技发明节”、“全国男篮甲B联赛”、中国（耒阳）农耕文化节等全国性赛事和节会成功举办，“同一首歌”走进耒阳，中央及湖南省各媒体竞相报道，耒阳的知名度和美誉度进一步提升。随着城市规模的扩大、城市知名度的提高，耒阳市城市向周边县市的辐射功能不断增强，商贸业日趋活跃，2004年耒阳市完成全社会消费品零售总额23.35亿元，增长13.9%。专业市场发展迅速，酒店餐饮娱乐业发达，国际国内100名家知名品牌竞相入驻耒阳，肯德基成功进入耒阳市，是肯德基在湖南省惟一进入的县级市，耒阳已成为辐射湘南周边地区的区域性消费商贸中心。社会各项事业全面进步，耒阳先后被评为“全国科技工作先进市”、“全国全民健身先进单位”、“全国中医工作先进市”、“全国双拥模范城”。

湘东明珠——醴陵市

醴陵市位于湖南东部。古为吴楚咽喉，今为湘东门户。1985年撤县建市，现辖26个乡镇，4个街道办事处。总人口100万，其中市区人口20万。总面积2157平方公里。

醴陵地理位置优越，紧邻长株潭金三角，浙赣铁路复线、上瑞高速、320国道、106国道纵横境内，交通便捷。

醴陵自然环境优美，地处亚热带季风气候区，雨量充沛，植被丰厚，四季分明。境内多丘陵，自然和人文景观众多，休闲旅游资源丰富。

醴陵历史悠久，置县两千余载，秉承湖湘文化道统、文化底蕴深厚。岁月沧桑，在醴陵大地留下了转步古城、渌江书院、红拂墓、云岩寺、状元洲、文笔峰等一大批历史文化古迹。醴陵是一块人杰地灵的土地，历代以来，名人辈出，各领风骚。这里是李立三、左权、程潜、陈明仁、耿飚、宋时轮的家乡，是生物学家汤飞凡、文学家袁昌英、哲学家李石岑、历史学家黎澍、教育家刘佛年、科学家彭道儒、刘晨晖、书法家李铎等的故里。近代以来，旅居海外的醴陵同胞众多，醴陵还是全国闻名的内地侨乡。

醴陵人勤劳聪慧，发明了花炮，独创了釉下五彩瓷和炻瓷，为醴陵赢得了“瓷城”和“花炮之乡”的美誉，形成了陶瓷、花炮两大支柱产业，服装、建材、箱包等产业也初具规模。醴陵农业生产发达，农耕文化厚重，是长江流域第一个亩产过吨粮的县（市）。改革开放以来，醴陵的经济和社会事业迅速发展，古老的醴陵发生了翻天覆地的变化。2004年，全市生产总值为93.17亿元，人均生产总值突破1000美元，财政总收入突破5亿元，农民人均纯收入达3994元，完成外贸出口总额2.41亿美元，综合经济实力位居全省县市区前列。

陶瓷和花炮是两大传统支柱产业，通过体制改革和科技带动，已重新焕发强大的活力，成为推动醴陵经济发展的“火车头”。两大产业聚集了全市近千家规模生产企业，提供了20万个就业岗位和70%左右的工商税收。依托两大产业建设的醴陵陶瓷花炮大市场已初具规模，辐射力日益增强。

醴陵陶瓷生产已有近两千年的历史，远在东汉时期，醴陵就有较大规模的作坊，专门从事陶器制作。清朝雍正七年（1729年）醴陵开始烧制粗瓷。清朝末年，醴陵开始生产细瓷。醴陵瓷业界的能工巧匠经过反复研制，采用自制釉下彩色料，运用国画双勾分水填色和“三烧制”法，生产出令人耳目一新的釉下五彩瓷器。釉下五彩瓷器瓷质细腻，画工精美，清新雅丽，别具一格，釉层下五彩缤纷，呈现出栩栩如生的画面，具有较高的艺术价值和使用价值。它的问世，立即得到业内人士和国内外舆论的极大关注和好评。1909年到1911年，醴陵釉下五彩瓷分别参展武汉劝业会、南洋劝业会和意大利都朗国际赛会，连续获得金牌奖，醴陵瓷器开始名扬华夏。“白如玉、明如镜、薄如纸、声如磬”，就是醴陵瓷在当时赢得的良好评价。

1915年，醴陵瓷器远涉重洋，参加了在美国旧金山举行的“巴拿马太平洋万国博览会”，参展的釉下五彩扁豆双禽瓷瓶和贵州茅台酒同获金奖。扁豆双禽瓷瓶是1911年醴陵瓷业界的经典之作。瓶高46.8厘米，撇口直径20厘米，瓶体洁白如玉，造型宛如凤尾，线条流畅，其釉面晶莹润泽，色彩沉稳典雅，花色构图生动自然，工艺之精湛，令人叹为观止，被国外舆论誉为“东方陶瓷艺术的高峰”。

建国以后，醴陵釉下五彩瓷生产进入了新的发展阶段。从20世纪50年代末到21世纪初，醴陵先后为毛泽东、周恩来等老一辈党和国家领导人和十六大产生的中共中央政治局常委生产过生活用瓷，为军事博物馆、民族文化宫、工人体育馆、天安门城楼、钓鱼台国宾馆等生产过专用瓷，为人民大会堂生产过的国宴用瓷。同时醴陵瓷还是国家礼品瓷的首选。20世纪七八十年代，邓小平同志送给日本裕仁天皇的文具瓷器，送给英国女王伊丽莎白二世、英国首相撒切尔夫人、法国总统希拉克的礼品挂盘，以及后来江泽民主席送给美国总统克林顿的礼品茶具，均由醴陵设计生产。醴陵的釉下五彩瓷以其特殊的地位，成为当之无愧的“国瓷”。2004年，被誉为“红色官窑”的醴陵群力艺术陶瓷有限公司成为全国工业旅游示范点，对国内外游客开放。8月，以扁豆双禽瓷瓶为原型制作的“世界和瓶”登上了雅典奥运会的大雅之堂，作为礼品赠给前任国际奥委会主席萨马兰奇、现任国际奥委会主席罗格和希腊奥组委负责人，并被国际奥林匹克博物馆收藏。

醴陵的釉下五彩瓷不仅美观大方，而且具有耐磨擦、耐酸碱、无铅毒、永不褪色的优点，属于真正的绿色环保产品，在国内外久负盛名。60年代以来，醴陵生产的工艺美术瓷和高档日用瓷等釉下五彩瓷成为国内外市场的畅销产品。

1987年，醴陵华联瓷业有限公司自行研制开发出一种新的日用陶瓷产品——炻瓷。这是一种介于陶与瓷之间的低温瓷，具有强度好适合于机械洗涤、热稳定性好适应于高温蒸煮、铅镉溶出量低于国际标准，以及器型新颖、釉色丰富、品质卓越等特点。醴陵炻瓷在色釉和新产品开发方面处于国内绝对领先水平。醴陵炻瓷产品畅销全球，年出口过亿美元。目前，醴陵的陶瓷产品已由单一的日用瓷向化工陶瓷、电瓷、艺术瓷、特种工业陶瓷等多元化发展，逐步发展成门类齐全、专业配套的陶瓷生产基地和出口基地。日用陶瓷年产量达12.5亿件，陶瓷工业总产值达50亿元。

醴陵是花炮祖师李畋的故乡，是烟花鞭炮的发源地，花炮生产历史悠久，驰名中外。醴陵花炮曾照亮过世界各地的夜空，给世人带去无限美妙的享受，也给醴陵带来了无数喝彩。澳门回归庆典、昆明世界园艺博览会、首都国庆五十周年庆典等重大活动，醴陵花炮大放异彩。2004年，醴陵花炮产量达860万箱，拥有13个大类、48个型别、2000个品种。上个世纪90年代末，醴陵各界筹资400余万元，在仙山公园内建起了一座金碧辉煌的李畋殿，以缅怀先师功绩，弘扬花炮文化，振兴地方产业。

醴陵是一块孕育着无限生机的热土。为实现新的跨越，醴陵在制定未来的发展战略时，提出了一个核心理念：绿色瓷城、休闲胜境；决定推进四大战略：优势产业带动、城市发展带动、开放强市、科教兴市战略；实施湖南醴陵陶瓷科技工业园、天然气入醴、渌江风光带等10项重点工程，努力把醴陵建设成为一个高新技术为依托的陶瓷生产出口基地，以交通区位优势为依托的湘东赣西现代物流中心，以深厚文化底蕴和秀丽自然风光为依托的山水园林城市。醴陵的发展离不开国际、国内两种资源、两个市场。为加大招商引资力度，醴陵正在全面落实争创“全省经济环境最优市”的各项措施，进一步强化“引资兴市，工业富民”的意识，教育广大干部群众真正做到重商、亲商、安商，为企业发展创造良好环境，使醴陵真正成为投资沃土、创业乐园。

作为中部地区的一个县级市，醴陵的发展面临着新的机遇和挑战。加入世界贸易组织后，国际市场为醴陵的主导产品敞开了大门。同时，全省各地尤其是周边县市发展态势咄咄逼人，醴陵加快自身发展的压力倍增。2005年1月，醴陵市委适时确立了“瞄准跻身三强目标，推进醴陵新的跨越”的总体思路，打出了“奋战四年，跻身三强”的响亮口号。此举得到了全市人民的广泛响应，也得到了省、株洲市领导的充分肯定。随着2005年天然气的引入和使用，省级高新技术开发区——陶瓷科技工业园建设的加快，商检海关等产业服务体系的完善，醴陵经济发展蕴藏着的巨大潜力必将得到释放。“乘风破浪会有时，直挂云帆济沧海”。全市上下正满怀信心，朝着跻身全省三强的目标迈进。湘东明珠——醴陵的明天一定会更加美好！

江苏省常熟市

常熟是国家历史文化名城，也是长江沿岸新兴的港口工业城市，全市总面积1142平方公里，辖12个镇（场），人口约150万，其中户籍人口104万。改革开放以来，特别是进入新世纪以来，常熟市牢固确立富民优先、内外并举、城乡一体、亲近自然、诚信至上五大理念，始终坚持加快发展不松劲、科学发展不动摇，经济建设快速推进，社会事业全面进步，人民生活富足安康。常熟先后荣获"国家卫生城市"、"国家园林城市"、"国家环保模范城市"、"中国优秀旅游城市"、"全国绿化模范城市"、"全国双拥模范城市"、"全国社会治安综合治理先进集体"、"创建全国文明城市工作先进市"等荣誉称号，并获得"中国最佳人居环境范例奖"，被评为"国际花园城市"。常熟在最新的全国百强县市排名中位居第五位、全国县域经济基本竞争力百强县（市）排名中蝉联第二位。2004年实现地区生产总值565亿元，增长18.9%，财政总收入80.02亿元，增长21.9%，其中地方财政一般预算收入30.06亿元，增长34.3%；工业产值、销售、利税、利润增幅均超过26%；完成全社会固定资产投资196.5亿元，其中工业投入142.8亿元；新增注册外资15.7亿美元，到账外资10.5亿美元；实现外贸进出口总额39.8亿美元，增长46.9%；完成港口货物吞吐量1620吨，海关关税收入29.2亿元。

坚定一个目标

常熟作为苏南经济较发达地区，力争在发展速度上要快于全省、发展水平上要领先全国，始终保持较快的经济增速，始终培育较强的发展后劲，加快富民强市、实现"两个率先"。具体目标是：在实现前三年（2001~2003年）"三年大变样"的基础上，后三年（2004~2006年）主要经济指标全面翻番。到2005年全面建成高水平的小康社会，人均GDP超过6000美元，城镇居民人均可支配收入超过2000美元，农民人均纯收入超过1000美元；到2010年率先基本实现现代化，人均GDP超过10000美元，城镇居民人均可支配收入达到 3000美元，农民人均纯收入超过1600美元，争当全省"两个率先"的排头兵。

突出两大重点

推动工业化、城市化的互动并进，始终是全市工作的两大主题。工业化方面。坚持"工业立市、工业兴市、工业强市"理念，加快沿江开发，扩大招商引资规模，狠抓外资投入。江苏省常熟经济开发区和常熟东南经济开发区是推进全市工业化的两大主战场。常熟经济开发区于1992年正式批准设立，比照享受国家级开发区的行政级别和审批权限，目前已吸引20多个国家和地区70亿美元外资，其中超亿美元项目16个。常熟沿江将崛起几个国内乃至亚洲的主要生产基地，包括彩涂卷板生产基地、高档文化用纸和高级箱板纸生产基地、氟化工生产基地等，能源、纸品、精细化工、汽车零部件、新型建材等产业群将共同构筑起一个面向二十一世纪的临江特色产业带。常熟东南经济开发区目前基础设施基本到位，各类配套设施正抓紧建设。目前已引进各类企业150多家，未来几年开发区将依托近城和道口等区位、交通优势，根据自身功能定位，重点发展电子信息和精密机械等高新技术产业。城市化方面。到2006年，常熟城市建成区面积将达60平方公里，城市常住人口60万，城市化率达60%。围绕做大做强，按照城乡一体的总体思路，抓紧完善城市总体规划，形成"一轴双城"的城市空间格局，打造实力常熟。依托真山真水，按照"重点保护、合理保留、局部改造、普遍改善"的原则，高质量实施古城区改造，积极推进新城建设，加快实施城市副中心基础设施工程，尽快拉开滨江新城区框架，打造魅力常熟。促进开放创新，以市场理念推进城市经营，加快建设一批重点基础设施工程项目，不断完善城市功能，打造活力常熟；同时，依托工业化、城市化，积极实施服务业"三年跨越计划"，致力打造"中国休闲名城”，使常熟真正成为创业的福地、人居的天堂。

增创三大特色

特色就是生命力，特色就是竞争力。常熟将从实际出发：一是增创外资经济、民营经济、品牌经济齐头并进的产业特色。目前，全市累计注册外资超72亿美元，实际利用外资55亿美元；个私经济注册资本超过240亿元，在江苏省率先突破两百亿大关。全市累计建办私营企业11654家，批办个体工商户56115家。国际资本、国内资本和本土创业资本的投入成为常熟经济发展的主要推动力。全市拥有5只中国驰名商标、8只中国名牌产品、34只省著名商标和61只省级名牌产品，数量列全国县（市）首位，这些名牌名品分布在50多家企业，创造出300多亿元产值，占到了全市总产值的三分之一。随着重大基础设施建设的快速推进和创业经营环境的不断优化，常熟对外资、内资、民资的吸引力与日俱增。加快吸引外资，2002年至2004年这三年内完成合同外资超百亿美元；充分挖掘民资，“十五”期间确保新办私营企业超万家，继续在全省一马当先；大力实施名牌战略，充分发挥品牌效应，不断壮大名品名企的规模实力，到2006年，中国名牌产品（驰名商标）数量争取达到20只。二是增创山、水、城融为一体，古城、新城、港城交相辉映的环境特色。我们将精心保护和恢复历史文化名城风貌，高水平建设以中央商务区为中心的现代新城，同时按照“两年打好基础，五年基本成形，十年全面拓展”的目标要求，高起点打造滨江新城，使山更灵、水更秀，古城更好、新城更新、港城更美，以最好的环境吸引客商，以最美的环境造福市民。三是增创强烈的时代气息和优秀的人文传统完美结合的文化特色。文化是一个城市发展的精髓和灵魂，与经济良性互动的重要元素。常熟是具有3000年历史的文化名城，自古人文昌盛，历史上曾出过8名状元、9名宰相、483名进士，“两院”院士共有19人次。全国县级市中惟一的本科院校——常熟理工学院已正式对外招生。我们将整合文化资源，做足文化文章，打响文化品牌，使常熟文化气息更加浓郁、特征更加鲜明。大力弘扬“争先、开放、和谐、人文”的城市精神，追求锐意进取的改革胆略、与时俱进的创新精神、奋勇争先的顽强气魄、兼容并蓄的开放胸怀、乐于奉献的全局观念、文明诚信的良好形象、永不满足的精神境界。

培育四大基地

立足现实基础，面向未来发展，我们依托产业建基地，依托基地聚优势。一是沿江制造业基地。目前正在规划建设沿江330平方公里的国际制造业基地，包括能源、纸品、精细化工、汽车零配件等主导产业。到2006年，沿江地区工业销售将超过500亿元，财政收入超过30亿元。二是服装服饰基地。常熟现有3000多家服装服饰企业，年产服装3.5亿件，年销售超过300亿元，是“中国纺织产业基地市”、“中国休闲服装名城”。我们要充分发挥服装行业协会作用，走技术创新、品牌经营、联合发展之路，提高服装产业的附加值，提高常熟品牌知名度，从服装大市向服装强市转变。三是商贸物流基地。常熟传统商贸发达，2004年社会消费品零售总额达130亿元，同比增长30%，在全省县（市）领先。在加快提升改造常熟招商城的同时，近两年我们先后建成了建材市场、汽车交易市场、钢材市场，总投资6亿元的汽车配件市场正在建设，通过培育和发展规模化专业市场，加快园区、商城、沿江国际保税物流中心建设，实现市场和产业的良性互动。四是旅游度假基地。常熟山水风光独特，旅游资源丰富，其中虞山——尚湖景区是国家4A级景区，闻名遐迩的沙家浜被列为全国30条红色旅游精品线中的一大经典景区。要抓紧尚湖景区综合整治，完善沙家浜景区景点，实施方塔园、曾赵园、燕园等古典园林修复工程，建设3~5家四星级以上旅游商务宾馆，使常熟成为华东特色旅游度假胜地。

营造“五大”优势

一是“大港口”优势。充分利用长江岸线资

源，加快常熟港开发建设，抓紧启动8平方公里白茆小沙开发，“十五”期末形成2500万吨的年吞吐能力，未来5~7年，再兴建30多个万吨级泊位和20多个深水泊位，力争成为苏州港的核心港区。二是“大交通”优势。依托境内苏通大桥、苏嘉杭高速、沿江高速和苏虞张、锡太等高等级路网优势，“十五”期间地方交通投入22亿元，到2005年全市等级公路里程达1500公里，高速公路密度为全省平均水平的3倍，成为长江三角洲又一交通枢纽。三是“大工业”优势。推进外资经济、民营经济、品牌经济齐头并进，“十五”期末形成4个年销售超50亿元、10个年销售超20亿元、30个年销售超10亿元的企业集团。四是“大市场”优势。加快市场片区建设，形成以常熟招商城、建材市场、汽车交易市场为龙头的区域市场体系。五是“大城市”优势。加快城市“东扩、南延、北上”步伐，形成现代化中等城市框架，建成全国县级市中规模最大、人气最旺、环境最美的中国休闲名城。

江苏省丹阳市

丹阳市位于江苏省南部，地处长江三角洲、上海经济圈腹地，属苏南经济板块，东邻常州市武进区、新北区，西接句容市、镇江市丹徒区，南与金坛市接壤，北与扬中市隔江相望，全市总面积1059平方公里，户籍人口80.5万，辖23个镇，1个省级开发区，302个行政村，65个居委会。1987年经国务院批准撤县建市，被列为沿海对外开放城市，是江苏省经济发展水平较高的县（市）之一。全市“三个文明”建设成绩卓越，连续被评为全国县域经济百强县（市），是全国首批80个小康县（市）之一，目前县域经济基本竞争力列全国第20位，列江苏省第8位；先后被评为“全国卫生城市”、“全国环境综合整治优秀城市”、“江苏省文明城市”、“江苏省社会治安安全市”；连续被省委授予“党建工作先进市”称号；在全国首创民主评议党员、党务公开、十星级文明户评选；科技、教育、文化、体育、计划生育、绿化等多项工作被评为全国先进市。2004年实现国内生产总值228亿元，工业增加值112.4亿元；实现财政收入20.03亿元，城镇在岗职工年人均工资14650元，农民年人均纯收入5759元。

丹阳是现今江苏地域在公元前221年秦朝设置的15个县份之一，当时称曲阿，后改名云阳，唐天宝元年（742年），因当时境内生长着众多的“赤杨树”，“赤”与“丹”同义，“杨”与“阳”谐音，故名“丹阳”，后取“丹凤朝阳”之意，定名丹阳。丹阳在历史上曾是南朝齐高帝萧道成、梁武帝萧衍两代开国皇帝的故里，现境内文物遗迹丰富，存有南朝帝陵石刻11处26件，散布在胡桥、荆林、前艾、建山、陵口等地，20只石兽是我国石刻艺术中罕见的珍品，已被列为国家级重点保护文物；季子碑刻相传为孔子惟一存世手书；公元883年铸造的唐中和铜钟被誉为“江南第一钟”；丹阳是“董永和七仙女”故事的源发地；行宫九里村是“吴”姓祖始地；境区存有季子庙、沸井、明万善古塔、通泰桥、开泰桥、玉乳泉井、海会寺、嘉山寺等名胜古迹。

丹阳是人文荟萃之地，名人志士，贤臣良将，代不乏人。近现代，丹阳孕育了著名教育家、上海复旦大学创始人马相伯，著名社会科学家、教育家戴伯韬，著名书画家、美术教育家吕凤子，语言学泰斗吕叔湘，数学家华罗庚，以及对革命事业做出过贡献的共产党人夏霖、黄竞西、管文蔚和匡亚明等一大批名人志士。抗日战争时期，陈毅、粟裕领导新四军在丹阳及邻县建立了茅山抗日根据地。解放前夕，《解放日报》在丹阳创刊。1949年4~5月，丹阳为中国人民解放军总前委、华东军区和中共华东局临时驻地，邓小平、刘伯承、陈毅、粟裕等老一辈无产阶级革命家在丹阳运筹帷幄，指挥了解放大上海的战役，培训干部，准备物资，为接管上海做了大量准备。

丹阳的地理位置十分优越，东距上海200公里，西距南京68公里，京沪铁路、沪宁高速公路、312国道、京杭大运河和正在规划建设的京沪高速铁路横贯市区；常州机场坐落市境，西距南京机场80公里，东距上海虹桥机场、浦东机场2个多小时车程，班机直航世界各地；对外开放的长江第三大港——大港港口离市区18公里，全市已形成了铁路、公路、水路、航空综合交通运输体系。

丹阳的城市基础设施建设日新月异。由西至东的新民路十里商业长街、中山路小商品一条街和丹凤路、城河路商贸街构成“井”字形框架，城区一环路内已形成中心商业区，并建成了北二环、南二环，东二环路已成雏形；近两年来又建成了丹西公路、122省道、丹界线等骨干道路及污水处理等一批市政工程；312国道丹阳段改道拓宽工程全面展开；全市近600公里农村道路改造工程于2004年完成；城区成功改造了新民路、丹凤南路、东门外大街、万善路风光带；建成了4万平方米的市民广场，及水关西路、城河北路、西环北路；小东门桥绿地广场、内河整治、区域供水等一批市政工程正在加紧建设，公共交通、管道煤气等公用设施更加完备，城市面貌进一步得到改善；全市农村开展了以“清洁村庄、清洁家园”为主题的“双清”活动；继续实行企业环境行为信息公开化制度，环境质量进一步改善；城市管理已纳入规范化、科学化、法制化轨道，先后被评为全国卫生城市和全国环境综合整治优秀城市。

丹阳是著名的“鱼米之乡”，1990年被列为全国商品粮生产基地，10万亩丰产方被江苏省列为挂牌示范方，先后被评为全国平原绿化先进县(市)、全国义务植树先进单位和全国土地复垦先进县（市）。全市通过积极组织实施农产品优质化工程，拓展农业产业化发展空间，培育优势特色农业，农业结构调整取得了新的进展，2004年完成农业总产值11.28亿元，年产粮食36.94万吨，水产25768吨。

丹阳工业经济发达，全市已形成了纺织、丝绸、木业、化工、机械、冶金、电子、新型建材、塑料、灯具、摩托车和汽车配件、皮鞋、眼镜、五金工具等30多个行业为主体的，产品结构比较合理的工业体系，现全市拥有年销售超亿元的企业集团57家，形成了年销售5000万元、出口创汇超500万美元、利税超500万元以上的规模企业112家，拥有200多个在国际国内市场颇具竞争力的名特优新产品，在全国享有“丝绸之府”、“眼镜之都”、“灯具世界”、“皮鞋之乡”、“钻头王国”、“木业航母”的美称。

丹阳的外向型经济发展方兴未艾，1988年经江苏省批准，全市乡镇全部列为对开放乡镇，为丹阳市外向型经济发展开辟了广阔空间；2004年新办“三资”企业120家，合同利用外资5亿美元，实际利用外资2亿美元；全市拥有出口创汇企业200余家，自营出口企业近百家，出口产品有木业、眼镜、粮油、纺织、服装、土产、五金工具、化工、医药保健、机械设备、电子产品等500多个品种，2004年进出口总额达4.82亿美元。

1992年设立的12.8平方公里省级开发区，经过十多年的开发建设，已实现“七通一平”，进区企业600多家，其中已批外资企业227家，总投资11亿美元，合同外资6亿美元，实际利用外资3亿美元，被评为江苏省先进开发区。目前，开发区经过区划调整，总规划面积已达50平方公里。区内园林、绿化、路灯、亮化与道路建设配套完善。为优化资源配置，在科学规划、合理布局基础上，建设了独具特色的区中园、园中城。中国眼镜城、日本工业园、德资工业园、台湾工业园、新世纪工业园、韩国工业园、协联工业园、留学生创业园、大亚木业园等正在迅速崛起。这些颇具专业化特色的园区建设，为中外客商投资兴业提供了良好的发展平台。

丹阳非公有制经济发展迅速，20世纪90年代以来，以“三个有利于”为标准，坚持以公有制为主体，多种经济成分共同发展的方针，解放思想，抓住机遇，大力发展个体私营经济。2004年底，个体私营经济经济总量、上缴税收、投资总量均占全市的三分之一。个体私营经济的发展，还带动了第三产业、市场建设以及小城镇建设，丹阳市个私经济从事三产的占75%，在繁荣市场上发挥了重要作用，形成了67个各类市场。其中，华东灯具城、华东皮鞋市场、东方皮革商城、眼镜市场、万家欢市场、千家乐市场发展为超亿元市场。目前，华东灯具城成为全国最大的汽车摩托车配件市场，眼镜市场为亚洲之最。

丹阳的社会事业不断发展。“九五”期间确立了“科技兴市”战略，每年组织实施各类科技计划项目400个以上，科技投入2亿元以上，全市企业办科技机构105个，皇塘、导墅两镇被列为国家级星火技术密集区。教育事业持续发展，九年制义务教育进一步巩固和提高，“两基”水平荣获全国先进县（市）称号；教育现代化工程成效显著，荣获江苏省首批“实施教育现代化工程先进市”称号，拥有国家级示范高级中学和国家级重点职业高级中学各一所、六所省级重点高中，省级品牌学校占70%以上，全市中小学均通过省级教育现代化达标验收；全市各类职业技术教育专业达43个148个班级。文化、卫生、体育、新闻、计划生育、医疗保险、养老保险等各项社会事业健康发展，建有现代化的文化馆、体育馆、图书馆、博物馆、青少年宫、计划生育指导站等；全市拥有医院、卫生防疫、疾病控制、妇幼保健等完备的卫生机构和一流的医疗设施，共有病床1667张；《丹阳日报》发行量达4万份；拥有广播电台、电视台各一座，开通了有线数字电视，全市有线电视用户达15万户，实现了有线电视村村通；在完善城镇企业职工和机关事业单位保险的基础上，大力推行农村养老保险、农村合作医疗保险、工伤和生育保险，社会保障制度一步完善，覆盖面进一步扩大，全市企业离退休人员养老金社会化发放率达100%。

江苏省东台市

东台位于江苏省中部，东濒黄海，南望长江，属当今中国最具活力的长三角经济区，市域总面积2340平方公里，辖23个镇，403个行政村(居委会)，人口116万。1987年撤县建市，1988年被国务院列为沿海对外开放地区。二十世纪九十年代曾两度进入“全国农村综合实力百强县(市)”行列，获得中国明星市、全国科技进步先进市、全国科技进步示范市、国家级农业产业化示范市、江苏省文明城市、江苏省党建工作先进县（市）等称号。2001年以来，连续四届进入全国县域经济基本竞争力百强县(市)行列，2004年排名位居全国第57位。

历史悠久、人文荟萃

已有近5000年文明史，西汉入志，南唐得名，乾隆建县，自唐至清是全国重点产盐区，极盛时期年产盐占全国总量的四分之一，盐税收入占全国财政收入的一成。得益于盐业经济的繁荣和传南承北的区位特点，明清以来东台一直是长江以北重要的商品集散地。历史上人文荟萃，宋代吕夷简、范仲淹、晏殊三位名相曾在此任盐官，明清两代曾出过2名翰林、42名进士、69名举人，近现代以来涌现出哲学泰州学派创始人王艮、近代著名水利学家冯道立、著名平民诗人吴嘉纪、中国现代新闻学奠基人戈公振、当代著名书法家高二适、全国文联主席周巍峙、当代著名雕塑家吴为山等著名人物。东台人文资源遗存丰厚，《天仙配》中董永与七仙女美丽爱情故事就发源于此。“泰山护国禅寺”，始建于北宋真宗年间。富安明代古建筑群、文昌阁具有较高的纪念和参观价值。东台是革命老区。早在1925年，中共党员黄逸峰、陈雪生等就在这块土地上进行革命活动，传播革命思想。1927年、1928年先后建立中共东台特别支部、中共东台县委。抗战时期，东台是新四军坚持敌后抗战的根据地，刘少奇、陈毅、粟裕、陶勇等老一辈无产阶级革命家曾经在这里工作战斗过。

自然资源丰富

依海而生，拥有被联合国认可、太平洋西岸惟一一块未被污染的湿地，四季分明，气候宜人。全市海岸线85公里，滩涂广袤，占江苏省的22%以上，并且每年以150米左右的成陆速度向大海延伸，后备土地资源得天独厚，开发潜力巨大。“八五”以来围垦滩涂土地133.3平方公里，建成耕地90多平方公里，连续16年实现土地占补有余。东台沿海滩涂是国家重要的湿地生态系统研究基地，江苏省重要的珍贵海产品生产基地，境内物种丰富，生态环境优美，动物资源150多种，植物资源300多种。江苏省黄海森林公园风光独特，正日益成为省内外知名的生态旅游景点。东台境内地下石油蕴藏颇丰，已有华东油田、江苏油田多口深井出油，是新生界油气较好的前景区。

农业繁荣发达

坚实的农业基础是传统的经济优势，农村经济发展水平一直处于全省以至全国的前列。二十世纪七十年代末和八十年代初东台曾两度皮棉生产超百万担，是全国三强之一。九十年代以来，两度进入全国农村综合实力百强县（市）行列，农林牧渔业总产值连续15年在全省夺冠，全国位列第四，被誉为国内知名的“蚕茧之乡”、“禽蛋之乡”、“乳猪之乡”、“蘑菇之乡”、“瓜果之乡”。近几年，东台大力推行无公害种植、标准化生产、规范化上市、品牌化销售，农业结构调整在全国领先一步。全市有六成农村劳动力实现转移，七成耕地种植经济作物，八成农户进入产业化经营，九成农副产品实现商品化，是全国首批命名的无公害农产品生产示范市（县）、全国农业产业化示范区、全国造林绿化百强县（市）、全国粮食生产先进市(县)，2004年全市农民人均纯收入5163元，比上年增长12.9%。

工业经济发展迅速

东台古以盐而富，近因农而名，今以工兴

市。坚持走新型工业化道路，产业结构不断优化，产业层次显著提升，建材、机械、纺织、食品等传统支柱产业继续保持强劲发展态势，一批新材料、新能源、高科技产业日益壮大，形成较为完整的工业体系。建筑材料、纺织机械、钨钼制品、精梳纯棉布、丝绸服装、家用纺织品、通信电缆等100多种产品畅销国内外市场。东台正日益发展成为长三角经济圈内新兴的制造业生产加工基地。全国水泥行业十强之一的磊达公司、全国纺机三强之一的马佐里公司、国际钼联会正式成员峰峰公司，以及国家级农业产业化重点龙头企业富安茧丝绸公司等一批国内知名企业发展势头强劲。2001年以来，全市地区生产总值年均增幅在13%以上，财政收入在26%以上，全社会固定资产投资在30%以上，其中工业技改投入在50%以上，工业用电量在35%以上，自营出口自2000年以来每两年翻一番，外经营业额年均增长47.7%。销售超亿元或利税过千万元的工业企业由1998年的8家发展到2004年的25家，其中磊达公司年销售收入、利税、入库税收分别超8亿元、2亿元和4000万元，马佐里公司、庆丰公司、富安茧丝绸公司年销售超5亿元。

投资环境优越

新长铁路、204国道贯穿全境，直达上海、苏嘉杭地区的6车道沿海高速公路已完成主体工程，2005年年底可全线贯通，届时到上海的时空距离将缩短为2小时。东台距南通、盐城、如皋等机场分别仅有80公里左右。拥有通榆运河、串场河、泰东河等黄金水道，镇镇、村村全部贯通公路。通过连续推进五期城改工程，累计投入15亿元改造老城区面积超过4/5，六年近乎重建了一个新东台，市区面貌焕然一新，市区建成面积23平方公里，市区人口25万。城市基础设施配套，拥有涉外宾馆3座。在前不久江苏省建设厅、江苏省统计局公布的《江苏省城镇发展报告》中，被列为江苏省长江以北县级市中惟一的中等城市。东台科技、教育、卫生水平江苏一流，1997年以来连续六年获得“全国科技进步先进县(市)”称号，最近被国家科协表彰为全国科普示范市，国家科技部命名为首批“全国科技进步示范市”，是苏北地区惟一的一家。高考综合指标名列江苏省前茅，市人民医院是江苏省县级医院中惟一一家“全国卫生系统先进集体”。东台区域经济板块富有活力，富安的茧丝绸、安丰的纺织、溱东的小五金和许河的电脑绣花等区域特色板块已成为牵动一方经济、致富一方群众的龙头产业，正吸引越来越多投资者投资兴业。东台社会安定和谐，法制健全，为江苏省“社会治安综合治理先进县（市）”、“社会治安安全县（市）”。东台人民安居乐业，生活怡美适意，现有百岁老人54人，80岁以上长寿老人1万多人。勤劳智慧的东台人民素有诚实守信的传统。东台坚持稳定的优惠政策，市行政服务中心对外来投资实行一站式审批、一条龙服务，对重大事项实行一事一议，专门班子跟踪服务。世界500强企业意大利康茂盛集团、德国开奔公司、香港查氏集团、中国纺织设计院等一批世界知名企业纷纷在东台投资落户。

经济开发区发展前景广阔

市经济开发区位于北郊，依城而建，西距宁靖盐高速、东距沿海高速都仅有10多分钟车程，极具开发潜力。16平方公里启动区内“五纵六横”道路框架基本形成，道路、供电、供水、排水、通信等基础设施功能齐全。区内日供水能力20万吨，连接射阳天然气田的管道正在铺设之中，日供气能力将达10万立方米，日处理能力2万吨的污水处理厂已开工建设。目前已入区工业项目53个，累计吸引投资67.5亿元，其中5000万元以上项目达到12个，超亿元项目达到7个。已建成投产项目22家。总投资10亿元的德赛化纤、投资4.7亿元的东昇焦化等一批大项目初具雏形。热情好客、诚实守信的东台人民竭诚欢迎海内外投资者到东台投资合作，共谋发展。

江海明珠　苏中宝地——海门市

海门东濒黄海，南倚长江，西靠开放城市南通，北连广袤的江海平原，素有“江海门户”之称。海门连续六年进入全国百强县（市）行列，被誉为“金三角上小浦东”。全市总面积1149平方公里，人口103万，辖23个乡镇场、1个省级经济开发区，是国务院最早批准的对外开放县市之一，2004年，在第四届全国县域经济基本竞争力评价中，列百强县（市）第33位。

经济建设突飞猛进

近年来，海门坚持“苏中地区比领先、长三角上比超前、百强县市比进位”的工作目标，开拓进取，攻坚克难，团结拼搏，奋勇争先，全市经济连续多年保持高平台上的快速增长。2004年实现地区生产总值200.3亿元，增幅为15.9%，实现了历史性突破。同时开创了七项主要经济指标在苏中县（市）名列第一的好局面。即：实现全市人均地区生产总值19734元，增幅15.6%；完成地方一般预算收入6.24亿元，增幅30.1%；完成注册外资实际到账2.1亿美元，增幅90.9%；实现社会消费品零售总额61亿元，增幅16.6%；实现人均居民储蓄存款14142元，增幅13.46%；实现农民人均纯收入5881元，增幅12.1%；实现城镇居民人均可支配收入10670元，增幅12.5%。

社会事业日新月异

在经济建设持续、健康、快速、协调发展的同时，海门的各项社会事业也取得了全面进步，在江苏省长江以北率先建成了“国家卫生城市”、“国家环境保护模范城市”、“全国生态示范市”。据统计，截至2004年底，先后荣获了“全国综合实力百强县”、“中国明星县”、“全国科技百强县”、“中国最具竞争力百强市”等53项国家级荣誉，为这颗长三角上耀眼的明珠倍增光辉。

产业集群突出鲜明

经过多年的培育和引导，全市已经形成了轻纺服装、生物医药化工、特种材料、电子通信、机械冶金等五大特色产业。各大产业都拥有相当规模，初步形成了集群化发展的态势，配套能力突出。各个特色产业不仅拥有一批全国领先的拳头产品，在本领域堪称“单打冠军”，而且产业链长，上中下游企业密集，市场化程度高。

科技之乡——海门是国家科委在全国首家批准的国家火炬计划新材料产业基地和首批命名的国家星火技术密集区。目前，基地拥有几十家高新技术企业，其中国家级重点高新技术企业4家。已形成涉及特种钢材、特种铜材、特种铝材、特种陶瓷、化工医药及中间体、电子信息材料、特种纺织材料、复合材料及医用高分子材料等众多领域数百个品种的高新技术产品群体。近年来，共组织实施了省以上各类科技计划122项，其中火炬计划项目48项，星火计划项目40项，有37个产品进入国家级新产品行列。海门先后获得了“全国科技进步示范市”、“全国科普示范市”、“全国科技进步先进市”等国家级荣誉称号。

纺织之乡——海门是中国近代民族工业的发祥地之一，拥有“中国纺织产业基地”美称。清末状元、著名实业家张謇先生在家乡一手兴办了大生纺织，带动了纺织业等相关产业的快速发展，被誉为“粮棉故里，纺织之乡”。目前，全市拥有纺织企业200多家，从业人员4万多人，除华润大生纺织（原通棉三厂）这百年老厂外，还有百花集团、白兔集团、凯捷时装、远大纺织、荣祥纺织等一大批后起新秀。三星叠石桥国际家纺城是全国规模最大的家纺专业市场，被国务院研究发展中心列为“中华之最”，2004年的市场成交额超100亿元。

建筑之乡——海门是被江苏省政府首批命名的“建筑之乡”。建筑业既是海门经济蓬勃发展的支柱产业，更是海门人民兴旺发达的富民产业。全市拥有建筑业从业人员15万多人。近年来，在全省率先创得鲁班奖和国优工程奖14个，全国住宅样板工程和省级优秀工程奖380多个，享有“建筑铁军”的美誉。2004年，全市建筑业施工产值140亿元，增加值40.5亿元。

教育之乡——海门尊文重教，历代人文荟萃，名贤辈出。历史上除张謇先生外，还涌现了现代著名金石书画家王个簃，中国农工民主党前主席季方，现代著名诗人卞之琳等名人志士。海门人民文化素质较高，普及九年制义务教育较早，绝大多数公民具有高中以上的文化水平。海门教育工作先后获得了"全国教育工作先进市"、"全国两基工作先进市"、"全国特殊教育先进市"等五十多项殊荣。海门是江苏省首批实验学校普及市（县），基础教育水平全国一流，作为江苏省首批基础教育课程改革实验区，取得了显著的成绩。上月，国家教育部副部长等领导为此专程来海调研，充分肯定我们取得的成绩。海门名校名师群体凸出，海门中学、东洲中学、东洲小学等在全国范围内有较大影响，拥有多名全国知名教师。发达的职业教育为社会进步提供了大量高素质的人力资源。同时，文明和谐的海门也吸引了一大批外来高级人才，目前在海工作的研究生和博士已达150多人。

长寿之乡——海门市容整洁，环境优美，景色宜人，文明程度高，是最适宜人居住的地方。海门是苏中、苏北惟一的国家卫生城市、国家环境保护模范城市和全国生态示范市。居住环境幽雅，高标准水泥道路延至农户的庭前屋后。城镇和农村居民人均住房面积分别达32.9平方米和45.6平方米。医疗保健网络健全，社区卫生服务覆盖全市每个角落。重点医疗单位硬件设施齐全，配有国际先进水平的仪器设备，初具现代化医院规模，是江苏省农村初级卫生保健先进县（市）和江苏省农村中医工作先进县（市）。全民健身等群众体育活动成为时尚。全市建有全民健身工程（点）41个，被评为"全国体育先进市"。海门是全省无公害农产品整体推进示范市，建有国家级农业标准化园区1个，建成省级以上无公害农产品基地91个，总面积60万亩，获得认证的无公害农产品达63个，绿色食品7个。全市居民饮食生活质量日益提高，现有百岁以上老人146人，人口平均预期寿命达78岁，均高于全省和全国的人口平均指标。

江苏省江都市

江都古称龙川，素有江淮明珠之誉，南濒长江，东望上海，西傍扬州，为南京都市圈中一座卫星城市，全市人口106.5万，辖23个镇，总面积1332平方公里。改革开放以来，江都经济和社会事业突飞猛进，先后荣获全国平原绿化先进县（市）、全国科技实力百强县（市）、全国社会治安综合治理先进集体、全国文化工作先进县（市）、全国民政工作先进县（市）、全国创建文明村镇工作先进县（市），江苏省文明城市、江苏省党建工作先进县（市）、江苏省社会治安安全市等荣誉称号。2004年江都市实现地区生产总值167.7亿元，财政收入14.29亿元。

江都是华东地区重要的交通枢纽、水利枢纽和电力枢纽，也是我国“南水北调”东线工程源头。京沪高速、宁通高速、宁启铁路、328国道等国家级和省级公路、铁路穿境内纵横交错。一类开放口岸江都港正在加速建设。从江都去南京1小时，到上海2小时，上北京8小时，人称“128工程”。许多到江都考察的国内外客商都由衷赞叹：“江都的区位优势在全国也不多见。”

江都滨江近海，长江及夹江岸线总长35.3公里。夹江段水深条件好，上游来沙量小，河床冲淤变化不大，河势较稳定；长江段水域宽广，是深水港区的优良港址。江都港三江营港区位于淮河、京杭大运河入江口，得天独厚的地理位置使其逆流而上可达安徽、江西、湖北等长江中上游地区，经过大运河可贯通苏北、安徽、山东等地，具备发展近海、远洋和江海河联运的条件。其得天独厚的自然条件使得港区江岸稳定，深水逼岸，不坍不淤，号称“天然不冻港”。目前，江都的沿江开发正如火如荼，已累计投资5.5亿元，引进三资36.8亿元，水、电、路、港、房等基础设施建设正全速推进，2005年将投资10亿元以上，筑巢引凤。实施3万吨综合码头、3万吨化工专用码头、4万吨自来水厂、5万吨污水处理厂、11万伏公变等十项重点工程。沿江开发区将引进10个千万美元以上外资项目，10个亿元以上民资项目，10家企业入园开工建设。

近年来，江都紧紧围绕“两个率先”，“两个提前”目标，坚持科学发展观，经济社会协调发展，形成了一定的产业优势和产业特色。农业上，形成了花木、特水等特色产业，无公害农产品基地扩大到50万亩。工业上，形成了汽车及零部件、船舶制造、医药化工、纺织服装、环保器材、电力器材等支柱行业。建筑业上，拥有10万建筑大军，遍及全国各地，综合实力名列全省第三，七次获得“鲁班奖”。三产服务上，专业市场蓬勃发展，社区服务、中介服务逐步完善。城市面貌日新月异。近年来，江都加快经营城市步伐，敞开城门搞建设，每年都启动实施一批重大城建项目。着力塑造城市个性，做好水的文章，依水建城，透水造绿，做到城市建设、旅游开发、环境保护互动，逐步形成以市区为主体、以沿江新区和邵伯湖旅游区为两翼的城市发展新格局，一个滨江园林生态城市呼之欲出。

社会事业同步发展。各类各级教育同步发展，江都中学已建成国家级示范高中。科技工作富有成效，被表彰为全国科技先进县（市）。文化基础设施进一步完善，文化事业、文化产业取得新进展，跻身全国文化先进县（市）行列。2002年成功举办国际龙狮邀请赛，2003年又成功举办了国际民间歌舞邀请赛。新闻广播电视事业蓬勃发展。多次组织全国全省有影响的体育活动，多人在省、市体育比赛中获奖。卫生保健工作进一步加强，多次荣获卫生部、江苏省表彰。环境保护力度加大，成效显著。计划生育工作跻身省先进行列。社会保障事业快速推进。2002年，江都被命名为江苏省文明城市。最近，江都市提出了新一轮跨越式发展新目标：“大干三五年，加快实现在苏中率先崛起，力争进入全省县（市）前十强。”

江苏省昆山市

昆山，东靠上海，西邻苏州，是江苏省的东大门。1989年撤县设市，市域面积927平方公里，户籍人口63.7万，外来暂住人口超过62.5万人，下辖10个镇和一个国家级经济技术开发区。昆山历史悠久，人文荟萃，著名思想家顾炎武、教育家朱柏庐、散文家归有光、“电脑大王”王安都是昆山人。这里是“百戏之祖”昆曲的发源地，千年古镇周庄被誉为“中国第一水乡”，享誉海内外。昆山物产丰饶，盛产驰名中外的阳澄湖清水大闸蟹，素有江南“鱼米之乡”美称。

改革开放以来，特别是近年来，昆山经济社会保持了持续、快速、协调发展的良好态势。2004年昆山市完成GDP570亿元，比上年增长24.5%；财政收入85.83亿元，增长29.6%；进出口总额235亿美元，增长69.1%；城镇居民人均可支配收入15011元，农民人均纯收入7655元，分别比上年增长15.2%和12.3%。昆山占全国万分之一的土地，聚集了全国百分之一点九的外资，九分之一的台资；占全国万分之五的人口，创造了全国百分之二的进出口总额，进出口总额超过了全国二十多个省市区。

坚持实施外向带动战略，加快经济发展，提升产业层次

多年来，昆山始终把发展外向型经济作为昆山市工作的重中之重，充分发挥并不断增强自身优势，努力优化投资环境，抓住国际资本和产业转移的有利时机，大力引进国外资金、技术，加快工业化和经济国际化步伐。

1.不断加大招商引资力度，加速资本和产业集聚。1997年以来，我们克服亚洲金融危机、“非典”疫情等各种不利因素的影响，连续7年每年合同外资额均超过10亿美元，2004年新批外资项目511个，新增注册外资25.63亿美元，到账外资12.2亿美元，再创历史新高。目前，昆山市累计批准外资企业3800多家，注册外资133亿美元，实际到账外资90亿美元。投资额超1000万美元的项目885个，超1亿美元的项目29个，其中：南亚项目总投资达25亿美元，世界500强企业在昆山投资了36家企业。昆山市已形成了以开发区为龙头、城乡联动发展的全方位对外开放格局。

2.加快建设现代制造业基地，努力提升产业发展层次。对外开放以来，昆山通过引进一大批科技含量较高、投资强度较大、带动能力较强的外资项目，培育形成了电子信息、精密机械、精细化工三大支柱产业，其中尤以电子信息产业发展令人瞩目。目前，昆山市电子信息类项目累计达到650多个，投资额超过60亿美元，产出已占昆山市工业总量的38.6%，形成了从覆铜基板、印刷电路板、电子元器件、电脑接插件到整机的较为完整的产业链。台湾十大笔记本电脑生产企业中已有6家在昆山设厂，笔记本电脑产量占全球的三分之一，昆山已成为国内重要的IT生产基地之一。近几年，从进一步提升产业发展水平的要求出发，坚持“四个巩固、发展和提升”，即在巩固发展外商投资的同时，进一步提升民资投入的比重；在巩固发展台资的同时，进一步提升日韩欧美投资的比重；在巩固发展制造业的同时，进一步提升服务业的比重；在巩固发展IT硬件招商的同时，进一步提升软件研发项目的比重。

3.充分发挥外向带动效应，促进民营经济快速发展。在大量引进外资的同时，充分利用外资企业产业配套提供的巨大商机，营造宽松环境，鼓励发展民营经济，并引导广大私营企业学习、借鉴外资企业先进的经营理念、管理方法和技术装备，不断提升自身发展水平。近几年，昆山民营经济发展迅猛，涌现了一大批外向型、配套型、科技型企业。仅2004年昆山市新批私营企业3280家，新增注册民资50亿元，注册私营企业数达到过去20年总和的一半。目前，昆山市私营企业总数超过1万家，注册资本累计突破150亿元。

确立城乡统筹和可持续发展的观念，不失时机加快城市化进程

工业化的大步推进为城市化提供了良好的契机。近年来，昆山把握机遇，大力推进城市化战略的实施，积极引导产业向园区集中、人口向城镇集中、土地向规模经营集中，促进产业布局、人口布局的合理调整和资源的优化配置，提升城市化水平。目前，昆山市城市化率已达到63.8%。

1.坚持科学规划，加快现代化中等城市建设。在完成新一轮行政区划调整的基础上，以建设现代化中等城市为目标，进一步制订、完善城镇规划，并以科学的规划为指导，推进新一轮城市建设。坚持适度超前的原则，不断加大基础设施建设的力度，拓展城市空间，完善城市功能，重视解决基础设施对经济发展带来的瓶颈制约。近年来，先后实施了市域交通网、饮用水水源保护、组团供水、污水处理、输变电站等一批基础设施重点工程和实事工程，大大增强了城市对经济社会发展的承载能力，改善了投资环境和市民生活环境。

2.合理利用资源，促进经济社会可持续发展。在加快经济发展中，昆山十分重视资源的保护和合理利用，从可持续发展的高度，切实加强耕地保护和用地管理。各类建设用地必须服从土地利用总体规划，报经规划部门审定项目选址，国土部门核定用地面积后供地。在全国还没有制定统一可行的项目用地标准的情况下，结合昆山实际，提出了“5432”集约用地新机制，以每亩土地投资额作为衡量标准，合理确定供地量，规定在出口加工区、国家级开发区、省级开发区及乡镇，每亩土地的投资额分别不得低于50、40、30和20万美元，以提升土地资源对招商引资和经济建设的承载能力。针对工业化、城市化步伐加快，大量农户需要动迁的情况，昆山大胆改革，取消城镇建成区和规划区内农户动迁易地安置宅基的做法，采取“货币补偿、拆一还一”的办法，由政府在规划区内建造多层农民公寓安置农民，建立新型农民社区，取代自然村。据统计，新的动迁办法使每户农民的实际用地由0.8亩减少到0.3亩，节地率达到62.5%。近两年，每年动迁农户近1万户，节约了大量土地。

3.加强生态建设，努力营造一流人居环境。近年来，昆山市不断巩固国家卫生城市、国家环保模范城市创建成果，进一步把创建全国生态示范市作为环境建设的新目标，推进“绿色昆山”建设，努力营造人与自然和谐统一的生态环境。树立循环经济发展理念，把产业布局和产业结构调整与生态环境建设结合起来，在各类园区推行ISO14000环境管理体系和清洁生产审计，按照环保经济体系建设生态工业园区。加快完善污水管网建设，提高污水处理率。大力推进绿化造林，规划建设了大型生态公园，公路、河流、高压走廊建设防护林带。仅2004年昆山市绿化投入就超过4亿元，完成了8项绿化景观工程和22项生态示范工程，新增绿地面积1100公顷。目前，城市建成区绿化覆盖率达40.18%，人均公共绿地面积达13.93平方米，已获得国家园林城市和全国生态示范区称号。

始终把安民富民放在突出位置，着力提高城乡群众生活水平

近几年，昆山始终把保护群众利益、增加群众收入作为工作的重要目标，积极探索具有昆山特色的富民之路，创新和落实各项富民措施。

1.构筑安民“三道保障”，切实维护民利。实行征（使）用土地补偿“年薪制”，使失地农民的生活得到长期保障，自2001年以来昆山市共补偿9.2亿元；全面推行农村社会保障，低保覆盖率达到100%，农民基本养老保险参保率已达到99.43%，10多万农村老人“无门槛”进入。2004年昆山市共发放养老金1.09亿元。建立完善农村基本医疗保险制度，人均筹资额200元，其中市、镇、村三级补助150元，农民自负50元，至2004年底，昆山市农民实际参保人数32.3万人，参保率达99.5%。昆山农民和城镇居民一样使用IC卡，开始“刷卡”看病，享受住院风险统筹、大病救助、个人账户及门诊补偿等一系列“套餐式”医保，昆山市基本实现了“老有所养、病有所医、弱有所扶、贫有所济”。同时，实行使农民比较受惠的拆迁政策，坚持“拆一还一”，使农民的拆迁安置费，可以买到同等面积的安置房，广大农民从中受益很大。

2.实施富民“三有工程”，促进群众增收。以“人人有技能、个个有工作、家家有物业”为目标，多层次、多渠道、多形式地开展劳动力培训，提高劳动力就业能力和竞争力，重点安置下岗职工和失业、失地农民，2004年昆山市培训人数10631人，转移农村劳动力超过1万人。昆山市目前有19.8万名农村劳动力在二、三产业就业，工资性收入占农民年纯收入的80%。同时鼓励群众投资创业，兴办实业，增加资产性、经营性收入，实现收入来源的多样化，收入结构的多元化。力争通过三年努力，使农村70%的家庭有物业，80%的劳动者有初级以上技能，90%以上的劳动力有稳定的就业岗位。

3.深化农村综合改革。认真实施农村税费改革，2004年昆山市农民首次实现合同内“零”负担。近年来，通过行政村撤并，在精简“村官”的同时，推行村级干部报酬镇级统筹，进一步减轻农民负担。同时大力推进以农村集体土地制度改革为重点的各项农村改革，规范实行集体土地流转，发展新型合作经济组织，目前昆山市已组建富民合作社、土地股份合作社和社区股份合作社114家，使更多农民持有股权，获得利益，从体制和机制上为农村发展和农民增收创造条件。

注重经济社会的协调发展，大力提升市民素质和城市文明

昆山以建设现代制造业为主的工商城市和最适宜人们投资创业、生活居住的现代化中等城市为目标，在加快经济发展的同时，强化以人为本的观念，努力促进经济、社会的协调发展，不断优化综合环境，提升发展层次，提高城市文明。

1.重视加大投入，促进各项社会事业的全面发展。始终把教育放在优先发展的战略地位，全面实施教育现代化工程，基本普及高中段教育，在全省率先通过教育现代化验收。形成了从幼儿园、小学、初中、高中到大学的社会化办学体系以及与地方经济社会发展相适应的普教、职教、成教、地方高教和终身教育协调发展的现代教育体系。科技发展和人才建设不断进步，列全国科技百强县（市）第5名，每万人拥有人才数居全省首位。文化、卫生、体育、等工作都进入了全国先进行列。

2.实施市民素质提升工程，广泛开展精神文明建设活动。以“爱昆山、讲道德、守秩序、树新风”为主题，大力实施市民素质提升工程，倡导市民学习文化知识、职业技能，建设学习型社会、学习型组织、学习型家庭。发挥企业和社区组织的作用，组织市民参与社区建设和管理，广泛开展文明单位、文明小区和“平安昆山” 创建活动，开展丰富多彩的群众文化活动，倡导文明向上的社会风尚。

3、重视做好“新昆山人”工作，营造平等和谐的社会环境。昆山经济的快速发展，吸引了大量的投资者和建设者。2004年，昆山市登记境外常住人口3.7万，外来常住人口48万。切实维护“新昆山人”的权益，提高他们的文化素质和生活质量，已成为昆山这座城市体现以人为本、提升文明程度的重要方面。为此，昆山市充分发挥劳动保障部门和工、青、妇等群团组织以及企业、社区等基层组织的作用，认真开展以落实《劳动法》为重点的外来职工维权活动，积极营造“劳资合作，共谋发展”的良好氛围。坚持把外来学龄儿童少年的义务教育纳入昆山市教育规划，统筹安排，统筹发展，多渠道解决好外来人员子女就学问题和保健。同时，建立了不分户籍面向弱势人群的法律援助制度。2005年还编发了30万册文明生活常识读本《新市民幸福指南》，为外来人员在昆工作生活提供服务，指导他们更好地融入现代文明城市之中。多年来，昆山市通过吸引外来人员广泛参与精神文明建设的各项活动，营造了“共处一地、共保安宁、共创繁荣、共树新风”的良好社会环境。

江东福地 苏南明珠——金坛市

金坛地处江苏南部，位于美丽富饶、经济发达的长江三角洲地区，既是一座有着1300余年历史的江南文化名城，又是一座充满现代气息的新兴工业城市。唐垂拱四年（公元688年）即开始设县，史誉“江东福地”，唐朝诗人戴叔伦、清代训诂学家段玉裁、现代数学泰斗华罗庚都出生在这里。1993年11月经国务院批准，金坛撤县设市，进入了一个新的历史发展阶段。全市现辖15个镇和1个省级经济开发区，人口54万。全市面积975平方公里，其中山地23万亩，水面24万亩，耕地65万亩，俗称“二山二水六分田”。改革开放以来，金坛经济建设和各项社会事业蓬勃发展，成为中国发展最快、综合实力较强的县市之一。先后跨入中国首批综合实力百强县市、中国科技实力百强县市、省级文明城市、国家卫生城市、国家环保模范城市等先进行列。在最新公布的第四届全国县域经济百强县（市）中，金坛列第66位。

金坛自然资源丰富，物产丰饶。境内拥有中国东部地区含盐盆地中开采条件最好、综合指标最佳、经济价值最高的大型盐岩矿床，还蕴藏着丰富的石灰石、石英石、花岗岩、凹凸棒土等矿产资源。金坛盛产优质大米、名优绿茶、河蟹青虾等特色农副产品，在国内外博览会上屡获奖项，被命名为“中国名茶（绿茶）之乡”和“中华绒螯蟹之乡”。金坛依山濒水，风景秀美，古迹众多，有着丰富的人文景观和迷人的自然风光，旅游资源丰富。西部茅山林深泉清，云蒸霞蔚，有“第一福地，第八洞天”之誉，是中国三大道教圣地之一，被列为国家4A级风景名胜区；南部长荡湖水域宽阔，物产丰美，有“一斛水中半斛鱼，日出斗金夜斗银”之赞，为江苏十大淡水湖之一。

金坛工业门类齐全，制造业基础雄厚，具有较强的产业配套能力。通过加快结构调整，加强技术创新，大力培育支柱产业和高新技术产业，全市工业经济整体素质得到不断提升，已形成纺织服装、医药化工、机械电子、建筑材料四大支柱产业，优势产品主要有各式服装、农药、医药、兽药、水泥、农用机械、纺织机械等。

服装业为金坛的优势主导产业，被国家授予“中国出口服装制造名城”称号，全国仅有两家获此殊荣，目前正积极争创“中国服装产业名城”。金坛的服装产业主要有以下特点：一是集聚度高，生产能力大。全市现有服装企业500多家，年制造服装2亿件（套），占全国服装产量的0.8%。二是外向特征显著。全市服装自营和代理出口额超过3亿美元，占全国服装出口总额的0.7%。与GAP、里斯克莱勃、Lee、三菱、丸红、住友等一批世界知名大公司建立了长期的伙伴合作关系，制造GAP、Lee、JCP、Polo等世界知名品牌。三是装备先进。全市近3万台（套）服装设备中，引进国际90年代先进水平的占80%以上。四是产业配套齐全。全市已形成从纺织、印染、绣花到成衣、砂洗、包装等比较完整的产业链。拥有一支数量充足且文化层次和职业技能较高的产业工人和管理者队伍。

金坛的精细化工产业也具有较强的竞争实力，现为国家火炬计划精细化学品产业基地。该产业有良好的发展基础和技术人才储备。尤其是在新型除草剂、高效低毒杀虫剂以及家用卫生杀虫剂的研发生产上，在国内外具有一定的影响力。全市现有各类生产企业200多家，涌现了康美化工、省激素所有限公司、华钛化学等一批知名骨干企业。

依托丰富的岩盐资源，金坛盐化工产业的发展前景十分广阔。全市盐矿面积达60.5平方公里，储量163亿吨，平均氯化钠含量达85%，为盐化工产业的发展提供了得天独厚的先天优势。国家“西气东输”10亿立方米贮气库项目的建设和中盐总公司与金坛市合作建设的年产60万吨真空制盐项目的建成投产，又为盐化工产业的发展打下了扎实的基础。目前，金坛市正积极筹划120万吨真空制盐、30万吨聚氯乙烯、4万吨环氧丙烷等一批重大盐化工项目，加速构建、发展盐化工产业链，力争早日把金坛建成中国盐化工产业的重要基地。

金坛交通便捷，城市功能完备，基础设施配套齐全。京沪铁路、沪宁高速公路、镇江港、常州港、南京禄口国际机场和常州机场都分布于距金坛市50公里的半径范围内，距上海浦东国际机场和上海港仅2.5小时的车程。正在建设中的常宁、扬溧两条高速公路贯穿金坛腹地，连通沿江、沪宁、宁杭高速公路，使金坛市到上海仅需2小时，到南京仅1小时。金坛城市规划科学，基础设施日臻完善。交通路网、水电气、供热、排污、通讯等都已建设到位，完全可以满足各类企业生产经营的要求。金坛教育体系完善，劳动力素质较高。金坛市拥有各级各类专业技术人员3万多人，人力资源供应充沛。金坛经济开发区以及金城等镇工业园区大手笔规划，大力度投入，投资环境趋于优化，对各类项目具有较强的吸引力和承载力。

金坛的投资软环境不断改善，全市上下大力营造开明开放的政策环境、便民高效的服务环境、公正廉明的法制环境、诚实守信的市场环境以及舒适安全的人居环境，“亲商、安商、富商”意识深入人心。市职能部门狠抓作风建设，简化审批程序，提高工作效率，为来坛投资的各类客商提供全方位优质高效的服务。金坛投资政策优惠，在金坛市设立的外商投资企业除享受国家规定的税收优惠减免外，还可享受各类地方性奖励政策。由于在投资环境建设上的突出成绩，金坛被评为“中国50家投资环境诚信安全区”。

当前，金坛人民正以“力争两个率先，实现富民强市”为目标，深化改革，扩大开放，加强制度创新和技术创新，着力提高城市综合实力、整体竞争力和可持续发展能力，努力把金坛建设成为长三角地区重要的现代制造业基地。金坛巨大的发展空间、优越的投资环境、良好的市场秩序将吸引更多的国内外客商前来投资发展。我们热切希望得到海内外朋友的真诚合作和大力支持，热忱欢迎大家来金坛市考察访问、观光旅游、经贸洽谈、投资兴业！

江风海韵北上海——启东

打开中国的地图会看到，由西向东的中国第一大河长江的尽头与中国东南沿海的黄海、东海交汇，长江与大海共同养育了一座风光秀丽的城市——江苏省启东市。

这里曾是滩涂一片。自清末状元张謇在这里组建了通海垦牧公司围垦沿海滩涂以来的百年间，历代拓荒者变野滩为绿洲，以“启吾东疆”之势，孕育了“启东”这个响亮的名字，它每天最早迎接从海上喷薄而出的旭日。

启东最重要而独特的区位优势在于和国际大都市上海隔江相望，与上海的直线距离仅50公里，享有“北上海”之称。随着宁启高速公路全线贯通、宁启铁路正在建设，一个气势恢弘的越江跨海工程又将铺开，上海、江苏正在加速推进上海——崇明——启东的沪崇苏大通道建设。长江南支的上海桥隧工程与北支的崇启大桥将打破长江天堑，启东由此将纳入上海一小时都市圈，并成为沟通沪苏两省市、连接苏北平原和欧亚大陆桥的重要交通枢纽。

江风海韵北上海。启东与上海地缘相连、人缘相亲、文化相近、经济相融，是承接上海和国际产业资本转移的第一平台。近年来，启东发挥毗邻上海的优势，在学习上海、借力上海、服务上海、融入上海中实现自身的跨越发展。随着我国加入世贸组织，国际资本和产业加速向长三角转移，上海的产业升级，众多企业向周边地区扩散迁移，中外客商日益看好启东这块投资兴业的热土。面对千载难逢的发展机遇，启东市委、市政府审时度势，突出接轨上海、江海联动开发主线，凸现工业经济主体，大力吸引外资民资，全面加快市场化、工业化、城市化、国际化进程，1157平方公里的江海大地掀起了大开放大开发大建设的热潮，116万启东人民自信笃行、开拓创新、攀高争先、跨越奋进，谱写着经济社会全面跨越发展的崭新篇章。启东正逐步成为长江三角洲最具发展潜力的热点地区之一。

启东拥有良好的产业基础和优良的劳动力素质。启东是全国著名的电动工具之乡、海洋经济之乡、建筑之乡、教育之乡。全市拥有1200多家工业企业，拥有机械电子、轻纺服装、精细化工、生物医药、新型建材、电动工具、水产品加工等支柱产业，打造出了盖天力钙片、白加黑感冒新药、海四达电池、迪皮茜微波炉变压器、风神空调、林洋电表、王中皇厨具、调味海苔等一批在国内外有较高知名度的高新技术产品和特色产品。华泰陶瓷制品、贸联汽配、华忆电子科技、卫邦管业等一大批重点项目的开工建设，标志着启东工业步入新的发展阶段。江苏省启东经济开发区、江苏省吕四海洋经济开发区、启东滨海工业集中区等一批各具特色的工业园区，为中外企业家提供了功能齐全、设施配套的创业舞台。启东建筑闻名全国，10万建筑铁军驰骋海内外，曾9次荣获中国建筑工程最高奖“鲁班奖”。启东农业特色鲜明，作为国家级绿色食品基地之一，是发展高效、优质、无公害、绿色农业的理想地区，被评为江苏省农业产业化先进县（市）。启东的基础教育及各类职业教育在江苏乃至全国处于领先地位，高考成绩历年名列江苏省前茅。江苏省启东中学连续多年创造了1个班有20个左右的学生考取清华、北大等名校的佳绩；在中学生国际奥林匹克学科竞赛中创造了10块金牌2块银牌的奇迹。

启东拥有203公里江海岸线和66万亩江海滩涂。闻名中外的吕四渔港是国家一级群众渔港，海产品捕捞量占江苏省的1/3。启东拥有26万亩滩涂养殖基地和各类海洋工业企业200多家。吕四港深水岸线长达30公里，可建5~10万吨级深水泊位，是我国沿海除大连、宁波、香港以外又一个不可多得的天然深水良港。吕四港的开发，将形成南有北仑港、洋山港，北有吕四港、南通港，形成共同为上海港分流的格局，对推动上海国际航运中心建设、长江北部经济的腾飞和长三角经济一体化具有重大的战略意义。目前，吕四港的开发已得到国家有关部门和江苏省政府的高度重视，并已列入江苏省的重大项目。

围绕建设“北上海”的目标，启东正全面实施与上海大接轨战略，使启东真正成为服务上海的农副产品供应基地、接受上海辐射的科技开发实验基地、接纳上海产业迁移的制造业基地、配套上海旅游业的江海风情休闲基地。启东正在开发建设中的欣欣向荣的省级工业园区，犹如开启的一扇扇巨大的窗口，迎接纷至沓来的海内外客商投资兴业。

启东是一个浸染江风海韵的文明城市，是一个通江达海的开放城市。作为全国首批沿海对外开放县（市）之一，连续三届跻身全国农村综合实力百强县的行列，先后荣获全国首批小康县、全国科技百强县市、中国明星县市、全国卫生城市等称号。2004 年全市预计实现国内生产总值 183 亿元，财政收入 13 亿元。经济建设和社会事业呈现跨越发展的新局面。文明开放的启东，正以其独具魅力的江风海韵、蒸蒸日上的蓬勃活力而被世人关注。启东是你投资创业的明智选择，启东有你回报丰厚的无限商机。一方蓄势待发的土地，一块后劲十足的热土，让我们迎接未来，同舟共济，共创伟业。

江海明珠——如东县

如东县地处长江入海口北翼，隶属江苏省南通市，南邻长江，东濒黄海，区位条件独特。全县总面积1872平方公里，总人口109万人，辖有15个镇、2个省级开发区。如东海洋资源丰富，境内海岸线长达106公里，滩涂面积104万亩，盛产50多种海鲜产品，是全国最大的文蛤养殖出口基地和优质条斑紫菜生产出口基地。如东是我国首批对外开放县之一，先后跻身全国农村综合实力百强县、全国百家明星县、全国科技百强县、全国邮电百强县，并被国家命名为全国民间绘画之乡，著名社会活动家费孝通誉之为“风水宝地，江海明珠”。近来来，如东在加快全面建设小康社会进程中，大力实施以科教兴县、工业化、城镇化、外向化为主要内容的“一兴三化”战略，突出打响“港口牌”，全县经济和社会各项事业得到了长足发展。2004年全县实现国内生产总值123.23亿元；实现财政收入10.15亿元；注册外资到账1.03亿美元。尤为珍贵的是，如东还拥有长江口以北近1000公里海岸线上惟一可建10～20万吨级国际性深水海港的天然理想港址——洋口港。

如东洋口港址位于如东县海岸线外13公里，地处长江“黄金水道”和中国东部沿海“黄金海岸”的交汇之处，距长江入海口仅60海里，具有国际上著名河口港通江达海的优越的区位条件。洋口港址拥有一条天然潮汐通道，该通道一般水深在17米以上，直通外海，且长期稳定。洋口港址自发现至现在的20多年时间里，南通市和如东县以及中外业主单位先后邀请和组织包括“两院”院士严恺、任美锷、刘济舟、王颖、顾民权等一大批著名专家教授以及南京大学、交通部一航院、河海大学、南京水科院、江苏电力设计院等10多家著名勘测设计单位，对洋口港港址进行了全面系统的研究论证，先后完成40多个专题研究报告和数百万字的基础资料，通过了多项国家级审查评估。同时荷兰淤泥质海岸研究所、美国美孚公司、香港伟星港口规划建设集团等国外著名院所、企业，也派专家对洋口港的基础条件进行了长期的研究。中外专家一致结论是，如东洋口港是江苏近1000公里海岸线上惟一可建10～20万吨级国际性深水海港的天然理想港址。

洋口港不仅拥有天然深水航道，而且还拥有优越的天然港口资源组合。洋口港区深水航道一侧有一个面积达6平方公里的天然沙洲，以此可以构筑人工岛仓储基地；在天然沙洲附近还有一个面积超过10平方公里的天然港池，可供15万吨级以上海船掉头，回旋余地很大；同时，航道和港池两侧均有沙洲掩护，外海海浪经过沙洲后自然消减，无须再建防波堤。这一资源组合，天造地化，构成了洋口港不可多得的建港条件。

开发建设洋口港具有十分重要的意义。洋口港的开发建设，在经济腹地上，不仅可以促进苏中与苏南经济板块的跨江融合，而且还兼得苏中、苏北及沿江诸省的广阔腹地；在港口功能上，不仅可以和上海国际航运中心优势互补，合理分工，错位发展，而且其拥有的100多平方公里的可围垦滩涂和充足的淡水资源，可以开发建设钢铁、冶金、石化等大进大出、大用地量、大用水量的临港工业基地，矿石、原油、天然气、木材等大宗原料中转基地以及煤电、气电、风电等能源基地。总之，开发建设洋口港可以开辟江苏的出海通道，有力促进江苏经济国际化进程；可以优化生产力布局，打造沿海能源、重化工业基地；可以带动苏中经济的快速崛起，促进区域经济的共同发展。根据洋口港开发建设规划，洋口港码头区将建设成为拥有7万吨级液化天然气接卸泊位、10～20万吨级原油进口泊位、10～20万吨级通用散杂货泊位，以及若干个5万吨级以下的中转泊位；在1.8平方公里的人工岛上规划建设液化天然气储气罐区、矿石堆场和其他散货堆场，建成矿石、原油、天然气等大宗原料的中转基地；

在人工岛和临港工业区之间规划建设一座13公里长、16米宽的跨海大桥和4公里长的导堤，形成岛陆连接通道；在沿海滩涂上规划建设一个45平方公里的工业园区，建成钢铁、冶金、石化等临港工业基地；在距临港工业区12公里处的县城规划建设拥有40万人口的新型港口城市。

近两年来，在国家、省、市的关心和支持下，洋口港开发建设取得一系列重大进展。目前，洋口港整体规划已通过上级批准，港口开发建设规划将列入江苏省“十一五”规划。由如东与香港保华德祥建筑集团公司组建成立的江苏洋通开发投资有限公司，投资50多亿元的洋口港综合开发和基础设施建设已经启动，首期10平方公里临港工业区围垦工程已经竣工，岛陆通道、人工岛和码头工程也将先后动工建设。由中石油和新加坡金鹰集团共同投资建设的“西气东输”配套工程——江苏LNG项目，已经进入国家审核程序，并已通过中国国际咨询公司专家的评审。此外，大型炼油、乙烯、浮动码头等临港工业及其配套项目正在洽谈之中。

如东，正以无限美好的发展前景吸引着中外客商前来考察投资。

麋鹿故乡　新兴港城——江苏省大丰市

大丰市地处江苏中部，东濒黄海，南接东台，西临兴化，北靠亭湖和射阳。全市总人口73万人，总面积2367平方公里，辖14个镇、两个省级开发区，境内有省属农场和沪属农场各3个。

大丰是珍稀动物麋鹿故乡。麋鹿，因其“角像鹿而非鹿、脸像马而非马、尾像驴而非驴、蹄像牛而非牛”被叫做“四不像”。大丰麋鹿国家级自然保护区是世界上最大的麋鹿放养区，是全国精选的15个生态旅游景点之一，现有麋鹿700多头，占世界总数的30%。

大丰是绿色生态家园。近年来，大丰市先后实施了沿海防护林体系、农田经济林网化、独立入海水系、生态农业、生态工业、湿地生物多样性保护等74项生态建设工程，被命名为全国生态建设示范市、国家可持续发展实验区，被联合国粮农组织确定为“持续农业与农村发展实验区”。

大丰是滩涂湿地宝库。全市海岸线112公里，沿海滩涂面积10万公顷，是亚洲东方最大的一片滩涂湿地，被联合国列入世界重要湿地名录。原始滩涂湿地上栖息着400多个野生动物家族，生长着近500种海边植物，是各类野生动植物栖息繁衍的天堂。

大丰是新兴港口城市。正在建设中的大丰港规划建设1个5000吨级油气码头，2个3.5万吨级集装箱专用码头，2个1万吨级和2个5000吨级多用途码头和散杂货码头。建成后的大丰港将成为年吞吐量1000万吨的中型商业港和国家一类开放口岸。

近年来，大丰市坚持以邓小平理论和“三个代表”重要思想为指导，深入贯彻落实党的十六大和十六届三中、四中全会精神，牢固树立和落实科学发展观，弘扬“三创”（创业、创新、创优）精神，紧扣“三先”（盐城率先、苏北领先、苏中争先）目标，解放思想，抢抓机遇，创新创业，拼搏争先，不断保持和扩大了经济社会持续健康发展的良好势头。2004年，全市完成GDP106.6亿元，比上年增长13.1%；完成财政收入6.9亿元，同口径增长29.6%，一般预算收入3.19亿元，比上年增长32.2%；实现城镇居民人均可支配收入7307元、农民人均纯收入5020元，分别比上年增长10%和12.5%，连续两年跻身“全国县域经济百强县（市）”行列。

工业经济的支撑力明显增强

2004年，大丰市定报工业完成增加值20.1亿元、销售收入83亿元、利税4.7亿元、利润1.9亿元，分别比上年增长24.5%、31.3%、32.6%和33.2%，工业经济占全市经济总量的比重已达39%，比上年提高2个百分点。全力主攻项目推进。大丰市项目投入每年都保持了40%以上的增幅，2004年完成技改投入22.5亿元，比2003年增长47.7%。围绕“三年建成苏北一流开发区”目标，不断加快省级大丰市经济技术开发区建设步伐；围绕“建成深水海港，开放一类口岸，培植优势产业，打造百亿港区”目标，省级大丰海洋经济综合开发区建设稳步推进，“两区”项目投入已占全市的三分之二以上。加快推进改革重组。先后引进了6家上市公司和20多家国内大中型企业重组大丰市企业，促进了规模骨干企业的发展壮大，2004年大丰市销售超亿元、利税过千万元企业达到21家，其中纳税超千万元企业达到6家，比上年增加5家。大力促进结构调整。纺织、机械、食品、轻工、建材、化工等六大传统支柱产业不断发展壮大，其中纺织业已拥有纱锭60万锭、织机4000台套，占全市工业经济总量的三分之一；新丰镇和万盈镇的纺织、西团镇的抛丸机、白驹镇的玩具、南阳镇的铸造阀门、大中镇的空压机等区域特色产业集群发展明显加快；汽车水泵总成、进排气管、高档热处理炉、微型空压机等产品产量或出口量继续位居全国前列；盐城丰东热处理有限公司被命名为国家级高新技术企业。全面扩大对外开放。2004年新批外商投资企业25家，实际利用外资1663万美元，实现自营出口7800万美元，自营出口连续多年保持在盐城市的领先位置。不断加大接轨上海力度，近年来与上海合作各类项目160多个，投资总额近80亿元。

群众致富的内生力明显增强

大力掀起全民创业热潮。全市私营企业已发展到2480户，注册资本23.6亿元，个体工商户已发展到15081户，民营经济占国民经济的比重已达75%以上。大力提高农业产业化水平。全市初步建成了60万亩优质棉、35万亩“双低”油菜、10万亩优质弱筋小麦、10万亩棚菜等十大种植业基地和200万只毛兔、100万只山羊、80万头生猪等十大养殖业基地；形成花纱布、啤酒麦芽、油脂、茧丝绸、水产品等10类30多个产业化经营体系，拥有年销售500万元以上龙头企业120多家，其中江苏银都集团被确立为国家级产业化龙头企业。大力推进劳动力转移。2004年转移农村劳动力1.8万人，累计达14.5万人。

城市建设的集聚力明显增强

大手笔规划城市。按照“适度规模，现代品味，水绿大丰，最佳人居”的思路，高起点修编新一轮（2020年）城市发展总体规划。大力度建设城市。三年投入20多亿元，实施了道路桥梁、广场绿化、景观建设、旧城改造、标志工程5大类城市建设重点工程，城市建成区面积16平方公里，常住人口15万人。市场化经营城市。坚持“政府引导、社会参与、市场运作”的原则，加大经营城市力度，直接吸引市外资金20多亿元。精品化建设集镇。按照“开放建镇、农民进镇、经营城镇、工业兴镇”的思路，集中力量抓好中心镇规划建设。刘庄镇被确定为全国重点中心镇，新丰镇被列为建设部和江苏省小城镇建设试点镇。

区域发展的竞争力明显增强

建设大港口，不断增强区位优势。港口优势是大丰最具潜力的发展优势。2005年三季度，大丰港一期工程两个万吨级码头建成通航，年底开放一类口岸。与此同时，沿海高速公路将于2005年建成通车，大丰将正式进入上海2小时经济圈。抢抓大机遇，不断放大资源优势。土地资源优势是大丰最可宝贵的发展优势。在坚持科学发展和节约用地的原则下，大丰市积极用足国家未利用土地政策，大力实施土地整理复垦，有计划地进行滩涂开发，储蓄土地后备资源，变资源优势为竞争优势，促进土地开发利用和保护进入良性循环的轨道。

和谐社会的构建力明显增强

积极为民兴办实事。新型农村合作医疗参合率不断提高，农村交通基础设施不断改善；城镇登记失业率控制在4.5%以内，各项保险金和救济费按时足额发放；实行了市镇两级公教人员、离退休干部工资和民政定补人员“四金”由市统筹发放。加快发展社会事业。近年来，大丰市先后获得全国科技工作先进市、全国教育“两基”工作先进市、全国文化先进市、全国计划生育先进市和省文明城市、省卫生城市、省社会治安安全市等20多个国家级和省级荣誉称号。大力推进可持续发展。在不断加快生态环境建设的基础上，目前，正在广泛开展“四城同创”活动，力争三年内创建成国家卫生城市、国家环保模范城市、江苏省级园林城市和全国文明城市，2010年建成全国生态市。

“长三角”上的璀璨明珠——江苏省泰兴市

江苏省泰兴市地处长江三角洲，属上海经济圈，是长江走廊上的新兴滨江工贸城市。全市面积1253平方公里，人口129万。境内拥有28公里长江黄金岸线和国家一级对外开放码头；京沪、宁通、宁靖盐高速公路及苏中沿江高等级公路穿境而过，境内高速公路里程达73公里，并设有5座上下互通，穿越腹地的新长铁路直接联入陇海线、京广线，并设有客运、货运站；南面的江阴长江大桥把泰兴和上海、苏锡常连为一体。从泰兴出发，2小时左右可到达上海浦东国际机场、上海虹桥机场和南京禄口机场。

历史悠久，人文荟萃

公元937年建县，至今已有1068年。“中国现代地质学之父”丁文江，喜剧大师丁西林，著名学者、传记文学家朱东润，医学家杨百城，水利工程专家郑肇经，陆军中将成桄、朱履先，中国无线电广播事业奠基人于润生，中国近现代石油工业创始人严爽，主持合成核糖核酸居于世界领先地位的学部委员王德宝，小说作家陆文夫，国际主义战士杨根思等大批名人都是“泰兴人”。抗日战争时期，新四军在陈毅、粟裕的带领下在泰兴黄桥地区打响了闻名中外的黄桥决战，并由此开辟了苏北抗日根据地。改革开放以来，泰兴经济社会事业迅速发展。2002、2003、2004连续三年被江苏省政府评为财政收入上台阶先进市，2001、2002、2003、2004连续四年被评为全国县域经济百强县（市）。泰兴还是全国明星县市、全国城市环境综合整治先进城市、全国科技进步示范市、全国普及九年义务教育及扫除青少年文盲工作先进市、全国体育先进市、江苏省文明城市、全国生态示范区。

名闻遐迩的“银杏之乡”

古银杏、银杏定植数、银杏产量、银杏品质均居全国之冠，享有华夏“银杏第一市”美誉，全国知名的“中国（泰兴）银杏节”已经连续举办两届。全市定植嫁接银杏树630万株，常年银杏产量4000多吨，约占全国的三分之一。“泰兴白果”是国家原产地域保护产品，是国家农业部有机食品认证中心和中国绿色食品发展中心评定的“有机食品”和“ＡＡ级绿色食品”，在1999年昆明世界园艺博览会上，被指定为惟一“无公害白果”，享有永久冠名权。经国家工商总局核准注册的“泰兴白果”证明商标是全国惟一的白果证明商标。

泰兴古银杏群落森林公园是江苏省级森林公园，位于“天下银杏第一镇”泰兴市宣堡镇，是全国最大的古银杏分布密集区。公园占地1万亩，园内千年古银杏3株，200年以上的26000株，百年以上的18500株，挂果银杏10万多株，百亩连片的古银杏群落有10处。绵延上千米的银杏树组成了独特的银杏自然森林风貌：春季嫩枝照绿，一片葱绿；炎夏郁郁葱葱，浓荫遮日；秋天金果累累，满园飘香；寒冬虬枝傲天，迎风斗雪。被有关专家学者誉为“自然之奇迹，休闲之胜地”，引得亚、非、欧美16个国家的专家学者和各地游客纷纷前来观光考察。2005年3月，建设国家级古银杏森林公园设计方案已通过专家初审。

全国知名的“教育之乡”

教育资源十分丰富，现有南京师范大学泰兴校区、扬州大学泰兴校区、泰州师范学院泰兴校区等三所高等院校；有江苏省泰兴中学、江苏省黄桥中学两所国家级示范性普通高中。普通高中教育和职业技术教育一直处于全国领先水平，每年有4000多名毕业生进入各类高等院校。让泰兴人自豪的“中国名校”——泰兴市洋思中学是“江苏省素质教育的一面旗帜”，该校以“先学后教、当堂训练”的课堂教学模式和“没有教不好的学生”办学理念吸引了全国各地的教育工作者前来考察。仅每年收取的学习考察费用就达60多万元。该校80%以上的学生来自全国28个省、市、自治区。一流的教育培养了一流的劳动力。全市现有可用劳动力76万人，其中受过各类培训的“技术蓝领”达45万人。

全国闻名的“建筑之乡”

建筑业是泰兴的支柱产业。早在1990年就被江苏省政府命名为“建筑之乡”。全市有10万建筑大军常年活跃在海内外建筑市场，每年带回的收入20亿元左右。二十世纪80年代初期，泰兴建筑铁军在深圳特区创造了著名的4天1层楼的“深圳速度”，并且六次捧得建筑行业的最高奖项——鲁班奖。2001年组建的江苏中兴建设有限公司是一个跨行业、跨地区的航母级建筑企业，拥有建筑设计院、建筑工程学校、建筑工程质量检测中心等科研教学单位，拥有国家房屋建筑工程总承包特级资质和境外经济合作经营权，其产值和利税占了泰兴建筑业的半壁江山。疏浚业同样是泰兴的一大特色产业，全市有1万多疏浚工人常年在北京、上海、南京等10多个省市施工，其中江苏河海疏浚集团是国家水利水电承包二级资质企业。北京中南海清淤、南京玄武湖和秦淮河清淤、黄河山东段清淤、胜利油田防潮海堤工程等大工程都是泰兴河海疏浚人的杰作。

工业基础雄厚

全市拥有工业企业9000多家，其中国家级高新技术企业9家，省级高新技术企业27家。主要产品涉及医药、化工、机械、轻工、电子、五金、纺织等10大类近6000个品种。其中，江苏中丹集团的靛蓝产品占世界总量的1/3，江苏凤灵乐器有限公司的提琴产品占世界的1/5、中国的2/3，新浦的氯乙酸、光明集团的氢氧化钾、泰星和泰隆集团的减速机等10多个产品全国第一，“亚太水泵”被誉为“中华第一泵”，“苏三零”小麦粉被评为“中国名牌产品”。

依傍长江黄金水道的中国精细化工（泰兴）开发园区是全国第一家“国字号”精细化工园区，是江苏省级经济开发区，是江苏确定的十五大沿江开发重点园区。园区规划总面积39.4平方公里，重点发展氯碱化工、染料颜料、医药和医药中间体、油脂加工及油脂化学品等产业。自建区以来，已投入10多亿元建设发展化工及相关产业所需的水、电、污水处理、码头等公用工程。园区在江苏沿江开发区中率先整体通过ISO14001环境管理体系认证。世界500强中的荷兰阿克苏诺贝尔、法国爱森、新加坡新浦、芬兰诺旺、香港明发等70多家企业相继落户。同时在古镇黄桥和泰兴城区设有泰兴经济开发区黄桥工业园和城区科技工业园。黄桥工业园重点发展电子、纺织服装、机械、猪副产品深加工等产业，黄桥镇被评为“江苏省牛仔布名镇”。城区科技工业园重点发展IT、IA、光电科技和食品、纺织、服装、机械制造等产业。

落实江苏省委、省政府沿江开发战略，泰兴的对外开放水平显著提升。吸引大外资，招来大项目，与世界制造业同行，为世界制造业配套，在28公里的长江黄金岸线上建一座国际制造业走廊。沿江开发成为泰兴经济发展的新引擎。先是新加坡万德集团的染料项目、美国三森纸业公司环保型纸业项目等10个项目在中国精细化工（泰兴）开发园区同时开工，继而新浦氯乙烯、斯特尔板材、华东油脂等一批重大项目相继落户。

呼应沿江大开发，泰兴这座千年古城焕发出昂扬生机。在2002年成功创建江苏省文明城市的基础上，泰兴立即启动了“五城同创”工程。即以创建全国文明城市创建工作先进市为龙头，同步创建国家卫生城市、国家环保模范城市、国家双拥模范城市和全国群众文化工作先进市。“五城同创”全面刷新了泰兴的环境：天更蓝了，水更清了，地更绿了。为拓展城市规模、完善城市功能、提高城市品位，泰兴市委、市政府启动了新城区建设，力争到2010年把建成区扩至30平方公里、常住人口达30万人，在苏中地区率先跨入中等城市行列。目前，新城区五纵五横道路框架已经形成，全长10公里、路幅60米宽的双向六车道绕城东三环路已投入使用。

江苏省太仓市

太仓市域总面积823平方公里，辖一区七镇，户籍人口45.46万。位于江苏省东南端，地处中国经济最为活跃和发达的长江三角洲，东依长江，南邻上海，素有“锦绣江南金太仓”的美誉。

底蕴深厚的人文资源

元、明时期，太仓的刘家港商贸繁荣，史称“六国码头”，是明代著名航海家郑和七下西洋的起锚地。太仓历来崇文尚教，人文荟萃。明清时代，太仓进士、状元、画家、诗人辈出，曾诞生过王世贞、张溥、吴梅村等大文学家，“娄东画派”更是名垂青史，影响深远。当代又涌现出了一批杰出人物，如人民教育家唐文治、世界著名女物理学家吴健雄、诺贝尔物理学奖获得者朱棣文、中国新舞蹈艺术创始人吴晓邦、丹青大师朱屺瞻等等，蜚声海内外。现任两院院士中太仓籍已有8人。

得天独厚的区位优势

太仓是江苏省惟一既沿江又沿沪的县(市)，地理位置非常优越，经济腹地纵深辽阔。公路网纵横交织。沿江高速、沪宁高速、沪嘉浏高速、204国道、沪太一级公路和正在建设中的苏昆太高速、锡太一级公路、苏通大桥等使太仓与长三角各大中城市紧密相连。岸线资源十分丰富。拥有长江深水岸线25公里，具有建造第四、第五代集装箱泊位的优越条件。作为国家一类口岸，太仓港已建成各类泊位22个，吞吐能力达1500万吨，基本形成了以近洋外贸集装箱运输为主的特色。国家明确太仓港作为上海国际航运中心的干线港和组合港，江苏省也把太仓港的建设放到了“江苏第一港”的重要位置，发展前景十分看好。

经济社会发展的雄厚基础

太仓经济社会发展始终走在全国的前列。率先在全国实现小康县市，经济综合实力连续多年名列百强县市前茅。进入新世纪以来，又积极顺应长三角区域经济加快发展的趋势，坚持以科学发展、加快发展为第一要务，以“以港强市”和“接轨上海”为战略重点，不断加大工作力度，经济社会步入了快速发展的新阶段。2004年，全市完成生产总值248.3亿元，比上年增长18.2%，人均生产总值超过5.5万元；实现财政收入31.76亿元，增长46.9%；地方财政一般预算收入12.13亿元，增长36.4%。

开放型经济增势强劲。2004年完成注册外资9.3亿美元、实际利用外资7.23亿美元、外贸进出口总额28.44亿美元。全市累计引进外商投资企业2200多家，投资总额近100亿美元，注册外资超50亿美元。民营经济异军突起。浙江、上海、广东等市外民资大量涌入，民营经济呈现快速增长的好势头。全年新增个体工商户5938户、私营企业959家、注册资金21.3亿元。私营企业总数达5000多家，注册资本近80亿元。引进内资总量与规模均取得跃升。全年新增内资注册资本26亿元，实际到账102亿元，分别增长117%和61%。

太仓港经济开发区开发建设突飞猛进。太仓港口建设快速推进，营运能力大幅提高。全年完成货物吞吐量1040万吨、集装箱运量9.22万标箱，分别增长28.6%和84.3%。太仓港区各类泊位和围滩吹填工程加快实施，行政、商务、金融、娱乐等功能正在逐步完善，53.3平方公里的滨江新城建设有序推进。新区一期工程已全面建成，二期19平方公里基础设施建设正在快速推进。至今，太仓港经济开发区共引进各类项目800多只，投资总额600多亿元。国外的埃克森美孚、华美国际、中南、BP、海名斯和国内的中远、华能、中化国际、中国石油天然气、大庆石油管理局等一批知名企业已进区落户，石油化工、能源原材料、电子机械、汽车配件、造纸、物流等产业开始凸现群体发展态势，已成为国内最大的润滑油生产基地，华东地区最大的自行车生产基地，江苏省最大的PVC生产基地，特别是43家高新技术德资企业的集聚，使太仓成为国内德资企业密度最高、发展最好的县(市)。

城市化进程明显加快。太仓瞄准建成上海后花园这一目标，以城市整体规划体系为指导，加快推进城乡一体化和老城区改造、新城区建设步伐，加大了城市绿化、亮化、美化工程力度，全面启动滨江新城建设，城乡环境日臻优化。市区建成区面积扩展到21平方公里，绿化覆盖率达41.2%，城市化率提高到50%。全市每百平方公里通车里程达105公里，等级公路密度居全省领先地位。太仓已初步展示出靓丽、安静、舒适，古典风雅与现代气息相映交融，人与自然和谐发展的城市形象。先后荣获国家卫生城市、全国生态示范区、国家环保模范城市、创建全国文明城市工作先进市、省园林城市等多项桂冠，正在争创国家园林城市、国家文明城市、国家生态市和省数字化示范市。

社会事业全面发展。近年来，太仓科技事业和教育现代化建设不断深入。高新技术产业持续推进，新材料创业园、科技创业园暨留学人员创业园等技术创新平台正在抓紧打造。按照义务教育均衡化、高中教育普及化、职业教育品牌化的发展思路，教育布局不断完善，多元化的办学体制已经形成，2004年建办了太仓第一所高等院校——健雄职业技术学院。"文化强市"建设成果显著，江南丝竹晋京展演获得圆满成功，形成了一批特色文化乡镇，获得国家文化和体育先进市称号。人民生活水平持续改善。2004年城镇居民人均可支配收入为14558元，农民人均纯收入7636元。城乡居民储蓄余额114.9亿元。住房、私家车、电话、计算机等人均拥有量均列江苏省前茅。

更加美好的发展前景

向后一阶段，太仓将坚持以科学发展观统领全局，充分发挥沿江、沿沪两大优势，继续做好"以港强市"、"接轨上海"两篇文章，切实加快新型工业化、城市现代化和经济国际化进程，突出富民优先，努力开创经济社会全面、协调、可持续发展的崭新局面。主要目标是：到2005年，人均GDP力争超过6000美元，城镇居民人均可支配收入达到2000美元，农民人均纯收入达到1000美元，率先全面建成高水平小康社会；到2010年，人均GDP超过10000美元，城镇居民人均可支配收入达到3000美元，农民人均纯收入达到1600美元，率先基本实现现代化；到2008年，财政收入突破100亿元。为此，太仓将更加注重优化生产力布局，加大沿江开发和招商引资力度，大力实施民营经济倍增计划，抓紧重大项目建设，努力提升综合发展环境，着力打造"一港、四基地"。

打造国际知名的现代化亿吨大港。作为"江苏第一港"的太仓港，是拉动太仓市乃至长三角区域经济快速发展的重要原动力，是全市经济社会快速发展的潜力所在。太仓将在严格遵循规划的基础上，进一步加大码头建设力度，加快围滩吹填工程建设。全力推进太仓港集装箱泊位以及中化国际、玖龙、明达、武港等一批万吨级专用泊位建设，加大揽货力度，增辟航线航班，力争在较短时间内建成拥有大小泊位114个，吞吐能力1亿吨，集装箱运量超500万标箱以上的现代化港口。

打造一流的国际制造业基地。抢抓沿江开发和"接轨上海"的机遇，充分依托太仓港大进大出、运输便捷的有利条件，实施"区港联动"，强化集约招商、专业招商、园区招商、产业招商，着力发展石化、能源、造纸、机械、电子、汽配等产业，抓好石化工业园、能源原材料产业园、玖龙纸业工业园、德资科技工业园、日韩工业园等一批特色园区建设，加快形成规模化的企业集群、区域化的产业优势、专业化的行业巨人，力争在5年内形成2～3个年销售收入超百亿元的大型企业和一批年销售收入超50亿元、超30亿元、超10亿元的骨干企业。

打造高效畅通的现代物流业基地。积极顺应加工制造业对现代物流业的强烈市场需求，大力发展以江海联运为主导、以港口经济为依托、以集装箱运输为重点、以长三角地区苏锡常城市圈为腹地的现代物流园区。要在加快建设中化物流石化产业园和保税物流中心的同时，进一步完善现代物流业发展规划，加快构建物流信息平台，努力引进、培育、发展一批核心竞争力强、规模大、运行规范、管理先进的物流企业，为构建现代物流业基地创造条件。

打造先进的都市农业基地。以满足上海、苏州等大城市消费需求为导向，进一步加大农业结构调整力度，扩大特色农产品的生产规模，健全农产品质量、检验、认证体系，在现有2000亩标准化农业示范基地的基础上，再增建一批绿色食品生产基地；全力扶持农业龙头企业和专业组织发展壮大，培育发展专业市场和专业销售渠道，增强龙头带动效应，发展符合现代市场需求、富含先进技术的休闲生态农业。

打造高档的商住休闲度假基地。坚持以人为本，围绕扩大空间、增强功能、美化环境、提升品位、形成特色的要求，高标准、有计划地推进城市改造和建设，使全市人居环境充分体现“娄东文化”风韵，凸现上海后花园和滨江新城特色。按照“高起点、大手笔、快节奏”的要求，以地生财、多元化投资、市场化运作，全面推进“美化东大门、改造西大门、建设南大门、拓展北大门”系列工程建设。重点加快建设融科教、商贸、休闲、人居为一体的南郊生态型人居新城；以生态、商贸居住为主的西郊综合配套区，以及板桥现代服务区和以郑和为品牌的系列旅游产业等。

江海明珠——通州市

通州市位于江苏省东南部，濒江临海，与苏州市隔江相望，与上海市灯火相邀，是苏通长江大桥的北桥头堡，素有“江海明珠”之美誉。全境面积1166平方公里，人口127万，下辖23个镇、1个省级经济开发区和通州港区。

改革开放以来，特别是新世纪以来，通州经济社会呈现跨越式发展态势，连续七届跻身全国社会经济综合发展“百强县（市）”，2004年的位次由上届的第99位晋升到第73位。连续四届进入全国县域经济基本竞争力50强行列，位居第31位。荣获国家卫生城市、全国生态示范区、全国科技进步先进县（市）和江苏省首批文明城市等称号。通州是“鱼米之乡”。农业生产条件优越，蔬菜园艺业发达，江海河产品丰富。这几年崛起的开沙岛西瓜、金沙水芹、稻田螃蟹等特种种养业具有一定知名度。通州是“建筑之乡”。2000年以综合考评总分第一的成绩，被江苏省政府命名为“建筑之乡”，10万建筑“铁军”驰骋海内外，累计荣获27个“鲁班奖”，获奖数在全国县（市）中遥遥领先。通州是“纺织之乡”。拥有全国规模最大的家纺面料市场——志浩市场，全国最大的家纺产品交易平台——中国南通家纺城正在建设中，纺织工业占整个工业经济的38%左右。通州是“崇学之乡”。进入江苏省基础教育和职业教育先进县（市）行列，高考录取率在全省名列前茅；先后被评为全国首批科技实力百强县（市）、全国文化先进县（市）。通州是“小品之乡”。近年来选送的《金珠轶事》、《买阴凉》等作品连续获得中国曹禺戏剧奖等国家级大奖，并登上中央电视台荧屏，小品已成为通州极具特色的文化品牌。

基础设施完备

主要河道贯江入海，水运便捷，紧邻的国家主枢纽港——南通港，是上海国际航运中心组合港之一，航线遍布世界各地。坐落境内的南通机场，距通州城区仅6公里，目前已开通至北京、深圳、广州、厦门等地航线。国家沿海高速、宁启高速、新长铁路等交通干线在境内交汇，是贯通长江三角洲南北的重要经济通道和交通枢纽。通过大力实施扩容和绿化、美化、亮化工程，主城区充满了现代化文明城市的气息。建成26个镇工业集中区和苏通大桥工业区、民营出口加工区、临江开发区，规模效益、集聚效益日益明显。新建改建二级以上等级公路164.5公里，完善道口设置和接线建设，使各镇具备了直达高速公路的能力，形成一刻钟快速通道圈。全面启动村级公路体系建设，总长达到221.72公里。

各类资源丰富

集“黄金水道”与“黄金海岸”于一体，拥有江岸线15公里，高程2米以上江滩7000多亩，可吸纳大运输量、大吞吐量、大用水量的大工业项目；拥有海岸线16公里，浅海滩涂55万亩，其中可直接利用滩涂10万亩，适宜发展水产养殖、加工和盐化工业。拥有江海风情、水乡特色的旅游资源，江心小岛开沙岛与南通狼山风景区一水相连，已被列为重点开发项目。职业教育发达，拥有丰富的较高素质的劳动力资源。目前，全市有2所国家重点职业中学和9所专业职业中学，建筑、模具、机械、服装等专业在全国享有较高知名度，培养了一大批较高素质的技术工人。对外输出劳务的受教育程度高于全国平均水平20个百分点。

人民生活安康

2004年，农民人均纯收入达到5432元，增长12.3%，增速为近6年之最。全市城镇居民人均可支配收入达到10448元，比上年增长14.8%。全市城乡居民储蓄存款余额141.47亿元，比上年增长17.1%，人均储蓄1.1万元。城镇人均住房面积35平方米，农村人均住房面积51平方米，居民文教娱乐服务支出占家庭消费支出的比重为15%。社会保障和就业再就业工作走在江苏省前列，城镇失业登记率控制在3%以内，城镇“三大保险”实现全覆盖，5268人享受农村最低生活保障。

投资环境优良

在全国县级市中较早提出打造“法治通州”、“平安通州”和“诚信通州”，获得了江苏省首批社会治安安全县（市）和江苏省社会治安综合治理先进县（市）等称号，创业和人居环境日趋优越。形成了一整套符合国际惯例的办事程序，市行政审批中心坚持“一站式”受理、“一门式”审批，为投资者提供了一流的服务。不断推进政府职能转变和管理方式创新，成立了市总商会和建筑房地产、纺织服装、机械、电子电器、轻工化工、服务业、粮油7大行业商会，以及上海、浙江、新疆等异地商会，使企业自律、行业自律达到了新的水平。

开放程度较高

自1985年建办第一家外商投资企业以来，全市已有来自51个国家和地区的外资企业773家，投资领域涉及纺织服装、机械电子、轻工、能源等48个行业，投资总额达20.04亿美元。日本的三宝乐、丸红、日立，荷兰的喜力，美国的美亚、克瑞，法国的普基，瑞典的伊沃福斯瑞法，香港的长江实业等世界著名企业都来此兴业。通州已与世界60多个国家和地区建立了贸易关系，2004年出口总额近6亿美元，形成了由外商投资企业、自营生产企业和外贸流通企业三个方面军组成的多元化出口格局，与国际市场的合作与交流日益密切。

工业基础雄厚

已形成服装纺织、机械冶金、电子、轻工等多元化的工业体系，2004年实现工业产值673亿元，比2002年翻了一番。销售收入超亿元企业达到48家，完成产值154亿元、销售146亿元、利税14亿元，分别比上年增长34.1%、40.9%和25.1%。通州是全国纺织服装十大生产基地之一，产品畅销40多个国家和地区。随着民营经济的迸发增长，电子信息、精细化工等高科技产业迅速崛起。江苏综艺集团从传统木业、服装向电子信息转型，现在拥有南大苏富特、联邦软件、龙芯CPU等多家高科技子公司，2004年销售收入超过40亿元。江苏大富豪啤酒有限公司成为中国“500家最大饮料制造业企业”之一。江苏中联科技集团是国内最大专业生产电解电容器用高性能电极箔企业，目前居世界同行第六。南通江海电容器（集团）公司是中国最大的铝电容器生产企业。

“接天莲叶无穷碧，映日荷花别样红”。蓬勃发展的通州，正日益成为长江三角洲北翼最适宜创业和居住的地方。

重点招商项目

1.中国南通家纺城。由江苏亚伦集团具体承办。规划面积1000亩，总投资17亿元人民币，以经营家用纺织品、原辅材料为主，建成后为世界一流家纺城。招商方式：合资、合作。

2.江苏苏通大桥工业区。由通州市人民政府苏通大桥工业区管委会具体承办。总规划面积48平方公里，一期开发6.5平方公里，以开发精细化工、石油化工、船舶修造、纺织服装等制造业和物流业为主。招商方式：合资、独资。

3.江海国际电子城。由南通江海电容器有限公司具体承办。规划面积3000亩，以开发电子、服装、设备安装等工业项目为主。招商方式：合资、合作。

4.综艺数码城。由江苏综艺集团具体承办．规划面积1.5平方公里，总投资5亿元人民币，以开发计算机软件、计算机硬件产品制造、生物制药、新材料行业的高科技项目为主。招商方式：合资、合作。

5.南通中辉工业园。由南通中辉实业有限公司具体承办。总投资1.5亿元人民币，以开发精细化工、生物化工、机械电子等项目为主。招商方式：合资、合作。

6.塑料制品。由南通华威塑料有限公司具体承办。该公司占地面积100亩，现有标准厂房17000平方米，以开发生产再生塑料粒子及塑料制品项目为主。招商方式：合资、合作。

7.太阳能硅片。由江苏省通州经济开发区管委会具体承办。总投资2.5亿元人民币，以开发生产各种规格的太阳能硅片及配套产品项目为主，已落实技术方和部分资金。招商方式：合资。

8.通州市开沙岛旅游度假区。由通州市开沙岛旅游发展有限公司具体承办。规划建设面积6.3平方公里，主要开发观江旅游区、生态娱乐区、商业服务区、休闲垂钓区、农业观赏区、芦苇湿地保护区和别墅区。招商方式：合资、合作。

9.商贸中心。由江苏省通州经济开发区管委会具体承办。总投资1.3亿元人民币，规划用地50亩，已形成初步开发方案。招商方式：独资。

10.通州市城区污水处理厂存量资产整体或部分转让。由通州市益民水处理有限公司具体承办，设计规模3万吨／日，厂区面积100.8亩，现有处理能力1.5万吨／日，采用A2O污水处理工艺，工程总投资9130万元。招商方式：整体转让或参股，具体商定。

江苏省仪征市

区位优势

仪征具有2500多年的建城史，素有“风物淮南第一州”的盛誉。自古以来，仪征一直为水陆要冲，隋唐起即成为漕盐纲运中转之地，到唐宋时已成为著名的工商城市和园林城市。仪征是江苏长江以北惟一滨江而建的城市，西距省会南京约40分钟车程，东距历史文化名城扬州约20分钟车程。全市总面积903平方公里，总人口60万人。

交通优势

公路：南京至南通高速公路横贯东西，可连接京沪、沪宁高速公路，直达南京、上海、北京。新建成的沿江高等级公路，将连接南京长江二桥、润扬长江大桥和江阴大桥，仪征到南京、上海更加方便快捷。

水运：沿江建有6座万吨级、13座千吨级的油运、液体化学品和集装箱、件杂货码头。

空运：距南京禄口国际机场1小时车程，距上海浦东国际机场、虹桥机场约2.5小时车程。

铁路：宁启铁路（南京至启东）贯穿仪征，可直达北京、广州、成都、西安、武汉、上海等大城市。

管道：鲁宁输油管道、甬沪宁输油管道、西气东输管道均在仪征设有中枢站，仪征是沿江油、气管道运输的重要枢纽。

岸线资源优势

仪征拥有长江岸线27.6公里，主航道岸线14公里。其中-10米以下深水岸线约16.6公里。岸线平面形态变化小，是长江下游为数不多的河势长期稳定的水道之一，且岸线顺直，深泓临岸，江岸土质为较好的黏土层，底层为岩石结构，百年来江岸不塌，港区不淤，地质情况良好。

已开发利用岸线8.1公里，建有长江下游北岸惟一的5万吨级原油和化学品专用码头；尚未开发利用岸线约19.5公里，其中宜建深水港岸线8.8公里，可建设一批万吨级以上码头。

基础设施优势

港口：南京港股份公司仪征港区现有码头15座，最大码头可停靠7万吨级化学品船，年原油吞吐量2000万吨、液体化学品吞吐量400万吨、化学品储罐总容量14.2万立方米。港区口岸联检机构齐全，外籍船舶可直接靠岸进行装卸作业。仪化港区现有集装箱、件杂货年吞吐量200万吨，建有万吨级件杂货码头一座。

通讯：建成覆盖全市所有乡镇的光缆主干网，分组交换网、数字数据网、移动电话网、数字同步网，可满足不同层次需求的现代化电信网络。

供电：建有20万千瓦热电厂一座、5万千瓦热电厂三座。

供水：建有日供水能力40万吨和10万吨水厂各一座。

污水处理：现有日处理9.6万吨污水处理厂一座；在建日处理污水10万吨污水处理厂一座。

经济发展

2004年全市经济综合实力、城市竞争力、县域经济基本竞争力均进入全国百强县（市）行列。实现生产总值88.1亿元，增长21.7%，人均生产总值1.5万元。全市财政收入15亿元、一般预算收入5.5亿元，均增长33.5%。全社会固定资产投资46亿元，增长33%。农业经济稳步发展。新发展成片造林、茶叶水果、蔬菜和中药材生产基地7.8万亩，建成优质农产品生产基地22万亩。工业经济提速增效。全市工业总产值243.9亿元，增长34.9%。完成技改投入32.2亿元。全年净增规模工业企业50家。第三产业快速发展。实现社会消费品零售总额33亿元，增长15.7%。自营出口总额6100万美元，增长10.7%。年末全市金融机构存款余额突破100亿元，比年初增加近12亿元。

宁启铁路仪征段开通运行，润扬长江大桥至城区的沿江高等级公路建成通车，建成东门泵站、一心泵站等防洪排涝工程。污水处理厂、污水收集管网、220千伏农歌输变电、110千伏曹山变电所工程加快建设。扬州化学工业园区、仪征汽车工业园和开发区建设成效明显。大连化工、汇众汽车等一批项目建成投产，联众热电、瑞祥热电等配套项目加快实施。大连化工二期、汇众轻客二期、重交沥青、亚新科凸轮轴、NPR汽车零部件、博纳化纤、百佳丽照明灯具等项目顺利落户。以高新技术产业为特色的开发区东区的规划建设全面启动。全市新批外资项目50个，新开工外资项目30个；合同利用外资2.1亿美元，实际利用外资1.2亿美元，分别增长1.3倍和50%。新开工民资项目552个；实际招引民资36亿元，增长95.6%，新增民资注册资本12.8亿元。全民创业步伐加快，全市新增私营企业704家、个体工商户3321户、从业人员15489人。

社会事业

仪征先后被评为全国卫生城市、国家级生态示范区、全国城市环境综合整治优秀城市、全国平原绿化百佳市、全国科技工作先进市和江苏省文明城市。城市规划管理得到加强。2004年拆除违法建设2915平方米。十大类32项重点城建项目累计完成投资8.7亿元，火车站站前路及货站连接线、石桥河清淤整治等10项工程相继竣工，石碑小区、商务酒店等8项新建工程和仪城河南岸、天宁塔景区综合开发等5项续建工程加快推进。环境综合整治成效明显。新建、改造城区主次干道4条4.4公里，改造城区巷道102条，新建公厕10座。铺设改建城区给排水管道34公里，铺设污水主干管道8公里。新建、改造绿地9.1万平方米。全面开展了禁采砂石工作。环境质量综合指数80.5。创建国家卫生城市、环保模范城市先后通过省级调研和考核，城市管理创优通过省级考评。

改造通乡公路80公里，建成通村公路310公里，疏浚河道20条76.4公里。新增农村自来水受益人口两万人。改造农村贫困户危房162户，建成解困房和廉租房40套。城市居民人均住房面积达17平方米。城镇在岗职工年平均工资16014元，农民人均纯收入4486元，分别增长10%和14.5%。城乡居民储蓄62亿元，人均10500元。

引进各类急需人才1050人。完成博物馆、图书馆土建工程。组织“月月喜相逢”广场文化活动20场。高致病性禽流感防治工作实现零病例、无疫情目标。组织“市民万人看仪征”活动，激发了广大群众热爱家乡、建设家乡的热情。深入开展“平安仪征”创建工作，社会治安综合治理得到加强。坚持依法行政，对全体政府公务员进行实务知识培训和《行政许可法》轮训，“中国仪征”政府门户网站被授予江苏省优秀政府网站，政府机关行政效能和服务水平有了新的提高。

仪征已经基本构建起基础设施新平台、产业集聚新平台、城市环境新平台、体制机制新平台和干部人才支撑新平台。形成石化工业、汽车及零部件产业、高新技术及船舶制造业、城市中心区和农村经济五大板块。

为抢抓发展机遇，实现仪征经济社会新跨越，仪征市委、市政府做出了“大干三五年，再造新仪征”的战略决策，规划全市经济发展在未来三年迈上一个新台阶，五年实现五个翻番，即到2007年，人均生产总值突破3000美元；到2010年经济总量、财政收入、固定资产投资、利用外资和招引民资五大指标在2005年的基础上翻一番。

江苏省宜兴市

宜兴市地处江苏省南端，位于苏、浙、皖三省交界处，沪宁杭三角中心，地理环境和自然条件得天独厚，是太湖西岸著名的历史文化名城，江苏省重点发展的四个三级一类中心城市之一，自秦朝建县至今，已有两千多年的历史。宜兴全境2039平方公里(水域250平方公里)，耕地110万亩，山林60万亩，全市总人口106万，下设21个镇、1个国家级高新技术开发区——环保科技工业园。

宜兴陶瓷蜚声中外，被誉为“陶的古都”，制陶历史可追溯至春秋时期。陶瓷制品主要有紫砂、彩陶、均陶、精陶、青瓷五大类，人称“五朵金花”。其中尤以紫砂古朴典雅、独树一帜，具有较高的艺术鉴赏和珍藏价值，深受国内外特别是东南亚一带收藏家的珍爱。

宜兴四季分明、物产丰富，被誉为“茶的绿洲”、“竹的海洋”，是江苏省重要的茶叶、毛竹、板栗产地。全市拥有茶园近6万亩，茶叶产量占全省的40%；拥有毛竹18.2万亩，砍伐量占全省的70%；板栗产量占全省1/4。太湖渎区的宜兴百合，素有“太湖之参”的美誉。

宜兴山清水秀、名胜众多，被誉为“洞天世界”，是国家太湖风景区著名的旅游城市。被国家列为太湖风景名胜区的阳羡景区，是旅游观光、避暑度假的好地方。境内还有众多的文物古迹和游览胜地，三国时期东吴的国山碑被誉为“江南第一碑”，周王庙及其碑刻、太平天国王府及壁画、唐代龙窑遗址，以及新建的徐悲鸿纪念馆、尹瘦石艺术馆和竹海公园等，都是旅游观光的好去处。

宜兴人文荟萃、名流辈出，被誉为“教授之乡”。宜兴人在历代科举考试中声名远扬，古代曾出过385名进士，4名状元。历史上文臣武将代不绝书，其中宰相就出过10位。近代，宜兴籍专家学者更是灿若群星，如：著名科学家周培源、唐敖庆，著名艺术家徐悲鸿、吴冠中、尹瘦石，音乐家蒋凤之、闵惠芬，政治家潘汉年，教育家蒋南翔，新闻学家徐铸成，“会计学之父”潘序伦，心理学奠基人潘菽，外交家前驻美大使朱启桢，中国驻联合国裁军大使沙祖康等等。宜兴籍学者、专家遍布全国，据不完全统计，副教授以上的有8000余人，其中中国科学院、中国工程院两院院士有19人，所以宜兴又有“千名教授一故乡”、“无宜不成校”的美誉。

宜兴环保产业蓬勃发展、独树一帜，被誉为“中国环保之乡”。全市拥有各类环保工业企业800多家，销售收入最多时占全国的四分之一。经国务院批准设立的国家级高新技术开发区——中国宜兴环保科技工业园，正在向建成全国环保科研中心、环保技术信息中心、环保设备仪器质量监测中心、环保产业中心的目标迈进。

宜兴经济发达，社会文明，是江苏省首批文明城市之一。2004年，全市完成地区生产总值310亿元，增长18.3%；财政总收入完成近40亿元，增长30%，地方一般预算收完成14亿元，增长30%以上；全社会固定资产投资完成132亿元，增长30.7%；社会消费品零售总额88亿元，增长15.3%；城镇居民人均可支配收入达11800多元，增长14%，农民人均纯收入达6150元，增长13%。在第四届全国县域经济基本竞争力评比中排名第7位，在全国首批80家小康县(市)中名列前茅。

宜兴初步确立了比较鲜明的产业特色。多年来，宜兴围绕壮大优势产业、培育特色乡镇、扶持规模企业的工作思路，强化产业导向和行业调控，加大扶优育强力度，培植经济发展亮点，电线电缆、环保设备、精细化工、化纤织造和陶瓷等几大特色产业的集中度和竞争力大幅提升，到2004年底，全市年销售超亿元的企业已达120家，其中超10亿元的企业8家，超20亿元的企业2家。

宜兴已经形成了新兴中心城市的基本框架。根据第五轮城市总体规划定位，宜兴要建成“中国著名陶都，长江三角洲生态旅游城市，苏浙皖三省交界地区重要的工业城市和商贸中心”。目前，宜兴已基本形成了以城东新城区、城西物流园区、城北工业区、城南行政中心和宜城商业文化服务中心为主的城市功能布局，基本形成了以龙背山森林公园、团氿风景区为代表的山水园林城市特色。目前，宜兴市城镇人口55.3万人，城区建成面积35.5平方公里，城市化水平就达到53.8%。

宜兴始终坚持把扩大对外开放作为经济工作的首要任务，逐步形成了全方位、宽领域利用外资的新局面。2004年，全市协议注册外资5亿美元，实际利用外资3亿美元，分别增长40.4%和26.1%；完成自营出口5.7亿美元，外经合作合同额1151万美元，分别增长31.3%和27.9%；全市已创办境外企业8家，设立境外窗口18个。

宜兴基本构建了比较领先的机制优势。目前，全市乡镇企业和市属工业、流通企业改制已全面结束，大多数改制企业已渡过磨合期，进入了加快发展的新时期。企业产权制度改革，有力地促进了所有制结构的调整和优化，推动了私营经济的迅速崛起。2004年，全市私营工业实现销售收入和利润分别占全市工业的54%和47%，私营经济已成为宜兴经济中最为活跃、最具后劲、最有潜力的重要组成部分。

除此以外，宜兴的投资贸易环境还有以下独到之处：宜兴市地形地貌十分丰富，不仅有适合发展制造业的工业集中区，还有适合发展旅游业的天然风景区，更有可以发展生态农业的大片山坡水面，是一个可以多领域、全方位开发的好地方。

宜兴有丰富而优质的人力资源。宜兴是全国教育、科技先进县(市)。基础教育在江苏省各县(市)中名列前茅，全市高中阶段教育普及率保持在90%左右，每年有5000名左右大中专毕业生学成归来，投身家乡建设。

宜兴有充足而清洁的能源。国家“西气东输”工程的管道经过宜兴，并在宜兴设立了一个中转站。500千伏宜兴变电站已经投运，使宜兴电网的供电能力和供电可靠性进一步提高。此外，由国家投资47.5亿元建设的江苏抽水蓄能电站，主体工程正在建设；总投资55亿元的竹海蓄能电站，选址规划已通过国家论证，前期工作正在实施，这两个项目建成后将大大提高华东电网调峰填谷能力，在长三角地区普遍电力紧张的形势下，可以为宜兴的电力供应提供强有力的保障。

宜兴有独特有利的区位条件。宜兴是苏浙皖接壤地区综合实力最强的县级城市，在本区域中有巨大的吸引力和辐射力。特别是新长铁路和锡宜高速、宁杭高速相继建成通车，从宜兴到上海、南京、苏州、杭州等大城市的时间均缩短到1.5小时左右，这使宜兴成为华东地区又一个重要的交通枢纽。同时，由于宜兴紧靠沪、宁、苏、锡、杭等特大型城市，这一区域内集聚着1亿多人口，其市场消费能力约占全国的1/4，因此，在宜兴从事生产制造有着广阔的市场腹地。

宜兴有一流的发展载体。宜兴拥有全国最具特色的国家级开发区——中国宜兴环保科技工业园。在环科园投资，可以享受国家最高层次的优惠政策。近年来，宜兴又相继创办了诸桥、陶都、屺亭、官林等16个工业集中区和海关直通式监管点，投资者在环科园和集中区将享受集工商、税务、海关、商检等于一体的全过程跟踪服务。

宜兴有良好的政务环境。宜兴市委、市政府实行“你发财，我发展”的开明方针，倡导亲商、安商、富商的服务理念，建立了行政审批证照办理中心和党风政风监察中心，健全了各项服务制度，优化了发展软环境。宜兴民风淳朴，社会稳定，正在创建“平安宜兴”、“社会治安安全市”、“全国卫生城市”、“国家环保模范城市”及“国家生态示范区”。所有这些，都为国内外客商来宜投资兴业创造了十分有利的环境。

中国镁都——大石桥

大石桥市位于美丽的辽东半岛中部、渤海岸畔，南接“北方香港”——大连市，东与中国最大的口岸城市——丹东市接壤，北邻“中国钢都”——鞍山市，西与百年港城——营口市相依。全市总面积1600平方公里，总人口72万。因菱镁矿资源丰富、精深加工能力雄厚，而被世人誉为“中国镁都”，是国家科技部确定的国家镁质材料产业化基地。2004年，大石桥市在第四届全国县域经济基本竞争力评价中列百强县(市)第86位。

大石桥市交通便捷畅达，哈大公路、哈大电气化铁路贯穿全境，沈大高速公路、沈大至北京高速公路在大石桥市汇集。大石桥火车站是辽南铁路枢纽、国家一等站。大石桥市距东北第二大港口——鲅鱼圈港45公里、距营口港23公里。驱车去沈阳、大连国际机场只需一个半小时，去北京也只有5个小时的路程。

大石桥市物华天宝，资源丰富，现已探明开采量较大的金属及非金属矿藏有32种。其中，菱镁石探明储量15.58亿吨，为世界三大镁矿之一；白云石储量50亿吨，居全国第一位；滑石、硼石储量500万吨，居全国第二位。

近几年来，诸多中外知名企业和科研院所进驻大石桥开发利用菱镁资源，使大石桥市的菱镁矿业得到了前所未有的发展，2003年全市镁质材料总产量931万吨，其中，镁质耐火材料销售量为450万吨，占世界交易总量的28%，出口60万吨，占全国出口量的42.5%。在现已开发生产的镁质材料产品中，7项达到国际领先、先进水平；18项达到国内领先、先进水平；有11项填补国内空白，中国镁都——大石桥市也因此而享誉海内外，成为辽宁省对外开放重点城市。

大石桥市工业基础雄厚，现已形成以冶金、化工、机械、食品、建材、服装等13个行业为支柱产业的工业体系和镁制品、滑石制品、硼制品、水泥制品等10个矿业生产群体，全市拥有民营工业企业3080家。近年来，大石桥市加快走新型工业化道路步伐，不断提升全市工业整体素质，一批规模大、起点高、实力雄厚的企业如雨后春笋般发展起来，现已拥有规模以上工业企业265家，大型集团企业17家。

营口青花集团是以生产和研制高档碱性耐火材料为主的大型民营企业集团，拥有7个子公司和1个省级科研机构——营口青花耐火材料研究设计院。集团占地100多万平方米，资产7.6亿元，员工3000人，其中，耐火材料专家和各类工程技术人员260人。集团拥有110米长、最高烧成温度1850℃的高温隧道窑12座，年产各类镁质耐火材料50万吨，出口30万吨，是目前亚太地区最大的碱性耐火材料生产基地。2003年度，营口青花集团雄踞辽宁省民营企业纳税排行榜第一位、全国民营企业纳税排行榜第十一位。

盼盼安居股份有限公司坐落在大石桥市水源镇，是一个由20余家成员企业组成的民营股份制公司，为国家大中型企业，是中国最大的安全门生产基地。公司占地60万平方米，建筑面积45万平方米，总资产12亿元，员工5000人。2003年，公司实现产值20亿元，销售收入25亿元，利税1.95亿元。“十五”期间，盼盼加快了技术创新进程，以安居产品为主业，以新型建筑材料开发与制造为发展方向，重点发展新型、绿色、环保产品。通过引进韩国、美国、德国、意大利和中国台湾等国家和地区的先进设备，研制、生产了防火门、防护窗、车库门、散热器、变速自行车、钢结构等共八大门类100多个品种。成立于2002年的盼盼工业园区占地1.3平方公里，规划面积2.5平方公里，内设加工制造区、综合服务区和研发中心，现已开工企业15家。盼盼正凭借自身的品牌、声誉、区位、交通和政策优势，致力于建成中国最大的建材基地和最大的建材产品出口基地。

嘉晨集团是目前中国最大的耐火材料原料生产企业；大石桥市金龙集团是中国最大的镁碳砖

生产企业；辽宁新型耐火材料集团是中国最大的电熔镁砂生产企业；此外，群益集团、大容集团、石佛集团、华镁集团等企业集团的镁质耐火材料生产能力均居全国前列。辽宁永壮铝塑集团是辽宁省三大铝塑产品生产企业之一。

在大力实施“项目强市、项目富民”发展战略的同时，大石桥市高度重视科学技术的应用，充分发挥校企合作和产学研的优势，以高新技术改造提升耐材、建材等传统产业，大力发展以电子、信息技术为主的高新技术产业和化工、新型建材等新兴产业。目前，全市已有130余家企业与国内外100多家科研院所和高校建立了紧密合作关系，涌现高新技术企业30家，高新技术产值达80.8亿元，占全市工业总产值的33%。

大石桥市荣源镁矿有限公司与北京科技大学合作，出资1400万元在企业建立北京科技大学荣源连铸耐火材料研究发展中心，其产品连铸用三大件，填补了国内空白。大石桥市津大肥业有限公司与中国农科院土肥研究所合作，成立了全国第一个“中国农科院土肥研究所高新技术开发推广基地”，使公司成为全国最大的农业专用肥基地。辽宁美顿耐火材料有限公司引进目前国际最先进的技术设备研制生产镁碳砖，营口三和木制品有限公司、辽宁吕氏化工集团、辽宁博拉碳黑有限公司等企业均与国内外的科研院所建立了科技伙伴关系。目前，全市民营企业中联办的科研机构和研发基地已发展到6个。

营口南楼经济开发区为省级开发区，位于大石桥市城区东部，拥有两座目前世界上储量最大、品位最好的菱镁石矿和长达80余年的镁资源开发利用历史。所属大型企业辽宁金鼎镁矿集团有限公司，拥有5.29平方公里存量土地，设备先进，技术力量雄厚。南楼开发区未来发展定位为大石桥镁都工业新区。

大石桥市环城经济开发区为省级开发区，成立于2001年。开发区占地6000公顷，水、电、路、通讯等基础设施建设已日臻完善，企业家创业服务中心、工商、税务、金融、法律等服务和职能部门配套齐全，入驻企业已达到80余家。所有投资者都将得到管委会“一条龙”和“全天候”服务。环城经济开发区已成为大石桥市对外开放的重要窗口。

大石桥桥连五洲迎五洲宾客，辽河潮潮涌四海向四海通商。截至目前，已有德国雷法集团、美国英格索兰公司、韩国浦项钢铁株式会社、韩国元进株式会社、日本伊藤忠商事株式会社、日本住友商事株式会社、日本岩井株式会社、印度博拉集团、英国美顿公司、韩国朝鲜耐火株式会社、俄罗斯耐火材料联合体、台湾大成农牧业有限公司、加拿大却尔其公司、中国上海宝山钢铁集团公司等来自80多个国家和地区的200多家知名企业来大石桥投资办厂，合资合作，并取得良好的经济效益。

大石桥农业素以“优质、高效、高产”闻名遐迩，是国家确定的绿色食品生产基地和优质米生产基地。通过调整农业产业结构，实施农业产业化经营，完善现代农业园区和示范基地建设，提高农产品科技含量和附加值，强化农业基础设施和农村小城镇建设，大石桥市农业和农村现代化水平明显提高，形成了具有产业化特点的优质米、水果、蔬菜、柞蚕、畜禽、水产品等十大产业基地，建成了大成肉鸡厂、博日食品厂、汤池毛绢厂、水源食品有限公司、鑫兴育肥牛基地、绿寰种苗公司、虎庄中药厂等52家农产品深加工龙头企业，钢都、博洛铺等31个农产品批发市场，以及水源镇、高坎镇等5个省市级小城镇建设示范镇，走上了城乡协调发展的健康之路。

为了营造更佳的经济发展环境，大石桥市坚持经营城市理念，按照文化商城的城市功能定位和现代欧式的城市风格定位，加快了城市建设步伐，一座地处沈阳、大连两市之间的现代化中等城市已初具雏形。大石桥市能源、交通、通讯、信息、金融、服务等配套设施完善，教育、文化、科技、体育、卫生事业方兴未艾。兴隆商城、商业步行街、太阳城、中晨装饰广场、三山大厦、龙泉山庄、南屏广场等千余家高标准、高品位的服务场所遍布全市。其中，三山宾馆为四星级标准，鹏源酒店为三星级标准。教育城规模、设施、环境和教学水平堪称国内一流。具有国际水准的体育馆、游泳馆、保龄球场馆经常成为国家、省、市各类体育赛事的专用场所。

属北温带海洋性季风气候的大石桥实在是一块风水宝地，春光媚、夏日娇、秋风爽、冬雪洁。大石桥市文化底蕴丰厚，人文自然景观很多，旅游资源十分丰富。有距今28万年的金牛山古猿人遗址，有远古时期的巨石文化遗址——石棚，有名贯北国的迷镇山娘娘庙，有花香鸟语的盘龙山公园，有辽南第二高峰老轿顶，有风光秀美的黄垭口原始森林，有悠悠的辽河水和茫茫的芦苇荡。

天时地利、政通人和。多年来，大石桥市始终按照“小政府，大服务”的方向，不断强化服务意识、效率意识，全面优化经济发展环境，在全社会营造了浓厚的“亲商、安商、富商”的氛围。如今，大石桥市已与50多个国家和地区建立了经贸关系，成为环渤海经济圈中经济实力强、整体形象好、开放度高的现代化城市，具备了全方位对外开放的有利条件。这片蕴藏着巨大潜力和能够给投资者以丰厚回报的热土正越来越受到省内外、国内外的关注。大石桥市愿为投资者提供更加优惠的政策，更加优质的服务，创造更加良好的符合国际惯例的法制环境、生活环境和工作环境。

中国镁都——大石桥欢迎您！

辽宁省开原市

开原市位于松辽平原中部，辽河东岸。区域面积2828平方公里，总人口58万。开原地处沈阳、长春两大省会之间，哈达电气化铁路、京哈高速公路、102国道纵贯市区，开丰铁路、彰桓公路横亘东西，良好的区位优势和便利的交通通讯为开原的腾飞奠定了坚实的基础。开原，是一座不断开放、快速发展的城市。开原，充满着勃勃生机，蕴藏着无限商机。

历史文化丰厚，自然风光秀美

开原历史比较悠久，早在春秋战国时期，燕秦长城便修筑于此。辽金元时期，开原一度成为东北著名的经济、政治、军事、文化中心之一，交通繁忙，商旅活跃，金朝在开原设置的铜善馆，是当时东北最大的粮食集散地。明清两朝，开原是闻名全国的辽东军事重镇，明朝设立的开原马市更成为边疆各少数民族与当地汉族进行商贸活动的重要场所，名噪一时。

开原人杰地灵，历代名人辈出。最具代表性的有“满清文化第一人”纳兰性德，被周总理誉为“东北人民师表”的原全国政协副主席高崇民，全国闻名的“共产主义战士”安业民；还涌现出了高存信、路遐、贾陶、廖仲孚四位将军，他们都是故乡开原的骄傲。

作为东北历史文化名城，开原境内古迹众多，景区集中，特色显著。正在恢复建设的咸州古城，已现出古香古色的原貌；大清河山水相依，意境开阔；七鼎龙潭寺雕梁画栋，气势恢弘；象牙山、砬子山群峰竞秀，风光旖旎。

悠久的历史，丰厚的文化，秀美的风光，熔铸了开原人兼容并蓄，锐意开放的胸怀，更增强了对外吸引力。

区位优势明显、交通十分便利

开原市位于辽宁北部，处在东北地区中心位置，列于沈阳、长春、铁岭、四平等大中城市的经济辐射圈内。

这里交通便利、运输快捷，是东北地区铁路、公路的重要联结点，是黑龙江、吉林、内蒙古等省区通往关内和港口的重要通道。驱车到沈阳桃仙国际机场只需55分钟，经高速公路3小时15分可直通大连港、2小时15分可达营口港，为融入东北市场、连接国内市场、走向国际市场，开展商贸活动架起了金桥。

自然资源丰富，气候条件优越

开原水资源极为富足，境内有辽河、清河、寇河、柴河、沙河等大小河流11条，有清河水库、南城子水库、关门山水库等大小水库9座，总蓄水量10亿立方米；地下水有三大水系，水质达到国家二级饮用水标准。开原矿产资源比较丰富，已探明的矿产资源主要有金、银、铝、煤、大理石、石灰石、花岗岩等20余种，品位高，储量大，极具开发价值。开原野生动植物资源充足，榛子、山野菜、食用菌、中草药、林蛙等，开发前景广阔。

开原地理位置独特，这里雨量充沛、日照充足、四季分明、气候宜人，是典型的温带大陆性气候。水稻、玉米、大豆等农作物生产条件优越，全市年均粮食总产量达50万吨，是国家重点粮食主产区之一。

丰富的自然资源和优越的农业资源，以及清河、铁岭两座发电厂和铁煤集团提供的煤电能源，开原为各企业、众商家发展工业提供了难得的有利条件。

民间文艺活跃，盛产欢乐

广袤的开原大地，是具有浓郁地方特色的东北二人转的发源地之一。数十支民间文艺团体长年活跃于开原城乡。深厚的文化底蕴，淳朴、幽默的民风，孕育和滋养了全国著名表演艺术家赵本山。本山先生正是从开原这片黑土地走向全国的，他创作演出的一批优秀小品艺术品，给全国人民带去了具有辽北特色的不尽欢乐，展现了黑土地文化独特的魅力和活力。

近三年来，由本山先生自导自演的三部电视

连续剧——《刘老根》二部、《马大帅》一部和《马大帅》二部相继在开原拍摄。2004年，《马大帅》一部在春节期间火暴荧屏，使黑土地的笑声一次次响起在千家万户；2005年，《马大帅》二部在央视八套黄金时段热播，以实名出现在电视剧中的开原再一次走向全国，声名远播。

经济发展迅速，产业优势突出

改革开放以来，尤其进入新世纪的四年来，经过全市干群的共同努力，开原进入了一个政通人和、安定和谐、全新快速发展的新时期，综合经济实力显著增强。2004年，全市地区生产总值增幅达31.5%，总量比2000年末增长了1.1倍。全社会固定资产投资增幅达28%，总量比2000年末增长了4.2倍。财政一般预算收入增幅达28.7%，总量比2000年末增长了1.2倍。

作为东北老工业基地的组成部分，开原工业基础雄厚，发展潜力巨大，目前已初步形成了包括纺织、建材、轻工、机械、化工、冷饮、农副产品加工等门类比较齐全的工业体系。一批功能完善、服务上乘的工业园区相继建成。南京雨润、开原水泥、嬴德肉禽、东羽乳业、天淇冷饮、富康冷饮、凯尔烘干、立达集团等一大批骨干企业迅速做大做强。

民营经济迅速崛起，形成了冷饮、彩印、造纸、建材、机械加工五大骨干行业，建设和完善了建材、种子、家具、食品批发等十大市场，全市各类市场年集市贸易成交额高达4亿元，开原已经成为辽北重要的物流中心。目前，全市个体工商户和私营企业户数发展到32735户，从业人员65000人；全市出口商品50余种，年出口供货额近2亿元。

农业产业链条发展壮大，特色产品俏销全国。已经建成了绿色优质稻米、蔬菜、肉鸡、肉牛、花卉等在辽宁省具有重要地位的五大生产基地，以嬴德肉禽、南京雨润、东羽乳业、凯祥鸭业等企业为龙头，做大了肉鸡、鸭鹅、生猪、奶牛、烟叶、绿色稻米等九大农业产业链条，培育了盛仓绿色稻米、春红草莓、象牙山南果梨、大红石榛子、刘二爷大蒜等八个知名品牌。开原农副产品俏销华夏，香飘海外。

基础设施完善、功能齐全

进入新世纪的四年来，开原市委、市政府通过经营城市，共筹集城市开发建设资金15.6亿元，高起点规划、高质量建设、高水平管理开原这座城市，城市面貌发生了翻天覆地的变化。高标准拓宽改造了城区29条街路，新建了环城路，小街小巷全部硬覆盖，形成了东西顺畅、南北贯通、四通八达的城市道路网络。相继建成了开原广场、金山国际饭店、新都商贸购物中心等一大批代表开原形象的标志性工程，提升了开原的城市品位。组建两大热力公司，铺设给排水管道，实施城市绿化、美化、亮化工程，供电、供热、供水、通讯等各项城市基础设施得到完善，综合服务功能进一步完备，开原正成为一座空气清新、环境优美、交通便捷、秩序井然、适合人居、企业挣钱的城市。

投资环境优良、开放度高

几年来，开原市围绕招商引资切实加强了政务环境、信用环境、法治环境、城市环境建设，已经具备了优良的投资环境。

一是实行最宽松的政策。坚持原则性与灵活性的有机统一，制定出台了一系列优惠政策。在这里，可以享受到国家振兴东北老工业基地的各项政策。在这里，可以享受到优惠的土地政策。在这里，将得到有力的资金扶持。

二是提供最优质、最便捷的服务。各职能部门全部实行服务承诺制，服务公示制，为外商提供全过程服务、全领域服务、全无偿服务。对外商投资的大项目实行市级领导承包责任制，从项目洽谈到建设实施，承包项目的领导负责全程跟踪服务。为简化审批手续，创新工作流程，开原市设立了公共行政服务中心，建设了高标准的一站式办公大厅，全程为外来企业办理注册登记手续。

四年来，开原的各项工作受到上级领导和上级部门的充分肯定和高度评价。在铁岭市对各县

(市)区党政领导班子和领导干部目标考核中，开原市连续三年荣获省“双拥模范城”称号，连续七年获得省“大禹杯”。开原被评为全国体育工作先进市、全国文化工作先进市、全国法制宣传教育先进市、全国文明村镇创建先进市。

随着国家振兴东北老工业基地战略的实施，开原迎来了新的历史发展机遇期。辽宁省、铁岭市领导对开原发展寄予殷切希望。原辽宁省委书记闻世震做出专门批示：“要把开原进入全国百强县(市)作为奋斗目标”；铁岭市委书记李文科批示指出：“开原要建设全国百强县(市)，当好铁岭‘三个文明’建设的排头兵”。省委书记李克强到铁岭调研时几次提到开原，要求按照中等城市规模规划建设好开原。面对这些千载难逢的历史发展机遇，开原市明确提出了建设全国综合经济实力百强县(市)的奋斗目标。

新的机遇催人奋进。开原市委、市政府正带领60万开原人民团结拼搏，开拓创新，向着新的目标迈进。

辽东明珠——东港市

东港市位于辽东半岛东端，东依鸭绿江，南临黄海，与朝鲜半岛隔江隔海相望。全市陆域面积2445平方公里，海域面积3500平方公里，总人口64万。2004年，地区生产总值实现119亿元，2004年工业总产值204亿元，农业总产值40亿元，财政收入5.67亿元。经济总量在辽宁省近百个县（市）中居前六名。

区位优势独特

东港市地处东北亚经济圈的核心地带，与朝鲜半岛隔江、隔海相望，与日本一衣带水，是连接中、韩、朝三国的交通枢纽和欧亚大通道的必经之地，享有“东北亚经济圈金瓶口”之美誉，在中国沿海开放城市中独享沿江、沿海、沿边的独特区位优势。丹东民航机场距离港城17公里，201国道和丹大高速公路贯穿全境，中国海岸线最北端的不冻良港——大东港紧临城区。随着国家“建设纵贯东部地区铁路工程，开辟新的出海通道”，东港将成为东北东部地区重要的海陆门户，成为牵动东北腹地，辐射日、韩的东北亚枢纽中心。

自然资源丰富

美丽的东港资源丰富，物产富饶。100万亩绿色无公害生产基地、36万亩沿海滩涂和20万亩浅海特色养殖，造就了闻名的“鱼米之乡”。盛产鱼、虾、贝、蟹等水产145种，是中国虾、贝主要出口基地。优质稻米曾为清朝贡米。草莓、苹果、甜瓜、板栗、杏梅等干鲜果丰富，其中草莓是国家惟一的优质草莓生产基地。矿藏储量可观，现已探明的有高岭土、石灰岩、大理石等20多种。其中“丹东绿”大理石，以其独特的色泽享誉海内外。770万平方公里的鸭绿江湿地面积居世界第三，1999年被湿地国际亚太理事管理委员会列入东亚 — 澳大利亚涉禽网络。以辽东名山大孤山和甲午海战古战场大鹿岛为代表的“一山二泉三岛”，旅游开发潜力巨大。现已推出“海洋、文化、生态”三大旅游品牌，逐渐融入到辽宁金三角大旅游体系中。

经济基础雄厚

农业初步形成了浅海开发、滩涂贝类、港湾养殖、稻田渔业、保护地生产、草莓种植六大高效产业，产业化龙头企业达45家。工业初步形成了食品加工、纺织服装、机电冶金、医药化工、建筑材料五大工业体系，出现一批产值超10亿元的乡镇、亿元村和亿元企业。第三产业蓬勃发展，服务体系较为健全，城乡市场繁荣活跃。现有大型专业批发市场3个，个体工商业户24382个，规模企业148家，其中千万元以上规模企业72家。东港把发展临港工业和资源加工型工业作为重点，着力打造生产加工基地。韩国工业园、日本工业园、台湾工业园等大园区迅速崛起，“六通一平”的全面实施，为企业构筑了高标准的发展平台。大台子和大鹿岛是国家二类开放口岸，对朝贸易年成交量达10亿美元，是中国发展对朝转口贸易、过境贸易的桥头堡。

基础设施完善

东港市是辽东半岛重要的开放城市，1988年被国务院确定为对外开放试点县。经过十几年的努力，投资环境大为改善。现已形成海陆空立体化交通网络，鹤大公路和丹大高速公路横贯东西，疏港铁路与沈丹铁路接轨。大东港拥有8个万吨级泊位，年吞吐量1000万吨。丹东民航机场位于东港境内，可与全国各大城市直接通航。电力充裕，时70万千瓦发电能力的华能丹东电厂坐落在辖区内。风力资源和潮汐资源十分丰富，是中国内地新能源开发最理想的场所。淡水资源得天独厚，境内河流水库星罗棋布，有大小水库42座。通讯发达，与国际国内联系畅通无阻。拥有两个省级开发区，可享受国家级边境经济合作区的各项优惠政策，区内服务优质，环境优良，设有工业园地、仓储保税、行政办公、商饮服务、生活居住、高新科技园等功能小区，是投资兴业的黄金宝地。

社会事业繁荣发展

坚持经营城市理念，坚持以人为本，致力于建设生态型、学习型和创新型的现代化港口城市。撤县设市10年来，狠抓软环境建设，赢得了全国创建文明村镇工作先进市、体育先进市、教育工作先进市、全国双拥模范城等20多项国家级荣誉称号。前阳镇是全国文明小城镇建设示范点，孤山镇大鹿岛村被评为全国文明村，市地税局被评为全国行业建设先进单位，是辽宁省县级市的惟一。东港正向“工业大市、农业强市、旅游旺市、人居佳市”四大目标迈进。

“十五”乃至今后一段时期是东港大力推进改革开放，高速度、高质量发展经济的重要战略机遇期。我们的发展思路是：认真贯彻党的十六大和十六届四中全会精神，以邓小平理论和“三个代表”重要思想为指导，紧紧抓住振兴东北老工业基地的重要战略机遇期，以加快发展为主题，以项目建设为核心，以招商引资为重点，以环境建设为关键，以“创新、奋进、突破、超越”的东港精神，坚持“工业强市”战略不动摇，坚持“农业产业化”战略不动摇，坚持“以港兴市”战略不动摇，坚持“城市牵动”战略不动摇，坚持抓好软环境建设不动摇，坚持“扩大开放”战略不动摇，做大做强食品工业、纺织服装、医药化工、机械加工、新材料、新能源、现代农业、现代物流、特色旅游等九大产业，努力构建东北东部地区现代物流基地和生产加工基地，坚持用三个5年时间，实现经济总量翻三番，把东港建设成为交通便捷、环境优美、文明富庶的现代化港口城市。

辽宁省普兰店市

普兰店市辖区面积2896平方公里，人口83万。其中市区面积25平方公里，城市人口14万。全市辖16个乡镇4个办事处1个经济开发区。近年来，普兰店的经济和各项社会事业发展迅猛，综合经济势力不断增强。

区位情况

普兰店距大连周水子国际机场70公里，距大连大窑湾港50公里。陆路、水路交通四通八达。长大铁路、大庄铁路穿境而过，沈大高速公路、黄海大道、永青路、海皮路与省、市、乡三级公路交汇贯通，形成四通八达的公路交通网，皮口港与胶东半岛、长山列岛直接通航，并将逐步打开与朝鲜、韩国、日本等国家的海上通道。

资源状况

普兰店由于其特定的土壤结构和地质结构，形成了独具特色的资源优势。

1.自然资源。一是水域资源。境内65公里海岸线环抱渤、黄两海，可利用滩涂8万亩；大小水库27座，库容量1.25亿立方米；二是河沙、石材资源。河沙储量2亿立方米，沙质坚硬，颗粒晶莹纯正，是大连可供开采的建筑用沙资源最集中、采运条件最优越的地区；花岗岩石材储量800亿立方米，现已开发利用有黑、白、红、绿4大色系11个品种；石灰岩储量3亿立方米，是生产高标号水泥的最佳原料；三是矿泉资源。境内优质矿泉水分布于皮口、夹河、大谭、丰荣等地，属长白山地下水脉，日供水量2000吨。

2.物产资源。特定的土壤结构、经纬度、温湿度，已得到国内外专家充分认定，各种维生素含量丰富，最适宜深加工的农副土特产品更是应有尽有。全市有果树1600多万株，水果年产量30万吨，果树盛产期年产量可达100万吨，其中小果光的氨基酸含量为全国之最。蔬菜年产量达61万吨，居大连市第一位。畜牧业不断壮大，生猪年饲养量达到160万头，年出栏90万头，羊年饲养量达到8万头，牛年饲养量达到14万头，家禽年饲养量达到1100万只。普兰店市占大连市区猪肉供应量的50%以上，占金州区、开发区和长海县猪肉供应量的80%以上，全国五大良种猪之一的“新金猪”就培育在普兰店。另外，普兰店市还拥有海洋资源134种，港养对虾单产和大规格对虾曾多次获全国第一位。

3.旅游资源。一是温泉资源。安波温泉名扬遐迩，最高水温73℃，水质清澈滑爽，水量充沛，日供水量5000吨。经国家地质部门和联合国地热专家鉴定，安波温泉含可溶性硅酸盐，对风湿、类风湿、皮肤病等36种疾病有明显疗效。二是溶洞资源。瓦窝石灰岩溶洞，是东北地区继本溪水洞之后发现的又一天然奇观。洞长800米，终年恒温±12℃，洞内空气流畅，常年流水，无污染，无毒害。初步勘查，溶洞纵横交错，石笋林立。洞中迂回曲折，酷似一座巨大的地下迷宫，是休闲避暑、观光旅游的好去处，具有极好的开发价值。三是古莲资源。地处普兰店近郊的莲花湾现有水域60亩，郭沫若曾题诗赞颂千年古莲子。四是森林古寺资源。二龙山森林公园占地3660公顷，林地2800公顷，建于唐代的清泉寺独具风姿，是国家二级文物保护单位，五是海岛渔村资源。小平岛岛屿面积1.5平方公里，环岛2公里海岸线绿树成荫。

4.人力资源。全市拥有劳动力38万人，劳动力平均价格仅为大连市区的一半。全市人才总量32100人，占全市总人口3.91%，高级专业技术职务1111人，中级专业技术职务6630人，初级专业技术职务7754人，乡土人才4500人。

产业特点

1.三大主导产业。普兰店市现已形成了服装纺织、酒水食品、机电制造三大主导产业。一是以中国大杨企业集团、辽宁大运服装有限公司等为代表的服装纺织业，共有规模服装加工企业200多家，年销售额150亿元。二是以大连第一互感器厂、大连冶金轴承企业集团、大连三鼎企业集团为代表的机电制造行业，年销售额75亿元，形成了普兰店市第二大主导产业。全市的中低压互感器在全国占有高达34%的市场份额。三是以大连大雪企业集团、大连连王油脂有限公司、大连中粮麦芽有限公司、大连海升果业公司为代表的酒水食品行业，年销售额103亿元，形成了普兰店市第三大主导产业。年产麦芽30万吨的中粮麦芽有限公司，是亚洲最大的麦芽生产企业。

2.三大特色产业。普兰店市临港产业、加工制造业、温泉旅游业为重点发展的三大特色产业。临港产业，依托大窑湾港的深水中转港和国际集装箱运输枢纽港，以大连周水子国际机场为辅助，以皮口港为发展目标，拉动普兰店加工制造业，及其他相关产业的发展。加工制造业，以现有的三大主导产业为基础，承接在“大大连”整体产业布局中，大连市内搬迁企业，继承大连传统的工业优势。抓住国际加工制造业，特别是日、韩等国企业转移的契机，走出一条经济效益好、资源消耗低、环境污染少的轻型工业化之路。温泉旅游业，以安波温泉旅游为中心，大力开发周边地区的旅游资源，并借助大连旅游名城的效应，提高安波温泉旅游度假区的知名度和吸引力，成为大连地区的特色旅游度假区。

辽宁省瓦房店市

瓦房店市位于辽东半岛中西部，西临渤海，东倚千山余脉，北距省城沈阳292公里，南濒大连104公里，面积3793.5平方公里，人口103万人。

瓦房店市地处辽东半岛要冲，交通十分便捷。长大铁路、沈大高速公路，黑大公路纵贯南北，永青路、城八线连接黄渤海沿岸，新近改扩建的沈大高速公路，在瓦房店市境内出入口达7个，为沿途县市最多。

瓦房店市历史悠久，文化源远流长。早在四五千年以前，已有先民在此生息繁衍，战国时期始有建制记载。清朝康熙年间，曲姓商人建起三间瓦房客栈，瓦房店由此得名。境内现存文化古迹多处，具有150余年历史的横山书院曾为辽南地区最高学府。瓦房店市人杰地灵、英才辈出，从这里走出的共和国将军多达30余位，是北方有名的将军县。

瓦房店市物华天宝，资源丰富。金刚石、石灰石、大理石、粘土、煤、金、银、铁、铜等30余种矿物在境内都有分布，其中，金刚石储量占全国的54%，“东方钻石城”美名远播。海岸线全长461公里，占大连市海岸线总长度的24.2%，近海滩涂面积1.81万公顷，盛产各种海产品，被誉为“黄金海岸”。

境内的长兴岛是我国第五大岛，长江以北第一大岛，长兴岛深水码头工程的启动，有望打造北方新兴良港。大连市人民政府将长兴岛确定为临港工业基地，并将基地规划为造船、冶金、石化、机械制造、高新技术五个产业园区。

瓦房店市历史上曾是辽南重镇，是闻名中外的苹果之乡和中国轴承工业的摇篮。近年来，瓦房店市上下紧紧抓住振兴东北老工业基地和建设“大大连”的历史机遇，大力推进经济和社会发展，2003年生产总值139亿元，实现财政一般预算收入5.39亿元．在第四届县域经济基本竞争力排名中，瓦房店市位列第48位，比上届提升20个位次。目前，在福布斯推出的中国内地最佳商业城市排行榜中，瓦房店市名列“未来之星”全国县级第二位。

良好的区位优势、丰富的自然资源、完备的基础设施、完善的投资环境、雄厚的三次产业基础以及振兴东北老工业基地和建设大大连所独具的政策优势，使瓦房店市成为众多有识之士投资兴业的热土。投资600亿元的辽宁核电厂项目已落户瓦房店市东岗镇，这是大连市历史上投资规模最大的产业项目。投资8.95亿元的大机床项目已开工建设；投资5亿元的瓦轴机电园项目正稳步推进；祝华工业园区规划建设全面启动；沈大高速公路沿线及永青路沿线经济带已初具规模；临港产业园区正在积极筹备。

为实现建设新型工业化中等城市目标，瓦房店市一直把发展工业摆到重中之重的位置，不断加快老工业体系的调整改造和新型工业化建设的发展步伐。轴承、铸造、水泥、食品等行业发展势头强劲，2003年，瓦房店市完成工业增加值68亿元，规模以上工业企业完成产值44亿元，工业用电量达到8.7亿千瓦时。

为拓展城市空间，打造发展平台，瓦房店市于2003年启动了新城区发展规划，新城区规划面积14.38平方公里，分为工业区、商贸区、居住区三个功能区，目前，新城区内道路、上下水、电力、通讯等基础设施建设已部分完成。居住区内7.1万平方米的世纪英伦住宅区已完成主体工程，商贸区内个体客运站投入运营，汽车配件城、小商品批发城已完成主体工程，美食广场正在施工中；五星级酒店框架结构已完成。工业区已引进项目34个，总投资30.3亿元；开工项目27个；试生产项目11个。其中总投资1.2亿元的大连础明集团岗店肉联厂项目已投入生产，大连绿工生物有机肥有限公司投资2.7亿元的生物有机肥厂正式投产。新城区正在成为吸纳投资的有效载体，对拉动瓦房店市经济发展起到了重要作用。

在大力推进工业化、城镇化的同时，瓦房店市高度重视农业产业化进程，发挥比较优势，着力培育苹果、大樱桃、葡萄、肉鸡、海参等八大生产基地，实现集约化经营；制定实施农业和农村经济发展奖励办法，鼓励扶持现代农业园区、订单农业、农产品经纪人大户、农业专业协会建设，以先进的经营模式和营销理念推动现代化农业发展。现已建成省级现代农业园区2处，市级现代农业园区4处，乡镇级现代农业园区21处。瓦房店市现有农产品加工龙头企业98个，年加工总量56.9万吨，其中出口创汇16.1万吨，年创产值23.3亿元，利税1.1亿元。2003年，瓦房店市农业总产值45.6亿元，粮食作物总产量26.7万吨，水果总产量26.3万吨，农民人均纯收入达到3571元。

对外开放步伐日益加快，开放型经济发展迅猛。2003年，瓦房店市新批建外资项目23个，合同外资3.1亿美元，增长148.3%；实际使用外资9096万美元，增长54. 5%；引进内资项目370个，到位资金16亿元，增长8.1%；投资额在千万元以上的产业项目93个；完成出口商品供货额31亿元，增长26.5%；出口总额1.9亿美元，增长21.3%。

牢固树立以人为本理念，全面推进社会各项事业。瓦房店市实施蓝天碧海绿地工程，人居环境不断改善；城区绿化成果显著，获辽宁省绿叶杯竞赛县级第一名；投资1.9亿元的污水处理厂建成运行，有效地改善东风水库水质；社会保障体系不断健全；文化体育事业不断进步，由瓦房店市传统地方戏发展而成的辽剧，在全国地方戏调演中多次获得金奖。

为实现经济跨越式发展，瓦房店市出台了2003～2020发展规划纲要。坚持实施工业强市、私营经济、开放牵动和科教兴市四大战略，加快新型工业化、城市化和农业现代化步伐，使瓦房店市成为大连市的次中心城市，辽南区域中心之一，成为大连市人力资源、自然资源服务供给区，大连市高新技术产业和装备制造业延伸区，大连市城市产业转移的承接区，大连市以海滨和温泉旅游度假为主的特色旅游区，中国轴承生产和销售基地，北方农产品生产加工基地，以水泥和新型材料为主的辽南原材料生产基地，逐步把瓦房店建设成为新型工业化中等城市，全面实现建设小康社会和现代化的战略目标。

瓦房店，这座历史与现代交融、继承与发展并举的城市，正以崭新的姿态阔步向前迈进！

辽宁省庄河市

庄河市位于辽东半岛东南部，陆域面积4068平方公里（其中王家岛6.93平方公里，石城岛26.77平方公里），人口89万，17个民族，辖22个乡镇、4个街道。属海洋性气候，年平均气温8.8℃，无霜期173天。自然资源极为丰富。淡水资源总量达18亿立方米。矿产资源有金、铜、铝、硅砂、大理石、镁等26种。其中蓉花山硅砂矿储量约100亿吨，品位高达99.8%，是国内罕见的特大优矿。海岸线长285公里（其中王家岛34.2，石城岛35.4），滩涂面积39万亩，已开发港养圈10万亩，养贝20万亩，海域面积410.8万亩（其中王家岛60万亩，石城岛50.8万亩），耕地面积130万亩，其中水田36万亩，山林总面积240万亩，果树1400万株；大骨鸡、黑岛蛋鸭、鹅、肉鸡、皮埃蒙特牛、瘦肉型猪以及滑子磨、绒山羊等畜、禽、菌类产品产量均形成较大规模。主要农业品牌有红果牌大米、金晓牌大骨鸡、黑岛牌鸭蛋、碧水牌河豚鱼、绿水牌四角蛤、王家岛海参、步云山牌苹果、歇马山牌杏等20多个。名胜古迹有冰峪旅游风景区、仙人洞国家级森林保护区、天门山、城山古城、千佛洞、蛤蜊岛、花园口日寇侵华登陆旧址、黑岛经远舰殉国旧址等。

县域经济基本竞争力登上新台阶。2004年，全市生产总值预计完成135亿元，比上年增长16%；财政收入预计完成4.7亿元（按可比口径），比上年增长12%；固定资产投资预计完成35亿元，比上年增长31%。分别是1997年的2.5倍、3.7倍、6.4倍。基本实现由农业县向工业市的转变，毫不动摇地坚持“工业强市”战略，连续几年强力推进项目发展，兴建了花园口等一批工业发展区，发展了华丰、大轮、大宇、名兴电束线、宝锋轧辊、嘉隆电机等一批大的工业项目。特别是2004年，克服重重困难，新开工百万元以上工业及产业化项目243个，其中千万元以上86个，亿元以上9个，创历史最好水平。到目前，全市规模以上工业企业达到110多家，第二产业增加值在三次产业中的比例由1997年的43%上升到55%。农业产业化步伐不断加快。积极进行农业结构调整，努力扩大优势产业，创立农业品牌，发展和做大善岛、海洋贝类育苗、富谷水产、天利生物等一批龙头企业。到2004年末，农业龙头企业已达70多家，农民人均收入预计完成4653元，比上年增长15%，为历史最高年份。第三产业发展水平有新的提升。2004年，建成了新天地商业城、旺客隆超市等一批大型商业设施，新的商业业态初步形成。旅游业有较快发展，2004年，成功实施了冰峪旅游区经营体制改革。多年来，全市教育、科技、文化、卫生、计划生育、体育、新闻、社会保障等各项社会事业全面发展。其中2004年，教育和卫生事业的投入达到历史最高水平。城市发生巨大变化。坚持高起点规划，高质量建设，高标准管理，持续推进城市发展。到2004年末，城市面积扩大到25平方公里，人口增加到20万人，已经由一座封闭落后的边陲小城发展为欣欣向荣的海滨新城。庄河港、庄河电厂、丹庄高速公路、北部大通道、乡乡通油路、村村通油路以及农村电网改造等重大基础设施建设实现历史性跨越。以绿化山川、控制污染、保护水质为主体的生态环境建设得到空前重视，在不断加大植树造林、封山育林工作力度的基础上，2004年又下气力解决了林羊矛盾，庄河的生态环境、人居环境越来越好。党的建设得到切实加强和改进，政治文明和精神文明建设水平不断提高，社会和谐稳定。连续两届被评为省“基层组织建设先进市（县）”和“文明城市建设标兵市（县）”。尤为珍贵的是，随着经济和社会的不断发展，人们的思想观念和精神状态发生了新的变化，求新、求变、求发展的愿望从来没有像现在这样强烈。整个庄河充满着蓬勃生机和旺盛活力，显示出巨大的发展后劲和广阔的发展前景。

庄河建设中等城市的基本架构是"一城四区三带"。"一城"，即庄河城区，规划面积76平方公里。"四区"，即逐步形成花园口工业区、青堆农副产品加工区、仙人洞旅游产业区、黑岛电力产业区。"三带"，即形成临港和沿路工业经济发展带，山区经济发展带，海洋经济发展带。在这个大的发展格局下，建设中等城市目标要分两步走。第一步，到2010年，初步形成生态型中等海滨城市的基本框架。全市生产总值达到360亿元，年均增长17.6%；财政收入达到15亿元，年均增长25.8%；固定资产投资达到160亿元，年均增长28.5%。城市76平方公里规划区建设全面启动，建成区面积达到50平方公里，人口达到30万人。全市城镇化率达到60%。农民人均收入达到8000元，年均增长9.4%；城镇居民可支配收入达到13000元，年均增长12%。社会保障体系比较完善，农村贫困地区全部实现脱贫。第二步，到2015年左右，把庄河建成经济实力雄厚、基础设施完备、服务功能齐全、生态环境良好、社会和谐稳定的生态型中等海滨城市。

草原码头——达茂联合旗

达茂联合旗全称达尔罕茂明安联合旗，是内蒙古自治区的19个边境旗市和33个牧业旗之一，也是“草原钢城”包头市惟一的以蒙古族为主体、汉族占多数、多民族聚居的边境牧业旗。达茂联合旗北与蒙古国接壤，中蒙边境线长达88.6公里。全旗总面积18177平方公里，人口11万，其中农业人口6.7万，牧业人口1.3万，城镇人口3万。有蒙古、汉、回、满等11个民族，其中少数民族人口1.66万。全旗辖有8个苏木、5个乡和4个镇。旗政府所在地百灵庙镇是驰名中外的草原重镇，素有“草原码头”和“陆路口岸”之称。

达茂联合旗历史悠久，文化灿烂。1936年，百灵庙抗日武装暴动曾打响了内蒙古人民武装抗日的第一枪；草原英雄小姐妹龙梅、玉荣的故事就发生在旗境的新宝力格苏木；境内有国家级重点文物保护单位敖伦索木古城遗址，闻名遐迩的乌兰察布岩画也主要分布在旗境内。

达茂联合旗位于阴山北麓，向南距离呼和浩特市150公里、距离包头市160公里，并有柏油路相通，处在呼和浩特—包头—银川的经济辐射圈内，向北距离中蒙边境满都拉口岸120公里，是呼包两市对蒙开放的经济通道。近年来，达茂联合旗经济社会快速发展，基础设施日臻完善。公路方面，已形成了以呼—百、包—百及百—满三条公路干线为框架，辐射全旗各苏木、乡镇和边防的公路交通网络。程控电话、移动电话、电信网络、数字数据通讯已与全国联网，长途直拨电话可直拨到世界各地；农村电网改造已全部完成，可满足全旗经济社会发展的需要。在国家计委开展的投资环境评价中被评为“好”（A级）。

达茂联合旗资源丰富，属内蒙古自治区的资源大旗之一。著名的包钢原料基地白云鄂博（蒙语：巴音宝格达）就位于达茂联合旗境内，距百灵庙镇有45公里。旗内矿产资源具有种类多、分布广、储量大、品位高、易开采的特点，目前已探明的矿藏、矿点和矿化点就有126处，其中已探明储量并具有开采价值的金属和非金属矿产资源有32种。其中尤以铁、煤、稀土等为最多，目前铁精粉的年生产能力达到了300万吨，已探明的褐煤储量就达86亿吨，具有开发坑口电站和煤转甲醇的条件；旗内风能资源非常丰富，已具备建设大型风电场的能力。农畜产品主要有马铃薯、荞麦、乳、肉、皮、毛、绒等。这里有无数的文物古迹，出土的恐龙化石和各种动植物化石昭示着史前时期的繁茂，吉穆斯泰和大海林树沟里的苍松翠柏和千年古榆显示着草原自然气候环境的变迁，先人留下的草原岩画向世人诉说了人类文明的进程。中国古代的赵王城、汉长城、北魏长城和金界壕都从旗境经过，作为古代军事防御工程的长城绵亘于达茂联合旗境内，金、元时期这里还崛起了金碧辉煌的赵王城（敖伦索木古城）和木胡索卜日嘎等城池。成吉思汗的胞弟，统一欧亚大陆的功臣哈布图哈萨尔祭奠堂也于1664年随同茂明安部落搬迁到这里，现在重新修建后向游人开放，这座祭奠堂与黄河南面的成吉思汗陵遥遥相望，是考察和研究蒙古史的重要依据。佛教传入后，这里曾建过20多座喇嘛庙，规模宏大且保存完好的有百灵庙（广福寺）和希拉穆仁的席力图召（普会寺）。这里有丰富的旅游资源，以希拉穆仁为中心，辐射百灵庙、康熙营盘、吉穆斯泰、哈布图哈萨尔祭奠堂、敖伦索木元代古城、达茂岩画、大海林树度假村、黄花滩水库、满都拉边境口岸过境游等具有民族风格和草原特色的景区景点。

2002年以来，达茂联合旗大胆解放思想，超前谋划构筑，冲破传统思想观念的束缚和传统经济发展模式的制约，在一个农牧业经济占主导地位的牧业旗，实施了“工业立旗、三产拉动”发展战略，树立大工业理念，用工业化的思维来谋划全旗经济的快速发展。为此，他们把生产力布局调整作为切入点，优化生产力要素配置，提出了“三个集中”的工作思路，即工业建设向三大优势区集中、农牧业生产向水源富集区集中、农牧业人口向小城镇集中，大力发展钢铁、稀土、能源、口岸、旅游、乳业、肉业、薯业八个立旗产业和优势产业，从而促进了资源优势向经济优势转变和生产经营方式的根本性转变，使全旗经济出现了前所未有的快速增长势头。

2004年，达茂联合旗旗域经济发展水平和综合实力得到了较快提升，财政收入、固定资产投资、工业总产值、规模以上工业销售收入等12项经济指标均实现了当年翻番，经济自主增长机制正在形成。全旗完成GDP28.8亿元，增速居包头市第二；实现财政收入24919万元，进入了内蒙古自治区101个旗县区中的30强行列，位居第29位。全旗完成工业投资13.8亿元，完成工业总产值26亿元，工业经济效益综合指数达到282.54，居包头市第一位，主要工业产品铁精粉产量达到了152万吨，实现工业税金1.8亿元，占全旗财政收入的76%，工业已成为全旗经济持续快速发展的重要增长极和可靠支撑点。经全国县域经济基本竞争力评价中心测评，达茂联合旗再次进入了全国县域经济基本竞争力提升速度最快的百县（市）行列，竞争力等级由E级上升到C级；在西部888个县（市）中排在第91位，由一个贫困落后的经济弱旗，首次跨入了全国西部地区百强县（市）行列，且为竞争力动态呈上升趋势的10个县（市）之一，在达茂联合旗的发展史上留下了浓墨重彩的一笔。

达茂旗部分招商项目

序号	项目名称	建设性质	建设规模	总投资(亿元)	效益分析	项目前期工作
20	1万吨马铃薯精淀粉加工	新建	年加工马铃薯精淀粉1万吨	0.2	年销售收入0.38亿元,利税972万元	完成项目可研
21	乳制品加工	新建	引进液态奶生产线2条，年加工奶皮、奶酪、奶油制品200吨。	0.58	年销售收入0.82万元,利税0.15万元	完成项目建议书
22	肉食品加工及高附加值开发	新建	年屠宰加工100万只羊及其高附加值产品开发。	0.5	年销售收入2亿元,利税0.3亿元	市计委以包计农字[2003]546号文批复立项
23	2万吨马铃薯全粉加工	新建	年产马铃薯全粉2万吨	1.00	年销售收入2亿元,利税0.6亿元	项目建设书
24	饲草加工	新建	年加工饲草料30万吨	0.47	年销售收入2.4亿元,利税0.02亿元	有可研
25	2.5万吨马铃薯速冻薯条加工	新建	年产速冻薯条2.5万吨	1.73	年销售收入1.5亿元,利税0.5亿元	有可研
26	肉牛养殖	新建	建生态农牧业产业化养殖小区30个，存栏6.62万头。	2.60	年销售收入1.78亿元,利税7489万元	有可研
	三、旅游			**0.92**		
27	希拉穆仁草原旅游区	新建	总建设1万平米，包括绿草地文化宫、跑马场、草原民俗村、生态园等建设内容。	0.72	年接待游客50万人(次)以上,旅游综合收入1亿元	设计规划
28	龙梅、玉荣草原旅游项目	新建	该项目总建设面积50平方公里，包括4个功能区建设，即龙梅玉荣嘎查、草原驰骋区、花果山景区、西河草原渡假区。	0.2	年接待游客30万人(次),旅游综合收入0.6亿元	可研
	四、基础设施建设			**3.78**		
29	百灵庙镇排水管线及污水处理厂建设	新建	铺设排水管线12万米，8000吨/日污水处理厂一座。	0.53	保护环境、降低水灾出现机率，排污费收入稳定。	有项目建议书
30	百--满公路	新建	建二级油路142公里	2.2	改变晴通雨阻现状，为口岸建设服务	已报市发改委待批，完成可研、设计规划
31	白--满铁路	新建	建铁路135公里	1.05	增加口岸运输能力，促进边境贸易发展	已列入自治区建设规划

内蒙古自治区额济纳旗

额济纳旗位于内蒙古自治区最西端，东南与阿拉善右旗相连，西南与甘肃省毗邻，北与蒙古国接壤，边境线长507公里，总面积11.46万平方公里，约占全区总面积的十分之一。全旗辖1个镇、6个苏木、1个国营农场。生活着蒙、汉、回、藏等9个民族1.6万余人。是以蒙古族为主体的边境多民族聚居旗。著名的东风航天城、内蒙古第三大陆路常年开放口岸——策克口岸位于旗境内。

发源于祁连山麓的季节性河流黑河纵贯全境，自狼心山分为东西两条河，最后分别注入东、西居延海。境内有胡杨、沙枣、柽柳、梭梭等天然生乔灌林500多万亩，被世人称作居延绿洲。

历史悠久

早在原始社会这里就有人类活动，堪称东西石器文化的连接点。此地先秦称“流沙”或“弱水流沙”，秦汉以后称“居延”。自汉朝到西夏统治前后500多年，是古居延地区发展的鼎盛时期，自汉到北魏300多年，创造了古黑城文化，为额济纳旗留下了驰名中外的黑城、破城、绿城、大同城、居延城等历史遗迹。这些遗迹与神奇壮美的胡杨林、怪树林、神树、居延海等自然景观以及口岸、国门、东风航天城等现代高科技人文景观交相辉映，构成了额济纳神奇美丽而又沧桑凝重的独特魅力。

长期以来，额济纳各族人民忠实履行戍边守疆、支持国防、维护稳定三大任务，为祖国航天事业的发展做出了巨大牺牲和贡献。改革开放特别是进入“十五”以来，旗委、政府团结带领全旗各族人民，进一步解放思想，更新观念，审视旗情，充分认识到额济纳旗加快发展具有三大优势：一是后发优势。由于涉及军事禁区，长期以来额济纳与外界沟通往来困难，信息闭塞，属尚未开发地区。随着国家西部大开发战略的实施、旗内基础设施条件的进一步改善，这块沉睡了几千年的戈壁滩必将苏醒，焕发出前所未有的活力。二是资源优势。目前全旗矿产资源勘探面积不足国土总面积5%，地下资源大部分不明。已探明的矿床、矿点达271处，矿种50类。有举世瞩目的“东风航天城”、闻名遐迩的汉居延遗址等旅游资源；有可利用草场4146万亩、可耕地40万亩，胡杨、柽柳、沙枣等天然次生林567万亩；有丰富的苁蓉、甘草、苦豆籽、锁阳等纯天然、无污染中药材。三是口岸优势。策克口岸与蒙古国南戈壁省西伯库伦口岸对应，对外辐射蒙古国南戈壁、巴音洪格尔、戈壁阿尔泰、前杭盖、后杭盖五个矿产品资源富集而经济贫困的省区；对内辐射内蒙古、陕西、甘肃、宁夏、青海五省区。

丰富的自然资源，具有广阔的发展前景

额济纳旗成矿条件良好，矿产资源丰富。目前控制和探明的储量约63亿吨，潜在经济价值约560亿元。非金属矿主要有冶镁白云岩、硅石、石膏、化工原料盐、芒硝、天然碱、萤石、大理岩；黑色金属矿主要有铁、锰、铬；有色金属矿主要有铜、铅、锌、钼、锑、钨、锡、汞；贵重金属矿主要有金、银；能源矿以煤为主。其中：白云岩矿47.74亿吨，是世界级的特大型矿；铁1.5亿吨，储量大，品位高，易开采；硅石矿2.49亿吨，近年又先后发现了国家紧缺的铜矿、钼矿、铍矿资源。另外，在中蒙沿边地带特别是蒙古国境内临近额济纳旗的五省，蕴藏着极为丰富的煤、铜、铅锌、石油、铀、金等矿产资源，其中铜储量约1.3亿吨，石油约40~80亿桶，铀约140万吨，资源量潜在优势巨大，开发利用前景十分广阔。

棉花和蜜瓜产业发展迅速。在旗委和政府产业政策的引导下，额济纳旗棉花产业快速发展，现已初具规模，形成了集生产、加工、销售为一体的产业化格局，成为额济纳旗农牧民增收、农牧业增效的主导产业之一。蜜瓜是额济纳旗继棉花产业之后的新兴产业，蜜瓜产生的经济、社会效益巨大，不仅发展了农牧区经济，繁荣了第三产业，解决了农牧区剩余劳动力，而且极大地促进了额济纳旗农业的快速发展。“漠洲棉花”和“居延蜜瓜”两个品牌已在自治区登记注册，其中棉花被评为自治区优质农畜产品，蜜瓜生产通过了自治区无公害农产品基地认证，产品远销广州、北京等地，备受顾客青睐。

畜牧业资源丰富。以资源优势为依托，不断调整和优化畜牧业生产结构，草产业、肉牛肉羊产业和沙产业也正在积极培育和发展。草业生产2005年种植优质饲草料1.2万亩，饲用灌木3万亩，生产鲜草300万公斤。沙产业是额济纳旗独特资源优势之一，具有巨大的发展潜力。2004年结合退牧还草项目围封梭梭林110万亩，人工种植梭梭1.2万亩，人工接种肉苁蓉500亩；年产20吨的苦豆子加工厂建设和原料收购目前正在同期进行。以“沿河地区”为主的绒毛生产基地，2004年生产羊绒1.8万公斤，驼毛绒5.4万公斤。

基础设施建设不断加强，投资环境不断优化

近年来，额济纳旗深入实施“走出去”发展战略和“生态立旗、国防建旗、工业强旗、旅游兴旗”的总体发展思路，加快经济社会发展步伐，特别是不断加大基础设施建设力度，取得了显著成效，经济社会发展环境和基础条件得到了极大的改善。

生态环境保护和建设成效显著。近年来，国家进一步加大了额济纳绿洲生态环境治理与保护力度，随着国家生态治理重点旗工程、国家天然林保护工程，特别是黑河流域综合治理工程的全面实施，生态保护初见成效，额济纳绿洲正在重现生机：黑河断流天数逐年减少；绿洲灌溉面积增加，地下水得到补给，水位回升；绿洲植被得到改善，地区小气候和局部生态环境逐步好转。

电力建设再谱新篇，为经济社会发展提供了充足的电力保障。近年来，额济纳旗抢抓国家实施西部大开发的历史机遇，致力于解决电力供应不足这一制约额济纳旗经济社会发展的“瓶颈”，电力事业取得了长足的发展。特别是2003年4月额济纳旗接入了西北电网，结束了额济纳旗孤立小火电厂发供电的历史。其后，通过争取，蒙西电网220千伏输变电线路工程已于2004年9月17日开工建设，现已完成110千伏变电站建设，将于2005年6月建成并投入使用。同时，额济纳旗还将积极协助内蒙古庆华（集团）公司筹建2×330兆瓦火力发电厂及硅电一体化项目。这些电力、工业建设项目的上马，将彻底解决额济纳旗用电难的问题，为全旗经济社会特别是工业经济的发展提供优良充足的电力保障，加速额济纳旗的工业化进程。

道路交通网络逐步完善，交通条件进一步优化。额济纳旗不断加大交通基础设施建设力度，公路里程特别是黑色油路里程明显增加，公路等级大幅度提高，交通条件得到了极大的改善。全旗现有公路可直通东风航天城、酒泉市、巴彦浩特、临河市、银川市，境内的鼎新机场与北京定期通航。特别是旗通油路和达镇至策克口岸公路、额双（阿右旗至十四号基地）公路全线贯通。策克口岸至乌素图（庆华）企业专用公路、嘉峪关至策克（酒钢专用）铁路正在建设中。额济纳旗还计划于2005年建设策克口岸国际客货运输站；临河至哈密公路和铁路建设已列入国家“十一五”规划，前期预研踏勘工作已开始，自治区人民政府已经与铁道部签署了临河至哈密铁路临河至策克口岸段修建协议，并将于2005年下半年开工建设；酒钢（集团）公司还计划修建策克口岸至蒙古国纳林苏海特煤田铁路；蒙古国也正在积极策划修建乌兰巴托至额济纳旗策克口岸的铁路，联通国家规划建设的临河至哈密铁路，接入亚欧大陆桥。这些道路的建设，将使额济纳旗交通状况实现质的飞跃，逐步构建起以国道、省道为主框架，县乡道路为支线的四通八达的交通网络，这将对加速沿路及蒙古国资源的开发利用提供良好保证，并将使额济纳旗成为连接西北五省区和蒙古国的交通枢纽。

树立经营城镇的理念，遵循城镇总体规划，

坚持多渠道融资、谁投资谁受益的政策和审批一支笔制度，广泛动员社会力量参与城镇建设，城镇化建设步伐明显加快。组织实施了达镇排污工程、生态示范园、宾馆改造、镇区道路改造、团结小区住宅楼建设、镇区绿化亮化、给排水工程等。目前，城镇建成区面积达4.72平方公里，城镇的功能日趋完善，树立了崭新的旗府形象。

口岸服务功能日趋完善。策克口岸是国家一类自治区第三大陆路口岸。2004年9月28日中蒙两国政府正式批准为双边性常年开放口岸，截至2004年10月，策克口岸顺利实现45次贸易通关，过货总量175万吨，成交额4.4亿元，出入境人员37万人（次），出入境车辆15万辆（次）。2003年建成了口岸监管区、交通、通讯、电力为主的9项口岸基建项目，口岸面貌焕然一新。在建项目有嘉峪关—策克（酒钢专用）铁路、策克口岸至乌斯太（企业专用）公路、策克口岸贸易服务区等。通过努力，策克口岸必将成为我国西北地区连通国内外的一个较为重要的交通枢纽、商贸中心、货物集散地和资源大通道，为自治区实施向北开放战略做出应有贡献。

通讯业发展迅速，信息交流更加便捷。全旗现已实现了光缆联网和移动漫游；通讯覆盖区域逐年扩大，业务范围不断拓展，服务功能更加完善；达镇、策克口岸开通了DDN、ISDN、ADSL、分组交换等数据业务，为全旗经济社会发展提供优质高效的信息网络服务。

投资的焦点，发展的热土

近年来，额济纳旗充分发挥资源优势和后发优势，不断优化开放环境，招商引资，加快资源转换步伐。成功引进庆华集团与蒙古国蒙古之金公司合资开采蒙古国纳林苏海特煤田，2004年进口原煤155万吨，2005年将达到300万吨以上，2008年达到1000万吨以上。该项目的成功合作，使全旗工业经济发展和对外开放形势发生了巨大变化，一批有实力的企业纷至沓来，与额济纳旗洽谈合作事宜，并已达成了多项投资合同、意向和协议，额济纳出现了历史上从未有过的投资热潮。嘉峪关—策克口岸（酒泉钢铁集团公司专用）铁路于2004年4月8日开工奠基，现正在抓紧建设，计划2005年5月1日正式通车运营。香港海利集团投资2000万元建设年产苦参总碱20吨的加工厂项目已完成了施工设计。香港豪景公司拟在额济纳旗投资建设近期年产20万吨、远期年产50万吨化学级工业硅项目，年产100万吨焦化厂项目也正在设计论证中。为适应全旗工业经济快速发展的需求，额济纳旗按照“一次规划，分步实施”原则，委托中国北方工业公司北方设计院对赛汉陶来工业园区进行重新定位，科学规划，引进企业进行铁、煤、石英等矿产品的加工。同时不断加大策克口岸基础设施建设力度，投资1.3亿元新建了口岸监管区及配套工程，并委托北京恒阳房地产有限责任公司对口岸贸易经济区进行土地一级开发，建设规模4平方公里，预计总投资3.6亿元，启动期投资1.17亿元开发2平方公里，2005年完成“七通一平”，逐步把策克口岸建成以国际贸易为主，以矿产资源加工增值和第三产业为辅，以边贸旅游为补充的贸易经济区。

额济纳有诸多资源亟待开发，有诸多领域有待拓展，发展空间巨大，投资前景十分广阔。热忱欢迎国内外才杰贤俊，各方有识之士前来投资创业，开发建设，将为你们营造宽松的创业环境、提供优惠的政策扶持和优质高效的服务。

内蒙古自治区科尔沁右翼中旗

科尔沁右翼中旗位于内蒙古自治区兴安盟南部，大兴安岭南麓的边缘地带，行政隶属于兴安盟。全旗呈西北向东南狭长状，面积15613平方公里，人口25.13万，其中蒙古族人口占83.17%，是全国蒙古族比例最高的地区。全旗辖9个苏木（乡）、6个镇、3个苏木（乡）级行政管理区，有173个嘎查（村）。

全旗有耕地136万亩、可利用草牧场1300万亩、天然林地267万亩，森林覆盖率13.14%，水域面积15万亩，大小湖泊78个，山泉67眼；野生植物资源种类繁多，麻黄、甘草、防风、桔梗等药材遍布全旗，年产药材3000万斤以上，年产山杏核400万斤；地下矿产资源种类繁多，蕴藏丰富，已探明的地下矿产有银、铅、铜、铁、锌、高岭土、稀土、珍珠岩、黑耀岩、花岗岩、大理石、硅石、叶腊石、煤等。

由于种种原因，科右中旗基础建设比较滞后，经济发展相对落后，是国家确定的扶贫开发重点旗。2000年底时，全旗贫困人口为8.3万人，占全旗农牧民人口的49%。为了加快脱贫致富步伐，在2000年底召开的旗第十一次党代会上旗委、旗政府确定了实施“生态立旗、农业稳旗、工业富旗、开放强旗、科教兴旗”五大战略，完成“优化一产、壮大二产、强化三产”三大任务，五年内实现整体脱贫达小康的总体思路。围绕这个思路，几年来，通过切实加强生态建设和基础设施建设，积极调整优化经济结构，有力地促进了经济社会的发展。到2004年，全旗地区生产总值达到12.5亿元，全社会固定资产投资达到5.1亿元，全旗乡及乡以上工业增加值达到3.1亿元，其中规模以上工业增加值达到6864万元，全旗财政收入达到8120万元，城镇居民人均可支配收入达到5904元，农牧民人均纯收入达到1698元。由于全旗经济社会的快速发展，在2004年第四届全国县域经济基本竞争力评价活动中，科右中旗被评为“全国县域经济基本竞争力提升速度最快的百县（市）”之一。

在工业经济发展方面

以能源工业为龙头，重点培育和壮大了电力、煤化工、高载能、冶金、建材、采矿、农畜产品加工业，积极培育了服装工业和酿造业。一是培育了一批现有骨干企业。通过改制重组、整体出售、对外租赁等方式，使兴华集团、兴科尔公司、旗酒厂、水泥厂等一批现有骨干企业发展壮大，规模以上工业企业数由2001年的5个增加到2003年的9个。二是实施了一批工业重点项目。从2001年开始，科右中旗主要通过招商引资渠道，实施了有色金属矿废弃尾沙提银及银冶炼（外资企业项目）、铜矿采选改造、水泥厂扩产改造、毅旺铁矿采选改造、兴华集团出口服装扩产等36个工业重点项目，完成投资6.4亿元，进一步拉动了工业经济发展。三是筹划了一批工业后续项目。能源工业项目方面，由内蒙古富祥发电有限责任公司拟总投资12亿元的2×13.5万千瓦科右中热电厂项目已完成投资4.02亿元，力争在2005年底并网发电。由山东鲁能集团拟总投资50亿元的2×60万千瓦科右中电厂项目已举行开工奠基仪式，力争2004年开工建设。煤化工工业方面，由山东鲁能集团拟投资32亿元的100万吨甲醇和30万吨二甲醚项目，正在做前期工作。建材工业方面，由山东莱州黄金集团和北京海地人有限责任公司拟投资3亿元的超细高岭土项目，2004年投资800万元，已完成前期勘探工作。

在推进农牧业产业化方面

一是集中发展了精种高产的种植业。全旗农用井数已达到20471眼，全旗基本田面积已达到60万亩，除人畜饮水困难的个别地区外，基本实现了人人3亩基本田的目标。2002年至2004年农业连续三年获得大丰收，粮豆产量分别为3.8亿斤、3.65亿斤和3.05亿斤。二是大力发展了生态效益型畜牧业。2004年，全旗牲畜总数突破了170万头（只、口）大关，达到171万头（只、口），比2001年增加了46万头（只、口）；大小畜总数突破了150万头（只）大关，达到152.2万头（只），比2001年增加了45.2万头（只）。全旗肉牛存栏数由2001年的14.4万头增加到18.7万头，肉羊由2001年的26.2万只增加到60.9万只。三是加快推进了农牧业产业化经营。全旗农牧业产业化八大基地已初具规模，草原肉牛达到了18.6万头，草原肉羊达到了60.9万只，草原黑毛猪达到了18.7万口，水产业开发面积达到了8.5万亩，速生丰产林面积达到了13万亩，西伯利亚苦山杏开发面积达到了100万亩，饲草种植面积达到了34万亩，杂粮杂豆种植面积达到了32万亩。同时，科右中旗还通过招商引资，吸引了北京稻香村集团科右中旗肉联厂、吐列毛杜肉联厂、鄂尔多斯酒业集团科右中旗东兴制酒厂和特木草业开发有限公司（外资企业）等一批产业化龙头企业。

在小城镇建设方面

从2002年开始，按照市场化运作的思路，对旗所在地巴彦呼舒镇进行了较大规模的集中开发建设。三年来，累计投入资金1.2亿元，实施了主要街路改造工程、硬化工程、亮化工程、绿化工程、排污工程、五角枫广场工程、河堤广场工程、“三线”下埋工程（电力线、通讯线、有线电视线下埋）、集中供热工程、自来水管网改造工程等20余项工程，不仅使巴彦呼舒镇的面貌有了明显改观，而且功能明显增强。同时，切实加大了旧城改造和房地产开发力度。三年来，累计投入资金2.6亿元（全部为招商引资），完成旧城改造面积32万平方米，其中开发房地产16.7万平方米。

在开发旅游业方面

通过精心打造科尔沁文化品牌，努力构建了“一线九点”的旅游线路（“一线”，就是111国道沿线；“九点”，就是科尔沁国家级湿地珍禽自然保护区、自治区级代钦塔拉五角枫自然保护区、自治区级蒙格罕山自然保护区、图什业图王府遗址、图什业图赛马场、遐福寺、十旗会盟地、翰嘎利湖、巴彦芒哈沙岛湖）。2002年8月和2004年8月，科右中旗成功举办了第一届和第二届赛马节暨那达慕大会，共有50多万人次参加了这两次盛会。通过这些活动的开展，进一步提高了科右中旗的知名度，扩大了对外影响，促进了旅游业的发展。

在生态环境建设方面

坚持“大面积封、按计划种”的方针，采取“封、退、种、禁、休、轮”六项措施，加大了保护和建设力度。三年来，全旗造林80万亩，种草62万亩，围封草牧场400万亩，森林覆盖率由2001年的11.47%提高到2005年的13.14%。争取到了日本国“小渊惠三绿化交流基金会”的生态保护项目，一、二期工程获得无偿投入资金1810万日元，完成造林6750亩，填补了兴安盟无偿引进外资造林的空白，现无偿投入资金1500万日元的三期工程又获准实施。

科右中旗投资环境优越，公用基础设施完备。通霍铁路、111国道和省际大通道贯穿全境，已形成纵横交错、四通八达的公路、铁路交通网；旗所在地巴彦呼舒镇到乌兰浩特机场仅有1小时的路程，距通辽机场也只有1.5小时路程；全旗能源充足，220千伏输电线路贯穿全境，有高压供电局和一次变电站，各苏木（乡）镇所在地通电率达到100%。为了落实好“开放强旗”战略，科右中旗把优化对外开放环境作为招商引资的重要措施来抓，制定出台了《关于加大对外开放力度，优化经济发展环境的决定》、《关于对重点招商引资企业实行八条保护措施的决定》等一系列政策性文件，创造了宽松的政策环境。同时，深化行政审批制度改革，减少了行政审批事项，推行了“一厅式”审批、“一站式”服务，简化了办事手续。

科尔沁右翼中旗招商引资项目表

序号	项目名称	建设内容	投资规模	经济效益	合作方
一、工业项目					
1	30MW 风力发电厂建设项目	购置 30MW 风力发电机组，风电厂中心变电所建设	21000 万元	销售收入 4200 万元，利润 2106 万元，实现税金 1045 万元	合资、合独资
2	山杏仁饮料生产加工项目	土建工程，设备购置	3800 万元	年销售收入实现 3400 万元，利润 714 万元，税金 204 万元	合资、合独资
3	30 万吨硅铁生产建设项目	设备购置、厂房建设及其它建设	45000 万元	实现年销售收入 1.8 亿元，利润 5000 万元，税金 1080 万元	合资、合独资
4	30 万吨生物降解固体水项目	年产 30 万吨生物降解固体水	29000 万元	年销售收入 9 亿元，利税 1.8 亿元，项目第一期工程年销售收入 3 亿元，利税 6000 万元	合资、合独资
5	蒙药制药制剂厂项目	建设筛选车间、烘干车间、药检车间、成品车间等	4120 万元	年销售收入 9924 万元，实现利润 2084 万元，税金 596 万元	合资、合
二、农牧林水项目					
1	肉羊养殖加工产业化项目	种羊采购、饲料加工设备购置、饲草（粮）基地、棚圈建设	800 万元	年育肥、加工肉羊 5 万只，年销售收入 920 万元，利润 193 万元，税金 55 万元	合资、合独资
2	肉牛养殖加工产业化项目	建设肉牛育肥场	4000 万元	年育肥牛 4 万头，年产牛肉 800 万公斤，年销售收入 1.12 亿元，利润 2352 万元，税金 672 万元	合资、合
3	奶业开发项目	建养殖 3000 头奶牛基地，在奶牛项目区建设综合服务站等	45000 万元	年产值 2160 万元，利润 1470 万元	合资、合

科尔沁右翼中旗招商引资项目表

序号	项目名称	建设内容	投资规模	经济效益	合作方式
4	速生丰产林基地建设项目	建设速生丰产林100万亩	30000万元	到采伐期年平均收入15000万元，净利润达到10500万元	合资、合作、独资
5	白音花水库建设项目	新建库容6.66亿立方米，水电装机容量3750千瓦，岸边溢洪道及水电站	4.95亿元	发电、水产养殖年综合经济效益可达550万元以上	合资、参股、控股
三、矿产开发项目					
1	石灰石矿开发项目	采掘、粗加工	300万元	年产20000吨石灰石，年销售收入1200万元，利润可达252万元，实现税金72万元	合资、合作、独资
2	稀土矿勘探开发项目	开采提炼加工	1200万元	年销售收入617.78万元，实现利润130万元，税金37万元	合资、合作、独资
四、旅游业开发项目					
1	黑帝庙修复建设项目	规划占地300亩，在原址重新修建恢复原貌	1000万元	年旅游客流量可达8万人次，年收入500万元，回收期2年	合资、合作
2	图什业图王府恢复建设项目	在原址修复王府，恢复原貌，建设其它设施	480万元	该项目已列入全盟旅游发展规划，年收入可达100万元	合资、合作、独资
五、交通开发项目					
1	111国道巴彦呼舒镇至通辽市边界公路扩宽建设	全线按平原微丘区二级沥青公路标准加宽，路基宽12米，路高宽9米，设计荷载汽—20挂—100路面结构，垫层厚为20厘米天然砂砾，基层20厘米水泥稳定级配砾石，面层为4厘米沥青（碎石）表处，路基平均填土高度150米	6506.75万元	按规定每40公里设1处收费站，全线设两处收费站，经折算每年可收766.5万元，预计9年内全部收回	合资、合作、独资

巴尔虎草原的一颗明珠——新巴尔虎右旗

新巴尔虎右旗（简称新右旗），位于祖国东北边陲，内蒙古自治区呼伦贝尔市西部中俄蒙三国交界处。东北部与全国最大的陆路口岸城市满洲里毗邻。国境线长515.4公里，其中：中蒙边界467.4公里，中俄边界48公里。总面积25194平方公里。旗域辽阔，东西最大距离168.5公里，南北最大距离245公里。辖9个苏木、1个镇、1个牧场，有蒙、汉、达斡尔、鄂温克、鄂伦春、回、满等11个民族，共有3.74万人口。南部地势平坦、中部较低、西部较高。属中温带半干旱大陆性气候，年平均降水量220~280毫米左右，由北向南递减，年平均气温为0.3℃，无霜期128天左右。

全旗有效草场面积2.05万平方公里，占总面积的81.3%，是著名的呼伦贝尔大草原的重要组成部分。克鲁伦河、乌尔逊河在新右旗境内。呼伦湖水面在新右旗境内的面积达1958平方公里，占该湖的84%左右。贝尔湖为中蒙界湖，在我国境内的湖域全部都在新右旗境内。呼伦贝尔之称便因两湖而得。

1734年（雍正十二年），清政府为“移民实边”，将蒙古喀尔喀车臣汉部2984名巴尔虎人迁入呼伦湖、贝尔湖、哈拉哈河、乌尔逊河与克鲁伦河下游一带，编为两翼八旗称新巴尔虎。其中驻牧在呼伦湖、乌尔逊河以西，克鲁伦河下游的为新巴尔虎右翼四旗。1932年，四旗统编为一个旗，称新巴尔虎右翼旗。1948年，在中国共产党领导下，改造旧政权，成立新政府。1959年改称新巴尔虎右旗。

新右旗地域辽阔，水草丰美，资源富足。境内植物种类达62科229属448种之多。天然优质饲草年可利用贮量为25亿公斤以上；药用植物36种；被誉为“第二森林”的水生植物芦苇产区面积达9.8万亩。野生动物有35种；鸟类191种，其中珍稀鸟类35种。河流、湖泊盛产多种鱼类，人工养殖条件优越。矿产资源主要有金、银、铜、钼、铅、锰、铁、钨、锡、铋等十多种金属和煤、芒硝、玛瑙石、硅石、石油、莹石、石膏、石灰石、大理石、膨润土、吐腊石等非金属矿藏。已探明储量的大型矿床有：白音甲乌拉铅锌矿、查干布拉根银铅锌矿、额仁陶勒盖锰银矿、乌奴克吐山铜钼矿、西乌日吐山煤矿等。探明的银储量1万吨，铅锌100多万吨，铜钼260万吨，煤炭12亿吨。石油储量极为丰富，开发潜力广阔。

1992年6月22日，经国务院批准，新右旗阿日哈沙特口岸国家一类季节性陆路口岸正式开通。该口岸已成为中蒙之间第二大口岸。几年来，贸易领域不断拓展，边境贸易不断升级。目前已呈现出由单纯的易货贸易向现汇贸易和广泛的经济技术合作领域发展。从2005年4月1日起口岸将正式实行集中延长开关，使开放时间由原来的80天增加到234天。

近几年来，新右旗按照“生态立旗、畜牧业稳旗、科教兴旗、工业富旗、旅游强旗、口岸活旗”的总体思路，大力调整产业结构，使经济社会有了长足发展。2004年，全旗生产总值完成8.95亿元，按可比价计算同比增长64.4%，人均生产总值达到3085美元，超出全国人均生产总值1817美元。在第四届全国县域经济基本竞争力评价中，进入“全国县域经济基本竞争力提升速度最快的百县（市）”行列。全旗经济结构调整取得重大突破，改变过去单一畜牧业“独木支撑”的产业局面，实现了由牧业大旗向工业强旗转变的历史性跨越，三次产业比重达到31.0∶55.2∶13.8，二产比重首次超过一产和三产之和，逐步形成了以石油开采业、有色金属采掘业、畜产品加工业、煤业、渔业、旅游业、口岸经济、绿色能源业等八大支柱产业齐头并进的良好产业格局。财政总收入首次突破亿元大关达到13671万元，同比增长150.29%，人均财政收入达到3695元；固定资产投资完成8.9亿元，同比增长106.7%；城镇居民人均可支配收入达到6759.65元，同比增长15.6%；牧民人均纯收入达到3838.66元，同比增长20.3%。2004年牧业年度牲畜总头数达到205.4万头（只），比上年同期增加21.5万头（只），纯增率达11.6%。2004年，乡及乡以上独立核算工业企业实现产值10.26亿元，同比增长256.99%，实现增加值3.26亿元，同比增长240.01%。其中，限额以上工业企业实现产值9.42亿元，同比增长203.2%，实现增加值3.16亿元，同比增长221.26%。

丰富的地下矿藏资源是工业经济腾飞的巨大潜力。石油开采业已全面崛起，目前已形成贝301作业区、贝16作业区、贝28作业区。2004年，大庆油田呼伦贝尔分公司贝采区投产井口总数达到232口，原油产量实现28.6万吨，产值实现6.26亿元。以甲乌拉矿业公司、查干矿业公司、新鑫矿业公司、荣达矿业公司为龙头的有色金属采选业已全面启动。2004年，有色金属采选日处理矿石能力达到3750吨，处理矿石能力达到70万吨；年产值达到3.2亿元。畜产品加工业增效显著。全旗现有7家畜产品加工企业，年屠宰加工牲畜能力达到30万只羊单位，2004年实现产值6000万元。绿色能源开发取得新进展。广东集华集团拟在新右旗投资建设2万千瓦风能发电项目，项目总投资1.6亿元。目前，已建设完成两座高40米的测风塔，测风工作进展顺利。此外，正积极筹措全国第四大铜矿——乌奴格图铜钼矿开发项目，萤石矿采选项目，白灰厂开发项目，钢球厂开发项目，硅石开发项目，蒙古国乌兰矿开发项目，煤炭资源的整合开发项目，贵金属冶炼项目。

全面实施收缩战略，城镇建设突飞猛进。2004年起新右旗全面实施收缩战略，提出逐步把全旗90%的人口都集中到旗所在地阿拉坦额莫勒镇（简称阿镇），做大做强阿镇，使牧区孩子受到良好的教育，老人享受城镇生活。各苏木要走家庭牧场的路子，重点把防疫站、扑火队、医疗站建好。同时，优化、活化、合理开发教育资源，实施教育布局结构调整，逐步实现教育资源集中使用。为确保收缩战略的有效实施，新右旗不断加大城镇建设力度，确定了将旗所在地阿拉坦额莫勒镇建设成为集中俄蒙三国地域特点、民族特色于一体的边疆旅游贸易城镇的目标。近几年间，城镇建设总投资达到2亿元，相继完成了“三横六纵三出口”的城镇路网改造、给水、集中供热、住宅小区建设、百巷治理等工程，使城镇面貌焕然一新，人居环境得到全面改善。新右旗交通十分便捷。S203线满西油路、阿拉坦额莫勒——阿木古郎油路的全线通车、乡乡通油路建设的全面完成及满洲里机场的通航，使新右旗完全融入到四通八达的现代化交通路网之中。

美丽富饶的新巴尔虎右旗物华天宝，风姿多彩。奔腾不息的克鲁伦河发源于蒙古国肯特山，千百年来始终以其博大的胸怀滋润着巴尔虎草原。呼伦贝尔草原的象征呼伦湖和贝尔湖烟波浩淼、碧波连天，景色旖旎。乌尔逊河将呼伦湖、贝尔湖似血脉般连在一起。“鸟的王国”乌兰诺尔犹如一块美丽的绿宝石，镶嵌在呼伦湖和贝尔湖之间，每当春暖花开，莺飞草长时节，乌兰诺尔就会成为各种珍稀鸟类的天堂。还有巴尔虎民间祭祀——宝格德乌拉山盛会，神奇的传说——成吉思汗拴马桩，天然浴场——金海岸，全国惟一的知青广场——思歌腾广场，惟一的巴尔虎主题博物馆——巴尔虎博物馆等自然地理、历史人文，这些景观均堪称全国一流。夏季这里山川大地皆披绿，无名野花争奇斗妍，气候凉爽宜人，是旅游避暑的好去处，冬季一片银装素裹，一派优美的北国风光。

新巴尔虎右旗人杰地灵，民风淳朴。新右旗将以优惠的政策、宽松的环境，真诚欢迎国内外有识之士前来观光旅游，投资开发，兴办实业，与新右旗携手并进，共创巴尔虎草原美好的明天！

内蒙古自治区准格尔旗

准格尔旗地处内蒙古自治区西南部，鄂尔多斯高原东端，蒙晋陕三省交界带。全旗总面积7692平方公里，总人口27.6万人，辖一个省级经济技术开发区，20个乡镇。旗府薛家湾镇北倚自治区首府呼和浩特130公里，毗邻钢城包头180公里，东距首都北京650公里，西距鄂尔多斯市120公里，北、东、南为黄河环绕，过境长度197公里。

准格尔旗地域辽阔，资源富集。煤炭探明储量544亿吨，远景储量1000亿吨，且地质构造简单、埋藏浅、煤层厚、低瓦斯、易开采，发热量均在6000大卡／千克以上，为优质的动力煤和化工煤；石灰石总储量50亿吨，品位高，氧化钙含量达52.92%；铝矾土总储量1亿吨，矿层稳定，品位呈现铝高硅低的特征；此外，高岭土、硫铁矿、白云岩、石英砂的储量也相当大，特别是煤层气的储量十分可观，属国内罕见的煤化工资源。水源充沛。黄河年过水量248亿立方米，国家批准黄河用水指标2亿立方米，现有80%尚未利用；年降水总量30亿立方米；年径流总量4.3亿立方米；地下水探明储量28.5亿立方米，年开采量0.55亿立方米；库坝总库容1.8亿立方米，年供水量5000万立方米；现已建成日供水能力10万立方米水源工程1处。黄河水、水库水、地下水完全能满足工业发展的需求。电力资源得天独厚。现已建成并投入运营的坑口火电厂有2座，装机容量86万千瓦；水电站一座，装机108万千瓦；年发电量80亿度；500千伏、220千伏、110千伏输变电工程均已配套，且供电半径小，电价低廉，高载能电价0.266元／度，属国内最低电价。交通运输十分便利。境内有大准电气化铁路、准东铁路和在建的呼准铁路以及拟建的准河铁路，年货运能力接近1亿吨，是出省到京、到秦皇岛、到黄骅港的重要通道；109国道横贯东西，在建的呼和浩特至鄂尔多斯高速公路穿境而过，与建成的呼包、包东高速公路连为一体，全部行程不足3小时。国土资源面积十分广阔。全旗有宜林宜草面积800万亩，益于牛、羊的养殖；农畜产品属纯天然的绿色食品；盛产海红果等多种果品，年产量1000万公斤。旅游资源独具特色。有巨石林立、天水一色的黄河峡谷风情；有僧庙相连、堂殿恢弘的鄂尔多斯最大召庙建筑群宝堂寺；有充满神奇色彩的千年古松“中国油松王”；有蒙汉民族水乳交融的民间艺术奇葩“漫瀚调”。

准格尔旗具有集众多资源于一身的特有优势，且是距环渤海湾距离最近的资源富集区。从“八五”开始，国家先后投入近200亿元巨资，开发建设了世界一流水平的黑岱沟露天煤矿，年产原煤达到2000万吨；地企合建的典范工程黄河万家寨水利枢纽，装机容量108万千瓦；国内一流水准的火力发电厂国华准电项目，装机容量66万千瓦。在国家重点工程的强劲拉动下，准格尔旗经济得到了迅猛发展，初步形成了集煤炭开采、发电、高载能、煤化工、建材、农畜产品深加工于一体的具有鲜明地区特色的工业体系。2004年全旗实现地区生产总值95亿元，财政收入完成12.52亿元，总体经济实力居内蒙古自治区旗县第一位。

准格尔旗作为西部地区的经济欠发达地区，在跨入新世纪后，沐浴着国家西部大开发。能源战略西移的东风，紧紧抓住国家新一轮经济快速增长期到来的机遇，依托资源、地域优势，站在适应经济大发展的战略高度，坚持全面、协调、可持续的科学发展观，建设“四大基地”构筑“四大体系”，努力为国内外商家投资创业搭建最好的舞台，以促进全旗经济跨越式发展。

建设亿吨级煤炭基地——到2010年，全旗煤炭产量超过亿吨；建设千万千瓦级火力发电基地——到2010年，境内电力装机超1000万千瓦；建设千万吨级煤化工基地——到2010年，焦粉达到500万吨，超纯煤达到100万吨，煤转油达到100万吨，型煤达到100万吨，腐殖酸达到100万吨，捣固焦达100万吨；建设千万吨级高载能产品基地——到2010年，电石达到500万吨，特种钢达到300万吨，硅铁达到100万吨，氧化铝、电解铝达到50万吨，PVC、氯碱达到50万吨。形成煤、电、高载能、精细化工和煤、煤化工为主的产业链。

构建大供电体系——建设两个550千伏、7个220千伏输变电工程，形成“大准格尔供电局域网”；构筑大供水体系——建成引黄入沙工程、8大水库工程以及2处污水再利用工程，年供水能力再增加2亿立方米；构筑大交通体系——建成“五横五纵十二出口”交通网架；构建大城镇体系——建成“一轴两组团”的环状城镇网络。为经济的大发展，特别是工业经济的飞速发展提供强大的环境支撑。

准格尔人民正以“求准旗客观实际之真，务准旗经济发展之实”的精神，敞开宽阔的胸襟，广纳四海贤才，诚邀天下客商，热忱欢迎各方有识之士来准格尔进行多层次、多渠道、多形式的合作与交流，共图大业。

准格尔，属于现在，属于未来。

准格尔，已经崭露头角，必将再铸辉煌！

内蒙古自治区乌拉特前旗

乌拉特前旗位于内蒙古自治区西部，河套平原东南端，隶属巴彦淖尔市。东与重工业城市包头毗邻，南与鄂尔多斯市隔黄河相望，是国家重要的粮油糖生产基地、工业原料基地和全国300个节水大县之一。1996年，财政收入突破一亿元，成为内蒙古自治区西部地区第一个财政收入超亿元旗县。现辖18个苏木乡镇、173个嘎查村，其中农区乡镇14个、牧区苏木镇4个，总人口32.5万人，总面积7476平方公里，是一个以蒙古族为主体、汉族居多数，回、满、达翰尔等16个民族组成的以工业为主、农牧结合的经济类型较全的旗县。全旗按地貌可划分为山旱区、牧区、黄灌区三个自然经济类型区。这三个经济类型区涵盖了工业、农业、牧业等多种经济类别，整个地形地貌和经济类型是内蒙古自治区一个完整的缩影。全旗有可耕地面积205万亩，现耕种110万亩左右，有草牧场635万亩，旗域内蕴藏着丰富的水资源，有大小湖泊65个，可养殖水域面积56万亩，黄河过境长136公里。此外，地下水资源也十分丰富。其地形地貌可概括为“三山两川一面海，千里平原两道滩”。属阴山山脉的三山即乌拉山、查石太山和白音查汗山横亘在旗境东部；三大山脉之间形成明安川、小佘太川；乌拉山山前是萡亥滩和中滩；西部是广阔富饶的河套平原；中部是全国八大淡水湖之一的塞外明珠乌梁素海。

近年来，乌拉特前旗按照“农牧为本、工业立旗、科教奠基、产业化经营、城市化推进”的发展战略和“以经济结构调整为主线，努力推进农牧业主导型向工业主导型、种植业主导型向养殖业主导型两大转变，谋求工业化、农牧业产业化、城镇化三大突破，培育奶牛、肉羊、番茄、葵花、速生丰产林五大基地，构建PVC、金属镁、钢铁、电力、矿山建材五大产业”的总体思路，全力推进工业化、产业化、城镇化发展进程，经济和社会各项事业得到快速发展。2004年，国内生产总值完成36.56亿元，同比增长22.3%；其中，第一产业增加值完成11.45亿元，同比增长10%；第二产业增加值完成14.99亿元，同比增长40.9%；第三产业增加值完成10.12亿元，同比增长15%；一、二、三次产业比重为31.3:41.0:27.7。财政收入完成2.89亿元，同比增长33.4%；城镇居民人均可支配收入、农牧民人均纯收入分别达到6910元和3506元，同比分别增长13.4%和19.4%；固定资产投资完成29亿元，同比增长76.7%。全旗综合性、可比性、客观性的基本数据均有较大幅度攀升，综合经济实力明显增强。

乌拉特前旗地处“呼包银兰”经济区域带和产业富集区，区位优势突出，交通通讯便利。包兰铁路横贯境内8个苏木乡镇110公里，包白铁路贯穿东部四个苏木乡镇。丹拉高速公路、110国道横穿旗境。旗府所在地西山咀镇紧靠包兰铁路、丹拉高速公路和110国道，西距巴彦淖尔市政府所在地临河169公里，东距包头110公里。全旗18个苏木乡镇全部实现了乡乡通油路，形成了以西山咀镇为中心、110国道为主干，四通八达的公路交通网，道路建设走在了自治区各旗县的前列。终期容量为万门的程控电话可直拨国内外，18个苏木乡镇全部开通了程控电话，移动通讯网络已覆盖全旗。

乌拉特前旗矿产资源丰富，工业基础较好。境内已探明的各类矿床36处，矿点、矿化点及产地101处，矿产资源潜在价值达百亿元以上。主要有煤、铁、石英石、珍珠岩、白云石、石墨、膨润土、石灰石等40多种矿藏，已有21种得到了不同程度的开发利用，其中已开采的矿种有：铁矿石探明储量9700万吨，占全市铁矿资源的55%，而且部分矿藏原矿品位达61%，平均品位也在32%以上，按现年开采能力230万吨计算，还可开采40余年，开采加工潜力巨大；石灰石已探明储量8000万吨（前景储量2.3亿吨），占全市石灰石储量的70%以上，是以包头市为中心的方圆150公里范围内最高储量区；石英岩储量为2100万吨，是冶金工业的重要原料；白云岩储量为1000万吨（前景储量1亿吨），是优势的冶金和熔剂原料；沸石1.5亿吨；膨润土2500万吨；花岗岩800万立方米。未开采的矿产有：兰晶石储量为1.4亿吨，主要用于机械、航天、兵器等领域，是极具潜力和前景的矿种；锰储量为4.84万吨，钼储量有300多万吨，开发前景十分广阔。

近年来，乌拉特前旗坚持“全党抓经济，重点抓工业，突出抓效益”的思想，积极致力于“工业兴旗、立旗、强旗”战略，使工业经济得到了长足的发展，初步形成了较为完整的并与地方资源及农牧业产业化经济基础相适应的工业体系，形成了冶金化工、造纸、矿山建材、电力、农畜产品加工业五大主导产业。冶金化工业主要以PVC、化肥、电石、硅铁等为主。PVC生产规模为6万吨／年，合成氨为12万吨／年，硝铵15万吨／年，尿素10万吨／年、复合肥15万吨／年，电石28万吨／年，硅铁28万吨／年，硅钙、铬铁1万吨／年。2006年，生产PVC和化肥的两大企业在完成扩建技改后，PVC生产规模可达26万吨，合成氨28万吨、硝铵26万吨、尿素26万吨、甲醇5万吨。造纸业既是主导产业，又是传统优势产业。依托乌梁素海及周边地区年产20万吨芦苇和旗内丰富的速生杨、小麦秸秆资源，旗内两大造纸企业主要生产优质文化用纸和精制漂白苇浆，生产规模达到19万吨／年，占内蒙古自治区造纸行业总量的80%。矿山建材现水泥熟料生产规模为100万吨/年，砖瓦1亿块/年，铁精粉50万吨／年，铁矿采选企业在技改项目完成后，2006年采选能力将达到230万吨，年产铁精粉150万吨。电力方面，乌拉山发电厂现有装机容量20万千瓦，三期2 × 33万千瓦项目正在紧张建设阶段，计划于2006年投产运行，届时全旗装机容量将达到86万千瓦。农畜产品加工业，依托丰富的农畜产品资源，旗内现有六家油脂公司和一家番茄加工企业，现有生产能力为：油脂1.6万吨／年，番茄1.5万吨／年。

乌拉特前旗物产丰富，阡陌流金。独特的地理地形形成的三个经济类型区，为发展农牧业创造了得天独厚的条件。前山、套内地势平坦，属黄灌区，总面积2500平方公里，由于属湖泊沉积平原，土壤母质盐渍化较重，经过长期的开发改造，大部分地区已建成了五级配套的排灌系统，全灌区有六大灌水渠，年引黄河水6.2亿m^3，主要农作物有小麦、玉米、油葵、花葵、甜菜、瓜菜、枸杞等。粮油糖产量高而稳定，品质优良，名品有大有公小香瓜、黑柳子白梨脆小香瓜，前山的枸杞以品质俱佳而行销区内外。后山和牧区属山旱区，总面积4900平方公里。农区有水浇地25万亩，旱地20万亩。盛产小麦、玉米、糜黍、葫麻、高粱、油葵、莜麦、土豆以及黄芪、亚麻等农作物和药材。该地区日照足、水质好，其农产品品质优良，是理想的绿色食品。名品有西水道西瓜、大佘太面粉、朝阳黄芪、亚麻等农作物与药材。牧区以饲养驰名中外的二狼山白绒山羊为主。全旗牲畜种类有羊、猪、牛、马、骡、骆驼以及鸡、兔、鹅等。其中二狼山白绒山羊绒以光泽度好、纤维长而负有“纤维钻石”之美誉。乌拉山羊肉以其味道鲜美、肥而不腻而成为人们餐桌上的佳品。旗内有大面积的乌拉山原始森林，林木主要有松、柏、杨柳、桦、椴等，全旗森林覆被率为6%。全旗有野生动物资源280属、503种。近年来，乌拉特前旗立足于良好的农牧业基础优势和河套地区的实际，坚持以工业思维谋划农牧业发展，以农牧民增收为目标，以结构调整为主线，以提高产业化水平为主攻方向，重点培育肉羊、奶牛、番茄、葵花、速生丰产林五大产业。2004年，全旗粮食总产达到6.32亿斤，牲畜总饲养量达到260万头（只），其中，羊饲养量达232万只，奶牛1.08万头，畜牧养殖业产值占大农业产值比重达到了24.3%。此外，番茄、速生丰产林的种植也得到了突破性的发展，“五大”产业的发展已初见成效。

今后，乌前旗将在稳定发展五大主导产业的

基础上，加快培植六个特色产业带。一是以先锋乡、公庙镇为主，在前山稳定发展5万亩的枸杞产业带；二是以小佘太乡为中心，在后山发展3万亩的小杂粮产业带；三是以北圪堵、长胜乡为重点，在套内沿110国道两侧发展3万亩的瓜类产业带；四是以新安镇为中心，发展1万亩的麦后复种大白菜产业带；五是以朝阳镇为重点，在后山发展1万亩的药材产业带；六是以树林子乡、新安镇境内的水面为主，发展4800亩的河蟹、乌鳢、工程鲫等水产养殖产业带。开展花葵、油葵、枸杞、大白菜等名优特农产品的标准化生产。

乌拉特前旗制定了一系列招商引资优惠政策，有良好投资环境。税收方面，凡进驻旗内工业基地的企业均享受乡镇企业优惠政策，从投产之日起，三年内免征留地方部分的所得税；按现行财税体制，增值税中地方所留部分，五年内前三年通过贴息、科技研发费的方式返补企业50%，后两年返补企业25%。土地方面，各级政府及有关部门帮助企业协调使用土地有关事宜，确保企业按实际需求免费使用集体建设土地，企业土地使用期按入基地企业行业性质确定为30～50年；企业在依法取得土地使用权的使用期内，在基地建设投资达到生产规模后，有权对所有的土地进行贷款抵押、出租或作为合资、合作、联营的条件；企业如使用国有建设用地，征用土地可一企一议、一事一议。收费方面，凡没有法律、法规依据和未经自治区人民政府审批的行政事业性收费一律取消；对法律法规和自治区级以上人民政府批准允许的涉企收费，基地管委会将本着尽量减轻企业负担的原则实行收费、检查“准许”和“明白卡”制度，未经基地管委会同意，任何单位及个人不得向企业收费。管理方面，对入驻企业全部实行“开放式经营、封闭式管理、一站式服务”的管理方式。

2005年，乌拉特前旗主要的招商引资项目有：年产10万吨金属镁项目，兰晶石加工年产10万吨硅铝合金项目，年产50万吨聚氯乙烯项目，30万千瓦规模以上的自备电厂项目，年产10万吨直接还原铁项目，年产4万吨纸浆林纸一体化扶贫工程项目，面积2200亩以乌鳢、大口鲶、河蟹为主的名、优、特水产品生产基地，肉牛养殖及深加工项目，马铃薯深加工项目，枸杞绿色食品生产基地，乌梁素海旅游区开发项目等。

胶州湾畔一颗璀璨的明珠——金胶州

胶州——中国东部重要的沿海开放城市，坐落于美丽的黄海之滨，富饶的胶州湾畔，是中国名城青岛市的卫星城市。辖区总面积1210平方公里，总人口78万人，市建成区面积40平方公里，常住人口28万人，其中外国人口两万多人，是外商在山东最大的聚居和投资县级市之一。

胶州扼齐鲁出海之咽喉、处南北交通之要冲，东临青岛，西接潍坊，隔海与日韩相望。区内胶济（胶州——济南）、胶黄（胶州——黄岛）、胶新（胶州——新沂）三条铁路横贯东西，同三（同江——三亚）、济青（济南——青岛）、青黄（青岛——黄岛）高速公路及204国道、朱诸路省道等公路纵横逶迤；相去青岛流亭国际机场仅30分钟车程，距青岛港、黄岛前湾港分别为40分钟和30分钟车程。

近年来，胶州人民乘改革开放之东风，解放思想，与时俱进，坚持在改革中前进、开放中壮大、竞争中超越，经济建设和社会发展取得了新成就。今天的胶州正以毫不逊古的风貌成为胶州湾畔一颗闪亮明珠，中国北方一座古老而又极富生机的新城。

千年底蕴与现代特色交相辉映——魅力四射的金胶州

古胶州是华夏文明的发祥地之一，4000多年前，即有先民在这里刀耕渔猎、繁衍生息，至今仍保留有新石器时代集大汶口文化与龙山文化于一体的三里河文化遗址；夏商为莱夷之域，唐宋设板桥镇，商贸流通极尽繁华，在其旧址至今仍保留部分原貌；北宋时期为全国五大商埠之一、长江以北惟一通商口岸，其时“商贾荟萃、船舶辐辏”，遂有“金胶州”之美称。厚重的历史酿造了灿烂的文化。古胶州人杰地灵，至今保留三里河文化遗址，西汉祓国旧址，明代养马城“牧马城”遗址，清代著名书画篆刻艺术家、被列为“扬州八怪”之一的左笔高手高凤翰故居纪念馆，以及大量的古葬墓、古庙宇和金石碑刻、书画诗文。更有勤劳智慧的胶州人民孕育了丰富多彩的民间文艺，具有300多年历史的“胶州大秧歌”驰名中外，被誉为山东三大秧歌之一；全国保留剧种胶州茂腔，被誉为“胶东之花”；其他民间戏曲、剪纸绘画等也都在国内外有一定的艺术影响力。

依托悠久的历史文化，胶州坚持文化传承与城市建设相统一，着力打造最为舒适的生活居住环境。着眼于接轨大青岛发展布局，论证规划了“一城四区两翼”城市框架，有力拓展了发展空间。牢固树立“经营城市”理念，规划新城区面积30平方公里，融资10亿元建起了10平方公里基础路网，80万平方米住宅小区全面建成，采用BT方式融资5000万元建设新城区广场，投资1亿元建成融三里河文化与现代特色为一体的三里河公园，进一步提升了新城区建设形象。旧城改造有序推进，城市基础功能不断完善，城市人均公共绿地8.3平方米，被评为全国卫生城市，省级园林城市，在青岛五市率先建成国家环保模范城市。当前胶州正精心建设南部国际社区和东部滞洪区。在国际社区，将以打造现代化国际新区为目标，融资5亿元加强基础设施建设，争取尽快辟设中韩自由贸易区和推进美国JC集团液晶显示面板项目落户；在东部滞洪区，以建成大沽河下游重要的滞洪区和青岛地区乃至长江以北新兴休闲度假景观区为目标，依托13平方公里的沼泽地，融资6亿元开挖6平方公里湖面。全部建成后胶州将新区古城交相辉映，进一步拉开中等城市发展框架。

百业兴旺展现盎然生机——活力焕发的金胶州

经济发展步入快车道，战略目标逐步实现。胶州于1987年2月经国务院批准在青岛地区第一个撤县设市，并被批准为山东省首批沿海开放城市，从此进入全新的发展时期。2000年列全省最具发展活力县（市）第2位。2002年综合经济实力列全国百强县（市）第54位，列全省第6位。2003年夺取青岛目标考核四连冠。2004年完成国内生产总值217亿元，实际利用外资6.6亿美元，实际利用内资57.5亿元，出口创汇15.6亿美元，实现地方财政收入8亿元。当前，全市上下正紧紧围绕“351”奋斗目标（即“十五”末经济综合实力跨入全省县市前五名、全国百强县市前三十名，成为江北对外开放第一县（市）），坚持对外开放、民营经济和城市化三大战略，加快建设工业加工制造、仓储物流两大基地，着力推动经济社会实现跨越式发展，力争用三到五年的时间实现：人人有保障（生活保障、医疗保障、教育保障、安全保障），户户都安居，村村有积累，镇镇都富裕，城乡均发展，全市建小康的目标，塑造一个活力焕发的新胶州。

农业产业化稳步推进，高效创汇农业蓬勃发展。胶州是全国粮食生产基地，油料作物百强县（市）之一和山东省现代化农业试点县（市）之一。近年来，按照“抓园区促调整、抓龙头上规模、抓市场提档次”的思路，把高效创汇农业作为全市农业发展的重点。先后引进投资5000万元的开开家奶牛、投资1500万美元的新雅养猪等30多家畜牧龙头项目，带动了畜牧业的快速发展。建成了以永存苗木、韩国花卉为龙头的7万亩花卉苗木基地；以大洋、福生为龙头的10万亩出口蔬菜生产基地，带动形成了蔬菜、畜牧、花木、水产四大高效主导产业。依托优势农作物，先后引进农产品加工企业300多家，2004年完成农产品出口创汇1.9亿美元。

工业加工基地建设突飞猛进，产业档次不断提升。近年来，胶州市牢固树立“工业立市”方针，加大结构调整力度，大力发展园区经济，促进了产业项目的集聚发展。培育形成了以沃尔沃客车为龙头的汽车轮船配件集群；以海尔、澳柯玛工业园为龙头的电子制造业集群；以青力锅炉、欧堡锅炉、东方铁塔为龙头的钢结构制造集群；以大明、世原为龙头的轻工纺织集群；以福生、大洋为龙头的农副产品加工业集群；以精细化工为龙头的精细化工集群；以孝信厨具和青岛一木为龙头的厨具木器集群。目前，七大产业集群已占全市工业生产总值的60%以上，成为全国重要的锅炉、铁塔生产基地。

第三产业日益兴旺，现代物流业迅猛发展。近年来，胶州立足不断改善的区位优势、交通优势和临港优势，倾力打造仓储物流基地，重点做大做亮以港澳零关税（CEPA）商品以及建材五金装饰为专业特色的西部商贸区、以为机械制造业配套服务为主的北部物流产业区和以生活资料配送为主的城市配送中心。目前全市共引进仓储物流项目20多个，总投资超过20亿元。其中投资1.8亿元的福兴祥生活资料配送项目2004年建成运营，总投资4.2亿元的南方家园建材五金装饰商城一期已经完工，总投资4500万美元的青岛凯凯香港城正在快速推进，总投资6.8亿元的中铁物流项目正在抓紧建设。可以预见，在不远的将来，一个连接半岛东西，乃至辐射整个江北地区的仓储物流基地即将浮出水面。

十年开放铸就腾飞之躯——走向世界的金胶州

外向型经济的飞速发展奠定了世界胶州的基础。近几年来，胶州立足实际，把对外开放作为强市之路，借外力激活力，不断加大招商引资力度。截至目前，全市累计引进外资项目1490个，合同利用外资41亿美元，实际利用外资18.2亿美元。美国艾默生、法国拉法基、泰国正大等10家世界500强企业和海尔、澳柯玛、中集等一批国内外知名企业先后落户。2004年涉外税收达到5亿元，占税收总额的45%；出口创汇在长江以北县级市中位居第一位。对外开放已经成为胶州发展的最大动力和最大优势。

优质的服务为胶州走向世界搭建了平台。以“安商、尊商、富商”为宗旨，成立了行政服务大厅，将行政审批职能集中管理，实现了一个窗口对外和一条龙服务，极大的方便了外商来胶投资发展。规划了控制面积200平方公里的经济技术开发、高新技术工业、机械电子工业、轻纺工业、汽车配件工业5大功能区，经济承载能力不断提高。为营造“家”的温馨，规划开发了诺贝尔山庄、东苑绿世界等一批高档生活居住区，建成了“韩国城”，形成了集旅游度假、休闲娱乐、异国特色于一体的高档综合性社区。拥有世纪、宝克大酒店等多家星级酒店；设有专门的外商门诊和病房，外商持绿卡可享受到方便优质的医疗服务；拥有多伦多双语学校等中高级学校30多所，外商子女在胶州可受到良好的教育。

百年不遇的发展机遇让金胶州更加走向世界。随着国际产业加速转移、国内南资北上、山东加快建设半岛都市群，胶州独一无二的区位优势成为最大的核心竞争力，获得了更大的发展活力和空间。为此，胶州市着力建设加工制造业和仓储物流两大基地，借助强大的传统产业优势，打造承接国际和国内产业转移的平台；启动建设物流工业园，加快建设西部商贸城，努力打造以铁路物流为主导，港口物流为配套，集“现代仓储、多时联运、加工配送、产品分拨、商品批发”等多种功能于一体的物流和市场中心。放眼新世纪，展望新征程，78万胶州人民正以百倍的努力、发挥传承的睿智、运用现代的理念，号令于“提升金胶州，共筑大青岛”的旗帜下，向世人展示一个复兴的胶州、一个活力的胶州、一个面向新世纪的胶州！

塞上明珠——青铜峡

青铜峡地处宁夏平原中部，乃古时西北边陲名镇，山川雄秀，崇文重道，历史积蕴恢沃，九曲黄河穿境北流，十大干渠绵延阡陌，素有“塞上明珠”之美誉。全市总面积2445平方公里，辖8镇1个办事处、3个农林场，总人口26.8万人，其中农村人口17万。综合经济实力名列中国西部百强县(市)第71位，宁夏各县(市)首位，是全国商品粮基地、宁夏乃至西北地区重要的电力、铝业基地，宁夏经济核心区之一。

这里地理位置优越，地处东部季风区与西部干旱区域交汇处，属中温带大陆性气候，冬无严寒，夏无酷暑，四季分明，年平均气温9.2℃，光能、热能资源丰富，利于农作物生长。区位优势明显，黄河从南到北穿境而过，东邻吴忠市、灵武市，南与中宁县接壤，西依明长城同内蒙古自治区阿拉善左旗为邻，北与银川市相连。包兰铁路、大古铁路、109国道及石中高速公路横贯全市，距银川机场50公里。境内国道、省道、市道、乡道纵横交错，形成了“四纵四横”的四通八达快捷的立体交通网络。矿产资源丰富，主要有铁、铜、石膏、烟煤、重晶石、石灰石、水泥灰岩、砂砾、胶泥等，其中水泥灰岩储量大、品位高，已探明达1.3亿吨。水利资源充沛，黄河流经市境58公里，年最大过境水量452.6亿立方米，引黄灌溉条件得天独厚，闻名于世的青铜峡拦河大坝坐落于境内。

作为宁夏的重要工业基地，经过多年发展，青铜峡市现已形成了以能源电力、新材料、建材、农副产品加工等优势主导产业：即以装机容量分别达120万千瓦、31万千瓦、30万千瓦、5万千瓦的大坝发电厂、贺兰山风力发电厂、青铜峡水电厂和金昱元热电厂为主的能源电力产业；以青铜峡铝业集团、金昱元集团、峡光纸业公司、福通公司等企业为主的新材料产业；以青铜峡水泥集团、西夏水泥有限责任公司、宁夏青龙管道公司、金厦集团、科进砼业防腐保温材料有限公司、粉煤灰制砖厂、青铜峡市保温材料厂等为主的建材产业；以纳氏肥牛公司、青铜峡市清真食品有限公司、雄鹰裘皮厂、果蔬气调保鲜有限公司为骨干的农副产品加工产业。各类工业产品达500余种。其中，年产铝锭25万吨，碳素制品6万吨，铝型材5000吨，水泥270万吨。铝锭、铝型材、PVC树脂、水泥、裘皮、纳氏肥牛、老苗月饼等名牌拳头产品畅销国内外。

作为宁夏重要的农业基地，青铜峡市素有塞上江南“鱼米之乡”的美称，盛产水稻、小麦、玉米、苹果、葡萄等农作物，是全国重要的商品粮生产基地和现代农业基地市，形成了粮食、畜牧、蔬菜、食用菌、瓜果、桑蚕、肉蛋奶、水产品等八大农副产品基地，全市粮食种植面积62万亩，粮食产量稳定在2.5亿公斤，水果、蔬菜产量17.2万吨，食用菌栽培面积达200万平方米，总产量达100万公斤。贺兰山东麓是全国酿酒葡萄最佳种植生态区，被誉为中国的“波尔多”，酿酒葡萄种植面积达4万亩，5年内将发展到10万亩。规范化养殖水平处于全区前列，猪、鸡、牛、羊饲养量分别达45万头、300万只、4.8万头、65万只，奶牛饲养量1.3万头，为发展农副产品加工业提供了量大质优的原料来源。由此崛起了年加工优质小麦5万吨、优质水稻4万吨的法福来面粉公司和西夏贡米厂，年产3万吨高档葡萄酒的御马庄园酒业公司，全区最大、年产3万吨谷氨酸的生产企业米来公司，年加工150万张优质滩羊裘皮的雄鹰皮草公司等一批农业产业化经营龙头企业。法福来面粉荣膺自治区名优产品称号，“西夏贡米”荣获中国农业博览会金奖，御马庄园葡萄酒荣登中国食品博览会金奖宝座。周边县（市、区）均属引黄灌区精华地带，经济发达，资源富集，为投资者提供了廉价充裕的原料保证。

在城市建设方面，青铜峡市树立“水为城之源、文为城之魂、绿为城之美、人为城之本”的发展理念，抓住古峡长河、古渠水系、回族之乡、商品粮基地、工业重镇等地理、人文、产业特色，做好汉延渠、惠农渠、大清渠三条灌渠文章，打造“三渠穿城”、风景带环城的现代园林塞上名城。先后实施了城市集污及污水处理、集中供热二期、垃圾无害化处理、城市路网等工程，叶甘公路、吴青公路、叶玉公路、石中高速公路过境段等工程相继竣工通车，青秀园、银河广场、综合体育场等标志性建筑相继建成使用，城市基础设施完善，城市供排水、供电、供热、供气功能齐全，城市品位不断提升，城乡面貌日新月异。中心市区规划面积达12.5平方公里，城市人口达9.8万人，城市人均绿地面积7.5平方米，城市化率达40%。

青铜峡市旅游资源奇特，境内有两千多年前秦汉时期建造的古渠水系；有线条清晰、写意逼真的广武口子门岩画；有号称“宁夏小八达岭”之称的北岔口明长城；有喷泉如涌、含多种人体需要的矿物质并有“神水”之称的庙山湖；有西北最大最多的佛教庙群牛首山寺庙和始建于西夏时期排列奇特的108塔；有集山、沙、湖、河、林于一体的美丽的金沙湾；有气势雄伟，蔚为壮观，集发电、灌溉、防洪于一体的大型水利枢纽工程——青铜峡拦河大坝；有风光旖旎的库区鸟岛、黄河风情园；有颇具民族特色的回乡民俗风情园、董府等众多旅游观光胜景。依托“塞上江南”、“大漠风光”、“西夏文化”和“回乡风情”四大旅游资源，青铜峡市加快开发建设步伐，倾力打造领军产业。成功举办了宁夏吴忠青铜峡高峡长河旅游节和首届宁夏青铜峡葡萄酒文化节，全年接待游客21.8万人次，旅游业直接收入300万元，旅游业发展潜力巨大。

青铜峡市投资政策优惠。在青铜峡投资置业，除享受中央西部大开发优惠政策和《宁夏回族自治区招商引资的若干政策规定》等优惠政策外，还可享受宁夏吴忠青铜峡新材料产业基地和青铜峡市城市功能区招商引资优惠政策。此外，青铜峡市实行招商引资“一把手”工程，推出“零距离”优质服务、“零干扰”优良环境的举措，在全市营造浓厚的“亲商、安商、护商、富商”氛围。在一浪高过一浪的招商引资热潮中，江苏吴江天水味精厂10万吨谷氨酸、山东登海玉米制种、陕西米脂县土特产公司电石等一个个项目纷纷落户青铜峡这片热土。

青铜峡山川秀丽，民风淳朴，市民受教育程度较高，劳动力资源丰富。在新世纪大开放、大开发和大发展的征程中，青铜峡市将一如既往地按照“优势互补、互惠互利、长期合作、共同发展”的原则，加强与东部地区的合作交流，以丰富的资源、热情的服务和优越的环境，热忱欢迎国内外朋友们前来观光旅游，考察访问，洽谈合作，投资发展，携手并进！

山东省广饶县

广饶县位于黄河三角洲南部，濒临渤海莱州湾，地处山东半岛城市群经济带和环渤海经济圈的重要位置，2003年列入山东省经济发展30强。全县辖6镇4乡2个办事处，一个省级经济开发区，553个行政村，人口48万，总面积1138平方公里，海岸线11.8公里。广饶古称乐安，历史悠久，人杰地灵，是一代兵圣孙武的故里，吕剧的故乡。广饶县具有光荣的革命传统，保存了全国最早的中文译本《共产党宣言》，中共延集、刘集支部是全省最早成立的农村党支部之一。近年来，县委、县政府团结带领广大干部群众，坚持以邓小平理论和“三个代表”重要思想为指导，认真落实中央的各项决策部署，牢固树立并积极落实科学发展观，解放思想，求真务实，干事创业，构建起以工业为主导，工业拉动、工农互动、城乡联动的县域经济发展新格局。2004年，全县实现GDP 112.9亿元，同比增长30.5%；地方财政收入3.76亿元，增长29%；城镇居民人均可支配收入9693元，增长17.1%；农民人均纯收入4204元，增长14.9%。

强化主导，扶优促强，以工业为支撑的县域经济综合实力不断增强

始终把工业放在优先发展的位置来抓，坚定不移地实施“工业强县”和大企业、大项目带动战略。县内限额以上工业企业达到79家，产值过亿元的18家，上市公司2家。收拢拳头，扶优促强，重点培植了造纸、橡胶、纺织印染、石油化工、农产品加工等优势主导产业和大型骨干企业。其中华泰集团新闻纸产量保持全国第一，“中国轮胎第一村”西水集团的农用车轮胎已占到全国份额的10%；省委、省政府在《建设制造业强省实施纲要》中，确定把广饶县培育成国内重要的造纸生产基地，华泰、正和、科达3家企业纳入全省重点培育的100户大型企业集团行列，华泰纸业列入全省20个重点培育的知名品牌，信义集团列入重点培育的80户零部件骨干企业。积极适应国家宏观调控，围绕优势产业增加投入，增上项目。过去一年全县累计完成工业投入53.9亿元，实施了47个投资过千万元、14个过亿元的新项目，6条180万套全钢载重子午胎一期二期、35万吨新闻纸、100万吨重油加氢等一批投资几亿到几十亿的特大型项目建成投产，拉动了县域经济总量与质量的同步提升。大力实施大开放、大招商战略，特色农产品、纸制品、橡胶制品和机电产品出口规模不断扩大，有出口业绩的企业达到33家。2004年，全县进出口总额2.9亿美元，其中出口1.4亿美元，增长32.5%，引进县外资金14.8亿元，县域经济的外向化水平不断提高。广饶在全国县域经济基本竞争力评价中的排名由第三届的183位上升到第四届155位；县(市)社会经济综合指数2002年第156位，2003年跃升至第122位，逐步接近百强水平。

以工带农，以工哺农，农业产业化、现代化进程明显加快

坚持以工业化理念经营农业，以工业化成果反哺农业，走育龙头、带基地、促增收的路子。依托凯银集团、华誉集团等8家产值过亿元的国家和省级重点农业龙头企业，带动发展蔬菜基地28万亩，发展各类养殖小区450处，全县直接为企业提供配套生产的农民达到10万人，人均年增加收入1800元。大力推行农业标准化生产，高效生态农业科技园和绿色产业示范区被联合国工发组织确认为国际绿色产业示范区，培育形成了黄河口鳖、华誉中草药鸡、凯银特菜、半球面粉等一批名牌产品，其中3种农产品获国家名牌产品称号，7种农产品获得无公害农产品标志使用权，14种农产品获得国家绿色食品标志使用权，带动了农产品竞争力的全面提升。花卉、林木等特色农业已成规模，大王镇被命名为“中国花木之乡”。

着眼长远，适度超前，城市建设与第三产业发展互动并进

按照把广饶建成功能完善、环境宜人、具有丰富文化底蕴、园林式的现代化新型城市的定位，确定了县城与大王镇、稻庄镇相向对接的总体思路，逐步拉开了“一轴辐射、三线牵动、五区并进”的城市发展大框架，以淄河为轴心，以潍高路、傅家路、红旗路为主线，依次布局的工业区、商贸区、住宅区、教育区和行政办公区全面启动建设。成功运作实施了海关陆路口岸、淄河水库、兴广地方铁路、东青高速公路广饶互通立交、220KV输变电工程等一批对广饶发展具有深远影响的重点工程，形成了更加明显的基础和环境优势。结合城市建设，大力构建完善市场、流通、贸易“三个体系”，加快与国际市场、与江浙等南方发达地区、与周边地区“三个有机接轨”，总投资28亿元的广饶义乌小商品批发市场一期工程2005年“五一”正式启动经营，形成了新的经济增长点。

树立统筹观念，构建和谐社会，三个文明协调发展，经济社会全面进步

最大限度地整合城乡要素资源，在全省县级率先实现了“五通五保五救助”：村村通柏油路、通客车、通自来水、通有线电视、中小学微机联网校校通，最低生活保障、养老保险、医疗保险、失业保险、“五保老人”集中供养，教育救助、残疾人救助、困难群众住房救助、老年人救助、灾害救助，群众生活质量明显提高。以“三级联创”和保持共产党员先进性教育为总抓手，大力加强党的建设和基层组织建设，总结推广了“干部一线工作法”、“定时定点集中办公”、“干部联户富民”等经验，党的凝聚力、战斗力和号召力不断增强。深入开展文明信用工程、文明城市和小康文明村“三大创建活动”，人民群众的思想道德水平和全社会文明程度进一步提高。大力创建“平安广饶”，保持了社会政治的持续稳定。广饶县先后被评为全国粮食生产先进县、全国体育先进县、全国初级卫生保健先进县、全国科技进步示范县、全省发展民营经济先进县、全省精神文明建设工作先进县、全省首批生态县建设示范县、全省社会文化先进县、全省社会治安综合治理模范县、全省计划生育优质服务先进县。

今后，全县上下将深入发扬“信仰、忠诚、奋进、卓越”的广饶精神，坚定“把广饶建设成为经济繁荣、环境优美、最适合人类居住、全国县域经济最发达地区之一”的奋斗目标，强化思想政治保障和环境保障“两个保障”，把握调整结构、深化改革、转变经济增长方式“三个关键”，推动经济运行质量、人的生存环境、社会文明程度、群众生活水平“四个提高”，实施工业强县、农业立县、商贸兴县、城乡联动、文化促动“五大战略”，努力推动经济社会持续协调快速健康发展。2005年力争使GDP达到145亿元，增长25%；地方财政收入达到4.62亿元，增长25%。励精图治，拼搏奋战，三年进入全国百强。

山东省即墨市

即墨市位于山东半岛西南部，东濒黄海，南屏崂山，现有陆地面积1780平方公里，海域面积2570平方公里，海岸线183公里，辖18个镇、5个街道办事处、1个省级经济开发区、1个省级高新技术产业开发区、1个省级旅游度假区，1033个村庄，108.2万人口。

历史悠久，文化灿烂

即墨在春秋战国时期就是齐国的通商名衢，秦代置县，西汉时既是即墨县治又是胶东王国的都城，隋朝迁城至今已有1400余年的建城史，1989年9月撤县设市，隶属于青岛市。这片古老的土地，载荷着丰富而厚重的历史，哺育了战国时期刚正不阿的即墨大夫、清康熙年间出使琉球的大使王垓、清嘉庆年间清廉正直的查赈大员李毓昌等功垂青史的名士栋臣，演绎了田单火牛阵破燕兵、田横五百义士、汉武帝刘彻封王等世代流传的历史故事，造就了即墨人民重义尚善、开放兼容、长于经商、务实进取的独特秉性。

区位优越，资源丰富

即墨市地处山东半岛城市群、半岛制造业基地的核心地带和青岛市“半小时经济圈”，城区距青岛流亭国际机场15公里、青岛港40公里。烟青一级路、青银高速、济青高速和即将修建的乌威高速、青平高速、青岛滨海公路在境内纵横交贯，柏油公路连通各镇；胶济铁路、蓝烟铁路相会于此；女岛国家二类开放口岸可直达周边国家和地区。境内山、河、海、岛、滩、泉、平原融为一体，秀姿独异，物产丰富，拥有众多的名胜古迹和人文景观，其中田横岛为历史名岛，温泉为全国惟一的海水温泉，马山石林为国家级自然风景保护区。优越的区位、四通八达的交通网络和丰富的资源，为经济社会发展创造了良好的条件。

经济社会快速健康协调发展

2004年以来，即墨市积极适应科学发展观的新要求和国家加强宏观调控的新形势，紧紧围绕建设大青岛都市新区的奋斗目标，突出重点，把握关键，抢抓机遇，聚力突破，经济社会快速健康协调发展。全年完成地区生产总值236亿元，比上年增长18.9%；完成财政总收入18.85亿元，可比增长33.3%；税收总收入16.13亿元，可比增长26.2%；全社会固定资产投资122.3亿元，比上年增长49.8%；规模以上工业总产值252.7亿元，比上年增长38.5%；各项存款余额127.7亿元，比年初增长17.5%；三次产业比例由年初的12.7:50.8:36.5调整为10.9:52.6:36.5，提前一年基本完成了“十五”计划的主要目标。2004年，即墨市荣获全省就业再就业先进工作单位、全省发展民营经济先进市、全省外经贸工作先进市、全省环境综合整治先进单位等省级以上荣誉称号8项，全市GDP、外经贸工作、各项存款余额、居民储蓄余额均居青岛市农村五市第一位，县域经济基本竞争力和社会经济综合发展指数分别列全国百强县第28位和第64位。

产业发展实现了集群突破

着眼于增强区域经济核心竞争力和可持续发展能力，即墨市坚持以名牌产品、名牌企业和名牌产业为依托，以招商引资大项目为支撑，积极实施产业集群化发展战略，倾力培育壮大了针织服装服饰、电子及电子配件、造船及造船配件、食品饮料、旅游和市场商贸六大产业集群，推动全市产业发展实现了集群突破。针织服装服饰产业集群，项目总数达到926个，涉及总投资194亿元。即墨市为全国惟一的“中国针织名城”。即发集团作为全市针织服装服饰产业集群的龙头企业，是全国最大的针织品和发制品出口生产企业，在中国纺织协会的全国针织行业综合实力排名中名列第一位，已与包括日本双日、东丽、东绵、丰田、伊藤忠等5家世界500强企业在内的5个国家的11家企业进行了合资合作，2004年完成销售收入30亿元、上缴税金2.05亿元、出口创汇2.4亿美元。另外，即墨市还引进了总投资3.4亿美元的日本东丽高档服装面料及成衣加工项目、总投资1亿美元的日本双日高档色织面料项目、总投资4000万美元的韩国永元体育用品项目、总投资1亿美元的美国盖普服装城项目、总投资1.2亿元的正杰威尼项目等服装服饰产业大项目，带动该集群的规模和品质迅速跃升。电子及电子配件产业集群，项目总数达到125个，涉及总投资44亿元。总投资5000万美元的新加坡创新科技项目、总投资2222万美元的华龙科创数码项目、总投资1.5亿元的哈工大新同人电子项目、总投资2.7亿元的TCL白色家电项目等的相继引进和建成投产，使该集群的规模快速膨胀。造船及造船配件产业集群，项目总数达到51个，涉及总投资16亿元。正在促进的总投资9亿美元的马斯特造船项目，落户后至少可带动140多家配套企业跟进，将带动该集群迅速实现新突破，促进以造船和造船配件产业为主体的临港经济快速崛起，发展成为全青岛市的船用配件基地。食品饮料产业集群，项目总数达到136个，涉及总投资42亿元。总投资5000多万美元的正大食品、总投资1.6亿元的椰风食品饮料和总投资1120万美元的日本日辰食品等项目的投产和开工，带动该集群快速壮大。旅游产业集群，项目总数达到36个，涉及总投资162亿元。市场商贸产业集群，累计建成各类专业市场24处，涉及总投资9.7亿元。到2004年底，全市六大产业集群投产、在建项目总数达到1274个，计划总投资458亿元，实际投资180亿元。现有重点项目全部投产或达产后，三至四年内可带动全市GDP、财政收入等主要经济指标翻一番，实现全省综合实力第一的目标。

经济发展特色鲜明，外向型经济异军突起

近年来，即墨市立足区位优势，积极实施经济国际化战略，大力发展外向型经济，坚持以第一位的精力和最强壮的力量抓招商引资不动摇，坚持把全力促进大项目引进和建设作为经济工作的生命线不动摇，坚持把培育壮大产业集群、转变经济增长方式、构筑新型产业体系作为经济工作的主攻方向不动摇，建立并实施了市级领导与各镇、市直部门领导包重点项目，项目促进督查考核，项目促进联席会议，客商约见必见等四项项目促进工作机制，招商引资和大项目引进连年实现新突破。2004年，全市合同利用外资15亿美元，增长44.2%；实际利用外资5.2亿美元，增长62.8%；实际利用内资65亿元，增长35.4%；出口创汇12.3亿美元，增长29.2%。内外资项目对GDP的贡献率达到54%，外资项目对税收总收入的贡献率达到35.4%。全市累计引进投资过千万美元的外资大项目达到82个、投资过5000万元的内资大项目达到85个，其中引进世界500强企业11家、中国500强企业7家。以大项目为依托，着力建设七个全国同行业最大的生产基地。其中，总投资15亿元的即发针织品生产出口基地、总投资5000万美元的创新科技个人数码娱乐产品生产出口基地、总投资5亿元的金王蜡制工艺品生产出口基地、总投资4000万美元的永元世界名牌运动装生产出口基地、总投资1.8亿美元的高丽钢线胎圈钢丝生产基地已经位居全国同行业第一，总投资5亿美元的即发龙山高档服装面料生产出口基地、总投资5000万美元的英派斯健身器材生产基地现有项目三年内全部建成达产后，也将实现全国同行业第一的目标。民营经济蓬勃发展。近年来，即墨市采取“政策扶持、市场带动、产业引导、服务推动”等系列措施，并着力实施“外向带动、科技带动、品牌带动”战略，促进了民营经济的蓬勃发展，涌现出一大批规模型、品牌型、科技型、外向型民营企业，成为即墨县域活力最强、后劲最足、潜力最大的经济增长点。即墨市连续两届被评为全省发展民营经济先进市。2004年，全市个体工商户达到6.84万户，民营企业发展到5170家，其中注册资金过1000万元的民营企业达到94家，民营企业集团发展到17家。1445家民营企业与内外资企业实现合资合作，占民营企业总数的28%，累计实际利用外资2.9亿美元，实际利用内资61亿元；122家民营企业与高等院校、科研机构建立了产学研合作关系，138家民营企业成立了研发中心，27家民营企业被认定为青岛市高新技术企业，其中即发集团技术中心被认定为国家级企业技术中心；全市拥有“即发”、“英派斯”中国驰名商标2个，“即发”内衣、“琴岛”电热毯中国名牌产品2个，“红领”西服、“亨达”皮鞋等山东省名牌产品和著名商标15个，青岛市级以上名牌产品和著名商标40个。2004年，全市民营经济完成增加值142亿元，实现税收10.4亿元，分别占全市总量的60.2%和63.5%。滨海旅游独具特色。即墨东部山海岛泉滩等旅游资源得天独厚，拥有丁字湾、鳌山湾等大小海湾10处，田横岛、长门岩等大小岛屿24个。其中，鳌山湾面积215平方公里，为青岛市第二大海湾。近年来，即墨市将沿海旅游开发作为加快融入大青岛的主要对接点和沿海20多万群众增收的主渠道来抓，坚持以科学规划为先导、以旅游大项目为支撑、以全方位搞好基础设施配套为保障，初步拉起了青岛新兴旅游度假区的发展框架。总投资36亿元、以旅游综合开发为主的天泰山海泉综合开发项目的部分建成和投入运营，成为青岛地区新的旅游亮点。同时，先后引进了总投资12亿元的青岛天逸海湾国际度假城、总投资2000万美元的青岛温泉健诊中心、总投资10亿元的颐中文化城、总投资8亿元的豪旭日式温泉度假中心等旅游大项目。这些项目全部建成后，将迅速提升即墨东部滨海旅游形象，形成以休闲度假疗养为特色的山东半岛最具活力的新兴旅游胜地之一。市场商贸业持续繁荣。近年来，即墨市以建设“江北最大市场群”为目标，积极实施“商贸兴市”战略。2004年投资1.7亿元，新建了总建筑面积9.5万平方米的环保装饰材料城、中百佳乐家超市、家庭装饰材料超市三处大型市场。目前，全市已建成各类市场141处，其中，专业市场24处，年交易额过1亿元的市场14处。拥有名列全国前三位的服装批发市场、我国北方最大的小商品城、胶东地区最大的副食品批发市场。2004年全市市场交易额351亿元，商品营销辐射21个省市自治区及亚欧部分国家和地区，基本形成了以服装批发市场、小商品城等专业市场为龙头，以利群、百盛和中百佳乐家等各类超市为骨干的“江北最大市场群”。按照市场产业集群的总体发展规划，2005年即墨市将在城区西部商贸区新建总建筑面积20万平方米的青岛即墨服装市场和总建筑面积2万平方米的大型物流中心，“江北最大市场群”的规模和内涵将进一步扩充。市场商贸业的不断繁荣发展，对全市二三产业的拉动作用日益突出。目前，全市围绕市场从事地产品加工的企业3200多家，各类市场共吸纳经营业户4万多户，日均上市75万人次，围绕市场从事运输、餐饮服务等三产人员达12万多人。

基础设施不断完善

采取政府引导、市场运作的方式，大力加强以基础设施为重点的载体建设，为经济发展搭建了坚实的平台。2000年以来，全市累计投资50多亿元建设完善城乡道路、供水、供热、供电、供气、垃圾处理场和污水管网等基础设施；累计投资15亿元，扩建完善了经济开发区，规划建设了省级高新技术开发区、田横岛旅游度假区三大省级园区；累计投资9.2亿元，形成了环保产业基地、北部工业基地、服装工业基地三大工业基地；累计投资3.3亿元，建设了国家级农业高新技术开发区、青岛国家海洋科研中心水产种苗产业化基地、青岛畜牧科技示范基地三大现代农业示范基地。为进一步拓展经济发展的空间，2004年以来，规划建设了与青岛港口经济相对接的东部临港产业区，与滨海公路相对接的东部旅游度假区，与城阳区相对接的龙山南域经济区，与城阳区相对接的西部新经济区和南泉、蓝村经济区等五大经济区域。目前，全市城区建成区面积已拓展到40.5平方公里，城区人口达到38.6万人，城市化水平达到48.2%。华山、蓝村、鳌山卫被列为全国重点小城镇，温泉、田横被列为全省中心镇。

发展软环境日趋优化

坚持把构建和谐社会作为提高竞争力、发展

生产力、凝聚亲和力的重要举措抓紧抓好。大力实施了城区重点道路改造、立体绿化、环境卫生改善、城市秩序规范等城市环境综合整治工作，深入开展了争创国家卫生城、国家环保模范城、省级园林城活动，生态城市建设成效显著。全面推行了便民、快捷的全程办事代理制工作，方便了群众办事，密切了党群干群关系。推行了农村大病医疗统筹和救助制度，村庄覆盖率达到100%，农民参保率达到97%，社会各界踊跃捐款2547万元，已有2.7万名农民享受到大病医疗统筹和救助带来的实惠，切实解决了农民因病致贫、因病返贫的问题。从2001年开始，全面实施了农村劳动力培训转移工程，市镇两级累计投入资金3700万元，免费培训农村劳动力16.8万人，转移农村劳动力11.5万人，农民人均纯收入中非农收入已占67%。农村大病医疗统筹与救助、农村劳动力转移工作先后得到省、青岛市主要领导的批示肯定。全面落实了中央和上级党委在农村的各项政策，促进了粮食增产、农业增效和农民增收，农民人均纯收入达到5013元，比上年增长13.9%，增幅创近六年来最高水平。建立健全了以四大工作体系、十条工作线为主要内容的创建“平安即墨”工作长效机制，严厉打击各类犯罪活动，努力化解各类矛盾纠纷，妥善处理各方面的利益关系，及时消除各种不安全隐患，切实增强了人民群众的安全感，形成了全体人民各尽所能、安居乐业、和谐相处的良好局面。

当前，即墨正处在加快发展的重要战略机遇期、经济发展的高速增长期和经济增长方式的战略转型期。2004年末青岛市委做出“把即墨作为大青岛重要一极加快推进”的重大战略决策，为即墨更快更好地发展提供了新的机遇、注入了强大动力。今后，全市将立足当前、着眼长远，全面落实科学发展观，在更高层次上解放思想，在更高平台上研究发展，在更高目标上谋求突破，突出重点区域发展、重点项目建设及和谐社会的构建，在空间布局、产业支撑、发展环境等方面全方位实现与大青岛的一体化发展，迅速隆起大青岛的重要一极。

这片充满希望的热土，正以海纳百川的胸襟和气魄，热忱欢迎海内外有识之士围绕即墨“六大产业集群”和“四大特色经济”前来投资兴业、共谋发展。

孟子故里——邹城市

“民为贵，社稷次之，君为轻”、“得道者多助，失道者寡助”、“富贵不能淫，贫贱不能移，威武不能屈”、“天时不如地利，地利不如人和”……这一句句闪烁着儒家思想光芒的经典醒世名言，几千年来一直深深影响着华夏子孙，成为治国修身平天下的“宝典”。这一思想的提出者是被赞为“功不在禹下”的儒学亚圣——孟子，而这位中国古代著名的思想家、教育家和儒学大师的故乡就在山东省邹城市。

邹城市原名邹县，1992年10月经国务院批准撤县设市。全市111万人口，境域面积1613平方公里，其中城区人口25万。邹城市是国家级历史文化名城、全国经济实力百强县（市），也是一座新兴的能源工业城市。2004年，全市国内生产总值完成233.32亿元，地方财政收入完成10.0016亿元。在第四届全国县域经济基本竞争力评价中，列百强县(市)第23位；在国家统计局发布的县域经济社会综合发展指数评定中，位居第51位、山东省第5位。先后被评为中国明星城市、全国科技先进市、全国社会文化先进市和山东省经济强市，被国家列为首批对外开放地区。

区位优势独特

邹城市位于山东省西南部，地处京沪铁路和新日铁路交会处，东倚沂蒙山区，西临鲁西平原，南襟徐淮要冲，北枕泰岱南脉与鲁都曲阜毗邻。全市地势东高西低，山区峰峦叠嶂，丘陵逶迤起伏，平原沃野千顷，三种地貌各占1/3。属暖带过渡型季风气候，四季分明，气候温和，风光秀丽。

文化悠久灿烂

邹城市是一片古老的土地，人杰地灵，英贤辈出。有被赞为“功不在禹下”的儒学亚圣——孟子，有三迁择邻、断机教子的世代贤母——孟母，有名扬千古、“一经传家”的西汉父子丞相韦贤、韦玄成，有被传为“世代佳话”、“凿壁偷光”刻苦治学的西汉经学家匡衡……悠久的历史、灿烂的文化，给邹城留下了大量珍贵的文化遗产，境内共有各类文物古迹300余处，其中国家级文物保护单位3处，省级重点文物保护单位7处。那“云护宫墙春杳杳，露涵松桧晓苍苍”的孟庙、孟府、孟林古建筑群，饱经岁月沧桑却依然展示着往昔的风采；北朝“四山”（铁山、岗山、葛山、尖山）摩崖刻石是佛教文化及书法艺术精品，尤其铁山刻石为千古榜书之祖；明鲁荒王陵称京南、江北最大地下宫殿；历史文化名山——峄山誉为“邹鲁秀灵”、“岱南奇观”……人文景观与自然景观交相辉映，形成了独具特色的“山·水·圣人”综合旅游区，是研究中国与东方文化的“历史博物馆”和著名的文化旅游胜地。

矿产资源丰饶

邹城市矿产资源丰富，共有8大类20余个品种，以煤炭、花岗岩、石灰石为主，其中煤炭地址储量41亿吨，石灰石148亿方，花岗石20亿方。年产原煤4000万吨，在纽约、香港、上海三地上市的全国特大型企业——兖矿集团和设计能力454千瓦的全国最大坑口电厂——邹县发电厂以及山东省重点培植的煤电联产企业——里能集团均在邹城境内，煤电优势明显，是国家重点能源工业基地。

交通通信便捷

全市形成铁路、公路、水路纵横交错、四通八达的交通网络和自动化程度较高的通信网络。市区距济南机场180公里，距济宁机场70公里。京沪铁路纵贯南北，新日铁路横穿东西，104国道、京福高速公路等10余条公路干线遍布全境，通车里程达600多公里。水运可由白马河经南四湖、大运河扬帆远行至宁、沪、浙一带。建成了先进的程控通信网络，程控电话普及率达到80%。

基础设施完备

新一轮城市总体规划于1998年实施，现已形成山、河、城一体，旧城风貌古朴典雅，新城景色气象万千，风格独特的城市格局。城市道路、供水、供电、供气等基础设施完善、配套、先后建成了能承接国际比赛的游泳馆、体育馆，山东省规模最大的县级博物馆，环境优美的人民广场、文化广场，日处理污水8万吨的污水处理厂等一批现代化城市公益设施。娱乐设施齐全，建有高标准星级涉外宾馆5处。

综合实力雄厚

近年来邹城市经济建设和各项社会事业得到迅猛发展，农村经济形成区域化、特色化发展格局；工业经济实现跨越式发展，省级经济开发区建设生机勃勃，被列为山东省工业强县市之一；第三产业发展迅速，已成为鲁西南重要的现代物流基地；科技、教育、文化、医疗卫生事业发达，是山东省命名的鲁西南第一个省级卫生城；发展环境不断优化，美、日、英、澳、港、台等国家和地区的客商来即墨市兴办“三资”企业56家，2005年又有多个投资过亿元项目动工兴建。

邹城市招商引资优惠政策

1.建设用地政策：以出让形式用地的，按出让金价格的30%给予返还奖励；以社会效益为主的公益事业责目，按划拨方式提供使用；以BOT、TOT方式合作的，依合作时间提供划拨用地。(2004.1.1)

2.项目建设政策：协助办理各类证照，自项目开工建设起，三年内免收邹城市职权范围办的行政事业性收费和城市配套费用。(2004.6.10)

3.税收减免及奖励政策：享受“两免三减半”政策。外商独资、合资企业，从企业获利的当年起，所得税两年全免，三年减半征收。特殊项目优惠政策。对投资5000万元人民币或500万美元的大型工业、仓储项目，国内外大企业、大集团投资项目，及以上部门认定的高新技术项目，可采取一事一议方式，给予特殊优惠政策。

邹城市重点招商项目

凡是符国家产业政策和国家有关部委联合公布的鼓励外商反资产业目录的项目，邹城市都欢迎来此投资建设，并重点鼓励外商投资以下产业：

一、食品加工业

1.粮食、蔬菜、水果、禽畜产品的储藏及加工

2.果蔬饮料、蛋白饮料、茶饮料的开发、生产

3.婴儿、老年食品及功能食品的开发、生产

4.乳制品生产

二、纺织业

1.工程用特种纺织生产

2.高档织物面料的织染及后整现加工

三、造纸及纸制品业

1.高档纸及纸板生产（新闻纸除外）

2.纸制品加工

四、化学原料及化学品制造业

1.精细化工产品生产

2.纺织及化纤抽丝用助剂、油剂、染化料生产

3.高性能涂料生产

4.大型煤化工产品生产

5.烧碱用离子膜生产

6.生物肥料、复合肥料生产

7.生物农药开发与生产

8.环保用无机、有机和生物膜开发与生产

五、医药制造业

1.采用生物工程技术生产的新型药物生产

2.中药材、中药提取物、中成药加工及生产（中药饮片传统炮制工艺技术除外）

3.兽用抗菌原料药生产（包括抗生素、化学合成类）

六、塑料制品业

1.工程塑料及塑料合成

2.聚酸亚胺保鲜薄膜生产

3.农膜新技术的产品开发与生产

4.废旧塑料的消解和再利用

七、非金属矿物制品业

1.年产1万吨及以上玻璃纤维及玻璃钢制品

生产

2.年产50万件及以上高档卫生陶瓷生产

3.新型建筑材料生产

八、金属压延加工业及金属制品业

1.宽厚板生产

2.铝制品加工生产

3.有色金属复合材料、新型合金材料生产

九、机械制造业

1.数控机床、精密轴承等机械制造

2.专用设备制造

3.汽车、摩托车用铸锻毛坯件及关键零部件制造

4.电气机械及器材制造

5.先进环保设备制造

十、电子及通信设备制造业

1.大中型电子计算机、便携式微型计算机、高档服务器制造

2.软件产品开发、生产

3.电子专用设备、测试仪器制造

4.软件产品开发、生产

5.高技术绿色电池生产

十一、其他制造业

1.洁净煤技术产品的开发利用

2.粉煤灰、煤矸石等综合利用

十二、科学研究和综合技术服务业

1.研究开发中心

2.高新技术、新产品开发与企业孵化中心

山东省乳山市

山东省乳山市位于山东半岛东南端，因境内“大乳山”而得名，总面积1668平方公里，人口59万，辖2个省级开发区、14个镇和1个街道办事处，601个行政村。乳山设县只有50多年的历史，是一座年轻的城市；乳山1993年撤县设市，10年来取得了长足发展，是一座充满活力的城市；乳山依山傍海，环境幽雅，是一座美丽的新兴滨海小城。

区位优越，交通便利

地处青、烟、威三市腹地，与日、韩隔海相望，青威高速公路、309国道、济威铁路横贯全境，市区至青、烟、威三市路程均在1个半小时以内，相当于同时拥有青岛、烟台、威海三大机场、三大港口、三大火车站，海陆空交通便捷。尤其是随着309国道的拓宽贯通、青威公路的封闭改造、环半岛沿海高速公路的构建，乳山独特的区位优势将日益凸显。

基础配套，设施完善

以改善水、电、路、暖和通讯为重点，近年来累计投入10多亿元资金用于城市基础设施配套建设，城区日供水能力达到10万方，投资1.2亿元改造了全市供电网络，配套了污水处理厂和无害化垃圾处理场等环保基础设施，水电供应和污水、垃圾处理具有可靠保障；规划建设的11.8平方公里的省级经济开发区和起步区控制面积10平方公里的省级银滩旅游度假区及其内设的六个功能性园区，设施配套，服务到位，构筑起了环城工业隆起带，为承载大项、吸引中小企业介入乳山创造了良好载体，使乳山进入全国投资环境百强市。

物产丰富，环境优美

海岸线长185公里，年产海产品20多万吨，是以生产贝类、名贵鱼种著称的沿海城市；年产水果及干杂果20万吨，是胶东水果大市；年产黄金10万两以上，花岗石储量70多亿立方米，素有“金岭银滩”之美誉，是全国第5大黄金市。拥有岠嵎山国家森林公园、被誉为“天下第一滩”的国家“AAAA”级银滩旅游度假区、汤上温泉“一山一滩一泉”及大乳山、道教圣地圣水宫等众多景观，是“国家环境保护模范城市”、“中国优秀旅游城市”和“省级园林城市”，是最适合人类居住的城市之一。

受辐射强，外向度高

位于山东半岛城市群、日韩加工制造业基地的中心地带，处于环渤海经济圈、东北亚经济圈的重要部位，承接着国内外大小城市的多重辐射，有着快速发展的内在潜力。目前，已与30多个国家和地区建立了经贸合作关系，兴办外贸生产企业280多家，合同利用外资、实际利用外资连续两年实现“双翻番”，是最具发展活力的沿海开放城市之一。

民风淳朴，社会和谐。

乳山人与自然、经济与社会协调发展，市民勤劳朴实、诚实守信，社会安定祥和、秩序井然，先后荣获“全国首届安全诚信城市50佳”、“全国科技工作先进市”、“全国科技实力百强县(市)”、“全省精神文明建设工作先进市”、“全省社会治安综合治理先进市”、“全省双拥模范市”等荣誉称号。

近年来，乳山市按照科学发展观的要求，唱响解放思想、干事创业主旋律，以建设“小而特、富而美”新乳山为目标，狠抓投入这一主线，强化开放、民营两大动力，实施借韩国、借青岛、借旅游“三借”战略，着力构筑优化“三区兴城、四带兴经”带形块状经济布局，推动全市经济稳中趋快、活力趋强、后劲趋大，步入超常规跳跃式发展的新阶段。2004年完成国内生产总值150亿元，同比增长19.7%，比1997年翻了近两番；完成财政总收入7.58亿元，增长27.96%，其中地方财政收入5.5亿元，增长35.8%，是1997年的3.2倍；全社会固定资产投资91亿元，增长49.4%，是1997年的6倍；实际利用外资2.13亿美元，增长91%；实际到位内资31.4亿元，增长67%；农民人均纯收入4680元，增长12%，比1997年翻了一番；总体经济实力在连续3年位居全国县域经济基本竞争力百强县的基础上，2004年成功跻身全国综合发展百强县行列，成为山东省年度惟一新进百强的县（市），在山东省强县中的位次不断前移，是山东省30强县（市）。

一、提升园区载体支撑力

按照“工业发展园区化、园区发展集约化、招商引资聚集化”的思路，坚持突出功能特色，突出设施先行，突出集中办园，突出政策优化，集中建设了18平方公里的环城工业隆起带。近几年累计投资4.2亿元对“两区六园”基础设施进行了高标准改造，形成了城区连接、园区贯通、设施完备、功能完善的良好载体。特别是以“吸引大项目、承载大产业”为目标，以承接韩日产业转移为方向，大力培育纺织染整、机械配件、食品加工三大特色园区，促进关联产业、同类企业抱团进入、组团开发。2004年全市园区共引进项目342个，总投资85亿元。

二、提升对外开放外助力

以打造国内外产业转移的对接板块为目标，把招商引资与承接国内外产业转移有机结合，全力做活借韩国、借青岛、借大企三篇文章，实现了对外开放在更宽领域、更大规模、更高水平上的提升。全市现已引进韩资企业210家，合同利用韩资和实际利用韩资分别占全市利用外资总和的60%和65%；引进青岛在乳投资企业81家，总投资超过66.1亿元；新引进国内合作项目350个，总投资78亿元，特别是随着大庆油田、长庆公司等一批石油大企的介入，乳山逐步成为以大庆油田为龙头的“不出石油的石油城”。2004年全市新开工投资200万元以上项目424个，总投资106.5亿元，其中过亿元项目27个，总投资34.9亿元。

三、提升民营经济新活力

始终把民营经济作为最有后劲、最具活力的经济板块来培育，实施的连续3年每年新增个体工商户5000户以上、力争到“十五”末达到4万户的“三个五”工程，集中壮大10家龙头民企、加快培育100家民企中坚、力争到“十五”末有较大规模和较强竞争力的民营企业达到1000家的“十百千”工程提前完成，推动了民营经济上档升级。目前全市个体工商业户达到4.3万户，民营企业达到1261家。特别是积极开展“银企联手”、“黄金客户”活动，不断探索相互担保、联户担保、成立担保公司等新型增贷方式，增加金融对民营的投贷，拓宽民营经济投入渠道。2004年民营技改投入达到30亿元，民营经济对地方财政贡献率达到40%以上。

四、提升三次产业竞争力

工业，抢抓建设胶东半岛制造业基地的机遇，通过强化配角理念加快资本运作、出台优惠政策加快技改强身、抓好三产项目促上工业项目等途径，促进特色企业聚集化、主导产业集群化、骨干企业规模化，培育壮大了金属冶炼、食品加工、染纺服装、机械配件四大产业链。特别是2004年成功运作了国投中鲁国内主板上市、华隆公司海外上市，成为全省一年内在国内外拥有两家上市公司的惟一县市。农业，坚持以产业化为纽带，抓一产促二产、抓二产带一产，实现了工业发展与农业增效、财政增收和农民增收双赢。特别是以建设309国道高效农业产业带为抓手，推进农副产品加工企业群体性崛起，共发展农业龙头企业156家，带动各类农产品基地30多万亩；以建设沿海渔业产业带为抓手，以海产品精深加工为主攻方向，加快以养捕为主的传统渔业向以加工为主的现代渔业工业转变，渔业工业化水平明显提高。第三产业，重点是发展旅游业。以融入胶东旅游圈、对接威海千公里幸福海岸线为目标，大力实施了“借旅兴乳”战略，先后有投资20亿元的蓝湖国际游艇度假中心等一批大项已开工或即将开工，乳山旅游正在由路过式的旅游项目向目的地式的旅游区转变。

五、提升环境建设吸引力

牢固树立“环境立市”理念，坚持硬体、软

体、活体“三位一体”、整体推进，全力打造“生活乐园、创业乐园”的环境品牌。硬体环境突出城市建设。围绕“生态型花园式滨海旅游城市”定位，以对接山东半岛城市群为目标，坚持“一体规划、三区对接、六园并进、构筑新城”，推进城区的“南扩、东拓、西展、北环”，拉开了城市建设大框架，5年时间城区面积扩大了1倍，达到36平方公里。软体环境突出优化服务。以开展“优化服务年”活动为抓手，重点抓了行政服务中心的规范运作，形成了“一站式”高效快捷服务体系。活体环境突出诚信建设。特别是深入实施了建设韩人商工会馆、韩国工业园地等借韩兴乳“八个一”工程，为韩商创造了仿真式环境。同时，在全市推行外来投资者“绿卡”制度，对60位来乳投资达到一定规模的国内外客商发放了服务“绿卡”，进一步增强了乳山的亲和力。

六、提升经济社会统筹力

积极做好下岗职工再就业工作，再就业率达到90%以上，将2076名民办教师转为公办；坚持“还账也是政绩”的新政绩观，6年累计偿还群众铁路工程款、合同制集资、市政工程欠款等近两亿元，历史遗留问题得到妥善解决；每年承诺完成事关群众生产生活的“十件大事、十件实事”，推行了少地农民基本养老保险、农村养老保险和新型合作医疗制度，较好地保障了群众利益。

作为全国综合发展百强县（市）的乳山，作为山东省20强县（市）的乳山，正面临着千载难逢的大好机遇。为此，市委、市政府确定，今后一个时期特别是2005年，要在超常规跳跃式发展的基础上，奋力推进乳山经济社会“新的跨越”。围绕这一主题，确立了“以进入全国综合发展百强县为动力，以思想解放为先导，抓大项促投入增势蓄能，抓集群促产业优化结构，抓基础促配套构建平台，抓作风促实干激励创业，推动全市经济在新一轮发展竞争中提速增效、扩规上档，努力实现‘全国百强位次前移、全省强县跻身前列’”的总体工作思路。当前，全市上下正以开展“同心跨越年”为抓手，以前所未有的新观念、新气魄、新干劲，抢抓机遇，乘势快上，同心同德，干事创业，携手谱写乳山发展史上的新篇章。

山东省庆云县

庆云县位于山东省德州市东北部，地处山东、河北两省，德州、滨州、沧州三市交界处，与乐陵、无棣、阳信、盐山、海兴五县市接壤。辖4镇4乡、1个街道办事处，381个行政村，人口近30万，面积502平方公里，是山东省“改革开放试点县”和德州市“放开搞活试点县”。

地理位置优越，交通便利

庆云县背靠京、津、冀，面向齐鲁大地，是连接华南、胶东和华北、东北以及北京、天津的重要交通枢纽，素有进京门户、山东北大门和德州桥头堡之称。东距渤海湾50公里，东北距黄骅港80公里。境内有205国道和315、246两条省道，“十五”期间将建成投入使用的津淄高速公路和环省高速公路在县境内交汇，与京沪、京福、京津塘、济青和环渤海高速公路相通。届时，庆云将成为交通便利、四通八达的交通枢纽。县境内有220KV变电站1座，110KV变电站2座，35KV变电站9座，年供电能力3亿千瓦时，并实行双电源供电。国家西气东输工程的主要支线之一沧淄线贯穿庆云县境，城乡群众生产生活用气非常方便。

农业资源丰富，产业优势明显

盛产粮、棉、水果、蔬菜等作物，已形成枣、菜、畜牧三大主导产业，是山东省重要的蔬菜生产基地和金丝小枣集中产区。2004年，庆云县被国家林业局命名为“中国金丝小枣之乡”。农副产品主要有：金丝小枣、冬枣、大叶香菜、香菇、肉鸡、肉兔等。金丝小枣是庆云特产，境内有一株隋末唐初的古枣树，距今约1300余年，仍枝繁叶茂，硕果累累。目前，全县枣树总量突破1200万株，人均40株，成为全国第一个“枣园生态县”。县内水资源丰富，拥有一座中型平原水库，占地面积5000亩，年调蓄能力3000多万立方米，是发展立体种植、养殖的良好载体。

工业体系初步形成

全县目前共600多家工业企业，已形成农副产品加工、化工、市场、机械制造四大主导产业。枣汁饮料、畜禽加工产品、可视对讲门铃、IC卡电表、铝塑复合管、金融电子、抽纱、足球等产品走俏国内外市场。德州市渤海经济技术开发区总规划面积20平方公里，已实现了“七通一平两化”，有来自全国各地的123家工业企业入区发展，其中投资额超亿元的企业18家。目前，已有中澳农工商集团、鼎力集团、金诺集团等省级企业集团入区。其中，中澳集团是2004年农业部批准的国家级农业产业化龙头企业，企业规模已进入国内同行业前三强。东渡畜禽有限公司生产的兔肉食品全部出口，获欧盟注册的同类企业全国只有12家，黄河以北仅此1家。

招商引资成效显著

把招商引资作为统领全县经济工作的“天字号”工程，全党动员，全民动手，大打招商引资人民战争。实行了一票否决、考核奖惩、到位即奖、晋升工资挂钩、终身奖励等五项制度，招商引资成效显著。2004年，全县共引进项目502个，其中工业项目110个，到位资金16.8亿元。投资3亿元的不锈钢加工出口基地、投资2.8亿元的8万吨聚丙烯、投资3800万美元的渤海羽绒、投资2亿元的福利工业园实验区、投资1.2亿元的10万吨枣啤酒、投资1.2亿元的渤海冶金等一大批带动能力强的工业项目相继开工、投产。

专业批发市场快速崛起

自1998年以来，庆云先后建成了23处专业批发市场，占地面积150多万平方米，2003年，庆云专业市场被评为“全省八大现代专业批发市场”。2004年市场交易额突破160亿元，成为冀鲁交界地区最大的商品集散地，中国庆云小商品城被评为“山东省30强市场”。其中：粮油交易市场是全国最大的粮食现货交易市场，其发展经验被国务院粮改调研组在全国推广。机车市场是全国建设规模最大的机动车和农业机械综合市场，也是中国农机协会全国十大重点联系市场之一。金融机具市场是长江以北最大的集金融机具生产、销售为一体的大型专业市场，其主要产品点钞机、LED显示屏、利率牌等市场占有率达到全国市场总量的三分之一。以市场为依托，庆云的物流业和会展业发展迅速，物流配送中心已开通连接华北、华东、华南的80多条配送线路，日货物吞吐能力达到2000余吨。一年一度的“中国庆云小商品博览会”已连续成功举办三届，影响日益扩大，“北方商贸名城”的口号越叫越响。

经济环境成为全国名牌

在硬环境建设上，以建设“北方商贸名城”为目标，全力实施了“南北拓展、东西改观”工程，自东向西形成工业区、市场区、行政办公区、生活居住区、文化活动区五大板块。目前，“五纵连五横，一环绕全城”、总面积30平方公里的商贸型城市框架已基本形成。在软环境建设上，以建设“内陆经济特区”为目标，在全国率先成立了优化经济发展环境委员会和经济“110”，组建了“行政审批中心”，进一个门，办所有事，外商到庆云投资所需证照，几个小时内即可办理完毕。对外地客商实行“特别保护卡”制度，为外商车辆发放“特别通行证”，为外商企业挂重点保护牌，党政机关、事业单位都与外商结成联保对子。对经济开发区和专业市场实行特别保护和“扎口”管理，任何部门未经批准，一律不准介入检查。现在，庆云县社会稳定，经济繁荣，“走进庆云门，就是庆云人；进了庆云县，事事都好办”、“不对外商说不，不让外商说不”已深入人心，“知商、重商、亲商、为商”蔚然成风，庆云的投资软环境已成为远近闻名的“金字号”招牌。

政策优惠，外商云集

为营造庆云政策的“洼地”效应，县委、县政府在借鉴全国各地经验的基础上，出台了《庆云县人民政府关于招商引资若干优惠政策的规定》、《庆云县人民政府关于德州渤海经济技术开发区招商引资若干优惠政策的规定》等一系列优惠政策，最大程度地优惠外商。对于外向型、高科技或投资数额大的项目，按一事一议的原则给予最大优惠。“没有政策是庆云的最大政策”、“外商需要什么政策，我们就给予什么样的政策”，使庆云真正成为外商投资兴业的热土，“庆云的政策最优惠，庆云的环境最宽松，庆云的服务最优质”成为庆云的真实写照。目前，在庆云的外地工业企业达到200多家，商流企业600多家，来自全国24个省市的5万多名客商在庆云投资经营。

领导班子团结，发展思路清晰

近几年来，庆云县委、县政府团结带领全县干部群众，逐步探索和形成了“商贸兴城，工业立县，枣树富民”的发展思路，并围绕这一思路解放思想，干事创业，奋力拼搏，加快发展，全县经济和社会事业呈现出前所未有的良好发展势头。2004年，全县主要经济指标全面快速增长，增幅均保持在30%以上，其中10项主要经济指标增幅位居全市第一，并跻身全国县域经济基本竞争力提升速度最快的百县市之列，实现了历史性跨越。全县广大干部群众在这一思路的指引下，以“团结实干，创新奉献”的“庆云精神”，创造出被理论界、新闻界所称的“庆云速度”、“庆云模式”和“庆云现象”。“庆云速度”就是在经济发展速度上，快于沿海、快于特区、快于周边县市；“庆云模式”就是把县城建成一个大型商贸城，把广大乡村建成一个大型加工基地，形成广义上的“前店后厂”；“庆云现象”就是运用市场经济的办法，政府投资建设配套设施，引导广大客商和群众投资上项目、搞开发，发展二、三产业。

山东省寿光市

寿光市位于山东半岛中部，渤海莱州湾南畔，总面积2180平方公里，海岸线长56公里，辖20处乡镇(街道)，人口108万。

文化发达，底蕴丰厚

境内先后发现北辛文化、大汶口文化和龙山文化遗址多处。北魏高阳太守贾思勰在此写下了世界第一部农学巨著《齐民要术》。

物华天宝，资源丰富

中南部地下水资源丰沛，土质肥沃，宜于多种农作物生长。北部地下卤水储量40亿立方米，富含钠、溴、钾、碘等几十种元素，宜盐面积260万公亩，原盐年产量300万吨，为全国三大重点盐业产区之一和重要盐化工基地。沿海滩涂45万亩，渔业资源丰富，主要经济鱼类20多种，贝螺虾蟹等10多种。

交通发达，通讯便利

济青高速公路横贯东西，青羊铁路纵贯南北，潍高、羊临等省道、国道纵横交错。全市实现了村村通等级柏油路，公路通车里程达2700公里，公路密度达到每百平方公里93公里。国家二类开放口岸羊口港，可直达周边国家和地区。通信事业迅猛发展，建成了自动电话，无线寻呼和移动通信三个网。全市年供电量达到27.5亿千瓦时，农村通电率100%，是“全国农村电气化市”。城市基础设施配套完善，商贸服务业功能齐全。

近年来，寿光市以科学发展观为指导，坚持统筹城乡，加快由传统农业向现代农业、传统工业向现代工业、普通县级市向现代化中等城市的“三大跨越”，走出了一条一、二、三产业协调发展，经济社会共同进步的县域经济发展之路。

综合实力显著提升

2004年全市完成地区生产总值193亿元，财政总收入12．8亿元，其中地方财政收入7.3亿元，农民人均纯收入5016元。各项主要经济指标始终保持了强劲的增长态势。在第四届全国县域经济基本竞争力评价中列百强县(市)第38位。

工业实力明显增强

坚持工业立市、加大投入、园区带动、大企业扩张、招商引资五措并举，工业经济保持了良好的发展势头。三年完成工业投入160多亿元，全市基本形成了造纸包装、原料化工、机械制造等6大支柱产业，发展了晨鸣纸业、巨能电力、联盟化工等25家骨干企业，打造了“晨鸣”机制纸、“联盟”化肥、“仙霞”服装等10多个知名品牌，有4支股票上市，3家企业搭车上市。目前全市限额以上工业企业达到441家，其中晨鸣集团固定资产过百亿，利税达到13亿，跻身世界造纸行业50强。

农业品牌优势突出

突出农业标准化生产、农业园区建设、寿北开发、畜牧业生产、农业龙头企业五个重点，在南部乡镇重点发展大棚蔬菜，无公害蔬菜发展到80万亩，注册国家无公害农产品商标80种，有23种农产品获国家无公害农产品标志，成为“全国无公害蔬菜示范基地县”达标单位。在北部地区实施大开发，重点发展了冬枣、海淡水养殖、盐及盐化工等，使寿北迅速成为全市新的经济隆起带。连续成功举办了五届蔬菜博览会，被国务院批准为全国五大农业会展之一，架起了寿光农业与国际农业连接交流的桥梁。农业龙头企业发展迅速，新上了一批投资过亿元的农产品加工龙头企业和外资农业示范基地，“龙头企业加基地带农户”的产业化经营模式得到较快推广，农业生产基本实现了区域化布局、规模化经营、专业化生产。

城市建设日新月异

以建设现代化中等城市为目标，突出生态、园林、绿色、环保特色，坚持高起点规划、高质量建设、高效能管理、高水平经营，不断提高城市建设水平。狠抓城市基础设施建设，城市硬化、绿化、亮化美化水平明显提高，城市绿化覆盖率达39%，人均公共绿地面积达14平方米，城市建成区面积达到25平方公里，人口25万人，被山东省政府授予"省园林城市"和"省人居环境范例城市"等荣誉称号，已顺利通过了创建国家卫生城市的省级考核验收。

三个文明协调发展

积极创建全国文明城市，连续四届被评为全省精神文明建设工作先进市。党的建设、法制建设全面加强，被评为"全省农村基层组织建设先进市"、"全省社会治安综合治理先进集体"。教育、科技、文化、体育、卫生事业蓬勃发展，被评为全国"两基"工作先进市、全国科技实力百强市、全国体育先进市、全国卫生保健达标市和全国社会文化先进市。

寿光市作为中国东部沿海开放城市，以巨大的经济潜力和良好的投资环境引起了海外客商的广泛重视，成为新的投资热点，目前可在基础设施、轻工、化工、机械制造、纺织、农业及农产品加工等领域广泛开展对外合作。为进一步优化投资环境，依托本市省级经济技术开发区，进一步配套完善了基础设施，可承载各类投资项目。为最大程度地方便投资者，市里专门成立了32个部门参加的行政审批中心，对项目立项、用地、规划、环保、工商注册等审批手续，实行"一站式"全程跟踪服务，现已同美国、荷兰、法国、瑞士、日本、韩国、澳大利亚、香港等国家和地区建立起合作伙伴关系，并在美国、日本、俄罗斯等13个国家创办多家海外企业。

墨子故里——滕州

滕州市位于山东省南部，东依沂蒙山，西濒微山湖，南与中原重镇徐州接壤，北与孔孟圣地邹城、曲阜毗邻。1988年撤县设市，总面积1485平方公里，辖21个镇（街道），总人口157万，是山东省人口最多的县级市。

发展势头强劲

2004年，滕州市地区生产总值实现214.6亿元，增长20.4%；全社会固定资产投资完成71.5亿元，增长58.3%；地方财政收入完成6.5亿元，同口径增长38.8%；城镇居民人均可支配收入达到7760元，增长14.1%；农民人均纯收入4006元，增长16.6%。第四次跻身全国县域经济基本竞争力百强，列第37位，比上届提高了6个位次，比第一届提高了22个位次，平均每年上升7个位次。是山东省30强县之一。

历史文化悠久

滕州史称“滕小国”，明、清年间的《滕县志》解释“滕”是因为本地泉水“腾涌”、且黄帝封其子于此地、以“滕”为姓而得名。滕州历史悠久，文化灿烂，古为“三国五邑之地，文化昌明之邦”，是古代东夷炎族后裔——滕、蕃、郳、薛等氏族的摇篮和商代始祖的发祥地，境内有7300多年的“北辛文化”和滕国、薛国故城等古文化遗址，是“科圣”墨子和“工匠祖师”鲁班的故里，还有造车鼻祖奚仲、焚契示义的孟尝君、勇于自荐的毛遂、善施仁政的滕文公等许多历史名人，俊彩星驰，各领风骚，留下了千古不朽的佳话。

交通区位优越

滕州位于苏鲁豫皖交界的淮海经济区中心位置，区位优越，交通便利，素有“九省通衢”之称。现在，104国道、京福高速公路、京沪铁路纵贯南北；沿京杭大运河有滕州、岗头、宏大等港口，年吞吐量600余万吨，形成了四通八达的公路、铁路、水路交通网络。距徐州机场80公里，距临沂机场150公里，距济南机场230公里。

资源优势突出

滕州是全国有名的能源基地、建材之乡，境内探明矿产资源有30多种。探明煤炭储量近60亿吨，石灰石总量28亿吨，是全国著名的煤炭开发基地。水资源总量为7亿立方米，是北方有名的富水区。旅游资源丰富，微山湖红荷湿地华东独有、世界罕见；莲青山风景秀丽、地质地貌独特。尤其是电力资源充足，全年供电量为25亿千瓦时，居山东省县级社会供电量之首。

基础设施完善

城市建成区面积达到39.4平方公里，城市化水平达到41.8%，城市建成区绿化覆盖率达到38.6%。城市供水、燃气、热力、公交、通讯等基础公用设施日臻完善，燃气普及率达64.3%，城市道路总长达221公里，全市92%以上的行政村实现了村村通油路和客车。

产业特色明显

滕州工业门类齐全，拥有煤炭、建材、纺织、机电、化工、卷烟、造纸、橡胶、食品、医药等近40个门类。特别是以煤炭、电力为主的煤电产业在鲁南地区异军突起，发展势头强劲；以数控机床、标准件、童车、金属软管、旋转接头为主的机电产业，在国内外市场久负盛名；以化肥、煤焦化为主的化工产业，以水泥、玻璃为主的建材产业，基础雄厚，规模优势明显。农业生产条件优越，平畴沃野，林茂粮丰，农业产业化尤其是畜牧产业化发展迅猛，被国家确定为商品粮基地、优质蔬菜基地、“中国马铃薯之乡”、“全国出口肉鸡标准化示范区”、“全国十大粮食生产先进县（市）”。第三产业繁荣活跃，商贾云集，货如轮转，大型超市、连锁经营、物流配送等现代流通业态发展迅速，各类市场达180余处，年交易额近80亿元。

投资环境优越

始终坚持“投资者是上帝，引资者是功臣”，“外商只管投资，其他一切由我们来办”的观念，在法律许可的范围内，在土地使用、税费收取等方面制定了一系列优惠政策；全面推进政府提速，成立了投资服务中心、环境投诉中心、机关效能监察中心，深入开展执法服务评议活动，实行重大决策事项公示、听证和阳光投诉制度，在全社会形成了亲商、敬商、重商、护商的浓厚氛围。扎实推进“平安滕州”建设，狠抓社会治安综合治理，整顿和规范市场经济秩序，严厉打击制售假冒伪劣商品、欺行霸市、强买强卖、地盘工程和敲诈勒索等行为，营造了公开公平公正的市场环境。加强社会主义精神文明建设，深入开展社会公德、职业道德和家庭美德教育，大力弘扬“明礼诚信”的传统风尚，树立了“诚信滕州”的良好品牌。

“兼相爱、交相利，近者悦、远者来”。勤劳、善良的滕州人民热忱欢迎八方来宾来滕州投资兴业，旅游观光，共创美好未来。

泰沂明珠——新泰市

新泰市位于山东省中部，泰沂腹地，北依五岳独尊的泰山，南临孔子故里曲阜，东接山东半岛沿海城市。人口135万，面积1946平方公里，其中耕地面积106万亩。辖20个乡镇办事处、912个行政村及居委会。曾先后荣获全国科技工作先进市、全国基础教育先进市、全国体育工作先进市、全国民政工作先进市、全国卫生城市、全国园林绿化先进市、全国司法工作先进市、全国文化工作先进市、全国村民自治模范市等荣誉称号。第四届全国县域经济基本竞争力评比，新泰市由上届的第45位上升到第42位，是山东省30强县市。

文化底蕴深厚

距今3～5万年乌珠台智人牙齿化石的在此出土，证明新泰是上古东夷区域开化最早的地方。东夷人在泰山周围创造的大汶口文化、龙山文化、岳石文化，在新泰都发现了多处遗址。东夷先民对泰山崇拜的文化活动，以及后世的既封泰山又禅梁父及云云、亭亭等，也深深影响了新泰。西周建立，新泰属于鲁国，菟裘（今楼德镇）被鲁隐公预定为休沐邑而曾记载于《左氏春秋》，其后的新泰饱受孔子洙泗讲学的熏陶，又接受了邻邦齐国活跃的稷下学风。在齐风鲁雨中，这片沃壤文明之花盛开：柳下惠著称于春秋，高堂生传礼于西汉。魏晋以降，羊氏家族世代簪缨，流风遍于大江南北。唐代伟大诗人李白与孔巢父等人隐居徂徕山麓，另为“竹溪六逸”，成为诗坛佳话。而且理学先趋徂徕夫子石介的孙婿——金朝大书法家、文学家党怀英也居于此地，特以“竹溪”为号。浓厚的文化氛围，使新泰宋代以迄明清，成为科第不绝，甲于邻县而冠盖相望的读书之乡。

风景秀丽

黄河、淮河两大水系在此分界，这片古老的土地上，峰岭叠彩，河流萦回。徂徕山苍松傲立，柴汶河源远流长，新甫山古柏涌翠，青云湖碧波荡漾，金斗山天台曝书，敖山山峰直上青天，梁父山史册闻名，白马寺银杏参天，龙女庙古今传奇。莲花山被誉为“北方普陀，观音胜景”，山上奇石遍布，流泉飞瀑，幽谷奇峰，集北方山脉之大气与南方水之神韵于一身，以自然、和谐、幽静、淳朴为特色，是休闲养生的最佳去处。

资源丰富

新泰是全国60个重点产煤县市之一，现已探明的原煤储量16亿吨。石灰石、钾长石、花岗石、大理石等品味高、储量大、埋藏浅，有利开发利用。金、铜、铁、矿泉水都极具开采价值。农作物盛产小麦、玉米、红薯、花生及各种优质干鲜果。横山丝、浮丘白草辫久负盛名，板栗、山羊板皮蜚声中外，新泰芹菜、泉里鸭蛋清朝时曾被作为贡品，山东省首届绿色食品评选，新泰芹菜、半蔓大花生、马家寨子香椿芽榜上有名。汶南镇黄花菜、天宝镇樱桃、楼德镇煎饼分别被命名为中国第一镇，石莱镇被命名为中国仔猪之乡。

交通便利

京沪高速公路、莱新高速公路交汇分别穿越境内51公里和27公里，二0五国道、0九公路、蒙馆公路、济临公路、新枣公路跨越境内179公里。地方县乡公路通车里程达1350公里，全市公路密度为82.2公里/百平方公里，市区至各乡镇全部实现了通柏油路或水泥路，2005年将全部实现村村通公路。磁莱铁路贯穿境内，段长64.9公里，辖9个车站。所有这些，为新泰走向世界开辟了宽阔的大门，1个小时可直达济南机场，5个小时可分别到达东部沿海港口及北京、上海。

城市基础设施完备

初步建成了山、水、城一体生态型、现代化园林城市，城市建成区面积43.6平方公里，规划控制面积208平方公里。城区人口32.5万人，城市化水平达到43.5%。市内淡水资源总量5.56亿立方米，拥有供水水库3座，现代化净水厂2

座，城市供水普及率达到98.8%；市内拥有电厂8座，总装机容量162万KW，供电能力自给有余，同时使集中供热面积达到345万平方米，集中供热率达到83.2%。城市燃气普及率达到92%；污水处理率达56.4%，工业废水达标率达95%以上，全年空气质量Ⅱ级以上所占比例达90%以上。建设了明珠广场、平阳河公园、罗马广场、青云湖风景区、新汶公园、新汶龙柏园等园林绿化骨干工程，园林绿化总面积1665.5公顷，城市建成区绿化覆盖率达到38.2%，人均公共绿地面积12.2平方米；投资1620万元，集中实施了公园景点亮化、单位庭院亮化和路灯亮化；全市人均住宅居住面积16.6平方米；全市有3个镇被省政府确定为中心镇，涌现了14个省级新型乡镇，34个省级明星村。2004年，被山东省确定为“适宜人居环境城市”。

科技文化发达

新泰是国家星火技术密集区，是山东省星火人才培训基地。全市共有科技人员51954名，其中高级1453名，中级10103名，初级40398名。共有高新技术企业96家，其中国家级4家、省级32家，高新技术产品154个，民营科技型企业251家。仅2004年，全市就取得较大科技成果20项，申请专利57件。市内共有各级各类学校225处，在校生139738人，2004年高考，全市本科上线3237人，是山东省军检上线惟一突破3000人大关的县市。共在各级国际国内体育比赛中获得金牌160余枚，其中，国际冠军36项、亚洲冠军29项、全国冠军100余项，先后向省级以上运动队输送包括世界冠军沈剑、毕文静、王峰在内的优秀体育人才100余名。

经济基础雄厚

历经一代又一代新泰人的不懈努力，新泰经济取得了稳步快速发展。尤其2004年，各项经济指标实现了历史性突破。全市实现地区生产总值181.18亿元、地方财政收入7.31亿元、社会消费品零售总额49.3亿元、农民人均纯收入3923元。规模工业企业完成增加值96.73亿元，实现销售收入262.7亿元、利税33.4亿元，销售收入过亿元的企业达47户，利税过千万元的企业达75户，规模以上工业用电量达18.6亿千瓦时。民营企业实现增加值73.5亿元，民营企业和个体工商户分别达到1625家和14969户，规模企业达到204户，注册资金达26.6亿元，实交税金5.88亿元。全市引进国内项目205个，到位资金42.8亿元，新批准外资企业15家，实际利用外资4277万美元，全社会固定资产投资达到102亿元；各项存款余额达115.28亿元，各项贷款余额达70.57亿元。初步形成了工业门类齐全、技术进步、农业特色突出、三产繁荣昌盛的经济发展格局。

投资环境优越

为给外商投资打造坚实的载体，经山东省人民政府批准，新泰市规划建设了高新技术产业开发区。规划面积19平方公里，区内基础设施完善，配套齐全，已实现道路、供电、供水、供热、排污、通讯、广播、网络宽带、土地平整“九通一平”。医疗、教育和商业服务日臻完善，绿化率达40%，区内设有精细化工园、民营工业园、高科技产业园和“新汶矿业集团”工业园，各类进区企业260多家，已建成一个功能全、环境优、形象美的新城区；为给外商提供更加优质的服务，按照“政府提速”的要求，新泰市从改革行政审批制度和机制入手，进一步转变服务观念，提升服务水平，建立了市行政审批中心，实行一个窗口对外、“一条龙”服务、“一站式”审批。现在已有33个部门和单位进驻市行政审批中心，集中了全市82%以上的行政审批和75%的行政事业性收费项目。同时，大力精简审批事项，取消行政审批项目71项，取消行政事业收费98项，转为经营性收费管理5项。市外客商到新泰投资办厂，新泰市从税费、行政规费、基础设施配套费等方面给予最优惠。

正在崛起的现代化强市——诸城

诸城市位于山东省东南部，东临海滨名城青岛，北依世界风筝之都潍坊，南毗新兴港口日照，距离三市均为1小时车程，处于三市枢纽位置。全市总面积2183平方公里，辖23处乡镇(街道)、1个省级经济开发区，总人口106万人。1987年撤县建市，是国务院确定的全国沿海对外开放城市、综合改革试点市和乡村城市化试点市。改革开放以来，先后创造了商品经济大合唱、贸工农一体化、农业产业化、中小企业改革、为民服务联动等一系列在全国具有较大影响的“诸城经验”，被誉为“改革之乡”。2004年，全市完成生产总值176.4亿元，比上年增长19.5%；实现财政总收入11.7亿元，其中地方收入6.5亿元，分别增长33.1%和63.2%；城镇居民人均可支配收入7103元，农民人均纯收入5008元，分别增长11.2%和17.9%；全社会固定资产投资完成118亿元，增长87.6%。位居全国县域经济基本竞争力百强县（市）第54位。

历史悠久，人杰地灵

诸城汉代置县，宋代称密州，是密州州治所在地。宋代大文豪苏轼曾任密州太守两年，在这里留下了二百多首诗词佳作，写下了“但愿人长久，千里共婵娟”等千古绝句；上古名君舜帝，春秋七十二贤之一的公冶长，《清明上河图》作者张择端，北宋金石学家赵明诚，清代体仁阁大学士、宰相刘墉，《四库全书》总编窦光鼐以及近现代文学史上涌现出的王统照、臧克家、王愿坚、陶钝、崔嵬等都是诸城人；党的“一大”代表、山东党组织最早的组织者和领导者王尽美，也诞生在这里。诸城地下恐龙化石蕴藏丰富，被誉为“世界之最”的鸭嘴龙化石出土并陈列于此，诸城因此又称“龙城”。

交通便捷，资源丰富

诸城是山东半岛重要的交通枢纽，市内6条干线公路和20多条市乡道路四通八达；中国陆海铁路大通道贯通诸城，并设有三个客货站点；横跨诸城东西的新济青高速公路即将动工建设，通车后40分钟可达青岛；诸城1小时车程以内，有青岛、日照两大港口，青岛和潍坊两大机场，“陆海空”兼具的交通优势，进一步增强了诸城的开放度，扩大了诸城的发展空间。自然资源丰富，土地总面积265万亩，水资源总量6亿立方，境内已探明的矿产资源20多种，总储量3000万吨以上，其中沸石、明矾石、金红石储量丰富，且为山东所独有。诸城电力供应充足，年供电量14亿千瓦时；拥有热电联产企业7个，年可发电5亿千瓦时，生产工业用气420万吨。

农业基础雄厚，产业化水平高

诸城是全国农业产业化的发源地，拥有农产品加工龙头企业900多家，年加工能力400万吨，其中外贸、得利斯被列为全国151家农业产业化重点龙头企业。全市已发展起肉鸡、生猪、黄烟、果品、棉花、桑蚕、万寿菊等十二大主导产业，其中粮食、烟叶、肉类总产量进入全国百强，是国家和山东省确定的粮食、主料烟、生猪生产基地。一些大宗产品在国际国内市场占据一定份额。年加工出口肉鸡4万吨，占全国出口总量的12%；年加工淀粉120万吨，占全国产量的1/4；色素年加工3亿克，占世界总产量的1/2；黄烟年加工出口1万吨，占全国出口量的1/6；得利斯低温肉制品年生产能力5万吨，产销量列全国第一。

工业发展迅速，特色鲜明

全市规模以上工业企业发展到326家，大中型企业集团40家；在国家统计局公布的2003年度1948家大型企业中，诸城独占8家，数量位居山东第一。经过多年的努力，全市培育起以福田汽车为主的机械制造，以外贸公司、得利斯为主的食品加工，以新郎、桑莎为主的纺织服装三大主导产业，以及造纸包装、医药化工、木器家具、建筑建材等新兴产业，打造了特色突出、优势明显的县域工业经济体系，形成了年产各类汽车摩托车26万辆，加工各类食品60万吨，纺织服装发展到30万纱锭、1亿件服装的生产规模，三大主导产业实现产值、利税均占全市工业企业总量的85%以上。在自身积累和外来资金的共同支持下，工业投资步伐不断加快，总量日益扩大，2004年共落实投资过千万元的大项目292个，投资总规模达163.2亿元，为工业经济的快速发展培植了新的增长源和增长点。一批知名品牌蓬勃兴起，目前拥有全国驰名商标2件，中国名牌产品2件、国家免检产品1件、省名牌产品7件、省免检产品15件，省著名商标17件，居山东县级市第一位。在加快工业发展的同时，大力发展第三产业，先后建起龙城市场、密州商城、九龙商贸城、龙海水产城等一批大型骨干市场和商业网点，其中龙海水产城规模位居全国同行业第一；全力加快现代旅游业开发步伐，初步拉起了以“龙文化”为主调、以“两山两河”(障日山、马耳山、扶淇河、潍河)为主体的现代旅游城市框架。

对外开放步伐不断加快

诸城目前已与60多个国家和地区建立了经贸关系，出口企业发展到289家，出口产品发展到20大类200多种。全市建成三资企业240家，建成海外企业5家，每年输出国际劳务近百人次。2004年全市实现进出口总额4.5亿美元，增长21.4%，其中出口3.5亿美元，增长12%；实际利用外资65亿元，其中境外资金8943万美元，同比分别增长16.1%和63.1%。美国泰森、日本富士纺、丹麦泰森、韩国制衣、马来西亚金狮集团等一批世界知名企业相继落户诸城。

科技、教育事业蓬勃发展

全市现有各类科研机构110个，科技人员5万多人，全市累计取得各类科技成果608项，科技进步贡献率达到54%，被国家科技部授予“全国科技进步先进市”称号。全市现有各级各类学校350多所，每年向全国输送大中专学生5000多人，其中本科生3000多人。同时积极探索完善职业技术教育体系，在全市建立了8所职业技术院校，每年为企业输送1万多名产业技术工人，为全市经济快速发展提供了人才保证和智力支持。

投资环境日益优化

诸城积极实施城区“北扩东移”战略，对老城和新区，整体规划、同步推进，不断加大基础设施建设力度，完善城镇载体功能。先后修建了4条高标准的外环路，拉起了36平方公里的中等城市框架；市内主要道路全部进行了拓宽改造；投资2亿多元对潍河城区10公里段进行了园林景点式改造，建成了融生态、文化、旅游、商居于一体的城市滨水景观带，有效地优化了发展环境；高标准建设改造了电视塔、恐龙馆、博物馆、沧湾公园、中心广场以及各类医疗康复中心，大大提升了城市文化品位和综合服务功能；在市北规划建设了25平方公里的省级经济开发区，仅2003年以来累计投入资金6亿多元，构建了良好的城市基础设施网络，目前入区项目108个，总投资近百亿元，其中过亿元的项目28个。与此同时，适应经济全球化和企业发展需要，建立了诸城海关，使全市企业在家门口就能办理进出口业务；为给中外客商提供优质高效的投资服务，市里成立了行政集中审批服务中心、联动服务中心、机关行政效能监察中心和经济软环境投诉中心，并出台了《招商引资优惠政策》，在税收、收费、土地征用等方面，研究制定了一系列优惠政策，增强了对大项目、好项目的吸引力。更为重要的是，诸城被山东省政府列为全省重点扶持的30个强县之一，在经济发展上享受特别的政策支持；在山东省委省政府规划建设的山东半岛城市群中，诸城由于区位优势独特、发展潜力强劲，被规划为半岛城市链中的“大城市”，这个定位必将为诸城的跨越式发展迎来比以往任何时候更大的发展机遇，也为外商来诸城投资兴业提供更为广阔的发展平台。

山东省邹平县

邹平县隶属于山东省滨州市，总面积1252平方公里，辖13镇、3个街道办事处，1个省级经济开发区，858个行政村，人口69.3万。

邹平县历史悠久、文化源远流长。夏朝立邹侯国，西汉置县，是历史上有名的齐鲁上九县之一。1991年，境内发现属龙山文化的古城遗址，把中国文字史向前推进了800年。邹平人杰地灵，古往今来群贤辈出。秦末伏生传《尚书》名闻天下；宋代名相范仲淹在邹平度过了青少年时代；20世纪30年代，著名学者梁漱溟在邹平创办山东乡村建设研究院，进行了七年的乡村建设试验活动。邹平是全国第一个对美国学者开放的农村调查点，1986年以来，外国学者先后访问邹平达1000多人次，1997年，美国前总统吉米·卡特专程来邹平进行了为期三天的考察访问。

近年来，邹平县经济社会实现了超常规、高速度、跨越式发展。2003年，被山东省委、省政府确定为重点扶持的30个经济强县之一。2004年，完成地区生产总值156亿元，同比增长41.8%；财政总收入15亿元，其中地方财政收入5.9亿元，同比分别49.9%和57.8%；农民人均纯收入3942元，城镇居民人均可支配收入9197元，分别增加 453元和800元。在第四届全国县域经济百强县排名中，位列第78位，是山东省惟一一个新进入全国百强的县。

工业经济迅猛发展

坚持“投入支撑、园区聚集、骨干带动、招商借力、民营激活、技改提升”六位一体，强力推进工业化进程。2004年，全县规模以上企业达237家，利税过千万元的企业达46家，完成工业总产值341.7亿元、利税33.6亿元，分别增长97.1%和60.1%；实际利用县外资金93.8亿元，其中境外资金2.4亿美元。日本伊藤忠商事株式会社、美国联合能源太平洋顶峰投资有限公司、日本住友商事株式会社和芬兰斯托拉·恩因索公司4家世界500强落户邹平。邹平经济开发区于2001年8月规划建设，2003年6月被山东省政府批准为省级经济开发区，目前共完成投入130亿元，入区项目192个。培育了世界最大的棉纺织企业——魏桥创业集团及齐星、西王、宏诚为龙头的骨干企业群体，初步形成了纺织印染服装、食品医药、制造冶炼、造纸、化工等五大支柱产业。

城镇建设日新月异

以建设对接半岛城市群和中西部地区生态型、现代化鲁中中等城市为目标，坚持“三高”标准，强力推进城镇化进程。2000年以来，开工城建项目120多个，共完成投入33亿元。县城建成区面积达35平方公里，居住人口超过25万。小城镇建设步伐快，魏桥镇、长山镇分别被命名为省级中心镇，魏桥镇还被命名为国家中心镇。全县城镇化水平达到49%。

基础设施日臻完善

近年来用于交通、能源、水利、通讯等基础设施投入达45亿元。积极改建县乡骨干道路，建设铁路专用线，改造农村公路1130公里，实现村村通等级路。拥有总装机容量150万千瓦、供热450万吨的自备热电厂。全县水库库容达到1亿立方米，引蓄能力达到3亿立方米。

“三农”工作稳步推进

坚持用统筹的思路和工业化的手段解决“三农”问题。以畜牧大县和优质高效农业为重点，大力发展二、三产业。2004年，全县农副产品加工企业达139家，其中总资产过千万元的49家、过亿元的11家。全年县镇财政支农资金达1.6亿元。提前一年取消“两工”、农业税下调及粮食直补，全县农民人均直接受益104.8元。2005年起全部免除农业税。

发展环境不断优化

深入开展争创全国精神文明工作先进县、国家卫生城、全国社会文化工作先进县“三大创建”活动，形成了“心齐、气顺、风正、劲足”的县风民风，塑造了“文明开放、进取实干、奋发有为、团结向上、亲和包容”的现代邹平人形象。扎实推进“平安邹平”建设，狠抓安全生产，全县改革、发展、稳定的形势更加巩固。连续六年实现信访“三无”，连续多次被评为全省“社会治安综合治理先进集体”。

（一）区位

邹平县地处鲁中泰沂山区与鲁北黄泛平原叠交地带，东接淄博市，西邻济南市，南依胶济铁路，北濒黄河。西距济南国际机场48公里，东距青岛260公里。

（二）资源优势

境内耕地107万亩，花岗岩、大理石、麦饭石、铜金矿、矿泉水及银、钼、硫等矿产资源丰富。境内长白山脉绵延百里，素有“泰山副岳”之美称。“鲁中生态明珠”鹤伴山国家森林公园、“齐鲁小灵岩”佛教寺院唐李庵、雕窝峪、丁公遗址、范仲淹读书洞等旅游景点80余处。

（三）特色经济

特色农业亮点纷呈。蔬菜、林果、畜牧等优质高效农业发展势头好，是中国香椿之乡、中国山药之乡、中国甜椒之乡。全县棉纺织企业达120家，被命名为“中国棉纺织名城”。

（四）主导产业

初步形成纺织印染服装、食品医药、制造冶炼、造纸、化工等五大主导产业，培植了高档装饰用纸、结晶葡萄糖、无水葡萄糖、真空伏辊等在国内同行业居领先地位的新兴产业，产业链条逐步延伸，产业竞争力明显增强。

（五）投资环境

1.交通便利 济青高速横穿县境26公里，境内国道、省道及等级公路纵横交错，交通十分便利。全县公路晴雨通车里程1772公里，公路密度为每百平方公里142公里。

2.基础设施 拥有平原水库2座，山区水库23座，全县水库库容达1亿立方米，引蓄能力达到3亿立方米。县内拥有热电厂6家，全网装机容量150万千伏安，年发电量27亿千瓦时，供热能力450万吨。

3.环境绿化 大型污水处理厂1处，废水处理能力达3.48万吨／日，废气处理能力达106.77万标立方米／时，全县森林覆盖率21.6%，城市绿化覆盖率36.7%， 空气质量达二级标准。

4.科教医疗 邹平是山东省精神文明建设、社会文化等先进县，是全国成人教育、科技进步、体育工作先进县及全国第一个“普九”教育巩固提高试点县。拥有各类卫生机构22所，床位1006张，卫生技术人员1782人，疾病控制、妇幼保健、120急救等医疗网络健全。

5.金融服务 工、农、中、建四大国有商业银行近千家各类金融网点遍布城乡，设有青岛万通证券邹平分公司，可提供存贷款、国际结算、外汇买卖、证券投资、财产和人寿保险等优质快捷的金融服务。设有“行政审批大厅”，集中为国内外客商提供“一站式”便捷服务。

6.优惠政策 外来投资项目在用地、金融、规费征收、证件办理及供电、供汽等方面可享受优惠政策；外来投资者及其子女在落户、就医、入托、入学等方面，与本县居民享受同等待遇。

（六）对外招商引资项目

1.高档织物印染和后整理项目：

项目单位为世界最大的棉纺织企业——山东魏桥创业集团有限公司，总资产230亿元，其产品远销日、韩、东南亚等国家。

项目总投资9952万元，投资回收期2.9年，建成后年销售收入3.3亿元，利润3764万元。合作方式：合资、合作。

联系人：薄其珉

电话：0543—4161111　　4162000（传真）

2.高档家用纺织品项目：

项目单位为山东魏桥创业集团。该项目总投资1.98亿元，投资回收期5年，达产后年销售收入1596万美元，利润305万美元。合作方式：合资、合作。

联系人：薄其珉

电话：0543—4161111　　4162000（传真）

3.高档针织服装生产线项目：

项目单位为山东魏桥创业集团。该项目总投资1.79亿元，建设期1年，投产后年销售收入4956万元，利润1221万元，出口创汇419万美元。合作方式：合资、合作。

联系人：薄其珉

电话：0543—4161111　　4162000（传真）

4.高支高密棉丝交织棉毛混纺面料生产线项目：

项目单位为山东宏诚纺织股份有限公司，是一家以纺织为主的企业集团，固定资产4亿元，产品远销欧盟、美、澳、日、东南亚、中东等国家和地区。

项目总投资1.39亿元，建设期1年，达产后年销售收入1.53亿美元，利税2388万美元。合作方式：合资、合作。

联系人：徐华

电话：0543—4322126　　4322052（传真）

山西省保德县

山西省保德县地处晋西北，属黄土丘陵沟壑区。全县总面积960平方公里，总人口15.2万，现有13个乡（镇）、343个行政村。近年来，县委、县政府坚持以科学的发展观统领全局，紧紧围绕“率先翻番，加速脱贫、建设小康”的总体目标，大力实施“开放引进，创优环境，大项带动，富民强县”发展战略，县域经济实现了超常规、跨越式发展。2004年，全县地区生产总值完成10.68亿元，同比增长31.4%；财政总收入突破1.7亿元，同比增长47.3%；农民人均纯收入达到1596元，同比增长12.1%，保德再次成为第四届全国县域经济提升速度最快的百县（市）之一，在全国2012个县（市）中排名843位，比上一届在全国前移了959个县名次。

坚持以结构调整为主线，创优环境，引进大项，“煤电铝”三大产业做大做强

保德县资源富集，尤以煤、铝等矿产资源储量大。改革开放以来，保德县全力发展煤炭工业，大大小小的煤矿“遍地开花”，但由于生产技术落后，经营管理粗放，最辉煌的时期年总产量也只能达到200余万吨，经济效益微乎其微，对资源、环境却造成了极大的破坏，在前几年全国煤炭市场不景气的形势下纷纷停产倒闭。现实教育了保德人，县委、政府转变思路，一改过去保守、安贫的心态，脱胎换骨，轻装上阵，在劣势中寻找优势、在发展中培育亮点、在实干中凝聚民心，开始把目光投向“借鸡生蛋”、引进大型先进企业上。他们抢抓机遇，视环境为生产力，制定出台了一系列优惠政策，竭尽所能地提供一切便利条件和优质服务，全方位优化投资环境。“功夫不负有心人，梧桐引来金凤凰”。1999年国有大型企业神华集团携巨资进驻保德；2002年，该集团投资9亿元建成的年产原煤800万吨、洗煤800万吨的现代化矿井全部达产达效，当年的财政收入猛增至6348万元；2003年，又一跃上升到11560万元，突破了亿元大关；2004年该集团又投资12.4亿元建设规模为2×13.5万千瓦的煤矸石火电厂，使之成为拓宽发展合作领域的接续产业。在此基础上，天桥水电厂增容6万千瓦，总装机容量达到19.8万千瓦；神华集团已原则接受本县建议，同意采取措施推进一期项目为2×60万千瓦的坑口火电厂项目；同煤集团、华宇公司和香港东瀛集团共同筹建一期设计为30万吨氧化铝项目，也在紧锣密鼓进行之中，“煤电铝”将成为保德经济增长的支柱性财源。

坚持把“三农”工作摆在更为突出的位置。四轮驱动，破解难题，农村经济稳步推进

“十年九旱”的保德，农民靠天吃饭，农业始终是弱势产业，如何让身处劣境的11万农民稳步增收？县委、政府从实际出发，本着“立草业、兴畜牧、举龙头、奔小康”的思路，积极推进农业产业结构调整。首先狠抓舍饲圈养、草地建设、品种改良等五个环节，促使传统畜牧业向生态畜牧业转变。先后完成植树造林6.1万亩，种草2万亩，建成高标准圈养示范点15个，设立了12个农畜改良站，引进种绒山羊、小尾寒羊、波尔山羊、鲁西黄牛2080余只（头），培养养殖大户718户。其次延伸产业链条，在“两红”、“两杂”、“蔬菜”、“中药材”四大产业上求突破。推广玉米、“两杂”、优质马铃薯新品种14.5万亩，新栽枣树30万株，红枣优种种植面积达到10万亩。以“两红”为例，保德县专门成立了“两红”制品研究开发协会，聘请专家讲学，重点推广“两红”制品精加工技术，鼓励群众联合办厂搞加工，目前，全县“两红”加工企业已发展到30多家，年加工能力1000吨，开发系列产品16种，并有4个产品申报为绿色产品，远销北京、上海等15个省市，经济效益十分可观。2004年，全县农民人均“两红”收入达到200余元。第三，大力实施农业基础设施建设工程。打坝47座，建设渠系配套工程4400米，发展水浇地2550亩，建饮水工程7处，一次性解决了8000人的饮水困难。

此外，政府牵头搭建增收平台，依靠大项目带来的财政收入反哺农业，2004年保德县率先免征农业税及其附加，并及时兑现种粮直补资金35万元，投资1000万元用于修建农村公路，多方促动产生了“乘法效应”，2004年，保德县农业生产总值达到7150万元，粮食总产量达到6800万斤，农民人均纯收入跃上1596元，创下了历史新高，实现了农业稳步增产，农民持续增收，农村社会稳定。

坚持贯彻国家环保产业政策，多管齐下，培育扶持，民营经济再振雄风

同许多地方一样，保德县民营企业也经历过“村村点火，处处冒烟”的红火。面对这“红火”现象，县委、政府却有着清醒的认识：要想在新一轮经济结构调整中立于不败之地，以牺牲环境为代价的低层次发展没出路，必须在传统产业的上档升级上做文章。一场整治“土小企业”的行动轰轰烈烈地展开了，保德县取缔了所有环保不达标的土小企业，放宽准入门槛，出台了《关于优化环境和发展民营经济的决定》，加强经济监督110、纠风、行风评议、封闭管理、挂牌保护等工作，鼓励、支持、保护民营经济的发展，营造出“亲商、安商、富商”的发展氛围；树龙头抓重点，引导民间资金向规模大、“含金量”高的产业流动。经过短短几年的催生和激活，原有的传统产业进一步上档升级，向新型科技型环保型产业过渡；新办民营企业如雨后春笋，破土而出。仅2004年一年，全县新上改、扩建项目26个，其中投资100万元以上19个，已建成投产7个，项目总投资10067万元，建材、化工、煤焦、农副产品深加工、交通运输服务业这五大产业均取得突破性进展，民营经济继续保持了强劲的发展态势。目前，保德县民营企业总数发展到650个，从业人员达16294人，其中销售收入1000万元以上的有12个，500万元以上的有17个，100万元以上的有13个，特别是新兴产业的崛起，有力地支撑起财政发展空间。2004年，保德县民营经济完成总产值12.7883亿元，同比增长30.34%，销售收入完成12.5205亿元，同比增长34.63%，上交税金6500万元，为县域经济的大提升提供了可靠保证。

坚持科学运用经营城市理念，高标准规划，市场化运作，县城基础设施条件明显改善

旧工业化与城市化良性互动是加快经济发展的最佳途径。保德县在县城建设上，始终坚持“高起点规划、高标准建设、高品位设施、高效益经营”的原则，采取政府牵头、市场运作、社会参与等方式，多渠道筹资，改善城市基础设施。近三年来，通过多元化筹集资金8000余万元，成功改造了梅花东西大街，完善了厢式排洪涵洞，建成了河滨大街、府前大街，完成了县城各主要街道的“六化”工程，修建了文化休闲广场、体育场、滨河广场、飞龙山山地公园等一批公益设施；投资250万元建设宽带网改造工程，丰富了群众的精神文化生活；投资1100万元完成县城供水工程，彻底解决了县城居民的饮水困难问题。与此同时，在东关镇后滩铲除土焦炉后近千亩的废弃土地上，规划了生活、商贸、文化娱乐、机关办公、树木绿化、医疗卫生保健等六大小区，并逐步实施。为了体现县城的高品位，保德县在主要街道进行重点绿化，新发展绿化亮化带4929.6平方米，栽植各类树种3143株，花灌木42500株，种草坪4200平方米。人行道铺设了高档彩色瓷砖，安装了30组动态应花灯，2盏高档槐花灯，2组大型彩虹门，整个县城实现了硬化、绿化、美化、香化、净化。投资20万元的红绿灯交通岗，分车道隔离栏，有效地缓解了交通混乱。环城公交、保府公交的出现，为百姓出行带来了更多的方便。保德县城以其品位高雅、设施先进、文明整洁而成为晋西北一颗熠熠生辉的明珠。

坚持以人为本，关注民生，情系百姓，社会各项事业全面进步

科教文卫等社会事业，关系广大人民的切身利益。保德县不断加大对社会事业的支持力度，建立和完善多元化的社会事业投资机制，做大事业，做强产业，实现经济与社会的良性互动。与此同时，按照“自主择业、市场调节、政府促进”的就业方针，完善就业援助制度，规范劳动力市场，对下岗人员实行了“一站式”服务，全县新增就业岗位1206个。560余名下岗失业人员实现了再就业，185名“4050”人员重新走上了工作岗位，480余名下岗失业人员领到了《再就业优惠证》，并享受到了税费减免、社保补贴、小额贷款、工商登记、场地安置等多项优惠政策，组织劳务输出261人。建立和完善社会保障体系，先后为国企特困职工发放基本生活费16万元；2184户4036名下岗失业人员享受到了低保补助；对农村403户特困户525人进行了救助，全县累计1792户1851人得到了农村特困救助；629户“五保户”828人得到供养；全年下拨59.1万斤救灾粮，33万元救济款。

古韵今风相辉映，奋步小康正当时。喜看今日保德，经济社会快速发展；展望明日保德，辉煌业绩催人奋进。昔日“走西口、挖苦菜”的贫困已成为永远逝去的历史，一个欣欣向荣、富强文明的新保德，正踏着新时代的节拍，大步向人们走来。

山西省古县

古县位于临汾市东北部，太岳山南麓，汾河一级支流——涧河中上游。东与安泽毗邻，西与洪洞接壤，南与尧都、浮山相参，北与霍州、沁源交界。1971年建县，辖4镇3乡111个行政村，9万余口人，农业人口7.12万人，国土面积1206平方公里，其中森林面积325平方公里，草地面积45平方公里，耕地面积2.2万公顷，森林覆盖率达42%。水资源总量1.432亿立方米，年平均气温11.8℃，降水量558.5毫米，日照达2278.8小时，无霜期183天，属暖温带大陆性季风气候。矿藏资源丰富，有煤炭、铁矿、铝矾土、石灰岩以及铜、钴、钛、钼等多种矿产，所产优质主焦煤闻名遐迩，总储量达48.96亿吨，是临汾市重点产煤县之一。

古县历史悠久，人杰地灵。早在6000年前的仰韶文化时期，这里就有人类居住、繁衍；上古时期曾是大禹治水之地；战国时期赵国名相蔺相如和现代著名电影表演艺术家赵子岳就出生在这里。抗日战争时期，这里一直是晋冀鲁豫边区太岳区党政军机关驻扎地，刘少奇、朱德、邓小平、薄一波、陈赓等老一辈革命家都曾在这里进行过革命活动。

近年来，古县县委、县政府认真贯彻党的十六大和十六届四中全会精神，坚持以人为本理念，树立科学的发展观和正确的政绩观，以市场为导向，以改革为动力，以科技为先导，逐步完善并实施了“长抓核桃短抓菇，改善生态兴畜牧，煤焦产业促提升，建材旅游求突破”的县域经济发展方针，建设南部生态型特色农业、北部资源型工业经济和中部城市型综合经济三大经济板块，主攻核桃、双孢菇、煤焦、建材四大产业，发展以旅游为主的替代产业，县域经济实现了跨越式发展，1998年即跨入全国科技工作先进县行列。2003年一举夺得综合考评、国内生产总值和财政总收入三个临汾市第一。2004年底全县国内生产总值15亿元，限额以上工业增加值完成10亿元财政总收入完成2.2亿元，固定资产投资完成4.6亿元，城镇居民人均可支配收入达7367元，农民人均纯收入达2585元，全年粮食总产量达53186吨，城乡居民储蓄存款余额近6亿元，人均经济占有量位居山西省前列。再次进入全国县域经济基本竞争力提升速度百强县(市)行列，先后荣获“全国名特优经济发展先进县”、“全省农村饮水解困红旗县”等荣誉称号。

资源优势

古县的主要粮食作物有小麦、玉米、谷子、高粱、大豆、薯类、绿豆等，主要经济作物有棉花、油葵、芝麻、胡麻、蓖麻、油菜、西瓜和各种蔬菜。农业发展以核桃、双孢菇以及特色农产品为重。野生植物资源也很丰富，如青壳、连翘、山楂、酸枣、棠梨、沙棘、猴头、木耳、蘑菇、地参、软枣、蕨菜、山核桃、猕猴桃、黄花芽等，既为宴席之佳肴，又具有防病养身之功效。

古县矿产资源丰富，已探明的地下矿藏有20余种，主要以煤、铁、铝矾土、铜和耐火粘土为主。其中，尤以煤炭资源为最，煤炭资源系沁水煤田霍东一部分，含煤面积680平方公里，储量48.96亿吨，以山西组2#、3#和太原组9#、11#为主，特别是2#、3#原煤属国家稀有的优质主焦煤。铝矾土是古县仅次于煤炭的又一大资源优势，目前已探明铝矾土面积达12平方公里，总储量16.5亿吨，部分铝矾土矿质量达到高铝指标，具有较高的工业经济价值。铁矿为沉积型，矿物成分为褐铁矿、赤铁矿、菱铁矿，主要分布于岳阳、古阳、北平三个乡镇，地质储量为202.5万吨。硬质耐火粘土分布于岳阳多沟——古阳金堆——千佛沟——北平一带，呈北东向展布，含矿层断续分布长达20公里，矿层厚0.5至8.6米，一般为2到3米，储量约900万吨。铜矿系沉积砂岩氧化铜矿，平均品位1.21%，预测储量折合金属铜1565吨。除以上几种主要矿产外，储量较大的矿产资源还有硅石矿、石灰石矿、白云岩，另外还有钴、钼、钛、银、稀土、石墨、高岭石、钾长石、紫砂陶土、大理石和重晶石等。

古县旅游资源丰富。有“天下第一牡丹”之称的三合牡丹，据史家考证，该牡丹生于唐代，是国内迄今发现的历史最长、冠幅最大的单株野牡丹。树龄已逾千年的核桃、酸枣、柳树、枞树四大树王、战国名相蔺相如墓、隋唐时期罗成阵亡之地淤泥河等等，都是其中的代表。闻名全国的旅游避暑胜地灵空山、太岳山森林公园就在古县北部。

主导产业和特色经济

煤焦是古县的主导产业之一，是县域经济发展的主力军。全县建有50座煤矿和6大机焦企业，原煤生产能力达到550万吨，是山西省四大优质主焦煤生产基地之一。焦炭生产能力达到410万吨，其中一级铸造焦灰份小于10%，硫含量小于0.15%，曾荣获第四届世界博览会金奖，得到国家质量认证。2004年，全县工业企业共吸纳劳动力20000余人，完成工业增加值6.5亿元，实现利税2.2亿元。当年第二产业125456万元，比上年增长24.4%，占全县经济总份额的比重达到83.6%。此外，古县还将在3年内建成年产60万吨的玉生煤矿和年产150万吨的太岳煤矿，进一步提高古县煤焦市场的占有率和竞争力。

核桃是古县一个传统优势产业，历史悠久，品质优良，分布广泛，产销两旺，迄今已有2000多年的栽培历史。古县先后荣获全国“干果之乡”、“经济林建设先进县”、“高产优质高效核桃示范基地县”等荣誉称号。近年来，古县以每年不低于100万株的速度大面积栽植，目前已建成11个优质高产万亩基地，栽植面积达到22万亩、630万株，年产量750万斤，核桃仁出口100万斤以上，人均面积、株数、产量、收入多年来稳居全省第一。在发展核桃种植的同时，也注重对核桃进行深加工。以古岳食品有限公司为依托，打造古县核桃品牌，加工的核桃仁、琥珀桃仁、天力胶囊三个产品已分别获得了国家绿色食品证书，并办理了产品出口卫生许可证和出口商品检验检疫证，大大提升了古县核桃市场竞争力，为古县核桃资源的开发和加工增值开辟了广阔的前景。核桃已成为古县农民长远致富、均衡致富的支柱产业。

双孢菇是古县的新兴特色产业，古县连续六年采取县乡村三级联动、示范带动、行政推动、服务拉动“四轮驱动”措施，把科技三项经费、扶贫资金、农发资金、信用社小额贷款捆起来集中使用，按照“基地化发展、标准化生产、企业化经营”的总体要求，发展连片基地52个，培育大户300个，菇农人均收入800元，成为华北地区最大的双孢菇生产基地。大力推广移动式钢架棚、玉米秸秆栽培、二次发酵、阿姆斯培养料催熟等新技术、新工艺，使单位产量和棚均效益明显提高。投资1800万元，建成两条具有国际先进水平的冻干生产线，年加工双孢菇等农副产品8000余吨，产品出口日本、欧美等国家和地区。初步形成了以龙头带基地、基地联农户的产业化发展格局，双孢菇产业已成为古县的支柱产业之一，农民从中得到了实实在在的实惠。

古县特色农业发展势头亦十分强劲。重点建设了6个年产值1000万元以上的绿色农产品基地。已发展古县金米3.8万亩、中早熟马铃薯3.2万亩、中药材3万亩、小杂粮5.5万亩；世行贷款小规模肉牛发展项目辐射4个乡镇25个村500个养牛户，特色养殖业蓬勃发展，养殖大户的辐射作用日益显现。特色农产品因其成色佳、无公害，日趋成为古县极有潜力的产业之一。

投资环境

古县的投资环境非常优越，一是交通发达、运输便利；二是矿产丰富品质优良；三是水源充足、水质良好；四是电力充沛、价格优惠；五是民风淳朴、社会安定；六是政策优惠，招商富商。

古县民风淳朴，物华天宝。我们坚持大开山门，诚邀四海嘉宾。为了切实保护外商、外企，县委、县政府出台了《关于损害经济发展软环境行为的责任追究办法》，严厉打击仗势欺人，以主欺客，以公欺私等不良行为，全面打造优越宽松的政策环境、优良便捷的服务环境、舒适优美的人文环境。晋豫焦化、锦华焦化、太谷天山斗等省内外公司已落户古县，投资近亿元的大型企业拔地而起。储量丰富的建材资源，尚待有识之士前来开发。此外，我们还将依托石壁三合“天下第一牡丹”等，深度开发旅游资源，推动县域经济持续、快速、健康发展。

竭诚欢迎社会各界到古县投资开发，共同发展！

对外招商引资项目

1.煤矸石发电项目

项目单位：古县森润煤化有限公司

企业概况：古县森润煤化有限公司成立于1993年，企业现有职工350余人，其中中级以上专业技术人员58人，固定资产1.4亿元，年入洗原煤120万吨，年产铸造焦60万吨，生产捣固焦50万吨，2004年实现产值2亿元，实现税金2000万元。

投资环境：该企业位于岳阳镇城关村，紧邻省道323线，距南同蒲洪洞站仅26公里，交通运输便利，水源充足，企业配套设施齐全，具备建厂条件。

项目建设内容：新建2×5万KW煤矸石热电厂一座。

项目总投资：4.5亿元人民币，其中利用外资3亿元。

原材料及辅助材料供应：古县年产原煤330万吨，年洗原煤300万吨，其副产品煤矸石、中煤和煤泥约80万吨，完全可满足发电需求。

市场分析：目前全国范围内电力供应不足，新上2×5万KW煤矸石热电厂，市场前景看好，既可缓解本企业用电紧张的局面，又可减少环境污染。

经济效益：项目建成后，年发电6亿KW，年实现销售收入21000万元，实现利润6000万元，税金2000万元。投资回收期7.5年。

合作方式：合资

项目负责人：于跃生

项目单位地址：古县岳阳镇城关村

电话：0357—8322640

2.新建年产120万吨铁铝酸盐水泥项目

项目单位：古县发展计划局

投资环境：厂址选在古阳镇野湖川。该处地势平坦，面积广阔，紧靠省道323线，距南同蒲铁路线40公里，110KV变电站距该地10公里，可专线供电，水源充足，具备建厂条件。

项目建设报告：新建年产120万吨铁铝酸盐水泥需厂房及生产设备和配套设施。

项目总投资：2.4亿元人民币。其中利用外资2亿元人民币。

原材料及主要辅助材料供应：古县石灰石储量达34亿吨以上；铝矾土储量达16.5亿吨，铁矿、石英石储量也较大，还有丰富的主焦煤，生产新需石膏可从邻近的灵石县购进。原材料完全可以满足生产供应。

市场分析：随着国家西部大开发战略的实施和公路交通事业的快速发展，对高强度水泥、道路水泥、大坎水泥的需求量急剧增加。该项目建立年产120万吨铁铝酸水泥生产，满足国内需求，市场前景广阔。

经济效益分析：项目达产后，年实现销售收入3.6亿元，实现利润4560万元，税金2485万元。投资回收期5年。

合作方式：合资

项目负责人：马俊明

项目单位地址：古县东大街23号

电话：0357—8322175（传真）

3.超细活性轻质碳酸钙生产项目

项目单位：古县岳阳镇政府

投资环境：厂址选在岳阳镇下冶村，该处紧靠省道323线，距南同蒲铁路洪洞站35公里，110KV变电站距该地6公里，可专线供电，水源充足，具备建厂条件。

项目建设内容：新建年产1万吨超细活性轻质碳酸钙新需厂房及生产设备及配套设施。

项目总投资：3000万元人民币

原材料及辅助材料供应：古县境内优质石灰岩储量丰富，完全符合生产轻钙的工业需求。

市场分析：超细重质碳酸钙是一种重要的非金属粉动产品，广泛应用于橡胶、塑料、造纸、涂料日化等行业，是用途最广的填料之一。目前，我国年需求量240万吨，生产量仅70万吨，其余全部靠进口，市场缺口大，市场前景十分广阔。

经济效益分析：项目建成后，年产2万吨超细重质碳酸钙，年产值3000万元，年利润910万元，税金210万元，投资回收期3年。

合作方式：合资

项目负责人：张喜新

项目单位地址：古县岳阳街

电话：13513658866

4.永乐薯条加工项目

项目单位：古县永乐乡人民政府

投资环境：厂址选在原永乐果脯厂，地势平坦，水源充足，紧靠309国道，2.2万伏高压线路由此经过，生产条件优越。

项目内容：新建年加工马铃薯5000吨的薯条生产线。

项目总投资：200万元。

原材料供应：永乐乡全乡种植土豆面积达5000亩，年产可达6万吨，品质优良，可满足加工要求。

产品市场分析：随着快餐饮食业的迅速发展，薯条以无公害、营养丰富、食用方便，日益成为人们喜爱的休闲快餐食品，产品销路看好。

经济效益：年收入达400万元，利税80万元。

合作方式：独资或股份合作

项目负责人：柴保林

通讯地址：山西古县永乐乡人民政府

电话：0357—8332674

手　机：13934671211

5.岳阳山野菜加工扩建项目

项目单位：古县岳阳镇人民政府

投资环境：该厂位于县城，现有山野菜加工的小型设备，水、电、交通、通信条件优越。

项目内容：扩建年产200吨的野菜加工生产线。

项目总投资：200万元。

原料供应：古县地处山区，有丰富的森林资源和野生植物资源，如猴头、木耳、厥菜、轮白芽、山葱、栏芽等，品种多、质量高、产量大，可满足加工需要。

产品市场分析：山野菜属天然绿色食品，含有多种维生素，营养丰富，长期食用可强身健体，防病治病，是人们必需的食品。随着人们生活水平的提高，健康概念的深入，天然食品市场前景日趋看好。

经济效益分析：年实现销售收入414万元，实现利税80万元。

合作方式：独资或股份合作。

项目负责人：刘雁鸣

通讯地址：山西古县岳阳镇人民政府

联系电话：0357—8322304

手机：13994770802

6.古县文物旅游开发项目

项目单位：山西省古县文体局

投资环境：古县文物古迹多，自然风光优美，旅游资源丰富，交通便利，通信方便，南与洪洞广胜寺、苏三监狱、大槐树相邻，北与沁源灵空寺相连，开发古县旅游资源条件优越，前景看好。

项目内容：牡丹园、延庆观、关帝庙、蔺相如墓四个文物旅游景点的扩建改造。

项目总投资：4000万元。

经济效益：四个旅游景点的扩建，形成一日四游的格局，年可接待游客40万人次，年收入预计可达2000万元，还可带动相关产业发展。

合作方式：独资经营或股份合作

项目负责人：王永鹏

通讯地址：山西省古县文体局

联系电话：0357—8321466

手机：13068026366

三晋首富　全国百强——河津市

河津市位于山西省西南部、运城市西北角，黄汾两河交汇的三角地带，辖两镇五乡两个街道办事处，总面积593平方公里，总人口36.9万人。

历史悠久，人杰地灵

新石器时代就有先民居集，禹凿龙门的壮举就发生在这里；殷商时期商祖乙在此建都七世，国都名耿；春秋为耿国，秦置皮氏县；隋唐为龙门郡治，领数县；宋宣和二年改名河津，因境内有黄河和禹门渡口而得名；1994年元月撤县设市。河津人才辈出，春秋时期晋国上大夫郤缺夫妻相敬如宾，为人称道，河津别名“如宾乡”即源于此。春秋时期著名教育家孔子七十二弟子之一的卜子夏，著史家之绝唱《史记》的汉太史令司马迁，人称“文中子”的隋学者王通，唐著名诗人王绩、王勃，初唐名将薛仁贵，明朝著名理学家薛瑄，清朝书法家许成贵，义和团首领张守忠、范居江，辛亥革命首义太原的总司令姚以介，已故全国政协副主席董其武等，真可谓人文蔚起，灿若繁星。

山奇水秀，景色宜人

数万年沧海桑田，天造地设出人间奇景：黄河峡谷山崖壁立，水势汹涌，惊涛拍岸，龙门、石门形如门阙，船行其中有惊无险。禹门口铁路桥、公路桥、钢丝桥等五桥飞架一处，堪称世界奇观。境内古遗址、古墓葬、古建筑60余处，其中真武庙、高媒庙、抬头庙、琉璃庙、后土庙、樊村明代舞台以及全国五大回音塔之一的镇风塔等古建筑，均在历史、艺术、科学等方面具有较高的价值，吸引众多国内外游客来河津旅游观光。

区位优越，资源丰富

河津市位于晋陕大峡谷南端的黄河金三角地带，东临稷山，北连乡宁，南接万荣，西与陕西韩城隔河相望，地理位置十分优越。河津交通便利，108、209国道市区交叉，侯西铁路贯穿全境，新禹高速公路正在建设，市乡道路四通八达，黄河水运上可达壶口瀑布，下可达三门峡大坝，形成了公路、铁路、水路联网联运、快捷通畅的运输体系。河津资源丰富，地下矿藏资源已探明有开采价值的就有煤、硫铁矿、铁矿、石灰石等二十多种，其中煤炭储量7亿吨左右，硫铁矿2000多万吨，石灰石20亿立方以上，尤其是背靠河东煤田，为相关产业发展提供了资源保障。黄河、汾河流经河津，地表水年径流量1.2亿M^3，地下水年可开采量2亿M^3，是华北地区水资源最丰富的区域之一，位于黄河东侧的清涧一级水源保护区承担着国家重点企业山西铝厂、河津电厂工业、生活供水任务。

经济发展，势头强劲

近年来，河津市委、市政府带领全市人民全面贯彻党的十六大和十六届三中全会精神，以科学发展观为指导，与时俱进，开拓创新，全市主要经济指标连年大幅超额完成，各项社会事业全面发展，实现了两年当三晋首富，三年进全国百强，四年财政收入翻三番的奋斗目标，成为全省“率先发展的典型”和“县域经济发展的榜样”。在县域经济发展上，依托资源、区位、大工业等优势，按照“稳一、优二、兴三”思路，大力调整产业、企业、产品结构，发展以工业为主体的地方经济，现已形成以“两高一优”农业为基础，以煤电铝、焦铁铸、煤焦化为产业模式，与第三产业相配套的经济格局。农业上，新发展优质粮食种植8万亩、无公害蔬菜2万亩、干鲜果经济林0.9万亩、奶牛450头，初步形成了金色优质粮食、绿色无公害蔬菜、红色干鲜果、白色奶牛养殖四条区域性特色产业带。农之龙、大悦、通和等农副产品加工企业扩建项目建成投产，辐射带动力明显增强，推动了农业产业化进程。工业上，中铝山西企业三期28万吨电解铝、80万吨氧化铝和河津电厂二期工程建设顺利，王家岭煤矿项目取得实质性进展，到2005年，山西铝厂将形成年产220万吨氧化铝、42万吨电解铝的生产能力，河津电厂将形成200万千瓦的发电装机容量，王家岭煤矿将形成800万吨的煤炭开发能力，这“三大航空母舰”将新增产值120个亿左右。全市31个具有产业优势和市场潜力的调产项目全面启动，振兴集团二期扩建、阳光集团焦炉扩建和三联集团精密铸造等11个项目竣工投产，煤电铝、焦铁铸、煤焦化等传统优势产业上档升级，民营经济呈现出规模化、产业化、规范化、新型化、园区化、现代化的发展格局，全市10亿元以上产值企业2家，亿元以上33家，千万元以上112家，百万元以上260家。三产上，建成了东都商城，扩建了津辉国际建材城，完成了下化等乡镇国有商业网点改造，大力发展金融、信息、房地产、物业管理等现代服务业，经济发展活力进一步增强。2004年，全市国内生产总值完成103.2亿元，同比增长31.7%；财政总收入16.5亿元，同比增长37.9%；民营企业总产值132.4亿元，同比增长41.1%；农民人均纯收入5065元，同比增长25.3%；城镇居民人均可支配收入8464元，同比增长20.7%；社会固定资产投资71.2亿元，同比增长12%。县域经济基本竞争力连续四年位居全省第一。

投资环境良好，招商项目众多

近年来，按照“经济发展靠拉动，拉力形成靠环境，环境优化靠整治，整治环境促发展”的工作思路，河津市对山西铝厂周边乡村私拉乱接水电和乱搭乱建等突出问题进行集中整治等措施治理环境，从而使山西铝厂三期、河津电厂二期工程得到立项审批、顺利开工，总投资达100多亿元。市委、市政府还把城市建设、银企合作、市场经济秩序整顿、社会治安综合治理、提高市民文化素质纳入优化环境范畴，齐抓共管，整体推进，有效地优化了投资环境。同时，河津市出台了系列招商引资优惠政策，欢迎国内外客商来河津投资办厂，共同发展。

招商项目

1.1万吨缝纫机铝铸件项目；

2.PPR铝塑复合管和PVC中空内螺旋排水管；

3.年产12000吨铝型材生产线；

4.4000吨高性能永磁铁氧体生产线项目；

5.10万吨煤焦油深加工项目；

6.潜米沙坦和盐酸二甲双胍缓释片；

7.环保型铝盐中和法生产高品质催化剂载体原料拟薄水铝石系列产品；

8.10万吨体育健身器材项目；

9.10万吨精密铸造项目；

10.50万吨复合钢板坯项目；

11.芦笋、玉米笋等蔬菜食品深加工项目。

资源宝地　投资胜地——山西省交口县

交口县位于山西省中部西侧，吕梁山脉中段，面积1257.6平方公里，辖4镇3乡，总人口10.8万人。境内林草覆盖率达56%。为全国沙棘八大产区之一，也是著名的汾州核桃、金香小米的主产区；境内旅游资源丰富，云梦山、牡丹洞、金代大铁钟、元代千佛洞、红军东征总指挥部旧址等文物古迹远近闻名；境内矿产资源得天独厚，煤、硫、铁、铝、石膏、石灰炭、白云石、耐火粘土等矿产含矿面积850平方公里，占总面积的67.1%，其中煤可采储量15亿吨，铝矾土可采储量1.27亿吨，铁矿石可采储量0.5亿吨，硫铁矿可采储量2.24亿吨，白云石储量42.6亿吨，且埋藏浅、易开采、品质优。目前，全县已形成年产生铁120万吨、钢铁100万吨、原煤300吨、焦碳300万吨、洗精煤150万吨、机焦130万吨、高级耐火材料5万吨的生产能力。

交口县新一届县委、县政府立足资源优势，致力优化环境，重点围绕铝工业园区开发和四大特色农业基地（优质中药材、优质核桃、优质沙棘、优种牛养殖）、四大工业基地（铝、耐火料、钢铁冶炼油、煤化工）建设，加大招商引资图谋着力打造宽领域、多层次、全方位的对外开放新格局，实现全县经济的大跨越。

交口物华天宝、人杰地灵、商机无限，诚邀各地有识之士来此投资创业。

招商引资优惠政策

新办生产性企业，投资在100~500万元的，三年内按上缴增值税县级留成部分的25%返还企业；投资在500~1000万元的，第一年按上缴增值税县级留成部分的50%返还，后四年按25%返还：投资在1000~3000万元的，第一年按上缴增值税县级留成的75%返还，后四年按25%返还，投资在3000万元以上的，第一年由县政府按上缴增值税县级留成部分全额返还，后四年按50%返还。

新办生产性企业，前三年由县政府按上缴所得税县级留成部分全额返还，后两年按50%返还。

投资改造工业企业的，扣除原企业上年税收基数后，按新增固定资产投资中外来投资比例，享受新办生产性企业规定的优惠政策。

新办旅游业、商业和饮食服务业，投资在3000万元以上的，第一年由县级下令按上缴所得税县级留成部分全额返还，后三年按50%返还。

投资建设水利、交通、城市公用及其他公益事业设施的，前三年由县政府按上缴所得税的县级留成的部分全额返还，后五年按50%返还。

投资从事农、林、牧、渔业的，由县政府按实际情况，在三年至五年内按上缴农业税、农业特产税的县级留成部分给予返还。

投资新建项目，办理相关手续时，在交口县办理各种证照除收工本费和代省收取的行政事业性收费以外，免收其他任何行政事业性收费。

外来企业用地，可以通过出让、租赁、划拨等方式获得土地使作权。土地出让期可以按国家规定的最高办理。在取得土地使用权限内，可依法转让、出租抵押，使用期满后，使用者可优先续期。

利用县内企业场地投资兴办企业的，如原企业场地属行政划拨，在补办土地使用权出让手续时，县政府的土地出让收益全额减免。

外来企业所需的水、电、气、热、运输、通讯条件等，有关部门优先安排，收费标准按本地企业的最低标准执行。

交口县招商引资项目

一、工业项目

1.山西省交口县双池水神头2×135MW煤矿石发电厂项目

项目建设内容：新建2×135MW一期135MW煤矸发电厂

投资总额：59545万元

年销售收入：12727万元

年利税：5790万元

2.山西省明泰食品有限公司年产1000吨马铃薯颗粒全粉及年产600号速溶营养食品技改扩建项目

项目建设内容：1000吨马铃薯颗粒全粉及600吨速溶营养食品

总投资：1580万元

年销售收入：1.2亿元

年利税：3500万元

3.山西省交口县沙棘饮料厂20万亩产沙棘原料基地及年产2.5万吨沙棘果汁饮料项目

项目建设内容：建设20万亩沙棘原料基地，新增一条250瓶/分钟生产能力的现代化PET瓶果汁饮料罐装流水线

总投资:9138万元

年销售收入:15000万元

年利税:4802万元

4.山西省云梦食品有限公司牛肉制品加工项目

项目建设内容：年屠宰肉牛2000头，加工肉制品1500吨，软饮料3000吨。

总投资：2000万元

年销售收入：7000万元

年利税：1100万元

5.山西省交口县东晟牧业有限公司3000吨肉牛项目

项目建设内容：万兴肉牛养殖基地

总投资：2034.23万元

年销售收入：3592.26万元

年利税：699.86万元

二、基础设施建设项目

1.山西省交口县城市集中供热供气项目建设内容：交口县城市煤矸石发电供热项目

总投资：5.6亿元

年销售收入：2亿元

年利税：8000万元

2.山西省交口县十二轨制初中建设项目

项目建设内容：建筑面积42000平方米的十二轨制初中

总投资：2323万元

3.山西省交口县第一中学学生公寓建设项目

项目建设内容：一幢四层学生宿舍大楼

总投资：280万元

4.山西省阳侯铁路建设项目

项目建设内容：阳泉曲至侯家坪17公里地乡铁路

总投资：2亿元

年销售收入：4600万元

年利税：2300万元

以上项目联系方式：

单位：山西省交口县发展计划局

电话：0358—5422414

山西省潞城市

基本概况

潞城市位于山西省东南部，是晋、冀、鲁、豫的通衢要冲。浊漳河原称潞水，因县城紧靠潞水而称潞城。自秦置潞县到1994年撤县设市，绵延2200多年的县制历史。全市国土面积615平方公里，辖4镇3乡2个办事处，总人口21万，是长治地区惟一的县级市。2004年全市生产总值达到42亿元，财政收入突破5亿元。在第四届全国县域经济基本竞争力评价中，潞城市首次跨入全国县域经济基本竞争力提升速度最快的百县（市）行列，名列全省各县（市）第九位。是“全国科普示范先进市”、“省双拥模范城”、“省级卫生城市”、“环境保护工作先进市”，2004年10月，顺利通过省级园林城市初评。

区位优势

潞城是通向河北、河南、山东等地的门户，在300公里半径内，有太原、石家庄、郑州3个省会城市、15个地级市，面对着华北、华中两个巨大市场，距长治市区17公里。毗邻有年产1000万吨原煤的潞安矿务局和年产300万吨钢材的长治钢铁厂。邯长铁路横贯潞城市东西，太焦铁路直穿南北，沿途设有8个客货站，6条铁路专线，207、309两条国道、长榆线、甘林线两条省道穿越境内；城南有火车站，城西有长邯高速公路入口，紧邻有长治飞机场，初步形成了铁路、公路、民航相结合的立体交通运输网络。全市9个乡镇（办事处）村村通水泥路、通程控电话、通自来水，移动电话无缝隙覆盖。市内建有政务信息网，各主要政府部门已实现了网上办公。

资源优势

潞城市资源丰富。矿产资源经地质部门探明有20多种，储量较大的有10多种，尤以石灰岩、石膏、白云石、铝矾土为著。石灰岩分布广、储量大、品种全，分布面积为310平方公里，储量约5亿吨，其中水泥石灰岩储量为2.61亿吨；石膏分布面积约10平方公里，储量4096万吨。潞城市还是北方地区少有的富水区。境内有闻名三晋的辛安泉域，是漳河及红旗渠引水发源地，泉口标高海拔600~640米，多年平均流量11.9M³/秒，水质优良，属高锶低钠型不含CO_2纯天然矿泉水。潞城市旅游资源得天独厚，特别是泉域一带绿树成荫，风景优美，且文物古迹众多，春秋时期的古墓群、唐代古刹青龙寺、北村八路军总部遗址等等，风光旖旎的自然景色和不同朝代的人文景观交相辉映、相濡相融，构成了一幅人与自然和谐共存的绮丽画卷，吸引着众多的中外游客。

基础设施

现日供水量7000M³/日，在建两座水厂，供水力分别为10000M³/日和15000M³/日，供水水源辛安泉。境内现有主网220千伏变电站三座，35千伏变电站三座，220千伏线路2条，35千伏线路3条，电力供应充足，境内电网实现了调度自动化。

污水处理厂日处理污水2万吨，垃圾处理厂工程正在建设中。

城区工矿企业和居民均可使用管道煤气。在建的集中供热工程，锅炉容量70MW左右，总容量280~320MW。有人行、中行、工行、建行、农行及信用合作社、财险、人寿保险等多家金融机构以及潞城大酒店、天脊宾馆、山水宾馆等多家宾馆，服务方便快捷；城内有中、小学校十二所，能满足城乡居民子女入学。

优势产业

潞城市境内有亚洲最大的以煤为原料的年产100万吨复合肥生产基地——天脊煤化工集团，有山西省年产75万吨高标号水泥的现代化建材企业——晋牌水泥集团，有正在建设的装机容量4×60万KW的亚洲最大火力发电厂——王曲电厂。民营企业星罗棋布、遍及城乡，使潞城初步形成了年产大机焦500万吨、洗精煤300万吨、甲醇50万吨、苯胺13万吨为主的焦化产业；年产150万吨生铁、40万吨钢材、3万吨金属镁、钙及其合金制品的冶炼业；年产100万吨复合肥的化工业；年产600万M^2纸面石膏板及200万吨石膏及其制品、200万吨高标号水泥为主的建材业；年产30万支曲轴、6万吨精密铸件、300万件汽车配件、碾米机、起重电葫芦、新型暖气片等加工业；以大葱、土豆、山樱椒、甜糯玉米、绿壳乌鸡蛋等为主的绿色产品生产基地；万头肉驴、千头奶牛、万头猪场等养殖基地；以名优品种为主的苗木花卉基地和以三文鱼、虹鳟鱼为主的养殖业；被国内贸易部认证为“中华老字号”的“大风丸”中成药业和具有国际领先技术的生物农药制药业；以国内领先技术CO_2超临界萃取辣椒红色素、果蔬脆片、绿色产品深加工为主的农副产品加工业等支柱产业。

为积极应对入世挑战，新世纪之初，潞城市在新一轮结构调整中与时俱进，制定了“实施两大战略（产业升级和人才开发），发展三园经济（园区、园场、园林），开发十大经济区，建设三晋十强市”的战略目标，致力于把潞城建成华北地区最大的苗木花卉和石膏产业基地，把具有国际、国内领先技术的生物农药、红色素、型煤做成全国的知名产品，把潞城建成国家级园林城市、国家级卫生城市、国家级环保模范城！

跨入新世纪的潞城大有作为，跨入新世纪的潞城孕育着无限商机！潞城将本着“你赚钱我保护、你发展我铺路、你纳税我服务、你有难我帮助”的服务理念，以最优良的环境、最优惠的政策、最优质的服务，真诚期待着国内外朋友前来洽谈商贸，投资办厂，共同创造潞城更加美好的明天。

迅速崛起的新型城市——山西省孝义市

五千年文明看山西，山西缩影看孝义

孝义市，像一颗明珠镶嵌于文化大省、旅游大省、资源大省——山西省的中部，背倚吕梁山脉，面俯晋中盆地，属吕梁市辖区的首富之市、首德之市、首安之市。市域总面积945．8平方公里，辖7镇5乡3个街道办事处，379个行政村，26个居委会，总人口43万。属温带大陆性气候，四季分明，日照充足，环境宜人。

这座新型城市，集古老文明与现代繁荣于一身。早在七八千年前的新石器时代，就有人类在孝河流域繁衍生息。孝义在周定王瑜十三年(公元前594年)始置瓜衍县，三国曹魏置中阳县，北魏太和十七年(公元493年)置永安县，唐贞观元年(公元627年)改为孝义县。孝义一名，因“邑人郑兴‘割股奉母’之孝行闻于朝”，由唐太宗李世民亲赐，自此，孝义随“贞观盛世”而始，与祖国共经千年沧桑。自唐而后，孝义成了名闻一方的特产富庶之邦，文化兴隆之邑，商贾云集之地。1992年，经国务院批准撤县设市，孝义跨入了新的历史发展时期，迅速成为经济实力强大、人文优势卓越的现代化城市，被誉为“吕梁山下的明珠”。2004年，全市国内生产总值完成61.1亿元，财政总收入完成9.27亿元，名列全省县市前列。

资源优势

孝义山川兼具，物产丰富。境内有煤、铁矿、铝矾土、硫磺矿、石膏、白云石、石灰岩、耐火粘土等矿产资源数十种之多，尤以煤铝资源最为著名。境内储煤面积达783.5平方公里。占市域面积的82.8%，探明储量90亿吨，具有煤层厚、埋藏浅、煤种全、易开采等特点，是全国首批重点产煤县(市)之一。铝矿探明储量2．6亿吨，占全国储量的16.6%，全省储量的44%，而且地质构造简单，矿体规模宏大、品质好、品位高，亚洲第一，世界第二，在国内外享有“白色主焦煤”的美誉。孝义动植物资源丰富，盛产优质小麦、谷子、玉米、高粱、豆类、薯类等；经济林主要有核桃、柿子、苹果、花椒、红枣、葡萄等10余种，尤以核桃为最，年产量约4000万公斤，是享誉海内外的汾州核桃主产区。

经济情况

按照“延伸煤焦化、煤电铝、煤铁钢三大产业链条，建设机焦、耐材、煤化工、农副产品加工四大生产基地”的调产方略，突出“大上项目、上大项目”大力推进新型能源和原材料工业基地建设，原煤产量达到800万吨，精煤产量达到1200万吨，机焦生产规模突破1000万吨，成为全国县级最大的优质冶金焦出口基地；建成环保型铝矾土回转窑34条，年生产规模达到200万吨。以产业基地为依托，全力推进“梧桐焦化工业、高阳农业科技开发、东许铸造工业、大孝堡铝工业”等四大产业集聚区建设进程。其中，梧桐焦化工业园区入园企业达到90户，规划建设项目投资27．2亿元，2004年实现产值50亿元、利税5亿元；高阳农业科技开发总投资5亿元，金绿禾燕麦提取β－葡聚糖、田源阳光贝化石高钙水、1万平方米智能连栋温室、昌圆核桃深加工等重点项目进展顺利效益明显。到2007年四大产业集聚区规划建设项目投产后，年可实现产值200亿元，利税20亿元，成为市域经济跨越式发展的强力支撑。

全市实施的252个重点调产项目中，民营经济占到90% 以上；在全市国内生产总值、财政总收入中，民营经济比重占到78%、75%；为农民提供收入5.96亿元，占农民人均纯收入的75%；从业人数7万余人，占全市劳动力总数的60.8%。涌现出楼东俊安、城财、金晖、金达、金岩、新禹等一大批年产值10亿元以上的企业旗舰。以民营企业为主体的“以商招商”战略，吸引香港俊安、山东兖矿、大连机床、河南濮耐，杭州锦江等国内大型企业先后落户孝义，与法国欧罗福、美国裕亨、香港永昌、骄阳等国内外企业集团开展有效合作，引进投资33亿元，与30余所重点科研院所建立起长期合作关系。

投资环境

1.优美的城市环境。近年来，城市建设累计投资十几亿元，基础设施日臻完善，商厦超市高楼林立，餐饮娱乐各具特色，批发市场规模宏大。休闲娱乐现代气息，就医上学十分方便，人居环境优美宜人。市区道路宽敞笔直，公交客运秩序井然；城市管理规范，市民遵规守法，社会安定祥和。各类教育蓬勃发展，教育水平位居全省前列。

2.优越的设施条件。开通了长途数字传输、移动电话、国际互联网等多手段、多路由的高科技现代化通信网络。金融体系健全、银行分支机构遍布城乡，为投资商提供方便快捷的金融服务。全市电网布局合理，大网供电与自备电厂基本满足生产、生活需要。工农业用水基本平衡，汾河、文峪河穿境而过，为本市的可持续发展提供了充足的水资源保障。

3.优雅的人文环境。这里民风淳朴，待人厚道，形成诚实守信的社会风尚，文化底蕴深厚，文化艺术、文物建筑具有浓郁的地方特色。

4.优质的服务质量。政务大厅设行政审批中心、税费征管中心、行政效能监察中心，集中各职能部局实行一站式办公，一条龙服务，限时办理，重点项目“一事一议”、“特事特办”；重点企业实行封闭式管理，给予宽松的发展；各种税费征收、检查均需市招商引资工作领导组批准，并统一协调企业与政府各职能部门之间的关系。

优惠政策

1.土地使用优惠。每亩土地使用权价格0~8万元人民币，并视企业投资规模、科技含量、发展前景等情况予以不同程度的优惠；每亩土地租赁0~3000元／年，并视企业投资规模、科技含量、发展前景等情况予以不同程度的优惠。

2.财政扶持。投资企业从获利年度起，所得税留市部分前3年由市财政等额返还，后3年减半返还；从投产之日起，增值税留市部分前2年减半返还，后3年减按25%返还。

3.收费优惠。国家规定必须收取的收费，有上下限的按下限收取。在按下限收取的基础上，属一次性收取的，留市部分一次性给予50%的优惠；属分年度收取的，留市部分在5年内减按70%收取。

4.引进人才优惠。凡在本市创办、领办非私营企业，使企业连续2年取得显著经济效益的，由受益企业按当年新增税后利润的5%~20%给予奖励。

5.引进技术优惠。对于引进的高新技术项目，从项目投产获利年度起，市财政连续5年等额返还该企业每年新增所得税的留市部分。

招商引资项目

1. 100万吨／年氧化铝，总投资580000万元，主要建设内容：建设氧化铝生产线，提供采矿及其破碎系统，配套的矸石发电机组等工程。经济效益预测：年销售收入20.5亿元，年实现利税10亿元，全部投资内部收益率为12.04%，投资利润率14.12%，投资回收期9.2年(含建设期)。

2. 2×135MW矸石发电，总投资145000万元。主要建设内容：建设热力、除尘、化学水处理、燃料供应等系统工程，2×135MW矸石发电机组。经济效益预测：目前上网电价为每千瓦时0.25元，按照年生产6000小时，可发电16.2亿度，销售收入为4.05亿元。

3. 30万吨／年煤焦油加工，总投资84750万元，主要建设内容：建设30万吨／年煤焦油加工生产装置，主要包括焦油蒸馏装置、馏分洗涤装置、工业萘蒸馏装置、精奈装置、精酚装置、改质沥青装置、油库装置等。经济效益预测：年实现销售收入72772.27万元，利润总额26522. 57万元，投资回收期6年，投资利润率31.3%，投资利税率38.22%。

4. 2×50MW矸石发电，总投资50000万元。主要建设内容：热力系统工程、除灰系统工程、化学水处理系统、燃料供应系统等2×50MW

煤矸石发电机组。经济效益预测：年销售收入16830万元，投资利税率15.38%，投资回收期8.04年。

5．1万吨／年超高分子量聚乙烯大口径特种管材，投资13680万元。主要建设内容：建设10条超高分子量聚乙烯管材生产线。经济效益预测：年销售收入28000万元，利税总额8963万元，投资利润率33.4%，投资利税率65.5%。

6．5万吨／年新型洁净燃料二甲醚，总投资10000万元。主要建设内容：购置安装二甲醚的生产设备及其配套设施建设。经济效益预测：年产值30000万元，年利税12250万元。

7．10万吨／年海锦铁，总投资5000万元，主要建设内容：建设COF−C连续炉法海绵铁生产线。经济效益预测：年产值12000万元，年利税3000万元。

8．1万吨／年煤系高岭土，总投资6000万元。主要建设内容：颚破、干磨、温磨、干燥、机修、综合等车间、空压机站、化验室、办公楼、锅炉房等生产生活设施，　占地约10000平方米。经济效益预测：年实现销售收入4000万元，年利税2000万元，全部投资回收期为4年(含建设期1年)。

9．5万吨／年鹿茸养生汤系列饮品，总投资15000万元。主要建设内容：建设GMP标准车间，包括二次杀菌间，无菌灌装车间、GIP自动清洗及水处理车间，化糖车间等生产设施。经济效益预测：年销售收入7.5万元，利润总额1．03亿元，税后利润6963万元，投资利润率40．2%，投资利税率76．1%，投资回收期4.74年。

10．1万吨／年甲胺，总投资3500万元。主要建设内容：1万吨甲胺生产线。经济效益预测：年销售收入6067万元，年均利润总额1039万元，税后投资回收期(包括建设期)3.72年。

11．2万吨／年煤焦油瓷漆，总投资2200万元。主要建设内容：煤焦油瓷漆的流水线生产装置，及其配套设施。经济效益预测：年销售收入9000万元，可实现利润1080万元，投资回收期2.5年。

12．10万吨／年甲醇，总投资28000万元。主要建设内容：建设10万吨甲醇生产装置。经济效益预测：年利润总额13000万元，投资利润率8.4%，投资利税率13.66%。

13．3万吨／日污水处理，总投资6100万元。主要建设内容：格栅间、污水泵房、沉砂地、CASS生化池等处理构筑物、污泥脱水泵房、15公里污水管网等设备。经济效益预测：项目建成后，污水厂出水水质达到国家污水综合排放标准(GB8978−96)中二级标准，具有较好的环境和社会效益。

14．引水入孝工程，总投资16800万元。主要建设内容：铺设全封闭式玻璃钢输水管道60公里。经济效益预测：年供水总量2000万立方米。

奋斗三年，创建百强县市

在“打造三晋一流强市”取得丰硕成果，并跻身全国县域经济提升速度最快的百县(市)之后，孝义市委、市政府审时度势，放眼全国，自加压力，科学谋划，提出了“奋斗三年、争创百强县市”的新目标，力争到2007年底，全市GDP达到120亿元，财政总收入达到25亿元，农民人均纯收入达到5000元，城镇居民可支配收入达到13000元，呈现出经济发展、生活富裕、生态良好、文化繁荣、社会和谐的大好局面。

西部明珠——腾飞的哈密市

哈密市位于新疆维吾尔自治区东部，是新疆联系祖国内地的交通要道，素有“新疆门户”之称，作为哈密瓜的故乡，以盛产哈密瓜闻名于世。昔日古丝绸之路上的经济重镇，而今已成为东疆重要的物资集散地，哈密这颗镶嵌在戈壁绿洲上的璀璨明珠正焕发出勃勃生机，向着建设现代化工业城市的目标迈进。

哈密市地域辽阔，物产丰富，交通便利，通讯发达。全市面积8.5万平方公里，占全疆面积的5.2%；312国道和亚欧大陆桥贯穿全境；全市下辖18个乡镇，93个行政村，5个街道办事处，33个居委会，辖区人口39.9万人，主要有维吾尔、汉、哈萨克、回等多个民族，其中少数族人口占28.17%，城市人口占69.8%；城市建城区面积25.89平方公里，规划区面积333平方公里。2004年全市生产总值完成44.92亿元，同比增长8.5%，其中：一产完成5.79亿元，增长5.5%，二产完成16.89亿元，增长5.3%，三产完成22.24亿元，增长11.6%；财政收入完成1.85亿元，同比增长17.4%；农牧民人均纯收入达到3130元。

哈密市地处沙漠边缘，属典型的温带大陆性气候，冬季寒冷干燥，夏季高温少雨，昼夜温差大，日照时间长，年平均气温9.8℃，年均日照时数3358小时，年均日照时数为全国最优越地区之一。全市现有耕地23万亩，天然草场2360万亩，独特的光热资源非常适合发展哈密瓜、大枣、葡萄等林果园艺作物。

哈密市矿产资源种类全、储量大，是全疆矿产资源最为丰富的县市之一，现已探明的矿藏有煤、铁、石油、天然气、金、银、铜、镍、盐、黄腐酸等76种，占全疆已探明矿种总数的67%，目前已开采32种。其中，煤炭探明储量388.7亿吨，建有西北地区最大的三道岭露天煤矿；自治区重点项目“西电东输”煤电化项目已开工建设；镍储量丰富，探明储量为146万吨，仅次于有镍都之称的金川；黄腐酸储量3.7亿吨，居世界第一位；哈密石材资源品质优，种类多，远景储量5亿立方米，有“天山蓝”等国内外稀有品种，已建成一定规模的哈密广东石材工业园。哈密市矿产资源大都位于铁路、公路沿线，开发条件便利，前景广阔。

哈密市历史悠久，文化底蕴厚重，民族风情浓郁，人文、历史、自然景观星罗棋布，闻名遐迩。雄伟的天山横贯全境，形成了迥然不同的两个气温带，山北雪山草原风光、山南大漠风光，有“十里不同天，一天游四季”和“新疆风光缩影”之说。主要自然人文景观有雄伟的天山、神秘的魔鬼城、哈密回王陵、盖斯墓等，其中东天山名胜风景区，已被列为国家AAA级风景区；同时还开辟有大漠风光探险游、“农家乐”民俗风情游等旅游项目。哈密市列为新疆四大旅游重点建设城市，星级宾馆10家，2004年被评为“中国优秀旅游城市”。

哈密市是新兴的工业化城市，工业基础好，起步较早，改革开放以来特别是随着西部大开发战略的实施，哈密市工业化进程加快，经过50多年的建设哈密市已形成以矿业开发资源深加工为主的门类齐全、布局合理的工业体系。2004年工业企业实现产值28.02亿元，规模以上的企业实现增加值9.86亿元，其主导地位已形成。近几年，哈密市围绕优势资源转换战略，加快实施“生态立市、工业强市、科技兴市”发展战略，按照工业主导、民营先行、园区带动、强化招商的总体思路，大力发展非公有制经济，民营经济异军突起，已发展到450多家，成为全市经济的主力军。

按照“打造成本洼地、构建服务高地”的要求，哈密市不断改善投资环境，大力营造亲商、利商、富商的社会氛围，2003年哈密市成立了招商局，建立了“一站式”哈密行政服务中心，地市36家159项审批项目进驻中心，为外来投资者提供便捷、高效、优质的全方位服务。投资环境的改善和优化，使哈密市招商引资工作硕果累累，2004年共引进各类招商项目51个，引资7.1亿元，其中引进区外资金3.02亿元。目前香港天行国际、鲁能集团、香港利嘉、中油化工等几十家国内上市公司和大企业落户哈密。

哈密市光热资源丰富，适宜发展园艺作物，近年来，哈密市依托优势，大力发展特色农业和高效农业，哈密瓜、哈密大枣等特色作物已注册商标，成为知名品牌。葡萄发展到8.67万亩，哈密大枣发展到8.26万亩，特色优势农作物种植面积进一步扩大，粮经草比例调整到1∶7∶2，粮经草三元结构更趋合理，经济作物面积已占60%以上。

哈密市城市面貌日新月异，城市基础设施不断完善，为各族人民提供了一个环境优美、人与自然和谐的居住环境，全市城市人均住房面积28.52平方米；城市绿化面积941公顷，绿化覆盖率38.64%，城市人均绿化面积9平方米。

哈密市作为广东省对口援助单位，从1998年开始，广东省先后选派三批援疆干部到哈密工作，2002年哈密市又被中组部确定为援疆干部任县（市）委书记的试点县（市）。援疆工作的开展，为哈密的经济发展注入了新的活力，带来了新的理念，架起了哈密与沿海发达地区文化沟通和经济协作的桥梁。

伴随着新一轮的西部大开发，充满生机与活力的哈密市热忱地欢迎国内外有识之士前来投资开发，共谋发展。

哈密市重点招商引资项目

1.哈密广东工业加工区招商项目：

项目概况：园区分为石材加工、轻工产品加工和农副产品加工三个功能区，是哈密市集低耗水、低污染、劳动密集型的产业集群区，重点发展石材、农副产品深加工、服装加工、皮革加工、五金装配等。

优惠政策：加工区土地出让实行先征后返，政府负责加工区总体规划和“七通一平”等基础设施，加工区为无行政性收费加工区，除水费、电费按价格主管部门核定的标准收取外，其他部门一律免收各种费用，管委会为投资者提供全程优质“一站式”服务。

项目进展：该园区一期工程已竣工，二期工程2003年底启动，实现“七通一平”。该项目已被列入2005年地、市工业重点建设项目。

合作方式：合资、合作、独资、其他。

联系单位：哈密市招商局

电话：0902—2268169

传真：0902—2268296

2.哈密工业加工区招商项目：

项目内容：园区共划分为四个功能区，包括高载能产业区、煤电化产业区、矿产品深加工产业区、钢铁原辅料产业区。最终把哈密工业园区建成为依托煤电产业、高载能产业为主的哈密区域综合性的工业园区，力争2005年将园区申报成为自治区级工业园区。

优惠政策：和广东工业加工区享受同等政策。

项目进展：项目现已完成园区的规划、设计和项目建议书等工作，园区基础设施建设现已启动。该项目已被列入2005年地、市工业重点建设项目。

合作方式：合资、合作、独资、其他。

联系单位：哈密市招商局

电话：0902—2268169

传真：0902—2268296

3、哈密市奥莫尔塔格饰面花岗岩石材矿开发项目

项目内容：哈密市奥莫尔塔格饰面花岗岩石材矿区内经地质普查共圈定出可采石材矿体38个，矿体长20~200米，宽10~100米，地表以上高10~100米，出荒率30%~40%，各矿体荒料量在0.18~170万立方米之间。该花岗岩矿储量大，矿山开采条件好，矿石质量良好，出荒率高，荒料体积大，一般荒料可采2~4立方米，也可加工成大型—超大型板材。加工成板材后，美观大方，色差小，属优质石材，具有较高的开发利用价值。

预计总投资：据矿体资源量的多少和开采规模的大小，预计总投资100~1000万元不等。

合作方式：合资、合作、独资、其他。

项目联系单位：哈密市国土资源局

联系电话：0902—2257009

传真：0902—2237070

4.哈密瓜冷冻升华干燥

项目主要内容：本项目主要建设内容有速冻库、升华干燥仓，包括前处理、速冻、升华干燥和包装等环节，冻干厂房面积大约1720平方米，冻干面积200平方米，生产规模每天加工原料约3吨。

建设条件：哈密是特色农产品开发的优势区，是驰名中外的瓜果之乡。得天独厚的自然条件，孕育了哈密瓜、葡萄、大枣等特色农产品，原料资源十分丰富。同时社会、人文、经济等条件良好。

合作方式：合资、合作、独资、其他。

联系单位：哈密市农业局

项目联系电话：0902—2253722

四川省双流县

双流县位于西南经济区核心地带、天府之国成都平原腹地，是成都中心城市近郊大县，幅员1067平方公里，辖26个镇（街道办事处），总人口90.6万。双流县始建于公元前316年，时称广都，与古蜀国的成都、新都并称“三都”，至隋朝为避炀帝讳改称双流(以两江汇流而得名)，迄今已有2300多年历史。县域内平原、浅丘、河流交错，地貌多样，风景秀丽，物饶民殷，诗仙太白赞誉：“暮雨向三峡，春江绕双流”。

经济实力雄厚

改革开放以来，双流人民以敢为人先的精神，以海纳百川的气度，解放思想，扩大开放，抓住机遇，加快发展。特别是近年来，双流县坚持统筹城乡经济社会发展，率先提出并大力实施工业向园区、农民向城镇、土地向业主“三个集中”，新型工业化、农业产业化、城乡一体化进程不断加快，全县经济社会持续快速健康发展。2004年实现国内生产总值173.45亿元，全口径财政收入13.5亿元，农民人均纯收入4293元，年末城乡居民储蓄余额104.5亿元。县域经济综合实力连续9年位居四川省十强县(市)榜首，县域经济基本竞争力连续四届列全国百强县(市)西部前两名，连续七届跻身全国百强县(市)行列。

区位优势独特

县域自西向东三面环绕成都中心城市，全县1067平方公里范围已整体纳入成都市新一轮3681平方公里的城市发展总体规划。目前，成都市启动和加快了城南副中心建设，双流毗邻成都市区的12个镇的区域成为成都中心城市向南发展建设现代新城的核心区域，其中东升镇、华阳镇分别成为成都城市走廊式拓展的六大城市组团之一。双流县地处西南交通枢纽的核心位置，已形成完善的空、陆、水、铁“四网合一”的立体交通体系。境内的成都双流国际机场距县城东升镇仅2公里，是全国第五大、跻身世界百强的航空港，开通国际国内航线160余条；成昆铁路横贯境内，并有白家、公兴两个火车站；川藏公路、成乐大件路、成雅高速路、成都外环高速公路、机场高速公路、国道213线穿越县境；全县建有金华路、华龙路、双黄路等多条高等级公路，通车总里程达1352公里。

产业基础厚实

双流县因地制宜调整产业结构，优化产业布局，促进了区域经济联动发展。在紧邻成都的北部坝区，狠抓产业配套，加快工业集群化发展，形成了以西南航空港经济开发区为主体，以新增的18平方公里工业区、四川外贸出口生产基地、新型建材产业基地、电子电器产业基地、轻工产品加工基地六大工业集中区为支撑的工业发展新格局，生物制药、机械制造、新型材料、绿色食品和光机电五大主导产业基本形成。2004年主导产业规模以上企业年产值达76.26亿元，占全县工业总产值的65.6%。在生态良好的南部丘区，加快农业产业化发展，按照“公司（市场）+科技+基地”模式，推进土地资源优化配置和适度规模经营，大力发展观光农业、绿色农业、订单农业和创汇农业。现有年产值5000万元以上的省级龙头企业9家，农村专业经济合作组织167个；建有30万亩优质水果基地、30万亩优质粮油基地、50万亩次优质蔬菜基地，为全国最大的优质枇杷基地和冬草莓生产基地；年产生猪64万头，商品羊17万只，肉兔350多万只，肉鸡、肉鸭2900多万只。以精品水果、无公害蔬菜、优质粮油和生态型畜牧为主的农业产业化格局初步形成。在以华阳镇、东升镇、黄龙溪镇等为重点的区域，大力发展商贸旅游业。2004年，全县完成旅游收入1.19亿元。新增个体工商户注册资金7.97亿元。房地产交易实现4.37亿元。保险、交通运输、餐饮、中介等服务业健康发展。

城市功能完善

双流以建设西部一流的现代空港园林城市为目标，加快城市基础设施建设。建成东升、华阳

“两城”环城公路，建成东升人民广场和华阳音乐广场，建成东升污水处理厂、垃圾处理厂，启动建设华阳污水处理厂，完成“蓉南明珠”——棠湖公园改造，完成东升、华阳城市新区主干道路建设及旧城街道改造，加快实施水、电、气、光纤配套工程和“小三线”下地工程建设，城市组团发展框架已经形成。坚持城乡同发展、共繁荣，大力推进农民市民化、农村城市化，纵贯南部丘区的东山快速通道一期工程、成仁路改造工程基本完成，一批市级重点镇、中心城镇的辐射带动功能进一步增强，统建失地农民安置房30.8万平方米，城市化率提高6个百分点达35%。城乡社会事业协调发展，全县现有中小学71所、各类医院41所，其中省级重点中学3所、国家级示范中学3所、二级甲等医院4所，城市功能日臻完善。

投资环境优越

双流始终把营造良好的投资环境作为加快发展的重要抓手，特别是近年来大力推进规范化服务型政府建设和工业集中发展区基础设施建设，投资软硬环境进一步优化。2004年引进项目438个，其中亿元以上工业项目22个，到位资金31.6元。为充分发挥双流空港优势，打造投资新平台，以发展航空物流业、高科技产业和空港服务业为主，面积达5.5平方公里的临空经济区总体规划已经完成，5.1平方公里的航空物流园区已经全面开工建设，力争5~10年将临空经济区建设成西部的高技术产业培育中心，将航空物流园区建设为西部最重要的现代物流中心。双流人才智力优势明显，是西部科技、知识最为密集的地区和全国科技进步示范县。境内有四川大学、西南民族大学等高等院校5所；各类科研单位30个，其中国家级科研所2个；专业技术人员1.8万人。双流能源供应充足，西南天然气输气处位于境内，建有配气站7座、110千伏和35千伏变电站15座，在建500千伏和220千伏变电站各1座、110千伏变电站2座，全县已形成日供气250万立方米、电320万千瓦时的能力。双流邮电通信、互联网络发达，银行、保险等服务网点众多，达到A级“金融安全区”标准。

“两江绿水绕双流，一条飞虹连五洲”。双流将始终以开阔的胸襟、务实的作风、重信的准则，以更加优惠的政策、更加优美的环境、更加优质的服务，热忱欢迎海内外朋友前来观光旅游、投资兴业，携手共创更加美好的明天。

川东明珠“银岳池”

四川省岳池县位于四川盆地东部，华蓥山西麓，渠江和嘉陵江汇合的三角台地。建于唐武周万岁通天二年（公元679年），分南充、相如（今蓬安）两县地置，治所初设于岳池水附近，故名“岳池”。1950年，岳池县属川北行政区南充专区。1952年9月，撤销川北行政区，岳池属四川省南充专区。1993年，岳池县隶属广安地区。1998年广安地区改为广安市，辖岳池至今。岳池县现辖43个乡镇和1个管委会、835个村、6263个组，幅员面积1457平方公里，耕地面积49599公顷，总人口115.1万。因盛产优质稻米特别是“黄龙贡米”，素有川东明珠“银岳池”之美誉。

人杰地灵

明朝忠义进谏的忠臣石天柱，爱民如子的太守冯训，护国军指挥官姚布六，小说《红岩》中“双枪老太婆”的原型人物之一邓惠中、陈联诗，名著《红与黑》译者、著名翻译家罗玉君，陕北民歌《兰花花》采集者、著名声乐家周家洛，原文化部副部长、著名话剧《抓壮丁》的作者吴雪，抗美援朝中国人民志愿军“特等功臣”、“一级战斗英雄”、“朝鲜人民民主共和国一级自由独立勋章获得者”柴云振等，都出生在岳池，使这片沃土熠熠生辉。

文化深厚

南宋乾道八年（1172年）夏，伟大的爱国诗人陆游旅居岳池时，为翔凤山下旖旎的田园风光所吸引，为多彩的农家劳动场面所打动，更为富足的农家生活情景所陶醉，有感而发，欣然写下脍炙人口的著名诗篇《岳池农家》，其中名句“农家农家乐复乐”道尽岳池农家文化胜景，为世人广为传诵。现代“农家乐”的称谓即来源于此。享誉全国、具有川北地方特色的“岳池灯戏”，1988年曾晋京到中南海演出，受到中央领导、艺术家及首都观众的好评。“岳池高亭”、“岳池被单戏”、“岳池山歌”、“岳池火龙”、“岳池中秋糍粑会”等融合湘鄂和巴渝文化精华的农家文化也深受广大群众喜爱。再现岳池悠久文化传统和深厚的文化底蕴，集文化艺术、招商引资、商业贸易、旅游观光为一体的地方性盛大节日——“岳池农家文化节”已成功举办两届，大大提升了岳池知名度，成为岳池对外交往的一张名片。

资源丰富

属典型的亚热带季风气候区，具有四川盆地共同的气候特征，特别适宜水稻、小麦、玉米、红苕、蔬菜、水果等农作物生长。矿产资源丰富，岩盐、石油、天然气、页岩储量大，其中岩盐位居川中盐盆轴心，已探明储量达1500亿吨，最大厚度165米，发展化工的潜力极大。林地27.1万亩，其中成片林15万亩，其他林11.4万亩，林木覆盖率12.7%。境内天然水资源总径流量为6.207亿立方米，共有水利工程4402处。水能资源蕴藏量为54020.6万千瓦，可开发水利用4.665万千瓦，已开发4.548万千瓦，占可开发量的97.5%。

环境优越

一是城市繁荣，人气旺盛。紧紧围绕“完善城市功能、优化人居环境、提升城市品位、加快城市化进程”的总体目标，遵循“政策驱动、多元投入、四个统一（统一规划、设计、建设、配套）、滚动发展”的原则，坚持“三高”（高起点设计、高标准建设、高速度推进）方针，运用市场手段经营城市，加快县城、小城镇建设，使县城建成区面积由2001年的4.8平方公里拓展到目前的8平方公里，人口由9万人增加到近14万人，县城全面实施了亮化、美化、绿化和街道黑色化，城市人居环境显著改善，品位大幅提升，县城电力供应能力充裕，日供天然气能力达30万方，日供水5万吨，岳池由昔日的商贸集镇迅速崛起为一个功能齐备、商贸繁荣、风韵独具的新兴山水园林现代化城市。二是通信发达，信息灵通。电信事业飞速发展，现有电话用户总数5.3万户，固定电话交换容量6.8万门，移动电话通信覆盖率达100%。新建小灵通基站74个、移动基站32个、联通基站22个，网通公司顺利开通营运。县城和所有乡镇都实现了宽带上网。三是区位优越，交通便利。岳池县城距小平故里广安市22公里，扼南充、达州、广安、巴中通衢之要冲，经沪（上海）蓉（成都）高速公路到成都仅2.5小时，经广渝高速公路到重庆1个半小时，南（充）渝（重庆）高速公路、襄渝、达成铁路环绕县境而过，国道318线、212线和三条省道干线公路纵贯全境，实现了乡乡通柏油路、村村通公路。

旅游发达

为加快旅游资源开发，对全县27处景点分别做出近、远期规划。积极打造邓小平故里旅游环线，以“一湖两山”（翠湖，金城山、凤山）为核心的农家文化旅游带渐成旅游亮点。川东水上明珠——翠湖，湖面2700亩，湖区水域长约15公里，占地42平方公里。青山环抱绿水，绿水依偎青山。湖边茂林修竹，湖上轻舟飞荡。“玉带长堤”、“荒原秋月”等八大景点，实为人间仙境，令人流连忘返。佛教圣地——金城山，山上地貌、森林及溶洞景观丰富。晨观旭日东升，暮听松涛阵阵。步虚岩、观日台、打子洞等佛教景点，常年香火不断，更为金城山增添了无穷魅力。丹凤翱翔——凤山公园，位于县城东北部，因其山逶迤如凤凰翱翔，故名“凤山”，内有“陆游亭”等仿古建筑。

百业兴旺

一是农村经济持续发展。境内溪河纵横，自流灌溉面积达31万亩，是全国重要的商品粮、优质水稻生产、种子、蚕桑、生猪、肉牛等生产基地县。以黄龙香米、中国4号脐橙、岳柚5号为代表的名特产品蜚声省内外，以生猪产业为核心的畜牧业总产值占农业总产值的46.1%，以农业产业化为标志的现代农业开始破题。二是工业经济快速增长。省级乡镇企业示范区、广安回乡创业工业园区、广安陶瓷工业园区等专业园区建设正加紧推进，步入良性发展轨道。良好的基础条件和优质服务，催生华茂陶瓷厂、岳特公司、四海公司等支柱企业，培育了华翔墙地砖、岳光牌汽车弹簧钢板、中华高粱红、岳池特曲系列酒、天登调味品、莲桥米粉、顾县豆腐干等部优、省优产品。民营企业蓬勃发展，对县域经济的支撑作用不断增强，2004年，全县完成工业增加值7.9亿元，比2003增长20.3%。三是商贸流通日趋活跃。岳池自古商贸发达，是川东重要的物资集散地，是重庆重要的原料供应基地。有各类综合、专业市场64个，市场繁荣，交易活跃，物流畅通。美好家园、九龙购物广场、温州商城等各类超级市场、连锁专营店蓬勃发展。2004年，全社会消费品零售总额实现20.87亿元，同比增长19.4%。其中对外贸易实现零的突破，出口创汇50万美元。四是招商引资效果显著。构建平台，以诚招商，建立招商引资绿色通道——行政服务中心，拓宽行政服务领域，推行服务承诺、首问责任、限时办结等制度，营造高回报的赢利环境、高效率的办事环境、高质量的生活环境。2004年，实施招商引资项目211个，协议引资18.57亿元，到位资金12.24亿元，其中工业引资4.1亿元。五是社会事业全面发展。始建于1915年的岳池师范学校，已升格为广安职业技术学院，是广安市惟一一所大专院校。有岳池中学、岳池一中、罗渡中学3所省重点中学，其中岳池一中系国民党元老、著名书法家于右任创办。医疗条件良好，县人民医院为二等甲级医院，是全省最好的县级医院之一。有线电视“村村通”工程深入实施，通村率达76.38%。地方文化、大众文化蓬勃发展。岳池民风淳朴，人民明礼诚信，率先进行农户、村、乡（镇）三级信用评级，是全国农村信用社改革试点县、全省小额农贷示范县。

新疆维吾尔自治区阿克苏市

阿克苏市位于天山南麓，塔里木盆地西北边缘，是一个新兴的环保型生态城市，素有“塞外江南”之美誉，古为秦汉之际西域诸国的姑墨、温宿两国属地，是“古丝绸之路”的重要驿站。阿克苏市因水得名，“阿克苏”维吾尔语意为“奔流之水”或“白水”，是阿克苏地区政治、经济、文化中心。市辖区总面积1.83万平方公里（含农一师12个团场），市辖5乡2镇1场、5个街道办事处，辖区人口56.13万人，由维、汉、回、哈等30个民族成分组成，其中少数民族22.14万人，占人口总数的39.4%；农业人口12.89万人，总耕地面积57万亩；建成区面积28.1平方公里，城区常住人口24.3万人。

阿克苏市自然条件优越，光照充足，水资源丰富。全市总耕地面积57万亩，是国家重要的商品粮、棉基地，也是著名的瓜果之乡，苹果、香梨、杏、葡萄、甜瓜等特色产品在全国乃至世界都享有盛誉。

近年来，随着国家西部大开发战略全面推进，新疆作为重点地区得到国家更大的支持，新疆的发展稳定面临新的机遇。阿克苏市依托中心城市的区位优势和资源优势，抢抓机遇，响亮地提出了建成南疆商贸集散、物流配送中心及加工工业基地和全疆一流农业区的口号，制定了深化改革，扩大开放，实施以市场为导向的优势资源转化战略，统筹城乡经济发展，调整和优化经济结构，坚定不移地走农业稳市、工业强市、商贸活市、科教兴市和融合发展的路子，在全疆率先全面实现小康社会，率先实现工业化县（市）的工作思想，团结和带领全市各族干部群众聚精会神搞建设，一心一意谋发展，取得了经济超常规发展和社会各项事业全面进步的新成效。2001年、2002年、2003年分别实现国内生产总值211069万元、244281万元、280415万元，基本经济竞争力分别居第一、二、三届中国西部12个省区市百强县（市）第36位、24位、22位，2004年实现国内生产总值319750万元，同比增长14.15%。其中，第一产业完成68898万元，同比增长6.6%；第二产业完成76100万元，同比增长14.22%；第三产业完成174752万元，同比增长17.17%；实现地方财政收入31800万元，财政支出38000万元，分别增长14.3%和14%，农牧民人均纯收入达3420.01元，比上年增加320.11元。精神文明建设硕果累累，先后获得了“全国双拥模范城”三连冠、“全国园林绿化先进城市”、“全国科技进步先进县（市）”、“全国‘两基’工作先进县（市）”、“国家卫生城市”、“中国人居环境范例奖”、“全国农村改厕先进县（市）”、“自治区级文明城市”、“自治区园林城市”、“自治区社区建设示范城市”、“自治区计划生育优质服务先进县（市）”、“自治区百日广场文化活动先进市”二连冠等称号。

加大农业产业结构调整力度，加快发展农村经济

一是以建设全疆一流农业区、南疆最大的无公害农产品生产基地为目标，进一步优化种植业。粮棉生产在稳定面积的基础上，着力在优化品种、提高单产、增加效益上下功夫、求突破，主要农作物喜获丰收。2004年，小麦平均单产446.8公斤，比上年增加4.1公斤；棉花平均单产135.11公斤，比上年增加4.41公斤，均创历史最高水平。二是以“林果业质量管理年”和“科技培训年”为载体，狠抓质量管理和技术创新，加快特色林果业基地建设步伐，林果面积达到20.07万亩，各类果品总产达到4.45万吨。三是依托城市资源，大力发展畜牧业和蔬菜业。以养牛业为突破口，加大了养殖示范小区、三级畜牧养殖示范户建设及品种改良工作力度，畜牧业稳步发展，年末牲畜存栏50.72万头（只），产肉2.29万吨。大力推行无公害食品行动计划，扶持农民利用日光温室从事蔬菜、林果等无公害生产和大棚种养，建成了20万亩无公害农产品生产基地和1.5万亩设施农业基地，被国家农业部列为“全国第二批创建无公害农产品（蔬菜）生产基地示范县（市）”。四是以工业思维谋划农业，加快产业化进程。加大对纵横、金谷、金土地、三江、新星等农产品加工龙头企业的扶持力度，引导农民组建专业技术协会21个，“狄夏特”红富士苹果、阿克苏香梨、“民心”西红柿等农产品已占稳市场，部分产品打入上海、俄罗斯等地，农业产业化进程不断加快。

依托资源优势和区位优势，大力发展二、三产业

1.依托资源优势，大力发展棉纺产业及加工工业，促进第二产业发展。一是坚持发展棉纺产业不动摇。积极整合棉花资源，规范棉花市场管理，大力培育籽棉与皮棉交易市场，搭建区内外棉花交易平台，棉花年交易量在200万担以上，初步形成了棉花交易集散地。以巨鹰棉业为龙头，重点抓好了一批棉纺项目的落户，进一步做大做强棉纺企业，实现了纺织规模25万锭。二是大力发展加工工业。以农副产品资源优势为依托，大力发展粮油、果品、奶制品、肉食品加工、保鲜业，初步培育出金谷粮油集团、安利达保鲜储运公司、金土地蓖麻油脂化工厂、纵横糖业股份有限公司、新星禽业有限责任公司、三江东升养殖有限责任公司、多浪畜产品开发实业有限责任公司等一批龙头企业，带动了粮食、棉花、林果、蓖麻、甜菜、畜牧等产业的发展，促进了农产品加工转化增值。充分发挥中心城市的辐射作用和“多浪”水泥这一新疆名牌产品优势，积极引导和扶持天山多浪水泥股份有限公司，在占领本地及周边县市团场市场的同时，积极拓展南疆市场，形成了建材市场在区内外的延伸。

2.坚持以建设南疆商贸集散地和物流中心为突破口，做强第三产业。一是引导和扶持商贸企业进一步完善商业业态，打造特色经营品牌，错位竞争，健康发展。以乌什口岸开通为契机，积极做好应对口岸开通的前期工作，为构筑以阿克苏市为中心的国际商贸大通道打下了坚实基础。二是以建材、机电、小商品、名优特农副产品、农资农机专业市场为突破口，增强城市集聚和辐射效应。三是大力发展金融产业。积极引进民间资本组建城市商业银行或直接引进商业银行，大力开展信贷业务。四是积极培育汽车、机械、机电、农资、农机市场，形成市场集聚效应。五是大力发展房地产业，使其成为做大三产的基础产业。目前阿克苏市作为南疆最大的商贸集散地和物流中心雏已形基本形成，香港肯莱集团、世纪中天实业有限发展公司等一批颇具实力的商贸龙头企业已辐射至南疆各地，年营业额均达亿元以上。

优化投资环境，全力实施招商引资“一号工程”

一是大力推进政府职能转变，加快建立行为规范、运转协调、公正透明、廉洁高效的行政管理体制，把政府职能转变到经济调节、市场监管、社会管理和公共服务上来，努力减少行政审批事项，简化审批程序，实行“五制”，即：服务承诺制、首问负责制、“一站式”办公制、跟踪服务制、责任追究制，政府效能进一步提高。二是在进一步完善对中小企业担保公司管理的同时，积极吸引民间资本筹建商业性担保公司和企业互助担保公司，引导和组织各类社会机构加大对中小企业创业辅导、技术创新、技术咨询等全方位服务，建立健全了中小企业发展的服务体系。三是大力实施招商引资“一号工程”。进一步优化了体制环境、政策环境、服务环境和人文环境，营造了亲商、安商、富商的浓厚氛围。努力拓宽招商领域，强化招商目标管理责任制，完善激励机制，增强了招商引资的目的性、针对性和实效性，提高了招商质量。充分利用乌洽会、西洽会等会展平台，加大招商力度，不断丰富和完善招商引资的方式方法，拓宽招商渠道，“以商引商”、“筑巢引凤”等多形式全方位招商。重视“以商引商”，对招商引资项目的优惠政策落实情况进行全面的检查，兑现承诺，对重点招商项目提供“直通车”、“保姆式”服务，树立了招商引资的良好信誉，实现了招商引资工作的新突破。2000年以来，通过不懈的努力，阿克苏市招商引资实际到位资金已突破15亿元，40余家企业相继在阿克苏市落户。

精神文明建设持续推进，社会各项事业取得新进展

紧紧围绕学习贯彻“三个代表”重要思想和十六届三中、四中全会精神，结合各个时期的中心工作和重大活动，组织开展了一系列有声势、有影响的宣传教育活动，营造了有利于全市改革发展稳定的良好舆论环境。围绕民族团结、诚实守信、公民道德和未成年人思想道德教育，扎实开展了群众性精神文明创建活动，广泛开展了“三下乡”、“扶贫帮困”、“献爱心助学”、“百日广场文化”等系列活动，成功举办了建党83周年、建国55周年及南疆旅游节——阿克苏龟兹文化旅游节等系列庆祝活动。大力实施“科教兴市”战略，科普培训和科技工作不断加强。“两基”教育得到巩固和提高，双语教学全面推进。文化体育事业健康发展，成功举办了第五届农牧民文艺汇演，红桥街道办事处多浪社区荣获“全国文化工作先进社区”称号，阿依库勒镇荣获“全国亿万农民先进体育乡（镇）”称号。狠抓了医疗卫生、爱国卫生、广播电视、计划生育等工作，社会各项事业全面进步。

古龟兹——新疆维吾尔自治区库车县

库车古称龟兹，地处天山南麓中部、塔里木盆地北缘，是举世闻名的龟兹文化发祥地，素有“西域乐都”、“歌舞之乡”和“中国白杏之乡”的美誉。全县总面积1.52万平方公里，与轮台、新和、和静、沙雅、尉犁等县相邻，县辖9镇、6乡、218个行政村、5个国营农牧场，有中央、自治区、兵团、地区驻库企事业单位和部队70余个。总人口45万，其中，城镇人口20万，是一个以维吾尔为主，汉、回等多民族聚居的县。库车历史悠久，文化灿烂。我国著名学者季羡林先生曾说过：“龟兹是古印度、希腊—罗马、波斯、汉唐四大文明在世界上惟一的交汇之处”。汉唐时期，龟兹是西域三十六国中的大国之一，“西域都护府”、“安西都护府”相继设在龟兹，领辖西域二十二个都护府及龟兹、焉耆、于田、疏勒四镇驻军，是当时中央政府统辖西域的政治、经济、军事、文化和商贸中心。

库车区位优势和资源优势得天独厚

国道314线贯穿全县5镇1乡1场，国道217线贯通天山南北，终至库车与314线相连，国道、省道、县乡公路纵横交织，南疆铁路横穿县域，并与石油、煤炭铁路专用线连接，民航直达乌鲁木齐、阿克苏，是南疆五地州的交通枢纽和南疆至北疆的大动脉，已成为南疆集航空、铁路、公路相交织的客、货运集散地，具有南联北拓、东进西挺的地域优势。

库车油气资源丰富，是塔里木石油天然气开发的主战场，国家“西气东输”工程的主气源地

境内已探明的天然气储量为2万亿立方米，占塔里木盆地探明储量的90%以上，原油储量7亿吨，占探明储量的70%以上，其中凝析油占探明储量的88%以上。已探明的油气田有雅克拉、塔河、东河塘、牙哈、伊奇克里克、大涝坝、依南、依深、迪那2、亚肯背斜等。丰富的石油天然气资源，使库车成为二十一世纪中国石油工业发展的重要战略接替区。

库车矿产资源储量极为富足，开发前景广阔

探明的煤炭资源储量达15.6亿吨，发热量均为7000大卡以上，可广泛用于炼焦、发电和发展煤化工业。境内的俄霍布拉克煤矿，精查储量达10.5亿吨，是西北地区保存最完整、储量最大、开采条件最好的整装煤田。石英沙储量约430万吨，品位高达95%以上；岩盐储量达36亿吨。石膏、陶土、石灰石、大理石、铁、锰等十余种矿产均有较大的储量和开采价值。

库车水土光热资源丰沛

属温带大陆性气候，年均气温为11.4℃，年均降水量为64.5毫米，无霜期长达266天，是全国年平均晴天最多的县市；全县耕地面积达79万亩，可垦荒地约350万亩；全国最长的内陆河塔里木河流经县域，渭干河、库车河两大河系年径流量达14.8亿立方米，地下水年总补给量达7.14亿立方米，具有发展现代农业的有利条件。

库车物产丰富，是国家、自治区重要的粮、棉、畜基地，也是著名的瓜果之乡

库车小刀、花帽、紫羔皮、地毯、小白杏、药桑椹汁、木纳格葡萄等名优特产品驰名中外。全县杏树种植面积达14.7万亩，其中挂果面积9.7万亩，年产量8万多吨，被农业部命名为“中国白杏之乡”。

库车是新疆四大旅游县市之一

境内星罗棋布的石窟、古城堡、烽火台等文物多达80余处，有洞窟500余个，壁画面积2万平方米。龟兹古遗址中，县级以上保护单位57处，被列为国家级重点文物保护单位6处，自治区重点文物保护单位的17处。龟兹石窟与敦煌莫高窟、洛阳龙门石窟和大同云冈石窟齐名，是中国建设最早、规模最大、数量最多的石窟群。境内著名旅游景点有南天池、天山神秘大峡谷、克孜尔石窟、库木吐拉千佛洞、龟兹古城、苏巴什古城、塔里木河沿岸原始胡杨林等。库车自然景观集雄、奇、险、壮、美为一体，资源类型极为集中，有山川、河谷、草原、沙漠、河流等景象和地貌。

国家西部大开发战略和“西气东输”工程的深入实施，使库车的资源优势和地缘优势日渐突显，发展机遇和发展空间日益现实。自治区“十五”规划把库车置于新疆优先发展的突出位置，列为自治区重要的石化、煤电基地。阿克苏地区“十五”规划中，把库车定为重要的能源化工基地和地区东部区域中心城市，全力打造以库车为中心的塔里木石化城，中石化集团把库车确定为西部建设的重要化工基地，部署了一批油气上下游化工项目，使库车逐步成为自治区和阿克苏地区经济发展中的重点区域之一。

为全面贯彻落实国家、自治区和地区的总体规划和战略部署，在综合分析发展现状和未来发展趋势的基础上，库车县确定了“十五”期间“抓住一个机遇，实现七个突破，建立八个基地和一个中心”的战略目标。即：紧抓西部大开发机遇，以油气开发和“西气东输”为突破口，把库车建设成为自治区新世纪能源后备战略基地；以石油天然气下游化工项目建设为突破口，把库车建设成为自治区重要的石油化工基地；以俄霍布拉克煤矿开发为突破口，把库车建设成为南疆的煤炭基地；以火电厂项目建设为突破口，把库车建设成为新疆的电力基地和南疆的电力枢纽；以龟兹文化旅游资源开发为突破口，把库车建设成为自治区的旅游基地、国家级旅游城市和历史文化名城；以水、土、光、热资源综合开发和生态建设为突破口，把库车建设成为生态与农业协调发展的国家优质棉基地、新疆的粮食基地和畜牧业基地；以撤县建市为突破口，促进库车城市化建设和小城镇建设的发展，使城市建设上台阶、上水平，把库车建设成为南疆北部的中心城市。

近年来，在上级党政的正确领导下，库车县委、政府紧紧围绕“十五”期间“实现七个突破、建立八个基地和一个中心”的战略目标。依托独特的区位优势和丰富的资源优势，发挥人流、物流、资金流、信息流集中的优势，进一步解放思想，大力调整经济结构，加强区域经济技术合作，加快实施优势资源转换战略，全县经济和社会各项事业蓬勃发展，县域综合实力大幅增强。2004 年，完成国内生产总值 29.3 亿元（不含石油），实现财政收入 3.11 亿元。工业化进程进一步加快，县域经济综合实力不断攀升，再度进入全国西部百强县（市）行列，跃居第 27 位，被自治区评为经济增长速度最快、投资环境最佳县（市）。近年来，先后荣获了自治区文明县、自治区文化建设先进县、自治区“科技兴新”先进县、自治区计划生育优质服务先进县、国家卫生县城称号。

工业化进程显著加快，建设自治区石化、煤炭、电力基地进展顺利

2004 年，库车化工园区被自治区人民政府批准为自治区级化工园区。自治区、地区重点建设项目塔里木油气化工有限公司沥青扩建、塔北液化气、宏桥石蜡、天山化工、俄霍布拉克煤矿 150 万吨一期工程等一批重大项目已相继建成投产；塔河二号联合站 110 万吨产能建设、与全疆并网的库阿 220 千伏变电站以及石油、煤炭铁路专用线已建成投入使用；塔里木油气化工有限公司三期 150 万吨劣质油改造扩建、库车大化肥 30 万吨合成氨 52 万吨尿素、库车火电厂 2 × 13.5 万千瓦一期工程、青松建材和天山多浪 100 万吨水泥生产线已开工建设；塔化 250 万吨劣质稠油技改项目和俄霍布拉克煤矿已建成投产。“3052”大化肥、2 × 13.5 万千瓦大火电、新联化 4 万吨聚甲醛等项目正在建设当中。青松建化、天山多浪两大水泥厂建设工作已基本结束，即将正式投产。中坤集团五星级酒店已正式奠基。50万吨大乙烯、30万吨甲醇、第二套“3052”大化肥等项目已签约。目前，库车县重点企业已达 29 家，产值在 5000 万元以上企业共有 12 家。

农业产业结构调整成效显著，农业产业化经营迈出实质性步伐

农业发展后劲日益增强，已形成粮、棉、畜、园为主导的四大产业链。建成阿克苏地区东四县良种牛繁育中心、日交易量达8000头的活畜交易市场。农副产品深加工龙头企业培育工作成效显著，已建成龟兹种业、天兹畜牧、纵横棉业、油脂化工、环疆面粉等与农户密切相连的龙头企业。屯河果业二期工程和天山乳业已开工建设。水利重点项目铜场水库已获自治区计委立项，跃进水库除险加固一期工程已全面完工，塔河治理等一批工程正在实施。库车已进入国家优质棉生产大县、自治区粮食生产先进县、自治区林业发展先进县、自治区农田水利基本建设先进县、自治区畜牧业发展先进县、国家西门塔尔牛发展基地县行列。以招商引资为重点，以化工园区建设为载体，狠抓重大项目建设，大力推进城市化进程。近年来，通过“走出去，请进来”和广泛内引外联，实现了招商工作的新突破，荣获了“自治区招商引资先进县”称号，2004年共签约招商项目34个，签约金额达158.3亿元，落实到位资金达10.88亿元。个体私营经济快速发展，县域内个体工商户已达5828户，私营企业达213户，实现个体私营经济工商税收2060万元。委托上海同济大学对化工园区总体规划进行了重新修编。投入资金2900余万元，完成了园区内规划一路、规划二路、江南路、新华路等道路的路基铺设和绿化工程。种植各类树木30万株，安装滴灌42.2公里。园区排污管网工程已开工兴建，为其配套实施的东城水厂二期扩建项目已通过自治区审查。化工园区自2004年被批准为自治区级化工园区后，又被评为全国最大具有投资价值的十大化工园区之一。

市政建设突飞猛进，城市功能日趋完善

《库车2000年—2020年县城总体规划》已获自治区审查通过，新国道314线过境公路已正式通车，城区道路已形成四纵十一横的路网结构。城区集中供热、天然气入户工程已启动运营，天然气入户近万户；建成占地6万多平方米的龟兹文化广场。农贸综合批发市场、商业步行街、国贸购物中心、金贸文化中心、金天花园、东方花园等一批提升城市品位的商贸、物流项目和住宅小区已相继建成并投入使用。以弘扬龟兹文化为主的旅游业蓬勃发展，已成为自治区“五区三线”黄金旅游区域的重要组成部分。《库车县旅游发展总体规划》已经自治区审查通过；苏巴什古城、克孜尔千佛洞、天山神秘大峡谷等重点景区道路及配套基础设施已逐步完善；由世界科教文卫组织援建的库木吐拉千佛洞维修改造工程已接近尾声；新疆第二大清真寺库车大寺维修工程已全面完工；克孜尔尕哈烽燧被列为国家单体保护文物；龟兹王府复建项目已完成初设并开建设；天山神秘大峡谷景区、库车饭店已顺利通过自治区3A级和3星级验收；国家历史文化名城申报工作正在进行。

对外开放力度进一步扩大

近年来，先后成功了举办中国新疆阿克苏地区库车白杏节、努肉孜节；承办了自治区加快南疆农村经济发展工作现场会、自治区农村精神文明建设现场会和自治区计划生育综合改革现场会，并组织策划央视七套“乡村大世界”栏目在库车实地拍摄了“大漠绿洲库车行”专题节目；独家冠名承办了“龟兹杯　看新疆”全国电视异地采访活动；2004年，成功承办了“龟兹杯”自治区老年门球锦标赛。已成为世界了解库车、库车走向世界的重要窗口和平台。库车县委、县人民政府及45万各族儿女将热忱欢迎有志之士前来库车投资开发，我们将不遗余力的给予大力支持和配合，全方位的做好协调、服务，为我们的共同发展做出应有的贡献。

新疆维吾尔自治区玛纳斯县

玛纳斯县隶属新疆昌吉回族自治州，地处天山北麓，准噶尔盆地南缘，东距自治区首府乌鲁木齐市135公里，西距石河子市17公里。全县总面积1.1万平方公里，辖14个乡镇场站，有5个驻县团场，总人口26万人，县辖人口13.4万人，其中汉族人口占总人口的82%。2004年县域实现国内生产总值41.55亿元，比上年增长16.7%，县属实现国内生产总值25.8亿元，比上年增长18%，实现财政收入2.4亿元，其中地方财政收入实现1.18亿元。农牧民人均纯收入6706元，连续14年位居全疆第一。

区位优势明显

位于天山北坡经济带的中心地段。北疆铁路、国道312线、乌奎高速公路、呼克公路横贯全境，县乡公路四通八达，总里程达到237公里。

玛纳斯县基础设施较为完善。交通、电力、通讯、供水事业长足发展。全县乡村道路柏油化达到86%，城镇化水平达到30.5%，城市绿化率达到15.7%。自治区最大的火力发电厂——新疆天山电力公司坐落在县城西北郊，加之规划中的14座梯级电站以及星罗棋布的小水电站进一步丰富了玛纳斯的电力资源。邮电通讯事业发展迅速，国际互联网已全面开通使用，数字通讯及多媒体信息网覆盖全县。广播电视覆盖率达100%。

特色资源丰富

全县拥有可耕地100万亩，土壤具有土层厚，含肥量高的特点，昼夜温差大，全年无霜期172天，盛产棉花、番茄、葡萄等特色产品，是国家级粮食基地县、全国棉花生产百强县。2002年，被国家授予“中国优质棉花之乡”、“中国优质酿酒葡萄之乡”、“中国优质加工番茄之乡”。全县有可利用草场745.7万亩，有猞猁、马鹿等70多种野生动物，有贝母、甘草等280多种药用植物。水资源丰富，有玛纳斯河、塔西河两大水系，可利用水资源总量达5.8亿立方米，可利用水域面积1万多亩。同时尚有1.5亿立方米的地下水尚待开发。各类矿产资源殷实富有，有煤、硫铁矿、碧玉、砂金、石油等20多种矿产资源，其中煤炭已探明可开采储量16亿吨。油气储量丰富，已投入生产的盆五气田，专家预测石油资源量1.37亿吨，初步探明天然气储量128亿立方米，年产凝析气36亿立方米。同时，在南部山区发现了吐谷鲁油气田，正在勘探的北部沙漠征1井也发现了储量较为丰富的油气。旅游资源独具特色。围绕自治区“九五”重点工程—塔西河石门子水库已经完成了金驼山风景区的初步规划。南部600.86平方公里的侏罗系山脉和北部609.3万亩的沙漠为开发山区和沙漠旅游提供了广阔的空间。

产业化发展较快

通过采取“引龙头、育龙头、强龙头”等扶持龙头企业的措施，已建成新天酒业、屯河番茄、天山面粉、新玛实业、华西种业、天山畜牧、澳洋科技、屯河油脂、万源海产等一批龙头企业。依托这些龙头企业，建立了40万亩棉花生产基地、5万亩酿酒葡萄生产基地、8万亩优质加工番茄生产基地、6万亩粮食基地、10万亩制种基地和五大畜牧养殖基地，并以此延伸形成了七大支柱产业链，即：棉花产业链、番茄产业链、葡萄产业链、粮油产业链、种子产业链、畜牧产业链、煤炭产业链。畜牧业方面通过实施“四个二”工程和建设五大养殖基地，取得了较好成效。已吸引天山畜牧一期日处理200吨鲜奶加工项目建成投产。当前，种植业方面，我县8.23万亩番茄总产22.7万吨，5万亩酿酒葡萄总产3万吨，6.6万亩制种玉米总产2.38万吨，43.6万亩棉花预计总产突破120万担。畜牧业方面，我们借助引进牛羊屠宰加工企业，大力发展牛羊育肥业。此外，我们还大力发展菌草业、水产业及庭院经济，全力打造新兴产业优势，努力形成特色产业规模化，规模经营产业化的格局。

城市经济增势迅猛

在一产高速增长的情况下，以二、三产业为

主的城市经济在国民经济中的比重仍然提升了3个百分点，达到63%，特别是工业增加值较上年增长35.5%，已连续2年增速在30%以上。规模以上企业完成了全县工业产值的67.4%，优势骨干企业的领跑作用进一步增强。产业结构调整成效凸现，三次产业结构的比例由上年的40:29:31调整为37:34:29。基础设施建设步伐加快，全县完成社会固定资产投资8.43亿元，增长17%。招商引资成效显著，全年共落实各类经贸洽谈项目50个，实际到位资金9.86亿元。民营经济蓬勃发展，民营企业创造的国内生产总值已占到全县国内生产总值的29.8%，“三分天下有其一”的格局已经形成。目前，全县工业体系齐全，已形成100万担皮棉、6万吨干红干白葡萄酒、7万吨番茄酱、5万吨棉浆粕、8000吨饲料、6万吨专用面粉、1万吨食用油、5万锭纺纱的生产能力。2005年以来，通过继续实施四大战略（即：企业集团化战略、项目带动战略、对外开放战略和城市群发展战略），突出抓好五个重点（即：突出抓大项目的落实，突出抓民营经济发展、突出抓第三产业发展、突出抓园区建设、突出抓投资环境营造），已对15个骨干企业和18家成长性好的小企业及30家有发展潜力的民营企业进行扶持，澳洋科技5万吨棉浆粕、3万吨粘胶短丝及污水处理项目，凤祥棉业5万锭精梳纱和食用油等6个超亿元大项目已动工建设。同时按照规划先行的思路，以项目为抓手，加快了城市集中供热、天然气入户及城市供水和污水处理项目建设。

投资环境大为改善

面对新形势，玛纳斯切实转变政府职能，主动在“越位”的地方“让位”，在“缺位”的地方“补位”，在“错位”的地方“正位”，全力营造“亲商、安商、富商”的良好氛围。积极规范收费制，推行服务承诺制、首问负责制、一站办公制、跟踪服务制，努力为企业发展和项目建设提供“直通车”和“保姆式”服务。进一步规范行政执法行为，提高依法行政的水平。自觉接受县人大及其常委会的法律监督，坚持向县人大常委会报告工作，认真办理人民代表的议案和批评、建议、意见。狠抓政府自身建设，全力打造“四型政府”（即：打造廉洁勤政、务实高效、团结创新、诚信法制型政府）。坚持营造良好的政务服务环境，以情留商；坚持营造良好的人文环境，以诚招商；坚持营造良好的法制环境，以法护商；坚持营造良好的政策环境，以利惠商；坚持营造良好的创业环境，以区载商；坚持营造良好的融资环境，以资扶商，通过优化投资环境，推动了招商引资工作。

发展前景广阔

面对今后20年加快发展的战略机遇期，我们提出了“走城乡结合，以城市经济带动农村经济，以新型工业化促进农业现代化”的思路，确定了到2020年，全县GDP达到169.8亿元，20年翻3.5番，年均增长12.9%，率先在全疆实现全面建设小康社会的目标。为实现这一目标，今后十年，我们将重点支持石油天然气产业、煤炭电力产业、棉花产业、葡萄产业、番茄产业、畜牧产业、制种产业、花卉产业、教育产业、旅游十大重点产业。用10年左右的时间在全县引进和培育出销售收入超50亿元的企业2家，超20亿元企业2~3家，超10亿元的企业3~5家，超亿元的企业10~15家。

玛纳斯是一片充满希望的热土。这里是各界朋友施展才华的舞台，成就事业的沃土，温馨生活的家园。我们热忱欢迎各界朋友来玛纳斯参观考察、旅游观光、投资兴业。

新疆维吾尔自治区库尔勒市

概况

库尔勒市坐落于欧亚大陆和新疆腹心地带，塔里木盆地东北边缘，北倚天山支脉鲁克山和霍拉山，南临世界第二大沙漠——塔克拉玛干沙漠，源于博斯腾湖的孔雀河纵横全境。“库尔勒”维吾尔语为“眺望”之意，库尔勒盛产香梨，被誉为梨城。

库尔勒是新疆巴音郭楞蒙古自治州的首府，也是兵团农二师、塔里木石油勘探开发指挥部、南疆铁路临管处的所在地。库尔勒地处天山南坡经济带前沿，是南疆经济发展的“龙头”，是自治区西部大开发扶优扶强，首批推出的重点城市，是环塔里木盆地的政治、经济、文化、科技的中心。2004年在全国县域经济基本竞争力百强县（市）中列第43位，西部列第一。

全市总面积为7117平方公里，城市建成区为63.2平方公里，居住着汉、维、蒙、回等23个民族，总人口达40.76万，其中少数民族占总人口的34.5%。2004年，库尔勒地区国民经济稳步发展，综合实力进一步增强，全年实现地区生产总值168.47亿元，地方财政总收入完成6.67亿元，完成固定资产投资107亿元，城乡居民人均可支配收入达8000元，农牧民人均年纯收入达4530.1元，社会消费品零售总额6048元／人。

改革开放20多年来，库尔勒市依托铁路、公路、航空、邮电等发达的立体交通条件，紧紧抓住石油勘探开发和国家西部大开发两个历史机遇，经济发展步伐逐步加快，形成了以农牧业为依托，以优势产业为龙头，拥有石油、化工、纺织、造纸、食品、电力、煤炭、建材、机械、电子等初具规模的工业、建筑、运输、商贸协调发展的综合经济体系。

近年来，库尔勒市先后荣获“全国卫生城市”、“全国城市环境综合整治先进市”、“全国双拥模范城”、“全国科技工作先进市”、“中国优秀旅游城市”、“国家环境保护模范城市”以及“自治区文明城市”等国家级和自治区级荣誉称号，党和国家领导人相继来库尔勒视察工作，对库尔勒市的发展和变化给予了较高的赞誉，并寄予深切的希望。

立足长远，展望未来，二十一世纪将是中国大西北现代化建设史上极不平凡的年代，库尔勒人民热忱欢迎海内外有识之士来本市精诚合作、投资兴业、观光旅游。

投资优势

1.肥沃的水土资源

以博斯腾湖为水源的孔雀河犹如一条飘带地穿流全境，顺着河流倾斜成扇形的绿洲带，孔雀河三角洲、塔里木河冲积平原及霍拉山、库克山山前冲积平原组成了肥沃的库尔勒绿洲平原，绿洲平原面积达3738平方公里，约占全市面积的53%。全市土地总面积1067.53万亩，其中有各类荒地330万亩（宜农荒地140万亩）。

库尔勒市水土资源丰富，境内河渠纵横，有孔雀河、塔里木河、库尔楚山间溪流及十八团渠、库塔干渠等20多条水系。地下水也很丰富，境内平原地区地下水总计补给量4.4亿立方米／年，可开采利用的达2.8亿立方米／年。

库尔勒市水土资源丰富，昼夜温差大，自然条件适宜小麦、棉花、玉米、瓜果等其他经济作物生长，形成了独特的农产品资源优势，素有“塞外江南”、“瓜果之乡”的美称，是国家百强产棉市和自治区香梨基地。库尔勒香梨是驰名的特色产品，具有含糖量高、香味浓郁、果肉细嫩、脆甜多汁等特点，远销欧美、香港、东南亚等国家和地区。长绒棉、甘草制品、野生罗布麻同样声名远扬。2004年，全市香梨种植面积达33.8万亩，总产6.4万吨；棉花种植面积36.32万亩，总产达4.13万吨。

2.广阔的畜牧发展空间

库尔勒地区草场总面积为663.81万亩，可利用草场面积为437万亩，优质草场占总草场的

45.5%。草原类种多样，植物种类繁多。近年来，库尔勒市根据国家西部大开发的战略，按照国家退耕还林还草和封育还牧的政策，大力推广“林草间作，立草为业”的畜牧发展思路，新建立人工优质饲草基地近12万亩，其中种植紫花苜蓿7万亩。

肥沃的水土、丰富的草原，孕育了库尔勒市畜牧业的迅速发展，以草原畜牧业为基础，以农区畜牧业为重点，以城郊养殖为突破口，以市场为导向，以科技为依托，在加强培育饲草基地的同时，进一步加快养殖小区和肉食基地建设，走农牧结合提高综合经济效益的道路。2004年底，全市共建立规模化养殖小区75个，养殖育肥大户900户，牲畜存栏37.35万头（只），其中良种奶牛存栏2.55万头，牛奶产量达2.1万吨。

3.丰富的矿产资源

库尔勒地区矿产资源主要有红柱石、煤、陶土、黏土、石灰岩、大理石、花岗岩和石膏等矿种。其中煤的储量达8.3亿吨，陶土、黏土矿D级以上储量达1.7亿吨，红柱石储量达9717万吨，石膏矿储量1543万吨。

被称为“死亡之海”的塔里木盆地，蕴藏着丰富的石油资源，与松辽盆地、渤海湾地区并列为全国油气资源量大于100亿吨的三大盆地之一，已探明盆地油气资源当量191亿吨，是中国石油工业发展最重要的战略接替地区。库尔勒是“西气东输”的首站，塔里木油气田已成为我国惟一的一座现代化整装油气田，被称为中国石油、天然气工业的“希望之海”。

4.神奇的旅游资源

数千年前，孔雀河与塔里木河的交汇孕育出古老的孔雀河古遗存和罗布泊古文化，闪烁着中国古代灿烂文化的丝绸之路在库尔勒市境内穿过，沿线的楼兰古城、米兰古堡、锡克沁千佛洞、烽火台、铁门关、玉孜干古城、古陶遗物和阿尔金山岩画、天山大峡谷等50多处名胜古迹——展现了千年丝路文化的神秘。这方热土，曾飘过张骞衔命出使的旌旗，驰骋过班超铁甲雄风的战马，历代留存下来的名胜古迹举不胜举。东西方文明在这里融合，如今已成为旅游者观光觅奇的热线，使人流连忘返，给人忆古通今、返朴归真的享受。

独特神奇的西部自然景光，别具一格的丝路文化，烟波浩淼的博斯腾湖，广袤迷人的巴音布鲁克草原，幽静神奇的天鹅湖，举世闻名的罗布泊，松涛林海的巩乃斯，风光秀丽的塔里木河，雄伟壮观的天山石林，千姿百态的“雅丹”奇观，如梦似幻的“海市蜃楼”，以及征服“死亡之海”的沙漠公路，千年枯木构造的胡杨森林，遗留民俗风情的罗布村寨，构成了以大山、大湖、大沙漠、大草原为代表的旅游带，山、水、林、峡又为旅游者展现了大自然雄、奇、险、幽的无限魅力，吸引着众多的中外游客探险、观光、旅游。旅游业的迅速崛起成为库尔勒经济新的支柱产业。

5.配套的基础设施

库尔勒市是南北疆的重要枢纽，现已形成了城乡道路、过境国道、铁路、航空和管道运输等纵横交错的立体交通网络，遍及全州四通八达，库尔勒市通往南北疆各地的公路运输线共7条，其中国道线路4条，省道线路3条，314国道的改造、218省道高等级公路的修建，使库尔勒市通往南北疆的通行时间缩短近一半。管道运输发展迅速，轮南——库尔勒——鄯善的输油管线全线贯通，西气东输库尔勒段管线工程建设完毕，城区天然气管网主干支线工程已全部完成。

库尔勒市自1994年以来，城市建设超常规迅速发展，城市日供水能力达到20万吨，开通公交车线路27条，城市绿化率达35.18%，人均住房面积达19.3平方米，人均道路面积19.74平方米，人均公共绿地面积8.5平方米。

6.宽松的投资环境

自治区党委明确把库尔勒作为新疆优先发展的两个中心城市之一，市委、市政府紧紧抓住这一机遇，加大招商引资力度，内增凝聚力，外增吸引力，集八方之士，走共同发展之路，不断改善投资环境，先后制定出台了一系列招商引资优惠政策，实行社会服务承诺制，简化投资程序，提高办事效率，全方位为投资者服务，积极完善招商软环境，保护投资者利益。围绕库尔勒这片开放的热土，实施“筑巢引凤”战略，树立大经贸观念，走融合发展之路，扩大招商引资领域，加大内引外联力度，形成内外合力，使美丽富饶的孔雀河畔变为投资创业者的乐园。

良好的投资环境，超前的“筑巢引凤”战略，吸引了一大批重点项目在库尔勒市开工建设，投资38亿元的石化厂落户库尔勒，供气5万户的民用天然气工程及城市排水、供水改造工程等一批市政建设重点项目相继建成，乌库电网联网和库尔勒农村电网改造项目的完工，西气东输工程正式启动，库尔勒机场迁建工程的正式开工，和硕至库尔勒高等级公路和塔里木河生态治理项目已进入全面实施阶段，利用外国政府贷款的外环路建设项目将于近期开工建设，这些项目的实施，推进了将库尔勒市建成新疆第二大城市的步伐。

浙江省苍南县

苍南位于浙江省最南端，濒临东海，南连福建省，是浙江省的南大门，全国首批沿海对外开放县之一，是“大温州”发展的重要经济增长极和战略新区。陆地面积1261.08平方公里，海域面积3700平方公里，海岸线长168.88公里，辖20个镇，16个乡，人口约122.56万，除汉族外，还有畲、回等少数民族。

历史悠久，风光旖旎

今苍南地，远在商周时期便有人类的活动，历史悠久，文化积淀深厚，文物古迹众多。国家重点文物保护单位蒲壮所城建于明洪武年间，与金乡卫城一样距今已有600多年，融古民居、古庙、古戏台和手工制瓷生产线为一体的碗窑古村，保持着明清时期的原貌。

苍南依山傍水，风光秀丽，素有“桂林山水甲天下，玉苍石景冠神州”之美称。这里拥有国家森林公园玉苍山，浙江重点风景名胜区滨海——玉苍山，其中东方夏威夷渔寮大沙滩、炎亭海口金沙滩闻名遐迩。

自然条件得天独厚，资源丰富

苍南享受着大自然的厚爱，土地肥沃，物产丰饶。这里的平原盛产大米、柑桔、瓜菜；西部山区出产番薯、蘑菇、烟草、茶叶、柚子；东南沿海出产梭子蟹、青蟹、石斑鱼、对虾、鲥鱼等众多海产品。传统名优特产众多，有素享“仙家名果”美誉的马站四季柚，有“螯封嫩玉双双满，壳凸红脂块块香”的炎亭梭子蟹，有跻身美、日、东南亚市场的桥墩“珍眉”精制茶。此外，矿产资源多，非金属矿藏已发现43处，17个种类，探明的矿产有明矾石、高岭土、叶蜡石等10多种。明矾矿石储量为16216万吨，占全国储量的80%，占全世界储量的60%，故被誉为“世界矾都”。

近年来，苍南在改革开放大潮的推动下，紧紧抓住温州加快富裕小康社会建设和鳌江流域城市建设的良好机遇，积极接轨温州“一港三城”建设，主动融入温州大经济圈，经济发展势头强劲，前景广阔。2004年全县实现生产总值123.02亿元，财政总收入8.76亿元，其中地方财政收入4.77亿元，社会固定资产投资28.69亿元，城镇居民人均可支配收入12490元，农民人均收入4620元，县域经济基本竞争力再次跻身“全国百强县(市)”行列。

区位优势日益凸现，基础设施日臻完善

多年来，积极实施“基础先行”、“重点突破”战略，以水、电、路、通讯为重点，加大基础设施建设投资力度，基本构筑起跨越式发展的基础平台。104国道和沿海同（江）三（亚）高速公路横贯境内，与县内原有的交通主干道形成便利的交通网，苍南40分钟可到温州，3小时到福州，距温州机场仅80公里。随着温福铁路的规划建设，苍南与长江三角洲、珠江三角洲这两个国内经济最具活力地区的空间距离将缩短在八小时以内。沿海港口建设不断加快，将打通海上内联外接的快速通道，苍南的区位优势日益凸现。华东电网和本县已建成投入运行的水力、火力、风力发电为苍南提供了可靠稳定的供电。目前正加快建设垃圾发电厂，开工建设220千伏苍南变、110千伏县城变、环保热电厂，预备开工苍南发电厂，着手北关岛、大渔风电项目前期工作，不断扩大装机容量，力争到2005年扩容2.63万千伏安。城镇供水设施完善，平原引水工程已建成投入使用，县城引用水工程和珊溪引供水工程正加快建设，并预备建设第三水厂，为群众生活用水和万余家企业生产用水提供了充足保障。

调整产业结构，培育主导产业

苍南县立足实际，以发展特色经济为目标，以经济结构适应性和战略性“两大调整”为主线，以引进新建一批、改造提升一批、做大做强一批、限制淘汰一批“四个一批”为手段，产业结构调整迈出了坚实步伐。一是农业经济稳步增长。苍南山、水、田、地、海俱全，是一个农业资源丰富，开发潜力较大的综合性农业经济区。近几年

来，苍南县大力发展效益农业、突出以四大“中国特产之乡”为重点的特色农业基地开发，加快了蘑菇、四季柚、席草、紫菜高效示范园区建设。目前已基本建设形成3万亩四季柚基地和3700万平方尺蘑菇基地，万亩席草基地，2万亩优质米生产示范基地和山区、半山区种草养畜牧基地。积极实施科技兴农战略和品牌战略，大大提高了农业的市场竞争力。在2004年浙江省农博会上，“玉苍”牌四季柚、“槟榔芋”、“恒信”牌草席、“汤记码头”牌鱼饼、“东旭”牌鲜咸大黄鱼、“莱维”牌紫菜等品牌被评为农博会金奖农产品，“熊猫”牌炼乳等十一个品牌获得农博会优质奖农产品，2004年，苍南县“苍果牌”四季柚还被评为浙江省十大名牌柑桔。在发展特色农业的同时，苍南县的粮食生产也实现了播种面积、单产和总产“三增长”，2004年粮食作物播种面积51.54万亩，总产量18.61万吨，荣获了“全国粮食生产先进县”称号。二是工业经济增长强劲。经过几年的长足发展，特色工业园区建设成效显著，“新雅投资集团”、“金田集团”、“天信仪表”、“宇宙家纺”等一批工业龙头企业迅速崛起，块状经济集聚效应日益凸现，形成了包装印刷、塑料制品、机械仪表、食品加工、文具礼品、井巷建筑等为主导产业的工业经济体系，“中国印刷城”、“中国塑编之都”、“中国礼品城”等国字号基地先后落户苍南。家具、不锈钢、陶瓷、新型材料等新兴产业得到积极培育，家具产业园区正逐步形成。装备制造、精细化工、生物医药、能源工业等临港型产业建设开始启动。2004年工业总产值252亿元，规模以上工业企业完成产值73.05亿元，其中印刷业和塑编业的年产值分别占全国的15%和20%，礼品行业年销售额占全国的10%。三是海洋经济异军突起。以规划建设渔港经济区为目标，不断加快港口建设，现拥有龙江、巴艚、炎亭、大渔、中墩、渔寮、霞关等7个主要港口，其中国家一级渔港1个、二级渔港5个，综合港口1个，目前大渔湾围垦工程正在启动。水产品养殖加工、仓储物流、海洋运输、海洋能源开发等海洋产业正蓬勃发展，建成了浙福边贸大型水产城，极大增强了苍南水产品流通业的辐射能力。2004年，全县海洋经济总量产值达231亿元，水产品总产量达21万吨，水产品出口量1.6万吨，出口创汇1503万美元。四是旅游业迅猛发展。苍南采取“政府主导、社会参与、多元投入、市场运作”的模式，先后完成滨海旅游度假区、玉苍山森林公园、碗窑古村落、炎亭—海口度假村、农业生态休闲游等精品工程，积极推出滨海黄金旅游、生态探险旅游、假日休闲旅游等三条精品路线，全力打造旅游品牌。2004年接待游客达65万人次，旅游总收入达5.62亿元。五是商贸业繁荣发达。苍南作为省际县，素有“两浙咽喉，八闽唇齿”之称，历来边贸经济活跃，市场繁华，现已形成了副食品市场、水产品市场、温州礼品城、温州浙闽农贸综合市场等80多个商贸市场辐射浙南闽北地区，年成交额达70多亿元。目前台挂历商贸城、浙闽轻工城、家居礼品市场等一批大型专业批发市场正加快建设，连锁超市、物流配送、电子商务等现代流通业得到初步发展。

全力打造招商平台，加快双向开放步伐

全面实施“开放带动”战略，把招商引资工作作为经济和社会发展的“一号工程”，坚持“政府引导、项目带动、内外并举、各业并进”的原则，全面改造投资环境，建立有效的招商引资渠道和网络，大胆地“走出去”，更多地“引进来”，切实做到了借力发展、借梯登高。在硬环境建设上，重点加强特色工业园区和专业生产基地的建设，目前，全县工业功能区完成投资额11.37亿元，面积达到6020亩。近期，将在原有园区的基础上，积极推进优势整合，形成临港新型产业发展区、灵江山海协作产业拓展区、龙金大道产业整合带、104国道产业提升带、环海及78省道生态产业开发带“二区三带”格局，精心打造承接产业转移的“强磁场”，为招商引资构筑了广阔平台。在软环境建设上，相继出台了《苍南县招商引资目标责任制考核办法》、《苍南县招商引资优惠政策》、《加快结构调整促进工贸产业升级若干政策的意见》、《招商引资八项承诺》、《招商引资奖励办法》等一系列政策措施，为实际投资1000万元以上的县外境内来苍投资企业及外商投资企业，开通了“绿色通道”，制订了在税收、土地使用、水电、劳动用工等方面的优惠政策，增强了对外吸引力。同时推行“一站式”服务、首问责任制、全程协办制、无偿服务制和限时办结制等制度，建成便民服务大厅，完善服务内容，提高服务效率。加强民主监督，设立了苍南县经济发展环境投诉中心，接受企业投诉，及时查处机关部门和个人向企业伸手“吃、拿、卡、要”案件，投资者合法权益得到有效保障，营造了“亲商、富商、安商”的良好氛围，招商引资工作取得初步成效。2002年底以来，共引进“瑞田钢业”、“黄河超细纤维”等17个超亿元的重大产业投资项目，计划总投资50多亿元，建成投产后可新增产值140多亿元。其中“瑞田钢业”、“黄河超细纤维”、中大包装BOPET生产线等7个项目已建成投产，浙闽农贸综合市场、温州家具产业城等5个项目动工在建，5个项目基本完成前期工作。在大力开展招商引资活动的同时，苍南县的对外贸易也在快速增长，进出口总额突破亿元大关，达到1.53亿美元，其中出口额达9146.7万美元。

在新世纪，百万苍南人民以实现经济社会跨越式发展，全面建设小康社会为总目标，振奋精神，开拓进取，团结拼搏，求真务实，重视引进资金和人才，努力推进苍南经济再上新台阶。竭诚欢迎中外朋友来苍南旅游观光，投资开发，经商贸易，共展宏图，共创伟业。

浙江省上虞市

上虞位于浙江省东北部，总面积1403平方公里，人口77.4万，其中建成区面积18平方公里，城区人口19.95万，下辖15个镇、3个街道、3个乡，呈“五山一水四分田”的格局，享有“鱼米之乡”、“葡萄之乡”、“建筑之乡”等称号。改革开放以来，上虞市先后成为全国农村综合实力百强县、全国百名财政大县、全国科技工作先进县、浙江省经济十强县、浙江省技术创新试点县（市）。2004年，全市实现GDP200.3亿元，增长12.6%；完成全社会固定资产投资83.8亿元，增长27%，其中工业生产性投入56.78亿元，增长25.7%；实现新口径财政收入11.51亿元，增长14.9%（按老口径为16.6亿元，增长18.1），其中地方财政收入6.23亿元，增长26.2%(按老口径为7.53亿元，增长26.7)；城镇居民人均可支配收入15179元，增长19.7%；农民人均纯收入7120元，增长12.5%；城乡居民储蓄余额124.77亿元，比年初增加16.23亿元，再次进入全国最发达百强县市行列。

上虞是一个“底蕴深厚”的县市

公元前222年设县，是浙江省建县最早的县份之一，1992年撤县设市。悠久的历史，孕育了众多杰出人物，东汉王充被誉为“中国古代唯物主义者和启蒙思想家”，魏伯阳被尊为“万古丹经王”，孟尝被誉为古代廉政典范；宋代李光以面斥秦桧、力主抗金著名；明代叶经、陈绍、谢瑜、徐学诗，刚正不阿，史称“上虞四谏”；清代章学诚是我国方志学奠基人，一代史学大师；近现代经元善、杜亚泉、经亨颐、夏丏尊、马一浮、竺可桢、徐懋庸、胡愈之等皆誉饮国内外；当代被誉为“茶圣”的吴觉农，著名电影导演谢晋、著名儿童文学作家金近等一大批虞籍贤人志士，为上虞历史留下了灿烂的篇章。

上虞是一个“基础优越”的县市

上虞西距省城杭州70公里，东离东方大港宁波62公里。“铁、公、水”齐全，交通发达便捷，素有“九县通衢”之称。杭甬铁路复线穿境而过，沪杭甬、上虞至三门高速公路，104和329国道纵横贯通全境，距离萧山国际机场仅45公里。杭甬运河贯穿东西，拥有杭州湾南岸惟一的出海港口——上虞港。规划位于上虞市建设的钱塘江绍兴跨江大桥将使上虞市纳入上海2小时交通圈。海涂资源得天独厚，45公里海岸线、广袤的海涂使上虞长远发展拥有了充足的土地储备和突出的低成本开发优势，目前已围海涂26.7万亩。境内淡水资源十分丰富，小舜江水库蓄水能力达2亿立方，是整个绍兴市居民用水的主要采水点。电力系统完善，网电、火电、水电“三电”齐全，是国家农村电气化达标县（市）。自然景点众多，拥有“江南第一庙”——曹娥庙、英台故里——祝家庄、白马湖畔春晖园、“东山再起”娥江景等一大批人文旅游景点。

上虞是一个“工业支撑”的县市

改革开放以来，上虞始终坚持以工业为主体，以乡镇企业起家，把一个以产粮棉为主的农业县建设成为了新兴工业城市，走出了一条具有上虞特色的发展路子。一是支柱行业初步形成。全市已形成机电、化工、轻纺、建材、食品等五大行业，其中机电、化工是上虞市的支柱行业，拥有规模以上企业360余家，占全市经济总量的三分之二左右。灯具、伞件、铜材、劳保用品等块状特色经济加速形成，其中大小灯具企业95家，伞件企业1172家，铜材企业184家，劳保用品企业312家。“龙头企业＋卫星企业”的生产模式初步构建，如崧厦镇伞件行业在龙头企业的辐射带动下，建成一个省级伞业专业工业园区和30个伞业特色村，被中国轻工业联合会命名为“中国伞城”。汤浦镇铜材块状获得全国乡镇企业铜管专业工业园区称号。二是规模企业不断壮大。通过企业产权制度改革、扶优扶强战略和企业动态式管理，民营企业不断发展壮大。全市现有规模以上企业624家，销售超亿元的63家，其中超15亿、20亿、30亿的各一家，并拥有上风、阳光、卧龙、龙盛、国祥等5家上市企业，阳光集团是亚洲最大的节能灯生产基地，龙盛是全球最大的染料生产企业，国祥制冷成为大陆首家台资上市企业。三是主导产品优势明显。阳光牌稀土节能灯、龙盛牌分散染料、上风牌风机、卧龙牌微分电机、联丰牌冷却塔等产品在全国同类产品中享有较高的知名度。龙盛、闰土两大集团分散染料产量占全国的70%、世界的21%。工业类电机、家用电器类产品、车用类电机市场占有率分别在35%、13%、10%以上，是国内重要的电机生产基地，卧龙集团的电机产品和技术处于国内领先水平。上风风机产品部分性能指标达到国际先进水平，赢得了“中国风机看上风”的美誉。联丰牌玻璃冷却塔被认定为“浙江省名牌产品”和浙江省著名商标，从而使上虞市成为了全国有影响力的制冷工业及配套件基地。四是园区集聚日益发挥。杭州湾上虞新区和省级经济开发区作为全市经济发展的主战场，是全市功能齐全、合理分工、发展错位、竞争力较强的精细化工、机电两大特色工业区，目前“两区”已集聚企业400多家，工业产值占全市的40%以上，其中杭州湾精细化工园区荣获中国十大“最具投资价值园区”称号。五是建筑产业不断攀高。近年来，上虞市把建筑业作为上虞的一大支柱产业来抓，积极引导企业提高资质，拓展业务领域，开拓国内外市场。2004年，完成建安产值327亿元，增长36.8%，继续名列全省各县市之首。拥有超亿元的建筑企业26家，超10亿元的企业有8家，超30亿元2家；上等级企业69家，其中特级资质企业1家，一级资质企业15家，二级资质企业33家，三级资质企业49家，从业人员12万以上，业务遍布沪杭甬、中西部以及新加坡、柬埔寨等地区。五洋、舜杰、华升、亚厦、海滨等企业入选浙江省百强民营企业，五洋、中富、海滨跻身中国民营企业500强。到2004年底，已累计创鲁班奖4项，省级以上优质工程242项。在浙江省两次“建筑之乡”排名中均居第一，是全国建筑行业协会的会长单位。

上虞是一个“城市扩张”的县市

近年来，上虞市注重以城市化推进工业化，坚持“经营城市”的理念，大力度地推进城市建设。投入2000多万元聘请德国斯图加特大学和清华大学等国际国内著名的规划单位搞好城市发展规划，高质量、高起点抓好城市建设。一是城市框架不断拉大。围绕建设滨江生态型现代化中等城市的目标，按照“北拓西进”的要求，加快城北新区建设，大力实施“道路框架工程”，一大批基础设施项目和公建项目相继开工建设，“内联外环”的道路交通骨架逐步形成，道路、供水、排水、排污、绿化等市政配套设施齐全，城市化水平达38%，加快了城市由龙山时代向曹娥江进而向杭州湾时代迈进。二是城市品位不断提升。打造以曹娥江为轴心的城市水系景观，曹娥江18里城防景观带正成为融自然生态与上虞人文历史、现代文明为一体的绿色文化长廊，充分体现上虞生态型城市的魅力。市区解放路步行街已成为集市民休闲、购物于一体的主要场所，成为城市一道靓丽的风景线。城市旅游景点加快开发，以千古情史（英台故里）、千年佳话（曹娥孝女）、千里诗路（东山再起）、千万学子（春晖中学）为重点，加快洪山湖、白马湖、曹娥景区、东山景区等旅游项目开发，使世界青瓷发源地的上虞成为浙东“唐诗之路”旅游线上一颗耀眼的明珠。三是商贸流通日趋繁荣。大通商城、一百公司是上虞市商贸服务业的两大航母级商厦，其中大通商城是浙江省县市级单体规模最大的商业购物中心。各类专业市场不断涌现，现有上虞汽车市场、中国伞城、石狮装饰材料市场、水果批发交易市场等10个上规模的专业市场。拥有省旅游局定点涉外三星级饭店3家，四星级饭店1家，五星级饭店1家。

上虞是一个“开明开放”的县市

上虞市坚持举开放旗、谋开放事、做开放人，注重外向化与工业化、城市化并驾齐驱，不断提高对外开放水平。一是招商引资成绩显著。

始终把招商引资作为全市经济工作中的重中之重，以“北接（上海）南联（温台）、东引（港台）西拓（欧美）”为招商攻略，内抓杭州湾工业新城区、中国伞城“两大平台”建设，外抓各类投资洽谈会、专门招商队伍建设。2004年全市实现合同外资2.62亿美元，同比增长29.8 %；实到外资1.35亿美元，同比增长24.9%。松下公司、香港世华集团、泰国易初莲花等世界500强企业相继加盟上虞。二是外贸出口增势强劲。积极应对国家出口贸易政策调整，以优化贸易结构和建立出口加工区为两大工作着力点，及时出台鼓励加工贸易等若干政策，在发展一般贸易的同时，重点发展加工贸易、进口贸易和服务贸易。2004年，全市有出口实绩的企业已达290家，实现自营进出口总额5.75亿美元，同比增长53.6%。三是外经合作继续领先。坚持以设立海外贸易窗口、兴办加工贸易企业为重点，积极鼓励企业做大做强、发展境外业务。2004年，全市新设境外企业5家，累计已达16家，完成境外工程营业额4200万美元，外经业务已拓展到23个国家与地区。外经贸工作继续走在全省前列。

上虞是一个“改革创新”的县市

上虞市十分注重改革创新，发挥科技第一生产力的推动作用，营造优质机制体制环境，不断增强发展动力和活力。一是注重科技创新。目前，全市共有300余家企业与236所高校、科研单位建立了长期紧密的科技合作关系；创建企业工程、技术中心20家，研究所80家，拥有国家重点高新技术企业11家、省级高新技术企业23家。常年在30多个大中城市和高等院校驻点，先后引进各类人才8000余名。累计实施省级以上科技计划275项，开发省级以上新产品863项，获得省级科技进步奖149项，科技进步贡献率达60%。是全国科技工作先进县（市）、国家科技兴海示范基地县（市）、九五及十五国家级星火工业示范区。二是注重体制创新。近年来，上虞市积极探索政府机构和审批制度改革，高质量完成二轮、三轮行政审批制度改革，较早创建完善便民服务中心，探索建立村、乡镇、市“三级联动”便民服务机制；市委、市政府换届以来，上虞市按照建立现代新型政府的要求，探索建立了“发计一个头、土地一只口、规划一张图、建设一盘棋、资金一本账、监管一条龙”的政府运行新机制，进一步规范和完善便民服务中心、招投标中心、经济发展环境投诉中心、会计核算中心和招投标监督办公室等“一办四中心”。三是注重改革创新。上虞市先后完成了粮食流通体制改革、村企业产权制度改革、村级财务管理制度改革、乡镇机构改革、农村税费改革，为全市经济发展消除了障碍，较好地保障了经济社会各项事业持续稳健发展。

上虞是一个“统筹和谐”的县市

近年来，上虞市按照统筹理念，抓好“三农”工作，推进社会事业，加强党的建设，全力打造和谐稳定的社会环境。一是重视抓好“三农”工作。坚持以工业化的理念推进农业产业化，全市共有农业企业230余家，专业经济合作社25个，2004年实现销售15亿元，蔬菜、水产、畜禽、花木、水果等主导产业的基地面积分别在万亩以上，区域化、规模化、特色化的基地发展格局初步形成。积极实施“十村示范、百村整治”工程，以五年建成100个新农村为目标，以道路硬化、四旁绿化、路灯亮化、卫生洁化、河道净化等“八化”为要求，近两年来，全市已累计投入2.49亿元，其中基础设施投入1.18亿元，新农村建设村面貌不断改观。抓好农村社会保障，企业养老保障基本实现全覆盖，实施被征地农民基本生活保障制度，新型农村合作医疗制度全面推进，推行农村孤寡老人、五保户和城镇三无人员集中供养，农村低保、优抚等各项工作进展顺利。二是全面推进社会事业。积极实施科教兴市战略，14个乡镇街道成为省教育强乡镇，2004年全市普通高校高考上线率达到96.7%。传染病防控长效机制更加健全，社区卫生服务机构进一步增加。文化事业日益繁荣，广场文化有声有色。精神文明建设不断深化，2003年一举创成省级文明城市，

2004年上虞市开展的“上虞孩子崇孝德”活动，得到了中宣部和省委宣传部门的充分肯定。积极开展平安创建，深化基层维稳网络建设，建立乡镇街道维稳中心。强化各项安全生产措施，提高全社会的安全生产意识。三是不断加强党的建设。以“激情、大气、和谐”为要求，激励党员干部在激情豪迈中推进工作，在大气开放中谋求发展，在和谐环境中成就事业。以“基层组织规范化建设年”为载体，不断深化“三级联创”活动，实施“先锋工程”和“凝聚力工程”建设，2004年被评为全省农村基层组织建设先进县(市)。以提高“五个力”为重点，扎实开展机关效能建设，构建组织领导、投诉监督、宣传舆论三大网络，从机制体制上探索提升机关效能的有效途径。全面推进党风廉政建设和反腐败斗争，认真学习贯彻《党内监督条例》和《纪律处分条例》，着重围绕落实党风廉政建设责任制和构建反腐倡廉防范体系，开展领导干部警示教育，深化领导干部述廉评廉和“结贫思廉”活动，严肃查处违法违纪案件，行业之风不断好转，群众利益得到维护。

浙江省长兴县

长兴位于浙江省西北部，与苏、皖两省接壤，东临太湖，西倚天目。全县面积1430平方公里，辖10镇6乡，现有人口62万。

长兴文化源远流长，底蕴深厚。早在公元前就演绎了颇具特色的吴越文化。长兴是陈朝开国皇帝陈霸先的故乡。茶圣陆羽在长兴写就了旷世巨作《茶经》。明朝吴承恩在长兴县丞任上为写作《西游记》积累了大量素材。长兴民间艺术蓬勃发展，有代表国家出访东南亚各国的民间艺术奇葩“百叶龙”，有仙山宗教文化和被列为世界地质遗产、命名为“金钉子”的长兴灰岩保护区等文化遗址。

长兴交通发达，区位条件十分优越，是浙苏皖地区的一个重要的交通枢纽，自古以来就被称为“三省通衢”。地处长江三角洲中心，距上海、杭州、南京、宁波、苏州、无锡、湖州、嘉兴等大中城市均在200公里以内。两条国道（104国道、318国道）、两条高速（杭宁高速公路、在建设的申苏浙皖高速公路）、三条铁路（宣杭铁路、长牛铁路、新长铁路）和一条航道（长湖申运河）横贯境内，四通八达。

长兴资源广博，物产丰富。长兴名特优新产品十分丰富，有闻名海内外的“太湖四珍”：银鱼、白壳虾、鲚鱼、大闸蟹；有久负盛名的“长兴三宝”：银杏、栝楼、青梅；有令世人称绝的“品茗三绝”：紫笋茶、紫砂壶、金沙泉等。长兴旅游资源独特，有34公里的太湖湖岸线；有世界稀有的“金钉子”地质遗迹；有全球罕见的古银杏长廊和扬子鳄保护区。

近几年来，长兴县全面实施“工业立县、开放兴县、科教强县、城市化和可持续发展”五大战略，经济社会持续健康协调发展。该县先后获得全国综合治理先进县、国家卫生县城、全国科技进步先进县、浙江省文明城市、浙江省小康县、浙江省教育强县、浙江省文化先进县等荣誉称号。长兴县在最新的全国百强县市排名中由上年的107位跃至63位，上升了44位，在全国县域经济基本竞争力百强县（市）排名中由2004年的87位上升至82位，实现了长兴历史上的跨越。

2004年，长兴县以邓小平理论和“三个代表”重要思想为指导，认真落实科学发展观，以“项目推进年”和“环境建设年”为抓手，主动适应国家宏观调控，坚持发展不动摇，创新破难攀新高，扎实推进了全县经济跨越式发展和社会全面进步。

经济发展实现新突破

2004年实现地区生产总值129.26亿元，增长17.2%，是1995年以来增长最快的一年。财政总收入13.52亿元，增长31.1%，其中地方财政收入6.83亿元，增长49.3%。工业经济提速增效。工业投入“173”工程成效明显，完成全社会固定资产投入76.78亿元，增长32.2%，其中完成工业性投入40.68亿元，增长33.1%。新型纺织、新型建材、新能源、信息机电四大产业实现工业总产值88.88亿元，占县属规模以上企业总产值的65.3%。规模企业新增65家，总数达到287家。规模以上企业完成工业总产值136.16亿元，增长36.6%。企业技术创新能力进一步增强，新增市级以上高新技术企业7家，完成科技创业园二期扩建工程，启动项目开发中心建设。现代农业稳步发展。农业“510工程”全面实施，累计新发展吊瓜、花卉苗木、人造林、特种水产、商品蔬菜8.5万亩。新增农业龙头企业27家，其中投资千万元以上农业加工企业7家，市级农业龙头企业4家。农产品注册商标、无公害农产品基地建设、农业新品种引进均取得新进展。完成泗安塘一期拓浚工程、水库除险加固、河道整治、千万农民饮用水工程等建设任务，全年完成投工385万工、土石方370万方。长兴县被国家林业局和中国特产之乡组委会分别命名为“中国银杏之乡”和“中国栝楼（吊瓜）之乡”。服务业快速增长。完成《长兴县城区商贸发展规划》编制，长兴轻纺国际贸易城一期工程、长兴建材城一期工程相继竣工。五大旅游景点建设加快推进，中国扬子鳄村已对外开放，“金钉子”地质公园二期工程等正抓紧建设。全县金融机构存款余额91.47亿元，比年初增加5.6亿元；贷款余额75.1亿元，比年初增加14.87亿元；异地融资14.6亿元，比年初增加6.16亿元。

改革开放再上新台阶

招商引资克难奋进。坚持内外并举，深入实施招商引资“一号工程”，成功举办“长洽会”暨“招商引资月”活动，首次开展以乡镇和开发区为主体的招商活动，相继推出“浙商·长兴论坛”、日韩专题招商会等系列招商活动。产业招商、委托招商、驻点招商、境外招商取得新成效，分别在韩国、日本、瑞典卡尔马省设立了招商联络处。全年合同外资、实到外资和引进内资分别完成3亿美元、1.01亿美元、26.31亿元，分别增长5.4%、1.2%和64.4%。平台建设整合提升。县开发区基础设施建设步伐加快，投入建设资金3.7亿元，真正实现了“九通一平”。入园企业共有226家，全年新批外资项目44个，实到外资7477万美元。接轨上海加快推进。与美国《财富》杂志合作，成功举办了“长三角暨环太湖区域经济发展论坛”，初步形成与上海在工业、农业、文化、科技、教育等多方位接轨。目前，上海企业在长兴投资已有32个项目，总投资达6.09亿元，实到资金1.16亿元。外经外贸不断拓展。全县共有自营出口企业106家，新增28家，共有出口实绩的企业63家，新增13家，累计自营出口额达1.37亿美元，增长74.4%。外派赴日本、新加坡研修人员216人，境外研修总人数达358人。民营经济增量提质。新发展个体工商户6481户，民营企业508家；私营企业注册资金累计超百万的有404家，超千万的有44家，民营经济上交税收占全部税收的60%以上。现代企业制度建设步伐加快，企业上市取得突破性进展。天能公司成功与香港新世界投资公司、美国普凯公司签订海外上市私募协议，募集资金1200万美元。

环境建设呈现新面貌

城乡生态环境明显改善。完成了《长兴县生态县建设规划》编制，同时抓紧编制16个乡镇的生态规划。出台了《长兴县环境违法行为责任追究办法》，推行生态危害官员问责制。严把环保审批关，坚决执行“环保一票否决制”。以“壮士断腕”的决心，开展了矿山企业、耐火窑炉企业、蓄电池企业、喷水织机水污染和包漾河水源保护区等五大专项整治，依法关闭污染企业300多家，财政支付补助资金3050万元，直接影响财政收入超亿元。完成矿山复绿面积640亩，同时完成绿色通道工程、生态公益林工程和长江防护林国债项目造林工程建设任务。创建工作深入开展。巩固、深化“国家卫生县城”创建成果，全面启动创建全国文明城市达标工作和国家园林城市、全国双拥模范城的创建工作。有4个乡镇通过市级卫生镇验收，2个乡镇荣获省级卫生乡镇称号，1个镇通过省文明镇验收。“平安长兴”强势推进。层层建立“平安长兴”责任制，严厉打击各类严重刑事犯罪。加大投入充实治安防控力量，不断健全社会治安防空网络。成立信访突出问题和群体性事件专项协调小组，妥善处置重大群体性事件和信访突出问题。全县刑事案发率同比下降了5.4%，万人案发率57件，低于全市77件的水平。大力开展交通环境整治，全面落实安全生产责任制和追究制，开展“安全生产无事故百日竞赛”活动，全县各类事故起数下降了28.3%。认真开展小煤矿集中整治活动，于2004年6月底前关闭了所有的5家小煤矿。以“拆违、拔钉、治乱、打恶”为重点，启动“依法执行城镇规划，大力整治建设环境”活动。

城乡统筹谱写新篇章

中心城区功能日趋完善。完成城市设计方案以及其他专项规划的修编，城市框架已拉开到25平方公里，建成区20平方公里，人口达到20万，城市化水平达到41%。全年累计投资6.07亿元，建设完成县前街西延伸线等七项工程，环城西路一期等十二项工程正在抓紧建设。完成接轨“西气东输”的天然气门站建设，新增天然气用户3055户。龙山新区建设进展顺利，完成投资3.5亿元，新增融资2.3亿元。和睦塘公园、齐山植物公园建设基本完成。2004年七大绿化工程全面完成，新增绿地面积145公顷，绿地率、绿化覆盖率、人均公共绿地等三大指标已分别达到30%、33%和6.9平方米。出台并实施《长兴县城乡一体化行动纲要》，城乡一体化步伐加快。投资2.2亿元启动小城镇建设43项基础设施项目，全面完成9个“城中村”改造工程。村庄示范整治工程创建了3个省级和2个市级全面小康建设示范村，完成了35个整治村的整治工作；区域供水工程完成49个行政村的供水任务，受益人口9.5万人。乡村康庄工程完成等级化改造219公里、路面硬化193公里、桥梁44座。交通基础设施建设完成投资6.58亿元，申苏浙皖高速公路长兴段、104国道白改黑、长洪公路改建等十项交通工程均完成年度目标。电力三项重点工程已全部竣工，完成投资2.01亿元。全面实施城网建设、改造工程和农网增容补点工程，共完成投入9300万元。

社会事业开创新局面

积极创建全国文化先进县，建立12个“百叶龙”艺术培训基地，“百叶龙”获中国第七届艺术节金奖，举办了乡村文艺百场巡回演出、千场电影下乡、中国歌手“金号奖”颁奖典礼等文化活动，群众性文化活动丰富多彩；稳步发展竞技体育，圆满完成全国女排联赛浙江赛事8场比赛。教育事业得到新发展，城乡教育布局作了调整，高中段教育全部集中到县城。启动“农村园丁工程”，农村教师经济待遇和工作生活条件进一步改善。实施名师名校长工程，师资队伍建设得到加强。全县初中毕业升高中段比例达87.4%，高考上线率达96.5%。完善教育救助制度，累计发放教育券4905张，金额达146.8万元。创新人才政策体系，引进具有专科以上学历和中级以上专业技术资格的人才421人。加快公共卫生体系建设，全县建立了13个城镇社区卫生服务站和19个农村社区卫生服务中心。县人民医院迁建工程土建和设备安装已竣工，县妇保院迁建工程完成立项等工作。开展了争创省级计划生育优质服务先进县、计划生育优质服务示范乡镇和星级服务村的“三级联创”活动，强化流动人口计生管理与服务，荣获全国计划生育行风建设先进单位。人口自然增长率控制在3‰以内。

人民生活得到新提高

城镇居民人均可支配收入达到13426元；农民人均纯收入达到6438元，增长14.5%，是1997年以来增长最快的一年。全县社会保障费共征收2.84亿元，增长57.1%，企业养老保险基金支付能力达到8.7个月，比2003年底上升了4.14个月。全县低保对象8247人实现应保尽保。农村劳动力培训和转移工程共培训2.82万人，其中就业技能培训6672人；转移农村富余劳动力2.76万人，其中输出到县外就业4058人。帮助4242名城镇下岗失业人员实现再就业，城镇登记失业率控制在4.1%以内。全部免征农业税，出台对种粮大户实行直补政策。实施新型农村合作医疗制度，全县农民合作医疗参与率达到85.65%。实施贫困家庭安居工程，完成了312户农村贫困家庭危房改造。农产品质量安全检测中心、检测车、检测点“三位一体”的安全检测监督体系初步建立，市场食品质量检测合格率从初期的77.4%上升到95%左右。全面实施农村“五保”对象和城镇“三无”人员的集中供养工作，新建和改建13所敬老院，全县集中供养和入敬老院集中供养比例分别达到91.4%和75.1%。

浙江省德清县

浙江省德清县地处长三角腹地、杭州市的北郊。全县总面积936平方公里，辖11个乡镇、169个行政村，总人口42.4万。全县地势呈西高东低，西部为天目山余脉，中部为丘陵平原，东部为平原水乡，全县土地肥沃，物产丰富。

德清山清水秀，旅游资源丰富。中国四大避暑胜地之一的国家级风景名胜区莫干山坐落于县境西部，以“竹、云、泉”三胜和“清、静、凉、绿”四优吸引着成千上万的中外游客，毛泽东、乔石、朱镕基等中央领导也曾登山览胜，留下了珍贵的历史痕迹；位于德清中部的下渚湖，是浙北第一湿地，也是浙江五大内陆湖中惟一保持原始风貌的景区；位于东部的千年水乡古镇新市，小桥流水，风光怡人。

德清历史悠久，人文荟萃。远在新石器时代，已有人类繁衍生息，是有着五千年文明史的良渚文化的发祥地之一，也是古代防风文化的故里。宋代诗人葛应龙在《左顾亭记》中这样赞美德清：“县因溪而尚其清，溪亦因人而增其美，故号德清。”1994年县治从城关镇搬迁至武康镇。在近1800年的建县历史中，德清孕育了沈约、姚思廉、孟郊、管道升、俞平伯、沈西苓等一大批历史文化名人。

改革开放以来，尤其是最近几年，德清人民树立和落实科学发展观，创新破难，坚持加快科学发展不动摇，经济和社会各项事业发展迅速。2000年、2001年、2002年、2003年分别位列“中国最发达100县(市)”第93位、第59位、第48位和第45位，2002年、2003年还分别位列“中国县域经济基本竞争力百强县（市）”第100位、99位，先后进入全国农村经济综合实力百强县、全国生态农业示范县、全国科技工作先进县、全国体育先进县、全国科普示范县以及浙江省文明城市、浙江省科技进步先进县、浙江省首批小康县、浙江省首批教育强县、浙江省文化先进县行列，并被浙江省委、省政府规划为全省首批提前基本实现现代化县(市)之一。2004年，全县实现生产总值105.32亿元，全县人均GDP首次达到3000美元。一、二、三产业比例为9.8:57.3:32.9，财政总收入12.33亿元，农民人均纯收入6545元，城镇居民人均可支配收入13452元。

区位优势

德清东望上海，南接杭州，北靠太湖，西枕天目山麓。全县 11个乡镇中有7个与杭州市区接壤，贯通县境南北的杭宁高速公路已直通杭州市中心，县城与杭州市中心相距半小时车程，与上海、南京、宁波、苏州、无锡、常州等城市相距均在3小时车程以内，距杭州(萧山)国际机场60公里。

经济发展

德清基本形成了都市型效益农业格局。培育了特种水产、早园笋、畜禽、蚕桑四大特色主导产业和花卉苗木等新兴产业，占农业总收入的72%。总规模5万多亩的莫干山、新港两大现代农业示范园区已初具规模，农产品加工园区正规划实施，拥有国家级农业龙头企业2家、省级农业龙头企业6家，“水精灵”青虾养殖基地通过了国家级农业标准化生产示范项目验收，与“西湖龙井”媲美的“莫干黄芽”在唐代就被列为贡品，“山伢儿”早园笋、“水精灵”青虾、“清溪”花鳖、“龙溪”鲈鱼、东立“风鹅”已走俏大江南北，早园笋市场已扩展到北京、上海、南京、杭州等大都市。

德清工业经济结构日趋合理。2004年实现工业总产值300亿元，其中生物(医药)化工、竹木业、新型纺织、特色机电四大新兴主导产业所占比重达60%左右，共有销售超亿元、税利超千万元企业24家，销售超五千万、税利超五百万企业23家。拥有升华拜克等3家上市企业，升华拜克被批准为国家级企业技术中心。有省级以上高新技术企业15家，省级企业技术中心7家，县科技创业园区正式开园，已进驻科技型企业17

家。德清充分利用现有特色优势行业，正在建设具有国际竞争力的生物(医药)化工基地，长三角重要的木业、钢琴、竹胶板生产基地，纺织、丝绸服装、产业用布的重要生产基地，在国内具有影响的特色机电基地。

德清的第三产业已成为全县经济的重要增长点和吸纳新增劳动力的主渠道。商贸流通业日趋活跃，全社会消费品零售总额达到30.5亿元，已有各类商品市场41家，县城2个投资超亿元的商品市场已投入营业，3个投资超亿元的市场正在筹建中。全县共有三星级以上旅游资源54个，下渚湖湿地旅游和碧坞龙潭项目成功对外开放，"名山湿地、休闲德清"的旅游品牌已经打响，以打造中国江南休闲度假第一县为目标的旅游产业发展规划已编制实施。极佳的人居环境和高品位的房地产开发，促进了城市品位的提升。

对外开放

近年来，德清全面实施"开放带动、接轨沪杭"战略。2004年，完成合同外资29393万美元，实到外资13442万美元，总投资1000万美元以上项目达19个，引进外资综合排名列浙江省第11位、湖州市第1位；引进县外境内资金26.60亿元，其中杭资20.9亿元，有效地承接了杭州大都市产业的梯度转移；完成全社会进出口总额33780万美元，其中自营出口2.5994亿美元。

基础设施

德清的交通网络建设日臻完善。华东第二通道宣杭铁路贯穿县境南北。以杭宁高速公路、104国道、09省道和德新公路"三纵一横"组成德清的公路主骨架已经建成，另有"一纵一横"即穿越县境东中部的申嘉杭高速、贯通县境东西的莫干山大道西延等重点工程的前期工作全面展开，全县上等级公路密度位于浙江省前列。京杭运河、杭湖锡线、东苕溪航道和武新航道组成了"三纵一横"的航道主骨架。

德清的城市建设步伐加快。中心城市建成区面积达17平方公里，城市化水平达到45%，城市绿化覆盖率达47%。一大批公建设施已经建成，千秋广场、会展中心、春晖公园、余英溪河滨绿地改造一期工程、博物馆、消防中心、污水处理厂、城乡一体化供水总管工程、县城客运总站、德清一中等一系列重大市政项目已竣工投入使用；城市防洪工程、城市燃气工程、县人民医院等项目正抓紧建设。

投资环境

德清的投资平台日益完善。莫干山经济开发区是浙江省人民政府1993年批准设立的首批省级开发区之一，总规划面积30多平方公里。开发区成立11年来，已引进生产性项目352个，总投资88亿元。在符合WTO规则的前提下，县政府配套制订了一系列的投资优惠政策，并做好通水、通电、通路、通气、通热、通讯和平整地基，营造让投资者满意的创业发展环境。从2003年起，德清对县内工业园区进行整合与提升，规划、建设临杭产业带。包括莫干山经济开发区、工业园区在内的临杭产业带将集聚各种优势，形成全新的投资平台，这将是投资创业的理想选择。

德清的投资创业环境不断优化。在2000年，德清就成立了政府审批办证服务中心，实行行政审批事项集中审批，可为投资者提供"一条龙"式的批文和证照的审批办理，做到进中心办手续，出中心可开工，并将办事内容、办事程序、提供资料目录、承诺时限、收费标准等进行公开。2003年完成了第二轮行政审批制度改革，2004年清理废除了不符合《行政许可法》的行政审批事项，审批提速达51.5%。此外，在改善投资软环境方面出台了不少新举措。对企业实行联合年检制度，如开通"改善经济发展环境12345县长热线电话"，推行乡镇审批办证代理员制度，推出招商引资项目审批全程代理专职窗口等，为投资者提供优质、高效的服务。

社会事业

德清的科教文卫等社会事业全面协调发展。德清是全国农村教育综合改革实验县，形成了比较完善、合理的初等、中等、高等教育体系和覆盖全县的教育网。已连续七年成功举办了集观光旅游、文化展示、经贸活动于一体的莫干山国际登山旅游节，与泰山国际登山节遥相呼应，成为江南的一大盛会。德清是全国农村初级卫生保健工作先进县、全国计划生育优质服务先进县，2003年又被评为国家级生态示范区、国家级卫生县城和浙江省文明城市。社会保障体系逐步完善，全面实施了养老、医疗、失业等五大社会保险制度，第五轮农民合作医疗大病统筹率99%，基本实现全覆盖。

发展思路

根据德清具备的区位、产业、生态、人文等优势和面临的机遇。县委县政府提出，2005年德清县经济工作总的指导思想是：以邓小平理论和“三个代表”重要思想为指导，以科学发展观统领经济工作全局，深入贯彻党的十六大、十六届三中、四中全会和中央、全省经济工作会议以及全市工业经济工作会议精神，全面落实县委十一届六次全体扩大会议部署和要求，深化“开放带动、接轨沪杭”和“强工业、精农业、扩城市、兴三产”四个工作重点，实施“项目推进年”活动，推进经济增长方式转变，提高县域经济竞争力，创经济强县、建生态德清、构和谐社会，推动德清经济社会发展实现新跨越。

浙江省余姚市

余姚位于浙江省东部，地处美丽富庶的长江三角洲南翼，介于北纬29～30度、东经120～121度之间，区域总面积1527平方公里，辖14个镇、1个乡、6个街道，常住人口85万。余姚秦时置县，素有“东南名邑”、“文献名邦”之誉。1985年撤县设市，1994年被国务院批准为二类城市。2004年实现生产总值252亿元，财政一般预算收入35.3亿元，其中地方级收入12亿元，城镇居民人均可支配收入14769元，农村居民人均纯收入6943元，在第四届中国县域经济基本竞争力评价中列全国百强县(市)第12位。

区位优势突出

余姚东接国际港口城市——宁波，西连浙江省会城市——杭州。交通十分便捷，沪杭甬高速公路、萧甬铁路、329国道、杭甬运河横贯市区；距宁波国际机场和大型港口宁波北仑港仅半小时和40分钟车程，至杭州萧山国际机场只有1小时车程，去上海也只需2个半小时，待2008年杭州湾跨海大桥建成后，余姚到上海仅需1小时，届时余姚将纳入上海“二小时交通圈”和“以上海为中心的世界级特大型国际都市圈”范围，能最大限度地接受上海的经济辐射。

人文资源丰富

余姚是浙江省历史文化名城，历史悠久，底蕴深厚。有距今已有7000多年历史的河姆渡遗址，是长江流域母系氏族繁荣时期的代表性文化遗址，新近发掘的与河姆渡遗址一脉相承的“田螺山遗址”，进一步佐证了余姚是中华文明的发祥地之一；有源远流长的姚江文化，自汉以来，名家辈出，群彦争辉，故有“姚江人物甲天下”的美誉，东汉时期高风亮节的严子陵、明代著名哲学家王阳明等“四先贤”为代表的学术思想和人格力量对后人产生了重大影响；有以“浙东延安”之称的梁弄镇为重点的红色文化，她曾是全国19块抗日根据地之一，镇内有浙东根据地纪念馆、新四军浙东纵队司令部旧址、四明山革命烈士陵园等先烈遗迹，最近被国家列为全国重点建设的百个“红色旅游经典景区”。余姚又是一座美丽的山水城市，有唐诗之路之称的四明山、古迹荟萃的龙泉山，还有富有传奇故事的凤山、归山；有宛若天开的四明湖、海天一色的杭州湾以及文化积淀丰厚的姚江。余姚境内旅游胜地较多，有江泽民同志题名的河姆渡遗址博物馆、被道家尊为第九洞天的丹山赤水，誉为“天然氧吧”和“避暑胜地”的四明山森林公园和已载入上海吉尼斯的玉文化主题公园——天下玉苑等景点。

要素资源充沛

余姚的水、电资源也比较丰富。全市年平均降水量1547毫米，水资源总量11.3亿立方米，拥有10万立方米以上的水库57座，水库、河网总容量3.25亿立方米，水厂10座、总制水能力37.2万吨／日，能充分保障当前及今后全市生产生活用水。在电力资源要素比较紧张的大环境下，余姚供用电小环境处于浙江省领先水平，现有华东大电网供电力43.1万千瓦，地方电源装机容量19.6万千瓦，一期装机容量达78万千瓦的国华余姚燃气发电厂将于2005年底投产发电。电网结构合理，有220千伏变电所2座、总受电容量60万千伏安，110千伏变电所12座、总变电容量达185万千伏安，35千伏变电所33座、总变电容量46.1万千伏安。

经济特色明显

一是效益农业发展较快。余姚农业历史悠久，曾是全国主要产粮区之一，近年来，通过加快结构调整，积极推进农产品向优势产区集聚，农业产业化程度明显提高，现已形成了蔬菜、竹笋、茶叶、果品、畜禽、水产等10大种养殖面积超万亩、产值超亿元的农产品生产基地。其中榨菜和杨梅种植面积超过10万亩，先后被农业部命名为“中国杨梅之乡”、“中国榨菜之乡”、“中国茭白之乡”、“中国蜜梨之乡”和“中国红枫之乡”。全市现有农业龙头企业70余家，年加工农产品50多亿元。余姚杨梅和余姚榨菜获得国家原产地标记注册，其中余姚杨梅获得国家原产地地域保护，古址牌茭白等29个农产品被评为国家无公害农产品，“鹤顶”杨梅、“瀑布仙茗”茶叶、“国泰”榨菜等农产品在国内市场享有较高知名度。二是工业经济实力雄厚。余姚素有“塑料王国”、“模具之乡”之称，现已形成了以电子电器、塑料模具、机械仪表三大产业为主导，机电一体化、精细化工、新材料等高科技产业迅猛发展的工业格局。2004年全市工业总产值841亿元，其中三大主导行业产值占工业总量的比重达70%以上，年销售超亿元企业70家，超10亿元企业3家，帅康、云环进入全国民营企业百强行列。余姚现有中国名牌2只，国家免检产品5只，中国驰名商标1件。吸排油烟机、灯具、钢卷尺等31种产品销售额位居全国前十位。同时，以水暖器材、灯具、五金工量具等10余个产值超10亿元的特色经济遍及全市，形成了小家电、模具加工和金属制品三大生产基地，“中国灯具之乡”、“中国水暖器材之乡”、“中国消防器材之乡”等特色块状经济在全国具有较高知名度。三是专业市场兴旺发达。余姚是全国市场大市之一。2004年，中国塑料城年成交额150多亿元，已成为全国最大的塑料专业市场，浙江省最大的生产资料市场和浙江省十大重点市场之一，交易塑料品种达4000余种，几乎囊括国内外所有的原料品种，国内所有大石化企业和20余家国外大石化企业均在此设立代理公司，城内开设的中国塑料信息网现有加盟企业2000余家，各类注册企业25600多家，其发布的塑料价格信息，已成为“引导国内、影响海外”的“晴雨表”。在国内外已享有较高知名度的中国塑料博览会，至2004年已连续成功举办了六届，期间共有2894家中外企业参展，参展中外客商60余万人次，总成交额127多亿元。同时，中国塑料城综合物流基地已列入国家发改委贴息项目，并正在加快建设之中，其电子商务平台——塑料城网上批发交易市场现已投入运行。

开放程度较高

余姚是一个开放型经济发展较早的沿海城市，1984年余姚设立了浙江省第一家中日合资企业，1988年开始发展外贸出口业务。至2004年，共有50多个国家和地区的外商前来投资，累计批准外资项目1113个，总投资42亿美元，实际到位外资22亿美元，其中2004年实到外资2.85亿美元，实到外资连续4年位居浙江省各县（市）第一。余姚现有600余家企业与154个国家和地区发生贸易往来，并在100多个国家和地区注册了出口产品商标，2004年，全市实现自营进出口总额20.5亿美元，其中自营出口16亿美元，出口贸易名列浙江省各县（市）区前列。同时，余姚已有58家企业在境外兴办企业、设立产品销售窗口，其中在加拿大设立了中国余姚出口商品北美销售中心，为市内企业出口提供了极大的便利。

投资环境优越

一是城市品位高。余姚是理想人居城市，全市城区和建制镇建成区面积已达到70多平方公里，其中中心城区建成区面积26平方公里，人口26.5万人。市域内公路通车总里程896公里，公路密度66.5公里／百平方公里，市政道路总里程225公里，基本形成了以城区为中心的平原半小时、山区1小时交通经济圈。城市供气、排污、通讯等基础设施齐全，有浙江省首家LNG（液化天然气）输气站，年供气能力达到5445万标立方；有总投资3.77亿元的城市污水处理厂和污水收集系统，日处理污水能力达12万吨；拥有程控电话30万门，移动电话30万部，因特网应用普及。二是创业平台广。现已形成以省级经济开发区——姚北工业新区和余姚经济开发区为龙头，重点乡镇、街道工业功能区组成的区域创业平台。姚北工业新区，总规划面积31.6平方公里，距在建中的杭州湾大桥仅20公里，是跨海大桥的桥头堡，其3平方公里的起步区已初具形象。同时，余姚正在加快规划建设以姚北工业新区中心、总面积达130平方公里的海滨产业带，是浙江省沿杭州湾产业带的重要组织部分。余姚经济技术开发区，总规划面积23.1平方公里，内建有高新技术产业园区、城东新区和由台湾玩具同业工会投资开发的浙江远东工业城，新区交通便利、设施完善、环境优美。三是服务环境优，余姚有浙东地区首个内陆口岸——大型国际集装箱综合性作业场站，内设海关、检验检疫等监督管理机构，主要功能有进出口集装箱货物的拆并、堆存、运输、吊装和保税业务，并开展订舱、报关、报检、运输等国际货运代理一条龙服务，使余姚及周围地区的进出口企业在家门口一次性办理进出口货物的出入境手续，可以充分享受到港口的便捷和服务。余姚行政审批中心能为中外客商提供一站式审批、一条龙服务，同时，全市还建立了服务承诺制、岗位责任制、重大项目领导联系制和公务员诚信机制，能为来姚投资兴业者提供优质高效的服务。

越国古都 西施故里——诸暨

诸暨市位于长江三角洲南翼、浙江省中部偏北、钱塘江流域的中段，区域面积2311平方公里，常住人口105.63万，设23个镇、1个乡、3个街道，1248个行政村、39个城镇社区（居委会）。诸暨自古就有"婺越通衢"之称，水陆交通便利，距上海港和宁波港2小时车程，距萧山国际机场半小时车程，浙赣铁路、杭金衢高速公路、金杭公路贯穿境内。诸暨至永嘉高速公路已开工建设，诸暨至绍兴的高速公路也即将动工。

诸暨历史悠久，远在新石器时代，古越先民就在诸暨繁衍生息。夏朝中期，夏帝少康庶子无余建立越国，诸暨境内埤中、大部、勾乘曾为越国古都，是中国古代四大美女之首西施的故乡，为於越文化的发祥地之一。诸暨自公元前222年秦时置县，历代未废，1989年撤县设市，是浙江省规划中的未来15年人口规模在50万至100万的大城市，是环杭州湾城市群中的"第二梯队"。古越大地的灵秀之气、深厚的文化积淀和创强争先的民风孕育出王冕、杨维桢、陈洪绶、何文庆、俞秀松等一大批英杰才俊。

改革开放以来，诸暨市经济建设和各项社会事业取得了快速发展。已连续七届荣获"全国农村综合实力百强县（市）"称号，目前居第32位，在全国县域经济基本竞争力百强排名中列第15位，在第6城市群县级市竞争力排名中列第5位，在浙江省22个县级市综合竞争力排名中居第4位，是2003年度全国强县（市）6个发展之星之一。2004年，全市实现国内生产总值276.56亿元，同比增15.2%；工业总产值981.81亿元，同比增20.7%；全社会固定资产投资111.90亿元，同比增26.4%，其中工业性投入80.25亿元，同比增27.2%；自营出口8.86亿美元，同比增66.2%；合同利用外资3.17亿美元，同比增23.5%；实际利用外资1.5亿美元，同比增35.6%；财政总收入22.60亿元（老口径），同比增24.4%，其中地方财政收入11.92亿元，同比增32.9%；城镇居民人均可支配收入15856元，同比增19.3%；农民人均纯收入7271元，同比增12.5%，全市经济发展正处于新一轮上升扩张期，涌动着生机和活力。

诸暨经济以工业经济为主体，全市经济总量的95%左右都由个私经济创造，块状特色产业与大企业大集团交互辉映，已形成袜业、五金、珍珠、服装、贡缎、环保装备等在全国有较高知名度和市场竞争力的区域性特色产业。主要呈现出以下三方面的特点：

有比较厚实的经营者群体

全市共有工商登记注册的个体工商户和企业10万多家；年销售500万元以上工业企业600多家；销售上亿元的工业企业86家，其中销售上30亿元以上企业3家；浙江省级以上高新技术企业47家，其中国家高新技术企业24家；上市公司4家。

有比较明显的块状布局

全市有13大块状经济，2004年总产值为870.35亿元，占全市工业总产值的88.6%，其中大唐袜业、三都贡缎、枫桥服装、山下湖珍珠、店口五金等五大重点块状是全国重要的制造业基地，2004年总产值为684.04亿元，占全市工业总产值的69.7%。2004年，大唐袜业产值191.3亿元，占全国产量的65%、全世界产量的35%；三都贡缎产值99.0亿元，占全国产量的80%、非洲市场的95%；枫桥服装业产值56.1亿元；山下湖淡水珍珠及珍珠制品产量产值32.1亿元，产量占全国的80%、占全世界的70%，山下湖珍珠市场交易量占全国的90%、全世界的70%；店口五金（含管业）产值达239.9亿元，占全国的70%。"两大国际化中心"（"国际袜都"、"国际珍珠产加销中心"）、"五大全国性基地"（铜加工含五金管业、环保装备、提花布贡缎、服装、包装）初步成形。

有比较突出的品牌优势

从整体品牌看，诸暨市已连续五届举办了中

国（国际）袜业博览会和四届中国珍珠节，这些节会的成功举办极大地促进了产业的发展，使得产业与文化走上了良性互动的发展路子。从单体品牌看，有9只中国驰名商标和中国名牌产品、90只浙江省著名商标和浙江名牌产品。诸暨是浙江省的农业大市、建筑强市。近年来，因地制宜调整农业结构，推进产业化进程，粮经产值比例为25:75，形成茶叶、珍珠、生猪、香榧等十大种植养殖主导产业，是“全国瘦肉型重点生产基地”、“中国香榧之乡”、“中国珍珠之乡”、全国惟一的“无公害茶叶之乡”。2004年，全市建筑业产值217.20亿元，同比增28.2%，有2只工程荣获“鲁班”奖。

在经济建设快速推进的同时，诸暨的城市化步伐不断加快，“一个中心、六大组群”的新兴中等城市框架初步形成。城市建成区面积28.0平方公里，人口25.5万人，城区人均拥有道路面积11.1平方米，人均拥有住房面积39.1平方米，绿化覆盖率37.1%，城市化率51.1%。特别是省级园林城市的创建成功，国家卫生城市、国家环保模范城市创建通过省级预验收，全国文明城市和生态市创建的有序启动，更是提高了城市品位。如今的诸暨城，绿树掩映，碧水如带，初步形成了“水在城中、城在山中、楼在树中、人在绿中”的江南山水园林城市风貌。

科技、教育、文化、体育等社会事业全面发展。诸暨是全国科技进步先进县市，科技综合实力居浙江省第6位。耕读传家的优良民风代代相传，文化教育事业底蕴深厚，社会力量办学与政府办学协调发展，基础教育与职业教育比翼双飞，是全国基础教育、特殊教育、幼儿教育先进县市，浙江省首批教育强县市，浙江省第一个教育强镇“满堂红”县市，“学在诸暨”的整体品牌已经打响，外地来诸暨求学的学生人数超过2万人。积极实施文化精品工程，是“中国民间艺术之乡”。体育事业蓬勃发展，是“全国田径之乡”、“浙江省篮球之乡”。

诸暨是“中国优秀旅游城市”。“浣江——五泄风景名胜区”被国务院批准为第四批国家级重点风景名胜区。西施殿被誉为“明清建筑博物馆”。斗岩风景区的天然石佛被誉为“江南第一大佛”。汤江岩景区“无山不崖、无崖不石、无石不洞、无洞不穿”，成为东南名胜。以“千柱屋”为代表的斯宅民居是江南地区罕见的古民居建筑群，被列为全国文物保护单位。东白湖生态旅游区建设全面启动。凭借西施的传奇故事和秀美的自然人文景观，旅游产业发展迅速，2004年全市共接待国内外游客186万人次。

在改善投资创业环境方面，近年来，诸暨市加快了产业园区化和园区城市化的步伐，规划控制面积112平方公里的城西工业新城正在崛起，成为集聚产业、招商引资的重要载体。在全力改善硬环境的同时，诸暨不断优化投资软环境，积极开展机关效能建设，深化行政审批制度改革；按照世贸规则的要求，着力培育公开、公平、公正的市场经济运行环境，高效、便捷、优质的服务和相应的优惠政策，使诸暨成为投资的乐土、创业的家园。

在社会稳定工作方面，诸暨市与时俱进深化发展毛泽东同志批示的“枫桥经验”，深入创建“平安诸暨”，在“党政动手，各负其责，依靠群众，立足预防，化解矛盾，维护稳定，促进发展，做到小事不出村，大事不出镇，矛盾不上交”的基础上，形成了“以民为本、化解矛盾、促进发展”新的时代特色和“预警在先，苗头问题早消化；教育在先，重点对象早转化；控制在先，敏感时期早防范；调解在先，矛盾纠纷早处理”的“四先四早”工作机制，得到了中央和浙江省委领导的肯定，成为全国政法战线上的一面光彩夺目的旗帜。

这几年，诸暨市深入学习贯彻“三个代表”重要思想，以作风建设为抓手，积极推进干部人事制度改革，强调“部门围绕基层转，一切围绕经济转”，“谁发展、支持谁，谁创业、保护谁，谁实干、看重谁”，形成了较好的用人导向和工作导向，较好地调动了各级领导和党员干部干事业的积极性和主动性。

今后一段时期，诸暨将以党的十六大和十六届三中、四中全会精神为指导，以落实科学发展观、加强党的执政能力建设和共产党员先进性建设为根本，按照“走在前列”的要求，以“做强特色经济、建设现代新城”为总体目标，深入实施民本战略，加速实现“三个提前”、全面推进“两个率先”，即加速实现“提前进入基本现代化，提前建成新兴中等城市，提前形成规范的区域性社会主义市场经济体制”的既定目标，力争到2007年，人均国内生产总值达到4500美元，率先全面建成小康社会；再经过8年的努力，力争到2015年，人均国内生产总值达到1万美元，率先基本实现现代化。

浙江省东阳市

概况

东阳位于浙江省中部，总面积1739平方公里。全市辖11镇1乡6街道，总人口79万。东阳属亚热带季风气候区，气候温和，四季分明，日平均气温17.1℃，年平均日照2002小时。东阳历史悠久，人杰地灵，东汉兴平二年（公元195年）建县，迄今已有1800多年的历史，1988年经国务院批准撤县设市。东阳素有“婺之望县”、“歌山画水”之美称，是全国著名的教育之乡、建筑之乡和工艺美术之乡。东阳人文荟萃、英才辈出，孕育了北伐名将金佛庄、新闻先驱邵飘萍、科学泰斗严济慈、植物学家蔡希陶等一大批仁人志士。

经济社会发展基本情况

改革开放以来，东阳的经济和社会持续快速发展，综合实力显著增强，人民生活水平不断提高，精神文明建设硕果累累，社会各项事业协调发展，是浙江省首批小康县市之一。1999年列入浙江省中等城市发展规划，2001年进入全国县域经济竞争力百强县(市)，当选2004年海内外公众最喜爱的中国城市。2002年跨入浙江省17个经济强市，首批13个县级的省级文明城市之一。2004年，全市实现国内生产总值171.3亿元，比上年增长14.6%；财政总收入13亿元，比上年增长20.3%，地方财政收入6.4亿元，增长31.3%；全市各项存款159.7亿元，比年初增长8.9%；农民人均纯收入6422元，比上年增长11.1%。

投资环境不断优化。东阳区位优势明显，西有杭金衢高速公路，北至杭州173公里；金甬高速和诸（暨）永（嘉）高速公路贯穿东阳全境，东至宁波193公里。市内公路四通八达，全市已形成半小时经济圈。东阳自然风景、人文景观等旅游资源丰富，是中国优秀旅游城市，拥有全国重点文物保护单位——明清古建筑群卢宅肃雍堂以及享有“东方好莱坞”之美称的浙江横店影视产业实验区等旅游精品。拥有15家星级涉外宾馆，6家旅行社，可以满足不同层次中外游客的要求。东阳是浙江省第四个“电话市”，电力供应充沛，被国家电力部授予农村电气化县（市）。拥有10万吨／日生产能力的自来水厂一座，水源直接来自东阳江上游的横锦水库，水质达国家一级水标准。党委政府十分注重优化经济发展环境，扎实开展“投资环境整治年”活动。实行机制创新，建立行政服务中心、经济发展环境投诉中心、会计核算中心和建筑工程招投标中心。推行投资审批全程代办员制度，简化程序，规范收费，承诺办事，为企业和群众提供便捷服务。

国民经济快速增长。东阳是浙江省17个经济强县（市）之一，工业经济占全市国民经济的比重在60%以上。东阳工业主要以机械电子、医药化工、服装等支柱产业为主导，是全国最大磁性材料生产基地、浙江第三医药大市和第三服装大市，涌现出横店集团、广厦集团等一大批规模企业。工业产品中，磁性材料、医药中间体、皮具、木线、扬声器、金银丝、油石等是全国最大的生产基地之一。尤其是磁性材料，占国内市场的70%以上，被誉为“中国磁都”；近几年发展起来的木线行业，产值占全国的70%，加工企业近千家，年销售超10亿元。东阳拥有国家重点高新技术企业3家，省高新技术企业13家，省级研发中心2家和一个国家级企业博士后科研工作站。东阳建筑业发达，已连续五年创出鲁班奖，总数达12只。全市共有建筑企业117家，其中特级资质总承包企业2家，一级17家，二级22家，2004年建安产值达258亿。农业方面，创造、深化推广了农业现代化的典型——蔡卢经验。大力实施“效益优先、藏粮于田”工程，农业产业结构明显优化。东阳农副特产颇为丰富，主要有火腿、茶叶、香榧、青枣、席草等，是金华火腿的主产地，素有“金华火腿出东阳”之称。被授予“中国木雕之乡”和“中国香榧之乡”称号。

城市建设日新月异。实施城市化战略，提出

“北进西延东扩”的城区发展战略，北进，江北开发，6平方公里的主城区已初具规模；西延，规划面积25.6平方公里的开发区城市道路框架已基本形成；东扩，启动规划20平方公里的城市基础设施建设。目前全市建成区面积由1997年的12平方公里扩展到了40平方公里，城区人口由1997年的8万增加到31.6万人，市区绿化覆盖率达32.3%，以“四市二化”，即工业强市、建筑大市、文教名市、旅游优市；现代化，园林化（江在城中、城在园中、楼在绿中、人在景中）为主要特征的现代化中等城市正在快速推进。

招商引资势头强劲。东阳市在外人才优势得天独厚，具有20多万建筑、科技、经营、经商、学者等在外人才，体现为创业层面广、人才资源优、资金实力强的特点。东阳人在外创建的年经济总量400多亿元，纯收入60多亿元。为了充分利用好这一优势，东阳市提出开发“东阳人经济”，深入实施“四引”回归工程——引进企业、引进资金、引进科技项目、引进技术人才，促进东阳经济和东阳人经济共同繁荣。把招商引资作为“一把手”工程来抓，在工作中做到一切围绕招商、一切为了招商、一切服务招商。2004年新办工业企业491家，总投资26.5亿元；引进国内企业135家，引进投资16亿元；引进外资企业29家，实际利用外资4279万美元，为下一步实现跳跃式发展奠定了坚实的基础。

社会事业蓬勃发展。东阳教育鼎盛，是省首批教育强市，教学质量在省内名列前茅。东阳更是造就人才的摇篮，英才辈出，据不完全统计，目前在国内外具有高级职称的东阳籍人士达4000多人，博士和博士后600余人，两院院士9位，早在1989年，东阳就被《人民日报》誉为“百名博士汇一市、千位教授同故乡”。还先后获得全国科技工作先进市、全国体育先进市、全国文化先进市、省级卫生城市、省社会治安综合治理先进市等多项殊荣。

发展目标和思路

新世纪初，东阳提出以创建经济强市，快建现代化中等城市为跨世纪发展目标，深入实施“兴工强市”和城市化发展战略，大力发展新型工业化，努力加快城市化，积极推进城乡一体化，力争提前基本实现农业农村现代化，着力“两个打造”，即打造浙中先进制造业基地、打造中国影视城；致力“两个创建”，即创建国家卫生城市、创建“平安东阳”；努力“两个构建”，即构建城乡互动、协调发展的新格局，构建加强党的建设、提高执政能力的新机制。进一步推进开放、优化结构、注重统筹、关注民生，促进东阳经济社会持续快速协调健康发展。把东阳建设成为以“工业强市、建筑大市、文教名市、旅游优市”为主要特征的经济繁荣、生活富裕、政治民主、社会文明、环境优美的经济强市和现代化中等城市。

桐乡市——“长三角”的明珠

如果说“长三角”是一串晶莹的项链，那么桐乡就是其中一颗珠圆玉润的明珠；如果说“长三角”是一片茂密森林，那么桐乡就是其中的梧桐绿阴。梧桐引来了凤凰，凤凰衔来了明珠，明珠璀璨夺目，便捷的交通、完善的基础设施、优美的生态环境、悠久的人文历史、良好的经济基础、优惠的兴业政策……折射了富庶美丽的桐乡。

桐乡市地处长江三角洲杭嘉湖平原腹地，总面积723平方公里，人口66万，辖3个街道、9个镇和1个乡，属嘉兴市。境内地势平坦、河网密布，四季分明，环境优美，是典型的江南水乡。桐乡历史悠久，春秋时为吴越两国疆界，境内有70余处古文化遗址，最著名的包括马家浜文化石门罗家角遗址和谭家湾遗址，良渚文化早期普安桥遗址、中晚期姚家山和新地里遗址。桐乡人文荟萃，历代以来涌现了吕留良、张履祥、茅盾、丰子恺、钱君匋、徐肖冰、金仲华等一批名人贤士，是中国杭白菊之乡、中国民间艺术（漫画）之乡。先后获得了中国优秀旅游城市、全国科技进步县（市）、全国农村中医工作先进县（市）、省级文明城市、省级教育强市等多项荣誉。

2004年，桐乡实现地区生产总值215.49亿元，财政一般预算收入15.96亿元（新口径），城镇居民人均可支配收入14201元，农民人均纯收入7082元。在2003年全国百强县排名中列第34位，居浙江省第15位。工业经济区域特色明显。已初步形成了东、中、西三大工业区块和毛纺针织、化学纤维、丝绸服装和建筑材料四大支柱产业，工业产值超百亿元镇2个。随着近年来不断加大工业生产性投入，调整优化工业结构，2004年完成生产性投入达55.89亿元，同比增长32.5%。通过政府引导和企业自身发展，年销售收入超亿元、利税超千万元的企业迅速增加，其中亿元企业有50家，涌现出了桐昆化纤、巨石玻纤、天女稀土永磁、京马电机、健民过滤材料、双箭橡胶、新澳纺织等一批龙头企业，凭借产品在国内较高的市场占有率和影响力，成为全国行业“单打冠军”。“桐昆”集团2004年销售收入达到81.25亿元，“巨石”集团跻身亚洲三强。桐乡市还被中国丝绸协会命名为“中国蚕丝被、真丝毯生产基地”，濮院、洲泉、大麻分别获得了“中国羊毛衫名镇”“中国化纤名镇”和“中国家纺布艺名镇”荣誉称号。

近年来，不断调整农业产业结构，基本形成了以优质稻米、优质蚕茧、杭白菊、加工蔬菜、食草型畜禽、优质水果、名特优水产、花卉苗木等八大产业为主的农产品区域化布局。建有一定规模的各类效益农业示范基地101个，面积4万亩，其中千亩特色农业园区9个。拥有国家级农业龙头企业1家、省级1家、嘉兴市级7家。杭白菊生产基地被认定为全国园艺产品出口示范区，杭白菊被列为国家原产地域保护产品。农村基础设施完善，农村公交、区域供水等一体化工作扎实推进。

第三产业不断壮大，拥有全国最大的羊毛衫集散中心濮院羊毛衫市场和崇福皮毛市场，全市完成市场成交额79亿元。旅游开发向纵深发展，古老的江南水乡乌镇重新焕发青春，是建设部、国家文物局命名的首批中国历史文化名镇，被联合国教科文组织列为世界文化遗产预备清单，并获得了联合国亚太地区遗产保护杰出成就奖。景区继续保持在省内单个景点境外游客接待量第一的排名，二期将于年内开放。以名人文化游、水乡古镇游、市场购物游三位一体的旅游格局已经形成，全年共接待海内外游客340.5万人次，实现旅游总收入22.44亿元。房地产、交通运输、邮电通信等行业稳步发展，新兴服务领域进一步拓展。

城乡统筹协调发展。通过旧城综合改造，市区复兴路、北港河沿岸一带成为城市新景观，集商贸、行政、文化、居住于一体的振东新区在城市东部崛起，世纪花苑、凤凰城、碧水云天等高品位住宅小区相继建成。城市建成区面积22.88平方公里，绿化覆盖率39.5%，“洁、净、畅、美、绿”的城市新貌已经展现。桐乡正朝着国家卫生城市、国家园林城市和全国文明城市的目标迈进。全市形成“半小时公路交通圈”，市区通往乡镇公路全部达到三级以上公路标准，乡村道路全部实现硬化，三级城乡公交网络初步构建，涌现出河山东浜头村、崇福五丰村、濮院永越村等一批生态型现代化新农村。茅盾故居、丰子恺故居、君匋艺术院、侯波徐肖冰摄影艺术馆和科技会展中心、图书馆、文化休闲广场等各类文化基础设施齐备，群众文化活动丰富多彩，文艺创作硕果累累。深入实施素质教育，加快教育现代化建设步伐，推进教育均衡化，普及了十五年基础教育，各类教育事业全面、快速、协调地发展。全面推广新型合作医疗制度，全市90%以上城乡居民享受医疗、预防、保健、康复、健康教育、计划生育指导“六位一体”的社区卫生服务。全市广泛开展文明创建活动，加强公民道德教育，提高市民素质。打造“平安桐乡”，营造和谐稳定的社会环境。

浙江省奉化市

市情简介

奉化市地处长江三角洲南翼的东海之滨，是宁波市的副中心城市。全市辖6个镇、5个街道，下设360个行政村，人口47.94万，总面积1349平方公里，其中陆地面积1253平方公里，海域面积96平方公里。

2004年奉化市生产总值首次突破百亿元，达到111亿元，按可比价格计算，比上年增长15.1%。其中，第一、二、三产业增加值分别达11.4亿元、62.6亿元和37亿元，增长5%、11%和19.5%，三次产业比重由上年11.1∶57.6∶31.3调整为10.3∶56.4∶33.3，人均GDP达到2.31万元。实现预算内财政收入12.92亿元，增长14.5%（新口径实现财政收入9.22亿元，出口退税3.7亿元）；地方级财政收入5.98亿元，增长35.7%；财政一般预算支出7.78亿元，增长14.4%。城镇居民人均可支配收入14512元，农村居民人均纯收入6225元，实际分别增长11%和7.6%。全国综合实力百强县（市）排名从第83位跃升至第62位，并首次进入全国经济百强县（市）行列。

特色经济

农业生产增效增收，全年实现农林牧渔业总产值18.10亿元，比上年增长9.0%。粮食种植面积19万亩，总产量7.83万吨，分别增长4.5%和6.2%。水蜜桃、草莓、竹笋、花卉苗木等主导农产品产销良好、效益提高，渔业生产出现产量和收入双增的新变化。农业产业化扶持政策继续完善，巩固和发展了30个市级农业龙头企业和37个农业专业合作经济组织，农业龙头企业实现销售收入和出口创汇分别增长15%和28%，全市拥有国家级绿色食品2个、有机食品3个和无公害食品9个。农业信息网络、农技服务体系建设加快，农技知识和农民就业技能培训得到加强。农村“示范整治”工程深入实施，山区人口梯度转移进一步加快。实施了行政村区划调整，全市行政村从580个调整为360个。农业基础设施不断改善，全年共投入水利建设资金13252万元，完成各类水利工程230项，新增除涝面积40公顷，新增有效灌溉面积390公顷，改善灌溉面积610公顷。重点水利建设项目进展顺利，县江一期三批工程基本完工，县江一期四批、红胜海塘续建、甬新河等重点水利工程开始启动。土地整理和造田补助标准进一步提高，农业综合开发和土地整理工作扎实开展。

工业经济效益继续提高，全市规模以上企业实现工业总产值183.2亿元，完成工业增加值58.0亿元，比上年增长13.5%，新增规模以上企业132家，总数达476家，引进总投资500万元以上企业121家，波导、罗蒙、爱伊美3家企业被列为浙江省百家重点企业，工业经济效益综合得分继续居宁波市各县（市）之首。全市完成技改投入16.5亿元，增长22%，工业用电量7.16亿千瓦时，增长21.1%。科技创新和服务体系不断健全，科技对经济发展的促进作用进一步增强，全年实现新产品产值92.36亿元，产值率达50.4%，实施国家级科技计划项目11个、宁波市新产品107项，授权发明专利10项，“波导”、“罗蒙”被评为中国驰名商标。重视人才培养和引进，全年引进各类专业人才2100多名。外向型经济实现新业绩。全年新批外商投资项目40个，协议利用外资6225万美元，实际利用外资4543万美元。亚德客项目竣工投产，华扬铝业、威信电器等一批重点外资项目建设顺利。外贸结构进一步优化，全年实现外贸进出口总额14.8亿美元，增长17.8%，其中自营出口总额6.26亿美元，增长75.7%。企业积极发展加工贸易和来料加工，全市完成出口加工贸易额1.5亿美元，占自营出口总额的25%。

商贸旅游业发展迅速，全年实现社会消费品零售总额39亿元，增长15.7%，居民消费价格总指数为103.4%。特色中心商业街区建设稳步推进，集贸市场改造步伐加快，奉化商贸大厦投入使用。旅游资源普查全面完成，旅游规划不断强化。三隐潭景区一期工程完工，浒溪线溪口镇至雪窦山段改造基本完成，武岭广场区块拆迁进入实质性阶段。旅游促销和行业管理力度加大，客源市场不断拓展，旅游设施和环境进一步改善。全年接待中外游客390万人次，旅游门票收入6464万元，分别增长17%和34.4%，旅游经济综合收入12.5亿元，增长30.2%。金融对经济发展的支持力度加大，年末，金融系统各项存款余额101.89亿元，各项贷款余额76.27亿元，比年初增加4.10亿元，年末金融机构不良贷款率6.91%，比上年末下降0.89个百分点。银企合作继续加强，信用联社等金融部门推出了联保制，建立金盾信用担保公司，金融系统累计为中小企业提供贷款35.7亿元。

区位优势及投资环境

奉化区位优势明显，投资环境优越。交通便捷，距宁波市区28公里，离宁波栎社国际机场15公里，距国际深水良港北仑港45公里。沪杭甬高速公路的建成和杭州湾跨海大桥的建设，把上海、杭州、宁波、奉化紧紧联在一起。沿海大通道同三高速公路和即将建成的甬金高速公路、甬台温铁路横贯奉化境内，五条高等级公路建设全面实施，奉化的交通及区位优势不断突显。

2004年，奉化全面开展“五城联创”工作（创建省级卫生城市、省级文明城市、国家环保模范城市、中国优秀旅游城市，建设生态市）并取得了阶段性成效，顺利通过了省级卫生城市复评，创建成为“浙江省文明城市”，国家环保模范城市和中国优秀旅游城市通过预验收，生态市建设深入实施，城市文明程度和市民综合素质有了新的提高，全市投资环境、生态环境和人居环境进一步改善。城市规划不断加强，编制完成了《奉化市村庄布局规划》和城市功能分区规划等重要规划，市域城镇体系规划进一步完善。城市建设不断加快，新丰小区、长汀村、倪家碶村等旧城旧村改造稳步推进，邱家山水厂扩建和第二水厂筹建顺利，污水处理厂主体工程完工，城区电网改造基本完成，实施了长岭河排水沟渠改造。“三高”连接线、城区至溪口生态公路等建设项目按计划实施，农村公路建设步伐加快，农民居住小区建设开始启动。城市管理不断强化，集中开展了城市“牛皮癣”整治、市场及周边秩序整治、交通秩序整治和环境综合治理，实施了“蓝天、碧水、亮丽、绿地、宁静、洁净”工程，城乡环境明显改善。阳光茗都、紫汀花园、秀水家苑等住宅小区建设顺利，全年商品房施工面积65.23万平方米，比上年增长19.7%；商品房竣工面积16.85万平方米，增长3.4%；商品房销售面积19.95万平方米，增长75.2%。生态环境保护得到进一步加强，全市环境空气质量处于一、二级水平，集中式生活饮用水源水质达标率达100%，城市交通干线噪声和区域环境噪声达到功能区要求。全市工业废水排放达标率97.02%，工业废气处理率99.5%，工业固体废物综合利用率99.53%，再次荣获“浙江省城市环境综合整治定量考核优秀城市”称号。

国家级生态示范区——浙江省宁海县

浙江省宁海县位于浙江沿海中部，象山港和三门湾之间，为我国计划单列市宁波市属县，是国务院批准的第一批沿海对外开放地区之一。全县区域面积1880平方公里，海岸线长176公里，呈“七山一水二分田”分布，现设16个镇乡、4个街道，人口58.3万，是宁波市第一个通过验收的国家级生态示范区。宁海历史悠久，人文荟萃，西晋太康元年（公元280年）建县，距今已有1725年，历史上曾涌现胡三省、方孝孺、柔石、潘天寿等一大批志士名人，是明代大旅行家徐霞客的《徐霞客游记》开篇地。

宁海经济社会各项事业取得了令人瞩目的成就。2004年，全县实现生产总值115.3亿元，完成财政总收入13.69亿元，其中地方财政收入6.14亿元，城镇居民人均可支配收入达到14379元，农民人均纯收入6104元，并成功跻身全国综合实力百强县，位列第94位，再度跻身全国县域经济基本竞争力百强县(市)，位列第74位。

区位条件优越，投资环境良好

宁海县位于杭州湾“V”型城市连绵带和甬台温沿海“T”型城市连绵带的黄金节点上，地处宁波、台州、绍兴三市的交界地带，经济发达的长三角南翼，是宁波市南大门，也是甬台温间的交通枢纽。同三线（同江——三亚国道主干线）高速公路贯穿全境，并有3个出入口。现有3000吨级强蛟码头可扩大到万吨级以上。杭州湾跨海大桥和甬台温铁路建成后，即可融入上海2小时经济辐射圈。优越的区位交通条件赋予宁海优越的投资环境。宁海经济开发区为省级经济开发区，宁海模具城是国家“十五”规划重点项目、省级特色工业园区，园区设施完善、配套齐全、特色明显，现已形成了以省级经济开发区为龙头、区域性工业区块和特色工业区块为支撑的发展格局。2004年，共投入园区建设资金8亿元，入园企业达到了695家，实现工业产值超60亿元。此外，境内建有总库容4.3亿立方米的国家大（二）型水利工程白溪水库，总投资超200亿元的大型火力发电厂浙江国华宁海电厂、蓄水量达8500立方米的西溪水库正在建设之中。

工业块状经济实力雄厚，特色行业优势明显

宁海凭借开放早、转制早而形成的先发优势，立足本地实际，按照“咬定工业不放松，走新型工业化道路”的发展思路，通过实施工业产业集约化、特色化、园区化、外向化“四化联动”战略，工业经济综合竞争力显著提高。经过十多年的滚动发展，现已形成了模具制造、文教用品、机械设备、金属制品、橡塑制品、家用电器、汽车配件、纺织服装、医药化工、食品饮料等十大主导块状经济，其中“四具一配一家电”（模具、文具、灯具、五金机械、汽车配件、电子电器）特色产业发展优势明显，发展势头强劲。近年来，宁海先后被授予“中国文具生产基地”、“中国模具生产基地”和“塑料模具省级高新技术特色产业基地”、“浙江省文具商标品牌基地”等称号。全县现有规模以上工业企业584家，年产值5000万元以上企业76家，上亿元企业27家；省级高新技术企业16家，国家级高新技术企业5家；文具生产企业近300家，模具生产企业1700余家。2004年“四具一配一家电”特色行业规模以上企业实现产值93亿元，占全县规模以上企业总产值的62%。得力集团、“彬彬文具”分别被评为全国文化用品行业效益十佳企业和全国民营企业出口百强。

生态农业经济发展迅速，产业化进程不断加快

宁海农业资源丰富，山有竹木茶桑果之盛，海有鱼虾蟹贝藻之丰，为浙东的“鱼米之乡”。全县山地面积177万亩，森林覆盖率达到60%，滩涂浅海面积42万亩，是浙江省海水养殖第一大县。近年来，宁海积极实施“按照工业思路抓农业，围绕主导产品抓落实”的发展新模式，农业产业化水平不断提高。2004年，全县农村经济总收入达375.8亿元，农业总产值23.05亿元，海水养殖业和茶叶、土鸡、高山蔬菜等特色优势农产品实现产值13.09亿元，25家县级以上农业龙头企业完成销售6.65亿元。共创有国家、省、市级绿色农产品21个、名牌农产品5个，国家级无公害农产品9个，认证绿色农产品基地20个，望海茶、宁海土鸡、泉丰西瓜分别被评为浙江省十大名茶、名优土鸡和名优西瓜；“有机茶生产技术研究及产业化”、“采用生物技术综合开发中低档茶叶”、“宁海土鸡产业化开发”等农业项目被列入国家级星火计划项目；宁海白枇杷被鉴定为国家级林木良种；浙江东海岸10万亩绿色农产品基地被列为国家计委农业综合开发项目；积极推广的海水封闭式内循环养殖模式，亩产达到传统养殖模式的12倍，处于国内领先水平。

生态资源得天独厚，旅游产业蓬勃兴起

宁海依山傍海，旅游资源丰富，森林温泉、古村群岛、碧海渔帆、儒乡艺苑、滨海闹市，各领风骚，是一块以生态休闲旅游为主，结合丘陵海岸观光和历史文化探源等旅游的黄金海隅。县南强蛟群岛，不仅可领略海岛丽景，而且可品尝美味海鲜，被誉为“海上千岛湖”；县北雁苍山，气势雄伟，飞瀑飘逸，被列为宁波市新十景之一；县西前童古镇，家家有雕梁、户户有活水，是浙江省历史文化名镇；国家级森林公园天明山南溪温泉，四季恒温，水质清澈，为全国三大优质温泉之一，是浙江省著名的疗养和避暑胜地；国家级水利风景区天河景区，奇山秀水，美景宜人，区内的大松溪峡谷被誉为“浙东第一大峡谷”。近年来，宁海深入挖掘生态优势，坚定不移地实施“生态立县”发展战略，积极开发以“山、海、水、岛、泉”为特色、“生态、休闲”为主题的生态旅游，全力打造生态型经济强县，现已成为“长三角”地区重要的生态休闲旅游基地。野鹤湫、梁皇山、伍山石窟、“十里红妆”江南民俗艺术馆等景点相继建成并对外开放。同时，充分利用徐霞客这一独特的人文资源，先后成功举办了首届和第二届中国（宁海）徐霞客开游节，举行了百集大型电视风光纪录片《徐霞客游记》开机仪式、《徐霞客游记》开篇纪念暨“5·19中国旅游日”倡议活动，打响了“天下旅游，宁海开游”的旅游品牌。2004年，全县共接待海内外游客108万人次，旅游总收入5.4亿元，以生态旅游为重点的第三产业正在蓬勃兴起。

在经济建设快速推进的同时，宁海的城市化步伐不断加快。建成了“十横八纵”的城市交通网络，县城建成区面积达到23平方公里，城区人口集聚已达20万人，城区绿化覆盖率32%，城市化水平达到47%，一个生态型、组团式的现代化中等城市框架基本形成。此外，宁海的教育、卫生、文化、体育等各项社会事业全面进步，先后被授予“全国体育先进县”、“浙江省教育强县”、“浙江省文明县城”等荣誉称号。

宁海按照“三个代表”重要思想和科学发展观的要求，围绕县第十一次党代会提出的“构筑现代化中等城市、建设生态型经济强县”的奋斗目标，制定了当前及今后一段时期的发展战略部署：实施五大推进、实现五大突破，促进经济社会全面协调可持续发展的“五五举措”战略，即坚定不移地推进产业联动发展，着力在提升工业经济竞争力上取得新突破；坚定不移地推进城乡统筹发展，着力在现代化中等城市建设上取得新突破；坚定不移地推进生产生活生态联动，着力在生态县建设上取得新突破；坚定不移地推进经济社会协调发展，着力在优化公共服务上取得新突破；坚定不移地推进和谐社会建设，着力在打造“平安宁海”上取得新突破。

浙江省嵊州市

嵊州市地处浙江东部，北靠杭州，东邻宁波，系长江三角洲经济区，是全国第一批沿海经济开放县（市）。全市总面积1784平方公里，现辖4个街道、11个镇、6个乡，总人口73.5万人。建成区面积21平方公里，人口20.1万人，全市城镇人口28.3万人，城市化水平达38.5%。2004年，全市实现地区生产总值122.48亿元，同比增长18.9%；完成财政总收入10.55亿元，增长17.0%；城镇居民人均可支配收入15192元，农民人均纯收入5987元，分别增长19.3%和12.3%；城镇登记失业率3.8%；人口自然增长率2.39‰。

历史悠久，山川秀丽

早在秦汉之际就已建县设剡，唐初曾设嵊州，北宋年间始名嵊县，至今已有2100多年历史。1995年8月撤嵊县为嵊州市。嵊州自古以来就名声遐迩，素有“东南山水越为最、越地风光剡领先”之称，曾吸引王羲之、戴逵、李白、杜甫、陆游、朱熹、谢灵运等众多的文人墨客和贤士名流入剡览胜，王羲之、戴逵等在嵊定居终老剡地。目前王羲之故居、南山湖、百丈飞瀑、崇仁古镇等四大旅游景区开发建设初见成效，市区距新昌江南第一大佛仅10公里。2004年共接待国内外游客近100万人次，实现旅游总收入6.60亿元。

产业集聚，特色明显

经过多年的发展，形成了独具地方特色的五大支柱产业。

一是领带服饰产业。全市现有领带服饰企业1100余家，从业人员5万余人，拥有世界上最先进的织造技术和印花流水线800台（套），年产领带近3亿条，占国内产量的80%，世界的33%，年销售收入100亿元，并拥有“俊仕”、“巴贝”、“麦地郎”、“金天得”等4只浙江省名牌产品，以及“加佳”、“艾利特”、“好运来”等7只浙江省著名商标。建成了全国最大的领带批发市场“中国领带城”、“世界领带精品展销中心”和“香港中国领带城”，被浙江省政府命名为“21世纪国际性领带都市”。现已成为全国最大的领带生产加工基地、批发销售基地和外贸出口基地，也是国际领带首选及最大的加工基地。二是电机电器产业。目前全市现有各类电机及其配套件生产企业1600多家，从业人员近3万人，年产微电机3000万台以上，国内市场占有率达20%以上，年销售收入达到53亿元，成为浙江省三大电机生产基地之一。目前已从微型电机、特种电机等纯电机产品，延伸开发生产空调、电冰箱、洗衣机等中高档电器。三是针织服装产业。全市现有针织服装企业315家，其中针织企业132家，从业人员2万多人，年产针织服装2200万件，年销售额超20亿元。已形成集生产、销售、开发于一体的块状产业，生产绢、毛、棉、纱针织衫和小三件等各类高中低档产品，产品销往美国、日本、德国、意大利、香港等10多个国家和地区。四是厨房用具产业。全市现有厨具企业200多家，从业人员1.2万余人，年生产能力近450万台，销售收入在15亿元，其中吸油烟机年产量200万台，燃气灶具年产量150万台，消毒柜年产量100万台。厨具产品有15个系列、80多个品种，占全国总产量的20%左右，高、中档厨具产品的产量占全市总产量的60%以上，已成为继广东顺德、浙江宁波之后的国内第三大厨具生产基地。五是茶叶产业。嵊州茶业源于秦汉，名起唐时、宋成进贡之佳品，清末被誉为全国十大名茶之一。全市茶叶总面积16万亩，年产茶叶2万吨，珠茶精加工企业133家，年加工出口精制珠茶6.2万吨，占全国珠茶出口量的60%左右，年出口额6亿元以上，是“中国茶叶之乡”和全国最大的精制珠茶加工出口基地。名茶“越乡龙井”获99中国国际农产品博览会名牌称号，被列为浙江省绿色农产品。此外，机械链轮、电声器材、建筑业、矿产、建材、医药化工等产业也较为发达，是中国三大链轮出口基地之一、亚洲最大的电声配件生产基地、浙江省“建筑之乡”。

人文荟萃，底蕴深厚

这里是海内外著名的人口理论家马寅初、音乐家任光、辛亥革命志士王金发、近代山水画家郑午昌、当代画坛名家刘文西、理论家邢贲思、围棋国手马晓春、著名越剧表演艺术家袁雪芬、范瑞娟、傅全香等名家名人的故乡，是“中国越剧之乡”、“中国围棋之乡”和“中国竹编之乡”。现有浙江省一级剧团1个，民间职业剧团近100个，从业3000余人，已成为一支强大的文化产业大军。全市拥有省级业余围棋学校1所，市级围棋传统项目学校12所，围棋爱好者近10万人。嵊州竹编艺术作品是中国政府对外交往的珍贵礼品，备受各国领导人赞誉并被广为收藏，“沧海还珠”被浙江省政府作为惟一礼品，赠送给澳门特别行政区。1996年，通过省人民政府“两基”验收，荣获全国“中华扫盲奖”，2001年高考浙江省文理科状元双双花落嵊州，2003年成为浙江省教育强市，是全国文化先进县（市）、全国科技先进县（市）和浙江省卫生城市。

物华并茂，生态优良

嵊州自然资源十分丰富，硅藻土储量达5亿吨，占全国总储量的65%；花岗岩储量达12亿立方米，且种类多、储量大、品位高，有红、黑、紫、绿等四大系列13个品种，在国家建材、中国石材协会组织评定的82只中国名特优石材品种中，嵊州就占了5只；黄沙储量在1亿吨以上，易开采且品质优良；萤石、矿泉水、麦饭石等储量也相当丰富，开发潜力很大。嵊州网电、热电、水电三电并举，是全国100个农村电气化县(市)，电力资源比较丰富。嵊州农业产业化程度较高，基地农业、绿色农业、开放农业、休闲农业全面发展，先后被列为国家商品粮基地县（市）、全国长毛兔生产示范县(市)和长毛兔良种繁育供应中心，也是浙江省蚕茧重点产区，年产蚕茧5000吨。嵊州生态环境优良，植被保护良好，是全国造林绿化百佳县（市）。

交通便捷，区位优越

嵊州处在杭州、宁波、温州、金华四城市的交通对角线上，是浙东陆上交通枢纽和浙江实施“四小时经济圈战略”的重要组成部分，104国道、上三高速、37省道嵊义线和正在建设的甬金高速贯穿全境，市区到杭州萧山国际机场和宁波港均在1小时范围内，杭州湾跨海大桥的建设将进一步拉近与上海的距离，市内县乡公路四通八达。全市邮电通讯能力已达到国内先进水平，与国内及五大洲形成了全方位通讯网络，各种高科技信息手段得到了广泛应用。按照“高起点规划、高标准建设、高效能管理”的要求，省级嵊州经济开发区建设已具一定规模，规划总面积20.1平方公里，城东区域已基本建成，浦口区域正在抓紧开发建设，区内基础设施配套齐全，现有入区企业634家，实际完成投资103亿元。投资政策优惠灵活，对外来投资者实行税后无费制、全程服务制、绿卡制、有组织检查制等一系列投资政策。对外来人员实行人性化管理和服务，设有外来人口管理服务中心，并专门建成了占地面积42250平方米，集住宿、休闲、娱乐等功能于一体的外来人员居住中心。社会环境安定，生活秩序井然，设有行政审批中心、投资环境投诉中心、机关效能监察中心等，竭诚为外来投资者提供优质服务。嵊州已成为一方充满生机和活力的投资热土。

古老嵊州，新姿再焕；魅力嵊州，潜力无限。嵊州市委、市政府和全市上下正以科学发展观为指导，以经济建设为中心，积极实施“工业立市、开放强市、特色建市、实干兴市”战略，朝着建设“特色经济强市、越乡文化名市、国际领带都市”和提前基本实现现代化的目标阔步迈进。热忱欢迎国内外朋友来嵊考察旅游、投资兴业，共创嵊州更加美好的未来。

第六部分
中国县域经济基本竞争力百强

第一届中国县域经济基本竞争力百强

第一届中国县域经济基本竞争力百强县(市)

1st CHINA COUNTY-LEVEL ECONOMY BASIC COMPETITIVENESS TOP100

排位	县域	UNIT	中郡指数	竞争力动态	竞争力等级
1	广东顺德市	GD—Shunde City	R1T2073	相对稳定	A
2	广东南海市	GD—Nanhai City	R2T2073	相对稳定	A
3	江苏江阴市	JS—Jiangyin City	R3T2073	相对稳定	A
4	江苏常熟市	JS—Changshu City	R4T2073	相对稳定	A
5	江苏张家港市	JS—Zhangjiagang City	R5T2073	相对稳定	A
6	福建晋江市	FJ—Jinjiang City	R6T2073	相对稳定	A
7	江苏武进市	JS—Wujin City	R7T2073	相对稳定	A
8	江苏昆山市	JS—Kunshan City	R8T2073	相对稳定	A
9	浙江萧山市	ZJ—Xiaoshan City	R9T2073	相对稳定	A
10	浙江绍兴县	ZJ—Shaoxing County	R10T2073	相对稳定	A
11	山东荣成市	SD—Rongcheng City	R11T2073	相对稳定	A
12	江苏吴江市	JS—Wujiang City	R12T2073	相对稳定	A
13	福建福清市	FJ—Fuqing City	R13T2073	相对稳定	A
14	江苏宜兴市	JS—Yixing City	R14T2073	相对稳定	A
15	浙江温岭市	ZJ—Wenling City	R15T2073	相对稳定	A
16	浙江鄞县	ZJ—Yinxian County	R16T2073	相对稳定	A
17	福建南安市	FJ—Nan'an City	R17T2073	相对稳定	A
18	浙江慈溪市	ZJ—Cixi City	R18T2073	相对稳定	A
19	江苏太仓市	JS—Taicang City	R19T2073	相对稳定	A
20	上海南汇县	SH—Nanhui County	R20T2073	相对稳定	A
21	山东文登市	SD—Wendeng City	R21T2073	相对稳定	A
22	浙江瑞安市	ZJ—Rui'an City	R22T2073	相对稳定	A

第一届中国县域经济基本竞争力百强县(市)(续一)

1st CHINA COUNTY-LEVEL ECONOMY BASIC COMPETITIVENESS TOP100

排位	县域	UNIT	中郡指数	竞争力动态	竞争力等级
23	辽宁海城市	LN—Haicheng City	R23T2073	相对稳定	A
24	浙江乐清市	ZJ—Leqing City	R24T2073	相对稳定	A
25	浙江余姚市	ZJ—Yuyao City	R25T2073	相对稳定	A
26	浙江诸暨市	ZJ—Zhuji City	R26T2073	相对稳定	A
27	广东潮阳市	GD—Chaoyang City	R27T2073	相对稳定	A
28	浙江余杭市	ZJ—Yuhang City	R28T2073	相对稳定	A
29	江苏丹阳市	JS—Danyang City	R29T2073	相对稳定	A
30	浙江义乌市	ZJ—Yiwu City	R30T2073	相对稳定	A
31	广东增城市	GD—Zengcheng City	R31T2073	相对稳定	A
32	山东龙口市	SD—Longkou City	R32T2073	相对稳定	A
33	山东邹城市	SD—Zoucheng City	R33T2073	相对稳定	A
34	上海奉贤县	SH—Fengxian County	R34T2073	相对稳定	A
35	山东寿光市	SD—Shouguang City	R35T2073	相对稳定	A
36	广东普宁市	GD—Puning City	R36T2073	相对稳定	A
37	浙江上虞市	ZJ—Shangyu City	R37T2073	相对稳定	A
38	广东新会市	GD—Xinhui City	R38T2073	相对稳定	A
39	江苏通州市	JS—Tongzhou City	R39T2073	相对稳定	A
40	福建惠安县	FJ—Hui'an County	R40T2073	相对稳定	A
41	浙江海宁市	ZJ—Haining City	R41T2073	相对稳定	A
42	湖北仙桃市	HB—Xiantao City	R42T2073	相对稳定	A
43	山东莱州市	SD—Laizhou City	R43T2073	相对稳定	A
44	山东章丘市	SD—Zhangqiu City	R44T2073	相对稳定	A
45	浙江桐乡市	ZJ—Tongxiang City	R45T2073	相对稳定	A
46	山东平度市	SD—Pingdu City	R46T2073	相对稳定	A
47	山东即墨市	SD—Jimo City	R47T2073	相对稳定	A
48	福建石狮市	FJ—Shishi City	R48T2073	相对稳定	A

第一届中国县域经济基本竞争力百强县(市)(续二)

1st CHINA COUNTY-LEVEL ECONOMY BASIC COMPETITIVENESS TOP100

排位	县域	UNIT	中郡指数	竞争力动态	竞争力等级
49	新疆库尔勒市	XJ—Ku'erle City	R49T2073	相对稳定	A
50	山东胶南市	SD—Jiaonan City	R50T2073	相对稳定	A
51	江苏海门市	JS—Haimen City	R51T2073	相对稳定	A
52	广东惠阳市	GD—Huiyang City	R52T2073	相对稳定	A
53	江苏启东市	JS—Qidong City	R53T2073	相对稳定	A
54	广东台山市	GD—Taishan City	R54T2073	相对稳定	A
55	四川双流县	SC—Shuangliu County	R55T2073	相对稳定	A
56	山东胶州市	SD—Jiaozhou City	R56T2073	相对稳定	A
57	浙江富阳市	ZJ—Fuyang City	R57T2073	相对稳定	A
58	辽宁瓦房店市	LN—Wafangdian City	R58T2073	相对稳定	A
59	山东滕州市	SD—Tengzhou City	R59T2073	相对稳定	A
60	辽宁普兰店市	LN—Pulandian City	R60T2073	相对稳定	A
61	湖北潜江市	HB—Qianjiang City	R61T2073	相对稳定	A
62	河南巩义市	HEN—Gongyi City	R62T2073	相对稳定	A
63	福建龙海市	FJ—Longhai City	R63T2073	相对稳定	A
64	山东诸城市	SD—Zhucheng City	R64T2073	相对稳定	A
65	山东兖州市	SD—Yanzhou City	R65T2073	相对稳定	A
66	江苏江都市	JS—Jiangdu City	R66T2073	相对稳定	A
67	广东三水市	GD—Sanshui City	R67T2073	相对稳定	A
68	山东新泰市	SD—Xintai City	R68T2073	相对稳定	A
69	湖北襄阳县	HB—Xiangyang County	R69T2073	相对稳定	A
70	广东高要市	GD—Gaoyao City	R70T2073	相对稳定	A
71	浙江东阳市	ZJ—Dongyang City	R71T2073	相对稳定	A
72	广东开平市	GD—Kaiping City	R72T2073	相对稳定	A
73	湖南长沙县	HN—Changsha County	R73T2073	相对稳定	A
74	江苏铜山县	JS—Tongshan County	R74T2073	相对稳定	A

第一届中国县域经济基本竞争力百强县(市)(续三)

1st CHINA COUNTY-LEVEL ECONOMY BASIC COMPETITIVENESS TOP100

排位	县域	UNIT	中郡指数	竞争力动态	竞争力等级
75	山东乳山市	SD—Rushan City	R75T2073	相对稳定	A
76	湖北枣阳市	HB—Zaoyang City	R76T2073	相对稳定	A
77	山东招远市	SD—Zhaoyuan City	R77T2073	相对稳定	A
78	浙江玉环县	ZJ—Yuhuan County	R78T2073	相对稳定	A
79	江苏泰兴市	JS—Taixing City	R79T2073	相对稳定	A
80	山东肥城市	SD—Feicheng City	R80T2073	相对稳定	A
81	江苏东台市	JS—Dongtai City	R81T2073	相对稳定	A
82	河北迁安市	HEB—Qian'an City	R82T2073	相对稳定	A
83	浙江嵊州市	ZJ—Shengzhou City	R83T2073	相对稳定	A
84	上海崇明县	SH—Chongming County	R84T2073	相对稳定	A
85	福建长乐市	FJ—Changle City	R85T2073	相对稳定	A
86	山东安丘市	SD—Anqiu City	R86T2073	相对稳定	A
87	浙江临海市	ZJ—Linhai City	R87T2073	相对稳定	A
88	河北丰南市	HEB—Fengnan City	R88T2073	相对稳定	A
89	江苏溧阳市	JS—Liyang City	R89T2073	相对稳定	A
90	浙江永康市	ZJ—Yongkang City	R90T2073	相对稳定	A
91	山东莱西市	SD—Laixi City	R91T2073	相对稳定	A
92	湖北宜昌县	HB—Yichang County	R92T2073	相对稳定	A
93	广东揭东县	GD—Jiedong County	R93T2073	相对稳定	A
94	河南新郑市	HEN—Xinzheng City	R94T2073	相对稳定	A
95	浙江长兴县	ZJ—Changxing County	R95T2073	相对稳定	A
96	浙江苍南县	ZJ—Cangnan County	R96T2073	相对稳定	A
97	湖北天门市	HB—Tianmen City	R97T2073	相对稳定	A
98	浙江平湖市	ZJ—Pinghu City	R98T2073	上升	A
99	浙江临安市	ZJ—Lin'an City	R99T2073	相对稳定	A
100	山东蓬莱市	SD—Penglai City	R100T2073	相对稳定	A

第一届中国西部百强县(市)

1st CHINA WESTERN COUNTY-LEVEL ECONOMY BASIC COMPETITIVENESS TOP100

排位	县域	UNIT	中郡指数	竞争力动态	竞争力等级
1	新疆库尔勒市	XJ—Ku'erle City	R49T2073	相对稳定	A
2	四川双流县	SC—Shuangliu County	R55T2073	相对稳定	A
3	云南大理市	YN—Dali City	R117T2073	相对稳定	A
4	重庆江津市	CQ—Jiangjin City	R121T2073	相对稳定	A
5	重庆合川市	CQ—Hechuan City	R124T2073	相对稳定	A
6	四川新都县	SC—Xindu County	R151T2073	相对稳定	A
7	四川什邡市	SC—Shifang City	R160T2073	相对稳定	A
8	内蒙古东胜市	NM—Dongsheng City	R163T2073	上升	A
9	四川江油市	SC—Jiangyou City	R180T2073	注意	A
10	四川郫县	SC—Pixian County	R185T2073	相对稳定	A
11	四川绵竹市	SC—Mianzhu City	R201T2073	相对稳定	B
12	四川崇州市	SC—Chongzhou City	R205T2073	上升	B
13	新疆鄯善县	XJ—Shanshan County	R211T2073	相对稳定	B
14	云南安宁市	YN—Anning City	R213T2073	注意	B
15	四川都江堰市	SC—Dujiangyan City	R216T2073	上升	B
16	重庆永川市	CQ—Yongchuan City	R224T2073	相对稳定	B
17	四川彭州市	SC—Pengzhou City	R225T2073	相对稳定	B
18	四川西昌市	SC—Xichang City	R234T2073	相对稳定	B
19	四川邛崃市	SC—Qionglai City	R237T2073	相对稳定	B
20	广西来宾县	GX—Laibin County	R239T2073	相对稳定	B
21	四川广汉市	SC—Guanghan City	R250T2073	相对稳定	B
22	云南楚雄市	YN—Chuxiong City	R252T2073	相对稳定	B
23	四川金堂县	SC—Jintang County	R258T2073	相对稳定	B
24	贵州遵义县	GZ—Zunyi County	R260T2073	相对稳定	B
25	重庆长寿县	CQ—Changshou County	R261T2073	相对稳定	B

第一届中国西部百强县(市)(续一)

1st CHINA WESTERN COUNTY-LEVEL ECONOMY BASIC COMPETITIVENESS TOP100

排位	县域	UNIT	中郡指数	竞争力动态	竞争力等级
26	四川大邑县	SC—Dayi County	R268T2073	上升	B
27	广西宜州市	GX—Yizhou City	R284T2073	相对稳定	B
28	四川射洪县	SC—Shehong County	R288T2073	注意	B
29	广西邕宁县	GX—Yongning County	R290T2073	相对稳定	B
30	广西合浦县	GX—Hepu County	R292T2073	相对稳定	B
31	甘肃武威市	GS—Wuwei City	R293T2073	相对稳定	B
32	广西博白县	GX—Bobai County	R294T2073	相对稳定	B
33	广西北流市	GX—Beiliu City	R295T2073	相对稳定	B
34	四川中江县	SC—Zhongjiang County	R296T2073	相对稳定	B
35	四川三台县	SC—Santai County	R297T2073	相对稳定	B
36	新疆阿克苏市	XJ—Akesu City	R306T2073	上升	B
37	内蒙古准格尔旗	NM—Zhunge'er Banner	R320T2073	上升	B
38	广西贺州市	GX—Hezhou City	R330T2073	相对稳定	B
39	广西武鸣县	GX—Wuming County	R340T2073	相对稳定	B
40	内蒙古达拉特旗	NM—DalateBanner	R349T2073	上升	B
41	广西灵山县	GX—Lingshan County	R355T2073	相对稳定	B
42	新疆石河子市	XJ—Shihezi City	R365T2073	相对稳定	B
43	四川简阳市	SC—Jianyang City	R367T2073	注意	B
44	四川温江县	SC—Wenjiang County	R379T2073	相对稳定	B
45	重庆铜梁县	CQ—Tongliang County	R381T2073	相对稳定	B
46	新疆哈密市	XJ—Hami City	R382T2073	上升	B
47	四川仁寿县	SC—Renshou County	R391T2073	注意	B
48	重庆綦江县	CQ—Qijiang County	R392T2073	相对稳定	B
49	重庆开县	CQ—Kaixian County	R398T2073	相对稳定	B
50	云南宣威市	YN—Xuanwei City	R408T2073	相对稳定	C

第一届中国西部百强县(市)(续二)

1st CHINA WESTERN COUNTY-LEVEL ECONOMY BASIC COMPETITIVENESS TOP100

排位	县域	UNIT	中郡指数	竞争力动态	竞争力等级
51	云南昭通市	YN—Zhaotong City	R411T2073	相对稳定	C
52	重庆大足县	CQ—Dazu County	R416T2073	上升	C
53	贵州兴义市	GZ—Xingyi City	R418T2073	上升	C
54	内蒙古锡林浩特市	NM—Xilinhaote City	R421T2073	上升	C
55	云南个旧市	YN—Gejiu City	R424T2073	相对稳定	C
56	四川南部县	SC—Nanbu County	R426T2073	上升	C
57	广西南丹县	GX—Nandan County	R430T2073	相对稳定	C
58	四川大竹县	SC—Dazhu County	R439T2073	相对稳定	C
59	云南弥勒县	YN—Mile County	R441T2073	相对稳定	C
60	内蒙古临河市	NM—Linhe City	R444T2073	注意	C
61	新疆昌吉市	XJ—Changji City	R451T2073	相对稳定	C
62	广西全州县	GX—Quanzhou County	R453T2073	相对稳定	C
63	甘肃玉门市	GS—Yumen City	R456T2073	上升	C
64	云南宜良县	YN—Yiliang County	R465T2073	相对稳定	C
65	广西河池市	GX—Hechi City	R479T2073	相对稳定	C
66	青海格尔木市	QH—Ge'ermu City	R480T2073	上升	C
67	陕西神木县	SN—Shenmu County	R481T2073	上升	C
68	广西百色市	GX—Baise City	R484T2073	相对稳定	C
69	广西横县	GX—Hengxian County	R486T2073	注意	C
70	重庆璧山县	CQ—Bishan County	R487T2073	相对稳定	C
71	广西桂平市	GX—Guiping City	R488T2073	注意	C
72	贵州盘县	GZ—Panxian County	R491T2073	相对稳定	C
73	贵州毕节市	GZ—Bijie City	R497T2073	注意	C
74	云南景洪市	YN—Jinghong City	R499T2073	注意	C
75	新疆玛纳斯县	XJ—Manasi County	R520T2073	相对稳定	C

第一届中国西部百强县(市)(续三)

1st CHINA WESTERN COUNTY-LEVEL ECONOMY BASIC COMPETITIVENESS TOP100

排位	县域	UNIT	中郡指数	竞争力动态	竞争力等级
76	新疆沙湾县	XJ—Shawan County	R524T2073	上升	C
77	四川达县	SC—Daxian County	R525T2073	注意	C
78	内蒙古海拉尔市	NM—Haila'er City	R526T2073	相对稳定	C
79	重庆南川市	CQ—Nanchuan City	R529T2073	相对稳定	C
80	四川峨眉山市	SC—Emeishan City	R530T2073	上升	C
81	宁夏青铜峡市	NX—Qingtongxia City	R531T2073	上升	C
82	广西浦北县	GX—Pubei County	R539T2073	相对稳定	C
83	重庆荣昌县	CQ—Rongchang County	R540T2073	相对稳定	C
84	四川资中县	SC—Zizhong County	R542T2073	注意	C
85	甘肃张掖市	GS—Zhangye City	R546T2073	相对稳定	C
86	四川富顺县	SC—Fushun County	R549T2073	注意	C
87	广西容县	GX—Rongxian County	R552T2073	相对稳定	C
88	内蒙古伊金霍洛旗	NM—Yijinhuoluo Banner	R560T2073	上升	C
89	广西平果县	GX—Pingguo County	R563T2073	上升	C
90	广西陆川县	GX—Luchuan County	R564T2073	相对稳定	C
91	重庆潼南县	CQ—Tongnan County	R565T2073	相对稳定	C
92	贵州清镇市	GZ—Qingzhen City	R566T2073	上升	C
93	四川安岳县	SC—Anyue County	R568T2073	注意	C
94	内蒙古满州里市	NM—Manzhouli City	R573T2073	上升	C
95	四川新津县	SC—Xinjin County	R575T2073	上升	C
96	甘肃酒泉市	GS—Jiuquan City	R578T2073	上升	C
97	云南开远市	YN—Kaiyuan City	R587T2073	相对稳定	C
98	四川威远县	SC—Weiyuan County	R588T2073	相对稳定	C
99	新疆乌苏市	XJ—Wusu City	R603T2073	上升	D
100	新疆乌鲁木齐县	XJ—Wulumuqi County	R605T2073	注意	D

第一届中国县域经济基本竞争力提升速度最快的百县(市)

1st CHINA COUNTY-LEVEL ECONOMY BASIC COMPETITIVENESS INCREASING TOP100

县域单位	UNIT	中郡指数	竞争力动态	竞争力等级
安徽郎溪县	AH—Langxi County	R1201T2073	上升	G
安徽宿松县	AH—Susong County	R744T2073	上升	D
甘肃阿克塞县	GS—Akesai County	R1172T2073	上升	F
甘肃安西县	GS—Anxi County	R1188T2073	上升	F
甘肃成县	GS—Chengxian County	R1361T2073	上升	G
甘肃和政县	GS—Hezheng County	R1678T2073	上升	I
甘肃金塔县	GS—Jinta County	R1260T2073	上升	G
甘肃酒泉市	GS—Jiuquan City	R578T2073	上升	C
甘肃民勤县	GS—Minqin County	R1312T2073	上升	G
甘肃宁县	GS—Ningxian County	R1262T2073	上升	G
甘肃永登县	GS—Yongdeng County	R685T2073	上升	D
甘肃玉门市	GS—Yumen City	R456T2073	上升	C
广东陆河县	GD—Luhe County	R1241T2073	上升	G
广西融安县	GX—Rong'an County	R1179T2073	上升	F
贵州惠水县	GZ—Huishui County	R1281T2073	上升	G
贵州江口县	GZ—Jiangkou County	R1611T2073	上升	I
贵州雷山县	GZ—Leishan County	R1690T2073	上升	I
贵州黎平县	GZ—Liping County	R1447T2073	上升	H
贵州麻江县	GZ—Majiang County	R1631T2073	上升	I
贵州水城县	GZ—Shuicheng County	R1319T2073	上升	G
贵州铜仁市	GZ—Tongren City	R1173T2073	上升	F
贵州万山特区	GZ—Wanshan Special Region	R1784T2073	上升	I
贵州习水县	GZ—Xishui County	R1210T2073	上升	G
海南琼中县	HAN—Qiongzhong County	R1154T2073	上升	F
河南南召县	HEN—]Nanzhao County	R626T2073	上升	D

第一届中国县域经济基本竞争力提升速度最快的百县(市)(续一)

1st CHINA COUNTY-LEVEL ECONOMY BASIC COMPETITIVENESS INCREASING TOP100

县域单位	UNIT	中郡指数	竞争力动态	竞争力等级
河南汝阳县	HEN—Ruyang County	R1218T2073	上升	G
河南新县	HEN—Xinxian County	R1021T2073	上升	F
黑龙江木兰县	HL—Mulan County	R1209T2073	上升	G
湖北江陵县	HB—jiangling County	R1159T2073	上升	F
湖北团风县	HB—Tuanfeng County	R1027T2073	上升	F
湖南洪江市	HN—Hongjiang City	R727T2073	上升	D
吉林大安市	JL—Da'an City	R698T2073	上升	D
吉林江源县	JL—Jiangyuan County	R808T2073	上升	E
江西九江县	JX—Jiujiang County	R1229T2073	上升	G
江西彭泽县	JX—Pengze County	R1352T2073	上升	G
辽宁长海县	LN—Changhai County	R752T2073	上升	D
内蒙古察哈尔右翼后旗	NM—Chaha'eryouyihou Banner	R1464T2073	上升	H
内蒙古鄂托克旗	NM—Etuoke Banner	R702T2073	上升	D
内蒙古鄂托克前旗	NM—Etuokeqian Banner	R1156T2073	上升	F
内蒙古杭锦旗	NM—Hangjin Banner	R819T2073	上升	E
内蒙古清水河县	NM—Qingshuihe County	R1204T2073	上升	G
内蒙古苏尼特右旗	NM—Suniteyou Banner	R1318T2073	上升	G
内蒙古突泉县	NM—Tuquan County	R1243T2073	上升	G
内蒙古乌审旗	NM—Wushen Banner	R1003T2073	上升	F
内蒙古锡林浩特市	NM—Xilinhaote City	R421T2073	上升	C
内蒙古伊金霍洛旗	NM—Yijinhuoluo Banner	R560T2073	上升	C
内蒙古准格尔旗	NM—Zhunge'er Banner	R320T2073	上升	B
宁夏惠农县	NX—Huinong County	R1449T2073	上升	H
宁夏灵武市	NX—Lingwu City	R1010T2073	上升	F
宁夏盐池县	NX—Yanchi County	R1148T2073	上升	F

第一届中国县域经济基本竞争力提升速度最快的百县(市)(续二)

1st CHINA COUNTY-LEVEL ECONOMY BASIC COMPETITIVENESS INCREASING TOP100

县域单位	UNIT	中郡指数	竞争力动态	竞争力等级
青海大通县	QH—Datong County	R850T2073	上升	E
青海德令哈市	QH—Delingha City	R1279T2073	上升	G
青海甘德县	QH—Gande County	R1847T2073	上升	J
青海共和县	QH—Gonghe County	R1106T2073	上升	F
青海乐都县	QH—Ledu County	R1344T2073	上升	G
青海平安县	QH—Ping'an County	R1037T2073	上升	F
青海同仁县	QH—Tongren County	R1571T2073	上升	H
青海乌兰县	QH—Wulan County	R1762T2073	上升	I
青海循化县	QH—Xunhua County	R1410T2073	上升	H
青海泽库县	QH—Zeku County	R1731T2073	上升	I
山东曹县	SD—Caoxian County	R599T2073	上升	C
山东临清市	SD—Linqing City	R319T2073	上升	B
山东庆云县	SD—Qingyun County	R1150T2073	上升	F
山西汾阳市	SX—Fenyang City	R708T2073	上升	D
山西广灵县	SX—Guangling County	R1267T2073	上升	G
山西怀仁县	SX—Huairen County	R705T2073	上升	D
山西静乐县	SX—Jingle County	R1764T2073	上升	I
山西岢岚县	SX—Kelan County	R1404T2073	上升	H
山西临县	SX—Linxian County	R1639T2073	上升	I
山西灵丘县	SX—Lingqiu County	R1467T2073	上升	H
山西天镇县	SX—Tianzhen County	R1638T2073	上升	I
山西五寨县	SX—Wuzai County	R1107T2073	上升	F
山西兴县	SX—Xingxian County	R1530T2073	上升	H
山西右玉县	SX—Youyu County	R1305T2073	上升	G
陕西横山县	SN—Hengshan County	R1527T2073	上升	H

第一届中国县域经济基本竞争力提升速度最快的百县(市)(续三)

1st CHINA COUNTY-LEVEL ECONOMY BASIC COMPETITIVENESS INCREASING TOP100

县域单位	UNIT	中郡指数	竞争力动态	竞争力等级
陕西洛川县	SN—Luochuan County	R756T2073	上升	D
陕西米脂县	SN—Mizhi County	R1456T2073	上升	H
陕西清涧县	SN—Qingjian County	R1753T2073	上升	I
陕西神木县	SN—Shenmu County	R481T2073	上升	C
陕西延川县	SN—Yanchuan County	R859T2073	上升	E
陕西子长县	SN—Zizhang County	R1270T2073	上升	G
陕西子洲县	SN—Zizhou County	R1652T2073	上升	I
四川丹巴县	SC—Danba County	R1842T2073	上升	J
四川德格县	SC—Dege County	R1843T2073	上升	J
四川华蓥市	SC—Huaying City	R795T2073	上升	D
四川九寨沟县	SC— Jiuzaigou County	R1393T2073	上升	G
四川康定县	SC—Kangding County	R860T2073	上升	E
四川理塘县	SC—Litang County	R1873T2073	上升	J
四川茂县	SC—Maoxian County	R1563T2073	上升	H
四川南部县	SC—Nanbu Countty	R426T2073	上升	C
四川石棉县	SC—Shimian County	R1253T2073	上升	G
四川西充县	SC—Xichong County	R1130T2073	上升	F
新疆呼图壁县	XJ—Hutubi County	R922T2073	上升	E
新疆喀什市	XJ—Kashi City	R779T2073	上升	D
新疆轮台县	XJ—Luntai County	R976T2073	上升	E
新疆且末县	XJ—Qiemo County	R1228T2073	上升	G
新疆吐鲁番市	XJ—Tulufan City	R686T2073	上升	D
新疆温宿县	XJ—Wensu County	R1278T2073	上升	G
浙江三门县	ZJ—Sanmen County	R653T2073	上升	D
浙江天台县	ZJ—Tiantai County	R432T2073	上升	C

第一届中国各省市区县域经济基本竞争力排序

1st CHINA COUNTY-LEVEL ECONOMY BASIC COMPETITIVENESS EVALUATION BY PROVINCE

序号	省市区	竞争力数	等级
上海	2027	1	I
天津	1900	2	I
北京	1848	3	I
江苏	1846	4	I
山东	1693	5	II
浙江	1675	6	II
福建	1465	7	III
广东	1447	8	III
河南	1419	9	III
湖北	1404	10	III
重庆	1318	11	III
安徽	1311	12	III
辽宁	1297	13	III
河北	1236	14	III
湖南	1229	15	III
海南	1188	16	III
吉林	1167	17	III
广西	1048	18	III
黑龙江	1029	19	III
江西	910	20	IV
四川	859	21	IV
内蒙古	857	22	IV
云南	701	23	IV
贵州	659	24	IV
新疆	651	25	IV
陕西	638	26	IV
山西	618	27	IV
宁夏	578	28	IV
甘肃	515	29	IV
青海	407	30	IV
西藏	56	31	V

第二届中国县域经济基本竞争力百强

第二届中国县域经济基本竞争力百强县(市)

2nd CHINA COUNTY-LEVEL ECONOMY BASIC COMPETITIVENESS TOP100

排位	县域	UNIT	中郡指数	竞争力动态	竞争力等级
1	广东顺德市	GD—Shunde City	R1T2052	相对稳定	A
2	广东南海市	GD—Nanhai City	R2T2052	相对稳定	A
3	江苏江阴市	JS—Jiangyin City	R3T2052	相对稳定	A
4	江苏张家港市	JS—Zhangjiagang City	R4T2052	相对稳定	A
5	江苏常熟市	JS—Changshu City	R5T2052	相对稳定	A
6	福建晋江市	FJ—Jinjiang City	R6T2052	相对稳定	A
7	江苏武进市	JS—Wujin City	R7T2052	相对稳定	A
8	江苏昆山市	JS—Kunshan City	R8T2052	相对稳定	A
9	浙江绍兴县	ZJ—Shaoxing County	R9T2052	相对稳定	A
10	江苏吴江市	JS—Wujiang City	R10T2052	相对稳定	A
11	浙江慈溪市	ZJ—Cixi City	R11T2052	相对稳定	A
12	山东荣成市	SD—Rongcheng City	R12T2052	相对稳定	A
13	江苏宜兴市	JS—Yixing City	R13T2052	相对稳定	A
14	浙江鄞县	ZJ—Yinxian County	R14T2052	相对稳定	A
15	浙江温岭市	ZJ—Wenling City	R15T2052	相对稳定	A
16	福建福清市	FJ—Fuqing City	R16T2052	相对稳定	A
17	浙江余姚市	ZJ—Yuyao City	R17T2052	相对稳定	A
18	山东文登市	SD—Wendeng City	R18T2052	相对稳定	A
19	浙江乐清市	ZJ—Leqing City	R19T2052	相对稳定	A
20	浙江诸暨市	ZJ—Zhuji City	R20T2052	相对稳定	A
21	江苏太仓市	JS—Taicang City	R21T2052	相对稳定	A
22	辽宁海城市	LN—Haicheng City	R22T2052	相对稳定	A

第二届中国县域经济基本竞争力百强县(市)(续一)

2nd CHINA COUNTY-LEVEL ECONOMY BASIC COMPETITIVENESS TOP100

排位	县域	UNIT	中郡指数	竞争力动态	竞争力等级
23	浙江义乌市	ZJ—Yiwu City	R23T2052	相对稳定	A
24	浙江瑞安市	ZJ—Rui'an City	R24T2052	相对稳定	A
25	广东增城市	GD—Zengcheng City	R25T2052	相对稳定	A
26	福建南安市	FJ—Nan'an City	R26T2052	相对稳定	A
27	江苏丹阳市	JS—Danyang City	R27T2052	相对稳定	A
28	浙江海宁市	ZJ—Haining City	R28T2052	相对稳定	A
29	山东龙口市	SD—Longkou City	R29T2052	相对稳定	A
30	山东邹城市	SD—Zoucheng City	R30T2052	相对稳定	A
31	浙江桐乡市	ZJ—Tongxiang City	R31T2052	相对稳定	A
32	福建惠安县	FJ—Hui'an County	R32T2052	相对稳定	A
33	浙江上虞市	ZJ—Shangyu City	R33T2052	相对稳定	A
34	广东新会市	GD—Xinhui City	R34T2052	相对稳定	A
35	山东胶南市	SD—Jiaonan City	R35T2052	相对稳定	A
36	山东即墨市	SD—Jimo City	R36T2052	相对稳定	A
37	浙江富阳市	ZJ—Fuyang City	R37T2052	相对稳定	A
38	广东普宁市	GD—Puning City	R38T2052	相对稳定	A
39	山东胶州市	SD—Jiaozhou City	R39T2052	相对稳定	A
40	江苏通州市	JS—Tongzhou City	R40T2052	相对稳定	A
41	山东平度市	SD—Pingdu City	R41T2052	相对稳定	A
42	山东寿光市	SD—Shouguang City	R42T2052	相对稳定	A
43	江苏海门市	JS—Haimen City	R43T2052	相对稳定	A
44	山东章丘市	SD—Zhangqiu City	R44T2052	相对稳定	A
45	广东惠阳市	GD—Huiyang City	R45T2052	相对稳定	A
46	山东莱州市	SD—Laizhou City	R46T2052	相对稳定	A
47	江苏启东市	JS—Qidong City	R47T2052	相对稳定	A
48	新疆库尔勒市	XJ—Ku'erle City	R48T2052	相对稳定	A

第二届中国县域经济基本竞争力百强县(市)(续二)

2nd CHINA COUNTY-LEVEL ECONOMY BASIC COMPETITIVENESS TOP100

排位	县域	UNIT	中郡指数	竞争力动态	竞争力等级
49	福建石狮市	FJ—Shishi City	R49T2052	相对稳定	A
50	山东滕州市	SD—Tengzhou City	R50T2052	相对稳定	A
51	广东潮阳市	GD—Chaoyang City	R51T2052	相对稳定	A
52	广东台山市	GD—Taishan City	R52T2052	相对稳定	A
53	四川双流县	SC—Shuangliu County	R53T2052	相对稳定	A
54	山东诸城市	SD—Zhucheng City	R54T2052	相对稳定	A
55	河南巩义市	HEN—Gongyi City	R55T2052	相对稳定	A
56	江苏江都市	JS—Jiangdu City	R56T2052	相对稳定	A
57	广东开平市	GD—Kaiping City	R57T2052	相对稳定	A
58	浙江东阳市	ZJ—Dongyang City	R58T2052	相对稳定	A
59	山东新泰市	SD—Xintai City	R59T2052	相对稳定	A
60	浙江玉环县	ZJ—Yuhuan County	R60T2052	相对稳定	A
61	广东三水市	GD—Sanshui City	R61T2052	相对稳定	A
62	山东乳山市	SD—Rushan City	R62T2052	相对稳定	A
63	湖南长沙县	HN—Changsha County	R63T2052	相对稳定	A
64	河北丰南市	HEB—Fengnan City	R64T2052	相对稳定	A
65	湖北仙桃市	HB—Xiantao City	R65T2052	相对稳定	A
66	山东兖州市	SD—Yanzhou City	R66T2052	相对稳定	A
67	浙江临海市	ZJ—Linhai City	R67T2052	相对稳定	A
68	广东高要市	GD—Gaoyao City	R68T2052	相对稳定	A
69	浙江平湖市	ZJ—Pinghu City	R69T2052	相对稳定	A
70	福建龙海市	FJ—Longhai City	R70T2052	相对稳定	A
71	山东肥城市	SD—Feicheng City	R71T2052	相对稳定	A
72	山东招远市	SD—Zhaoyuan City	R72T2052	相对稳定	A
73	江苏东台市	JS—Dongtai City	R73T2052	相对稳定	A
74	江苏铜山县	JS—Tongshan County	R74T2052	相对稳定	A

第二届中国县域经济基本竞争力百强县（市）（续三）

2nd CHINA COUNTY-LEVEL ECONOMY BASIC COMPETITIVENESS TOP100

排位	县域	UNIT	中郡指数	竞争力动态	竞争力等级
75	江苏泰兴市	JS—Taixing City	R75T2052	相对稳定	A
76	浙江永康市	ZJ—Yongkang City	R76T2052	相对稳定	A
77	河北遵化市	HEB—Zunhua City	R77T2052	相对稳定	A
78	辽宁普兰店市	LN—Pulandian City	R78T2052	相对稳定	A
79	江苏溧阳市	JS—Liyang City	R79T2052	相对稳定	A
80	河北迁安市	HEB—Qian'an City	R80T2052	相对稳定	A
81	浙江苍南县	ZJ—Cangnan County	R81T2052	相对稳定	A
82	浙江象山县	ZJ—Xiangshan County	R82T2052	相对稳定	A
83	上海崇明县	SH—Chongming County	R83T2052	相对稳定	A
84	湖北枣阳市	HB—Zaoyang City	R84T2052	相对稳定	A
85	辽宁瓦房店市	LN—Wafangdian City	R85T2052	相对稳定	A
86	山东蓬莱市	SD—Penglai City	R86T2052	相对稳定	A
87	辽宁庄河市	LN—Zhuanghe City	R87T2052	相对稳定	A
88	山东莱西市	SD—Laixi City	R88T2052	相对稳定	A
89	广东高州市	GD—Gaozhou City	R89T2052	相对稳定	A
90	浙江临安市	ZJ—Lin'an City	R90T2052	相对稳定	A
91	河南新郑市	HEN—Xinzheng City	R91T2052	相对稳定	A
92	广东揭东县	GD—Jiedong County	R92T2052	相对稳定	A
93	浙江嘉善县	ZJ—Jiashan County	R93T2052	相对稳定	A
94	广东博罗县	GD—Boluo County	R94T2052	相对稳定	A
95	广东从化市	GD—Conghua City	R95T2052	相对稳定	A
96	福建长乐市	FJ—Changle City	R96T2052	相对稳定	A
97	浙江长兴县	ZJ—Changxing County	R97T2052	相对稳定	A
98	浙江平阳县	ZJ—Pingyang County	R98T2052	相对稳定	A
99	福建安溪县	FJ—Anxi County	R99T2052	相对稳定	A
100	辽宁大石桥市	LN—Dashiqiao City	R100T2052	相对稳定	A

第二届中国西部百强县(市)

2nd CHINAWESTERN COUNTY-LEVEL ECONOMY BASIC COMPETITIVENESS TOP100

排位	县域	UNIT	中郡指数	竞争力动态	竞争力等级
1	新疆库尔勒市	XJ—Ku'erle City	R48T2052	相对稳定	A
2	四川双流县	SC—Shuangliu County	R53T2052	相对稳定	A
3	重庆江津市	CQ—Jiangjin City	R112T2052	相对稳定	A
4	重庆合川市	CQ—Hechuan City	R118T2052	相对稳定	A
5	云南大理市	YN—Dali City	R124T2052	相对稳定	A
6	四川江油市	SC—Jiangyou City	R150T2052	相对稳定	A
7	四川郫县	SC—Pixian County	R155T2052	相对稳定	A
8	四川什邡市	SC—Shifang City	R166T2052	相对稳定	A
9	四川崇州市	SC—Chongzhou City	R169T2052	相对稳定	A
10	新疆鄯善县	XJ—Shanshan County	R191T2052	相对稳定	A
11	四川都江堰市	SC—Dujiangyan City	R205T2052	相对稳定	B
12	四川绵竹市	SC—Mianzhu City	R208T2052	相对稳定	B
13	重庆永川市	CQ—Yongchuan City	R212T2052	相对稳定	B
14	广西来宾县	GX—Laibin County	R216T2052	相对稳定	B
15	四川邛崃市	SC—Qionglai City	R218T2052	相对稳定	B
16	云南安宁市	YN—Anning City	R223T2052	相对稳定	B
17	四川西昌市	SC—Xichang City	R225T2052	相对稳定	B
18	云南弥勒县	YN—Mile County	R227T2052	上升	B
19	四川金堂县	SC—Jintang County	R230T2052	相对稳定	B
20	贵州遵义县	GZ—Zunyi County	R238T2052	相对稳定	B
21	四川大邑县	SC—Dayi County	R242T2052	相对稳定	B
22	云南楚雄市	YN—Chuxiong City	R249T2052	相对稳定	B
23	四川广汉市	SC—Guanghan City	R260T2052	相对稳定	B
24	新疆阿克苏市	XJ—Akesu City	R282T2052	相对稳定	B
25	广西合浦县	GX—Hepu County	R283T2052	相对稳定	B

第二届中国西部百强县(市)(续一)

2nd CHINA WESTERN COUNTY-LEVEL ECONOMY BASIC COMPETITIVENESS TOP100

排位	县域	UNIT	中郡指数	竞争力动态	竞争力等级
26	广西宜州市	GX—Yizhou City	R291T2052	相对稳定	B
27	广西邕宁县	GX—Yongning County	R293T2052	相对稳定	B
28	四川温江县	SC—Wenjiang County	R299T2052	相对稳定	B
29	广西贺州市	GX—Hezhou City	R300T2052	相对稳定	B
30	四川射洪县	SC—Shehong County	R307T2052	相对稳定	B
31	内蒙古准格尔旗	NM—Zhunge'er Banner	R308T2052	相对稳定	B
32	重庆铜梁县	CQ—Tongliang County	R311T2052	相对稳定	B
33	新疆昌吉市	XJ—Changji City	R315T2052	相对稳定	B
34	广西北流市	GX—Beiliu City	R350T2052	相对稳定	B
35	内蒙古达拉特旗	NM—Dalate Banner	R352T2052	相对稳定	B
36	四川中江县	SC—Zhongjiang County	R353T2052	相对稳定	B
37	四川三台县	SC—Santai County	R364T2052	相对稳定	B
38	青海格尔木市	QH—Ge'ermu City	R369T2052	相对稳定	B
39	四川彭州市	SC—Pengzhou City	R376T2052	相对稳定	B
40	广西武鸣县	GX—Wuming County	R377T2052	相对稳定	B
41	新疆石河子市	XJ—Shihezi City	R386T2052	相对稳定	B
42	四川仁寿县	SC—Renshou County	R392T2052	相对稳定	B
43	重庆綦江县	CQ—Qijiang County	R393T2052	相对稳定	B
44	广西博白县	GX—Bobai County	R398T2052	相对稳定	B
45	贵州毕节市	GZ—Bijie City	R400T2052	相对稳定	B
46	四川简阳市	SC—Jianyang City	R401T2052	相对稳定	C
47	重庆大足县	CQ—Dazu County	R405T2052	相对稳定	C
48	重庆开县	CQ—Kaixian County	R410T2052	相对稳定	C
49	重庆璧山县	CQ—Bishan County	R416T2052	相对稳定	C
50	内蒙古临河市	NM—Linhe City	R423T2052	相对稳定	C

第二届中国西部百强县(市)(续二)

2nd CHINA WESTERN COUNTY-LEVEL ECONOMY BASIC COMPETITIVENESS TOP100

排位	县域	UNIT	中郡指数	竞争力动态	竞争力等级
51	贵州兴义市	GZ—Xingyi City	R424T2052	相对稳定	C
52	四川大竹县	SC—Dazhu County	R425T2052	相对稳定	C
53	甘肃玉门市	GS—Yumen City	R429T2052	相对稳定	C
54	广西全州县	GX—Quanzhou County	R430T2052	相对稳定	C
55	云南宣威市	YN—Xuanwei City	R443T2052	相对稳定	C
56	陕西长安县	SN—Chang'an County	R452T2052	上升	C
57	广西南丹县	GX—Nandan County	R453T2052	相对稳定	C
58	新疆哈密市	XJ—Hami City	R454T2052	相对稳定	C
59	广西百色市	GX—Baise City	R459T2052	相对稳定	C
60	广西桂平市	GX—Guiping City	R463T2052	相对稳定	C
61	贵州盘县	GZ—Panxian County	R465T2052	相对稳定	C
62	云南个旧市	YN—Gejiu City	R466T2052	相对稳定	C
63	广西河池市	GX—Hechi City	R472T2052	相对稳定	C
64	陕西神木县	SN—Shenmu County	R480T2052	相对稳定	C
65	重庆南川市	CQ—Nanchuan City	R482T2052	相对稳定	C
66	四川南部县	SC—Nanbu County	R490T2052	相对稳定	C
67	四川达县	SC—Daxian County	R491T2052	相对稳定	C
68	四川富顺县	SC—Fushun County	R496T2052	相对稳定	C
69	云南宜良县	YN—Yiliang County	R501T2052	相对稳定	C
70	广西横县	GX—Hengxian County	R504T2052	相对稳定	C
71	广西崇左县	GX—Chongzuo County	R508T2052	上升	C
72	新疆沙湾县	XJ—Shawan County	R511T2052	相对稳定	C
73	四川新津县	SC—Xinjin County	R512T2052	相对稳定	C
74	四川威远县	SC—Weiyuan County	R518T2052	相对稳定	C
75	宁夏青铜峡市	NX—Qingtongxia City	R528T2052	相对稳定	C

第二届中国西部百强县(市)(续三)

2nd CHINA WESTERN COUNTY-LEVEL ECONOMY BASIC COMPETITIVENESS TOP100

排位	县域	UNIT	中郡指数	竞争力动态	竞争力等级
76	广西浦北县	GX—Pubei County	R529T2052	相对稳定	C
77	内蒙古满州里市	NM—Manzhouli City	R530T2052	相对稳定	C
78	重庆潼南县	CQ—Tongnan County	R531T2052	相对稳定	C
79	甘肃张掖市	GS—Zhangye City	R535T2052	相对稳定	C
80	云南景洪市	YN—Jinghong City	R541T2052	相对稳定	C
81	陕西靖边县	SN—Jingbian County	R546T2052	上升	C
82	贵州清镇市	GZ—Qingzhen City	R548T2052	相对稳定	C
83	四川宜宾县	SC—Yibin County	R554T2052	相对稳定	C
84	重庆荣昌县	CQ—Rongchang County	R555T2052	相对稳定	C
85	新疆玛纳斯县	XJ—Manasi County	R560T2052	相对稳定	C
86	甘肃平凉市	GS—Pingliang City	R561T2052	上升	C
87	重庆垫江县	CQ—Dianjiang County	R562T2052	相对稳定	C
88	贵州仁怀市	GZ—Renhuai City	R566T2052	相对稳定	C
89	广西平果县	GX—Pingguo County	R575T2052	相对稳定	C
90	四川峨眉山市	SC—Emeishan City	R592T2052	相对稳定	C
91	广西宾阳县	GX—Binyang County	R596T2052	相对稳定	C
92	四川泸县	SC—Luxian County	R603T2052	相对稳定	D
93	云南开远市	YN—Kaiyuan City	R605T2052	相对稳定	D
94	广西藤县	GX—Tengxian County	R617T2052	相对稳定	D
95	内蒙古伊金霍洛旗	NM—Yijinhuoluo Banner	R620T2052	相对稳定	D
96	四川安岳县	SC—Anyue County	R621T2052	相对稳定	D
97	新疆阜康市	XJ—Fukang City	R625T2052	相对稳定	D
98	新疆乌苏市	XJ—Wusu City	R626T2052	相对稳定	D
99	四川资中县	SC—Zizhong County	R627T2052	相对稳定	D
100	新疆伊宁市	XJ—Yining City	R629T2052	相对稳定	D

第二届中国县域经济基本竞争力提升速度最快的百县(市)

2nd CHINA COUNTY-LEVEL ECONOMY BASIC COMPETITIVENESS INCREASING TOP100

县域单位	UNIT	中郡指数	竞争力动态	竞争力等级
安徽繁昌县	AH—Fanchang County	R667T2052	上升	D
安徽旌德县	AH—Jingde County	R1593T2052	上升	H
甘肃环县	GS—Huanxian County	R1516T2052	上升	H
甘肃平凉市	GS—Pingliang City	R561T2052	上升	C
广东东源县	GD—Dongyuan County	R1165T2052	上升	F
广东和平县	GD—Heping County	R1340T2052	上升	G
广西天峨县	GX—Tian'e County	R1133T2052	上升	F
贵州纳雍县	GZ—Nayong County	R1090T2052	上升	F
贵州普安县	GZ—Pu'an County	R1650T2052	上升	I
贵州松桃县	GZ—Songtao County	R1415T2052	上升	H
贵州修文县	GZ—Xiuwen County	R1158T2052	上升	F
贵州玉屏县	GZ—Yuping County	R1379T2052	上升	G
河北博野县	HEB—Boye County	R1485T2052	上升	H
河北丰宁县	HEB—Fengning County	R1187T2052	上升	F
河北宽城县	HEB—Kuancheng County	R1093T2052	上升	F
河北涞水县	HEB—Laishui County	R1422T2052	上升	H
河北平泉县	HEB—Pingquan County	R949T2052	上升	E
河南社旗县	HEN—Sheqi County	R997T2052	上升	E
河南台前县	HEN—Taiqian County	R1374T2052	上升	G
河南舞钢市	HEN—Wugang City	R741T2052	上升	D
河南义马市	HEN—Yima City	R936T2052	上升	E
黑龙江勃利县	HL—Boli County	R1092T2052	上升	F
黑龙江杜尔伯特县	HL—Du'erbote County	R1155T2052	上升	F
黑龙江呼玛县	HL—Huma County	R1465T2052	上升	H
黑龙江桦南县	HL—Huanan County	R1030T2052	上升	F

第二届中国县域经济基本竞争力提升速度最快的百县(市)(续一)

2nd CHINA COUNTY-LEVEL ECONOMY BASIC COMPETITIVENESS INCREASING TOP100

县域单位	UNIT	中郡指数	竞争力动态	竞争力等级
黑龙江漠河县	HL—Mohe County	R1182T2052	上升	F
黑龙江青冈县	HL—Qinggang County	R1377T2052	上升	G
黑龙江饶河县	HL—Raohe County	R1782T2052	上升	I
黑龙江肇源县	HL—Zhaoyuan County	R1008T2052	上升	F
黑龙江肇州县	HL—Zhaozhou County	R1002T2052	上升	F
吉林乾安县	JL—Qian'an County	R950T2052	上升	E
吉林镇赉县	JL—Zhenlai County	R1074T2052	上升	F
江苏响水县	JS—Xiangshui County	R736T2052	上升	D
江西横峰县	JX—Hengfeng County	R1683T2052	上升	I
江西永新县	JX—Yongxin County	R1342T2052	上升	G
辽宁北宁市	LN—Beining City	R411T2052	上升	C
辽宁北票市	LN—Beipiao City	R1104T2052	上升	F
辽宁昌图县	LN—Changtu County	R599T2052	上升	C
辽宁朝阳县	LN—Chaoyang County	R1214T2052	上升	G
辽宁法库县	LN—Faku County	R853T2052	上升	E
辽宁阜新县	LN—Fuxin County	R1327T2052	上升	G
辽宁建昌县	LN—Jianchang County	R963T2052	上升	E
辽宁建平县	LN—Jianping County	R1112T2052	上升	F
辽宁康平县	LN—Kangping County	R1122T2052	上升	F
辽宁铁法市	LN—Tiefa City	R894T2052	上升	E
辽宁彰武县	LN—Zhangwu County	R1458T2052	上升	H
内蒙古二连浩特市	NM—Erlianhaote City	R635T2052	上升	D
内蒙古和林格尔县	NM—Helinge'er County	R837T2052	上升	E
内蒙古科左中旗	NM—Ke'erqinzuoyizhong Banner	R1026T2052	上升	F
内蒙古莫力达瓦旗	NM—Molidawa Banner	R1010T2052	上升	F

第二届中国县域经济基本竞争力提升速度最快的百县(市)(续二)

2nd CHINA COUNTY-LEVEL ECONOMY BASIC COMPETITIVENESS INCREASING TOP100

县域单位	UNIT	中郡指数	竞争力动态	竞争力等级
内蒙古托克托县	NM—Tuoketuo County	R838T2052	上升	E
宁夏海原县	NX—Haiyuan County	R1756T2052	上升	I
宁夏彭阳县	NX—Pengyang County	R1714T2052	上升	I
宁夏西吉县	NX—Xiji County	R1757T2052	上升	I
宁夏中卫县	NX—Zhongwei County	R827T2052	上升	E
青海贵德县	QH—Guide County	R1658T2052	上升	I
青海湟源县	QH—Huangyuan County	R1594T2052	上升	H
青海湟中县	QH—Huangzhong County	R1658T2052	上升	G
青海祁连县	QH—Qilian County	R1687T2052	上升	I
山东冠县	SD—Guanxian County	R597T2052	上升	C
山西保德县	SX—Baode County	R1680T2052	上升	I
山西长治县	SX—Changzhi County	R1103T2052	上升	F
山西长子县	SX—Zhangzi County	R1402T2052	上升	H
山西汾西县	SX—Fenxi County	R1702T2052	上升	I
山西浮山县	SX—Fushan County	R1433T2052	上升	H
山西古交市	SX—Gujiao City	R691T2052	上升	D
山西古县	SX—Guxian County	R1483T2052	上升	H
山西和顺县	SX—Heshun County	R1631T2052	上升	I
山西交城县	SX—Jiaocheng County	R1526T2052	上升	H
山西交口县	SX—Jiaokou County	R1662T2052	上升	I
山西蒲县	SX—Puxian County	R1413T2052	上升	H
山西沁水县	SX—Qinshui County	R1277T2052	上升	G
山西沁源县	SX—Qinyuan County	R1700T2052	上升	I
山西曲沃县	SX—Quwo County	R1201T2052	上升	G
山西寿阳县	SX—Shouyang County	R1373T2052	上升	G

第二届中国县域经济基本竞争力提升速度最快的百县(市)(续三)

2nd CHINA COUNTY-LEVEL ECONOMY BASIC COMPETITIVENESS INCREASING TOP100

县域单位	UNIT	中郡指数	竞争力动态	竞争力等级
山西文水县	SX—Wenshui County	R1273T2052	上升	G
山西乡宁县	SX—Xianning County	R1135T2052	上升	F
山西襄汾县	SX—Xiangfen County	R765T2052	上升	D
山西翼城县	SX—Yicheng County	R1055T2052	上升	F
陕西定边县	SN—Dingbian County	R1216T2052	上升	G
陕西户县	SN—Huxian County	R638T2052	上升	D
陕西佳县	SN—Jiaxian County	R1482T2052	上升	H
陕西靖边县	SN—Jingbian County	R546T2052	上升	C
陕西西乡县	SN—Xixiang County	R1567T2052	上升	H
四川珙县	SC—Gongxian County	R1326T2052	上升	G
四川泸定县	SC—Luding County	R1710T2052	上升	I
四川松潘县	SC—Songpan County	R1410T2052	上升	H
四川盐边县	SC—Yanbian County	R925T2052	上升	E
西藏安多县	XZ—Anduo County	R1674T2052	上升	I
西藏林芝县	XZ—Linzhi County	R1160T2052	上升	F
西藏那曲县	XZ—Naqu County	R1681T2052	上升	I
西藏日喀则市	XZ—Rikaze City	R1703T2052	上升	I
新疆富蕴县	XJ—Fuyun County	R1431T2052	上升	H
新疆和布克赛尔县	XJ—Hebukesai'er County	R1274T2052	上升	G
新疆皮山县	XJ—Pishan County	R1636T2052	上升	I
新疆疏附县	XJ—Shufu County	R1589T2052	上升	H
新疆伊吾县	XJ—Yiwu County	R1746T2052	上升	I
云南弥勒县	YN—Mile County	R227T2052	上升	B
浙江松阳县	ZJ—Songyang County	R978T2052	上升	E
重庆秀山县	CQ—Xiushan County	R1124T2052	上升	F

第二届中国各省市区县域经济基本竞争力排序

2nd CHINA COUNTY-LEVEL ECONOMY BASIC COMPETITIVENESS EVALUATION BY PROVINCE

序号	省市区	竞争力数	等级
1	上海	1969	I
2	天津	1878	I
3	江苏	1850	I
4	北京	1735	I
5	山东	1703	II
6	浙江	1694	II
7	广东	1465	III
8	福建	1431	III
9	辽宁	1404	III
10	河南	1395	III
11	湖北	1355	III
12	重庆	1327	III
13	安徽	1283	III
14	吉林	1253	III
15	河北	1208	III
16	湖南	1145	III
17	海南	1113	III
18	广西	1048	III
19	黑龙江	1014	III
20	江西	902	IV
21	四川	854	IV
22	内蒙古	795	IV
23	云南	669	IV
24	新疆	663	IV
25	宁夏	661	IV
26	山西	619	IV
27	陕西	611	IV
28	贵州	606	IV
29	甘肃	507	IV
30	青海	392	IV
31	西藏	232	V

第三届中国县域经济基本竞争力百强

第三届中国县域经济基本竞争力百强县（市）

3rd CHINA COUNTY-LEVEL ECONOMY BASIC COMPETITIVENESS TOP100

排位	县域	UNIT	中郡指数	竞争力动态	竞争力等级
1	江苏江阴市	JS—Jiangyin City	R1T2026	相对稳定	A
2	江苏常熟市	JS—Changshu City	R2T2026	相对稳定	A
3	江苏张家港市	JS—Zhangjiagang City	R3T2026	相对稳定	A
4	江苏昆山市	JS—Kunshan City	R4T2026	相对稳定	A
5	福建晋江市	FJ—Jinjiang City	R5T2026	相对稳定	A
6	江苏吴江市	JS—Wujiang City	R6T2026	相对稳定	A
7	浙江绍兴县	ZJ—Shaoxing County	R7T2026	相对稳定	A
8	江苏宜兴市	JS—Yixing City	R8T2026	相对稳定	A
9	浙江慈溪市	ZJ—Cixi City	R9T2026	相对稳定	A
10	山东荣成市	SD—Rongcheng City	R10T2026	相对稳定	A
11	浙江温岭市	ZJ—Wenling City	R11T2026	相对稳定	A
12	浙江余姚市	ZJ—Yuyao City	R12T2026	相对稳定	A
13	福建福清市	FJ—Fuqing City	R13T2026	相对稳定	A
14	江苏太仓市	JS—Taicang City	R14T2026	相对稳定	A
15	浙江乐清市	ZJ—Leqing City	R15T2026	相对稳定	A
16	浙江诸暨市	ZJ—Zhuji City	R16T2026	相对稳定	A
17	浙江义乌市	ZJ—Yiwu City	R17T2026	相对稳定	A
18	山东文登市	SD—Wendeng City	R18T2026	相对稳定	A
19	浙江瑞安市	ZJ—Rui'an City	R19T2026	相对稳定	A
20	辽宁海城市	LN—Haicheng City	R20T2026	相对稳定	A
21	广东增城市	GD—Zengcheng City	R21T2026	相对稳定	A
22	山东邹城市	SD—Zoucheng City	R22T2026	相对稳定	A

第三届中国县域经济基本竞争力百强县（市）（续一）

3rd CHINA COUNTY-LEVEL ECONOMY BASIC COMPETITIVENESS TOP100

排位	县域	UNIT	中郡指数	竞争力动态	竞争力等级
23	江苏丹阳市	JS—Danyang City	R23T2026	相对稳定	A
24	浙江海宁市	ZJ—Haining City	R24T2026	相对稳定	A
25	山东龙口市	SD—Longkou City	R25T2026	相对稳定	A
26	浙江桐乡市	ZJ—Tongxiang City	R26T2026	相对稳定	A
27	山东即墨市	SD—Jimo City	R27T2026	相对稳定	A
28	山东胶南市	SD—Jiaonan City	R28T2026	相对稳定	A
29	福建南安市	FJ—Nan'an City	R29T2026	相对稳定	A
30	浙江富阳市	ZJ—Fuyang City	R30T2026	相对稳定	A
31	山东胶州市	SD—Jiaozhou City	R31T2026	相对稳定	A
32	浙江上虞市	ZJ—Shangyu City	R32T2026	相对稳定	A
33	江苏海门市	JS—Haimen City	R33T2026	相对稳定	A
34	江苏通州市	JS—Tongzhou City	R34T2026	相对稳定	A
35	山东平度市	SD—Pingdu City	R35T2026	相对稳定	A
36	福建惠安县	FJ—Hui'an County	R36T2026	相对稳定	A
37	山东章丘市	SD—Zhangqiu City	R37T2026	相对稳定	A
38	山东寿光市	SD—Shouguang City	R38T2026	相对稳定	A
39	广东普宁市	GD—Puning City	R39T2026	相对稳定	A
40	广东惠阳市	GD—Huiyang City	R40T2026	相对稳定	A
41	山东莱州市	SD—Laizhou City	R41T2026	相对稳定	A
42	江苏启东市	JS—Qidong City	R42T2026	相对稳定	A
43	山东滕州市	SD—Tengzhou City	R43T2026	相对稳定	A
44	江苏江都市	JS—Jiangdu City	R44T2026	相对稳定	A
45	山东新泰市	SD—Xintai City	R45T2026	相对稳定	A
46	江苏泰兴市	JS—Taixing City	R46T2026	相对稳定	A
47	浙江临海市	ZJ—Linhai City	R47T2026	相对稳定	A
48	四川双流县	SC—Shuangliu County	R48T2026	相对稳定	A

第三届中国县域经济基本竞争力百强县(市)(续二)

3rd CHINA COUNTY-LEVEL ECONOMY BASIC COMPETITIVENESS TOP100

排位	县域	UNIT	中郡指数	竞争力动态	竞争力等级
49	浙江东阳市	ZJ—Dongyang City	R49T2026	相对稳定	A
50	浙江玉环县	ZJ—Yuhuan County	R50T2026	相对稳定	A
51	北京密云县	BJ—Miyun County	R51T2026	相对稳定	A
52	江苏溧阳市	JS—Liyang City	R52T2026	相对稳定	A
53	广东潮阳市	GD—Chaoyang City	R53T2026	相对稳定	A
54	山东兖州市	SD—Yanzhou City	R54T2026	相对稳定	A
55	广东台山市	GD—Taishan City	R55T2026	相对稳定	A
56	福建石狮市	FJ—Shishi City	R56T2026	相对稳定	A
57	江苏东台市	JS—Dongtai City	R57T2026	相对稳定	A
58	浙江平湖市	ZJ—Pinghu City	R58T2026	相对稳定	A
59	山东肥城市	SD—Feicheng City	R59T2026	相对稳定	A
60	新疆库尔勒市	XJ—Ku'erle City	R60T2026	相对稳定	A
61	山东诸城市	SD—Zhucheng City	R61T2026	相对稳定	A
62	广东开平市	GD—Kaiping City	R62T2026	相对稳定	A
63	河南巩义市	HEN—Gongyi City	R63T2026	相对稳定	A
64	浙江永康市	ZJ—Yongkang City	R64T2026	相对稳定	A
65	山东乳山市	SD—Rushan City	R65T2026	相对稳定	A
66	上海崇明县	SH—Chongming County	R66T2026	相对稳定	A
67	山东招远市	SD—Zhaoyuan City	R67T2026	相对稳定	A
68	辽宁瓦房店市	LN—Wafangdian City	R68T2026	相对稳定	A
69	河北迁安市	HEB—Qian'an City	R69T2026	相对稳定	A
70	广东高要市	GD—Gaoyao City	R70T2026	相对稳定	A
71	福建长乐市	FJ—Changle City	R71T2026	相对稳定	A
72	江苏铜山县	JS—Tongshan County	R72T2026	相对稳定	A
73	湖南长沙县	HN—Changsha County	R73T2026	相对稳定	A
74	辽宁庄河市	LN—Zhuanghe City	R74T2026	相对稳定	A

第三届中国县域经济基本竞争力百强县(市)(续三)

3rd CHINA COUNTY-LEVEL ECONOMY BASIC COMPETITIVENESS TOP100

排位	县域	UNIT	中郡指数	竞争力动态	竞争力等级
75	辽宁普兰店市	LN—Pulandian City	R75T2026	相对稳定	A
76	河北遵化市	HEB—Zunhua City	R76T2026	相对稳定	A
77	浙江象山县	ZJ—Xiangshan County	R77T2026	相对稳定	A
78	江苏靖江市	JS—Jingjiang City	R78T2026	相对稳定	A
79	江苏金坛市	JS—Jintan City	R79T2026	相对稳定	A
80	浙江苍南县	ZJ—Cangnan County	R80T2026	相对稳定	A
81	江苏如东县	JS—Rudong County	R81T2026	相对稳定	A
82	浙江宁海县	ZJ—Ninghai County	R82T2026	相对稳定	A
83	福建龙海市	FJ—Longhai City	R83T2026	相对稳定	A
84	山东蓬莱市	SD—Penglai City	R84T2026	相对稳定	A
85	山东莱西市	SD—Laixi City	R85T2026	相对稳定	A
86	湖北仙桃市	HB—Xiantao City	R86T2026	相对稳定	A
87	浙江长兴县	ZJ—Changxing County	R87T2026	相对稳定	A
88	辽宁大石桥市	LN—Dashiqiao City	R88T2026	相对稳定	A
89	浙江嵊州市	ZJ—Shengzhou City	R89T2026	相对稳定	A
90	浙江临安市	ZJ—Lin'an City	R90T2026	相对稳定	A
91	浙江嘉善县	ZJ—Jiashan County	R91T2026	相对稳定	A
92	江苏大丰市	JS—Dafeng City	R92T2026	相对稳定	A
93	广东高州市	GD—Gaozhou City	R93T2026	相对稳定	A
94	山东莱阳市	SD—Laiyang City	R94T2026	相对稳定	A
95	广东从化市	GD—Conghua City	R95T2026	相对稳定	A
96	江苏兴化市	JS—Xinghua City	R96T2026	相对稳定	A
97	浙江永嘉县	ZJ—Yongjia County	R97T2026	相对稳定	A
98	重庆江津市	CQ—Jiangjin City	R98T2026	相对稳定	A
99	浙江平阳县	ZJ—Pingyang County	R99T2026	相对稳定	A
100	浙江德清县	ZJ—Deqing County	R100T2026	相对稳定	A

第三届中国西部百强县(市)

3rd CHINA WESTERN COUNTY-LEVEL ECONOMY BASIC COMPETITIVENESS TOP100

排位	县域	UNIT	中郡指数	竞争力动态	竞争力等级
1	四川双流县	SC—Shuangliu County	R48T2026	相对稳定	A
2	新疆库尔勒市	XJ—Ku'erle City	R60T2028	相对稳定	A
3	重庆江津市	CQ—Jiangjin City	R98T2029	相对稳定	A
4	重庆合川市	CQ—Hechuan City	R116T2030	相对稳定	A
5	云南大理市	YN—Dali City	R121T2031	相对稳定	A
6	四川江油市	SC—Jiangyou City	R134T2032	相对稳定	A
7	四川郫县	SC—Pixian County	R146T2033	相对稳定	A
8	四川什邡市	SC—Shifang City	R170T2034	相对稳定	A
9	四川崇州市	SC—Chongzhou City	R176T2035	相对稳定	A
10	四川绵竹市	SC—Mianzhu City	R191T2036	相对稳定	A
11	四川都江堰市	SC—Dujiangyan City	R193T2037	相对稳定	A
12	重庆永川市	CQ—Yongchuan City	R195T2038	相对稳定	A
13	云南安宁市	YN—Anning City	R201T2039	相对稳定	B
14	四川邛崃市	SC—Qionglai City	R210T2040	相对稳定	B
15	云南弥勒县	YN—Mile County	R211T2041	相对稳定	B
16	四川西昌市	SC—Xichang City	R216T2042	相对稳定	B
17	贵州遵义县	GZ—Zunyi County	R222T2043	相对稳定	B
18	新疆鄯善县	XJ—Shanshan County	R223T2044	相对稳定	B
19	内蒙古准格尔旗	NM—Zhunge'er Banner	R234T2045	相对稳定	B
20	云南楚雄市	YN—Chuxiong City	R235T2046	相对稳定	B
21	四川金堂县	SC—Jintang County	R236T2047	相对稳定	B
22	新疆阿克苏市	XJ—Akesu City	R242T2048	相对稳定	B
23	四川大邑县	SC—Dayi County	R249T2049	相对稳定	B
24	广西灵山县	GX—Lingshan County	R257T2050	上升	B
25	四川广汉市	SC—Guanghan City	R259T2051	相对稳定	B

第三届中国西部百强县(市)(续一)

3rd CHINA WESTERN COUNTY-LEVEL ECONOMY BASIC COMPETITIVENESS TOP100

排位	县域	UNIT	中郡指数	竞争力动态	竞争力等级
26	广西邕宁县	GX—Yongning County	R261T2052	相对稳定	B
27	广西合浦县	GX—Hepu County	R266T2053	相对稳定	B
28	云南会泽县	YN—Huize County	R276T2054	上升	B
29	重庆铜梁县	CQ—Tongliang County	R289T2055	相对稳定	B
30	新疆昌吉市	XJ—Changji City	R291T2056	相对稳定	B
31	四川三台县	SC—Santai County	R296T2057	相对稳定	B
32	内蒙古达拉特旗	NM—Dalate Banner	R298T2058	相对稳定	B
33	四川彭州市	SC—Pengzhou City	R312T2059	相对稳定	B
34	陕西神木县	SN—Shenmu County	R314T2060	上升	B
35	重庆綦江县	CQ—Qijiang County	R315T2061	相对稳定	B
36	广西北流市	GX—Beiliu City	R337T2062	相对稳定	B
37	四川中江县	SC—Zhongjiang County	R339T2063	相对稳定	B
38	贵州毕节市	GZ—Bijie City	R341T2064	相对稳定	B
39	广西武鸣县	GX—Wuming County	R344T2065	相对稳定	B
40	重庆开县	CQ—Kaixian County	R345T2066	相对稳定	B
41	青海格尔木市	QH—Ge'ermu City	R351T2067	相对稳定	B
42	四川简阳市	SC—Jianyang City	R352T2068	相对稳定	B
43	新疆石河子市	XJ—Shihezi City	R353T2069	相对稳定	B
44	广西宜州市	GX—Yizhou City	R358T2070	相对稳定	B
45	重庆大足县	CQ—Dazu County	R366T2071	相对稳定	B
46	贵州兴义市	GZ—Xingyi City	R373T2072	相对稳定	B
47	四川仁寿县	SC—Renshou County	R375T2073	相对稳定	B
48	四川射洪县	SC—Shehong County	R378T2074	相对稳定	B
49	重庆璧山县	CQ—Bishan County	R383T2075	相对稳定	B
50	内蒙古临河市	NM—Linhe City	R387T2076	相对稳定	B

第三届中国西部百强县（市）（续二）

3rd CHINA WESTERN COUNTY-LEVEL ECONOMY BASIC COMPETITIVENESS TOP100

排位	县域	UNIT	中郡指数	竞争力动态	竞争力等级
51	云南宣威市	YN—Xuanwei City	R388T2077	相对稳定	B
52	广西宾阳县	GX—Binyang County	R394T2078	上升	B
53	四川大竹县	SC—Dazhu County	R395T2079	相对稳定	B
54	贵州盘县	GZ—Panxian County	R407T2080	相对稳定	C
55	内蒙古满州里市	NM—Manzhouli City	R417T2081	相对稳定	C
56	新疆哈密市	XJ—Hami City	R419T2082	相对稳定	C
57	重庆南川市	CQ—Nanchuan City	R421T2083	相对稳定	C
58	云南个旧市	YN—Gejiu City	R422T2084	相对稳定	C
59	广西博白县	GX—Bobai County	R435T2085	相对稳定	C
60	广西横县	GX—Hengxian County	R440T2086	相对稳定	C
61	广西桂平市	GX—Guiping City	R448T2087	相对稳定	C
62	新疆沙湾县	XJ—Shawan County	R450T2088	相对稳定	C
63	贵州仁怀市	GZ—Renhuai City	R458T2089	相对稳定	C
64	广西全州县	GX—Quanzhou County	R460T2090	相对稳定	C
65	广西平果县	GX—Pingguo County	R462T2091	相对稳定	C
66	四川达县	SC—Daxian County	R464T2092	相对稳定	C
67	内蒙古伊金霍洛旗	NM—Yijinhuoluo Banner	R467T2093	上升	C
68	云南宜良县	YN—Yiliang County	R472T2094	相对稳定	C
69	广西藤县	GX—Tengxian County	R481T2095	相对稳定	C
70	四川威远县	SC—Weiyuan County	R486T2096	相对稳定	C
71	四川南部县	SC—Nanbu Countty	R492T2097	相对稳定	C
72	四川新津县	SC—Xinjin County	R494T2098	相对稳定	C
73	重庆垫江县	CQ—Dianjiang County	R496T2099	相对稳定	C
74	广西浦北县	GX—Pubei County	R498T2100	相对稳定	C
75	陕西靖边县	SN—Jingbian County	R500T2101	相对稳定	C

第三届中国西部百强县(市)(续三)

3rd CHINA WESTERN COUNTY-LEVEL ECONOMY BASIC COMPETITIVENESS TOP100

排位	县域	UNIT	中郡指数	竞争力动态	竞争力等级
76	重庆荣昌县	CQ—Rongchang County	R502T2102	相对稳定	C
77	重庆潼南县	CQ—Tongnan County	R508T2103	相对稳定	C
78	四川富顺县	SC—Fushun County	R516T2104	相对稳定	C
79	新疆玛纳斯县	XJ—Manasi County	R519T2105	相对稳定	C
80	宁夏青铜峡市	NX—Qingtongxia City	R520T2106	相对稳定	C
81	甘肃玉门市	GS—Yumen City	R525T2107	相对稳定	C
82	重庆梁平县	CQ—Liangping County	R528T2108	相对稳定	C
83	四川宜宾县	SC—Yibin County	R529T2109	相对稳定	C
84	广西柳江县	GX—Liujiang County	R533T2110	相对稳定	C
85	贵州清镇市	GZ—Qingzhen City	R538T2111	相对稳定	C
86	内蒙古和林格尔县	NM—Helinge'er County	R545T2112	上升	C
87	云南景洪市	YN—Jinghong City	R546T2113	相对稳定	C
88	四川安岳县	SC—Anyue County	R561T2114	相对稳定	C
89	云南开远市	YN—Kaiyuan City	R569T2115	相对稳定	C
90	广西苍梧县	GX—Cangwu County	R572T2116	上升	C
91	内蒙古莫力达瓦旗	NM—Molidawa Banner	R574T2117	上升	C
92	内蒙古集宁市	NM—Jining City	R575T2118	相对稳定	C
93	新疆伊宁市	XJ—Yining City	R581T2119	相对稳定	C
94	四川荣县	SC—Rongxian County	R582T2120	相对稳定	C
95	重庆奉节县	CQ—Fengjie County	R587T2121	相对稳定	C
96	四川泸县	SC—Luxian County	R595T2122	相对稳定	C
97	四川峨眉山市	SC—Emeishan City	R599T2123	相对稳定	C
98	四川资中县	SC—Zizhong County	R600T2124	相对稳定	C
99	新疆库车县	XJ—Kuche County	R602T2125	上升	D
100	内蒙古锡林浩特市	NM—Xilinhaote City	R615T2126	相对稳定	D

第三届中国县域经济基本竞争力提升速度最快的百县(市)

3rd CHINA COUNTY-LEVEL ECONOMY BASIC COMPETITIVENESS INCREASING TOP100

县域单位	UNIT	中郡指数	竞争力动态	竞争力等级
甘肃华池县	GS—Huachi County	R1202T2026	上升	G
甘肃清水县	GS—Qingshui County	R1550T2026	上升	H
广西灵山县	GX—Lingshan County	R257T2026	上升	B
广西大新县	GX—Daxin County	R939T2026	上升	E
贵州赤水市	GZ—Chishui City	R1038T2026	上升	F
贵州贵定县	GZ—Guiding County	R1174T2026	上升	F
贵州普定县	GZ—Puding County	R1176T2026	上升	F
贵州惠水县	GZ—Huishui County	R1377T2026	上升	G
贵州瓮安县	GZ—Weng'an County	R1410T2026	上升	H
贵州罗甸县	GZ—Luodian County	R1502T2026	上升	H
贵州锦屏县	GZ—Jinping County	R1634T2026	上升	I
河北唐海县	HEB—Tanghai County	R975T2026	上升	E
河北南和县	HEB—Nanhe County	R1437T2026	上升	H
河北任县	HEB—Renxian County	R1487T2026	上升	H
河北顺平县	HEB—Shunping County	R1515T2026	上升	H
河北广宗县	HEB—Guangzong County	R1609T2026	上升	I
河北怀安县	HEB—Huai'an County	R1687T2026	上升	I
河南正阳县	HEN—Zhengyang County	R700T2026	上升	D
河南息县	HEN—Xixian County	R723T2026	上升	D
河南光山县	HEN—Guangshan County	R822T2026	上升	E
河南淮滨县	HEN—Huaibin County	R1015T2026	上升	F
河南栾川县	HEN—Luanchuan County	R1019T2026	上升	F
河南卢氏县	HEN—Lushi County	R1298T2026	上升	G
黑龙江龙江县	HL—Longjiang County	R790T2026	上升	D
黑龙江杜尔伯特县	HL—Du'erbote County	R947T2026	上升	E

第三届中国县域经济基本竞争力提升速度最快的百县(市)(续一)

3rd CHINA COUNTY-LEVEL ECONOMY BASIC COMPETITIVENESS INCREASING TOP100

县域单位	UNIT	中郡指数	竞争力动态	竞争力等级
黑龙江克东县	HL—Kedong County	R1509T2026	上升	H
黑龙江甘南县	HL—Gannan County	R1044T2026	上升	F
黑龙江林甸县	HL—Lindian County	R1271T2026	上升	G
黑龙江木兰县	HL—Mulan County	R1277T2026	上升	G
黑龙江泰来县	HL—Tailai County	R1382T2026	上升	G
湖南临湘市	HN—Linxiang City	R470T2026	上升	C
湖南宜章县	HN—Yizhang County	R497T2026	上升	C
湖南临澧县	HN—Linli County	R586T2026	上升	C
湖南安仁县	HN—Anren County	R803T2026	上升	E
湖南邵阳县	HN—Shaoyang County	R819T2026	上升	E
湖南安化县	HN—Anhua County	R851T2026	上升	E
湖南宁远县	HN—Ningyuan County	R874T2026	上升	E
湖南会同县	HN—Huitong County	R1225T2026	上升	G
湖南双牌县	HN—Shuangpai County	R1483T2026	上升	H
湖南中方县	HN—Zhongfang County	R1572T2026	上升	H
湖南通道县	HN—Tongdao County	R1699T2026	上升	I
吉林伊通县	JL—Yitong County	R596T2026	上升	C
吉林洮南市	JL—Taonan City	R797T2026	上升	D
吉林东辽县	JL—Dongliao County	R1138T2026	上升	F
江西上栗县	JX—Shangli County	R721T2026	上升	D
江西万年县	JX—Wannian County	R1118T2026	上升	F
江西彭泽县	JX—Pengze County	R1256T2026	上升	G
辽宁调兵山市	LN—Diaobingshan City	R649T2026	上升	D
辽宁阜新县	LN—Fuxin County	R848T2026	上升	E
辽宁西丰县	LN—Xifeng County	R1283T2026	上升	G

第三届中国县域经济基本竞争力提升速度最快的百县(市)(续二)

3rd CHINA COUNTY-LEVEL ECONOMY BASIC COMPETITIVENESS INCREASING TOP100

县域单位	UNIT	中郡指数	竞争力动态	竞争力等级
内蒙古和林格尔县	NM—Helinge'er County	R545T2026	上升	C
内蒙古莫力达瓦旗	NM—Molidawa Banner	R574T2026	上升	C
内蒙古达茂联合旗	NM—Da'erhan maoming'an Union Banner	R1000T2026	上升	E
内蒙古额尔古纳市	NM—E'erguna City	R1161T2026	上升	F
内蒙古扎赉特旗	NM—Zhalaite Banner	R1191T2026	上升	F
内蒙古固阳县	NM—Guyang County	R1223T2026	上升	G
内蒙古科尔沁右翼前旗	NM—Ke'erqinyouyiqian Banner	R1255T2026	上升	G
内蒙古卓资县	NM—Zhuozi County	R1286T2026	上升	G
内蒙古陈巴尔虎旗	NM—Chenba'erhu Banner	R1293T2026	上升	G
内蒙古阿拉善右旗	NM—Alashanyou Banner	R1365T2026	上升	G
内蒙古武川县	NM—Wuchuan County	R1371T2026	上升	G
内蒙古清水河县	NM—Qingshuihe County	R1525T2026	上升	H
宁夏同心县	NX—Tongxin County	R1615T2026	上升	I
青海同仁县	QH—Tongren County	R1385T2026	上升	G
山西河曲县	SX—Hequ County	R959T2026	上升	E
山西中阳县	SX—Zhongyang County	R1247T2026	上升	G
山西大同县	SX—Datong County	R1334T2026	上升	G
山西应县	SX—Yingxian County	R1446T2026	上升	H
山西灵丘县	SX—Lingqiu County	R1476T2026	上升	H
山西浑源县	SX—Hunyuan County	R1519T2026	上升	H
山西临县	SX—Linxian County	R1580T2026	上升	H
山西天镇县	SX—Tianzhen County	R1625T2026	上升	I
山西五寨县	SX—Wuzhai County	R1666T2026	上升	I
山西代县	SX—Daixian Conty	R1679T2026	上升	I
山西广灵县	SX—Guangling County	R1682T2026	上升	I

第三届中国县域经济基本竞争力提升速度最快的百县(市)(续三)

3rd CHINA COUNTY-LEVEL ECONOMY BASIC COMPETITIVENESS INCREASING TOP100

县域单位	UNIT	中郡指数	竞争力动态	竞争力等级
山西平陆县	SX—Pinglu County	R1710T2026	上升	I
山西阳高县	SX—Yanggao County	R1754T2026	上升	I
山西右玉县	SX—Youyu County	R1765T2026	上升	I
山西兴县	SX—Xingxian County	R1778T2026	上升	I
山西岢岚县	SX—Kelan County	R1817T2026	上升	J
陕西志丹县	SN—Zhidan County	R693T2026	上升	D
陕西蓝田县	SN—Lantian County	R1036T2026	上升	F
陕西府谷县	SN—Fugu County	R1060T2026	上升	F
陕西横山县	SN—Hengshan County	R1612T2026	上升	I
陕西紫阳县	SN—Ziyang County	R1717T2026	上升	I
陕西白河县	SN—Baihe County	R1728T2026	上升	I
陕西平利县	SN—Pingli County	R1730T2026	上升	I
四川苍溪县	SC—Cangxi County	R1054T2026	上升	F
四川剑阁县	SC—Jiange County	R1131T2026	上升	F
四川旺苍县	SC—Wangcang County	R1322T2026	上升	G
西藏错那县	XZ—Cuona County	R1261T2026	上升	G
西藏墨竹工卡县	XZ—Mozhugongka County	R1563T2026	上升	H
西藏贡嘎县	XZ—Gongga County	R1759T2026	上升	I
西藏改则县	XZ—Gaize County	R1783T2026	上升	I
新疆塔什库尔干县	XJ—Tashiku'ergan County	R992T2026	上升	E
云南会泽县	YN—Huize County	R276T2026	上升	B
云南禄劝县	YN—Luquan County	R1242T2026	上升	G
云南水富县	YN—Shuifu County	R1366T2026	上升	G
云南泸水县	YN—Lushui County	R1503T2026	上升	H
浙江庆元县	ZJ—Qingyuan County	R1329T2026	上升	G

第三届中国各省市区县域经济基本竞争力排序

3rd CHINA COUNTY-LEVEL ECONOMY BASIC COMPETITIVENESS EVALUATION BY PROVINCE

序号	省市区	竞争力数	等级
1	上海	1960	I
2	天津	1868	I
3	北京	1861	I
4	江苏	1849	I
5	浙江	1698	II
6	山东	1695	II
7	辽宁	1409	III
8	河南	1406	III
9	广东	1389	III
10	福建	1360	III
11	重庆	1359	III
12	湖北	1297	III
13	安徽	1271	III
14	吉林	1254	III
15	湖南	1184	III
16	河北	1157	III
17	海南	1071	III
18	黑龙江	1024	III
19	广西	981	IV
20	江西	939	IV
21	内蒙古	873	IV
22	四川	826	IV
23	山西	665	IV
24	云南	658	IV
25	贵州	652	IV
26	新疆	647	IV
27	宁夏	631	IV
28	陕西	612	IV
29	甘肃	440	IV
30	青海	350	IV
31	西藏	148	V

第四届中国县域经济基本竞争力百强

第四届中国县域经济基本竞争力百强县(市)

4th CHINA COUNTY-LEVEL ECONOMY BASIC COMPETITIVENESS TOP100

排位	县域	UNIT	中郡指数	竞争力动态	竞争力等级
1	江苏江阴市	JS—Jiangyin City	R1T2012	相对稳定	A
2	江苏常熟市	JS—Changshu City	R2T2012	相对稳定	A
3	江苏张家港市	JS—Zhangjiagang City	R3T2012	相对稳定	A
4	江苏昆山市	JS—Kunshan City	R4T2012	相对稳定	A
5	福建晋江市	FJ—Jinjiang City	R5T2012	相对稳定	A
6	江苏吴江市	JS—Wujiang City	R6T2012	相对稳定	A
7	江苏宜兴市	JS—Yixing City	R7T2012	相对稳定	A
8	浙江慈溪市	ZJ—Cixi City	R8T2012	相对稳定	A
9	浙江绍兴县	ZJ—Shaoxing County	R9T2012	相对稳定	A
10	山东荣成市	SD—Rongcheng City	R10T2012	相对稳定	A
11	浙江温岭市	ZJ—Wenling City	R11T2012	相对稳定	A
12	浙江余姚市	ZJ—Yuyao City	R12T2012	相对稳定	A
13	江苏太仓市	JS—Taicang City	R13T2012	相对稳定	A
14	山东文登市	SD—Wendeng City	R14T2012	相对稳定	A
15	浙江诸暨市	ZJ—Zhuji City	R15T2012	相对稳定	A
16	浙江义乌市	ZJ—Yiwu City	R16T2012	相对稳定	A
17	福建福清市	FJ—Fuqing City	R17T2012	相对稳定	A
18	浙江乐清市	ZJ—Leqing City	R18T2012	相对稳定	A
19	广东增城市	GD—Zengcheng City	R19T2012	相对稳定	A
20	江苏丹阳市	JS—Danyang City	R20T2012	相对稳定	A
21	浙江瑞安市	ZJ—Rui'an City	R21T2012	相对稳定	A
22	辽宁海城市	LN—Haicheng City	R22T2012	相对稳定	A

第四届中国县域经济基本竞争力百强县(市)(续一)

4th CHINA COUNTY-LEVEL ECONOMY BASIC COMPETITIVENESS TOP100

排位	县域	UNIT	中郡指数	竞争力动态	竞争力等级
23	山东邹城市	SD—Zoucheng City	R23T2012	相对稳定	A
24	浙江海宁市	ZJ—Haining City	R24T2012	相对稳定	A
25	山东龙口市	SD—Longkou City	R25T2012	相对稳定	A
26	山东胶南市	SD—Jiaonan City	R26T2012	相对稳定	A
27	浙江桐乡市	ZJ—Tongxiang City	R27T2012	相对稳定	A
28	山东即墨市	SD—Jimo City	R28T2012	相对稳定	A
29	浙江富阳市	ZJ—Fuyang City	R29T2012	相对稳定	A
30	山东胶州市	SD—Jiaozhou City	R30T2012	相对稳定	A
31	江苏通州市	JS—Tongzhou City	R31T2012	相对稳定	A
32	浙江上虞市	ZJ—Shangyu City	R32T2012	相对稳定	A
33	江苏海门市	JS—Haimen City	R33T2012	相对稳定	A
34	福建南安市	FJ—Nan'an City	R34T2012	相对稳定	A
35	山东平度市	SD—Pingdu City	R35T2012	相对稳定	A
36	福建惠安县	FJ—Hui'an County	R36T2012	相对稳定	A
37	山东滕州市	SD—Tengzhou City	R37T2012	相对稳定	A
38	山东寿光市	SD—Shouguang City	R38T2012	相对稳定	A
39	山东章丘市	SD—Zhangqiu City	R39T2012	相对稳定	A
40	山东莱州市	SD—Laizhou City	R40T2012	相对稳定	A
41	江苏启东市	JS—Qidong City	R41T2012	相对稳定	A
42	山东新泰市	SD—Xintai City	R42T2012	相对稳定	A
43	新疆库尔勒市	XJ—Ku'erle City	R43T2012	相对稳定	A
44	江苏溧阳市	JS—Liyang City	R44T2012	相对稳定	A
45	四川双流县	SC—Shuangliu County	R45T2012	相对稳定	A
46	江苏江都市	JS—Jiangdu City	R46T2012	相对稳定	A
47	广东普宁市	GD—Puning City	R47T2012	相对稳定	A
48	辽宁瓦房店市	LN—Wafangdian City	R48T2012	相对稳定	A

第四届中国县域经济基本竞争力百强县(市)(续二)

4th CHINA COUNTY-LEVEL ECONOMY BASIC COMPETITIVENESS TOP100

排位	县域	UNIT	中郡指数	竞争力动态	竞争力等级
49	河南巩义市	HEN—Gongyi City	R49T2012	相对稳定	A
50	浙江平湖市	ZJ—Pinghu City	R50T2012	相对稳定	A
51	江苏泰兴市	JS—Taixing City	R51T2012	相对稳定	A
52	浙江东阳市	ZJ—Dongyang City	R52T2012	相对稳定	A
53	河北迁安市	HEB—Qian'an City	R53T2012	相对稳定	A
54	山东诸城市	SD—Zhucheng City	R54T2012	相对稳定	A
55	浙江临海市	ZJ—Linhai City	R55T2012	相对稳定	A
56	山东兖州市	SD—Yanzhou City	R56T2012	相对稳定	A
57	江苏东台市	JS—Dongtai City	R57T2012	相对稳定	A
58	山东肥城市	SD—Feicheng City	R58T2012	相对稳定	A
59	福建石狮市	FJ—Shishi City	R59T2012	相对稳定	A
60	山东招远市	SD—Zhaoyuan City	R60T2012	相对稳定	A
61	河北遵化市	HEB—Zunhua City	R61T2012	相对稳定	A
62	山东乳山市	SD—Rushan City	R62T2012	相对稳定	A
63	浙江玉环县	ZJ—Yuhuan County	R63T2012	相对稳定	A
64	浙江永康市	ZJ—Yongkang City	R64T2012	相对稳定	A
65	湖南长沙县	HN—Changsha County	R65T2012	相对稳定	A
66	江苏金坛市	JS—Jintan City	R66T2012	相对稳定	A
67	上海崇明县	SH—Chongming County	R67T2012	相对稳定	A
68	广东开平市	GD—Kaiping City	R68T2012	相对稳定	A
69	江苏靖江市	JS—Jingjiang City	R69T2012	相对稳定	A
70	辽宁普兰店市	LN—Pulandian City	R70T2012	相对稳定	A
71	北京密云县	BJ—Miyun County	R71T2012	相对稳定	A
72	浙江海盐县	ZJ—Haiyan County	R72T2012	相对稳定	A
73	辽宁庄河市	LN—Zhuanghe City	R73T2012	相对稳定	A
74	浙江宁海县	ZJ—Ninghai County	R74T2012	相对稳定	A

第四届中国县域经济基本竞争力百强县(市)(续三)

4th CHINA COUNTY-LEVEL ECONOMY BASIC COMPETITIVENESS TOP100

排位	县域	UNIT	中郡指数	竞争力动态	竞争力等级
75	福建长乐市	FJ—Changle City	R75T2012	相对稳定	A
76	福建龙海市	FJ—Longhai City	R76T2012	相对稳定	A
77	福建闽侯县	FJ—Minhou County	R77T2012	相对稳定	A
78	山东邹平县	SD—Zouping County	R78T2012	相对稳定	A
79	广东高要市	GD—Gaoyao City	R79T2012	相对稳定	A
80	浙江象山县	ZJ—Xiangshan County	R80T2012	相对稳定	A
81	浙江临安市	ZJ—Lin'an City	R81T2012	相对稳定	A
82	浙江长兴县	ZJ—Changxing County	R82T2012	相对稳定	A
83	广东台山市	GD—Taishan City	R83T2012	相对稳定	A
84	浙江嘉善县	ZJ—Jiashan County	R84T2012	相对稳定	A
85	山东莱西市	SD—Laixi City	R85T2012	相对稳定	A
86	辽宁大石桥市	LN—Dashiqiao City	R86T2012	相对稳定	A
87	江苏如东县	JS—Rudong County	R87T2012	相对稳定	A
88	山东蓬莱市	SD—Penglai City	R88T2012	相对稳定	A
89	江苏如皋市	JS—Rugao City	R89T2012	相对稳定	A
90	浙江苍南县	ZJ—Cangnan County	R90T2012	相对稳定	A
91	浙江奉化市	ZJ—Fenghua City	R91T2012	相对稳定	A
92	河南偃师市	HEN—Yanshi City	R92T2012	相对稳定	A
93	江苏仪征市	JS—Yizheng City	R93T2012	相对稳定	A
94	浙江嵊州市	ZJ—Shengzhou City	R94T2012	相对稳定	A
95	江苏大丰市	JS—Dafeng City	R95T2012	相对稳定	A
96	山西河津市	SX—Hejin City	R96T2012	相对稳定	A
97	湖北仙桃市	HB—Xiantao City	R97T2012	相对稳定	A
98	广东高州市	GD—Gaozhou City	R98T2012	相对稳定	A
99	浙江德清县	ZJ—Deqing County	R99T2012	相对稳定	A
100	河北藁城市	HEB—Gaocheng City	R100T2012	相对稳定	A

第四届中国西部百强县(市)

4th CHINA WESTERN COUNTY-LEVEL ECONOMY BASIC COMPETITIVENESS TOP100

排位	县域	UNIT	中郡指数	竞争力动态	竞争力等级
1	新疆库尔勒市	XJ—Ku'erle City	R43T2012	相对稳定	A
2	四川双流县	SC—Shuangliu County	R45T2012	相对稳定	A
3	重庆江津市	CQ—Jiangjin City	R103T2012	相对稳定	A
4	重庆合川市	CQ—Hechuan City	R123T2012	相对稳定	A
5	云南大理市	YN—Dali City	R145T2012	相对稳定	A
6	内蒙古准格尔旗	NM—Zhunge'er Banner	R160T2012	相对稳定	A
7	四川绵竹市	SC—Mianzhu City	R169T2012	相对稳定	A
8	四川江油市	SC—Jiangyou City	R176T2012	相对稳定	A
9	新疆鄯善县	XJ—Shanshan County	R182T2012	相对稳定	A
10	四川都江堰市	SC—Dujiangyan City	R184T2012	相对稳定	A
11	重庆永川市	CQ—Yongchuan City	R186T2012	相对稳定	A
12	云南安宁市	YN—Anning City	R189T2012	相对稳定	A
13	四川什邡市	SC—Shifang City	R191T2012	相对稳定	A
14	四川崇州市	SC—Chongzhou City	R201T2012	相对稳定	B
15	内蒙古伊金霍洛旗	NM—Yijinhuoluo Banner	R209T2012	上升	B
16	四川郫县	SC—Pixian County	R210T2012	相对稳定	B
17	陕西神木县	SN—Shenmu County	R211T2012	相对稳定	B
18	云南弥勒县	YN—Mile County	R222T2012	相对稳定	B
19	四川西昌市	SC—Xichang City	R232T2012	相对稳定	B
20	新疆阿克苏市	XJ—Akesu City	R233T2012	相对稳定	B
21	云南楚雄市	YN—Chuxiong City	R235T2012	相对稳定	B
22	广西平果县	GX—Pingguo County	R241T2012	上升	B
23	四川邛崃市	SC—Qionglai City	R244T2012	相对稳定	B
24	四川金堂县	SC—Jintang County	R250T2012	相对稳定	B
25	广西邕宁县	GX—Yongning County	R258T2012	相对稳定	B

第四届中国西部百强县(市)(续一)

4th CHINA WESTERN COUNTY-LEVEL ECONOMY BASIC COMPETITIVENESS TOP100

排位	县域	UNIT	中郡指数	竞争力动态	竞争力等级
26	四川广汉市	SC—Guanghan City	R268T2012	相对稳定	B
27	新疆库车县	XJ—Kuche County	R269T2012	上升	B
28	四川彭州市	SC—Pengzhou City	R273T2012	相对稳定	B
29	新疆昌吉市	XJ—Changji City	R282T2012	相对稳定	B
30	青海格尔木市	QH—Ge'ermu City	R285T2012	相对稳定	B
31	重庆綦江县	CQ—Qijiang County	R292T2012	相对稳定	B
32	重庆铜梁县	CQ—Tongliang County	R294T2012	相对稳定	B
33	四川简阳市	SC—Jianyang City	R297T2012	相对稳定	B
34	四川射洪县	SC—Shehong County	R298T2012	相对稳定	B
35	贵州遵义县	GZ—Zunyi County	R300T2012	相对稳定	B
36	内蒙古达拉特旗	NM—Dalate Banner	R305T2012	相对稳定	B
37	广西合浦县	GX—Hepu County	R310T2012	相对稳定	B
38	新疆石河子市	XJ—Shihezi City	R321T2012	相对稳定	B
39	重庆璧山县	CQ—Bishan County	R325T2012	相对稳定	B
40	重庆开县	CQ—Kaixian County	R329T2012	相对稳定	B
41	四川三台县	SC—Santai County	R344T2012	相对稳定	B
42	四川中江县	SC—Zhongjiang County	R351T2012	相对稳定	B
43	四川仁寿县	SC—Renshou County	R358T2012	相对稳定	B
44	四川大竹县	SC—Dazhu County	R365T2012	相对稳定	B
45	四川大邑县	SC—Dayi County	R374T2012	相对稳定	B
46	内蒙古和林格尔县	NM—Helinge'er County	R376T2012	上升	B
47	广西灵山县	GX—Lingshan County	R379T2012	相对稳定	B
48	贵州兴义市	GZ—Xingyi City	R390T2012	相对稳定	B
49	重庆大足县	CQ—Dazu County	R391T2012	相对稳定	B
50	贵州盘县	GZ—Panxian County	R396T2012	相对稳定	B

第四届中国西部百强县(市)(续二)

4th CHINA WESTERN COUNTY-LEVEL ECONOMY BASIC COMPETITIVENESS TOP100

排位	县域	UNIT	中郡指数	竞争力动态	竞争力等级
51	内蒙古满州里市	NM—Manzhouli City	R398T2012	相对稳定	B
52	新疆哈密市	XJ—Hami City	R406T2012	相对稳定	C
53	内蒙古鄂托克旗	NM—Etuoke Banner	R415T2012	上升	C
54	新疆沙湾县	XJ—Shawan County	R422T2012	相对稳定	C
55	重庆南川市	CQ—Nanchuan City	R426T2012	相对稳定	C
56	云南宣威市	YN—Xuanwei City	R433T2012	相对稳定	C
57	云南会泽县	YN—Huize County	R435T2012	注意	C
58	贵州仁怀市	GZ—Renhuai City	R441T2012	相对稳定	C
59	云南个旧市	YN—Gejiu City	R446T2012	相对稳定	C
60	新疆玛纳斯县	XJ—Manasi County	R450T2012	相对稳定	C
61	广西桂平市	GX—Guiping City	R455T2012	相对稳定	C
62	四川达县	SC—Daxian County	R462T2012	相对稳定	C
63	重庆潼南县	CQ—Tongnan County	R464T2012	相对稳定	C
64	四川南部县	SC—Nanbu Countty	R470T2012	相对稳定	C
65	四川新津县	SC—Xinjin County	R472T2012	相对稳定	C
66	四川威远县	SC—Weiyuan County	R473T2012	相对稳定	C
67	重庆垫江县	CQ—Dianjiang County	R482T2012	相对稳定	C
68	甘肃玉门市	GS—Yumen City	R484T2012	相对稳定	C
69	四川安岳县	SC—Anyue County	R485T2012	相对稳定	C
70	陕西韩城市	SN—Hancheng City	R487T2012	上升	C
71	宁夏青铜峡市	NX—Qingtongxia City	R488T2012	相对稳定	C
72	云南宜良县	YN—Yiliang County	R489T2012	相对稳定	C
73	内蒙古土默特左旗	NM—Tumotezuo Banner	R491T2012	相对稳定	C
74	广西武鸣县	GX—Wuming County	R493T2012	相对稳定	C
75	重庆荣昌县	CQ—Rongchang County	R494T2012	相对稳定	C

第四届中国西部百强县（市）（续三）

4th CHINA WESTERN COUNTY-LEVEL ECONOMY BASIC COMPETITIVENESS TOP100

排位	县域	UNIT	中郡指数	竞争力动态	竞争力等级
76	内蒙古锡林浩特市	NM—Xilinhaote City	R495T2012	相对稳定	C
77	四川富顺县	SC—Fushun County	R498T2012	相对稳定	C
78	广西北流市	GX—Beiliu City	R505T2012	注意	C
79	贵州毕节市	GZ—Bijie City	R507T2012	注意	C
80	四川宜宾县	SC—Yibin County	R515T2012	相对稳定	C
81	云南景洪市	YN—Jinghong City	R523T2012	相对稳定	C
82	贵州清镇市	GZ—Qingzhen Cityy	R530T2012	相对稳定	C
83	云南开远市	YN—Kaiyuan City	R532T2012	相对稳定	C
84	陕西延川县	SN—Yanchuan Count	R533T2012	上升	C
85	广西平南县	GX—Pingnan County	R536T2012	上升	C
86	广西柳江县	GX—Liujiang County	R540T2012	相对稳定	C
87	新疆阜康市	XJ—Fukang City	R542T2012	相对稳定	C
88	四川峨眉山市	SC—Emeishan City	R545T2012	相对稳定	C
89	重庆梁平县	CQ—Liangping County	R551T2012	相对稳定	C
90	广西宾阳县	GX—Binyang County	R554T2012	注意	C
91	内蒙古达茂联合旗	NM—Da'erhan maoming'an Union Banner	R572T2012	上升	C
92	广西博白县	GX—Bobai County	R573T2012	相对稳定	C
93	四川泸县	SC—Luxian County	R575T2012	相对稳定	C
94	内蒙古丰镇市	NM—Fengzhen City	R584T2012	上升	C
95	陕西靖边县	SN—Jingbian County	R586T2012	相对稳定	C
96	内蒙古乌拉特前旗	NM—Wulateqian Banner	R591T2012	相对稳定	C
97	四川资中县	SC—Zizhong County	R595T2012	相对稳定	C
98	广西横县	GX—Hengxian County	R597T2012	注意	C
99	四川岳池县	SC—Yuechi County	R598T2012	相对稳定	C
100	内蒙古二连浩特市	NM—Erlianhaote City	R601T2012	相对稳定	D

第四届中国县域经济基本竞争力提升速度最快的百县(市)

4th CHINA COUNTY-LEVEL ECONOMY BASIC COMPETITIVENESS INCREASING TOP100

县域单位	UNIT	中郡指数	竞争力动态	竞争力等级
甘肃永靖县	GS—Yongjing County	R657T2012	上升	D级
甘肃张家川县	GS—Zhangjiachuan County	R1003T2012	上升	F级
甘肃秦安县	GS—Qin'an County	R1118T2012	上升	F级
甘肃甘谷县	GS—Gangu County	R1266T2012	上升	G级
甘肃武山县	GS—Wushan County	R1330T2012	上升	G级
广西合山市	GX—Heshan City	R848T2012	上升	E级
广西环江县	GX—Huanjiang County	R1361T2012	上升	G级
广西乐业县	GX—Leye County	R1557T2012	上升	H级
广西永福县	GX—Yongfu County	R830T2012	上升	E级
广西凤山县	GX—Fengshan County	R1691T2012	上升	I级
广西临桂县	GX—Lingui County	R652T2012	上升	D级
广西平果县	GX—Pingguo County	R241T2012	上升	B级
贵州麻江县	GZ—Majiang County	R1667T2012	上升	I级
贵州石阡县	GZ—Shiqian County	R1380T2012	上升	G级
贵州雷山县	GZ—Leishan County	R1707T2012	上升	I级
河北宽城县	HEB—Kuancheng County	R859T2012	上升	E级
河北饶阳县	HEB—Raoyang County	R727T2012	上升	D级
河北涉县	HEB—Shexian County	R240T2012	上升	B级
河北张北县	HEB—Zhangbei County	R1188T2012	上升	F级
河北涞源县	HEB—Laiyuan County	R1016T2012	上升	F级
河北沽源县	HEB—Guyuan County	R1585T2012	上升	H级
河北康保县	HEB—Kangbao County	R1544T2012	上升	H级
河南修武县	HEN—Xiuwu County	R622T2012	上升	D级
河南义马市	HEN—Yima City	R706T2012	上升	D级
河南舞钢市	HEN—Wugang City	R576T2012	上升	C级

第四届中国县域经济基本竞争力提升速度最快的百县（市）（续一）

4th CHINA COUNTY-LEVEL ECONOMY BASIC COMPETITIVENESS INCREASING TOP100

县域单位	UNIT	中郡指数	竞争力动态	竞争力等级
河南宜阳县	HEN—Yiyang County	R815T2012	上升	E
湖南花垣县	HN—Huayuan County	R1513T2012	上升	H
辽宁康平县	LN—Kangping County	R1037T2012	上升	F
辽宁彰武县	LN—Zhangwu County	R1168T2012	上升	F
辽宁凌源市	LN—Lingyuan City	R669T2012	上升	D
内蒙古正蓝旗	NM—Zhenglan Banner	R819T2012	上升	E
内蒙古凉城县	NM—Liangcheng County	R860T2012	上升	E
内蒙古额济纳旗	NM—Ejina Banner	R1111T2012	上升	F
内蒙古察哈尔右翼后旗	NM—Chaha'eryouyihou Banner	R872T2012	上升	E
内蒙古化德县	NM—Huade County	R1220T2012	上升	G
内蒙古达茂联合旗	NM—Da'erhan maoming'an Union Banner	R572T2012	上升	C
内蒙古乌拉特后旗	NM—Wulatehou Banner	R1190T2012	上升	F
内蒙古鄂托克旗	NM—Etuoke Banner	R415T2012	上升	C
内蒙古正镶白旗	NM—Zhengxiangbai Banner	R1453T2012	上升	H
内蒙古镶黄旗	NM—Xianghuang Banner	R1642T2012	上升	I
内蒙古四子王旗	NM—Siziwang Banner	R1102T2012	上升	F
内蒙古丰镇市	NM—Fengzhen City	R584T2012	上升	C
内蒙古察哈尔右翼前旗	NM—Chaha'eryouyiqian Banner	R1070T2012	上升	F
内蒙古科尔沁右翼前旗	NM—Keerqinyouyiqian Banner	R984T2012	上升	E
内蒙古新巴尔虎右旗	NM—Xinba'erhuyou Banner	R1183T2012	上升	F
内蒙古东乌珠穆沁旗	NM—Dongwuzhumuqin Banner	R938T2012	上升	E
内蒙古兴和县	NM—Xinghe County	R1311T2012	上升	G
内蒙古伊金霍洛旗	NM—Yijinhuoluo Banner	R209T2012	上升	B
内蒙古苏尼特左旗	NM—Sunitezuo Banner	R1433T2012	上升	H
内蒙古科尔沁右翼中旗	NM—Ke'erqinyouyizhong Banner	R1264T2012	上升	G

第四届中国县域经济基本竞争力提升速度最快的百县(市)(续二)

4th CHINA COUNTY-LEVEL ECONOMY BASIC COMPETITIVENESS INCREASING TOP100

县域单位	UNIT	中郡指数	竞争力动态	竞争力等级
宁夏泾源县	NX—Jingyuan County	R1250T2012	上升	G
宁夏盐池县	NX—Yanchi County	R854T2012	上升	E
青海贵德县	QH—Guide County	R1249T2012	上升	G
青海治多县	QH—Zhiduo County	R1639T2012	上升	I
山东庆云县	SD—Qingyun County	R880T2012	上升	E
山西沁源县	SX—Qinyuan County	R538T2012	上升	C
山西保德县	SX—Baode County	R843T2012	上升	E
山西古县	SX—Guxian County	R719T2012	上升	D
山西交口县	SX—Jiaokou County	R772T2012	上升	D
山西壶关县	SX—Huguan County	R950T2012	上升	E
山西代县	SX—Daixian Conty	R1198T2012	上升	F
山西偏关县	SX—Pianguan County	R1528T2012	上升	H
山西阳曲县	SX—Yangqu County	R1299T2012	上升	G
山西乡宁县	SX—Xiangning County	R877T2012	上升	E
山西孝义市	SX—Xiaoyi City	R341T2012	上升	B
山西长治县	SX—Changzhi County	R795T2012	上升	D
山西蒲县	SX—Puxian County	R1062T2012	上升	F
山西柳林县	SX—Liulin County	R605T2012	上升	D
山西翼城县	SX—Yicheng County	R672T2012	上升	D
山西隰县	SX—Xixian County	R1540T2012	上升	H
山西娄烦县	SX—Loufan County	R1539T2012	上升	H
山西岚县	SX—Lanxian County	R1630T2012	上升	I
山西潞城市	SX—Lucheng City	R467T2012	上升	C
山西交城县	SX—Jiaocheng County	R1316T2012	上升	G
山西武乡县	SX—Wuxiang County	R1431T2012	上升	H

第四届中国县域经济基本竞争力提升速度最快的百县（市）（续三）

4th CHINA COUNTY-LEVEL ECONOMY BASIC COMPETITIVENESS INCREASING TOP100

县域单位	UNIT	中郡指数	竞争力动态	竞争力等级
山西屯留县	SX—Tunliu County	R1116T2012	上升	F
山西襄汾县	SX—Xiangfen County	R557T2012	上升	C
陕西麟游县	SN—Linyou County	R1470T2012	上升	H
陕西凤县	SN—Fengxian County	R1456T2012	上升	H
陕西吴旗县	SN—Wuqi County	R952T2012	上升	E
陕西韩城市	SN—Hancheng City	R487T2012	上升	C
陕西洋县	SN—Yangxian County	R1068T2012	上升	F
陕西子长县	SN—Zizhang County	R1136T2012	上升	F
陕西太白县	SN—Taibai County	R1788T2012	上升	I
四川平昌县	SC—Pingchang County	R842T2012	上升	E
四川康定县	SC—Kangding County	R1221T2012	上升	G
四川米易县	SC—Miyi County	R1157T2012	上升	F
西藏堆龙德庆县	XZ—Duilongdeqing County	R1053T2012	上升	F
西藏巴青县	XZ—Baqing County	R1351T2012	上升	G
西藏林周县	XZ—Linzhou County	R1304T2012	上升	G
西藏安多县	XZ—Anduo County	R1583T2012	上升	H
西藏曲松县	XZ—Qusong County	R1700T2012	上升	I
西藏谢通门县	XZ—Xietongmen County	R1758T2012	上升	I
新疆伊吾县	XJ—Yiwu County	R1393T2012	上升	G
新疆库车县	XJ—Kuche County	R269T2012	上升	B
新疆和布克赛尔县	XJ—Hebukesai'er County	R1044T2012	上升	F
新疆轮台县	XJ—Luntai County	R774T2012	上升	D
新疆尉犁县	XJ—Yuli County	R1089T2012	上升	F
新疆和硕县	XJ—Heshuo County	R1409T2012	上升	H
云南西盟县	YN—Ximeng County	R1685T2012	上升	I

第四届中国各省市区县域经济基本竞争力排序

4th CHINA COUNTY-LEVEL ECONOMY BASIC COMPETITIVENESS EVALUATION BY PROVINCE

序号	省市区	竞争力数	等级
1	上海	1945	I
2	天津	1851	I
3	北京	1831	I
4	江苏	1819	I
5	山东	1717	II
6	浙江	1697	II
7	辽宁	1394	III
8	河南	1356	III
9	广东	1352	III
10	重庆	1347	III
11	福建	1341	III
12	湖北	1236	III
13	吉林	1232	III
14	河北	1204	III
15	安徽	1198	III
16	湖南	1148	III
17	海南	1008	III
18	内蒙古	964	IV
19	黑龙江	931	IV
20	江西	917	IV
21	广西	888	IV
22	四川	823	IV
23	山西	780	IV
24	宁夏	702	IV
25	贵州	641	IV
26	新疆	638	IV
27	陕西	619	IV
28	云南	611	IV
29	甘肃	447	IV
30	青海	356	IV
31	西藏	193	V

图书在版编目（CIP）数据

中国县域经济年鉴．2004/刘福刚，孟宪江主编．
北京：社会科学文献出版社．2005.6
ISBN 7-80190-606-3
I.中... II.①刘...②孟... III.县－地区经济－中国－2004－年鉴
IV．F127-54
中国版本图书馆CIP数据核字（2005）第031780号

中国县域经济年鉴（2004）

主　　编／刘福刚　孟宪江
著　　者／《中国县域经济年鉴》编辑部

出 版 人／谢寿光
出 版 者／社会科学文献出版社
地　　址／北京市东城区先晓胡同10号
邮政编码／100005
网　　址／http://www.ssap.com.cn
责任部门／教材事业部（010-65281150）
项目经理／范广伟
责任编辑／周映希　崔岩
责任校对／嘉茗
责任印制／宋元生

总 经 销／社会科学文献出版社发行部（010-65139961　65139963）
法律顾问／北京建元律师事务所
排　　版／方圆设计（010-87561002）
印　　刷／科伦克·三莱印务(北京)有限公司

开　　本／880 × 1230 毫米　1/16 开
印　　张／50
字　　数／1000 千字
版　　次／2005年5月第1版
印　　次／2005年5月第1次印刷

书　　号／ISBN 7-80190-606-3
定　　价／320元（精装）

三晋首富 全国百强 —

河津市位于山西省西南部、运城市西北角，黄汾两河交汇的金三角地带，区位优越。辖两镇五乡两个街道办事处，总面积593平方公里，总人口36.9万人，地理位置十分优越。

河津资源丰富，地下矿藏资源已探明有开采价值的有煤、硫铁矿、铁矿、石灰石等二十多种，其中煤炭储量7亿吨左右，硫铁矿2000多万吨，石灰石20亿立方米以上。

河津市主要经济指标连年大幅超额完成，各项社会事业全面发展，实现了两年当三晋首富，三年进全国百强，四年财政收入翻三番的奋斗目标，成为全省“率先发展的典型”和“县域经济发展的榜样”。 2004年在第四届全国县域经济基本竞争力评价中，列百强县（市）第96位。

图片说明

1、山西省委书记田成平（右一）在运城市市长胡淑萍（左一）、河津市委书记雷郭堂（左二）、河津市市长刘振华（左三）的陪同下，到河津电厂二期工程工地视察工作。

2、山西省省长新宝顺（左二）在运城市委书记黄有泉（左一）、河津市委书记雷郭堂（右二）的陪同下，到河津龙门大桥施工现场调研。

3、河津市委书记雷郭堂（左二）、市长刘振华（右二）、市人大主任杨万良（左一）和市政协主席王锡义（右一）就河津如何实施“龙门三级跳”战略，建设现代化新型工业城市，在山西阳光集团进行调研。